黄土地与太阳神

——古代中国的宗教、族群与历史

张　溯　著

山东大学出版社

图书在版编目(CIP)数据

黄土地与太阳神 ：古代中国的宗教、族群与历史 /张溯著. —济南 ：山东大学出版社，2019.9
ISBN 978-7-5607-6398-9

Ⅰ.①黄… Ⅱ.①张… Ⅲ.①宗教—研究—中国
Ⅳ.①B929.2

中国版本图书馆 CIP 数据核字(2019)第 174244 号

黄土地与太阳神:古代中国的宗教、族群与历史

张　溯　著

策划编辑:李艳玲
责任编辑:刘森文
封面设计:牛　钧
出版发行:山东大学出版社
社　址　山东省济南市山大南路 20 号
邮　编　250100
电　话　发行部(0531)88363008
经　销:山东省新华书店
印　刷:山东新华印务有限责任公司
规　格:787 毫米×1092 毫米　1/16
34.25 印张　785 千字
版　次:2019 年 9 月第 1 版
印　次:2019 年 9 月第 1 次印刷
标准书号:ISBN 978-7-5607-6398-9
定　价:168.00 元

教育部人文社会科学重点研究基地山东师范大学齐鲁文化研究院
齐鲁文化传承与山东文化强省建设协同创新中心
资助成果

前　言

中国现代史学的发展，以传统古史观的破坏与重建为主要内容，考古学则成为古史重建最重要的途径。经过近百年的考古工作，考古学建立了各地的文化发展序列，并以此为基础对各地史前文化的来源、发展与交流进行了研究，成为古史重建的重要基础。与此同时，史学家对文献中记载的古代历史进行了研究，从而逐渐恢复了上古史的真实面目。

由于没有同期文字，殷墟以前至新石器时代晚期的历史被称作“原史时期”，这一时间大约从公元前3500年至前1300年，考古学与历史学分别形成了两套话语体系，古史传说与史前考古之间分别创造了两套平行的“历史”。既然时代重合，上古史的探索和新石器时代考古学研究应是中华文明起源研究的一体两面。史前考古与古史传说之间有无关系，是两套不同的话语体系，还是存在相关性的不同记述方式（一为物质遗存，一为历史记忆）？或者说考古学有没有发现传说中的五帝时代和夏王朝，有没有发现司马迁《五帝本纪》中炎、黄、尧、舜等族群的踪迹，成了急需说明的问题。

本书的研究便着力于两者的对接，以考古发现为基础，探寻五帝时代到夏商的历史。基本思路和方法是将史前宗教的探索和研究作为着力点。这是由于五帝在夏商周与秦汉时期是中国人祭祀的对象，三代都有具体而明确的祀典保存在《礼记》《国语》等文献中。如果五帝存在的话，一定存在于祭祀系统里。因此笔者将全书分成三个层次：

（一）第一到第三章以考古发现为基础探索中国的古代宗教，将新石器时代的原始宗教到东周、秦汉的国家宗教进行系统的梳理。

史前宗教的研究必须符合两条规则：一是要符合人类原始宗教的发展规律，二是要与夏商周三代文明具有延续性。通过研究发现，由于中国地域广阔，中国的史前宗教南北存在巨大的差异，大体可以分成北方地区的萨满教传统、黄河流域的图腾崇拜传统和长江流域的太阳崇拜传统。

萨满教是广泛分布于欧亚大陆和美洲大陆北方地区的原始宗教信仰。红山文化晚期时，萨满教南下黄河流域和长江流域，从而形成了多种原始宗教、宇宙观念并存的局面。图腾崇拜主要发现于黄河流域的马家窑文化、仰韶文化和大汶口文化中。图腾崇拜与祖先崇拜相结合演化组成了古代宗族型的社会组织。三代文明都在黄河流域形成，信仰图腾崇拜的地区形成了层级状社会组织，族群的联合催生了三代文明的产生。图腾神灵也在后世被尊为最主要的神灵——至上神、创始神或守护神。太阳崇拜是整个世界历史普遍存在的原始宗教，曾经广泛存在于古代各民族之中，四大文明古国均以其作为早期文明的宗教主题。到新石器时代晚期时，三者逐渐走向了融合，这自然与黄河流域、长江流域以及北方地区的文化交流和人群的融合是相关的。

三代时期，国家宗教在原始宗教的基础上逐渐形成。笔者对三代宗教的研究重点在于其对原始宗教的传承。根据文献记载，夏商周三代存在不同的起源神话，均有原始宗教的孑遗。三代不仅是王朝的更迭，更是不同族群的先后兴盛，也是不同宗教信仰的渐次更替。

东周时，中国进入了轴心时代，思想领域得到一次巨大的变革。中国也逐渐过渡到大一统的秦汉帝国，相应地，分散的宗教也逐渐走向统一。宗教由远祀逐渐往近祀过渡，最终形成庙祀制度。东周、秦汉时期基本奠定了中国的文化基础，儒、道形成，佛教传入，形成了三教并立的局面，占统治地位的儒家思想成为中国的社会礼制。

（二）第四到第五章在原始宗教研究的基础上，分别对五帝时代的族群和秦汉时期人们所崇拜的神灵进行了研究。

关于族属的理论，存在客观论与主观论两种不同的观点。笔者认为两者并不是对立的，族属是一种主观与客观的统一。在人类历史的早期，血缘关系是人类的结群方式，族群是客观的存在，是基于血缘关系而形成的族属认同。但是进入文明社会之后，族群分化整合，此时的族属逐渐偏向于主观的认同。族属认同反映的是现世的族群关系：族群往往强调与神灵祖先的血缘关系，以达到君权神授的目的，同时，族群之间也往往以神灵祖先的亲密关系来建立现世的政治联盟。

古史传说中的古代帝王常常带有神性，多数学者将其作为区分历史与神话的界限。这些古代帝王的性质存在三种不同的观点：或认为属于古代所崇拜的神被人格化为人，或认为本为族群的英雄后来被神化成神，或认为既是本族群的神，同时其首领又以神作名，既是神名，又是人名，人神合一。笔者认为最后一种观点是正确的，这符合人类学对人类早期历史的研究和认识。人神合一为早期帝王所共有的特点。过去学者常忽略神与人的合一性，而进入疑古或信古的窠臼。疑古学者认为传说中的人物具有神性，是神而不是人，从而否定古史，或者认为古史均为神话之转演。信古者盲从古史，认为传说必有其实。两者各有所失，亦各有所得。神话中有历史，历史中亦有神话。历史往往被神化，神话亦会被历史化。神会被人格化，人也会被神化，这是世界古史的普遍现象。神话是历史的一部分，构成了历史不可分割的一部分，断然排斥为神话而否认其包含历史的成分是不可取的。

中国古代的族群主要可以分成两大系统：一是西北族群，一是东南族群。前者主要来自于地祇崇拜；后者主要来自于太阳（火）崇拜。中国古代的族群大多与其所崇拜的自然神灵相关。大汶口文化中拔牙、凿齿、口含小球的习俗应是蚩尤族的遗俗，太湖地区的良渚文化为句芒古国的遗存。黄帝族群来自于古人对黄土地的崇拜和信仰。太昊、颛顼、祝融等多与太阳崇拜相关。

秦汉时期人们所崇拜的神灵，均属祥瑞动物，其中以龙、凤、四灵为主，这些神灵绝大多数都来自于新石器时代的宗教信仰。龙凤崇拜和太阳崇拜在新石器时代已经广为流行，汉代时演化成至上神信仰。四灵是一个较为固定的组合，青龙、白虎（咸池）、朱雀、玄武、黄龙（麒麟）无不与史前宗教相关。古代中国的造物主盘古和烛龙也来自于原始宗教。古人所崇拜的对象有的成为祖先，有的进入神话系统成为秦汉时期所崇拜的神灵。两者正是原始宗教的不同分化。

（三）第六章在族属研究的基础上重新构建中国的早期历史。

在最后一部分，笔者大体勾勒了以考古、文献相结合的中国早期历史。这段历史，虽然文献与考古学之间形成了两条平行的话语体系，但是现在已经出现了合流的趋势。

大约1万年前后，进入了新石器时代变革期，定居聚落和陶器普遍出现，人类逐渐由旧石器时代的狩猎采集生活向定居的农业生活过渡。由于地理环境的不同，形成了南北两种不同的经济形态，南方以稻作经济为主，北方以旱作经济为主，中原地区和海岱地区两种经济形态并存。到新石器时代中期，各地史前文化逐渐走繁荣，进入了平等的氏族社会。新石器时代晚期，聚落和社会阶层的分化加聚，北方一线和两大河流域都出现了大型聚落，城址大量涌现，进入了史前文明社会。这一时期正是古史传说中的五帝时代前期。龙山文化时期属于五帝时代晚期，长江流域的文明中心突然衰弱，而黄河中下游地区的史前文化愈发繁荣，各地史前文化往中原地区汇聚，人群往中原迁徙，聚落分化和社会分化加聚，终于催生了中国第一个王朝——夏王朝。

夏文化为文献与考古学的分水岭，为目前学术界的热点话题。二里头文化为夏代文化，已经逐渐得到共识，但是，由于没有发现夏代的文字，所以怀疑夏王朝存在与否的不可知论仍然存在。通过分析文献中对夏王朝的记述，从分布地域和年代上看，二里头文化应是夏文化。此外，文献中还记载了夏王朝的宗教、礼制，两者也可以与二里头文化相互对证。夏王朝存在龙崇拜、太阳崇拜和地祇崇拜，尤其是地祇崇拜最为兴盛，为其至上神信仰。夏君称"后"正是地祇崇拜的表征（与此不同的是商君称"帝"，周君称"王"）。通过将夏文化与商周时期的宗教信仰进行比较便可发现，孔子所说的三代礼制因循损益正与考古发现的夏商周三代文化相符。这便从宗教和礼制的传承上证明二里头文化为夏文化。

作为相关问题，书中对古代玉器的功能、彩陶纹饰、陶器上的刻划符号、三代青铜器的纹饰进行了专题研究。其中比较重要的有龙凤的研究。中国古代对龙凤的喜爱形成了中国独特的文化现象，这一现象的产生具有悠久的历史渊源，可以追溯到新石器时代。通过红山文化玉玦龙的研究发现，萨满教中存在幼虫崇拜的传统，东北亚地区形成了萨满教信仰的文化圈。通过耜形璋的研究发现，唐虞时代和夏商时期流行的大型玉器为祭祀山川地祇的礼器，也是这一时期重农思想的反映。夏代时以耜形璋礼祀山川地祇一度成为国家宗教。商代时青铜器的主体纹饰兽面纹是上帝的面孔，来自于史前东方地区崇拜的火神。

通过原始宗教和上古史的研究，可以使我们明白为什么中国人自称炎黄子孙、龙的传人。历史记忆虽然是主观的，但是也是可信的。古史传说中均有其历史来源，虽然古史传说属于历史记忆存在主观性。

总之，本书对中国新石器时代至商周、秦汉的古代宗教进行了系统的研究，在此基础上将考古学文化与古代族群进行对应，从而为探索原史时期的历史找到了一条门径。在此基础上，笔者将古史传说与考古发现进行整合，复原了中国的早期历史。这段历史，不同的学者会有不同的侧重和记述方式，而本书则着力于文献与考古学的相互结合与对证。虽然其中有的部分还需要进一步修正和调整，但是这是古史重建和文明起源研究中不可或缺的一步。

张　溯

2019 年 8 月

目　录

绪论　中国传统史观与古史重建

对于中国早期历史的认识和研究，早在东周秦汉时期就开始了，当时的史学家将早期历史时期分为上古时代、中古时代和下古时代这三个时期。上古时代一般用来指一个国家的早期历史时期，尤其是文字记载出现之前的历史时期。如《易·系辞》中说："'《易》之兴，其于中古乎？'然则伏羲为上古，文王为中古，孔子为下古。"以伏羲也就是人类的诞生初期为上古，周文王时为中古，孔子所在的春秋时期为下古。《礼记·礼运》："夫礼之初，始诸饮食。"孔颖达疏："伏羲为上古，神农为中古，五帝为下古。"把伏羲时作为上古，神农氏时作为中古，五帝时作为下古。近代以来，中国史学界常统称先秦时的夏、商、周三代为"上古时代"，白寿彝主编的《中国通史》即按此方式分期。他将秦以前的夏、商、周三代称"上古时代"，将秦至公元1840年鸦片战争称作"中古时代"，将上古之前的石器时代另称为"远古时代"。[①] 于是形成了远古时代、上古时代、中古时代这样的排序。史学界、考古学界普遍使用上古时代来指代先秦时期，而使用远古时代指三代之前漫长的石器时代。目前发现的中国最早的可识读的文字为甲骨文，可以说至商代晚期才真正进入历史时期，更早的历史只能靠后世的文献得以了解。徐旭生称甲骨文之前的历史时期为"传说时代"。他在《中国古史的传说时代》中说："我国，从现在的历史发展看，只有到殷墟时代(盘庚迁殷约当公元前一千三百年的开始时)，才能算作进入狭义的历史时代。此前约一千余年，文献中还保存一些传说，年代不很可考，我们只能把它叫作传说时代。"[②]

历史学和考古学上使用"历史时期"和"史前时期"两个时间概念来区分有无文字记载的历史。"史前时期"是有文字记载之前的人类历史时期；"历史时期"是指有文字记载的人类发展时期。两者可以商晚期出现甲骨文作为界限，之前称作"史前时期"，之后称作"历史时期"。但两者之间的界限有时比较模糊。因为在甲骨文之前，亦有记载于后世的商代之前的历史，因此有"原史时期"这一概念。法国《史前大辞典》指出，"原史"这一概念"首先具有一种方法论之意义，应用于一些为历史文献所不能确定的文化群体。……它可以是指那些自身尚未拥有文字、然而却为同时代的其他人群所记述和提及的人群；

① 参见白寿彝：《中国通史》，上海人民出版社1989年版，第40页。

② 徐旭生：《中国古史的传说时代》(增订本)，文物出版社1985年版，第20页。

也可以指那些通过后世的口头传说、记忆或者记载而保存下来其历史的人群。在此两种状况下，其研究可以包括考古学资料及间接的文字记载资料两方面。此时期在年代学体系中只具有一个很短暂的时间范围，而且也不精确”①。陈星灿比较了各国学者关于“史前”与“原史”的解释，认为“几种说法尽管不同，但都表达了同样的意思，即史前史应该是研究没有文字时代的历史，而原史则是研究文字最初产生时期或文字不起关键作用时期的历史”②。许宏则进一步对“原史时期”进行了划分，认为原史时期指考古学中的龙山文化、二里头文化和二里冈文化（商代早期）这一时期。自殷墟出现甲骨文进入历史时期，认为“‘历史时代’可定义为有直接的文字材料可‘自证’考古学文化所属社会集团的历史身份的时代”③。

一、传统古史观

中国2000多年来形成了固定的传统历史观念，它以三皇五帝作为历史的开端。这一段由后人所追记的历史有一个形成和发展的过程。其中，中国最著名的史书《史记》对传统古史观的形成起了决定性的作用。

《史记》是中国“二十四史”的开端，是我国第一部纪传体通史。该书写作于西汉武帝时期，最初没有固定的书名，称作《太史公书》《太史公记》或《太史记》。作者司马迁，祖先是周朝时期掌管天官及史书的官员。在《太史公自序》中，司马迁将自己的祖先追溯到传说中颛顼时期的重黎，并自称重黎之后。其父亲司马谈任太史令，为汉代史官，专管记载史事，编写史书，兼管国家典籍、天文历法、祭祀等，生前有写古今通史的遗愿。其后，司马迁继承太史令之职，历十余年著成《史记》。

《史记》共分本纪12篇、表10篇、书8篇、世家30篇、列传70篇，共130篇，记载了上起传说中的黄帝下至汉武帝太初四年（前101年）共3000多年的历史。《太史公自序》中说：

> 罔罗天下放失旧闻，王迹所兴，原始察终，见盛观衰，论考之行事，略推三代，录秦汉，上记轩辕，下至于兹，著十二本纪，既科条之矣。并时异世，年差不明，作十表。礼乐损益，律历改易，兵权山川鬼神，天人之际，承敝通变，作八书。二十八宿环北辰，三十辐共一毂，运行无穷，辅拂股肱之臣配焉，忠信行道，以奉主上，作三十世家。扶义俶傥，不令己失时，立功名于天下，作七十列传。凡百三十篇，五十二万六千五百字，为《太史公书》。

《史记》包罗万象又融会贯通，脉络清晰，所谓“究天人之际，通古今之变，成一家之言”，详实地记录了上古时期的政治、经济、军事、文化等各个方面的发展状况。

在《史记》之前，中国最早的编年体史书为《春秋》，据说是孔子修订而成。该书为春

---

① DICTIONNAIRE DE LA PREHISTOIRE，1988，Directeur de la publication Andre Leroi-Gourham，Presses Universitaire de France，Paris. 转引自刘文锁：《论史前、原史及历史时期的概念》，《华夏考古》1998年第3期。

② 陈星灿：《中国史前考古学史研究（1895～1949）》，三联书店1997年版，第4页。

③ 许宏：《商文明——中国“原史”与“历史”时代的分界点》，《东方考古》第4集，科学出版社2008年版，第1～5页。

秋时期鲁国的国史，记事始于鲁隐公，止于鲁哀公，共240余年的历史。同样被后世认为属于孔子编撰的还有《尚书》，记载了上古的尧舜直到春秋时的史事。

司马迁于《史记·太史公自序》中说“天下遗文古事靡不毕集太史公”，《尚书》和《春秋》应是《史记》的主要来源。首篇《五帝本纪》记有传说中的黄帝、颛顼、帝喾、尧、舜的世系和治理天下的事迹。对于以五帝作为历史的开端，司马迁在《五帝本纪》末尾记述了写作来由：

> 学者多称五帝，尚矣。然尚书独载尧以来；而百家言黄帝，其文不雅驯，荐绅先生难言之。孔子所传宰予问五帝德及帝系姓，儒者或不传。余尝西至空桐，北过涿鹿，东渐于海，南浮江淮矣，至长老皆各往往称黄帝、尧、舜之处，风教固殊焉，总之不离古文者近是。予观春秋、国语，其发明五帝德、帝系姓章矣，顾弟弗深考，其所表见皆不虚。书缺有间矣，其轶乃时时见于他说。非好学深思，心知其意，固难为浅见寡闻道也。余并论次，择其言尤雅者，故著为本纪书首。

司马迁生活在西汉武帝时期，当时学者都在言说五帝，但是五帝时代已经过于久远。《尚书》是我国保存最早的一部经典，它记录了上古时期王室的诰命、誓言和其他大事。首篇《尧典》记有尧舜时选贤禅让、治理天下的德政故事。但之前的黄帝、颛顼、帝喾都没有记载。《五帝德》《帝系姓》中有黄帝、颛顼、帝喾和尧舜的世系，却不为正统儒家所传习。为此司马迁西至空桐、北过涿鹿，东至海，南过江淮进行了实地考察。这些地方风俗不同，却都有黄帝、尧、舜的传说。《五帝德》《帝系姓》中对于五帝的记述又记于《春秋》《国语》之中。司马迁认为文献不足，非好学深思之人，看不明白。司马迁将采集到的传说与《五帝德》《帝系姓》中记载相互对照，并进行了加工整理，编写了《五帝本纪》，列于《本纪》之首。从而形成了五帝世系——黄帝、颛顼、帝喾、尧、舜，五帝的时期也常被称作“五帝时代”。

司马迁在编《五帝本纪》时有一个标准，即“择其优雅”。这包含几个意思：首先，语言需要优雅。《五帝本纪》作为《史记》之首，需要为整部书定个基调，而对于“不雅驯”的语句自然要舍去。其次，需要合于儒家道德规范。春秋时的孔子编选著作时有一个基本规范，即“子不语怪力乱神”[①]，而司马迁著史，也要去鬼神而写人事，将神性的东西去掉，专注于写实，是为信史张本。最后，司马迁遵循孔子的“为尊者讳，为亲者讳，为贤者讳”[②]的传统，少写杀伐，而多言德化。

司马迁所构建的五帝系统以黄帝为首，通过《五帝本纪》《夏本纪》《商本纪》《周本纪》《秦本纪》《楚世家》《赵世家》等追溯各族系，从而将尧、舜、禹、夏、商、周、秦、赵、楚等纳入了这一系统，构成了华夏民族皆出于黄帝的世系（图1）。

---

① 《论语·述而》。

② 《春秋公羊传·闵公元年》。

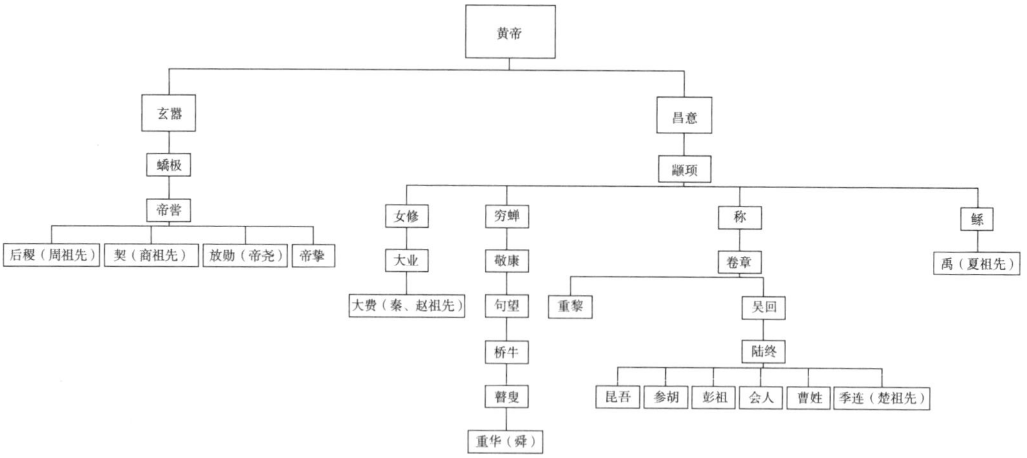

图 1　司马迁的帝系图

李陵事件之后，司马迁被执行宫刑。《史记》是司马迁忍辱负重之作。在西汉时期，黄老思想、阴阳五行学说盛行，当时存在众多上古帝王世系。如《左传》中有黄帝、炎帝、共工、太皞、少皞、颛顼这一前后相承的帝系。《庄子》一书列举了容成氏、大庭氏、伯皇氏、中央氏、栗陆氏、骊畜氏、轩辕氏、赫胥氏、尊卢氏、祝融氏、伏羲氏、神农氏等 12 人的古帝系统。① 《战国策》中有宓戏（伏羲）、神农、黄帝、尧、舜五位古帝王。② 《山海经》所列举的古帝系统，东方有帝俊、帝舜、少皞、太皞，西方有黄帝、炎帝两大系统，南方则有伯夷、南岳、祝融几系。《吕氏春秋》中以太皞、炎帝、黄帝、少皞、颛顼为五帝，《淮南子》略同，在《古乐》篇则又列举了朱襄氏、葛天氏、陶唐氏、黄帝、颛顼、帝喾、帝尧、帝舜、夏禹、殷汤、周文王、武王、成王这一系列古帝。③ 《周易》以包牺氏（伏羲）、神农氏、黄帝、尧、舜为上古帝王世系。④ 《逸周书》中有皮氏、华氏、夏后氏、殷商氏、有虞氏、平林氏、质沙氏、三苗、扈氏、义渠氏、平州氏、林氏、曲集氏、有巢氏、郐君氏、共工氏、唐氏、上衡氏、有南氏、有果氏、毕程氏、阳氏、谷平氏、阪泉氏、县宗氏、玄都氏、西夏氏、绩阳氏、有洛氏等 29 人的古帝王系统。⑤

司马迁将古史开篇于黄帝而舍弃这么多古代帝王是需要相当魄力的。通过《五帝本纪》，他努力构建了以黄帝为首的五帝世系。《五帝本纪》来自于《尚书》，但皆为传说，因此司马迁进行了实地调查。通过调查他认为黄帝至尧舜是可信的，而之前的三皇无凭据。此外，《史记》中的《书》《表》对官制、宗教、地理、经济、天文、法律、礼制的记录也突破

① 《庄子 · 胠箧》："昔者容成氏、大庭氏、伯皇氏、中央氏、栗陆氏、骊畜氏、轩辕氏、赫胥氏、尊卢氏、祝融氏、伏羲氏、神农氏，当是时也，民结绳而用之，甘其食，美其服，乐其俗，安其居，邻国相望，鸡狗之音相闻，民至老死而不相往来。"

② 《战国策 · 赵策》："宓戏、神农教而不诛，皇帝、尧、舜诛而不怒。"

③ 《吕氏春秋 · 古乐》。

④ 《易经 · 系辞下》："古者包牺氏之王天下也，仰则观象于天，俯则观法于地，观鸟兽之文，与地之宜，近取诸身，远取诸物，于是始作八卦，以通神明之德，以类万物之情。……神农氏没，黄帝、尧、舜氏作，通其变，使民不倦，神而化之，使民宜之。"

⑤ 《逸周书 · 史记解》。

了记事记史的传统史书范围，这为著史立了一个典范。因此西汉的刘向、扬雄都对司马迁大加赞赏，“皆称迁有良史之材，服其善序事理，辨而不华，质而不俚，其文直，其事核，不虚美，不隐恶，故谓之实录”，称《史记》为“信史”①。

我们现在说中华民族有5000年历史，即来源于《五帝本纪》。晋人张辅说：“迁之著述，辞约而事兴趣，叙三千年事唯五十万言。”②《史记》上起黄帝，下讫汉武帝太初四年，即公元前101年，举其成数，黄帝距今约5000年。于是形成了中国有5000年历史的说法。

中国的传统史观中，在五帝之前还有三皇，与五帝合称“三皇五帝”。

司马迁的《史记》将黄帝作为上古历史的开端，到300多年后的魏晋时期，大学者皇甫谧写了一本《帝王世纪》，将上古史前推及三皇，下延伸至汉魏。全书共十卷，其中第一卷记天地开辟至三皇；第二卷记五帝；第三卷记夏；第四卷记殷商；第五卷记周；第六卷记秦；第七卷记前汉（西汉）；第八卷记后汉（东汉）；第九卷记魏；第十卷记历代星野、垦田及户口。

《帝王世纪》记载有三皇时期的帝王世系，其次序为：太昊帝庖牺氏，亦称“伏羲氏”“黄熊氏”。凡女娲氏、大庭氏、柏皇氏、中央氏、栗陆氏、骊连氏、赫胥氏、尊卢氏、浑混氏、昊英氏、有巢氏、朱襄氏、葛天氏、阴康氏、无怀氏十五世，皆袭庖牺之称号；炎帝神农氏，一号魁隗氏、连山氏、列山氏，凡帝承、帝临、帝明、帝直、帝来、帝衰、帝榆罔；黄帝有熊氏，亦号“帝鸿氏”“归藏氏”“帝轩氏”。③

书中将太昊伏羲氏、炎帝神农氏、黄帝有熊氏当作三皇，列于五帝之前。黄帝既然已经位列三皇，只好将少昊作为五帝之首，其后颛顼、帝喾、尧、舜重新组合成五帝系统。皇甫谧在三皇之前还加了一个天皇大帝：“天皇大帝，曜魄宝。地皇为天一，人皇为太一。”他将天皇大帝当作最高神，并称“庖牺氏”（伏羲氏），亦号“天皇”。

《帝王世纪》多采自经传图纬及诸子杂书，并受到了汉代黄老思想、道家学说的影响。比如关于开辟的学说显系受道家学说的影响：“天地未分，谓之太易。元气始萌，谓之太初。”其后还有太始、太素、太极等时期。这是汉晋学者对于宇宙起源和本质的认识。

另外，三国时期东吴的太常卿徐整著有《三五历纪》《五运历年纪》，记述了中国最早的盘古这一创始神话，将其置于三皇之前。可惜此书已佚，仅部分残篇保存在后来的类书如《太平御览》《艺文类聚》里。盘古开天地是中国古代的宇宙观念，是中国古代对于宇宙起源的认识：

> 天地浑沌如鸡子。盘古生在其中，万八千岁。天地开辟，阳清为天，阴浊为地。盘古在其中，一日九变。神于天，圣于地。天日高一丈，地日厚一丈，盘古日长一丈。如此万八千岁。天数极高，地数极深，盘古极长，后乃有三皇。数起于一，立于三，成于五，盛于七，处于九，故天去地九万里。④

① 《汉书·司马迁传》。

② 《晋书·张辅传》。

③ 《帝王世纪·第一》。

④ 《太平御览·天部二·天部下》引徐整《三五历纪》。

文中认为宇宙为鸡子即卵形，盘古在卵里孵化，他开辟了天地，并创造了万物，包括人类的祖先三皇。这是先民对宇宙起源和生命起源的思考，从此以后文人多以开辟或盘古作为宇宙的起点。

到了唐代开元年间，司马贞著有《史记索隐》30卷。此书与南朝宋裴骃的《史记集解》，唐代张守节的《史记正义》，合称“史记三家注”，具有很高的史学价值。司马贞自称“小司马氏”，在《史记索隐》中自称“朝散大夫国子博士弘文馆学士河内司马贞”，可见他是河内（今河南沁阳）人士，官至朝散大夫国子博士弘文馆学士。为了弥补《史记》没有三皇的缺憾，他专门写了一篇《三皇本纪》，列于《五帝本纪》之前。文章开篇写道：

> 小司马氏云：太史公作史记，古今君臣宜应上自开辟，下讫当代，以为一家之首尾。今阙三皇，而以五帝为首者，正以《大戴礼》有五帝德篇，又帝系皆叙自黄帝已下，故因以五帝本纪为首。其实三皇已还，载籍罕备。然君臣之始，教化之先，既论古史，不合全阙。近代皇甫谧作《帝王代纪》，徐整作《三五历》，皆论三皇以来事。斯亦近古之一证，今并采而集之作《三皇本纪》。虽复浅近，聊补阙云。

司马贞认为司马迁的《史记》缺三皇而只叙黄帝之下，略有遗憾，因为缺少了盘古开天辟地至黄帝这一段历史，盘古开辟和三皇虽然记载简略，但在当时为社会常识，缺少这部分不符合社会伦理。故他从皇甫谧的《帝王世纪》、徐整的《三五历纪》中采集三皇的事迹，作《三皇本纪》放置于《史记索隐·五帝本纪》之首，聊以补缺。[①]

《三皇本纪》中记载的三皇为：太皞庖牺氏、女娲氏、神农氏。他对皇甫谧的三皇说进行了拣选，将《帝王世纪》中列于三皇的黄帝剔除出三皇，重归于五帝之列，以使之符合《史记》中的记载。另外，文中还记有另一三皇系统：天皇、地皇、人皇，应该也是采自《帝土世纪》，但是记述过于玄虚，如记天皇十二头、地皇十一头等。汉代画像石中有人面多头的神兽形象，可能与此有关。

山东济宁武梁祠东汉画像石刻中有一幅古代帝王图（图2），可以代表东汉时期人们对历史演进的认识。这幅图位于整面石刻的第二层，从右往左共11位帝王，帝王旁边都有榜题，除最右的伏羲、女娲共处一格相向而立之外，其余9格中的人物均面向右，这说明画像是从右往左看，代表了历史的演进也是从右往左发展。最右端，伏羲持矩女娲持规，均蛇身，蛇尾相缠，中间有一婴孩，当表示女娲所创造的人类。其左为祝融、神农、黄帝、颛顼、帝喾、尧、舜、禹、夏桀。这一历史观以伏羲、祝融、神农为三皇，与《白虎通》中所记载的相合，以黄帝、颛顼、帝喾、尧、舜为五帝，与《史记·五帝本纪》《大戴礼记》中的记载相符。这应该代表了东汉时期人们对历史的普遍认识。

图2 武梁祠古代帝王图石刻

① 《史记索隐·三皇本纪》。

在古史系统中“三皇”究竟指哪三皇，始终没有统一的说法。如《尚书大传》中说是燧人、伏羲、神农；孔安国《尚书序》中说是伏羲、神农、轩辕（黄帝）。我们姑且认为存在一个早于五帝的三皇时代。顾颉刚先生曾于《三皇考》中对此进行过详细考证。① 不过，三皇进入中国的古史系统，成了中国古史系统的开端，与五帝合称“三皇五帝”。这样就形成了“自从盘古开天地，三皇五帝到如今”的古史观。

二、古史辨对传统历史观的破坏

以“三皇五帝”开端的中国古史观1000多年未曾改变。但是在不同历史时期，也有学者对司马迁所构建的五帝时代的历史有所怀疑。如宋代学者欧阳修就曾质疑过五帝的历史，他说太史公对于五帝的记载“不量力而务胜，宜其失之多也”。《帝王世次图序》记有欧阳修对司马迁《五帝本纪》的批评：

> 尧、舜、禹、汤、文、武，此六君子者可谓显人矣。而后世犹失其传者，岂非以其远也哉？是故君子之学，不穷远以为能，而阙其不知，慎所传以惑世也。
>
> 方孔子时，周衰学废，先王之道不明，而异端之说并起。孔子患之，乃修正《诗》《书》《史记》，以止纷乱之说，而欲其传之信也。故略其远而详其近，于《书》断自唐、虞以来，著其大事可以为世法者而已。至于三皇五帝君臣世次皆未尝道者，以其世远而慎所不知也。
>
> 孔子既没，异端之说复兴，周室亦益衰乱。接乎战国，秦遂焚书，先王之道中绝。汉兴久之，《诗》《书》稍出而不完。当王道中绝之际，奇书异说方充斥而盛行，其言往往反自托于孔子之徒，以取信于时。学者既不备见《诗》《书》之详，而习传盛行之异说，世无圣人以为质，而不自知其取舍真伪。至有博学好奇之士，务多闻以为胜者，于是尽集诸说，而论次初无所择，而惟恐遗之也，如司马迁之《史记》是矣。
>
> 以孔子之学，上述前世，止于尧、舜，著其大略，而不道其前。迁远出孔子之后，而乃上述黄帝以来，又详悉其世次，其不量力而务胜，宜其失之多也。迁所作《本纪》，出于《大戴礼》《世本》诸书，今依其说，图而考之。尧、舜，夏、商、周，皆同出于黄帝。尧之崩也，下传其四世孙舜，舜之崩也，复上传其四世祖禹，而舜、禹皆寿百岁。稷、契于高辛为子，乃同父异母之兄弟，今以其世次而下之，汤与王季同世。汤下传十六世而为纣，王季下传一世而为文王，二世而为武王。是文王以十五世祖臣事十五世孙纣，而武王以十四世祖伐十四世孙而代之王，何其缪哉！
>
> 呜呼！尧、舜、禹、汤、文、武之道，百王之取法也。其盛德大业见于行事，而后世所欲知者，孔子皆已论著之矣。其久远难明之事后世不必知，不知不害为君子者，孔子皆不道也。夫孔子所以为圣人者，其智知所取舍，皆如此。
>
> 余既略论帝王世次而见《本纪》之失，犹谓文、武与纣相去十五、六世，其缪较然不疑。而尧、舜、禹之世相去不远，尚冀其理有可通，乃复以《尚书》《孟子》、孔安国、皇甫谧诸书，参考其寿数长短，而尤乖戾不能合也。

---

① 参见顾颉刚、杨向奎:《三皇考》，哈佛燕京学社出版1936年版，第44～84页。

据《书》及诸说云尧寿一百一十六岁，舜寿一百一十二岁，禹寿百岁。尧年十六即位，在位七十年，年八十六始得舜而试之，二年乃使摄政。时舜年三十，居试、摄通三十年而尧崩。舜服尧丧三年毕，乃即位，在位五十年而崩。方舜在位三十三年命禹摄政，凡十七年而舜崩。禹服舜丧三年毕，乃即位，在位十年而崩。由是言之，当尧得舜之时，尧年八十六，舜年三十。以此推而上之，是尧年五十七已见四世之玄孙生一岁矣。舜居试、摄及在位通八十二年，而禹寿百岁。以禹百年之间推而上之，禹即位及居舜丧通十三年，又在舜朝八十二年，通九十五年，则当舜摄、试之初年禹才六岁。是舜为玄孙年三十时，见四世之高祖方生六岁矣。至于舜娶尧二女，据图为曾祖姑。虽古远世异，与今容有不同，然人伦之理乃万世之常道，必不错乱颠倒之如此。然则诸家世次，寿数长短之说，圣《经》之所不著者，皆不足信也决矣。[①]

欧阳修对五帝世系的批评和考证，可谓精妙，这应该是最早的疑古思想。清代时崔述著有《考信录》，系统地对《史记》中的历史进行了考论。到民国时期，在西方学术思想和国内疑古思潮的带动下，顾颉刚（1893～1980）继承崔述的辨伪传统，发动了古史辨运动。他用一系列文章，使用层层剥茧的方法对中国历史尤其是"三皇五帝"的古史系统进行了解剖，提出了"层累地造成的中国古史"的观点。他认为中国远古传说是周以后的人一步步造出来的，从而使传统历史观受到了前所未有的冲击。此说一出，石破天惊，"成了轰炸中国古史的一个原子弹"[②]，引起来广泛而深远的讨论。这一观点又简称"层累说"，有三层意思：

第一，时代愈后，传说的古史期愈长。比如周代人心目中最古的人是禹，到孔子时有尧、舜，到战国时有黄帝、神农，到秦时有三皇，到汉以后有盘古开天辟地等。

第二，时代愈后，传说中的中心人物愈放愈大。如舜，在孔子时只是一个"无为而治"的圣君，到《尧典》就成了一个"家齐而后国治"的圣人，到孟子时就成了一个孝子的规范了。

第三，我们在这上即不能知道某一件事的真确的状况，但可以知道某一件事在传说中的最早的状况。我们即不能知道东周时的东周史，也至少能知道战国时的东周史；我们不能知道夏、商时的夏、商史，也至少能知道东周时的夏、商史。[③]

顾氏的目的，是从西周到汉代各个时期前后出现的各种纷繁复杂、错综絮乱的神话传说和古史资料，按照它们出现的不同历史时代力求将其条理清晰地整理出来，去探索这些传说产生的时代背景和承前启后的演变过程，以还原各个时期古史的本来面目。按照他的致知取向，即对于古史的观点，不在它的真相而在它的变化，即"不立一真，唯穷流变"。

顾颉刚提出"层累地造成的中国古史"这一学说之后，受到史学界极大的赞赏。如胡适称顾颉刚是继崔述之后对中国古史进行"第二次革命"的学者，"顾颉刚的'层累地造成

---

① （宋）欧阳修撰：《欧阳文忠公集·居士集》卷四三《帝王世次图序》，四部丛刊景元本。

② 顾颉刚：《我是怎样编写〈古史辨〉的？》，《古史辨》第1册，上海古籍出版社1982年版，第17页。

③ 顾颉刚：《与钱玄同论古史书》，《古史辨》第1册，上海古籍出版社1982年版，第59～61页。

中国的古史'一个中心学说已替中国史学界开了一个新纪元了。中国的古史是逐渐地，层累地堆砌起来的——譬如积薪，后来居上——这是决无可讳的事实。"[①]胡适还对顾氏的"层累说"这一史学理论方法作了简要的说明，概括地说明了如何使用顾先生的学说来研究中国的古史传说：

(1)把第一件史事的种种传说，依先后出现的次序，排列起来。

(2)研究这件史事在每一个时代有什么样的传说。

(3)研究这件史事的渐渐演进，由简单变为复杂，由陋野变为雅驯，由地方的(局部的)变为全国的，由神变为人，由神话变为史事，由寓言变为事实。

(4)遇可能时，解释每一次演变的原因。[②]

1920年顾颉刚毕业于北京大学哲学系，留校图书馆工作，时任北大校长蔡元培对顾颉刚的学说颇为赞赏，称"层累说"是"颠扑不破的方法"[③]。钱玄同赞扬说："先生所说'层累地造成的中国古史一个意见，真是精当绝伦。举尧，舜，禹，稷，及三皇，五帝，三代相承的传说为证，我看了之后惟有欢喜赞叹，希望先生用这方法，常常考查多多发明，廓清云雾，斩尽葛藤，使后来学子不致再被一切伪史所蒙。"[④]

同时，有些学者对"层累说"提出了批评。

顾颉刚于1923年5月6日《努力周刊》增刊《读书杂志》第9期发表了《与钱玄同先生论古史书》正式提出了"层累说"之后，同年7月1日该杂志第11期即发表了刘掞黎、胡堇人所写的两篇批评文章。刘氏认为，顾氏"所举的证据和推想是很使人不满意的"[⑤]。胡氏则认为顾氏要"推翻全部古史，当然要寻出几分证据，方可叫人信服，断不能这样附会周纳"[⑥]。张荫麟对顾说的批评则要深入得多。他认为"层累说"的论证方法使用的是"默证"法，并且违反了默证法适用的限度。[⑦] 对于顾氏"默证"的批评也为徐旭生所继承，四十年代，徐旭生于《中国古史的传说时代》一书中批评"层累说"有五个大的问题：一是认为顾颉刚对古史传说否定得太多，对于古史资料在没有可靠的证据下，"不敢"也不应该说是捏造；二是"层累说"的论证方法使用了"默证法"；三是"层累说"夸张了春秋战国各派的"歧异、矛盾"，对没有争论的点重视不够；四是"层累说"对掺杂神话的传说与纯粹的神话的界限"似不能分辨"，"不愿去分辨"；五是反对"层累说"对尧舜禹"人格"的抹杀，认为尧舜禹时代是"一个社会生产力比以前大发展的时代，进步较速，由量变达到质变的时代"[⑧]。

由于"古史辨"对神话传说的否定，史学家重新思考神话传说的史料价值。钱穆在

---

① 胡适：《介绍几部新出的史学书》，《古史辨》第2册，上海古籍出版社1982年版，第338页。

② 参见胡适：《古史讨论的读后感》，《古史辨》第1册，上海古籍出版社1982年版第189～198页。

③ 蔡元培：《致顾先生函》，高平叔编：《蔡元培史学论集》，湖南教育出版社1987年版，第223页。

④ 钱玄同：《答顾颉刚先生书》，《古史辨》第1册，上海古籍出版社1982年版，第67页。

⑤ 刘掞藜：《读顾颉刚〈与钱玄同先生论古史书〉的疑问》，《古史辨》第1册，上海古籍出版社1982年版，第92页。

⑥ 胡堇人：《读顾颉刚先生论古史书以后》，《古史辨》第1册，上海古籍出版社1982年版，第96页。

⑦ 参见张荫麟：《评近人对于中国古史之讨论》，《古史辨》第1册，上海古籍出版社1982年版，第271～273页。

⑧ 徐旭生：《中国古史的传说时代》，广西师范大学出版社2003年版，第23～26页。

1940年出版的《国史大纲》中对"层累说"提出了批评，并重新思考了神话传说的合理性。他认为"各民族最先历史无不从追记而来，故其中断难脱离'传说'与带有'神话'之部分。若严格排斥传说，则古史即无从说起。""且神话有起于传说之后者，不能因神话而抹杀传说。""假造亦与传说不同，如后起史书整段的记载与描写，或可出于假造，其散见各书之零文短语，则多系传说，非出于后世一人或一派所伪造。""欲排斥旧说，应提出与此传说相反之确据。否则此传说即不能断其必伪或必无有。""中国古代历史传说，极富理性，切近事实，与并世其他民族追述古史之充满神话气味大不相同。"①

20世纪50年代，在国内政治环境之下，学术研究遭受了沉重的打击，全国范围内开展了对胡适唯心主义思想的批判运动，顾颉刚的"层累说"也被批判。

对"层累说"的批评一直延续到近些年。细审顾先生"层累说"就会发现，这一理论与方法是上古史研究的起点，这种进化论式的历史研究方法富有理性和现代科学精神，其中辨伪应是古史研究的基本方法。对古史辨的批评者多没有理解顾先生所言"不立一真，唯穷流变"的本意，而很容易走向维护旧古史系统的道路。实际上，至今学界许多学者仍在自觉不自觉的使用古史辨的成果或思辨方法，就这一点即可见顾氏学说的价值所在。

与国内两种不同的观点相反，国外学术界表现出了对顾先生及其古史辨的一致好评。"层累说"在30年代译成英文，之后引起了西方的关注。美国恒慕义称"层累说""是中国近三十年中思潮变迁的最好记载"。魏特夫称顾氏为中国起领导作用的史学家。英国莱恩称顾氏为"最受欢迎的作家"中的"有历史才智的学者"。20世纪70年代，西方出现了对顾颉刚学说的系统研究。1971年，施奈德出版了《顾颉刚与中国新史学》，对顾先生一生的主要学术成就作了体例严谨的阐释和评述。至80年代，其学说得到越来越充分的肯定，如西德慕尼黑大学吴素乐博士写了几部阐述顾先生学术的专著，包括《古史辨——中国一次科学论战的结果》《顾颉刚最后三十年》《顾颉刚与中国古代历史的考证》等。文章对顾颉刚进行了积极评价，称其顽强地冲破了孔教的陈腐观念和禁区，打开了在历史学范围内新的思想领域，而又沿着数百年来中国学者的求是精神对古典资料作辨伪求真的研究。②

"层累说"的影响遍及国外汉学界，国外学者多受顾氏学说之影响，运用其学术观点、方法来研究中国古代社会。如美国的埃哈德·顾立雅、拉铁摩尔、卜德、许倬云，英国的韦利、休斯、格雷厄姆、汤普森，瑞典的高本汉，荷兰的贺四维等。日本学界极为关注中国史的研究，小仓芳彦、武田泰淳、贝冢茂树、平冈武夫等都对顾颉刚给予了很高的评价。日本文部省50年代的中学历史教科书《世界史》下卷关于中国"走向近代化的文化运动"一节称顾先生的主要学术业绩之一是使神秘影子里的古代中国开始暴露出真面目。③

古史辨两种不同的境遇，至今对中外学界的影响仍然存在。在国内，由于古史辨受到的批评和否定，信古的思想在学界重新回流；而国外则受古史辨的影响较深，疑古的思

---

① 参见钱穆：《国史大纲》，商务印书馆1994年版，第8～10页。

② 参见刘起釪：《顾颉刚评传序》，《顾颉刚评传》，百花洲文艺出版社1995年版，第1～14页。

③ 参见刘起釪：《顾颉刚评传序》，《顾颉刚评传》，百花洲文艺出版社1995年版，第1～14页。

想仍然存在，他们对待文献多持谨慎的态度。从而造成了两种对待有争议史学问题的倾向，或者过于信古，或者过于疑古，这从两者对待夏文化的态度上就可见一斑。

三、中国考古学的创立和兴起

鸦片战争之后，西方强大的文明使大多数国内知识分子倍感自卑与反思，而古史辨派疑古学说对上古史的摧毁无异于雪上加霜，使中国古史处于一种真空状态，这也是古史辨在国内受到批评的背景原因。20世纪初，随着西方资本主义在世界的扩张，中国文化西来说渐成兴旺之势，对脆弱的民族自尊又是一重击。中国文化的原始到底是什么状态成了国人心中热切期盼解决的问题。迷茫中的中国知识分子寄希望于考古学，肩负着重建上古史重任的中国考古学就在这样的情景下诞生了。

实际上，古史辨派的领军人物顾颉刚对考古学寄予厚望，如先生在《古史辨》自序中说：

> 我知道要建设真正的古史，只有从实物上着手的一条路是大路，我的现在的研究仅仅在破坏伪古史的系统上面致力罢了。我很愿意向这一方面做些工作，使得破坏之后得有建设，同时也可以用了建设的材料做破坏的工具。……只恨我的学问的根底打得太差了，考古学的素养也太缺乏了，我怎能把他们的研究的结果都亲切地承受了呢！从此以后，我的心头永远顿着一笔债，觉得在考古学方面必须好好读几部书。[①]

后来，他在《答李玄伯先生》一文中又说：

> 读到李玄伯先生的"古史问题的唯一解决方法"，非常快乐。李先生所说的"用载记来证古史，只能得其大概……要解决这些问题，还要努力向发掘方面走"，确是极正当的方法。我们现在研究古史，所有的考古学上的材料只有彝器文字较为完备，其余真是缺得太多。发掘的事，我们应当极端的注重，应当要求国家筹出款项，并鼓吹富人捐出款项，委托学者团体尽力去做。[②]

在顾颉刚看来，古史辨伪工作正可以做考古的开路先锋，同时又可以用考古所得的资料来支撑其进一步辨伪，从而使辨伪工作和考古成为真正的同盟军，即认为辨伪和考古工作对于古史重建缺一不可。

最早在中国从事考古工作的是以安特生为代表的西方学者。安特生是瑞典地质学家，当时任中国地质调查所顾问，在协助北洋政府找矿期间，兴趣逐渐往古生物化石和古文化方面转移。1918年，安特生前往河南调查古脊椎动物化石。1920年，他派助手刘长山去河南采集动物化石并寻找石器。刘长山在河南渑池县仰韶村收集了大量石器运回地质调查所。安特生根据这次调查结果，初步推断仰韶村可能是一处相当大的新石器时

---

① 顾颉刚：《古史辨自序》，《古史辨》第1册，上海古籍出版社1982年版，第50～51页。

② 顾颉刚：《答李玄伯先生》，《古史辨》第1册，上海古籍出版社1982年版，第276页。

代遗址。第二年，他前往仰韶村进行正式调查和发掘，从而发现了以彩陶闻名的仰韶文化。①

仰韶遗址是中国发掘的第一处史前遗址，它的发掘证明中国史前史的存在，是中国考古学史上的一件大事。② 1921的这次发掘，被学界作为中国考古学诞生的标志。仰韶遗址的发掘对中国古史研究带来相当大的冲击，并扩大了人们的视野，使当时的史学家意识到考古是了解中国古史的必由之路。

不过，安特生根据仰韶村获得的资料说："吾人就考古学上证之，亦谓此著采（彩）之陶器当由西东来非由东西去也。……使他日可证明制陶之术来自西方，则其他文化或种族之特征，亦可由此输入。"安特生认为仰韶村发现的彩陶与西亚的彩陶有相似之处，这种彩陶由西亚传入中国。③ 中国第一次考古发掘非但没有证明中国文化的原始，反而为中国文化西来说提供了考古学上的证据，这对深陷民族自卑中的中国学者无疑是沉重打击。因此，开展由中国人自己主持的考古工作成了一件迫切的事。

第一次由中国学者主持的田野考古发掘工作是1926年李济对山西夏县西阴村遗址的发掘。

李济于1922年毕业于哈佛大学人类学系，回国后受聘于南开大学，任人类学和社会学教授。1925年任清华大学国学研究院人类学讲师。次年，他去山西南部汾河流域进行了调查，因为这里是传说中的尧、舜和夏人的活动区域。

在这次调查活动中，李济探访了尧帝、舜帝的陵墓，并去传说中的夏都调查了大禹庙和夏王的陵墓。在调查过程中，他一直想找一处彩陶文化遗址，终于在途中发现了西阴村遗址，并迫不及待地于同年10月对其进行了发掘。④ 这是中国学者第一次独立地进行考古发掘——中国考古学从诞生之初就具有"证史"的宿命。

为了更好地开展考古工作，重建中国古史，20年代末，中国开始建立考古研究的学术机构。1928年，中央研究院历史语言研究所在中山大学成立，32岁的傅斯年任所长。同年10月，33岁的董作宾前往出土甲骨文的安阳小屯进行调查试掘，准备大规模发掘殷墟。1929年，李济被聘任为历史语言研究所考古组主任。中国地质调查所新生代研究室及北平研究院史学研究会考古组也相继成立。

1928～1937年，为了印证商代历史，考古学者对殷墟进行了15次发掘，累计发掘面积达46000多平方米。其间，从国外专攻考古学的梁思永学成归来，参加了殷墟和城子崖的发掘。1930年发掘的济南历城县龙山镇城子崖遗址，发现了一处不同于仰韶文化的新石器遗址，后来被命名为"龙山文化"。龙山文化以黑陶为基本特征，完全不同于仰韶文化的彩陶，证明除了彩陶文化外，中国文化另有一强大根系，"替中国文化原始问题的讨论找了一个新的端绪"。在一定程度上推翻了中国文化西来的假说。城子崖发现的黑

① 参见陈星灿：《安特生与中国史前考古学的早期研究》，《华夏考古》1991年第4期。

② 仰韶遗址的发掘自1921年10月至12月1日，在同年6～7月初，安特生曾发掘辽宁锦西沙锅屯洞穴遗址。1921年之前也有日本人在中国境内作小规模发掘，但影响不大。因此，学界往往将仰韶村的发掘作为中国考古工作的开端。详见陈星灿：《安特生与中国史前考古学的早期研究》，《华夏考古》1991年第4期。

③ 参见[瑞典]安特生：《中华远古之文化》，袁复礼节译，农商部地质调查所，1923年，第26页。

④ 参见李济：《山西南部汾河流域考古调查》，《考古》1983年第8期。

陶文化也被认为与商文明之间更有渊源，当时的考古学家对新发现的黑陶文化寄予厚望，并相信“要是我们能寻出城子崖的黑陶文化的演绎秩序及所及的准确范围，中国黎明期的历史就可解决一大半了”。[①] 后来梁思永发掘了安阳后冈遗址，从地层上解决了仰韶文化、龙山文化和商代文化的相对年代关系，认识到以黑陶为特征的龙山文化晚于以红陶彩陶为特征的仰韶文化。梁思永加入殷墟发掘之后，在发掘方法上进行了改进，按遗迹单位来进行发掘，从而使殷墟发掘走上了科学的轨道，取得了较大的收获。首先是在小屯村附近发现了 50 多座夯土建筑基址，获得 22000 多片有字甲骨和其他珍贵文物。又在侯家庄商王陵区发掘了 10 座规模特大的商代大墓以及上千座“人牲”祭祀坑。这些发现大大推动了中国考古学的发展和商代历史的研究。同时，殷墟的发掘培养了中国第一代考古学家，董作宾、梁思永、高去寻、石璋如、郭宝钧、尹达、夏鼐等人主导了中国数十年的考古研究工作。

1945 年，夏鼐在甘肃阳洼湾齐家文化墓葬中发现了“仰韶式的彩陶”，从而推翻了安特生的分期标准，彻底动摇了中国文化西来说的基础，进而推翻了中国文化西来说，极大地鼓舞了中国考古学者。之后，安特生也改变了观点，承认了中国文化起源的本土性。

中华人民共和国成立前的 20 年间，中国学者进行了大量考古工作，中国考古学作为一门新兴学科已经初具规模，为 1949 年以后的发展奠定了良好的基础。较重要的发现除了仰韶文化、龙山文化外，还有 1936 年施昕更对良渚遗址的发掘，发现了良渚文化；日本学者鸟居龙藏于赤峰发现了红山文化。考古工作遍及黄河流域、长江下游和东北地区。

通过艰辛的探索，中国学者摸索出了一套适合中国的田野工作方法，积累了大量珍贵的考古资料，并出版发行了一批田野考古学报告，如李济的《西阴村史前遗存》、裴文中《周口店洞穴层采掘记》[②]、梁思永的《城子崖》[③]、施昕更的《良渚》[④]、苏秉琦的《斗鸡台沟东墓葬》[⑤]等均得以发表。考古研究工作也取得了相当的成就，郭沫若旅居日本期间所著《卜辞通纂》《殷契粹编》《两周金文辞大系图录》《两周金文辞大系考释》，董作宾的《甲骨文断代研究例》[⑥]等，为甲骨文、金文的研究做出了卓越贡献。

中华人民共和国成立以后，中国考古学进入了一个新的发展阶段。人民政府公布了关于保护古代文物的法令，恢复了周口店、殷墟两项中断十多年的考古发掘。随后在中国文化部设立了主管全国文物保护工作的机构——文物局。1950 年，在中国科学院设立了考古研究所，专门从事考古研究工作，1977 年之后更名为“中国社会科学院考古研究所”。各省、市、自治区也相继成立了文物管理委员会，负责当地的文物保护工作，承担配合基本建设的考古发掘任务。1952 年，北京大学创办了考古专业，隶属于历史系，培养考

① 李济：《城子崖发掘报告序》，张光直、李光谟编：《李济考古学论文选集》，文物出版社 1990 年版，第 189、193 页。

② 裴文中：《周口店洞穴采掘记》，实业部地质调查所。北平研究院地质学研究所，1934 年。

③ 李济、梁思永、董作宾：《城子崖》，中央研究院历史语言研究所，1934 年。

④ 施昕更：《良渚——杭县第二区黑陶文化遗址初步报告》，浙江省教育厅印制，1938 年。

⑤ 苏秉琦：《斗鸡台沟东墓葬》，北平研究院史学研究所，1948 年。

⑥ 董作宾：《甲骨文断代研究例》，“中央研究院”历史语言研究所，1933 年。

古学人才。1979 年 4 月成立了中国考古学会，成为中国考古学开始走向繁荣的标志。其后全国各省也相继成立了地方考古学会和文物博物馆学会，这些机构开展了各种学术问题的讨论，促进了考古研究的蓬勃发展。三大考古杂志《考古学报》《考古》和《文物》也相继创刊。

随着各地经济的发展，全国各地都在进行配合基本建设考古发掘，随着资料的日益增多，考古学者认识到不同地区的考古学文化各有区别。这对在学术界占统治地位的中国文化和文明起源的“一元论”观点开始提出了挑战。同时，考古学理论与方法也取得了很大进步，如苏秉琦的区系类型理论，即基于各地区考古学文化面貌的不同提出。此外一些国外的先进理论和技术传入我国也促进了考古学的发展，尤其是美国科学家利比（Willard Frank Libby）发明的^{14}C测年技术于 1955 年传入中国，并于社会科学院考古研究所建立了第一所^{14}C实验室，此后不久北京大学也成立了另外一所。^{14}C测年技术应用于中国考古学研究，使中国考古的年代学研究有了革命性的变化。

“文化大革命”使考古学的发展也受到了影响。“文化大革命”后期，随着国内政治秩序的恢复，考古学的发展逐渐得到恢复。1972 年，三大杂志相继复刊。1972～1977 年，山西大学、吉林大学、南京大学、厦门大学、山东大学、郑州大学、中山大学和武汉大学这 8 所大学相继成了立了考古专业，为迅速发展的考古事业培养人才。一批重要的遗址相继被发掘，如山东大汶口、浙江河姆渡、河北磁山、青海柳湾、四川大溪、江苏草鞋山等。这些遗址分布于更广阔的空间，从而改变了学界对各个地区古代文化面貌的认识，严重挑战了中原地区是中国文明发展进程中唯一中心的传统观点。

随着对外开放的发展，中国考古学界与国际考古学界的交流也得到恢复和扩大，国外的考古学理论传入我国，从而促进了国内考古学研究的发展。这个时期的代表人物有美国哈佛大学人类学教授张光直先生。他首先将国外先进的理论与方法如聚落考古学介绍到中国，并介绍了多位国外著名考古学者来华讲学，从而成为架起中外考古学交流桥梁的第一人。得益于对外交流的结果，国内考古学理论也在这一时期获得长足的进步，考古学与自然科学的结合也越来越紧密，如测年技术、环境考古、动植物考古、物质结构与成分分析等自然科学手段在考古学上的应用日益广泛。

中国考古学经过 90 年的发展，新石器时代至早期青铜时代的考古学文化序列渐趋完善。考古学者通过田野发掘和考古研究工作在各区域内建立起了相对完整的文化序列，从而建立起了中国上古史的研究框架。这一框架的建立使我们认识到，中国文明起源不是一元的，中国史前文化可以分成许多区域，每一个区域都有自己发展的传统，而且每一区域内都有文明的因素，中原文明是在相互交流影响中逐渐汇集产生的。中原地区在充分吸收了各地文明因素的基础上，创造了夏、商、周三代文明。

中国考古学重建中国上古史的历史任务历来备受重视。从国家层面启动的夏商周断代工程和中国文明起源研究，成为中国考古学重建上古史的两个重大课题。三代之前的考古学研究集中于三个主要问题的解决：人类起源、农业起源和文明起源，其中中华文明的起源问题与上古史的重建为一体两面。

四、王国维与二重证据法

如果说顾颉刚是古史的破坏者的话，那么王国维就是古史建设者。

王国维(1877～1927),浙江杭州府海宁人,字静安,又字伯隅,晚号观堂,谥忠悫,与梁启超、陈寅恪和赵元任合称清华国学研究院的"四大导师",是中国新学术的开拓者,连接中西美学的大家,在文学、美学、史学、哲学、金石学、甲骨文、考古学等领域成就卓著。著有《海宁王静安先生遗书》《红楼梦评论》《宋元戏曲考》《人间词话》《观堂集林》《古史新证》《曲录》《殷周制度论》《流沙坠简》等62种。陈寅恪称王国维的学术成就"几若无涯岸之可望、辙迹之可寻"。王国维在史学上最大的成就是提出著名的"二重证据法",并考证了商王世系,从而使司马迁《史记·殷本纪》中记载的商史成为信史,为中国上古史重建找到了第一个支点。

1925年,王国维于《古史新证》中正式提出"二重证据法"以运用"地下之新材料"与古文献记载相互印证来考证古代历史文化,从而大大开拓了史料的来源,形成了一种科学的历史理论与研究方法。

王国维运用"二重证据法"取得的重大成就,是1917年初先后撰成的《殷卜辞中所见先公先王考》和《殷卜辞中所见先公先王续考》两文。

在王国维写作两文之前,罗振玉于1915年作《殷墟书契考释》,开始将甲骨文上的商王名号与《史记·殷本纪》相对证,指出卜辞中商王名22个,外加"示壬""示癸"两个先王名号。[①] 王国维在此基础上进一步研究,综合《史记》与《楚辞》《山海经》《竹书纪年》《世本》《汉书古今人表》《吕览》等文献与甲骨卜辞比勘考析,证明对商代先王世数诸种文献不同记载中,以《史记·殷本纪》所记世数为正确:"三篇所记殷君数同,而于世数则互相违异。据《殷本纪》,则商三十一王,共十七世。"司马迁《殷本纪》商先王三十一帝名、十七世数,除祖乙为河亶甲子非中丁子此一处错误外,其余全部能以卜辞相质证,证明太史公所记史实确切有据。1000多年来对于《史记·殷本纪》《三代世表》《汉书古今人表》三篇文献中商先王世数究竟何者为正确的问题得到解决。《续考》中还考证出甲骨卜辞中"毓""後""后"三字互通,商人称其先祖为"后",卜辞中屡见"多后",是商人多位祖先的共称。另外,考证出卜辞中称祖乙为中宗,与古来尚书家之说不同,唯《太平御览》引《竹书纪年》曰:"祖乙滕即位,是为中宗,居庇。"证明《竹书纪年》正确,"而古今尚书家说非也",《史记·殷本纪》以大戊为中宗,亦因本《尚书》而误。[②]

王国维的"二重证据法"使甲骨卜辞之学始有脉络和途径可寻,为甲骨文研究奠定了基础,甲骨学也被称作"罗王之学"。

关于"二重证据法"的内涵和运用,王国维本人曾用简约的文字加以表述:

> 上古之事,传说与史实混而不分;史实之中固不免有所缘饰,与传说无异,而传说之中亦往往有史实为之素地,二者不易区别,此世界各国之所同也。……吾辈生于今日,幸于纸上之材料外更得地下之新材料,由此种材料,我辈固得据以补正纸上之材料,亦得证明古书之某部分全为实录,即百家不雅训之言,亦不无表示一面之事实。此二重证据法,惟在今日始得为之。虽古书之未得证明者,不能加以否定;而其

① 参见王国维:《殷卜辞中所见先公先王考》,《观堂集材》,中华书局1959年版,第409～436页。

② 参见王国维:《殷卜辞中所见先公先王续考》,《观堂集林》,中华书局1959年版,第437～450页。

已得证明者，不能不加以肯定，可断言也。[①]

王国维认为上古之事传说与史实往往混而不分，古史传说中也有史实为“素地”。解决古史问题的方法，即以考古发掘出的地下材料结合文献进行考证。杨向奎称誉王氏的学术“在建设可信的古史系统上作出了成绩”，并特别强调他在运用史料上的过人之处，“（王国维）用考古学上的材料来证实文献上的记载，使久已沉埋的史料又活跃起来”。[②]陈寅恪在《王静安先生遗书序》一文中也称其成就和方法为“吾国近代学术界最重要之产物”[③]；《殷卜辞中所见先公先王考》与《续考》，“不仅为王国维一生学问中最大的成功，亦是近代学术史上的一大盛事”[④]。

五、中国古史框架的建立

中国传统的古史观在古史辨派的否定之下早已难以令人信服。与考古学的创建和发展同步，史学家也开始以新的历史观重新梳理古代文献，创建新的古史系统，以进行重构古史整体格局的努力。包括王国维在内，蒙文通、傅斯年和徐旭生等人对古史系统进行了整理。

1917 年 9 月，王国维发表了著名的《殷周制度论》，打破了“地域向来一统的观点”。王国维在《殷周制度论》的开篇中即从民族、地理、族群的角度论及殷周制度的变革和中国文化的东西之分：

> 都邑者，政治与文化之标征也。自上古以来，帝王之都皆在东方。太皞之虚在陈，大庭氏之库在鲁，黄帝邑于琢鹿之阿，少皞与颛顼之虚皆在鲁、卫，帝喾居亳。惟史言尧都平阳，舜都蒲坂，禹都安邑，俱僻在西北，与古帝宅京之处不同。然尧号陶唐氏，而冢在定陶之成阳，舜号有虞氏，而子孙封于梁国之虞县，《孟子》称舜生卒之地皆在东夷。盖洪水之灾，兖州当其下游，一时或有迁都之事，非定居西土也。禹时都邑虽无可考，然夏自太康以后以迄后桀，其都邑及他地名之见于经典者，率在东土，与商人错处河济间，盖数百岁。商有天下，不常厥邑，而前后五迁，不出邦畿千里之内。故自五帝以来，政治文物所自出之都邑，皆在东方，惟周独崛起西土。武王克纣之后，立武庚，置三监而去，未能抚有东土也。逮武庚之乱，始以兵力平定东方，克商践奄，灭国五十，乃建康叔于卫，伯禽于鲁，太公望于齐，召公之子于燕。其余蔡、郕、郜、雍、曹、滕、凡、蒋、邢、茅诸国，棋置于殷之畿内及其侯甸，而齐、鲁、卫三国以王室懿亲，并有勋伐，居蒲姑、商奄故地，为诸侯长。又作雒邑为东都，以临东诸侯，而天子仍居丰镐者，凡十一世。自五帝以来，都邑之自东方而移于西方，盖自周始。故以族类言之，则虞、夏皆颛顼后，殷、周皆帝喾后，宜殷、周为亲；以地理言之，则虞、

① 参见王国维：《古史新证》，《古史新证——王国维最后的讲义》，清华大学出版社 1994 年版，第 1～3 页。

② 杨向奎：《略论王国维的古史研究》，《东岳论丛》1980 年第 1 期。

③ 陈寅恪：《王静安先生遗书序》，原载 1940 年商务印书馆《海宁王静安先生遗书》，收入《陈寅恪史学论文选集》，上海古籍出版社 1992 年版，第 501 页。

④ 袁英光：《中国史学家评传》（下），中州古籍出版社 1985 年版，第 1220 页。

夏、商皆居东土，周独起于西方，故夏、商二代文化略同。①

文中将古代帝王的都城进行了东、西划分，认为自上古以来，帝王之都皆在东方，如太皞、大庭氏、黄帝、少皞、颛顼、帝喾，只有尧都、舜都和禹都位于西北。王氏又将虞、夏、商、周按族系和地理进行了划分。以族分之，虞、夏为颛顼之后，殷、周为帝喾之后。按地理来分的话，虞、夏、商都在东土，唯独周位于西方，所以夏、商文化大略相同。

受王国维的影响，时任中央研究院历史语言研究所所长的傅斯年(1896～1950)写了一部讲中国古代史的专著——《民族与古代中国史》，其中三章以《夷夏东西说》为名发表于《庆祝蔡元培先生六十五岁论文集》中。该文阐发了傅氏夷夏东西对立的观点：

在三代时及三代以前，政治的演进，由部落到帝国，是以河、济、淮流域为地盘的。在这一片大地中，地理的形势只有东西之分，并无南北之限。历史凭借地理而生，这两千年的对峙，是东西而不是南北。现在以考察古地理为研究古史的一个道路，似足以证明三代及近于三代之前期，大体上有东西不同的两个系统。这两个系统，因对峙而生争斗，因争斗而起混合，因混合而文化进展。夷与商属于东系，夏与周属于西系。

与王国维不同的是，傅斯年将夏也放到了西方，而将东夷与商安排到东方。从而形成了新的夷夏对立学说：夷夏对立，一东一西；商周对立，一东一西。实际上东西只是一种相对概念，只是区分东西的角度不同。

傅斯年根据《左传》《国语》《诗》《史记》等书考证："夏之区域，包括今山西省南部，即汾水流域，今河南省之西部、中部，即伊洛嵩高一带，东不过平汉线，西有陕西一部，即渭水下流。""东方界线，则其盛时曾有济水上流，至于商丘，此便是与夷人相争之线。"夏在西方兴起强大的时候，东方却是夷人的天下。傅斯年说，所谓"夷"，"实包括若干族类，其中是否为一族之各宗，或是不同之族，今已不可评考"。他把夷人分作两大族类："太皞之族和少皞之族。太皞与太昊为一词，古经籍中多作伏羲氏，或作包牺氏。太皞氏主要有风姓，古代传说中的华胥、女娲、大庭氏、葛天氏等都属于太皞这一系统。"傅斯年引证了经籍中关于太皞之记载后，归纳出两条："一、太皞族姓之国部(指国家或部落)之分配(分布)，西至秦，东括鲁，北临济水，大致当今河南东隅，山东西南部之平原，兼包蒙峄山境，空桑在其中，雷泽在其域。古代共认太皞为东方之部族，乃分配(布)于淮济间之族姓。二、太皞继燧人而有此土。在古代之礼乐系统上，颇有相当之贡献；在生活状态上，颇能作一大进步。当是已进于较高文化之民族，其后世并不为世所贱。在周代虽居卫而为'小寡'，世人犹以为'明祀'也。"

少皞一系"其地望大致与太皞同，而位于空桑之野之曲阜，尤为少皞之本邑。…… 太少二字，金文中本即大小，大小可以地域大小及人数众寡论，如大月氏小月氏。然亦可以先后论，如太康、少康。今观太皞、少皞，既同处一地，当是先后有别。太皞之后今可得而考见者，只风姓三四小国；而少皞之后今可考见者，竟有嬴、己、偃、允四著姓。……种姓

① 王国维：《殷周制度论》，《观堂集林》，中华书局 1959 年版，第 451～452 页。

蕃衍……比起太皞来，真是有后福了。”

傅斯年从《左传》《史记》《世本》佚文、《左氏杜注》中所找出的嬴姓所建国有：郯、莒、奄、徐、江、黄、赵、秦、梁、葛、菟裘、费。秦、赵后来成为战国时大国，秦且成为中国历史上第一个真正的帝国。另有群舒、六、蓼、英氏，为偃姓国家。中国古代传说中的大人物，很多是属于夷族的，如伯益、皋陶。夷族所居住的区域，“西至今河南之中心，东尽东海，北达济水，南则所谓淮夷徐舒者皆是。这个分布在东南一大片部族名为夷者和分布在偏于西方的一大片部族名诸夏者，恰恰成对峙的形势”。①

这种以黄河流域为中心，东西二元对立的观点直接突破了“地域向来一统”的观点，但其视野还是主要集中于黄河流域。进一步的研究诞生了三分法，由蒙文通首创。

蒙文通（1894～1968），名尔达，字文通，四川省盐亭县石牛庙乡人，现代杰出的历史学家。1929年，蒙文通开始撰写《古史甄微》，将中国上古民族分为江汉民族、海岱民族、河洛民族这三系。江汉民族为炎族，以炎帝、神农、三苗、共工、祝融、蚩尤为代表，以姜姓为主，活动在江汉流域；河洛民族为黄族，以黄帝、颛顼、帝喾、帝尧为代表，以姬姓为主，活动在河洛地区；海岱民族为泰族，以燧人、伏羲、女娲、太皞和少皞、帝舜、皋陶为代表，以风、偃、嬴姓为主，活动在山东及其周围的海岱地区。三系的部落、姓氏、居处地域、经济文化各具特征。②

蒙文通将传说中的人物重新进行了区域划分。这就把被古史辨排斥出古史系统的人物和部族放入了一个新的框架之中。这个多区域、多体系的框架显然要比传统万世一系的古史观更符合实际。

进一步对古史传说进行整理研究的是徐旭生先生。

徐旭生（1888～1976），名炳昶，字以行，河南唐河县人，著名史学家。历任北京大学教务长、北京师范大学校长、中国史学研究所所长。他在1941年出版了著名的《中国古史的传说时代》一书。该著作通过对文献的辨别、梳理和分析提出：“我国古代民族的部族的分野，大致可分为华夏、东夷、苗蛮三集团。”华夏集团“发祥于陕西省的黄土原上，在有史以前已经渐渐地顺着黄河两岸散布于中国的北方及中部的一部分地方”；东夷集团“北自山东北部，最盛时也或者能达到山东的北部的全境。西至河南的东部，西南至河南的极南部。南至安徽的中部；东至海”；苗蛮集团的中心在“今日的湖北、湖南两省。西及南两方的界限到什么地方，今日文献无证，却很难说。在东面，江西省的大部分当属于这个集团。再向东的吴及越地，在文化上是否也属于这一集团也很难说。独北面的疆域比较明白。东部当以今日豫、鄂连境的大别山脉为界，以东邻于东夷集团。西部则北越南阳一带，侵入伏牛、外方各山脉间，以北邻于华夏集团”。他认为，五帝时代，生产力有较大的发展，是由量变到质变的时代。五帝时代经历过三大变革：黄帝统占中原，过去部落林立的局面，经此大震荡，逐渐相互融合与同化，形成部落大联盟；二是颛顼时，“绝地通天”，大胆改革，人神分开，有人专营社会秩序方面的事，又有人专管宗教方面的事。劳心

① 以上引文均出自傅斯年：《夷夏东西说》，发表于1933年《“中央研究院”历史语言研究所集刊》外编第一种《庆祝蔡元培先生六十五岁论文集》，收入傅斯年：《民族与古代中国史》，上海古籍出版社2012年版，第1～71页。

② 参见蒙文通：《古史甄微》，商务印书馆1933年版，收入《蒙文通全集》（三），巴蜀书社2015年版，第3～124页。

者与劳力者日益分化，氏族社会解体，特权阶级产生；三是大禹治水后，主名山川。人民能“降丘宅土”，休养生息。生产发展，贫富不均。“此三大变也。此等巨变，奠定了我民族的生活基础，孕育出伟大的华夏民族，建立了有定型、有组织的王国。”①

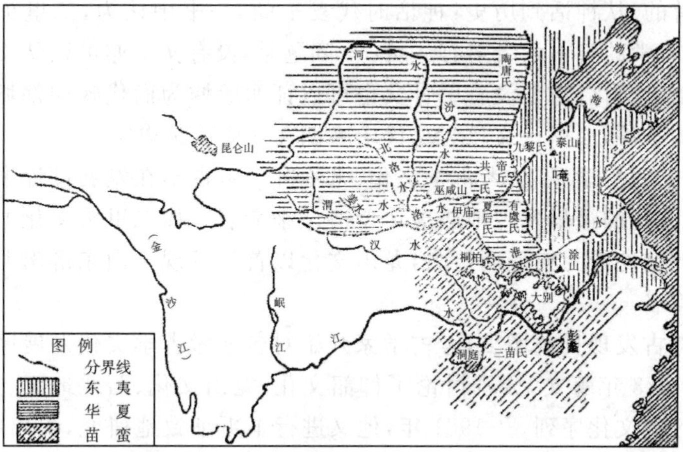

图 3　徐旭生所划分中国古代的三大集团

（摘自徐旭生《中国古史的传说时代》）

徐旭生对古代部族的分野，分为华夏、东夷、苗蛮三集团，又细分为六部分，将西北方的华夏集团分为黄帝、炎帝两大支，黄帝支居北，炎帝支居南；近东方又有混合华夏、东夷两集团文化的高阳氏（帝颛顼）、有虞氏（帝舜）、商人；接近南方的又有出自北方的华夏集团，一部分深入南方，与苗蛮集团发生极深关系的祝融等氏族。徐氏认为，这三个亚集团是由原来的三集团中细分出来的，不能同它们平列。“这三个集团相遇以后，开始互相争斗，此后又和平共处，终结完全同化，才渐渐形成将来的汉族。我们战国及秦、汉时代的人民常自称华夏是错误的，他们实在是华夏、东夷、苗蛮三族的混合。我们常常自称为‘炎、黄裔胄’，其实这种说法不能代表我们，必须说是羲、皞、炎、黄裔胄，或炎、黄、羲、皞裔胄，炎、黄代表华夏，皞代表东夷，羲代表苗蛮，才可以代表我们全体的老汉族。”②（图 3）

徐旭生与蒙文通建立了一种较合理的古史分区系统。这一系统要比“三皇五帝”代系相传的系统更合理，中原一统的大一统观也被打破和重建了。这一古史系统也更符合三代史实。在此基础上也有了将古史传说与考古学所建立的分区系统相对应的可能性。

六、考古学史前框架的建立

通过几十年考古学的发展，上古史的研究逐渐深入。商代因有甲骨文的发现和殷墟的发掘已经被确认为信史。对于夏代国内外学者还存在分歧。目前国内学者多认同夏代的存在，并认为主要分布于豫西、晋南的二里头文化即夏文化。只是从测年上看，二里头文化的时间长度（200～300 年）达不到文献中夏积年 471 年的记载。这样就不得不把

① 参见徐旭生：《中国古史的传说时代》，广西师范大学出版社 2003 年版，第 1～2 页。

② 参见徐旭生：《中国古史的传说时代》，广西师范大学出版社 2003 年版，第 4 页。

中原龙山文化晚期拿来补缺。可这样的后果是将两个不同的考古学文化作为夏文化遗存不符合人们的心理预期和逻辑。国外学者存疑者较多，甚至否认夏的存在。因为缺少二里头文化与夏文化相互质证的文字或其他材料。不过日本学者宫本一夫在近年出版的中国通史之首的《从神话到历史：神话时代夏王朝》一书中认为，二里头文化即夏代文明，研究中国考古学的日本学者多有认可。[①] 问题是，没有文字亦可以从文化因素和文化关系上推论出夏代文化，正如没有甲骨文也可以证明殷墟为商代晚期都城。夏代的问题已经有了解决的条件，二里头文化为夏代中晚期文化应该是史实。

夏代之前的文化，学界以"考古学文化"来称呼。考古学在发展过程中建立了一种命名规则，即以该文化的最早发现地或最典型遗址来命名。如二里头文化即以发现于河南偃师二里头村的遗址最为典型而得名，龙山文化以首先发现于山东济南龙山镇龙山村的城子崖遗址而得名。

随着各地考古发现日益增多，考古学家开始对各地考古学文化发展序列进行总结思考。安志敏于1973年著文，分别讨论了仰韶文化、龙山文化、西北地区、长江下游、长江中游和西南地区的文化序列。[②] 1981年，他又进行了更细致地研究，提出"仰韶文化的类型和变体""龙山文化的再认识""江汉地区的诸遗存""长江下游的文化序列"和"东南和西南的遗存及有关问题"等。[③]

1973年浙江余姚河姆渡文化遗址发掘，发现有独立的木构体系和发达的木构建筑技术，使学界看到江南地区存在不同于黄河流域发达的史前文化。考古学家夏鼐敏锐地提出东南等地所发现的文化遗存与黄河流域文化分属不同类型。1977年，夏鼐按照中原、黄河上游（甘青地区）、黄河下游和旅大地区、长江中下游、闽粤沿海、西南地区和东北地区这七个地区，全面叙述了各地的考古学文化和发展序列。[④]

受徐旭生中国古史"三集团"说的影响，苏秉琦自20世纪70年代起在不同的场合阐述了自己对中国史前考古学文化格局的思考，指出新石器时代存在中原、沿海、东南、江汉、甘青和北方六个区系并立的格局。[⑤] 1981年，他正式提出了"区系类型学说"，将中国史前文化分为六个大区：陕甘晋邻近地区、山东及邻省一部分地区、湖北和邻近地区、长江下游地区、以鄱阳湖—珠江三角洲为中轴的南方地区和以长城地带为重心的北方地区。"区系类型理论"中的"区"是指具有相同文化面貌的大地理范围，在其内部更小的地理单元内文化面貌也有区别，苏先生称之为"类型"。"区系类型理论"中的"系"是指考古学文化的发展演变，是时间概念，如大汶口文化发展演变为山东龙山文化，马家浜文化发展演变为崧泽文化等。[⑥] 此后，苏秉琦不断完善这一学说，他指出：多个主要文化区系沿各自的道路发展，均达到过相对高的社会发展程度，出现了"文明曙光"，整个中国文明起

---

① 参见[日]宫本一夫：《从神话到历史：神话时代 夏王朝》，吴菲译，广西师范大学出版社2014年版，第332页。

② 参见安志敏：《略论我国新石器时代文化的年代问题》，《考古》1972年第6期。

③ 参见安志敏：《三十年来中国的新石器时代考古学》，《中国新石器时代论集》，文物出版社1982年版，第1～19页。

④ 参见夏鼐：《碳－14测定年代和中国史前考古学》，《考古》1977年第4期。

⑤ 参见苏秉琦：《学科改造与建设——1975年8月间为吉林大学考古专业同学讲课提纲》，《苏秉琦文集》（二），文物出版社2007年版，第210～217页。

⑥ 参见苏秉琦、殷玮璋：《关于考古学文化的区系类型问题》，《文物》1981年第5期。

源呈满天星斗之势；各地区在发展过程中除了自己的“裂变”外，相互间也有密切互动，表现为“撞击”和“融合”，即区系间的相互学习和某些区系对其他区系因素的兼容并蓄。[①]这一模式与费孝通先生的中华民族“多元一体”格局相呼应，从而创立了中华民族“多元一体”的发展模式理论。[②]

在苏秉琦史前文化满天星斗说的基础上，严文明于1986年提出了著名的“重瓣花朵”模式。他认为史前文化格局中，“最著名的是中原文化区，它以渭河流域和晋、陕、豫三省邻接地区为中心，范围几乎遍及陕西、山西、河北、河南全境”。这一中原文化区周围有甘青文化区、山东文化区、燕辽文化区、长江中游区和江浙文化区。“这五个文化区都紧邻和围绕着中原文化区，很像一个巨大的花朵，五个文化区是花瓣，而中原文化区是花心。各文化区都有自己的特色，同时又有不同程度的联系，中原文化区更起着联系各文化区的核心作用。”“假如我们把中原地区的各文化类型看成是第一个层次，它周围的五个文化区是第二个层次，那么最外层也还有许多别的文化区，可以算作第三个层次。它包括福建的昙石山文化，台湾的大坌坑文化、广东的石峡文化，以及云南宾川白羊村、西藏昌都卡若、黑龙江新开流和昂昂溪、从内蒙古到新疆的诸细石器文化等。……它们同第二个层次的关系较第一个层次更为直接也更为密切，好像是第二重的花瓣。而整个中国的新石器文化就像一个巨大的重瓣花朵。”他认为中原地区的史前文化发展水平较高，是由于地理上的核心位置决定的，因中原位居“重瓣花朵”的中心，“易于受到周围文化的激荡和影响，能够从各方面吸收有利于本身发展的先进因素，因而有条件最早进入文明社会”。“重瓣花朵”格局是“一种分层次的向心结构”，“不但把统一性和多样性很好地结合起来，而且产生出强大的凝聚力”。[③]“重瓣花朵”与“满天星斗”的不同在于：前者更强调中原地区的重要性和历史地位。这一模式符合中国史前考古资料的实际情况，又符合文献记载的三代文明以中原为中心的史实，从而为三代文明找到了史前基础。

严文明以“重瓣花朵”格局与文献记载的古代部族进行了对应。他指出，根据古史传说，中原地区“这一带是黄帝和炎帝为代表的部落集团活动的地域，以后在这里形成华夏各族”；甘青地区的新石器文化“应是往后戎羌各族的史前文化”；山东地区的“大汶口文化和龙山文化等就应该是东夷诸部的史前文化”；燕辽地区古文化可能是燕文化的重要渊源；长江中游孕育了楚文化；长江下游诸文化应是古越族的史前文化。通过这样的对应，便将史前考古文化、古史传说和三代文明之间建立了紧密的联系。

虽然严文明将全国的史前文化划分成以中原为中心的三重结构，但他也认为中国早期文明的起源地应包括整个华北和长江中下游地区，也即在中国文明的形成过程中长江中下游和黄河中下游地区最为重要，为中国文明的形成做出了最突出的贡献。赵辉对“重瓣花朵”格局的形成进行了进一步的阐述，认为公元前3000～前2500年间，中原文化区开始形成，形成了以中原为中心的历史趋势。[④]

与“重瓣花朵”类似的理论还有哈佛大学人类学系张光直教授提出的“中国相互作用

---

① 参见苏秉琦：《中国文明起源新探》，三联书店1999年版，第27～140页。

② 参见费孝通：《中华民族多元一体格局》（修订本），中央民族大学出版社1998年版，第3～46页。

③ 参见严文明：《中国史前文化的统一性与多样性》，《文物》1987年第3期。

④ 参见赵辉：《以中原为中心的历史趋势的形成》，《文物》2000年第1期。

圈”。张先生将公元前4000年时期的中国新石器时代文化划分为红山、小珠山、仰韶、大汶口、山背、马家浜、河姆渡、大溪、石峡—昙石山—凤鼻头九个文化系统。他借用美国学者葛德伟讨论美国东部印第安人文化时使用的“相互作用圈”(Sphere of Interaction)概念,说:“到了约公元前4000年,我们就看见了一个会持续一千多年的有力的程序的开始,那就是这些文化彼此密切联系起来,而且它们有了共同的考古上的成分,这些成分把它们带入了一个大的文化网,网内的文化相似性在质量上说比网外的为大。到了这个时候我们便了解了为什么这些文化要在一起来叙述:不但它们的位置是在今天的中国的境界之内,而且因为它们便是最初的中国。”这一在约公元前4000年形成的“相互作用圈”布定了最早的中国历史文明的地理舞台。“这个在公元前四千年前开始形成,范围北自辽河流域,南到台湾和珠江三角洲,东自海岸,西至甘肃、青海、四川的‘相互作用圈’,我们应当如何指称?我们也可以选一个完全中立的名词而称之为X,可是我们也不妨便径称之为中国相互作用圈或中国以前相互作用圈——因为这个史前的圈子形成了历史期间的中国的地理核心,而且在这圈内所有的区域文化都在秦汉帝国统一的中国历史文明的形成之上扮演了一定的角色。”①

如果说“重瓣花朵”格局在总结中国史前考古学文化上有证史情结在其中的话,张光直的“中国相互作用圈”则纯粹是从考古资料本身来分析考古学文化之间的互动关系。“中国相互作用圈”内的考古学文化之间没有所谓的以中原为中心,而是一种交叉网络关系。在这种交叉互动中,因为中原的位置处于“交通环岛区”②而逐渐吸收周围文化中先进的因素,从而逐渐领先,并最终催化了中国文明的产生。

苏秉琦的“多元一体”理论、严文明的“重瓣花朵”理论和张光直的“中国相互作用圈”理论都是对中国考古学史前框架内部结构关系上的解读。这些理论和认识,已经以考古材料从实证角度彻底打破了中原一统的历史观念。与传统史学研究相比,考古学在史前史研究中表现出了明显的优势,考古学的发展无疑为中国古史的研究开拓了全新的图景。

七、中国新石器时代的考古学谱系

经过近百年的考古学探索,中国确立的考古学文化有几十种,各地的史前文化谱系基本建立起来。从分布上看,基本可以分成十二个区域。

黄河流域 黄河中游的陕、晋、豫、冀的广大地区,分布着众多的史前遗址,距今8000～7000年,从西到东分别分布着大地湾文化、裴李岗文化、磁山文化。其后进入仰韶文化时期,包括半坡(距今7000～6000年)、庙底沟(距今6000～5500年)、秦王寨(距今5500～5000年)、庙底沟二期(距今5000～4500年)前后相继的四个阶段,共有18个类型。③ 大多数研究者认识到,仰韶文化可以划分成东、西两个传统区域。每一个区域有其自身的

---

① 参见张光直:《中国相互作用圈与文明的形成》,《庆祝苏秉琦考古五十五年论文集》,文物出版社1989年版,第1～23页。

② 汤因比的历史学概念,认为世界古代文明的形成都位于交通环岛区。

③ 庙底沟二期类型常称作“庙底沟二期文化”,严文明将庙底沟二期也划入仰韶文化时期。参见严文明:《仰韶文化研究》,文物出版社1989年版,第122～165页。

文化来源和流向。西部传统区域主要分布于渭河流域、晋南和豫西，东部传统区域为豫中、豫北和冀南。在地理上，黄土高原的东部边沿大致为这两个传统区域的分界线。[①] 庙底沟二期文化之后进入龙山时期（距今 4400～3800 年），关中有客省庄文化，晋南有陶寺文化，豫西有王湾三期文化，冀中、鲁西、皖西北有后岗二期文化。

黄河上游的甘青地区主要有属于新石器时代晚期的马家窑文化和其后的齐家文化。马家窑文化可以分成前后四个类型，分别为石岭下类型（距今 6000～5300 年）、马家窑类型（距今 5300～4700 年）、半山类型（距今 4700～4300 年）、马厂类型（距今 4300～4000 年）。马家窑文化之后的齐家文化距今 4100～3500 年，已经进入夏纪年。

黄河下游以山东地区为中心的东方地区，形成一个独立的文化区。这一地区的考古学文化在最繁荣的时期包括豫东、辽东半岛、鲁豫皖交界处、冀鲁豫交界处，考古学界以“海岱地区”指代这一广大地区。[②] 其考古学序列完整而清晰，新石器时代早期文化有扁扁洞遗存，距今 10000～9500 年，其后有新石器时代中期的考古学文化后李文化（距今 9000～7500 年），晚期文化北辛文化（距今 7500～6000 年）、大汶口文化（距今 6000～4400 年）和龙山文化（距今 4400～3800 年）。

北方地区 大兴安岭南缘至燕山这一广大地区，主要包括西拉木伦河、大凌河和滦河流域，从早到晚分布着兴隆洼文化（距今 8000～7500 年）、赵宝沟文化（距今 7500～6500 年）、红山文化（距今 6500～5000 年）、小河沿文化（距今 5000～4500 年）。

距今 7000～4000 年的辽东地区分布着小珠山下层（距今 8000～6000 年）、小珠山中层（距今 6000～5000 年）和小珠山上层文化（距今 5000～4000 年）。

辽东以北的松花江流域、长白山地区，距今 8000～6000 年，有上宅文化、新乐下层文化、后洼下层文化、左家山下层文化、左家山中层文化、小拉哈一期甲组遗存、振兴文化、新开流文化和小南山文化。距今 6000～5000 年，有小河沿文化前期、后洼上层文化、左家山上层文化前期、靶山类型、亚布力文化、莺歌岭下层文化前期、江口村及大朱仙沟遗存和哈克文化的前期。距今 5000～4000 年，有偏堡子文化、北沟文化、左家山上层文化后期、昂昂溪文化、莺歌岭下层文化后期、石灰场下层文化、兴城类型、金谷文化和哈克文化的中、后期。[③]

内蒙古南部、陕北、冀北地区，距今 5500～4000 年，分布着海生不浪文化（距今 5300～4800 年）、阿善文化（距今 4800～4500 年），冀北、晋东北、北京西郊的雪山一期文化（距今 5600～5300 年）。进入龙山时期，三北地区有老虎山文化，蒙、晋、陕交界处主要有大口一期文化。

长江流域 长江中游的彭头山文化距今 9000～8000 年，其后有皂市下层文化、汤家岗文化、城背溪文化。距今 7000～5500 年，为大溪文化。屈家岭文化距今 5600～5000 年，石家河文化可分为早、晚两期，早期距今约 5000～4300 年，晚期为距今 4300～3800

① 参见邵望平：《黄河中游的仰韶文化》，中国社会科学院学古研究所编：《新中国的考古发现和研究》，文物出版社 1984 年版，第 41～68 页。

② 参见栾丰实：《海岱地区考古研究》，山东大学出版社 1997 年版，第 1 页。

③ 参见赵宾福：《东北新石器文化格局及其与周边文化的关系》，《中国边疆史地研究》2006 年第 2 期。

年。石家河文化晚期又被称作“后石家河文化”[1]或“三房湾文化”[2]。

长江下游新石器时代早期文化有距今11000～9000年的上山文化，其后有距今8000～7000年的跨湖桥文化。钱塘江南岸的河姆渡文化距今7000～5300年。长江北岸太湖地区有马家浜文化（距今7000～6000年）、崧泽文化（距今6000～5300年）、良渚文化（距今5300年～4300年）这三支前后相继的考古学文化，并于良渚文化时期发展到新石器时代晚期文化的顶峰。良渚文化之后为钱山漾文化、广富林文化，时代距今4300～3800年，属于龙山时代。夏代时，主要有马桥文化。

华南地区　华南地区属于新石器时代的考古学文化有甑皮岩一期遗存、玉蟾岩新石器时代早期遗存（距今12000～11000年），甑皮岩二期至四期遗存和顶蛳山一期遗存（距今11000～8000年），甑皮岩五期遗存和顶蛳山文化（距今8000～6000年）。距今6000～5000年，有咸头岭文化、大坌坑文化、壳坵头文化。到距今5000～4000年，有石峡文化、圆山文化、昙石山文化、牛鼻山文化。

西南地区　西藏昌都县发现的卡若文化距今5000～4300年。成都平原的宝墩文化距今4700～4000年。

以上主要的考古学文化框架可以作表如下：

<table>
<tr><th rowspan="2">年代（距今）</th><th rowspan="2">分期</th><th colspan="4">黄河流域</th><th colspan="4">长江流域</th><th colspan="3">东北地区</th><th colspan="2" rowspan="2">三北地区</th></tr>
<tr><th>上游</th><th colspan="2">中游</th><th>下游</th><th>上游</th><th>中游</th><th colspan="2">下游</th><th>辽西地区</th><th>辽东地区</th><th>辽东以北</th></tr>
<tr><td>8000</td><td rowspan="3">新石器时代中期</td><td rowspan="6"></td><td></td><td rowspan="3">磁山文化</td><td rowspan="2"></td><td rowspan="8"></td><td></td><td></td><td rowspan="3"></td><td></td><td></td><td></td><td rowspan="5"></td><td rowspan="6"></td></tr>
<tr><td rowspan="2">7000</td><td rowspan="2">老官台文化</td><td rowspan="3">皂市下层、城背溪、汤家岗文化</td><td rowspan="2">跨湖桥文化</td><td>兴隆洼文化</td><td rowspan="4">小珠山下层文化</td><td rowspan="4">上宅、新乐下层等</td></tr>
<tr><td rowspan="2">北辛文化</td><td rowspan="2">赵宝沟文化</td></tr>
<tr><td rowspan="2">6000</td><td rowspan="6">新石器时代晚期</td><td colspan="2" rowspan="5">仰韶文化</td><td rowspan="2">河姆渡文化</td><td rowspan="2">马家浜文化</td></tr>
<tr><td rowspan="4">大汶口文化</td><td rowspan="2">大溪文化</td><td rowspan="3">红山文化</td></tr>
<tr><td rowspan="2">5000</td><td rowspan="5"></td><td>崧泽文化</td><td rowspan="2">小珠山中层文化</td><td rowspan="2">小河沿前期等</td><td rowspan="2">海生不浪文化</td></tr>
<tr><td rowspan="3">马家窑文化</td><td rowspan="2">屈家岭—石家河文化</td><td rowspan="2">良渚文化</td><td rowspan="2">雪山一期文化</td></tr>
<tr><td rowspan="2">4000</td><td>小河沿文化</td><td rowspan="2">小珠山上层文化</td><td rowspan="2">偏堡子等</td><td>阿善文化</td></tr>
<tr><td colspan="2">中原龙山文化</td><td>山东龙山文化</td><td>宝墩文化</td><td>后石家河文化</td><td>钱山漾文化</td><td rowspan="2">夏家店下层</td><td>老虎山文化</td><td>大口一期文化</td></tr>
<tr><td>3500</td><td>夏代</td><td>齐家文化</td><td colspan="2">二里头文化</td><td>岳石文化</td><td colspan="2">三星堆文化</td><td>马桥文化</td><td></td><td></td><td colspan="2">朱开沟文化</td></tr>
</table>

按照考古学界的惯例，也为了论述方便，学界将这些考古学文化分成几个大的时期，分别用不同的术语来表示。新石器时代早期、中期、晚期，分别指以距今12000～9000年、距今9000～7000年、距今7000～4000年。距今4500～3800年又称作“新石器时代末期”，属龙山文化时期，又称“龙山时代”。龙山时代之前2000余年的仰韶文化时期称作“仰韶时代”。

从遗址的数量、规模和反映的文明程度及在中国文明起源的地位上看，北方地区长城沿线（从陕北、内蒙古中南部往东到辽西）、黄河流域、长江流域这“两河一线”的三大区域内史前考古学文化最为繁荣，它们直接参与了三代文明的缔造。

---

① 孟华平：《长江中游史前文化结构》，长江文艺出版社1997年版，第101页。

② 王劲：《后石家河文化定名的思考》，《江汉考古》2007年第1期。

国之大事，在祀与戎，祀有执膰，戎有受脤，神之大节也。

——《左传·成公十三年》

第一章　新石器时代的三大宗教

五帝存在于古代的祭祀系统中，这一系统又被称作“祀典”或“祭典”。不同的朝代有不同的祀典。如黄帝、炎帝、少昊、太昊见于秦国的祭祀系统中，《史记·封禅书》记载秦襄公“自以为主少暤之神，作西畤，祠白帝”；秦献公作栎阳畦畤，祀白帝；秦灵公作吴阳上畤，祭黄帝，作下畤，祭炎帝；秦宣公作密畤于渭南，祭青帝。“畤”为秦汉时祭祀天地及众神的固定场所。由此可知，秦人的祀典中最崇拜白帝少暤、青帝太皞、黄帝和炎帝。《孔子家语·庙制》记载：

> 子羔问曰：“祭典云：‘昔有虞氏祖颛顼而宗尧；夏后氏亦祖颛顼而宗禹；殷人祖契而宗汤；周人祖文王而宗武王。’此四祖四宗，或乃异代，或其考祖之有功德，其庙可也。若有虞宗尧，夏祖颛顼，皆异代之有功德者也。亦可以存其庙乎？”孔子曰：“善，如汝所问也。如殷周之祖宗，其庙可以不毁。其他祖宗者，功德不殊，虽在殊代，亦可以无疑矣。《诗》云：‘蔽芾甘棠，勿翦勿伐。’召伯所憩，周人之于召公也，爱其人，犹敬其所舍之树。况祖宗其功德而可以不尊奉其庙焉？”

《国语》和《礼记》中记有夏、商、周三代的祀典。《国语·鲁语》中说：

> 有虞氏禘黄帝而祖颛顼，郊尧而宗舜。夏后氏禘黄帝而祖颛顼，郊鲧而宗禹。商人禘喾而祖契，郊冥而宗汤。周人禘喾而郊稷，祖文王而宗武王。

《礼记·祭法》中说：

> 有虞氏禘黄帝而郊喾，祖颛顼而宗尧。夏后氏亦禘黄帝而郊鲧，祖颛顼而宗禹。殷人禘喾而郊冥，祖契而宗汤。周人禘喾而郊稷，祖文王而宗武王。

禘、祖、郊、宗均为祭祀仪式。上述两文略有差异。综合来看，有虞氏祭祀黄帝、颛顼、尧、舜；夏后氏祭祀黄帝、颛顼、鲧、禹；商祭祀帝喾、契、冥、汤；周祭祀帝喾、稷、周文王和周武王。根据文献记载，周的始祖是后稷，文王和武王是周王朝的开国之君；后稷是帝喾元妃所生。帝喾为商人祭祀的高祖，王国维认为即甲骨文中的帝夋[①]，契是商始祖，为帝喾次妃所生。冥为商先公，汤为商开国君主大乙。这样商人的祭祀系统已经为甲骨卜辞所证实。大禹为夏王朝的开国之君，他治水的传说记载于《尚书》《史记·夏本纪》中。近些年来发现的遂公盨也有“天命禹敷土，随山浚川”的记载，可证禹治水的传说应该确有其事，并于西周时已广为流传。据记载，鲧为禹之父，治水失败被诛。按五帝世系，禹是黄帝的玄孙、颛顼之孙。夏后氏祭祀黄帝、颛顼也是理所应当。有虞氏即帝舜，是颛顼的六世孙，因此祭祀黄帝、颛顼。

需要说明的是，《五帝本纪》中的世系是不可靠的。因为《五帝本纪》的世系来源于《帝系姓》《五帝德》，两者皆非正经，司马迁说西汉时期“儒者或不传”。按照这个世系，舜是黄帝的第八代孙，禹是黄帝的第四代孙。禹被他的第四代孙舜重用，舜则把帝位禅让给他的祖先禹。按《史记》的《三代世表》看，商纣王是黄帝的第三十三代孙，周武王是黄帝的第十九代孙，按照世次算周武王应该是商纣王的第十四世祖。可是他亲自率兵讨伐纣王，并且把商王朝给推翻了。如此颠倒的历史，以至于自宋至清就不断有人质疑这种古史系统。[②] 到近代，顾颉刚、吕思勉、蒙文通、徐旭生等人对这一系统进行了更进一步分析，彻底否定了这个世系[③]，而将炎、黄、青、白等古帝王还原到应该有的位置上去。可以说，商的祀典是可靠的，因为有卜辞为证；周的祀典中喾是存疑的，而后稷和文王、武王是可靠的。将稷作为喾元妃所生，将商契作为喾次妃所生，应该是为了周人的统治需要。夏祭祀禹是可靠的，而黄帝、颛顼、鲧是存疑的。同样，有虞氏祭祀黄帝是不可靠的，而据《尚书》和上博简《容成氏》等篇可证尧和舜是可靠的，舜为颛顼之后，自然是可信的。因此，《礼记》《国语》中记载的虞、夏、商、周四代祀典需要重新解释。这里并非否定《鲁语》和《祭法》中的祀典，而是要弄清楚形成这种祀典的原因。

《左传·成公十三年》曰：“国之大事，在祀与戎，祀有执膰，戎有受脤，神之大节也。”宗教祭祀为国家头等大事。据“神不享非类，民不祀非族”的原则，如果黄帝、炎帝、青帝、白帝等确有其人、其事、其族的话，一定存在于三代之前的祀典里。

由于传世的文献与我们所探究的历史过于久远，记载过于驳杂，它们往往将不同时期甚至不同系统的素材混绞在一起，并加入了作者的理解和演义。如果以此为起点回溯，便是一个从复杂到简单的推理，容易受后世的影响，难免又受文献左右。考古学使我们能够穿透历史的迷雾，而不必据后世的文献来推测早期的历史和文化，直达我们需要的研究起点，从而考察文化是怎样从简单过渡到复杂，族群是怎样融合与分化，并形成了文献中此样的记载，从而探究夏商周三代祀典的形成。

人类具有动物性和社会性双重属性，动物性来自于以维持生命为目的的生产活动，包括食物的生产和人自身的生产，而社会性则表现为人与人之间具有的结群的需求和精神生活，并且精神生活也是人类最重要的结群方式。由于宗教是史前人类除生业活动外

---

① 参见王国维：《殷卜辞中所见先公先王续考》，《观堂集林》，中华书局1959年版，第437～450页。

② (宋)欧阳修撰《欧阳文忠公集·居士集》卷四三《帝王世次图序》，四部丛刊景元本。

③ 参见顾颉刚：《自序》，《古史辨》第1册，上海古籍出版社1982年版；顾颉刚：《五德终始说下的政治和历史》第5册，上海古籍出版社1982年版；吕思勉：《三皇五帝考》，《古史辨》第7册，上海古籍出版社1982年版；蒙文通：《三皇五帝说探源》，《古史辨》第7册，上海古籍出版社1982年版。

最为重大的活动，也是他们赖以生存的精神基础，它充斥于原始社会的方方面面，对古人最为重要，它将世界分成世俗和神圣两个部分，因此这些宗教内容保存在考古学遗存里。考古学中发现的遗存可分成遗迹和遗物两大类。宗教遗迹是考古发掘中发现的不同于房址、灰坑、窖穴、墓葬等普通遗迹的特殊遗迹。它们不用于生产和生活，因此具有特殊的形制。一般来说，特殊的房址可能是宗庙、神殿或祭祀场所，有些含人骨、兽骨牺牲的灰坑可能是祭祀坑。墓葬是考古发现中最重要的遗迹之一，其本身就是宗教祭祀的组成部分，表达了古人的灵魂观念、生死观、宗教信仰，也反映出人群的社会分层和社会组织结构。宗教是古人最为重要的精神生活，人们以最为重要和珍贵的物品来制作宗教物品，如河姆渡文化的象牙、高庙文化的白陶、良渚文化和红山文化等史前文化的玉器、仰韶文化和马家窑文化的彩陶、夏商周时期的青铜器。这些物品或为巫师祭司的法器，或为宗教生活中使用的祭器，或者为表达原始信仰的物品或道具，可以结合人类学、民族学、宗教学的研究对其进行解读。

世界宗教学的研究表明，在高级宗教（又称“世界性宗教”，如基督教、伊斯兰教、佛教、道教等）之前的一个相当长的时期内，人类存在多种多样的原始宗教。在进入工业时代之前，美洲、澳洲、非洲和欧洲以及亚洲的部分地区的原始部落中仍然存在大量原始宗教。有学者认为，这些原始宗教不属于宗教，只可称作“巫术”“原始信仰”“原始思维”或“原始文化”，但既然它们是存在于高级宗教诞生之前的宗教的原始形态，且属于原始人类的信仰体系，并且在历史的演变过程中构成了高级宗教的组成因素，称作“原始宗教”是未尝不可的。[①]

原始宗教是原始文化的一部分。原始文化是指人类创造的一切物质文化和精神文化的总和，原始宗教则属于精神文化的一部分。美国人类学家怀特将文化分成三个部分：技术的部分、社会的部分、观念的部分，即文化系统包括三个系统：技术系统、社会系统和思想意识系统。[②] 技术系统是由物质、机械、物理等手段，连同运用它们的技能共同构成，如生产工具、生计手段等；表现在考古学中，技术系统是指遗址中发掘出土的石器、骨器、蚌器或者铜器、铁器等生产工具及制作、使用它们的技术。社会系统由表现于集体和个人行为规范之中的人际关系构成，即人与人之间的结群方式及其表现出来的社会组织和社会性质。在考古学中，社会系统是用聚落考古学的方法通过分析墓葬和房址等遗迹之间的结构关系以及聚落与聚落之间的结构关系而获得。思想意识系统由语言、符号和艺术作品所表达的思想、信念、知识等构成，如神话、宗教信仰、哲学、科学、宇宙观念。对古代思想意识系统中的考古学探索一般被称作“精神领域的考古学”。

广义上的考古学文化应该指技术、社会、思想意识三系统的各个方面，目前的考古学研究主要集中于技术系统，而对社会系统和思想意识系统的研究尚且不够，尤其是后者。这是考古学发展的进度使然，也与考古学的局限性有关。从研究进度上看，首先需要建立全国各地可靠的文化谱系，并通过植物考古、动物考古、冶金考古、体质人类学等科技手段建立社会发展的技术进程。只有在考古学谱系建立起来之后，才具备探讨社会系统

① 参见孟慧英：《再论原始宗教》，《民族研究》2008 年第 2 期。

② 参见[美]L. A. 怀特：《文化的科学——人类与文明研究》，沈原等译，山东人民出版社 1988 年版，第 351 页。

和思想意识系统的前提条件。目前除了个别地区之外，这一步工作已经基本完成，虽然有些地区还需进行修正和填补，但整体上的考古学文化发展框架已经建立起来了。从考古学的局限性上看，考古发掘所发现的绝大多数遗存为陶器、石器、骨器和自然遗物以及灰坑、房址、墓葬等遗迹现象，通过这些物质遗存了解古人的思想意识是颇为困难的。表现古人意识的玉器、祭坛、符号、神像不但数量少，而且形制多样，变化多端，具体的解读也变得非常困难。

但是，思想意识系统是非常重要的。中国幅员辽阔，由于处于不同的地理环境之中，各个族群之间存在不同的思维观念和宗教信仰，到秦汉时期才实现了大一统。宗教的统一与民族的形成是同步的。历史学的研究显示，夏、商、周是由不同的族群构成的，应当有不同的宗教信仰。同时，文化也是逐渐进化发展的，三代文明因循损益，有继承也有发展，这就是孔子所说的"殷因于夏礼，所损益可知也；周因于殷礼，所损益可知也。其或继周者，虽百世，可知也"[①]。三代之前的宗教文化则进入了一个无文字记载的时期，对这一久远时期的思想意识系统的研究主要依靠考古学材料，使用人类学、民族学、宗教学的理论方法和研究成果对其进行解读，而且这些解读成果必须满足两个条件：一是要能够作为夏商周三代文明的文化来源；二是要符合人类发展进程中原始文化的普遍规律。

原始宗教是指人类最初的宗教形态，是人类宗教文化的起点。任继愈主编的《宗教词典》中称之为"处于初期状态的宗教，存在于尚不具有成文历史的原始社会中"[②]。原始宗教出现于旧石器时代，到新石器时代逐渐繁荣，夏商时期的宗教仍然可以称为"原始宗教"，并达到了原始宗教的顶峰，到周代祭祀文明开始往礼乐文明转变，之后进入轴心时代，中国的原始宗教开始往高级宗教转变，东周、秦汉之际，中国的两大宗教儒教和道教形成，并从印度传入了佛教，从而使中国出现了儒、道、佛三教并存的局面。进入历史时期之后，某些原始宗教并没有完全消失，尤其是在北方地区和南方地区的少数民族中，仍然保持着原始宗教的形态。即便在汉文化的核心区域，原始宗教信仰也以民间信仰的形式继续存在。

从时间上看，我们可以称上古宗教形态为"史前宗教"。"史前"一词指有历史记载以前的漫长的历史时期，主要包括考古学上所说的旧石器时代和新石器时代，合称"石器时代"，下限到夏代、商早期，因两者都没有发现可识读的文字。史前宗教即指商代早期之前的宗教信仰。原始宗教包括史前宗教和夏代、商代的宗教以及在历史时期仍然保持的原始宗教信仰。史前宗教一定是原始宗教。如萨满教至今仍在北方少数民族中存在[③]，而各民族中的某些宗教活动或节日也多是原始宗教的孑遗。夏代和商代的宗教是史前宗教的延续和发展，并且是中国原始宗教的高峰期，也是中国国家宗教的形成时期。

原始宗教与高级宗教相对立。高级宗教又称作"世界性宗教"，一般指佛教、基督教、伊斯兰教等在世界传播的宗教，主要产生和形成于轴心时代。"轴心时代"(Axial Period)是20世纪40年代末德国哲学家卡尔·雅斯贝斯提出来的史学观念。他认为，人类在经

① 《论语·为政》。
② 任继愈:《宗教词典》，上海辞书出版社1981年版，第850页。
③ 参见秋浦:《萨满教研究》，上海人民出版社1985年版。

历了史前和古代文明时代之后，于公元前800～前200年进入人类文明的“轴心时代”。在这个时代，苏格拉底、柏拉图、以色列先知、释迦牟尼、孔子、老子等创立了各自的思想体系，共同构成了人类文明的精神基础。① 高级宗教即诞生于这个时期。与原始宗教不同，高级宗教有完整的成文的经典，有拯救的观念，有创立者和宗教组织。高级宗教是理性化的，神圣的世界和世俗的世界相分离，而原始宗教则往往两者不分。

原始宗教是自发的宗教，它的发生与成长都是在不自觉的意识活动中形成的。原始人类在求生过程中，随着社会活动、生产活动而派生出了原始宗教信仰。而高级宗教一般都有创始人，如佛教、基督教、儒教的创始人分别是乔达摩·悉达多、耶稣和孔子。原始宗教的创立并不是个人行为，而是根植于原始人类的生产和生活当中。因此，本书所说的原始宗教可以概括为在中国的儒、道教形成之前，流行于史前至夏商时期的原始宗教信仰。

19世纪中期以来，中西方学者对原始宗教的研究基于广泛的民族学调查成果，运用考古学、人类学、民族学、社会学、语言学、宗教学、神话学、心理学方法不断提出新的理论。其中影响较大的有泰勒的万物有灵论、弗雷泽的巫术说、涂尔干和弗洛伊德的图腾理论、德国自然神话学派的自然神话论、孔德和卢伯克的实物崇拜论、斯宾塞的鬼魂论、马雷特的泛生论、兰格和斯密特的原始一神论等。

20世纪，国内学者也开始引进西方的宗教学理论和方法，对我国境内的原始宗教进行整理和分析研究。如朱天顺于1964年出版的《原始宗教》②、秋浦于1985年主编的《萨满教研究》③、吕大吉于1989年主编的《宗教学通论》④、杨学政于1991年出版的《原始宗教论》⑤。尤其是吕大吉主编的《中国各民族原始宗教资料集成》⑥，收集了我国各民族原始宗教的大量原始资料。同时，考古学界、历史学界、民族学界等也纷纷研究我国古代社会的宗教情况，如胡厚宣以图腾理论对商人鸟图腾崇拜的解读⑦，张光直以萨满教理论对中国史前文化和商代社会的解读等。⑧

由于古代社会的多样性，原始宗教也具有多样性的特点。原始宗教包括哪些类型及它们产生的先后顺序尚在讨论之中。吕大吉等在《中国各民族原始宗教资料集成》中即主张原始宗教具有四种主要崇拜对象：图腾崇拜、祖先崇拜、自然崇拜、天神崇拜。“自然崇拜和祖先崇拜是基本形式，图腾崇拜和天神崇拜在原始社会的不同时期由祖先崇拜和自然崇拜结合而成”，由此构成原始宗教发展的三大阶段：一是母系氏族早期和中期的图

---

① 参见[德]卡尔·雅斯贝斯：《历史的起源与目标》，魏楚雄、俞新天译，华夏出版社1989年版，第7～13页。

② 朱天顺：《原始宗教》，上海人民出版社1964年版。

③ 秋浦：《萨满教研究》，上海人民出版社1985年版。

④ 吕大吉：《宗教学通论》，中国社会科学出版社1989年版。

⑤ 杨学政：《原始宗教论》，云南人民出版社1991年版。

⑥ 吕大吉：《中国各民族原始宗教资料集成》，中国社会科学出版社1999年版。

⑦ 胡厚宣：《甲骨文商族鸟图腾的遗迹》，中国科学院历史研究所编：《历史论丛》第1辑，中华书局1964年版；《甲骨文所见商族鸟图腾的新证据》，《文物》1977年第2期。

⑧ 张光直：《商周青铜器上的动物纹样》，《考古与文物》1981年第2期；张光直：《考古学专题六讲》，文物出版社1986年版；张光直：《连续与破裂：一个文明起源新说的草稿》，《九州学刊》1986年第1期；张光直：《美术、神话与祭祀》，辽宁教育出版社2002年版。

腾崇拜阶段，特点可谓“天（自然异己力量）人（社会异己力量）浑一崇拜”；二是母系氏族制晚期和父系氏族制时期的祖先崇拜和自然崇拜并立存在的阶段，特点可谓“天人分立崇拜”；三是原始社会末期和阶级社会继续发展的天神崇拜阶段，特点可谓“天人合一崇拜”。也就是说，原始宗教经历了图腾崇拜—祖先崇拜和自然崇拜—天神崇拜三个阶段。

陈来在1996年出版的《古代宗教与伦理——儒家思想的根源》中提出中国古代文化是“由夏以前的巫觋文化发展为祭祀文化，又由祭祀文化的殷商高峰而发展为周代的礼乐文化”，再演进为儒家“理性化的思想体系”或“圣哲宗教”①。他将原始宗教划分成四大阶段：巫觋文化——祭祀文化——礼乐文化——圣哲宗教，分别属于史前、商周、西周和东周。下文将以考古学材料、卜辞、金文和文献重点分析前两大阶段巫觋文化、祭祀文化所代表的原始文化，也就是新石器时代和夏、商代的宗教形态。从考古学的角度可以得到一些更具体的认识以及原始宗教的细节，从而更易理解原始宗教及其向礼乐文化的过渡。

原始宗教信仰至少包括以下几种类型：灵魂观念、图腾崇拜、自然崇拜、祖先信仰、神鬼信仰、萨满信仰、巫术思想等等。其中，灵魂观念以泰勒提出的“万物有灵论”最为著名和系统，指旧石器时代就已经存在的对人和动植物等的“灵”的思想观念。自然崇拜是指对自然界中的天、地、日、月、星、山、林、川、泽、水、火和动植物等自然存在为崇拜对象。祖先崇拜是指以祖先为祭祀和崇拜对象的宗教思想。神鬼信仰是在万物有灵的基础上形成的对神鬼的宗教意识。以上四种信仰具有原始信仰的普遍性，为原始人的普遍意识，且往往并非系统性的宗教。研究表明，图腾崇拜、萨满教和太阳崇拜则是体系化的原始宗教，并且存在范围广泛，对后世影响大，同时也构成了我国原始宗教的主体。

以上述理论考察中国新石器时代的考古发现，并结合古埃及、美洲、两河流域等地区的古代宗教形态，可以发现其中的图腾理论、太阳崇拜和萨满教理论存在于中国的史前文化之中，这种广泛性、多样性和统一性与我国的自然地理环境是分不开的。

自然地理环境是人类生存的舞台。中国的地貌特征呈三级阶梯状。青藏高原是最高一级，平均海拔达4000米，包括西藏、青海的全部及四川、甘肃、云南和新疆的一部分。第二阶梯北起大兴安岭，向南经太行山、巫山、雪峰山一线，以西至青藏高原，包括内蒙古、山西、陕西、宁夏、甘肃、新疆、云南、贵州、四川、重庆的大部或全部。该区域主要由广阔的高原和盆地组成，其间也分布着一系列高大的山地。第二阶梯以东至海岸是第三阶梯，包括东北、华北、华东、华南各省的大部或全部。其地形以平原、丘陵和低山为主。由于地形地势、土壤构成、温湿度、光照、季风、降雨等因素的不同，这三大阶梯的开发难度和宜居性不同，由第一阶梯到第三阶梯，开发难度依次降低，宜居性依次提高。中国的新石器时代考古学文化主要发现于第三和第二阶梯。

由于早期农业对水源的依赖，新石器时代遗址多位于河流的两岸，而中国的两大河——黄河和长江及其支流，集中了中国新石器时代最繁荣的考古学文化，中华文明的诞生即以此为基础。不过，两大河沿岸并不宜居，新石器时代的遗址并不位于两条大河的两侧，而主要分布于它们的支流上。黄河的支流渭河、汾河、伊水、洛水，长江的支流汉

① 参见陈来：《古代宗教与伦理——儒家思想的根源》，三联书店2009年版，第10、140页。

水等支流及其次级支流两侧的遗址都非常丰富。两大河两侧平坦区域是沟通大河上下的要道。黄河和长江之间的淮河支脉众多，颍河、淝河、洪河等支流的两岸不仅是古人聚居的地方，也是沟通黄河和长江文明的交通要道。

由于自然环境的不同，中国各地经济发展尤其是农业生产条件不同，可以将中国划分成七个基本的生态区域：(1)黄河中下游地区的华北地区；(2)东北地区；(3)西北地区；(4)长江中下游的华中地区；(5)华南地区；(6)西南地区；(7)青藏高原。

农业是中国古代最基本的生业经济方式，以上七个经济区中华北、东北、华中、西南较为适宜农业生产，因此史前文化起步较早，也最为发达，并长期作为历史时期的基本经济区域。这一区域也即《尚书·禹贡》中的“九州之地”。九州指冀州、兖州、青州、徐州、扬州、荆州、豫州、梁州、雍州，在传统文献中曾长期作为中国的代名词。

以秦岭、淮河一线，可将中国分成南方和北方。两地的气候特点、地理特征明显不同。南方湿热，北方干冷。为了适应不同的环境，两地采用不同的生产生活方式。北方以旱作农业为主，南方以稻作农业为主。不同的环境和生业方式使南北方人类的体质、语言、饮食、性格包括政治、文化、思维方式、宗教信仰等表现出不同的特征。这些不同的特征也直接反映在考古学文化上。

河流是文明的血脉。中国文明起源的核心区域包括东北的大小凌河流域、海河流域、黄河流域、长江流域、淮河流域及其支流汉水、岷江、渭水、汾水、湟水、洮水等。这一核心区域，基本可以第二和第三阶梯的分界线划分成两个区：以黄土高原为主的西北区和以华北平原、长江中下游平原为主的东南区域。这两者不仅地形地貌不同，由此产生的经济方式、文化面貌也存在较大的差异，使得中国文化形成二元对立的结构，笔者会在下文重点分析这两大文化区的差异。

中国新石器时代考古学文化的形成和繁荣伴随着古气候和古环境的变化。中国可以分成三个明显的气候区域，在不同的区域内存在不同的土壤和植被：西部和中北部的干旱草原区；中西部和西南部分地区的草原地区；东部沿海平原及东南和南部的森林地区。通过古环境的研究证明，随着末次冰盛期的结束，中国境内自距今 18000～3000 年经历了不同的气候变化。距今 18000 年左右，大多数地区寒凉干燥，海平面低于现在 120 米，北方主要有云杉和冷杉林等耐寒植物，北方大片区域为干旱草原。自距今 14900～14800 年，气温逐渐回升，进入冰消期。[①] 距今 12000 之后，进入了气候明显的转暖期。环境的改善使人类逐渐由狩猎型采集经济形态往更多的从事采集方向发展，石磨盘、石磨棒在各地出现，表明人类可以食用更多的坚果，并采集野生稻、粟等植物种子，并且为了煮食这些种子而发明了陶器。距今约 12000 年发生了以快速降温为特征的“新仙女木事件”，使人类刚刚形成的定居和采集生活状态面临着巨大的挑战，刺激人类种植更多的原始农业产品来应对环境的挑战。距今 11000～9000 年前后，进入全新世，温度回升，气温比现在高出 1～3 摄氏度，降水增加，自然环境改善，黄河流域和长江流域都出现了最早的农业，定居和采集渔猎都开始繁荣，新石器时代早期文化从长江流域和华南地区扩展

---

① 参见吴乃琴等：《植物硅酸体——气候因子转换函数及其在渭南冰期以来古环境研究中的应用》，《第四纪研究》1994 年第 3 期。

到黄河中游、黄河下游的华北地区。距今7000～4000年，气候进入最适宜期，温暖湿润的气候环境使宜农区域扩大，人类大力往外拓展生存空间。农业经济发达并成为主要的经济门类，南稻北粟的农业格局形成，黄河中下游地区旱作和稻作并存，长江中下游地区为稻作农业区，东北至西北为旱作农业区。稳定繁荣的农业经济促使各大区域内出现区域性的文明中心，进入了文明社会。

距今4200～3000年前后，中全新世大暖期结束，气候开始变得干凉。中国新石器时代走到了末期，并进入了夏代和商代。为了适应环境的变化，中国边缘地区如东北、北方和西北原农业经济往农牧复合经济转变，并最终形成了主要从事游牧业的游牧人群。[①]此后2000年间，北方游牧人群和内陆农业人群之间的斗争构成了中国的历史主题。

特殊的地理环境使中国原始宗教的分布具有较明显的区域性：太阳崇拜主要分布于长江流域；图腾崇拜主要分布于黄河流域；萨满教主要分布于北方地区。这是以考古学资料为基础得出的认识。太阳崇拜、图腾崇拜、萨满教可以称作中国新石器时代的“三大原始宗教”。

第一节　长江流域的太阳崇拜

自然崇拜是史前宗教中的一种，崇拜对象包括天、地、日、月、星辰，江、河、湖、海，水、火、云、虹等天体、自然元素和自然现象，包括动物和植物。其中，太阳崇拜是其中之一，它是以对太阳的神化为崇拜对象的原始宗教，被神化的太阳称作“太阳神”或“日神”。太阳崇拜在整个世界普遍存在，曾经是原始宗教的主要内容。人类学之父、英国人爱德华·泰勒说过，凡是阳光照耀到的地方都有太阳崇拜的存在。近代宗教学的奠基人英国学者麦克斯·缪勒通过分析世界原始宗教，发现了太阳崇拜的普遍性。他有一句名言：“一切神话均源于太阳。”这句话虽有过分之嫌，但是足见太阳崇拜的普遍性。太阳崇拜广泛存在于古代和近现代各民族之中，世界上几乎所有的民族都有日神信仰的历史，是人类历史上分布最广泛、影响最大的原始宗教之一。

古埃及和美洲是太阳崇拜最典型的两个地区。古埃及文明具有最典型的日神信仰。他们崇拜的太阳神有拉（Ra、Re）、阿蒙（Amon）、阿顿（Aton）、荷拉斯（Horus）、赫普（Kheper）等，均为埃及最重要的神祇。古埃及人认为太阳神为创始之神，人类出自其眼，太阳被冠以neb　maat的头衔，意为法定君主、宇宙间正确无误与秩序之王。埃及学家布列斯提德说：“太阳神在万里无云的埃及天空灿烂辉煌，埃及人最豪华的神殿为他而建，事实上，金字塔就是太阳的神圣象征。”公元前14世纪埃赫那顿实施改革，太阳神信仰成为国教，日神阿顿成为唯一至上的神，古埃及确立了绝对的一神教义。古埃及的太阳神信仰持续了几千年，直到基督教与伊斯兰教侵入埃及，这一原始宗教才被取代。除

① 参见王明珂：《华夏边缘》（增订版），浙江人民出版社2013年版，第61～125页。

埃及外，非洲的其他地区如摩洛哥、埃塞俄比亚、赞比亚等都崇拜太阳神。[①]

美洲的印第安人也崇拜太阳神。北美众部落视太阳神为最高神，如达科他人认为日神畏(Wi)是"人类之父"；纳切斯人称他们的首领为太阳王；最大的印第安部落阿尔贡魁人认为太阳神科苏克创造了所有的生命。阿兹特克人所在的墨西哥地区是太阳崇拜的另一个典型地区。阿兹特克人信奉伟大的太阳神惠慈洛奇特利(Huitzilopochtli)。阿兹特克人自称得到了太阳神的神谕，从而建立了他们的首都特诺奇蒂特兰，并以太阳神的别名命名自己的国家——墨西特里，即今天的墨西哥。他们修筑有宏伟的太阳金字塔，在祭坛上以人牲血祭太阳神。玛雅人也继承了阿兹特克人的宗教传统。南美洲地区的印加帝国是世界上有名的"太阳帝国"，印加人自称是太阳的子孙，印加王被视作日神的化身。太阳神印提是众神的祖先，印加帝国首都库斯科的太阳庙是他们最大的祭祀场所。[②]

除非洲和美洲之外，欧洲、亚洲、大洋洲等地区的各民族中都存在太阳神的身影。其中东亚地区形成了另一个太阳崇拜的典型文化区。中国、日本、朝鲜地区都存在这种原始宗教。

中国史前考古资料表明，太阳崇拜曾广泛分布于长江流域、黄河流域和北方地区。在这些地区的考古学文化中都发现有与太阳崇拜有关的遗物或遗迹。其中又以长江流域的太阳崇拜独具特色，它起源最早，时间跨度大，脉络清晰，发展最充分，并表现出高度的统一性，对三代文明影响也最大，主要见于高庙文化、河姆渡文化、凌家滩文化、良渚文化、石家河文化等考古学文化之中。

一、高庙文化及周临遗址

高庙遗址位于湖南省洪江市安江镇东北约5公里的岔头乡岩里村，是一处贝丘遗址，地处沅水北岸的一级台地上，面积约3万平方米。该遗址经过1991年、2004年和2005年三次发掘，发掘面积近1700平方米。按照层位关系可以分为两部分，上部地层堆积为"高庙上层文化遗存"，距今6300～5300年；下部地层堆积因其独具特色的文化特点而被命名为"高庙文化"，年代范围为距今7800～6800年。

高庙遗址发现的宗教遗迹主要有大型祭祀场所、祭祀坑和祭祀场的附属建筑，这些遗迹按南北中轴线布局。

大型祭祀场所分布在遗址北区顶部的第8层面上，并延伸至北区南缘，整个面积约1000平方米。主祭场所位于北侧，面朝正南方的沅水。其正面由4个方形主柱洞组成两两对称略呈八字状的"双阙"式建筑。主柱洞中部正前方1.2米处为一牲祭坑，坑内出土有经火烧过的牛、羊、鹿、龟、鱼等动物骨骼和大量螺壳。

已发现的祭祀坑有39个，位于主祭场所的南方，排列有一定的规律，其中之一为人祭坑。祭祀坑大都为圆角方形、长方形或圆形，直径或边长多为1米左右，深0.8～1.2米。坑内堆积状况基本一致：上部均用较纯净的浅黄土夯筑，下部堆放经过火烧的螺壳，且大都另夹有一层火烧骨渣。

祭祀场所的附属建筑有房子和窖穴。房子位于主祭场所西侧，面积约40平方米，门

① 参见高福进：《太阳崇拜与太阳神话》，上海人民出版社2002年版，第10～20页。

② 参见高福进：《太阳崇拜与太阳神话》，上海人民出版社2002年版，第10～20页。

朝东，为两室一厨的结构。窖穴分别位于厨房门外东侧以及祭仪场所西侧，内贮大量淡水螺。两者当为准备祭品的场所。

高庙文化的宗教物品主要为陶器，且绝大多数为质量高且制作精美的白陶器。器型有罐、簋、盆、盘等，器型多达10余种，罐类最为丰富。部分陶器上装饰有戳印蓖点纹连缀而成的复杂图像，制作技艺精湛，构思诡谲。这种独特的艺术表现方法系用竹材在泥土上戳印而成。使用的工具为竹片，先将薄竹片的一端劈成小方格，然后在竹片之间夹入细小竹屑或其他物质，使之相互隔开，最后把竹片用绳缠紧而成。这种竹戳纹形式多样，由不同戳印纹组成的图案也很丰富，有波浪纹、带状纹、连续梯形纹、垂帘纹、凤鸟纹、兽面纹等，此外还有少量戳印圆圈纹。部分凤鸟纹和兽面纹被涂上朱红或黑色的矿物颜料。这种宗教艺术表现形式在高庙文化的鼎盛期（距今7400～7100年）最为发达，其构图和制作技术相当娴熟。①

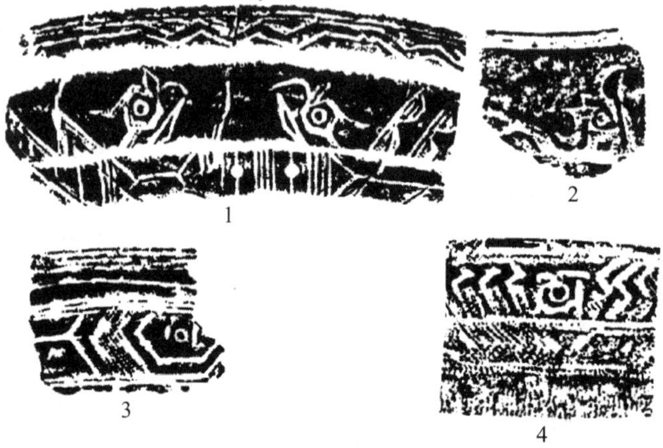

图1-1-1　高庙文化鸟纹

1. T0914⑭:47　2. T0914⑬:12　3. T1114⑩:28　4. T2003㉔:22

陶器上的图像以鸟、太阳、獠牙兽面、祭祀场等纹饰为主。其中鸟、太阳和獠牙兽面像奠定了太阳崇拜的纹饰组合和宗教传统。

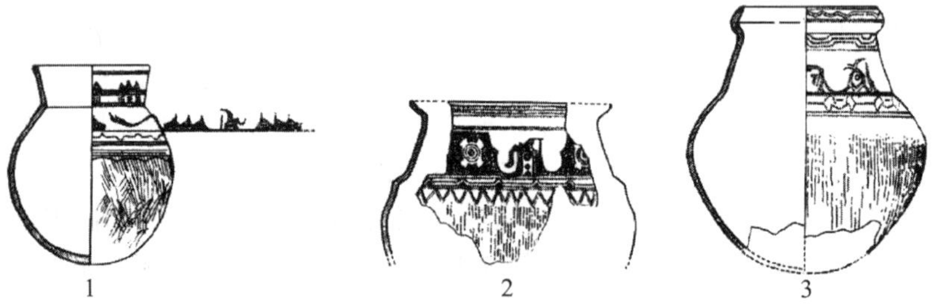

图1-1-2　高庙文化陶罐

1. T1115⑩:52　2. T1115⑩:77　3. T1114⑩:32

鸟纹多见于罐的颈部、钵的腹部和簋的外底，鸟长钩喙，作昂首翘冠、展翅飞翔状，鸟

① 参见湖南省文物考古研究所：《湖南洪江市高庙新石器时代遗址》，《考古》2006年第7期。

头后一般有长翎。如 1991 年探方 T0914 出土的残陶片上的双鸟,两鸟头相对,有夸张的大眼大嘴(图 1-1-1,1)。另四件陶罐颈部也有一个昂首的鸟(图 1-1-1,2—4;图 1-1-2,3)。这种大钩喙、大眼、昂首的特点与河姆渡骨版上的纹饰相似,表明高庙文化与河姆渡文化不仅具有统一的信仰,还共享了同一种宗教表现形式,长江中下游之间的文化交流在宗教层面上已经展开。

T1115 出土的陶罐颈部纹饰较复杂,但可以看出中间有一鸟,两侧各一组山峰状突起应该代表鸟的翅膀(图 1-1-2,1)。鸟的完整形象多为正面展翅状,两翅上有太阳纹,翅膀顶端呈三角形状。如 T1115⑩:77,鸟头居中昂抬向右,头后有长翎,两翅残,饰重圈状太阳纹,外带四个方块代表四方(图 1-1-2,2)。另一陶罐上部饰上下两组图案,下部图案为一只展翅的大鸟,钩喙昂首,大圆眼,鸟腹两侧各有一组山状纹饰,大翅张开,各有一组八角太阳纹,太阳纹外饰一周四条弧线代表四方(图 1-1-4,1)。

侧身鸟纹较少,在一件残陶罐颈部可见两鸟的侧面形象。右面的鸟比较完整,鸟身用两重菱形表示,中间有一圆形,似表示鸟负日运行四方之意。圆形的眼睛较大,长钩喙,头后有长翎,长尾。鸟后面有一形象,中间为六边形,左侧似长鱼纹,右侧也似鱼尾,右侧有一分节长条形。鸟纹下方有连弧纹,弧线上下方均匀分布圆点(图 1-1-3)。

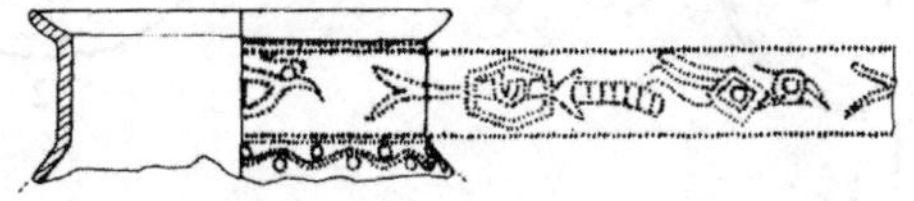

图 1-1-3 高庙文化鸟纹

太阳纹多位于鸟的双翅上,有的彩绘于白陶盘的外底,一般以八角太阳纹或重圈表示。有的带四个附属纹饰(方形或弧线形),代表四方(图 1-1-2,2;图 1-1-4)。

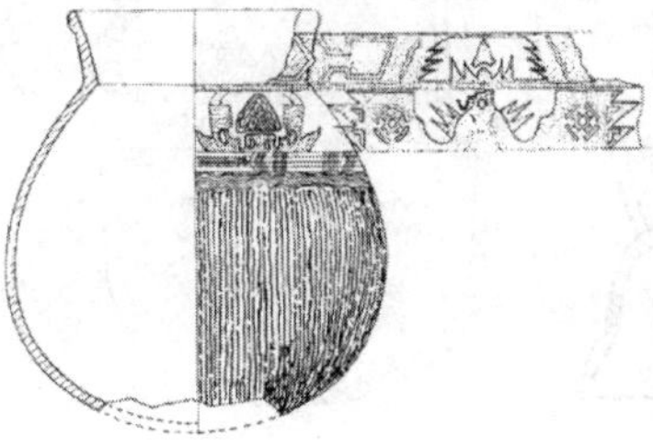

1

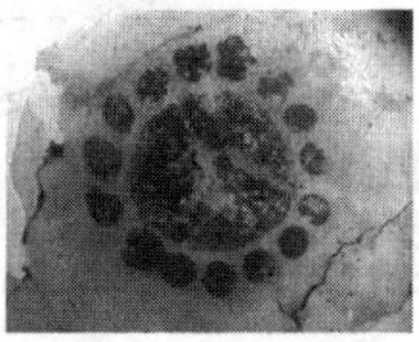

2

图 1-1-4 高庙文化太阳纹

1. 白陶罐上的太阳、鸟纹 2. 白陶盘外底的彩绘太阳纹

獠牙兽面像多见于罐颈部、钵的腹部和簋的外底,个别位于凤鸟的双翅或食囊位置。多用口部来代表整个兽面,上下有长长的獠牙,或在口和头的两侧附饰羽翅,仪态威猛肃穆,构思诡谲。这种做法与风格在其后的长江流域史前文化中得到了继承,如良渚文化的兽面和后石家河文化玉人像的獠牙。T2003 出土的陶簋,腹部戳印倒置的飞鸟和带状纹,足跟饰锯齿形花边,外底有双羽吐舌獠牙兽面纹。其下有一婴孩,表示太阳是人类的创造者和祖先,人类是太阳之子(图 1-1-5,1)。T0813 出土的一件残器底,细砂白陶,戳印双圆圈,内有带鼻孔和胡须的獠牙兽面,牙齿细长,外圈戳印四等分的双尖建筑状图案,

分别指向四个方向(图 1-1-5,2)。T14-02 出土的陶簋外底也可见此类纹饰,器腹外壁戳印倒置飞鸟和带状纹,鸟的两翅上分别有被拆分的半个獠牙兽面图案,鸟和兽面上都涂有深红色的颜料(图 1-1-6)。1991 年 T1015 出土的长颈陶罐上有更完整而复杂的兽面像。陶罐高直领,折肩,腹壁深且直,白陶,夹石英细砂粒。兽面像位于颈部和肩部,颈部有对称的二组,兽面椭圆形,方口,獠牙外龇,有门齿,唇上部有三尖冠,下部有垂须。兽面两旁附有双翼,无躯干。兽首下的附加装饰类似柴薪,兽面图像两侧各有一座木构建筑,有梯子盘旋而上,应该是高庙祭祀场的双阙建筑。颈部的这组图像,当是祭祀场景和祭祀内容的模画,从而为我们推断獠牙兽面像的内涵提供了线索。陶罐的肩部也有四组兽面像(图 1-1-7)。

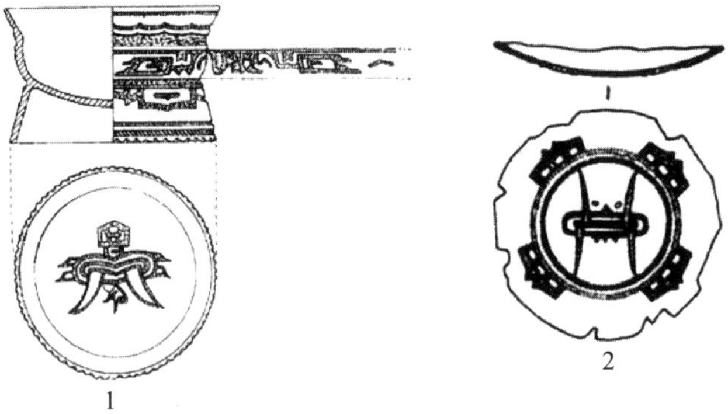

图 1-1-5　高庙文化兽面纹

1. T2003㉑:12　2. T0813⑬:102

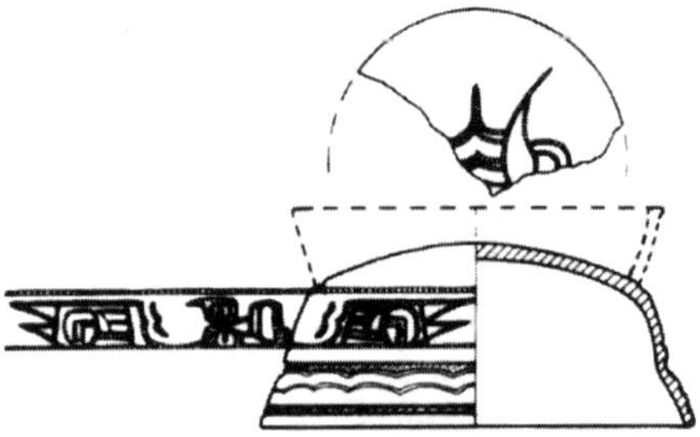

图 1-1-6　高庙文化纹饰陶簋

T14-02⑱:22

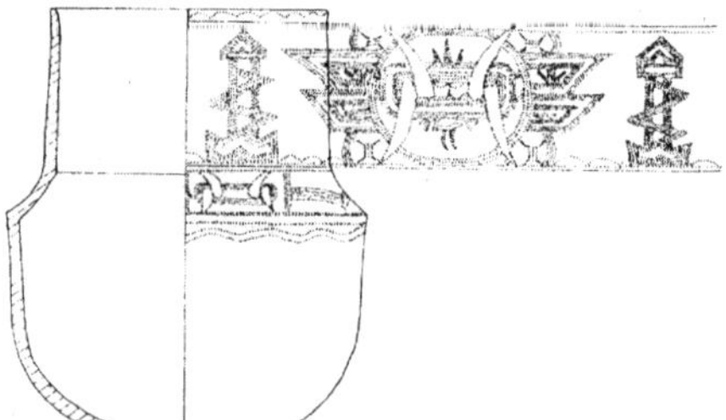

图 1-1-7　高庙文化纹饰长颈罐

T1015⑧:16

除高庙遗址外,这种宗教类纹饰还见于湖南省沅水流域的征溪口遗址[1]、大塘遗址[2]、松溪口遗址[3]等。

松溪口遗址距今 7400～6600 年,征溪口与松溪口晚期大体相当,距今 6800～5800 年。两者文化面貌与高庙文化相类似。纹饰上与高庙文化类同,主题大多以太阳、鸟和

---

① 参见吴顺东、贺刚:《湖南辰溪县征溪口贝丘遗址发掘简报》,《文物》2001 年第 6 期。

② 参见黄纲正、王立华:《长沙南托大塘遗址发掘报告》,湖南省文物考古研究所编:《湖南考古辑刊》,岳麓书社 2009 年版,第 17～30 页。

③ 参见吴顺东、贺刚:《湖南辰溪县松溪口贝丘遗址发掘简报》,《文物》2001 年第 6 期。

兽面组成。

征溪口遗址的太阳纹更加复杂，一般圆形外有八个角，圆形内部再八分或四分，表示四维八方的意义(图 1-1-8,1)。除鸟的头部外，松溪口遗址还发现了正飞的鸟纹。有一件陶簋的腹部发现有鸟在群山或天界间飞翔的纹饰(图 1-1-8,2)。征溪口遗址一件罐上发现有祭祀场的图像，与高庙遗址的类似，说明它们有相同的祭祀仪式(图 1-1-9)。有的纹饰已经几何化或抽象化了。我们知道，这种竹戳纹若要戳制具象的纹样是比较麻烦费事的，因为不易表现流畅圆滑的线条，而制作抽象化、几何化的纹饰则比较简单，如在一件陶罐的颈部和上腹发现的太阳、鸟、兽纹饰，中间是圆形的太阳，圆形上下左右各有一个缺口，代表四方。太阳两侧各为一刀形纹饰，是鸟的抽象变形。圆形中间有抽象的上两齿和下三齿，当为獠牙兽的抽象变形(图 1-1-10)。抽象化的宗教纹样并不表示宗教的低迷，而是说明参与者对这些趋于符号化的东西已经非常熟悉了，只需一个简单的符号暗示，他们就知道表达的是什么意思。

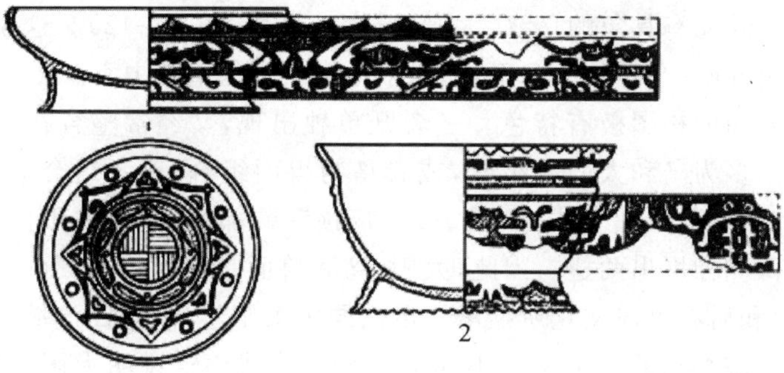

1　　2

图 1-1-8　征溪口遗址太阳纹和鸟纹

1.陶盘　2.陶簋

图 1-1-9　征溪口遗址出土祭祀图像

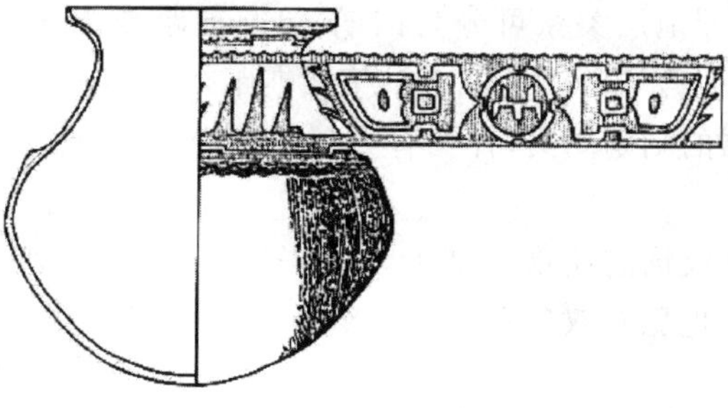

图 1-1-10　松溪口遗址陶罐上的太阳鸟纹饰

图 1-1-11　大塘遗址出土的纹饰

图 1-1-12　大塘遗址陶器纹饰

可能是较高庙文化时代晚的原因，松溪口、征溪口的纹饰比高庙文化刻划得草率，且更抽象一些。圆形多重的八角星纹也是高庙文化所没有的，这一纹饰更为复杂和繁冗，应该是新的创造和发明。此外，长沙南托大塘遗址也出土了一些相同的纹样，包括兽面和太阳合一的纹饰，还有具象的鸟纹、太阳纹（图 1-1-11、图 1-1-12）。这说明沅湘流域在距今 7000 余年至 6000 余年的时间里，形成了太阳崇拜的宗教中心。

太阳、鸟和兽面的构图极有特色。三者既单独出现，又经常整合在一起构成新的组合。如两者组合，多为鸟和太阳纹组合，或者鸟与兽面组合；三者组合的形象发现较少，却是最为完整和重要的一种图式，如图 1-1-7 长颈罐颈部的图像，太阳位居中央，中间是獠牙兽面，太阳两侧伸展出两翅。因此，太阳、鸟和兽面是“三位一体”的关系。这一宗教传统为良渚文化和后石家河文化所继承。虽然同为太阳崇拜，长江流域的原始宗教表现出了与古埃及、美洲大陆的太阳崇拜不同的组合和形式。这说明太阳崇拜有其普遍性，又有其多样性。当时的人们建造有规模宏大的祭祀场所，祭司在祭祀太阳神的时候要杀牲祭祀，高庙遗址甚至发现了人祭坑。高庙、松溪口等遗址仍然是以渔猎为主要生产方式，农业可能已经萌芽，但是在生业经济中所占的比重非常少。而其原始宗教一出现即为一种祭祀文化，说明原始宗教有其多样性。太阳崇拜是渔猎时代就已经形成的原始宗教。

二、河姆渡文化

河姆渡遗址位于浙江余姚，钱塘江下游宁绍平原东部，于 1973 年首次被发现，被命名为“河姆渡文化”。1973～1974 年和 1977～1978 年经过两次较大规模的发掘，发掘面积约 2700 平方米。按照地层关系可分为四期：第一期距今 7000～6500 年；第二期距今 6300～6000 年；第三期距今 6000～5600 年；第四期距今 5600～5300 年。[①] 与宗教相关的遗存主要有骨器和陶器的刻划图案，种类有太阳、鸟、猪、兽、植物等，存在不同的组合。

1. 太阳—鸟

带有太阳和鸟组合纹饰的遗物有象牙、骨牌饰各一件，两件牌饰制作精美，当为宗教物品。另外在一陶盆上也见有双鸟和太阳的组合。

① 参见浙江省文物考古研究所：《河姆渡：新石器时代遗址考古发掘报告》，文物出版社 2003 年版，第 364～371 页。

象牙制蝶形器 T22(3B):79,呈圆角倒凸字形,属于河姆渡文化第二期。器身上阴刻有双鸟连体抱日或负日的形象。纹饰中间为五重圈绘制的太阳,圆上部刻尖突的火焰纹。太阳两侧刻鸟喙朝上相对的鸟头两只。太阳下展开有弧形的两翅,各延伸至器物两上角。在太阳和连体鸟两侧各钻有 3 个圆孔,可分两排,上排有 4 个孔,下排有 2 个孔,说明蝶形器应该是绑缚到其他器物或衣物上使用的。长 16.6 厘米、宽 5.9 厘米、厚 1.2 厘米(图 1-1-13,1)。

骨牌 T21(4):18,属于河姆渡一期。骨牌正面上凸,背面内凹,正面刻有两组鸟负日图像。中间为圆形,内有一圆窝,代表太阳,太阳上有三尖状突起,呈"介"字形。两侧为连体鸟,鸟头相背,大眼钩喙,太阳下似为鸟尾。骨牌两侧各有一组平行线和斜线组成的装饰性图案,右侧钻有一孔。器身长 14.5 厘米、宽 2.8～3.4 厘米。仔细比较两组太阳鸟纹,右边的太阳带有光芒,左边的太阳没有。有学者认为右边的代表太阳而左边的代表月亮,而笔者认为右边的是正当天的太阳,左边的代表日落西山或晚上的太阳。背负太阳的两只鸟也略有差异,两者的羽冠不同,而且右侧的鸟稍微雄壮一些,很可能右边的是雄鸟而左边的是雌鸟(图 1-1-13,2)。

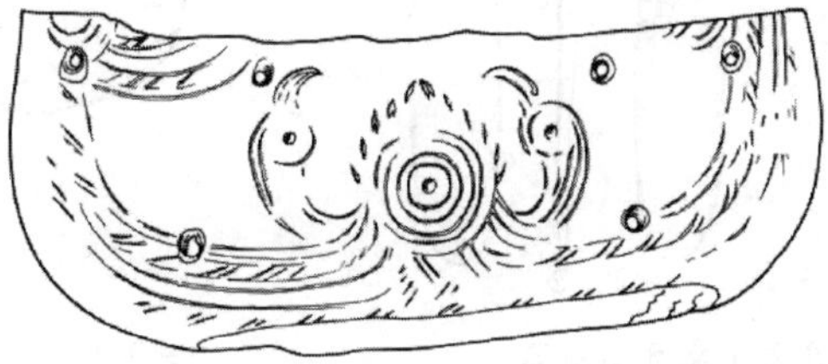

1

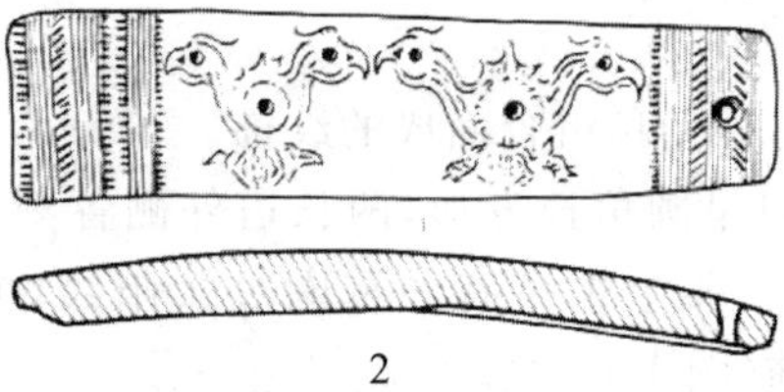

2

图 1-1-13　河姆渡遗址出土象牙蝶形器和骨牌

1. 象牙蝶形器 T22(3B):79　2. 骨牌 T21(4):18

陶盆 T29(4):46 上有两组刻划纹饰,属河姆渡文化第一期。其中一组为双鸟和太阳纹饰。图案中间为两个圆圈,估计代表两个太阳,也有人认为右边的代表太阳,左边的代表月亮。上面有圆弧形和三尖状"介"字状突起,与骨牌 T21(4):18 上太阳顶上的纹饰类似,当代表天盖。两侧各有一胖鸟,刻划较潦草(图 1-1-14)。

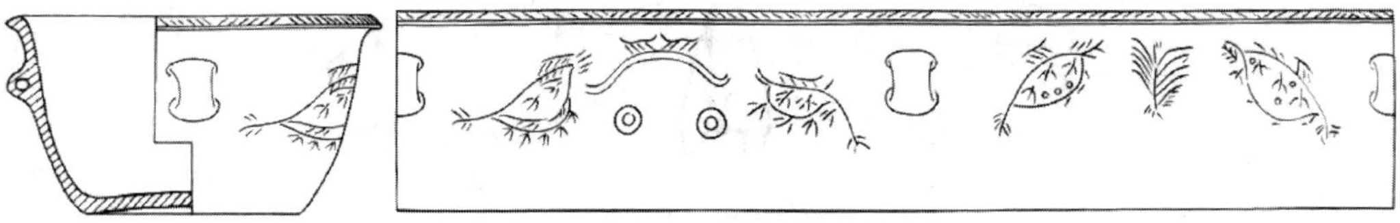

图 1-1-14　河姆渡遗址出土陶盆

2.鸟

除太阳和鸟的组合外,另见有鸟的单独形象和鸟与植物的组合。后者见于前文所介绍陶盆(图1-1-14)上的另一组纹饰,中间为禾苗,中央竖线表示杆,两侧斜线表示叶,顶端吐穗,底端四斜线表示根。两侧各有一胖鸟,鸟身呈圆梭形,身上有3个圆圈和3株禾苗,右侧的鸟上部圆圈可能表示眼睛。上有翅,下有足。刻划较潦草。

单体鸟形象有鸟形象牙匕形器和鸟形泥塑。

象牙匕形器,发现3件,皆为河姆渡文化第一期。顶端为鸟头,长钩喙,大眼。鸟背饰斜线和弦纹组合而成的纹饰。双翅收起,以阴线刻划出尾翎。器身呈长舌形。整器雕刻琢磨精致,可能用作笄。长15~17厘米,宽3厘米左右(图1-1-15)。另有鸟形陶塑,夹炭黑陶,尾残,鸟呈伸颈张望状,属于河姆渡文化一期。长7厘米(图1-1-16)。

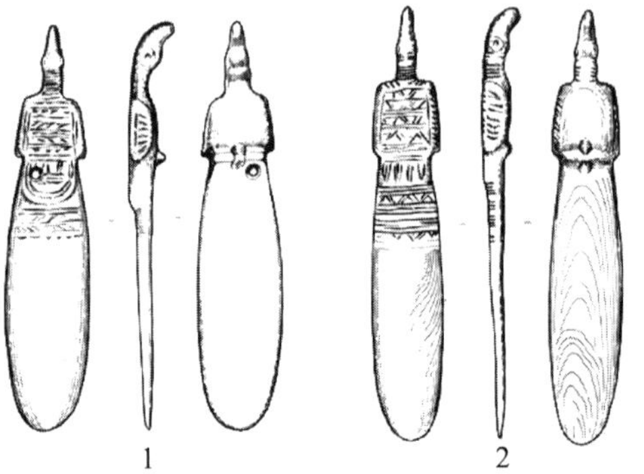

1　　2

图1-1-15　河姆渡文化象牙匕形器

1.T244(4A):124　2.T243(4A):367

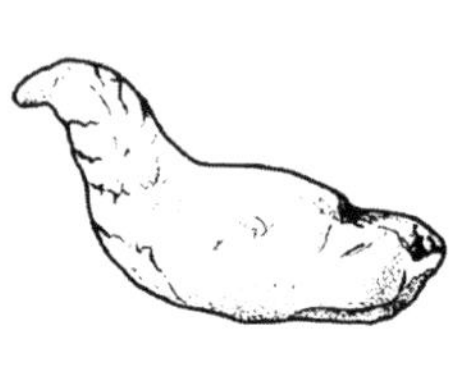

图1-1-16　鸟形陶塑

3.猪、兽

猪有单体陶塑,也有与太阳、鸟组合而成的纹饰。

陶钵T243(4A):254,口呈圆角长方形,两长边外侧各刻有一猪的图像。猪长嘴、竖耳、高腿、短尾,背上有粗鬃。腹上中央有一重圈纹太阳纹,上刻5道斜线当代表火焰。太阳两侧各有一组禾苗纹饰(图1-1-17)。

图1-1-17　河姆渡遗址出土陶钵

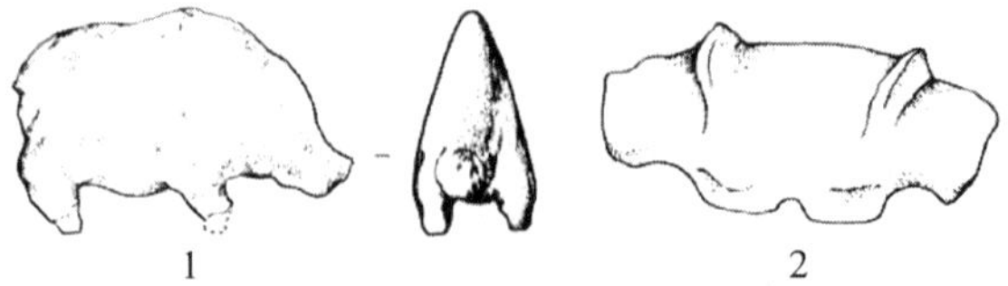

1　　2

图1-1-18　河姆渡文化陶猪

1.猪T21(4):24　2.双头连体猪T224(4A):6

猪形陶塑有两件，均为夹炭黑陶。T21(4)：24，长鼻，短腿，胖身，腹下垂，作奔走状。长 6.3 厘米、高 4.5 厘米。T224(4A)：6 为双头连体猪，长 7.8 厘米、高 3.4 厘米(图 1-1-18)。

兽形纹饰均残缺不全，表现的具体是什么动物不是很明确，包括骨牌饰上的兽纹和兽形陶塑。骨牌饰 T212(4A)：53 属于河姆渡文化一期，两侧边残损，正面精磨，阴刻一走兽，兽身修长，双耳斜宽，尾巴细短，腹下垂，四肢弯曲，呈奔走状，可能是虎的形象。兽头和后腹各钻有一圆窝，并以之为圆心各阴刻重圈纹 6 周，其余部分以羽毛纹装饰。器物左下端兽足后钻一圆孔。残长 10.9 厘米、残宽 3 厘米(图 1-1-19)。

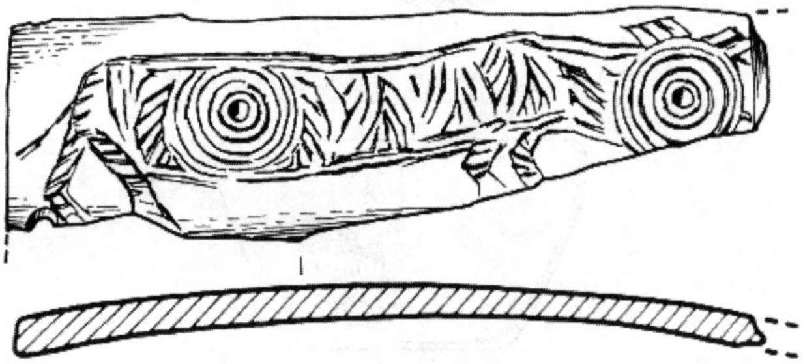

图 1-1-19　河姆渡遗址出土骨牌纹饰

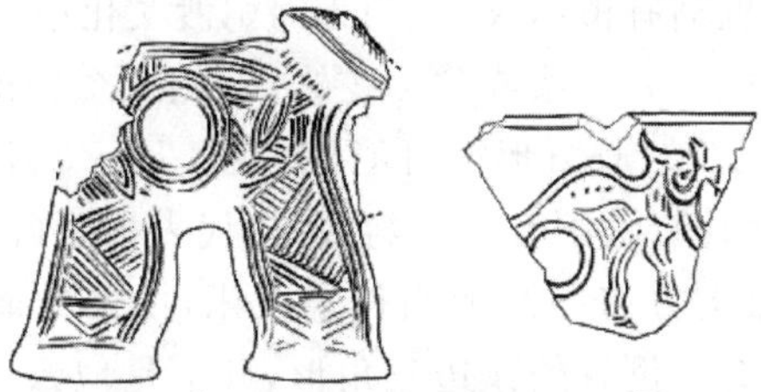

图 1-1-20　河姆渡遗址出土兽形陶塑、刻纹陶片

1. 兽形陶塑 T223 (4A)：106　2. 刻纹陶片 6221 (4A)：125

兽形陶塑 T223(4A)：106，夹炭黑陶，器残。小头，细颈，躯干粗大，其两侧满布刻划花纹，腹部饰四重圈组成的太阳纹，两侧各有一组禾苗纹。前后腿饰两条竖斜线组成的三角形图案。高 19 厘米、长 24 厘米(图 1-1-20，1)。

刻纹陶片 T221(4A)：125，夹炭黑陶。兽独角长嘴，睁眼耸肩，前腿粗壮有力，作后蹲状，后腹及后腿残缺。腹部饰重圈太阳纹和羽状纹饰(图 1-1-20，2)。

4. 植物

植物纹样有叶纹和稻穗纹等，叶纹一般见于盆、盘、釜类陶器的口沿(图 1-1-21)；禾苗纹有具象的，也有仅以竖线和斜线组成的简略形式，后者见于前文所介绍敞口盆 T29(4)：46 的第二组图像中间(图 1-1-14)，在有的陶片上也可以见到。具象的稻穗纹见于敛口钵 T221(4B)：232 的腹部。稻穗居中向上，两束谷粒向两边下垂，两侧有稻叶。下有两组双横线，中间有 3 条和 4 条斜线相对，代表稻根。稻穗旁有猪纹，与圆角长方钵上的猪纹相似(图 1-1-22)。

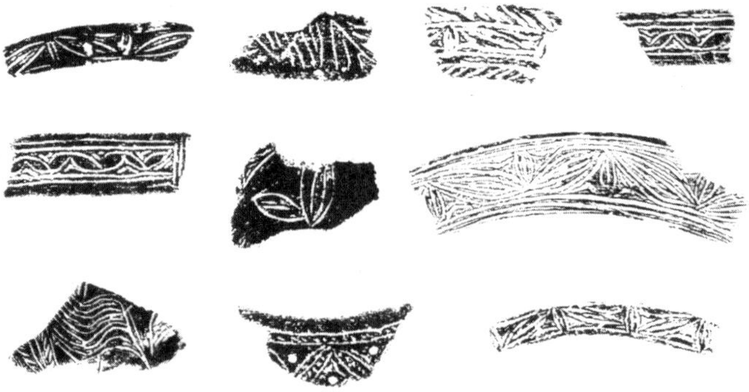

图 1-1-21　河姆渡遗址出土植物纹饰

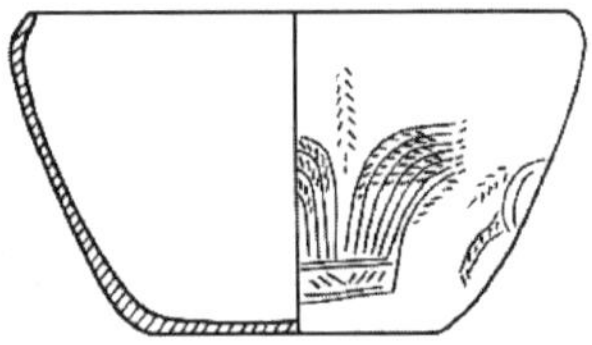

图 1-1-22　河姆渡遗址出土敛口钵

另有 3 件刻纹陶残块也刻有植物纹样，均为河姆渡文化第一期。T33(4):90，侧面饰细叶纹，正面为粗壮的叶纹，下有台状或盆形纹饰，上刻 6 个圆圈，可能代表种子（图 1-1-23,1）；T213(4A):84 较为完整，长方形框可能代表盆，上有 5 片粗壮有力的叶子，一片居中直立，两边各有对称的两片。盆下有 6 条斜线，当代表根系（图 1-1-23,2）。T33(4):98 是一幅比较复杂的纹饰，最上方有一圆形当代表太阳，由两重圈构成，内圈里有光芒，外圈有 3 个羽冠状饰。下方有一倒置的弧边三角形，其下是似云气一样的弧线。底端有一圆弧形，可能代表大地，近处有似山状的突起。两侧各有一鸟形，钩喙，身上有叶纹和重圈纹，左边为四重圈，右边为三重圈。右侧重圈可能代表太阳，左侧重圈代表月亮或日落时的太阳（图 1-1-23,3）。

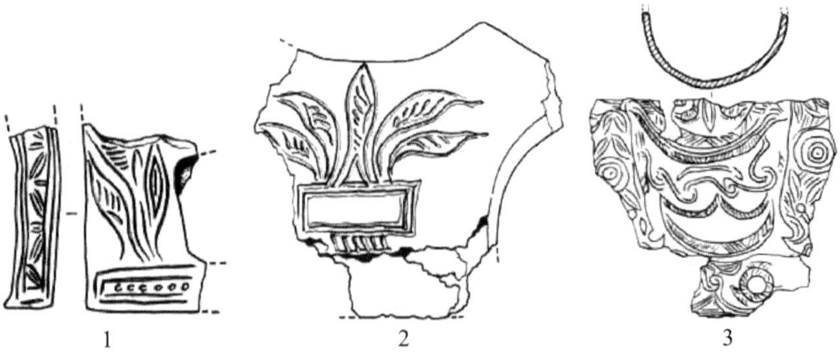

图 1-1-23　河姆渡遗址出土的植物纹陶块

1. T33 (4):90　2. T213 (4A):84　3. T33 (4):98

5. 太阳纹

太阳纹一般以重圈表示，与鸟、猪、植物、兽等尤其是鸟构成组合纹样。另外亦见独立的太阳纹，如纺轮 T235(4A):102 上的太阳纹，中间以重圈代表太阳，周围对称四组弧边倒梯形，中间以竖线分为二，当代表四维八方。最外圈有圆圈，内刻 16 组连三角纹，代表太阳的光芒(图 1-1-24,1)。另外，属于第一期的陀螺顶端也有重圈太阳纹，外饰一周斜线(图 1-1-24,2)。两者均与高庙所出太阳纹相类似。值得注意的是，在一件纺轮上还发现了旋涡纹，这一纹样在其后距今 6000～4000 年出现在了中国大部分地区，成为中国史前文化分布最广泛的纹饰(图 1-1-24,3)。

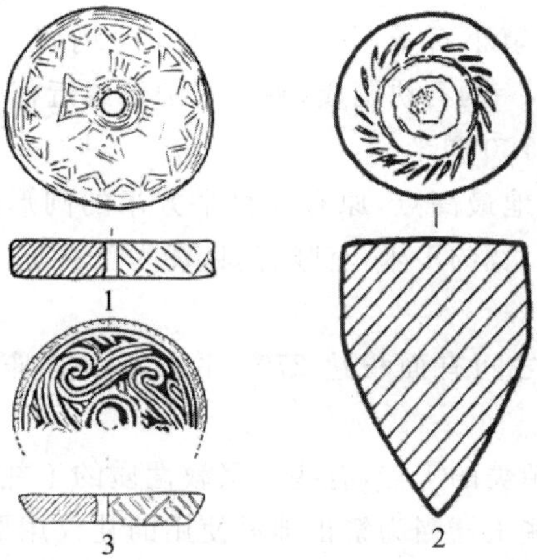

图 1-1-24 河姆渡遗址出土纺轮和陀螺

1. 纺轮 T235(4A):102 2. 陀螺 T224(4B):132 3. 纺轮 T211(4A):152

河姆渡文化和高庙文化都有鸟负日的主题，不同之处在于河姆渡文化一般为双鸟负日，太阳位于中间，而高庙文化中的太阳纹均位于双翅上。更为重要的区别是，高庙文化的太阳—鸟—兽组合，在河姆渡文化之中基本不见。河姆渡文化的主题纹样流行太阳—鸟或太阳—兽—植物。植物种类尤其是禾苗纹饰的大量出现当与河姆渡文化的稻作农业有关。当时原始园艺和植物驯化已经出现，并成为最有前途的经济门类。獠牙兽的原始是虎，它在宗教信仰中地位的下降与狩猎在经济生活中地位的下降是同步的。猪是当时最重要的家畜，猪身上刻划太阳纹和植物纹与家畜饲养业的发展有关。原始宗教的主要任务是解决人类的生产问题，在几乎所有的原始文化中都存在祝殖巫术，这类纹饰的出现应该是祝殖巫术思想的一种，也就是古人希望通过这种宗教行为促进农作物丰收、家畜增殖、人丁兴旺，河姆渡文化表现出来的原始宗教形态是与当时人类生产方式息息相关的。

三、凌家滩文化

凌家滩遗址位于安徽含山县，属长江下游的巢湖地区，发现于 1985 年，共进行了四次发掘:1987 年进行两次，清理墓葬 15 座；1998 年和 2000 年进行的第三、第四次发掘，发现了祭坛及坛上的祭祀坑、积石圈、面积达 3000 平方米由红烧土铺垫的广场，并在祭坛和坛面上清理墓葬 53 座。整个凌家滩聚落面积达 160 万平方米，距今 5600～5300 年。[①]

---

① 参见安徽省文物考古研究所:《凌家滩——田野考古发掘报告之一》，文物出版社 2006 年版，第 343～347 页。

凌家滩遗址的祭坛和墓地背靠太湖山，往东南角居址方向倾斜。祭坛位于整个墓地的中心位置，呈长方形，相对高度13米，面积为600多平方米，分上、中、下三层结构。最下层用纯净的黄斑土铺垫，中层用灰白色胶泥掺和石块、石英碎块、大粒黄沙和小石子搅拌夯筑，表层用三合土铺垫，表面平整。上层表面发现3处祭祀坑和4处明显的积石圈。祭坛东南侧有一片面积约40平方米的红烧土遗迹，应与祭祀有关，可能是举行燎祭时用火的地方。

祭祀坑呈长方形，坑内填小石子，其中一座98YJ1内置4件陶器，有罐、豆、盆和禽骨。4处积石圈均用大小不一的石块围成，平面呈圆形或近似长方形。圆形者直径50～70厘米，长方形者长140～160厘米。

墓地北端26米处为墓地最高点，原有几百平方米的圆形高土堆，似有夯土遗迹，并有大量巨石，有的长七八米，宽约1米，有竖有斜，疑为巨石阵，可能是观察日出日落以确定四分四至的遗迹。

在居址区和祭坛墓地之间有面积达2700平方米的神庙遗迹，系用红烧土块铺垫而成。

凌家滩墓地出土大量精美的玉器，有些是宗教性质的玉礼器，如玉鹰、玉龙、玉人、玉龟、玉版、玉钺(斧)等。这些玉器当为祭祀神灵使用的礼仪用器，从中可推断凌家滩人的宗教信仰仍以太阳崇拜为主。

玉鹰(98M29:6)两面雕刻相同的纹饰。鹰作展翅飞翔状，大眼，钩喙。双翅猪首形，猪嘴张开，月牙形眼，圆眼珠。鹰腹(背)刻圆圈，内有八角太阳纹。尾六翎。该器表现的是玉鹰背负太阳运行周天的形象。两翅作猪首形，表达的观念可能与河姆渡遗址猪腹饰太阳纹相类(图1-1-25)，是祝殖巫术原始信仰的反映。

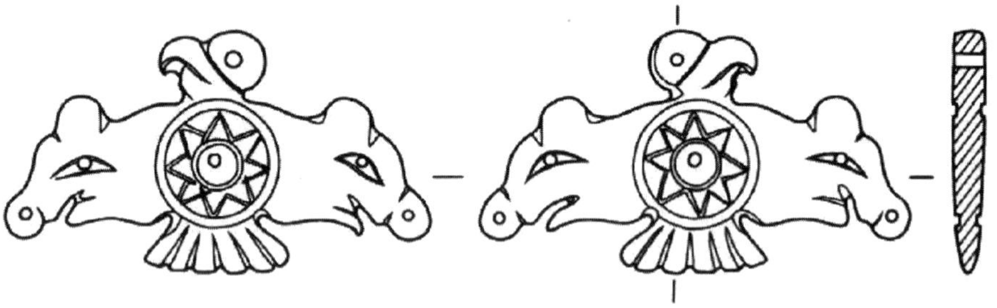

图1-1-25　凌家滩遗址玉鹰

玉人出土6件，分别出于两座墓葬87M1和98M29中，每墓3件。87M1的3件为站姿，高约9厘米、宽2厘米，98M29的3件为坐姿，高约8厘米、宽2厘米。人物特征相同，头戴“介”字形扁帽，饰方格或“十”字纹，倒梯形阔脸，蒜头鼻，宽嘴。大耳，耳垂穿孔。双臂弯曲，十指张开，上举于胸前，上臂戴数件镯子，腰部有绳状腰带，赤脚。玉人后背钻有隧孔，应是缝缀于衣物上使用(图1-1-26)。

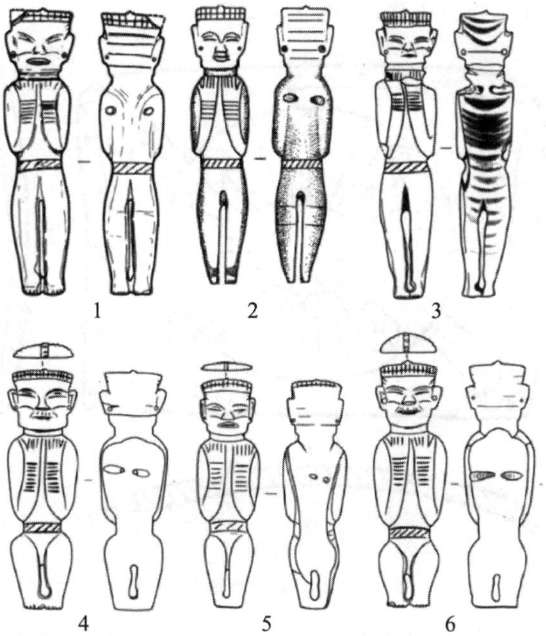

图 1-1-26　凌家滩遗址玉人

1.87M1:1　2.87M1:2　3.87M1:3

4.98M29:14　5.98M29:15　6.98M29:16

图 1-1-27　凌家滩遗址玉龟

玉龟和玉版出自一座大墓(87M4)中。玉龟由背甲、腹甲两部分组成。背甲呈圆弧形,琢磨出背脊和背上龟纹。背甲两边各对钻两个圆孔,两圆孔之间琢磨凹槽,背甲尾部对钻四个圆孔。腹甲平底两边略上斜弧,腹甲两边与背甲相对应处各对钻两个圆孔,腹甲尾部对钻一个圆孔。背、腹甲上对应的圆孔说明是拴绳固定在一起使用。背甲长 9.4 厘米、高 4.6 厘米、宽 7.5 厘米、厚 0.6～0.7 厘米。腹甲长 7.9 厘米、宽 0.5～0.6 厘米。

长方形玉版夹在玉龟背甲和腹甲之间(图 1-1-27)。

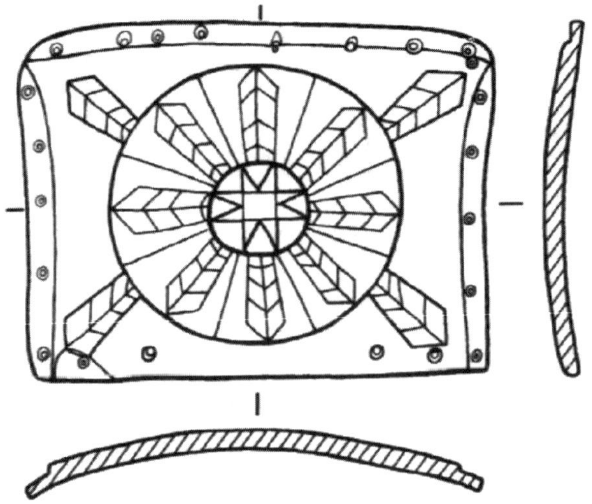

图 1-1-28　凌家滩遗址玉版

玉版(87M4:30)呈方形,出土时置于玉龟内。玉版上的纹饰由两重圆圈分隔成三部分,小圆内为八角星纹,小圆外大圆内等分成八个区块,每个区域琢圭形纹饰各一。大圆外四角各琢一圭形纹饰。圭形纹饰似代表太阳的光芒,分为四组、八组,表达出四维八方的宇宙观念。圆形当代表太阳,八角星纹中间的方形当代表大地。整个图示表达的是先民的宇宙观念,即太阳的运行使大地有了四维八方。玉版置于玉龟之内,龟腹近平似地,龟背圆穹似天,表现的正是古人天圆地方的宇宙观念(图 1-1-28)。

虎的形象见于玉璜上。双虎首璜出土有两件,形制纹饰相同。璜呈扁圆弧形,两面纹饰相同,两端各浮雕虎首,用阴刻线雕出鼻、嘴,以两面管钻孔为眼,琢磨出前爪。璜外径 11.9 厘米、内径 7.1 厘米、宽 1.5 厘米、厚 0.5 厘米(图 1-1-29,1)。此外,87M15 也出土有单端虎形璜(图 1-1-29,2)。

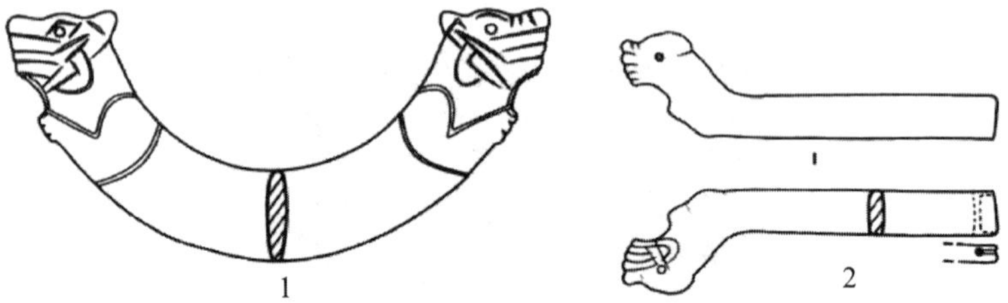

图 1-1-29　凌家滩遗址虎首璜

1. 87M8:26　2. 87M15:109

三角饰(87M4:68-1)为等腰三角形,片状,上刻树纹,当代表一种植物崇拜,与河姆渡遗址陶盆上的植物纹类似(图 1-1-30),也许是社树的形象。

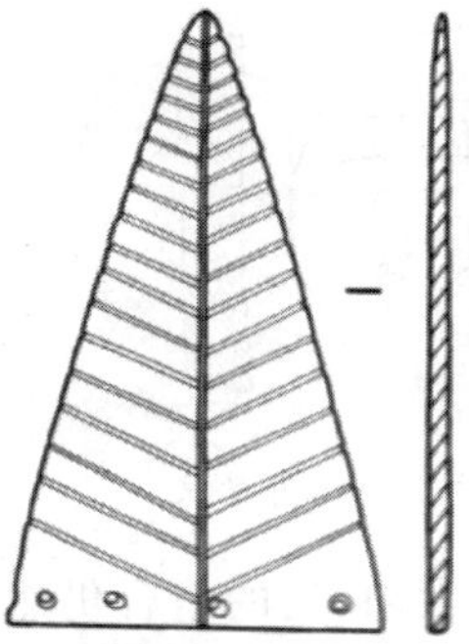

图 1-1-30　凌家滩遗址三角形饰

1-1-31　凌家滩遗址玉龙

玉龙(98M16:2),呈玦形,两面纹饰相同,首尾相连。龙吻部突出,头顶雕刻两角,阴线刻出嘴、鼻,阴刻圆点为眼,脸部阴刻出折皱和龙须。龙身脊背阴刻规整的圆尾。长径4.4厘米、短径3.9厘米、厚0.2厘米[①](图1-1-31)。

人头冠形饰(87M4:40),平面略呈长方形,上端略宽,阴线刻两组4个对称三角纹,形似羽毛,上面一组三角纹拖下一条阴线至耳部,阴线两边各刻两组八字纹呈一坠饰。耳部琢一椭圆形孔,耳孔右上部琢三角形凹槽。平面左侧中部琢磨眼、鼻、嘴,上下两端各对钻一圆孔。平面下部阴刻两组三角形纹。整体形似人戴羽冠形饰,应是表示太阳神祭司的形象。器长8.9厘米、宽3.1～4.2厘米、厚0.1～0.3厘米(图1-1-32)。

齿形璜。凌家滩出土了大量玉璜,其中有的带有齿形边缘,一般出土于大型墓葬中,应该表示太阳的光芒(图2-33)。

图 1-1-32　凌家滩遗址人头冠形饰

图 1-1-33　凌家滩遗址87M11出土玉璜

与太阳有更直接关联的是八角星纹,除玉版上的八角星纹外,在纺轮上也见到一些。这一纹饰不如高庙、松溪口等遗址的复杂和规整,说明观念已经定型化、符号化了。八角星纹在距今5000年左右传遍了黄河、长江流域和北方地区(图1-1-34)。至今在农村的石碾子上仍可见八角星纹。

① 玉玦龙的创意应该是受红山文化玉玦龙影响,但是与红山文化的玉玦龙所呈现的兽形完全不同,且红山文化的玉玦龙均钻在龙的颈部,而该玉龙在尾部。因此可以认为,两者只是创意相同。我们在后面会解释其原因——这是因为玉玦龙代表了萨满教的灵魂观念和生命观念,而凌家滩文化一直与良渚文化、石家河文化、大汶口文化一样流行太阳崇拜。

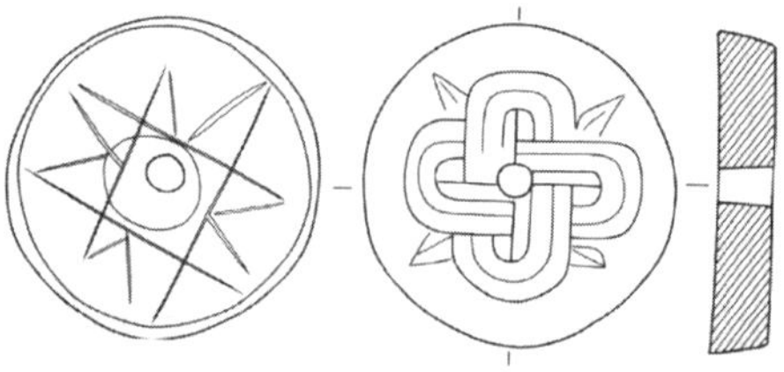

图 1-1-34 凌家滩遗址出土纺轮和八角星纹

凌家滩文化的宗教类纹饰与河姆渡文化相比，太阳、鸟的组合仍然存在，虎纹见于玉璜上。与河姆渡文化相同，太阳、鸟、兽都是独立存在，三者并不组合在一起。河姆渡文化中流行的植物纹不再兴盛，树形三角形饰可能是其孑遗。高庙遗址、征溪口遗址、大塘遗址、松溪口遗址流行的八角星纹得到大发展，玉版上的八角星纹表达了太阳运行四维八方的宗教观念和空间观念。

凌家滩受到了北方红山文化的强烈影响。其玉器种类有的直接来自于红山文化，如臂形饰、玉玦、玉人、玉龙、玉鸟、玉龟等。更为重要的是，在凌家滩所在的5500年之前，长江流域并不存在人格化的神灵，从高庙文化、河姆渡文化及沅水流域的遗址中发现的太阳神都是一种自然存在。但是对于红山文化所在的北方地区来说，偶像崇拜是萨满教中普遍存在的。萨满教中的神一般用人偶的形式来表现，自然神灵也以偶像的形式来表现，考古发现中兴隆洼、赵宝沟、红山等文化中都有人形的偶像。因此，凌家滩中发现的这么多来自于红山文化的玉器种类说明，凌家滩文化受到了萨满教强烈的影响，其中包括偶像化神灵。受凌家滩文化强烈影响下的良渚文化中，人格化的太阳神形成。因此，凌家滩的玉人应该与红山文化的玉人都是神职人员的形象，既代表太阳祭司的形象，同时也是太阳神的形象。

四、良渚文化

良渚文化因施昕更于1936年首先发现于浙江良渚镇而得名，代表了长江下游史前文化发展的顶峰。良渚文化遗址主要分布于太湖地区，尤以太湖南部的良渚遗址群内遗址数量最多、分布最为集中。良渚遗址群位于浙江省杭州市北郊，属于浙西山地丘陵和杭嘉湖平原的接壤地带，地跨余杭市瓶窑、安溪、良渚三镇。遗址群南北侧均为天目山往东延伸的余脉，从而使遗址群形成一"C"形区域。在50平方公里的范围内共发现有135处遗址。良渚遗址群以良渚古城为中心，古城中心有宫殿和神庙，古城外围一圈郭城，形成面积达800万平方米的大型聚落。古城的西南天目山南麓靠近山脉的位置，良渚人修筑有巨型水利系统，分低坝和高坝两级水利系统。[①] 古城内外发现有反山、瑶山、汇观山等贵族墓地。良渚文化所表现出来的社会分层和文明特征表明，良渚时期已经进入了文明社会，国家已经产生。

良渚文化属于神权社会，宗教在社会中占有主导地位，发现的宗教遗存主要有祭坛、墓葬及玉器和陶器上的纹饰所表现的宗教内容。

---

① 参见浙江省文物考古研究所：《杭州市良渚古城外围水利系统的考古调查》，《考古》2015年第1期。

良渚文化祭坛为高出地面的大型土墩，如反山、瑶山、张陵山、福泉山、汇观山等，共发现有 20 余处，均为人工堆筑而成。祭坛与墓地共存，说明祭祀和埋葬具有宗教意义上的关联。最重要的祭坛有反山和瑶山祭坛(墓地)。

反山和瑶山均位于良渚遗址群内。反山位于遗址群的西南部，良渚古城的中心位置，莫角山遗址的西北。瑶山则偏于遗址群的东北，为天目山余脉凤凰山向东伸展的低矮山丘。① 祭坛上的墓葬出土的随葬品 90%为玉器，数量巨大、制作精美，可谓中国史前文明之最。

反山祭坛为一座高约 5 米的土台，其上中间位置有约 80 平方米的暗红色硬面，西南侧埋葬有 11 座良渚文化墓葬，属于早期的有 9 座。这些墓葬均打破祭坛，其中两座墓葬还打破硬面。从层位上看，祭坛营建在先，墓葬埋葬在后。从功能上看，祭坛和墓葬构成一个整体，密不可分，祭坛上举行祭祀仪式，同时也有埋葬行为，是以祭祀和下葬构成当时宗教信仰和活动的整体。祭坛顶部的红色硬面表明曾经以火进行祭祀。9 座大型墓葬共出土随葬品 1200 多件(组)，绝大部分为玉器，有 1100 多件(组)，包括琮、璧、钺、柱形器、镯、冠状器、三叉形器、锥形器、半圆形饰、璜、带钩、鸟、鱼、龟、蝉和各种管、珠等饰品。② 与瑶山相类似，琮、璧、钺、三叉形器、锥形器具有标识身份的作用，已经形成规范化的用玉制度。从用玉种类上可以区分出三种人：王、官僚贵族和女性贵族。M12 还出土有目前发现最大的玉琮以及良渚文化最完整的神人兽面像，代表了良渚人尊崇的至上神。良渚古国的王拥有钺所代表的社会权力和军权，玉琮、璧代表的宗教神权和成组锥形器、冠饰器和三叉形器所代表的王权，集军权、神权和王权于一身，是良渚古国的统领(图1-1-35)。

图 1-1-35 反山墓地与祭坛(自南向北)

瑶山祭坛面积近 5000 平方米，平面呈方形，位于瑶山的西北坡。其北、西、南三面基本从山脚起筑，东与自然山体相连。因山体倾斜，采用不同方向的条状石坎和护坡，形成不同高差的台面。南北边缘的台面距祭坛中心区有高达 9 米的落差。祭坛台面呈漫坡

---

① 参见浙江省文物考古研究所：《良渚遗址群》，文物出版社 2005 年版，第 41～42 页；王宁远等：《杭州市良渚古城外围水利系统的考古调查》，《考古》2015 年第 1 期。

② 参见浙江省文物考古研究所：《反山》，文物出版社 2005 年版，第 372 页。

状，由里外三重土组成。最里面是方形的红土台，第二重为灰色土，围绕在红土台的四周，呈“回”字形结构；灰土的西北南三面由黄褐色斑土筑成，台面上散见较多的砾石。砾石黄土台的西、北边缘，各有一道由砾石叠砌而成的石坎。祭坛西侧、南侧有 12 座大型墓葬，成南北两排排列(图 1-1-36)。南排有 7 座墓葬，北排有 6 座墓葬，两者的随葬品具有较大的区别。南排器类主要有玉器冠形器、带盖柱形器、三叉形器、成组锥形器、钺、小琮、石钺和陶器鼎、豆、罐、缸；北排器类主要有玉冠形器、璜、圆牌、纺轮和陶器鼎、豆、罐、缸。陶器器类相同，但玉石器组合不同：玉石钺只南排中有；三叉形器、成组锥形器、琮和小琮也仅见于南排墓葬。玉璜和圆牌一般出土于北排墓葬中，南排只有 M2 出土圆牌 1 件。南北墓葬的不同是男女性别的差异，南排当为男性，北排当为女性。[①]

图 1-1-36 瑶山墓地与祭坛(自南向北)

除反山、瑶山外，汇观山是一座与两者相似的祭坛。汇观山位于良渚古城城外西边约 2 公里处，坐落于一座海拔约 22 米的自然小山上。祭坛利用自然山体修凿而成，主体为三层阶梯结构，正北方向。最高处的长方形覆斗状台基为祭坛主体，东西长约 45 米，南北宽约 33 米，面积约 1500 平方米。中部偏西位置挖有宽 2.2～2.5 米，深 0.1～0.6 米的围沟，内填灰色土，形成“回”字形灰色土框。围沟使祭坛顶面呈现围沟内、围沟、围沟外三重土色结构。祭坛主体外围存在两层台面，第二层台面低于祭坛顶面 1～1.5 米，第三层台面低于祭坛顶部 2.2 米，依所保存较好的位置看宽近 10 米，总面积超过 1000 平方米。祭坛的北部，从山脚到山顶发现有人工堆筑的三道台阶状石块护坎，可能是通往祭坛的台阶通道。祭坛上清理了 4 座大型墓葬，2 座属于良渚文化早期，2 座属于良渚文化晚期，共出土随葬品 173 件(组)，以玉器为主。[②]

瑶山和汇观山相距约 7 公里，两者结构十分接近，都是长方形覆斗状，坛顶主体平面上都为“回”字形三重土色，祭坛之上都发现有良渚文化大型墓葬。祭坛和墓葬之间虽然有早晚关系，但是祭坛很可能是为祭祀仪式和作为祭司的墓地使用，并且在埋墓之后祭

① 参见浙江省文物考古研究所：《瑶山》，文物出版社 2003 年版，第 207 页。

② 参见刘斌、蒋卫东、费国平：《浙江余杭汇观山良渚文化祭坛与墓地发掘简报》，《文物》1997 年第 7 期；南镶：《良渚文化汇观山遗址第二次发掘简报》，《文物》2001 年 12 期。

坛仍在使用。

反山和瑶山墓葬出土的玉器，数量、质量均为中国史前玉器之最。有的玉器上雕琢有繁冗的神人兽面像，这一神秘的图像引起学界极大的关注，相关解读各异。不过从图像的结构和特征上来看，它延续了长江流域的太阳崇拜传统，表达的仍是对太阳—鸟—虎（兽）的信仰，只是太阳已经人格化，可以称之为“太阳神”。良渚文化已经进入了文明社会，国家已经产生，王权已经产生。至上神信仰的发展源于良渚王国的形成。

（一）良渚神徽的解读：神人—兽面—鸟三位一体的关系

良渚神徽指良渚文化的神人、兽面和鸟图像，这些神像均雕刻在良渚文化的玉器之上，而且一般雕刻神像的玉器均为最重要的玉器，如琮、冠状饰、三叉形器、玉牌饰、钺等，玉长管、锥形器、小玉琮等上面也有神像的简化形式。从长江流域的宗教传统来看，这三者的组合与高庙文化、凌家滩文化、河姆渡文化相同，其本质是神人像代表太阳神，兽面像为虎面，鸟为金雕[①]的图像。学界一般将神人和兽面合称为“神人兽面像”。这三类图像之间存在不同的组合，在这些组合中，太阳、鸟和虎是“三位一体”的关系。笔者将在后面分析，它们统一具有火的神性。

1. 太阳神、鸟与虎

最完整的神人兽面像见于反山 M12 出土的玉琮（M12：98）、玉钺、权杖、玉柱形器及玉璜（M22：20）等器物上，瑶山玉冠形器（M2：1）、玉牌饰（M10：20）上的较为完整。

反山最大的玉琮（M12：98）被称作“琮王”，共刻完整的神人兽面像 8 个，较简化的神人、兽面、鸟 8 组，前者位于玉琮直槽内，后者位于琮之四角。四角上的纹饰每角被分成两组。每组饰神人、兽面各 1 个，鸟纹 2 个。神人在上，兽面和鸟在下，中间以凹线分隔成两节。上节神人顶端有刻划细弦纹和涡纹的帽。神人重圈小圆眼，两边有小尖角，阔嘴刻涡纹。下节兽面大重圈圆眼，阔嘴，以涡纹填充。兽面两侧各有一鸟纹。鸟重圈大眼，长钩喙，背向兽面（图 1-1-37）。神人脸呈倒梯形，重圈圆眼，两侧有小三角形眼角，宽鼻、阔嘴，露 16 颗牙齿。头戴大羽冠，宝盖头，上刻 22 组羽翎。抬臂弯肘，五指平伸。神人腹部浅浮雕兽面，重圈大圆眼，宽鼻，阔嘴露齿和獠牙，上獠牙位于内侧，下獠牙位于下侧。下肢伏卧，两爪相向，每爪露三钩状利趾。神人、兽面包括帽檐均以涡纹填充。

---

① 林巳奈夫最先考证得出鸟为金雕的形象。

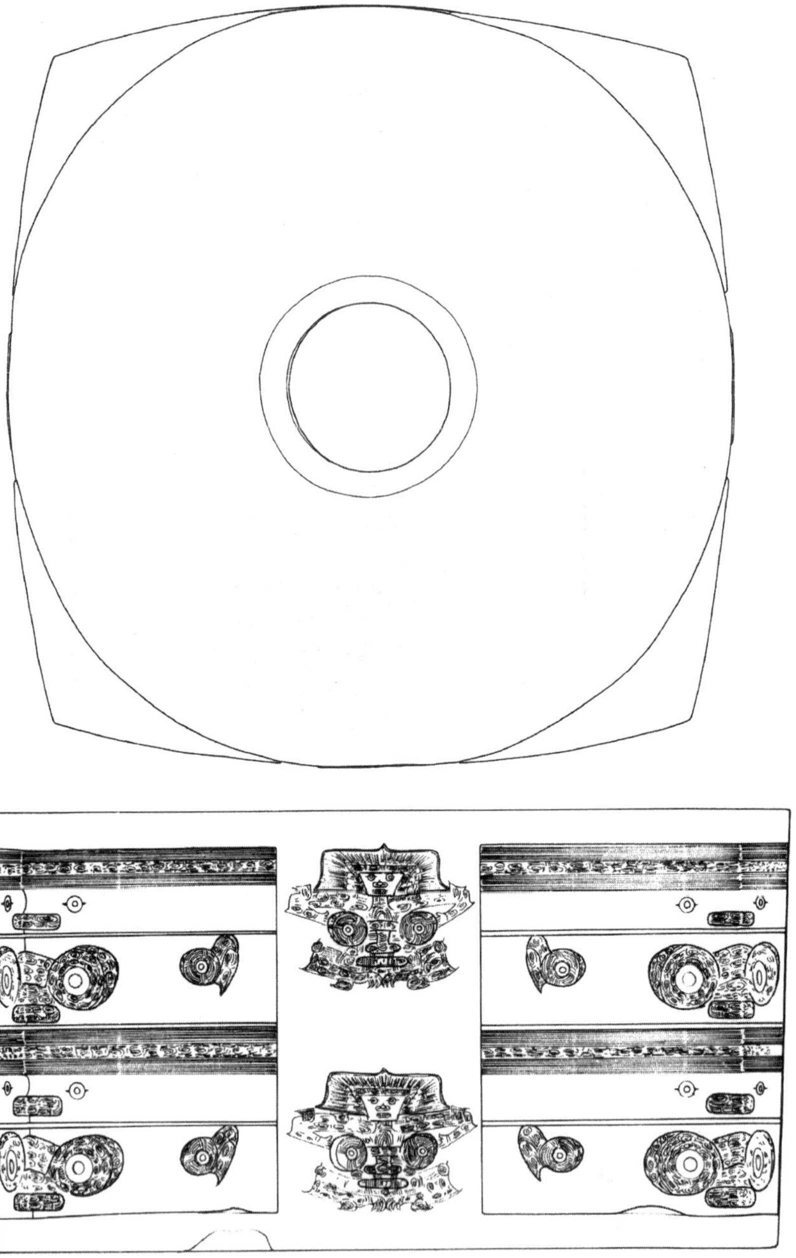

图 1-1-37　反山玉琮 M12:98

反山 M12 出土的玉钺为唯一一件雕刻有神人兽面和鸟神像的钺。神人兽面像位于上刃角，鸟纹位于下刃角。神人兽面像与鸟神像与琮王上的相同。钺长 17.9 厘米、刃宽 16.8 厘米、厚 0.9 厘米(图 1-1-38)。钺孔上方有捆束痕迹。

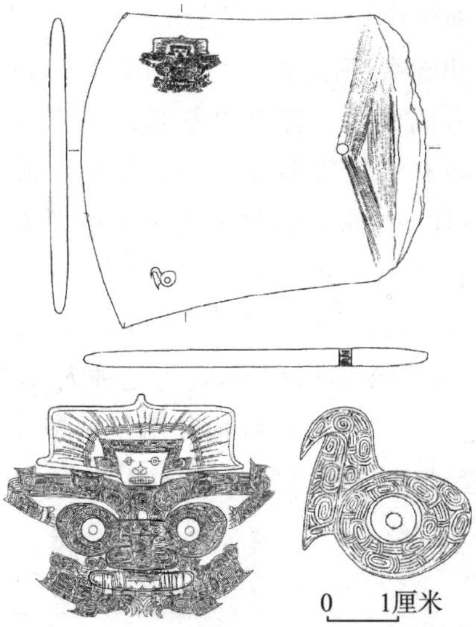

图 1-1-38 反山玉钺 M12:100 及纹饰

瑶山玉冠状饰 M2:1 的神人和兽面都有所简略,神人简化掉了前臂,兽省掉了兽爪。两侧的鸟纹也较为抽象。神人兽面下方还有一倒梯形的条形装饰,上面满饰旋涡纹,很可能是表示祭坛或大地(图 1-1-39)。

这一完整的组合——神人、兽面、鸟与高庙文化的组合相同。兽的獠牙特征与高庙文化的獠牙兽相同,均为上獠牙在内侧,下獠牙在外侧。兽的爪为钩状,是虎的特征,这对应了河姆渡和凌家滩的虎形象。

除繁冗完整的组合外,还可见简单、省略的纹样。一般神人简省为两个小圆眼,或其上部用几道横线表示冠,下部饰以小嘴。兽面则简省成大圆眼,下饰阔嘴。

2. 太阳神与鸟的融合与统一

神人与鸟的组合见于反山玉冠状器 M15:7 上。神人位于中央,两侧各有一鸟,由卷曲的线连接在一起。神人的身体为鸟形,身体呈圆拱形,两臂伸直作展翅状,两下肢直立。两鸟位于冠状器上角,相背,长钩喙。由于太阳神、虎和鸟是"三位一体"的关系,这里表现的是神人与鸟的统一与融合关系(图 1-1-40)。

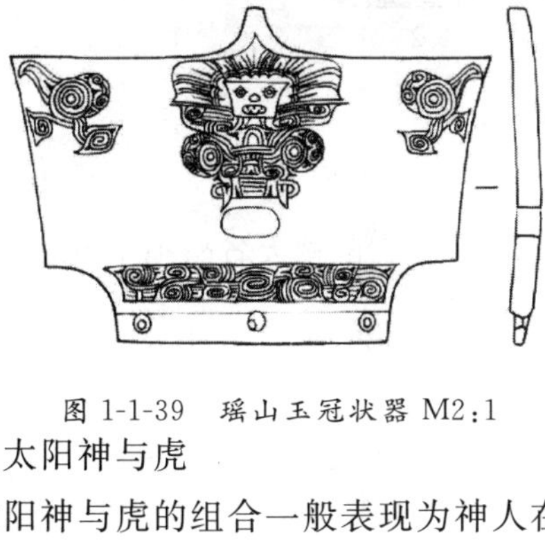

图 1-1-39 瑶山玉冠状器 M2:1

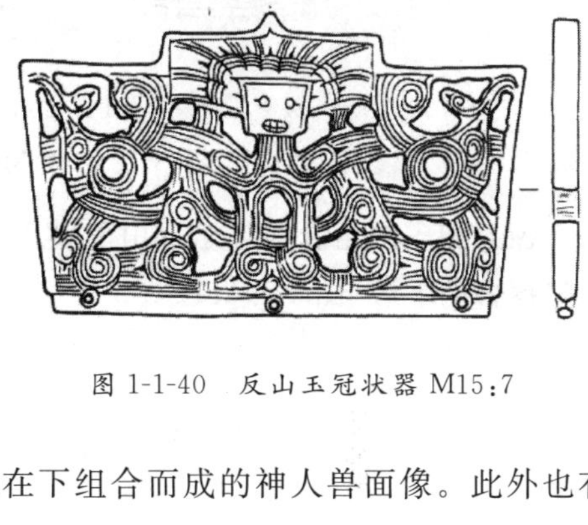

图 1-1-40 反山玉冠状器 M15:7

3. 太阳神与虎

太阳神与虎的组合一般表现为神人在上、虎在下组合而成的神人兽面像。此外也有另一组合为神人在两侧，兽面位居中央，见于反山玉冠状器 M16：4 上，如图 1-1-41 所示中间是兽面像，两个大圆眼和阔嘴，嘴露獠牙，左右两角各有一利爪。两个神人位于兽面两侧，头戴羽冠，圆眼阔嘴，为侧面像。兽面的鼻部有一扁圆形上端带小尖角的纹饰，上部也有一类似的纹饰，两侧各有一似旋涡纹。玉冠状器的顶端正好呈现羽冠状，因此中间的兽面像似戴着大羽冠一样。学界常说神人和兽面的关系是神人凌驾于兽面之上，但是这一件明显神人位于两侧，兽面居中。其实，神人兽面只是所处位置不同，具有统一的关系，因此并不表示神人比兽地位高(图 1-1-41)。同样的纹饰见于瑶山玉三叉形器 M7：26 上，与反山玉冠状器 M16：4 构图结构相同，它也是神人位于两侧，而兽面位于中间，只是神人和兽并不绞合在一起。三叉形器巧妙地利用了器型，将神人雕刻于两边突起的叉上，神人作侧面像，头戴羽冠，阔嘴露齿，圆眼，身体呈涡状。兽面居中，宽嘴大眼，上部利用中间一叉雕刻出羽冠(图 1-1-42)。

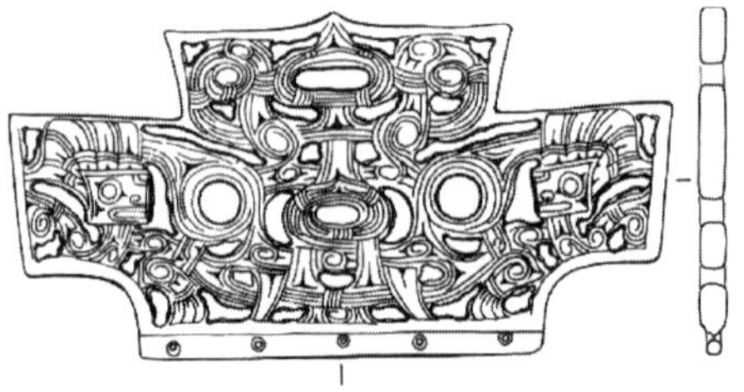

图 1-1-41　反山玉冠状器M16：4

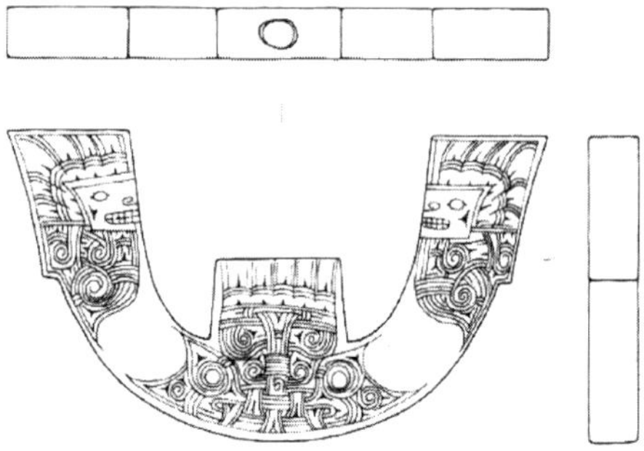

图 1-1-42　瑶山玉三叉形器M7：26

瑶山玉三叉形器 M9：2 是神人和虎的进一步融合，同前两件三叉形器构图思路相同，只是两侧的神人隐匿在旋涡纹里面了，只留羽冠。整件三叉形器器表满饰纹饰。瑶山玉三叉形器 M3：3 的构图与之相同(图 1-1-43)。

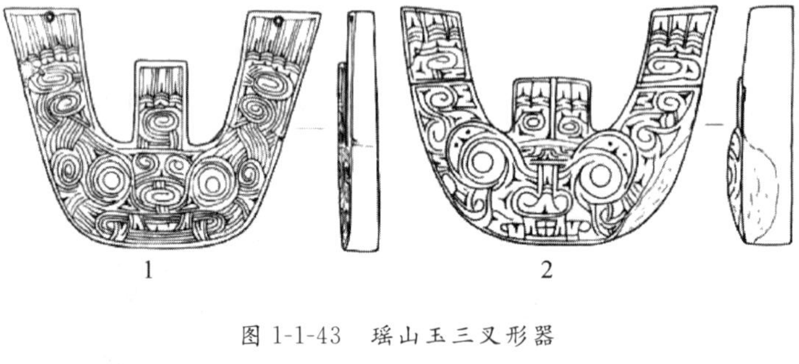

图 1-1-43　瑶山玉三叉形器

1. M9：2　2. M3：3

神人和虎的组合亦见于反山玉璜 M22：8 和 M22：20。两神人省略掉下臂，M22：8 又省略掉兽的下肢(图 1-1-44)。

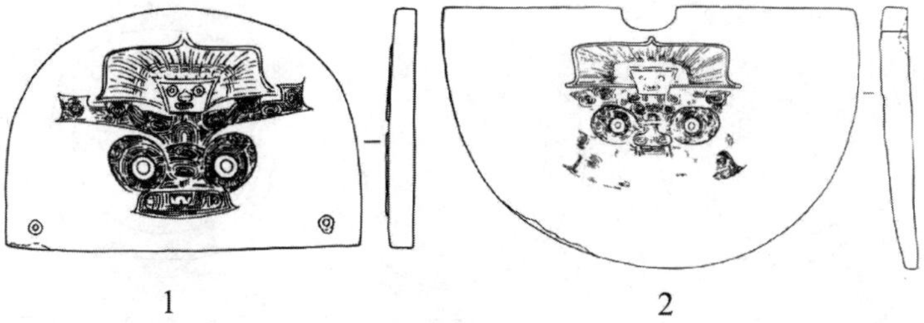

图 1-1-44　反山玉璜

1. M22:8　2. M22:20

神人与兽面的组合是良渚文化神像中最稳固的组合。

4. 鸟与虎

鸟和兽面的组合见于反山玉冠状器 M22:11 上，中间为兽面像，兽尖顶，大重圈眼，宽鼻，阔嘴带獠牙。冠状器两上角各一涡形鸟，长钩喙，大重圈眼(图 1-1-45)。

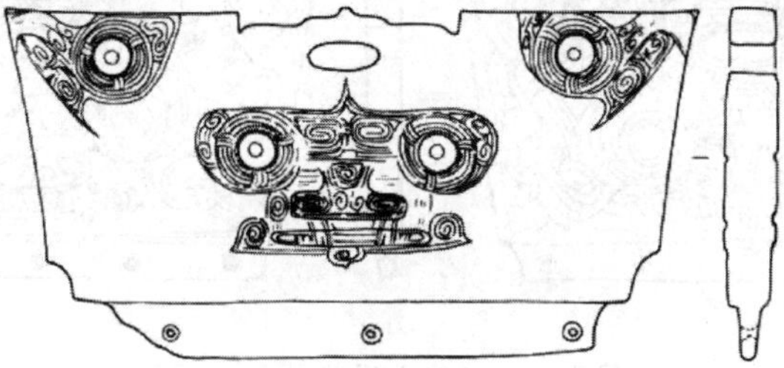

图 1-1-45　反山玉冠状饰 M22:11

5. 单独的神像

神人、兽面和鸟亦可单独雕刻于玉器上。

单独的兽面像见于反山墓地半圆形饰(M12:77～79、M12:85)(图 1-1-46)，玉冠状器 M17:8(图 1-1-47)。有的认为半圆形饰上的兽面纹的尖顶代表神人，不过"介"字形尖顶很可能表示火焰之形(如河姆渡双凤抱日的"介"字形)和至上神之意。

图 1-1-46　反山墓地半圆形饰 M12:79 拓片

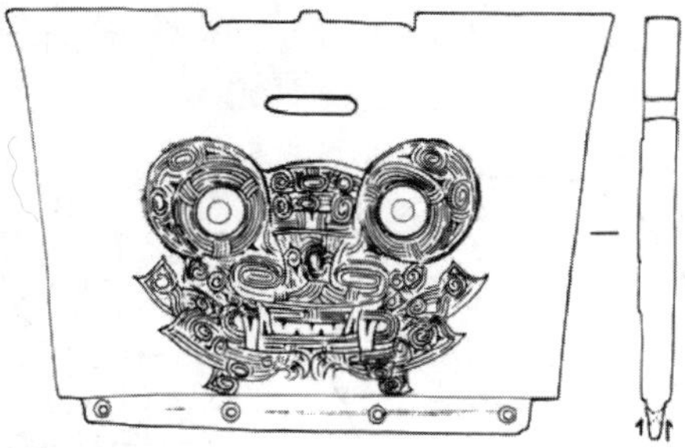

图 1-1-47　反山玉冠状器 M17:8

瑶山玉琮(M9:4、M10:15 、M7:34)也是单独兽面像(图 1-1-48)。冠状器 M11:86(图 1-1-49)、玉璜 M4:34(图 1-1-50)、玉柱形器 M9:1、M11:64(图 1-1-51)等器物上均为单独的兽面像。

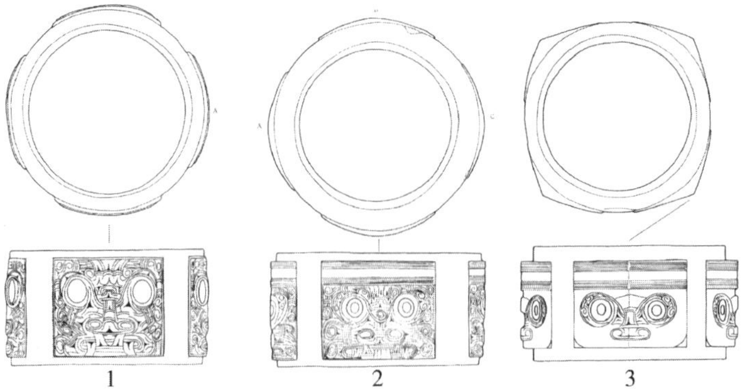

图 1-1-48　瑶山玉琮

1. M9:4　2. M10:15　3. M7:34

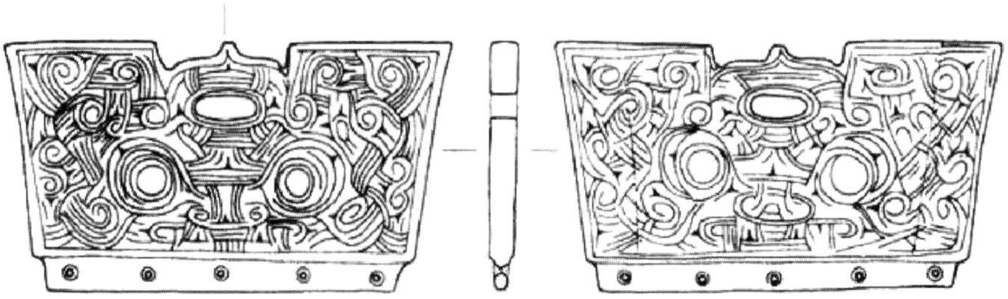

图 1-1-49　瑶山冠状器 M11:86

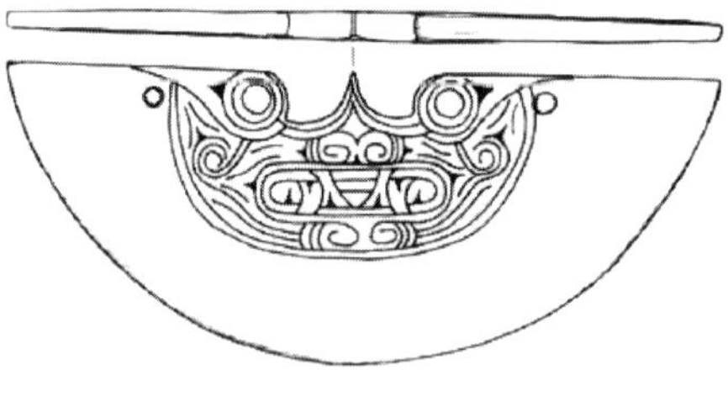

图 1-1-50　瑶山玉璜 M4:34

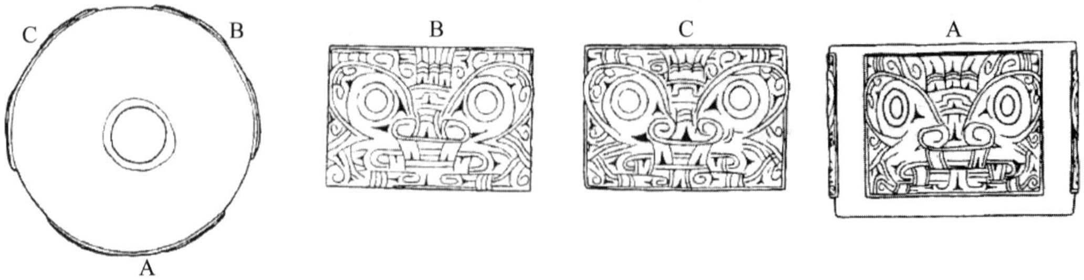

图 1-1-51　瑶山玉柱形器 M11:64

玉三叉形器(M3:3、M9:2、M10:6)两侧的两叉上有羽冠,可能为简化的神人,也可能是为了适应器型构图的需要。不过总体上看来,它们所表达的是兽面像(图 1-1-43)。

神人形象见于瑶山墓地玉琮 M10:16(图 1-1-52,1)、两节小玉琮 M3:38－39(图 1-1-53),小玉琮 M7:46－47,玉锥形器 M7:22－23(图 1-1-54,1、2)等,亦见于反山墓地的玉琮 M12:92(图 1-1-52,2)、M14:179－181,锥形器 M12:74(图 1-1-54,3)、M12:117、M16:11、M16:8,M12、M16 出土的玉琮式管等器物。一般呈简化形式,表现为一个小圆眼,或加横线表示的冠和阔嘴,未见有完整的神人像单独雕刻在玉器上。

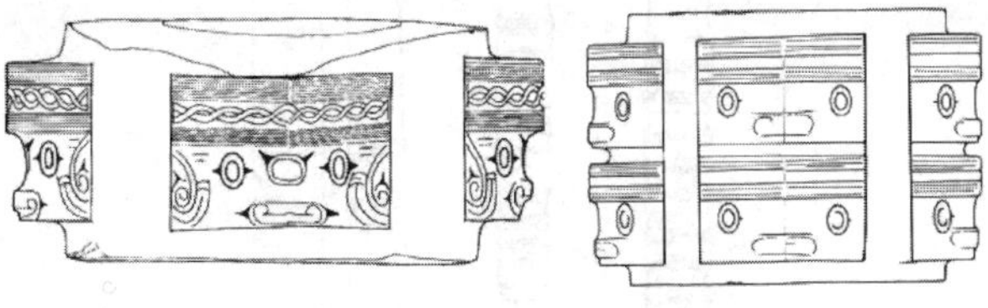

1　　　　2

图 1-1-52　良渚文化玉琮

1. 瑶山玉琮 M10:16　2. 反山玉琮 M12:92

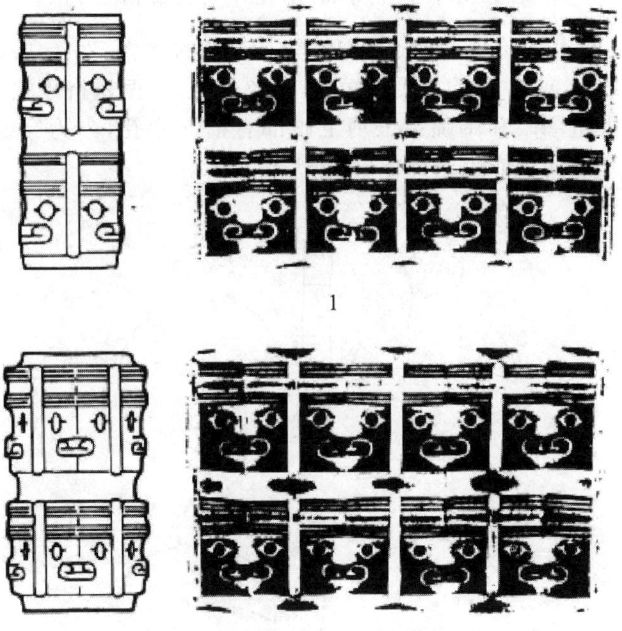

1

2

图 1-1-53　瑶山小玉琮

1. M3:38　2. M3:39

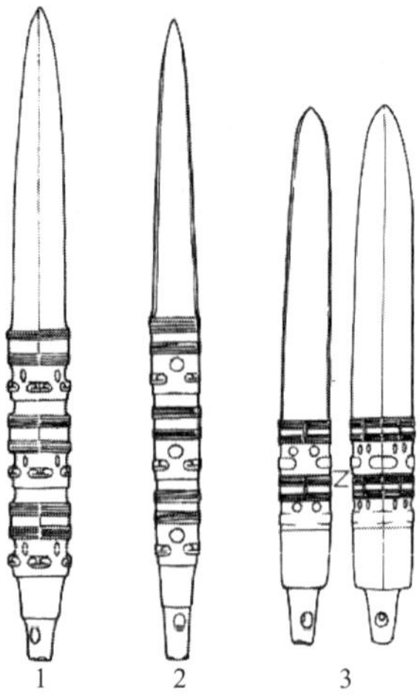

图 1-1-54 良渚文化玉锥形器
1. 瑶山 M7:22 2. 瑶山 M7:23 3. 反山 M12:74

鸟形象一般位于太阳神或兽面的两侧构成统一的构图，另有鸟形玉器，见于反山 M14、反山 M16 和瑶山 M2。鸟均为尖喙短尾，两翼外张，作振翅奋飞状，其中瑶山 M2:50，鸟头雕刻兽面纹，大重圈眼和阔嘴。玉鸟下腹部有横向隧孔，当为穿缝到衣物或其他物品上使用，很可能是祭司神衣上的饰件(图 1-1-55)。

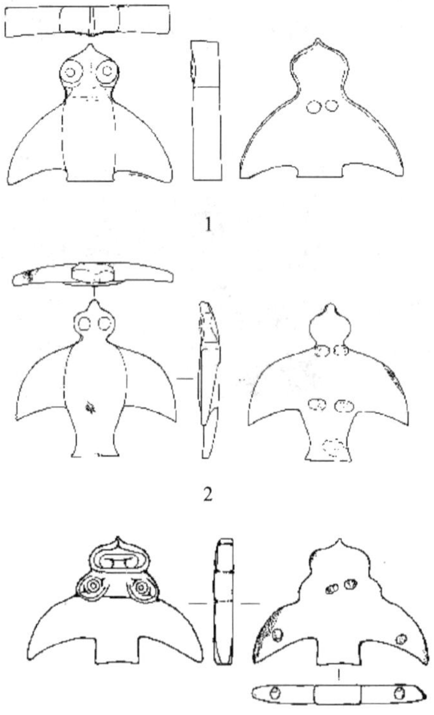

图 1-1-55 良渚文化玉鸟
1. 反山 M14:259 2. 反山 M16:2 3. 瑶山 M2:50

6. 简化的神像

太阳、鸟、虎面三者的简化形式更为多见，极简形态神人简化成为两个带眼睑的重圈小眼，兽面简化成两个大圆眼，多见于玉琮或小型玉器如管、锥形器上。我们现在看到的完整的神像主要见于良渚文化早期，晚期不见。这说明，对这一至上神的信仰经历了一个突然狂热而后冷静的过程，晚期是早期宗教传统的延续。良渚这一神权王国，在早期的凝聚力是最强的，晚期就逐渐失去了凝聚力。但是其宗教信仰并未减淡，像寺墩 M3、邱承墩 M5 和 M3 等晚期大墓，均使用大量玉璧、玉琮随葬，而且玉琮变成多节的柱状，原来种类繁多的器物也简化成主要的几种，宗教一直是专业化行为，并被控制在极少数人手里。

（二）阳鸟祭坛图

良渚文化玉器上还有一种“阳鸟祭坛图”，多为藏品，藏于美国弗利尔美术馆、法国吉美博物馆、首都博物馆及台北“故宫博物院”等处（图 1-1-56）。发掘品有江苏蒋庄遗址 M36 出土的带有祭坛图像的大玉璧和福建安溪的一件玉璧。① 这类图像一般上方为一鸟立于柱上，鸟呈侧视状，柱下方有台状物，呈三阶状，多被认为是祭坛，亦有鸟直接立于祭坛上者。祭坛状的玉片在浙江好川墓地②、山东莒县陵阳河遗址③中亦有发现（图 1-1-57）。祭坛上刻有鸟负日的图像或太阳纹、火焰纹图像。这种“阳鸟祭坛图”当表现祭祀时的场景，说明巫觋（祭司）通过火焰和鸟与太阳神沟通，而巫觋死后也是通过鸟和火将其送往天界。赵陵山遗址出土一件人与鸟的玉器 M77:71，人呈蹲踞状，鸟立于柱状物上方，人举双手呈上祭品，表示祭司通过鸟将祭品进献给太阳神④（图 4-6-8，2）。浙江嘉兴双桥 T3 出土有一件鸟负日图像的残陶片（图 1-1-58），虽然纹饰简单，但非常明了地表明了良渚人的宗教和宇宙观念。⑤

---

① 参见南京博物院：《江苏兴化、东台市蒋庄遗址良渚文化遗存》，《考古》2016 年第 7 期。

② 参见浙江省文物考古研究所、遂昌县文物管理委员会编：《好川墓地》，文物出版社 2001 年版，第 95 页。

③ 参见王青、苏兆庆：《关于山东莒县陵阳河出土的小玉片》，《中国文物报》2004 年 12 月 3 日。

④ 参见江苏省赵陵山考古队：《江苏昆山赵陵山遗址第一、二次发掘简报》，徐湖平主编：《东方文明之光》，海南国际新闻出版中心 1996 年版，第 31、35 页。

⑤ 参见牟永杭：《东方史前时期太阳崇拜的考古学观察》，《故宫学术季刊》1995 年第 4 期。

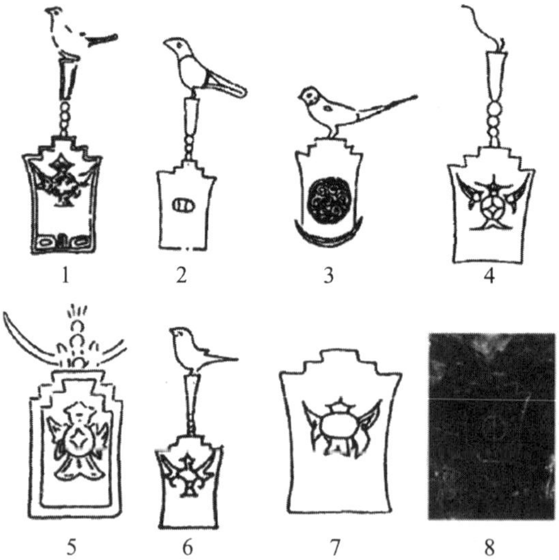

图 1-1-56 良渚文化阳鸟祭坛刻纹

1—3.弗利尔美术馆藏品 4.台北“故宫博物院”藏品 5.首都博物馆藏品 6.吉美博物馆藏品 7.福建安溪出土玉璧 8.蒋庄遗址出土大玉璧(M36:1)

图 1-1-57 好川墓地出土台形玉片

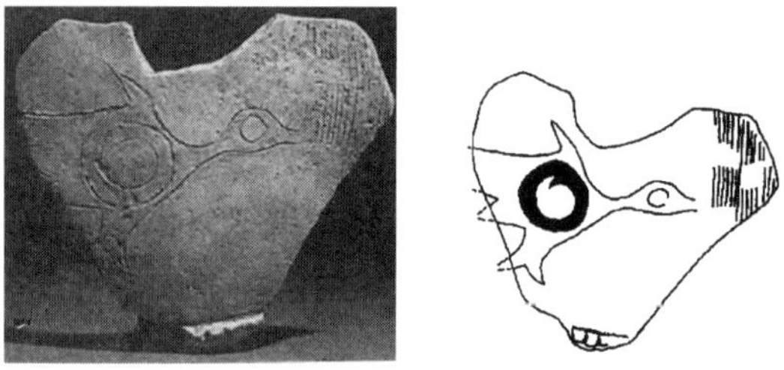

图 1-1-58 嘉兴双桥出土鸟负日图像

祭坛、墓葬、玉礼器和太阳神像(包括神人兽面像和鸟形象)构成了良渚先民宗教信仰的表现行式。宗教祭祀的核心是太阳神—火神。根据祭坛周围发现的燎祭遗存,先民当以火作为祭祀的主要工具和方法。如上海青浦福泉山祭坛顶端整个坛面被烧成红褐色,发掘者断定为燎祭祭坛。[①] 瑶山顶端也为红土台,反山祭坛亦见有红烧土块和硬面,这些祭坛上的用火遗存表明在祭祀时经常使用火。我国古代先民认为太阳是天上的大火,如《淮南子·天文训》中说“火气之精者为日”;《论衡·诘术》中说:“日,火也,在天为日,在地为火。”先民根据太阳发光发热的特点,推断太阳为天上的大火,这一朴素的唯物思想正触及了事物的本原。随着汉代“气”的哲学思想形成之后,又认为“火,日气也”[②]。认为火与日在本质上是相同的。太阳和火性质具有同一性这一观点在新石器时代就已经形成了。祭坛上的祭祀活动便是在这种宗教观念下,通过燃烧大火即燎祭来祭祀太阳神。举行祭礼活动的为巫觋,也是良渚的神王,他们头戴羽冠,手持琮、钺,身着神衣,饰

① 参见上海市文物保管委员会:《上海青浦福泉山良渚文化墓地》,《文物》1986 年第 10 期。

② 《论衡·诘术》。

以玉鸟，将自己装扮成太阳神的形象。

巫觋死后，直接葬于祭坛上，但祭祀活动仍在继续。有的墓葬中可以见到明显的火烧的痕迹，这也是通过火烧的形式帮助巫觋升天，成为太阳神。这种巫术思想曾广泛发现于世界各地。

江苏省常州市东北的寺墩遗址清理了4座良渚文化高等级墓葬，其中M3是唯一保存有部分残骨的墓葬，可见有头骨、肢骨残块和趾骨，股骨有明显的火烧痕迹。墓主为一年龄20岁左右的男性。随葬玉璧24件，玉琮33件，其中有5件玉璧呈两半状，方体玉琮围绕人骨周围。琮、璧和穿孔石斧中都有明显的火烧痕迹。[①] 2011～2015年发掘的蒋庄墓地位于江苏兴化、东台两市交界处，以泰东河为界分成东、西两区，良渚文化堆积位于西区，面积2万平方米。这是首次在长江以北地区发现良渚文化大型聚落遗址。在遗址东北部清理良渚文化墓葬280座，均为长方形竖穴土坑墓，可分为三种：单人仰身直肢一次葬、火化二次葬和拾骨二次葬。单人仰身直肢葬中带有大型棺椁的不用玉器。[②] 后两种不用棺椁，但是用玉璧和玉琮等玉器随葬。这两种埋葬方式是两种生死观念的反映。以玉器随葬的现象在古代并不少见，古人认为以玉随葬可保尸体不腐，而用火的现象说明下葬中使用火促使墓主升天成神，这种用玉用火的墓葬可称作"玉焚葬"。文献中记载最有名的玉焚葬者为商代最后一个王商纣王，《史记·殷本纪》记武王伐纣："甲子日，纣兵败。纣走入，登鹿台，衣其宝玉衣，赴火而死。"司马贞《正义》引《周书》云："纣取天智玉琰五，环身以自焚。"商人的饕餮纹来自于良渚文化的兽面纹，其宗教信仰也与良渚文化具有诸多相同之处，扑火玉焚的现象说明两者都崇拜太阳和火。

五、石家河文化

石家河文化分布于江汉平原为中心的长江中游地区，以湖北天门石家河遗址群而得名[③]，时代约为公元前2800年至前2200年。石家河遗址群位于湖北省天门市西北约17公里处，属大洪山南麓的垄岗状平原区。遗址群以石家河古城为中心，在城内外约8平方公里的范围内密集分布着30余处新石器时代遗址。[④] 石家河古城始建于屈家岭文化时期，沿用至石家河文化时期，面积达100万平方米，是石家河文化的中心。遗址群内发现了丰富的宗教祭祀遗存，构成了以古城为中心的宗教祭祀群。城内西北角的邓家湾遗址，为其宗教活动中心和墓地；西南部的三房湾是另一处宗教活动中心；城外东南部的肖家屋脊是一处重要墓地和宗教活动中心，也有居民区。

石家河古城西北部的邓家湾遗址有专门的祭祀场所。其地表一般以黄土或黄褐色土掺红烧土和碎陶片等筑成，上面摆放大量陶缸，可分成四片，总长度达18米，原来也可能连为一片。其北部还有3组扣碗平置于活动面上。另外还发现套缸遗迹，以多个陶缸相互套接排列而成。邓家湾发现套缸遗迹有2处。套缸遗迹1呈波浪状排列，由三排陶

① 参见汪遵国、李文明、钱锋：《1982年江苏常州武进寺墩遗址的发掘》，《考古》1984年第2期。

② 参见南京博物院：《江苏兴化、东台市蒋庄遗址良渚文化遗存》，《考古》2016年第7期。

③ 参见石河考古队：《湖北省石河遗址群1987年发掘简报》，《文物》1990年第8期。

④ 参见石家河考古队：《石家河遗址群调查报告》，《南方民族考古》第5辑，四川科学技术出版社1992年版，第213页。

缸排列而成,宽1米,总长10米。缸口与缸底互相套接,入缸约三分之一。陶缸均为夹砂厚胎红陶,仰折沿,筒形深腹,小平底,中腹一般有数道弦纹或附加堆纹,上腹多饰篮纹,下腹多为素面。部分缸的上腹刻划一个符号。覆盖套缸的堆积中包含红烧土粒和红陶杯、红陶缸、圈足碗、鬶和陶塑动物等[①](图1-1-59)。

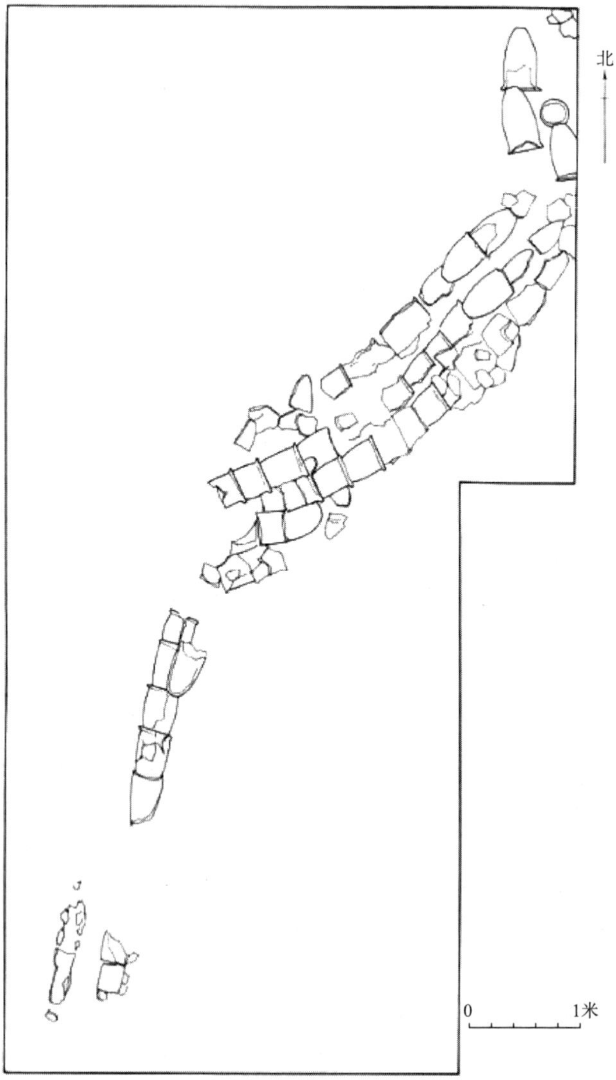

图1-1-59 邓家湾遗址套缸遗迹1

套缸遗迹2呈直线型,由两排陶缸东西向平行排列组成,两排相距0.3~0.4米,缸口朝西,两端都被破坏,残存长度9.1米。北排保存有23件陶缸,南排保存有13件。部分陶缸上腹也有刻划符号。覆盖于套缸遗迹2上的有灰褐色土,夹较多红烧土粒,出土

① 参见湖北省文物考古研究所等:《邓家湾》,文物出版社2003年版,第137~145页。

较多红陶杯、壶形器和陶塑动物(图 1-1-60)。

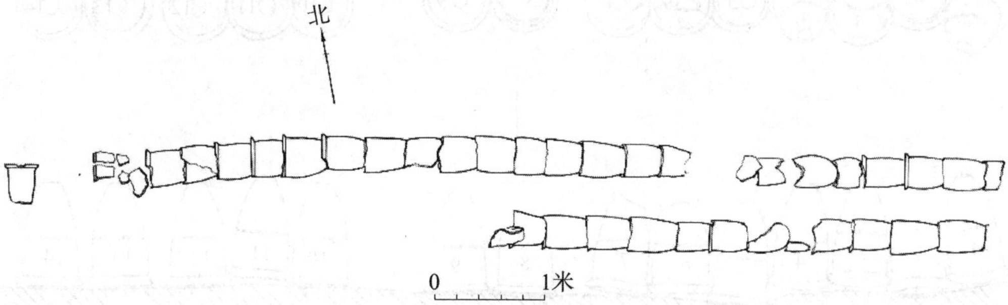

图 1-1-60 邓家湾遗址套缸遗迹 2

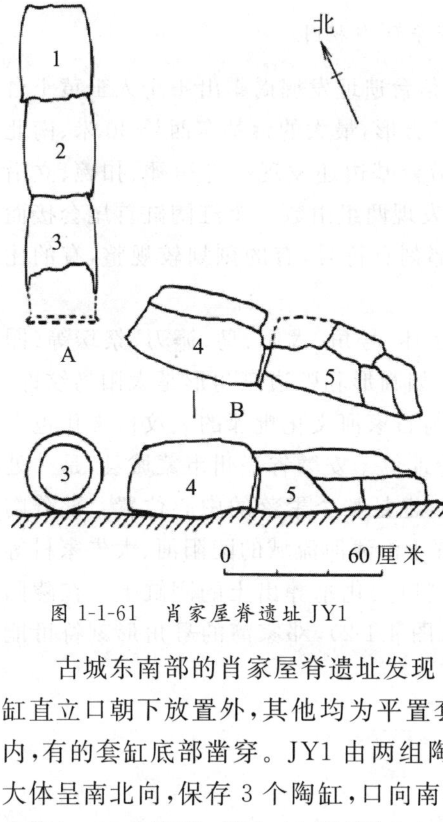

图 1-1-61 肖家屋脊遗址 JY1

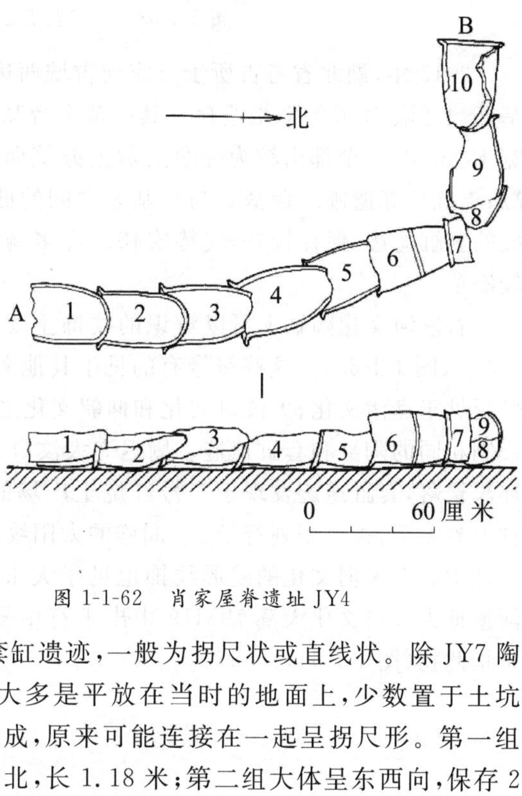

图 1-1-62 肖家屋脊遗址 JY4

古城东南部的肖家屋脊遗址发现 7 处套缸遗迹，一般为拐尺状或直线状。除 JY7 陶缸直立口朝下放置外，其他均为平置套接，大多是平放在当时的地面上，少数置于土坑内，有的套缸底部凿穿。JY1 由两组陶缸组成，原来可能连接在一起呈拐尺形。第一组大体呈南北向，保存 3 个陶缸，口向南、底向北，长 1.18 米；第二组大体呈东西向，保存 2 个陶缸，口东底西，长 1.15 米(图 1-1-61)。JY4 被破坏较为严重，大体呈南北向直线形。JY4 呈拐尺状，由 10 个缸组成，缸口南西，底朝南，缸底皆凿穿，长 2.18 米、宽 0.9 米(图 1-1-62)。JY5、JY6 只存 3 件完整的陶缸，分别为东西向和南北向。最完整的是 JY7，保存有 14 个陶缸，陶缸口下底上，腹部刻有相同的符号，东西向直线状排列，长 4.52 米[①](图 1-1-63)。

① 参见湖北省荆州博物馆等:《肖家屋脊》,文物出版社 1999 年版,第 128～131 页。

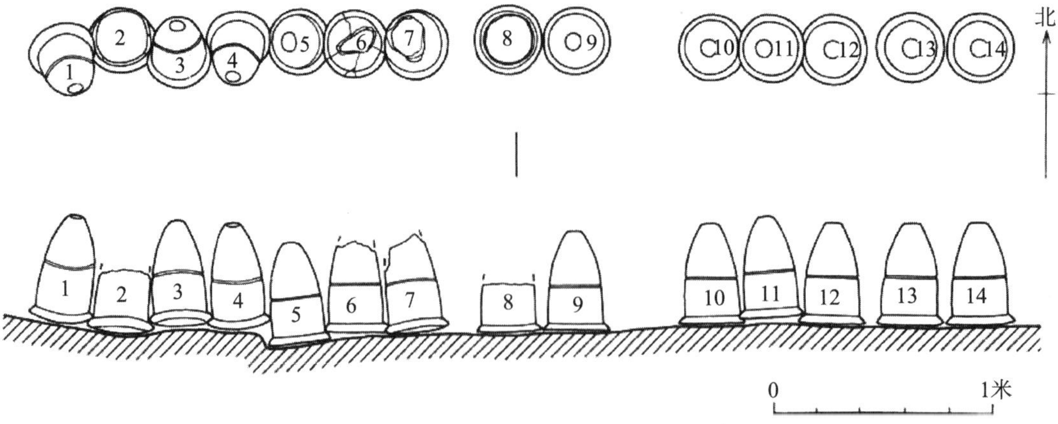

图 1-1-63　肖家屋脊遗址 JY7 平面、侧视图

2015 年,湖北省考古所于石家河古城西边的印信台遗址发掘揭露出 4 个人工黄土台基、6 组套缸遗迹等祭祀遗存。其中黄土台基均为长方形,最大的台基东西长 30 米、南北宽 13 米左右,全部由较为纯净的黄土夯筑而成。沿台基边还发现有瓮棺葬、扣碗、立沿缸、土坑墓等遗迹。台基 2 与台基 3 之间的低洼地发现两组由数十个红陶缸首尾套接而成的套缸遗迹,保存较好,气势宏伟。许多陶缸腹部刻有符号,有的刻划较规整,有的比较潦草。①

石家河文化陶缸上可以辨识的纹饰主要有高足杯、号角、太阳、鸟、镰刀、祭坛等(图 1-1-64、图 1-1-65)。这些符号有的见于其他文化中,如圆形和弧边三角形是太阳鸟纹饰,广泛见于良渚文化、大汶口文化和仰韶文化之中。与石家河文化毗邻的大汶口文化也有形制相同的陶缸和套缸遗迹。尉迟寺大汶口文化遗址位于安徽省亳州市蒙城县,是一处环濠聚落,套缸遗迹发现于二号红烧土广场的东侧,也是整个聚落的中心位置。部分陶缸上刻太阳、火类刻划符号。② 同样的太阳纹也发现于沂沭河流域的陵阳河、大朱家村等遗址中。石家河文化的菱形纹饰也见于大朱村大汶口文化墓葬出土的陶缸上。在陵阳河遗址大汶口文化大墓 79M19 中出土有牛号角③(图 4-1-2),邓家湾的号角形刻符可能是指此物(图 1-1-64,1～5)。

① 参见孟华平等:《湖北天门市石家河遗址 2014～2016 年的勘探与发掘》,《考古》2017 年第 7 期。

② 参见中国社会科学院考古研究所:《蒙城尉迟寺》,科学出版社 2001 年版,第 119 页。

③ 参见王树明:《山东莒县陵阳河大汶口文化墓葬发掘简报》,《史前研究》1987 年第 3 期。

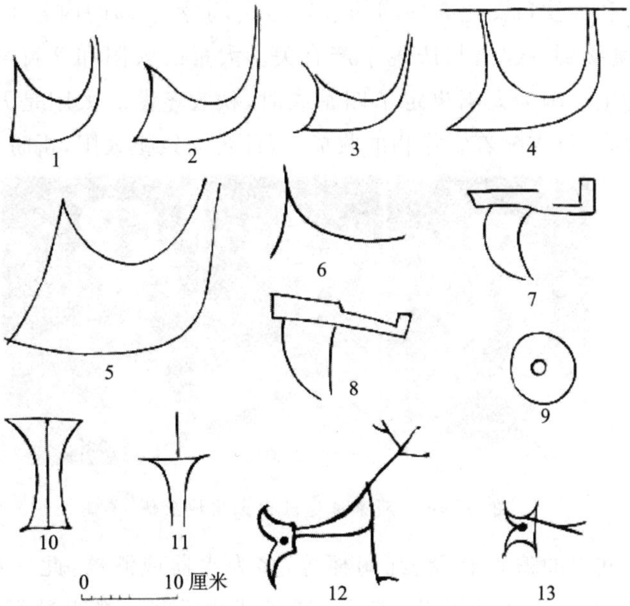

图 1-1-64　邓家湾遗址出土刻划符号

1. 套缸 2:23　2. 套缸 1:20　3. 套缸 1:21　4. 套缸 1:17　5. H2:5　6. 套缸 1:22　7. 套缸 2:25
8. H18:1　9. T35④:59　10. H63:5　11. 套缸 1:18　12. AT306②:15　13. AT9③:12

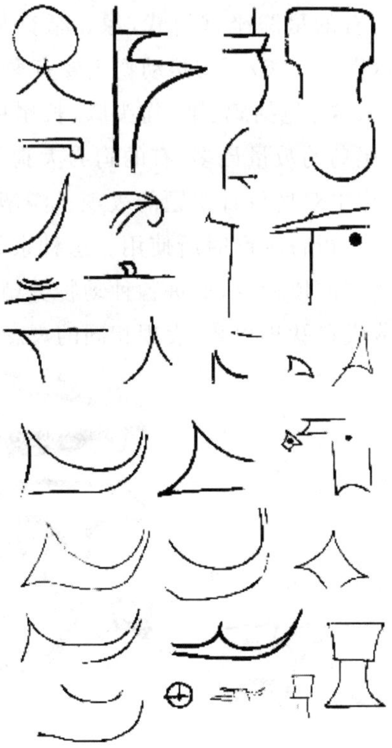

图 1-1-65　肖家屋脊出土刻划符号

石家河文化和大汶口文化有共同的宗教形式，宗教信仰的内容也是相同的。陶缸为盛储器，将陶缸套接到一起当与庆祝丰产有关。大量的太阳和鸟符号表明，丰产祭祀亦当以祭祀太阳为主。因为太阳决定了四季农时，秋收冬藏。太阳是万物之源，对于农业社会来说，太阳的运行支配着农作物的收成，因此古人祭祀太阳，祈盼丰产。

图 1-1-66　邓家湾遗址出土陶抱鱼偶、单偶

与套缸遗迹共出的遗物有鬶、红陶杯等，多为水器或酒器，此外还有陶塑动物和陶偶，应该均为举行祭祀活动时使用。陶杯、鬶等器物说明在祭祀过程中有共饮和祭酒等庆祝活动。

陶偶和陶塑动物多出土于灰坑、洼地之中，有的与红陶杯、碎陶缸片等一起堆置在覆盖陶缸的堆积里，个别灰坑中达数千件。陶塑动物和陶偶被倾倒在洼地里，积压成碎片，难以尽数。陶偶的姿势各异，有的呈跪坐抱鱼式，像在举行某种仪式；有的跨腿站立、举腿起步或挥手抬足作舞蹈状（图 1-1-66）。陶塑动物主要有家畜，包括狗、猪、羊、兔、猫；野兽，包括象、猴、兔、狐、獏等；禽类，包括鸡、雉、猫头鹰、长尾鸟、短尾鸟；水族动物，鱼、龟鳖等。这其中狗、象、鸡和长尾鸟的数量最多，有的狗为大狗托小狗。另外还有一种连体鸟，两鸟相背，当为河姆渡文化中双鸟负日主题的表现。陶塑动物和陶偶当为献祭所用，即在举行宗教活动时祭祀太阳、祈盼丰产时所使用。这种宗教活动属于祝殖巫术——即在祭祀中使用这些陶偶，来达到取悦神灵，促进各种动物繁殖的目的（图 1-1-67 至图 1-1-72）。许多陶塑动物作交尾或大兽驮小兽状，表现相同的观念。

图 1-1-67　邓家湾遗址出土陶狗

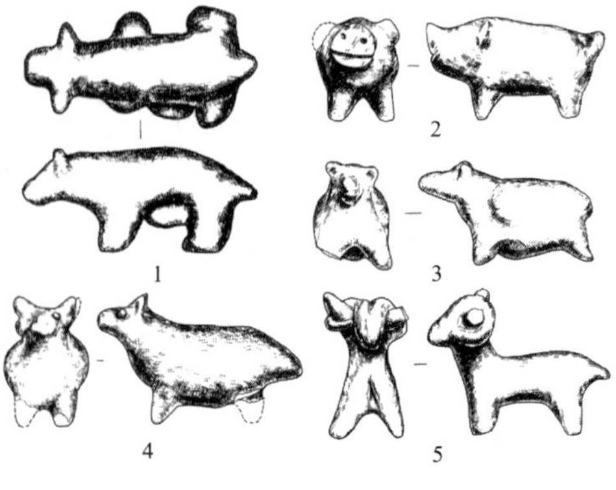

图 1-1-68　邓家湾遗址出土陶猪、陶羊
1-4. 陶猪　5. 陶羊

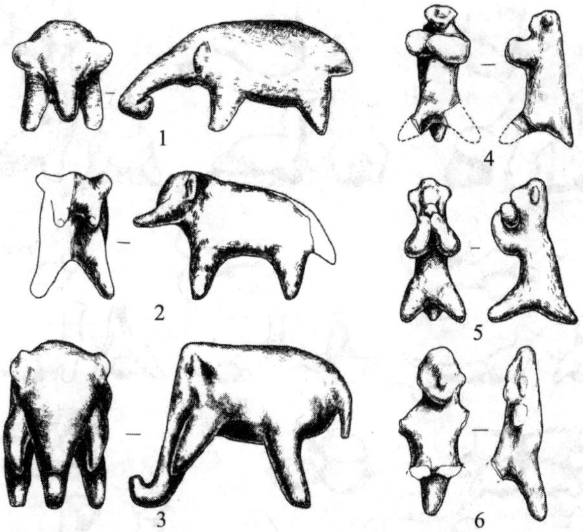

图 1-1-69　邓家湾遗址出土陶象与陶猴
1—3. 陶象　4—6. 陶猴

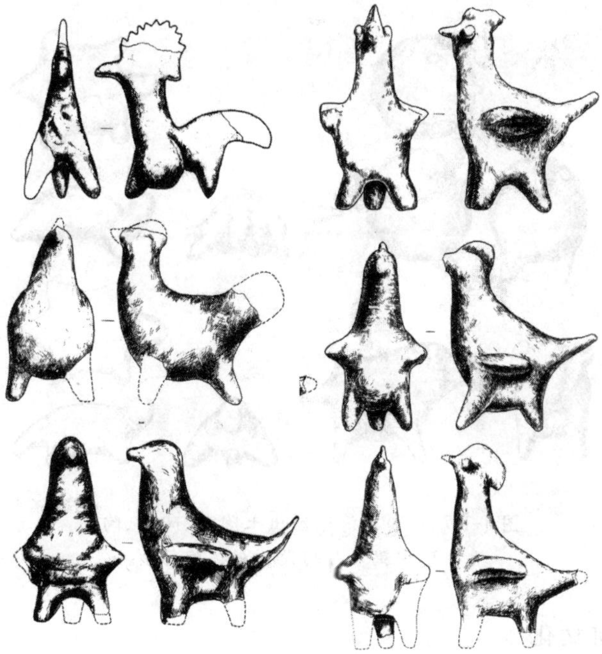

图 1-1-70　邓家湾遗址出土陶鸡

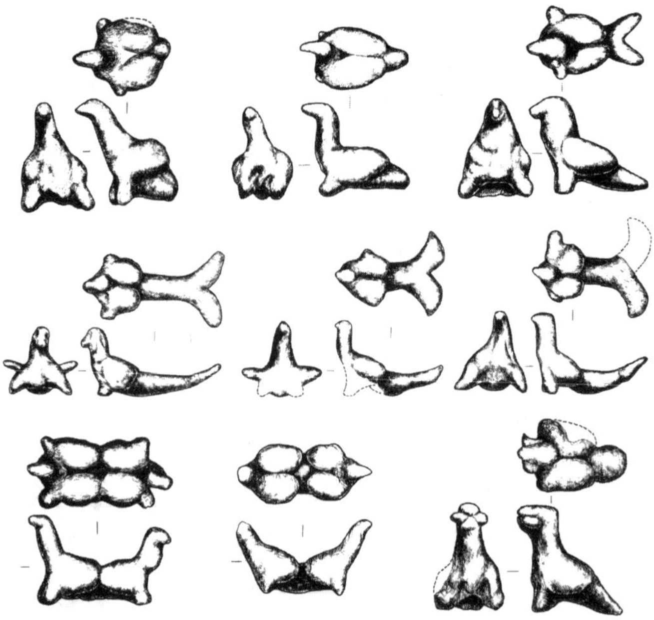

图 1-1-71　邓家湾遗址出土陶鸟

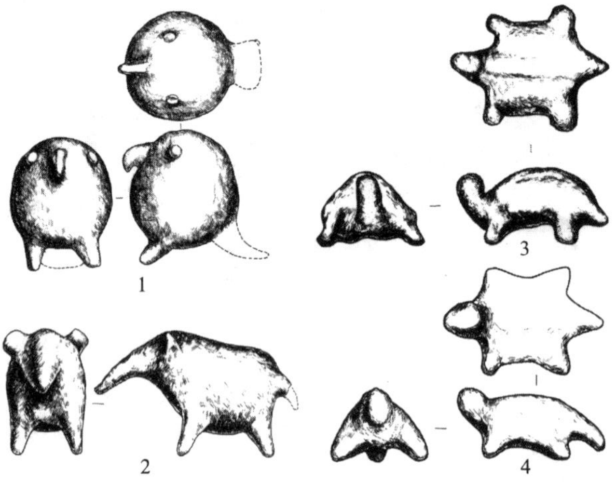

图 1-1-72　邓家湾遗址出土陶鸭、陶獏、陶龟
1. 陶鸦　2. 陶獏　3、4. 陶龟

六、后石家河文化

石家河文化晚期，石家河古城被废弃，谭家岭及古城周围肖家屋脊等遗址仍为文化中心。石家河文化晚期墓葬流行瓮棺葬，出现了大量瓮棺葬群。墓内主要以玉器随葬。瓮棺葬多埋在祭坛周围。由于石家河文化晚期与早期有巨大的文化差异，因此这一时期的也被称作“后石家河文化”或“肖家屋脊文化”，时代为公元前 2200～前 1800 年。

后石家河文化的玉器包括装饰品和宗教类物品，以宗教类物品最为重要，包括玉蝉、玉虎、玉鸟、玉人面等。这些宗教类物品反映出后石家河文化的宗教信仰仍以太阳崇拜为主，并出现了一些新的特点。

玉蝉　玉蝉数量最多，各遗址都有出土，属于普遍使用的玉器，代表了广泛被接受的宗教信仰。肖家屋脊①遗址最多，有33件，罗家柏岭②7件、枣林岗6件、六合③3件。玉蝉均以浅浮雕技法琢出，器型都较小，长度一般不超过3厘米，多在2.5厘米左右，宽度不超过2厘米，厚度不超过1厘米。以玉蝉的精细程度，玉蝉可分成三类：

A型，最为精致，蝉吻突出，有扁圆近方的大眼，颈后有凸线。双翅收合，翅上有弧形筋脉，双翅向上和两侧弯翘。下腹呈节状。有的在颈后饰卷云纹（图1-1-73，1—8）。

B型，比第一类雕琢简单，有的身翼不分，一般后尾有两个豁口表示翅与身体。吻部尖突，眼呈圆角方形，颈后或身上多有凸线，颈部没有卷云纹等装饰纹样（图1-1-73，9—13）。

C型，雕琢最为简单，身翼不分，仅在尾部琢一豁口表示尾翼。一般有圆角方形的大眼，宽带形颈，下身呈鱼尾形（图1-1-73，14—19）。

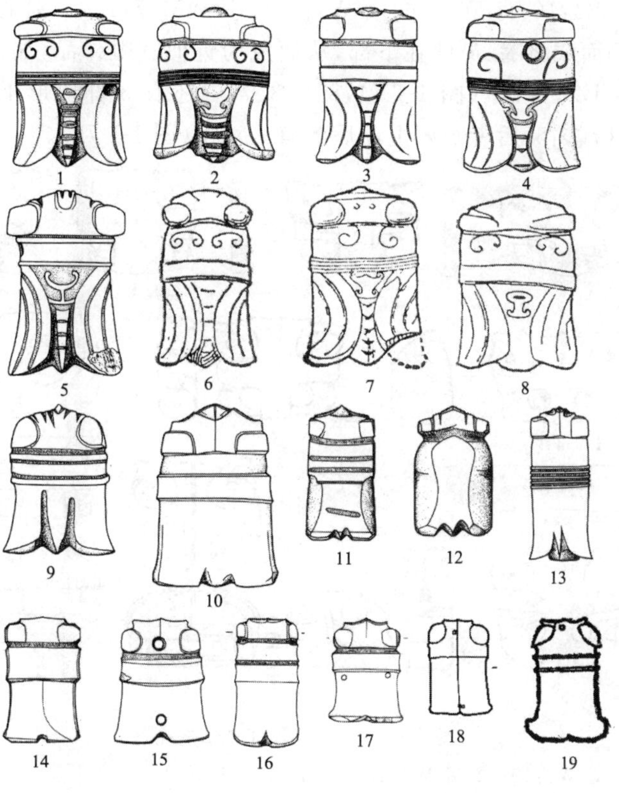

图1-1-73　后石家河文化玉蝉

1—8.A型　9—13.B型　14—19.C型（1—5、9—17肖家屋脊 6—8罗家柏岭，17—18枣林岗，19六合）

① 参见湖北省荆州博物馆等：《肖家屋脊》，文物出版社1999年版，第317～322页。

② 参见湖北省文物考古研究所等：《湖北石家河罗家柏岭新石器时代遗址》，《考古学报》1994年第2期。

③ 参见湖北省荆州博物馆等：《钟祥六合遗址》，《江汉考古》1987年第2期。

除以上统计外,2015年谭家岭遗址又发现240余件玉器,其中W9出土弧形玉蝉,属于A型,W3出土属于C型近长方形玉蝉。[①] A型玉蝉基本都出在最大型的墓葬中。玉蝉在红山文化中就有发现,良渚文化大墓中也有少量出土,如反山M14:187,呈椭圆形,前端宽,背弧凸,以弧线勾勒眼和翼,腹部前高后低,并钻有一对横向隧孔,表明是穿缀在衣物上使用。[②] 良渚文化发现的玉蝉制作简单,数量少,一直不占据玉器种类的主流,不过可以推断玉蝉已经进入了长江流域的宗教体系里。到后石家河文化时期,玉蝉突然兴盛起来,肖家屋脊W6随葬了11件玉蝉。这种变化应该与宗教信仰或生死观念、丧葬观念的改变有关。

玉虎 玉虎共发现14件,肖家屋脊9件、枣林岗3件、六合2件、罗家柏岭1件,大多为虎头像(图1-1-74)。从雕刻技法上看可分成浮雕和透雕两种,透雕仅有2件:肖W6:60和六W9:1(图1-1-75)。肖W6还出土一件半成品,从轮廓看应该是虎。玉虎有的雕琢在玉片上,如肖W6:19、肖W6:16、六W4:2、枣JZWM37:1。个别玉片较厚或为玉块,玉工将耳朵雕在侧面或将嘴、鼻雕在下部,从而成为近似圆雕作品,如肖W71:6、肖W6:53、肖标本010、枣JZWM1:1(图1-1-74,8、6、3、7)。还有3件玦形玉虎:六W15:4、枣JZWM41:1和罗T7①:6,后者身躯上前后各有一对爪(图1-1-76)。

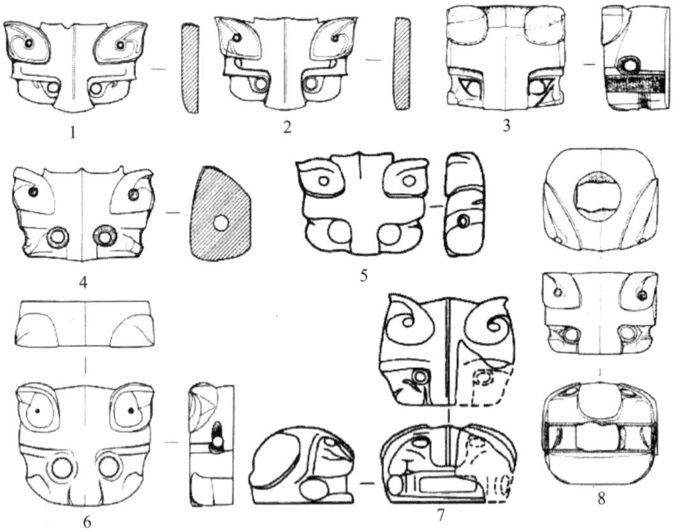

图1-1-74 后石家河文化玉虎

1.肖W6:19 2.肖W6:16 3.肖010 4.肖AT13①:1
5.枣JZWM37:1 6.肖W6:53 7.枣JZWM1:1 8.肖W71:6

① 参见刘辉、余乐:《石家河遗址2015年发掘的主要收获》,《江汉考古》2016年第1期。

② 参见浙江省文物考古研究所:《反山》,文物出版社2005年版,第118页。

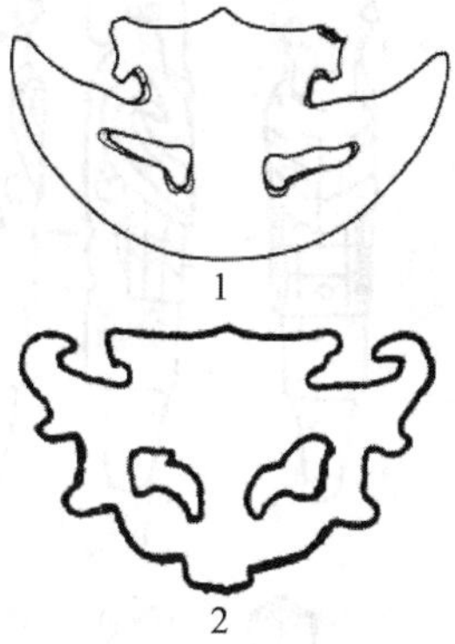

图 1-1-75　后石家河文化玉虎
1. 肖 W6∶60　2. 六 W9∶1

图 1-1-76　后石家河文化玉虎
1. 六 W15∶4　2. 枣 JZWM41∶1　3. 罗 T7①∶6

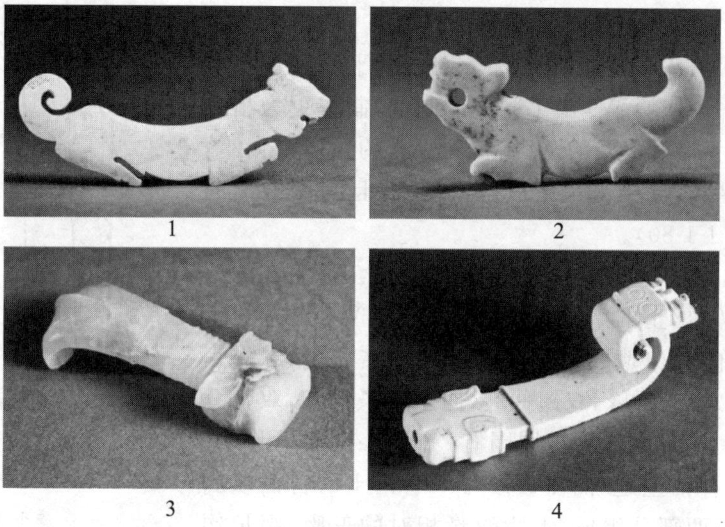

图 1-1-77　谭家岭遗址出土玉虎
1. W3 出土玉虎　2. W9 出土玉虎　3. W9 虎头玉如意　4. 双虎头玉如意

玉虎的特征较为统一，除个别的透雕或不完成器外，大多数额顶有突起，呈“介”字形。虎面正中一般有一道竖凸棱。耳郭近似树叶形，耳角向上方伸出，耳内有旋涡状纹。鼻呈倒梯形或长方形。鼻梁线与眉线相连，多数为圆眼。此外，2015 年谭家岭遗址新出了一批玉虎，除玉虎头外，还有整身的玉虎、虎形玉如意等，其中仅 W9 就出土了 9 件整身的玉虎[①]（图 1-1-77）。这说明虎在后石家河文化中占有重要地位。长江中游对虎的崇拜影响至商周时期。

玉鸟　玉鸟数量上不如玉蝉和玉虎，不过制作均非常精美，代表了后石家河玉器的最高水平，有玉鹰、玉凤。玉鹰有立姿和展翅状两种，均为钩喙，阳线表现鸟翎。玉凤呈

① 参见刘辉、余乐：《石家河遗址 2015 年发掘的主要收获》，《江汉考古》2016 年第 1 期。

环状，凤鸟卷躯，长喙插入尾羽，阳线表现羽翎。

枣林岗出土1件圆柱形鹰。雕琢较精细。鹰钩喙，双翅收合，翅上带羽纹，下部有圆形钻孔。底部呈锥形，当为玉笄（图1-1-78，1）。

肖家屋脊出土玉鹰2件，一件为鹰形玉笄，另一件为圆雕飞鹰。鹰形玉笄上段为方棱柱形，鹰喙尖钩状，头两侧有目，长翅收合，两翅上各有四道带钩的平行羽纹，两组羽纹背部斜交。笄中段有一单面穿的小孔，孔下侧有一道凸棱。长8.1厘米（图1-1-78，2）。肖W6：7为石家河文化最精美的圆雕作品。玉鹰正面浮雕，反面光素。鹰作飞翔状，形象矫健有力。钩喙，小圆眼。宽背，尾圆，浮雕羽毛纹。双翅略向上抬举，并向后伸展，每翅上有四道平行带钩的羽翎。身长1.9厘米、翅宽4.2厘米、尾厚0.35厘米（图1-1-79）。

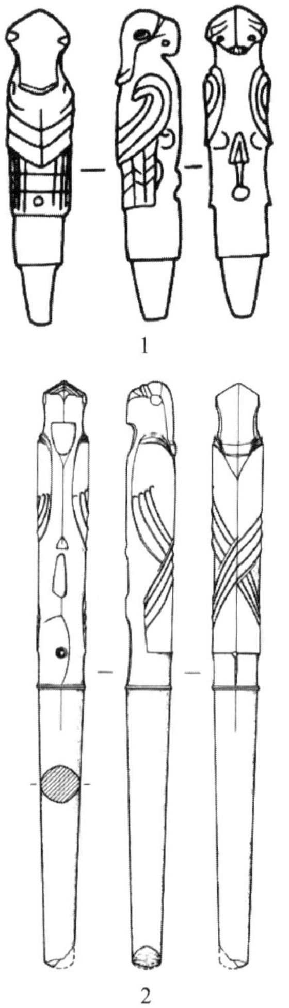

图1-1-78　后石家河文化出土鹰形笄

1. 枣JZWM：1　2. 肖012

枣林岗报告中曾介绍雀1件，上弧，背平，较粗糙，可能尚未完工。谭家岭W9出了同样形制的，制作更为精致一些，可确定为展翅飞翔的玉鹰，玉鹰只有约2厘米大小，但制作异常精致，其钩喙是镶嵌上去的，并且与鹰身用的玉料不同（图1-1-80）。

2015年，谭家岭出土了2件前所未见的玉鹰主题的玉器：一件是W8出土的鹰纹玉圆牌，一件是W9出土的兽面双鹰玉牌饰。W8鹰纹玉圆牌以减地阳文表现，鹰作正面展翅形，头左向，钩喙，双翅伸展，翅上三条羽翎，双足分立，雄健有力，三条尾翎。鹰周围有一圆圈，让人想起"日中有俊乌"的神话主题（图1-1-81）。W9出土的兽面双鹰玉牌饰由上下两部分组成，上为双喙相对的玉鹰，鹰长钩喙、小圆眼，展翅向内，作向上奋飞状。双鹰下方有一兽面，"介"字形双层冠，大重圈眼，看样子应该表现的是虎面。整器以减地阳纹表现，异常精致①（图1-1-82）。

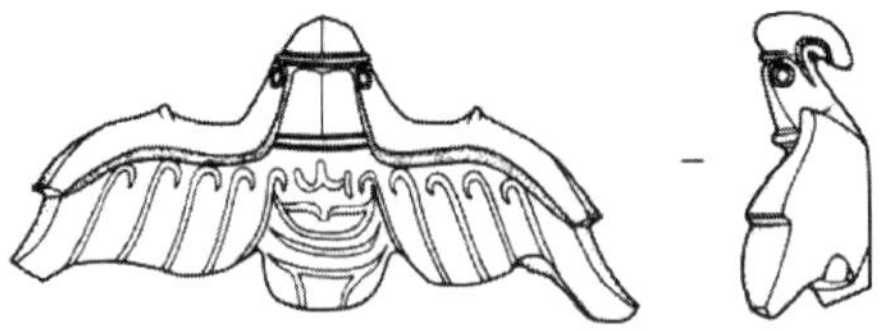

图1-1-79　肖家屋脊遗址出土玉鹰

① 参见刘辉、余乐：《石家河遗址2015年发掘的主要收获》，《江汉考古》2016年第1期。

图 1-1-80　谭家岭 W9 出土玉鹰

图 1-1-81　谭家岭 W8 出土鹰纹玉圆牌

图 1-1-82　谭家岭 W9 出土兽面双鹰玉牌饰

图 1-1-83　罗家柏岭玉凤

后石家河文化的玉鹰具有一些共同的特点,如钩喙,展翅,以阳线浮雕羽毛纹,纹饰精致。林巳奈夫指出,这是从头到身后披着柳叶状羽毛的金雕的形象①。甚确。

罗家柏岭出土 1 件环形凤,此为后石家河文化最精致的一件,凤体流畅飘逸。凤鸟卷躯,长弯啄插入尾羽,头尾相交成环形,直径 4.89 厘米。两面镂雕出凤的眼、冠和羽毛,一面清晰,一面稍差。尾前端有一穿(图 1-1-83)。后石家河文化的玉鸟对后世有重要的影响,玉凤和玉鹰见于商文化之中,鹰形笄见于石峁文化和二里头文化之中。这与石家河文化与中原文明的交流相关,也是人群迁徙的反映。

玉人　玉人见于肖家屋脊、谭家岭、钟祥六合、罗家柏岭等遗址中。这些玉人制作精美,多出于大型瓮棺葬之中,有两件最为重要:一为肖家屋脊 W6:32。人像头戴浅冠,头两侧上方有弯角形装饰,角下方有两道略上卷的飞棱。梭形眼,心形鼻,鼻尖外突。大嘴微张,露齿,两侧各有一对獠牙。耳郭分明,耳孔微凹,耳下戴大环。下颌尖削,略向前伸。颈部有一道凹槽。玉的反面内凹,光素。从头顶到颈底有一纵向隧孔。人头像长 3.7厘米、宽 3.6 厘米、厚 1.4 厘米(图 1-1-84)。这件玉人头戴冠,脸两侧有鸟冀形装饰,耳为鸟形,耳垂为大环状当为鸟的大眼;兽嘴似虎,两眼内斜似虎,嘴露虎形獠牙,为人、虎与鸟的结合。鸟耳与良渚文化的侧视鸟纹相似,獠牙与高庙文化、大塘遗址所出相类。因此这一神灵形象为人格化的太阳神。相似的神灵形象亦见于谭家岭 W9 中。

---

① 参见[日]林巳奈夫:《神与兽的纹样学——中国古代诸神》,常耀华等译,三联书店 2009 年版,第 65～85 页。

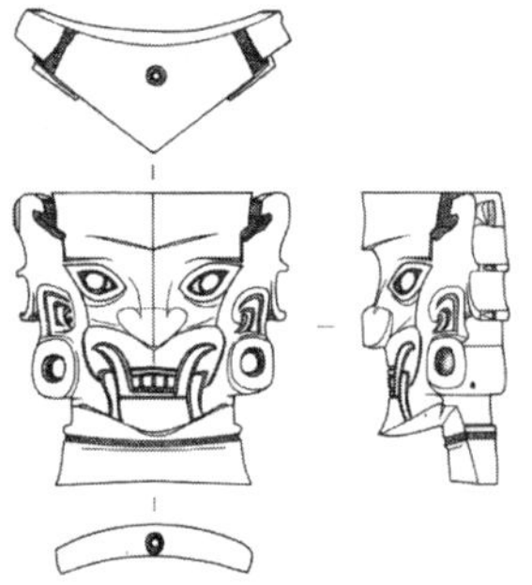

图 1-1-84　肖家屋脊玉人头像 W6:32

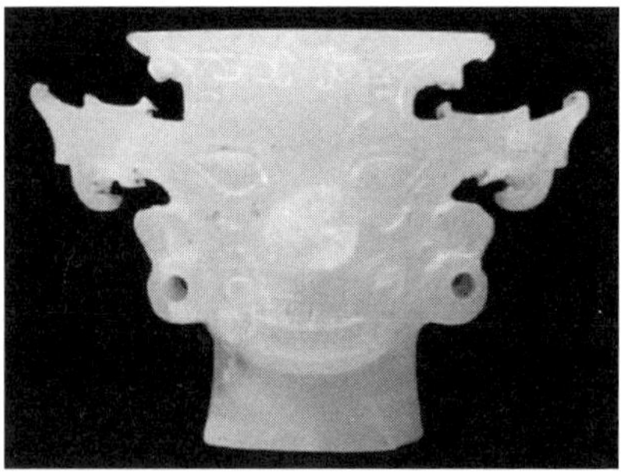

图 1-1-85　谭家岭 W9 玉神人像

谭家岭 W9 出土的玉人面头戴平顶双重冠，冠上刻纹。鼻头突起，鼻梁上连“Y”字形饰，阔嘴露四齿，嘴边露两对獠牙，上獠牙在内侧，下獠牙在外侧。耳呈涡形，下为圆环，似良渚文化的涡形鸟。宽梭形眼，耳上有两鸟翼形装饰。玉人头部的“Y”形饰见于玉虎的额部，这是后石家河文化和商文化表现虎的标志。玉人具有虎牙、虎额和鸟耳、鸟翼的特征，说明具有两者的神性，是最高神——太阳神的形象(图 1-1-85)。

除以上 2 件玉神人外，后石家河文化还发现 10 余件玉人像，肖家屋脊 6 件、罗家柏岭 10 件、六合 1 件、枣林岗 1 件。按照人物的特征，可以将其分成 A、B、C 三种类型：

A 型以肖家屋脊的 W6:14、W6:17、W7:4 和罗家柏岭的 T20③B:3、T20③B:18 为代表①。这 6 件人面像均为浮雕，雕琢得特别精致。W7:4 雕琢在玉管上，W6:17 雕在玉璜上。其他 3 件雕于玉片上。人物除 W6:17 戴尖顶帽外，其余均为平顶，4 件戴平顶帽，1 件用箍形冠。人面像均为梭形眼，外眼角上斜，涡形耳，戴大环。下颌内收，有的刻有凹线。鼻、嘴的样式各不相同。肖 W6:14 头戴浅冠，冠上饰涡形云纹。鼻较宽，闭口，嘴角往下。双耳和下颈各穿一孔。头像长 2.85 厘米、宽 2.2 厘米、厚 0.55 厘米(图 1-1-86，1)。肖 W6:17 玉璜形，正反两面有相同的人面像。尖冠饰抓钉状纹饰。冠下有披，直拖后颈。鼻较短，下端稍尖。厚唇，大口微张，下颌和嘴角有卷云纹。涡形耳较小，耳下戴环。弦长 5.7 厘米、厚 0.5 厘米(图 1-1-86，3)。肖家屋脊 W7:4 和罗家柏岭 T20③B:3、T20③B:18 上雕琢的人像类似，稍有区别(图 1-1-86，2、4、5)。

① 由于罗家柏岭的发掘报告中只介绍了两件玉人面像，我们仅能掌握这两件的资料。

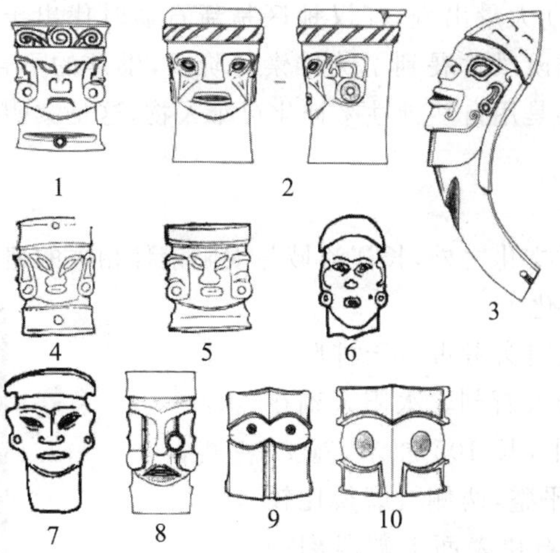

图 1-1-86　后石家河文化玉人面像

1—5. A 型(肖 W6:14、肖 W7:4、肖 W6:17、罗 T20③B:3、罗 T20③8:18)

6—7. B 型(六 W18:1、枣 JZWM4:1)　8—10. C 型(肖 W6:41、肖 W6:9、肖 W6:38)

B 型包括枣林岗 JZWM4:1 和六合 W18:1,两者均为管状,上下穿孔。W18:1 长2.6 厘米,直径 1.2 厘米,JZWM4:1 大小与之类似。两人面像均戴弧顶帽,大耳,耳下部戴环。JZWM4:1 阔口,宽鼻。W18:1 整体较窄长,蒜头鼻较小,方形嘴微张。从两者的耳部特征看,均为涡形耳(图 1-1-86,6、7)。

C 型仅见于肖家屋脊遗址,为抽象人面,共 3 件。W6:41 雕琢整个人面,器型较细长,W6:9 和肖 W6:38 仅雕双眼,器形近方。W6:41 人像头戴平顶帽。鼻梁与双眉相连,呈"Y"字形,鼻端近圆。厚唇,大嘴微张。无眼。涡形耳颇大,下垂环。脸部钻有一圆孔。下颌内收。W6:38 和 W6:9 雕琢在棱形玉柱上,上下钻孔。人面极抽象,浅冠微凸,脸部仅有左右对称的两个眼窝,两颊有近似长方形浮雕(图 1-1-86,8、9、10)。

2015 年谭家岭的发掘也出了几件玉人像,除前述 W9 一件外,还有一件独一无二的连体双人头玉玦,这件玉玦也是 W9 出土,玉人戴平顶冠,梭形眼,勾形耳,头后披长发,两面纹饰相同,直径约 2 厘米[①](图 1-1-87)。

以上这些神人像多是祭司的形象。其中肖家屋脊人像 W6:4 冠上饰旋涡状火纹,当为火正(火祭司)的形象。

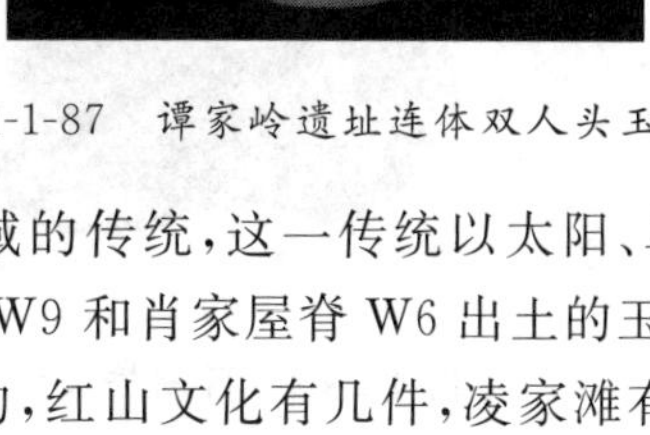

图 1-1-87　谭家岭遗址连体双人头玉玦

综上可见,后石家河文化的宗教信仰继承了长江流域的传统,这一传统以太阳、鸟、虎为基本组合,只是这些特征集中到一个人身上,谭家岭 W9 和肖家屋脊 W6 出土的玉神人具有鸟和虎的神性。在史前考古中,玉人出土是较少的,红山文化有几件,凌家滩有 6

① 参见孟华平等:《湖北天门市石家河遗址 2014～2016 年的勘探与发掘》,《考古》2017 年第 7 期。

件，到后石家河文化时期大量出现，江汉地区是新石器时代出土玉人最多的区域。此时的宗教信仰由自然崇拜阶段发展到了英雄崇拜阶段，崇拜的不再是自然神灵，而是部族的英雄人物。英雄崇拜是用自然神性来神化英雄人物，这是文明社会的特征。

七、其　他

除以上几个考古学文化之外，长江流域与太阳崇拜相关的遗存还有几处，略述如下：

（一）城背溪文化

1998 年，湖北省东门头考古队于秭归东门头遗址发现一件太阳人石刻。太阳人刻在一件长条形灰色砂岩上，长 105 厘米、宽 20 厘米、厚 20 厘米，表面平整，两侧打磨得比较规则，背面凹凸不平。石块表面上端凿刻一光芒四射的太阳，下面为一人像，人像五官清晰，身躯呈长倒三角形，最下端突出。四肢简略，下肢微弓，腰部有一三角形，两侧各有两个似星辰的圆形。石刻属于城背溪文化，距今约 7000 年（图 1-1-88）。[1]

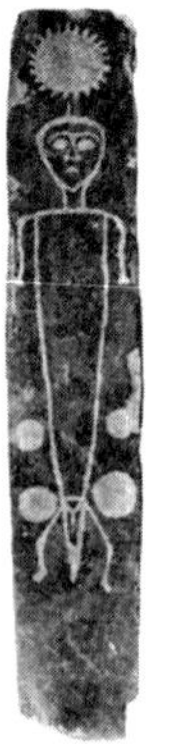

图 1-1-88　东门头遗址太阳人石刻

（二）跨湖桥文化和马家浜文化

杭州湾地区的跨湖桥遗址发现有太阳和光芒组成的彩陶纹饰（图 1-1-89）。马家浜文化也发现有彩绘有太阳纹的陶盉。两者均距今 7000 年左右（图 1-1-90）。

图 1-1-89　跨湖桥文化彩陶片（浙江萧山跨湖桥）

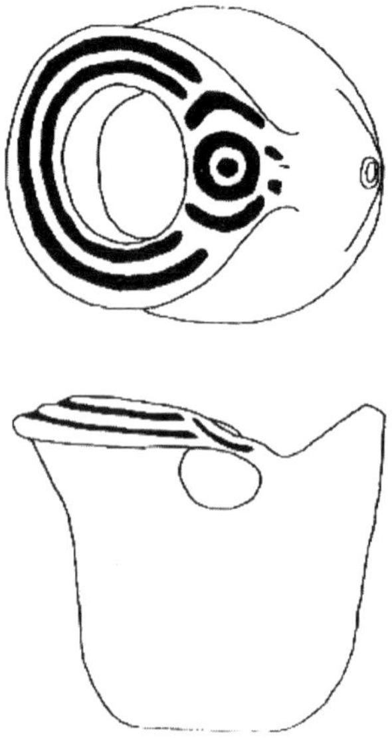

图 1-1-90　马家浜遗址陶盉上的太阳纹

① 参见孟华平：《"太阳人"与东门头遗址》，《文物天地》2003 年第 6 期。

（三）双墩文化

位于淮河流域的蚌埠双墩文化距今约7000年，1986～1992年三次考古发掘出土有600余件刻划符号，是同期考古学文化中出土刻划符号最多的。这些符号可以分成几类，包括象形类、几何类和其他类。符号均刻在陶器上，绝大多数是刻划或压划在碗外底部圈足内，仅有少数在豆圈足或其他平底器的底部等不同部位。陶碗外表多施红陶衣，底外表红褐色，不施陶衣。少数胎表均为黑色的黑陶，胎呈黑色夹炭。有的刻有符号的碗外腹部有2～4道放射状刻道，从而划破红色陶衣，当为器表施陶衣后刻上的。碗底的刻划符号与腹部放射状刻道似有一定的关联。从背面看，放射线位于圆形碗底外侧，正似太阳的形状。①

双墩遗址出土的刻划符号不仅数量多，而且符号的结构也较复杂，有单体、两个或两个以上的重体符号，也有两个或两个以上不同的符号构成的组合形符号。象形类是刻划较为具象的符号，包括鱼、猪、鹿、花、茧、丝等。几何形的符号有圆圈、三角、方框、半框、十字、建筑、弧线、直线等。

象形类中的鱼形较多，均为阴线刻划，有单线鱼形、重线鱼形和组合鱼形，最简单的是两条弧线相对构成鱼的形状，有的刻划符较为形象（图1-1-91）。

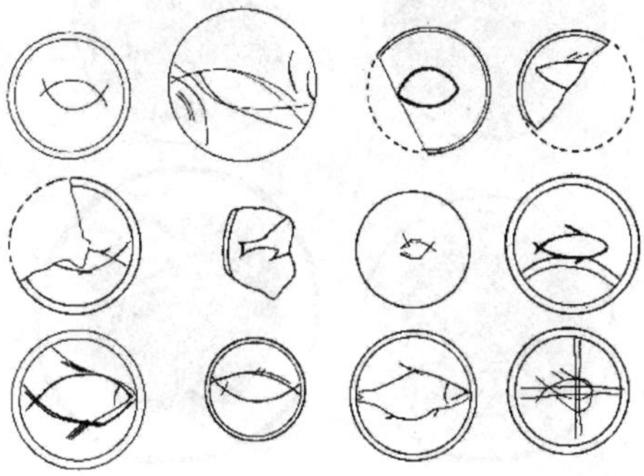

图1-1-91 双墩遗址鱼纹

猪形符号多为单体猪，以简单的线条勾勒出猪的各种形态（图1-1-92）。

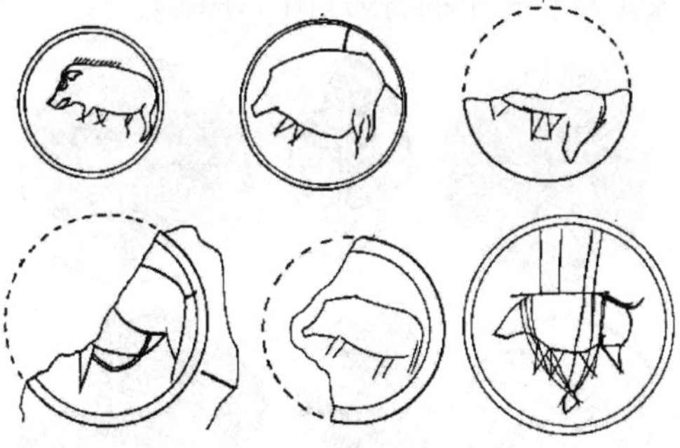

图1-1-92 双墩遗址猪形刻划符号

① 参见安徽省文物考古研究所等编著：《蚌埠双墩——新石器时代遗址发掘报告》，科学出版社2008年版，第183～184页。

房屋纹一般刻划单个房子，房子下面有立柱，当为干栏式建筑(图 1-1-93)。

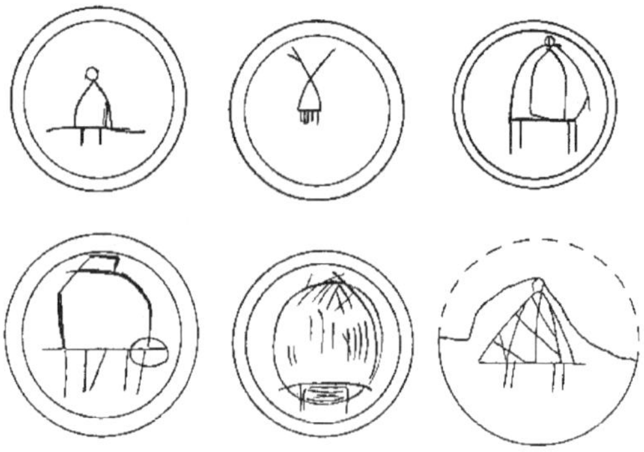

图 1-1-93　双墩遗址出土房屋形刻划符号

蚕丝状刻划符号是以 2～4 个圆连成索状蚕丝形符号，也可能表示成串状的种子(图 1-1-94)。

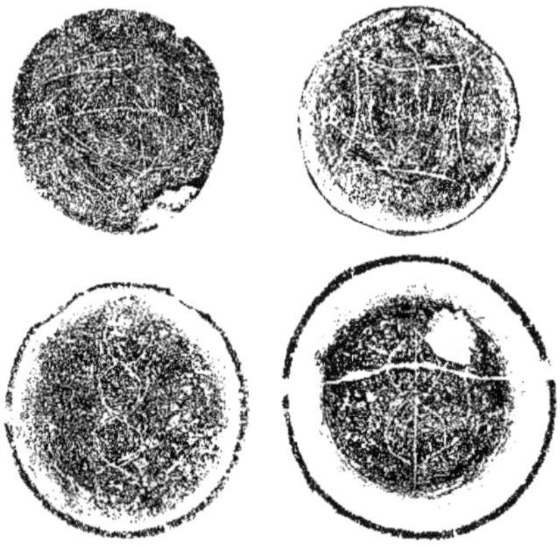

图 1-1-94　蚕、蚕茧、金丝形刻划符号拓本

植物类多为单株植物如树形或叶脉形。叶脉纹一般满饰器底，类似于器底的装饰(图 1-1-95)。此外还有像花瓣和种子的符号(图 1-1-96)。

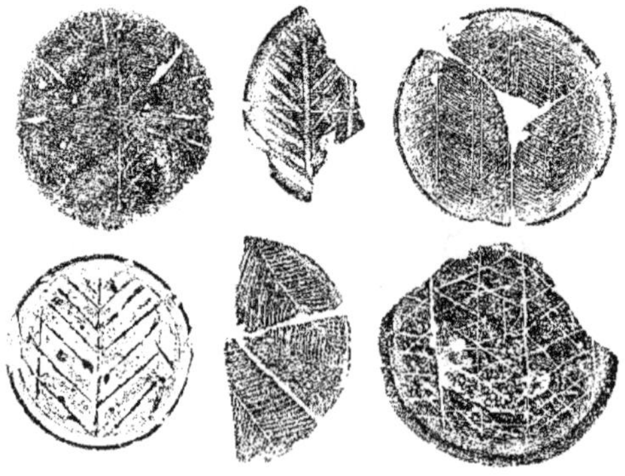

图 1-1-95　双墩遗址单株植物、叶脉纹刻划符号拓本

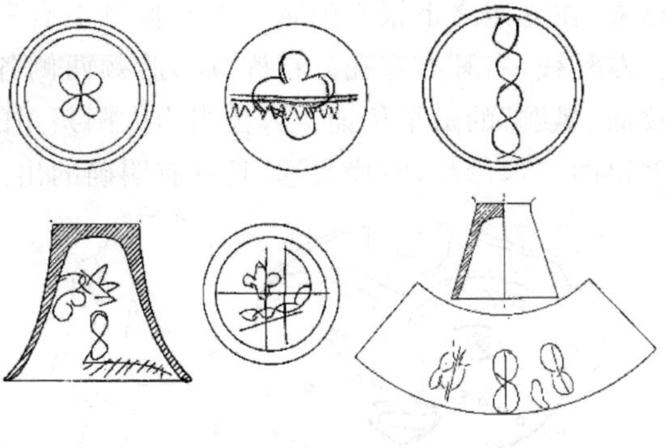

图 1-1-96 双墩遗址花瓣纹和种子纹

几何形有方框形、菱形、半框形、十字形、重线十字形、类似渔网的网格形、圆圈形等。圆圈形均位于碗底，有的在圆圈外侧划有代表光芒的短线，当表示太阳。其中一件太阳呈四重圆圈状，外侧有锯齿状光芒，形似太阳花。另有符号以圆圈和十字相组合，当表示太阳与四方的关系(图 1-1-97)。

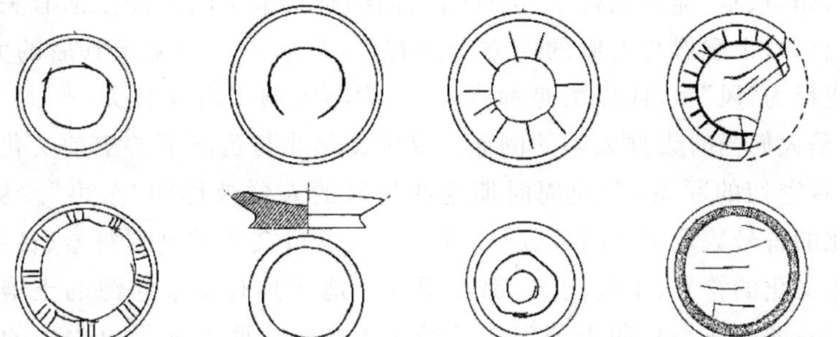

图 1-1-97 双墩遗址太阳刻划符号

双墩遗址发现一件陶塑太阳人头像 86T0720③:290。头像高 6.3 厘米、面宽 6.5 厘米，红褐色陶，内夹云母末，在光照之下银光闪耀。人头像额上有一太阳纹，眉弓突出，圆眼，蒜头鼻，小嘴微笑。左耳残，右耳有穿孔。在椭圆形脸颊两侧各有5个戳刺点连成的斜线，学界认为属于"纹面、雕题"的最早例证。人像当为太阳祭司的形象(图1-1-98)。这件陶塑人头像为不可多得的艺术珍品，时代久远，且具有明确的出土层位。

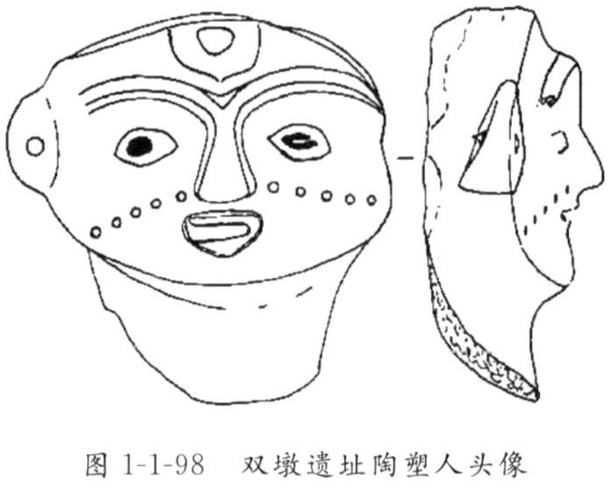

图1-1-98 双墩遗址陶塑人头像

双墩遗址发现的刻划符号不仅数量多，而且内容广泛，这些符号都与当时人们的生活息息相关，如鱼、猪、鹿、丝、种子、渔网与人们的狩猎采集的经济生活有关，房屋与人们的居住方式有关，十字形与人们的四方观念有关，菱形符号也见于其后的大汶口文化陶大口尊上，或释为"风"字，或以为是渔网，或以为与天网宇宙观有关。[①] 而太阳类符号和太阳人头像是人们当时崇拜太阳的例证。双墩文化北与黄河下游史前文化、南与长江下游史前文化有密切的联系，在商周时期这些地区的人群被称作"东夷"。从划符符号上看，双墩文化的符号数量多且时代较早，其后有大汶口文化的刻划符号、良渚文化的刻划符号、龙虬庄文化的符号、丁公陶文，都表明这一地区具有文字起源的土壤和文化渊源。学界一致认为，龙虬庄符号和丁公陶文已经属于文字。商人又是夷人中的一支，殷墟甲骨文的出现当有悠久的历史渊源。

八、结 论

考古发掘资料表明，中国新石器时代有一个太阳崇拜的底层文化，这一自然崇拜形成于7000年以前。比较常见的是一些简单的太阳符号，代表了先民对于太阳的认识和记录。长江流域的太阳崇拜起源于7000年以前，以长江南岸的高庙文化及周边遗址出现得最早，且已经表现出比较成熟的形态。这一信仰系统以太阳、鸟和虎构成了稳定的三角关系。

河姆渡文化早期时代与高庙文化大体同时，其双鸟负日的艺术组合为其后的凌家滩文化、良渚文化所继承。同期的双墩遗址有大量单体的太阳符号，裴李岗、跨湖桥等遗址都发现有太阳符号，说明在7000年前太阳崇拜在史前文化中有普遍性，只是大多数文化还没有高庙文化那样复杂的组合、仪式和祭祀行为。

到距今5000年前后，人格化的太阳出现，可以称之为"太阳神"。这一时期的太阳神

① 参见徐大立:《"口"形刻划符号与"天网说"宇宙观考证》,《蚌埠文博》第1辑，文物出版社2016年版，第95～107页。

见于凌家滩和良渚文化之中，一般头戴“介”字形冠，折臂，倒梯形脸。这一特点在凌家滩和良渚文化之中相同。两者发现的鸟也有相同的特点，均为大钩喙。鸟的特征从河姆渡文化和高庙文化就已经形成了，但是应该均为金雕(Aquila chrysaetos)的形象。①

至距今 4000 年前左右，太阳神进一步人格化。后石家河文化的玉人像具有了金雕和虎的双重特征，把两者的神性统合到人身上，从而创造了新的太阳神形象。后石家河文化中用玉随葬，虎和凤鸟仍是最重要的玉器种类。

太阳为生命之源，当为长江流域史前人类信仰的至上神。为什么太阳和金雕、虎结下了不解之缘呢?

我们知道虎为最凶猛的兽类，森林之王，陆地上的王者。金雕则是中国野生猛禽的顶级代表。金雕属隼形目、鹰科、雕属，体长可达 90 厘米，展翅可宽达 2 米，体形巨大，性情凶猛，其背部与两翅为暗褐色，翅膀内侧为白色，形成翼斑，后颈部有一簇金色的羽毛，广泛分布于欧亚大陆、非洲和北美洲，包括我国的东北、华北、西北和西南部的山区中。金雕飞行速度很快，取食范围有十几平方公里至几十平方公里，主要在开阔地带捕食大中型动物，如山羊、狐狸、鹿甚至狼。金雕为鸟类中最凶猛的猛禽，为空中的王者。金雕和虎都是狩猎高手，这两种最强大的动物代表了人类狩猎阶段所崇拜的自然神灵。金雕和虎分别为空中和陆地的主宰，它们与太阳的结合构成了长江流域所崇拜的至高神信仰。

太阳在天空中的运行在古人心里是一个未解之谜，因此，世界各地都有关于太阳在天空中的动力来源的推测，如古希腊人相信太阳是驾着一架马车横越天空。希腊神话中太阳神阿波罗由黄金战车拉着在天上运行。罗得岛人(爱琴海上希腊多得卡尼斯群岛中最大的一个岛)以太阳神作为主神，他们一年一度献给太阳一辆车和四匹马，并将这些车马投到海里以便给太阳使用。斯巴达人、波斯人和马萨格泰人也奉献马匹给太阳神。斯巴达人在泰格塔斯山顶举行祭献仪式，因为他们认为伟大的太阳每晚都要降到山脊后面，将优秀的、生机勃勃的马匹献给太阳神会受到它最大的欢迎。②

我国古代有太阳载于乌的记载，如《山海经・大荒东经》说：“汤谷之上有扶木，一日方至，一日方出，皆载于乌。”汉代的时候演化为乌在日中，如《论衡・说日》：“日中有三足乌，月中有兔、蟾蜍。”《淮南子・精神训》说：“日中有踆乌。”汉代画像石上经常见有三足乌在日中的形象。“乌”逐渐成为太阳的代称，如“乌阳”指太阳，亦喻昌明盛世，“乌轮”指日轮，“乌焰”指红日，“乌照”指日光，“乌兔”指日月。从长江流域的传统来看，当时流行着太阳被金雕承载着运行周天的神话传说和信仰。金雕身上有金黄色的羽毛，这也正是太阳的颜色。

人格化的太阳神具有虎和金雕的神性，自然是代表人间的最高统治者。在良渚文化中太阳神还具有半人半神的形象，太阳神、鸟和虎各自独立，这三种神组成各种组合。进入龙山时代，整个社会宗教氛围下降，由自然崇拜阶段进入了英雄崇拜时期，部族的首领以自然神灵神化自己。崇拜太阳的族群首先使用太阳来神化自己的英雄人物。因此，后石家河文化谭家岭 W9 和肖家屋脊 W6 这两座出土玉神人像的墓主当为部族的领袖和英雄。

长江流域的太阳崇拜是极富特色的。我们知道黄河流域的史前文化中也有太阳崇

① 参见[日]林巳奈夫：《神与兽的纹样学——中国古代诸神》，常耀华等译，三联书店 2009 年版，第 65～85 页。
② 参见[英]J. G. 弗雷泽：《金枝》，汪培基等译，商务印书馆 2013 年版，第 138 页。

拜的痕迹。如仰韶文化中也有不少鸟纹和太阳纹，不过鸟和太阳一般各自独立，即使是鸟负日主题也是一只鸟，而少见长江流域的双鸟负日形象。此外，鸟负日见于大汶口文化的大口尊上，尤以莒县陵阳河、大朱村和安徽蒙城尉迟寺为多。大汶口文化的鸟负日主题是符号化的，从其表现的主题上看，与仰韶文化近似，并没有双鸟负日类。另外，黄河流域缺少虎这一主题，当与自然环境有关。从时代上看，黄河流域的太阳崇拜时代上也稍晚于长江流域，应该是次生的，即由长江流域传播而来。

长江流域太阳、鸟、虎这一太阳崇拜主题构成了中国太阳崇拜的独特形式，与埃及、美洲等日神崇拜具有较大的区别。古埃及的太阳神拉为头戴日冠的鹰头人身，荷拉斯则是脚踏鳄鱼的形象，阿蒙神为羊首人身，著名的狮身人面像为法老哈卡拉的肖像——也被视作太阳神的化身；美洲阿兹特克人的太阳石外圈的两条羽蛇被视作日神的形象；古巴比伦的日神恩利尔是“角如太阳之光辉的牡牛”；印欧语系文化中，太阳马是日神的形象。唯有中国的太阳神具有鸟和虎的特性。这说明太阳崇拜在世界范围内既具有普遍性，又有各自的特点。这是各地古人根据他们所处的生活环境对太阳神的创造。

长江流域的宗教遗迹主要为祭坛和墓葬。祭坛一般为人工垒筑的高土台，从高庙文化、凌家滩文化、良渚文化、石家河文化、后石家河文化中均有发现。长江流域地势低洼、气候潮湿，因崇拜太阳故筑高台以祭之。祭坛与墓葬常埋葬在一起，如在良渚文化中祭坛同时也是墓地；后石家河文化谭家岭的瓮棺葬也位于祭坛附近。祭坛不仅是祭祀场所，也是古人灵魂的栖息和转生之地。

“国之大事，在祀与戎”，宗教祭祀是中国古代社会头等大事。长江流域所表现出的宗教信仰正证明了这一点。高庙文化的白陶，良渚文化、凌家滩文化、石家河文化的玉器和精湛的玉工，河姆渡文化的象牙器，都是当时最先进的技艺、最精美的艺术品、最稀缺的资源，这些均是宗教物品。这一特点，也延续到了三代青铜文明之中——青铜器首先是为宗教服务，商代在宗教的影响之下创造出了人类历史上最璀璨的青铜器艺术。

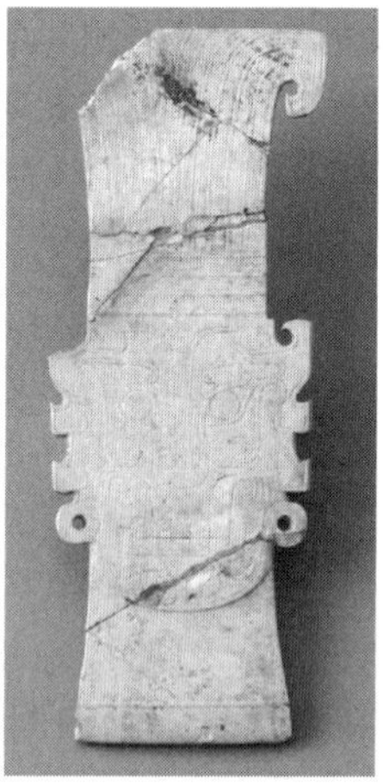

图 1-1-99　新干大洋洲出土玉人像

随着长江流域与黄河流域史前文化的交流和族群的迁徙融合，长江流域的太阳崇拜也传播到黄河流域，并在三代文明产生了至为重要的影响。如后石家河文化的玉鹰见于陕西石峁遗址、二里头遗址。神人像见于沣西西周墓、新干大洋洲商墓中(图 1-1-99)。玉凤见于殷墟妇好墓中。玉虎头见于小屯 M331 石峁等遗址。虎纹演化为饕餮纹，成为三代青铜器上最重要的纹饰。[①] 琮、璧、钺构成了三代文明尤其是周代文化的重要礼器。可以说，长江流域的太阳崇拜构成了夏商周三代文明的上层文化。

① 参见张溯、申超：《后石家河文化玉器的初步研究》，山东省文物考古研究院编：《海岱考古》第 10 辑，科学出版社 2017 年版，第 397～401 页。

第二节　黄河流域的图腾崇拜

黄河流域分布着数量众多的史前遗址，是中国史前遗址最集中的区域，这得益于其优越的地理环境——南方多水泽、湖泊，北方多山脉、草原，而黄河流域有较多的平原区域，有利于氏族的繁衍生息。黄河流域的新石器时代晚期考古学文化可以分成三个大的系统：黄河上游地区的马家窑—齐家文化系统、中原地区的仰韶—中原龙山文化系统和黄河下游海岱地区的大汶口—山东龙山文化系统。仰韶文化、马家窑文化和大汶口文化都有数量众多的彩陶。中国考古学诞生之初最先被发现的仰韶文化就曾被安特生命名为“彩陶文化”，这一定名也成为仰韶文化的代名词，说明彩陶是黄河流域史前文化具有特色的史前艺术。马家窑文化可以看成是仰韶文化的地方变体，直接继承了仰韶文化的彩陶传统，并在中原地区的彩陶文化衰弱的情形下，将之发扬光大。大汶口文化的彩陶也是受仰韶文化彩陶的影响形成的。仰韶文化、马家窑文化、大汶口文化三者构成了黄河流域大彩陶文化圈。

仰韶文化彩陶的纹饰特征具有显明的时代性，每一阶段的纹饰都有其时代特征。这一特点说明不同时期不同地区的人群具有不同的审美情趣，并且反映了不同的宗教和审美观念。除彩陶纹饰之外，黄河流域史前文化中还有其他一些宗教遗存，如陶塑、泥塑、蚌塑、绘画、玉器、骨器、刻划符号等艺术形象，包括祭祀坑、墓葬等宗教遗存。由此通过这些遗存可以了解古人之精神世界，尤其是宗教信仰。

对于史前人类来说，宗教是生活中最重要的一个方面，是物质生活外的精神生活。宗教占据了他们的内心世界，指导着他们的审美，安慰他们的心灵，支撑他们战胜生存的困难。宗教使族群团结在一起，是古人宇宙观、世界观的反映，也是他们最主要的生存方式和娱乐方式，是指导他们战胜困难、灾害、疾病的知识体系。黄河流域的宗教信仰具有统一的特点，即以图腾崇拜信仰为主，这不同于长江流域的太阳崇拜，也不同于北方地区的萨满教信仰。尽管在黄河、长江、西辽河流域的交流与互动中，史前宗教具有合流的趋势，但还是可以清晰地识别出三者之间的区别。

“图腾制度”这一人类早期社会制度，由于其兴盛期距今极为遥远，又牵扯到社会生活的各个方面，曾引发了学界长达200年之久的讨论，一度成为整个世界的文化热点。19～20世纪，许多著名学者都加入了图腾制度的研究中去，包括人类学家、历史学家、心理学家，如英国学者麦克伦南、泰勒、斯宾塞、基林、弗雷泽，法国学者涂尔干，美国学者摩尔根，德国学者皮克勒、索姆洛，奥地利心理学家弗洛伊德等，都曾对图腾制度进行过专门研究和论述。

“图腾”一词为印第安语“totem”的音译，源于北美印第安阿尔衮琴人奥杰布韦族的方言“ototeman”，意为“他的亲族”或“他的氏族”。其他民族也有与图腾意义相同的名称，如澳大利亚中有些部族称为“科邦”，有的称作“恩盖蒂”“穆尔杜”或“克南扎”。托雷斯海峡马布伊亚岛居民称作“奥古德(augud)”。我国鄂温克族则称作“嘎布尔”。克木人称之为“达”。[①] 由于印第安人的“图腾”最早在欧洲的学术文献中出现，因此“图腾”一词

① 参见何星亮：《中国图腾文化》，中国社会科学出版社1992年版，第10页。

成为这种文化现象的代名称。一般认为，图腾崇拜大约出现于旧石器时代晚期，是原始宗教的最初形式之一。

由于图腾文化的多样性，对图腾制度的讨论并没有一个最终的定论，对于图腾制度也不存在一个公认的定义。如摩尔根认为图腾意指一个氏族的标志徽章。① 弗洛伊德认为图腾是氏族的祖先，也是其标志。② 朗格认为图腾是个人的保护神。英国学者弗雷泽认为图腾既是氏族的亲属，也是氏族的祖先。苏联学者 C. A. 托卡列夫说，某一群体“相信与某种物象……有神秘的血缘亲属关系”，这种物象便是图腾。我国民族学家杨堃认为图腾“是一种动物，或植物或无生物”，部落内部各群体把图腾作为祖先。③ 尽管观点不同，不过，图腾制度有一些基本的特征已经在人类学界达成共识：氏族或部落成员认为他们与图腾之间有亲属关系。图腾一般是动物或植物，亦有无生物和自然现象。氏族遵守图腾禁忌，即不得捕杀或食用图腾生物。图腾禁忌并不是绝对的，有的氏族并不拒绝食用图腾物种，有的只是禁止食用图腾物种的某一部分。图腾也是氏族的标志，当其他氏族称呼该氏族时，直接可以图腾动物的名称如熊、鸟等来称呼该氏族。图腾氏族成员不得相互通婚，实行外婚制。这是避免近亲结婚所采用的婚姻制度。图腾崇拜往往与祖先崇拜相结合，从而使氏族成员认为其图腾（某动植物或无生命物质）是自己的祖先。

图腾是一种广泛存在的文化现象，美洲、澳洲、亚洲、非洲、欧洲都曾有图腾崇拜的存在。图腾制度在北美印第安人和澳洲的土著人之中保存较完整。两者大约处于旧石器时代晚期或新石器时代早期。随着社会的发展，图腾文化现象逐渐减少。通过分析不同发展阶段的古代社会，至少可以将图腾的演化分成四个发展阶段：

第一阶段，原始图腾制度阶段。图腾被视作氏族的血缘亲属，用“父母”“祖父母”“兄弟姐妹”等亲属称谓称呼图腾生物。图腾也是氏族的名称。氏族成员认为自身与图腾生物属于同类。

第二阶段，图腾是氏族的祖先。图腾被视作氏族群体的祖先，认为群体成员都是由图腾繁衍而来。图腾是氏族的始祖。

第三阶段，图腾是保护神。氏族成员逐渐认识到人与图腾属于不同种类的生物，因此将图腾生物视作保护神。这时的图腾一般具有半人半兽（神）的属性或形象。

第四阶段，图腾生物被神化为人类或部族的创始神，或者认为其部族的来源与某图腾生物有关。这时的图腾一般具有人形，被人格化。

以上图腾发展的四个阶段按社会发展的程度不同，对应于人类社会的不同发展阶段。

图腾是广泛分布于美洲、澳洲和亚洲的原始宗教信仰。我国也有图腾崇拜的遗留，如内蒙古地区鄂温克族称图腾为“嘎布尔”，以白天鹅、鸟或熊为图腾④；中国云南和中南亚半岛的越南、老挝、缅甸、柬埔寨、泰国的克木人，他们把图腾称为“达”，崇拜虎、水鸟、雀、野猫等动物；克木人以图腾作为姓氏，有的用动物作氏族名，如虎氏、野猫氏、松鼠氏、水獭猫氏、破脸狗氏、树蜥氏、犀鸟氏、白头翁氏、水鸟氏、长尾鸟氏、小米雀氏、秧鸡氏、野

① 参见[美]路易斯·亨利·摩尔根：《古代社会》，杨东莼等译，中央编译出版社 2007 年版，第 280 页。

② 参见[奥]弗洛伊德：《图腾与禁忌》，杨庸一译，中国民间文艺出版社 1986 年版，第 119～121 页。

③ 转引自何星亮：《中国图腾文化》，中国社会科学出版社 1992 年版，第 11 页。

④ 参见何星亮：《中国图腾文化》，中国社会科学出版社 1992 年版，第 10 页。

鸡氏、孔雀氏等。有的用植物作姓氏，有树蕨氏和细白花氏两种。克木人遵守图腾禁忌，如虎氏族的成员特别爱护老虎，水鸟氏族成员不得捕杀水鸟。[①] 云南的傈僳族主要分布于怒江地区，有十几个氏族，分别以虎、羊、蜂、鱼、鼠、猴、雀、熊等动物和竹、荞等植物为图腾，其中荞氏族人员最多。[②]

我国古代文献中也有图腾崇拜的传说和记载。如文献中记载商族与玄鸟的关系，《诗经·商颂·玄鸟》中记载："天命玄鸟，降而生商。"说明商人认为其起源与玄鸟有关，商族以玄鸟为图腾。《左传·昭公十七年》中记载有传说时期的少皞、太皞、黄帝、炎帝、共工等氏族部落的图腾：

> 昔者黄帝氏以云纪，故为云师而云名；炎帝氏以火纪，故为火师而火名；共工氏以水纪，故为水师而水名；大皞氏以龙纪，故为龙师而龙名。我高祖少皞挚之立也，凤鸟适至，故纪于鸟，为鸟师而鸟名。

黄帝、炎帝、共工、大皞、少皞分别以云、火、水、龙、鸟为图腾。

有学者认为中国的姓氏亦源于图腾。《说文》中说："姓，人所生也。"最早发现中国姓氏与图腾有关的是英国人罗伯特·哈特，他在中国期间寄给摩尔根的信中称："中国人称民众为百姓……意为'一百个家族的姓'……现在，这个国家约有四百个姓，我发现其中某些姓与动物、果实、金属、自然事物等有关，可以译为 Horse（马）、Sheep（羊）、Ox（牛）、Fish（鱼）、Bird（禽）、Phoenix（凤）、Plum（李）、Flower（花）、Leaf（叶）、Rice（米）、Forest（林）、River（江）、Hill（丘）、Water（水）、Cloud（云）、Gold（金）、Hide（皮）、Bristles（毛），等等。在中国许多地方遇到很大的村庄，全村只有一姓；比方说，在一个地区见到三个村庄，每一个村庄住着两三千人，第一个村庄全姓马，第二个村庄全姓羊。……正如北美洲的印第安人夫与妻不同一部落一样，中国人的夫与妻也总是属于不同的家族，即不同姓。"[③]国内学者也多认为中国姓氏与图腾有关。汉代哲学家王充曾说过："古者因生以赐姓，因其所生赐之姓也，若夏吞薏苡而生，则姓苡氏。商吞燕子而生，赐姓为子氏。周履大人迹，赐姬氏其立名也。"[④]认为夏商周三族之姓都因其"图腾"而来。黄文山认为"中国古姓，多为图腾之遗留，如秦姓嬴，是瑞兽之名，周姓姬，是鳄鱼的意义，季札之姓狸，夏姓姒，为妊娠的药草，鄅之姓嬗，乃云之古文"[⑤]。孙作云称："中国古姓确保存了许多图腾的痕迹。如古'风姓'即以凤凰为图腾，甲骨文'风'字即'凤'字。又如殷人姓'子'……即因其始妣简逖吞玄鸟'子'（卵）而生契。中国人以龙为最大的神物，龙即图腾化、神秘化的蛇，因此，中国的龙姓，无疑地出自蛇图腾。西北的羌族，在原始社会里以羊为图腾，其族名之羌、与族姓之姜，皆源于羊图腾。"[⑥]丁山、吕振羽、钟道铭、李玄伯等学者亦多认同姓氏来源于图腾，只是在某族具体为何种图腾上有异议。[⑦]

---

① 参见李成武：《克木人》，中央民族大学出版社 2006 年版，第 82～85 页。

② 参见何星亮：《中国图腾文化》，中国社会科学出版社 1992 年版，第 94～95 页。

③ [美]路易斯·亨利·摩尔根：《古代社会》，杨东莼等译，商务印书馆 1981 年版，第 361～362 页。

④ 《论衡·诘术篇》。

⑤ 黄文山：《对于〈中国古代社会的图腾文化〉之我见》，《新社会科学季刊》1984 年第 1 期。

⑥ 孙作云：《诗经与周代社会研究》，中华书局 1966 年版，第 19～21 页。

⑦ 参见何星亮：《图腾名称与姓氏的起源》，《民族研究》1990 年第 5 期。

姓氏起源于图腾说也遭到不少的质疑。这源于中国的姓氏来源比较广泛，有的来源于职业、官职，有的来源于地名等等，图腾应该是姓氏的主要来源之一。

结合民族学、人类学的研究，可以认为图腾崇拜在我国有悠久的历史和普遍性。

一、仰韶文化半坡类型的鱼崇拜

仰韶文化半坡类型属于仰韶文化早期，距今6900～6000年，以陕西西安半坡遗址而得名，有的学者称之为“半坡文化”。半坡类型的彩陶纹样以鱼纹和人面鱼纹数量最多，且生动逼真，从而使我们得以了解史前人类的艺术思想和宗教思想。

1954年，第一次发掘西安半坡仰韶文化遗址时，考古人员在出土的彩绘陶器上发现大量鱼纹和人面鱼纹图案。这类图案在半坡遗址的彩陶图案中占据多数，是最有代表性的纹饰。鱼纹大多数饰于宽沿盘内壁和窄沿盆外壁；人面鱼纹多绘于宽沿盆的内壁。[①]除半坡遗址之外，在陕西临潼姜寨和马陵、宝鸡北首岭、南郑龙岗寺、汉中西乡县何家湾、甘肃正宁东坪等遗址出土的彩绘陶器上都发现了人面鱼纹图案。这些遗址中的鱼纹虽然没有半坡遗址出土的数量多，形式也不如半坡遗址丰富，但人面鱼纹图案却极为相似，它们均为圆圆的脸盘，眼、耳、口、鼻等五官用直线、曲线或空白等简单线条来表示。眼睛一般用两条短横线表示，个别也用圆形眼。人面头上有三角形装饰，两耳用两条鱼表示，或简化成两条平伸翘起的钩子，嘴里也左右各衔着一条鱼，或使用简化的鱼纹。

（一）人面鱼纹

人面鱼纹主要发现于半坡、姜寨、何家湾、北首岭等遗址。

半坡遗址发现的人面鱼纹数量较多，共有7例，有的出土于房址，有的为采集，另有两件发现于瓮棺陶盆内（陶盆盖于瓮棺之上）。人面呈圆形，头上有的带三角形状突起，可能表示发髻。眼、鼻、口俱全。双眼眯成横线，作闭目沉思状。额头有的全涂黑，有的一半黑一半白呈半圆状，也有的额中间为三角形。耳朵位置有一鱼，有的简化成倒钩状。嘴部也有两鱼相对，不过一般简化掉鱼身上的纹饰，从而使双鱼仅剩轮廓（图1-2-1）。

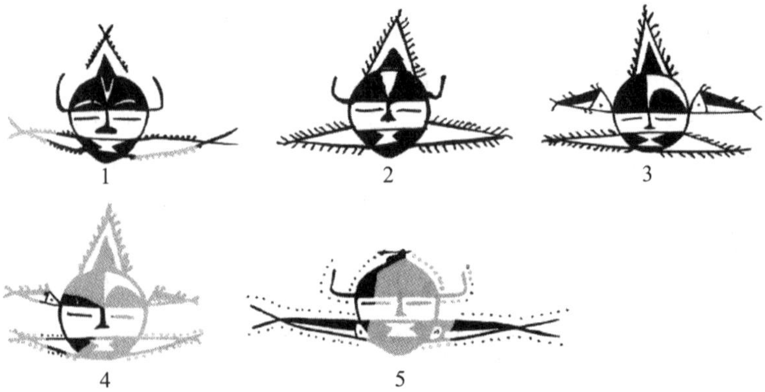

图1-2-1　半坡陶盆上的人面鱼纹

1.F1(3)　2.W45　3.W50　4、5.采

① 参见西安半坡博物馆：《西安半坡》，文物出版社1982年版，第163～168页。

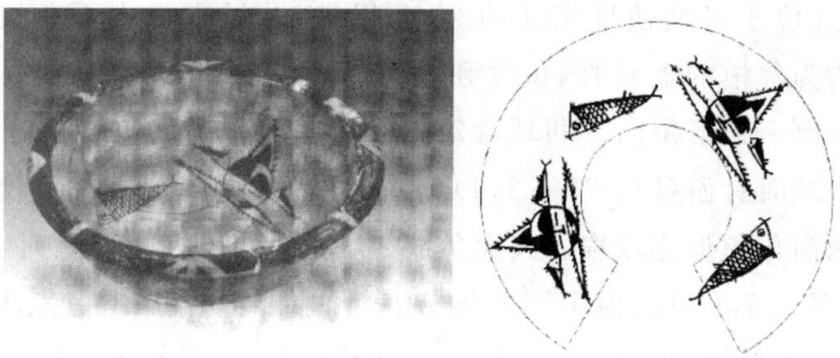

图 1-2-2　半坡遗址出土彩陶盆

保存最完整的为 W50 出土的这件彩陶盆(图 1-2-2),上绘人面鱼纹和鱼纹各一对。两个人面完全一样,闭目,两耳各有一鱼相对,嘴部鱼纹为轮廓。头上三角形内还有涂黑的三角形。鱼纹满身菱形鱼鳞。三角形头,圆眼,小黑点表示眼珠。短线构成的树杈形鱼尾较简略。鱼鳍以两短线表示,上下各两对,两小鱼呈逆时针方向游动。①

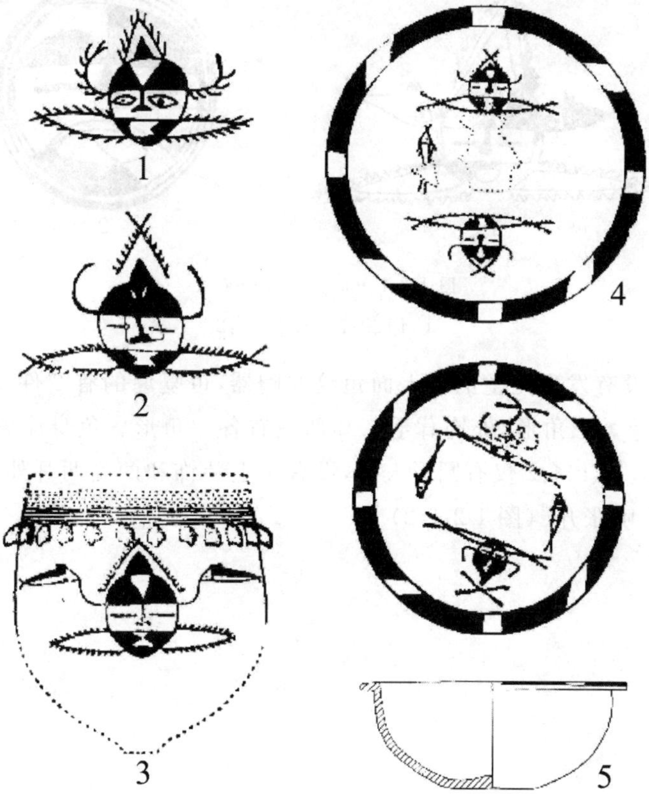

图 1-2-3　姜寨遗址的人面纹

1. W176:1　2. F81:14　3. H493:32　4. W156:1　5. W162:1

[摘自严文明《仰韶文化研究(增订本)》]

① 参见西安半坡博物馆:《西安半坡》,文物出版社 1982 年版,第 180 页。

临潼姜寨遗址位于半坡遗址东北约 20 公里处，共发现带人面鱼纹的彩陶器 5 件。其中有 3 件盆(均为瓮棺的盖)均画鱼纹和人面鱼纹各一对。W156：1 人面纹闭目沉思，额头涂黑，中间有倒三角形留白。两耳弯勾向上。嘴部有简化鱼纹相对。两人面之间有一对鱼纹，两鱼作顺时针游动(图 1-2-3，4)。① 人面鱼纹 W162：1 头上较扁的 X 形，两耳弯勾向上，嘴部两简化鱼形亦较扁。人面鱼纹之间的两条小鱼呈逆时针方向游动(图 1-2-3，5)。人面鱼纹 W176：1 与其他不同的地方在于两眼睁开，并画上黑眼珠，人面似往右视。这与其他人面闭目沉思不同。头上有三角形突起，内外两重，内三角形涂黑。两耳弯勾往后，左边弯曲较甚，右侧较舒展，并都带有茸毛。嘴部两鱼为简化形态，较肥胖，鱼尾亦不甚明显(图 1-2-3，1)。人面鱼纹 H493：32 画于尖底罐的外壁上。头上大三角形盖到额头中部，头上有弧边三角形似发髻。人面闭目，耳部两勾线，端部各有一小鱼。嘴部两鱼仅画轮廓，较肥胖，带茸毛，鱼尾不明显(图 1-2-3，3)。

1

2

图 1-2-4　北首岭人面鱼纹

1. T129：2　2. T144：2

宝鸡北首岭没有发现完整的带人面鱼纹的陶器，可复原的有 2 件。T129：2 人面闭目，张口，头上两重大三角形，外饰茸毛。耳部左右各一鱼形。鱼身涂黑，嘴两侧鱼纹较窄宽(图 1-2-4，1)。T144：2 仅有圆形人面，没有头上装饰和两嘴两耳外鱼形，人面闭目，弧边三角形鼻，大嘴张开②(图 1-2-4，2)。

① 参见西安半坡博物馆：《姜寨——新石器时代遗址发掘报告》，文物出版社 1988 年版，第 112、225 页。

② 参见中国社科院考古研究所：《宝鸡北首岭》，文物出版社 1983 年版，第 49 页。

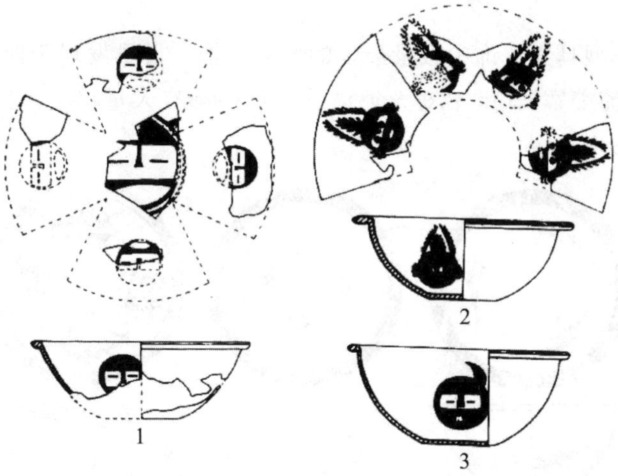

图 1-2-5　何家湾人面纹

1. H242:6　2. H242:2　3. H242:4

何家湾的人面纹残器较多，均出土于灰坑 H242 中。其中彩陶盆 H242:6 较特殊，盆内壁有四个对称的人面，底部有一个较大的人面。从盆上方俯视，似四个小人面围绕大人面。人面均为圆形，无鱼饰，闭目，长鼻，大嘴张开(图 1-2-5,1)。彩陶盆 H242:2 内壁有四个对称的人面。人面瞪眼，圆眼珠，头上内外两重高耸的三角形饰，内外皆带有茸毛。耳部也有茸毛，小嘴，没有嘴部和耳部的鱼形(图 1-2-5,2)。H242:4 仅剩一个人面，圆形头，头一侧带角状饰。方形眼眶，闭眼，长方形鼻梁，小方嘴。原来应该为四个对称的人面(图 1-2-5,3)。

龙岗寺遗址发现一件陶罐 H23:1，器身满布人面纹。上腹和下腹各有六个人面，以三道横线间隔。下腹底部有五片莲花纹。人面之间以三角形间隔。人面均为圆形，形象分成两种：一种为闭目沉思状，眼眶和嘴均为方形；另一种双眼圆瞪，圆形眼，有圆形眼珠，嘴微张。器腹上下两层各六个人面，相邻的人面使用不同的样饰，上下左右均不相同，独具匠心(图 1-2-6)。[①]

图 1-2-6　龙岗寺遗址出土陶罐 H23:1

① 参见陕西省考古研究所：《龙岗寺——新石器时代遗址发掘报告》，文物出版社 1990 年版，第 35 页。

（二）鱼纹

鱼纹是半坡类型具象纹饰中数量最多的彩陶纹饰。最早发现于西安半坡遗址，后来在宝鸡北首岭、临潼姜寨、甘肃秦安大地湾等遗址中都有大量出土。南郑龙岗寺和西乡何家湾也有少量发现。

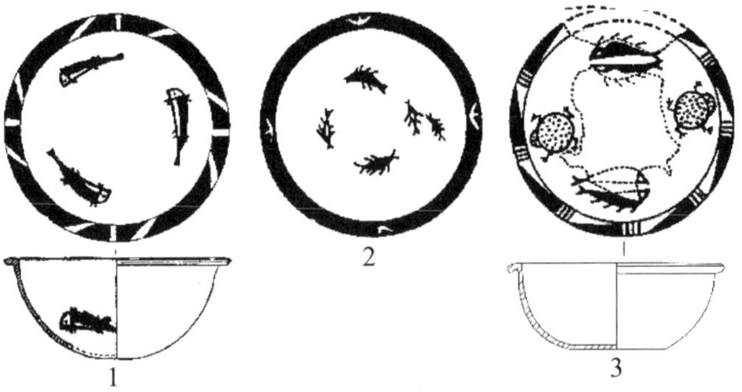

图 1-2-7　半坡类型的鱼纹

1. 北首岭 M243：1　2. 姜寨 W159：2　3. 姜寨 W63：1

半坡类型出土的鱼纹大体可分成三类：写实的鱼、抽象的鱼或者图案化的鱼、人面鱼纹。这三种形式同时并存。具象的鱼纹有的和人面鱼纹构成组合关系，两两相隔搭配。有的鱼纹 3～5 只绘在陶盆的底部，多呈逆时针游动。有的鱼纹也与蛙纹搭配，如姜寨出土的彩陶盆 W63：1，内壁饰两对鱼纹和一对蛙纹，鱼纹相向而对，头朝逆时针方向，蛙纹体圆，上饰小点，四肢短小，两蛙相背，头向盆沿（图 1-2-7）。

除了鱼纹外，半坡类型还有少量具象的鹿纹、蛙纹，半坡类型晚期也出现了鸟纹，但这些数量都比较少，远不及鱼纹。鱼纹是半坡类型的主要纹饰，占据了绝对主体地位，其他仅为次要纹饰。半坡类型图案化的纹饰如三角形、细腰纹、平行斜线纹等图案都是来源于鱼纹的拆解和重构。也就是说，在半坡类型中，只有鱼纹在图案化、抽象化，并占据了陶器纹样的绝对主流。这是半坡人宗教信仰的反映，只有在统一的信仰之下，才会产生主题如此统一的纹样。图 1-2-8、图 1-2-9 为鱼纹的图案化和抽象化序列图，鱼纹被解构成直线、三角、圆点、菱形等多种纹样，装饰于彩陶表面。

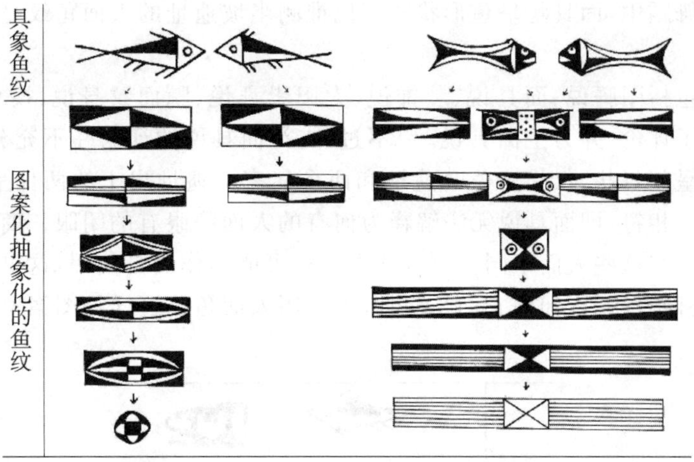

图 1-2-8　具象鱼纹的图案化和抽象化
（据张朋川《中国彩陶图谱》插图 78、80 改绘）

半坡类型鱼纹、人面鱼纹的发现，引起了学者热烈的讨论。核心问题便是鱼纹的含义是什么，尤其是最神秘的人面鱼纹的含义是什么？是纯粹装饰性的图案，还是表现氏族社会宗教思想的神秘图像？

图腾说。主持西安半坡遗址发掘工作的石兴邦首先提出“图腾说”。他于《西安半坡》的报告中说：“半坡彩陶上的鱼纹，可能就是半坡图腾崇拜的徽号，饶有趣味的是，我们发现了一个人面鱼纹，似有‘寓人于鱼’或者‘鱼生人’或者‘人头鱼’的含义……”①后来又进一步推测：“很可能半坡氏族就认为他们的祖先是鱼，或者是人格化的人头鱼身动物。”②曾琪也主张人面鱼纹为图腾，但是认为人面鱼纹已经不是其原始形态，而是已经走向人格化的高级阶段，他说：“民俗学中的人面蛇身、人面鸟身、人面鱼等材料表明，图腾在低级阶段，可以是纯动物的祖先崇拜，图腾要成为族徽，成为氏族的旗帜，需要摆脱图腾崇拜的原始状态……在甘肃武山的仰韶文化遗址中，我们已经看到了人面鱼身的出现，以这一线索为启示，认真分析半坡遗址中出土的有关鱼纹的彩陶图案的丰富材料，构成了一幅从鱼到人面鱼到人面鱼身的人格化过程的理想序列。”③岑家梧于《图腾艺术史》中称：“中国半坡出土的石器时代陶盆上描绘的含鱼头像，这也许是原始的图腾脸谱。”④李泽厚也认为半坡彩陶中的人面含鱼形象“明显具有巫术礼义的图腾性质，但具体含义已不可知”⑤。

面具说。除图腾说外，还有其他观点，如巫术活动面具说。朱狄于《艺术的起源》中将仰韶文化的人面鱼纹与《原始艺术》一书中收录的假面进行了比较，认为两者在结构上有很大的相似性，并引用法国学者克洛德·列维－斯特劳斯《原始思维》中的话：“在以保

① 西安半坡博物馆：《西安半坡》，文物出版社 1963 年版，第 217～218 页。
② 石兴邦：《半坡氏族公社》，陕西人民出版社 1979 年版，第 107 页。
③ 曾琪：《试论半坡原始宗教》，中山大学人类学系编：《人类学论文选集》，中山大学出版社 1987 年版，第 153 页。
④ 岑家梧：《图腾艺术史》，学林出版社 1986 年版，第 9 页。
⑤ 李泽厚：《美的历程》，文物出版社 1981 年版，第 16 页。

证捕鱼成功的舞蹈中，面具是呈鱼形状的。”他推测半坡遗址的人面鱼纹是祈求捕鱼丰收之意。①

刘云辉对包括图腾说、面具说、装饰说、太阳崇拜说、黥面纹身说、摸鱼图像说等20余种观点进行了评论，并力主面具说。② 不过，支持面具说的证据并不充分，且大多数人面鱼纹的人面呈闭目状，仅临潼姜寨遗址和西乡何家湾遗址出土的两件呈瞪目状，这与面具的使用并不相符，即面具说无法解释为何有的人面睁眼有的闭眼。商周时期的铜面具，多为睁目状，与这些人面不同。而且即便是有可能当作面具使用，这也只是功能性的推测，我们需要回答的是，即便它们是面具，为何用人面鱼纹这样的图案？这才是最需要解答的问题。

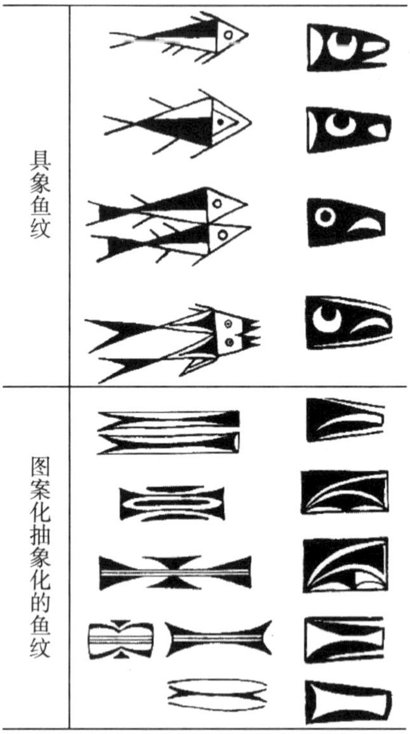

图 1-2-9　具象鱼纹的图案化和抽象化

（据张朋川《中国彩陶图谱》插图76、79改绘）

生殖崇拜说。赵国华认为原始社会人口生产的特点是高出生率、高死亡率，只有增加出生率以求得和扩大人类自身的再生产。这种迫切的需求，导致原始人类产生炽热的生殖崇拜。③ 此外，李荆林对生殖崇拜说作了进一步发挥，认为人面鱼纹是一幅“原始婴儿出生图”，图案正中圆形人面是婴儿出生刚露出头时的状况。鱼纹具有生殖繁盛的祝

① 参见朱狄：《艺术的起源》，中国社会科学出版社1982年版，第181页。

② 参见刘云辉：《仰韶文化“鱼纹”“人面鱼纹”内含二十说述评——兼论“人面鱼纹”为巫师面具形象说》，《文博》1990年第4期。

③ 参见赵国华：《生殖崇拜文化略论》，《中国社会科学》1988年第1期。

福含义，说明妇女生孩子的地点是在水里或水边。[①]

巫师说。张光直认为人面鱼纹为仰韶文化中的巫觋角色，可能是巫师的面孔。孙作云也认为人面纹是巫，代表氏族中的巫师。巫师的整个脸的形状是"阴阳脸"，"或以此表示'阴阳'有巫术的用意。……又此人作闭目食鱼，表示他正在'作法'，使鱼自动来投，人就能多捕鱼"，认为"这是一种魔术行为"。[②]

水虫形象说。该说认为，人面鱼纹实际上是水虫的形象。此外，还有当时流行的神话传说、祖先的形象、黥面纹身习俗、人下水摸鱼的形象、权力的象征、太阳神的形象、月亮崇拜、外星人、原始历法、图案化"福"字、人头崇拜等等，观点多达20余种。[③]

综合比较关于鱼纹、人面鱼纹的各种观点，图腾崇拜说更合理，并且也得到宗教学和人类学资料更多的支持，只是在解读上还存在欠缺。

图腾制度这一人类早期社会制度和宗教观念，由于距今极为遥远，又牵扯到社会生活的各个方面，曾经引发世界学者长达200年之久的讨论。图腾制度是人类早期的社会制度，这便牵扯到人类早期的社会组织、婚姻制度（外婚制）、宗教信仰、心理状态等诸多方面。图腾渗透进了早期人类生活的各个方面。至19～20世纪出现在人类学家视野中的，除了澳洲和美洲的土著还保存着图腾的早期形态外，其他地区的图腾遗存均为其晚期形态或仅仅是孑遗。将早晚期形态一起进行比较，并从不同的角度将不同地区的图腾现象进行研究，难免会出现众说纷纭的情况。这也是存在几十种不同的图腾理论的原因。

图腾制度形成于旧石器中期或晚期。早期的氏族图腾一般以动植物为名，并视之为亲属，实行外婚制，遵守图腾禁忌。图腾制度发展到后期，大约在新石器时代早中期渐趋衰落。新石器时代的图腾制度已经是晚期形态，图腾观念已经淡化。图腾是原始宗教的基本形式[④]，这时便会转化成一种原始宗教，其中的图腾制度衰弱，宗教观念加强。因此，半坡、姜寨、北首岭的先民是以鱼为图腾的族群，但是图腾制度已经不是那么牢固，鱼作为他们的图腾，已经不是图腾崇拜的原始形态。这时的图腾制度往两个方向变化：一是图腾制度之上的各种禁忌被放弃，过去严格遵守的禁食图腾动物、植物的规则已经不被遵守；二是过去以普通的鱼作为图腾，现在需要将鱼神化，而要表现这种神，一般采用人形的形式。正如《山海经》中的人面鸟身、人面蛇身的神一样，这些半人半兽多是被神化的图腾形象。图腾是最早的原始宗教之一，到这一时期，这种原始宗教便进入了一个新的阶段。严格来说，可以视其为脱胎于图腾崇拜的原始宗教，它具有两大特征：

1. 视某种动植物为祖先或者其祖先与某动植物有关。这是与祖先崇拜相结合的产物。如商人以玄鸟为图腾，周祖姜嫄履大人迹而生弃。东北地区的鄂温克族认为是熊所生。我国西南地区有的少数民族崇拜树木，后来便解释其祖先为树所拯救。

---

① 参见李荆林：《半坡姜寨遗址"人面鱼纹"新考》，《江汉考古》1989年第3期。

② 参见孙作云：《中国古代器物纹饰中所见的动植物》，《生物学史专辑》编纂组编：《科技史文集》（四），上海科技出版社1988年版，第26页。

③ 参见刘云辉：《仰韶文化"鱼纹""人面鱼纹"内含二十说述评——兼论"人面鱼纹"为巫师面具形象说》，《文博》1990年第4期。

④ 参见［法］爱弥尔·涂尔干：《宗教生活的基本形式》，渠东译，商务印书馆2011年版，第137～174页。

2. 视某种动植物为神灵。这是与万物有灵观念相结合的产物。即将其图腾动物神化为创始神或最高神。这一神灵往往是半人半兽的形象。如《山海经》中的东方之神句芒，为鸟身人面；南方之神祝融，兽身人面，乘两龙（见图 4-6-9）。

至此，结合图腾制度的研究成果，我们便可以回答对图腾说的质疑了，如刘云辉在论文《仰韶文化"鱼纹""人面鱼纹"内含二十说述评——兼论"人面鱼纹"为巫师面具形象说》所提出的三点：

第一，半坡遗址、姜寨遗址和北首岭遗址都出土许多捕鱼工具，尤其是半坡出土的渔猎工具非常多，而且出土了大量鱼骨，说明他们都是食鱼的部落，并不遵守图腾禁忌。

首先，并不是所有的氏族均遵守图腾禁忌。如：图腾之名来源的美洲奥杰布韦族，他们就不遵守图腾禁忌，只视图腾为氏族名称；澳洲有的氏族甚至认为吃图腾动物有利于补充本身失去的能量。其次，图腾制度发展到后期，神化的图腾神灵出现，它们的图腾并不是普通的动物或植物，而是被神话的图腾或动物，这自然便解除了对普通动植物禁食禁杀的禁忌。可见随着人类的发展，理性让他们逐渐放弃禁忌习俗。在我国北方有的少数民族认为只有图腾神灵是有灵性的，他们尊敬动物神灵，称之为"兽主"，认为他们能捕获动物完全是兽主的赏赐，因此出去打猎前首先要祭祀兽主，向兽主企求将其子民赐给猎手。猎手捕获动物之后也要举行一定的仪式，甚至给动物下葬，动物的葬礼与人往往是相同的，这可视作为摆脱图腾禁忌思维而采取的特殊形式——通过葬礼获得了违反禁忌的心理补偿。因此，半坡鱼神具有与兽灵相似的特征。

在稍发达的原始部落中，图腾根本不是与现存动物完全相像的动物。人类学家希尔特（Hill Tout）讲过一个他与英属哥伦比亚助手之间的对话，他问助手他的部族是不是起的"水獭"的名字，他们是不是把水獭看成自己的亲属，是不是尊敬这些动物而不打死它们和猎捕它们。"助手微笑了一下，摇了摇头，作为对这个问题的回答。后来，他解释说，他们虽然相信他们的远祖是水獭，但他们并不认为是像现在生存的那种水獭。作为他们的远祖的水獭是一些水獭人，而不是动物，它们拥有把男人和女人的模样儿变成水獭的模样儿的能力。古时的一切动物都是这样的，它们不是普通的动物，的确不是的；它们也是人，它们可以凭自己的心意披上或者脱掉兽皮或动物的其他什么天然被覆而变成人样或动物模样……东蒲逊（Thompsons）族印第安人在自己的语言中有用以区别这些神秘动物与普通动物的专门术语。"[①]希尔特的印第安助手所述水獭人祖先有利于我们理解半坡人的人鱼纹，水獭人与人鱼纹代表的鱼神是相似的。半坡人将鱼人视作祖先和图腾神灵。

第二，图腾作为原始社会氏族集团崇拜的神圣偶像，它必然保持相对的稳定性，不可能随心所欲的变化。而我们从半坡陶器上发现的鱼纹却是形式多样、变幻无常。如：有的单体鱼纹，也有复体鱼纹；有的鱼身体各部俱全，有的有头而无身，有的有身而无头；还有两鱼相叠、三鱼相叠、四鱼相叠，有的鱼则完全抽象为纯图案，即几何纹了。任何神圣的气氛都无法寻觅。

---

① Hill Tout,"The Halkomelem of British Columbia"，转引自[法]列维－布留尔：《原始思维》，丁由译，商务印书馆 1981 年版，第 57 页。

如前所述，虽然半坡文化的鱼纹形式多样，但是基本上可以分成三种类型：写实鱼纹、图案化鱼纹、人面鱼纹。人面鱼纹代表鱼图腾神灵。图案化鱼纹并非表示图腾观念已弱化，正相反，图案化的图腾形象表明图腾已深入人心，不需要绘制繁复的纹样，一个简单的三角形即可表达图腾观念。因此，所有的鱼纹表达的都是对鱼的崇拜，具有统一性。

第三，图腾作为氏族的旗帜，每个氏族只会有一个图腾，或植物，或动物，或其他。众所周知，不论是半坡、姜寨还是北首岭，它们的原始居民绝不会是一个氏族。一个遗址不会只有一个图腾，三个遗址更不可能为同一个鱼图腾。

并不是每一氏族只有一个图腾，但是一个聚落内却不会只有一个氏族。因为有外婚制的存在，一个聚落内一般有多个(至少两个)氏族的成员，因此也不会只有一个图腾。实际上，在同一个氏族内，也存在多图腾制，而且还有性别图腾(男性和女性采用不同的图腾)、个体图腾(每个人在出生时选择一种动物作为自己的图腾或保护神)的存在，就更不会只有一种图腾。因此，姜寨遗址有鱼纹、蛙纹并存也就很正常了。但是，往往一个氏族或一个聚落内有一个主图腾。半坡、姜寨、北首岭以鱼作为主图腾，很可能起源于同一个氏族，是由同一氏族分化而成的，所以他们保存了鱼作为主图腾。这几处聚落很可能组成一个部落，鱼是部落图腾。

仰韶文化早期，半坡、姜寨、北首岭等遗址主要以鱼作为图腾。由于图腾与祖先崇拜总是紧密联系在一起，即可推断，仰韶文化早期的先民以鱼为祖先。所以，人面鱼纹、鱼纹都是以鱼为图腾而形成的原始宗教信仰的体现。

以上诸说中，并不存在绝对的对立，有些观点是由于考虑问题角度的不同产生的。如张光直的巫师或面具说，就是从其功能上对人面鱼纹的推测。根据民族学、宗教学的知识，特别是图腾理论的发展，使我们可以推测仰韶文化半坡类型的宗教内容。他们的宗教思想以鱼为图腾，半坡仰韶居民认为鱼是它们的祖先，他们本身也是鱼的化身，并且他们很可能以鱼作为本族的名字。原始人类由于医疗条件的低下，他们具有高生产率、高死亡率的特点，他们崇拜鱼，因为鱼的生殖能力让他们敬羡。半坡居民生活在黄土地上，干旱是他们要生存下去最大的困难，人类和鱼类都有对水的渴望，这种共同需求不免使他们产生惺惺相惜的情感。艰苦的环境下他们祈求图腾神的庇护和保佑，可是普通的小鱼怎么能满足他们的心理需求呢？于是一位升格为神的图腾祖先出现了。这位图腾祖先不仅具有鱼的繁殖能力和生存能力，而且是一位人格化的神，他以人的形象出现，为了标明他的神格，在其两耳或两嘴的位置增加上两只鱼。他统领着鱼群，就像人间的氏族长统领着氏族成员一样。在《山海经》中有许多与人面鱼纹类似的记载。如《海外北经》记载："北方禺强，人面鸟身，珥两青蛇，践两青蛇。"《大荒北经》中记载："大荒之中，有山名曰成都载天。有人珥两黄蛇，把两黄蛇，名曰夸父。"所谓"珥蛇"，东晋郭璞说是"以蛇贯耳"，我国古代艺术品中亦见有以蛇贯耳的形象。这些珥蛇的神灵，应该也是以蛇为图腾的氏族部落想象中的图腾神的形象。

氏族内的巫师是图腾神的代言人。巫师负责组织宗教活动，为了让氏族成员看到图腾神的形象，他们会以绘画、雕塑、图腾柱或面具的形式把图腾神展现出来。在巫师的带领之下，氏族成员向图腾神即他们的图腾祖先企求多子多福、作物丰产、六畜兴旺。鱼神是水中的神，而雨量的多少关乎农业的收成，他们应该也会向鱼神祈雨以求丰年。

图腾神的形象在当时的社会中当不止一种表现形式，也许会绘在建筑上、木器上或丝织品上，但这些都很难保存。只有彩绘陶器上的得以保存下来。有许多人面鱼纹绘在孩童的瓮棺葬具上。瓮棺葬在古代一般作为孩童的葬具，将氏族图腾描绘在葬具上，是一种转生巫术，寄希望于夭亡的孩子转生为图腾再回到本氏族中，这表现的正是图腾崇拜的宗教关怀。

在信仰图腾崇拜的氏族中，氏族成员相信自己就是图腾动物的化身，他们的灵魂被保存在图腾圣地，死后灵魂也会回到图腾圣地。从半坡等遗址中墓地的位置看，他们的图腾圣地就在聚落内或附近。

二、大汶口文化的獐崇拜

大汶口文化是分布于黄河流域下游的考古学文化，得名于1957年发掘的山东省泰安市大汶口遗址。其分布范围包括山东省全境，往西到达豫东，往北越过黄河，往南到达苏北和皖北地区，属于海岱文化区范围。大汶口文化可以分成早、中、晚三期：早期为公元前3800～前3300年；中期为公元前3300～前2800年；晚期为公元前2800年至前2300年。这支史前文化相当繁荣，延续了1500年的时间，至末期仍然不减其强劲的发展势头，并发展过渡为山东龙山文化。

（一）獐崇拜

大汶口文化的獐崇拜主要见于鲁中南汶泗流域和苏北地区。其表现形式有以獐牙随葬、手握獐钩形器和拔牙习俗。

墓中以獐牙随葬的习俗首见于1959年泰安大汶口遗址的第一次发掘。这次发掘共清理墓葬133座，属于大汶口文化的中晚期。墓葬中发现了一种特殊的葬俗，即大多数墓主手中都握有獐牙，从1～12枚不等，以两三枚的居多。133座墓葬共出土獐牙188件。多数獐牙尖端经过加工，刃部锋利，有的还有烧痕。另外在M6中还出土一件用角和獐牙组合而成的钩形器。角柄上端斜向钻两孔，根部磨平插入角柄。角柄上刻斜线构成的纹饰。柄下部钻有一孔，可能平时穿绳系于身上（图1-2-10）。①

图1-2-10　獐牙钩形器（大汶口M6:10）

大汶口遗址被大汶河分成南、北两部分。第一次的发掘位于大汶河的南岸，1974年、1978年又进行了第二、第三次发掘，这两次发掘位于大汶河的北岸，共清理大汶口早期墓

① 参见山东省文物管理处等：《大汶口——新石器时代墓葬发掘报告》，文物出版社1974年版，第103页。

葬 46 座。[①] 于 9 座墓中发现獐牙 18 件。除了大汶口遗址外，在曲阜西夏侯[②]、兖州王因[③]、茌平尚庄[④]、诸城呈子[⑤]、胶县三里河[⑥]、临沂大范庄[⑦]以及江苏邳县刘林[⑧]和大墩子[⑨]等遗址的墓葬中都有发现用獐牙随葬的习俗。其中，以大汶口、刘林、大墩子和西夏侯遗址最多。

从时代上看，在兖州王因遗址的北辛文化层中，也曾发现加工过的獐牙，刃部锋利，底部刻槽，可能也是装柄使用。大汶口早期墓中出现獐牙，一直延续到大汶口晚期，由早期到晚期呈逐渐增多的趋势。如大汶口遗址，大汶口文化早期共 46 座墓，9 座墓中发现有獐牙 18 件；到大汶口文化中期，共 89 座墓葬，58 座随葬有獐牙，共出土 128 件；晚期墓 25 座，21 座有獐牙，共计 50 件。到了龙山文化时期，这一习俗已经很少见到，仅在诸城呈子和胶县三里河遗址中有少量出土，而其他遗址的墓葬中不见有，说明该习俗已经趋于消失。

除了用獐牙外，有的墓中亦以獐牙钩形器代替，有的獐牙和獐牙钩形器共存，说明两者所代表的意义相同。除了大汶口遗址外，獐牙钩形器在邳县刘林和大墩子亦有出土。此外亦有少量使用猪的獠牙代替獐牙者，大约是取其形状相似（图 1-2-11、图 1-2-12）。

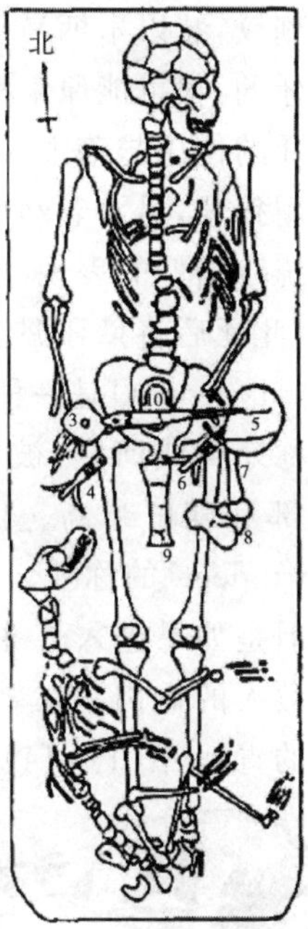

图 1-2-11　邳县刘林 M25

1. 骨匕　2. 石枪头　3. 石斧　4、6. 獐牙钩形器　5. 陶罐　7. 骨柶　8. 陶鼎　9. 陶杯　10. 龟甲

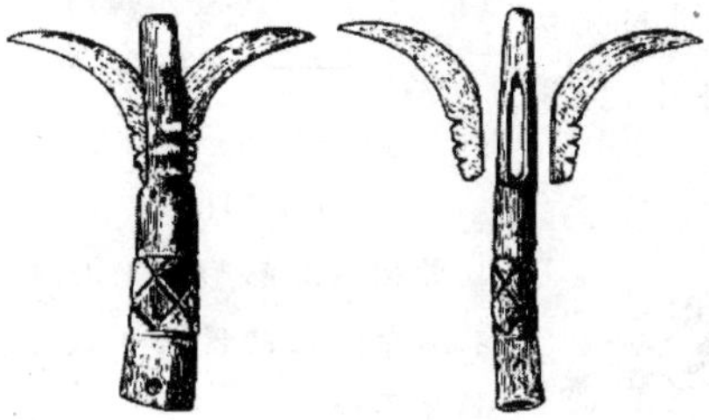

图 1-2-12　邳县刘林出土獐牙钩形器 M25：4（左为正面，右为侧面及拆开情况）

① 参见山东省文物考古研究所：《大汶口续集 大汶口遗址第二、三次发掘报告》，科学出版社 1997 年版，第 106 页。

② 参见中国科学院考古研究所山东队：《山东曲阜西夏侯遗址第一次发掘报告》，《考古学报》1964 年第 2 期。

③ 参见中国社会科学院考古研究所：《山东王因》，科学出版社 2000 年版。

④ 参见山东省博物馆等：《山东茌平县尚庄遗址第一次发掘简报》，《文物》1978 年第 4 期。

⑤ 参见昌潍地区文物管理组等：《山东诸城呈子遗址发掘报告》，《考古学报》1980 年第 3 期。

⑥ 参见昌潍地区艺术馆等：《山东胶县三里河遗址发掘简报》，《考古》1977 年第 4 期。

⑦ 参见临沂文物组：《山东临沂大范庄新石器时代墓葬的发掘》，《考古》1975 年第 1 期。

⑧ 参见江苏省文物工作队：《江苏邳县刘林新石器时代遗址第一次发掘》，《考古学报》1962 年第 1 期；南京博物院：《江苏邳县刘林新石器时代遗址第二次发掘》，《考古学报》1965 年第 2 期。

⑨ 参见南京博物院：《江苏邳县四户镇大墩子遗址探掘报告》，《考古学报》1964 年第 2 期；南京博物院：《江苏邳县大墩子遗址第二次发掘》，《考古》编纂部编：《考古学集刊》第 1 集，中国社会科学出版社 1981 年版，第 39 页。

邳县大墩子墓葬出土的獐牙多成对出现，报告中称之为“獐牙钩”，认为原来可能装有木柄，为牙木复合而成，这一推测是极有道理的。木易腐朽，故木柄无存，墓主手中只剩獐牙。獐牙太小，持握多不方便，且獐牙有的刃部经过加工，有的齿根穿孔或刻纹，装以木柄易于操持，像刘林 M179 这样的左右手各一对獐牙的，很可能原来都是木柄獐牙钩形器(图 1-2-13)。

獐牙的使用与墓主人的身份地位无关，大型墓葬和小型墓葬均使用獐牙，男女老幼无别，说明这是一种氏族的标志，是氏族内部统一信仰的表现。这源于大汶口人崇拜獐，以獐作为守护神，因此死后将獐牙握于手中随葬。[①]

獐(Hydropot)是一种喜暖性的野生动物，又称土麝、香獐，方言中称牙獐或河麂，被认为是最原始的鹿科动物，原产地在中国东部和朝鲜半岛。獐的獠牙长可达 8 厘米，因此博得了“Vampire deer”的称呼。獐的獠牙会动，在吃东西的时候，獐牙收起。但是如果进入战斗状态，獠牙则会立起来，锋利的犬齿能刺破敌人的血肉。在繁殖季节，雄獐也是以獐牙打斗，以取得雌獐的青睐(图 1-2-14)。

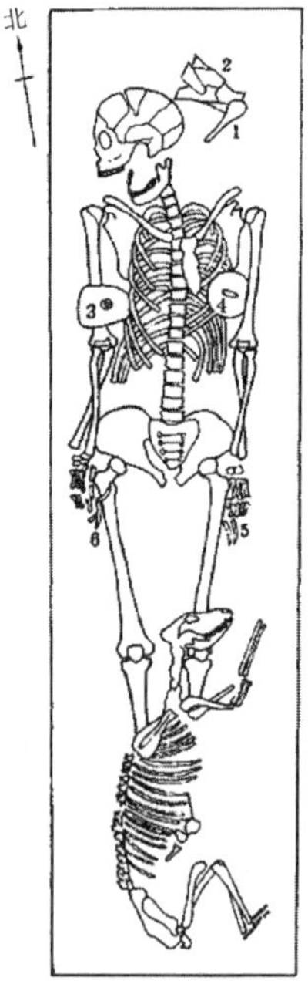

图 1-2-13　邳县刘林 M179

1. 骨柶　2. 觚形杯　3. 穿孔石斧　4. 陶器盖　5、6. 獐牙各一

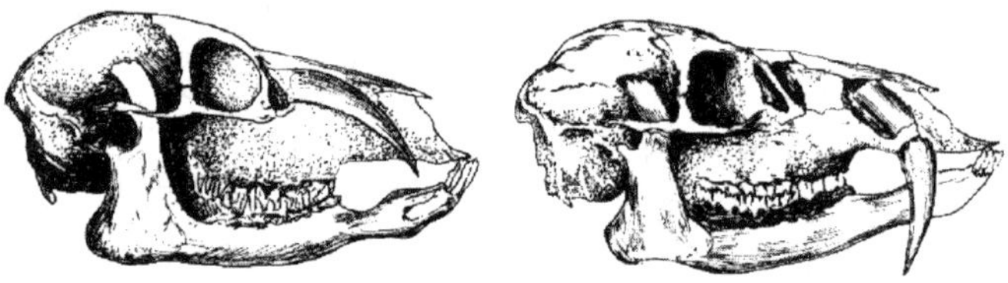

图 1-2-14　獐牙的两种形态

獐还有“Water Deer”这一称呼，得名于它喜欢的生活环境。獐是喜暖动物，喜欢生活在沼泽和其他近水岸边，也会游泳，以躲避敌害。现生种多分布在亚热带的长江中下游及东南沿海一带的湖沼芦苇丛中。据环境考古的研究，在距今 10000 年前后，獐还没有出现在华北平原，随着气候转暖，距今 8000～7500 年，獐出现在河南舞阳贾湖遗址，距今 7000 年前后的裴李岗文化、磁山文化、北辛文化等考古学文化中，獐已经普遍出现。到距今 6500～5000 年，进入了全新世气候最为暖湿的时期，獐的发现达到顶峰。距今 4200 年前后，随着气候的转凉，獐的数量急剧下降。[②]

大汶口文化时期，海岱地区獐的分布地域以泰沂山脉周围尤其是鲁中南山地的山前丘陵平原上较集中，其外的广大平原低洼地带及以胶东丘陵为主体的山东半岛则不多见。这与该地区的古环境有紧密的联系——该地区多湖泊、河流，又有茂密的森林，为亚

① 参见李健民：《大汶口文化时期原始居民随葬獐牙和獐牙钩形器习俗试析》，文物编辑委员会编：《文物资料丛刊》(9)，文物出版社 1985 年版，第 77～80 页。

② 参见王青等：《海岱地区的獐与史前环境变迁》，《东南文化》1994 年第 5 期。

热带阔叶林—草原植被景观,是獐理想的生存地域。[①]

鲁中南大汶口人与獐生存在同样的环境下,獐机敏,擅长奔跑、游泳,引起他们的羡慕之情,认为这些生存能力可能与獐的獠牙有关,为了获得这些能力,他们也用獐牙装饰自己。这是原始人类的模拟巫术或顺势巫术,即以模仿动物来获得动物的某种能力或达到某种目的。如贝专纳人身穿白鼬皮,认为穿上之后也会获得它那顽强的生命力,使其难以被杀死。还有一些士兵在头发里戴上无角公牛的头毛,在斗篷上缝上一块青蛙皮,因为青蛙很滑腻而无角公牛又很难抓住。[②] 我国古代少数民族也有将牙作饰物的,唐代樊绰著的《蛮书》中记载:

> 寻传蛮,阁罗凤所讨定也。俗无丝绵布帛,披波罗皮,跣足,可以践履榛棘。持弓挟矢,射豪猪,生食其肉,取其两牙双插髻傍为饰,又条其皮以系腰。[③]

寻传部族的人认为带豪猪牙可以变得像豪猪一样英勇。缅甸克耶邦的盖柯族认为身上带着野猪牙可以使人更年轻,并增加气力;儿童身上挂虎牙,会使身体健康。[④] 考古发现中也屡有发现以兽牙作饰品。如周口店山顶洞遗址内发现堆放在一起的穿孔兽牙 125 枚,包括 1 枚虎牙,其余为獾、狐、鹿、狸与黄鼬的犬齿;有 5 枚牙齿出土时作半圆形排列,1 枚穿孔鹿犬齿和石珠位于头骨处,当作为头饰或颈饰使用。这说明古人崇拜兽牙的习俗由来已久。[⑤]

(二)拔牙习俗

除了以獐牙为饰和携带獐牙外,鲁中南地区的大汶口人还模仿獐,拔掉两颗上侧门齿,即拔牙习俗。

大汶口遗址第一次发掘中即已经发现了人骨的牙齿有被拔除的现象。[⑥] 此后在曲阜西夏侯、兖州王因、江苏邳县大墩子、胶县三里河、诸城呈子等大汶口文化墓葬中也发现了这一风俗的人骨标本。其中以大汶口、大墩子、西夏侯和王因三处经过较详细的人骨鉴定报告和研究。大汶口早期的人骨标本有 26 个,其中男性 17 人,经过拔牙的有 12 人,占 70.6%;女性 9 人,经过拔牙的有 7 人,占 77.8%。总体 26 人中拔牙的有 19 人,占 73.1%。大汶口遗址晚期人骨样本 31 个,23 人拔除了侧门齿,其中男性 11 人中有 7 人拔牙,占比 64%;女性 20 人中有 16 人拔牙,占比 80%。男女总比率为 74.2%。邳县大墩子大汶口早期有 66 个人骨样本,其中男性 44 人,27 人拔牙,占比 61.4%。女性 22 人,15 人拔牙,占比 68.2%。男女总数 66 人中 42 人拔牙,占比为 63.6%。曲阜西夏侯 20 个人骨样本,男女各 10 人,男性有 6 例拔牙,女性有 4 例拔牙,占比为 50%。王因遗址经过大规模发掘,有 366 个人骨标本,属大汶口文化早期。其中男性 265 人,有 205 人拔牙,

---

① 参见王青等:《海岱地区的獐与史前环境变迁》,《东南文化》1994 年第 5 期。

② 参见[英]J. G. 弗雷泽:《金枝》,汪培基译,商务印书馆 2013 年版,第 26~87 页。

③ (唐)樊绰撰:《蛮书》卷四,清武英殿聚珍版丛书本。

④ 参见李健民:《大汶口文化时期原始居民随葬獐牙和獐牙钩形器习俗试析》,文物编辑委员会编:《文物资料丛刊》(9),文物出版社 1985 年版,第 77~80 页。

⑤ 参见贾兰坡:《山顶洞人》,龙门联合书局 1953 年版,第 66 页。

⑥ 参见颜訚:《大汶口新石器时代人骨的研究报告》,《考古学报》1972 年第 1 期。

占比为77.4%；女性101人，76人拔牙，占比为75.2%。总计拔牙人数为281人，占76.8%。[①]

大汶口人的拔牙习俗极为统一，即拔除上颌两颗侧门牙。另有极个别现象，如大墩子有一人拔掉左中门齿，另有人拔去上左犬齿或第一前臼齿。西夏侯M22墓主只拔掉了上左侧门齿。这种少见的现象当为牙齿损伤或牙病的原因。[②]

除了大汶口文化之外，在常州圩墩、青浦崧泽马家浜文化遗址、湖北房县七里河、河南淅川下王岗屈家岭文化遗址也有少量发现。据考古资料，大汶口文化之前的北辛文化人骨上也存在拔牙习俗。那么拔牙习俗当起源于六七千年前的鲁中南和苏北地区。其余地区的拔牙现象可能与该地区古居民的南迁有关。到更晚时期，拔牙习俗出现在上海、浙江、湖北、福建、广东、香港、台湾地区的史前遗存中。并且随着纬度的下降，这一习俗出现的年代也越往南越晚。[③] 如在广东金兰寺贝丘遗址发现4座墓葬，两青年男性拔去侧门齿或前臼齿。佛山市澜石镇河宕贝丘遗址发现77座墓葬，可供鉴定的人骨有22例成年标本，有19例拔牙，拔牙率占86.4%，且多为上颌侧门齿（占比为73.7%）。南海区大同圩灶岗、西乡鱿鱼岗贝丘遗址，香港马湾岛北部东湾仔沙堤遗址都发现了少量拔牙现象。其时代大约为龙山文化晚期和夏代，距今4200～3500年。[④] 现在学界普遍认为，鲁中南、苏北地区的拔牙习俗为其原生形态。

牙齿是人类重要的消化器官和发声器官。拔牙需要承受相当大的痛苦。没有足够的理由，古人不会采取这一愚昧的行为。根据民族学资料，我国少数民族中也有拔牙习俗，仡佬族来源于僚人，两者都有拔牙的习俗。贵州仡佬族的拔牙习俗，有两种原因：一为少女拔牙，《黔书》中说："女子将嫁，必折其二齿，恐妨害夫家也。"[⑤]当少女需要出嫁时，拔去两个门牙，以防止祸害丈夫；另外，仡佬族有以牙殉葬的习俗。陆次云《峒溪纤志》记载："有打牙仡佬者，父母既死，子妇各折二齿投棺中。"[⑥]湖北和四川地区的僚人，凿齿以防瘴毒。《文献通考》引《异物志》："又有乌武僚，地多瘴毒，中者不能饮药，故自凿齿。"[⑦]僚人还认以拔牙为美，张华《博物志》："荆州极西南界至蜀，诸民曰僚子……（生儿）既长，拔去上牙齿各一，以为身饰。"[⑧]

这四种拔牙习俗都与大汶口文化古居民不同。仡佬族的少女拔牙只限于女性，而大汶口文化中男女皆有。如以牙殉葬当系成年之后，与大汶口的拔牙年龄也不合，且大汶口文化中也没有发现以人牙齿殉葬的习俗。大汶口人亦不以人牙为饰。防瘴毒说理由更不充分，该地区不太可能有瘴毒，且何以大部分拔牙，而小部分不拔牙也无法解释。

大汶口拔牙的时间一般在13～18岁。在大汶口遗址的人骨中有一例12～13岁，牙

---

① 参见韩康信、[日]中桥孝博：《中国和日本古代仪式拔牙的比较研究》，《考古学报》1998年第3期。

② 参见严文明：《大汶口文化居民的拔牙风俗和族属问题》，山东大学历史系考古教研室编：《大汶口文化讨论文集》，齐鲁书社1979年版，第246页。

③ 参见韩康信等：《我国拔牙风俗的源流及其意义》，《考古》1981年第1期。

④ 参见彭书琳：《岭南古代居民拔牙习俗的考古发现》，《南方文物》2009年第3期。

⑤ （清）田雯撰：《黔书》，中华书局1985年版，第15页。

⑥ （清）陆次云撰：《峒溪纤志》上卷《犵狫篇》，丛书集成初编本，商务印书馆1936年版，第6～7页。

⑦ （元）马端临撰：《文献通考》卷三二八《四裔考五》，中华书局1986年版，第2579页。

⑧ （西晋）张华撰，祝鸿杰译注：《博物志全译》，贵州人民出版社1992年版，第54页。

齿未被拔去，另一例为19～21岁，牙齿已经拔掉。[①] 西夏侯拔牙的男性最小的是16～20岁(M8)，女性是21～22(M10)；大墩子最小的男女都在15～20岁之间。因此拔牙的时间大约就在14～15岁的恒齿长成步入青春期的时期。由此可推断，拔牙习俗是进入青春期的标志，属于古人的成丁礼。[②] 大汶口人在青春期拔牙同世界上许多部落氏族的成丁礼有相似之处。如澳大利亚部落中，举行成丁礼时一般会把一个男孩的一个或几个牙齿拔掉。拔掉牙齿之后，男孩才获得成年人的待遇和特权，可以结婚、参加部落会议和集体活动。新南威尔士的土人默林部落，被拔掉的牙齿要由一位长者加以保存，然后传到一个又一个头人那里，直到传遍整个公社，才回到这位少年的父亲那里，最后又回到他本人手里。且牙齿不得装入一个已装有某种含魔力物品(石英石、水晶石)的袋子里，因为如果这样做，他们相信牙齿的所有者将陷入巨大的危难之中。[③] 伊里安岛约克角的土人在举行成人礼时也要拔除受礼者的牙齿，并转动吼声器，使之发出响亮的吼声。拔牙者仰卧于地，他们的头安置于施手术者的膝上；后者左手拿着一条袋鼠骨，右手拿着一块石头，将袋鼠骨插入要拔门牙的一边上，然后移插到另一边。这个动作做好几次，一直等到牙齿松动方才完毕。然后施术者伶俐地轻轻地敲击牙齿，每一次敲击要说青年的母亲、父亲或者她的别的亲属所有的氏族名称之一。这些名称依次说出，当牙齿掉落时所说氏族的名称，即为那青年将来所属的氏族。随后给青年一些用以漱口的水，让他将凝血的口水落入小篮内，老人细心察看凝结的血块所形成的形状，从而推究出与某种动植物或石头相似——这个将来就是新成年人的“亚利”(Ari)，即个人的图腾。[④]

我国文献中也记载有成丁拔牙的习俗。《太平御览》引《临海水志》曰：“夷州人俗，女已嫁皆缺去前上一齿。”[⑤]清初郁永河《裨海纪游》记载：

> 女择所爱者，乃与挽手，挽手者，以明私许之意也。明日，女告其父母，召挽手少年至，凿上颚门牙二齿授女，女亦凿二齿付男，期某日就妇室婚，终身依归此处。[⑥]

大汶口人青春期拔除上侧门齿与他们的图腾信仰有关。非洲的巴托克部落模仿牛而拔去上门齿。巴托克人是游牧部落，牛被当作神灵，因此部落成员模仿牛而拔牙，认为只有这样才是美的。[⑦] 同样大汶口人也当是这个原因拔牙，即他们崇拜獐，以獐作为图腾和神灵。獐是没有上门齿的，最突出的特点是有长长的大獠牙，英文名“Vampire deer”即得名于此，因此大汶口人拔掉两个侧门齿，模仿獐的样子。拔掉侧门齿后会突出两个犬齿，使犬齿更有利于生长，更加强壮。且一张嘴，人的犬齿便得以彰显，被视为美。这便是弗雷泽所说的模拟巫术行为——原始人认为，通过模仿某种动物可以获得这种动物的能力。玛雅人崇拜玉米神，将头骨变形成玉米的样子。大汶口人也有头骨变形的习俗，可能也是为了模仿獐的样子。14～15岁进入青春期后，大汶口人会为本氏族的成员举行成丁礼，其中一项重要内容便是拔牙。可以推测一下，同世界其他存在拔牙习俗的民族

---

① 参见颜訚：《大汶口新石器时代人骨的研究报告》，《考古学报》1972年第1期。

② 参见韩康信等：《我国拔牙风俗的源流及其意义》，《考古》1981年第1期。

③ 参见[英]J. G. 弗雷泽：《金枝》，汪培基等译，商务印书馆2013年版，第69页。

④ 参见[英]海顿(Haddon, A. C.)：《南洋猎头民族考察记》，吕一舟译，商务印书馆1990年版，第163～165页。

⑤ (宋)李昉编纂，夏剑钦校点：《太平御览》第4卷，河北教育出版社1994年版，第73页。

⑥ (清)郁永河：《裨海纪游》卷二八，世揩堂藏板影印版，第20页。

⑦ 参见[俄]普列汉诺夫：《论艺术》，曹葆华译，三联书店1973年版，第13页。

一样，拔牙之后，经过一个痛苦的过程，有时甚至引起拔牙者的昏厥。但当他们跨过这道坎儿，便正式成为氏族成员，得到了獐灵的庇护，他们变得（自以为）更机敏、善于奔跑，身体更加强壮，并且更重要的是他们真正成为了氏族成员，享有氏族成员的权利和义务，有了结婚的权利，也可以参加本氏族的活动，且有了氏族内的议事权。为了强化这种图腾认同感，他们制作獐牙器佩戴在身上，有的以骨角作柄，有的以木作柄，柄端穿孔，以绳系于身上。獐牙器并不是必须成年之后才可以使用的，有的儿童也使用，以驱邪避秽，企盼獐灵保佑其茁壮成长。氏族成员死后，以獐牙器随葬，同时也具有标识作用。其巫术意义，是期盼氏族成员来世平安转生回本氏族。

至于为什么不是所有的成员均拔牙，这是因为外婚制的存在，聚落内不会全是本氏族成员，外氏族人员婚嫁到本氏族内，如果他的原氏族没有拔牙的习俗，当然也不会进行拔牙成丁礼。这也是有的墓葬不用獐牙的原因。

三、马家窑文化的宗教信仰

（一）马家窑文化的蛙崇拜

黄河上游的马家窑文化因甘肃省临洮县马家窑遗址而得名，最早于20世纪20年代由瑞典学者安特生发现，他称之为“甘肃仰韶文化”，以与河南仰韶文化相区别。后来，夏鼐主张以马家窑遗址为代表，命名为“马家窑文化”，从而得到普遍认同。[①] 马家窑文化主要分布在甘肃、青海两省，以陇西平原为中心，东起陇东山地，西到河西走廊和青海东部，北达甘肃北部和宁夏清水河流域，南抵岷江流域，分布地域极为广泛。马家窑文化与仰韶文化有渊源关系，是在庙底沟类型的基础上发展分化出来的，属于同一文化系统，可视作仰韶文化的地方变体。[②]

马家窑文化距今6000～4000年，整体相当于仰韶文化的中晚期，可以分成前后相继的四个类型：石岭下（距今6000～5300年）、马家窑（距今5300～4700年）、半山（距今4700～4300年）、马厂类型（距今4300～4000年）。

马家窑文化的彩陶纹样中有一种独具特色的蛙纹，为蛙崇拜的表征。出土蛙纹的有青海乐都县柳湾、甘肃民合县马聚塬、甘肃永登县蒋家坪、甘肃白道县沟坪、甘肃民和县红古城等遗址，主要流行于马家窑类型、半山类型和马厂类型。

蛙纹是仰韶文化的传统纹饰，最早的蛙纹见于陕西临潼姜寨遗址[③]，属于仰韶文化半坡类型。姜寨遗址出土陶盆上的蛙纹比较写实，体圆，头呈半圆形，四肢粗短，爪分三肢，身体上装饰圆点，呈趴伏状，两蛙相背。两只蛙中间间隔有两对鱼纹，鱼呈逆时针游动（图1-2-7，3）。到庙底沟时期，蛙形仍具有写实的风格，河南陕县庙底沟遗址出土有绘有蛙纹的彩陶片，蛙体圆，头较小，上肢粗短前伸，身体装饰圆点纹。另外，在山西的万泉荆村发现有锥刺的蛙纹，也属于庙底沟类型（图1-2-15）。[④] 甘肃秦安大地湾遗址第四期（仰韶文化晚期）发掘的房址F820中出土一件小口壶，腹部装饰一蛙纹，尖头，大腹满布网格纹，似蛙又似龟（图1-2-16）。[⑤]

---

① 参见夏鼐：《临洮寺洼山发掘记》，《中国考古学报》1949年第4期。

② 参见严文明：《甘肃彩陶的源流》，《文物》1978年第10期。

③ 参见西安半坡博物馆等：《姜寨——新石器时代遗址发掘报告》，文物出版社1988年版，第114页。

④ 参见严文明：《仰韶文化研究》（增订本），文物出版社2009年版，第360页。

⑤ 参见甘肃省文物考古研究所：《秦安大地湾——新石器时代遗址发掘报告》，文物出版社2006年版，第511页。

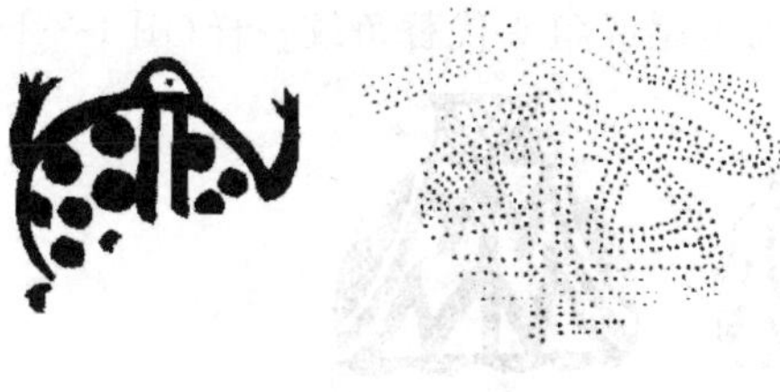

图 1-2-15　庙底沟和万泉荆村出土蛙纹
[摘自严文明《仰韶文化研究》(增订本)]

图 1-2-16　秦安大地湾遗址 F820 出土彩陶壶

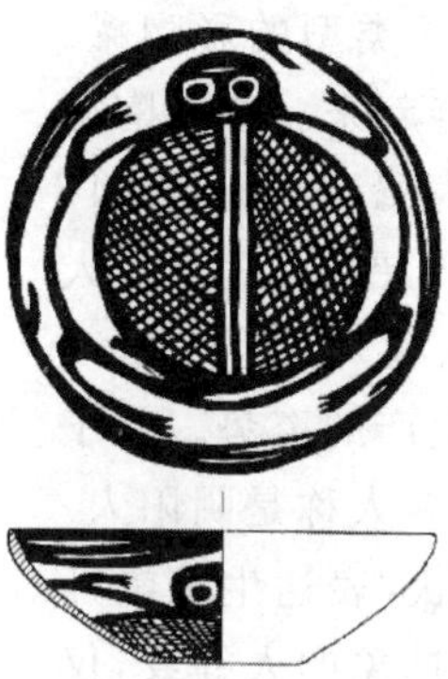

图 1-2-17　甘肃师赵村出土彩陶钵(T244:16)

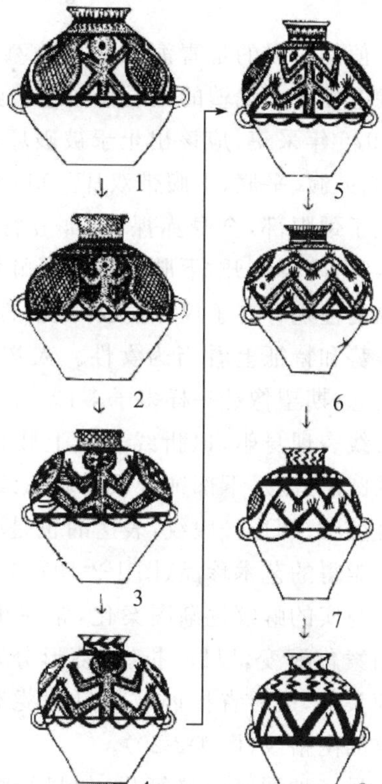

图 1-2-18　马家窑文化人蛙纹演变图
1、2、3.临洮(半山中期至晚期)　4.康乐(马厂中期)　5.永登　6.永靖(马厂中期)　7、8.兰州(马厂晚期)
(摘自张朋川《中国彩陶图谱》)

马家窑文化的蛙纹有三种形态,除了写实的蛙纹外,还有人形化的蛙纹和抽象简化的蛙纹。这三种形态与仰韶文化半坡类型的鱼纹类似。写实的蛙纹多位于盆或碗的内壁,蛙的身体整体呈圆形,使整个画面匀称而和谐。甘肃天水师赵村遗址出土一件完整的彩陶钵,钵内壁绘蛙纹。蛙头半圆形,身体由一圆形和外面的椭圆形组成,圆形内满饰网格纹,中间用竖线隔开,四肢靠近器壁呈弧形(图 1-2-17)。① 人形化的蛙纹多见于罐的上腹部,一般有"w"形的四肢,圆形的头部,四肢端部有细爪,整体比较抽象。张朋川在《中国彩陶图谱》一书中总结了其演化发展规律,只是书中将其称作"人形纹",实际上是蛙的人形化。蛙纹由写实逐渐简化抽象,发展到最后仅剩下蛙的曲

① 参见中国社会科学院考古研究所:《师赵村与西山坪》,中国大百科全书出版社 1999 年版,第 115 页。

折四肢和细爪，完全图案化的蛙纹只有折线纹了。在许多彩陶上只画蛙的肢爪或折线，这种简化的蛙纹是以蛙爪代替蛙，正如半坡类型以鱼尾或鱼头代替鱼纹一样(图 1-2-18)。

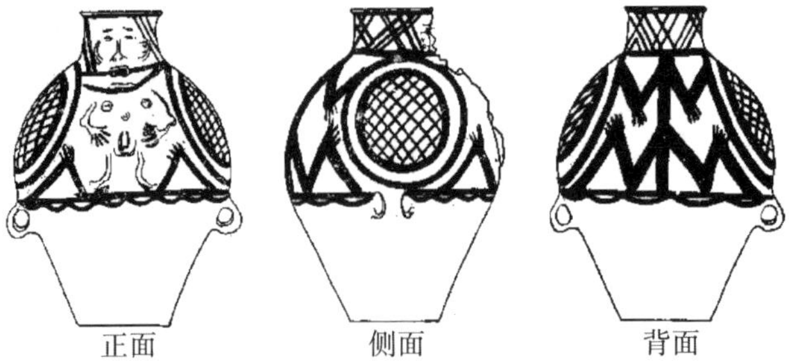

图 1-2-19　乐都柳湾人蛙纹彩陶壶

值得一提的是青海乐都柳湾墓地出土的一件马厂类型的彩陶罐。该罐上面有一泥塑的人形和彩绘的蛙下肢巧妙地结合起来。这件陶罐为 1976 年采集，应该出土于被破坏的墓葬中。陶罐为泥质红陶，侈口、短颈、鼓腹、平底，下腹带双耳。口径 9 厘米、通高 38.4 厘米。捏塑的人像位于颈腹部，全身赤裸，头部五官俱全，小眼、张口、硕耳、高鼻梁，双手捧腹，两脚分开，下肢又接绘了蛙肢。人物作叉腿生产的姿势。关于人物的性别存在争议，有人称是男性，有人称是女性，有人称是阴阳人。从姿势和特征上看当为女性。人物分开双腿作生产状，表达生殖崇拜的观念，期望像蛙一样多子多产。罐的背面还画有一抽象的人蛙纹，仅以直线表现身躯，以折线表现上肢和下肢。罐的两侧也有圆形饰网格纹的圆形蛙腹，下部饰蛙爪纹和弧线纹。整件器物绘了人蛙纹、折线形的蛙肢纹、圆形蛙腹纹，表达的正是蛙崇拜这一主题，构思设计巧妙，是一件难得的艺术珍品(图 1-2-19)。①

写实的蛙纹逐渐图案化，张朋川于《中国彩陶图谱》中总结了蛙纹的图案化演变，以圆、折线、菱形分别表现蛙的头部、四肢和腹部，可以省掉头部，最后省掉四肢就只剩菱形的腹部。这种菱形来源于写实性蛙纹的网格纹(图 1-2-20)。

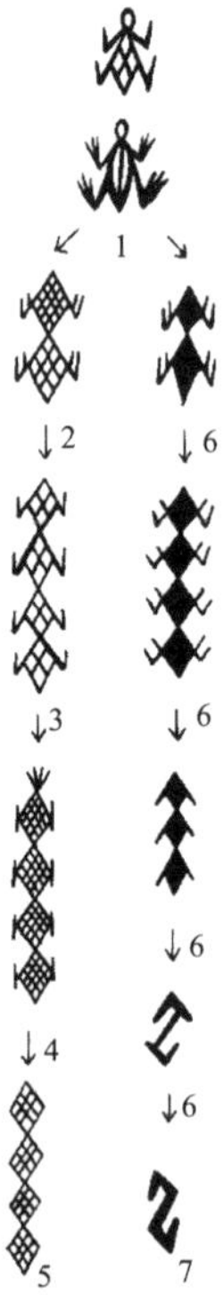

图 1-2-20　蛙纹的抽象化(摘自张朋川《中国彩陶图谱》)

另一种图案渐趋简化，如只绘蛙腿，并形成曲折的十字形。《中国彩陶图谱》插图 787 介绍了一件马厂类型的彩陶盆，底部仅四肢(图 1-2-21,1)。《图谱》插图 221 彩陶盆内的蛙肢纹绕十字旋转，有强烈的动感(图 1-2-21,2)。《图谱》插图 1126 的彩陶盆中所绘的蛙腿组成十字，还保留有三爪，可以推断图案化十字纹、万字纹即这样发展而来(图 1-2-21,3—6)。

① 参见青海省文物管理处、中国社会科学院考古研究所:《青海柳湾》，文物出版社 1984 年版，第 117 页。

图 1-2-21　马家窑文化彩陶纹饰

1. 甘肃东乡(《图谱》插图 787)　2. 甘肃(《图谱》插图 221)　3. 乐都柳湾(《图谱》插图 1126)

4. 柳湾 M273:15　5. 柳湾 M912:42　6. 柳湾 M108:3

马家窑陶器上的旋纹也是由蛙纹发展而来。如图 1-2-22 甘肃出土的旋涡纹,左边一件似有蛙的头部,右边一件还画有蛙的腿、爪。图案里的圆点可能表现蛙卵。石岭下类型还有一种旋涡纹由鸟纹变化而来。

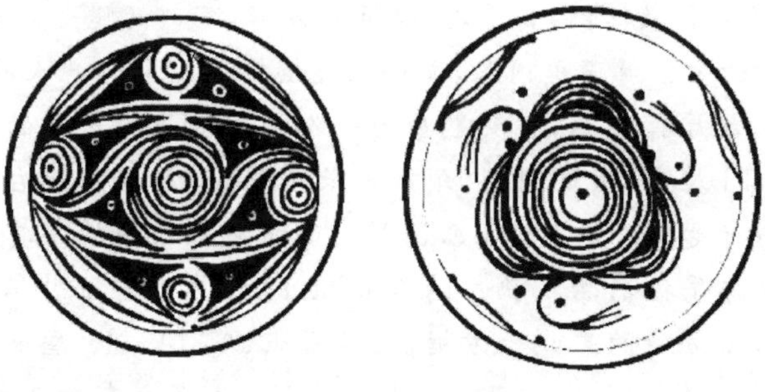

图 1-2-22　甘肃出土旋涡纹

甘肃省广河县瓦罐村发现了一幅较特殊的人形蛙纹,人的姿势呈蛙形,下肢下蹲,上肢折臂向下,身体画出骨骼。人蛙左右下侧均有斜线绘制的纹饰,似为荷叶。张光直先生考证这种骨架(或 X 光)式人像代表巫觋式宇宙观(图 1-2-23)。巫师呈蛙形,应该还是来源于蛙图腾崇拜。人蛙纹的这一姿势可以简化成以折线表示,如甘肃省永昌县鸳鸯池出土的单把筒形杯,人蛙纹完全图案化,似两个背向的"山"字,并以方格纹(网格纹)填充(图 1-2-24)。

图 1-2-23　广河瓦罐村出土人形蛙纹

图 1-2-24　鸳鸯池出土单把筒形杯

关于蛙图腾崇拜宗教活动的重要发现见于大地湾遗址。1982 年，在甘肃秦安县五营乡大地湾遗址中发现一座房基 F411。房址平面呈长方形，朝向东北，背山面河，长近 6 米，宽约 4.6 米，正中有一门道。居住面经过修整，形成上、下两层：下层铺一层草泥土，表面抹一层厚 0.2～0.3 厘米的料礓石白灰面；上层居住面是在原基础上铺垫一层 9～10 厘米的夯土和草泥土，表面也抹一层厚 0.3～0.4 厘米的白灰面。在上层居住面近后壁的中部发现一幅地画，用黑炭绘成。整幅画东西长 1.2 米，南北宽约 1.1 米，是一幅原始宗教活动的场景。原报告的描述如下：

> 地画中有人物和动物图案。上部正中一人，高 32.5 厘米、宽约 14 厘米。头部较模糊，犹如长发飘散，肩部宽平，上身近长方形，下部两腿交叉直立，似行走状。左臂向上弯曲至头部，右臂下垂内曲，手中似握棍棒类器物。此人的右侧，仅存黑色颜料的残迹，系久经摩擦脱落，推测也应为一人。上部正中人物的左侧，也绘一人物，高 34 厘米、宽 13 厘米，头近圆形，颈较细长而明显，肩部左低右高，胸部突出，两腿也相交直立，似行走状。其左腿下端因居住面被破坏而残缺。其左臂弯曲上举至头部，右臂下垂也作手握器物之状。两人相距 18 厘米。在正中人物的下方 12 厘米处，绘一略向右上方斜的黑线长方框，长 5 厘米、宽 14～15 厘米。框内画着两个头向左的动物。左边的一个长 21 厘米，头近圆形，头上方有一只向后弯曲的触角，身躯呈椭圆形，有弧线斑纹，身上侧绘有两条向后弯曲的腿，身下侧有 4 条向前弯曲的腿，身后还有一条向下弯曲的长尾巴。右边的一个长 26 厘米，头为椭圆形，头上有三条触角形弧线呈扇形分散，长条形身躯上有弧形斑纹，身上侧绘有向不同方向弯曲的四条腿，身下侧有四条向前弯曲的腿。

在人物图案的左下方，还绘有反“丁”字形图案，并见模糊的黑颜料残迹（图 1-2-25）。[①]

① 参见甘肃省文物工作队：《大地湾遗址仰韶晚期地画的发现》，《文物》1986 年第 2 期。

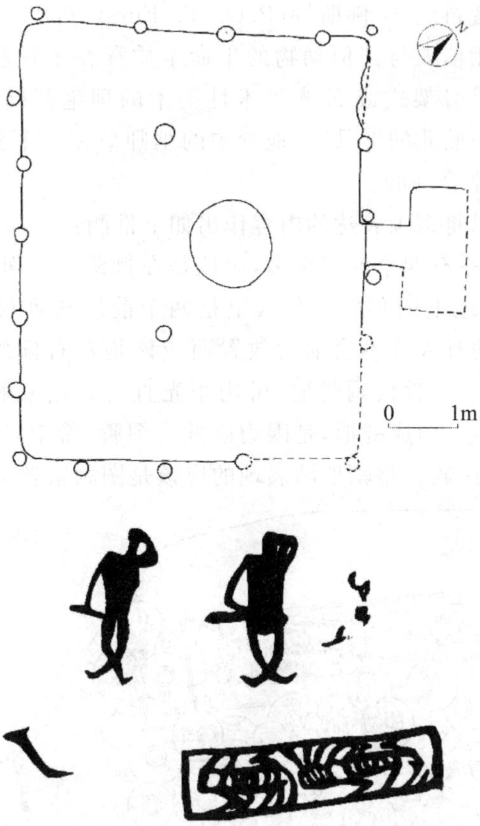

图 1-2-25　大地湾 F411 平面图(上)及地画(下)

报告作者推测地画“可能有祖神崇拜的意义”,地画下部方框内的动物应是“供奉神灵的牺牲之物”。严文明认为画上站立两人均两手抚头,右手下垂执棒,右面模糊的墨迹,像是另有一个执棒的人。下方的长方框,像是条案或木槽,里面放着两只动物——有些像青蛙或其他牺牲。因此“这画很像是几个人面对作为牺牲的动物在跳舞,或者在做巫术”。并推断这间房子是巫师专用的宗教建筑。[①] 李仰松认为地画上面两个成年人是巫觋和女主人,他们各自手持尖状“法器”,左手抚着头顶。下面画的是一个木棺,内画两个象征害人生病的鬼象。木棺前方的反“丁”字形画像的尖端正朝向木棺的顶头,是镇压妖魔的象征。整幅画表现的是为家里病人驱鬼的画面,即“驱赶巫术”。[②] 宋兆麟认为,地画上的人物在跳舞,下面的方框表示木棺,棺内装两个呈蛙形屈肢安葬的死者。地画表现的是“丧舞”。[③] 张光直赞同下部方框是棺,里面是两个死者。他认为死者的身体是用线条表现的,表现出死者的骨骼脉络,是所谓 X 光式或骨架式的画法,在民族学上是代表巫术宇宙观的一种有特征性的表现方式,“对近现代的原始民族中的巫师而言,将人体缩减为骨架常是向神圣世界转入的一个步骤,因为骨架状态是向母体子宫回入的象征,因

① 参见严文明:《仰韶文化研究》,文物出版社 1989 年版,第 211 页。

② 参见李仰松:《秦安大地湾遗址仰韶晚期地画研究》,《考古》1986 年第 11 期。

③ 参见宋兆麟:《巫与民间信仰》,中国华侨出版公司 1990 年版,第 166～178 页。

此骨架状态又象征‘死者再生’。佛斯特(Peter T. Furst)指出古代中美文明中巫术信仰宇宙观的一个特征,是相信人与其他动物的生命本质存在于骨骼之中,因此人兽死后均由骨骼状态重生,这便是骨架式或X光巫术性美术的理论基础”。他认为死者呈蛙形,“似乎是回到母体子宫中胎儿的形象”。地画中的巫师似在一个葬仪中舞蹈,行法祈使死者复生。[①] 此解说是非常合理的。

结合以上诸说,可以将该画表达的内容作出如下推测:

地画上面的人物似乎有四个或者更多,应该是在舞蹈。下面的方框看作是墓穴较为合理。上面的人物围绕地上的墓穴。墓穴里是两个前后排列仅画骨骼呈蛙状的人骨。一般来说,墓葬里如有两具人骨不会前后放置而应该是左右排列,所以这里只是一种观念的表达或是一种仪式。人骨仅画骨骼,可用张光直的观点来解释,骨骼保存着死者的灵魂,期望死者得以转生。画成蛙形,是因为以蛙为图腾,希望以这种形式使灵魂回到图腾里再转生回到自己的氏族。整幅地画表现的应该是图腾宗教思想下的丧葬宗教活动。

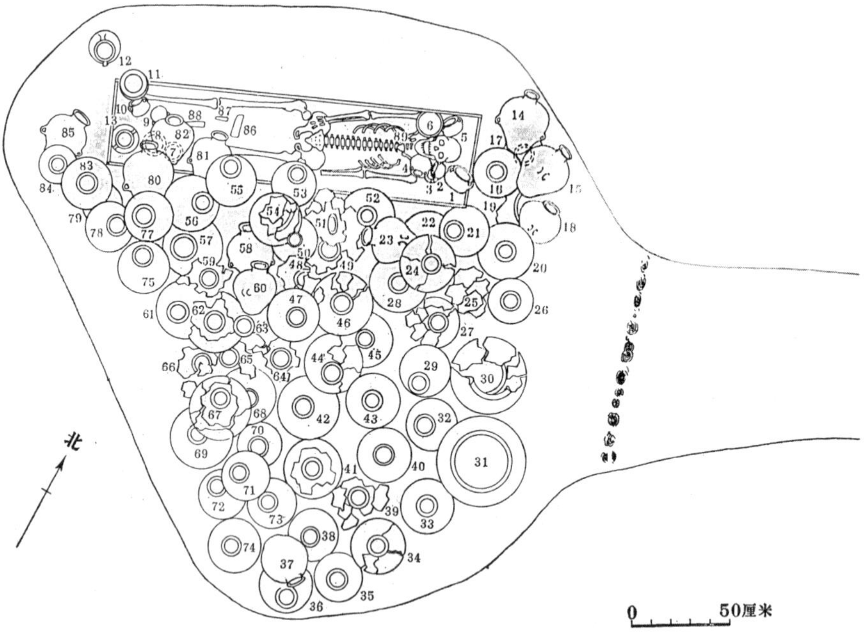

① 参见张光直:《仰韶文化中的巫觋资料》,《中国考古学论文集》,三联书店1983年版,第139～142页。

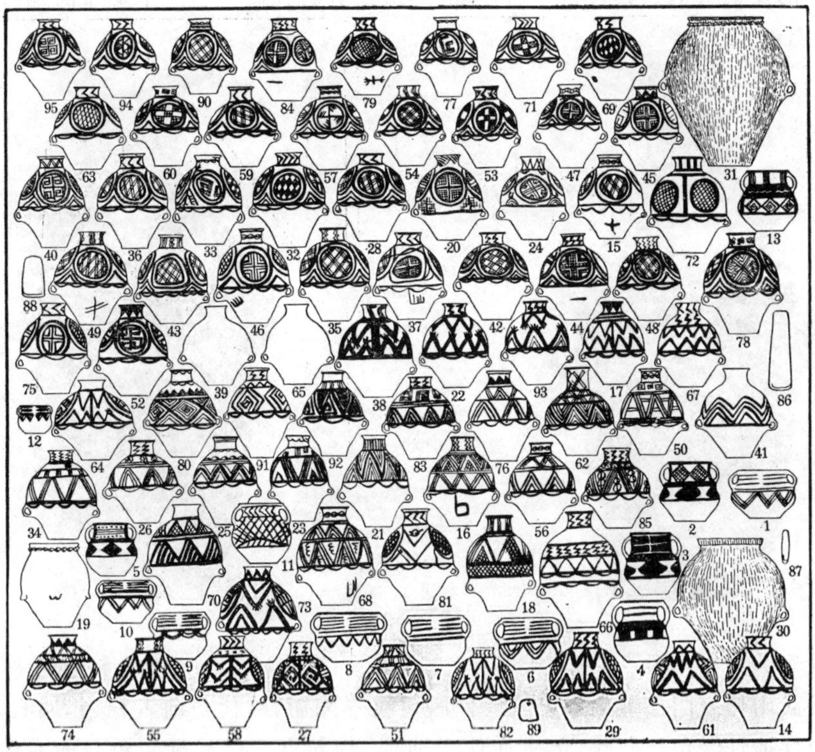

图 1-2-26　乐都柳湾 M564

1、6—10、12. 侈口双耳罐　2—5、11、13. 双耳彩陶罐　14—18、20—29、32—64、66—85、90—95. 彩陶壶　19、30、31. 粗陶瓮　65. 陶壶　86. 石斧　87. 石凿　88. 石刀　89. 绿松石饰(图中未表现器物者,皆压在其他器物之下)

马家窑文化的墓葬空间一般可以分成两部分:棺椁之内为一个区域,之外到墓框为另一个区域。在外部空间,一般会堆放大量彩陶壶。内部空间多为石器、饰品或罐。彩陶器的彩绘以蛙纹为主,如乐都柳湾马厂类型 M564 随葬几十件彩陶器,上面绘的几乎全部为图案化的蛙纹和人蛙纹。我国史前墓葬以宗教信仰为随葬主题的特点由此可见一斑(图 1-2-26)。墓中随葬如此多的蛙纹陶壶,表达的是什么观念呢?陶壶是装粮食或酒水的,表现的是财富观念,另外还有乞丰产和来生可以继续多子多福、家族兴旺吧?因此图腾崇拜和生殖崇拜是合一的。

蛙纹是马家窑文化最重要的纹饰,图案化的蛙纹占据了马家窑文化彩陶纹饰的主流。只有在统一的宗教信仰(如图腾崇拜)的观念之下才会产生如此统一的现象,这正如半坡类型的鱼纹所反映的情况一样。

(二)马家窑文化的鲵鱼崇拜

马家窑文化还有一种极具特色的鲵鱼纹。如甘肃甘谷县西坪遗址出土的小口彩陶瓶腹部绘有黑色人首形的鲵鱼纹。鱼身蛇形,鱼头纺锤状,以十字分隔额头部,两圆眼,有黑色眼珠,大嘴,以竖线表示牙齿。身体弯曲呈三角形,鱼尾靠近鱼头。鱼身鱼尾分成三部分,上颈部分画弧线,身体以斜线构成网格纹,下腹和尾部涂黑。短臂伸出,手分四指。这一形象似人似鱼,当属于鲵鱼神的形象。其时代属于石岭下类型时期(图 1-2-27)。

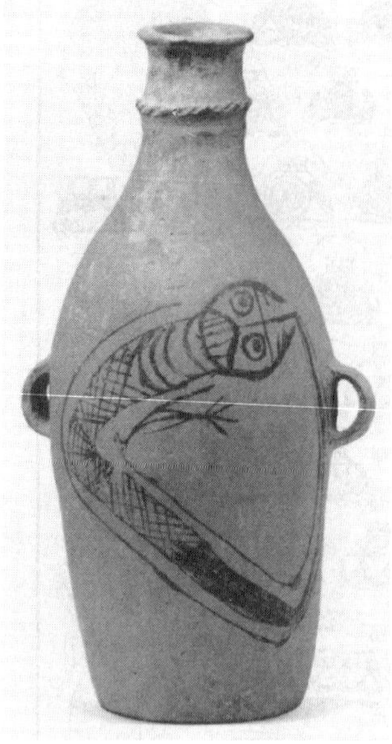

图 1-2-27　西坪遗址出土鲵鱼纹

图 1-2-28　傅家门遗址出土鲵鱼纹

甘肃武山傅家门遗址也出土了一件鲵鱼纹彩陶瓶,时代与前者相当,属石岭下类型。鲵鱼比西坪遗址鲵鱼纹肥胖,鱼头亦作人面形,吻部有三组胡须。鱼身向右侧弯曲呈弧形,身上饰网格纹。一对前足,两对后足,前足三肢较直,后肢三指呈弧形(图 1-2-28)。

鲵鱼为两栖动物,形似蜥蜴,无鳞片,身体有软和湿润的皮肤覆盖,以皮肤吸收水分。行走靠四足,游泳靠尾。有大鲵和小鲵两种,大鲵身体长而扁,小鲵体型较小,牙齿呈"V"形。西坪和傅家门所出鲵鱼纹,前者二足,后者六足,与四足不符。而又以人面,应该表示的是神化的鲵鱼神。前者吻部呈"V"形,可能是小鲵。后者体形较大,当表示大鲵。傅家门鲵鱼纹之后四足很像蛙纹的足,可能表示鲵、蛙合体的神灵。

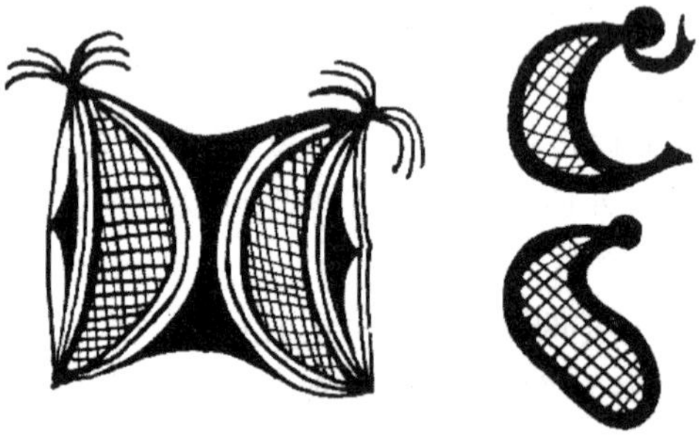

图 1-2-29　石沟坪(左)和蒋家坪(右)出土的鲵鱼纹

具象的鲵鱼纹发现较少,这种纹饰也有图案化和简化的形式。甘肃礼县石沟坪遗址出土的石岭下类型图案化鲵鱼纹由两只鲵鱼相背而构成。鲵鱼身躯作弯月形,上饰网格纹。吻部饰胡须。到马家窑文化类型更加简化,甘肃永登蒋家坪出土的鲵鱼纹呈弯月形或肾脏形,头部以圆点表示(图 1-2-29)。

石岭下类型的鲵鱼纹发现并不多，其主流纹饰为与庙底沟类型相似的太阳、鸟纹。蛙纹在其后的马家窑类型时期迅速增多。这种纹饰似鲵，又似蜥蜴，有的似为鲵和蛙的合体纹饰。现在看来，可能属于与太阳鸟、蛙崇拜不同的宗教信仰。

四、濮阳西水坡蚌塑所反映的宗教信仰

西水坡遗址位于河南省濮阳县城西南隅的新民街南地，遗址面积约5万平方米。1987年和1988年该遗址发掘出土的三组蚌塑以其独特复杂的遗迹结构和蕴含的丰富内涵，曾经一度成为学术界讨论的热点。其复杂性和表现出的超前性，也曾引起部分学者对其真实性的质疑。近年来，随着史前社会文化、宗教信仰研究的深入，对其进行重新分析有助于我们理解仰韶时代的文化面貌，尤其是加深对仰韶文化早期宗教信仰和社会性质的理解。

（一）三组蚌塑的基本情况

三组蚌塑以M45即第一组蚌塑发现最早，也是讨论的重心。M45位于第4层下，打破第5层，属仰韶文化后岗类型，与半坡类型同时或偏晚。墓内共有4人，居中成年男性为墓主人，另有3人分别位于东、西、北面的小龛里。东西小龛平面呈弧形，北面小龛为长方形。小龛内葬人年龄较小。东面人骨头向南，仰身直肢葬，性别不详。西南人骨头向西南，仰身直肢，双手被缚于后，头骨有被砍的痕迹，为12岁女性。北面人骨为16岁男性，仰身直肢，双手被缚于身后。

墓中部壮年男性仰身直肢，头向南。其右侧（墓葬东侧）为龙形蚌塑，龙头朝南；其左侧（墓葬西侧）为虎形蚌塑，虎头亦朝南。龙长1.78米、高0.67米；虎长1.39米、高0.63米。龙昂首，吐舌，头后似有角。曲颈，弓身，长尾，尾尖上翘。前爪抓，后爪蓄力，作奋力腾飞状。虎头微低，张嘴吐舌，露利齿。兽身长尾，尾后部下垂。前足交替，后足站立，作起步欲行状。

墓主北侧有一堆三角形蚌塑，纵向看，正对其南侧的虎。三角形蚌塑东侧有两根人的胫骨。整组图案由三角形蚌塑和两胫骨组成，图案比较规整。

虎图案西面还有一些剩余的蚌壳，发掘者介绍道："比较乱，不规则，没有一定的形状，里面还杂有一些石片，可能是摆塑虎图案后剩余下来的。"[①]（图1-2-30）

---

① 濮阳市文物管理委员会等：《河南濮阳西水坡遗址发掘简报》，《文物》1988年第3期。

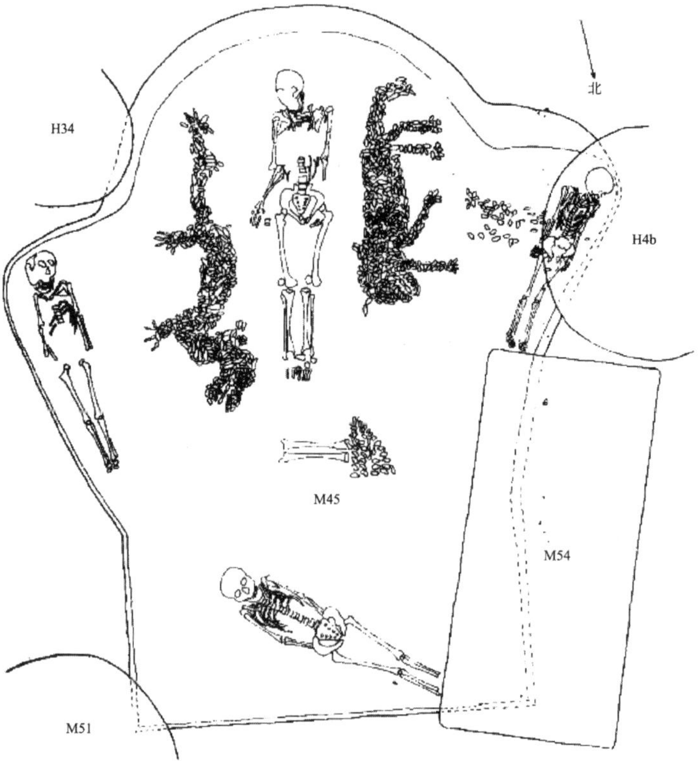

图 1-2-30　M45 平面图

第二组蚌塑发现于 M45 南面 20 米处，位于第 4 层下打破第 5 层的浅穴内，与 M45 同一层位，由龙、虎、鹿和蜘蛛组成。“其龙头朝南，背朝北；其虎头朝北，面朝西，背朝东，龙虎蝉联为一体；其鹿卧于虎的背上，特别像一只站立着的高足长颈鹿。蜘蛛摆塑于龙头的东面，头朝南，身子朝北。另外在蜘蛛和鹿之间，还有一件制作精致的石斧。”①（图 1-2-31）

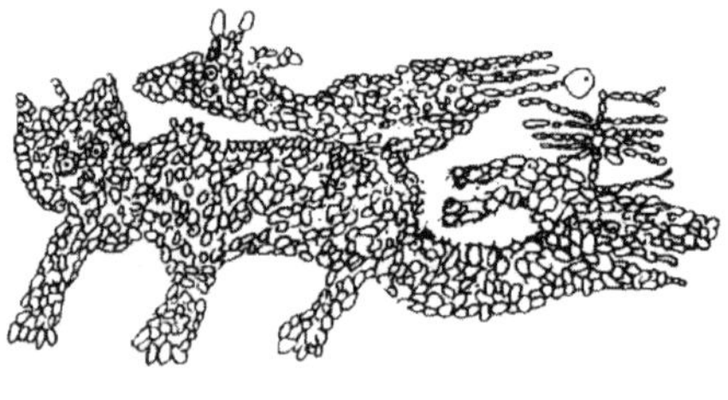

图 1-2-31　第二组蚌塑图

第三组蚌塑位于第二组的南面约 25 米处的一条灰沟中。灰沟开口于第 5 层下，打破第 6 层。灰沟东北西南向，底部铺 0.1 米厚的灰土，灰土上摆塑蚌图。图案由人骑龙和虎两部分组成。人骑龙位于灰沟的中部偏南，龙头朝东，背朝北，昂首，长颈，舒身，背上骑有一人。人分开两足跨于龙背上，一手在前，一手在后，头微侧似回首观望。虎位于人骑龙北侧，头朝西，背朝南，尾上翘朝东南。四足微曲，鬃毛高竖，似腾飞状。

第三组蚌塑除比较明显清晰的人骑龙和虎图案外，在龙的南面、虎的北面和龙虎的东面还各有一堆蚌壳，因被灰坑打破或其他原因看不太清晰。龙南面的蚌壳面积较大，高低不平成堆状。虎北面和龙虎东面的两堆蚌壳较小，形状为圆形。“龙虎的西面还有

---

① 濮阳西水坡遗址考古队：《1988 年河南濮阳西水坡遗址发掘简报》，《考古》1989 年第 12 期。

一舒身展翅的飞禽,因被两个灰坑打破看不出什么图形。”①飞禽与龙之间还有蚌壳摆的一个圆圈(图 1-2-32)。

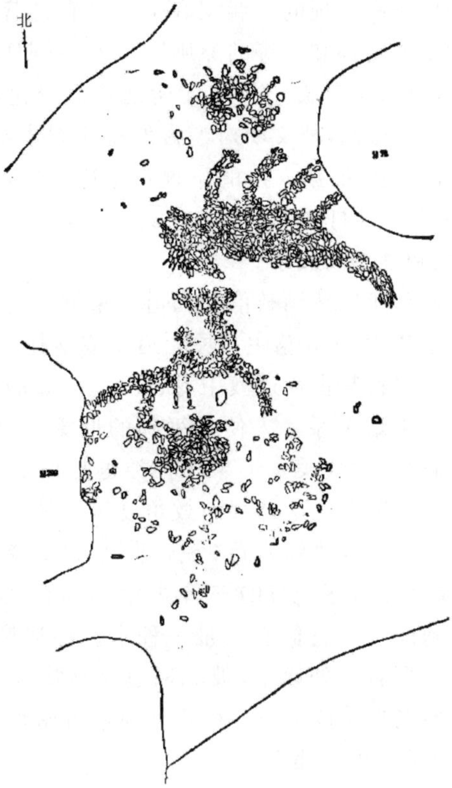

图 1-2-32 第三组蚌塑图

从时代上看,第三组蚌塑最早,第二组和第一组在同一层位上,时代相当。即第三组早于第一、第二组,第二组早于或同于第一组(M45)。从三组蚌塑由南往北排列的趋势看,很可能第一组(M45)最晚。

(二)研究现状及述评

因西水坡蚌塑在中国史前考古中的独特性,出土之后引起了激烈的讨论。1988 年发表了 M45 的简报,发掘者于简报中认为,M45 墓内埋葬的 4 人中“埋于墓中的成年男性是墓主人,应是正常死亡。分别埋于墓坑东、西、北三面小龛里的死者应是人殉,在仰韶文化墓中发现确切的人殉,此为首次。墓主人的左右两侧用蚌壳精心摆塑的龙虎图案更是前所未有”,进而认为“自古以来,龙虎在人们的观念中都是威武和权力的象征。濮阳西水坡第 45 号墓主人死后有 3 人殉葬,而且还在人骨架的左右两侧,用蚌壳精心地摆塑龙虎图案,充分反映了墓主人生前的地位和权力。”并推断仰韶文化早期的社会性质,认为阶级已经产生,社会已经进入父系社会,可能发展到了军事民主阶段。②

① 濮阳西水坡遗址考古队:《1988 年河南濮阳西水坡遗址发掘简报》,《考古》1989 年第 12 期。

② 参见濮阳西水坡遗址考古队:《1988 年河南濮阳西水坡遗址发掘简报》,《考古》1989 年第 12 期。

发掘者的观点尤其是对社会性质的推断很快得到了批评。如严文明认为，西水坡蚌塑属于后岗类型的墓地，与半坡类型同时。这一时期的聚落是向心式的，社会内部还没有明显的分化，“由众多小房子所体现的对偶家庭生活没有自营经济，最多是一种半消费单位。因而这时比较强调集体精神和平等的原则”。这一时期的墓葬流行多人二次合葬墓，单人墓中随葬品的差别也微乎其微，“当然无所谓贫富分化，更谈不上有任何阶级的对立”。由于 M45 奇特的墓葬形制，严文明对考古发掘资料本身也提出了怀疑。他认为 3 个殉人的旁边都有较直的墓边，如据人体的位置将墓边复原，很像 3 个长方形土坑墓，分别与 M45 发生了打破关系。谁打破谁已经难以说清，但无关宏旨。剩下的问题只需解释蚌塑龙、虎、鹿、人等形象和墓主的关系。[①]

张光直在简报发表的同一年以萨满教信仰和道教来解释龙、虎、鹿的形象，从而提出了影响深远的“三蹻说”。他认为 M45 墓主是原始道士或巫师，龙、虎、鹿为助他上天下地的三蹻的形象。他说：“濮阳资料与古代道教中龙、虎、鹿三蟜的密切联系，使我们了解到古代美术中的人兽关系便是巫蟜关系。人便是巫师的形象，兽便是蟜的形象；蟜中心龙虎为主，其他的动物（包括鹿）在古代美术形象中种类也是很多的。”[②]张先生对古代文物尤其是商周青铜器上的人兽母题多从这种萨满教角度进行解读，影响颇大。不过蚌塑距今 6000 余年，道教关于三蹻的记载要到公元 3～4 世纪，很难说道教的三蟜与 6000 年前的发现有必然联系。[③] 严文明也说张光直的三蹻说无法得到证实。不过严先生指出张光直对蚌塑研究的思路是正确的，“把它们看成是一种宗教性遗迹应该是没有问题的。西水坡的贝壳画不止一处而至少有三处以上，彼此通过墓地排成一条直线，应该是互有联系的一个整体。而那位男性老人应该是与这种宗教遗迹有密切关系的巫师，甚至同时也是那个墓地所代表的氏族或部落的酋长”[④]。

与张光直、严文明从宗教角度对西水坡 M45 进行解读不同，有学者指出了龙、虎形蚌塑可能与四灵中的青龙、白虎有关。[⑤] 随后，李学勤据此明确提出了“四象说”。四象即青龙、白虎、朱雀、玄武，是对星宿的划分，每象相当于二十八宿中的七宿。M45 中的龙、虎为青龙、白虎，即四象中的两象。[⑥] 其后冯时对四象说进行了进一步引申。他除了赞同四象说中 M45 的蚌塑龙、虎为东西宫青龙白虎外，又将墓主北侧的三角形图案和两根胫骨解读为北斗的图像，进而将 M45 看作宇宙论中盖天说的反映。[⑦]

四象说是难以成立的。史学界一般认为四象观念是秦汉以后的产物。李学勤考证文献中对四象最早的记载为《礼记·曲礼上》和《吴子·治兵》等战国文献，从《国语》《左传》中的零星记载可以将其起源推前到周初。[⑧] 不过商代甲骨文中却没有四象的记载，《尚书》亦不见四象的踪影。龙山时代观象授时以太阳为主，复以大火星、鸟星、虚星等。

① 参见严文明：《略论中国文明的起源》，《文物》1992 年第 1 期。

② 张光直：《濮阳三蹻与中国古代美术上的人兽母题》，《文物》1988 年第 11 期。

③ 参见何星亮：《河南濮阳仰韶文化蚌壳龙的象征意义》，《中原文物》1998 年第 2 期。

④ 参见严文明：《略论中国文明的起源》，《文物》1992 年第 1 期。

⑤ 参见李京华等：《濮阳西水坡遗址发掘现场会发言摘要》，《华夏考古》1988 年第 4 期。

⑥ 参见李学勤：《西水坡“龙虎墓”与四象的起源》，《中国社会科学院研究生院学报》1988 年第 5 期。

⑦ 参见冯时：《河南濮阳西水坡 45 号墓的天文学研究》，《文物》1990 年第 3 期。

⑧ 参见李学勤：《西水坡“龙虎墓”与四象的起源》，《中国社会科学院研究生院学报》1988 年第 5 期。

由此可知,古人对星宿的系统认识当不早于商代。实际上,可靠的西周文献也没有星野的记载,说明四象早不过春秋。有学者对考古发现中的四灵形象进行了研究,认为最早的发现应该是曾侯乙墓漆画上的四灵形象。[①]

北斗说更难以成立。以三角形蚌塑和胫骨解读为北斗是非常牵强的。目前,有学者认为北斗起源于距今五六千年前,其考古学依据除了西水坡 M45 外,还有凌家滩玉鸟的猪首形翅膀和河姆渡遗址的猪图像。玉鸟和猪图像身上都雕刻有太阳符号,河姆渡的猪图像上还刻有禾苗纹样,其与太阳崇拜有关是毫无疑问的。猪形象的出现当与猪的驯养和家畜饲养业的发展有关,太阳为万物之源,禾苗与农业起源有关,三者结合表达的先民对农业、家畜饲养业的丰殖期盼。只见猪形象就认为属于北斗崇拜理由太不充分。何况猪形象出现颇早,距今 8000 多年前的山东后李文化中就有发现猪形陶塑,距今 7000 余年的蚌埠双墩文化中发现了大量猪形刻划符号,用猪随葬也流行于大汶口文化和周边同期史前文化之中。古人对星象认识和知识体系的形成较晚,猪与北斗相结合当为战国秦汉间的产物,没有充分的证据,不适宜来解读数千年前的材料。四象说也是没法解释第二、第三组蚌塑的,尤其是第二组蚌塑有龙、虎、鹿、蜘蛛和石斧,无法与后世天文学资料相印证。

从中国原始宗教的发展进程来看,仰韶文化早期流行图腾崇拜,如仰韶文化半坡类型的彩陶上发现有大量鱼纹、人鱼纹,一般认为属于半坡先民崇拜的神灵。到了半坡类型晚期,又出现了彩绘鸟纹,并在其后的庙底沟时期取代了鱼纹而成为主流纹饰。马家窑文化石岭下类型流行鸟纹和鲵鱼纹,马家窑类型至马厂类型流行蛙纹。这些彩陶纹样当为氏族部落的图腾形象或者崇拜的神灵形象。正如石兴邦所说:"彩陶纹饰是一定的人们共同体的标志,它在绝大多数场合下是作为氏族图腾或其他崇拜的标志而存在的。"[②]因此,当如张光直所说将西水坡蚌塑置于宗教学视角下进行考察。

(三)宗教学视角下的研究

史前墓葬中的随葬品有以宗教为主题的传统。前引半坡类型的鱼纹人鱼纹,常发现于儿童瓮棺墓中,表现的是以图腾神来庇护儿童灵魂的观念。马厂类型随葬大量彩陶壶和彩陶罐,其上彩绘大多数是蛙纹。临汝阎村陶缸上的鹳鱼石斧图,以鸟、鱼为图腾属于仰韶文化早中期的宗教信仰。凌家滩遗址中出土的玉鸟、玉龟也无不认为与宗教信仰有关。大汶口晚期大墓中出土的大口尊上的刻划符号,也多是表达宗教内容的符号。良渚文化大墓中的玉琮、玉璧和玉器上的神人兽面纹、鸟纹等形象,系良渚先民崇拜的太阳神、虎神和鸟神的形象。可见,于墓葬中随葬宗教类物品,这是仰韶时代的时代特征。

西水坡三组蚌塑图像,虽组合不同,但形式一样,应属于同一类性质的遗迹。蚌塑间相距 20~25 米,当为有意排列和摆放,为多次宗教活动的遗存。解读其中一组,无视它组,都是不恰当的。三者组合如下:

第一组:龙、虎、(?)

---

① 参见黄佩贤:《汉代流行的四灵图像始见于新石器时代?——河南濮阳西水坡及河北随县曾侯乙墓出土龙虎图像再议》,朱青生主编:《中国汉画学会第九届年会论文集》(上),中国社会出版社 2004 年版,第 59 页。

② 石兴邦:《有关马家窑文化的一些问题》,《考古》1962 年第 6 期。

第二组：龙、虎、鹿、石斧、蜘蛛

第三组：人骑龙、虎、鸟

第一组M45，由于对于其墓葬结构存在质疑，我们先分析墓葬形制。M45的平面形状，上侧(南侧)呈圆弧形，两侧突出，下部平直，右下角被东周墓M54打破。除了严文明认为蚌塑之外小龛内的3具人骨为3座独立的墓葬之外，其他学者也表达了同样的观点。[①] 不过经过发掘者对发掘过程的详细描述，对遇到的问题以及采取的对策的解释，这一本该在田野中解决的问题已经基本清晰。[②]

从整体的平面结构上看，M45墓主周围的三个人骨架不可能是单独的墓葬，而是和蚌塑有关。仰韶墓葬多土坑竖穴墓，同一墓地的墓葬有统一的墓向，一般向西。而这三个人骨架两具朝东南，一具朝西南。朝东南的墓向也不一致，一具偏东一具偏南。西侧的人骨为12岁女性，头骨有被砍痕迹，北面为16岁男性，东侧的也是未成年。三个人骨架均为非正常埋葬。发掘者认为三个人骨属于人殉，但属于仰韶文化早期的人殉是极为少见的。正如严先生所说，仰韶早期社会分化并不严重，随葬品很少，流行二次合葬墓，当时没有什么私有财产，也就无所谓贫富分化，更谈不上任何阶级的对立。而人殉是阶级冲突下的产物，如视作人殉是超越时代的判断。[③] 从历史发展的角度看，人祭早于人殉，人祭是在神灵观念下的产物，为祭祀神灵的牺牲，出现较早。3人与墓主周围3个神灵有关，为祭祀神灵的牺牲。虽然墓主北侧的图像不甚明了，但是从布局上看，它应该也是某一神灵的表现形式。联想到与仰韶文化后岗类型毗邻的半坡类型多鱼形纹饰，而鱼纹多以三角形表示，可以推断北侧的三角形和胫骨组成的图像很可能是鱼的形象。这一图像与半坡类型图案化的鱼纹是极为相像的(图1-2-33)。这组蚌塑当以三角形表现鱼头，而以两段胫骨表现鱼身。

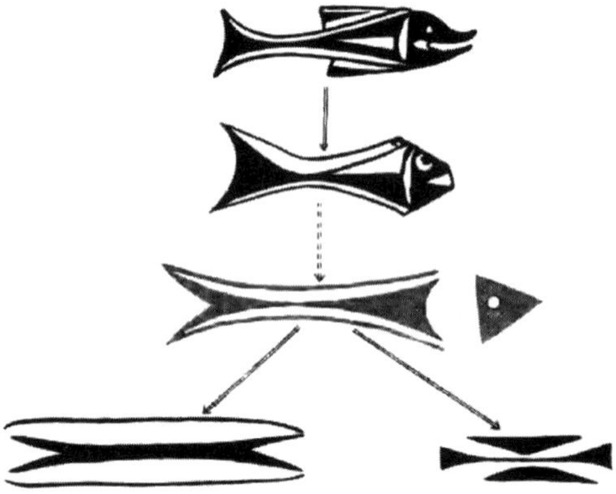

图1-2-33　西安半坡遗址鱼纹演变图

(摘自西安半坡博物馆《西安半坡》)

① 参见严文明：《略论中国文明的起源》，《文物》1992年第1期；言明：《关于濮阳西水坡遗址发掘简报及其两篇文章的若干问题的商榷》，《华夏考古》1988年第4期。

② 参见丁清贤等：《关于濮阳西水坡蚌壳龙虎陪葬墓及仰韶文化的社会性质——兼答言明提出的几个问题》，《华夏考古》1991年第4期。

③ 参见严文明：《略论中国文明的起源》，《文物》1992年第1期。

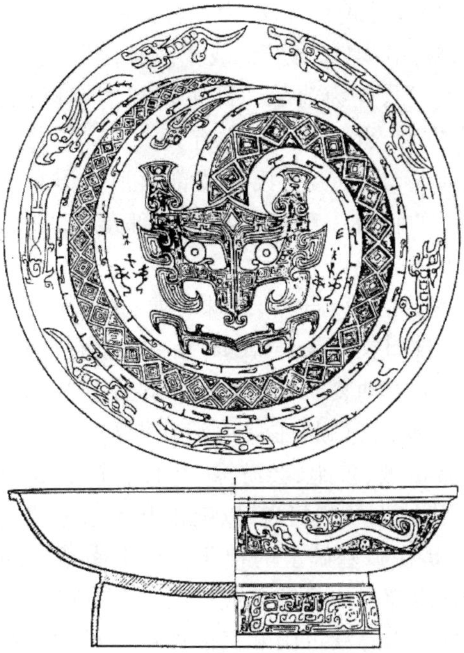

图 1-2-34 安阳大司空商代晚期龙虎鱼纹盘

因此,这一组蚌塑组合可以看作是龙、虎、鱼。我国商代青铜器上的神灵形象,有的即以龙、虎和鱼相搭配。如商代晚期的蟠龙鱼纹盘,以龙、虎、鱼、鸟作为主要纹样。一般龙居中,鱼、鸟、虎纹位于周围。安阳大司空出土的蟠龙纹盘,中央为龙图像,周围为虎、鱼和鸟纹。商代后期都城地处安阳,距离濮阳市西水坡遗址仅几十公里,商代青铜器纹饰中的龙、虎、鱼造型当有悠久的历史渊源(图 1-2-34)。鱼位于墓主北侧,鱼与水有关,五行中水代表北方,商周青铜器上的鱼形象也多见于水器之上,说明鱼为水神。

龙是中国古代最神秘的神灵形象。闻一多在《伏羲考》中认为龙是图腾,其原型是蛇,由于以蛇为图腾的氏族最强大,兼并吸收了其他一些图腾氏族,从而有了兽的四脚,马的头、鬃和尾,鹿的角,狗的爪,鱼的鳞和须,变成后世龙的形象。[①] 文献中记载龙是太昊的图腾,《左传·昭公十七年》:"太昊氏以龙纪,故为龙师而龙名。"汉代画像中太昊伏羲氏一般蛇身,当是以蛇为图腾,即龙的原型为蛇。考古发现中也有许多龙的形象,如辽宁查海遗址出土的石块摆塑的龙,位于墓地和房址之间,全长近 20 米,龙身宽约 2 米,呈昂首张口、弯身弓背状,距今 7000 余年。[②] 湖北省黄梅县白湖乡张城村焦墩遗址出土有卵石摆塑的龙,身长 4.46 米,高 2.28 米,宽 0.3～0.65 米。龙昂首直身,曲颈卷尾,头上一角,龙口大张吐舌。腹下两足,龙身呈波浪状,尾上卷,背上有鳍,似在腾飞。[③] 襄汾陶寺墓地出土有彩绘龙盘,龙呈蛇形,作蟠曲状(图 2-8-5)。夏代的二里头遗址出土有绿松石龙(图 3-1-3)。三代之后,龙逐渐与权力相结合,成为王权的象征。

---

① 参见闻一多:《伏羲考》,上海古籍出版社 2006 年版,第 26 页。

② 参见辛岩:《查海遗址发掘再获重大成果》,《中国文物报》1995 年 3 月 19 日。

③ 参见陈树样:《黄梅发现新石器时代卵石摆塑巨龙》,《中国文物报》1993 年 8 月 2 日。

虎是百兽之王，形体硕大，勇武有力，亦为古代图腾和神灵形象。《史记·五帝本纪》中记载黄帝“教熊、罴、貔、貅、貙、虎以与炎帝战于阪泉之野”。《列子》中说：“黄帝与炎帝战于阪泉之野，帅熊、罴、狼、豹、虎为前驱。”即黄帝部落有以虎、熊等动物形象为图腾的氏族。在商代亦有名为虎方者，也与其崇拜虎有关。[①]

总之，第一蚌塑组合为龙、虎、鱼，为氏族或部落所崇拜的神灵形象。周围分布的3具人骨当为人祭，是祭神灵的牺牲。墓主当为氏族部落的首领，亦兼为巫觋。中国古代一般王巫合一，如商王亦主持祭祀占卜活动。

第二组蚌塑，组合为龙、虎、鹿、石斧、蜘蛛。龙、虎都是古代崇拜的神灵形象，鹿亦然。鲁中南、苏北地区的大汶口文化崇拜獐，即为一种小型鹿科动物，被认为是最原始的鹿科动物。在泰安大汶口、曲阜西夏侯、兖州王因、邳县刘林和大墩子等遗址的墓葬都有发现随葬獐牙的习俗。獐喜暖湿气候，主要生活在湖泊沼泽及丛林中，在鲁中南苏北地区曾经普遍存在。[②] 獐非常机敏、善跑、会游泳，并且有锋利的獠牙。这些特点使古人将其神化，从而加以崇拜，并拔掉上颌侧门齿，以突出其犬齿来模仿獐的样子。据考证后世的仁兽麒麟即来源于獐[③]，是在獐基础上的神化。鲁中南地区的大汶口文化与濮阳西水坡仰韶文化比邻，两者共有崇鹿习俗是顺理成章的，后者或许是受前者影响而来。

蜘蛛也是古代神灵之一，为春秋古国邾国的图腾。《说文解字》：“邾，蜘蛛也，从黾朱声。”邾国的“邾”字，铜器铭文中写作蜘蛛形，如邾公子害簠铭文作，即今之“蛛”字。[④] 郭克煜说：“由蛛字字形得知，邾国先人曾以蜘蛛为图腾，建国之后，即以蛛为国名。后来，为书写方便起见，改从邑朱声之邾字，《邾公钎钟》之邾字，正是这样写的。”[⑤]崇拜蜘蛛的信仰可能由来已久，因为蜘蛛崇拜是一种较龙虎崇拜更原始的信仰。邾国初都于訾娄（曲阜息陬一带），再迁于邾瑕（今山东济宁市南），后迁于峄山之阳，总之不离汶泗河流域，离豫北不远。第二组蚌塑中的蜘蛛应该与蜘蛛崇拜有关。

石斧位于鹿和蜘蛛之间。石斧是新石器时代主要的生产工具，可砍伐树木，亦可作为武器，是新石器时代最重要的生产工具。史前墓葬中一般男性随葬石斧，代表他们是重体力劳动和战争的主要承担者。随葬石斧不仅表示男性生前的身份，而且逐渐演化成一种拜物习俗，进而成为一种权力信仰。对于斧的崇尚，也是对于征服自然力量的生产工具的崇拜，包含着当时人们征服自然的信念。如良渚文化大墓大多随葬玉钺（斧），有的多达几十件，灵宝西坡墓地中的大墓亦随葬玉石斧。宽扁形的石斧又称作“钺”，逐渐演变成权力的象征。以图腾动物与石斧相组合见于临汝阎村发现的鹳鱼石斧图上。鹳鱼石斧图位于陶缸外壁，虽属采集，不过其出土于某一被打破的墓葬确是共识。彩画高37厘米，宽44厘米，画面占了整个缸体的大约1/2，是迄今发现的最大的一幅彩陶画。画的左侧为一只体形硕大的鹳鸟，嘴里衔着一条鱼。右侧为一华丽的石斧，有瑁有镦，上

① 参见郭静云：《江南对虎神的崇拜来源》，《湖南大学学报》（社会科学版）2014年第2期。

② 参见王青：《海岱地区的獐与史前环境变迁》，《东南文化》1994年第5期。

③ 参见唐兰：《获白兕考》，《史学年报》1932年第4期。

④ 参见枣庄市政协台港澳侨民族宗教委员会等：《小邾国遗珍》，中国文史出版社2006年版，第67页。

⑤ 参见郭克煜：《邾国历史略说》，山东古国史研究会编：《东夷古国史研究》第1辑，三秦出版社1988年版，第245页。

画“X”字。半坡类型崇鱼，庙底沟时期崇鸟的信仰逐渐成为主流。鸟和鱼都是庙底沟时期的神灵形象。严文明认为鹳鸟和鱼应该是氏族的图腾，绘画的主人为氏族的酋长，大石斧为其权力的标志。[①] 鹳鱼石斧图组合为鸟、鱼、石斧，与濮阳西水坡第二组蚌塑相同，都是图腾动物与石斧的组合(图 1-2-35)。

图 1-2-35　鹳鱼石斧图

第三组蚌塑为人骑龙、虎和鸟的组合，被打破的位置可能还有其他形象。

人骑龙的记载文献中多见。如《山海经·海外南经》:“南方祝融，兽身人面，乘二龙。”《海外西经》:“西方蓐收，左耳有蛇，乘二龙。”《海外北经》:“北方禺强，人面鸟身，黑身平足，乘二龙。”《海外东经》:“东方句芒，鸟身人面，乘二龙。”《海外西经》:“大乐之野，夏后启于此舞《九代》，乘两龙，云盖三层。”《大荒西经》:“西南海之外，赤水之南，流沙之西，有人珥两青蛇，乘两龙，名曰夏后开。开上三嫔于天，得《九辩》与《九歌》以下。”《史记·封禅书》中记载:“黄帝采首山铜，铸鼎于荆山之下，鼎既成，有龙垂髯下迎黄帝。黄帝上骑，群臣后宫从者七十余人，龙乃上去。”《路史》也记载黄帝“乘龙而四巡”。《古今注》卷下云:“世称黄帝炼丹凿观山，乃得升仙乘龙升。”祝融、禺强、句芒、夏后启(开)、黄帝等乘龙，说明龙在后世成了神灵或帝王上下天界的交通工具。这可能是龙在众多图腾中地位突出，后世多以乘龙来突出神灵或帝王的神性的缘故。在有的文献中，神灵或帝王的形象多为龙(蛇)身。如《路史》记载炎帝“龙颜而大唇”。《帝王世纪》中说:“有蛴氏女登，为少典妃，游华阳，有神龙首，感生炎帝。”《汉书·天文志》和《史记·天官书》中记载:“轩辕，黄龙体。”《山海经·海外西经》记载:“轩辕之国在此穷山之际，其不寿者八百岁。在女子国北。人面蛇身，尾交首上。”《帝王世纪》:“庖牺氏……蛇身人首。”“女娲氏……赤蛇身人首。”《山海经·大荒北经》记载:“共工臣名曰相繇，九首蛇身，自环，食于九土。”《山海经·大荒北经》:“西北海之外，赤水之北，有章尾山。有神，人面蛇身而赤，直目正乘，其瞑乃晦，其视乃明，不食不寝不息，风雨是谒。是烛九阴，是烛龙。”《山海经·海内经》:“有人曰苗民。有神焉，人首蛇身，长如辕，左右有首，衣紫衣，冠旃冠，名曰延维，人主得而飨食之，伯天下。”说明古代帝王神灵很多都是龙体或蛇体，即他们以龙(蛇)作为图腾。

鸟是庙底沟类型所崇拜的神灵，这一时期的彩陶器上常有鸟或鸟背负太阳的彩绘纹样，如庙底沟、泉护村等遗址都有大量发现。古史传说中以鸟为图腾的是少昊，《左传·昭公十七年》记载:

① 参见严文明:《鹳鱼石斧跋》,《文物》1981 年第 12 期。

秋，郯子来朝，公与之宴。昭子问焉，曰："少皞氏鸟名官，何故也?"郯子曰："吾祖也，我知之。昔者黄帝氏以云纪，故为云师而云名；炎帝氏以火纪，故为火师而火名；共工氏以水纪，故为水师而水名；大皞氏以龙纪，故为龙师而龙名。我高祖少皞挚之立也，凤鸟适至，故纪于鸟，为鸟师而鸟名。"

后文又记有少昊以鸟名官，可知少昊族确实是以鸟为图腾的部族。目前学术界普遍认为大汶口文化是传说中太昊、少昊创造的考古学文化。[①] 在鲁东南、皖北地区的大汶口文化遗址中发现有太阳鸟类符号，尉迟寺遗址还出土了一件独特的鸟形神器(图 2-8-2)，大汶口文化的典型器陶鬶亦作鸟型，这些当为少昊部族崇拜鸟的例证。

总之，第三组蚌塑龙、虎、鸟均为古人的图腾形象。人骑龙说明龙的灵性受到格外重视，成为古人飞升天界的助手，与《山海经》等古文献中的记载相符合。

（四）图腾崇拜与社会发展阶段

"图腾"一词来源于美洲奥杰布韦氏族，盛行于旧石器时代晚期和新石器时代初期。到新石器时代中期，图腾崇拜已经是其晚期形态。我们可以将这一图腾崇拜的发展阶段视为"脱胎于图腾崇拜的原始信仰"。此时图腾动物被神圣化，从而成为氏族部落的保护神，或者与祖先崇拜相结合，成为氏族部落的始祖神——一般认为其始祖与图腾动物有关。如《诗经·商颂·玄鸟》载："天命玄鸟，降而生商。"姜嫄感大人迹而生始祖弃；禹母吞薏苡而生禹。商、周和禹的诞生分别是与鸟、大人迹(有人认为是熊迹)和薏苡有关，为图腾制度的孑遗。

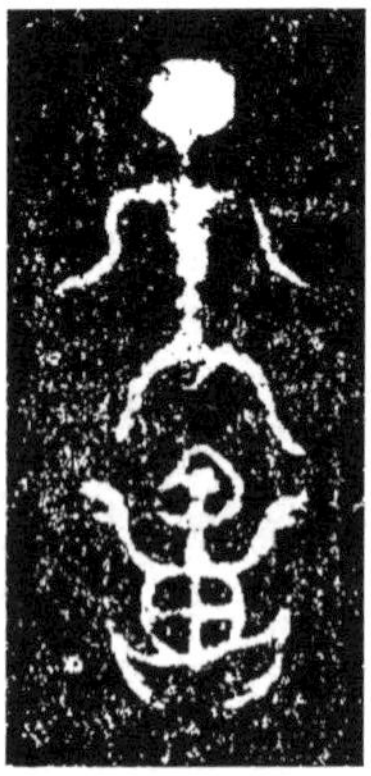

图 1-2-36　天黿父癸方鼎铭文

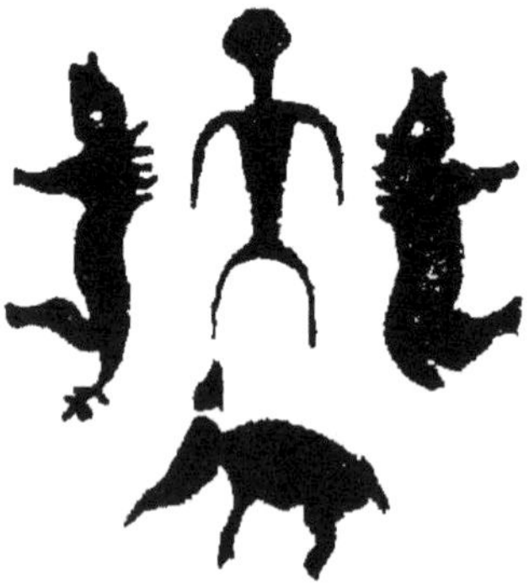

图 1-2-37　父辛鼎铭文

部落联盟的出现使氏族图腾制度走向衰弱，表现在两个方面：一方面是图腾动物的神圣化，如半坡遗址的人面鱼纹、西水坡遗址的龙都是超自然的神灵；另一方面是图腾动物作为氏族的标记，也成为部落标记的组成部分。商代及西周早期的图画文字中有一种人兽题材，如天黿父癸方鼎铭文，人下一动物形象，与西水坡 M45 人与动物蚌塑组合类似。邹衡先生将其释作天黿族的族徽。[②] 此族徽当为该族之图腾动物形象。其似龟似

① 参见唐兰：《从大汶口文化的陶器文字看我国最早文化的年代》，山东大学历史系考古教研室编：《大汶口文化讨论文集》，齐鲁书社 1979 年版，第 79～84 页；栾丰实：《太昊和少昊传说的考古学研究》，《中国史研究》2000 年第 2 期。

② 参见邹衡：《论先周文化》，《夏商周考古学论文集》，文物出版社 1980 年版，第 340 页。

蛙，与马家窑文化崇拜的蛙纹相似，或许该族族源于此(图 1-2-36)。也有的铭文以人形和两个或三个动物相组合的。如父辛鼎和父乙觯的人形左右下侧各有一兽，当表示该族出自以这三种动物为标识的族群(图 1-2-37)。[①]

西水坡遗址位于豫北，龙、虎当为其主图腾，以鸟、鹿、蜘蛛、鱼为图腾的部族均位于其周边区域，如崇拜鸟的少昊族位于其东南，崇拜鱼的半坡类型位于西部，崇拜鹿和蜘蛛的部族与之南部毗邻。随着史前文化的交流，各族的图腾神逐渐成为各族共同崇拜的神灵。

五、结　论

通过中国各民族地区的民族学调查发现，图腾崇拜曾经广泛分布于我国各个地区，如东北地区崇拜熊、鸟、鹰、天鹅，西南地区崇拜虎、竹，山东地区崇拜燕等。这是因为图腾崇拜作为一种思维观念是极易传播的，同时漫长的历史时期人群迁徙也非常频繁，从而使这种原始宗教信仰传至各地。通过分析新石器时代的考古发现可知，图腾崇拜曾经是黄河流域普遍存在的宗教信仰。黄河上游地区，蛙崇拜是最典型的图腾信仰，这一地区是古代文献中所记载的羌人的活动区域，该区域内的史前人群当为羌人的祖先，直到现在，羌、壮、黎等少数民族还保存着这种古老的信仰。黄河中游崇拜鱼，人面鱼纹是鱼神的形象，该地发现的周代文化墓葬中经常见到鱼的形象。黄河下游鲁中南地区和苏北地区的大汶口人崇拜獐这种鹿科动物，并模仿獐而凿齿，使用獐牙钩形器作为护符和宗教物品。鹿崇拜在汉代仍可见，四灵图像中代表北方的或为玄武或为鹿。由于史前文明发展的连续性，中国各地史前文明并没有停留在原始的图腾崇拜阶段，而是逐渐往图腾神灵化和图腾联合的方向发展。马家窑文化和半坡文化中都出现了人格化的图腾神灵的形象，马家窑文化的人蛙纹和半坡文化的人面鱼纹都是图腾神。豫北地区的西水坡遗址发现的宗教遗存表明，龙、虎、鸟、鹿、蜘蛛、鱼都是当时人们崇拜的图腾，多种动物的组合表明，当时形成了氏族部落联盟。西水坡蚌塑是宗教信仰和社会组织的反映。在众多的图腾神中，龙、虎在所有的图腾动物中逐渐取得优势，这是由龙、虎的自然优势所决定的，这两种动物天生比其他神灵更为神秘、强大，在战国秦汉之际，龙和虎分别成为代表东方和西方的神灵。

汉代王充在《论衡・奇怪篇》中记载有晋以熊、罴(熊的一种，又名人熊、棕熊、马熊)为祖先的故事：

> 或曰："赵简子病，五日不知人，觉言，我之帝所，有熊来，帝命我射之，中，熊死；有罴来，我又射之，中罴，罴死。后问当道之鬼，鬼曰：'熊罴，晋二卿之先祖也。'熊罴物也，与人异类，何以施类于人，而为二卿祖？"

王充认为熊、罴都是动物，与人不同类，怎么可以作为晋二卿的祖先？这说明汉代已经不知图腾之事。《史记・五帝本纪》中记载有黄帝"教熊、罴、貔、貅、貙、虎，以与炎帝战于阪泉之野"，是黄帝时有以熊、罴作为图腾的部族。至于夏代崇龙，商人崇鸟，周人崇鼋，刘汉崇龙，皆是图腾崇拜的孑遗。

---

① 参见孟华平：《西水坡虎图案的文字学观察——兼论 M45 主人身份》，《江汉考古》1994 年第 4 期。

第三节 北方地区的萨满教

萨满教是广泛分布于欧亚大陆北方地区的原始宗教，东起西伯利亚，西至欧洲北部的寒冷地带都有分布，主要流行于西伯利亚的乌拉尔—阿尔泰族群中，包括我国北部的通古斯、蒙古和突厥语系的民族。

"萨满"一词最早见于南宋徐梦莘《三朝北盟会编》："珊蛮者(改作"萨满")，女真语巫妪也。以其变通如神，粘罕(改作'尼堪')以下皆莫能及。"这里的"珊蛮"，即指萨满。到明清时，文献中对萨满的记载逐渐增多，这些文献中将萨满写作"萨玛""叉马""萨麻""萨莫""沙漫""撒卯""撒牟"等，直到将萨满教作为国教的清朝于《大清会典事例》中使用"萨满"一词，沿用至今。[①]

"萨满"一词来源于埃文基(鄂温克)中的"saman""shaman""xaman"和蒙古语的"shaman"，突厥语的"kam""xam"，这些相关的语言显示它们来自相同的文化土壤。萨满教流行的地区一般以狩猎、畜牧业为主，这种原始宗教是与这种生业方式紧密结合的信仰体系。对于萨满词义的解释，原来学者多认为意为"激动、不安和疯狂的人"。《中国大百科辞典·宗教卷》和《辞海》中的萨满条目分别将萨满释作"激动不安的疯狂乱舞者"和"因兴奋而狂舞的人"，都是从萨满在释法时的状态特征进行的定义。匈牙利学者迪欧塞吉从构成"saman"的词根入手，认为"萨满"一词由动词萨"sa"(知道)构成，照字面讲意为"无所不知的人"。这一解读得到了国内学者在民族语言学研究上的证实。因此，萨满的本意即为无所不知的人或知识渊博的人，意译为"博学者"。

萨满教有独特的宇宙观，它将宇宙分成三个层次：上界、中界和下界。上界住着日、月、星、辰等众多神灵；中界是人类居住的层次，包括人类和鬼魂；下界居住着兽形动物和怪物。上、中、下界还可以分成不同的层次，从而形成三界多层次的宇宙观。不同等级的萨满可以进入不同的宇宙层次。萨满教的三层宇宙间通过一个地轴连接，萨满通过这个宇宙轴，自由出入于不同层次的世界。宇宙轴可以是神山、中柱、天梯或世界树等。

萨满教起源于旧石器时代，是史前狩猎社会中的产物。"兽主崇拜"是狩猎时代就有的古老的萨满教现象，兽主是指主宰野兽的神。猎人们认为，山林里的动物都是由兽主统领，山林里的貂、熊、鹿、虎、狼、鹰等动物都有兽主，他们猎获的动物也是由兽主送给人类。如果兽主不将其子民送给人类，猎人是什么都得不到的。[②] 因此，在猎人们打猎之时，多由氏族的萨满对兽主进行一定的仪式，以祈求山林里的兽主将其子嗣赐给人类。

兽主是萨满的动物助手，萨满依靠助手的协助，出入于不同的宇宙空间，从而达到沟通人神的目的。这些动物包括熊、狼、鹿、兔，各种鸟(尤其是雁、鹰、鸮、乌鸦等)，各种虫子，此外还有幽灵、树的精灵、泥土的精灵、灶神等。这其中，鹿、鸟是最重要的动物助手，萨满的服饰、法器、舞蹈、咒语、祭祀仪礼等都与鹿和鸟有关。鸟以鹰为主，萨满的服饰上饰有鹰的图案，装饰有鹰的羽毛，帽子也有鹰形装饰，并且通过鹰饰的数量来表达萨满神

---

① 参见秋浦：《萨满教研究》，上海人民出版社1985年版，第2页。

② 参见孟慧英：《论萨满教的"兽主崇拜"》，《论原始信仰与萨满文化》，中国社会科学出版社2014年版，第252页。

力的程度。也有的萨满头上饰有鹿角，并以鹿角分叉的数量代表等级(图 1-3-40)。

萨满教属于一种泛灵论，即认为所有的动物、植物都有灵性。由于泛灵论思维，萨满教在漫长的历史长河中所崇拜的神灵越来越多，神灵的分工也越来越细，神的职能也越来越具体。游猎的鄂温克族主要从事狩猎生产，他们所崇拜的神灵少且单一，神的分工也简单。他们除了代表氏族祖先神的“舍卧刻”神外，只有管各种疾病的“舍利”神，保护婴儿的“乌麦”神，保护驯鹿的“阿隆”神和熊神。在赫哲族中，有管狩猎的“马克索”神，管渔猎的“木克敦特”神和“卡日戈玛”神，有保护家园的“珠林”神，保护住宅的“艾格雅塔”神，保护家庭平安的“飞尤各”神。甚至，不同的疾病由不同的神来保护，有管肚痛病的神、管头疼的神、管关节病的神、管皮肤病的神，等等。蒙古族中以反映畜牧生活的神最为繁多，有牛神、马神、羊神、骆驼神等。有一些从事农业的北方民族，还有与农业生产息息相关的河神和土地神。①

萨满借助酒或药物“致幻”，并在动物的帮助下进入通灵境界。在这一过程中，萨满进入癫狂状态，模仿动物的动作和形象，因兴奋而狂舞，从而达到沟通神灵的目的。

萨满是氏族的保护者和知识的保存者，主要职责是协调人和神的关系，通过掌握的法术为氏族成员治病、祛灾，同时通过法术助产，以保佑氏族成员打猎时多猎取动物、农作物丰收、妇女顺产、人丁兴旺。萨满是巫医互兼的职业，主要依靠唤魂等方式，通过顺势巫术、心理投影或暗示等方法给人看病。

萨满教有各种各样的偶像以代表各种不同的神灵。有些神灵已经人格化，这些神灵即被赋予了人形。萨满教所用的偶像有实物形态，如以灰鼠皮代表灰鼠神，以幼熊皮代表熊神。鄂伦春族的萨满以木刻的虎、熊、鱼、鸟等偶像来代表虎神、熊神、鱼神或鸟神。在东北地区的考古发现中也发现有玉、石制的偶像形象，这些遗物多是萨满教崇拜的神灵的形象。

20 世纪 70～90 年代，萨满教理论被西方学者广泛应用到考古学研究之中。张光直先生受时代风潮的影响，集中运用萨满教理论对中国的考古学材料进行了分析。他的研究文章连续发表到国内考古学期刊上，并于 1984 年在北京大学考古系进行了专题演讲，这次讲学的内容以专著的形式出版，从而对中国新石器时代和商周时代考古造成了巨大的冲击。②

张光直的萨满教理论是受国际萨满教研究所影响的。自萨满教这一原始宗教被发现后，在学界长期存在萨满教的定义之争，从而形成了萨满教理论的狭义和广义的不同。从地域上看，狭义论者认为萨满教只存在于东北亚为中心的高纬度地区的狩猎采集群中，而广义论者则认为，萨满教不限于以上地区，属于广泛存在于欧亚包括美洲地区的原始信仰。美国学者弗尔斯特(Peter T. Furst)最先将萨满理论应用到美洲大陆的玛雅文化研究之中，并认为美洲大陆普遍存在的萨满教文化来自古代亚洲，可以称作古代亚洲至中石器时代宗教的“活化石”。由于亚洲和美洲的萨满教形态无论在总体上还是在具体特征上都具有很多相似性，弗尔斯特将这一文化现象定义为“亚美萨满教”模式，并总

---

① 参见秋浦：《萨满教研究》，上海人民出版社 1985 年版，第 75 页。

② 参见张光直：《考古学专题六讲》，文物出版社 1986 年版。

结出了这一模式的八大特征。此后,张光直应用弗尔斯特的这一发现对中国新石器时代和商代的考古学文化进行了系统考察,认为中国早期的考古学文化都可以与"亚美萨满教"模式所列出的八大特征相吻合,并在其《考古学专题六讲》中正式把中国古代文明称作"萨满式文明"。

美国艺术史学家邵邦华(Paul Shao)指出,商代文明与中美洲的玛雅文明在艺术表现上有着诸多相同的母题,如对龙的祭祀、人形的龙、超自然象征、雨神崇拜、以图像为装饰的服装、人与动物的相互转化、动物与植物的相互转化、具有火焰状眉毛的神像、鸟人神像、十字形、宇宙和历法图像,等等。张光直在此基础上推测商文明与玛雅文明具有相同的视觉艺术风格及内容的原因在于二者来自一个共同的旧石器时代的底层文化,代表这个底层文化的正是弗尔斯特所提出的"亚美萨满教"宇宙观。张先生将这个底层文化视为中国古代文明与中美洲玛雅文明的共同祖先,因此将这个文明连续体称为"玛雅—中国连续体",并据此认为萨满教是商人的主体价值观,商王本身既是国家的政治首领同时又兼任萨满之王,垄断着与神界的沟通权力。[①]

之后,学界对张光直教授的泛萨满教理论多有批评,认为与中国古代文明的特征存在较多违背之处,同时中国学术界也开始反思以萨满教来解读中国古代文化的合理性,比如萧兵就质疑其泛萨满理论中的人与动物的关系[②],认为中国古代艺术品中的动物并非萨满助手。中国古代宗教表现出了强烈的南方与北方的差异性,宋兆麟就将北方的巫和南方的巫区分开来,认为前者为萨满,而后者为祭司,前者较原始,后者较高级。[③] 只是宋文并未对巫与萨满文化的特点作详尽的阐释。曲六乙也认为,巫傩文化与萨满文化是分属于中国南北两大地区的两种原始宗教,并对两者的个性和特点进行了解释。[④]

泛萨满教理论是与学术界对萨满教的定义息息相关的,即哪些特征构成了萨满教的基本特征。在漫长的史前时期,由于地理环境的差异,生业方式不同,在应对环境时采用了不同的策略,人类的社会结构也表现出了较大的差异,这都反映在人类的思维上,从而产生不同的原始宗教信仰。同时,因生产力的低下,在同一历史时期人类的活动又有一定的共性,从而使不同的宗教信仰之间又表现出一些共性。且宗教并不是一成不变的,相反,宗教活动为了适应人类生产生活的需要,总是处在发展变化之中。宗教是最容易传播的精神意识,尤其是相临近地区,不同的群体之间往往会学习临近地区的宗教思想,并吸收改造加以利用。这些问题的存在都使泛萨满教理论的立论基础存在倒塌的危险。

张光直泛萨满教理论对商代宗教信仰的解读便与甲骨卜辞中所展现出的商代社会存在较大矛盾。随着对商代宗教研究的深入,商人属于祭祀文明是毫无疑问的,商人的帝是至高无上的存在,商人占卜时只能揣测上帝的意愿,不能向其祈求,遑论向其施加压力,这是至上神信仰的特征。而在萨满教中,并不存在这样一位至上神,萨满通过巫术不

---

① 参见张光直:《商周青铜器上的动物纹样》,《考古与文物》1981年第2期;张光直:《连续与破裂:一个文明起源新说的草稿》,《九州学刊》1986年第1期;张光直:《美术、神话与祭祀》,三联书店2013年版。

② 参见萧兵:《中国上古文物中人与动物的关系——评张光直教授"动物伙伴"之泛萨满理论》,《社会科学》2006年第1期。

③ 参见宋兆麟:《中国史前考古发现的萨满遗迹》,《黑龙江民族丛刊》2001年第1期。

④ 参见曲六乙:《人类学:巫傩文化与萨满文化的比较研究》,《民俗研究》1997年第4期。

但能向神灵求成，而且能用巫术压制神灵，甚至能降神，即其本身也能变成神——至少他们自己这样认为。萨满的主要工作是为氏族成员治病和求丰产，这与商代的巫也不同，商代的巫主要为商王占卜，推测神灵的意图，并企求神降福和避祸。萨满所崇拜的神灵具有广泛性，始祖神和各种动植物神，包括天、地、日、月、星辰等自然神，神灵之间并无地位高低之分，并且不停地吸收或创造新的神灵。而商代的神灵主要是以帝所统属的五方神、帝史凤和风、云、雨、日、山、川、社等自然神灵，此外是各位祖先神，商人有一个非常完备的神灵系统，且他们是完全凌驾于人之上的。萨满在宗教活动中会转变成动物助手，以鸟、鹿和熊为主，从而达到沟通神灵的目的。而商代的巫并非如此，虽然名为巫，但他们实际上是祭司。商代的动物牛、羊等只是作为牺牲，献祭给神灵。青铜器上的动物纹样，鸟、龙等都是神灵的形象，这与萨满的动物神有相似之处，又有所不同。

泛萨满教理论的不成立，并不否认中国存在萨满教，而是应该明确萨满教的界限。萨满教存在于中国的北方地区，流行于通古斯阿尔泰语系的族群之中，是萨满教的典型地区。通过民族调查，我国的北方鄂温克族、鄂伦春族、满族等族均存在萨满教的遗存。在清代时，萨满教曾是清王朝的国教。这一地区有文献记载，又符合民族学调查和宗教学研究的实际。因此，完全可以萨满教来对我国北方地区的考古学遗存进行解读。

东北地区的新石器时代文化可以分成三个大的阶段：第一阶段约公元前 6000～前 4000 年，以兴隆洼文化、赵宝沟—富河文化、红山文化早期遗存为代表；第二阶段约公元前 4000 ～前 3000 年，以红山文化中、晚期（西水泉期和东山嘴期）为代表；第三阶段约公元前 3000～前 2000 年，以小河沿文化晚期和小珠山上层文化为代表。[①] 自第一阶段的兴隆洼文化中就发现有萨满教的遗物，至第二阶段红山文化时期进入繁荣期。红山文化是燕山地区新石器时代最繁荣的考古学文化，主要分布于老哈河中上游和大凌河中上游，即内蒙古的赤峰地区和辽宁的朝阳地区，可以分为早、中、晚三期或早、晚两期，以晚期最为繁荣，距今 5500～5000 年。这一时期相当于中原地区的仰韶文化中期、巢湖地区的凌家滩文化、太湖地区的良渚文化早期和海岱地区的大汶口文化中期。红山文化表现出明显的萨满教特征。

红山文化的陶器分为两类：一类为夹砂灰褐陶，一类是泥质红陶。夹砂灰褐陶多筒形罐，多饰有压印支字纹和划纹，这一陶器系统继承自兴隆洼文化，经赵宝沟文化流传到红山文化。红山文化还继承了赵宝沟文化的少量泥质黑陶。泥质红陶中多盆、钵、罐，多饰黑彩，与仰韶文化半坡类型晚段、庙底沟类型和内蒙古中南部的海生不浪类型相似，明显受到了仰韶文化的影响。[②] 红山文化独具特色的无底筒形器一般于祭坛和积石冢等处被大量发现，其纹饰也受到仰韶文化的影响。陶器上所反映出的这些特征，说明早在五六千年前燕山地区与中原地区就存在文化交流。许多学者都认为红山文化的形成包含长城以北的细石器文化和长城以南的仰韶文化因素，是南北史前文化交汇而形成，红山文化晚期的繁荣是与黄河流域史前文化的交流分不开的。

---

① 参见赵宾福：《东北新石器文化格局及其与周边文化的关系》，《中国边疆史地研究》2006 年第 2 期。

② 参见严文明：《红山文化五十年——在红山文化国际学术研讨会上的讲话》，《红山文化研究》，文物出版社 2006 年版，第 5～11 页。

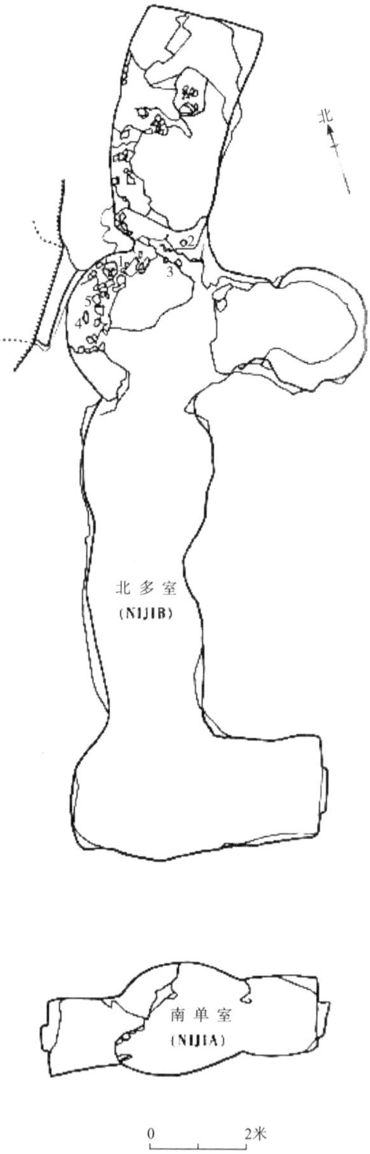

图 1-3-1　N1J1 平面图
1. 泥塑人像头部　2、4. 泥塑人手
3. 泥塑人像上臂　5. 泥塑人像肩头

红山文化时期，随着农业的发展，聚落急剧增多，社会分化加剧，出现了区域性的中心。与黄河流域和长江流域不同的是，该地区的区域性中心为祭祀遗址，远离居址。祭祀遗址以牛河梁、东山嘴、虎头沟、老虎山河为主，主要分布于大凌河流域。聚落居址主要分布于老哈河和西拉木伦河流域的山谷里。牛河梁、东山嘴、虎头沟和老虎山河为区域性礼仪中心，是周围的聚落祭祀萨满祖先和神灵的神庙和墓地。其中牛河梁、东山嘴两处遗址做的工作较多。牛河梁是红山文化最重要的遗址群，共 16 个地点，由于该地远离村落，因此以地点作名。经过正式发掘的有 5 个：第一、第二、第三、第五、第十六地点。其中第一地点发现有女神庙及相关遗存，其他地点主要发现有积石冢和祭坛。①

一、牛河梁遗址的考古发现

（一）第一地点

牛河梁遗址第一地点的中心为女神庙，编号 N1J1。女神庙于 1983 年被发现，其主体还没有正式进行发掘，只在 1983～1985 年进行了试掘，主要对遗迹的表面进行清理，以摸清遗迹本体范围和布局，确定遗迹的性质。

庙址为南北向，北偏东 20 度。平面布局分北多室(N1J1B)和南单室(N1J1A)两部分。北多室为南北长、东西短、多室连为一体的结构，可分出中室、北室、东室、西室和南部三室，西室被破坏。总体南北长 18 米，东西最宽 9 米，最窄 2 米。中室与东室、西室、北室都有通道相连；南单室位于北多室南部 2.65 米处，穴口横长 6 米，最宽 2.65 米。庙址面积 75 平方米(图 1-3-1)。

庙址为土木结构，墙内立有木柱，墙面抹多层草拌泥，并且有许多彩绘墙面残块出土，说明原来庙墙上绘有壁画。壁画以赭红色和黄白色为主，纹饰有三角纹、勾连纹等。

① 参见辽宁省文物考古研究所编著：《牛河梁：红山文化遗址发掘报告(1983～2003 年度)》，文物出版社 2012 年版。

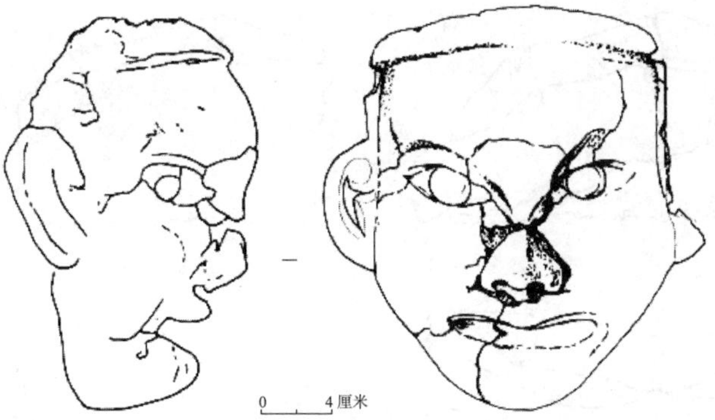

图 1-3-2　N1J1 出土泥塑人像头部(N1J1B:1)

发掘出土的遗物有人体塑像残件,包括人像头部、鼻、耳、手、手臂、乳房等残件。人头像(N1J1B:1)出土于中室西侧,头顶以上有残缺,额顶有箍饰,眼以浅灰色玉石为睛,直径 2.3 厘米。头像的背面和下部均为残面,从背面的残面看,应是贴于庙的墙壁处。人头像通高 22.4 厘米、通耳宽 21 厘米、最厚处 14 厘米,与真人大小相当(图 1-3-2)。

泥塑人像残件发现有鼻 1 件、耳 4 件、手 2 件、乳房 2 件、上臂 2 件、肩 1 件、手臂 1 件、腿 2 件,有的出土于中室内,有的为采集品,估计原来位于被破坏的西室。经统计,这些残件分别属于 6~7 个个体,按大小可分为约相当于人体 3 倍、2 倍和 1 倍大小三种。

因出土的泥塑人像具有女性的特征,一般称该庙址为"女神庙"。庙内供奉着 3 种不同大小的女神像,说明神灵之间有等级之分,代表了不同等级的女神或女性始祖。

中室内发现的动物形泥塑像有两种,分别为熊和鹰。熊的残件发现有吻、耳、爪和下颌,吻带有两个椭圆形鼻孔,耳端部起圆尖;双爪均显四趾,侧二趾稍短,隐约有关节,长 14 厘米余(图 1-3-3);下颌较长,有獠牙,上面涂有白彩。鹰有爪和翅,爪各存一侧的两趾,趾关节突出,趾尖锐利(图 1-3-4)。翅三分,有中脊,残长 46 厘米、宽 24 厘米,体形较大(图 1-3-5)。

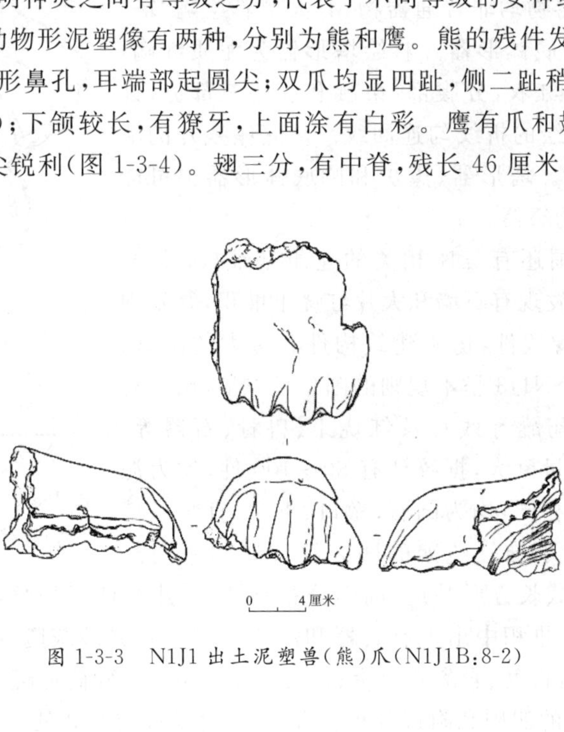

图 1-3-3　N1J1 出土泥塑兽(熊)爪(N1J1B:8-2)

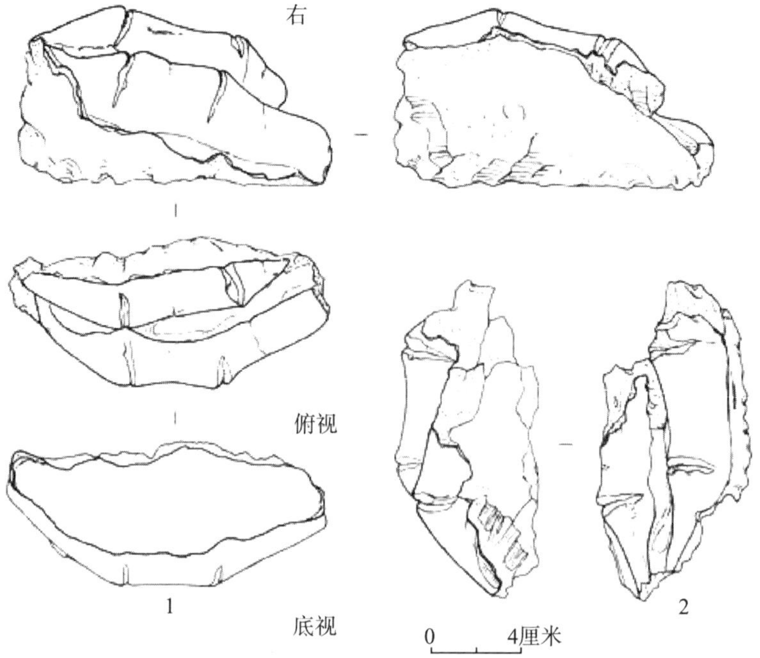

图 1-3-4 N1J1 出土泥塑猛禽(鹰)残件——爪
1. N1J1B:9-1-2 2. N1J1B:9-1-1

神庙内发现的器物均非普通器物,有大型彩绘陶"塔"形器、熏炉器盖和圜底钵形器。彩绘塔形器为泥质红陶,器表平滑,有的涂有红衣,分腹部、束腰和底座三部分,饰有指甲形窝纹,黑彩绘的折线勾连回纹。从底座残片的弧度看,该器器形硕大。塔形器、熏炉和圜底钵形器很可能是神庙内用于祭祀的祭器。

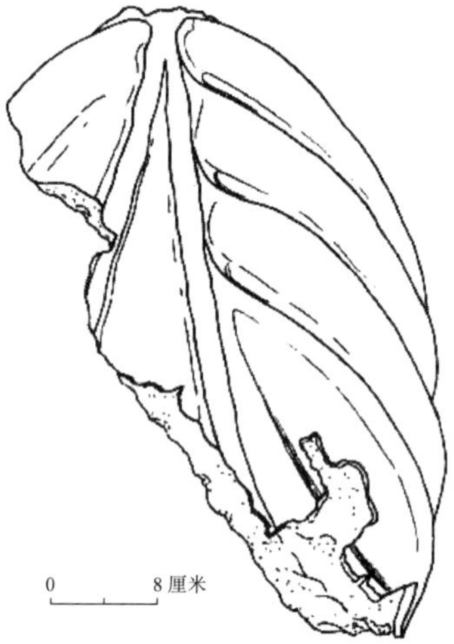

图 1-3-5 N1J1 出土泥塑猛禽(鹰)残件——翅(N1J1B:9-2)

在女神庙的周围还有三座相关的建筑基址(N1J2～N1J4)。其中 N1J2 发现有石墙和大片红烧土堆积,并发现泥塑人耳和泥塑上臂残件,仿木建筑构件和特大的陶盆,可能是另一处庙址。N1J3 呈不规则的圆角长方形,出土有筒形器、红陶钵、黑陶罐等残片及红烧土、兽骨、石器等。其中,筒形器残片数量巨大,据统计有 80～100 件,均为泥质红陶,其形制基本相同,均为圆唇、敞口、折领、直腹或稍鼓腹。器身瘦长,口下饰较疏朗的凹弦纹数周和一周凸棱。N1J4 为半地穴式长方形基址,周围分布有柱洞,建筑地面平整,中部有两个相连的烧土面。居住面室内堆积中出土有石器和泥质红陶片和夹砂灰陶片。陶器主要有折肩筒形器、塔形器、折腹折盆、彩陶敛口罐、盆式钵和压印纹夹砂筒形罐等残片。

女神庙和 N1J2 的四周和附近分布有窖穴,经过发掘的有 3 处。出土有塔形器、圜底钵形器、人塑像、筒形器、方形器、彩陶罐等。

（二）第二地点

第二地点分为六个单元，编号分别为 Z1～Z6，其中 Z1、Z2、Z4、Z5 为积石冢，Z3 是祭坛，Z6 被破坏严重，可能也是积石冢。Z1、Z2、Z3、Z4、Z5 大体呈由西向东排列，Z6 位于 Z3 以北。总体范围东西长 130 米、南北宽 45 米，共占地 5850 平方米（图 1-3-6）。

图 1-3-6 牛河梁遗址第二地点（西—东）

一号冢（Z1）发现 25 座墓葬，有两座大型墓葬 M25、M26 位于冢的中心部位，东西并列，相距约 14.8 米。其他 23 座墓葬都位于冢的南部。这是牛河梁遗址内发掘墓葬最多的墓地。

积石冢的冢体呈长方形，在布置好两座大墓以后起建，冢体形成后陆续在其南侧埋砌其他墓葬。冢体结构分为中心的冢台和外侧的界墙两部分。界墙内排列放置有大量陶筒形器。这些彩陶器均为半面绘彩，以黑彩宽带纹、三角纹为主，有彩面与无彩面之间多画线为界，且将有彩的一面向外。

冢内出土器物主要有三种：陶筒形器、陶扁钵式筒形器和陶塔形器。扁钵筒形器都为大敛口，腹短、体扁、无底、底缘或起台；陶筒形器饰菱形纹黑彩带或细斜线纹黑彩；塔形器呈长筒状，表面施圆戳点，再涂黑彩，口部敛成小口，呈圆弧顶，口外侧有对称双鋬耳。

中部大墓 N2Z1M25 平面呈圆角长方形，东西横长 3.15 米、南北纵宽 3.5 米、深 2.7 米（图 1-3-7）。墓南壁凿出 6 级台阶。墓室以规整的石板砌成。墓主仰身直肢，头西足东，为 35～40 岁的女性。随葬玉器 7 件，分别是玉珠、斜口筒形器、玉镯各 2 件，管状玉器 1 件（图 1-3-8）。

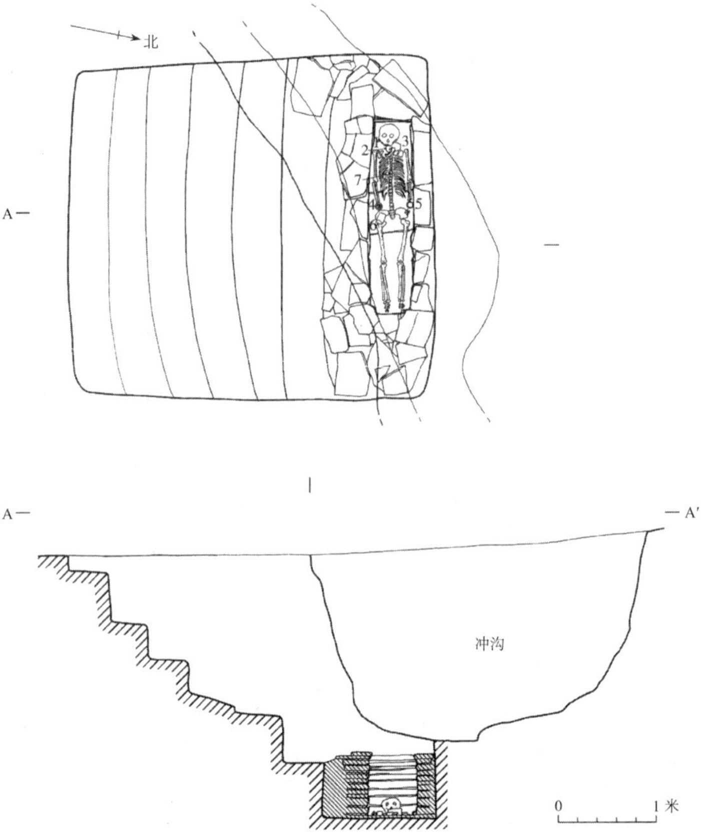

图 1-3-7　N2Z1M25 平、剖面图
1、2. 玉珠　3、6. 玉斜口筒形器　4、5. 玉镯　6. 管状玉器

筒形器(N2Z1M25: 3)

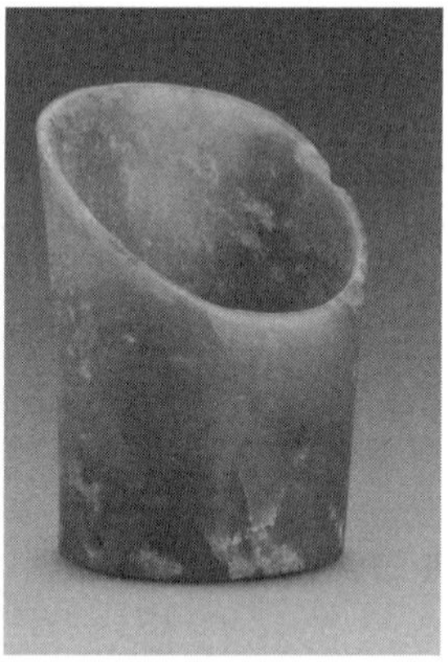

筒形器(N2Z1M25: 6)

管状器(N2Z1M25: 7)

镯（N2Z1M25：4）

镯（N2Z1M25：5）

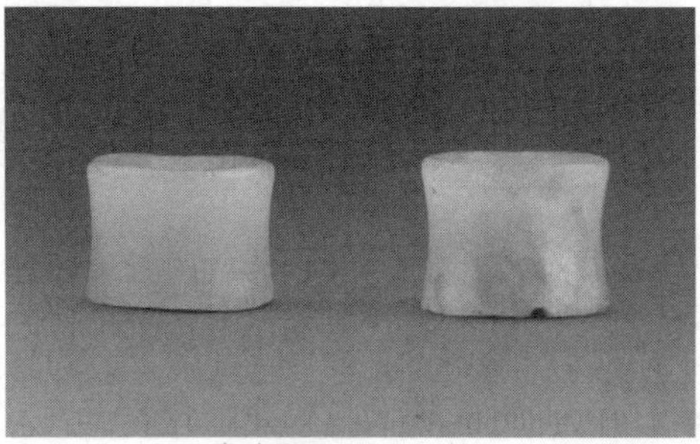

珠（N2Z1M25：1、2）

图 1-3-8　N2Z1W25 出土玉器

N2Z1M26 墓主为成年男性。墓圹平面呈长方形，东西长 3.4 米、南北宽 3.9 米、深 1.9 米。南侧有 5 级台阶。墓室以规整的石板砌成。墓主头西足东，仰身直肢葬。随葬有 4 件玉器，管状玉器、双鹰首玉器、镯、坠饰各 1 件。双鹰首饰(N2Z1M26：2)黄绿色，局部有白色瑕斑，圆润有光泽。板状体，边缘较薄。正面两端各雕一鹰首，上下对称。立耳，额中起突尖，耳大端圆，卵圆形眼，嘴呈下弧形，钩喙。中部镂空，两侧以起地法各做出 6 道瓦沟纹，外侧有 3 个扉棱。背面平整无纹饰，有 3 个隧孔呈品字形排列。器长12.9 厘米、宽 9.5 厘米、厚 0.6 厘米。出土时位于墓主腹部，横置，正面朝上(图 1-3-9)。

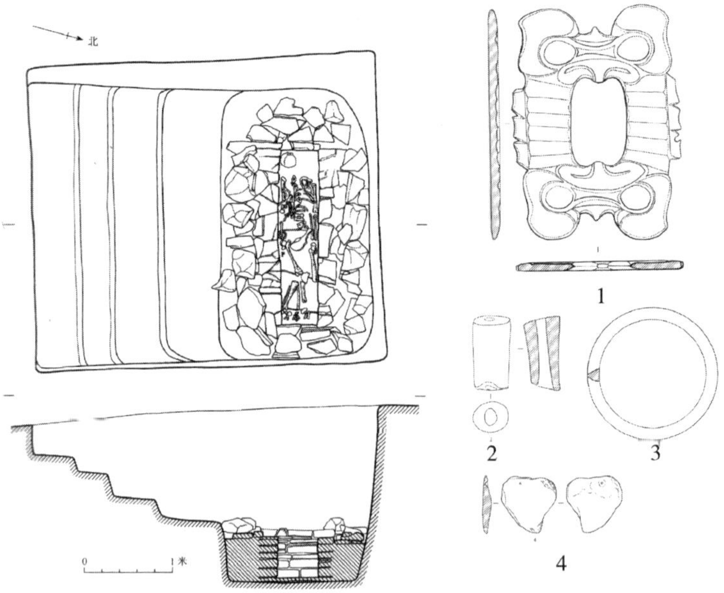

图 1-3-9　N2Z1M26 平、剖面图和出土玉器

1.鹰首饰(N2Z1M26：2)　2.管状器(N2Z1M 26：1)　3.镯(N2Z1M26：3)　4.坠饰(N2Z1M26：4)

冢台南侧分布有 23 座墓。有 11 座墓属于二次葬。合葬墓有 3 座,分别埋葬 3 男性、1 男 1 女和 2 女。有 6 座墓没有随葬品,其余墓葬仅有少量的玉器,有玉镯、玉环两种饰品,其余为玉斜口筒形器、玉勾云形器、玉璧、玉龙、凤首饰等,以前三者居多。

表 1-3-1　　牛河梁遗址第二地点一号冢墓葬登记表

墓葬	墓主	年龄	随葬品	其他
M1	女性	35～40 岁	玉环 1	
M2	女性	30～35 岁	玉环(残件)	
M3			无	二次葬
M4	男性	35 岁左右	玉斜口筒形器 1、玉玦龙 2	
M5	男性	40 岁左右	无	
M6	成年男性		无	二次葬
M7	3 人二次葬	男 30 岁	玉环 2、玉璧 3(每人 1 件玉璧)	二次葬
		男 20 岁		
		男 30 岁		
M8	女性	40 岁左右	环 1	二次葬
M9	男性	50 岁左右	玉勾云形器 1、石钺 1	
M10	女性	40～45 岁	无	二次葬
M11	男	25～30 岁	玉环 1、玉璧 1、玉蚕(蛹)1	二次葬

续表

墓葬	墓主	年龄	随葬品	其他
M13	女	22～24 岁	无	二次葬
M14	女	45 岁左右	玉勾云形器 1、玉镯 2	
M15	女	40～45 岁	玉斜口筒形器 1、玉璧 1、玉环 1、玉镯 2	
M16			无	二次葬
M17	女	50～55 岁	玉双人首三孔梳背饰 1、玉凤首 1	二次葬
M19			无	二次葬
M20			无	二次葬
M21	男性	30 岁左右	璧形玉饰 1、玉斜口筒形器 1、玉勾云形器 1、玉璧 10、双联玉璧 2、圆筒状玉饰 1、玉龟壳 1、玉珠 1、玉兽面牌饰 1、玉镯 1	
M22			玉斜口筒形器 1、玉勾云形器 1、玉镯 1	
M23			玉龙凤佩 1、玉钺形璧 1、玉镯 1、绿松石坠 1	
M25	女	35～40 岁	玉珠 2、玉斜口筒形玉器 2、玉镯 2、管状玉器 1	
M26	男	成年	管状玉器 1、玉双兽(鸮)首玉器 1、玉镯 1、玉坠饰 1	
M24	二人合葬	成年男(左) 女(右)	玉镯 2、玉勾云形器 1	
M27	二女合葬	女(40 岁左右二次葬) 女(30 岁左右)	玉勾云形器 1、玉镯 1	二次葬

这些墓葬有二次葬和一次葬，二次葬大多没有随葬品，而一次葬以玉器为主，数量多为 3～7 件，个别大墓如 M21 可达 20 余件。最常用的玉器为斜口筒形器和勾云形器，其次为玉环、玉璧、玉镯。值得注意的是，M4 除了出土有较常见的斜口筒形玉器外，另有两件玉玦龙位于墓主的胸部。红山文化的玉玦龙为典型器类，但出土品较少，传世品较多。这座墓也是出土数量最多的一座(图 1-3-10)。

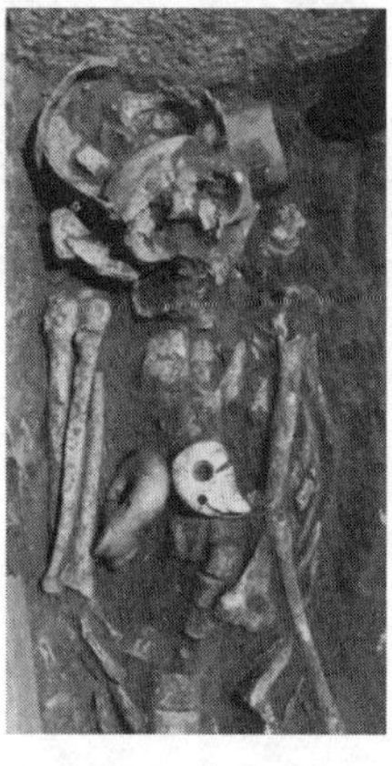

图 1-3-10　牛河梁遗址 N2Z1M4

第二地点二号冢平面呈正方形，由冢中心的一座大墓和南侧的 3 座墓葬组成(图 1-3-11)。中心大墓(N2Z2M1)由地下、地上两部分组成，地下部分辟长方形土圹，内砌筑墓室，顶盖封石，顶盖与原地表近平。地上部分为一方正的石砌冢台，从墓口即地表以上起筑，冢台距地表高约 0.7 米，冢台外壁齐整，呈覆斗状。台上封土，将中心大墓封罩于内，出土了玉环 1 件。冢堆积中出土有筒形器、塔形器等(图1-3-12)。

图 1-3-11　牛河梁遗址第二地点二号冢 N2Z2M1

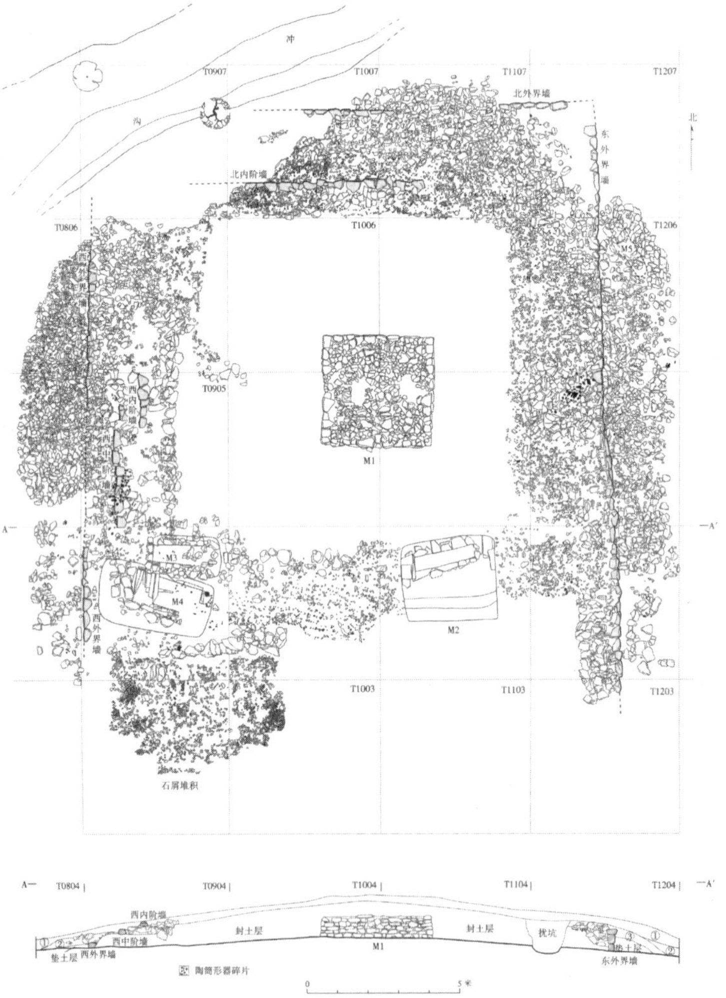

图 1-3-12　N2Z2 平、剖面图

祭坛 Z3 位于第二地点的中部，平面呈正圆形，有内、中、外三圈石界桩圈组成的阶台和坛上积石组成。在内石界圈内侧放置有陶筒形器。祭坛内堆积中出土较多的陶筒形器和塔形器残片(图 1-3-13)。

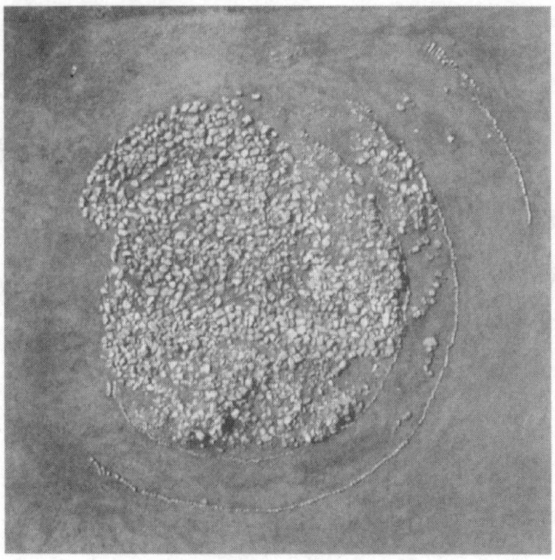

图 1-3-13　牛河梁遗址第二地点祭坛 N2Z3

四号冢位于第二地点的东部，南北长 34.6 米、东西宽 37.4 米，占地面积 1294 平方米。冢体由下层积石冢和上层积石冢两大部分组成。上层积石冢有 3 个冢体组成：Z4A、Z4B1、Z4B2，Z4B1 和 Z4B2 为圆形，两者稍早于 Z4A(Z4A 为方形)。出土的陶筒形器纹饰以连续菱形方格纹带为主。下层积石冢发现冢墓 10 座，3 座冢冢界为圆形，沿冢界立置陶筒形器，筒形器之间基本相连，有关简报称“筒形器圈墓”，冢上平铺碎石。一冢一墓，墓位于冢的中心，均为南北向土坑墓。10 座墓大体可分成 4 排，每排2～3 座冢墓。冢内出土器物主要有玉斜口筒形器、陶塔形器、彩陶瓮等。彩绘纹饰以勾连纹、涡纹为主。属于 Z4A 的墓葬有 6 座，出土玉器主要有玉斜口筒形器、玉环等(图 1-3-14)。

图 1-3-14　N2Z4 下、上层积石冢叠压关系和下、上层墓葬分布(西—东)

五号冢 Z5 位于 N2 的最东北边。平面呈南北长的长方形，中部东西横砌一石墙带，使冢体平面呈“日”字形。南北长 19.2 米、东西宽 14.6 米。四边石墙为单层石块构筑，未见有内墙的设置。北墙内放置有成排陶筒形器(图 1-3-15)。

图 1-3-15　N2Z5 平、剖面图

六号冢 N2Z6 位于第二地点的最北端，保存较差，冢体范围东西约 17.6 米、南北约 11.5 米，为正南北向的积石冢。

（三）第三地点

第三地点 N3 为圆形单冢，直径约 16.5 米。冢内发现墓葬 11 座，均为长方形土圹砌石墓，出土器物以玉璧、玉环、玉镯为主。有一座中心墓葬 M7，其南侧和西南侧置其他墓葬。冢上积石，冢内出土有陶筒形器、塔形器和少量罐、盆等残片。周围的围沟内有残的陶塑人面出土（图 1-3-16）。

（四）第五地点

牛河梁遗址第五地点分下层积石冢和上层积石冢。下层积石冢阶段遗迹包括三个部分：积石冢 2 座、祭祀坑 9 座和灰坑 1 座。2 座积石冢位于第五地点的东西两端，保存较差。墓葬均为小型砌石墓。出土彩陶绘有涡纹，时代属于红山文化中期。上层积石冢阶段遗迹共有四个单元：东端是一号冢，西端是二号冢，两者之间为祭坛，编号三号冢。祭坛下压着一处堆石遗迹，属红山文化晚期（图 1-3-17）。

图 1-3-16　牛河梁遗址第三地点（北—南）

图 1-3-17　牛河梁遗址第五地点（东南—西北）

图 1-3-18　牛河梁遗址 N5SCZ1

一号冢由环壕、冢体和冢内墓葬组成。环壕、冢体均为圆形，环壕直径 42 米（图 1-3-18）。冢体有三圈石墙，西部有一大型墓葬 N5Z1M1（图 1-3-19）。墓葬 N5Z1M1 由地上和地下两部分组成：地上部分为土、石合筑的封丘，呈圆形，边框垒砌成石墙。地下部分由墓圹和石砌墓室两部分组成，墓圹直接辟凿于风化基岩中，圹口呈圆角长方形，东西长 3.8 米、南北宽 3.05 米、深 2.25 米。墓圹有两级台阶，逐渐内收。底部长 2.05 米、宽 1 米的圹穴内有石板砌筑的墓室，无底，顶部以薄体大块石板叠搭封盖。室内壁长

1.98米、宽0.55米、深0.45米。墓主头东南足西北，仰身直肢，为50岁左右的成年男性。随葬玉器7件，包括璧、鳖各2件和鼓形玉箍、勾云形器、镯各1件（图1-3-20）。璧位于头的左右两侧，勾云形器位于胸部，镯位于右臂，鳖分别位于左右手。

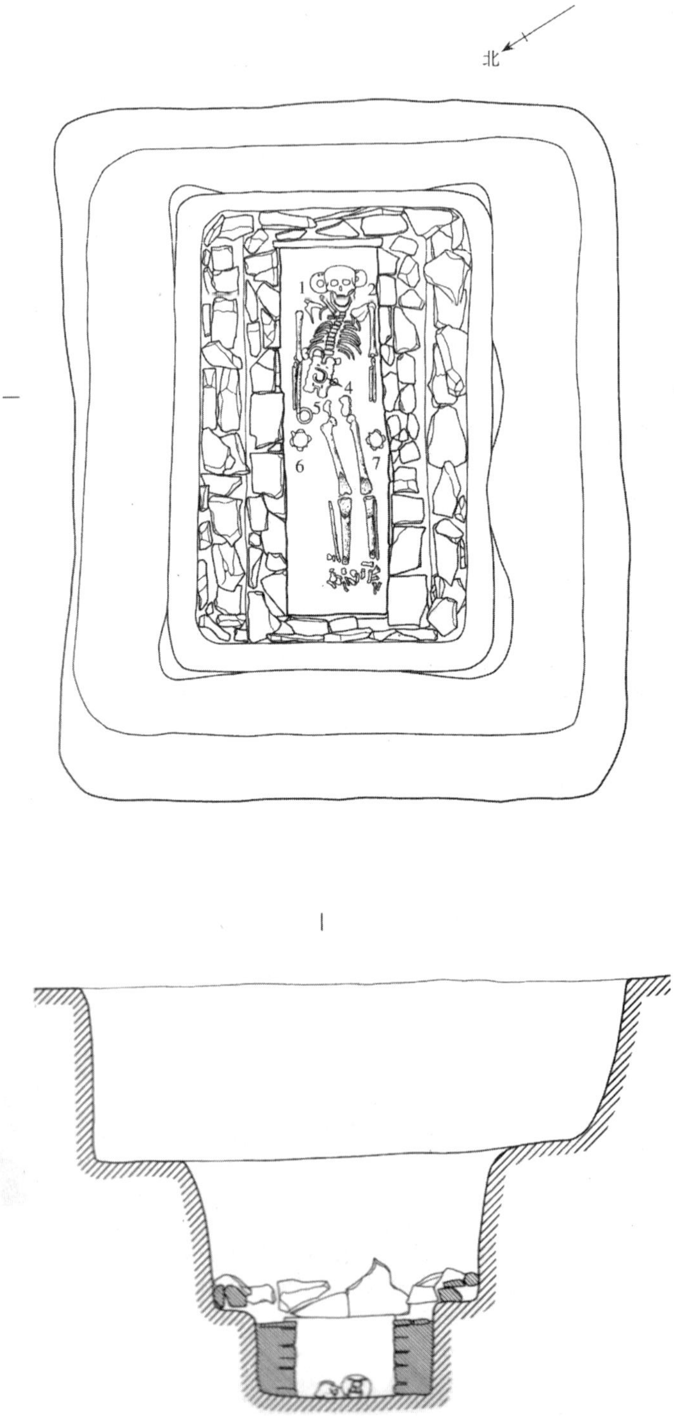

图1-3-19 牛河梁遗址第五地点N5Z1M1平、剖面图

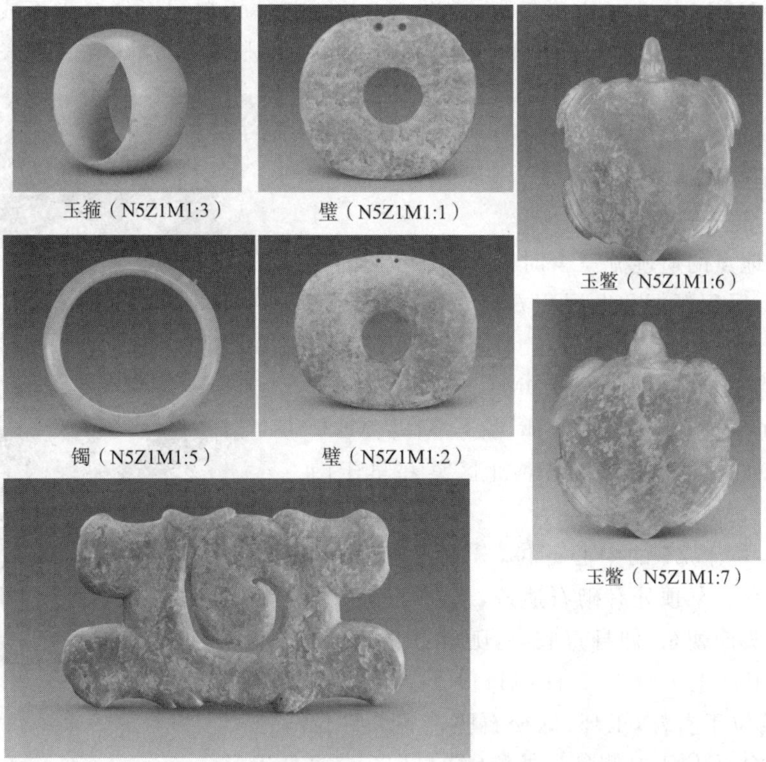

玉箍（N5Z1M1:3）

璧（N5Z1M1:1）

玉鳖（N5Z1M1:6）

镯（N5Z1M1:5）

璧（N5Z1M1:2）

玉鳖（N5Z1M1:7）

勾云形器（N5Z1M1:4）

图 1-3-20　牛河梁遗址 N5Z1M1 出土玉器

二号冢呈长方形，有内、外两层冢界石墙。南部积石层下有 4 座小型砌石墓葬。地层中出土有女性小塑像、筒形器残片、塔形器残片等(图 1-3-21)。

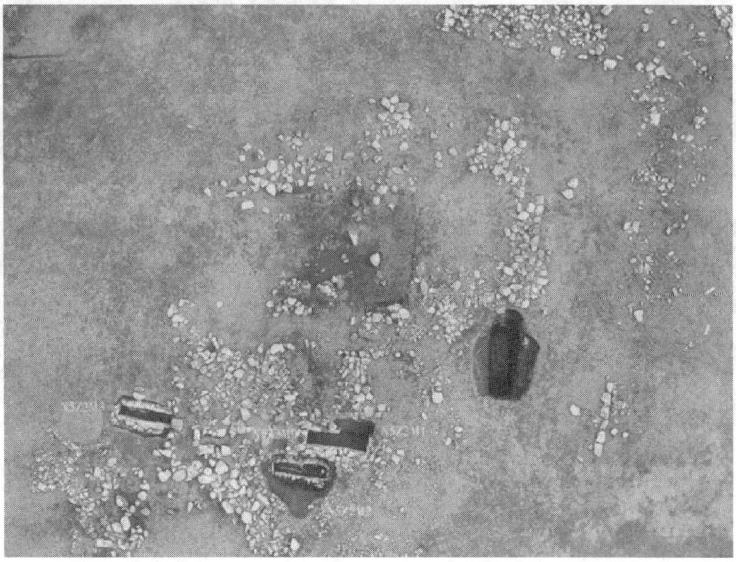

图 1-3-21　牛河梁遗址 N5SCZ2(南—北)

三号冢 N5SCZ3 为长方形祭坛，方向 148 度。坛体由单层石块铺砌而成，石块大多为白色的石灰岩质，使整个坛体显较纯的白色。北边框长约 5.5 米，东边框长 8.6 米，南边框长 5.3 米，西边框长 7.6 米。坛体东半部的中心处，于石块下压 4 具人骨，南北向一字摆放，排列紧密，可能是二次墓。

（五）第十六地点

第十六地点的遗迹分三个时期，分别为土坑竖穴墓阶段、下层积石冢和上层积石冢。其中上层积石冢属于红山文化晚期，发现有 8 座墓葬，分南北两区：北区墓 4 座，编号 M4、79M1、79M2、79M3，M4 位于中心位置；南区墓葬 4 座，编号 M12、M13、M14、M15，M14 位于中心位置。北区墓葬早于南区墓葬。

图 1-3-22　牛河梁遗址 N16M4

N16M4 位于 Z1 的中心部位，分墓上、墓下和相关祭祀遗存。墓顶处有砌石遗迹，墓西侧有一祭祀坑。墓主头向朝东，仰身直肢葬，随葬 8 件玉器：1 件玉凤位于墓主头骨下，1 件斜口筒形器位于胸部，1 件玉镯位于右臂，玉环、绿松石坠饰各 2 件位于下腹，1 件玉人位于左侧盆骨外侧（图 1-3-22、图 1-3-23）。

玉凤（N16M4:1）

玉斜口筒形器（N16M4:2）

玉镯（N16M4:3）

玉环（N16M4:6）

玉环（N16M4:5）

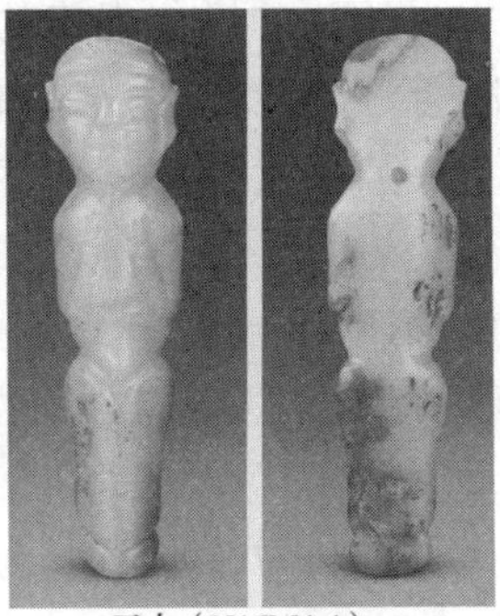

玉人（N16M4:4）

绿松石坠饰（N16M4:7、N16M4:8）

图 1-3-23 牛河梁遗址 N16M4 出土玉器

N16M14 为长方形土坑竖穴墓，平面倒凸字形。二次葬，墓主为 30～35 岁女性。随葬品有 8 件，包括 7 件玉器：璧、斜口筒形器、镯、玉玦龙各 1 件，玉环 3 件；细石器石刃 1 件。

此外，N16～79M2 出土玉勾云形器、玉镯、玉斜口筒形器、玉管珠、玉鸟各 1 件，玉环、玉璧各 2 件。N16M15 墓主为男性，45 岁左右，仰身直肢，头向西北，脚向东南。随葬有玉玦、玉环、玉勾云形器各 1 件，均位于胸腹部。

二、牛河梁遗址分析

除牛河梁遗址之外，位于辽宁省朝阳市喀左县的东山嘴遗址为另一处祭祀中心。遗址主要遗迹为一组以南北轴线布局的石砌建筑群，包括北部的一座大型方形基址，南部的一座小型圆形台址。另有两座时代较早的圆形台址。遗址中出土有女性陶塑像残件、双龙首玉璜饰件、鸮形绿松石饰以及彩陶筒形器。陶塑人像发现有 20 余块，包括孕妇塑像和大型人物坐像。[①]

牛河梁遗址周围 50 平方公里内没有发现居住遗址，积石冢内只放置了少量玉器，有的大型积石冢存在台阶式墓道，墓上垒石起冢。在新石器时代没有金属工具，构筑这样规模的墓葬颇为不易，说明墓主人是有一定社会权力的人。在北方民族中，萨满服务于氏族或部落，作为氏族和部落的萨满巫师，一是为氏族和部落祈福求丰产，二是为氏族或部落成员行医治病，因此受到氏族和部落的爱戴。在萨满死后，氏族和部落成员将其藏于高山上，并修筑规模宏大的积石冢和祭坛以祭祀萨满和作为其安息之地。

（一）女神庙的性质分析

偶像崇拜是广泛见于萨满教中的文化现象，兴隆洼文化和赵宝沟文化中都发现有萨满教的人偶等遗物，红山文化中也发现有崇拜偶像的遗存。牛河梁女神庙中有大、中、小三种女神像，说明女神之间有等级差别。萨满教创始神话中第一位萨满都是女性萨满，同时他们也是氏族或部落的创始神。因此，这些女神像具有女始祖和女萨满的双重身份。女性始祖萨满产生于母系氏族社会，普遍见于北方民族中，如锡伯族传说萨满的始

① 参见郭大顺等：《辽宁省喀左县东山嘴红山文化建筑群址发掘简报》，《文物》1984 年第 11 期。

祖是一个披神衣、手持神鼓的女萨满。堪察加尔和内蒙古自治区陈巴尔虎旗的鄂温克族也都是以女性为主进行宗教活动。只是进入父系氏族社会之后，女萨满越来越少，逐渐被男性萨满取代。直到中华人民共和国成立前，我国北方民族中女性萨满仍然很多。北方民族的女始祖崇拜和萨满崇拜是合一的。

萨满教的宇宙观分为三界多重，萨满巫师们能借助动物助手出入于上、中、下三界。上界指天界，萨满借助各种鸟类上达于天，这些鸟中最重要的是鹰、鸮。红山文化牛河梁遗址女神庙中发现有鹰的神像，应该是萨满的动物助手鹰神的形象。玉器形象中，鹰和鸮也发现较多，一般作大眼、阔嘴、长勾喙状，带耳的更可能是鸮，勾云形器中也有一类为鸮的正面形象。这说明在红山文化中，鹰和鸮为萨满上达天界的助手。在北方民族中，萨满的神衣上也多以鹰的羽毛作为装饰，赫哲族萨满制作有鹰神的神偶，萨满头上插有鹰的羽毛，达斡尔族萨满的神帽上有鹰的形象。在有的满族族姓传说中，鹰神从火中叨出一个石蛋，生出了第一个女萨满。布利亚特人传说最初有一只大鹰，它受善神的派遣来到人间，与布利亚特女子婚配，生一子，为最初的萨满。雅库特人、锡伯族和达斡尔族也传说萨满是神鹰的后裔。在这些民族中传说鹰是“腾格里(天神)”的神鸟，它的力量无比，能用右边的翅膀遮住太阳，用左边翅膀遮住月亮。萨满请神鹰吃血时，要模仿大鹰俯冲下来的动作。[①] 因此，鹰神是上达于天的助手，萨满在通神时多身穿打扮成鹰的神衣，法力强大的萨满也能请鹰神附体，借之上通于天界。

中界是人类居住的世界，北方地区的族群长期以游猎来获取动物作为食物来源，直到现代部分鄂温克族仍以狩猎为生，赫哲族以渔猎为生。因此，这些北方民族崇拜各种各样的动物，有虎、熊、狐狸、鼬鼠、狼、猪等。[②] 其中作为萨满动物助手的兽类以熊为主，牛河梁遗址女神庙中出土的熊神像当为萨满的动物助手。同时，熊也被某些北方民族视作祖先神，流传于鄂伦春族中的一个传说这样记载：

> 很早很早以前，有一个猎人突然被一只母熊抓去，把他关在一个山洞里。为了不让他逃跑，母熊每次出去时都用大石头把洞口堵得死死的。这样过了几年的同居生活之后，母熊生了一个小崽，从此以后，母熊逐渐放松了对猎人的警惕。一天，母熊领着小熊外出觅食忘了堵洞口，猎人便乘机钻出洞来，并用飞快的速度往江边逃遁。这时正好碰上一个放木排的，猎人便招呼他靠岸，搭上木排顺流而去了。傍晚，母熊同小熊觅食归来，一看忘了塞洞口，便知大事不好，进去一看，洞里空空的。母熊于惊讶之余，便带着小熊顺着脚印急速追赶，到了江边一看，只留下了上木排的痕迹，猎人已无影无踪了。于是又沿着江边往下游追去，追了好久，才见到木排。仔细一瞧，猎人正在上面。母熊一面招手，一面喊叫：“你怎么走了？快回来吧！”猎人置之不理。母熊气愤极了，无可奈何地说：“你既不愿意再回来，咱们只好你一半我一半了。”说着一把将小熊抓了起来，唰的一下撕成两半，把一半向猎人扔了去，而自己抱着另一半嚎啕大哭。就这样，随母的一半便成了熊，而随父的一半则成了鄂伦

① 参见秋浦：《萨满教研究》，上海人民出版社1985年版，第58页。

② 参见秋浦：《萨满教研究》，上海人民出版社1985年版，第21～22页。

春人。[1]

鄂伦春人视熊为祖先，称公熊为“雅亚”（祖父），称母熊为“太贴”（祖母）。游猎于额尔古纳河流域的部分鄂温克族，称公熊为“合克”（祖父），称母熊为“鄂我”（祖母）。两族对熊还有特殊的禁忌和崇拜仪式。鄂伦春族如果猎杀了熊，老猎人要领着青年猎人跪下给熊磕头，熊头风葬，熊肉带回。当熊运回“乌力楞”[2]时发出特殊的声音，告知猎熊归来，且必须由“乌力楞”的人汇集一起共同聚食。熊肉吃完后，骨头不能乱扔，要像风葬死者一样，由四人抬着熊骨送葬。同时，全“乌力楞”的人都要假装哭泣。鄂温克族对熊的禁忌和仪式与之类似，在分配熊皮时，要由一人拿着熊皮去各户串门，表示让熊挨户向人们告别。

赫哲族虽然不如前两族明显，但是他们也将熊称作“玛法”，意为老年人、长辈。赫哲族的偶像神“老祖宗”为二人形木偶，长约 28 厘米，男为平头，女为尖头，均以熊皮裹身，代表赫哲族的一切老祖宗，平时将其供奉于每家西墙上之搁板上，每逢家祭时必祭奠之。由此可见，熊也是北方少数民族的图腾神和祖先神。风葬和告别仪式是祖先禁忌的孑遗。由于将熊视作祖先，理应禁止食用，但是这些狩猎民族又将其作为食物，因此采用风葬和告别仪式作为心理补偿（图 1-3-39）。

萨满宇宙观的下界住着兽形动物和怪物，是幽冥之地。在红山文化中，萨满进入下界的动物助手主要是龟鳖。牛河梁遗址发现的玉龟鳖比较多，在动物类中仅次于玉鸟和玉玦龙，主要有第五地点一号冢 M1、第十六地点西侧墓葬等。其中 N5Z1M1 最为典型（图 1-3-20），墓主随葬 7 件玉器，玉璧、玉龟鳖各 2 件，分别位于头端和手端，腹部放置勾云形玉器和玉箍，臂戴玉镯。

综上，牛河梁女神庙中祭祀着三种神灵：一是女神像代表的女始祖神，另外分别为鹰神和熊神，它们也是氏族的图腾神和祖先神。而墓葬中埋葬的正是氏族和部落的萨满，由于他们是氏族和部落的保护者、知识分子、神职人员、巫医，因此备受尊敬，死后被葬于神庙的附近。牛河梁遗址为祖先的神庙，也是萨满的墓地。

（二）陶筒形器和玉斜口筒形器分析

牛河梁遗址发现的普通陶器非常少，多是一些特殊类陶器，主要有陶筒形器、塔形器、钵形器等。这些当为祭祀用具。陶筒形器数量最多，一般围绕积石冢的内墙堆放一圈。它们无盖无底，无法作为盛器，外侧有勾云状或三角形等几何彩绘，推测这种器物当为沟通天地的法器[3]（图 1-3-24）。与之功能和样式相似的当属红山文化特殊的玉器斜口筒形器。斜口筒形器是使用较为广泛的玉器种类，出土数量较多。据统计，牛河梁地区积石冢随葬玉器的 40 座墓葬中，有 16 座墓葬使用了 18 件斜口筒形器，而且一般大型墓

---

① 秋浦：《萨满教研究》，上海人民出版社 1985 年版，第 27～28 页。

② “乌力楞”是鄂伦春语，即“子孙们”的意思，指同一父系所传的子孙。一个乌力楞是一个父系家族，由几个或几十个斜仁柱组成。“斜仁柱”是适合游猎生活的居住之所，用松木或桦木做支架，盖上桦树皮，冬季用兽皮围盖，底部直径约七八米，高五六米，中间生篝火，可做饭、取暖和照明。一个斜仁柱为一个个体家庭，若干个斜仁柱组成一个乌力楞，若干个乌力楞构成一个氏族。

③ 参见陈国庆：《浅析红山文化筒形器》，《北方文物》2003 年第 4 期。

葬中均有出土。如第二地点1号冢25座墓葬有6座墓葬出土斜口筒形器，中部大墓N2Z1M25出土2件。斜口筒形器多位于墓主的头部，或许作为墓主特殊冠饰和头饰（图1-3-25）。有学者认为这种玉器与凌家滩遗址M23中出土的斜口椭圆形玉器类似，其中一件加工成龟的腹甲状，从而认为斜口筒形器为龟的简化形态。不过红山文化并无制作成具象的龟形状的玉斜口筒形器。从器型推测其功能应该与陶筒形器相似，当为沟通天地的宗教法器。此外，斜口筒形器多位于头部，应该是萨满的束发器或神帽上的饰件。那斯台遗址出土的萨满跪坐人像，人像头顶竖起的三层饰件，斜口筒形器可能与之功能类似（图1-3-37，1）。

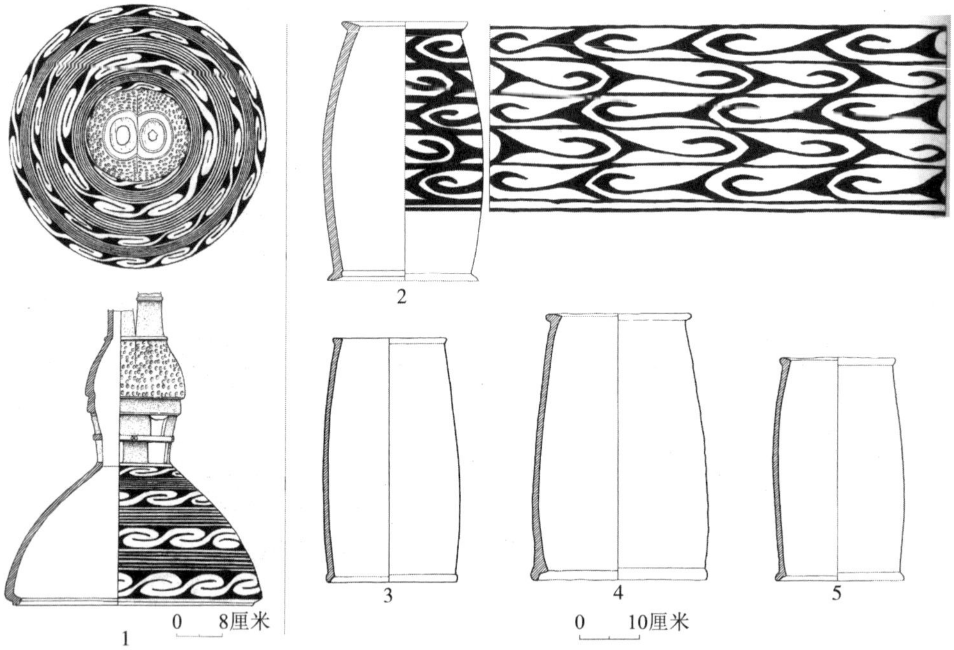

图1-3-24　牛河梁遗址出土塔形器和筒形器

1. 陶塔形器（N2Z2:49）复原图　2—5. N2Z4M4出土陶筒形器

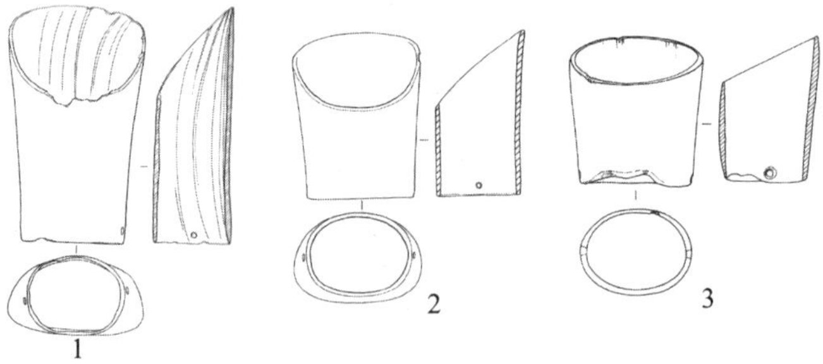

图1-3-25　玉斜口筒形器

1. N2Z1M4:1　2. N2Z1M25:6　3. N2Z1M22:1

（三）勾云形器的研究

勾云形器是红山文化最重要的玉器种类。其器型硕大，造型奇特，主要可以分成两种类型：一种中部圆形作旋涡状，四周各出一角；另一种是类似扁圆角长方形，上面有类似动物的涡状大眼，下面有尖牙，多认为是鸮或鹰的正面形象。勾云形器一般出土于墓主的胸部，牛河梁第二地点有6座墓葬出土勾云形器，墓主有男性也有女性，而且是一次葬墓才有出土，二次葬不见，或许在二次葬的过程中被取走了。因此其出土比例是非常高的。勾云形器造型复杂，制作难度比较大，且器型硕大，需要较大的玉料来制作，可谓红山文化第一重器。我们知道，红山文化的玉璧、玉玦龙、玉玦、玉环等都流传到了南方的凌家滩、良渚文化之中，但唯独勾云形器没有扩散，这说明勾云形器是红山文化独特的宗教用具。

关于勾云形器的解读，存在较大的差异。较为形象的似鸟形的勾云形器，或以为是勾云双鸟，或以为是带齿猪龙，或以为是鹰面纹，或以为是鸟兽纹、神面鸟纹、带爪鹰面勾羽形佩等。其上部中间为两个圆形的眼睛，涡状的线两侧的勾状表示鸟的双翼，下面齿状物似鸟的爪或羽翎。整体上看，似一只趴俯的鹰或鸮（图1-3-26）。

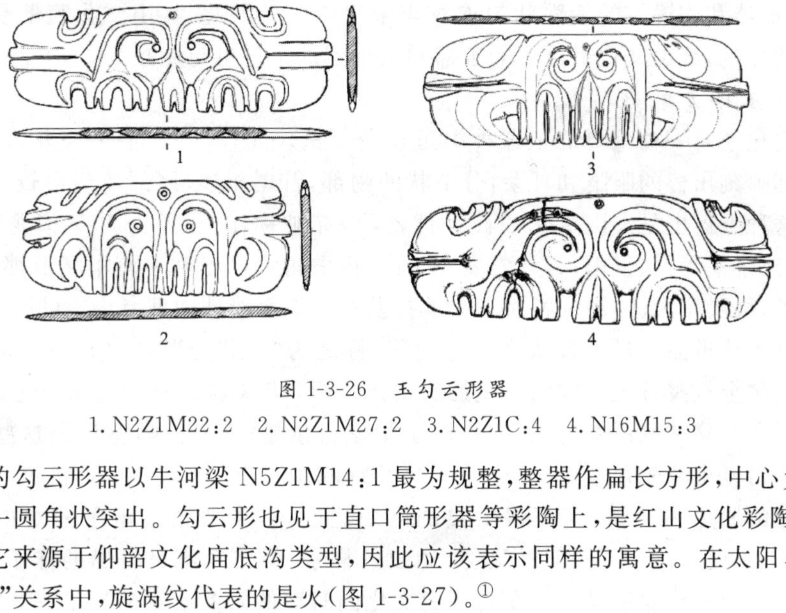

图1-3-26　玉勾云形器

1. N2Z1M22：2　2. N2Z1M27：2　3. N2Z1C：4　4. N16M15：3

涡状的勾云形器以牛河梁N5Z1M14：1最为规整，整器作扁长方形，中心为圆涡状，四角各有一圆角状突出。勾云形也见于直口筒形器等彩陶上，是红山文化彩陶的主要纹样之一。它来源于仰韶文化庙底沟类型，因此应该表示同样的寓意。在太阳、鸟与火的“三位一体”关系中，旋涡纹代表的是火（图1-3-27）。[①]

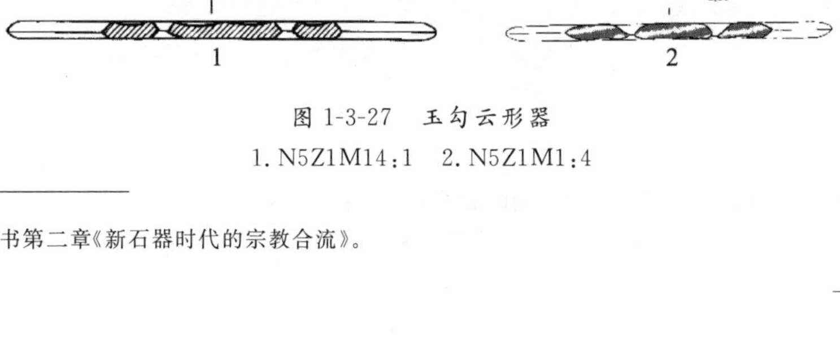

图1-3-27　玉勾云形器

1. N5Z1M14：1　2. N5Z1M1：4

① 详见本书第二章《新石器时代的宗教合流》。

勾云形器的两种类型的是相关的，它们统一于太阳鸟崇拜之中。红山文化的萨满教信仰受到了来自长江流域和黄河流域的宗教影响。陶筒形器的旋涡纹和旋涡状勾云形器表现的均为火的形象。火为当时人们崇拜的自然力量和生命能量。勾云形器为萨满巫术力量的象征，是萨满的宗教法器。在民族学调查中发现的北方少数民族萨满的胸前还有类似勾云形器的牌饰，后世则多以铜镜代替。清方式济《龙河纪略》中记载：

> 降神之巫曰萨满。帽如兜鍪缘檐，垂五色缯，条长蔽面。缯外悬二小镜，如两目状。着绛布裙，鼓声阗然，应节而舞。其法之最异者，能舞马于室。飞镜驱祟，又能以镜治疾，遍体摩之。遇病，则陷肉，不可拔。一振荡之，骨节皆鸣，而病去矣。

玉勾云形器为萨满驱祟治疾的法器。

红山文化晚期的繁荣离不开与黄河流域史前文化（包括仰韶文化和大汶口文化）的交流。仰韶文化庙底沟类型对红山文化产生过强烈的影响，这其中不但有陶器和彩陶纹样，更重要的是宗教观念的相互影响。庙底沟类型的太阳鸟纹样在红山文化中有较大的影响，其筒形器和陶罐上的旋涡状勾连纹当来自于此。因此，红山文化晚期受到了太阳崇拜信仰的影响，红山文化最重要的玉器勾云形器的出现也与此相关。

（四）玉玦龙的研究

红山文化还有一种重要的玉器种类玉玦龙。玉玦龙作环状，似玉玦开口，有的缺而不断。头部雕刻出兽的眼睛和耳朵，分节状的吻部，首尾相连，尾部雕刻得较简单。颈部钻一孔。这种玉器也是红山文化的代表性器物，亦被称作“玉雕龙”“玉猪龙”“玉卷龙”等，在辽宁建平牛河梁、富山，吉林农安左家山，内蒙古赤峰巴林右旗羊场及那斯台、巴林左旗尖山子、敖汉旗大洼，翁牛特旗三星他拉及黄谷屯等遗址中都有出土（图 1-3-28）。国内外也有许多传世品。过去曾认为头部像猪，称之为“玉猪龙”，现已少有认同。俄罗斯考古学家阿尔金教授首先将红山文化的玉玦龙介绍到俄罗斯。他通过研究之后，推论红山“猪龙”形象与猪和龙没有关系，并与昆虫学家科尔帕科夫合作，鉴证出这些“猪龙”实际上是模仿自昆虫科鳃角金龟子（金龟子）、叶蜂和步行虫的幼虫。[①] 孙机进一步由文献考证玉玦龙的原形为蛴螬，即类似甲虫的昆中之幼虫，主要指金龟子的幼虫[②]（图 1-3-35）。整体上来说，玉玦龙是模仿了昆虫幼虫的样子，但已经不是蛴螬的样子，比如蛴螬头较尖，有爪，而玉玦龙都没有。在与红山文化同时期的安徽凌家滩遗址中，也出土过一件类似的玉玦龙，背上有麟，头上有角，眼睛也由红山文化的大圆形变为三角形，可以视作某种兽或龙的幼虫。两者虽然形状相似，但分别是两种不同性质的动物，凌家滩的玉龙背上无孔，使用方式上也与红山文化的玉玦龙不同。因此，不能以凌家滩的玉龙证明红山文化玉玦龙的形态是龙。

---

① 参见[俄]C. B. 阿尔金：《红山文化软玉的昆虫学鉴证》，《北方文物》1997 年第 3 期。

② 参见孙机：《神龙出世六千年》，《仰观集：古文物的欣赏与鉴别》，文物出版社 2012 年版，第 14～15 页。

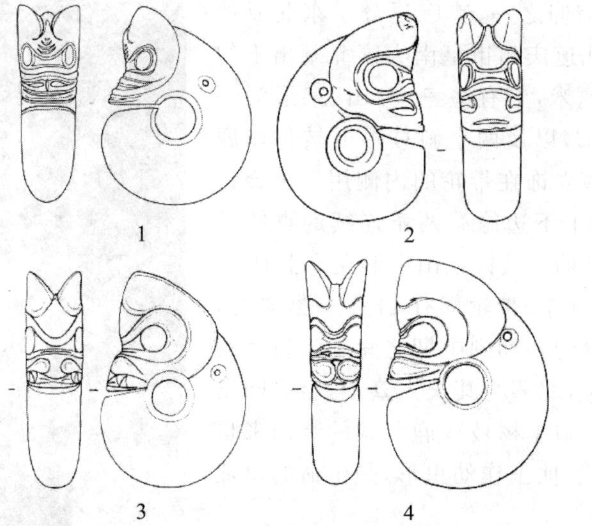

图 1-3-28　红山文化玉玦龙

1. N2Z1M4:2　2. N2Z1M4:3　3. 采集 5　4. 采集 7

玉玦龙是对幼虫或胚胎形态的模仿和创造。古人崇拜幼虫源于对于昆虫的观察，在采集和农业社会中，昆虫是经常遇到的生命。甚至，在食物来源不足时曾经充当人类的食物。昆虫由卵—幼虫—成虫是一个不断循环变态的过程，从而启发人类对于生与死的生命观念的思考，使人类将幼虫作为生命力的象征。《论衡·无形》篇："蛴螬化为复育，复育转而为蝉。"误将金龟子的幼虫作为蝉的幼虫，复育是刚钻出土的蝉，由于它能脱壳羽化，从而被视作神异。红山文化的幼虫崇拜除了玉玦龙之外，还有一些其他的形象，如第五地点出土的玉蝈蝈(N5Z2M9:4)，第二地点出土的玉蚕(N2Z1M11:3)等。将其定名为蚕或蝈蝈只是大体相似，实际上它们表现的都是幼虫（蛹）的形象。在汉代时，玉蝉成为死者口中所含葬器，也是利用其具有羽化的功能和生命力象征的寓意。

玉玦龙的原型可以牛河梁遗址出土的玉器相比较而得出。玉玦龙的造型采用了其他玉器造型，如大眼大耳的特点，与牛河梁遗址第二地点双鹰首饰(N2Z1M26:2)(图 1-3-33)，第十六地点 M4 出土的玉凤(图 1-3-23)，第二地点 Z1M21 出土的兽面牌饰相同。其吻部呈节状，正是蛴螬节状的样子，也是蛹或胚胎的样子，表明这是幼虫，还没有长成。我们再比较一下双鹰首饰中部的节状就知道，这用的是同样的艺术表现形式，节状表示幼虫形态，而两端的鹰或鸮表示其成熟形态为鹰鸮。为了表示它是一种幼虫，玉玦龙一般是不带牙的，但牛河梁遗址采集的一件标本（标本 5）嘴里两侧各伸出一对幼小的牙齿（图 1-3-28，3），同样说明玉玦龙表现的是一种动物的幼虫形态。

阿尔金指出："关于昆虫和幼虫的概念能够同人的精神或肉体联系起来，在古代的中国人、突厥人、芬兰-乌戈尔语人，特别是通古斯-满族（奥罗奇、那乃、尼夫赫）以及爱奴人那里都能见到。例如在那乃人那里，胎儿的精神在氏族树的树枝上发育成熟，然后像小鸟一样飞入妇女的体内。这种关于人类起源和经过不会生育的树木相联系的隐喻属于全西伯利亚的观念，应该同对幼虫原型的原始心理素质相联系。"①这种幼虫崇拜是北

① 参见[俄]C. B. 阿尔金:《红山文化软玉的昆虫学鉴证》,《北方文物》1997 年第 23 期。

方萨满教的精神信仰之一，曾广泛分于东北亚地区。如韩国庆尚北道庆州市皇南大冢北墓出土的金冠，冠高 27.7 厘米，上有垒三个“山”字形为一支的三支树枝装饰，以及两个斜枝形或被称作鹿角形的装饰。这些立饰在带轮的内侧用三个金钉来固定，带轮外侧上下边缘有两条连续的点纹及波浪纹。金冠上的曲玉装饰在山字形立饰上有 16 个，鹿角形立饰上 9 个，带轮部有 11 个。据研究，南墓的主人为 5 世纪初期到中期之间统治新罗的“麻立干”中的一位，北墓为其夫人墓，与金冠同出的有金腰带一件。冠上树枝或鹿角状的装饰来自于萨满神帽的样式，曲玉作幼虫形，是生命的象征(图 1-3-29)。[1]

图 1-3-29　韩国庆尚北道庆市皇南大冢出土金冠（摘自韩国文化财厅官网）

从出土环境上来看，牛河梁遗址出土的 3 件玉玦龙出自第二地点和第十六地点的石棺墓里，N16M14 墓主为女性，出土 1 件，N2Z1M4 墓主为男性，出土 2 件，均位于墓主胸腹部。除红山文化外，在河北西北部的泥河湾盆地东部姜家梁新石器时代遗址墓葬 M75 也出土 1 件玉玦龙，墓主为 40 岁左右的女性，仰身屈肢，玉玦龙出于锁骨位置。[2]该墓与赤峰大南沟墓地时代相当，晚于红山文化。这些玉玦龙背部均有一孔，结合出土位置推测玉玦龙原来是系绳挂在胸前使用。

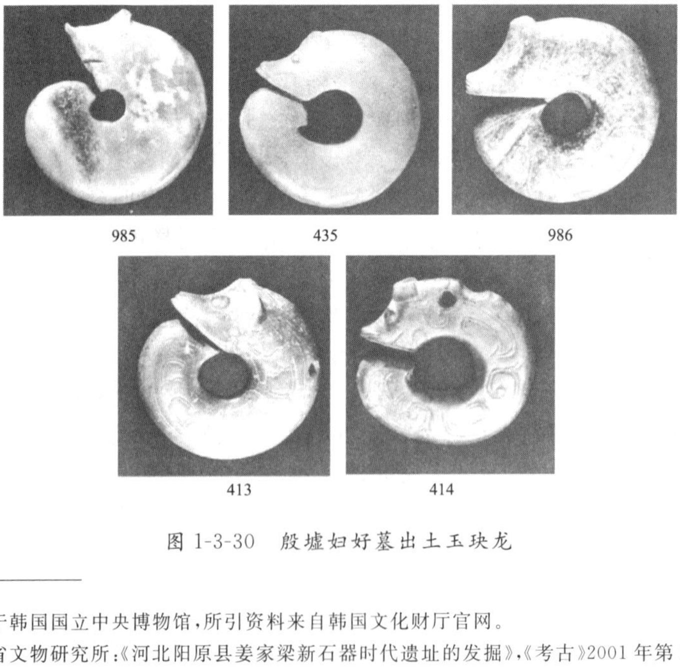

图 1-3-30　殷墟妇好墓出土玉玦龙

① 金冠现藏于韩国国立中央博物馆，所引资料来自韩国文化财厅官网。

② 参见河北省文物研究所：《河北阳原县姜家梁新石器时代遗址的发掘》，《考古》2001 年第 2 期。

商代出土玉玦龙最多的墓葬当属殷墟妇好墓，该墓中共出土 15 件，包括三种类型：一种可称作“红山系玉玦龙”，龙身素面，如玉玦 985、玉玦 435，可视作对红山文化玉玦龙的模仿，不过这两件都没有在颈部钻孔，可能商人并不将如此简陋的小幼虫挂在身上。随后玉工逐渐在龙身上加上鳞甲、卷云等纹饰，以适应商人的审美和观念，如玉玦 986、413、414，均有耳无角，还保存着红山龙的幼虫形态，可视作过渡形态(图 1-3-30)。最终，商式玉玦龙出现了，龙身上披挂鳞甲，背脊作扉棱形，龙口大张，露齿，身上饰云纹或麟纹，有的尾尖倒卷更显张力(图 1-3-31)。玉龙 422 是商式玉玦龙的最终完成形态，龙嘴大张，眼圆瞪，露出锋利的牙齿，瓶形角，身披菱形、三角形鳞甲，尾尖内卷，身体正中部内侧有两个扉棱(图 1-3-32,1)。可见，在商人看来，凶猛的动物虎首龙才能表现商帝国的强盛，幼虫崇拜终完成了华丽的蜕变，从而达到了玉玦龙艺术的顶峰。商式玉玦龙一般有钻孔，说明商人受到萨满教的影响，还保持着红山人使用玉玦龙的方式。

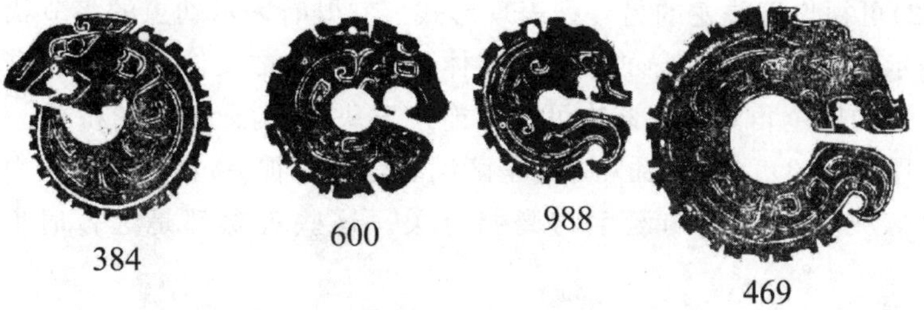

图 1-3-31　殷墟妇好墓出土玉玦龙拓片

周代出土玉玦龙较少，属于春秋时期的有陕西韩城梁带村 M26 出土的一件，位于内棺东北角，岫岩玉，土褐色，从器型上看当为红山文化旧物。墓葬为春秋早期，墓主为女性，随葬五鼎四簋，鼎、簋、壶上铸有“仲姜”等铭文，为一代芮公(M27 墓主)的夫人芮姜(图 1-3-32,2)。[①]

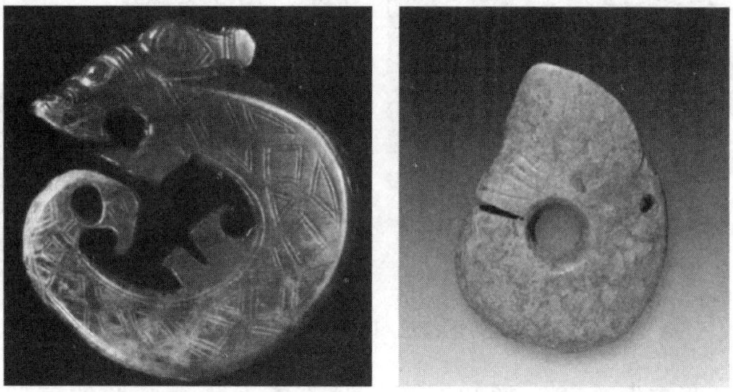

图 1-3-32　妇好墓玉玦龙 422(左)和梁带村玉玦龙(M26：162)(右)

从以上殷墟妇好墓、梁带村芮公夫人墓、牛河梁第十六地点墓葬 M14、河北姜家梁 M26 包括韩国庆尚北道庆州市皇南大冢北墓来看，使用玉玦龙的一般为女性。这是因为玉玦龙象征着生命力和孕育能力。牛河梁第二地点墓葬 N2Z1M4 墓主为男性萨满，使用

① 参见陕西省考古研究所等：《陕西韩城梁带村遗址 M26 发掘简报》，《文物》2008 年第 1 期。

两件玉玦龙随葬，位于胸前，系生前使用的宗教法器，这当与其助产职能有关。因为助产——包括农业、狩猎和人类自身的生产都是萨满的主要职责。

萨满教的幼虫崇拜也影响到了日本。日本也发现有幼虫形的玉器，同韩国一样，称“曲玉”或“勾玉”。据称，日本天皇有3件神器，分别是草薙剑、八咫镜和八坂琼曲玉。其中八坂琼曲玉作幼虫形或胚胎形，曲玉代表了皇后，显然是受到东北亚萨满教文化影响的产物。

整体上看玉玦龙作胚胎的形状，表现的是一种幼虫崇拜，那么到底是哪种幼虫呢？这应该去红山文化的玉器造型里面去寻找。过去有学者认为玉玦龙表示的是鸟兽合一，这一观点已经注意到了头部的形象来自于玉鹰或玉鸮等玉鸟的造型。玉玦龙的大眼和叶形脸表示的是幼鸟——幼鸮的样子，过去常将其头上的突起当作角，实际上只是面部的特征。也就是说，与玉玦龙最为接近的动物是幼鸮，表现的是幼鸮的形象。双鹰首饰(N2Z1M26:2)可视作玉玦龙的另一种表现形式。它既有表示幼虫的多节状部分，又有两端的鹰首，表示的正是幼鸮(鹰)的形状。整体上看，鹰首饰又像一件勾云形器，整器呈扁长方形，有突出的四个角。这件器物可视作连接玉玦龙、勾云形器的桥梁，三者统一于鹰鸮这一形象(图1-3-33)。这是因为鹰鸮是萨满教崇拜的神灵，在有的民族中，鹰鸮也是其始祖，有的民族则认为本族的诞生与鹰鸮有关。这些观念都是远古时期自然崇拜的遗留。

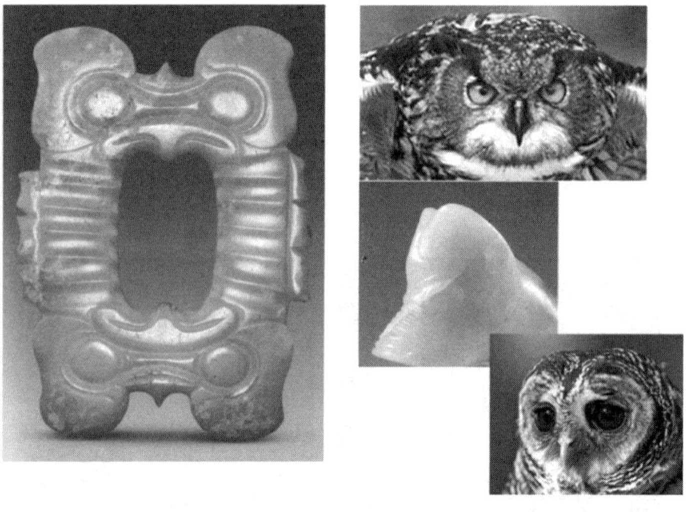

图1-3-33 双鹰首饰(N2Z1M26:2)、玉玦龙和鸮的比较

民族学者经过调查发现萨满教和图腾崇拜都有对生命胚胎的信仰。在北方信仰萨满教的许多民族中，生命胚胎被形象化为蛋卵、小鸟、小蛇、柳叶……其中灵魂鸟最具代表性。灵魂鸟在某些通古斯人中叫“奥米”(或译作“乌麦”)，即婴儿的灵魂。这些灵魂鸟居住在氏族神树上。氏族神树被称作“托若”[①]。氏族树相当于图腾崇拜所说的“图腾圣地”或“图腾中心”。在图腾崇拜中，氏族圣地是图腾灵魂居住地。在萨满教中，氏族树是

① “托若”不专指氏族神树，也泛指所有用于祭祀目的的树木。

氏族灵魂鸟栖息的地方。灵魂鸟居住在氏族树上等待转生，婴儿的灵魂为鸟形。灵魂鸟(氏族灵魂)栖息在氏族神树上，而且在上面筑穴搭巢。因此，氏族神树代表了承载氏族灵魂的圣地。氏族神树上的鸟是氏族生命延续与繁盛的象征，由于树和鸟与氏族生命的延续联系在一起，它们被看作为氏族的共同标志。每一个氏族都有他们各自的氏族神树和吉祥鸟。[①] 最重要的是，萨满教认为人的灵魂为鸟的形象，灵魂鸟栖息在灵魂树上。玉玦龙所代表的，正是灵魂鸟的形象，是生命的象征。

幼虫和胚胎都代表了生命的起始形态，兔、牛、人、甲虫等生物的幼虫都是胚胎形，并且均作幼虫的蜷曲状(图 1-3-34、图 1-3-35)。玉玦龙的形象正是来源于此。

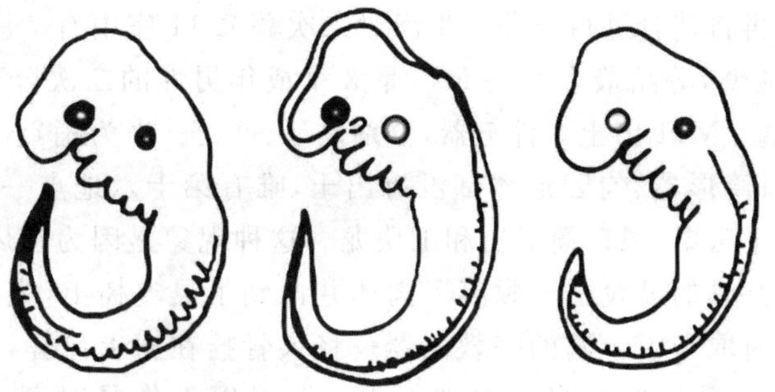

图 1-3-34　兔、牛、人的胚胎图

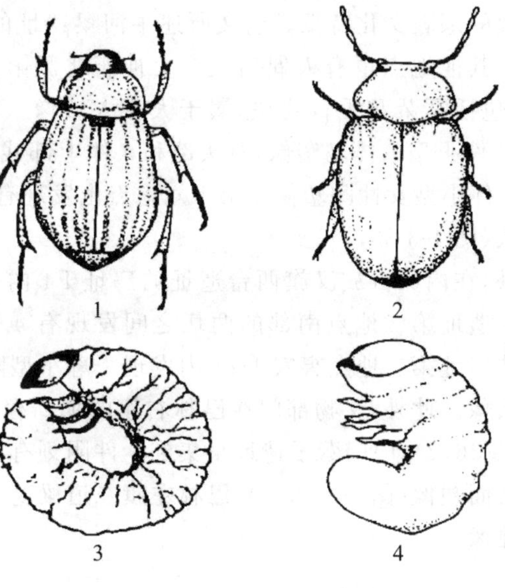

图 1-3-35　两种甲虫及其幼虫

1. 金龟子　2. 豆象　3、4. 蛴螬

(摘自孙机《仰观集：古文物的欣赏与鉴别》)

① 参见孟慧英：《清代宫廷祭祀的佛山佛多鄂漠锡妈妈考释》，《论原始信仰与萨满文化》，中国社会科学出版社 2014 年版，第 304～316 页。

红山文化中存在二次葬的风俗。如在牛河梁第二地点25座墓葬，有11座墓葬属于二次葬，占了44%。这一葬俗是萨满教风葬习俗的反映。北方信仰萨满教的民族长期过着游猎生活，曾经流行风葬。如鄂伦春族把死者安置在柳条编的篱笆上，然后在森林中选择两棵相距1米左右的松树，在离地面约1米处将其砍断，上面各固定一根横木，柳条篱笆放置于横木上，再用柳条或树枝将死者盖好。[①] 鄂温克族也以同样的方式对人和熊进行风葬(图1-3-39)。因此，牛河梁遗址第二地点一号冢的11座二次葬是实行风葬之后，又行土葬的萨满墓葬。这些二次葬的人骨有的呈捆束状，当是系捆束在柳条编的篱笆上的状态。在古人看来，魂魄是相分离的，在树上的灵魂转生之后，就可以将其尸骨埋葬，使魄归地。这与达斡尔族风葬习俗相同，达斡尔族风葬主要针对萨满，等萨满去世后进行风葬，几年后再将遗骨进行土葬。牛河梁二次葬墓11座中有7座没有随葬品，即使有也只有1件环或璧，葬品最多的是M7，是3个成年男性的二次合葬墓，也仅出土了2件玉环和3件玉璧。M11出土3件玉器，分别是环、璧、蚕(当为蛹)各1件。这些二次墓中最典型器类斜口筒形器、勾云形器都没有出土，唯有第十六地点一座二次葬N16M14墓主为女性，出土了玉璧、斜口筒形器和玉玦龙。这种现象是因为在风葬之后，已经实现了风葬的目的，即萨满的灵魂已经脱离了肉体并回到了灵魂树上，完成了灵魂转生的过程，因此在二次葬时取走了萨满的宗教法器。将人骨挂在树上风葬，正与萨满教的灵魂观相符合：人的灵魂呈鸟形栖息于灵魂树上。这可以看作是对萨满教灵魂观的模拟行为。

（五）红山文化的人塑像分析

偶像崇拜是萨满教的宗教文化特征。前文所述牛河梁遗址的女神像，有大、中、小三种，发现于女神庙中，在其他地点也有人偶出土。女神庙北侧第二建筑遗址的红烧土堆积里采集到泥塑人像，包括耳朵和手臂残块，属于大型人塑像。第二地点东北约200米的灰坑N1H3中出土3件小型人体陶塑像，有头部和人体上部残件。第五地点第二冢东南部M1东北侧发现1件小型女性陶塑像。第十六地点也发现有1件大型手部残块，M4内出土有1件小型玉人(图1-3-36,1)。[②]

除了牛河梁遗址外，在内蒙古敖汉旗西台遗址的房址F4内发现1尊小型女性陶塑像。敖汉旗草帽山祭祀遗址第二地点南部的两坛之间发现有4个大小不一的石雕人头像残件。敖汉旗兴隆洼遗址第二地点窖穴H21内发现1尊小型陶塑人像，另在房址内发现1尊较大型的陶塑人像。此外，文物部门在巴林右旗的那斯台遗址采集了2件石雕像和1件玉人面像(图1-3-36,2)，门门营子遗址采集到1件阴刻有男女2人的陶器座，苏达勒遗址采集了1件玉人面塑像(图1-3-36,3)，巴林左旗二道梁遗址采集到1件陶塑人像，半拉山采集了1件石雕像。

---

① 参见秋浦：《萨满教研究》，上海人民出版社1985年版，第48页。

② 参见辽宁省文物考古研究所：《牛河梁：红山文化遗址发掘报告(1983～2003年度)》，文物出版社2012年版。

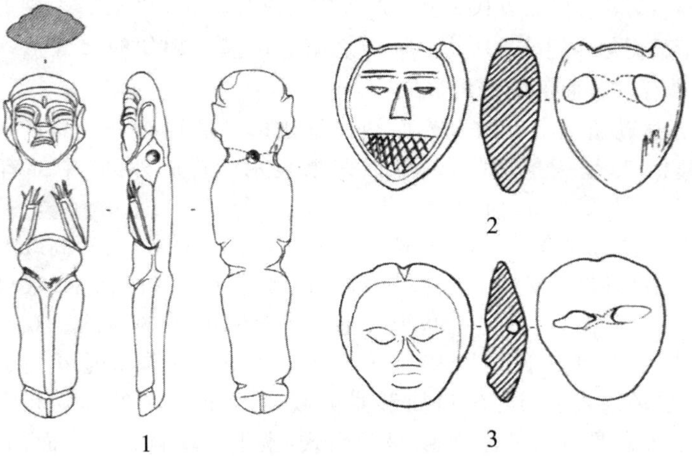

图 1-3-36　红山文化玉人像
1. 牛河梁遗址玉立人像 N16M4:4　2. 巴林右旗那斯台遗址采集玉人面像
3. 巴林右旗苏达勒遗址采集玉人面像

除发掘品和采集品外，文物部门还征集到一些玉质、石质和陶质的人像。据初步统计，陶质人塑像发现超过 15 件，泥质人塑像发现 9 件以上，石质人塑像 8 件，玉质人塑像 4 件。可以分成大、中、小三种规格，大型的相当于真人大或超过真人大小；中型的约相当于真人一半大小，小型的小于真人一半大小。① 这些人偶像具有不同的形态，代表了不同的形象。

1. 女神像

以牛河梁第一地点的三种大小的女神像为代表，表示氏族、部落的女祖先和萨满的形象。

2. 萨满形象

以牛河梁遗址 N16M4 出土的玉立人像、那斯台遗址小石塑像和巴林右旗博物馆藏玉人面像，苏达勒遗址采集的玉人面像为代表。牛河梁出土的玉人 N16M4:4 位于墓主左侧盆骨外侧，人像呈立姿，正面人体为半圆雕，头较大，圆脸、圆顶、前额宽阔、额间凹陷，两颊饱满，眉眼斜吊，紧锁双眉，微闭月牙形双眼，鼻宽短，嘴微张。粗颈、细腰、阔臀，双臂曲肘，十指张开，手心向内。两腿并立，圆尖状双足，侧视双足斜立。颈部两侧和背面颈部正中有三个孔。通高 18.5 厘米。玉人像双臂上举，闭眼张嘴，当表示萨满通神时的样子。该玉器当饰于墓主身上，代表萨满墓主的形象(图 1-3-36,1)。

巴林右旗那斯台遗址采集的 1 件玉人面塑像大体呈椭圆形，以阴线刻出人的五官。人面呈长圆脸，平顶，两侧略呈凸尖状，脸颊圆鼓，尖下颏。双线眼眉，双眼作小倒三角形，鼻呈三角形，唇下刻出网格纹，背面有一横向钻孔。器长 4.3 厘米、宽 3.8 厘米、厚 1.

① 参见索秀芬等:《红山文化人塑像》，吴炎亮主编:《红山文化学术研讨会论文集》，辽宁人民出版社 2013 年版，第 102～122 页。

7 厘米(图 1-3-36,2)。[①] 在北方民族中,萨满往往遮住面部,该玉器表现的也是萨满的形象。清人方式济于《龙沙纪略》中说:"降神之巫曰萨满。帽如兜鍪缘檐,垂五色缯,条长蔽面。"可见萨满有遮蔽面部的传统。

巴林右旗苏达勒遗址出土的玉人面塑像呈桃形。额顶有一个豁口,双眼微凸,以阴线刻出眼部轮廓。鼻呈三角形隆起,嘴以凹槽表示。背面外凸,中部有一对钻孔。高 4.36厘米、宽 3.96 厘米、厚 1.14 厘米(图 1-3-36,3)。[②]

那斯台遗址采集和征集 2 尊石人塑像,小者高 19.4 厘米,大者高 3.5 厘米。小者人像跪坐,头顶有三层环璧形装饰,头部呈菱形,似戴着多层式的面罩,双目及眉弓向外下斜,双目浮雕呈"八"字形,大鼻呈三角形突起,阔嘴下凹,下颏前凸。双臂曲肘合掌于胸前,束腰,双腿弯曲,双脚坐于臀下,跪坐于一块平板上。人像应是女性萨满通神时的形象,其头上的三层环璧式装饰与斜口筒形器类似,当为神帽上的饰物和沟通人神的道具(图 1-3-37,1)。大人像用花岗岩制成,呈蹲坐式,坐于一块石头上。面部呈椭圆形,眉弓向上至前额有一道逐渐隆起的凸脊,至头顶正中形成两个立起的乳钉。两耳外凸,鼻子隆起,嘴内凹呈张口状。两臂弯曲伸向腹前,两腿弯曲,小腿下垂,双脚并拢(图 1-3-37,2)。[③]

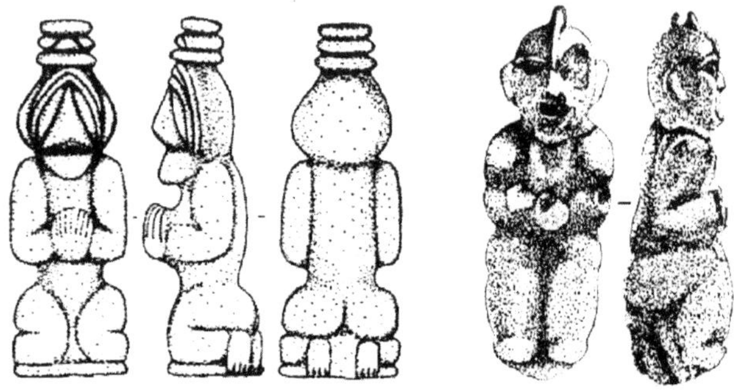

图 1-3-37 那斯台遗址出土石人塑像

1.跪坐像 2.高坐人像

3.与祝殖相关的人像

东山嘴的 2 件孕妇像皆泥质红陶,裸体,原是坐在某种支撑物上,为倚坐式姿态。TD9②:7 出土于石圈形台址东侧黄土层中,通体磨光,左手贴于上腹部,体形肥硕,残高 5 厘米(图1-3-38,1)。TD8②:5 出土于石圈形台址东北侧黄土层中,左手贴于胸腹前,腹部圆鼓下垂,残高 5.8 厘米(图 1-3-38,2)。[④] 两者都出土于祭坛周围,当与祝殖有关,或许是生育女神的形象,是萨满祈求生育顺利、人丁兴旺的道具和神偶。门门营子采集到 1 件陶器座,阴刻男女两个裸体人物,女者坐姿,双腿叉开,双臂横向伸直,五指张开。男者立姿,双臂弯曲,双手交叉于腹部,左腿抬起似作踢踏舞状。器座残高 3.4 厘米、底径 3.2

① 参见乌力吉:《巴林右旗博物馆收藏的玉人面纹饰件》,《北文文物》2000 年第 1 期。

② 参见索秀芬等:《红山文化人塑像》,吴炎亮主编:《红山文化学术研讨会论文集》,辽宁人民出版社 2013 年版,第 116 页。

③ 参见巴林右旗博物馆:《内蒙古巴林右旗那斯台遗址调查》,《考古》1986 年第 6 期。

④ 参见郭大顺等:《辽宁省喀左县东山嘴红山文化建筑群址发掘简报》,《文物》1984 年第 11 期。

厘米。整幅图像表达的是生殖崇拜的内容，与祝殖巫术有关。[①]

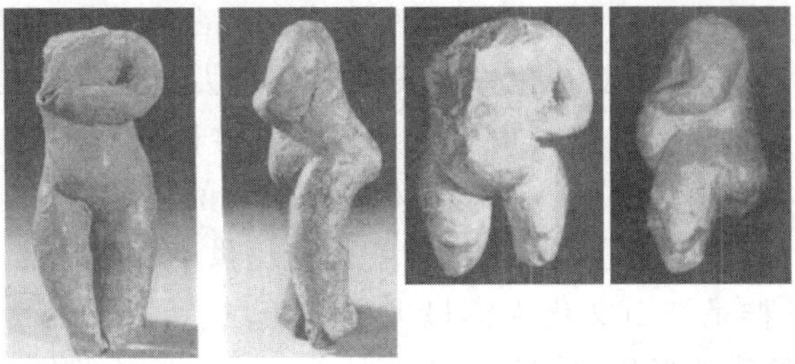

1　　2

图 1-3-38　东山嘴遗址出土小型孕妇人塑像

1. TD9②:7　2. TD8②:5

三、结　论

综上所述，萨满教是我国北方地区普遍存在的原始宗教形态，一直是北方各民族宗教信仰的主流形式。在广大的北方地区，由于游猎人群具有分散的特点，这些分散的、游动的人群所创造的文化不容易被保存，因此也就不容易被发现。随着近代田野工作的开展，各地所发现的岩画、敖包、石人像等有许多遗物都当是信仰萨满教的人群在漫长的历史长河中所创造。萨满教一直存在于北方民族中，是北方少数民族的主流宗教形式，直到近代(图 1-3-39、图 1-3-40)。

鄂伦春族的风葬

鄂温克族对熊骨的风葬

图 1-3-39　北方民族的风葬

(摘自秋浦《萨满教研究》)

赫哲族萨满

鄂温克族萨满

图 1-3-40　北方民族的萨满

(摘自秋浦《萨满教研究》)

① 参见邵国田:《敖汉文物精华》，内蒙古文化出版社 2004 年版，第 65 页。

红山文化的繁荣与当时气候的转暖有关，来自南方主要是黄河流域的农耕文明促使了红山文化的农业经济的发展，农业在生业经济中逐渐占有更重要的地位。定居生活使聚落扩大，人群增多，社会也往复杂化方向发展。与过去渔猎生活相对应的母系氏族社会往父系氏族社会转变，这一转变到历史时期仍在某些氏族中进行。因此，红山文化中既存在女性萨满，又存在男性萨满。而农业发展所积累的社会财富促进了聚落的繁荣和发展，也为营建牛河梁、东山嘴这样的大型祭祀场所提供了物质基础。

牛河梁建筑基址群是红山文化规模最大的祭祀场所，其中心为女神庙，供奉着大、中、小三种女性始祖萨满的形象，另有鹰、熊两种兽主（神灵）的塑像。其余地点均为萨满的冢墓和祭坛。萨满以玉器随葬，包括勾云形器、玉玦龙、斜口筒形器、龟鳖、鸟等，都是萨满的法器。部分萨满实行二次葬，这是模仿灵魂鸟栖息在氏族的灵魂树上所采用的下葬方式。

在红山文化受到黄河流域和长江流域史前文明影响的同时，萨满教也南下，通过海岱地区到达江淮地区，从而影响了凌家滩文化和良渚文化，催生了发达的玉器文明——凌家滩文化和良渚文化。不过，虽然凌家滩和良渚文化都受到了红山文化的影响，但是两者仍是太阳崇拜占据主流，尤其是良渚文化，良渚文化的龙首纹和神人兽面纹都受到了红山文化的影响，但是良渚文明是典型的至上神信仰，反山、瑶山墓地的大墓里都有玉鸟、玉龟、玉蝉，但都不是主要器类，也都不是主神，主神只能是神人兽面像所代表的太阳神和火神。同时，大汶口文化中也出现了许多来自于红山文化的玉器，如玉环、玉璧等。这些考古学文化的共同点在于，都有一个自然崇拜的文化底层，因此都崇拜自然神灵。

凌家滩文化更复杂一些，该遗址中发现类似红山文化的玉器也比良渚文化更多，而且许多玉器都可以视为直接受到了红山文化的影响。目前看来，至少凌家滩遗址的玉龟、玉鸟、双联璧、兽首形璜、护腕饰、斜口筒形器、玉龙、玉人等器类来自于红山文化。当然，玉玦、玉璧也有一个从北方往南方传播的过程。玉玦在兴隆洼文化时就已经出现，红山文化时普遍出现在江淮地区。玉璧在凌家滩遗址形成标准器型，在良渚文化中进一步规整完善，其后又往中国的西、北等方向扩散。凌家滩往红山的反向传播也有，但比较少，如玉璜在凌家滩比较多，但是在红山文化中比较少，东山嘴出土有一件双龙首玉璜，很可能就是从南方回传的。

红山文化所代表的萨满教对南方的影响在龙山时代有明显的表征。如后石家河文化时，玉器里玉蝉成了主要的器类，有的瓮棺葬里随葬数件。玉蝉最早出现于红山文化，到良渚文化大墓里也有出土，但数量较少，制作也粗糙。到后石家河文化突然大量出现，而且雕刻得非常精致，可以分成三个等级①。蝉是一种能羽化的幼虫，崇拜蝉这种幼虫是受萨满教的影响。后石家河文化的肖家屋脊遗址也出现过一件与凌家滩遗址类似的玉玦龙，出土于该遗址最大的瓮棺葬中。这些遗物表明，长江流域的史前文化受到了萨满教的影响。历史时期表现更明显，如长沙马王堆汉墓 M1、M3 出土的两幅帛画所表现出的三重宇宙观（图 3-2-1），有天界、人间和地下幽明世界，显然是受萨满教三重宇宙观的影响。天上是天帝、伏羲及日月星辰和其他各种鬼神居住的地方，地下是幽都，有土伯、交

---

① 参见张溯等：《后石家河玉器的初步研究》，《海岱考古》第 10 辑，科学出版社 2017 年版，第 387～388 页。

龙等鬼怪。宋玉的《招魂》也有对地下世界幽都的描写。萨满教对商文明的影响已有张光直的论述,他甚至径直将商文明称作萨满教文明,将商王称作“萨满之王”。

民族学调查发现萨满教中的神灵包括各种虫子。胚胎崇拜是萨满教独具特色的信仰形式,对幼虫和胚胎信仰的本质是崇拜生命力本身。商代发现玉玦龙最多的墓葬是妇好墓,周代的墓葬中,有些女性墓葬中也随葬幼虫,如天马曲村西周墓 M6214 随葬的玉串饰,上饰若干幼虫,这种蛹的样子并不美观,而是受萨满教的影响,认为能赋予墓主生命力和孕育能力。[①] 这种女性大墓中随葬幼虫的现象也见于朝鲜和日本,都是受萨满教幼虫崇拜(胚胎崇拜)的影响(图 1-3-41)。

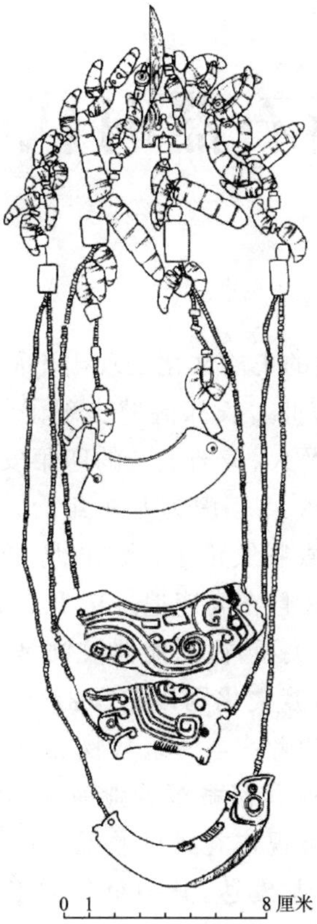

图 1-3-41　天马曲村串饰

① 参见北京大学考古学系商周组等:《天马—曲村(1980—1989)》,科学出版社 2000 年版,第 420 页。

古者民神不杂。民之精爽不携贰者，而又能齐肃衷正，其智能上下比义，其圣能光远宣朗，其明能光照之，其聪能听彻之。如是则明神降之，在男曰觋，在女曰巫。

——《国语·楚语》

第二章　新石器时代的宗教合流

距今6000年以前，中国各地的史前文化表现出不同的特点。长江流域、黄河流域和北方地区分别存在不同的原始信仰。长江流域出现了太阳崇拜这一至上神信仰。这是一种复合型的自然崇拜，与古埃及人、美洲大陆的印第安人的太阳崇拜具有相似性，但也表现出明显的差异，它是以太阳—鸟—虎为基本组合。在高庙文化及沅湘流域诸遗存中，太阳崇拜主要表现在陶器的戳制纹饰上，太阳、鸟、獠牙兽面和八角星纹、太阳纹、祭祀建筑构成了纹饰的主要组合，并且在高庙遗址中发现有祭祀建筑、祭祀坑和备祭场所。遗迹和陶器纹饰之间找到了对应关系，说明陶器纹饰是对现实生活中祭祀场景和宗教信仰活动的记录。长江下游的河姆渡文化则以象牙器、骨牌饰、刻划纹饰来表现其宗教内容，刻有太阳和鸟的象牙碟形器和骨牌当属宗教物品，兽纹中主要为虎和猪，两者身上均刻有太阳和禾苗的纹样，当与农业和家畜饲养业有关，属于祝殖巫术。到5000年前后，进入了玉器时代，玉在中国古代被视作礼神的物品，在《山海经》等文献中记载有神食玉的传说。凌家滩文化的玉器业非常发达，其中负日的玉鹰、刻有八角星纹的玉版都与太阳崇拜有关。良渚文化则达到了太阳崇拜的顶峰，这与良渚古国形成并已经进入文明社会是相关的。良渚人将太阳崇拜的三神灵塑造成了良渚古国的至上神，太阳被人格化，是为太阳神，另外还有虎神和鸟神。三者构成三位一体的关系。后石家河文化中的玉神人则将鸟和虎的神像加之于人身上，代表了他们崇拜的部族英雄的形象，从而由自然崇拜进入了英雄崇拜阶段。

黄河流域的图腾崇拜具有明显的地区差异和时代性。仰韶文化早期，半坡类型崇拜鱼，蛙崇拜也已经出现。到了半坡类型晚期，随着南方太阳崇拜的北传，太阳鸟崇拜与鱼崇拜并存。蛙崇拜随着仰韶文化的西传，在甘青地区的马家窑文化中发扬光大。马家窑文化的马家窑类型、半山类型和马厂类型中，蛙纹占据绝对主流，说明蛙崇拜在宗教上居于主导地位。

马家窑早期的石岭下类型也崇拜鲵鱼，虽然发现较少，但是鲵鱼与人合一的形象出现，说明是当时人们崇拜的神灵之一。到马家窑类型中就只见有简化图案化的鲵鱼纹，再晚就几乎消失了。

黄河下游的大汶口文化与黄河中上游的宗教信仰也存在较大差异。大汶口先民崇拜獐这一鹿科动物。他们以獐牙随葬，并拔掉上侧门齿，突出其犬齿，以模仿獐无门牙而有畸长獠牙的样子。拔牙也是大汶口氏族部落的成人礼。大汶口人生前随身携带着獐牙制作的骨柄或木柄钩形器，作为随身护身符和小型工具；死后，也以獐牙钩形器或獐牙随葬。

中原地区的宗教信仰比较复杂，濮阳西水坡遗址出土了后冈类型时期的蚌塑。这三组蚌塑在组合上既有相同之处，又有很大的不同，并且与墓葬结合，使人浮想联翩。不过从宗教传统上看，无论龙、虎或龙、虎、鱼还是龙、虎、鹿、蜘蛛的组合，都属于图腾崇拜晚期的图腾联合形式。这说明在距今6000年左右的豫东地区，氏族部落之间相互融合，并将各集团之间的图腾视作共同的神灵。

庙底沟时期，黄河流域的宗教信仰发生了巨大的变化。太阳崇拜这一强势的宗教文化迅速北上，取代或者融合了黄河流域的原始信仰。这一巨变首先见于半坡类型晚期，彩绘纹饰中出现了鸟纹，有的鸟纹和鱼纹同绘于一器之上。到庙底沟类型时期，太阳鸟纹饰占据了纹饰之主流。具象鱼纹消失不见，而仅存其简化或符号化的形式。西部的马家窑文化石岭下类型，太阳鸟纹饰也占据了主流。只是到马家窑类型时，其优势地区又为蛙崇拜所取代，从而出现了太阳崇拜和蛙崇拜并存的局面。庙底沟类型之后，中原的太阳崇拜几近消失，马家窑文化的蛙崇拜则延续了下去。

大汶口文化中也出现了太阳鸟纹饰，也有单独的太阳纹，太阳鸟信仰与獐崇拜并存。不过在鲁东南皖北地区原来并不崇拜獐的地区，太阳鸟崇拜占有绝对优势，尤其是到了大汶口文化中晚期。

太阳崇拜由长江流域传播到黄河流域，使两大河流域的宗教信仰、宇宙观念趋于统一。这不仅为中国三代文明的形成提供了文化基础，更重要的是，在统一原始信仰之下，分散的氏族部落有了统一的信仰体系，这就使各群体之间的融合有了宗教基础和文化基础。

此前，有学者已经从文化影响方面看到了庙底沟类型的强大影响力，从而提出了“庙底沟时代”的称呼。[①] 这一时代从公元前4000～前3500年，存在宗教信仰、精神文化的融合和统一，物质的交流和经济的巨大进步，是早期中国文明化进程中的重要阶段。庙底沟时代的下一阶段，即公元前3000年前后，中国境内各区域的史前文化几乎同时达到了发展的顶峰。长江中下游的石家河文化、良渚文化，黄河下游的大汶口文化，黄河上游的马家窑文化，中原地区的仰韶文化晚期，北方地区的红山文化晚期，几乎同时达到氏族社会最为繁荣的时期，可谓星光璀璨，闪耀在中华大地上。从这个角度看，这一信仰体系的形成，在一定意义上构成了华夏民族的雏形。

庙底沟时代的仰韶文化分布广泛，在不同的地区可以分成若干地方类型，主要有庙底沟类型、阎村类型、大河村类型、后冈类型、大司空类型、下王岗类型等。其中庙底沟类

---

① 参见韩建业：《庙底沟时代与“早期中国”》，《考古》2012年第3期。

型主要位于华山以东、崤山以西的豫西三门峡地区、陕西关中地区和汾河中下游的晋南地区。其文化影响也最大，东可达鲁西，西可达甘青，南到长江，北到长城内外，影响广泛。彩陶发达，主要施于器腹上或口沿上，有黑彩、红彩和白彩，有的兼用黑、红两色。典型纹样圆形、弧边三角形、勾连纹表现出强大的影响力。

阎村类型以汝州阎村遗址而得名，主要分布于河南中西部，熊耳山以东，嵩山、平顶山以西，龙门山以南，伏牛山以北。遗址多位于河流两岸的台地上，分布密集。该类型流行二次葬，成人瓮棺葬是流行的埋葬方式。瓮棺多为陶缸，又称“伊川缸”，大口、直腹、平底，底有一圆孔。陶缸腹部、肩部多有彩绘，包含的内容广泛，颜色有黑、白、棕、红四种。这一类型的彩绘图案与庙底沟类型完全不同，种类多，绘画草率，说明其原始信仰来自多源且较为世俗。

大河村类型因发现于郑州大河村遗址而得名，也有学者称其为“秦王寨类型”。主要分布于以嵩山为中心的郑洛中原腹地，最大范围扩展到开封以南、周口以西、驻马店以北、南阳东北、崤山以东、伊洛河中下游一带。其彩陶器发达，以白衣彩陶最具特色，颜色多以红、棕或红、黑两彩兼施。彩绘内容与庙底沟类型相同，绘画风格具有自己的特点。

这三种类型有较为发达的彩陶，各类型之间的纹饰存在共性，也存在很大的不同，其中庙底沟类型的纹饰最为统一，影响也最大。除以上三类型外，还有豫北、冀南地区的后冈类型，卫、漳河流域的大司空类型，汉水中游南阳盆地丹江、唐河、白河流域的下王岗类型。这几个地方类型彩陶纹饰不甚发达，主要受临近地区彩陶文化因素的影响。

第一节　仰韶文化的太阳鸟崇拜

半坡类型晚期，鸟的形象出现在彩陶器上，如陕西宝鸡北首岭遗址的大头细颈壶上，画有一侧视的水鸟，嘴里叼着一只鱼。水鸟大眼，胖身，直腿，小尾，长喙。鱼的形象奇特，细身呈弧形，背部有鳞片，大梯形头，上鳍一，下鳍二，短尾分叉，似鱼头蛇身(图 2-1-1)。

图 2-1-1　北首岭鸟鱼纹

半坡类型晚期还有一种鱼鸟合体的纹样，可称作“鱼鸟纹”。有的是将鱼和鸟绘于同一件器物上；有的在鱼纹头部留出一个空间，里面画一鸟头，颇具特色。表现的是鱼崇拜和鸟崇拜两种不同的信仰在宗教上的融合。如姜寨葫芦形陶瓶ZHT14H467：1，腹部一面和另一面绘有鸟纹两组，侧面绘鱼纹和几何形图案各一组，皆为黑彩(图 2-1-2，1)。另一件葫芦瓶彩绘变形人面纹，内有一鸟头形象(图 2-1-2，2)。陕西武功游风遗址出土的鱼鸟纹，鱼身细长，鱼头硕大，头内有一鸟头，鸟的眼睛也就是鱼的眼睛，构思巧妙(图 2-1-3)。

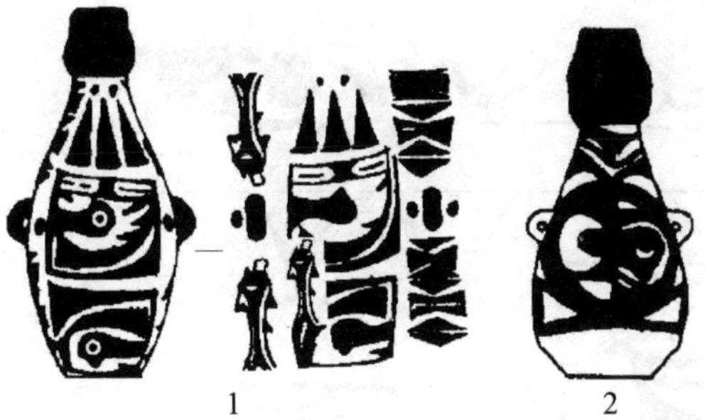

图 2-1-2　姜寨鸟鱼纹葫芦瓶

1. H467:1　2. M76:10

图 2-1-3　武功游凤出土鱼鸟纹

彩陶上的鸟纹于半坡类型晚期开始出现，到庙底沟时期，已经成为主流纹饰，具象鱼纹基本消失了。说明在宗教信仰上，太阳鸟崇拜已经占据了主流。原先的鱼崇拜也没有消失，而是与鸟崇拜相融合了。这一鱼鸟融合的宗教思想一直流传到历史时期。

庙底沟类型的鸟纹是极有特色的，影响也极广泛。鸟纹一般可以分成具象的鸟纹和抽象的鸟纹。具象鸟纹一般是侧视，如陕西渭南市华州区泉护村遗址彩陶盆 H141:9 上的鸟纹，鸟身瘦长，鸟头用一大圆点表示，长钩喙，两翅展开作飞翔状，两足站立于横线表示的地面。鸟后有一圆点表示太阳，太阳后面还有三条短弧线，这应该是勾连纹的简化形式(图 2-1-4,1)。鸟背负太阳的图像还见于盆残片 H165:402 上，鸟下部残，张嘴，小眼，展翅，一轮大太阳位于其背上，两侧有弧边纹(图 2-1-4,2)。不带太阳的鸟形象发现最多，如盆残片 H190:01，画有展翅欲飞的鸟形象，身体颀长，喙细而尖(图 2-1-4,5)。H1060:01 鸟作低头啄食状(图 2-1-4,3)。H14:180 的鸟已经完全飞起，双足离地，身体平展(图 2-1-4,4)。有的画工逐渐简化处理鸟的身体，如 H1005:274 则用笔较简，三条弧线构成了鸟的主要部分：翅膀和身体，鸟头尖喙，两短线构成鸟足，站立于树枝或大地上(图 2-1-4,7)。H1052:01 也是用弧线表示鸟身和鸟尾，鸟足和鸟尾后翘，双翅展开，鸟头上仰，表现的是鸟向上奋飞的样子(图 2-1-4,6)。简化到极致只用点和线来表现鸟纹，如 H22:03 上的侧视鸟，小圆点表示鸟头，斜直线表现鸟的身体，四条斜线表现鸟的翅膀、足、尾。使用最多的是以点和两三笔弧线构成太阳鸟纹(图 2-1-4,8)，H134①:12、H101:1、H01:4 都已经相当图案化了(图 2-1-4,9、10、11)。简化到最后就是一个圆点加一条弧线。如果不了解纹饰主题，很难猜到表达的是什么内容，如 H101:58 和 H107④a:188(图 2-1-4,13、14)。[1]

① 参见中国社会科学院考古研究所：《华县泉护村》，科学出版社 2003 年版，第 35、51、64、67 页。

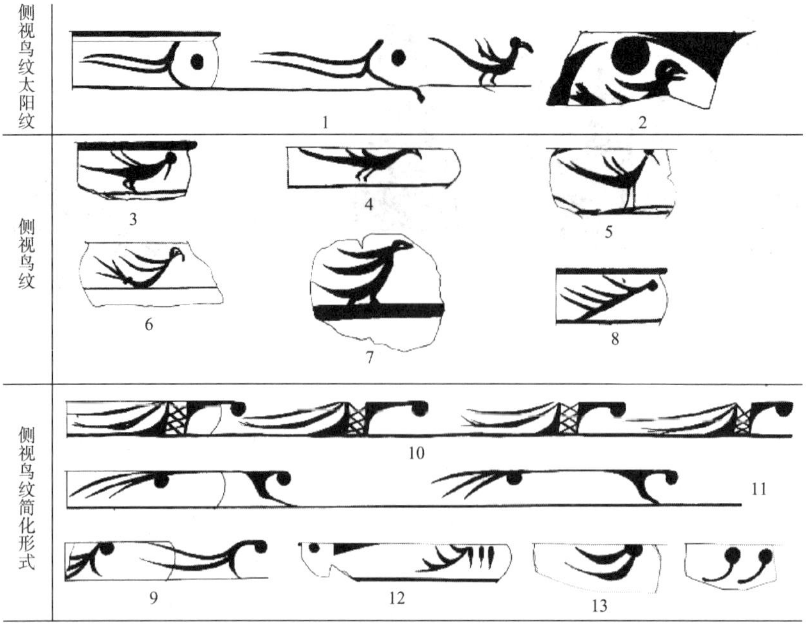

图 2-1-4　泉护村出土彩纹鸟纹

1. H141:9　2. H165:402　3. H1060:01　4. H14:180　5. H190:01　6. H1052:01　7. H1005:274　8. H22:03　9. H134①:12　10. H101:1　11. H101:4　12. H101:9　13. H101:58　14. H107④a:188

正视的太阳鸟纹一般以圆点表示太阳，鸟呈中间起尖的弧边三角形位于下方，芮城大禹渡村出土的彩陶盆上的还带有三只“脚”（中间当为尾），让人联想起文献中记载的“三足乌”。更多的时候是没有足的，表现鸟的弧边三角形也可以变异呈倒三角（图 2-1-5）。

还有一种正视鸟纹，太阳下面似乎是两只鸟，实际上下面的那条“人”字形弧线只是表现鸟的尾部（图 2-1-6）。

更多情况下是意象的表现，即不拘泥于形象，以圆点表示太阳，以弧线或直线表现鸟，形成了一种自由奔放的风格。如泉护村遗址 H125:2，彩绘较宽，以弧边勾连纹连接整幅图案，留白出圆形的区域，圆内画鸟负太阳图像。两对太阳鸟图案相对，都以圆点表示太阳，但鸟纹分别以上弧线和弧边三角形表示。有的圆形留白区域内只有一个圆点。大的留白区域中间有圆点，周围为旋转样式的弧线，很像后世的太极图案（图 2-1-7,1）。H28:29

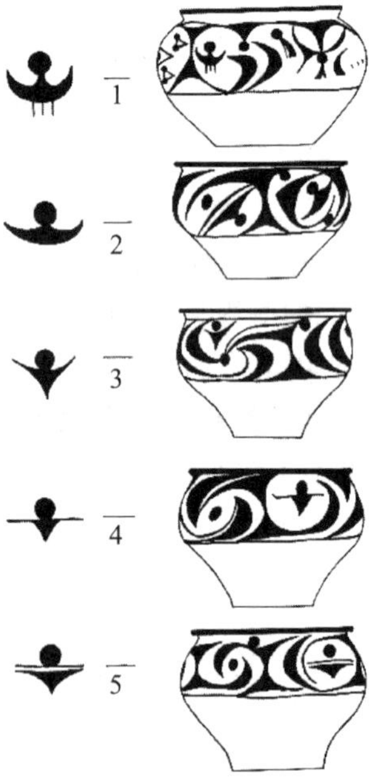

图 2-1-5　庙底沟类型的正面鸟纹
1. 芮城大禹渡村　2. 华阴西关堡　3. 陕县庙底沟　4. 洪洞　5. 夏县
（摘自张朋川《中国彩陶图谱》）

则去掉了简化的鸟的图样，只以圆点和弧边勾连纹构图，留白区形成的大逗号形很有特点(图 2-1-7,2)。H130:20 的图案更宽厚一些，简化鸟纹几乎不见，但太阳仍是纹饰的着眼点(图 2-1-7,3)。H116①:13 主题相同，整体更加流畅自然了(图 2-1-7,4)。H164:9 的图案就比较稀疏，从而给人疏朗的感觉。三角形顶着圆点应该就是太阳和鸟，已经很图案化了。只是中部还有一个贝壳状的东西，上面五条线竖起，这样的图案少见，表达的是什么意思呢？可能是太阳初升时放射出光芒的图像吧(图 2-1-7,5)。与之风格很像的是 H118⑤:4，还有传统的太阳鸟纹样在圆形留白内部(图 2-1-7,6)。

1　　2　　3

图 2-1-6　泉护村遗址庙底沟类型太阳鸟纹

1. H163:02　2. 05　3. H1060:372

图 2-1-7　泉护村遗址太阳鸟纹

1. H125:2　2. H28:29　3. H130:20　4. H116①:13　5. H164:9　6. H118⑤:4

这些图案主题相同，但是每一件的具体样式又都不同，大多遵守艺术设计的"二方连续"构图。这也说明，那些看似随意的描画，实际上表现的是画工深刻的思维观念。如 H86:24，单看每一个构成元素都不太规矩，但是要在一件彩陶上画出三组随意但相同的纹样是很困难的，画工如果没有熟练的技艺不可能完成(图 2-1-8,1)。这些看似随意的，但意象统一的图案，一定是在统一的主题思维下完成的。

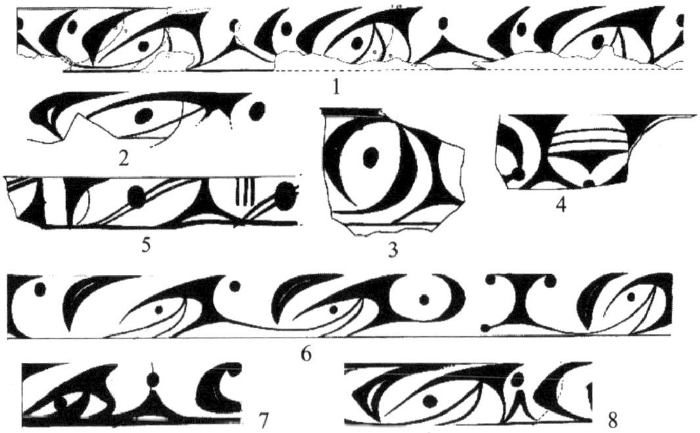

图 2-1-8 泉护村遗址太阳鸟纹

1. H86:24 2. H71①:33 3. H71①:30 4. H71①:29 5. H22①:77
6. H87:2 7. H74①:26 8. H164:5

几乎所有的纹饰均以黑彩来表达，个别的也用红彩或先涂白底再施彩。如 H71①:3 中的太阳即以红色来表现(图 2-1-9)，说明太阳是主题的中心。

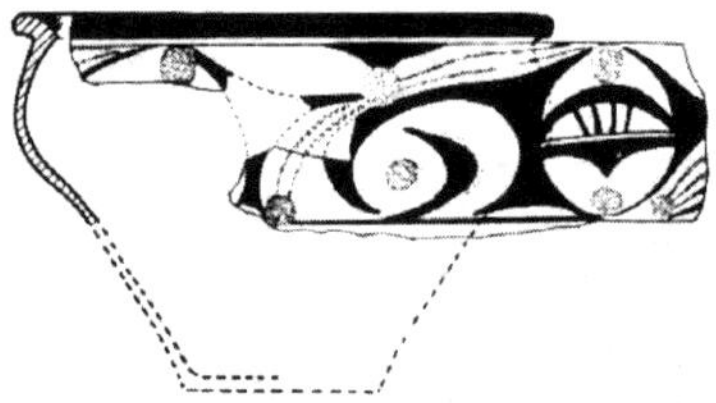

图 2-1-9 泉护村彩陶盆 H71①:3

简化的太阳鸟纹是将三元素——太阳、鸟和弧边勾连纹简略一部分。如 H107②a:77，鸟纹已经退化成一条直线，圆形留白区域内画三个点(图 2-1-10,1)。H1089:826 则将弧边三角纹代替了勾连纹，仍可看出太阳和鸟的组合，只是以鸟来连接构图(图 2-1-10,2)。H234:498 以比较规整的弧边勾连纹构图，椭圆形留白里面的圆点靠边缘，鸟纹以直线表示纵观全图，给人以图案化后的规整感(图 2-1-10,3)。H170:547 则以直线代替弧边三角形和勾连纹，以双折线构图，圆点表示太阳(图 2-1-10,4)。

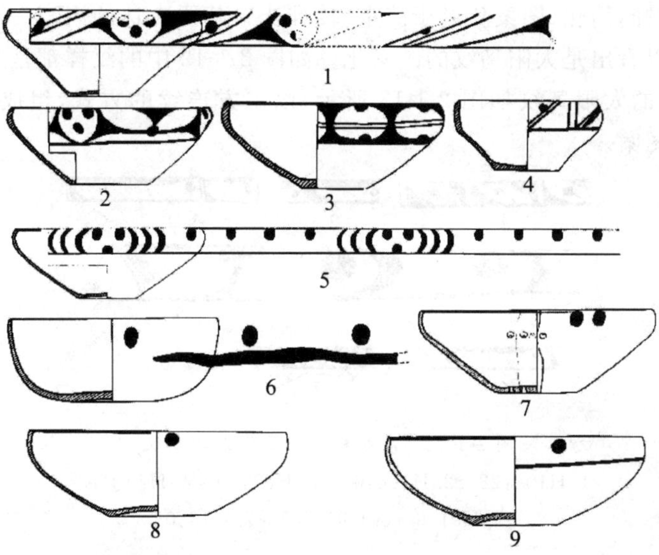

图 2-1-10　泉护村遗址简化的太阳鸟纹

1. H107②a:77　2. H1089:826　3. H234:498　4. H170:547　5. H87:284
6. H62:10　7. H86:21　8. H108:8　9. H117:2

还有一种简化形式保留太阳纹，而减省其余。如 H87:284，由两组图案构成，由三对弧线相对构成椭圆形留白区域，内有三个圆点呈倒三角状排列。其右侧有四个圆点，亦当表示太阳(图 2-1-10,5)。H62:10 则仅以等距分布的三个圆点来表示太阳，圆点下手绘一条直线，表示地平线(图 2-1-10,6)。H86:21，省略成两个圆点(图 2-1-10,7)，H117:2 则仅剩一圆点加一直线，H108:8 就只剩一个圆点了(图 2-1-10,8、9)。

也有简化至只有弧线的。如 H162:6，以流畅的线条画出弧线(图 2-1-11,1)。H87:29 则稍生硬一些，以三条左弧线和一出尖向左的弧边三角形构成一组(图 2-1-11,2)。H162:8 可能是画工试笔或心不在焉之作，纹饰画得像树枝，点了一圆点在中部以象征太阳(图 2-1-11,3)。

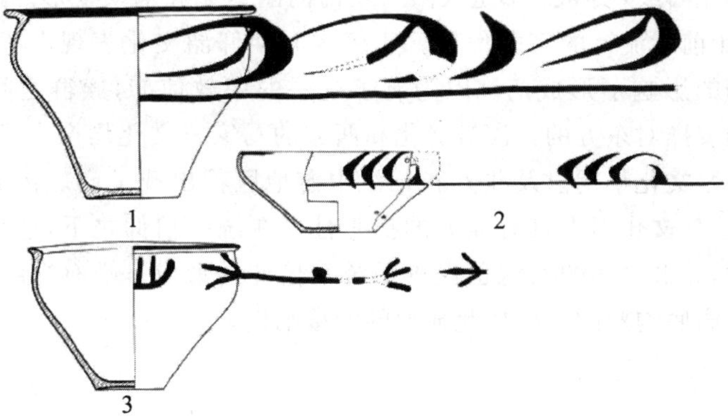

图 2-1-11　泉护村遗址简化的太阳鸟纹

1. H162:6　2. H87:29　3. H162:8

还有一种纹饰，简化、图案化过于严重，较难认出其要表达的内容。不过从纹饰的演化来看，还是可以看出是太阳鸟纹的图案化。如图 2-1-12 中的纹样都是简化形态。

完全图案化的太阳鸟纹如图 2-1-13 所示，以二方连续的方式，组成圆形、弧边三角形、圆点构成的图案。

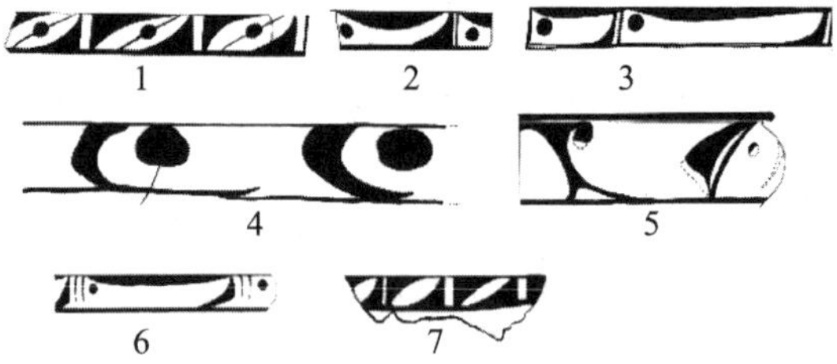

图 2-1-12　泉护村遗址简化太阳鸟纹

1. H108:28　2. H108:65　3. H87:30　4. H22①:78

5. H01:6　6. H87:282　7. H19:03

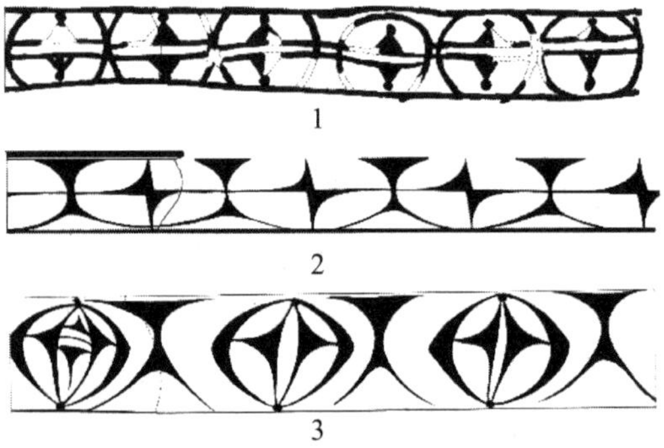

图 2-1-13　泉护村遗址简化图案化的太阳鸟纹

1. H107②b:68　2. H01:5　3. H118⑥:9

综上所述，庙底沟类型的彩陶纹饰是以太阳鸟纹为其主题。过去常将抽象、简化的太阳鸟纹饰释作花瓣纹，实际上都是太阳鸟纹饰的图案化和抽象变形。这一主题表达的便是距今 5500 年前后流行的宗教信仰。庙底沟时期仰韶文化表现出了强力的扩张性，就是在这一信仰的影响下形成的。因为有了统一的宗教信仰，族群之间的交流障碍减少。庙底沟彩陶纹样对东方的大汶口文化和西方的马家窑文化均产生了重要的影响，大汶口早期和马家窑文化早期以及北方和长江中游地区都出现了庙底沟类型的彩陶器和彩陶纹饰，表明这一文化因素具有强大的扩张性。在统一信仰之下，这种表达方式便极易被接受。同时，族群之间的交流也促进了统一信仰的形成。唯有在统一信仰之下，各地才表现出了对庙底沟彩陶纹样如此强大的的接纳性。

第二节　大河村类型的太阳崇拜

大河村遗址位于郑州市东北郊的柳林镇大河村西南约1公里的慢坡山冈上，面积达40多万平方米。1972～1987年，进行了历时15年的发掘。遗址文化内涵内容丰富，包含仰韶、龙山、二里头和商文化遗存，以仰韶文化为主。仰韶文化遗存分为七期，包含仰韶文化产生、发展和消亡的全过程，历时2400年左右。为研究仰韶文化的发展序列、分期、经济形态、社会性质、宗教信仰提供了一批珍贵的资料。[①]

大河村类型的宗教信仰与庙底沟类型相同，以太阳崇拜为主。不过，与庙底沟类型不同，其太阳崇拜基本是以具象的太阳纹来表现的。这种具象的图案在高庙遗址中就曾见到，而在中原地区的裴李岗遗址中，也曾于一件陶罐上见到刻划的带光芒的太阳纹，只是不太完整和规整，数量发现很少(图2-2-1)。

1

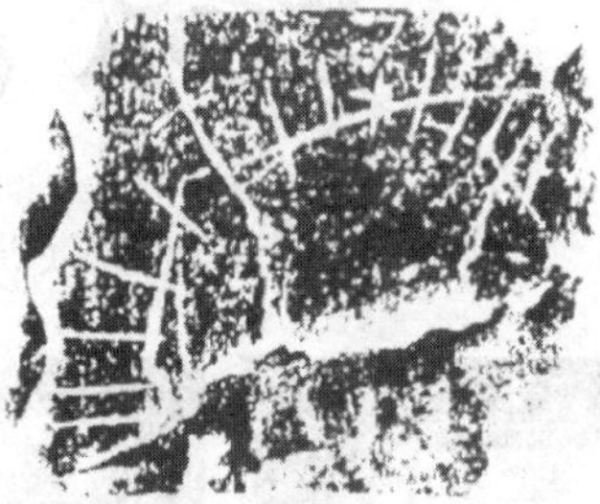

2

图2-2-1　裴李岗遗址卷沿罐上的刻符及拓片

1. 陶罐　2. 刻符拓片

大河村的太阳纹，以圆表示太阳，外圈围绕短线表示光芒，是一种具象的绘法，这是其特色纹饰(图2-2-2)。同时，大河村也有庙底沟类型的纹饰——圆点、弧边三角形和勾叶纹。如图2-2-3所示，在原报告中被误作月亮纹，实际上仅是庙底沟类型圆点、弧边三角形和勾叶纹的重组。大河村敛口钵F19:12、F1:26上的纹饰，是将这一纹饰进行变形重构所形成。白底黑彩，两个弧边三角形相对，相交处有一红色的太阳，每一组弧边三角形之间以五条竖线分隔。靠近口沿的上部有弧边三角形和圆点构成的连续纹样，这种纹饰也是较有特色的(图2-2-4,1、2)。

① 参见郑州市文物考古研究所：《郑州大河村》，科学出版社2001年版，第585～586页。

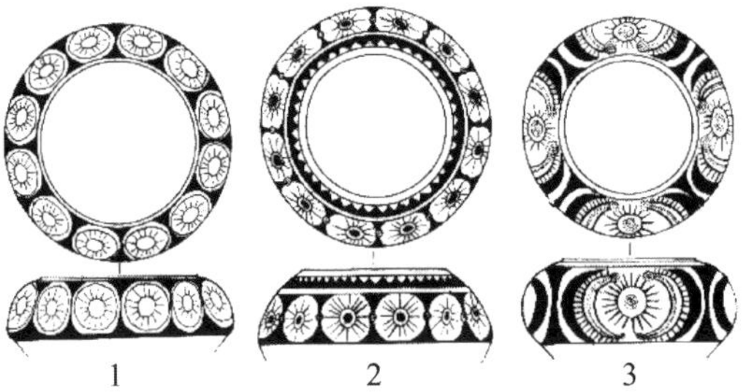

1　　　　2　　　　3

图 2-2-2　大河村遗址太阳纹复原图

1. T11③A　2. T23③　3. T11③A

图 2-2-3　大河村遗址彩陶纹饰

1　　　　2　　　　3

图 2-2-4　大河村、西山遗址出土敛口钵

1. 大河村 F19:1　2. 大河村 F1:26　3. 郑州西山城址出土

在西山遗址中出土有大河村式太阳纹和庙底沟式太阳纹的组合形式。如图 2-2-4 第 3 图所示①，太阳以圆形表示，周边有光芒线，内为弧边三角形，外有勾叶纹，再外还有弧边三角形。这是将两种类型的纹饰结合到了一起，但是表达的意思是相同的，即太阳鸟崇拜。

最简单的太阳纹饰是以圆点来表示的。大河村彩陶壶上的重圈太阳纹是比较具象的表现形式（图 2-2-5）。

① 参见国家文物局考古领队培训班：《郑州西山仰韶时代城址的发掘》，《文物》1999 年第 7 期。

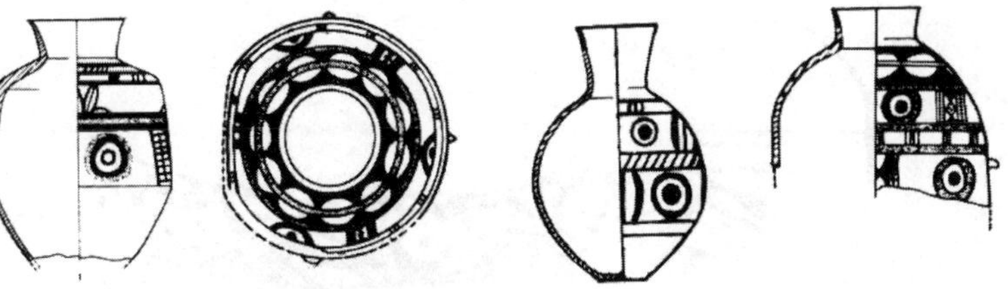

图 2-2-5 大河村遗址出土彩陶壶

大河村类型位于郑州地区，该地区毗邻鲁西南，与大汶口文化有较多的文化交流，如壶、鬶、鼎等器型显然是受到了大汶口文化的影响。其彩陶纹饰的用彩风格与大汶口文化也有较多相同的地方，纹饰较规整，喜欢白底黑彩。这说明在统一信仰体系之下，各地之间有文化上的交流，并互相借鉴和学习，从而形成了各自独特的艺术风格。

第三节 洪山庙遗址的彩绘与宗教信仰

洪山庙遗址位于河南省汝州市西北约 2.5 公里的骑岭乡洪山庙村东，位于嵩山西南的丘陵向汝河谷地的过渡地带。1989 年，河南省文物考古研究所对该遗址进行了考古发掘，清理仰韶文化房基 1 座，灰坑 5 个，大型合葬墓 1 座，合葬墓中有瓮棺 136 座。汝州洪山庙遗址不远的阎村遗址为仰韶文化阎村类型的典型遗址。该遗址曾出土有著名的绘有“鹳鱼石斧图”的陶缸(图 1-2-35)。洪山庙遗址的报告编写者认为，洪山庙遗址属于阎村类型的另一处典型遗址。阎村类型与庙底沟类型时代相当，约公元前 4000 年至前 3500 年。[1]

与庙底沟类型不同的是，阎村遗址的彩绘和刻划符号比前者要复杂多样，内容广泛，均发现于瓮棺上。

1. 太阳鸟纹饰

洪山庙遗址有一类纹饰来自于庙底沟类型。如陶缸 W31:1 的纹饰位于上腹部，以点、弧边三角形和勾叶形组成。或许画工并不熟悉所画的内容，没有庙底沟类型的纹饰成熟，纹样凌乱，似是模仿之作(图 2-3-1,1)。

---

① 参见河南省文物考古研究所:《汝州洪山庙》，中州古籍出版社 1995 年版，第 69 页。

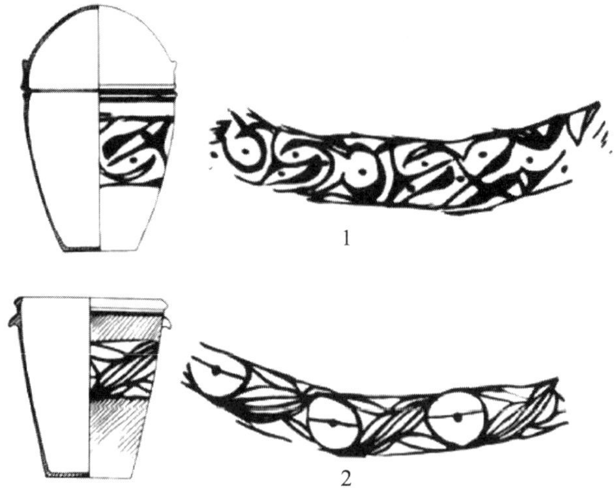

图 2-3-1　洪山庙遗址出土陶缸和纹饰

1. W31∶1　2. W83∶1

另有较规整一些的庙底沟类型纹饰，如陶缸 W83∶1 上的纹饰，太阳以大圆形表示，内有太阳鸟抽象成的直线和圆点，太阳之间以弧线连接，类似于花瓣纹和太阳纹的组合，实际上表现的同样是庙底沟的三元素（图 2-3-1，2）。更多的是太阳鸟纹饰的简化和抽象。如图 2-3-2 所示，圆点、弧边三角形、勾连纹分别被简化重组。

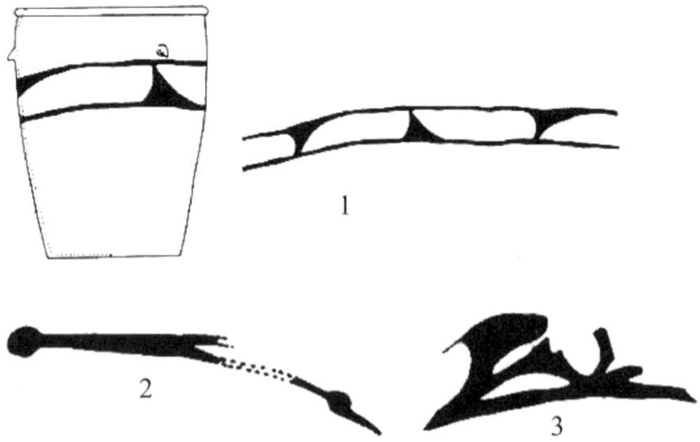

图 2-3-2　洪山庙遗址简化纹饰

1. W28∶1　2. W69∶1　3. W3∶1

最简单的太阳纹一般以一个圆圈或圆点来表示，如图 2-3-3 中的圆点，有的涂成红色。陶缸 W91∶1 是一件残器，上面画着一个太阳纹，一个月牙似的纹饰，可能表示弯月（图 2-3-3，5、6）。

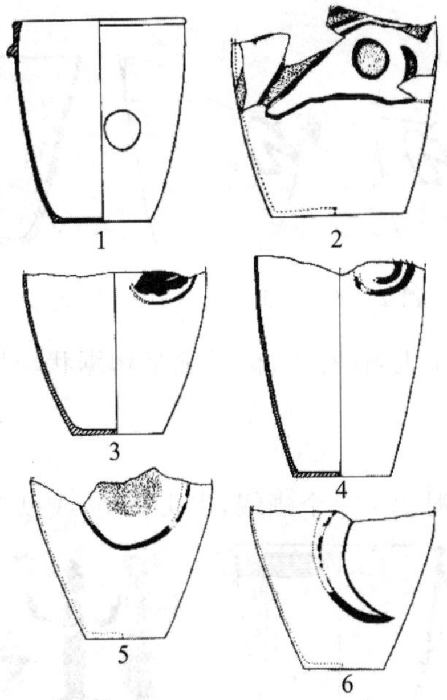

图 2-3-3 洪山庙遗址陶缸

1. W41:1 2. W7:1 3. W53:1 4. W74:1 5、6. W91:1

洪山庙遗址还有一幅“金乌负日”图绘制于陶缸 W84:1 上。整幅图绘于两条直线间,左、右分别为两只鸟,相对而立;中间的图案有人认为是一只乌龟,但看其头部与两侧的鸟极为相似,当表现的是鸟负日的侧视图。[①] 整幅图仿佛是在说中间的鸟背着太阳运行,但是太辛苦了,头低着,腿也快趴了,两侧的鸟在给加油或来帮忙的样子,形象诙谐而生动(图 2-3-4)。

图 2-3-4 洪山庙陶缸(W84:1)

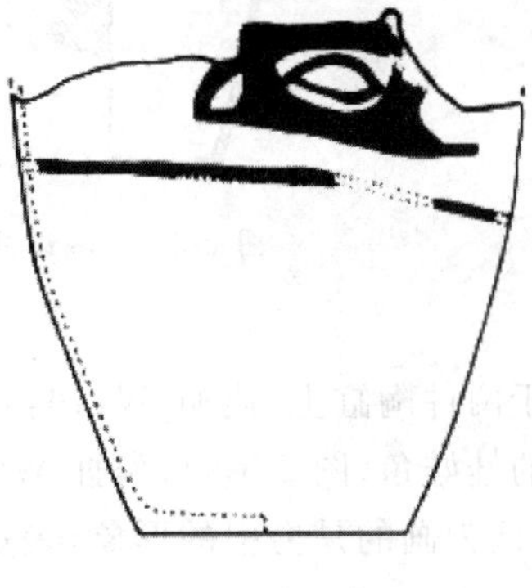

图 2-3-5 洪山庙遗址鸟纹(W23:1)

单独的鸟纹仅见于陶缸 W23:1 上,仅可认出鸟头的形状(图 2-3-5)。

① 参见袁广阔:《仰韶文化的一幅“金乌负日”图赏析》,《中原文物》2001 年第 6 期。

2. 蛙纹

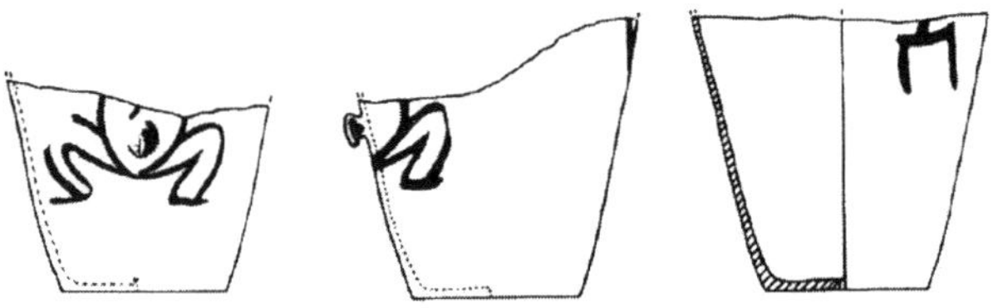

图 2-3-6　洪山庙遗址蛙纹(W39:1)

蛙纹发现于陶缸 W39:1 上,仅存下部,蛙腿呈蹲踞状。另一面还有一简化蛙纹符号的下部(图 2-3-6)。

3. 蜥蜴纹

陶缸 W46:1 的上腹部泥塑了一个蜥蜴,尖头长尾,或以为是壁虎(图 2-3-7)。

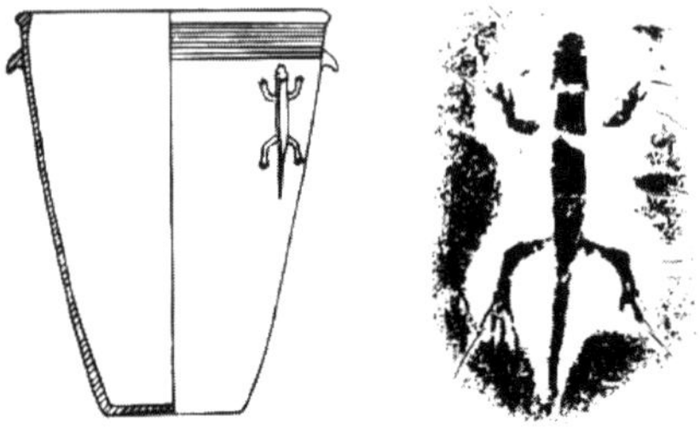

图 2-3-7　洪山庙遗址陶缸和蜥蜴纹(W46:1)

4. 鱼纹

陶缸 W33:1 上刻有一简化的鱼纹,上部残,仅剩头部。鱼圆眼,张嘴(图 2-3-8)。

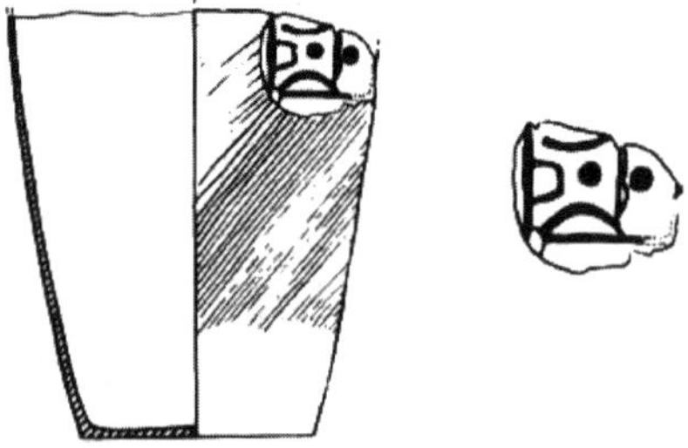

图 2-3-8　洪山庙遗址鱼纹(W33:1)

5. 双鱼纹

双鱼纹见于两件陶缸上,陶缸 W116:1 上绘有三个符号,两个圆形,一个拐尺形,圆形内画两相对的娃娃鱼(图 2-3-9);陶缸 W10:1 上画两组娃娃鱼,也是头尾相对(图 2-3-10)。也有学者认为画的是男根的形象,表达的是男性生殖崇拜的主题。[①]

① 参见袁广阔:《洪山庙一号墓男性生死器图像试析》,《文物》1995 年第 4 期。

图 2-3-9　洪山庙遗址陶缸(W116:1)

图 2-3-10　洪山庙遗址陶缸(W10:1)

6.天圆地方

陶缸 W14:1 腹部有一个硕大的圆形,中间一个方形,方形外侧有 7～8 根直线连接到圆孔边缘,形似后世的方孔圆钱。方形当表示大地,圆形当表示圜天,四出的直线当表示四方。整幅图案表现天圆地方的宇宙观(图 2-3-11)。

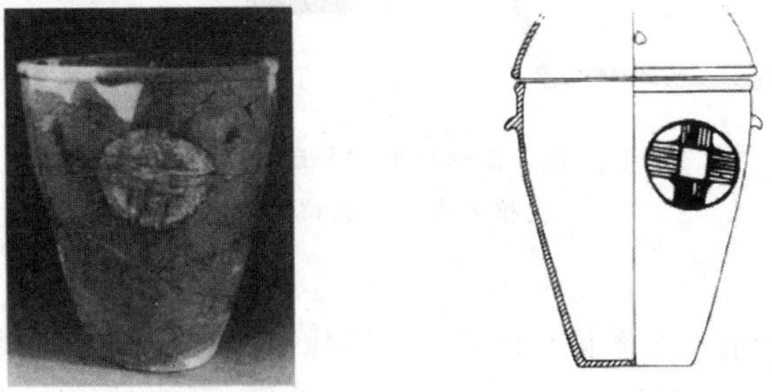

图 2-3-11　洪山庙遗址陶缸(W14:1)

7.瓮棺图像

陶缸 W71:1 的腹部描纹有三个硕大的纹饰,是洪山庙遗址 M1 内最具神秘色彩的图案。报告作者称:"就其形状而言,它像一个人头的外部轮廓,将它绘于死者的瓮棺上,当与死者有一定的关系。图案中部绘出两个椭圆形,正是人眼的部位,应是人的眼睛的夸张,在顶部绘出射线,显然是要表现出照射的光芒,或者有望穿一切物体之意,体现其有超常的功能。这些特征与古代巫师作法时用的面具十分相似。两个椭圆形中间专门留有缝隙,巫师戴于面上从缝中可以望见外面的一切,可观察到他作法时人们的表情,因缝隙较小,外面的人则看不到巫师的表情。这些都是巫师面具要具备的一般特征。"①(图 2-3-12)

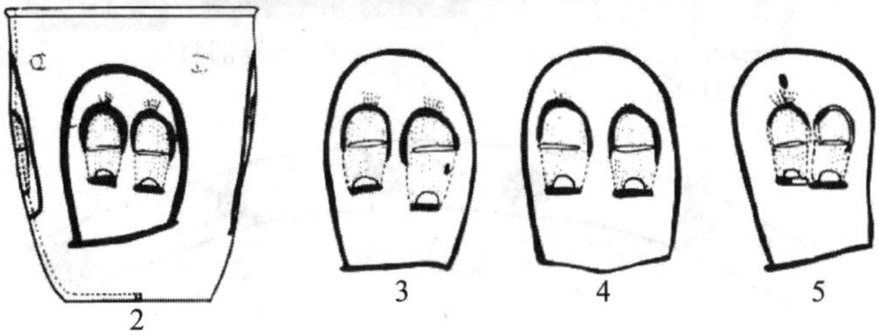

图 2-3-12　洪山庙遗址瓮棺图像(W71:1)

① 河南省文物考古研究所:《汝州洪山庙》,中州古籍出版社 1995 年版,第 75 页。

不过，解释为人面比较牵强，虽然这个图像有眼睛，但是并没有嘴、鼻子、耳朵等可以证明其为人面的内容。且眼睛的形状也是比较奇怪的。中部图像当为两座墓葬，下部弧形突起表示尸骨。两墓形状似陶缸，上面弧形为盖，下为平底，表示瓮棺葬墓。最外圈表示一座大墓，两座瓮棺并排埋葬其内，这不正与洪山庙遗址众多瓮棺埋于一座墓里相同吗？因此，可以称作“瓮棺图像”(图 2-3-13)。

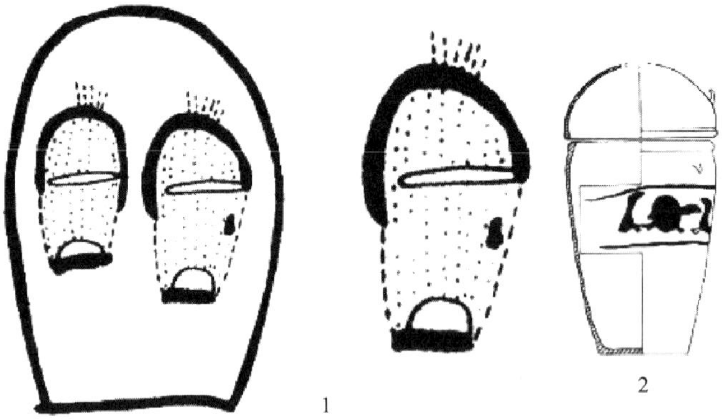

图 2-3-13　洪山庙遗址瓮棺葬纹饰与瓮棺的比较

1. 瓮棺图像　2. 瓮棺 W84：1

8. 复合图画

陶缸 W42：1 上绘有 5 个图像组成的复合图像，夹于上下两弧线之间。报告作者释为太阳、鹿、龟和人。目前有两种观点，中间的人作蛙形，可能是蛙人纹，这样其组合为鹿、太阳、蛙人、龟，都是当时人们崇拜的图腾动物。此外有学者认为圆形不是太阳，而是表示击中、捕获的意思，人、龟、鹿均作奔跑状，表现的是狩猎、渔猎这些与死者相关的劳动场面。[①] 如是，则很可能与祝殖巫术有关(图 2-3-14)。

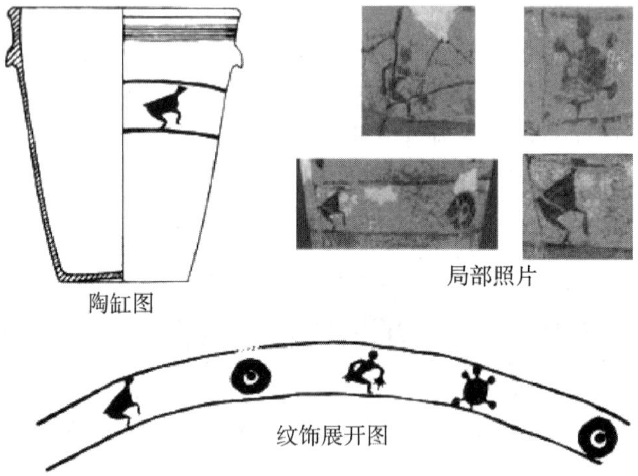

图 2-3-14　洪山庙遗址陶缸(W42：1)

① 参见袁广阔、马保春、宋国定：《河南早期刻画符号研究》，科学出版社 2012 年版，第 199 页。

9. 四圆圈纹

陶缸 W50:1、W118:1 均为一个大圆内有四个小圆，有学者指出可能代表容器里放置水果、根茎类蔬菜如芋头等，标明死者生前是从事采集或种植行业。① W40:1 也是四个圆形符号，报告作者认为是蛋形符号，很可能也是种子，这四个圆形两横置两竖置，以阴阳互对的方式排列(图 2-3-15)。三幅图像均表示四个种子，可能与祝殖巫术有关。而以带有种子符号的陶缸装殓死者就像将死者装入种子的壳里一样，可能是希望死者像种子一样埋入大地，待来年像种子发芽一样获得新生。

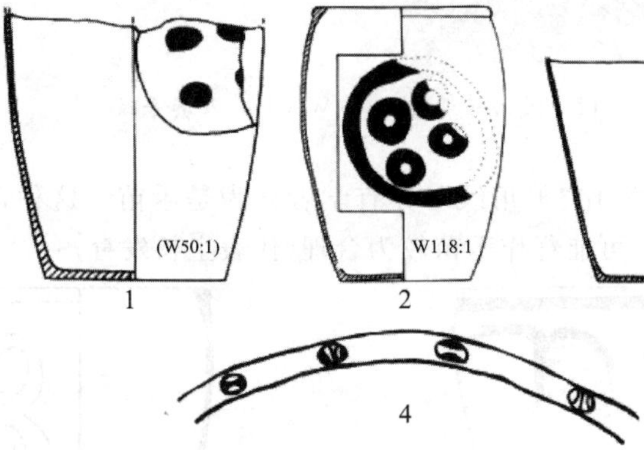

图 2-3-15　洪山庙遗址陶缸和四圆圈纹

1. W50:1　2. W118:1　3、4. W40:1

10. 木耜纹

陶缸 W104:1 上腹部绘一带柄的器具，报告称之为“耒”形彩绘符号，学者大多认为是木耜(图 2-3-16)。将生产工具绘制或刻划在陶器上在大汶口文化(锄、钺)、石家河文化(镰刀)都有发现，属于一种拜物思维——农具崇拜。

图 2-3-16　洪山庙遗址陶缸(W104:1)及其木耜纹

11. 手纹

陶缸 W104:1 上腹部绘还有一只手形(图 2-3-17)，似为画师将右手涂上棕色颜料，在陶缸外壁上按压而成。表达了对死者的一种标识，或者是对死者的一种安抚和寄托。②

① 参见袁广阔、马保春、宋国定:《河南早期刻画符号研究》，科学出版社 2012 年版，第 200 页。

② 参见袁广阔、马保春、宋国定:《河南早期刻画符号研究》，科学出版社 2012 年版，第 197 页。

图 2-3-17　洪山庙遗址陶缸(W104:1)及其手纹

12.禾苗或羊角纹

陶缸 W59:1 的彩绘图案作“羊角纹”,亦有学者认为是禾苗。这种符号与齐家文化的羊角纹类似(图 2-3-18)。可能释作禾苗较为合理,代表生长发育。

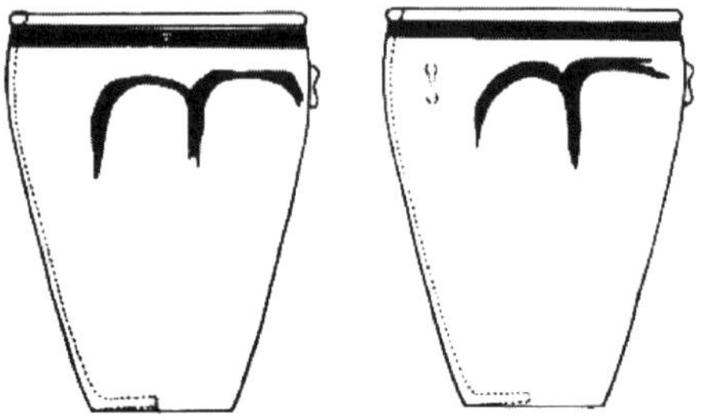

图 2-3-18　洪山庙遗址陶缸(W59:1)

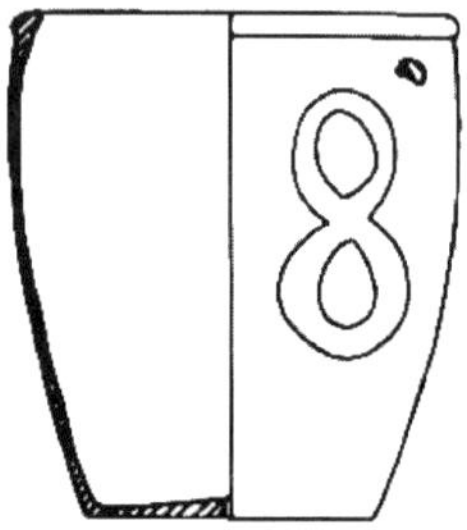

图 2-3-19　洪山庙遗址陶缸(W60:1)

13.“8”字形

陶缸 W60:1 腹部用白色颜料绘有一巨大的“8”字,由上下两个环组成,类似双联璧或种子的形状,在大汶口文化骨梳上也有类似的纹饰,或许表示双联璧(图 2-3-19)。

14.栅栏纹

陶缸 W45:1 上有木桩和横线构成的栅栏纹,W24:1 中也有类似木桩组合成的纹饰,W13:1 则以 3 条直线表示(图 2-3-20)。为什么古人在陶缸上绘上栅栏呢?栅栏是遗址周围用以防御的设施,虽然在考古发掘中很少发现这类遗迹,这是因为栅栏都是以木制难以保存的缘故,近年于章丘城子崖遗址的城墙内侧发现有疑似栅栏遗迹,仅存栅栏的柱洞。从美洲印第安人的聚落看,遗址外围都以栅栏作防护。中国史前遗址中的木栅栏也应该是存在的,一般位于聚落外沿濠沟内侧,大多数聚落外围的濠沟还保存着。在葬具上描绘栅栏,表达的是对死者的关爱和保护,保护其灵魂在地下安息不受打扰和伤害。

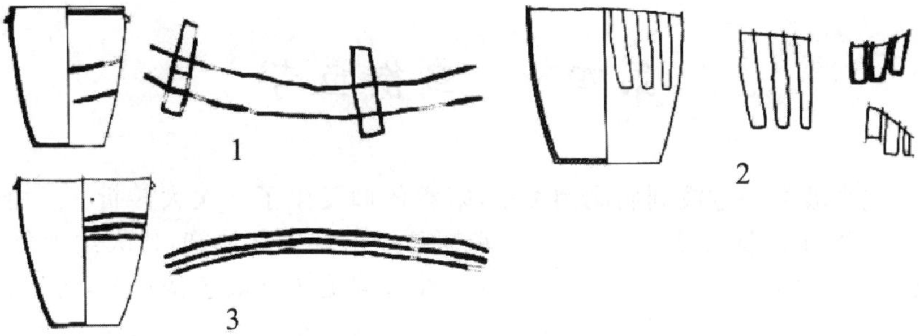

图 2-3-20　洪山庙遗址陶缸及其栅栏纹

1. W45:1　2. W24:1　3. W13:1

15. 梳子形彩绘

陶缸 W69:1 和 W32:1 上均有木柄梳子的彩绘图案，W69:1 上有两把梳子，七齿朝右，两梳子之间有一简化的太阳鸟纹。W32:1 上一把为七齿朝右，一把为十二齿朝上（图 2-3-21）。

16. ▽形刻符

陶缸 W97:1 上腹刻有一个“▽”形符号，似为尖底容器放置于三角形支架上（图 2-3-22）。

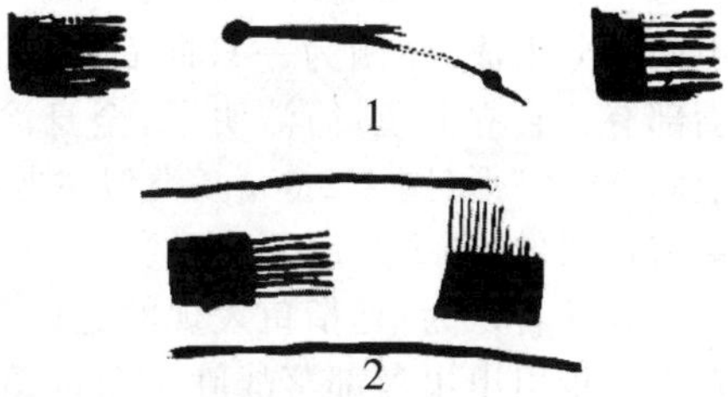

图 2-3-21　洪山庙遗址梳子形纹饰

1. W69:1　2. W32:1

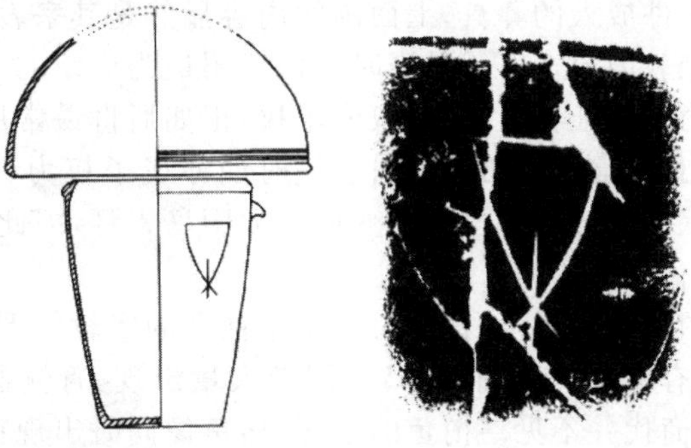

图 2-3-22　洪山庙遗址陶缸及刻符拓片（W97:1）

与庙底沟类型和大河村类型比较，洪山庙遗址是一处特殊的遗址，其纹饰内容也极为多样，远不如后两者统一。虽然它也有一部分纹饰来自于庙底沟类型，但是属于粗劣的模仿。肖生类纹饰有鸟、蛙、蜥蜴、龟、鹿等，但数量均比较少，其他较为特殊的栅栏纹、木耜纹、四圆圈纹等，或与对死者的关爱有关，或与祝殖巫术有关。

值得注意的是，这一时期的瓮棺葬在其他考古学文化，包括仰韶文化庙底沟类型、大河村类型中，都是作为儿童葬具使用的。但是在洪山庙遗址，却是成人使用，这种现象，只在更晚时的后石家河文化中存在。有人认为，瓮棺是模拟子宫的形状，葬具上的孔是灵魂出入的通道。那么该遗址的成人瓮棺墓当与他们独特的生死观念有关。这些瓮棺葬置于一座大型墓中，表明墓主之间具有亲密的血缘关系，应该是共同亲缘关系的表现形式。瓮棺上的纹饰表明，他们具有多样的信仰，正处在巫术思维向宗教思维转变的过程中，表现出生死轮回、对死者的关怀、祝殖巫术、自然崇拜等多种原始信仰并存的现象。

第四节　鸟衔鱼考

仰韶文化半坡类型过渡到庙底沟类型，宗教信仰发生了一次大转折——由鱼崇拜而转变为太阳鸟崇拜。前文已述，半坡类型晚期已经出现了鸟纹，时代大约为公元前4000年，其表现形式是鱼纹和鸟纹的融合。还有一种影响更久远的艺术形式，可以称作“鸟衔鱼”，表现的正是这种宗教变革。

最著名的鸟衔鱼主题的图像是河南临汝阎村遗址的鹳鱼石斧图。该图画于一件陶缸上。陶缸高47厘米、口径为32.7厘米、底径为19.5厘米。呈直筒形，平底，厚圆唇，口外有4个等距的鹰嘴形泥突，底部穿一孔。鹳鱼石斧图画于一侧，高37厘米、宽44厘米。由两部分组成，左侧为一只向右侧立的白鹳，细颈长喙，有夸张的大眼，两腿后倾直立。嘴部有一直立的鱼，简洁明了，全身涂白。右侧是一把石斧，弧刃，下部有方形镦。木柄上画有“×”形(图1-2-35)。类似主题的纹样还有北首岭遗址出土的陶壶M52:1腹部的鸟衔鱼图像(图2-1-1)。

有学者认为，鸟衔鱼表现的是以鸟图腾的部落战胜了以鱼为图腾的部落。[①] 另有学者进一步引申出鸟部落战胜了鱼部落，后来两者融合在了一起。何努则认为，鸟和鱼的关系象征性交，鸟和鱼分别代表男性和女性，属于转生巫术。[②] 这些学者均已经注意到了鸟衔鱼代表的不是杀戮而是相反的关系。这种与事实相悖的关系只能在宗教思维里找到解释。这件陶缸是一件成人的葬具，上面画的内容显然是其宗教信仰。鸟崇拜和鱼崇拜分别是两个时代的宗教内容。石斧是当时人们使用最为广泛的工具，是拜物思想的一种。斧钺后来成为权力的象征物，代表王权或军权，正如后世最常用的武器剑，也成为权力的象征，新石器时代使用最广泛的鼎，到三代时期亦成了权力、地位甚至国家的象征物。因为古人的原始宗教信仰由鱼崇拜转变成了太阳鸟崇拜，因此古人对鸟和鱼的关系进行了宗教解构，即鱼化生成了鸟。

龙山时期的鸟鱼图像发现较少，这个时期整个社会的宗教氛围都不浓厚。夏代二里头文化时期，也几乎没有发现。到商代，鸟鱼图像大量出现，青铜器上常见有龙、虎及鸟和鱼的图像。不过，在商代并不见鸟衔鱼的主题，鸟鱼像同时出现在铜盘的内侧，两者均被视作神灵。远在四川盆地的三星堆和金沙遗址发现了鸟和鱼的图像，以鸟和鱼作为主体纹饰，具有鱼变为鸟的意味。如三星堆一号祭祀坑出土金壳竹杖K1:1，系用纯金包卷竹芯作成。金杖上端有一段长46厘米的平雕图案，上画四组鸟鱼图案，每一组由鸟鱼和箭组成，小鸟作腾飞状在前，鱼在后，中间以一支箭连接。下面还有另一组图案，有两个人头像，戴五角冠，大嘴，戴耳环，当为太阳神或祭祀的形象(图2-4-1)。[③] 金沙遗址出土过与三星堆金杖上极为类似的图案，见于2001年发掘金沙Ⅰ区“梅苑”地点祭祀坑出土的金冠带(2001CQJC:688)上。[④] 纹饰共分四组，每一组以圆圈、鸟、鱼和箭矢组成。圆圈当代表太阳，鱼鸟之间以箭矢相连，同三星堆金杖纹饰极为相似。古人以鸟与射矢比喻日

① 参见严文明:《〈鹳鱼石斧图〉跋》,《文物》1981年第12期。

② 参见何努:《鸟衔鱼图案的转生巫术含意探讨》,《江汉考古》1997年第3期。

③ 参见四川省文物考古研究所:《三星堆祭祀坑》,文物出版社1999年版,第61页。

④ 参见成都市文物考古研究所:《成都金沙遗址Ⅰ区“梅苑”地点发掘一期简报》,《文物》2004年第4期。

景,《庄子·天下》引惠施说:"飞鸟之景,未曾动也。镞矢之疾,而有不行不止之时。"《墨子经说下》云:"景,光之人煦(照),若射。"甲骨文金文中的"晋"字,作两矢一日之形,即以矢镞拟日景。① 两图像中的箭当表示太阳放射出的阳光,表示太阳照耀下的鸟和鱼两神灵(图 2-4-2)。②

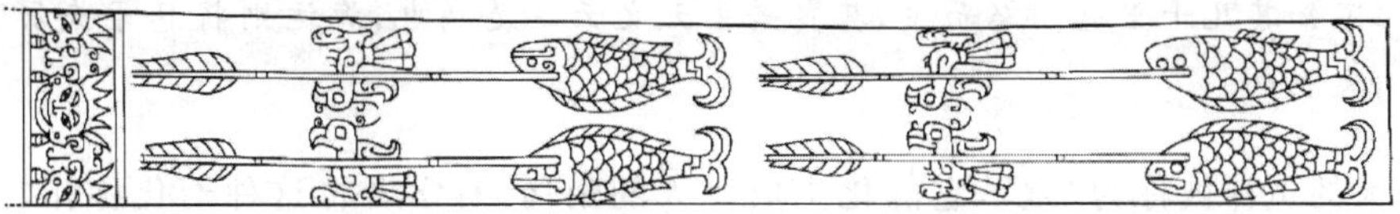

图 2-4-1　三星堆遗址金壳竹杖(K1:1)

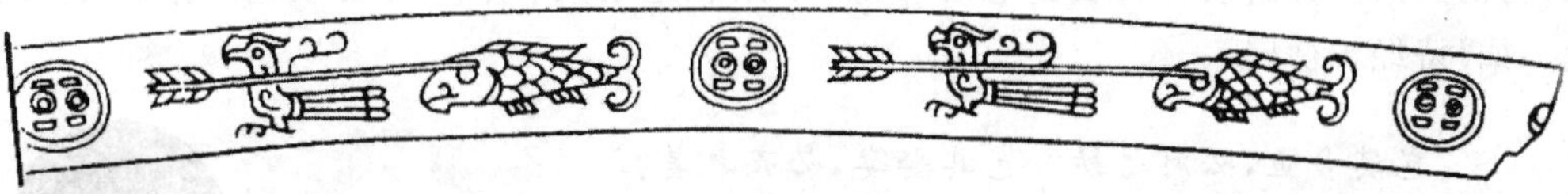

图 2-4-2　金沙遗址金冠带(2001CQJC:688)纹饰

商代有以鸟鱼作为族徽的亚族。王辰辑《续殷文存》中著录了一件商代晚期铜鼎,内铸有"亚、鸟、鱼"的复合图像,鸟长钩喙,大眼,戴三叉形冠,鸟足后伸,展翅,后跟随一鱼,与金沙和三星堆的鸟鱼纹相类似,也同属于商代晚期(图 2-4-3)。

图 2-4-3　"亚、鸟、鱼"族徽

东周时,鸟衔鱼图逐渐增多。山东沂水春秋墓出土的鸟食鱼图像,鸟宽长喙,长颈细足,尾分叉,头上有细小的冠。鱼头被鸟夹在嘴里(图 2-4-4)。湖北云梦睡虎地秦墓 M11 和 M33 出土的漆盂上画有鸟鱼图像,均为两鱼一鸟,颇具特色(图 2-4-5)。

图 2-4-4　山东沂水春秋墓出土鸟衔鱼纹饰

图 2-4-5　云梦睡虎地秦墓漆盂(M11:16)

① 参见饶宗颐:《殷代日至考》,《大陆杂志》1953 年第 3 期。

② 也有的学者解释为射鱼纹,但是箭是穿过鸟和鱼的,并不是只穿过鱼,因此这一纹饰并不表示崇鸟厌鱼。并且三星堆和金沙都存在太阳崇拜,如青铜神树表达的正是十日信仰和萨满教的神树宇宙观。神树上的鸟代表阳鸟,金壳竹杖上的纹饰也是阳鸟。

原始宗教的神灵很多都保存在文献中，鸟衔鱼的宗教变革保存在《庄子·逍遥游》中：

> 北冥有鱼，其名为鲲。鲲之大，不知其几千里也。化而为鸟，其名为鹏。鹏之背，不知其几千里也。怒而飞，其翼若垂天之云。是鸟也，海运则将息于南冥。南冥者，天池也。

文中巨大的鱼神被称为“鲲”，它能化生成巨大的鹏鸟，有学者将这种幻化称作“鲲鹏之变”。中国古代应该从5500年前就已经有了鱼化鸟的神话传说，正因有这种思维的变化，鸟衔鱼的图像解读与其表面意思相反，不是表达杀戮、战争，而是美好、婚姻、男女情爱。如《诗经·衡门》：

> 岂其食鱼，必河之鲂？岂其娶妻，必齐之姜？
> 岂其食鱼，必河之鲤？岂其娶妻，必宋之子？

图 2-4-6 陕西绥德东汉画像石

以吃鱼和啄鱼代表娶妻和情爱，表现的正是鸟鱼相合的文化内涵。

汉代道教盛行，庄子《逍遥游》鱼化鸟的传说也一度兴盛，画像石中出现了大量鸟衔鱼的图案。如陕西绥德画像石上的太阳鸟鱼图像，上方为圆形的大太阳，下面一只鹤单脚站立，展翅似舞，嘴里衔着的鱼也舞动起来，画面极富动感（图 2-4-6）。

汉代墓葬中的鸟衔鱼图像正来自于鸟化鱼的宗教变革。东汉的石室墓中多为夫妻合葬，将鸟戏鱼的图像雕刻于墓壁上，显然代表了夫妻恩爱与和睦，可谓鸟鱼之欢（图2-4-7）。

图 2-4-7 汉墓中的鸟鱼画像

1. 泸州麻柳庄墓棺身右侧巫觋夫妻与鸟鱼画像 2. 泸州大驿坝 2 号墓石棺鸟鱼画像

西汉时期出现了鸟衔鱼的釭灯器具。1983 年，山西朔县发掘的西汉晚期墓中出土了一件铜雁鱼灯。[①] 1985 年，陕西神木县店塔村挖掘出一件西汉时期的中空彩绘鹅鱼灯。[②] 1987 年，山西襄汾县发掘的西汉晚期墓中也出土一件铜雁鱼灯。[③] 这三件铜灯的造型相似，均为一水鸟转颈垂首伫立，鸟喙大张，将一条鱼横衔在嘴中，器表多施彩绘，其中以山西朔县所出最为精美(图 2-4-8)。

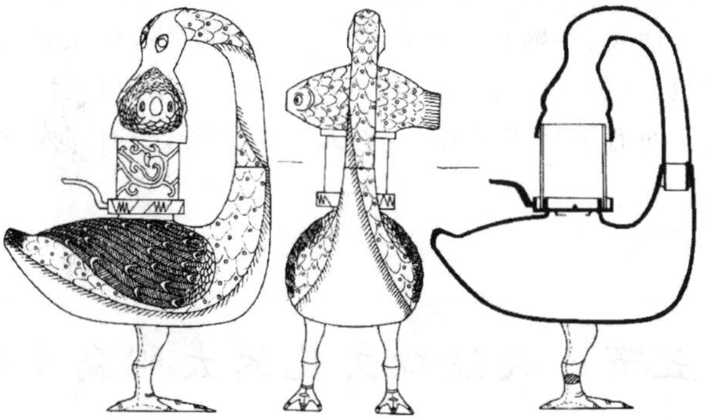

图 2-4-8　铜雁鱼灯

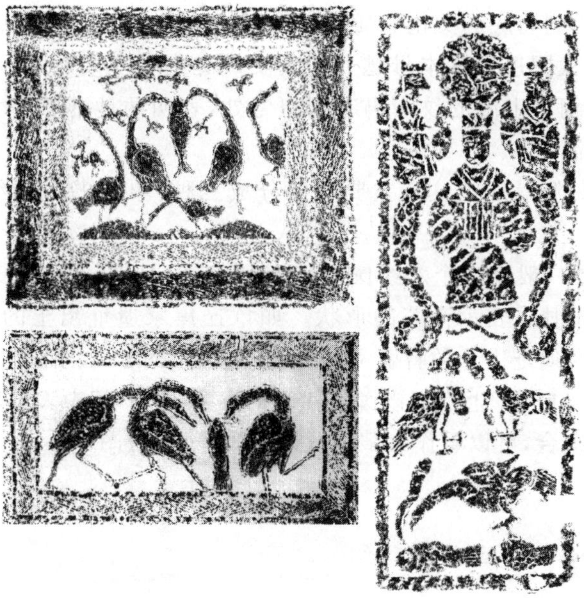

图 2-4-9　汉画像中的鸟鱼图像

(摘自胡新立编《邹城汉画像石》)

鸟化鱼为中国古代宗教变革所引起的化生观念，这种观念使两种对立的事物形成了和谐、相生的新思想，在我国古代流传了数千年之久。汉代时，鸟鱼曾经作为四灵之一，

① 参见雷云贵：《西汉雁鱼灯》，《文物》1987 年第 6 期。

② 参见张仲权：《神木县出土一件铜彩绘鹅鱼灯》，《文博》1986 年第 6 期。

③ 参见李学文：《山西襄汾县吴兴庄汉墓出土铜器》，《考古》1989 年第 11 期。

代表西方，为西宫咸池的神灵。《史记·天官书》记载天宫："东宫苍龙，南方朱鸟，西宫咸池，北宫玄武。"咸池是主五谷的星，主秋季。《淮南子·天文训》："日出于旸谷，浴于咸池，拂于扶桑，是谓晨明。"咸池是太阳洗浴的地方，与旸谷相对，位于西方。张守节《史记正义》："咸池三星，在五车中，天潢南，鱼鸟所托也。"由此可见，西宫咸池中的神灵是"鱼鸟所托"，即鸟衔鱼，在汉代画像石中多见有鸟鱼的形象。山东邹城出土的一块画像石上刻有太阳、金乌、太一、伏羲、女娲和鸟鱼的图像，这些都是古代崇拜的神灵，上为东宫太阳金乌，下为西宫咸池（鸟鱼），两者相对（图 2-4-9，右图）。鸟和鱼是黄河流域中上游地区所崇拜的神灵，周文王时有凤鸟集于岐山，周武王伐商时，曾有白鱼显瑞，两者有悠久的历史渊源。[①]

第五节　大汶口文化的太阳鸟崇拜

大汶口文化西临仰韶文化，其早期相当于庙底沟时期，遗址主要分布于鲁中南和苏北地区，地近中原，受到庙底沟文化的强烈影响，彩陶纹饰出现了与庙底沟文化相同或相似的纹样，其主题以太阳鸟为基本母题。到大汶口文化中晚期时，受庙底沟类型影响的纹饰减少，但是与黄河中上游的纹饰仍有相似之处，表明两地在整个大汶口文化时期一直有持续的文化交流。

大汶口文化的太阳崇拜类纹饰主要可以分成三种：单纯的太阳纹、八角星纹、太阳鸟纹。

最简单的太阳纹一般以一个彩绘圆点来表现，有的只作一个圈形，较复杂的纹饰是在圆点周围装饰上放射线表示光芒的形状。如章丘焦家遗址出土的罐 ZJ：715、单把杯 ZJ：650[②]，泰安大汶口遗址出土的背壶 M105：8、双耳罐 M9：38、小罐 M98：7[③]，邹县（今邹城）野店出土的小罐 M30：1 上都有以圆点代表的太阳纹。[④] 其中大汶口遗址双耳罐 M9：38 上的圆点和直线组合，可以看作太阳鸟纹饰的简化形式（图 2-5-1）。

---

① 参见王国维：《今本竹书纪年疏证》，方诗铭、王修龄：《古本竹书纪年辑证》，上海古籍出版社 1981 年版，第 235 页。

② 参见宁荫棠等：《山东章丘市焦家遗址调查》，《考古》1998 年第 6 期。

③ 参见山东省文物管理处等：《大汶口——新石器时代墓葬发掘报告》，文物出版社 1974 年版，第 73、76、78 页。

④ 参见山东省博物馆等：《邹县野店》，文物出版社 1985 年版，第 65 页。

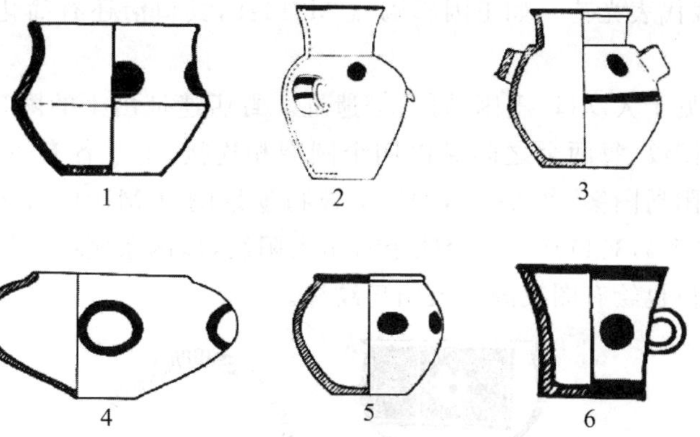

图 2-5-1 大汶口文化太阳纹
1、6. 章丘焦家遗址(ZJ:715、ZJ:650) 2、3、5. 泰安大汶口遗址(M105:8、M9:38、M98:7) 4. 邹县野店遗址(M30:1)

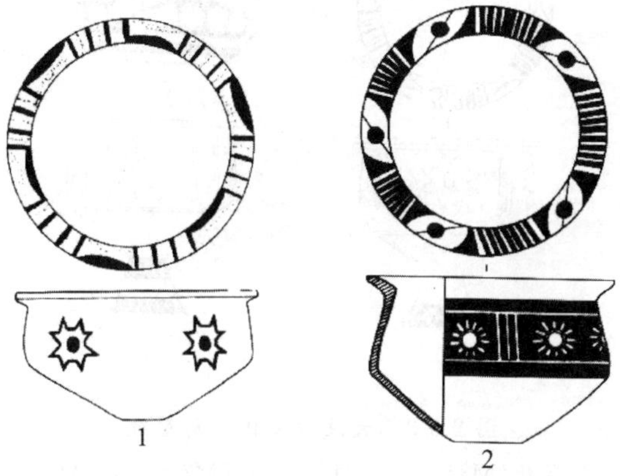

图 2-5-2 大汶口文化的彩陶
1. 大汶口遗址 M1018:32 2. 王因遗址 M214:10

八角星纹常见于大汶口文化彩陶盆和彩陶豆上。这种纹饰最早见于高庙文化及其周边地区的史前遗存中,存在一个由南往北的传播过程。八角星纹有两种基本的形式:一种是中间为圆形,圆形外围分布一周 8 个三角形(图 2-5-2);另一种中间多作方形,有的方形内或有圆形或有方形(图 2-5-3)。第一种有称作"八角太阳纹",代表太阳。第二种可称作"八角四方纹",代表中央的四方形大地和四维八方的方位观念 。两者都有八个"角",代表八方。人类最早是以太阳运行来划分四方,从而有了四维八方的认识和观念。

八角太阳纹见于大汶口遗址彩陶盆 M1018:32 上,太阳以一个圆点表示,周围是放射的光芒。盆口沿上还绘有以 4 条竖线间隔的圆弧形(图 2-5-2,1),这其实就是庙底沟太阳鸟主题纹样的简化形式。王因遗址出土的彩陶盆 M188:2 上也有类似的图案,只是用彩的方式不同,前者用黑彩,后者以黑彩作底,白彩绘八角太阳纹。其口沿也有图案化的太阳鸟纹样(图 2-5-3,1)。具象的太阳纹与仰韶文化大河村类型的太阳纹类似,以圆代表太阳，其外有放射线代表光芒。如王因彩陶盆 M214：9，其口沿还有简化抽象的太阳鸟纹[①]（图 2-5-2，2）。

八角四方纹见于大汶口、王因、野店等遗址。野店遗址出土的陶盆 M35：2 腹部彩绘四个白彩八角太阳纹，每两个之间又以四个圆圈相连接，上下各有一周栅格纹。口沿亦绘有图案化的太阳鸟图案（图 2-5-3，2）。大汶口遗址陶豆 M1013：1 和M2005：49腹部彩绘几乎一样（图 2-5-3，3、4）。一周绘四个八角太阳纹，以两条竖线间隔，只是豆柄上的彩绘不同。口沿部位也绘有图案画的太阳鸟纹样。

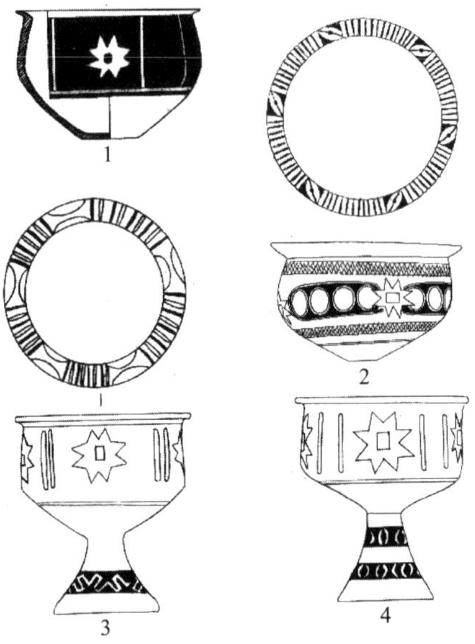

图 2-5-3　大汶口文化八角星纹

1. 王因（M188：2）　2. 野店（M35：2）　3、4. 大汶口（M2005：49、M1013：1）

大汶口文化中有与庙底沟类型极为相似的太阳鸟纹，见于大墩子、野店、刘林等遗址中，鲁东南的大汶口遗址中没有发现，苏北发现最多。苏北地区与中原应该有更直接的文化交流，其传播路径由中原到苏北，再到鲁中南。如大墩子陶钵 M33：8、M30：9、M288：6 中的圆点、弧边三角纹和勾连纹都与陕西华县泉护村遗址的类似，只是缺少较形象的鸟负太阳的图案，M288：6 已经较为简略，鸟负日只是以直线上带个圆圈或直接只是个圆圈（图 2-5-4，1、2、3）。另一个特点是缺少圆形留白区域，大墩子 M33：8 还有近似圆形的留白，但其中的鸟负日图像也已经图案化了（图 2-5-4，1）。更为图案化的形式是大墩子 M252：1，以弧边三角纹上下相对构图，圆点位于相接处，椭圆形内以直线相连。不过如果从上方看陶钵的话，会看到一个光芒四射的太阳（图 2-5-4，4）。邳县刘林遗址出土的陶钵 M72：1 以勾连纹画满上腹部，圆点分布其间，有的以两条直线连接起来。整幅图案流畅自然，画工深得太阳鸟纹的意境（图 2-5-5），野店陶钵（采 01）与之类似（图 2-5-4，5）。

① 参见中国社会科学院考古研究所：《山东王因》，科学出版社 2000 年版，第 260 页。

图 2-5-4　大汶口文化的彩陶钵和太阳鸟纹

1—4. 大墩子(M33:8、M30:9、M288:6、M252:1)　5. 野店(采 01)

图 2-5-5　邳县刘林大汶口文化彩陶钵(M72:1)

大汶口文化还有一种常见比较有特色的花瓣纹,实际上也是太阳鸟纹的图案化。这种纹饰见于大墩子、大汶口、王因等遗址。大墩子 M30:8 像四瓣花纹,叶瓣里一直线连接弧边三角纹顶端的圆点(图 2-5-6,4)。大汶口遗址陶漏器 M1018:24 腹部的纹饰,圆点、弧边三角纹以比较规整的方式结合排列,庙底沟类型的留白区域边缘以白彩勾边,从而使留白区域构成了类似花瓣纹,实际上彩绘表达的仍是太阳鸟这一主题。这一件陶器以上下两层纹饰构成。在同一遗址两件彩陶壶 M1013:2 和 M1014:30 上两层花瓣融合成一层，从而使留白形成的花瓣纹看上去像四瓣花、五瓣花，但实际上画工在绘制的时候描绘的是黑彩部分，即其主题纹样是太阳鸟而不是花瓣(图 2-5-6，1—3)。王因遗址的觚形杯 M4002：3 整个腹部都是彩绘，由上下两层主题构成，弧边三角纹为主要元素，太阳鸟简化成一条直线，上带圆点。如果把它看作花瓣纹，共两朵花，每朵花五个花瓣，但是花瓣并不对称，右下角的就显得极不谐调，像强加上去的，而且其中也没有直线和圆点。但如果把目光集中于黑色彩绘区域，就形成了极为和谐的纹样，其太阳鸟的主题也得以突显(图 2-5-6，5)。

图 2-5-6 大汶口文化彩陶

1—3. 大汶口(M1018：24、M1013：2、M1014：30) 4. 大墩子(M30：8) 5. 王因(M4002：3)

太阳鸟类主题彩绘主要发现于大汶口的早期，是受庙底沟影响下的产物。这些发现也主要位于苏北、鲁中南地区，鲁北和鲁东南地区发现较少。苏北和鲁中南地区大汶口文化的主要宗教信仰正如前所述，以自然崇拜类中的獐崇拜为主。太阳鸟崇拜由此进入了大汶口文化之中，呈现出两种宗教观念并存的局面。到了大汶口文化晚期，两地区的獐崇拜迅速衰弱。鲁东南、皖北地区的大汶口文化中，这些地区基本不见獐崇拜的地区，太阳崇拜很快占据了信仰的主流。

第六节 大汶口文化刻划符号与宗教信仰

大口尊是大汶口文化中极富特征的一种陶器，其形体硕大，直口或侈口，深腹圜底，个别的为小平底。完整的大口尊多见于大型墓葬中，有的器物上刻划有符号，在学界曾引起极为热烈的讨论。这些讨论集中于大口尊的功能、刻划符号的意义、是否为文字，进而引申到对大汶口文化是否进入有文字使用的文明社会等方面。

随着考古发现的增多，对大口尊和刻划符号的研究也逐渐深入。大口尊广泛分布于大汶口文化、石家河文化、仰韶文化、良渚文化之中，江淮地区的北阴阳营、龙虬庄、凌家滩、薛家岗等遗址中也有出土。以前两支文化使用最为广泛，发现最多，大口尊的形制也最完备。从器型上看，形体巨大的大口尊只发现于石家河文化和大汶口文化中。仰韶文化和良渚文化大墓中出土的只有形体较小的侈口圜底的釜形。并且，带刻划符号的大口尊也只见于大汶口文化和石家河文化，且多出土于墓葬和祭祀遗迹之中。

大口尊上的刻划符号首先发现于陵阳河遗址。遗址位于山东莒县东南，属沭河流域。1960 年，当地文物部门采集到一件，上面带有太阳鸟类符号。符号由三部分组成，上面是一个圆圈，圆下是弧边三角纹，底端是平底五角峰的形状。考古报告和研究文章中习称“日、月、山”，也就是解读成太阳、月亮和山峰。1962 年，遗址上又采集到 3 件大口尊，一件带有日月图像，另一件是锄形，第三件上有两个符号：一个是钺形，另一是台形或铲形。1963 年和 1979 年，山东省博物馆和莒县文管所对遗址进行了发掘，共清理大汶口文化墓葬 45 座，获得大口尊 10 件，另外还采集到 2 件，共 12 件。刻划符号共有 7 个，出于 6 件大口尊上。其中，“日、月”符号发现了 2 件，这种符号没有下部的五角峰(图 2-6-1)。①

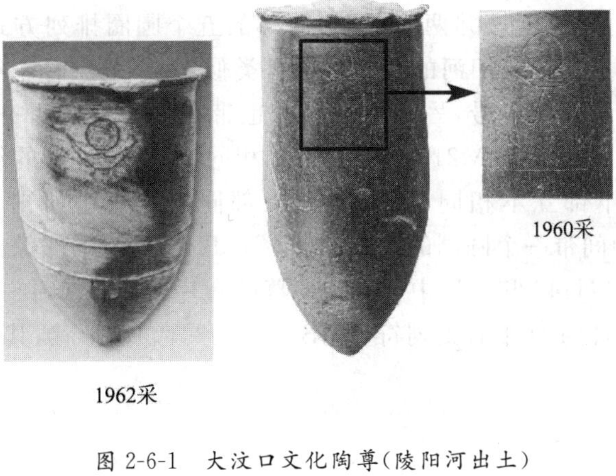

图 2-6-1 大汶口文化陶尊(陵阳河出土)

① 参见山东省考古所等:《山东莒县陵阳河大汶口文化墓葬发掘简报》,《史前研究》1987 年第 3 期;王树明:《陵阳河墓地刍议》,《史前研究》1987 年第 3 期;王树明:《谈陵阳河与大朱村出土的陶尊“文字”》,山东省《齐鲁考古丛刊》编辑部编:《山东史前文化论文集》,齐鲁书社 1986 年版。

与陵阳河遗址相距7公里位于沭河东岸的大朱村遗址也出土有大口尊和刻划符号。1966年，县文管所采集到一件大口尊，上面带有“日、月、山”刻划符号。1979年，山东省博物馆发掘清理大汶口文化墓葬31座，出土大口尊2件，另外采集到1件。M17:1为带有4个圆圈的“耒耜”的象形(图2-6-12,1)。M26:3带有两个符号，一个为内弧四边形也即“菱形”，另一个位于下腹近低部，由一个圆点和下弧组成，是“日、月”形的简化形式。采集的为“日、月、山”造型。1982～1985年，莒县博物馆又陆续抢救清理了4座大汶口文化墓葬，出土大口尊4件，其中一件带有“日、月”形的刻划符号。①

杭头遗址位于莒县南5公里处，东距陵阳河遗址约2公里。1983～1987年，山东省文物考古研究所和莒县博物馆抢救性发掘4座大汶口时期墓葬，出土大口尊2件，其1刻有“锄”的象形，样式同陵阳河出土的一致(图2-6-9,3)。②

前寨遗址位于山东省诸城市西20公里处的前寨村西，南临淄河。1973年，诸城市文化馆调查该遗址时采集到一件带刻划符号的大口尊残片，刻符上部残缺，仅剩中间右部和下部的“山”形，涂有朱色，应该是“日、月、山”类刻划符号。③

尧王城遗址位于山东省日照市西南约20公里处，1993年社科院考古研究所和日照市博物馆进行了发掘，发现两块大口尊的残片，其中1件同陵阳河M17所出“羽冠状”相同，“另一件代表一种未识的新图像”④。

尉迟寺遗址位于安徽省蒙城县许町镇毕集村东150米，西南距蒙城县城20公里，是皖北地区大汶口时期的一处大型聚落遗址。中国社会科学院考古研究所安徽工作队从1989年开始发掘该遗址，经过两个阶段的大规模发掘，壕沟内的建筑得到全面揭露，完整地再现了尉迟寺聚落的整体格局。尉迟寺遗址发掘出土的大口尊多达49件，多出土于房址、墓葬和祭祀坑之内，是出土刻划符号最多的一处遗址。1989～1995年第一阶段共发现21件大口尊，发掘报告中称之为“大口瓮”或“大口尖底瓮”。房址F14、F18、F33、F37、F42、F46室内各放置1件，均无刻划符号；地层中出土2件，一件无刻符，另一件应该是大口尊的残片，刻划符号同1962年陵阳河采集大口尊上“内画七个圈的台形图形”类似，只是上部变长，下部变矮并两肩翘起，内部的五个圆圈排列方式也不尽相同；祭祀坑中出土1件，刻划符号同陵阳河的“日、月、山”类似，刻纹上涂有朱红颜色；墓葬中出土12件大口尊，3件带有刻划符号，另有1件陶片也带有刻符。墓葬中的大口尊均作为葬具瓮棺出现，M96:2、M177:1、M215:1三件形制相同，呈下腹外鼓的纺锤形，且刻符的上部均为“日、月”形，下部互不相同，M96:2的下部同祭祀坑中所出相同，为火焰形状，M177:1的下部是中间带一个圆圈的“三叉形器”，M215:1的下部像火盆的形状。此外，在灰坑H106、H142、H146和地层中都有大口尊的陶片出土。2001～2003年第二阶段的发掘发现大口尊28件，4件带有刻划符号，JS10:4为“日、月”形状，其他3件均为“日、月、

① 参见山东省文物考古研究所等:《莒县大朱家村大汶口文化墓葬》,《考古学报》1991年第2期。苏兆庆等:《山东莒县大朱村大汶口文化墓地清理简报》,《史前研究》(辑刊)1989年,第108页。

② 参见山东省文物考古研究所等:《山东莒县杭头遗址》,《考古》1988年第12期。

③ 参见诸城县文化馆:《山东诸城县前寨遗址调查》,《文物》1974年第1期。

④ 中国社科院考古研究所:《尧王城遗址第二次发掘有重大发现》,《中国文物报》1994年1月23日。

山”形状，只是下部略有区别，T2812⑥：2 的下部更变形成三个尖的火焰形状。[①]

此外，山东省文物考古研究所于 2005 年胶州赵家庄遗址发掘时出土 1 件大口尊残片，残存有太阳形状的刻划符号。

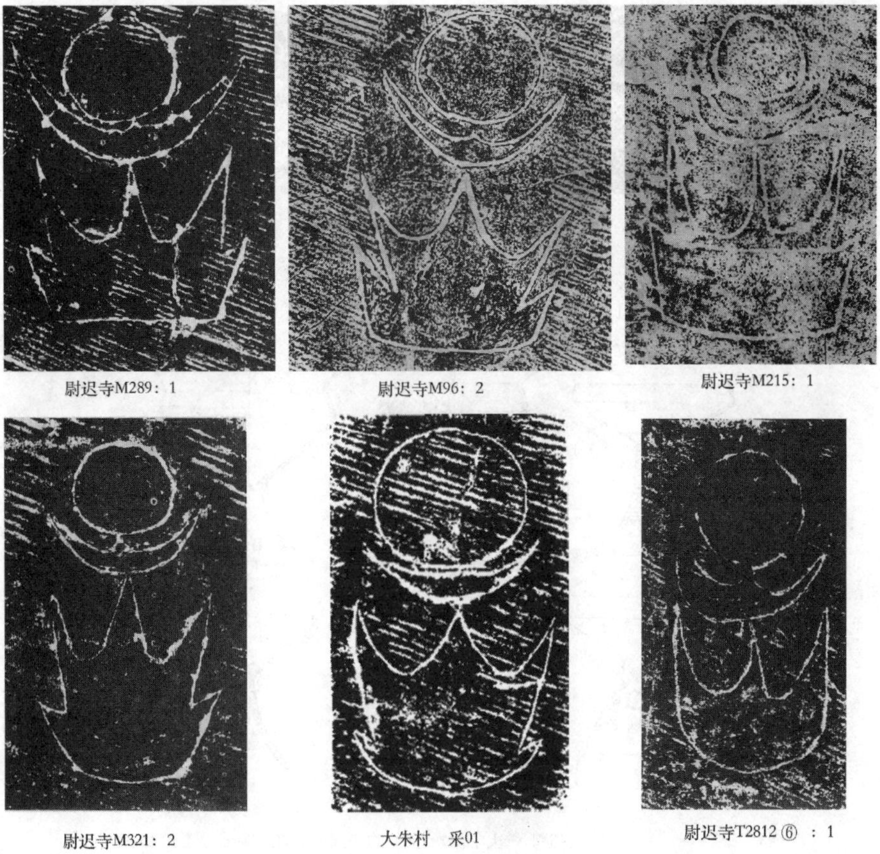

图 2-6-2　大汶口文化太阳鸟类刻划符号

到目前为止，共发现大汶口文化刻划符号 30 余件，除了 4 件出土于地层中之外，余者均出自墓葬和祭祀坑内。这些符号里面，“日、月”类符号占据多数，包括“日、月”类和“日、月、山”两类，两者数量之和达到了 16 件，占了刻符种类的一半以上。这些符号一般是出土于墓葬和祭祀遗址之中，在鲁东南地区一般出土于大墓之中，在皖北的尉迟寺遗址见于儿童瓮棺葬和祭祀遗迹中。如尉迟寺 JS4 是由套缸组成的祭祀遗迹，大口尊上刻有“日、月、山”类符号，与陵阳河的极为相似。M177 是一座儿童墓葬，以大口尊为葬具，其上也刻有“日、月”类符号，只是下部的图像与前者不同（图 2-6-12，2）。M215 亦为儿童瓮棺葬，亦以大口尊为葬具，上刻“日、月、山”类符号。祭祀遗迹 JS10 由 12 件大口尊组成，其中有 4 件上刻有“日、月”类符号（图 2-6-3，1）。

对于大汶口文化刻符的解读有文字和宗教两种不同的角度。从性质上看，这些符号

① 参见中国社会科学院考古研究所：《蒙城尉迟寺》，科学出版社 2001 年版，第 224～245 页；中国社会科学院考古研究所：《蒙城尉迟寺》第二部，科学出版社 2007 年版，第 102～137 页。

与后世的文字虽然存在字形的相似性，但不是文字。① 我国新石器时代的墓葬中有使用宗教物品的传统，这些符号也多见于宗教遗存如祭祀坑、墓葬中，因此它们表达的均为宗教内容。

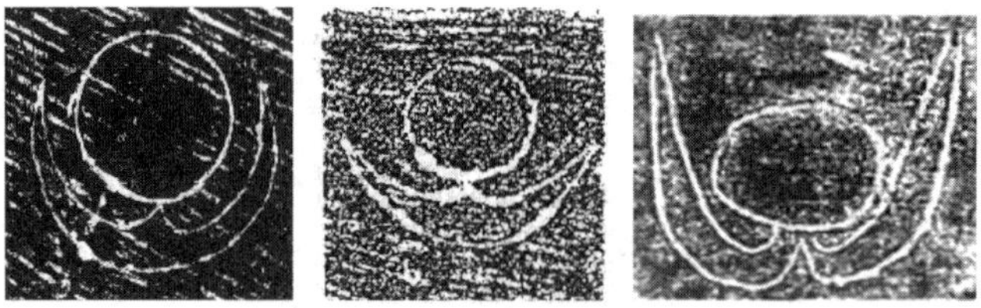

图 2-6-3 大汶口文化太阳鸟纹

1. 尉迟寺(JS10:4) 2、3. 陵阳河采集

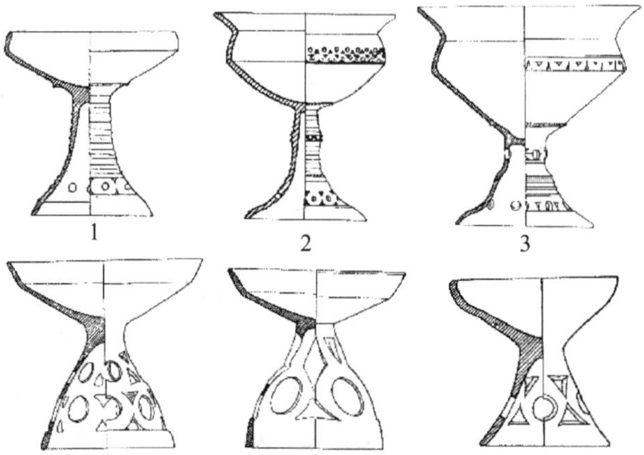

图 2-6-4 大汶口文化陶豆和镂孔

1. 野店(M20:2) 2. 大汶口(M2019:100) 3. 王因(M2222:5)

4. 大汶口(M34:1) 5. 大汶口(M11:3) 6. 大汶口(M59:25)

"日、月"类符号。对于上部圆形表示太阳是没有异议的，不同之处是下面的弧形和山形表现的是什么。弧形图像有人认为代表火、月亮、云气或鸟等。这种弧边三角形可以确定表示的是鸟，实际上就是仰韶文化的正视太阳鸟图像。表达的也是鸟负日的主题。只是大汶口的符号更加规整抽象一些(图 2-6-3)。这种图像进一步规整化就是圆形和三角形，是大汶口文化最常见的镂孔纹饰，陶豆的柄部和器座上多见。圆形、弧边三角形纹饰不但是庙底沟文化彩陶的主流纹样，也广泛见于良渚文化、崧泽文化、大汶口文化、龙虬庄文化等中国东南部流行太阳崇拜的区域，主要位于陶豆、器座等陶器上，以镂孔或刻划符号的形式表达(图 2-6-4、图 2-6-5)。

① 参见孙波等:《大口尊与刻划陶符说》,中国考古学会编:《中国考古学会第十四次年会论文集》,文物出版社 2012 年版,第 169～180 页。

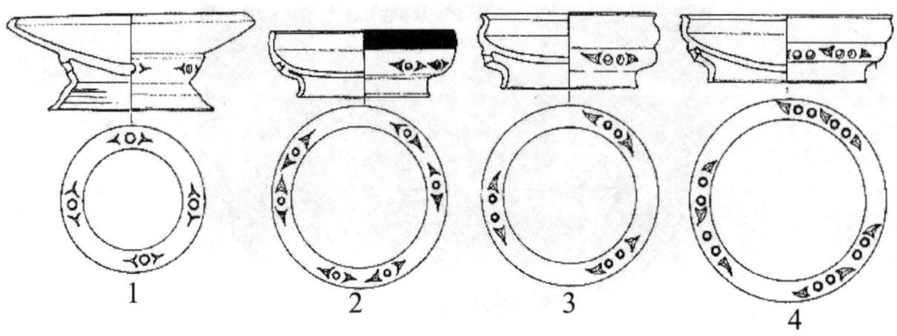

图 2-6-5　昆山遗址出土良渚文化陶豆

1. M8:3　2. M46:5　3. M44:4　4. M50:10

福泉山遗址出土的陶豆 M101:90 外壁有许多飞鸟，包括正视飞鸟和侧视飞鸟。豆盘上绘旋涡纹和鸟纹，豆柄上有六层鸟纹，各层之间以弦纹间隔，也分侧视鸟和呈月牙形的正视鸟。这正是圆形三角形镂孔所表示的太阳鸟纹的具象化(图 2-6-6)。

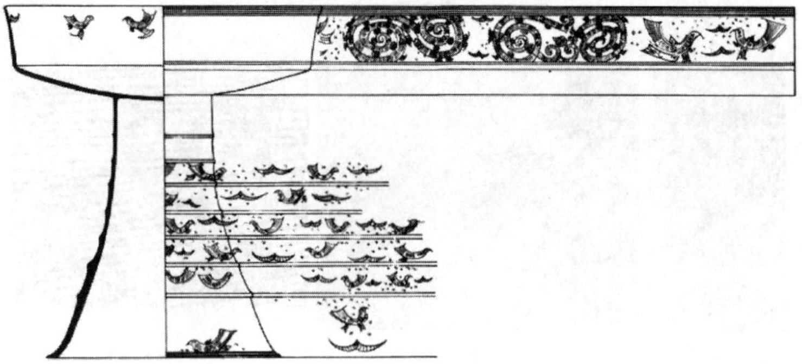

图 2-6-6　福泉山遗址出土陶豆(M101:90)

太阳鸟类符号也见于良渚文化的玉器和陶器上。玉器上的太阳鸟纹饰见于美国弗利尔美术馆藏的筒形环镯上，镯上有两个图像，林巳奈夫认为分别属于良渚文化和大汶口文化(图 2-6-7)。[①] 其一是大汶口文化的太阳鸟符号，只是太阳和鸟的比例不同，圆形硕大。浙江杭州余杭北湖徐家头出土的一件椭圆形豆盆，内壁画有三个符号组合而成的图像，中间为重圈纹，代表太阳，两侧各有一细长的弧形，表示鸟飞行的正视形象(图 2-6-8)。

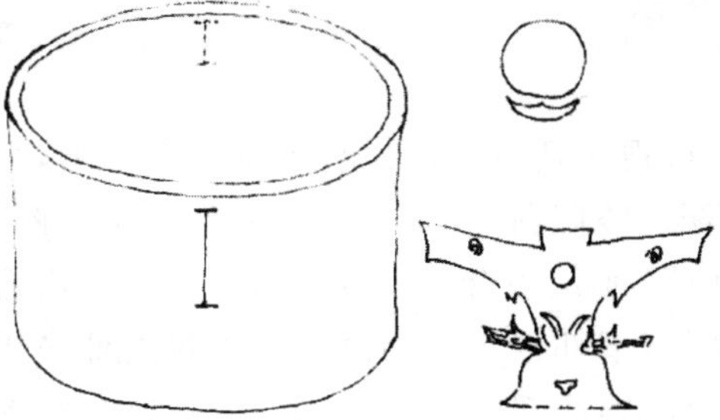

图 2-6-7　弗利尔美术馆藏短筒玉器及符号

(摘自林巳奈夫《良渚文化和大汶口文化中的图像记号》)

① 参见[日]林巳奈夫:《良渚文化和大汶口文化中的图像记号》,《东南文化》1991 年第 3、4 期。

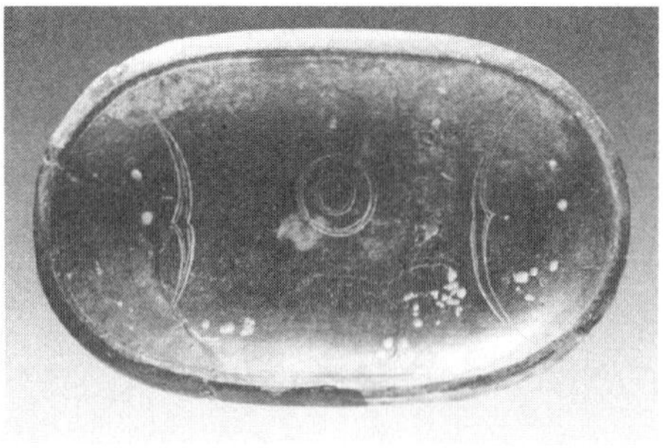

图 2-6-8　余杭北湖徐家头椭圆形豆盘内壁的符号

除太阳鸟类符号外，其他符号表达的也是宗教内容，有以下几类：

1. 钺和锄

钺形符号有孔、镦、柲，是对钺的摹化。斧钺是新石器时代使用率最高的工具和武器，后世逐渐演化成权力的象征。锄形符号也是农具的刻画。两者表达的都是拜物思维（图 2-6-9）。

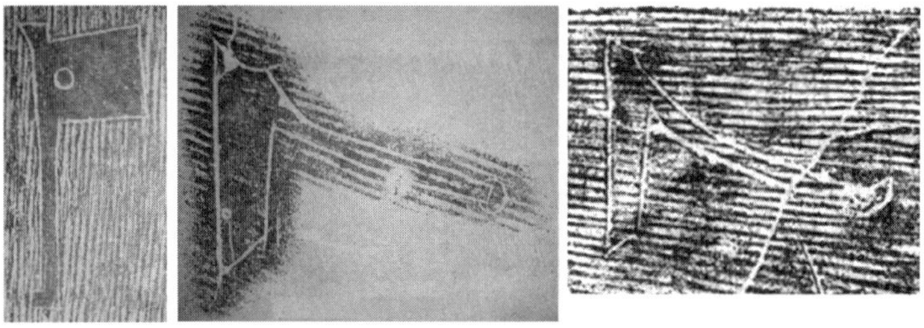

1　　2　　3

图 2-6-9　大口尊上的钺和锄符号

1、2. 陵阳河　3. 莒县杭头

2. 树形符号

陵阳河遗址出土 1 件（79M25：1），上面像是一棵树或农作物，下面像土台。这个符号像是萨满教敖包的形状，下面是祭坛，上面放置树或树枝，表达对土地或灵魂树（神树）的信仰和祭祀（图 2-6-10）。

3. 铲形刻符

共 4 件。上部较细，可视作柄，柄端尖突，下部为倒梯形，平底。中间有 5 或 7 个圆圈。陵阳河 1962 年采集品带 7 个圆圈，上下有圆圈条带装饰。陵阳河 1979 年采集品带 5 个圆圈。尉迟寺 T3828⑤：1，上部较细长，下部带 5 个圆圈。大朱村遗址采集品上部残。这类符号里面的圆圈都是阳数（奇数），值得注意（图 2-6-11，1—4）。

图 2-6-10　陵阳河遗址树形刻符（79M25：1）

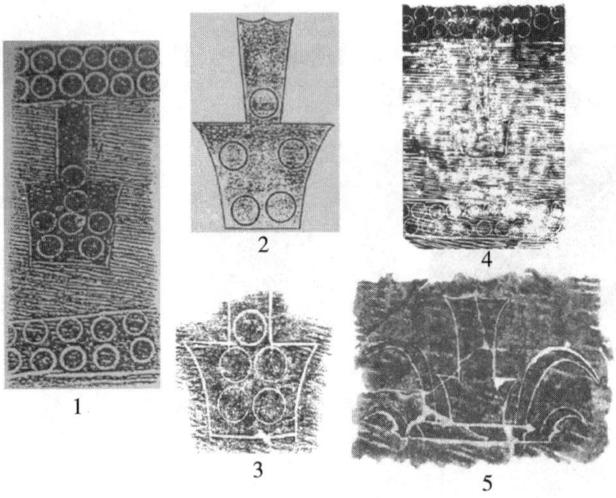

图 2-6-11　大汶口文化铲形刻划符号
1.陵阳河 1962 年采集　2.陵阳河 1979 年采集　3.大朱村采集
4.尉迟寺 T3828 出土　5.陵阳河 79M17:1

此类符号只有一例出土于地层中，其他为采集品，我们还没有在墓葬中发现此类刻划符号。它们的上下均有圆圈组成的条带，可以看作是太阳或者是种子。那么，表示的意义或许是求丰产的祝殖思维。总体上来看像耒耜的造型，但上面带有果实或种子，上部尖突或许又表示植物发芽时的形状。陵阳河 79M17:1 的中间部分可看作是此类符号，其两侧各有羽状或植物的叶子，那么推断其为农具和植物发芽的形状或许是较合理的解释(图 2-6-11,5)。

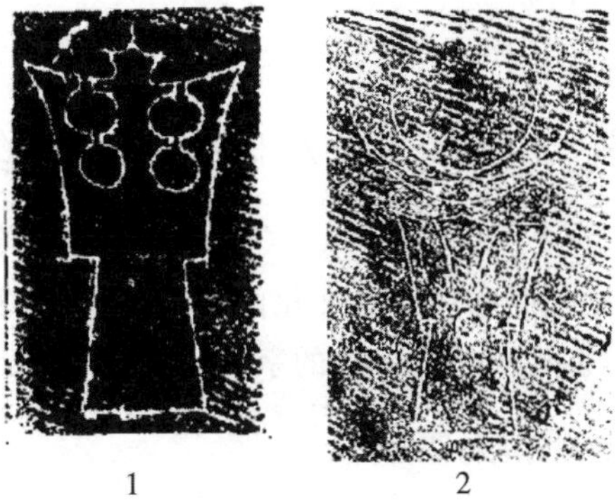

图 2-6-12　大汶口文化耜形符号
1.大朱村 M17:1　2.尉迟寺 M177:1

4.耜形符号

与铲形类似，但是刃部向上并下凹，类似耒耜的形状(图 2-6-12)。中间有“介”状突起，铲身有两两相连通的圆圈。另外，尉迟寺遗址 M177 发现的刻划符号下部也与之相似(图 2-6-12,2)。

5.菱形符号

内弧的四边形。菱形符号在蚌埠双墩遗址也有大量发现,从形状上看类似渔网。仰韶文化也有许多菱形渔网纹(图 2-6-13)。

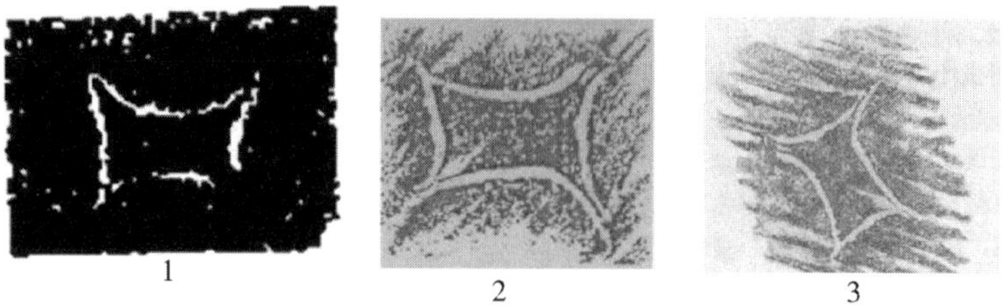

图 2-6-13　大汶口文化菱形符号

1.大朱村 M26:3　2.陵阳河 1979 年采集　3.陵阳河 79M19:40

6.复合符号

复合符号一般由太阳鸟加下部的火形符号组成,此外尉迟寺出土了一件由太阳鸟符号加耜形符号的复合符号(图 2-6-2、图 2-6-12,2)。

综上可见,大汶口文化的刻划符号可以分解成几个主要的部分:太阳(圆形)、鸟(弧边三角形)、火焰形(五峰状或三峰状)、耜形、钺形、锄形、铲形、树形。太阳崇拜仍为其宗教的主要内容,其次为各种农具和工具,主要表现为太阳鸟崇拜、土地崇拜、农具(工具)崇拜。古代庆丰收祈丰年主要祭祀太阳,因为太阳为人类带来温暖,带来一年四季和春耕秋收;同时祭祀土地,因其载育万物,是人类的大地母亲。钺、耜、铲都是当时最常用的生产工具,与地最近。原始宗教的主要目的是解决人类的生存问题,因此祝殖、丰产是原始宗教的主题,大汶口文化陶器刻划符号表达的正是这一主题。

第七节　马家窑文化的太阳鸟崇拜

甘青地区的马家窑文化是受中原仰韶文化的影响下形成的,来源于石岭下类型。该类型受庙底沟类型的影响,表现出与之一致的宗教信仰,只是两者的表现形式不同。

一、马家窑文化的鸟纹和太阳纹

马家窑文化的太阳鸟信仰见于彩陶纹饰上,如在甘肃永登蒋家坪下层出土的彩陶碗,碗内画彩,外圈一周锯齿纹象征太阳的光芒,中间有个圆形,当表示太阳,内画一简化的展翅飞翔的鸟,使人联想到《淮南子·精神训》中记载的"日中有踆乌"(图 2-7-1,1)。有趣的是,高诱此条下注:"踆乌,犹蹲也,谓三足乌。"这件彩陶碗中鸟后面的翅膀和尾呈三分状,文献中三足的记载可能是误解吧。东乡林家遗址也出土了一件彩陶碗,内外画彩,外为弧线纹或曰垂帐纹,内彩画有旋转式的太阳光芒,中间为两道弧线首尾相接,作旋涡状(图 2-7-1,2)。

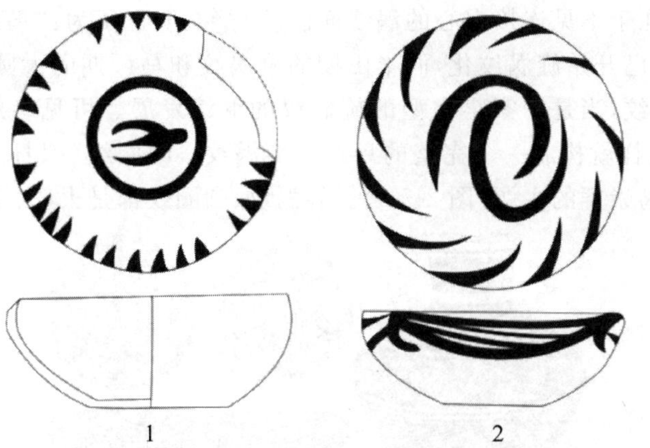

图 2-7-1　甘肃马家窑文化彩陶碗

1. 永登蒋家坪　2. 东乡林家

图 2-7-2　马家窑文化的鸟纹

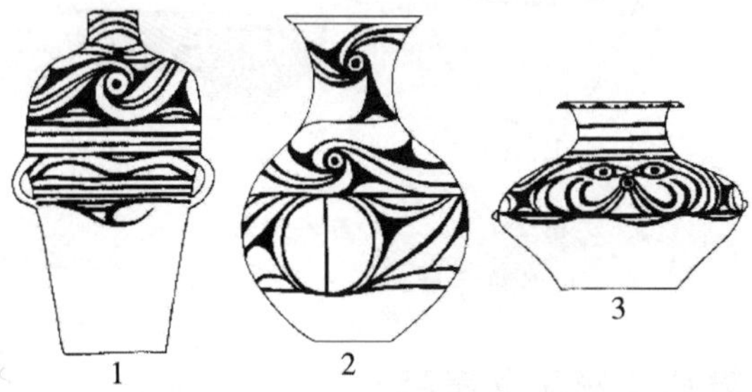

图 2-7-3　马家窑文化的太阳鸟纹

1. 静宁威戎镇　2. 甘肃　3. 天水关子镇

（摘自严文明《甘肃彩陶的源流》）

马家窑文化的鸟纹一般画在瓶或盆的外壁，多表现鸟头，并且以鸟头部为中心呈旋涡状，身体变成细弧线(图 2-7-2)。这种纹饰进一步发展就形成了马家窑文化极富特色的旋涡纹。这种风格不同于中原地区庙底沟类型自由奔放的风格，用彩也不似庙底沟那种用大块黑白形成对比，而是用密集的曲线寓形于意之中，显得绚丽流畅(图 2-7-3、图 2-7-4)。到马家窑文化晚期，旋涡纹进一步演变，图案化为圆圈纹。王仁湘认为："马厂时期更多见到的是所谓四大圆圈纹，有的很像是由半山时期大涡心涡纹发展而成，它与涡纹的不同之处仅仅在于不见连接涡心的涡线而已。”[①]严文明也认为:“鸟纹经过一个时期的发展,到马家窑期已开始旋涡纹化,而半山期的旋涡纹和马厂期的大圆圈纹,形象拟似太阳,可称之为拟日纹,当是马家窑类型的旋涡纹的继续发展。可见鸟纹同拟日纹本来就是有联系的。”[②]这样就构成一个完整的鸟纹—旋涡纹—圆圈纹(拟日纹)的发展序列,表达的同样是太阳鸟崇拜的主题(图 2-7-5)。旋涡纹、圆圈纹都是火(太阳)崇拜的反映。[③]

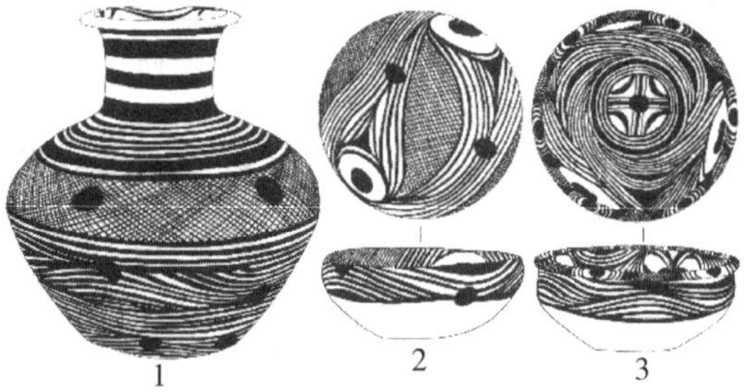

图 2-7-4　兰州王保保 M1 出土马家窑文化的太阳鸟纹

1. M1:5　2. M1:2　3. M1:1

(摘自严文明《甘肃彩陶的源流》)

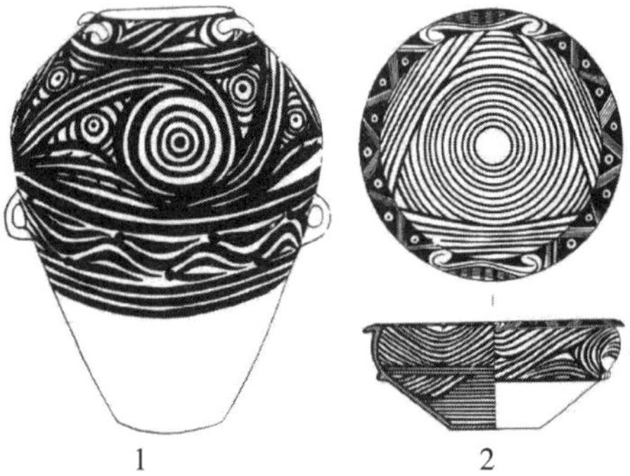

图 2-7-5　马家窑文化彩陶

1. 永镇三坪　2. 兰州雁儿湾

二、马家窑文化舞蹈纹彩陶盆考释

在中国史前图像中,表现宗教祭祀场景的图像比较少,前文介绍过大地湾遗址所出土的地画,描绘了丧葬祭祀的场景。除此之外,大多数图像表现的都是崇拜对象——神灵的形象。这是因为,作为宗教信仰之一的宗教仪式是在古人日常生活中所从事的宗教行为,在没有文字的史前时期,这部分内容极难保存下来的。在马家窑文化中有一种舞蹈纹彩陶盆,表现的正是马家窑文化先民,也就是古羌人,祭祀太阳时的场景。

① 参见王仁湘:《甘青地区新石器时代彩陶图案母题研究》,《中国考古学研究》编委会编:《中国考古学研究论集——纪念夏鼐先生考古五十周年》,三秦出版社 1987 年版,第 181 页。

② 参见严文明:《甘肃彩陶的源流》,《文物》1978 年第 10 期。

③ 下详。个别来自于蛙纹的旋涡纹可能表示水。

青海大通县上孙家寨遗址、青海同德县宗日遗址、甘肃武威磨嘴子遗址发现有 4 件舞蹈纹彩陶盆，此外还有三、四件非发掘品。发掘出土的 3 件都出于墓葬中，纹饰均位于陶盆的内壁。其中上孙家寨出土的陶盆 M384：1，口径 18.5 厘米、高 8.5 厘米。[①] 整幅图像为 3 组，每组 5 个人，相邻的人手拉手，头上有发辫，腰上似别着一个物体，每组人物之间以 7 条弧线相隔，弧线之间有一叶形纹饰。叶形纹饰是仰韶文化太阳鸟纹的简化形式。其外壁绘有 3 条弧线组成的纹饰，为蛙纹的简化形式（图 2-7-6）。

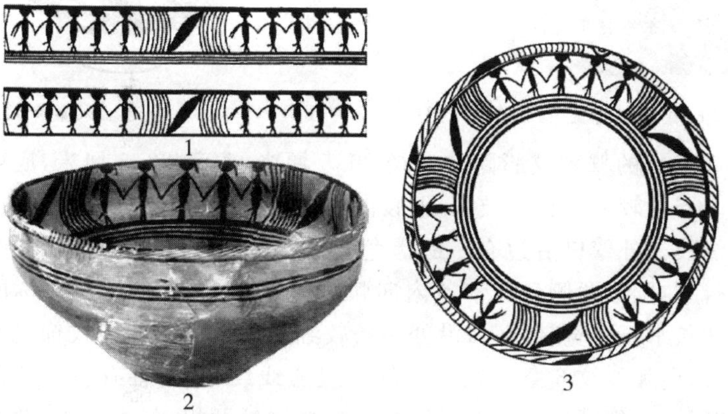

图 2-7-6　上孙寨遗址出土彩陶盆 M384：1
1. 舞蹈纹展开图　2. 彩陶盆　3. 彩陶盆俯视图

宗日遗址出土的彩陶盆 95TZM157：1，口径 26.4 厘米、高 12.3 厘米。内壁绘有两组人物，分别为 11 人和 13 人。[②] 人与人之间也是拉手相连，有的人并腿，有的人叉腿，并腿多于叉腿。人物形象也与上孙家寨陶盆上不同，圆头、圆裙，无发辫。每组人物之间以 4 条内弧线相隔。弧线之间有圆点、棱形、圆点构成的图像，也是仰韶文化庙底沟类型圆点、弧边三角形、勾连纹的简化形式。陶盆外壁有弧线和短勾构成的图像，这是马家窑文化蛙纹的简化形式（图 2-7-7）。

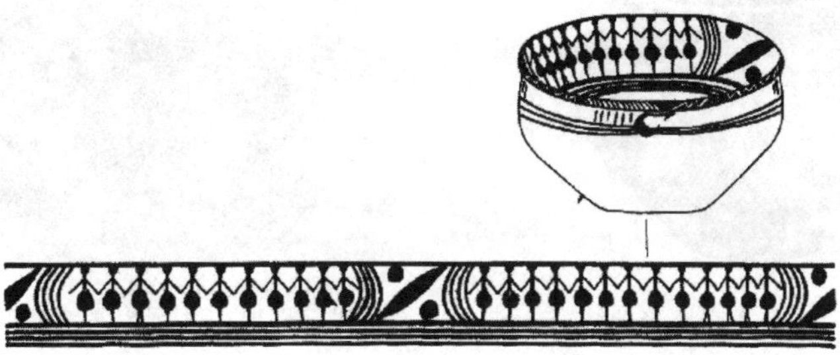

图 2-7-7　宗日舞蹈纹彩陶盆 95TZM157：1
（摘自格桑本、陈洪海主编《宗日遗址：文物精粹论述选集》）

宗日遗址另一件彩陶盆 95TZM192：2，口径 24.5 厘米、高 11.3 厘米。内壁绘有 4 组人物，每组 2 人。两人相向，圆头，叉腿，两手合抬一个圆形物体。每组人物之间以竖线、

① 参见青海省文物管理处考古队：《青海大通县上孙家寨出土的舞蹈纹彩陶盆》，《文物》1978 年第 3 期。
② 参见陈洪海等：《青海同德县宗日遗址发掘简报》，《考古》1998 年第 5 期。

横线、竖线组成的纹饰间隔,这是弧线的简化形式。陶盆外壁也有三条弧线组成的纹饰,为蛙纹的简化(图 2-7-8)。[①] 这件彩陶盆比前两件都要晚,因此也较为简略,但三者表现的都是一致的内容和意义。

图 2-7-8　宗日遗址彩陶盆 95TZM192:2

图 2-7-9　磨嘴子遗址采集舞蹈纹彩陶盆

磨嘴子遗址出土的舞蹈纹彩陶盆口径 29.5 厘米、腹径 28.5 厘米,底残,底径 11 厘米、高 14 厘米。器形较大,敛口,鼓腹,下腹内收,小平底。唇及内外壁均有彩绘;唇彩为不规则的短横线纹。外壁口沿边有一圈黑色宽带纹,纹饰下两侧有一对称的圆圈图案,内画三条竖平行线,圆圈两侧各画 9 条内向弧线纹,弧线纹外侧画有对称的三角纹及宽叶纹。下边有两条平行的宽带纹,口沿处一条较细。内壁上下两条纹饰之间有舞蹈纹两组,每组两侧有内向弧线纹 6 条。在相反的两组弧线纹之间,各有一个三角纹和一条斜行宽叶纹,叶纹间有一组网格纹。在弧线之间有舞蹈纹两组,每组 9 人,两个圆点分别表示头部和腹部,足有 3 条,手拉手似在舞蹈。在第二、第三条带纹之间,有六条平行波浪纹细线及四个不等距的圆点(图 2-7-9)。[②]

张建青《青海彩陶收藏与鉴赏》一书中收录有一件彩陶罐,据称出自宗日遗址,外壁绘有一人和一圆,俗称一人抬物图像。陶罐为敛口,口部绘有黑色短线纹和圆圈,外壁颈、腹部绘有三条黑色宽带纹,第二、第三条之间为主体纹样,一人侧身弯腰,手抱一圆球状物,4 组人物之间以 3 条粗竖线和 3 条粗横线相间隔(图 2-7-10)。[③]

图 2-7-10　宗日遗址彩陶罐

(摘自张建青《青海彩陶收藏与鉴赏》)

图 2-7-11　兰州十里店双联彩陶罐

(摘自张朋川《中国彩陶图谱》插图 18)

兰州十里店出土的一件双联罐绘有舞蹈纹彩陶盆最为简化的形式,把人物也简化掉了,只剩一个圆点,圆点之间以竖线间隔。陶盆属马厂类型,距今 4300～4000 年(图 2-7-11)。[④]

① 参见陈洪海等:《青海同德县宗日遗址发掘简报》,《考古》1998 年第 5 期。

② 参见孙寿岭:《舞蹈纹彩陶盆》,1993 年 5 月 30 日《中国文物报》。

③ 参见张建青:《青海彩陶收藏与鉴赏》,中国文史出版社 2008 年版,图版 7。

④ 参见张朋川:《中国彩陶图谱》,文物出版社 2005 年版,插图 18。

以上6件彩陶盆彩绘可以分成由繁至简的一个序列。其中宗日彩陶盆95TZM157:1为最完整的一件,武威磨嘴子遗址采集品与之类似。上孙家寨M384:1对其进行了一些简化,宗日95TZM192:2则进一步简化,成为二人一圆的组合,再简化为宗日遗址的一人和一圆组成的图像;最简化的形式是兰州十里店出土的省掉人的一个圆的图像。

对于这些图像的解读,过去学者都是单个或几个图像一起分析,如两人一圆的认为是二人抬物,或者和两边的横线联系起来认为是两人夯筑城墙,或者认为是抬水、抬器物等。对于多人舞蹈盆的解读更加多样,有的认为是"娱乐性舞蹈",表现了先民们劳动之暇欢乐地手拉手集体跳舞和唱歌;有的认为是原始舞蹈、狩猎舞、庆祝丰收舞、巫祝活动等。

中国史前的彩陶纹样绝大多数都是表现宗教信仰,因此,对舞蹈纹彩陶纹的解读也必须把握这一点。彩陶盆的外壁一般以三弧线和小勾线构成,这是马家窑文化流行的蛙纹的简化表式,表现蛙崇拜信仰。其内壁的圆、梭形是仰韶文化庙底沟类型圆点、弧边三角形、勾连纹的简化形式,表达的是太阳鸟崇拜。因此,舞蹈纹表现的是拜日场景,这就是为什么在舞蹈纹图像中可以简化掉人,最后剩一个圆点——太阳。我们由此从宗教的视角观察这些图像,上孙家寨遗址出土彩陶盆的人物(图2-7-6),手呈双叉形,腰部带有小短尾,这都是模仿鸟的样子。因此推测在马家窑人举行拜日舞蹈的时候,当是装饰上尾饰以模仿鸟绕日飞翔的动作。因为古人认为太阳是被鸟背负着运行周天,在拜日祭祀中当有意模仿这种观念。宗日遗址陶盆95TZM157:1(图2-7-7)舞蹈图像的人物都没有短尾,但是有一个圆形的点位于身上,这是鸟(人)背负太阳的形象,因此也是表示"负日"主题。与之类似的是武威磨嘴子遗址采集的彩陶盆(图2-7-9),人身上也带有圆形,其下部都有3条腿,使我们想起传说中的"三足乌"——负日之鸟。实际上人物并非三足,中间的一条是鸟尾。后世的所谓"三足之乌"很可能是将尾部当作其中一足。因此,这组图像表现的也是鸟负日主题。宗日遗址彩陶盆95TZM192:2彩绘为两人和圆,中间的圆也是太阳,而不是什么夯具或器物,因为器物或夯具的侧视都不会是正圆形,这也与兰州十里店双联罐简化成一个圆形衔接。最后这类图像简化成一个圆点——太阳(图2-7-11)。这些陶盆、陶罐的口沿部位均绘有短线和圆圈,在使用这些陶盆时,一般是从上面俯视器物,这正似一个光芒四射的太阳,从而使人物也正似围绕着太阳舞蹈(图2-7-6,3)。兰州十里店出土的双联罐与陶盆使用方法不同,无法从上面正视到内侧的图像,因此,只好将图像绘于外部,而其内部仅绘制了代表蛙纹的弧线纹。这些彩陶器都是表现两种信仰体系——蛙崇拜和太阳崇拜。因此,舞蹈图像表现的主题都是拜日仪式活动时的场景。这一图像与马家窑文化舞蹈纹彩陶盆表现的同是鸟负日主题。舞蹈纹表现的正是在拜日活动中,古人打扮成鸟的形象,模仿鸟负日,手拉手围着篝火舞蹈时的情景。因为在古人看来,太阳运行需要能量,而为了避免太阳能量的缺失,就需要通过模仿太阳运行为太阳补充能量。这就是弗雷泽所介绍的模拟巫术[①],其仪式与美洲印第安人举行拜日活动的仪式相同。德国学者利普斯曾以生动的笔触描述过纳弗和印第安人拜日的场景:

---

① 参见[英]J. G. 弗雷泽:《金枝》,汪培基等译,商务印书馆2014年版,第26~82页。

> 当夜降临，在一块围着松枝篱笆的空地中间的巨柱被点燃起来，并一直燃到天亮。庆祝者出现了，他们的头发披在肩上，他们的面部和身体涂上白黏土以象征太阳的白色，这些模仿者代表“漫游的太阳”。他们的手中拿着羽毛装饰的舞棒，围着火堆排成紧密的行列跳舞。他们从东到西来回移动，模拟太阳的运行。虽然火的热力现在已经差不多达到不可接近的程度，舞蹈者还是尽可能靠近它，用他们棒头上的羽毛球点火。当一个人成功了，小球燃烧起来，他立刻替换上一个事先准备好的新羽毛圈，这便是新太阳的象征。[①]

印第安人通过这种巫术行为，来加强太阳的力量，补充太阳的能量。马家窑人崇拜太阳鸟，因此拜日仪式中会模仿阳鸟负日。据此我们可以想象，马家窑先民也是通过这种模拟阳鸟负日运行的舞蹈，来为太阳鸟补充能量，并以此向太阳神祈求或庆祝农作物、六畜的丰产丰收和氏族兴旺。这种祭祀舞蹈在现在的羌族和藏族（藏族主要来自于羌族）中还保存着，名曰“锅庄舞”。锅庄舞又称“果卓”“歌庄”“卓”等，意为圆圈歌舞，是羌族、藏族的民间舞蹈，流行于西藏的昌都、那曲、四川的阿坝、甘孜，云南的迪庆及青海、甘肃的羌藏聚居区。[②] 跳锅庄时男女手拉手围成圈，中间为火堆，众人围绕火堆边扭动身体边旋转。根据锅庄舞的场合，可分为大型宗教祭祀活动中的“大锅庄”，民间传统节日跳的“中锅庄”和亲朋聚会上跳的“小锅庄”，每种锅庄的规模和人群不同。跳锅庄舞人们彼此接触，拉手或双手按在旁人的肩上或臂部，同时跨同样的步伐，做同样的动作，舞蹈协调优美，使参与者获得强烈的认同感，从而强化自己的群体归属感。锅庄舞因地域不同而各具特色，有昌都锅庄、羌寨锅庄、迪庆锅庄等。有些锅庄舞还保存着古老的萨满旋法（跳大神）的动作，如舞步中的“阔卓”为转舞，即模拟萨满降神时的舞步。有些动作模拟动物形态，如雄鹰盘旋、猛虎下山等，这些都是萨满降神时请鹰神、虎神时模仿动物而做的动作。5000 余年前的拜日祭祀舞蹈现在有了更多的形式和内涵，发源于马家窑文化的锅庄舞于 2006 年被列为第一批国家非物质文化遗产。

第八节　新石器时代宗教的融合与影响

庙底沟时期长江流域和黄河流域的宗教信仰呈现合流的状态。黄河上游的马家窑文化、中游的仰韶文化、下游的大汶口文化，长江流域中下游的石家河文化、良渚文化、凌家滩文化和汤家岗文化等诸文化均信仰太阳鸟，且拥有了统一的宇宙观。两大河流域的这种统一的信仰和原始思维观念使这些部族视彼此为同类，这就构成了原始华夏族的基础——无论是在信仰上，还是在物质遗存上。

自公元前 4000 前后，各考古学文化之间的物质文化交流开始繁荣起来。如仰韶文化的器类出现在大汶口文化之中，反之亦然；大汶口文化的陶器也可以在良渚文化中见

① ［德］J. E. 利普斯：《事物的起源》，汪宁生译，贵州教育出版社 2010 年版，第 267 页。

② 参见汪桂花：《藏族锅庄舞的特征及价值刍议》，《青海民族学院学报》（社会科学版）2009 年第 2 期。

到，良渚文化的玉器、陶器也出现在了大汶口文化之中，甚至有的墓葬中同时以大汶口的陶器和良渚文化的玉器随葬[①]；长江中游的屈家岭—石家河文化的器物出现在中原仰韶文化之中，反之，后者的某些器类也南下进入江汉地区；屈家岭—石家河文化与大汶口文化也出现了一些共同的文化特征，如都出现了袋足鬶、高足杯，都使用大口尊作为祭祀用具，而且大口尊上都刻有符号，某些符号又极为相似，且其表现的主题是相同的，都有套缸祭祀遗存。这些都说明，各部族之间在共同信仰之下是以开放的心态来接纳彼此。张光直所言中国相互作用圈形成，各地区的史前文化都处在这一相互作用圈之中。到公元前2300年进入龙山时期之后，已经很少能看到单纯的考古学文化了，中原的王湾三期文化中即有江汉地区石家河文化因素，亦有东方的山东龙山文化因素，也有来自西方的客省庄文化因素。各地区都形成了一种混合型考古学文化。

在太阳鸟这一共同信仰之下，各地区也存在差异。如大汶口文化还有崇拜獐的信仰，但是在其晚期，已经不占据主流了，仅在墓中还延续着随葬獐牙的习俗。尤其是在东南地区和皖北区这些原先并不崇拜獐的地区，太阳鸟及相关信仰已占据绝对优势。

甘青地区的马家窑文化太阳鸟信仰和蛙崇拜并存。相当多的彩陶器上内外画彩，内部一般表现太阳崇拜主题，而外部表现蛙崇拜主题。蛙本为水中物，受太阳鸟信仰的影响，有的也呈旋转形和圆圈形，说明了两种信仰的融合和包容。

一、两大河流域的太阳崇拜与意象解读

黄河流域的图腾崇拜和太阳鸟信仰互相融合，但长江流域却与之不同。长江流域的太阳鸟崇拜为至上神信仰，太阳逐渐人格化，从凌家滩文化到良渚文化，再到石家河晚期文化，脉络清晰。石家河文化早期时的太阳鸟信仰还与大汶口文化皖北和东南地区类似，是一种自然崇拜。但到后石家河文化中却表现出明显的人格化倾向，当是受凌家滩文化和良渚文化的影响所致。后石家河文化人形玉器见于肖家屋脊、谭家岭、钟祥六合、枣林岗等遗址，其中肖家屋脊和谭家岭出土的玉人像级别最高，为兼具鸟、虎两者特征的太阳神的形象。江汉地区的史前文化为楚人的祖先所创造，屈原《九歌》中的东皇太一和东君都有太阳的神格，《东皇太一》《东君》中描写了对其隆重、庄肃的祭祀。[②]

太阳崇拜是整个世界历史范围内普遍存在的宗教主题，曾经广泛存在于古代各民族之中。古希腊、古埃及、两河流域、美洲玛雅等古代文明之中都存在太阳崇拜的传说和神话。古希腊神话中的太阳神阿波罗是天神宙斯的儿子。古埃及的太阳神有拉、阿蒙、阿顿、荷拉斯、赫普等。他们称太阳为法定的君主、宇宙的秩序之王。古埃及人的太阳崇拜持续了几千年，他们一直将太阳作为最重要的神祇，埃及学权威布里斯提德说："太阳神在万里无云的埃及天空灿烂辉煌，埃及最豪华的神殿为他而建立……金字塔就是太阳的神圣象征。"埃及法老自视为太阳的后裔，公元前25世纪的第五王朝的前三位法老宣称他们是日神拉与祭司之妻秘密婚媾而生。[③] 公元前14世纪埃赫那顿改革时，太阳神信仰

① 参见南京博物院：《花厅——新石器时代墓地发掘报告》，文物出版社2003年版，第151～157页。

② 东君为太阳神，东皇太一是在其上更高等级的至上神，正如汉代后土和皇地后祇的关系。

③ 参见高福进：《太阳崇拜与太阳神话》，上海人民出版社2002年版，第127页。

成为国教,日神阿顿成为唯一的至上神。除埃及外,非洲许多国家都崇拜太阳神,如摩洛哥、埃塞俄比亚、尼日利亚、赞比亚等,并一直持续到中古时期。[①]

美洲印第安部落均崇拜太阳神。北美的达科人视太阳为人类之父,称太阳神为"畏依"(Wi)。阿尔贡魁人称太阳神为"科克苏"(Kesuk),认为他创造了人世间所有的生命。墨西哥的阿兹特克人信奉伟大的日神惠兹洛奇特利(Huitzilopochtli),自称获得了他的神谕,从而建立了首都特奇蒂特兰,并以太阳神的别名命名自己的国家墨西特里。阿兹特克人修筑高大的金字塔,在祭台上活剖人心血祭太阳神。南美洲著名的印加帝国也信仰太阳神,印加人自称是太阳的子孙,称太阳神印提(Inti)是众神的祖先。印加人在帝国首都库斯科的太阳庙里祭祀太阳神。

亚洲的日本、朝鲜、蒙古和东南亚诸国也崇拜太阳神。如日本的太阳女神即天照大神(Amaterasu)。日本皇室认为他们是太阳女神的后裔。印度尼西亚王室成员也认为他们是太阳的后代。西亚的苏美尔人称太阳神为"乌图"(Utu),认为他能看穿一切,预测未来。闪米特人称其日神为"夏马什"(Shamash)。波斯人认为太阳神米赫尔创立并滋养了整个世界,是世界及人类的守护神。

可见,在上古时代整个世界都普遍存在太阳崇拜。英国宗教学家 A. 斯麦斯·帕尔默认为凡是阳光照耀到的地方,几乎都能创造出它的崇拜者,足见太阳崇拜的普遍性。英国语言学家、西方宗教学创始人麦克斯·缪勒称太阳是人类早期宗教信仰的核心对象,甚至认为,"一切神话均源于太阳"[②]。哥白尼也认为,作为自然体系中的核心对象太阳也曾是早期宗教思想的核心对象。中国古代并不例外,太阳也是中国早期宗教的主要对象。

太阳是离地球最近的恒星,人类在最蒙昧的时期就已经认识到太阳是光明与温暖的来源,是生命和万物的来源,其节律化的运行将世界分化成白昼和黑夜,并将一年分成春夏秋冬四季,进而影响了人类的思维观念。进入农业社会之后,农民与土地紧密相连,从事定居生产。古人的生活根据太阳的周而复始的循环运动而组织起来,因此,太阳不仅是生命的来源,还是人类物质生产和精神生产的组织者。因此,人类崇拜太阳这一支配之力。

人类对于太阳的认识也经历了一个从感性到理性的认识过程。因为太阳有发光发热的特性,古人认为其本质是火,即天上的大火。《淮南子·天文训》中记载:"积阳之热气生火,火之精者为日。"《论衡·诘术》中说:"日,火也,在天为日,在地为火。何以验之?阳燧乡日,火从天来。由此言之,火,日气也。"《太平经》:"今日乃太阳,火之精神也。"康有为于《诸天讲》中也说:"日为天阳,火为地阳,天阳上升,地阳下降。"《尚书大传》:"遂人以火纪,火,太阳也。"作为火神的炎帝也被认为是太阳,《白虎通德论·五行》:"炎帝者,太阳也。"德国学者利普斯认为:"一切火的崇拜都起源于太阳崇拜,但其形式多种多样,像印度教徒、袄教徒、古代墨西哥人和其他地区,对火的崇拜各有不同,火时常是太阳的代表。"[③]

---

① 参见高福进:《太阳崇拜与太阳神话》,上海人民出版社 2002 年版,第 13、14 页。

② 参见[英]麦克斯·缪勒:《比较神话学》,金泽译,上海文艺出版社 1989 年版,导言第 12 页。

③ [德]J. E. 利普斯:《事物的起源》,汪宁生译,贵州教育出版社 2010 年版,第 329~330 页。

中国古代背负太阳运行的鸟也有火的性质。负日之鸟被称作“阳鸟”。《尚书·禹贡》：“彭蠡既猪，阳鸟攸居。”孔传：“随阳之鸟，鸿雁之属。”孔颖达疏：“此鸟南北与日进退，随阳之鸟，故称阳鸟。”有的学者认为是鸿雁之类的候鸟，也有的认为是鹤或凤。《文选·鲍明远舞鹤赋》李善注：“《明鹤经》云：鹤，阳鸟也，因金气，依火精。”《鹖冠子·度万》：“凤，鹑火之禽，太阳之精也。”从考古发现可确定中国最早的阳鸟为金雕。

太阳鸟信仰统一为自然崇拜中的火崇拜。火是人类掌握的第一自然力量，能带来光和热，是人类蒸煮食物的依靠，亦是黑夜和寒冬时节温暖的来源。既然太阳与火本质相同，人类祭拜太阳也是以火祭。在许多民族的节日和宗教仪式上，都是以火祭祀太阳神和火神。尤其是当冬季来临，太阳直射点位于赤道以南，北方民族认为太阳阳气不足，为此需要以篝火给太阳补充能量。美洲印第安人在夜晚点上篝火，人们手拉手，围绕着大火，模拟太阳运行跳太阳舞。他们排成紧密的队伍围绕火堆转圈，并用头上的羽毛球点上火，羽毛球点燃后换上新的羽毛球，以此来代表新太阳的诞生。欧洲的篝火节中，庆祝的人群将象征太阳的火轮自山上滚下。北美的印第安奥吉布瓦人用燃烧的火箭射向天空，为太阳补充热力。[①] 我国到春秋时期还保存着这种原始思维和行为，《穀梁传·庄公二十五年》说：“天子救日，置五麾，陈五兵五鼓；诸侯救日，置三麾，陈三兵三鼓；大夫击门，士击柝，充其阳也。”认为发生日食的时候，是太阳阳气不足，因此需通过巫术行为为太阳补充阳气。

太阳、鸟与火是三位一体的关系。前文所介绍的仰韶文化的太阳鸟、大汶口文化的太阳鸟、马家窑文化的太阳鸟、良渚文化和石家河文化中的太阳鸟等实际上都是由三元素组成的，即太阳、鸟、火，这是它们共同的意象。

1　　　2　　　3

4　　　5

图 2-8-1　太阳鸟火崇拜统一的意象下的不同表现形式

1.仰韶文化　2.大汶口文化　3.马家窑文化　4.后石家河文化　5.良渚文化

庙底沟类型最有名的彩绘图像即由太阳、鸟、火组成(图 2-8-1,1)。这一图像过去曾被认为是花卉、玫瑰花、圆盘纹、太阳纹，还有学者认为表现的是留白部分，均不得要领。这种纹饰实际上表现的是太阳、鸟和火这一宗教内容。其抽象、变形、简化、重组，构成了庙底沟类型的主流纹饰。太阳、鸟与火是以圆形的太阳、弧边三角形的鸟和勾连状的火

① 参见高福进：《太阳崇拜与太阳神话》，上海人民出版社 2002 年版，第 38 页。

所组成。仰韶彩陶图案中流畅的弧线，表现的也是火。

大汶口文化的太阳鸟刻划符号，最完整的组合也是太阳、鸟和火。如陵阳河发现的所谓日月山图像，最下部的并不是山，这个图像底小上大，表现的正是火焰。尉迟寺的太阳鸟火图像，下部的火一般作弧底三尖状，表现火焰更具象化(图 2-8-1，2)。

安徽蒙城尉迟寺遗址出土过两件特殊陶器：一为鸟形神器(图 2-8-2)，另一件为七足镂孔器(图 2-8-3)。这两件特殊器物与其宗教信仰有直接的关系。鸟形神器仅发现一件，器高 59.5 厘米，可分为上、中、下三部分：上部为一只象形的鸟，体形丰满，比例适中。中部为圆锥状，其底部两侧各有羽状或叶状饰物，上穿一孔；中部或下部之间有一道凹槽；下部圆柱形，底部略收，饰蓝纹，偏上有 4 个对称圆形镂孔，孔径 2 厘米。此器出土于 T2318 第 7 层，位于遗址中心位置偏南。

图 2-8-2　尉迟寺遗址出土鸟形神器

鸟形陶器顶部无口，底被破坏，从底部残存痕迹上推断是平底。从器形上看，显然不是实用器。鸟站立于顶端，诸家多认为其与大汶口文化的宗教信仰有关。如发掘者认为是图腾崇拜的产物，也是一件具有权力的象征物。[1] 李修松认为此器物上部的鸟为虎头鸟身，表示的是虎头鸟身的神“朱虎”，少昊氏部落集团为多种鸟图腾，而黄帝部落集团为多种兽图腾，从而在双方融合的过程中出现鸟兽结合型的图腾。[2] 总之，这件陶器被认为是大汶口文化先民崇拜鸟的礼仪性或宗教性器物。

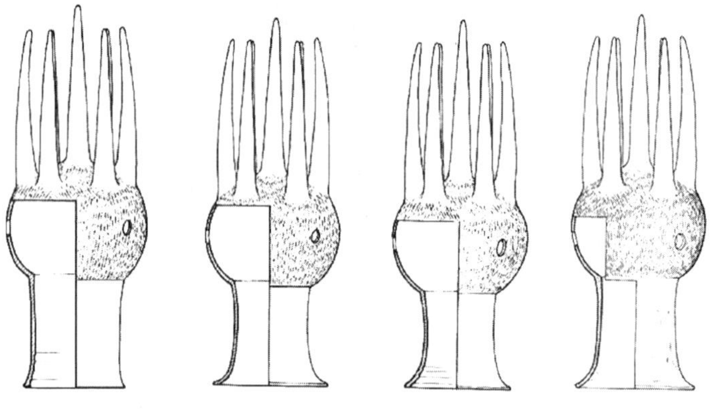

图 2-8-3　尉迟寺遗址出土火焰形陶器(七足镂孔器)

七足镂孔器出土于房址 F78 和 F79 中，位于整个环壕聚落的中心位置。陶器夹砂红陶，球形腹，腹中部饰三个等距镂孔，圜底部位附七个锥形长足，腹部饰细绳纹。共出土 7 件，通高 41 厘米左右，足长 18 厘米，形制和尺寸几乎完全一样，应该是一次性制作(图 2-

① 参见中国社会科学院考古研究所：《蒙城尉迟寺》第二部，科学出版社 2007 年版，第 419～420 页。

② 参见李修松：《先秦史探研》，安徽大学出版社 2006 年版，第 486～489 页。

8-3)。七足镂孔器因其有七个锥状足而得名。发掘者说:“虽然七个锥形足的长度大致相等,但由于附加在圜底部位,足的长度高低有错,可见不是一件平地放置的器物。”[①]七个足无法支撑器身,七足朝上是使用时的状态,上部的细圆锥并不是足,那么下部的口部实际上就是其圈足,所以称作“七足镂孔器”是不太稳妥的。

对七足镂孔器的认识诸家各异。王吉怀认为可能与宗教有关。[②] 卫斯认为此器的“七足”应该是标枪的模型,将其称作“七足列枪”,简称“族枪”,是巫师使用的宗教法器。[③]徐峰认为这个造型是用以沟通天与神灵的圣器,是“宇宙山”的象征。[④] 总之,对七足镂孔器的解读较少,且远没有鸟形陶器来的统一,可见此器的怪异与冷僻。如果结合大汶口文化的宗教信仰来考虑的话,这件器物只能看作是火焰的形状,中间球形代表大火球或太阳,上面所谓七足既不是标枪的形状,也不是树枝的造型,而是火焰升腾的样子,应该称作“火焰形器”或“火形陶器”,是尉迟寺人祭火时用的宗教圣物。

鸟形神器和火焰形器都是宗教物品,使用方式不同。鸟形神器出土于 T2318 的第 7 层,位于一号活动广场的正东边。一号活动广场面积有 1300 平方米,是整个聚落最大的红烧土活动广场。整个聚落和大部分排房建筑皆朝向东南,且通往外界的道路也位于东南,所以一号活动广场应该是整个聚落的核心。广场呈圆形,北高南低,厚度均匀,用红烧土铺垫而成。表面光滑、平整、坚硬。在广场的中部位置,有一处圆形的火烧痕迹,直径为 4 米,界限明显,由于经常烧火,使原来的红烧土面变成了灰黑色。此处正是尉迟寺人聚会、举行篝火晚会和进行祭祀活动的场所。鸟形陶器下部的底座上大下小,应该不是放置于地上使用的,器身上有四个镂孔,与上部的连接处有一道凹槽,镂孔和凹槽起固定作用,所以它应该是被固定在一个柱子上使用的,类似印第安人的图腾柱。《拾遗记·少昊》中记载:

> 少昊以金德王。母曰黄娥……帝子与黄娥泛于海上,以桂枝为表,结薰茅为旌,刻玉为鸠,置于表端,言鸠知四时之侯,故《春秋传》曰“司至”,是也。

鸟形陶器的顶端为鸟,与“刻玉为鸠”类似,只是一为陶器一为玉器,鸟下的羽状物与“薰茅”类似。鸟形陶器与《拾遗记》中的“桂枝为表”相似,都是顶端带鸟形器物的柱状物。《礼记·礼器》:“大明生于东。”郑玄注:“大明,日也。”鸟形陶器位于广场东方,正合于“日出于东”(《礼记·祭义》)的记载和事实。《礼记·觐礼》天子居国“出拜日于东门之外”。每天早上随着太阳的升起,耸立于柱的神鸟也就随着太阳的升起而出现在聚落的上空。鸟形陶器东边是大汶口墓地,当人们在祭拜太阳与鸟的时候,也就被赋予祭祀祖先的意义。

火形陶器出土于二号活动广场北面的房屋中,该器物的底座与其他陶器一样,呈高圈足状,所以这 7 件陶器均是放置于地的。二号活动广场虽然不及一号活动广场大,但是就整个聚落来说处于中心的位置。《周礼·冬官·考工记》:“火以圜,山以章,水以龙。”可见古人认为圆形是火的特征。《周礼》这段记载,并不单是讲绘图所用的符号,很可能是周人祭祀火、山、水时的形式。古人以龙祭水,以玉璋礼山,那么以圜形祭火也就

---

① 参见张莉等:《安徽尉迟寺遗址发现造型独特的七足镂孔器》,《中国文物报》2003 年 12 月 24 日。

② 参见中国社会科学院考古研究所:《蒙城尉迟寺》第二部,科学出版社 2007 年版,第 432 页。

③ 参见卫斯:《尉迟寺出土“七足镂孔器”的命名及用途》,《中国文物报》2004 年 12 月 17 日。

④ 参见徐峰:《“七足镂孔器”及相关问题考释》,《寻根》2013 年第 1 期。

顺理成章了。是以推测尉迟寺先民将火形陶器以环状放于地上，燃起篝火，围着火堆载歌载舞，表达着对太阳和火的敬畏与崇拜。

良渚文化的神人兽面纹和鸟纹，表达的完整意象也是太阳、鸟和火——虎代表火，虎与鸟一样同为火性。东汉应劭《风俗通义》卷八云：

虎者阳物，百兽之长也；能执搏挫锐，噬食鬼魅。

《后汉书·西羌传》记载：

羌无弋爰剑者，秦厉公时为秦所拘执，以为奴隶。不知爰剑何戎之别也。后得亡归，而秦人追之急，藏于岩穴中得免。羌人云爰剑初藏穴中，秦人焚之，有景象如虎，为其蔽火，得以不死。

虎能辟火，缘于其为火性。

火崇拜在商周时期仍很盛行，商人崇火，其帝喾即火神[①]。《吴越春秋》记载有干将以身烁物的故事：

城郭以成，仓库以具，阖闾复使子胥、屈盖余、烛佣习术战骑射御之巧，未有所用，请干将铸作名剑二枚。干将者，吴人也，与欧冶子同师，俱能为剑。越前来献三枚，阖闾得而宝之，以故使剑匠作为二枚：一曰干将，二曰莫耶。莫耶，干将之妻也。干将作剑，采五山之铁精，六合之金英。候天伺地，阴阳同光，百神临观，天气下降，而金铁之精不销沦流，于是干将不知其由。莫耶曰："子以善为剑闻于王，王使子作剑，三月不成，其有意乎？"干将曰："吾不知其理也。"莫耶曰："夫神物之化，须人而成之，今夫子作剑，得无得其人而后成乎？"干将曰："昔吾师作冶，金铁之类不销，夫妻俱入冶炉中，然后成物。至今后世，即山作冶，麻绖蒌服，然后敢铸金于山。今吾作剑不变化者，其若斯耶？"莫耶曰："师知烁身以成物，吾何难哉！"于是干将妻乃断发剪爪，投于炉中，使童女童男三百人鼓橐装炭，金铁乃濡。遂以成剑，阳曰干将，阴曰莫耶，阳作龟文，阴作漫理。干将匿其阳，出其阴而献之。阖闾甚重之。既得宝剑，适会鲁使季孙聘于吴，阖闾使掌剑大夫以莫耶献之。季孙拔剑之，锷中缺者大如黍米。叹曰："美哉，剑也！虽上国之师，何能加之！夫剑之成也，吴霸；有缺，则亡矣。我虽好之，其可受乎？"不受而去。

干将莫邪以身烁物，铸成宝剑，火在金属时代不但驱寒、熟食，还是第一生产力。

综上可见，仰韶文化、大汶口文化、马家窑文化、良渚文化、石家河文化等史前文化均崇拜太阳鸟火这一原始宗教。庙底沟类型的圆点、弧边三角形、勾连纹组成的彩绘可称作"中国史前第一彩绘纹样"，马家窑文化的太阳鸟火图像是其变体；大汶口文化太阳、鸟、火符号可称作"中国史前第一符号"；良渚文化的神人、兽面和鸟组成的神像可称作"中国史前第一神像"；后石家河文化的玉人头像可称作"中国史前第一神人"（图 2-8-3）。五大史前文明具有统一的宗教信仰。

---

① 详见本书第三章第二节《商代的宗教信仰》。

二、火的意象与表象——旋纹

旋纹又称“涡纹”“旋涡纹”，为新石器时代广泛可见的一种纹饰。这一纹饰极为常见，从分布地域上看，从长江中下游，到中原地区，再到黄河下游的山东地区和上游的甘肃地区，北至辽东都有发现。涉及的考古学文化有河姆渡文化、崧泽文化、仰韶文化、大地湾文化、大汶口文化、红山文化、马家窑文化、石家河文化、陶寺文化、大溪文化等，可以说遍及中国新石器时代晚期文化之中。旋纹出现的场景也极为广泛，如玉器的器型和纹饰，陶器的彩绘、刻符和镂孔，漆器纹饰，骨器的雕刻纹饰上都有发现。旋纹如此常见，说明这一纹样具有被广泛接受的文化内涵。这一纹饰是太阳崇拜信仰下的产物，其为火的表现形式。

仰韶文化庙底沟类型时期太阳鸟崇拜成为主要的宗教信仰，出现了圆点、弧边三角形和勾连纹的纹饰组合，这一经典纹样代表太阳、鸟与火，同时勾连纹也逐渐旋涡化。几乎与之同步，其西部的大地湾文化也出现了旋纹，纹样与庙底沟类型相同。到大地湾四期，已经脱离庙底沟的影响，而往弦纹方向发展（图 2-8-4）。

图 2-8-4　大地湾旋纹

马家窑文化是彩陶最为发达的新石器时代晚期文化，其早期石岭下类型中已经出现太阳鸟旋涡化的趋向，陶罐上的鸟纹，以鸟头为中心，呈旋涡状（图 2-8-5，1）。马家窑这种以鸟头为中心旋转的特点，走了一条与庙底沟不同的道路。到马家窑类型时期，鸟头逐渐抽象化，但是还会点一个圆点，代表鸟的眼睛（图 2-8-5，2），其后的半山期，形成旋状的大圆圈纹（图 2-8-5，3），马厂期形成完全独立的大圆圈纹（图 2-8-5，4）。王仁湘曾系统地梳理过甘肃地区彩陶的鸟纹到圆圈纹的演化（图 2-8-5）。[①] 马家窑文化也存在勾连状的旋纹（图 2-8-5，5），这种勾连状旋纹见于黄河中游和下游的史前文化之中。在东部地区，

---

① 参见王仁湘：《甘肃史前彩陶：起源、传承与象征》《彩陶：史前人的心灵之约》，《中国史前考古论集续集》，文物出版社 2017 年版，第 324～346 页。

勾连状的旋纹一直沿用到龙山时期，这一时期彩陶纹饰在中原已经较为少见，但在陶寺文化的彩陶器上还可见到该类旋纹（图 2-8-6，左图）。陶寺的彩绘龙盘龙呈旋涡状，M3016 龙盘正中为一太阳形，为龙崇拜和太阳崇拜组合形式（图 2-8-6，右图）。

旋纹扩散至全国各地，只要有太阳崇拜的地方，就有旋纹的发现（图 2-8-7）。

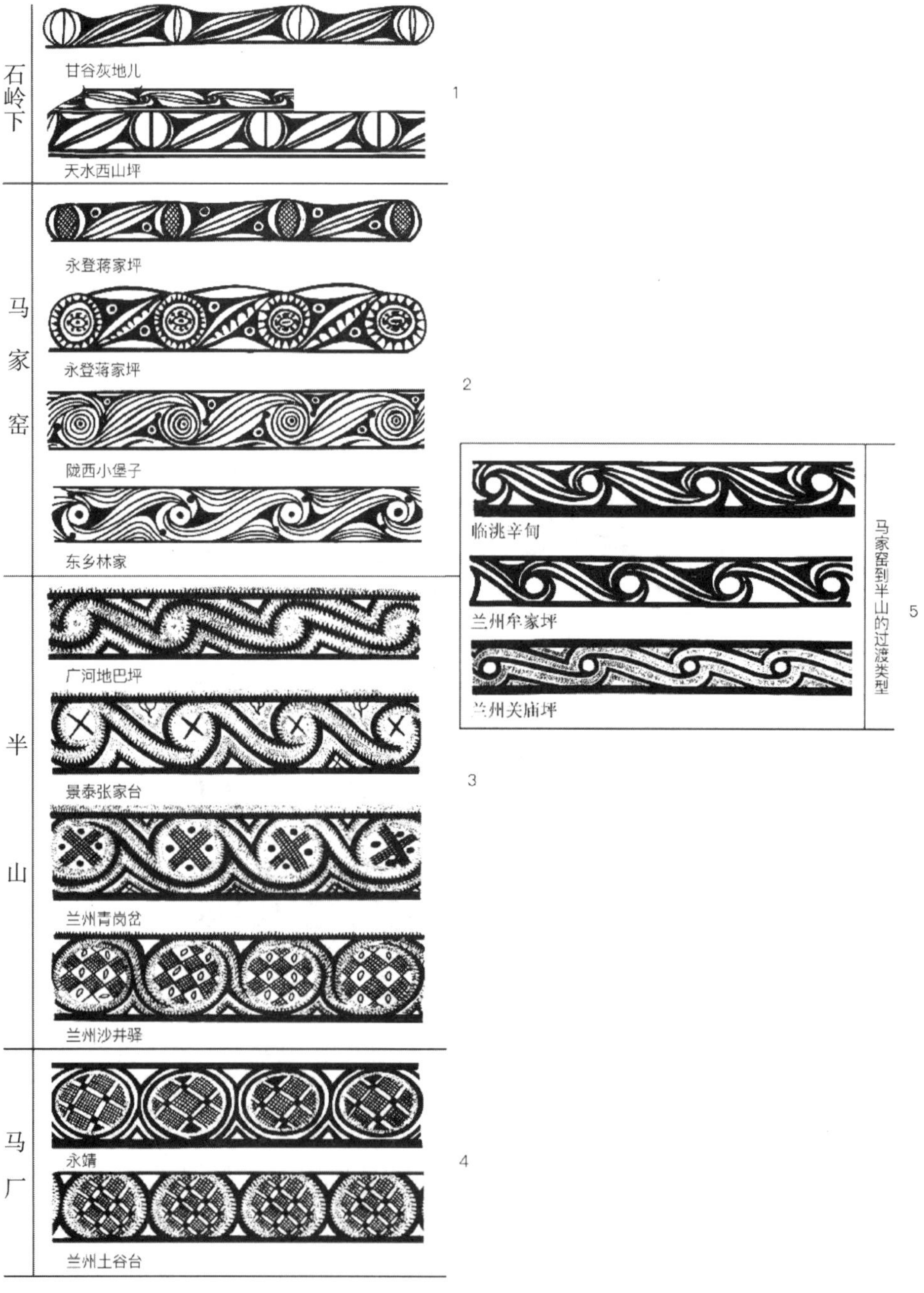

图 2-8-5　马家窑文化旋纹的演化

（据王仁湘《甘肃史前彩陶：起源、传承与象征》图 14 改绘，原图摘自张朋川《中国彩陶图谱》）

图 2-8-6　陶寺彩陶

1.彩陶簋 M22 出土　2.彩绘龙盘 M3016:9

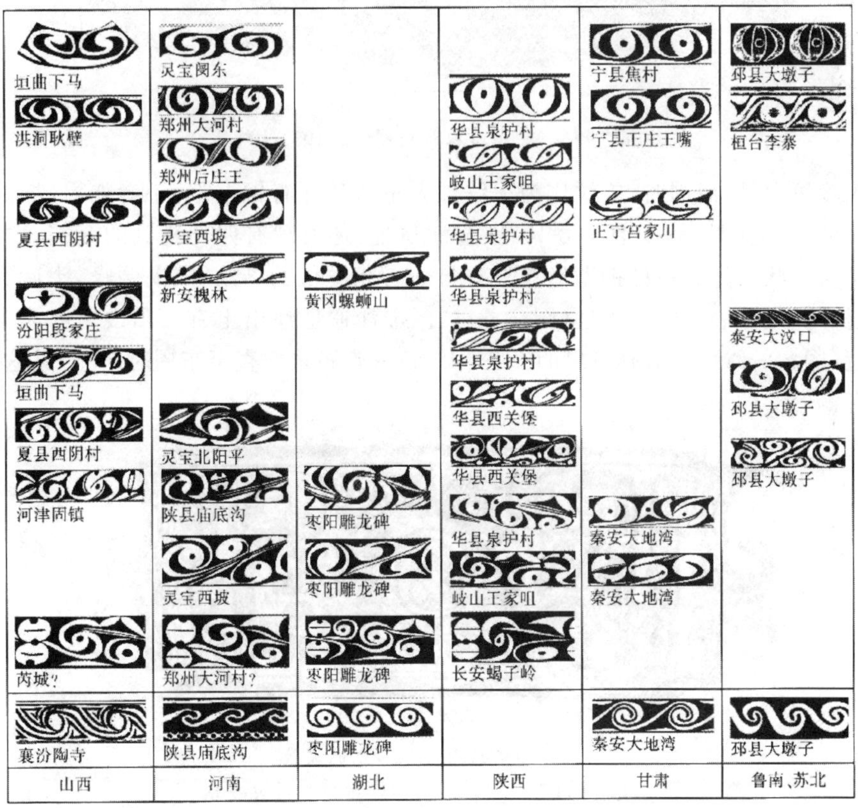

图 2-8-7　各地区的彩陶双旋纹

（摘自王仁湘《大地湾遗址彩陶研究》图 65）

仰韶文化的彩陶由三个大系统组成：一个是半坡期的鱼纹，是鱼崇拜的表现形式；一个是庙底沟兴起的鸟纹，是太阳鸟火崇拜的表现形式；一个是甘青地区的蛙纹系统，是蛙崇拜的表现形式。太阳鸟火崇拜和蛙崇拜后起，但是成为流传最广泛的两大信仰，并成为后世日（鸟）月（蛙）崇拜的起源。

良渚文化除了彩陶纹饰外，在陶器的镂孔和刻划纹饰上也见有旋纹，并且在玉器神像上多见。神人兽面像一般满身都填充旋纹。既然神像由三位一体的太阳、虎和鸟所构成，均有火性，当然以火纹作底纹。反山 M12 曾经出土一件玉权杖瑁，满饰纹饰，为史前最为繁缛的纹饰，神人兽面隐匿在旋纹——火中（图 2-8-8）。

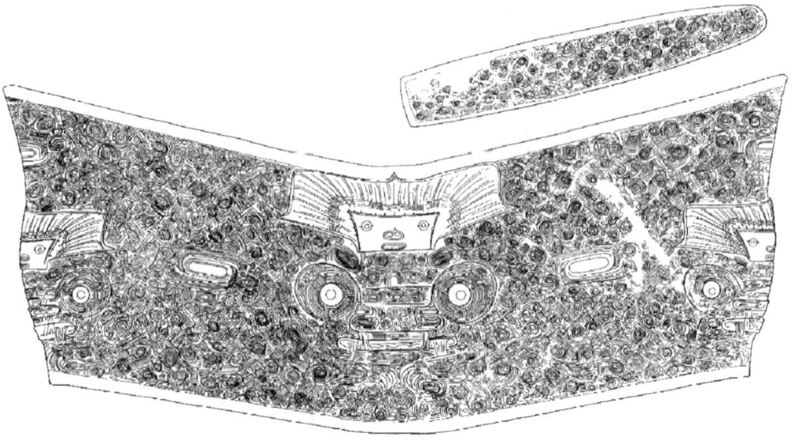

图 2-8-8　反山玉权杖瑁（W12：103）纹饰

夏代旋纹少见，商周时，旋纹作为火纹被大量铸造在青铜器上，小者如爵、斝的柱上，大者位于鼎、尊上（图 2-8-9、图 2-8-10）。金沙遗址，还发现有四鸟绕日的金箔，中心的太阳亦是作火纹状。另有一件铜璧形器上有与前者相类似的鸟纹，鸟大钩喙，头后有长翎，腿后伸，长尾，也是表现绕日主题（图 2-8-11）。金沙遗址还出土有太阳祭司的形象，头戴太阳形冠（图 2-8-12），太阳放射出的光芒（火焰）呈旋涡状。直至东周时，仍可见这种“火”纹铸于青铜容器的表面。

图 2-8-9　西周青铜器上的火纹

（摘自上海博物馆青铜研究组编《商周青铜器纹饰》）

图 2-8-10　商代青铜器火纹
（摘自上海博物馆青铜研究组编《商周青铜器纹饰》）

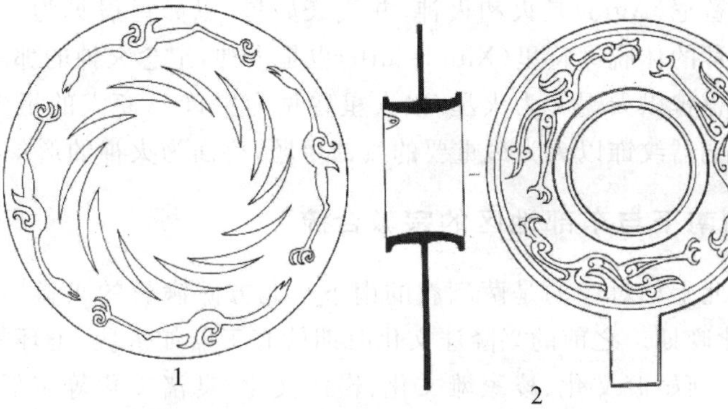

1　　2

图 2-8-11　金沙遗址金清和铜壁形器
1.金沙四鸟绕日金饰(C:477)　2.三鸟绕日铜壁形饰(C:588)

金文中的“明”字，写作“[illegible]”，为“[illegible]”加月形，“[illegible]”即“囧”字，《玉篇·囧部》曰：“囧，大明也。”大明就是太阳。《礼记·礼器》：“大明生于东，月生于西。”郑玄注：“大明，日也。”而日，也就是火。《论衡·诘术》：“火，日气也，在天为日，在地为火。”可见青铜器上的火纹即囧纹，也就是日纹。史前的旋纹及其演化出来的圆圈纹也就是火纹(日纹)。在商周青铜器中，龙凤位于兽面纹两侧，又有龙凤位于火纹两侧，两者是同一意义。火纹与火神的形象是商周青铜器最主要的纹样主题。

火崇拜曾经是整个世界的原始信仰对象，如篝火节广泛见于世界各民族之中，我国少数民族也有篝火节、火把节等。弗雷泽认为篝火节是“太阳魔法或巫术仪式，是根据模拟巫术的原则，点起火来，在地上模仿天空中光和热的伟大源泉，以求得人、畜、植物所需的阳光供应”。火像阳光一样，“是一个温和的生产力量，促进植物生长和一切构成健康和幸福的事物的发展”。在欧洲的某些篝火节上，人们有意模仿太阳，且节日的选定也往往在夏至或冬至——太阳运行的最高点或最低点。有的仪式是滚火轮下山，即模仿太阳在天空的运行，此外还有扔火饼、使燃烧的油筒围着柱子转等方式。人们认为在这些仪式中有意模仿太阳在天空的运行，就能真正帮助太阳准确迅速地绕巡天际。篝火也是模仿太阳，仲夏篝火节被

图 2-8-12　金沙遗址铜立人

称作“天火”。在民间信仰中,篝火能促进动植物的增殖。非洲的马塔贝尔人、祖鲁人和欧洲的农民都认为,篝火的烟飘过庄稼能使庄稼加速生长,帮助庄稼成熟。法国、德国等地的农民认为拌有篝火灰的水给鸡、牛等动物喝,能促其繁殖。摩洛哥人认为不能生孩子的夫妻从仲夏篝火上跳过就能够生育,法国、爱尔兰、佛兰德等地也有类似的观念。[①]我国也有类似的仪式,如潮汕地区娶亲时新娘要跳火盆,以净化自身,早日添丁。其他地区也有篝火节、跳火群、过火海等民俗。可见火崇拜曾经是整个世界的原始信仰。

对于太阳火的宗教信仰和哲学思想在我国古代延续了数千年之久。古史传说中的许多人物、神灵和部族都来源于此,如祝融、回禄、炎帝等。世界上许多古老民族都曾崇拜火神。古印度的耆尼(Agni)是火和火神,并代表昴星,以昴星晨见为一年之始。墨西哥的阿兹特克人崇拜的休脱库特里(Xiuhtecutli)也是火神,纪念火神的那一个月,代表辞旧迎新。中国古代也曾以天蝎 α 为火星,以火星昏见为岁首[②],商人的祖先阏伯,也被奉为火神。商人的青铜器纹饰以火为最重要的纹饰主题,兽面为火神的形象。

三、萨满教的南下与东部地区的宗教合流

与太阳崇拜的北上相对应的是萨满教的南下。北方萨满教的兴盛期在红山文化时期,尤其是红山文化晚期。之前的兴隆洼文化时期就有玉器如玉玦、玉环等器类南传,并发现于大汶口文化、河姆渡文化、凌家滩文化、崧泽文化、良渚文化等东部沿海地区。到红山文化时期,玉玦龙南传至凌家滩文化、良渚文化之中,环璧则广见于大汶口文化、凌家滩文化、良渚文化,到龙山时代传播到西部内陆地区。萨满教南下的最直接证据来自于凌家滩遗址,其中发现了大量与红山文化相似的器物和遗物,使我们相信在红山文化晚期时,两者之间有直接的人员往来,并进行了制玉技术和宗教信仰等层面上的交流。

凌家滩遗址发现的玉器中有几种玉器直接来自于红山文化,如玉玦龙、玉龟、斜口筒形器、护腕饰、玉人、双联璧、环璧等。[③]

玉玦龙 红山文化玉玦龙是一种重要的玉器种类,整器呈玦形,大眼,层叠形吻部。颈部穿孔,为萨满的道具,是生命力的象征。一般出土于墓主的胸部,当为穿系在身上使用。凌家滩也出土有一件玉龙,出土于98M16中。玉龙首尾相连,吻部突出,头顶雕刻两角,阴线刻出嘴、鼻、阴刻圆点为眼。龙身脊背阴刻规整的圆弧线,上刻两侧对称的17条斜线,似龙鳞。靠近尾部钻一圆孔。长径4.4厘米、短径3.9厘米、厚0.2厘米(图2-8-13,1)。

玉龟 墓中随葬龟甲在贾湖遗址中就有发现,大汶口文化如胶县三里河、枣庄建新等遗址中都发现有随葬龟甲的墓葬。红山文化牛河梁遗址第二地点M21出土有玉制龟壳,墓主为30岁男性。第五地点一号冢M1出土2件圆雕玉龟(鳖),分别位于墓主的左右手中(图1-3-20)。第十六地点西侧墓葬一层出土1件圆雕玉龟(鳖),颈部下方钻有横隧孔。凌家滩遗址87M4中出土一件玉龟壳,背负甲相扣,边缘有穿孔,中间放置一件刻

① 参见[英]J. G. 弗雷泽:《金枝》,汪培基等译,商务印书馆2014年版,第992～999页。

② 参见庞朴:《“火历”初探》,《社会科学战线》1978年第4期;庞朴:《“火历”续探》,丁守和、方行主编《中国文化研究集刊》第1辑,复旦大学出版社1984年版,第118页;庞朴:《“火历”三探》,《文史哲》1984年第1期。

③ 参见安徽省文物考古研究所:《凌家滩》,文物出版社2006年版,第273～275页。

画八角星纹的玉版。玉龟在良渚文化中也有发现，如反山 M17 中出土有一件圆雕的玉龟，龟腹有一横向钻孔，当为墓主衣服上的装饰物（图 2-8-14）。[①]

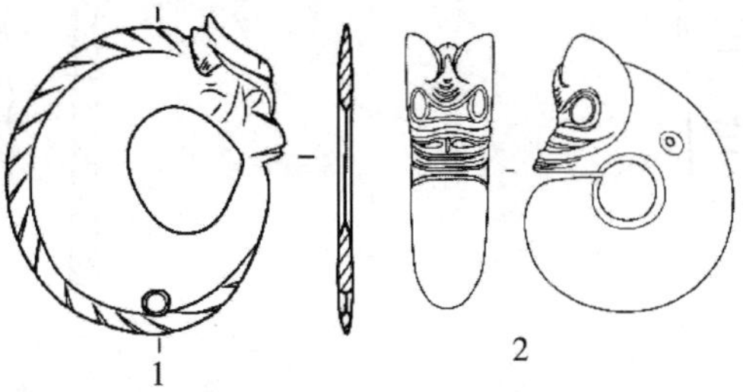

图 2-8-13　凌家滩玉龙与红山文化玉玦龙的比较

1. 凌家滩 98M16：2　2. 牛河梁 N2Z1M4：2

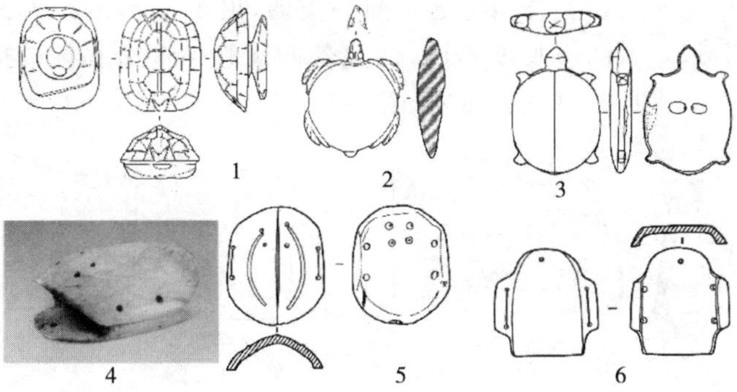

图 2-8-14　玉龟

1、2. 牛河梁遗址（N2Z1M21：10、N5Z1M1：6）　3. 反山遗址 M17：8

4、5、6. 凌家滩遗址 87M4：35（侧视，背甲、腹甲）

玉“Y”形器　辽宁阜兴福兴地遗址发现红山文化“Y”形玉器，头部像玉玦龙的兽头，又被称作“Y 形猪龙”。[②] 其头实际是鹰首形，身体为多节状，为蛹形，当为幼虫崇拜的表现形式之一。牛河梁遗址第二地点一号冢 M21 出土有与 Y 形器相似的片状鹰首玉器，鹰首宽嘴，圆眼，圆尖状脸，下端有一榫，上带两孔，当穿系到木质或衣物上使用。凌家滩遗址出土的 Y 形玉器发现于 87M9 中，上端呈“Y”形，柄身分六节，下端钻有一孔。全长 4.9 厘米、宽 1.1 厘米、厚 0.4 厘米（图 2-8-15）。正如许多学者都注意到的那样，玉 Y 形器实际上就是玉玦龙的正面像。

① 参见浙江省文物考古研究所：《反山》，文物出版社 2005 年版，第 190 页。

② 参见刘淑娟：《红山文化玉器类型探究》，《辽海文物学刊》1995 年第 1 期。

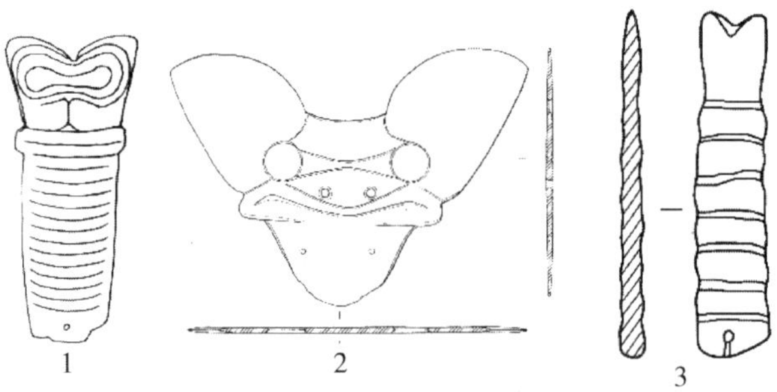

图 2-8-15　玉"Y"形器

1.辽宁阜新福兴地采集　2.牛河梁 N2Z1M21:14　3.凌家滩 87M9:62

臂饰　牛河梁第三地点出土有一件玉臂饰，高 6.3 厘米，上部饰有一圆孔（图 2-8-16，1）。凌家滩遗址中出土的护腕饰当与之是同一类器，出土于 87M2 中，呈长方形环瓦形，一端较平，一端凹弧，左右两边长度不同，两边各两面管钻 3 个孔。一边长 8.3 厘米、一边长 7.9 厘米、宽 6.7 厘米、厚 0.6 厘米（图 2-8-16，2）。

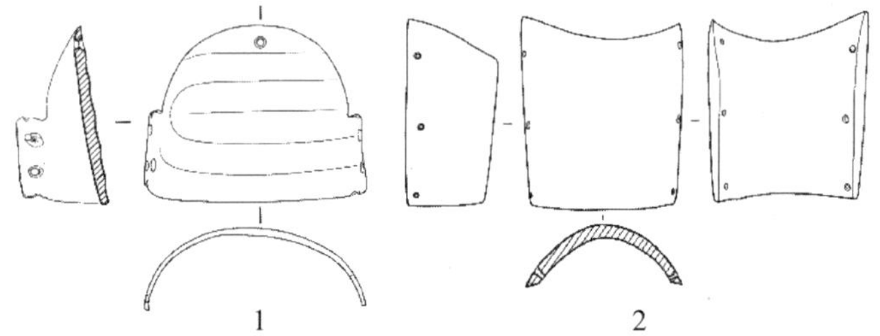

图 2-8-16　玉臂饰

1.牛河梁遗址 N3M9:2　2.凌家滩遗址 87M2:7

玉人像　萨满教有使用偶像的传统，红山文化不仅有泥塑人偶像、石质人偶像，还有玉质人偶像，包括玉人面像和立人像。在红山文化牛河梁第十六地点 M4 中出土有一件玉人像，位于墓主左侧下腹部，长 18.6 厘米。玉人双手上举于胸前作祈祷状，闭目，戴帽，似女性，与墓主性别相同，是墓主女萨满的神像。凌家滩遗址的玉人发现有 6 件，87M1 中的 3 件玉人像姿势相同，均为站姿，戴介字形冠，双手举于胸前，作祈祷状，双臂戴环。98M29 的 3 件均为跪坐姿势，双手上举与前三件类似。凌家滩所出的 6 件玉人均手臂戴环，与邹城野店 M88 的巫觋相同（图 2-8-17、图 2-12-5、图 1-1-26）。凌家滩玉人是太阳祭司的神像，均为男性。

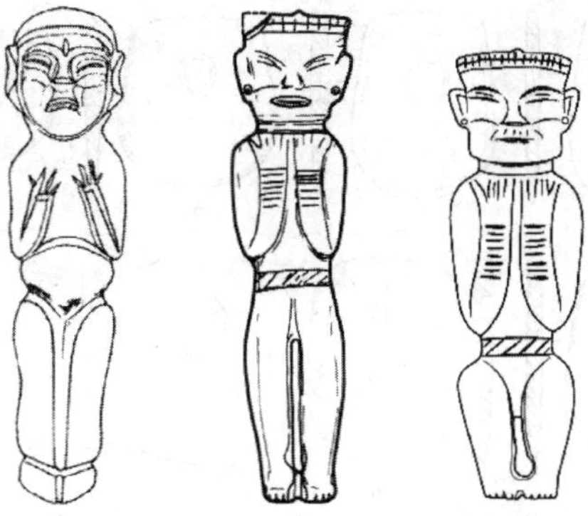

图 2-8-17　玉人像

1.牛河梁 N16M14:4　2、3.凌家滩(87M1:1、98M29:14)

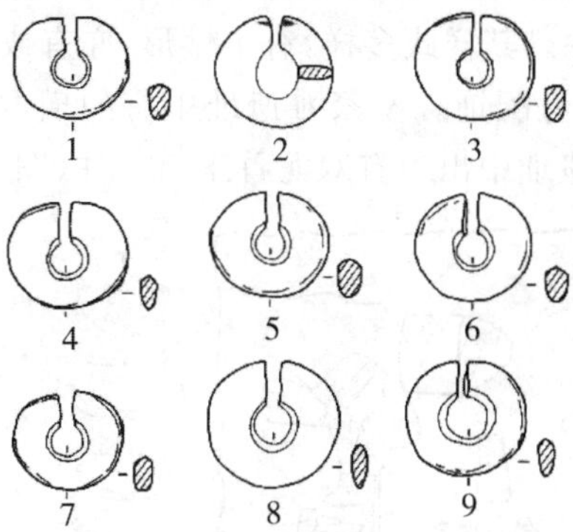

图 2-8-18　凌家滩 87M4 出土部分玉玦

玉玦　北方地区自兴隆洼文化时期就已经使用玉玦,红山文化晚期时玉玦普遍出现于东部沿海的史前文化中。凌家滩遗址 87M1、87M2、87M4、87M7～87M9、87M14、87M19、98M7、98M16、98M29 共 11 座墓葬出土玉玦,一般多在 2～4 件,其中 87M4 出土 14 件,是数量最多的墓葬。属崧泽文化的海盐仙坛庙遗址 M83、海宁小兜里 M33 和良渚文化及南京北阴阳营文化中都发现有玉玦。玉玦一般作为耳饰或配饰使用(图 2-8-18)。

钺　钺是斧的一种,一般指宽扁形的斧。在牛河梁遗址第十六地点,发现有圆刃玉钺 N16Z1①:54 和石钺 N2Z1M9:1。凌家滩遗址出土有大量玉石钺,11 座墓葬出土有 38 件玉钺,30 座墓葬出土有 186 件石钺,其中 87M6 出土 32 件石钺。石钺大部分为圆弧刃,玉钺多为斧形。圆弧刃钺在良渚文化中进一步发扬光大,在反山、瑶山大墓中都有大量发现(图 2-8-19)。

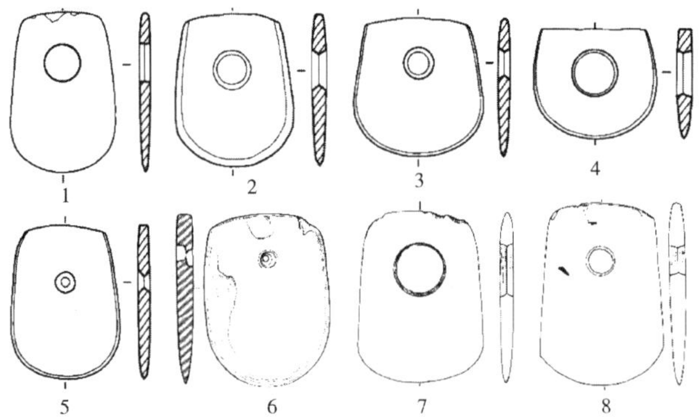

图 2 8 19　玉石钺

1—5.凌家滩 M14　6.牛河梁遗址 N2Z1M9　7.瑶山 M2　8.反山 M12

璜　璜是凌家滩遗址数量最多的玉器种类，有 27 座墓随葬有 114 件，少则 1—5 件，最多的墓葬 87M15 达 30 件。其样式多样，有半璧形，亦有或宽或窄的环形。玉璜应是玉玦发展而来。玦为耳饰，璜为配饰。凌家滩遗址中有的璜两端雕兽头，一般为虎头或龙头。在红山文化的东山嘴遗址中出土有双龙首玉璜 1 件(图 2-8-20、图 2-8-21)。[①]

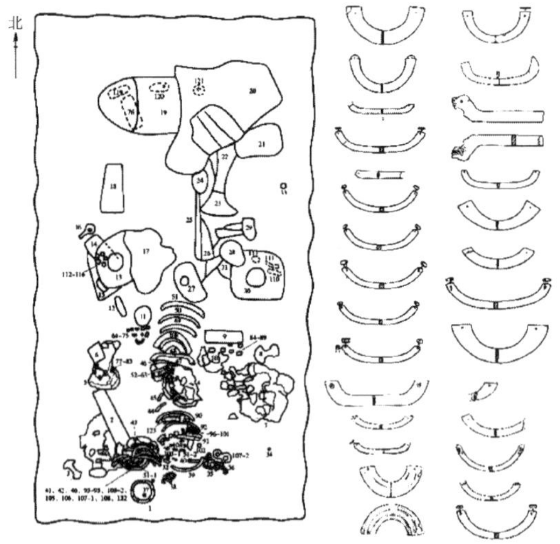

图 2-8-20　凌家滩 87M15 平面图及出土玉璜

1、111.玉镯　2、6、9、12、14、18、76、119.石锛　3、5、7、25.陶豆壶　4.陶三足盘　8、22、28、29.陶豆　10、11、17、20、21.陶罐　13、15、25、26、27、30、33.石钺　16.圆环柄形玉饰　19、24.陶壶　32、39—51-1、512、90—95、103-2、105、106、107-1、108—110、122、123.玉璜　33、37、103-1、104.玉饰　34.水晶耳珰　5、36、38.玉冠饰　52—75、77—89、96—102、112—116.玉管　107-2.玉双连环　117.玉玦　118-1、118-2.砺石　120.玉钺　121.陶纺轮(118-1、118-2 在 19 下)

① 参见郭大顺等:《辽宁省喀左县东山嘴红山文化建筑群址发掘简报》,《文物》1984 年第 11 期。

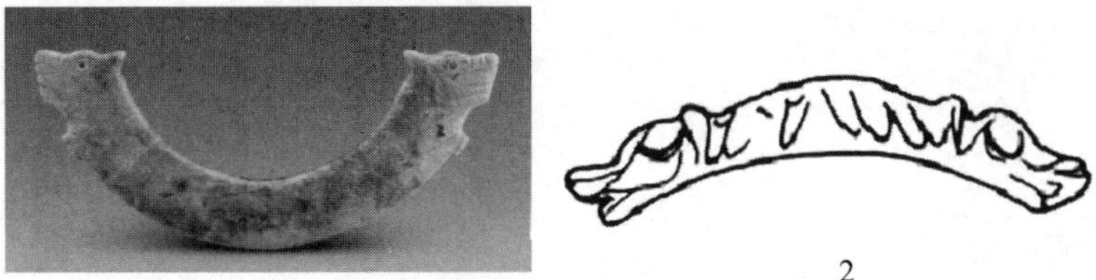

1　　2

图 2-8-21　兽首玉璜

1.凌家滩 87N8:26　2.东山嘴

璧　红山文化的玉璧有的作圆环形和双连形，圆形璧近似扁方形，有的带有穿孔，当是配饰。大汶口文化中也有连璧和小环璧(图 2-8-22)。凌家滩遗址中有 11 座墓葬随葬有玉璧，数量多在 1～4 件，最多的 87M12 有 9 件，多为小型环璧，亦有连璧(图 2-8-23)。良渚文化的玉璧器形增大，大璧小孔，后世标准规格的璧形成。如反山的 M20:186，直径 18 厘米，孔径 5 厘米。这种标准璧往西北传播到甘青地区，如在武威皇娘娘台齐家文化遗址中便发现同样形制的玉石璧。① 红山文化的带孔玉璧(图 2-8-25)、大汶口文化的小型璧均为配饰，良渚文化和大汶口文化中的大型璧为宗教物品(图 2-8-24、图 2-8-26)。

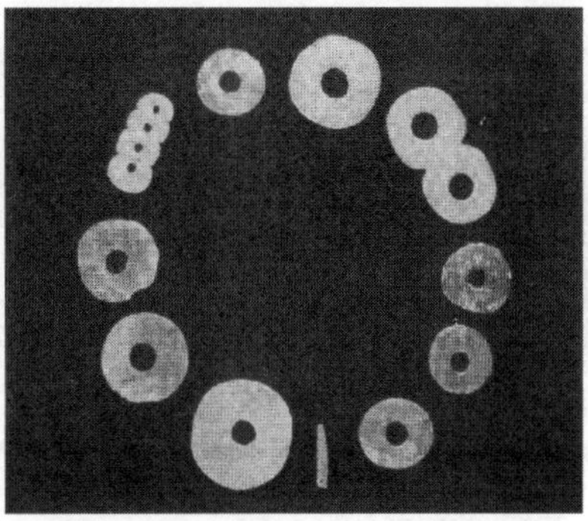

图 2-8-22　邹县野店 M22 玉璧和坠饰

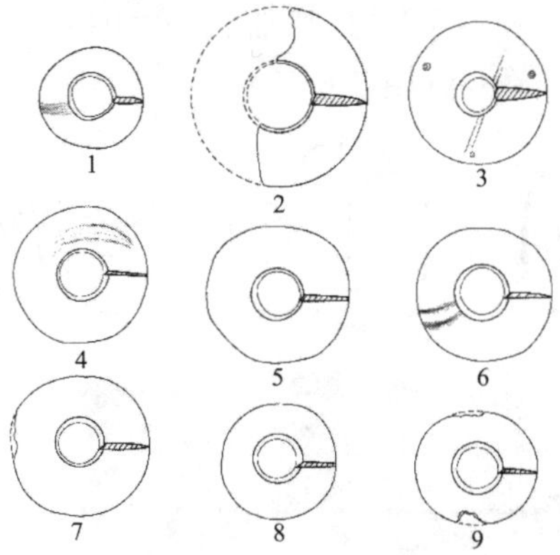

图 2-8-23　凌家滩 87M12 出土玉璧

1—9.87M12:3、4、32、43、44、46、48、49、50-2

① 参见甘肃省博物馆:《甘肃武威皇娘娘台遗址发掘报告》,《考古学报》1960 年第 2 期;甘肃省博物馆:《武威皇娘娘台遗址第四次发掘》,《考古学报》1978 年第 4 期。

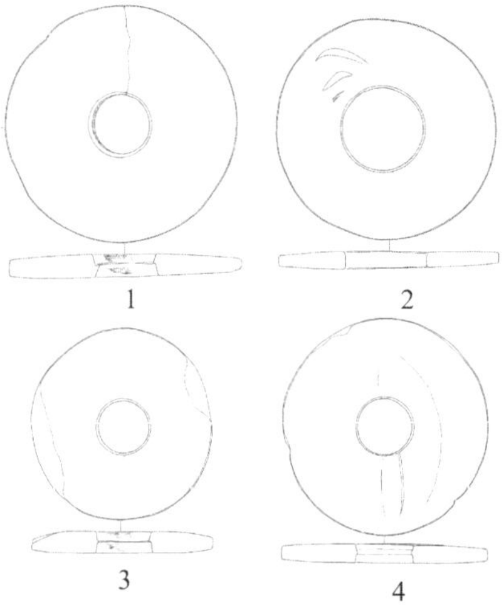

图 2-8-24　反山 M14 出土玉璧
1. M14:246　2. M14:223　3. M14:225　4. M14:226

图 2-8-25　红山文化玉璧
(牛河梁遗址 N2Z1M21:20)

图 2-8-26　大汶口文化玉璧
(花厅遗址 M20:26)

玉鸟　圆雕展翅形玉鸟见于胡头沟、那斯台、东山嘴、牛河梁等遗址，呈鹰或鸮形。凌家滩遗址的圆雕玉鹰亦呈展翅状(图 2-8-27)。

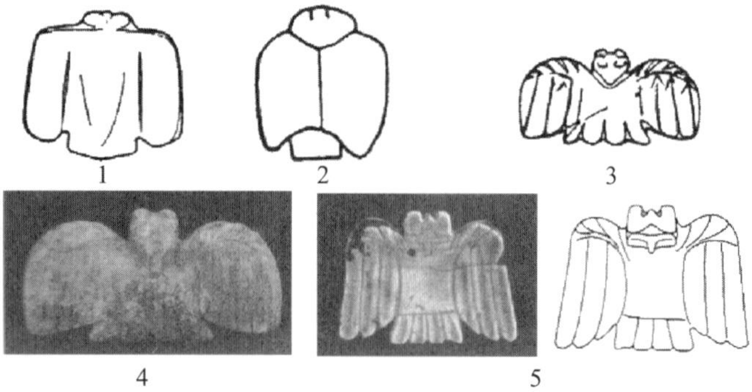

图 2-8-27　红山文化玉鸟
1. 胡头沟 M1　2. 三官司甸子 M2　3. 胡头沟 M1　4. 牛河梁第十六地点 M4:1　5. 东山嘴

除玉器外，凌家滩文化和良渚文化的祭坛和积石圈也与红山文化的相似。牛河梁遗址发现了数量众多的祭坛和积石冢，两者往往相结合，构成完整的宗教祭祀遗迹和墓地。凌家滩遗址发现有积石圈 4 处，祭坛 1 处，祭祀坑 3 个，另有 44 座墓葬。祭坛大体呈方形，面积达 1200 平方米，上有积石圈、祭祀坑和墓葬（图 2-8-28）。凌家滩遗址这一祭坛、积石圈和墓葬结合的形式与红山文化是相同的。良渚文化中，祭坛和墓地也是结合在一起，如反山和瑶山均为人工堆筑的高土台，呈方形三级台阶状，墓葬位于顶端。这种祭坛、墓葬相结合的布局一直沿用至良渚文化、后石家河文化中，这种祭、葬合一的现象显然是与其宗教观和生死观紧密联系在一起的。

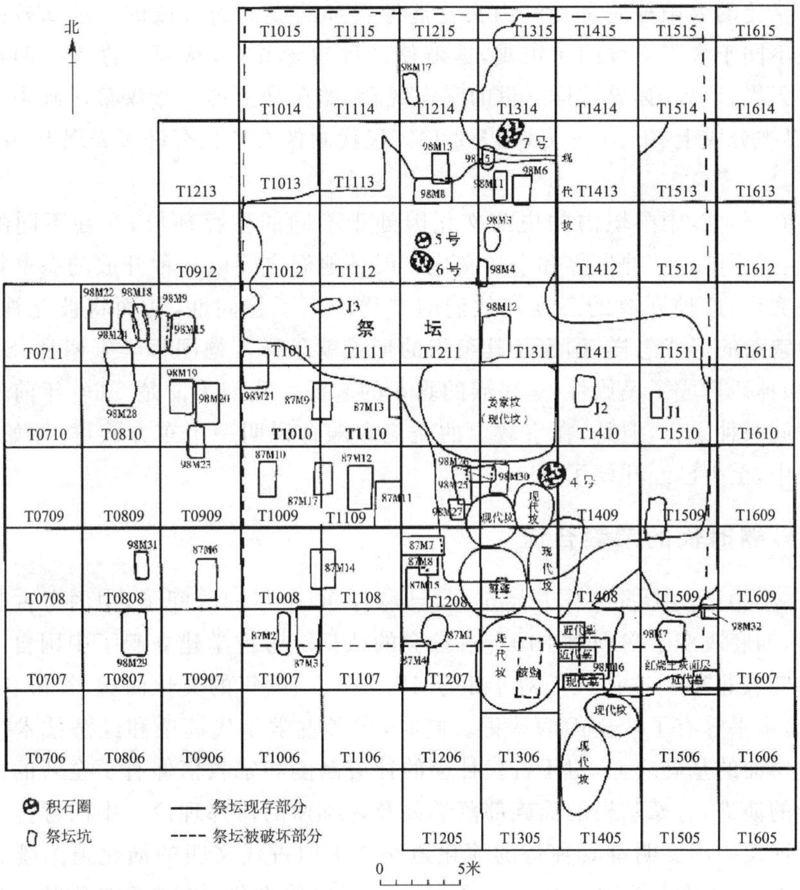

图 2-8-28　凌家滩遗址祭坛、祭祀坑、积石圈和墓葬分布图

红山文化和凌家滩文化存在这么多的相似性，已经不能用简单的文化传播来解释。两地相距约 1500 公里，这种跨区域的文化交流说明两者之间有直接的人员来往。从文化因素上看，玉玦、玉璧的传播路径显然是从北往南，两地的璧均在内外缘打薄，从工艺上均为北方玉器文化的传承。大型玉璧则是江淮地区的创造。而玉璜在红山文化发现很少，东山嘴的兽首形璜形器当来自于凌家滩。同样，钺在凌家滩遗址和良渚文化中为大宗，红山文化的圆刃钺当来自于南方。使用人偶是北方萨满教的传统，凌家滩发现 3 件玉人，牛河梁仅 1 件，但是在牛河梁第一地点女神庙中发现有女神塑像，东山嘴、兴隆洼、门门营子、西水泉等遗址都发现有陶质人塑像，草帽山、半拉山、那斯台等遗址也发现

有石质人塑像，苏达勒遗址亦发现有玉质人面像。因此，凌家滩的玉人当来自于红山文化。凌家滩发现的蛹形玉器，凹凸相间的旋纹，也是来自红山文化。玉鹰在北方地区分布广泛，凌家滩的玉鹰还带有红山文化玉鹰的风格。

综上所述，红山文化和凌家滩文化的传播是双向的，其路径以红山文化往南传播为主，以反向传播为辅。与之相对应的，是红山文化所代表的萨满教南下，传到了长江下游地区。可能也有部分人群从燕山地区南迁至南方更温暖的区域。

萨满教的南下对我国古代文明的影响巨大。萨满教有偶像崇拜，神灵往往有人偶，良渚文化人格化的太阳神应是受红山文化偶像崇拜的影响而形成的。萨满教的三重宇宙观念也是不同于太阳崇拜的宇宙观，这就使两种观念并存，从而在进入文明社会之后仍然保持着天界、地界、冥界这样三重的宇宙观念，如在马王堆一号汉墓帛画中见到的图像，整个世界被分成上、中、下三界（图3-2-1）。汉代画像石中也有许多表现上、中、下三界的画像内容。

距今5000年前，中国境内的史前文化因处于不同的生存环境，存在不同的生活方式，从而产生了不同的精神世界和宗教文化。但是他们之间以一种开放的态度接受不同地区不同的文化，这种开放的态度使他们的文化产生了趋同性，从而将彼此视作己类。黑格尔认为宗教的形式怎样，国家及其组织的形式就怎样。德国哲学家谢林（Schelling）认为，语言和神话构成了民族性，是民族的真正的起源。我们不清楚5000年前的史前人类是否使用同一种语言，但是，在宗教上的交流和融合说明一个东方族群（原始民族）正在缔造过程中，至少已经开始了。①

四、新石器时代的宗教合流

自1921年中国的考古工作开始至今，已经有90余年的时间了，中国考古学取得了重大的收获，彻底改变了我们对中国上古社会的认识。考古学建立起了中国自12000年前至三代的年代框架。这使我们对于距今12000～3000年的文化面貌、经济状况、社会结构、生产力水平等有了较全面的认识。同时，在考古学年代框架和经济技术生产方式等社会物质层面的基础之上，对于古代社会的社会制度和宗教信仰有了全新的认识。关于古代社会的演进，有摩尔根的氏族部落学说及赛维斯的酋邦理论。中国考古学以大量的实物资料证明中国文明有其独特的演化道路。中国古代文明的演化道路既有与西方理论相合的地方，也有其自身的特点与不同。对于原始文化，中国考古学揭示了独特的原始宗教信仰的文化面貌。对于这一点，过去我们是完全陌生的。通过对中国史前宗教的全面分析可以得出，中国存在三大原始宗教——萨满教、图腾崇拜和太阳崇拜。并且这三种原始宗教在中国盛行之地都是比较典型的地区。三大宗教在距今5500前后随着文化的交流而形成合流的状态。太阳崇拜由长江流域传播至黄河流域又至北方地区，并传播到朝鲜半岛和日本列岛，形成了东亚地区独具特色的太阳崇拜文化圈。在这一区域内，由东北往华北平原，到江淮地区，再到长江流域和华南地区，形成了东南地区的半月形文化带。太阳崇拜顺着黄河和渭水进入黄河上游地区，马家窑文化所在的甘青地区是

---

① 这个东方的群体在历史时期被称作“东夷”，显然是后起的名称。

这一宗教信仰的最西端。

北方地区广泛信仰萨满教。萨满教流行于欧亚美洲大陆的北极及邻近地区。在欧亚大陆的北方广泛分布着岩画，一般认为是萨满教的遗存。其中的动物类遗存多被认为与萨满的助殖巫术有关。萨满教有独特的宇宙观，并且有将神灵偶像化的崇拜方式。同北欧地区一样，寒冷地带的人有树神崇拜，英国人类学家弗雷泽的《金枝》一书对欧洲的树神崇拜有详细描述。到现在，欧洲许多节日中都保存着树神崇拜的痕迹。这种信仰与萨满教的树木崇拜是同源的。萨满教认为，人的灵魂是休息在树上，呈鸟形，人死后也会回到树上等待转生。萨满神树相当于图腾崇拜的灵魂圣地和欧洲的神圣林地。周代时，许多齐国的瓦当由大树为中心构图，两侧分布小树、动物、人物等图像。其中，三棵树的图像表示扶木、建木和若木，代表了萨满教的宇宙图式，有的大树下面呈人面像，正是树神的形象(图 2-8-30)。

萨满教南下黄河流域和长江流域，从而形成了多种原始宗教、宇宙观念并存的局面，同时，由于地方毗邻，萨满教也东传至朝鲜半岛和日本列岛。在韩国和日本都发现有曲玉、勾玉，为红山文化胚胎形玉器的流变。萨满教与太阳崇拜的结合使东北亚地区的宗教信仰形成合流的态势。

图腾崇拜主要发现于黄河流域。黄河流域史前文化主要由上中下游的马家窑文化、仰韶文化和大汶口文化构成。马家窑文化崇拜太阳鸟、鲵鱼、蛙；仰韶文化半坡时期崇拜鱼，庙底沟时期崇拜太阳鸟；大汶口文化早期崇拜獐，后来又受到了庙底沟类型的影响，存在太阳鸟信仰。豫东冀北地区有虎、鹿、龙(兽形龙)、蜘蛛等图腾信仰。由民族学可知，图腾崇拜也往北传到了萨满教的地区，如在许多北方民族中视萨满教的鹰、熊、天鹅等为图腾。这显然是受图腾信仰的影响所致。

图腾崇拜与祖先崇拜相结合演化形成了我国宗族型的社会组织。三代文明都在黄河流域形成，夏居豫西，商居豫中、豫北，周居关中。信仰图腾崇拜的地区形成了氏族、部落这种层级状社会组织。氏族和部落之间的联合催生了三代文明的产生。图腾神灵也在后世被尊为最主要的神灵——至上神、创始神或守护神。鸟和鱼在关中地区直到周代时仍为祥瑞，玉鸟和玉鱼多见。长江流域自 7000 余年前形成以太阳、鸟、虎为组合的太阳崇拜，在河姆渡文化、凌家滩文化、良渚文化、石家河文化中，这一组合是其宗教信仰的主要形式。

太阳崇拜在距今 6000～5500 年迅速往外扩散，成为中国的主流宗教类型。同时，萨满教南下江淮地区，两种宗教类型相互融合。在这一时期，先民以开放的态度接受不同的文化。

萨满教、图腾崇拜和太阳崇拜对于灵魂有不同的认识。在萨满教中，灵魂是鸟形的，栖息在灵魂树上。图腾崇拜则认为，氏族成员的灵魂保存在图腾圣地。萨满教和图腾崇拜均认为，人死之后，灵魂是鸟或图腾动物的形态，然后回到图腾树或图腾圣地。但是太阳崇拜却不同。太阳崇拜的本质是火崇拜，因此具有不同的灵魂观念，这一原始宗教认为，人死后可以转生为太阳，其途径就是火，因此古代的火葬和玉焚葬都是这种火崇拜的表达。在商代的时候，继承了太阳崇拜的原始思维，火祭是主要的祭祀方式。火被视作生命和宇宙力量的源泉，也被视作生命力的本源。鲜红的血液也被视作火和生命力，因此到龙山、夏、商、周时期，很多墓葬都使用红色的朱砂铺置在墓中。良渚文化也发现有玉焚葬的现象。

三大原始宗教构成了我国古代思想的主要来源。三代宗教是在三大原始宗教的基础上形成的，因此，三代文明便不再是简单的单一的原始宗教类型。

人类学资料表明，世界各地在远古时代都存在巫术。关于宗教和巫术的关系，许多人类学家都进行过研究，弗雷泽认为，巫术是以强力压迫神灵，而宗教是一种祭祀行为。宗教认为神灵是至高无上的，对待神灵是以祈求、祷告和献祭来达到目的。在早期，人类只有巫术而没有宗教，后来宗教才逐渐取代了巫术。弗雷泽举了埃及和印度的例子来说明巫术对待神灵的方式：

> 例如在古埃及，巫师们宣称他们有能力迫使甚至最高的天神去服从他们，并且确曾对天神发出过如若抗拒即予毁灭的威胁。有时巫师虽然尚未达到那种地步也宣称过：如果奥锡利斯（古埃及神话中的死神，他能使人死，还能使人复生）不服从他的命令，他将到处乱扔它的骨头或揭露关于他的传说；同样，今天在印度还有类似的情况：伟大印度教的三相神婆罗贺摩、毗湿奴、湿婆[古代印度婆罗门教信奉多神，其主神有三，即婆罗贺摩（梵天，即创造之神）、毗湿奴（遍入天，即保护之神）和湿婆（大自在天，即毁灭之神）；并认为三者代表宇宙的“创造”“保全”和“毁灭”三个方面]也受男巫师们支配。他们用其符咒指挥这些至高无上的神灵：无论在地下或在天上神们必须恭顺地执行巫师们的任何要求。在印度到处流传着这样的话：“整个宇宙听从天神的支配，天神们听从符咒（曼哈斯）的支配，符咒听从婆罗门支配，因此，婆罗门是我们的天神。”①

埃及和印度的巫师与中国古代的巫师是不同的。中国古代巫师的活动常常不是压制或强迫神灵，而是谄媚和取悦神灵，这种行为是一种祭司行为。陈来说：“在中国文字发明的时代，‘巫’所承担的职能已经是祭祀宗教的一部分，而使其自身成为祭司一种。这与人类学上所说的一般的巫师，有所不同。这是因为文献中的中国古巫已不是原生形态的了，而是神灵观念较发展时期的次生形态。”②巫在商代除了占卜和祭祀祖先、神灵等行为外，也执行一些巫术行为，同时巫也是祭祀的对象。商周时期，“祝”成为祭司的专称。“祝”字像一个人跪在祭台前祈祷的样子。到周代，巫便逐渐退出了历史舞台，其职能被分解为祝、宗、卜、史四职。司马迁在《史记·太史公自序》中自称重、黎之后，重、黎皆为颛顼的巫师。而重、黎分别负责司天、司地，即重为祭司“祝”，黎更多的是巫职，当以祝殖巫术为主。

以这一观点来衡量中国史前的三大宗教，萨满教包含较多的巫术行为。萨满是强有力的巫师，他们可以神灵附体，并胁迫神灵，为人类祛灾。在流行图腾崇拜的地区，巫术也是常有的现象。但是太阳崇拜却天生就是宗教，这种自然崇拜来源于人类对于闪耀在天上为人类带来光明的天体的崇拜心理。为了表达对于太阳的崇拜心理，先民也是以祭

① 参见[英]弗雷泽：《金枝》，徐育新等译，大众文艺出版社1998年版，第68、69页。

② 参见陈来：《古代宗教与伦理——儒家思想的根源》，三联书店2009年版，第47页。

祀的形式侍奉太阳神。这也是为什么太阳神能广泛被两大河流域的人群接受的原因。

在人类由平等的氏族社会迈向早期文明的时候,大多数是由太阳崇拜作为其宗教。世界四大文明古国包括古巴比伦、古埃及、古印度和古中国。在两河流域,太阳神名为"沙玛什",也是司法之神。著名的汉谟拉比法典石柱上端有汉谟拉比从太阳神沙玛什手中接过权杖的浮雕图案,沙玛什是坐着,汉谟拉比是站着,表明了"王权神授"的思想。巴比伦王国显然是以太阳神作为至高神(图 2-8-29)。[①] 古埃及人崇拜的至高神为太阳神阿蒙拉。孟加拉的奥昂人(印度中部的一个原始民族,亦名库勒族,早于达罗毗荼人)崇拜太阳神达梅和大地女神。每年婆罗桑树开花的季节都要庆祝太阳神和大地女神的婚礼,举行盛大的庆典。南美洲的阿兹特克人也崇拜太阳神,他们建筑有太阳神殿,祭祀太阳神。这些古代文明的太阳崇拜表明,在走向早期文明的道路上,世界各地大多以太阳崇拜作为其主体宗教,而我国亦不例外。

图 2-8-29　汉谟拉比法典石柱(局部)

由于巫术和宗教的区别,严格来说巫师和祭祀是两种不同的职业。巫师能以所掌握的巫术来达到其目的。尽管巫术也是与神灵打交道,但是它对待神灵的方式是强迫和压制这些神灵,而不是像宗教那样去取悦或讨好它们。这是因为巫师认为,一切具有人格的对象,无论是人或神,最终总是从属于那些控制着一切的非人力量。任何人只要懂得用适当的仪式和咒语巧妙地操纵这种力量,他就能够用这种力量胁迫神灵尊从其意志。人类宗教史的研究表明,巫术的出现早于宗教的产生。人类在努力通过祈祷、献祭等温和谄媚手段以求哄诱安抚顽固暴躁、变幻莫测的神灵之前,曾试图凭借符咒魔法的力量来使自然界符合人类的愿望。

巫术向宗教的转变在于人类终将会认识到在自然界面前人类是渺小的。人类无法改变自然进程:四季更迭、日月递炤、万物荣枯,从而使人类逐渐拜倒在大自然面前。在自然崇拜的内容中,与人类生存息息相关的自然万物便成为其崇拜的对象,太阳和大地作为万物之源,逐渐成为人类崇拜的主神。世界各地,莫不如此。

在宗教占据主流之后,巫术并没有消失,而是转变成习俗,保存在民间。世界各地都有一些庆祝丰产的习俗保存有原始巫术的成分。欧洲的五朔节和降灵节中,人们把植物的能力拟人化为男性女性,并且按照顺势或模拟巫术原则通过树木精灵的婚嫁以促使树木,花草的生长,他们的表现不仅是象征性的戏剧或用以娱乐、教育乡村观众的农村的游

① 《汉谟拉比法典》原文刻在一段高 2.25 米的黑色玄武岩石柱上。石柱上端是汉谟拉比王(约公元前 1792～前 1750 年)站在太阳和正义之神沙玛什面前接受权标的浮雕,以象征君权神授,王权不可侵犯;下端是用楔形文字刻写的法典铭文。现存于巴黎卢浮宫博物馆。

戏，而是通过这种方式促使树木葱郁，青草发芽，谷苗茁壮，鲜花盛开，人丁兴旺。[①] 这是因为古人对于自然和人类自身的区别还是模糊的，在古人看来，他们本身就是自然的一部分，因此自然和人类的活动是相互感应的。人类的婚庆、狂欢活动和繁殖与动植物的生长发育瓜熟蒂落是同样性质的现象。

萨满与巫师和祭司也是不同的。萨满教是长期存在于北方少数民族中的主流宗教，到清代一度作为国教。萨满是知识渊博的人，意译当为“博学者”。他们通过降神来达到沟通神灵的目的。降神的方式有转迷溜、饮酒或吃迷幻蘑菇，总之即进入一种癫狂状态，从而使神灵附体，神降到萨满身上。萨满是为氏族成员服务的，不但负责祝殖巫术，也要为成员祛病消灾。

广义上中国古代文献中的巫，指萨满、祭司和巫师的合一，均为神职人员，他们像萨满一样能通神，作为祭司向神灵献祭，谄媚于神，又像巫师一样掌握着一定的巫术来祛害禳灾、除病安宅。

五、夏、商两代的太阳神信仰

太阳鸟信仰对后世影响巨大，因为这一信仰天生就是宗教而不是巫术，太阳具有最高神的性质，神职人员为祭司。到了新石器时代晚期，进入文明社会之后，便为君王所利用，借太阳来神化王权，与古巴比伦国王汉谟拉比一样。尤其是夏、商二代。夏代、商代的君王自称“太阳神”，其最显著的特点就是以天干为庙号，即以日为名。

商代君王自上甲微开始，一直到商纣王帝辛，均以日名为庙号。《史记·殷本记》司马贞《索隐》：“皇甫谧云，微字上甲，其母以甲日生故也。商家生子，以日为名，盖自微始。谯周以为死称庙主曰甲也。”不仅商王如此，商王的配偶如武丁之妻妇好也是“以日为名”——辛，亦有贵族“以日为名”者。“以日为名”，胡厚宣解释为“殷人以日为神”[②]，其实不仅如此，商王或商贵族将自己作为太阳神。

夏代时也有君王“以日为名”，包括胤甲、孔甲和履癸。履癸是最后一位夏王夏桀，中国历史上著名的暴君。据说他重用嬖臣，残杀忠臣，残酷压迫所属方国、部落，从而引起了民愤。《新序·刺奢》记载：

> 桀作瑶台，罢民力，殚民财，为酒池糟堤，纵靡靡之乐，一鼓而牛饮者三千人，群臣相持而歌曰：“江水沛沛兮，舟楫败兮，我王废兮，趣归薄兮，薄亦大兮。”又曰：“乐兮乐兮，四牡跻兮，六辔沃兮，去不善而从善，何不乐兮？”伊尹知天命之至，举觞而告桀曰：“君王不听臣之言，亡无日矣。”桀拍然而作，哑然而笑曰：‘子何妖言？吾有天下，如天之有日也，日有亡乎？日亡吾亦亡矣。’于是接履而趣，遂适汤。汤立为相。故伊尹去官入殷，殷王而夏亡。[③]

夏桀自称为太阳，说：“我有天下，就像天上有太阳一样，太阳会灭亡吗？太阳灭亡，我才

① 参见[英]J. G. 弗雷泽：《金枝》，汪培基等译，商务印书馆 2014 年版，第 224～225 页。

② 参见胡厚宣：《殷代之天神崇拜》，《甲骨学商史论丛初集》，上海书店出版社 1989 年版，第 304 页。

③ （西汉）刘向：《新序》卷六，《乾隆御览四库全书荟要》本。

会灭亡。”民众愤慨地诅咒他：“时日曷丧，予及汝偕亡。”（《尚书·汤誓》）民众愿与太阳王夏桀同归于尽。

此时正当商汤之时，从文献中可以明确，夏和商两位君王都自命为太阳神，而“天无二日，民无二王”，两日并立就是两王并立，最终汤灭掉了夏。《吕氏春秋·慎大》篇中记载：

> 桀愈自贤，矜过善非，主道重塞，国人大崩。汤乃惕惧，忧天下之不宁，欲令伊尹往视旷夏，恐其不信，汤由亲自射伊尹。伊尹奔夏三年，反报于亳，曰：“桀迷惑于末嬉，好彼琬琰，不恤其众。众志不堪，上下相疾，民心积怨，皆曰：‘上天弗恤，夏命其卒。’”汤谓伊尹曰：“若告我旷夏尽如诗（时）。”汤与伊尹盟，以示必灭夏。伊尹又复往视旷夏，听于末嬉。末嬉言曰：“今昔天子梦西方有日，东方有日，两日相与斗，西方日胜，东方日不胜。”伊尹以告汤。商涸旱，汤犹发师，以信伊尹之盟。故令师从东方出于国，西以进。未接刃而桀走，逐之至大沙。身体离散，为天下戮。

为了灭夏，伊尹与商汤组成同盟。伊尹前往夏都打探消息。夏桀之妻末嬉失宠，成为伊尹重要的情报来源。伊尹打探末嬉灭夏时机，末嬉说：“天子做了一个梦，东方有一太阳，西方有一太阳，两个太阳争斗，西方的太阳胜，东方的太阳失败。”当时的夏都斟鄩即河南偃师二里头遗址，而商都亳是郑州商城遗址，西方的太阳指夏桀，东方的太阳指商汤，商汤在东，夏桀在西，西方胜东方，暗示时机未到。伊尹将这条重要情报交给商汤。商汤灭夏时师出于东，绕到夏都西边，这样西方的太阳自然是商汤，东方的太阳代表夏桀，商汤由西往东进攻顺利灭夏。

商代最后一个王帝辛（商纣王）是太阳神信仰的亲身实践者，据《史记·殷本纪》记载武王伐商：“甲子日，纣兵败。纣走人，登鹿台，衣其宝玉衣，赴火而死。”张守节《正义》引《周书》云：“纣取天智玉琰五，环身以自焚。”这种玉焚葬正是太阳崇拜的实践形式。

东亚地区广泛存在的太阳鸟信仰保存在神话传说中，商族、朝鲜、满族等，都有鸟生神话传说。《史记·殷本纪》载：

> 殷契，母曰简狄，有娀氏之女，为喾次妃，三人行浴，见玄鸟堕其卵，简狄取吞之，因孕生契。

卵生神话是东北亚地区的族群起源神话，这一神话以天帝、鸟卵、女性始祖和族群的男性始祖构成，是太阳鸟崇拜的反映。到后来这一神话进一步发展，于是有了卵生的创世神话。卵生创世神话主要有盘古开天辟地的故事：

> 天地浑沌如鸡子，盘古生其中，万八千岁。天地开辟，阳清为天，阴浊为地，盘古在其中，一日九变，神于天，圣于地。天日高一丈，地日厚一丈，盘古日长一丈。如此万八千岁，天数极高，地数极深，盘古极长，后乃有三皇。数起于一，立于三，成于五，盛于七，处于九，故天去地九万里。
>
> 天气蒙鸿，萌芽兹始，遂分天地，肇立乾坤，启阴感阳，分布元气，乃孕中和，是为人也。首生盘古，垂死化身，气成风云，声为雷霆。左眼为日，右眼为月。四肢五体

为四极五岳。血液为江河。筋脉为地里。肌肉为田土。发为星辰。皮肤为草木。齿骨为金石。精髓为珠玉。汗流为雨泽。身之诸虫,因风所感,化为黎甿。[①]

宇宙为鸡子即卵形,卵里有清、浊,分别代表阳与阴。盘古在卵里孵化,他开辟了天地,化生了万物。这是先民对宇宙起源和生命起源的思考。中国古代历史中长期以开辟或盘古作为宇宙的起源。盘古正是宇宙的造物主。

存在太阳崇拜的朝鲜族、满族也有鸟生神话。朝鲜的朱蒙即高句丽侯邹,为高句丽国始祖,据传是吴国夫概的后代。公元前 8 年,朱蒙在高句丽县(今辽宁桓仁地区)获得侯爵,成为第一代高句丽侯。公元 12 年,高句丽侯朱蒙被新朝名将严尤斩杀,其后代在东汉末年建立了东北地方政权高句丽国。杜佑《通典·东夷下·高句丽》记载:

高句丽,后汉朝贡,云本出于夫余先祖朱蒙。朱蒙母河伯女,为夫余王妻,为日所照,遂有孕而生。及长,名曰朱蒙,俗言善射也。国人欲杀之,朱蒙弃夫余,东南走渡普述水,至纥升骨城,遂居焉,号曰句丽,以高为氏。及汉武灭朝鲜,以高句丽为县,属玄菟郡。赐以衣帻、朝服、鼓吹,常从玄菟郡受之。后稍骄恣,不复诣郡,但于东界筑小城以受之,遂名此城为帻沟溇。"沟溇"者,句丽名城也。王莽时,发句丽兵以伐匈奴。其人不欲行,皆亡出塞为寇盗。莽更名高句丽王为下句丽侯。于是貊人寇边愈甚。光武建武八年,遣使朝贡,帝复其王号。[②]

朱蒙母亲为日所照感孕而生朱蒙,这一传说与商人祖先契的来源相似,显然是受太阳崇拜的影响而产生的。同样的记载也见于《魏书·高句丽传》中:

高句丽者,出于夫余,自言先祖朱蒙。朱蒙母河伯女,为夫余王闭于室中,为日所照,引身避之,日影又逐。既而有孕,生一卵,大如五升。夫余王弃之与犬,犬不食;弃之与豕,豕又不食;弃之于路,牛马避之;后弃之野,众鸟以毛茹之。夫余王割剖之,不能破,遂还其母。其母以物裹之,置于暖处,有一男破壳而出。及其长也,字之曰朱蒙,其俗言"朱蒙"者,善射也。夫余人以朱蒙非人所生,将有异志,请除之,王不听,命之养马。朱蒙每私试,知有善恶,骏者减食令瘦,驽者善养令肥。夫余王以肥者自乘,以瘦者给朱蒙。后狩于田,以朱蒙善射,限之一矢。朱蒙虽矢少,殪兽甚多。夫余之臣又谋杀之。朱蒙母阴知,告朱蒙曰:"国将害汝,以汝才略,宜远适四方。"朱蒙乃与乌引、乌违等二人,弃夫余,东南走。中道遇一大水,欲济无梁,夫余人追之甚急。朱蒙告水曰:"我是日子,河伯外孙,今日逃走,追兵垂及,如何得济?"于是鱼鳖并浮,为之成桥,朱蒙得渡,鱼鳖乃解,追骑不得渡。朱蒙遂至普述水,遇见三人,其一人着麻衣,一人着纳衣,一人着水藻衣,与朱蒙至纥升骨城,遂居焉,号曰高句丽,因以为氏焉。

---

① (三国)徐整:《三五历纪》《五运历年纪》,书已佚。盘古创始神话被记载于《太平御览·天部二·天部下》和《艺文类聚》卷一《天部上·天》中。

② (唐)杜佑撰,王文锦等点校:《通典》,中华书局 1988 年版,第 5010~5011 页。

上述记载与商人起源更加相似，朱蒙与商契相同都是卵生的，朱蒙自称“我是日子，河伯外孙”，明言自己是太阳之子。可见商人和高句丽有共同的起源神话，而文献中有商人奔朝鲜的记载，可与之相互印证。朱蒙自称“我是日子”，与商王、夏王以日为名是相同的，都是自称为太阳神，为日神崇拜的反映。同样，满族的起源也与太阳崇拜相关，据传说始祖努尔哈赤也是鸟生的。《清太祖武皇帝实录》卷一记载：

满洲原起于长白山之东北布库里山下一泊，名布儿瑚里。初，天降三仙女浴于泊，长名恩古伦，次名正古伦，三名佛古伦。浴毕上岸，有神鹊衔一朱果置佛古伦衣上，色甚鲜妍，佛古伦爱之不忍释手，遂啣口中，甫着衣，其果入腹中，即感而成孕。告二姊曰：“吾觉腹重，不能同升，奈何？”二姊曰：“吾等曾服丹药，谅无死理；此乃天意，俟尔身轻，上升未晚。”遂别去。佛古伦后生一男，生而能言，倏尔长成。母告子曰：“天生汝，实令汝为夷国主，可往彼处。”将所生缘由一一详说，乃与一舟：“顺水去即其地也。”言讫，忽不见。

其子乘舟顺流而下，至于人居之处登岸，折柳条为坐具，似椅形，独踞其上。彼时长白山东南鳌莫惠鳌朵里内，有三姓夷酋争长，终日互相杀伤，适一人来取水，见其子举止奇异，相貌非常，回至争斗之处，告众曰：“汝等无争，我于取水处遇一奇男子，非凡人也。想天不虚生此人，盍往观之？”三酋长闻言罢战，同众往观。及见，果非常人，异而诘之，答曰：“我乃天女佛古伦所生，姓爱新觉罗，名布库里英雄，天降我定汝等之乱。”因将母所嘱之言详告之。众皆惊异曰：“此人不可使之徒行。”遂相插手为舆，拥捧而回。三酋长息争，共奉布库里英雄为主，以百里女妻之，其国定号满洲，乃其始祖也。

满族的三仙女洗浴显然是模仿商人起源神话中帝喾三妃洗浴的记载。东北亚地区有共同的起源神话，说明这些族群具有共同的原始信仰。

六、十日信仰

中国古代有十日交替出现在天上的信仰，是太阳崇拜和萨满教结合而形成。《山海经·大荒东经》中记载：

汤谷上有扶木，一日方至，一日方出，皆载于乌。

《山海经·海外东经》记载：

汤谷上有扶桑，十日所浴，在黑齿北，居水中。有大木，九日居下枝，一日居上枝。

《山海经·大荒南经》：

东海之外，甘水之间，有羲和之国。有女子名曰羲和，方浴于甘渊。羲和者，帝俊之妻，生十日。

综合以上记载可知，在世界的东方有汤谷，有一棵扶桑树，十只鸟背负着太阳，它们轮流负日运行于周天。《楚辞·天问》云："羿焉彃日？乌焉解羽？"王逸注："《淮南》言尧时十日并出，草木焦枯。尧命羿仰射十日，中其九日，日中九乌皆死，堕其羽翼，故留其一日也。"后羿射日的神话也是以十日为背景，可知鸟负日传说和十日传说是同一的。这十日即一旬，又名十干：甲、乙、丙、丁、戊、己、庚、辛、壬、癸。也就是说，4000年前，古人认识的世界是这样的：天上有十个太阳，分别有其名称，他们居住在东方汤谷的扶桑树上。每天会有一个太阳去天上轮值。值班的太阳由金乌载着去天上运行一周。这一神话有两个来源：扶桑树来自于萨满教，在萨满教中，神树是灵魂圣地，人的灵魂呈鸟形位于神树上，这种萨满教信仰广泛分布于欧亚大陆的北部地区；而金乌则来自于史前时期的太阳鸟崇拜，这一原始信仰以鸟背负太阳运行周天为基本宇宙观，已被三星堆和金沙遗址出土的青铜神树、四鸟绕日金箔及新石器时代流行于长江流域、黄河流域的太阳崇拜和东北地区的萨满教遗存所证实。三星堆出土的大型青铜神树上居住着9只鸟，代表了9个太阳，正与《山海经》中所记载的神话相符合，另一个太阳在天上（图3-2-3）。①

古代以神树构成的宇宙观中有三颗树，除东方的扶木之外，还有两棵神树，分别位于世界的中央和西方。中央的神树为建木。《淮南子·地形训》中说：

> 建木在都广，众帝所自上下，日中无影，呼而无响，盖天地之中也。

《山海经·海内南经》曰：

> 有木，其状如牛，引之有皮，若缨、黄蛇。其叶如罗，其实如栾，其木若蓲，其名曰建木。郭璞注："建木，青叶，紫茎，黑华，黄实，其下声无响，立无影也。"

《山海经·海内经》曰：

> 建木，百仞无枝，有九欘，下有九枸，其实如麻，其叶如芒，大暤爰过，黄帝所为。

《吕氏春秋·有始》曰：

> 白民之南，建木之下，日中无影，呼而无响，盖天地之中也。

建木是世界的中心，代表萨满宇宙观中的宇宙轴，为众神上下的天梯。《海内经》中的"大暤爰过"，即太阳运行时从建木经过，所谓"黄帝所为"指建木生长在黄土地（黄土高原）上。

西方的若木记载于《山海经·大荒北经》：

> 大荒之中，有衡石山、九阴山、洞野之山，上有赤树，青叶，赤华，名曰若木。

---

① 参见四川省文物考古研究所：《三星堆祭祀坑》，文物出版社1999年版，第219页。

东方的扶木位于汤谷(汤池),西方的若木位于咸池,汤池和咸池都是太阳鸟洗浴的地方。《淮南子·天文篇》曰:“日出于旸谷,浴于咸池,拂于扶桑,是谓晨明。”旸谷即汤谷。这一三棵树构成的宇宙观和宗教观曾经广泛流行于中国古代。东周时期的齐国出土有大量的瓦当,其中有的半瓦当多以大树位于中心构图,有的是三棵树,分别代表扶木、建木、若木。有的只有中间的建木,两侧有人物、动物、神灵、文字等图像,以树作为中心,表示的正是这种神树宇宙观(图 2-8-30)。与萨满教其他神灵一样,神树也被人格化为树神,齐国瓦当的人面纹表现的正是树神的形象。

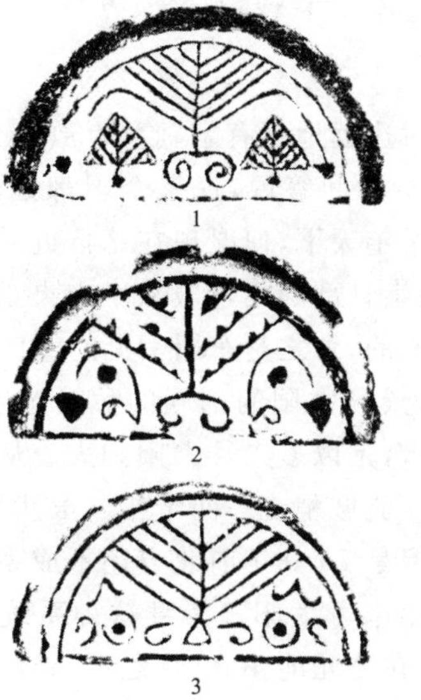

图 2-8-30　战国汉代树木纹树神纹

1.章丘平陵城(汉)　2、3.临淄采集(战国)

在我国古史传说中还有一种射日传说,表达对太阳崇拜或者说崇拜太阳的族群的敌对态度。这其中最有名的当属后羿射日传说。《淮南子·本经训》载:

> 逮至尧之时,十日并出。焦禾稼,杀草木,而民无所食。猰貐、凿齿、九婴、大风、封豨、修蛇皆为民害。尧乃使羿诛凿齿于畴华之野,杀九婴于凶水之上,缴大风于青邱之泽,上射十日而下杀猰貐,断修蛇于洞庭,擒封豨于桑林。万民皆喜,置尧以为天子。

《淮南子》中的故事有不同的解读。现实中天上不可能出现十个太阳,有人认为是为了强化天下大旱之灾的程度。不过,这只是它的表面意思。从后文“上射十日而下杀猰貐”可见,羿射十日和灭猰貐、凿齿、九婴、大风、封豨、修蛇六族为同一性质的事件,即十日是指十个崇拜太阳的族群。猰貐六族为民害,被羿诛杀,十日为何也与此同列呢?

既然我国古代以太阳神作为至上神,那么以日为名实际上就是王天下的代名词,与后来的称王、称帝相同。以神灵来神化统治者本身,是世界古代的通例。神职与君王称号相结合的现象在世界各地都存在。如弗雷泽在《金枝》中所举内米的森林之王,罗马的祭祀兼国王，雅典的最高行政长官，既是祭司又是国王，既掌握君权，又掌握神权。[①] 崇拜太阳的族群，也是以其最高神太阳自称，夏桀就自称是天上的太阳。尧时，尧即天下共主，因此不可能容许其他部落首领与之争位。尧为中国古史传说中第一位人王，《尚书·尧典》中记载有他治理天下的事迹。王名即日名，"十日部族"称日名，即不服尧王天下，自然要受到中原王朝的打击。《庄子·齐物论》中记有尧和舜的一段对话：

> 故昔者尧问于舜曰："我欲伐宗、脍、胥敖，南面而不释然，其故何也?"舜曰："夫三子者，犹存乎蓬艾之间。若不释然，何哉？昔者十日并出，万物皆照，而况德之进乎日者乎！"

这是道家编的一则故事，说尧时边远地区有宗、脍、胥敖三个国不肯归顺，尧欲攻伐，但又有些顾虑，就问舜是什么原因？舜回答说，这三个国都处于边远地区，为什么不能释然呢？过去十日并出，我们都能平定天下，何况现在德行近乎日呢?！舜的意思是说以德政就能平定天下。"十日并出"指崇日部族不肯服从于中央王朝，尧命羿征伐十日事件。这则故事不像道家的，反而像儒家的，总之是东周常见的宣传德政的故事。

射日神话还反映了一种对崇拜太阳的部族的敌对态度。太阳崇拜主要流行于温暖湿润的地区，因为自然环境多水，是以多崇拜太阳和火。从考古材料上看，太阳崇拜起源于南方，以长江流域最早。黄河流域稍晚一两千年。虽然北方黄河流域如裴李岗文化也发现有少量太阳崇拜的迹象，但是7000年前北方还不成系统，且发现极少。其发现也多是单独的太阳崇拜，没有发展出南方太阳鸟崇拜这种系统的宗教、宇宙观念。太阳崇拜在黄河流域发展到繁荣时期是在公元前4000年之后。当时北方黄河流域的自然环境与现在有较大的差异，达到了最暖期，大量动植物考古学资料已经证明，5000年前的黄河流域比现在温暖湿润，与江淮类似。太阳崇拜的南传伴随着气候大暖期的到来和稻作农业的北传。

太阳鸟崇拜代表了华夏族群的原始信仰，中国境内还有一些族群，多分布于华夏周边区域，与华夏的原始信仰不同。《史记·五帝本纪》开篇记有我国上古史上最重要的两次战争：一是炎黄之争，即炎帝和黄帝的争斗；二是黄帝对蚩尤的战争。前者黄帝战胜了炎帝，两族结盟，其后一起攻伐并灭掉了蚩尤。蚩尤是九黎族的君主。《史记·五帝本纪》裴骃《集解》中引孔安国说："九黎君号蚩尤。"《尚书·吕刑》引马融注蚩尤曰："少昊之末，九黎君名。"后来九黎分化出三苗。《国语·楚语下》中记有："及少昊之衰也，九黎乱德，民神杂糅，不可方物……其后，三苗复九黎之德，尧复育重黎之后，不忘旧者，使复典之。"韦昭注："三苗之民即九黎之后。"《山海经·大荒北经》记载曰："苗民釐姓。""釐""黎"上古音相通，"釐姓"当即"黎姓"，说明苗民源于九黎部族。《尚书·吕刑》孔颖达疏引郑玄说也认为三苗即九黎之后。现在苗族是古三苗的后裔，《炎徼纪闻》中说："苗，古三苗之裔也，自长沙、沅、辰以南尽夜郎之境多有之，与民夷杂处，通曰南蛮"。民夷指南下的中原人和南方土著居民，南蛮是三者的统称。据在苗族聚居地区的民族学调查，今苗族多"古三苗遗种"。古代《苗经》及苗族的《姓氏歌》中都说苗族的首领是"纹黎够尤"，

---

① 参见[英]J. G. 弗雷泽：《金枝》，汪培基等译，商务印书馆2014年版，第107页。

即“九黎蚩尤”。苗族人称蚩尤为“尤公”，川南、黔西北等苗族聚居区建有祭祀祖先的蚩尤庙。[①] 正是苗族与炎黄部族的这一恩怨，苗族的射日神话最为发达。几乎整个苗族地区都有流传。在黔东南地区流传有《铸日造月》和《公鸡请日月》，黔西北和滇东北地区有《杨亚射日月》《日女月郎》和《公鸡叫太阳》，湘西有《创天立地》，广西大苗山地区有《顶洛丁句》和《创世大神和神子神孙》，云南文山地区有《九十八个太阳和九十八个月亮》和《九个太阳和九个月亮》等。诗歌的内容大体相同，分为两个部分：前半部分是造日月的故事，后半部分是射日月的故事。

射日的故事，各地的内容相差不大，只是射日英雄名字不同，可谓同一故事的不同版本。在《铸日造月》故事里，射日月的英雄是扎（也有的说是姜央和罗里），《杨亚射日月》里说是杨亚，《顶洛丁勾》里说是汪通，《九十八个太阳和九十八个月亮》里说是小雀杨玉花。[②] 这些故事里面以《杨亚射日月》和《铸日造月》最完整和最具代表性。黔西北、滇东北地区的《杨亚射日月》里说日月是由六个不知名的铜匠和七个铁匠用金银铸造，以此开头后面着重叙述射日故事。八个太阳和八个月亮在天空运行，万物和人类酷热难当：

> 杨亚背好弓，杨亚插上箭，飞快跑去射日月。射日射月去哪里？射日射月到天边地角，杨亚射日路太远，杨亚射月路太长。……杨亚走到天边海角，杨亚站在发光的正东方，杨亚站在海滨高岗上，叟！叟！叟！……射七弓，射了七弓中七个，射了七箭中七对。[③]

射落七个太阳和七个月亮之后，故事又加了一段诙谐有趣的结尾：说最后一个太阳和最后一个月亮，吓得不敢出来，使得大地一片漆黑，人们无法生活。于是人类吩咐声音最洪亮的牯牛去喊日月出来，但牯牛的声音反而把日月吓得更不敢出来了；又吩咐声音最长的公虎去喊，也不成功；最后吩咐声音细小的公鸡去喊，公鸡半夜喔喔啼，月亮和太阳就出来了，人们终于能过上正常的生活。为了奖励公鸡的功劳，大家送它一把梳子，公鸡不会戴，把梳子反过来顶在额头上，便成了鸡冠。这一结尾，极具趣味性，表现了先民丰富的想象力。

流传在黔东南地区的《铸日造月》在苗族神话诗歌中是规模较大的一首，有的地区在流传中扩充达上千行。这里面以射日情节最为原始。故事说苗人的四位祖先宝公、雄公、且公、当公运来金银，造了十二个太阳十二个月亮。太阳和月亮各有四个大的四个小的和四个不大不小的。大的夏天用，小的冬天用，中等的春天和秋天用。又按子、丑、寅、卯等十二时辰给太阳月亮取了名字，并叫它们按照顺序每天由一个出来值勤。剩下一些金银打造成了星星，练金银的炉烟飘到天上，成了银河。造出日月后还要将日月钉在天上，但因日月太烫，几个好汉都不成功。最后选出一个英雄榜养不由（也有说是冷王）来完成这一困难工作。榜养不由头上有七口井，肩上有九口井，脚手各有七个节，胡须有扁担粗，坐着像谷仓，站起来像大树。他肩负着日月星辰，四步就上了天。天上的雷公却不

① 参见吴正彪：《蚩尤神话和苗族风俗浅探》，《黔南民族师专学报》1999 年第 4 期。
② 参见贵州省民间文学工作组编著，田兵等执笔：《苗族文学史》，贵州人民出版社 1981 版，第 41 页。
③ 何积全：《苗族射日神话溯源》，《贵州社会科学》1988 年第 8 期。

喜欢太阳，怕刺伤眼睛，不允许太阳钉在天上。地神听了很生气，便上天找雷公讲理。日月钉在天上后，地神警告他们要规规矩矩，该谁出来时谁出来。可是太阳和月亮任性地一起出来遨游，弄得大地成灾，石头熔化，外出耕作的男女无法生还。人们要报仇，一齐用弓箭对准天上，但太阳月亮们说不关他们的事，要大家找四个老人算账，谁叫他们造这么多。大家果然去找四公，幸好地神来证明，说是日月不听话一起出来，人间才遭此大难。于是四公造了一把九十九个人才抬得动、七十七个人才拉得开的弓，叫英雄扎（桑扎）去射日月。当扎搭上箭时，日月拼命往高处飞，无法射中，扎爬上玉树，玉树也往上升，终于射到了日月。用了十一年的时间，射落了十一个太阳和十一个月亮。[①]

在这首神话古歌中，地神是善良的神，日月是恶神。苗人的射日神话显然来自于后羿射日的故事，如"桑扎是好汉，挺舟站山冈：'东海射日月，由我来承当！'说罢跟公公，飞步下山岗，舟背弓和箭，直奔向东方。来到东海上，眼前水茫茫……"[②]苗族深入内陆，桑扎却跑到东海去射日月，故事的传承痕迹非常明显。

苗族把太阳当作恶神显然与南方族群不同，南方潮湿多雨，多崇拜太阳。楚人把太阳作为最高神，《九歌》中的东君即太阳神。苗族对太阳的敌视态度来源于古苗族与中原部族数千年的恩怨，也说明他们是由中原外迁到西南的族群。

第九节 龙山时代的宗教信仰

文献中的尧舜时期相当于龙山文化时期。龙山时代自公元前2300～前1900年，延续了约500年的时间，其后在中原地区为新砦文化和二里头文化。二里头文化约自公元前1900～前1500年，为夏代文化。

龙山时代是一大变革时期，整个中国的史前文化都在转型。仰韶文化圈诸文化过渡到龙山文化，中原地区主要有王湾三期文化，青龙泉三期文化，后岗二期文化，陶寺文化，渭水流域的客省庄二期文化。黄河下游的大汶口文化过渡为山东龙山文化。岱海地区主要为老虎山文化、陕北地区的石峁文化、辽东地区的小珠山上层文化。长江流域也全面转型，一度繁荣无比的良渚文化过渡为钱山漾文化，其后的马桥文化则包含更多的来自于鲁豫皖交界地区的王油坊类型的文化因素。长江中游的石家河文化过渡为后石家河文化，其文化因素有许多来自于中原，以至于有学者认为后石家河文化属于王湾三期文化的地方类型。

在仰韶时代，长江流域比黄河流域的史前文化更发达，长江流域有更优越的生存资源，这就使该地区的社会组织最先分化，血缘关系不如黄河流域牢固。因为在经济上得到了自由，人身依附关系上也最先得到了自由，最先在宗教的感召之下进入了文明社会。但到了龙山时期，长江流域的文化则逐渐走向衰弱，这可能是环境使然，更多的因素可能

① 参见贵州省民间文学工作组编著、田兵等执笔：《苗族文学史》，贵州人民出版社1981年版，第40～44页。

② 贵州省民间文学组整理，田兵编选：《苗族古歌》，贵州人民出版社1979年版，第109～110页。

是来自于北方的压力迫使黄河流域往更高的社会层次迈进。同时来自于西亚的金属制品、牛、羊、小麦等也随着游牧族群的跨区域交流进入东亚，而北方的农业人群和农牧复合族群最先受益。

龙山时代不同于仰韶时代的另一变化是，这个时期由神的时代转变为世俗时代，除个别地区外，大多数地区的史前文化迈向世俗化。[①] 宗教信仰不再是整个部族或区域的统一信仰，而是统治者或社会上层证明其统治合法性的工具。而普通民众自有世俗的宗教。世俗宗教一般与农业生产有关，以庆丰产、祈丰年为主要内容。另一方面是祖先崇拜。在仰韶时代和龙山时代，对人生命的来源有不同的认识，前者认为灵魂是生命来源，灵魂或者保存在图腾圣地或是图腾树上。但是龙山时代人们清醒地认识到，祖先才是生命的来源，而这是通过生育实现的，因此祖先崇拜逐渐兴盛。龙山时期的陶祖大量出现，这显然是对男性生育力的崇拜表征。

祖先崇拜对图腾崇拜和太阳崇拜并不是取代关系，而是相互结合。神化祖先成为政权合法性来源的主要方式。为了论述的方便，我们在《长江流域的太阳崇拜》这一章节中曾经介绍过后石家河文化的玉神人像，并认为玉神人像具有虎和鸟的神性，是楚人崇拜的祖先神的形象，具有太阳神的神格。同样，崇拜太阳的族群也是以太阳的神性赋予其祖先。东方的太昊、少昊族群的“昊”字，《说文》中说：“从日，从天。”有太阳神的神格，当代表崇拜太阳的族群以太阳或太阳鸟来神化其祖先。而炎帝则是崇拜火的族群的祖先。同样，黄帝是崇拜黄土地的族群的祖先。

同时，祖先崇拜和图腾崇拜也相互结合。远古时期（对于龙山文化而言，图腾崇拜的兴盛期距之有约千年之久）的那些图腾神灵：鸟、蛙、蛇、鱼，或者成为区域性的保护神，或者被神话成远古的祖先。如商人的起源和鸟有关，《诗经》中说：“天命玄鸟，降而生商。”《史记·商本纪》中记载的帝喾的次妃简狄吞了玄鸟卵而生了商契：“契母与姊妹浴于玄丘水，有燕衔卵堕之，契母得，故含之，误吞之，即生契。”这说明社会已经演化到比较理性化的时代，人们不再接受图腾崇拜那种意识，但是无法放弃图腾和祖先的关系而采取了一种“合理”“理性”的解释方式。

在龙山时期很少见到像仰韶时期良渚文化那种高大的祭坛，像石家河文化那种大面积的祭祀区域，同时大汶口文化代表宗教内容的刻划符号也基本消失，仰韶文化圈的彩陶器也彻底衰弱，更不用说其上表现宗教内容的彩绘。甘青地区的马家窑文化在马厂类型中还保存一点蛙纹的简化形态，可是毕竟是越来越少，成为习惯性纹样，最后也逐渐消失。燕辽地区红山文化那种广阔的祭坛和积石冢群也在进入龙山时代之前就消失了，似乎表明来自于外部的压力首先冲击了燕辽地区的红山文化和黄河中游的仰韶文化。

龙山时期是夏代之前传说中的唐虞时代的考古学文化。长江中游的荆楚地区，楚人崇拜太阳鸟、虎、蝉，前文已述。黄河上游的齐家文化有白石信仰。这两处是宗教信仰比较显著的地区，中原及临近地区已经世俗化和社会阶层化，进入了文明社会。

龙山时期在宗教上最重要的一大变化在于东南地区的史前文化衰弱，而西北黄土高原边缘地带史前文明兴起，因此，西北地区以大玉璋祭祀山川地祇的宗教形成，并奠定了夏王朝国家祭祀的基础。

---

① 参见孙波：《再论大汶口文化向龙山文化的过渡续》，北京联合大学考古研究中心编：《早期中国研究》第1辑，文物出版社2013年版，第146～165页。

第十节　羌人的白石崇拜和火崇拜

黄河上游地区的史前文化为古代羌人所创造，文献中记载羌人有白石崇拜和火崇拜两种原始宗教信仰。甘青地区以白色石块或石子随葬的习俗最早见于马家窑文化的半山和马厂类型中。如甘肃乐都柳湾遗址的半山、马厂类型的墓葬中发现有用砾石和小白石随葬的现象。半山类型墓葬 M433 在木棺内随葬两块扁平的石板[①]，M413、M470、M496、M497、M624 等墓葬中均随葬石头一块。马厂类型的 M1269，墓主头骨、脚下和棺外有白石头，M1168 在棺外放 7 块石头，M228 出土的陶罐内也放有 2 块石头。[②] 这说明在马家窑文化的晚期，对白石的信仰已经产生。

马家窑文化之后的齐家文化，白石崇拜更加兴盛，在甘肃武威皇娘娘台、甘肃永靖大何庄、永靖秦魏家等遗址的墓葬中均发现有用白石随葬的习俗。武威皇娘娘台遗址共清理 88 座墓葬，有 19 座墓葬以小石子随葬，占全部墓葬的 31%。如果去掉儿童墓、乱葬坑的话，这一比例达到 37%。随葬小石子最少的 5 件，最多的达 304 件。并且规格较高的墓葬随葬小石子一般也比较多，如 M48 为三人合葬墓，有陶器 10 件，并有石璧 83 件，玉璜 1 件，随葬小石子达 304 件之多；M46 随葬陶器 11 件，小石子达 216 件，另有 6 件石璧、2 件猪下颌骨；M52 为二成人合葬墓，有 9 件陶器，20 件石璧、7 件猪下颌骨，小石子达 290 件；M32 为单人直肢葬，随葬 5 陶器、石斧 1 件、石璧 6 件、绿松石珠 1 件、小石子 186 件。小石子一般放置于墓主脚端靠近墓壁的位置，多与陶器等放置在一起。个别也放置于头端，如 M32 随葬的 17 颗小石子放置于头顶右侧，另有 166 颗放置于脚下。有的墓葬中的石璧也放置于小石子堆内，如 M65 为二人葬，一成人一儿童，随葬有 84 颗小石子，8 件石璧均位于小石子内；M46 为成人二人葬，随葬有 216 颗小石子，里面还有 6 件石璧；M32 随葬的 6 件石璧，其中 1 件也置于小石子之内。小石子并不是实用器，以小石子随葬这种葬俗是白石崇拜的表征。M51 虽然没有小石子，但是有 11 件石片，当是同一观念的反映。[③]

甘肃永靖大何庄齐家文化遗址清理的 79 座墓葬中，有 6 座（M27、M34、M55、M58、M61、M88）发现有白色石块或石片随葬，其中 M27 中有小石块 27 块，M34 有 19 块，M55 有 9 块，M61 有 48 块，M88 有 16 块。这些白石块大多放在骨架的肱骨或盆骨旁，M58 中的两块石片涂红色，放在骨架背部的下面。该遗址还发现有 5 处石圆圈遗址，附近分布着许多墓葬，旁边有卜骨或牛、羊的骨架，当为祭祀遗迹。[④]

甘肃永靖秦魏家齐家文化墓地清理了 114 座墓葬，有 19 座墓中随葬有小石块。M13 有 8 块，M19 有 35 块，M23 有 40 块，M27 有 12 块，M40 有 36 块，M42 有 18 块，M50 有 62 块，M52 有 4 块，M56 有 13 块，M131 有 9 块，M138 有 35 块。石块在墓中的位置并不

---

① 参见青海省文物管理处、中国社会科学院考古研究所：《青海柳湾》，文物出版社 1984 年版，第 10 页。

② 参见沈仲常、黄家祥：《白石崇拜遗俗考》，《文博》1985 年第 5 期。

③ 参见甘肃省博物馆：《甘肃武威皇娘娘台遗址发掘报告》，《考古学报》1960 年第 2 期；甘肃省博物馆：《武威皇娘娘台遗址第四次发掘》，《考古学报》1978 年第 4 期。

④ 参见中国科学院考古研究所甘肃队：《甘肃永靖大何庄遗址发掘报告》，《考古学报》1974 年第 2 期。

固定，有的放置于盆骨旁，有的放在右手边，有的位于头部、腹部、肱骨和尺骨旁。[①]

齐家文化之后的寺洼文化中也发现有用石块随葬的习俗。夏鼐早年在甘肃地区发掘寺洼遗址时就发现了这种奇特的葬俗："第一号、第二号墓葬中，都曾发现大块的砾石。裴文中氏在寺洼山所掘的一墓，在人骨旁边及下面，也有排列的大砾石很多；裴氏以为'或与墓葬有关'。加上我们的两个例子，这些大砾石似乎确是与之有关。但是排列凌乱无次，我们不知道放置这些砾石的意义是什么。"[②]

卡约文化是羌人文化，在卡约文化墓葬中也有用卵石、砾石随葬的现象。夏商时，羌人不断往西南迁移，其所使用的双耳平底罐与以石随葬的习俗也逐渐出现在西南地区。[③]四川西北的茂汶羌族自治县的早期石棺葬中，发现有大小不同的石块，时代相当于战国之际，白石置放的位置有三种：(1)将白石撒在石棺内人骨架的上半部；(2)较大的石块放置于人骨头部；(3)小的白石堆放在人头骨两侧。[④] 这些说明羌人在商周秦汉之际仍然保持着这一古老的宗教信仰。

商代时期，分布于甘肃和陕西西部的考古学文化以分裆袋足鬲为特征，并有铜器出土，结合相关铭文表明其为姜戎所创造的文化，因此被称作"姜炎文化"或"姜戎文化"。姜戎文化与以联裆袋足鬲为特征的先周文化来源不同，分别代表炎帝族后裔和黄帝族后裔，在姜戎文化墓葬中还保存着以石块随葬的习俗。[⑤]

以上考古学文化均为羌人创造。其白石崇拜可追溯到马家窑文化的晚期，进入历史时期，白石崇拜成为羌人最显著的宗教信仰。由于受萨满教的影响，羌人信仰万物有灵，他们崇拜各种各样的神灵，包括自然界诸神：天神（羌语叫"阿爸木比塔"）、地神、山神、树神、火神、太阳神、土地神等，以天神、太阳神和山神最为重要；动植物神：六畜神（马、牛、羊、鸡、犬、猪）、树神、五谷神等；部落地域神：地盘业主神、寨神；祖先，又称"家神"，有的地方家神众多。如汶川雁门一带每家都有 13 个家神，"莫初"是历代祖先，"活叶依稀"是男性始祖，"迟依稀"是女性始祖。工匠神：石匠神、建筑神、铁匠神、木匠神等。此外，在漫长的历史时期受佛教和道教的影响，还有一些佛道的神灵。在中国众多民族中，以上这些神灵都是常见的，羌族与之并无不同，但是白石崇拜却是羌人独具特色的一种信仰，并以白石代表各种神灵。羌人将白石供在山上、地里、屋顶和庙里，以白石象征天神、地神、火神和祖先神。屋顶上的白石一般代表天神，村寨里的白石象征村寨的保护神，家里的白石代表家族的祖先神。

羌人崇拜白石的原因有各种解释，其中最合理的有两种：一种观点认为白石是羌人的保护神。据羌族史诗《羌戈大战》中记载，现今生活在川西的这支羌族的远祖原本生活在西北大草原。那里水草丰美，牛羊成群。后来遭到异族的入侵，羌人被迫迁徙，羌人九兄弟率九支人马各奔前程。其中一支在大哥阿巴白的率领下奔向补尕山。这时敌兵突

---

① 参见中国科学院考古研究所甘肃队：《甘肃永靖秦魏家齐家文化墓地》，《考古学报》1975 年第 2 期。

② 参见夏鼐：《临洮寺洼山发掘记》，《考古学论文集》，科学出版社 1961 年版，第 27 页。

③ 参见谢崇安：《略论西南地区早期平底双耳罐的源流及其族属问题》，《考古学报》2005 年第 2 期。

④ 参见沈仲常：《从考古材料看羌族的白石崇拜遗俗》，《考古与文物》1982 年第 6 期。

⑤ 参见邹衡：《论先周文化》，《夏商周考古学论文集》，文物出版社 1980 年版，第 297～355 页；邹衡：《再论先周文化》，《夏商周考古学论文集》（续集），科学出版社 1998 年版，第 261～268 页。

然来袭，激战三天三夜，羌人且战且退，损失惨重。在这支羌人无路可走时，他们便向天女木姐珠祷告，祈求帮助。于是木姐珠从天上抛下三块白石，顿时变成岷山上的三座大雪山，挡住了敌兵的追赶。此后，羌人在岷江上游地区又遇到了当地戈基人的强烈对抗，一位白发老人(有的羌人说是天神木比塔)出来指点："我的羌人，你们不是想打败戈基人，永远在这里住下吗？等明天天亮以后，你们就去把白鸡白狗杀了，然后用它们的血淋在白石头上，用这种石头去打戈基人，你们就能打败他们。"羌人以白石为武器战胜了戈基人，于是在岷江上游重建家园。安居的羌人决定将雪山顶上的白石供在房顶正中间，以兹报答神恩。这一故事在不同地区的羌人中有不同的版本，有的说是羌人躲进了白色岩石的洞穴里，得以躲过了戈基人的进攻，由此崇拜白石。这些故事说明，白石曾经拯救过羌族，是羌人的保护神，因此羌人崇拜白石。不过，从时代上看，这些故事的时代都较晚，应该发生在崇拜白石产生之后，是对白石崇拜的一种理性化解释。

另一种解释为白石崇拜与火有关，据语言学家的解释"羌族称可以用来打着火的石头为 Bluphi'白石'"[①]。羌族民间史诗《燃比娃取火》为这一观点提供了有力的支持。《燃比娃取火》描述了一个颇像希腊神话普罗米修斯为人类盗火的故事：

> 太古之时，人神未分。后来，天上恶神喝都作祟，向大地狂施魔法。霎时，天昏地暗，寒风呼啸，大地出现第一个冬天：白雪茫茫，朔风凛凛，天寒地冻，草木枯死，人们蜷缩洞中，奄奄待毙。羌人女首领阿勿巴吉勇敢地带领羌民闯出洞口艰难维生，这时天上火神蒙格西看到了阿巴勿吉并相爱成亲，生子取名燃比娃。燃比娃长到16岁时，阿勿巴吉为使人类免遭冻死，命他寻找火源。燃比娃听从母亲的安排，备受艰辛，请求父亲蒙格西的帮助。火神以油竹做火炬点燃神火，可燃比娃尚未出天门便被恶神喝都发现。喝都刮起阵阵狂风，先将燃比娃烧伤，随即将火炬吹灭。但燃比娃仍赤诚为人类取火，再次寻找其父。蒙格西安慰他，并想出用瓦盆藏火种的办法，于是从神火炉内取出鲜红的火炭迅速放入盆中，并告诉其燃比娃："瓦盆不怕风。"燃比娃取火心切，端过火盆转身就跑，不料，刚出天门不远，恶神喝都便追来夺火，并施以魔法降雨。趁瓢泼大雨之际，喝都扑灭了火种，燃比娃也卷进滔天的洪水。但燃比娃始终牢记母亲的嘱咐和人们的殷切期望，在洪水消退后，他再次祈请其父给予神火。鉴于前两次取火均遭喝都破坏，蒙格西思索良久，设法将神火藏于白石之中，并郑重嘱咐其子：我将神火藏在白石头里，这样喝都就不会发现了。你带着白石回到人间后，用白石相互碰撞，神火就会出现，再以神火引到干草和枯枝上，熊熊烈火就会出现。燃比娃从天庭带着白石，瞒过了喝都的监视和阻挠，将神火带至人间，燃烧起熊熊篝火。羌民们围着篝火欢腾起来，快乐地跳啊！唱啊！据传这就是跳锅庄的起源。从此，各地的人们从四面八方来讨要火种，火就在人间传开了。[②]

这篇史诗并非一般的民间传说，而是由羌族的巫师一代一代传承下来的唱经，可视作羌

---

① 参见孙宏开：《试论"邛笼"文化与羌话支语言》，《民族研究》1986年第2期。

② 参见伍宝娟：《论羌族白石崇拜的话语建构及其根源》，《贵州民族研究》2015年第6期；冯骥才：《羌族口头遗产集成·神话传说卷》，中国文联出版社2009年版，第37～40页。

人的创世神话。马家窑文化为羌人所创造，在马家窑文化的早期，崇拜太阳、鸟和火，因此火崇拜是马家窑文化最为久远的原始信仰。目前所见羌人最早的白石崇拜是马家窑文化的晚期——半山类型和马厂类型，在这之前还没有更早的资料。由火崇拜向白石崇拜的转变正与诗史《燃比娃取火》所反映的情况相符合。白石是能产生火的石头，因此崇拜白石，两种信仰是相融合和关联的。

羌人崇拜火，也有在墓中用璧的习俗。甘肃武威皇娘娘台遗址共发现齐家文化璧264件，包括玉璧和石璧，出土于24座墓葬中，少者1件，最多的有83件。一般放置于骸骨及腰部上下，有的和小石子堆放在一起，个别在胸部、肘部、头下和手部。

璧在红山时期就已经出现，但多为配玉，器形较小，大孔似环。到凌家滩遗址才形成后世的标准样式——大径小孔，良渚文化时期将其发扬光大，成为墓葬中玉殓葬中的代表性器物。璧代表火和太阳，这说明齐家文化崇拜火，与白石崇拜一样都是马家窑文化火崇拜的不同表达方式。玉璧在周人对六器的整合中作为礼天的礼器。

人间有了火，才有了温暖和光明，才能战胜寒冬和漫长的黑夜。天上的太阳也被视作火，是光明和温暖及生命的来源。由于对火的崇拜，羌族还保持着对火的禁忌行为，人不能从火上跨过，火塘上不能伸脚，不能用火烤不洁净的衣物，如果有所触犯就会受到火神的处罚。

由于白石取自山上，因此，羌人也崇拜山，在《羌戈大战》中，白衣女神以三块白石变成的三座大雪山挡住了魔兵的追击。山神在羌人的信仰体系中是主神之一，羌年是每年的十月初一，这一天也叫"还愿祭山会"，是羌人最为隆重的宗教节日。每年由一位会首主持，村民自愿交付一些物品。会首准备羊、鸡，备酒席以待端公(巫师)。九月三十日，端公准备上庙，先到一平坝，解秽沐浴，将会首准备的羊解秽除邪，然后将羊赶到庙子地点外，洒水在羊身上。羊抖水，表示羊已洗净，神已领到，这时唱经文。然后进庙，先打扫庙子洁地。端公念经之后杀6只羊，分别献给那萨、三位山王、牛王神、谷王。然后念经，杀1只鸡，送到青草庙。再念经后杀6只鸡献给火神、地脉神、路神、川主、土地神、桥梁神。祭毕，煮肉下锅，村民喝肉汤吃自带干粮，之后每户分一份肉带回。当夜端公整夜念经击鼓，村民中男子留在山上跳锅庄，第二天上午收场。① 羌人的山崇拜到夏代时成为国家宗教中最主要的宗教内容。夏代最重要的玉礼器耜形璋就是用来祭祀山川地祇的礼器。商周秦汉之时，山川成为中国古代的主要祭祀对象之一，行望祭，即遥望而祭。《尚书·舜典》："望于山川，遍于群神。"孔安国传："九州名山、大川、五岳、四渎之属，皆一时望祭之。群神谓丘陵坟衍，古之圣贤者皆祭之。"《史记·秦始皇本纪》："二十八年，始皇东行郡县，上邹峄山。立石，与鲁诸儒生议，刻石颂秦德，议封禅望祭山川之事。"中国古代众神可分天神、地祇、祖先、鬼神等，山是地祇中最为崇高的神灵。

羌人的宗教信仰中，树崇拜也是非常突出的。这一原始信仰来源于萨满教。在萨满教中，人的灵魂呈鸟形，居住在神树上，因此神树受到北方族群的崇拜。羌族也崇拜树神，在羌族居住区，各村寨附近均有一片苍翠的树林，当地称之为"神林"，即神灵栖居的地方，亦为羌族祭神的场所。羌族最重大的宗教祭祀活动都在神林中举行，如祭山会等。

---

① 参见何思强、蒋彬主编:《羌族——四川汶川县阿尔村调查》，云南大学出版社2004年版，第364页。

当时，各寨村民在神林空地中竖起一石塔作为祭坛，塔上放置白石，白石分别代表不同的神灵：天神、地神、山神、树神等。祭祀活动一般以氏族为单位举行。为了相区别，不同的氏族村寨信奉不同的树种。有些羌族地区还会举行专门祭祀树林神的“碉碉会”，与会男子以五色花纸扎成彩旗，将彩旗献给自己认定的“保护神树”，任何人均不得砍伐。男子以这种方式将自己的生命与树木之间建立了灵魂链接，这源于萨满教中人与树之间以灵魂建立的依附关系。

羌族受萨满教影响的宗教形式还有“麻尼”堆，来源于北方民族以石头砌的“敖包”。羌人的“麻尼”堆代表山神或其他自然神灵，一般位于村寨岔道隘口，平时行人路过，会捡拾一块石头放置其上，以示虔诚，每年还会以村寨为单位举行两次隆重的祭祀活动，据说可保人们翻山越岭顺利，过河涉水无虞，消灾祛病，人畜平安，五谷丰登。[①] 羌人的巫师称作“端公”(即巫师，尊称“阿爸许”，又称“释比”，俗称“端公”)，为氏族部落中知识最为渊博的人，他们是白石信仰最重要的传承者，也是其话语建构的主体与权威。端公能沟通神与人，具有神圣的话语权。据称，端公的祖师都来自天上，是天神阿爸木比塔家中的卜师兼祭司阿爸木纳。因为阿爸木比塔的三女儿木姐珠执意要嫁给凡间的热比娃，而那时人间多有邪妖怪魔作祟，人们不得安宁，阿爸木比塔只好派遣阿爸木纳到人间为人们解除苦难。从此“天上的阿爸木纳就成了人间的第一个端公——释比”。端公因此就具有了神格，一切敬神、压邪、治病、送穷，以及成年冠礼、婚丧事等都由端公包办。端公是“羌民中最权威的文化人和知识集大成者”[②]。与巫师、祭司相比，端公属于萨满。

鼎锅灶信仰是羌族白石信仰、火崇拜和山崇拜合一的表现形式。自从马家窑文化开始，羌人就不用鼎，多以罐作为炊具，罐上多有双耳，容易携带，便于移居，这是为了适应游牧生活而采用的生活方式。在炊食时，以三块石头作支脚，将罐放置其上煮食。羌人认为室内火塘边上的鼎锅灶的三脚代表三神，只是在不同的地区代表的具体神灵不同。汶川雁门乡萝葡寨人认为三个石支脚分别代表火神(莫古依稀)、男性始祖(活叶依稀)、女性始祖(迟依稀)。来源于羌族的藏族也崇拜鼎锅灶，康定县鱼通乡尔通藏族认为三个石支脚分别代表地盘业主神(萨达)、父母神(达补)和客人神(卷补)。越西县尔苏藏族认为三个石支脚代表藏族神(热补)、彝族神(马来)和汉族神(龙不)，合称“锅柱三弟兄”。[③] 有了铁器之后，羌族和羌语支系已经不在使用石块作为鼎锅灶，而是使用铁三脚架，其三脚仍代表三神。

羌人的宗教信仰可以概括为以白石崇拜为表征的多神信仰，众神灵中以山神、火神、天神、太阳神和祖先神为主。而白石、山和火形成了三位一体的关系，三者相互关联，密不可分。后来，由于羌人长期从事游牧生活，六畜神也较为重要，其中羊又占有最重要的地位。《说文》释羌：“西戎牧羊人也。从人从羊，羊亦声。”顾颉刚在《九州之戎与戎禹》一文中指出：“姜之与羌，其字出于同源，盖彼族以羊为图腾，故在姓为姜，在种为羌。”[④]姜

---

① 参见钱安靖：《试论以白石崇拜为表征的羌文化》，《宗教学研究》1988 年第 4 期。

② 王康等：《神秘的白石崇拜》，四川民族出版社 1992 年版，第 103 页。

③ 参见钱安靖：《试论以白石崇拜为表征的羌文化》，《宗教学研究》1988 年第 4 期。

④ 参见顾颉刚：《九州之戎与戎禹》，吕思勉、童书业编著：《古史辨》第 7 册下，上海古籍出版社 1982 年版，第 126 页。

姓正是东进中原中羌人的一支，在商周时期与姬姓组成了强大的周人（姬姜）联盟，是华夏族最重要的组成部分。

第十一节 中国古代宗教

中国新石器时代的原始宗教以太阳崇拜、萨满教和图腾崇拜为基础而构成。这三大宗教最初是人类学家的调查研究和对原始宗教的研究而发现的。宗教的起源理论，奠基于19世纪末和20世纪初的西方，它随着文化人类学的形成而形成。第二次工业革命极大地解放了生产力，西方资本主义社会开始了向全世界的扩张，在这样的时代背景之下，西方学者也开始了对落后民族的田野调查和研究，文化人类学得以兴起和充分发展，其中原始文化和宗教的研究也在这一基础上发展起来。大量的田野调查和落后民族文化的报道，为原始宗教的探索提供了原始资料，这些资料使西方学者认识到在伦理性宗教之前，还有一个原始宗教阶段。1871年，英国学者泰勒发表了《原始文化》一书，提出了“万物有灵论”，从而为原始宗教的研究，奠定了宗教学的理论基础。泰勒认为，作为对灵魂和精灵普遍信仰的“万物有灵”观，是原始人类最显著的特点。

> 万物有灵论包括两个主要的信条，它们构成了一个完整的学说的各部分。其中的第一条，包括各个生物的灵魂，这灵魂在肉体死亡或消灭之后能够继续存在。另一条则包括各个精灵本身，上升到威力强大的诸神行列。神灵被认为影响或控制着物质世界的现象和人的今生和来世的生活，并且认为神灵和人是相通的，人的一举一动都可以引起神灵高兴或不悦；于是对它们存在的信仰就或早或晚自然地甚至可以说必不可免地导致对它们的实际崇拜或希望得它们的怜悯。这样一来，充分发展起来的万物有灵观就包括了信奉灵魂和未来的生活，信奉主管神和附属神，这些信奉在实践中转为某种实际的崇拜。①

泰勒认为，灵魂观念是一切宗教的起源，并认为灵魂是一种稀薄的、虚幻的人的形象，具有像气息、薄膜或影子那样的性质，能离开肉体很远又能紧紧相随，能迅速从一个地方转移到另一个地方。灵魂观念与祖先相结合，产生了祖先崇拜，与自然物结合产生了自然崇拜和自然神，这种原始思维观念是一切宗教的来源。不过，“万物有灵”观念是不是宗教的最早源头却一直是学者讨论的话题，这是因为泰勒所采用的民族调查材料毕竟离人类的起源相距甚远，而同时大量的民族学调查又表明在落后民族中还存在一些不同于灵魂观念的信仰形式。因此，“前万物有灵论”这一宗教学理论被提出。1890年，英国学者弗雷泽以大量的民族学资料为基础发表了人类学巨著《金枝》，提出了“巫术—宗教—科学”这一人类思想的发展过程，认为在宗教之前有一个巫术阶段。弗雷泽一生大部分精力用在了《金枝》一书的资料搜集和撰写工作上，并于1907～1915年，出版了扩大本的《金枝》12卷。这些材料集中论述了他对巫术思想的认识，分析了巫术的原理和两种

---

① ［英］爱德华·泰勒：《原始文化》，连树声译，上海文艺出版社1992年版，第414页。

形式:顺势巫术(又称“模拟巫术”)和接触巫术。书中保存的大量原始民族的调查材料成为人类学和宗教学的宝贵财富。

巫术思想是存在于世界各民族中的思想形态,其与原始宗教曾经长期共存,比如我国商代的宗教即有祭祀行为,又有占卜这一巫术行为,民间的巫术思想更是广泛存在。因此巫术理论对于分析原始民族的宗教思想的形成具有重要的价值。

与巫术思想类似但稍有不同的是美国人类学家马雷特于 1909 年提出的“前万物有灵论”。他认为,灵魂观念并不是人类最早的宗教观念,对于无生物意志的信仰先于泛灵信仰,这种信仰以美拉尼西亚人的马纳信仰为最好的例证。马纳是一种超自然的力,等同于我国古代的精气,是对生命本源的认识。马雷特认为,由于原始人震慑于神秘的力,于是产生了相应的禁忌以及利用或解除这种力量的巫术行为。“前万物有灵论”和“万物有灵论”构成了对于原始宗教的认识序列,即“前万物有灵”阶段主要实行巫术,信仰灵力;“万物有灵论”以灵魂观念为基础,信仰自然崇拜和祖先崇拜。

以上这几种理论并不存在绝对的正确和错误,因为它们都是存在于原始民族中的原始思维,并且都有大量的民族学材料作为支持,同时以现有的资料又无法排斥对方。对于中国来说,相同或相似的观念在历史时期仍然可以见到,如巫术思维、灵力(马纳)观念(如秦汉时的气)、灵魂观念在商周时期都是非常盛行的。因此,这些都可以作为我们研究原始宗教的理论方法。

由于西方学者对于原始宗教起源的探索大多数是基于调查资料,而这些资料均以近现代的民族材料为基础,因此难免早晚资料相互混杂,以此来探讨宗教的起源是相当困难的,因为无法区分哪些思维观念是最原始的。虽然泰勒的“万物有灵论”遭到了许多学者的反对,但是仍难以证明灵力观念和巫术一定早于灵魂观念。以考古学材料看,欧洲莫斯特文化中发现有对尸体进行处理和放置随葬品的现象,死者身上撒有红色的赭石,其时代距今 4 万~10 万年。我国山顶洞人也有以赭石处理尸体和处理随葬品的现象。这种红色的颜料与血液的颜色相同,一般认为象征血液和生命力。墓葬里以红色褐石或朱砂随葬流行于我国新石器时代考古学文化中;到商周时期,大型墓葬一般都以红色物质随葬或处理尸体。这说明灵魂观念至少在旧石器时代晚期就已经存在了。旧石器时代的宗教类遗存目前发现还比较少,由于时代久远,当时的人类还处于较低的生活条件之下,保存下来的材料是极为有限的。旧石器时代的岩画,一般认为与原始巫术有关。以目前的材料来讨论原始宗教的起源、灵魂和巫术的关系缺少足够的材料和证据。不过可以确定的是,自旧石器时代晚期起,灵魂、灵力、巫术等原始思维和原始宗教都已经形成了,并长期并存着。

中国文化的原生性和连续性使我们研究中国的原始宗教具有先天的优势。同时,丰富的史前考古学材料也使我们对原始宗教的讨论具有更为丰富、可靠的资源。人类学家所发现的原始宗教形态在我国基本都可以找到文献记载和考古学标本。原始宗教和巫术在新石器时代和三代时期都是长期并存的,这是因为,巫术并不是一种宗教形式,而是一种处理人与神关系的方式。邹昌林说:“巫及巫术,并不是一个独立的信仰系统,它始终从属于其他宗教观念系统。如果没有宗教观念系统的存在,也就没有巫的存在。”[①]巫

① 参见邹昌林:《中国古代国家宗教研究》,学习出版社 2004 年版,第 336 页。

的起源与宗教的起源是同步的。中国古代的神职人员一般称作“巫”。《说文》释“巫”：“祝也。女能事无形，以舞降神者也。象人两褎舞形。与工同意。古者巫咸初作巫。凡巫之属皆从巫。”将“巫”释作“祝”是巫祝合一的称谓，祝在周代是祭司的意思，即《说文》中所说“祭主赞词者”。在更早的时期，神职人员均称“巫”，商周时期，巫分化为祝、宗、卜、史四种职官。在史前时期的漫长的时间里，巫和祝是合一的，这就牵扯到中国的巫（包括巫、祝）和人类学家所说的巫术的关系，以及巫术和宗教的关系。

中国文献中所说的巫与人类学家所说的巫存在相似性，但也有根本的不同。两者都是神职人员，这是其相似性，从广义上说，都可以称作“巫”或“巫师”。但是西方人类学家所说的巫和巫术是与他们的宗教信仰（主要指以基督教为观点）相比较的结果，西方高级宗教中有至上神信仰，神职人员均为祭司，神灵具有至高无上的特点，民众和祭司向神灵祈福。也就是说，在他们看来，神具有不可侵犯性，是一种绝对的至高无上的存在。而巫师则不同，巫师依靠巫术来控制、驱赶、压迫神灵，或者巫师通过一些行为方式，如弗雷泽所说的顺势巫术或模拟巫术，来达到一定的目的——一般是祝殖或驱病。在现代人看来，这一巫术是不可思议的，但却是广泛存在于世界各民族中的文化现象，因此西方人类学家认为，巫术是一种原始的思维或观念，是宗教诞生之前的原始思维。对待神灵的这两种态度和行为是人类学家区分巫术和宗教的标准，行巫术者为巫师，宗教时代的神职人员则为祭司。西方中世纪时曾经出现大量祭司迫害巫师的行为。

我国古代的巫与西方人类学家所说的不同，由于中国文化的延续性，在原生文化上并没有被一种外来高级宗教完全取代，三代文化是史前文化的继承和发展，因此保留了大量的原始宗教的信息。中国文献中“巫”是巫、祝合一的，他们既实行巫术又实行祭祀，是巫师和祭司的合一，这也是《说文》中将“巫”释作“祝”的原因。从以上所述中国新石器时代的三大宗教来看，信仰太阳崇拜的神职人员主要是祭司，而萨满教和图腾崇拜则以巫师为主，当然在距今5000年前后的宗教合流之后，两者就合一了。宗教总是伴随着巫术，比如信仰太阳神的民族多以血祭太阳，这就是一种祝殖巫术行为，认为血液象征火，以火为太阳补充精力。巫术和祭祀很早就合二为一了。

关于中国古代原始宗教信仰，最重要的文献是《国语・楚语》中记载的观射父论“绝地天通”。观射父是春秋时楚昭王的大夫，其祖先世掌巫卜。公元前516年，晋助周敬王伐王子朝，王子朝带了大量的典籍奔楚，因此观射父能直接阅读到周朝典籍，从而得以了解和研究我国古代的宗教思想。《国语・楚语下》中记载：

昭王问于观射父，曰：“《周书》所谓重、黎实使天地不通者，何也？若无然，民将能登天乎？”

对曰：“非此之谓也。古者民神不杂。民之精爽不携贰者，而又能齐肃衷正，其智能上下比义，其圣能光远宣朗，其明能光照之，其聪能听彻之，如是则明神降之，在男曰觋，在女曰巫。是使制神之处位次主，而为之牲器时服，而后使先圣之后之有光烈，而能知山川之号、高祖之主、宗庙之事、昭穆之世、齐敬之勤、礼节之宜、威仪之则、容貌之崇、忠信之质、禋洁之服，而敬恭明神者，以为之祝。使名姓之后，能知四时之生、牺牲之物、玉帛之类、采服之仪、彝器之量、次主之度、屏摄之位、坛场之所、上下之神、氏姓之出，而心率旧典者为之宗。于是乎有天地神民类物之官，是谓五官，各司其序，不相乱也。民是以能有忠信，神是以能有明德，民神异业，敬而不渎，故神降之嘉生，民以物享，祸灾不至，求用不匮。

“及少皞之衰也，九黎乱德，民神杂糅，不可方物。夫人作享，家为巫史，无有要质。民匮于祀，而不知其福。烝享无度，民神同位。民渎齐盟，无有严威。神狎民则，不蠲其为。嘉生不降，无物以享。祸灾荐臻，莫尽其气。颛顼受之，乃命南正重司天以属神，命火正黎司地以属民，使复旧常，无相侵渎，是谓绝地天通。

“其后，三苗复九黎之德，尧复育重、黎之后，不忘旧者，使复典之。以至于夏、商，故重、黎氏世叙天地，而别其分主者也。其在周，程伯休父其后也，当宣王时，失其官守，而为司马氏。宠神其祖，以取威于民，曰：‘重实上天，黎实下地。’遭世之乱，而莫之能御也。不然，夫天地成而不变，何比之有？”

该文以楚昭王对“绝地天通”的疑问所引起，楚昭王问观射父说我听说过《周书》中记载有重和黎使天地不通的事情，这是怎么回事呢，难道古代时民能通天吗？

春秋时代已经进入以理性为主要特征的“轴心时代”，世俗化和理性化成为时代的思想潮流，已经完全不同于商代的巫教文化，更与商之前的原始宗教文化不同。与楚昭王大约同一时期的孔子“不语怪，力，乱，神”，当不仅是他个人的观点，同时也是时代风貌的反映。孔子对黄帝四面、夔一足的解释说明当时人们对古代众神灵的观念已经相当模糊，并且极力用理性化的思维和观念来解读。①

观射父是巫卜之后，又有周之典籍可以参阅，因此掌握了大量古代宗教知识，他将古代巫觋的来源和颛顼的改革进行解释。他说：“古者民神不杂。民之精爽不携贰者，而又能齐肃衷正，其智能上下比义，其圣能光远宣朗，其明能光照之，其聪能听彻之，如是则明神降之，在男曰觋，在女曰巫。”“民神不杂”对应于后面的“民神杂糅”，指神和民互不干涉，后来出现了降神的女巫、男觋，降神就是沟通神灵。“精爽”指魂魄，《左传·昭公二十五年》载：“心之精爽，是谓魂魄。魂魄去之，何以能久。”巫觋既是氏族成员中魂魄特别强大的人，具有智能、圣能、明能、聪能，又对神灵特别敬重，这样的人才能沟通神灵。“齐肃衷正”是指对神专一恭敬，中正不偏；“其智能上下比义”是指巫要理解神意，下达于民，了解民情，上达于神；“圣能光远宣朗”指巫师远达于幽暝之地，无所不通，神通广大；“其明能光照之，其聪能听彻之”指巫师能听懂神灵的话，能看清神灵的样子，因此可以“明神降之”。沟通神灵的既有男觋，又有女巫。《周礼·春官·神仕》贾公彦疏云：“‘在男曰觋，在女曰巫’者，男子阳，有两称，名巫名觋；女子阴，不变，直名巫，无觋称。”“巫”是通称，“觋”是专称。巫最初当为女性，因此《说文》中说：“巫，祝也。女能事无形，以舞降神者也。”后来男子也从事巫职，才有了巫、觋之分。因此，巫应该起源于母系社会。②

后面接着讲祝和宗的职能。首先是祝。“是使制神之处位次主，而为之牲器时服，而

---

① 《吕氏春秋·察传》：“哀公问于孔子曰：‘吾闻夔一足，信乎？’曰：‘夔，人也何故一足？彼其无他异，而独通于声。’尧曰：‘夔一而足矣。使为乐正。’故君子曰：‘夔有一足。非一足也。’”《太平御览》卷七九引《尸子》：子贡云：“古者黄帝四面，信乎？”孔子曰：“黄帝取合己者四人，使治四方，不计而耦，不约而成，此之谓四面。”

② 参见邹昌林：《中国古代国家宗教研究》，学习出版社2004年版，第353页。

后使先圣之后之有光烈，而能知山川之号、高祖之主、宗庙之事、昭穆之世、齐敬之勤、礼节之宜、威仪之则、容貌之崇、忠信之质、禋洁之服，而敬恭明神者，以为之祝。”韦昭注云：“祝，太祝，掌祈福祥。”因此，祝是祈福的祭司。神灵的位次，使用的祭品，献祭时的着装均由祝来负责，祝也知道山川的名号、宗庙和昭穆制度、何时祭祀、祭祀时的礼节、容貌的修饰等。《周礼·春官》中的“祝”是一类职官，包括大祝、小祝、丧祝、甸祝、诅祝、司巫、男觋、女巫。韦昭所说“太祝”即指大祝，为祝官之首，意为祭司长。观射父所讲的“祝”，并没有《周礼》中如此多的职官分化，这里的“祝”是宗教学家所讲的祭司。祭司的产生与至高神的产生相同步，从新石器时代的发现来看，至高神信仰至少在距今7000年前的长江流域史前文化中就已经产生了，因此祝也与之同步产生。

其次为宗。宗是比祝要高一个等级的神职人员。韦昭注云：“宗，宗伯，掌祭祀之礼。”“使名姓之后，能知四时之生、牺牲之物、玉帛之类、采服之仪、彝器之量、次主之度、屏摄之位、坛场之所、上下之神、氏姓之出，而心率旧典者为之宗。”宗则由名门旧族之后来担当，他们熟悉过去的祀典，负责祭祀所用的牺牲、玉帛、彩服、祭器、神灵的位次、祭祀场所、天神地祇、氏姓的来源。宗必须由名姓之后来担当，韦昭注云：“名姓，谓旧族，若伯夷、炎帝之后，为尧秩宗。”这是因为名姓皆为有功于后世的部族，如黄帝、炎帝、后稷皆有功于后世，因此世代受到后世的祭祀，而主持祭祀的一般为名姓的后人，因“心率旧典”，即熟悉过去的祭典。

“于是乎有天地神民类物之官，是谓五官，各司其序，不相乱也。”这里是说，巫、觋、祝、宗的起源，即最早的职官的起源，最初有巫、觋，其后巫分化为祝和宗，两者与《周礼》中所记的太祝和宗伯相同。巫觋是最早的神职人员，是降神的巫师，与萨满相类似，而祝则为祭司，宗掌祭祀之礼，时代最晚。五官一般认为指金正、木正、水正、火正、土正。不过也有学者认为是指天、地、神、民、类物这五官。周代有系统化的五官，观射父所讲的五官当是其前身。这段文字是讲“民神不杂”的，又在“少皞之衰”之前，因此应该是指少皞时的五官系统。

少皞的五官系统在《左传·昭公十七年》中有记载：

> 秋，郯子来朝，公与之宴。昭子问焉，曰：“少皞氏鸟名官，何故也？”郯子曰：“吾祖也，我知之。……我高祖少皞挚之立也，凤鸟适至，故纪于鸟，为鸟师而鸟名。凤鸟氏，历正也；玄鸟氏，司分者也；伯赵氏，司至者也；青鸟氏，司启者也；丹鸟氏，司闭者也。祝鸠氏，司徒也；鴡鸠氏，司马也；鸤鸠氏，司空也；爽鸠氏，司寇也；鹘鸠氏，司事也。五鸠，鸠民者也。五雉，为五工正，利器用、正度量，夷民者也。九扈为九农正，扈民无淫者也。自颛顼以来，不能纪远，乃纪于近，为民师而命以民事，则不能故也。”仲尼闻之，见于郯子而学之。既而告人曰：“吾闻之：‘天子失官，学在四夷’，犹信。”

郯子将少皞的官名与周代的官名进行了对应。孔颖达疏云：“所言历正以下，及司徒、司寇、工农之属，皆以后代之官所掌之事托言之。言尔时鸟名，如今之此官也。”首先是五天官：

1.“凤鸟氏，历正也”，管天文历法。杜预注：“凤鸟知天时，故以名历正之官。”

2.“玄鸟氏，司分者也”，玄鸟氏是历正的属官，专司春分、秋分。

3.“伯赵氏，司至者也”，“至”指夏至、东至，伯赵氏主司夏至、东至。伯赵又称伯劳，杜预注：“伯赵，伯劳也。以夏至鸣，冬至止。”伯劳是雀形目(Passeriformes)伯劳科(Laniidae)鸟类，约64种，体形中等，大多数是我国的候鸟。

4.“青鸟氏，司启者也”，掌管立春、立夏。孔颖达疏云：“此鸟以立春鸣，立夏止，故以名官，使之主立春、立夏。”

5.“丹鸟氏，司闭者也”，管立秋、立冬。杜预注：“丹鸟，鷩雉也，以立秋来，立冬去，入大水为蜃。”郭璞曰：“此鸟以夏至来鸣，冬至止去。故以名官，使之主立秋立冬也。”

以上五官为天官，主管天文历法，其以鸟名官，因少昊氏以鸟作为图腾。其中玄鸟氏可能与商人有关。玄鸟氏、伯赵氏、青鸟氏、丹鸟氏皆凤鸟氏之属官。

然后是五地官：

1.“祝鸠氏，司徒也”，负责管理民众、土地及教化等事情。杜预注：“祝鸠，鷦鸠也。鷦鸠孝，故为司徒，主教民。”

2.“鴡鸠氏，司马也”，掌军政和法制。鴡鸠为雕类，猛禽，是以管军政法制。杜预注：“鴡鸠，王鴡也。鸷而有别，故为司马，主法制。”

3.“鳲鸠氏，司空也”，掌土木工程。《史记·夏本纪》中记载尧崩，帝舜问四岳曰：“有能成美尧之事者使居官?”皆曰：“伯禹为司空，可成美尧之功。”舜封禹为司空，让其治水。杜预注：“鳲鸠，鴶鵴也。鳲鸠平均，故为司空，平水土。”鳲鸠即布谷鸟。

4.“爽鸠氏，司寇也”，掌管刑狱、纠察。鸠为鹰类，猛禽。《左传·昭公二十年》记晏子说齐地沿革：“昔爽鸠氏始居此地，季萴因之，有逢伯陵因之，蒲姑氏因之，而后大公因之。古若无死，爽鸠氏之乐，非君所愿也。”爽鸠氏当位于鲁北地区，即鲁北地区的大汶口文化与之相关。孔颖达疏云：“鹰是鸷击之鸟，司寇主击盗贼，故为司寇。”

5.“鹘鸠氏，司事也”，杜预注：“鹘鸠，鹘雕也。春来冬去，故为司事。”鹘鸠又名“鹘嘲”。《国语·周语上》：“史帅阳官以命我司事曰：距今九日，土其俱动，王其祗祓，监农不易。”韦昭注：“司事，主农事也。”

以上五鸠氏为地官，主管民政、军政、土木工程、刑狱、农事。此外还有掌工务的五官，杜预注：“五雉，雉有五种。西方曰鷷雉，东方曰鶅雉，南方曰翟雉，北方曰鵗雉，伊洛之南曰翚雉。”掌农事的九扈，杜预注：“扈有九种也。春扈鳻鶞，夏扈窃玄，秋扈窃蓝，冬扈窃黄，棘扈窃丹，行扈唶唶，宵扈啧啧，桑扈窃脂，老扈鷃鷃。以九扈为九农之号，各随其宜以教民事。”这“九扈”当归鹘鸠氏管理，“扈”当通“鹘”，“九扈”与“九鹘”同。

郯子也提到了职官系统的改革：“自颛顼以来，不能纪远，乃纪于近，为民师而命以民事，则不能故也。”孔颖达疏曰：“传言少皞挚之立也，凤鸟适至，则凤鸟以初立时至也。因其初立而有此瑞鸟，遂即以鸟纪事。云、火、水、龙，亦以初立而有此瑞，用之以纪庶事。自颛顼以来，初立之时，既无远瑞，不能纪于远，而乃纪于近。天瑞远，民事近。为民之师长，而命其官，以民事则为不能致远瑞故。”因为少皞时有凤鸟显瑞，所以少皞的职官全部以鸟名。这是因为少皞部族的图腾是鸟，因此鸟是他们的保护神、宗神和祥瑞之物。颛顼时九黎乱德，人神杂糅，人不敬神，神不赐福于民，于是分别以重、黎掌天官和地官，重黎就成为了官职的通称，直到夏商时期。周宣王时期，有重黎之后程伯休父，官至司马，执掌国家军队,位高权重。后来程伯休父克平了许方,立下大功,周宣王允许他以官职为姓,其后遂成司马氏,其后人司马迁写了著名的《史记》。

以上就是宗教的起源和职官的起源,后文讲颛顼的宗教改革。被称作"绝地天通"的改革由九黎乱德所引起:"及少皞之衰也,九黎乱德,民神杂糅,不可方物。夫人作享,家为巫史,无有要质。民匮于祀,而不知其福。烝享无度,民神同位。民渎齐盟,无有严威。神狎民则,不蠲其为。嘉生不降,无物以享。祸灾荐臻,莫尽其气。颛顼受之,乃命南正重司天以属神,命火正黎司地以属民,使复旧常,无相侵渎,是谓绝地天通。"《国语·楚语下》九黎即蚩尤族,韦昭注:"九黎,黎氏九人,蚩尤之徒也。"蚩尤和少皞均为东夷集团的部族,大汶口文化主要由少皞、太皞所组成的皞族和蚩尤族所组成,两者具有不同的宗教信仰。东夷集团与黄帝、炎帝组成的炎黄集团①是东、西并立的部落联合体。《逸周书·尝麦解》:

> 宗揜大正,昔天之初,□作二后,乃设建典,命赤帝分正二卿,命蚩尤于宇少昊,以临四方,司□□上天末成之庆。蚩尤乃逐帝,争于涿鹿之河,九隅无遗。赤帝大慑,乃说于黄帝,执蚩尤,杀之于中冀,以甲兵释怒,用大正顺天思序,纪于大帝。用名之曰:绝辔之野。乃命少昊清司马、鸟师,以正五帝之官,故名曰质。天用大成,至于今不乱。

又,《山海经·大荒北经》:

> 大荒之中有山名曰不句,海水入焉。有系昆之山者,有共工之台,射者不敢北乡。有人衣青衣,名曰黄帝女魃。蚩尤作兵伐黄帝,黄帝乃令应龙攻之冀州之野。应龙畜水,蚩尤请风伯雨师纵大风雨。黄帝乃下天女曰魃,雨止,遂杀蚩尤。

蚩尤与黄帝争帝位,被黄帝诛杀。观射父所讲的九黎族的罪行还包括"民神杂糅""民匮于祀",指不敬奉神灵。"夫人作享,家为巫史""烝享无度"指人人行巫术,没有节制,以至于"嘉生不降,无物以享",严重破坏了社会经济。神灵不受尊敬,人民灾祸不断。于是颛顼"乃命南正重司天以属神,命火正黎司地以属民,使复旧常,无相侵渎",即以南正重为通神的祭司,以火正黎管理民事,从而恢复了社会秩序。《左传·昭公二十九年》:

> 少皞氏有四叔,曰重、曰该、曰修、曰熙,实能金木及水。使重为句芒,该为蓐收,修及熙为玄冥,世不失职,遂济穷桑,此其三祀也。颛顼氏有子曰犁,为祝融;共工氏有子曰句龙,为后土,此其二祀也。

南正重以句芒名之,是木正;火正黎当即"犁",祝融为火正的官名。九黎族受到了中原集团的打击,应该是因为他们的宗教信仰与炎黄集团不同,还处在巫术的阶段,即所谓"家为巫史"。待九黎族壮大之后,便与炎黄集团产生了冲突。在古代,不同宗教的人不止是

---

① 称炎黄集团为华夏集团是不合理的,因为华夏集团的形成包括炎黄集团也包括太皞、少皞、颛顼各族。可参看徐旭生《中国古史的传说时代》一书。

文化上的不同，还是一种异类、异族的表现，不同族群之间的战争往往也是不同宗教之间的战争。黄帝伐蚩尤不仅是不同族群的战争，也是不同宗教信仰的战争，九黎战败之后，颛顼进行了宗教改革，其中的南正重为司天的祭司，火正黎为民事之官，即地官，司地就是司土，也就是周代的司徒，管理农事和民事。[①] 黎应该就是九黎中的首领，由其负责民事。这与少皞繁荣时期的五官制度是相类似的，不过比那时要简化得多。最终九黎族的巫教传统被取代。

之后颛顼宗教改革进入了第三个阶段："其后，三苗复九黎之德，尧复育重、黎之后，不忘旧者，使复典之。"三苗为九黎的后人，又恢复了九黎时期的巫史传统，尧时用重、黎的后人重新设置了天官、地官系统，恢复了旧的典章礼仪。"以至于夏、商，故重、黎氏世叙天地，而别其分主者也"。夏商时延续天官、地官系统。一直到周时，程伯休父是重黎的后人，宣王时，失其官守，而为司马氏。"失其官守"当即失其天官之职，由于程伯休父的功劳其被赐姓为司马氏。"宠神其祖，以取威于民，曰：'重实上天，黎实下地。'遭世之乱，而莫之能御也。不然，夫天地成而不变，何比之有？"为了广耀其祖先，在民众中树立威信，司马氏说他的祖先"重能举上天，黎能抑下地"，使天地相隔，不能相通。经过西周末年的乱世，也没有停止这种说法。要不然，天地形成之后一直不变，怎么会有远近呢？可见春秋时期已经比较理性了，当时人们已经不再相信巫能沟通神和人，也不相信重黎断绝了神和人的沟通。《史记·太史公自序》也记载有这一事件，司马迁自认为是重黎之后：

> 昔在颛顼，命南正重以司天，北正黎以司地。唐虞之际，绍重黎之后，使复典之，至于夏商，故重黎氏世序天地。其在周，程伯休甫其后也。当周宣王时，失其守而为司马氏。司马氏世典周史。惠襄之间，司马氏去周适晋。晋中军随会奔秦，而司马氏入少梁。

这时的巫职地位下降，而民官的地位上升，人们已经难以相信重黎"绝地天通"，更不知道过去巫觋通神的历史了，中国的巫教传统已不为时人所理解。

总之，观射父讲了古代宗教的发展历程和职官的起源。最初，神人分立，互不干涉，后来有了巫觋沟通神和人。再后来产生了祝和宗，分别掌握祭祀和祭祀礼仪，神职人员出现了分职，祝、宗产生，并最终形成了五官系统。因九黎乱德，颛顼实行"绝地天通"改革，分别设立了天官和地官：天官掌祭祀，地官掌握民事，一直延续到夏商时期。进入春秋时期，天官地位不断下降，地官地位上升。这是因为春秋时期由宗教社会向伦理化社会转型，负责事神的职官随着神权的下降而下降。而地官负责民事，祝、宗、卜、史由事神的巫所分化而来，但是这些职官的性质已经发生了变化，由事神的祭司转变为祭祀的礼节与其礼制，由重天道转变为重人道。

神人分立的时期对应于人类的起源阶段至氏族社会的早期。在人类诞生之初并没有神的观念，后来逐渐有了神灵和精怪的观念。但是这一时期，神人分立，最初的神应该是天神等自然神灵。人类学家对于神的产生进行了多种推测和设想，有的认为对自然的

---

① 参见庞朴：《"火历"初探》，《社会科学战线》1978年第4期。

恐怖使人类产生了神和鬼的观念。最初的神应该与自然有关，因为人类诞生之后，如何生存始终是最为重要的事情，但是自然界的各种生物和非生物有的对人类有益，有的对人类有害，有益的被认为是神灵，如太阳给人类带来温暖、鱼类和各种小型兽类可以果腹，逐渐被神化而为人所崇拜。而有害的物或现象使人类产生恐惧感，则被认为是鬼怪，如各种野兽、雷电、黑夜、灾害等。在这种鬼神思想之下，巫觋出现，他们一方面向神灵祈福，寻求神灵的保护；另一方面驱逐各种为害人间的鬼怪，为人去病消灾。为了通神，巫师逐渐寻找能够通灵的道具，各种宗教法器被发明出来，其中陶器、木器、骨角器、石器等都曾被制作成宗教物品，最终玉器被挑选出来作为事神的道具。《山海经》中记载有大量含玉的山，又有神灵食玉的记载，说明用玉器事神成为巫师的主要职责。这一阶段主要对应于考古学文化中的旧石器时代晚期至新石器时代的中期，从早到晚发现的宗教现象有越来越多的趋势，主要的宗教类遗存发现于新石器时代中期。这可能是旧石器时代晚期和新石器时代早期生产力还比较落后，没有形成稳定的定居生活方式，聚落少且不易发现，同时宗教在生活中的地位还比较低。新石器时代中期先民过着农业定居生活，在农闲的时候有更多的时间来思考人与神的关系，也有足够的物质资源来处理精神生活。农业和定居生活使人类有更多的时间和精力从事宗教活动。这一时期由北到南都有大量的宗教类遗存被发现。如在河南舞阳贾湖遗址发掘有 349 座墓葬，其中有龟甲墓 23 座，共出土龟甲 90 副。较完整的龟甲中放有小石子。这些使用龟甲的墓葬多为巫师的墓葬，龟甲是用来占卜的工具，墓主绝大多数为成年人，大都为男性，说明神职人员主要是男性，已经有了巫、觋之分。钱塘江流域的河姆渡文化出土了雕刻有双鸟朝阳的象牙骨版，雕刻在陶器上的虎、猪和农作物的形象，说明已经出现了对自然界太阳鸟的信仰，同时巫师借助祝殖巫术来达到促进农作物丰产、家畜兴旺的目的。长江中游沅湘流域的高庙遗址发现有祭祀场和祭祀坑，白陶器上戳刻有复杂的纹饰，有鸟负日、兽面像等，说明其宗教主题主要为太阳崇拜。淮河流域的双墩文化先民在陶碗的底部刻划一些图像符号，表达的也是他们的宗教信仰，如太阳纹代表太阳崇拜，鱼、猪、蚕等与祝殖巫术有关，其次还有一些表现他们生存环境和居住方式的房屋形、十字形等纹样。

原始宗教的第二个发展阶段为祝、宗、卜、史阶段，即少昊时代，对应于仰韶文化、大汶口文化、红山文化、良渚文化等，距今 6000～4500 年，是史前文化最为繁荣的时期。这一时期宗教类遗存发现最为丰富，远胜之前的新石器时代早中期。此时几大原始宗教文明中心出现，东北的红山文化、海岱地区的大汶口文化、长江中游的石家河文化、长江下游的良渚文化、黄河中游的仰韶文化，均发现了大量的宗教遗迹和遗物。事神的玉器被大量使用，从而创造了璀璨的玉器文化，成为中国古代文明的独特现象。由于北方萨满教的南下，南方太阳崇拜的北上和黄河流域图腾崇拜的扩散，三大地区的史前宗教文化呈合流的状态。观射父所说的“巫”“觋”“祝”“宗”都已经出现，但史官还没有出现，应该到商周时期才分化出来。巫、觋为通神的巫师。红山文化中发现的萨满墓葬最为典型，这些墓葬既有女性，又有男性，分别为巫和觋。红山文化的神庙侍奉的是女始祖萨满、鹰神和熊神，表明祭司（祝）也已经出现。大汶口文化继承了贾湖的龟卜传统，江苏邳县大墩子、刘林大汶口文化遗址，山东泰安大汶口、邹县野店、兖州王因、茌平尚庄等大汶口文化遗址中都发现有以龟甲随葬的现象。用龟甲的墓主一般为男性，仅有少数为女性，此外值得注意的是有男女合葬墓，一般仅男性使用龟甲，说明巫术逐渐成为男性的专利。凌家滩文化则是巢湖地区另一个宗教文明中心，它的祭坛与红山文化具有诸多相似之处，同时玉龟的使用表明受到了黄河下游龟灵信仰的影响，而负日神鸟则来自于长江流域的太阳崇拜。凌家滩出土了大量的玉器，应该是受玉精观念的影响。江汉地区的屈家岭文化和石家河文化则表现出了不一样的特色，这里很少使用玉器，而以大型陶器作为祭器，屈家岭文化时期使用高大的陶筒形器，形似圆锥状陶塔，分为上、下两部分组合使用，上饰附加堆纹和乳钉纹。石家河文化时期则使用大口陶缸作为祭器，呈排的陶缸排列在一起，上刻镰刀、太阳、鸟、高足杯等，大多与农业生产有关。另有大量的陶塑动物，应是向神灵献祭的陶偶。石家河文化时期存在向神灵献祭的祭司人员，又存在举行祝殖巫术的神职人员。

祝、宗为祭司，以良渚文化最为典型。良渚人创建了宗教神权王国——良渚古国，修建有高大的祭坛、神庙和宫殿，有发达的玉器、石器、陶器、漆器制造业，修筑有巨型水利设施。反山和瑶山墓地为最重要的发现，两者均为高大的人工堆筑的祭坛，是火祭太阳神的地方，祭坛南侧围绕祭坛的为祭司的墓葬。这些墓葬均以大量的玉器作为随葬品，其中玉琮、玉钺、玉璧为最重要的玉器，琮、璧为宗教用玉，到周代时也成为六器之首。[①] 反山、瑶山、汇观山为国王和贵族的墓葬，其中的国王墓葬随葬品中既有代表军权和行政权力的玉钺，又有代表宗教权力的玉璧和玉琮，说明国王是与商代的君王一样掌宗教权力政教合一的首领。反山墓地包括男性王墓和女性墓葬，男性王墓 M12、M14、M16、M20、M17 一般有琮有璧，仅 M17 没发现玉璧，均有玉钺，而女性墓 M15、M18 均有璧，仅 M15 有 3 件玉琮。两性在宗教物品上的差异，说明男女在宗教上具有不同的分职。

原始宗教的第三个阶段为重、黎阶段，这一时期对应于考古学文化中的龙山时期。从仰韶时代过渡到龙山时代，发生了巨大的社会变革。前一阶段的宗教文明中心全面衰落，包括红山文化、良渚文化、大汶口文化、石家河文化等。最为典型的为良渚文化，良渚古国所在的良渚遗址群内有良渚文化遗址 100 余处，到龙山时期，钱山漾文化遗址仅剩几处，昔日辉煌的宗教文明消失。红山文化之后，也少有大型宗教遗存发现。同样，大汶口文化过渡到山东龙山文化之后社会也发生了重大的变革，大汶口文化的八角星纹、犬牲和龟灵崇拜，各类宗教类的刻划符号以及拔牙、头骨变形、手握獐牙、口含石球等习俗都消失了。宗教遗存几乎消失，社会往世俗化方向发展，这也是整个龙山时代的特征。[②] 龙山时期并非不存在宗教，而是宗教被社会上层作为统治的工具——用来神化王权，而民间则往世俗化方向发展。这正是颛顼之后绝地天通的结果——南正事神，而火正为民

① 《周官·春官·大宗伯》载："以玉作六器，礼天地四方。以苍璧礼天，以黄琮礼地，以青圭礼东方，以赤璋礼南方，以白琥礼西方，以玄璜礼北方。"

② 参见孙波：《再论大汶口文化向龙山文化的过渡续——也谈仰韶时代与龙山时代之间的转折》，北京联合大学考古研究中心编：《早期中国研究》第 1 辑，文物出版社 2013 年版，第 146～165 页。

官管民事。因此绝地天通可视作仰韶时代向龙山时代转变的标志性事件。这一时期东南文明衰落的同时，西北黄土高原边缘地带逐渐繁荣起来，以璋祭祀山川地祇的宗教信仰形成并持续到三代文明之中。

从最初的人神分立，到巫觋通神、祝宗献祭，再到龙山时代的人神分立，中国的原始宗教经历了这三种变化，观射父所说的原始宗教与考古发现基本相合。过去曾有学者认为观射父所讲只是周人的想象，实为误解。因为巫觋是宗教知识的保存者和传承者，这些知识代代相传，具有长期性和稳定性，到西周时保存到典籍里，这些典籍又被王子朝带到楚国，观射父是亲观过这些典籍的。否则，以春秋时巫地位的下降和分化情况，以当时理性化的时代风貌，肯定是无法编织出与考古学发现如此相符合的发展史的。

"绝地天通"事件，是中国的原始宗教祝、宗、卜、史系统与巫教传统之间的斗争，祝、宗、卜、史所代表的祭司阶层出现以后，巫道不行，但巫和祭司曾长期较量，最后是祭司占了上风。巫术是通神的法术，这个通神包括沟通也包括驱神，民神不分、民神杂糅是其特点，而祝、宗则是人神分立，神是高高在上的绝对存在，人向神献祭祈福，神向人赐福降瑞。绝地天通就是断绝了巫术的沟通，使神人分立，确立了祭司系统。少昊时代的五官已经具有了周代职官系统的形式，而天官、地官的分职已经形成。到周代时更进一步的变化是祝、宗、卜、史的形成，而宗的地位上升，宗是神职人员的管理者，大宗伯的地位排在职官系统的前列，并且负责整个国家祭祀，从而掌握国家宗教的颁布和实行。巫觋和祝、宗的战争以祝、宗的胜利而告终，但是巫术系统并没有完全消失，如流行于东周秦汉的方术就来自于古代巫术。[①] 周代时也还存在巫职，如方相氏。《周礼・夏官・方相氏》载："方相氏：掌蒙熊皮，黄金四目，玄衣朱裳，执戈扬盾，帅百隶而时难，以索室驱疫。"郑玄注："蒙，冒也。冒熊皮者，以惊驱疫疠之鬼，如今魌头也。时难（傩），四时作方相氏以难却凶恶也。"方相氏是夏官大司马之下所设置的小官，专司驱鬼，是巫职。总之，"绝地天通"之后，巫、祝分离，但巫术思维被吸收进了原始宗教之中。

第十二节 中国古代巫术——占卜

中国古代最重要的巫术莫过于占卜术。占卜是种前兆巫术，占卜师通过占兆来揣测神灵的旨意，预测吉凶。占卜包括龟占、筮占、梦占、星占等，后世的算命、相面、看风水、解梦等都是占卜术的进一步演化和发展。司马迁曾于《史记・龟策列传》中记载：

> 自古圣王将建国受命，兴动事业，何尝不宝卜筮以助善！唐虞以上，不可记已。自三代之兴，各据祯祥。涂山之兆从而夏启世，飞燕之卜顺故殷兴，百谷之筮吉故周

① 方术方面的研究，可以参看李零的《中国方术考》和《中国方术续考》。

王。王者决定诸疑，参以卜筮，断以蓍龟，不易之道也。

蛮夷氐羌虽无君臣之序，亦有决疑之卜。或以金石，或以草木，国不同俗。然皆可以战伐攻击，推兵求胜，各信其神，以知来事。

司马迁认为占卜流行于五帝和三代时期，包括蛮夷氐羌各族都以占卜定决疑，以占卜之兆测吉凶兴亡。这已经被考古发现证实，占卜曾流行于仰韶文化至商周时期。商代的占卜术最为兴盛，包括骨卜和龟卜。两种占卜术都有悠久的历史渊源，骨卜主要流行于长白山、太行山、巫山一线的西北地区，主要位于中国地形的二级阶梯上；龟卜主要流行于东南，以华北平原和长江中下游平原为主。中原地区既有龟卜又有骨卜，为两者的交汇地带。

商代晚期时龟甲、兽骨作为占卜的道具和卜辞的书写载体，是商代最为繁荣的宗教、巫术现象。占卜所用材料有龟甲和兽骨，后者多以牛、羊、猪、鹿的肩胛骨为之。经过几十年的发掘，据粗略统计约有 16 万片。商代的龟卜是世界史上独一无二的文化现象。整个占卜过程，包括取龟、攻龟、钻龟、凿龟、命龟、灼龟、占龟、书契以及卜用龟甲的贮藏，都遵守严格的操作方法。卜甲最初为收集，此后在考古发掘中于殷墟小屯南地、殷墟西区墓葬、郑州二里冈、河北藁城台西村、郑州人民公园、济南大辛庄、江苏徐州高皇庙等地都发现过卜甲。龟卜盛行于晚商，至周代仍很流行。如 1977 年在陕西岐山凤雏发现一窖穴中藏有卜甲 1.6 万多片，其中字甲 190 多片。另在北京昌平白浮西周墓、南京北阴阳营等遗址中也出过西周卜甲。骨卜出现的时间非常久远，在史前时期盛行于黄河流域，黄河上游的齐家文化和中下游的诸龙山文化中都有发现。龟卜虽然晚起，但巫师用龟现象也有相当久远的历史。

史前时期最早的卜骨发现于汉水上游淅川下王岗遗址和甘肃武山傅家门遗址，两者距今均为 6000 年左右。下王岗遗址出土一件仰韶文化三期羊肩胛骨卜骨，上有烧灼痕，卜骨不加整治。[①] 傅家门遗址属于马家窑文化石岭下类型，出土 6 块卜骨，其中 5 块出自一座长方形半地穴居址内，有羊、猪、牛的肩胛骨，卜骨不加整治，无钻无凿，骨面有火灼痕，卜骨上有阴刻的单个符号，呈“S”“二”“l”形。遗址中还发现了埋有猪头骨、下颌骨、肢骨、肋骨的祭祀坑，坑内摆放河卵石、石球、石环和彩陶等（图 2-12-1）。[②] 学界据此认为，卜骨以下王岗和傅家门遗址出土的例子最早，其后才不断扩散，传播到华北地区。

从骨卜所选材料来看，史前时期基本是以羊、牛、猪的肩胛骨作为占卜工具。陕西、甘肃等黄土高原地带，羊骨最多，其次是猪骨，牛骨比较少。黄河下游地区则以牛骨为主，而没有羊骨，这应该与当时的自然环境和生业经济有关。

① 参见河南省文物考古研究所等:《淅川下王岗》，文物出版社 1989 年版，第 200 页。

② 参见中国社会科学院考古研究所甘青工作队:《甘肃武山傅家门史前文化遗址发掘简报》，《考古》1995 年第 4 期。

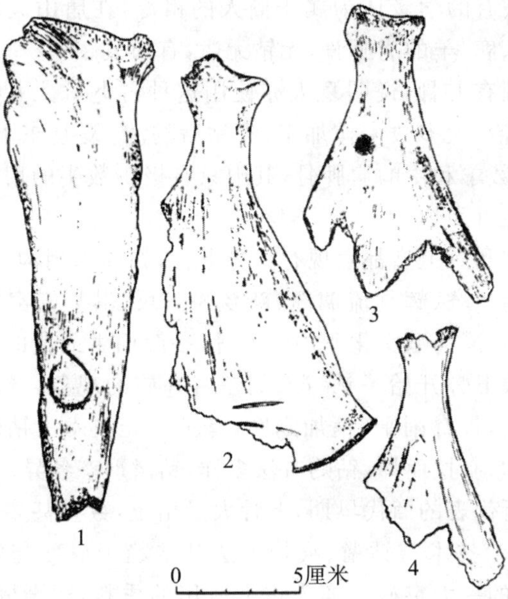

图 2-12-1 傅家门遗址卜骨

1—4. F11:8、F11:6、T125H6:32、F11:12

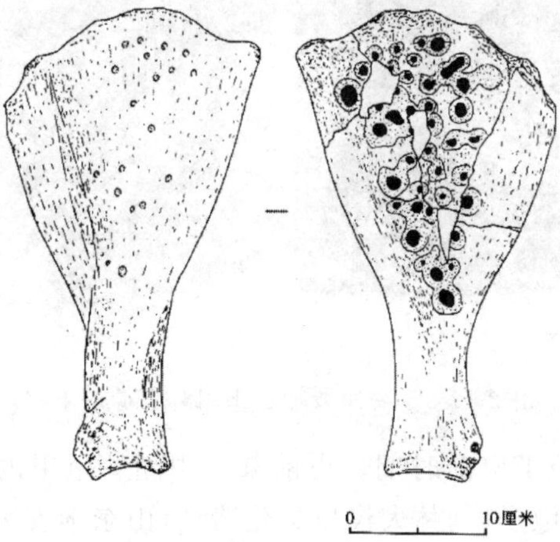

图 2-12-2 禹州瓦店卜骨(龙山晚期)

城子崖遗址早在 20 世纪 30 年代的发掘中就发现了卜骨,从而使一段时间内学者认为商族的卜骨来源于山东龙山文化。城子崖遗址发现了 16 片卜骨,其中 6 片确定出自于下层的龙山文化地层,4 片为牛骨,1 片为鹿骨,1 片不清。6 片中有 3 片未刮治,3 片刮治,刮治的均曾上光。无凿有钻,其中 1 片两面均有大小单钻,有两片只有一面是大单钻,其余 3 片无钻痕。[①] 龙山时代,卜骨广泛发现于黄河流域和北方长城沿线,黄河上、中、下游均有不少发现,说明骨卜成为被广泛使用的占卜术(图 2-12-2)。

① 参见李济、梁思永、董作宾:《城子崖》,"中央研究院"历史语言研究所 1934 年版,第 86 页。

冀北的雪山类型被有的学者认为属于商人的祖源，在唐山大城山、任丘哑叭庄遗址中都发现有卜骨，有牛、鹿、羊的肩胛骨，无钻无凿，有灼痕。①

二里头遗址也发现有卜骨，说明夏人亦使用这种占卜术。卜骨多用牛、羊和猪的肩胛骨制成，有的略作整治，大多数未作加工，先钻后灼。② 夏县东下冯遗址发现的卜骨多为猪的肩胛骨，只有少数羊和牛的肩胛骨，其中只有极少数牛的肩胛骨经过整治，大多数未经整治，无钻无凿，径直而灼。③

先商文化的漳河型和辉卫型都发现有大量卜骨，如邯郸涧沟、永年台口村、磁县下七垣、磁县下潘汪、内丘南三岐、辉县琉璃阁、新乡潞王坟、淇县宋窑等遗址都有出土，包括牛、羊、鹿、猪的肩胛骨。漳河型文化所用的卜骨，一般用牛或猪的肩胛骨制成，大多数无钻无凿，直接施灼，少数卜骨开始了钻、凿、灼三者并施的现象。辉卫型发现的卜骨多牛骨，攻治粗陋，骨臼未去，骨脊削平，稍加刮磨，有了上光技术。钻灼方法有四种：不钻而灼，有钻有灼，钻而不灼，有挖而灼，钻灼方法多样，钻凿形态各异。④

到二里岗期文化所代表的商代早期，卜骨大量出土，数量甚多。骨卜技术明显进步，骨卜质料种类增多，攻治技术与钻凿、火灼方法基本趋于成熟与定型。同时，出现了龟卜，这是商人占卜技术的一大突破。商人占卜所用的质料，逐渐固定使用龟甲和牛肩胛骨，卜法严整，钻凿并施，整治复杂，占卜技术逐渐成熟(图 2-12-3)。

图 2-12-3　安阳殷墟出土刻辞卜骨和卜甲

商代对龟的迷信来源于史前时期。史前墓葬中随葬龟甲的现象曾广泛见于河南舞阳贾湖遗址，江苏邳县大墩子、刘林大汶口文化遗址，山东泰安大汶口、邹县野店、兖州王因、茌平尚庄大汶口文化遗址，四川巫山大溪遗址，江苏圩墩马家浜文化遗址，陕西汉中龙岗寺仰韶文化遗址。其中以舞阳贾湖遗址最早，距今 8000～7500 年。贾湖遗址发掘

① 参见河北文物管理委员会：《河北唐山市大城山遗址发掘报告》，《考古学报》1959 年第 3 期。河北省文物考古研究所等：《河北省任丘市哑叭庄遗址发掘报告》，《文物春秋》1992 年增刊。

② 参见中国科学院考古研究所洛阳发掘队：《河南偃师二里头遗址发掘简报》，《考古》1965 年第 5 期；《1959 年河南偃师二里头发掘简报》，《考古》1961 年第 2 期；中国社会科学院考古研究所二里头队：《1980 年秋河南偃师二里头遗址发掘简报》，《考古》1983 年第 3 期。

③ 参见中国社会科学院考古研究所：《夏县东下冯》，文物出版社 1988 年版，第 28 页。

④ 参见刘渊临：《卜骨的攻治技术演进过程之探讨》，《"中央研究院"历史语言研究所集刊》第四十六本第一分册，1974 年。

有349座墓葬,发现有随葬龟甲的墓葬23座,共出土龟甲90副。墓中龟甲数量分别为1、2、4、6、8不等,8龟者6座,6龟者2座,4龟者2座,3龟1鳖者1座,2龟者2座。墓主皆为成年人,且大都为男性。10座为多人合葬墓,仅M268为10岁儿童,随葬龟腹甲;23座龟甲墓中有9座与骨叉形器共出;8座和骨笛共出;3座墓龟甲、骨叉形器和骨笛都有。较完整的龟甲中往往有小石子共存,多者30余枚,少的仅3~4枚。小石子具有不同的颜色,如M55有2龟,8粒石子中6粒白色,2粒深色。M94有8龟和173粒石子,包括138粒白色,18粒深色,17粒为透明水晶。M125有8龟,84粒石子,深色19粒,白色65粒。M121随葬2龟,30粒均为深色。另外个别墓中仅有小石子,可能原来装在有机质的"甲囊"里,腐朽无存。①

贾湖遗址的龟甲多出土于中型墓中,当为巫师占卜的工具。有学者认为,贾湖墓葬中出土的"龟腹石子"是一种数字占卜,即用龟腹中石子的数字组合变化的或然性来预测吉凶。龟腹中的石子可分为深色和白色两种,贾湖人已有数字思维,并懂得奇偶数的区别,将此应用于占卜之中。② 另有学者认为,贾湖人的占卜方法是把若干石子装入龟甲之中,通过手握龟甲加以反复摇动,利用晃动之力,振出若干石子,然后查验数目,据其奇偶数目以断吉凶(图2-12-4)。③ 这一龟占方法为大汶口文化所继承。

舞阳贾湖327号墓出土龟甲和石子

舞阳贾湖M344出土龟甲及刻符

图2-12-4　贾湖遗址出土龟甲、石子及刻符

大汶口文化随葬龟甲的墓葬发现最多,为崇拜龟灵的典型地区。大汶口遗址发现的133座中晚期墓葬中有11座墓葬出土龟甲20副,6座墓中出土1副,4座出土2副,1座出土3副。其中M1为成年男女合葬墓,男女腰部各1副,随葬品主要放置于男性墓主一

① 参见河南省文物考古研究所:《舞阳贾湖》,科学出版社1999年版,第967页。
② 参见河南省文物考古研究所:《舞阳贾湖》,科学出版社1999年版,第977~981页。
③ 参见凌纯声:《中国与海洋洲的龟祭文化》,《"中央研究院"民族学研究所专刊》之二十,1972年,台湾南港。

侧，说明男巫的地位高于女性。有的龟甲带有钻孔，有的涂有朱红色。M47:28 甲壳内有砂粒数十颗，“小的如豆，大的如樱桃”[①]。随葬龟甲的墓葬，其随葬品也较为丰富。值得注意的是大汶口遗址早期墓中没有发现龟甲墓。

兖州王因遗址发掘 899 座大汶口文化早期墓葬，其中 3 座墓葬共出土 3 副龟甲，墓主皆为成年男性。龟甲中皆放置骨锥而不是小石子。M2151 为单人一次葬，龟甲内有 7 枚骨锥。M2301 为二男性合葬墓，其中 35 岁左右的男性腰部放置龟腹甲背甲，内置 12 枚骨锥。M2514 为五男性合葬墓，其中 2 号男性腰部置腹、背甲一对，内有骨锥 25 枚。[②] 这 3 座墓葬中使用龟甲的皆为男性，且 M2301 和 M2514 的巫师与其他男性葬于一起，说明其地位并不比其他墓主身份地位高，社会分化不明显，899 座墓中仅有 3 座墓出土龟甲，说明巫师的数量较少，巫术只掌握在极少数人手里。

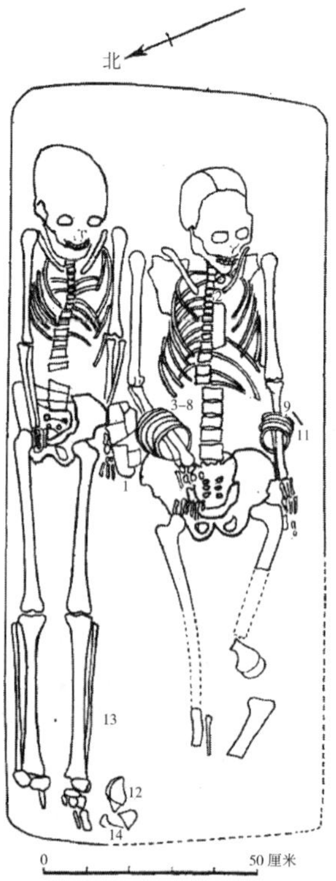

图 2-12-5 邹县野店墓葬 M88
1. 龟甲一副 2. 小石环 3—11. 陶镯 12. 小鼎 13. 残骨针 14. 鼎

邹县野店发掘 89 座大汶口文化墓葬，其中 2 座各出土 1 副龟甲。M88 为男女二人合葬墓，男左女右仰身直肢葬，男性右手戴 6 件陶镯，左手 3 件陶镯。男性右腰旁有 1 副背、腹甲齐全的龟甲，属于大汶口文化中期(图 2-12-5)。M84 为单人葬，墓主为中年男性，葬有龟背甲 1 副，属于大汶口文化晚期。[③]

邳县刘林遗址发现墓葬 197 座，其中 9 座墓葬出土龟甲 13 副，均背腹甲共出。其中 M7 随葬龟甲 3 副，M88 和 M182 各 2 副，其余均 1 副。随葬龟甲墓的随葬品数量大都较为丰富，多为单人葬，仅 M57 为男女合葬。有的龟甲带有穿孔，内含石子。[④]

邳县大墩子遗址发现墓葬 342 座，其中 15 座墓葬出土龟甲 16 副，M44 为两副，其余为 1 幅。墓主多为男性，仅 2 座墓确认为女性。龟甲墓的随葬品丰富。有的龟甲带有穿孔并有捆扎痕迹，有的内置小石子，有的装有骨针。[⑤]

山东茌平尚庄发掘 15 座大汶口文化墓葬，其中 M25 骨盆旁放置 1 副龟甲。[⑥]

除大汶口文化之外，河南淅川下王岗发掘 597 座仰韶文化墓葬，其中 4 座随葬狗，5

① 山东省文物管理处、济南市博物馆：《大汶口——新石器时代墓葬发掘报告》，文物出版社 1974 年版，第 104 页。

② 参见中国社会科学院考古研究所：《山东王因》，科学出版社 2000 年版，第 287 页。

③ 报告认为龟甲是女性的葬品，其实不符，女性位于男性的一侧，其下葬空间非常局促。龟甲当放于男性墓主的右腰位置，属于男性的物品。

④ 参见江苏省文物工作队：《江苏邳县刘林第一次发掘》，《考古学报》1962 年第 1 期。南京博物院：《江苏邳县刘林新石器时代遗址第二次发掘》，《考古学报》1965 年第 2 期。

⑤ 参见南京博物院：《江苏邳县四户镇大墩子遗址探掘报告》，《考古学报》1964 年第 2 期；《考古》编辑部编：《江苏邳县大墩子遗址第二次发掘》，《考古学集刊》第 1 集，中国社会科学出版社 1981 年版，第 42 页。

⑥ 参见山东省博物馆等：《山东茌平尚庄遗址第一次发掘简报》，《文物》1978 年第 4 期。

座随葬龟,M112 有龟和狗。[①] 巫山大溪遗址[②]、江苏武进圩墩遗址[③]也发现少量龟甲墓。

综上所述,史前时期以龟甲随葬的习俗以大汶口文化最为发达。大汶口文化的龟甲多见于随葬品较丰富的大中型墓葬中,墓主多为成年男女,以男性居多,放置于墓主的腰部。大多数龟甲经过加工处理,穿孔或截去一端。大多数龟甲为腹甲和背甲共出,少数为单出,有的龟甲内放置有小石子、骨针、骨锥。联系凌家滩所出的玉龟和背腹甲内放置的玉版,可知龟甲器应由绳索或皮革缀合为囊来使用。史前用龟现象说明古人已经有了"龟灵"观念。[④] 有的龟甲涂朱,石子也有涂彩现象,可能是巫师用来数占的工具。骨锥和骨针或许与原始医术有关。龟灵信仰主要分布于北至红山文化,中经海岱地区的大汶口文化,南至江淮地区的良渚文化和凌家滩文化的东部地区。在古代,这一地区被泛指作"东夷"。而商人一直被作为夷人的一支,又将龟甲作为占卜术的主要载体,应该来自于这一带对龟灵的信仰。

春秋战国时人们认为:"卜以决疑,不疑何卜?"[⑤]《礼记·曲礼上》说以占卜"决嫌疑,定犹豫"。对于商人来说,占卜并不是定决疑这么简单。商人占卜是为宗教服务的,将占卜的过程和内容刻写在龟甲卜骨上,反映出的本质仍是一种巫术思维,即将占卜作为沟通神灵的工具。

占卜是一种世界文化现象,泰勒曾统计世界的占卜术,包括骨卜、相术、占星术、关亡招鬼术等。其中骨卜曾存在于北美印第安人、英格兰、爱尔兰人等民族中。[⑥] 朱天顺曾经对占卜的起源作出过如下推测:

> 关于骨卜的起源,无古籍记载可考据,但可以作如下推想。有一次人们在烧烤带骨的兽肉时,骨头炸裂声引起了人们的注意。随后进行的战斗得到了大胜,或狩猎丰收。于是烧烤兽肉时,兽骨的炸裂成了吉祥的征兆。兽骨的炸裂是无意中造成的,后来人们就把它利用于占卜,以兽骨是否会炸裂为吉兆或凶兆。后来或许发生了这样的事:兽骨炸裂的吉兆不灵验,人们在寻找不灵验的原因时,注意到了裂纹的大小、横直、长短等情况,在无数次重复过程中,整理出了一套关于烧烤兽骨炸裂痕迹的占卜信条。到了这个时候,在偶然中产生的烧烤兽骨的原始前兆迷信,就发展成为有问题就随时都可以进行的一种占卜了。关于占卜起源的这种推想,并不是毫无根据的想象,因为其他原始占卜的发生,也有相类似的情况。[⑦]

这一推测虽然包含演绎成分,但是仍不失为对占卜术起源的一种较为合理的推测。占卜术起源于对事物因果联系的一种原逻辑思维。[⑧] 由于对事物的因果缺乏理性的认识,崇

---

① 参见河南省博物馆等:《河南淅川下王岗遗址的试掘》,《文物》1972 年第 10 期。

② 参见四川省博物馆:《巫山大溪遗址第三次发掘》,《考古学报》1981 年第 4 期。

③ 参见黄文几:《圩墩新石器时代遗址出土动物遗骨的鉴定》,《考古》1978 年第 4 期。

④ 参见高广仁、邵望平:《中国史前时代的龟灵与犬牲》,中国考古学研究编委会编:《中国考古学研究——夏鼐先生考古五十年纪念论文集》,文物出版社 1986 年版,第 57～70 页。

⑤ 《左传·桓公十一年》。

⑥ 参见[英]爱德华·泰勒:《原始文化》,连树声译,上海文艺出版社 1992 年版,第 130～140 页。

⑦ 参见朱天顺:《中国古代宗教初探》,上海人民出版社 1982 年版,第 149～150 页。

⑧ 参见[法]列维－布留尔:《原始思维》,丁由译,商务印书馆 1985 年版,第 99～108 页。

信神灵，因此古人多将事物的因果与神灵相联系，凡事亦多问询、求助于天帝鬼神。因此，就形成了古人的一种固定的思维模式和行为模式。这种原始思维认为，事物之间的因果联系都统一于神灵，或者说，神灵是一切的主宰，雨、雪、霜、雹等自然现象是由于神灵的意愿产生的，吉、灾、生、死等人事也是神灵的意志使然。为了预测自然现象和人间福祸，就要了解神灵的意志，方式就是通过占卜。占卜是为了解神灵意愿而采取的沟通神灵的方式。

此外，正如张光直先生所指出的那样，萨满教中认为人的灵魂保存在骨骼中，考古发现中的骨骼状绘画（X光式图像）被认为是这种萨满教思维的反映。[①] 这来源于人和动物的形体腐朽之后，会剩下坚硬的骨头（以矿物质为主）、骨骼和龟甲等，因此古人认为这最后剩下的东西中保存着生命的魂魄。于是萨满教中使用骨头占卜，因为骨、甲都是有灵的。至今骨卜术在我国东北地区的萨满中仍然保存着。

除了骨卜、龟卜外，中国古代还有筮占、星占等等，据文献记载，夏、商、周均有占卜之书。《周礼·春官·太卜》曰："太卜掌三易之法，一曰连山，二曰归藏，三曰周易。"夏代卜书称作《连山》，商代称作《归藏》，周代为《周易》，前两书已经失传。商代的占卜师称作"巫"，后来占卜师一般称作"方士""术士"。道家形成后，占卜又演化为道家所长。这些不同的神职人员以占卜为个人、家国占算吉凶祸福，预测前途。

① 参见张光直：《连续与破裂：一个文明起源新说的草稿》，《九州学刊》1986年第1期。

夏道尊命，事鬼敬神而远之，近人而忠焉。先禄而后威，先赏而后罚，亲而不尊。其民之敝，惷而愚，乔而野，朴而不文。

殷人尊神，率民以事神，先鬼而后礼，先罚而后赏，尊而不亲。其民之敝，荡而不静，胜而无耻。

周人尊礼尚施，事鬼敬神而远之，近人而忠焉。其赏罚用爵列，亲而不尊。其民之敝，利而巧，文而不惭，贼而蔽。

——《礼记·表记》

第三章 夏代至秦汉的宗教信仰

经过1000余年各地区史前文化之间的交流，以及龙山时期500余年的部族大融合，当时的各族群共享着统一的信仰。但是，由于龙山时代至商代还没有达到政治上的大一统，因此古代宗教和文化还是表现出明显的地域性。自周开始，伴随着周人往东方的经略，东西方首先统一，并迅速往北和南扩展，周人分邦建国，实行礼制改革。西周灭亡之后，进入了春秋战国时代。秦统一之后，秦始皇实行了一系列经济、政治、文化等方面的统一措施，汉承秦制，周秦汉基本奠定了中国古代的宗教和文化基础。

夏是中国历史文献中记载的第一个王朝，也是华夏民族的形成时期。“夏”是一个多义词，首先是三代之首，中国第一个王朝的名称。夏在春秋战国时期成为中原各国的自称，“华夏”也成为中国的代名词，以与“戎狄”等相区别。汉代时，汉族成为我们民族的名称。从夏到汉，是由华夏各族融合组成汉民族的形成时期。

夏、商、周三代文明在史前文明的基础上形成，因此，三代文化均不是单一的原始宗教构成的，而是在太阳崇拜、图腾崇拜和萨满教这三大原始宗教及其融合的基础上形成的，这是三代文明的宗教文化底层。同时，龙山时代的理性化和世俗化过程也使原始宗教受到了打击，从而使原始文化产生了分化。这一变化正如古史传说中的“绝地天通”事件，断绝了天地的交通，只有王或巫能通神，神人分立，王和贵族以神灵来神化自身，以达到君权神授的目的。

由于三大宗教的分布具有地域特征，夏、商、周也不是像传统史观所认为的大一统的单线发展的关系，夏人、商人、周人自有其发祥之地，因此，三代之间在宗教信仰上有共性，也有其各自独特之处。子曰：“殷因于夏礼，所损益可知也；周因于殷礼，所损益可知也。其或继周者，虽百世，可知也。”[①]又曰：“夏礼吾能言之，杞不足征也；殷礼吾能言之，宋不足征也。文献不足故也。足，则吾能征之矣。”[②]三代宗教文化既有继承，又有发展，既有共性，又有明显的差异，而考古学的发展，使三代文化的因循、损益日益彰显。

第一节　夏代的宗教信仰

自从甲骨文和殷墟的发现和发掘证明商代史为信史以后，夏文化的探索就成为中国考古学最为重大的课题。据文献记载，夏为三代之首，它是由禹传位于启从而开创家天下的夏王朝为开始，标志着中国正式进入了国家文明阶段。经过考古学者约 60 年不懈地探索，二里头文化主体为夏文化，已经得到越来越多学者的支持。[③] 二里头遗址正是夏代都城。[④]

在中国文化传统中，最先进的工艺技术为宗教和政权服务。夏代仍然延续新石器时代的用玉事神的传统。同时，自二里头文化开始，青铜冶铸技术传入中国，开始进入用铜器制作礼器和宗教物品的时代。

一、夏代的图腾崇拜、地祇和太阳崇拜

夏代宗教是在史前宗教的基础上发展形成的，因此并非单一的原始宗教形态，但是，由于夏文化的起源和夏王族的族群来源与商周不同，因此，其宗教具有特殊性。夏代的宗教中，龙、地祇和太阳在宗教中占有重要的地位，龙为夏人的图腾，同时夏代崇拜山川地祇等神祇，受太阳崇拜的影响，夏王族也崇拜太阳。

（一）夏人的图腾崇拜

战国史书《国语·鲁语》中这样记载夏人的祀典：

> 夏后氏禘黄帝而祖颛顼，郊鲧而宗禹。

成书于西汉的《礼记·祭法》中也说：

> 夏后氏亦禘黄帝而郊鲧，祖颛顼而宗禹。

因此，夏后氏应该与黄帝、颛顼、鲧和禹有关，并受他们的宗教信仰的影响。鲧和禹在文献记载中为父子关系，而夏人禘黄帝和祖颛顼，表明夏后氏是这两个族群的联盟。

---

① 《论语·为政》。

② 《论语·八佾》。

③ 参见邹衡：《试论夏文化》，《夏商周考古学论文集》，文物出版社 1980 年版，第 95～182 页。

④ 由于二里头文化最新的测年约为公元前 1750～前 1550，仅有 200 年的时间，不足以填补《竹书纪年》记载的夏 471 年的积年，因此形成了目前考古学界主流认识：二里头文化为夏晚期遗存，并将龙山文化的晚期作为夏的早期来填补夏积年的空白。笔者认为这是测年方法出现了问题。据二里头遗址标本的测年，二里头遗址的时代为公元前 1900～前 1500 年，其上限应该再晚几十年，约在公元前 1850 年前后，这应该是二里头文化的年代范围。

鲧、禹的父子关系为古史整合的缘故，从族属源渊上来看，鲧为颛顼之后，禹为黄帝之后，到虞夏时期两族联合形成夏王朝的主体人群，因此又将两者进行了父子关系的构建。

古代帝王具有人神合一的特点，因此鲧、禹的神性至关重要。顾颉刚和童书业合作的《鲧禹的传说》对于鲧、禹的文献记载进行了详细的分析，认为禹为虬龙之属。顾氏据《左传》昭公二十九年中所说“土正曰后土；……共工氏有子曰句龙，为后土”，认为禹即句龙：

(1)“句龙”是“禹”字形义的引申。“句龙”的“句”字与“禹”字的一部相似，句龙很可能就是禹。

(2)《天问》“焉有虬龙负熊以游?”鲧“化为黄熊”，又有“腹生禹”的故事；“腹”“负”音近；则“虬龙”也颇有是禹的可能。“虬龙”和“句龙”或是一音之变。

(3)《左传》文公十八年称：“舜臣尧，举八恺，使主后土，以揆百事，莫不时序，地平八成。”“八恺”据杜预等说，有禹在内，是禹曾主后土。又《尧典》说舜命禹“宅百揆”，也与《左传》“以揆百事”相证。又《海内经》说：“禹、鲧是始布土，均定九州。”可见禹、鲧就是开始平水土的，在他们以前，哪里再有什么“能平九土”的后土句龙呢?①

因此，禹即是句龙。禹是夏王朝的开创者，夏王朝崇拜龙。《山海经·海内经》郭璞注引《归藏·开筮》：“鲧死三岁不腐，剖之以吴刀，化为黄龙。”《初学记》卷二二引《归藏·开筮》中则说：“鲧殛死，三年不腐，副之以吴刀，是用出禹。”由此推断黄龙即禹，以黄龙指代禹正源自于禹的神性。

“禹”字的构形也有蛇龙的意义。早年顾颉刚提出禹是一条虫的观点，即以字形作为依据。《说文·虫部》：“禹，虫也。从禸，象形。”金文中的“禹”字为从“虫”、从“九”的象形会意字。从“禸”，当为从“九”、从“厶”，“厶”即金文中弯曲的形状，表示蛇。《楚辞·天问》中有：“雄虺九首，倏忽焉在?”虺为一种毒蛇，亦为龙蛇之属。丁山认为：“禹字从虫，从九，即《楚辞》所谓‘雄虺九首’”②。

《国语·郑语》中记载：“夏之衰也，褒人之神化为二龙，以同于王庭。而言曰：余褒之二君也。”褒为姒姓，夏禹之后，褒君化为龙的神话，显然出自夏部族崇拜龙的信仰。

禹子启也与蛇龙有关。《山海经·大荒西经》中记载：

西南海之外，赤水之南，流沙之西，有人珥两青蛇，乘两龙，名曰夏后开。开上三嫔于天，得九辩与九歌以下。此天穆之野，高二千仞，开焉得始歌九招。

夏后开即夏后启，他珥蛇乘龙，正源于夏后氏崇拜龙蛇。

夏人崇拜龙，龙是夏人的图腾，文献中还保存有夏人图腾禁忌的记载。《史记·夏本纪》：

帝孔甲立，好方鬼神，事淫乱。夏后氏德衰，诸侯畔之。天降龙二，有雌雄，孔甲不能食，未得豢龙氏。陶唐既衰，其后有刘累，学扰龙于豢龙氏，以事孔甲。孔甲赐之姓曰御龙氏，受豕韦之后。龙一雌死，以食夏后。夏后使求，惧而迁去。

---

① 参见顾颉刚：《鲧禹的传说》，《顾颉刚古史论文集》卷一，中华书局2011年版，第499～552页。

② 参见丁山：《禹平水土本事考》，中华书局编辑部编：《文史》第34辑，中华书局1992年版，第4页。

孔甲登临帝位，他喜好祭祀鬼神，事无节制。夏后氏的威德开始衰弱，诸侯开始背叛。上天降下两条龙，一雌一雄，孔甲无豢龙氏。陶唐氏之后有个叫刘累的，从豢龙氏部落学到了养龙的技术，去侍奉孔甲。孔甲赐姓御龙氏，封之于豕韦。雌龙死后，刘累把它做成肉酱献给孔甲。孔甲吃了以后又派人向刘累索要肉酱，刘累因为惧怕逃走了。夏代时，虽然图腾信仰已经是遥远的远古信仰，但是图腾禁忌仍然保存在部族的记忆中，这是由于图腾信仰虽已经消失，但是图腾多转换成了部族的保护神或创始神，亵渎这些神灵是极为不祥的行为。

山东嘉祥武氏祠左石室第五石的上格雕刻有孔甲食龙主题的画像。图中间一条龙盘于豆上，表现饲养龙的情景。画面上只有一条龙，另一条应该被食用了。龙左一人手下垂，后面有两人恭敬地站立于侧。龙右一人手平伸，手臂上举，态度傲慢，似为孔甲派来要肉酱的使者或者就是孔甲本人。刘累地位卑微，当听到来人再次要食龙时，吓得惊慌失措，手臂不由自主下垂。右侧两侍者亦作惊恐状（图 3-1-1，上排）。汉画像石中也见有御龙者的画像（图 3-1-2）。

图 3-1-1　山东嘉祥武氏祠左石室第五石画像

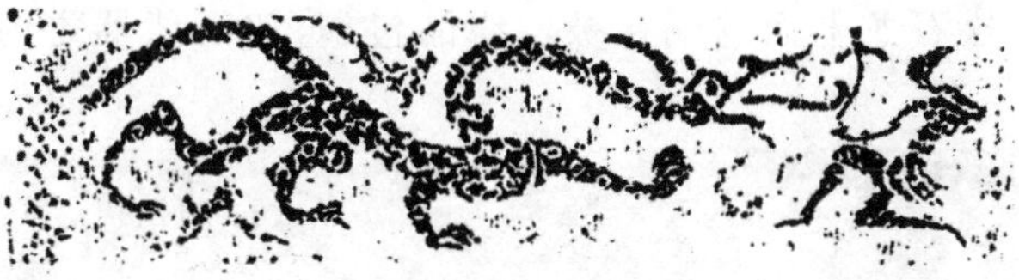

图 3-1-2 南阳画像石中的御龙者

孔甲食龙，触犯了图腾禁忌，以致“孔甲乱夏，四世而陨”（《国语·周语下》），夏王朝迅速衰落下去。与之类似的图腾禁忌的记述还有西周时辱玄鼋而亡国的记载。[①] 可见，图腾禁忌在三代时期仍然保存着。

从相关发现来看，夏人所崇拜的龙当为虬龙，即龙蛇。孔甲所食的龙应该是巨蛇、巨蟒之类，正如嘉祥武氏祠画像所画的那样。武氏祠画像最下一层（图 3-1-1，下排）为刘邦母亲刘媪与蛟龙结合而怀孕生刘邦的故事。《史记·高祖本纪》载：

> 高祖，沛丰邑中阳里人，姓刘氏，字季。父曰太公，母曰刘媪。其先刘媪尝息大泽之陂，梦与神遇。是时雷电晦冥，太公往视，则见蛟龙于其上。已而有身，遂产高祖。

汉高祖刘邦的这则故事，显然是为了神化刘邦而创造的。《史记·高祖本纪》中还记载有刘邦斩白蛇的故事：

> 高祖以亭长为县送徒骊山，徒多道亡。自度比至皆亡之，到丰西泽中，止饮，夜乃解纵所送徒。曰：“公等皆去，吾亦从此逝矣！”徒中壮士愿从者十余人。高祖被酒，夜径泽中，令一人行前。行前者还报曰：“前有大蛇当径，愿还。”高祖醉，曰：“壮士行，何畏！”乃前，拔剑击斩蛇。蛇遂分为两，径开。行数里，醉，因卧。后人来至蛇所，有一老妪夜哭。人问何哭，妪曰：“人杀吾子，故哭之。”人曰：“妪子何为见杀？”妪曰：“吾，白帝子也，化为蛇，当道，今为赤帝子斩之，故哭。”人乃以妪为不诚，欲告之，妪因忽不见。后人至，高祖觉。后人告高祖，高祖乃心独喜，自负。诸从者日益畏之。

夏代都城二里头遗址发现的绿松石龙、龙纹铜牌饰和龙形刻符、泥塑均为夏人崇拜龙的例证。其中最重要的发现当属绿松石龙。

2002 年，二里头遗址宫殿区发现有 5 座二里头文化二期的贵族墓葬。其中 3 号墓（编号 02VM3）为南北向土坑竖空墓。墓主仰身直肢，头向北，为 30～35 岁的成年男性。墓内随葬有 1 件铜铃，3 件白陶器，1 件玉鹰形笄，10 余件陶器，数件漆器，90 余枚海贝，一件长 64.5 厘米的绿松石龙发现于墓主的骨架上。绿松石龙由 2000 余件绿松石片组成，原为粘嵌在有机物上，龙头朝西北，尾向东南。梭形眼，圆饼形白玉为睛，龙身略呈波状起伏，中部出脊线，龙身上有菱形纹饰，象征龙鳞。龙尾下有一绿松石制成的条形饰，由几何形和连续的似勾云纹的图案组合而成。龙和条形饰由所依附的有机物连为一体，

① 《史记·周本纪》记载有周人侮辱其图腾玄鼋而亡国的记载。详见本篇第三章《周代的宗教信仰》。

全长70.2厘米。绿松石龙上面的铜铃被丝织品包裹，放于漆器之内，位于墓主的手边(图3-1-3)。[①]

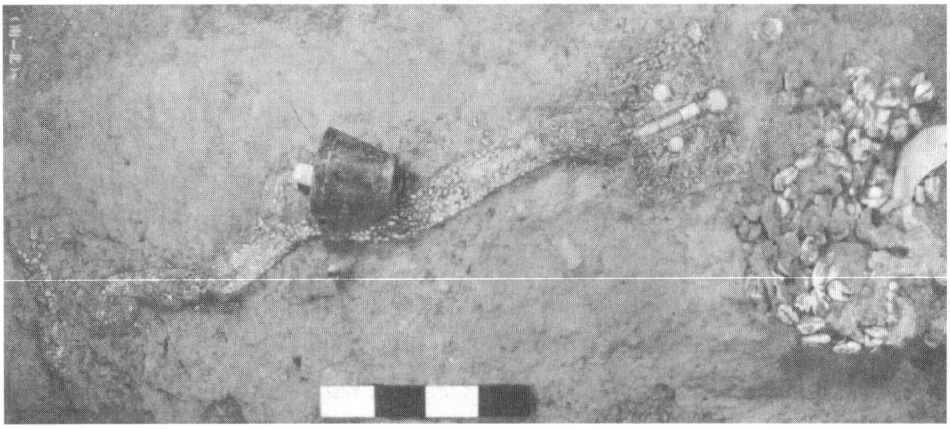

图3-1-3　二里头遗址绿松石龙M3:5

绿松石龙是二里头文化最重要的宗教类文物，是夏人崇拜龙的例证，出土后即引发了热烈讨论，绝大多数学者认为绿松石龙是夏人崇拜龙的证据。对于随葬绿松石龙的墓主身份，或以为贵族，或以为是《左传》中记载的豢龙氏或御龙者。[②] 绿松石龙与铜铃同出，北方地区的铜铃为萨满巫师的道具，历史时期的萨满一般腰挂铜铃，施法时叮当作响。龙是史前时期中原东部和江淮间崇拜的神灵，该墓出土的玉鹰来自于石家河文化，龙与鹰分别属于夏人和楚人崇拜的神灵，并且该墓中出土有漆觚、陶爵、盉等较多的酒器，酒在萨满教中为助幻剂，因此墓主当为萨满祭司之类的神职人员。

铜牌饰是二里头文化新出现的一种独特的器物，一般圆角长方形，上面以绿松石片镶嵌出动物的平面造型，带有4个系孔。据统计，目前共计有16件，3件出土自二里头遗址，属夏代，2件出土于三星堆遗址，属商代，1件出土于甘肃天水，属齐家文化(夏代)，其余流散海外。[③] 发现于二里头遗址的铜牌饰见于宫殿区3座高等级墓葬中，墓葬均为土坑竖穴墓，葬具有木棺，随葬有铜礼器、玉器、陶器、漆器、海贝等。3座墓各有1件铜牌饰位于墓主胸前，有的背面还带有麻布纹，应是缝在墓主胸前衣物上的标志物。3座墓葬中M4属于二里头文化三期，M57和M11属于二里头文化四期(图3-1-4)。

① 参见社会科学院考古研究所二里头工作队:《河南偃师市二里头遗址中心区的考古新发现》,《考古》2005年第7期。

② 参见朱乃诚:《中华龙——起源和形成》,三联书店2009年版,第155页。

③ 参见王青:《镶嵌铜牌饰的寓意诸问题再研究》,山东大学东方考古研究中心编:《东方考古》第九集,科学出版社2012年版,第223页。

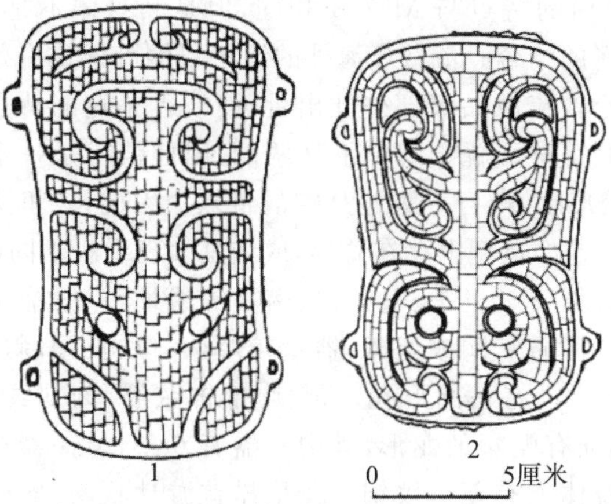

图 3-1-4　二里头遗址出土铜牌饰

1.84ⅥM11∶7　2.81VM4∶5　3.87ⅥM57∶4

M11∶7，棱形眼，长吻前突，身上有钩状纹饰。兽面似 02VM3 所出绿松石龙。器长 16.5 厘米，宽 8～11 厘米（图 3-1-4，1）。M4∶5，龙圆脸长颌，圆形眼，两侧各有一弧状装饰。龙的脊梁以宽直的绿松石片表示，身上有勾云形花纹，长 14.2 厘米、宽 9.8 厘米（图 3-1-4，2）。① M57∶4 绿松石片计 400 余片，分别呈方形、长方形、三角形和不规则形。龙呈圆眼，口中突信，两侧有齿。器身为鳞纹，有 3 列 4 行。这一形象与陶寺遗址出土的彩绘蟠龙纹相似。器长 15.9 厘米、宽 7.5～8.9 厘米（图 3-1-4，3）。

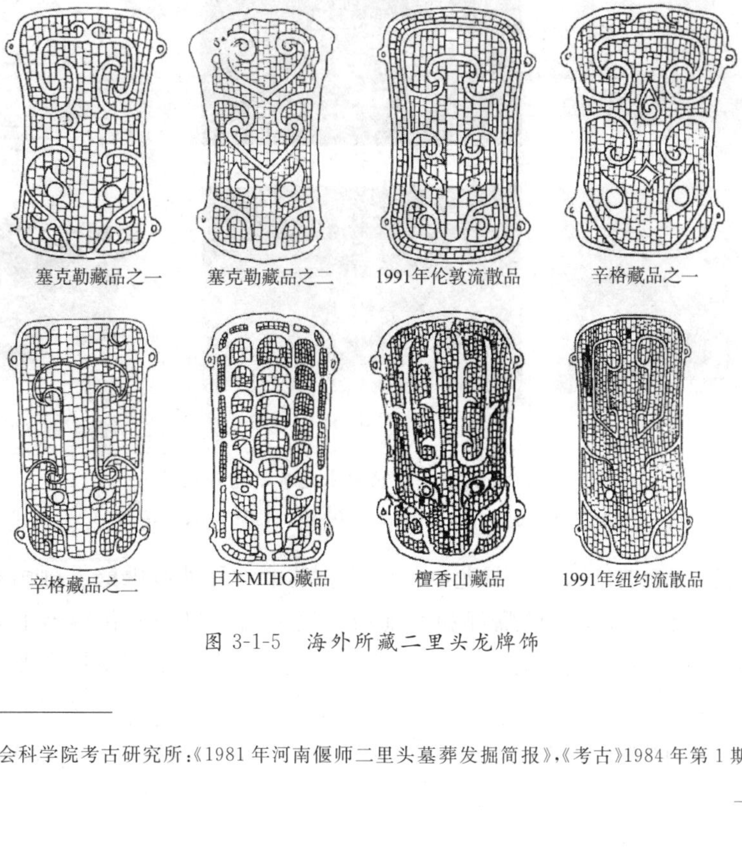

图 3-1-5　海外所藏二里头龙牌饰

① 参见社会科学院考古研究所：《1981 年河南偃师二里头墓葬发掘简报》，《考古》1984 年第 1 期。

从造型上来看，M4:5 圆眼吐信的特点与 M57:4 相同，但是其身体不是鳞形，而与 M11:7 的兽形相似，很像是后两者的结合。流散于海外的绿松石铜牌饰也有数件。赛克勒博物馆的 2 件藏品和 1991 年伦敦流散品嘴部外吐出舌，而岐舌是蛇的特点。辛格藏品之二虽然没有在嘴边表现舌，但是将舌置于牌饰下部两侧，因此岐舌是一个重要的特征。日本 MIHO 藏铜牌饰则是梭形眼，鳞身。鳞也是蛇的特点。因此，二里头文化铜牌饰表现的都是龙蛇，只是在具体龙蛇的造型上存在差异，或许是表现手法不同（图 3-1-5）。

二里头文化还发现有陶塑龙，见于二里头、皂角树、南寨等遗址，一般饰于透底器的外壁。这种器物形制较为特殊，多泥质灰陶或黑陶，器壁较厚，小口，长颈，斜肩深腹，腹壁较直，大平底，底部与口对应的位置有一圆形孔。颈、腹部饰弦纹、刻划纹和压印纹。其中二里头遗址发现的两件腹部饰有泥塑的龙形，其中一器有 6 条，另一器有 3 条。龙均为蛇形，小三角形头，细长身，身体上有菱形纹饰。龙呈昂首游动状，自器壁逶迤至肩上，探首欲上。[1] 这种特殊器物很可能用作祭祀，属于宗教物品（图 3-1-6，1）。此外，在一些残透底器陶片上也见有阴刻的龙纹，或作蜿蜒起伏状，或作卷曲状，一般梭眼圆目，额部有菱形纹饰。二里头宫殿区 VT212 出土的云龙纹陶片，龙呈一首两蛇身，身上有菱形鳞片，额上有菱形饰，周围饰以卷云纹。这种造型亦见于商周青铜器上（图 3-1-6，5）。另一件刻纹较细，龙首残缺，可辨有龙首部的眼，弯曲的龙身、长尾，飘逸的鬣和张扬的龙爪（图 3-1-6，6）。2003 年，在二里头遗址 V 区出土一件陶盆，盆口沿内侧浮雕一条长龙，蛇形，昂首勾尾，首尾相接，身上有鳞纹。上方阴刻鱼纹一周（图 3-1-6，3、4）。

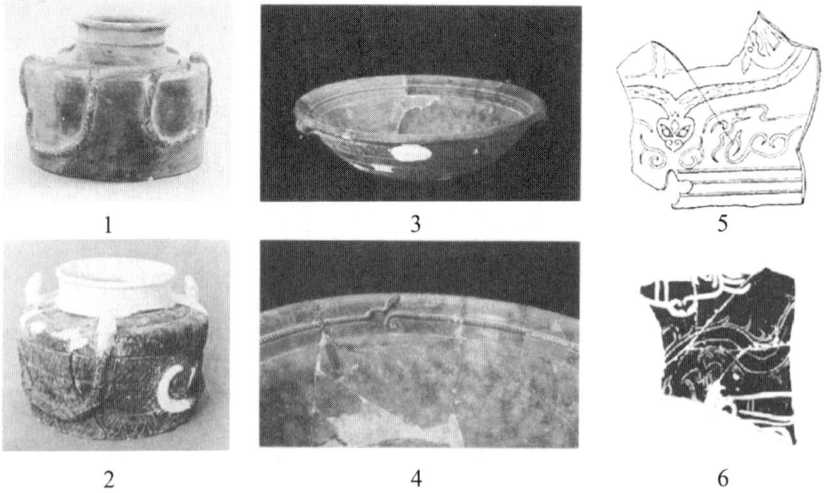

图 3-1-6　二里头遗址出土龙形堆塑和纹饰

1、2. 陶透底器　3、4. 陶盆 2003VG14:16　5、6. 陶片

二里头铸铜作坊遗址出土有带龙纹的陶范。其中一件外范内壁上刻画有龙头，因范破碎图像残缺不全，保存有龙的嘴部和左前肢。这说明二里头文化铜器上亦当有龙纹，只是现在还没发现。目前看来，二里头文化的遗址中，只有二里头遗址有龙文物出土，其

① 参见中国社会科学院考古研究所：《二里头陶器集粹》，中国社会科学出版社 1995 年版，图版 170、171。

它遗址少见。龙文物集中于夏都之中，且多见于高等级墓葬和宫殿区，这说明龙是夏代贵族所崇拜的神灵，并只为社会上层所专有，从而使龙与王权相结合，龙逐渐成为王权的象征。带有龙形象的文物一般非常器，透底器为祭器或礼器，属于宗教物品。铜牌饰制作精美，技艺精湛，代表当时最高端的铜器制作和镶嵌技术。将最高精尖技术制作的龙牌佩戴在身上，自然表明墓主的身份和地位，同时也说明铜牌饰为墓主的护身符——龙为夏王族的图腾和保护神。带有龙纹的陶器也多为一些大型器具，制作精致，出土于宫殿区，应该是贵族或祭司所使用。

自夏代始，龙与王权相结合，成为王权的象征，并进而升格为至高权力、至高神性的代表，凡帝王、仙、神等均以龙为饰，甚至乘龙、践龙、驭龙，以突出主体的神性。如夏王启珥龙乘龙，后世帝王均自称龙体、穿龙袍。战国楚帛书上绘有仙人驭龙升天的场景(图 5-1-4)，屈原的理想也是“驾青虬兮骖白螭，吾与重华游兮瑶之圃”。[①] 道教的仙人有驭龙的能力，黄帝死后也是乘龙升天。佛教传入中国之后，众佛也称有降龙伏虎的能力，许多佛教艺术上也有龙作为装饰，以突出佛的法力无边。龙文化构成了中华文明的独特标志。

（二）夏代的地祇崇拜

禹兴于西羌，夏王族来自于羌人。夏人继承了古羌人的宗教信仰。古羌人所创造的考古学文化为马家窑文化、齐家文化、辛店文化、卡约文化，他们主要崇拜蛙、石、山以及太阳和火。

夏启有生于石中的传说：“禹治鸿水，通轩辕山，化为熊……涂山氏往见禹方作熊，惭而去，至嵩高山下化为石。禹曰：‘归我子。’石破北方而启生。”[②]启生于石的传说，自然与其来源于羌人，而羌人崇拜白石有关。

禹是主名山川的社神。《史记·夏本纪》中说：“禹……为山川神主。”《尚书·吕刑》：“禹平水土，主名山川。”“主”是主领的意思。“名山川”是一词，《淮南子·坠形训》：“禹乃以息土填洪水，以为名山。”《庄子·天下》：“昔者禹之湮洪水……名川三百。”《大戴礼记·五帝德》中说：“禹……为神主……左准绳，右规矩，履四时，据四海，平九州，戴九天。”《淮南子·汜论训》说：“禹劳天下而死为社，后稷作嫁穑而死为稷。”《史记·封禅书》中也说：“自禹兴而修社祀，后稷稼穑故有稷祠。”后世“社稷”连称成为国家的代名词，且“禹、稷”亦连称。《论语·宪问》中说：“禹、稷躬稼而有天下。”由于稷为教民耕作的农神，禹为治洪水的英雄，而治洪水也是为了生民有耕作的土地，所以禹与稷一样也是一位“俾民稼穑”的王。《天问》中也说：“何后益作革而禹播降?”水土百谷是相因的，所以农神和社神并祭。《诗经·小雅·甫田》：“以我齐明，兴我牺羊，以社以方，我田既臧，农夫之庆。”即以纯色之羊于秋天祭祀社神和方神，农夫庆祝庄稼丰收，报答神灵的功劳。《周礼·地官·大司徒》：“设其社稷之壝而树之田主。”以社和稷共作田神之主。郑玄《论语注》：“主，田主，谓社主。”“田主”就是社主。

社主是田主，也就是土地神，自然是由于禹来自于西北，与羌族有关。羌族的女性始祖是女娲，《绎史》卷十一引《循甲开山图》说：“古有大禹，女娲十九代孙……及长，能知

① 《九章·涉江》。

② 《汉书·武帝纪》颜师古注。

泉源，代父鲧理洪水。”具体世代不一定对，但其出自西羌应该是有根据的。《史记·夏本纪》张守节《正义》引《帝系》说：“禹娶涂山氏之子，谓之女娲，是生启也。”女娲即来自于蛙崇拜，为蛙崇拜所形成的创始神和至高神。[①] 羌人崇拜山川地祇。禹主名山川，山是地祇中的最高神。《国语·周语》中说：“山，土之聚也。”禹为社神，即土地神，所以禹为“山川神主”。

（三）夏代的太阳崇拜

王国维说：“夏之季世，若胤甲，若孔甲，若履癸，始以日为名，而殷人承之矣。”[②]胤甲、孔甲、履癸、夏桀（帝癸）“以日为名”，说明夏王朝将太阳作为王的象征。商先公自上甲始以日名，不过上甲为汤六世祖，孔甲是桀三世祖，商比夏早了三世。有学者认为，太康之“康”字即为“庚”字，如是则夏自太康即用日名了。夏桀自称太阳，称自己的国家像太阳一样永恒。《吕氏春秋·慎大》篇中记载有“伊尹间夏”的故事，桀妻末嬉失宠，与伊尹和商汤联合灭夏，商汤询问间夏的时机，“末嬉言曰：‘今昔天子梦西方有日，东方有日，两日相与斗，西方日胜，东方日不胜。’伊尹以告汤。商涸旱，汤犹发师，以信伊尹之盟。故令师从东方出于国，西以进。未接刃而桀走，逐之至大沙。身体离散，为天下戮。”末嬉以太阳分别代表商汤和夏桀，商汤为东方之日，夏桀为西方之日，西日相斗而东方不胜，于是商汤绕道从西往东进攻，兵不血刃战胜了夏桀。

图 3-1-7　二里头遗址陶方鼎 YLVT18

据文献记载夏人铸有九鼎。《史记·封禅书》曰：“禹收九牧之金，铸九鼎。皆尝亨鬺上帝鬼神。遭圣则兴，鼎迁于夏商 。周德衰，宋之社亡，鼎乃沦没，伏而不见。”战国时，秦、楚皆有兴师到周王城洛邑求鼎之事。公元前605年，楚庄王问九鼎，王孙满说：“昔夏之方有德也，远方图物，贡金九牧，铸鼎象物，百物而为之备，使民知神、奸。……桀有昏德，鼎迁于商，载祀六百。商纣暴虐，鼎迁于周。”[③]周显王时，九鼎没于泗水。《史记·秦始皇本纪》：“始皇还，过彭城，斋戒祷祠，欲出周鼎泗水，使千人没水求之，弗得。”《水经注·泗水》中记述甚祥而切：“周显王四十二年，九鼎沦没泗渊，秦始皇时而鼎见于斯水，始皇自以德合三代，大喜，使数千人没水求之，不得，所谓‘鼎伏’也；亦云系而行之，未出，龙齿啮断其系，故语曰：‘称乐大早绝鼎系’，当是孟浪之传耳。”汉代画像石中有泗水捞鼎的画像，就是以秦始皇泗水捞鼎作为背景故事。二里头遗址发现有一件陶方鼎 YLVT18（图 3-1-7），泥质灰陶，有二立耳，腹部刻有光芒四射的太阳纹，腹足连接部外凸，四足外撇。陶鼎器形规整，纹饰优美。因为陶鼎绝大多数均为圆鼎，这一件鼎身呈方形，很可能是仿照铜鼎制作的。

① 参见本书第四章《族属的考古》。
② 参见王国维：《殷周制度论》，《观堂集林》，中华书局 1959 年版，第 453 页。
③ 《左传·宣公三年》。

据《墨子·耕柱》记载,夏后开(夏启)铸的就是方鼎:"鼎成四足而方,不炊而自烹,不举而自藏,不迁而自行,以祭于昆吾之墟,上飨。"这说明夏代的铜鼎不仅铸有龙等神灵,也铸有太阳形,龙和太阳都是夏人所崇拜的神灵。

除了太阳、龙外,夏人为黄帝之后,崇拜黄土地。此外,《史记·六国年表》中称"禹兴于西羌",皇甫谧曰:"孟子称禹生石纽,西夷人也。传曰'禹生自西羌'是也。"张守节《正义》:"禹生于茂州汶川县,本厓駹国,皆西羌。"禹所代表的夏王族是西羌中东迁至中原的一支,孟子说禹的故乡为汶川是因为羌人曾大规模往西南迁移,并最终于岷江流域定居,于是将其祖先也迁徙至此,以确立羌人占有成都平原的合法性。夏王族保存了羌人对白石和山的崇拜,夏人最重要的祭器耜形璋是用来祭祀山川地祇的玉器。

二、夏玉之魂——耜形璋的研究

耜形璋即考古学界通常所称的"牙璋",指一种长方形有柄的薄片状大型玉器,制作精美,器形硕大,流行于新石器时代末期到夏商时期。其形状为长条状,顶端为刃,刃部下凹呈歧锋,下端有柄、阑及齿饰,整体形状似戈。两者最大的不同点在于牙璋的刃位于顶端窄面,而不在长面,刃多呈凹弧形,且刃部宽一般大于器身宽度。

牙璋之名最先见于《周礼·春官·典瑞》:"牙璋以起军旅,以治兵守。"《考工记·玉人》:"牙璋、中璋七寸,射二寸,厚寸。"清末吴大澂在《古玉图考》中将牙璋之名与一件玉器进行了对应,并说明此器"有旁出之牙",即《周礼》中的牙璋(图 3-1-28,1),从此这类器物便被称作"牙璋",在考古报告和研究文章中广被使用。但是,《周礼》被认为是记载周代礼制的完备之作,在周代的考古发现中却极少有牙璋出土。这种被称作"牙璋"的器物却流行于周之前的龙山时期和夏商时期,这使文献与考古发现之间产生了难以调和冲突。于是,吴大澂的定名受到了考古学界的质疑。如夏鼐便提出,应据形态特征将其定名为"刀形端刃器"[1]。林巳奈夫则将其称作"骨铲形玉器"[2],认为这种玉器是对史前农具耒耜的模仿。石峁遗址的发现者戴应新亦持相同的观点,并得到广泛认同。[3] 王永波则据此将夏鼐的刀形端刃器之名更改为"耜形端刃器"。[4] 但是,耒耜本身即是端刃的,再称之为"端刃器"有重复之嫌。另外,孙华认为该器似斧形,并称之为"斧形器",但少有从者,这是因为该器并不是对斧的模仿。[5] 因此,称作"耜形璋"或许更为合适。现多以"牙璋"指称这种玉器,是一种约定俗成的习惯性称谓。

(一)耜形璋的考古发现

耜形璋的出土地点有 20 余处,集中分布于黄河流域、四川盆地和华南地区。黄河流域包括黄河中游的陕西榆林石峁遗址、陕西商洛东龙山遗址、河南偃师二里头遗址、河南郑州杨庄遗址、河南许昌县大路陈村遗址、河南巩义花地嘴遗址等。黄河下游发现于山东的临沂大范庄遗址、烟台海阳司马台遗址、日照五莲上万家沟村北和临沂沂南罗圈峪

① 参见夏鼐:《商代玉器的分类、定名和用途》,《考古》1983 年第 5 期。

② 参见[日]林巳奈夫:《中国古代石庖丁形玉器和骨铲形玉器》,《东方学报》第 54 册,1982 年。

③ 参见戴应新:《神木石峁龙山文化玉器》,《考古与文物》1988 年第 5、6 期。

④ 参见王永波:《耜形端刃器起源、定名和用途》,《考古学报》2002 年第 2 期。

⑤ 参见孙华、苏荣誉:《神秘的王国》,巴蜀书社 2003 年版,第 252～269 页。

的山上。四川盆地集中于广汉三星堆遗址、成都金沙遗址。华南地区见于福建漳浦眉力遗址、香港南丫湾大湾遗址、香港烂头岛东湾遗址、广东增城红花林遗址、福建漳浦虎林山遗址。中国地区以外在越南也有出土。

1.陕西地区

石峁遗址 石峁遗址位于陕北榆林神木县高家堡镇石峁村的秃尾河北侧山峁上，地处陕北黄土高原北部边缘。共发现玉璋 34 件，其中 28 件是戴应新于 1976～1979 年征集所得，编号 SSY1-SSY28，现藏于陕西历史博物馆。据戴应新称当时另有 8 件没有收集。这批玉器的发现，使流散国外的许多玉器找到了来源。[①] 日本、英国、加拿大和法国、南非等国家博物馆和私人，共收藏耜形璋约 50 余件。据台湾学者邓淑苹观察，这些流落在海外的绝大多数为石峁型，有的还明确记录着其来自陕西榆林府，当属神木石峁遗址。[②] 石峁遗址所出土的玉璋均为墨玉质地，扁平长方体，首端内凹弧刃或 V 形内凹形似叶芽，长体内束有柔美的曲线。柄体结合部有突出体外的阑，长方形柄正上有圆穿。一般刃部和阑处最宽，刃宽大于器身宽。只有 SSY15 号的刃部比柄部窄。长度一般在 21～26 厘米，亦有少量较大者，最长的 49 厘米。最小的一件仅 9 厘米。一般宽 6～8 厘米，最宽的一件 9.3 厘米，最窄的 3.4 厘米。厚度为 0.2～0.4 厘米。阑部有简繁两种，简式阑有 23 件，占多数，繁式阑有 5 件(图 3-1-8)。繁式阑较宽，上饰扉牙，有的璋在阑的上侧即器身最下侧饰两组扉牙。最为复杂的为林巳奈夫所说的“业字形钼牙”[③]，阑呈上弧形，上有突起的扉牙，戴应新则称之为水牛角状阑(图 3-1-9)。[④]

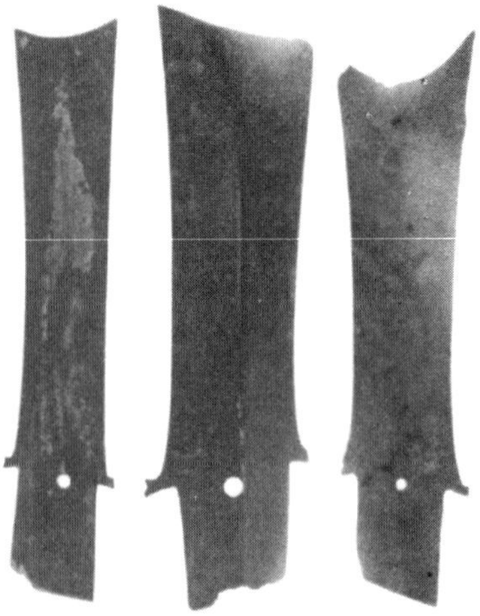

图 3-1-8 石峁遗址简式阑玉璋

1 2 3

图 3-1-9 石峁遗址繁式阑玉璋

1. SSY:17 2. SSY:15 3. SSY:16

因均为采集品，过去学者多认为石峁玉璋的时代属于龙山时期或夏代。[⑤] 近几年来，随着石峁遗址考古工作的开展，该遗址的时代已经基本清楚，其时代为公元前 2200～前 1800 年，早于二里头文化，与陶寺

① 参见戴应新:《神木石峁龙山文化玉器》,《考古与文物》1988 年第 5、6 期。

② 参见邓淑苹:《“牙璋”研究》,香港中文大学中国考古艺术研究中心编:《南中国及邻近地区古文化研究》,香港中文大学出版社 1994 年版,第 40～43 页。

③ 参见[日]林巳奈夫:《中国古玉研究》,杨美莉译,艺术图书公司 1997 年版,第 330 页。

④ 参见戴应新:《回忆石峁遗址的发现与石峁玉器》(上),《收藏界》2014 年第 5 期。

⑤ 参见张学海:《牙璋杂谈》,香港中文大学中国考古艺术研究中心编:《南中国及邻近地区古文化研究》,香港中文大学出版社 1994 年版,第 19～26 页。

遗址晚期时代相当并偏晚。邵晶通过石峁城内陶器遗存的分析，将遗存分为3段，认为遗址经过了一个由皇城台、内城到外城的发展过程。A段，石峁遗址的范围主要在皇城台和内城部分区域，内城的修筑年代当早于公元前2100年。皇城台可能与内城同时或稍早；B段扩展到整个外城区域内，在公元前2100年前后，修筑了外城墙和马面、角台等城防设施；C段在公元前1800年左右，外城有被破坏的迹象，进入“衰败期”[①]。由此可见，石峁玉璋的时代属于龙山文化晚期和夏代的早期。

东龙山遗址　商洛市东龙山遗址墓葬M83出土一件玉璋M83：1，墨玉质，长27.6厘米，凹弧刃，筒式阑，形制与五莲上万家沟YL：11相似(图3-1-16,1)。[②]

2.山东地区

山东地区的8件玉璋分别出自临沂大范庄遗址、烟台海阳司马台遗址、日照五莲上万家沟村北和临沂沂南罗圈峪的山上，均为采集品。

大范庄遗址有2件，端刃均呈弧形(图3-1-10,1—2)。LD2：10为筒式阑，属石峁遗址筒式阑类型(图3-1-10,1)。LD2：11的阑为四个扉牙组成(图3-1-10,2)。[③] 该遗址属于大汶口文化末期、龙山文化、岳石文化、商周等时期。从形制上看，LD2：10早于LD2：11，LD2：11很可能属于岳石文化或商代。过去有学者认为大范庄的耜形璋形制较为原始，从而认为早于石峁所出，但是石峁遗址的耜形璋也有同器型，无法证明前者早于后者。

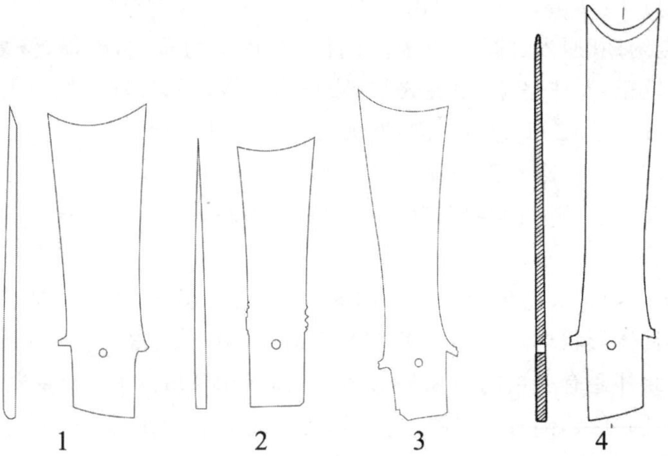

图3-1-10　大范庄、司马台和上万家沟耜形璋

1、2.大范庄(LD2：10、LD2：11)　3.司马台　4.上万家沟

司马台遗址的玉璋是1979年发现，墨玉质，刃为凹弧刃，单面锋，腰身下收呈抛物线形，筒式阑，长27.5厘米(图3-1-10,3)。该玉璋制作技术比大范庄遗址所出土的玉璋有明显进步，阑部开始分牙。司马台遗址的文化堆积属于龙山文化和岳石文化，以岳石文化为主，耕土层下为岳石文化层，厚达3米，其下为厚约1米的龙山层。该玉璋是群众在

① 参见邵晶：《试论石峁城址的年代及修建过程》，《考古与文物》2016年第4期。

② 参见陕西省考古研究院、商洛市博物馆：《商洛东龙山》，科学出版社2011年版，第129页。

③ 参见冯沂：《山东临沂市大范庄遗址调查》，《华夏考古》2004年第1期。

整地时发现，很可能属于岳石文化而不是有的学者认为的龙山文化。其时代当于夏晚期至商初，即距今3700～3300年。①

1986年，五莲县上万家沟村村民在村北半山腰发现1件玉璋。此山是一丘陵西端的丘岗，其东北有山峦环绕，南面开阔。丘岗南侧的半山腰上，有巨石突立，高近2米，耜形璋即出于巨石前的石隙中，上有碎石覆盖，可能是特意掩埋于此。耜形璋形体较瘦长，月牙形刃下凹较甚，抛物线形束腰位于下部，筒式阑。长33.5厘米（图3-1-10,4）。②

1988年，沂南罗圈峪村西南山坡上出土一组玉、石器共计16件，玉器包括镯、锛各1件，石器包括耜形璋4件，锛7件，铲、矛、凿各1件。罗圈峪地处沂南、蒙阴与沂水三县的交界地带，四面山岭环绕。玉、石器出土于村西南丘陵缓坡地带上的山石裂缝之中。裂缝宽约20厘米、深50厘米。4件耜形璋均为石质，破损，修复3件。YL1:10为青黄色，石质较粗，器体略宽，双突式阑，器身为直线，平刃微凸，似为未完成品，长24.8厘米（图3-1-11,1）。YL:11为筒式阑，凹弧刃，长25.8厘米（图3-1-11,2）。YL:12亦为深褐色，凹弧刃，筒式阑，阑前带一扉牙，长30.8厘米（图3-1-11,3）。③ 从器型上看，3件有早有晚，YL:11可早到龙山晚期，其余2件时代稍晚。

1　2　3

图3-1-11　沂南罗圈峪出土石璋

1. Y1:10、2. Y1:11、3. Y1:12

3. 河南地区

二里头遗址　二里头遗址出土4件耜形璋，刃均为弧刃，较宽，其中一锋较高。均为繁式阑，但阑的具体形状均不相同。墓葬80VM3中出土有2件，两者放于墓中部，呈上下相倒状放置，此外还有少量陶器和装饰品。玉璋80VM3:4长54厘米，分前后阑，前阑简单，微后倾，后阑复杂，侧看像张嘴的兽形，两阑之间有两组扉牙。除了柄上的圆孔外，在器身一侧也有一圆孔，孔内镶嵌绿松石（图3-1-12,4）。VM3:5长48.1厘米，较前一件瘦长，刃微残，外侈程度不如前一件。其阑部比前一件复杂，前后阑均呈张嘴兽形，阑间有小扉牙（图3-1-12,5）。两件均属二里头文化第三期。耜形璋73YLIIIM6:8有两阑，阑上饰有两个扉牙，两阑之间也有扉牙装饰。器身表面有菱形格纹饰和朱砂痕。长49.5厘米、宽6.8～8.7厘米。属二里头文化第三期（图3-1-13,1）。75YLVIIKM7:5有前后阑，阑部饰有多道横向的凸弦纹和扉牙。长48厘米、宽4厘米。属二里头文化第四期（图3-1-13,2）。

① 参见王洪明：《山东省海阳县史前遗址调查》，《考古》1985年第12期。

② 参见张学海：《牙璋杂谈》，香港中文大学中国考古艺术研究中心编：《南中国及邻近地区古文化研究》，香港中文大学出版社1994年版，第19～26页。

③ 参见于秋伟、赵文俊：《山东沂南县发现一组玉石器》，《考古》1998年第3期。

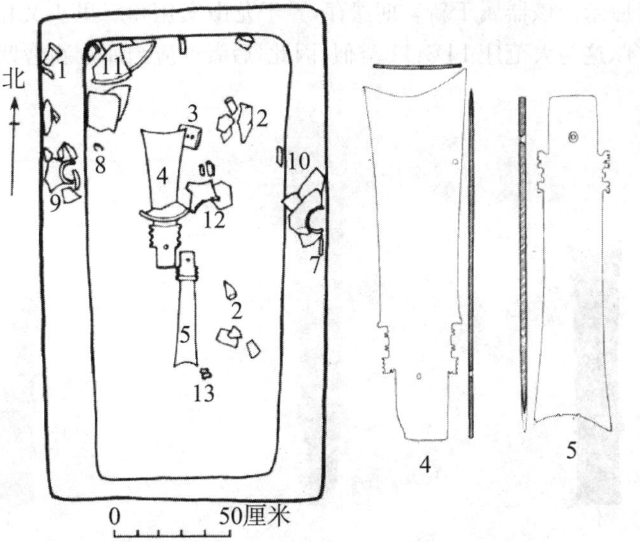

图 3-1-12 二里头 VM3 平面图和耜形璋

1.陶爵杯 2.陶盉 3.玉钺 4、5.玉璋 6.绿松石管(2个)

7.玉尖状饰 8.圆陶片 9.单耳罐 10、12.陶罐 11.陶盆 13.人骨

此外淅川下王岗遗址于 20 世纪 70 年代初发掘出土的一件残器 T232A:29,仅存阑部和柄部,为简式阑,其出土单位属二里头文化第三期。①

二里头遗址的耜形璋是在石峁玉璋的基本上形成的,其最大的改进在于繁式阑发展为前后阑的形式。其刃一般一高一低,弧刃内凹,刃宽大于器身宽。这种前后阑、凹弧刃的玉璋可以称之为“二里头类型”。二里头遗址出土的玉璋形体均较大,都在 50 厘米左右,其形制也变得成熟。这说明在二里头文化中玉璋功能得到进一步发展。二里头文化属于夏文化,在二里头文化玉器中,耜形璋是形体最大制作也最繁复和精制的玉器种类。

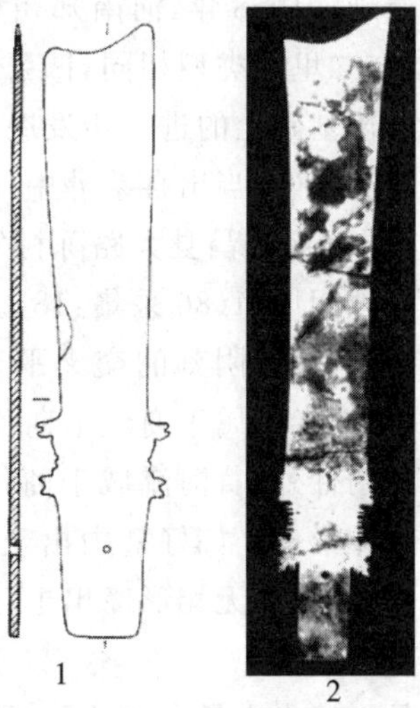

图 3-1-13 二里头遗址耜形璋

1.73YLⅢKM6:8 2.75YLⅦKM7:5

花地嘴遗址 花地嘴遗址位于河南省巩义市站街镇北瑶湾村南台地上,2004 年于灰坑中发掘出土一件耜形璋 T17H40:1,凹弧刃,刃部宽薄,柄的中部有一单面钻孔。器型与石峁简式阑类型相似,只是阑部作 5 个对称扉牙状,属于石峁简式阑至二里头型的过

① 参见河南省文物考古研究所等:《淅川下王岗》,文物出版社 1989 年,图版一〇八,9。

渡形态。通长30厘米。该器属于新砦期遗存，界于龙山文化和二里头文化之间。[①] 在简式阑的基础上加刻扉牙，这与大范庄LD2:11类似，因此，后者亦应当属于新砦期(图3-1-14,1)。

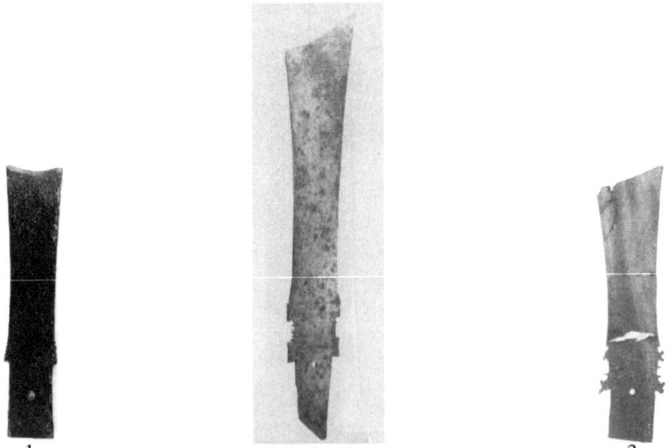

1　　2　　3

图3-1-14　河南省出土耜形璋

1.巩义花地嘴T17H40:1　2.郑州杨庄　3.许昌大陆陈村86采集:18

商代遗址　1958年，河南郑州杨庄村民在农业生产中挖出1件大型玉璋，长66厘米，其形制与二里头类型相同，凹弧刃，前后阑，间有扉牙，只是前后阑均较宽，是在二里头类型耜形璋基础上的进一步发展。该玉璋是在农业生产中距地表1.6米深处挖出，出土时器表涂有朱砂，当出自墓葬中，时代属商代早期(图3-1-14,2)。[②]

1986年，河南许昌县大路陈村发现一座商代墓，出土青铜器、玉器、石器约30余件，其中包括一件耜形璋(86采集:18)。耜形璋石质，弧刃较直，双阑，附以牙脊装饰，阑之间带有扉牙，并有若干阴刻的交叉平行线所组成的菱形纹。通长37.5厘米、内宽6.2厘米、刃宽9.7厘米。属于商代早期(图3-1-14,3)。[③]

除以上两件外，黄河流域于商代时基本不见耜形璋出土。尤为值得注意的是，殷墟并没有出土耜形璋。妇好墓中出土一件残玉器，原称牙璋，但其形制并非耜形璋。殷墟发掘上千座墓葬，亦无耜形璋出土，这是在对其进行解读时需要解释的问题。

4.四川地区

四川是玉璋出土最多的地区，初步统计有400余件，集中出土于三星堆遗址、金沙遗址。此外在广汉中兴乡、广汉高骈、广汉真武仓包包等地也有少量出土。

三星堆遗址　三星堆遗址是出土耜形璋较多的遗址，主要发现于两个祭坑坑中，一共有57件，二号坑17件，一号坑40件。器型可分成四种：第一种是凹弧刃、前后阑的二里头型，新出宽阑的器形；第二种是芽式刃类型，阑均为繁式，分前后阑式和宽阑式两种；第三种是戈式璋，刃部变窄，尖端锐角内凹；第四种为窄长的平行四边形，斜直刃，器身呈

---

① 参见郑州市文物考古研究所等:《河南巩义市花地嘴遗址"新砦期"遗存》,《考古》2005年第6期。

② 参见赵新来:《郑州二里岗发现的商代玉璋》,《文物》1966年第1期。

③ 参见河南省文物研究所:《许昌县大路陈村发现商代墓》,《华夏考古》1988年第1期。

直线，无阑，柄部比器身略窄，柄端斜直(图 3-1-21 至图 3-1-24)。

三星堆文化的耜形璋是对二里头类型和石峁类型的进一步继承和发展。继承主要表现在两个方面：一方面是刃部有传统的凹弧刃和芽形刃，并出现了戈式刃和平直刃；另一方面是其阑部继承了二里头牙璋的前后阑，有的后阑也呈张嘴兽首状，说明直接来自于二里头文化。其前后阑制作更精美，加上了卷云状纹饰，并出现了满饰扉牙的大宽式阑(图 3-1-21 至图 3-1-23)。

三星堆还出土了与耜形璋相关的铜器，包括铜璋形饰(图 3-1-31)、铜持璋小人像(图 3-1-34)、璋形铜箔饰，均出自二号坑。[①]

除两座祭祀坑外，1929 年中兴乡村民燕道诚于月亮湾(属于三星堆遗址)发现一座玉器坑，出土玉器有三四百件，大多已散佚。见于著录者有 6 件耜形璋，其形制为凹弧刃、双阑的瘦长型，后阑多作张嘴兽状，为二里头类型。[②] 三星堆遗址西城墙外鸭子河边于 1983 年出土 4 件小型耜形璋，长度均在 3.7～4.1 厘米之间，凹弧刃，刃部较宽，前后阑，器形宽扁，时代与三星堆祭祀坑大约同时。[③]

金沙遗址　除三星堆遗址外，金沙遗址是另一个出土耜形璋比较多的遗址。金沙遗址位于成都平原东南边缘，北距三星堆遗址约 38 公里，出土有大量的玉石质的牙璋，其中较重要的地点有梅苑地点、兰苑地点、万博地点[④]等。

2001 年，在Ⅰ区“梅苑”东北部地点施工过程所开挖的沟中出土金、铜、玉、石器 1400 余件，包括著名的金射鱼纹带 C∶688、金鱼纹带 C∶687、“四鸟绕日”金箔饰 C∶477、铜立人像 C∶17，另外还有 C 形戈 7 件、耜形璋 101 件、石璋 1 件。C 形戈刃部有缺口，即三星堆祭祀坑中所出的戈式璋(图 3-1-26)。玉耜形璋可辨识器型的有 38 件，据刃部可分两种类型：凹弧刃前后阑的二里头类型(图 3-1-25，1—4)，石璋 C∶262 亦属此类；芽式刃繁式阑的三星堆类型(图 3-1-25，5、6)，后者又分前后阑式和大宽阑式两种 。另有两件为异型璋，其一为 C∶5，器形宽扁，凹弧刃较宽，无阑无柄，下部有 3 个孔呈三角形分布(图 3-1-27，3)。另一件为 C∶956，平刃，无柄部，阑部每边有 6 组扉牙(图 3-1-27，1)。此外，出现了小型璋，如C∶479、C∶162，长各为 5.3 和 5.2 厘米(图 3-1-27，4—5)。[⑤]

据张擎统计，2001～2006 年，金沙遗址共出土有玉石璋 271 件，其中包括玉璋 244 件和石璋 26 件，另有 1 件小型铜璋。[⑥]

金沙遗址的耜形璋大部分与三星堆遗址的形制相同，时代相当，属于商代晚期。此外出现了异型璋和小型璋，说明沿用时间比三星堆祭祀坑更久，下限到西周时期。据张

---

① 参见四川省文物考古研究所：《三星堆祭祀坑》，文物出版社 1999 年版，第 235、285、320 页。

② 参见冯汉骥、童恩正：《记广汉三星出土的玉石器》，《文物》1979 年第 2 期。

③ 参见陈德安：《试论三星堆玉璋的种类、渊源及其宗教意义》，香港中文大学中国考古艺术研究中心编：《南中国及邻近地区古文化研究》，香港中文大学出版社 1994 年版，第 87～100 页。

④ 参见朱章义等：《成都金沙遗址万博地点考古勘探与发掘收获》，成都文物考古研究所、成都金沙遗址博物馆：《金沙遗址考古发掘资料集》，科学出版社 2013 年版，第 233～286 页。

⑤ 参见王方等：《成都金沙遗址Ⅰ区“梅苑”东北部地点发掘一期简报》，成都文物考古研究所、成都金沙遗址博物馆：《金沙遗址考古发掘资料集》(一) ，科学出版社 2013 年版，第 99～103 页。

⑥ 参见张擎：《金沙遗址出土牙璋的初步研究》，杨伯达主编：《中国玉文化玉学论丛四编》，紫禁城出版社 2007 年版，第 500～524 页。

擎的分析，金沙遗址的耜形璋可分成两个大的阶段：第一阶段主要使用制作较为粗糙的大型石璋，时代约殷墟一二期，与三星堆祭祀坑大体同时；第二阶段使用的主要是制作较为精细的大型玉璋、小型玉璋和玉璋形器，时代大体在殷墟三期至西周早期。[①] 从三星堆至金沙有一个沿用的过程，即殷墟早期时牙璋的核心区在三星堆，此后三星堆遗址衰落后，用耜形璋祭祀的中心转移到金沙遗址。[②]

5. 湖南地区

1980 年，石门桅岗发掘一座残墓，出土了 4 件玉器，其中一件为耜形璋，长 19 厘米。器体较宽扁，弧刃，筒式阑，属商代早期(图 3-1-15，1)。[③]

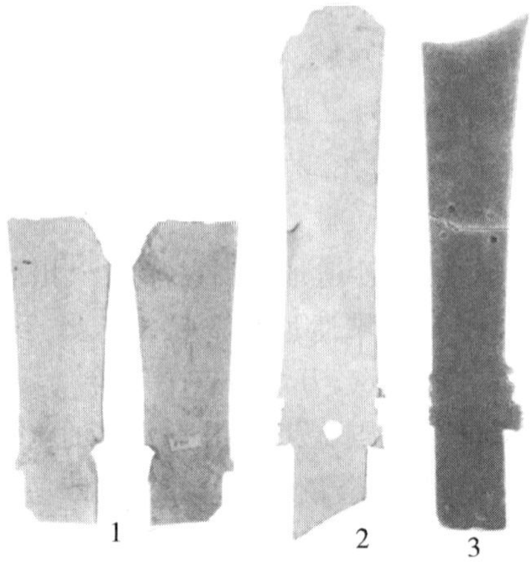

图 3-1-15　耜形璋

1. 石门桅岗　2. 漳浦眉力　3. 香港南丫湾

6. 华南地区

福建漳浦眉力遗址于 1958 年采集到一件耜形璋，原报告中称为戈，石质。其刃部已残，但前端较宽，是耜形璋而不是戈。有前后阑，后阑有齿，两阑间有两个扉牙。柄末端斜。该器属于昙石山上层类型，约当商代前期(图 3-1-15，2)。[④]

---

① 参见张擎：《金沙遗址出土牙璋的初步研究》，杨伯达主编：《中国玉文化玉学论丛四编》，紫禁城出版社 2007 年版，第 519 页。

② 参见张擎：《金沙遗址出土牙璋的初步研究》，杨伯达主编：《中国玉文化玉学论丛四编》，紫禁城出版社 2007 年版，第 520～524 页。

③ 参见王文建等：《石门县商时期遗址调查——宝塔遗址与桅岗墓葬》，湖南省文物考古研究所、湖南省考古学会合编：《湖南考古辑刊》第四集，岳麓书社 1987 年版，第 17 页。

④ 参见曾凡：《关于福建史前文化的探讨》，《考古学报》1980 年第 3 期。

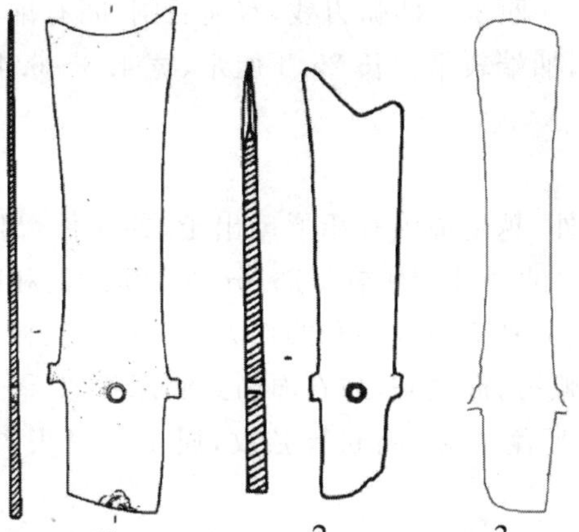

图 3-1-16　东龙山、眉力、东湾遗址出土玉石耜形璋
1. 商洛东龙山 M83∶1　2. 增城红花林　3. 香港东湾

广东增城红花林遗址于 1959 年采集 1 件石璋，前后阑，阑上和阑之间带弦纹，芽式刃（图 3-1-16，2）。此外，曲江樟市拱桥岭、东莞村头、乐昌圆岭山、乐昌岐岭岗、曲江窑头脚、南雄太和岭、平远寨顶山、兴宁加地坳山、中山市龙穴村等地也发现有残的石质或骨质的耜形璋柄部。①

1990 年，香港中文大学中国考古艺术研究中心与中山大学考古工作者联合发掘了香港南丫湾大湾遗址，于 M6 发现一件石质耜形璋，与之共出的有串饰 1 套、管珠 10 颗，玉管 2 件。石璋弧刃，前后阑，两阑之间有扉牙，后阑上分 4 齿，属二里头类型。关于 M6 的时代，或以为是战国秦汉时②，或以为到商代早期③。不过从石璋的形制上看，当为商代晚期所用的样式（图 3-1-15，3）。

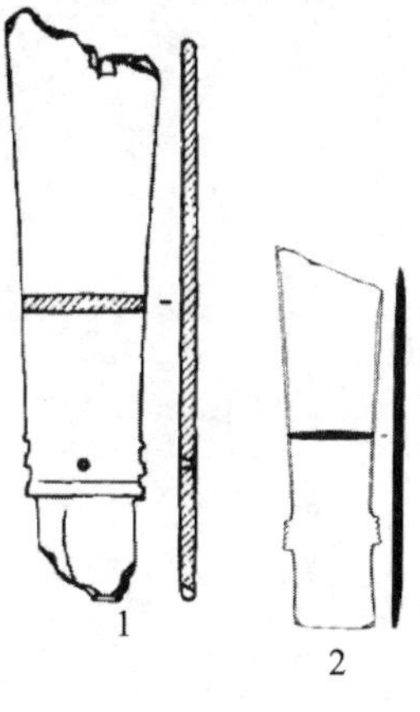

图 3-1-17　漳浦虎林山石耜形璋
1. M13∶1　2. M19②∶4

1938 年，烂头岛东湾出土 1 件玉璋，凸弧刃，筒式阑呈阶梯状，长 31.1 厘米。从其形态上看属于耜形璋的衰弱形态，当进入西周，原报告作者据地层出土器物推测属于“三千年前”的“铜器时代”（图 3-1-16，3）。④

2001 年，福建漳浦虎林山遗址出土两件石璋。M13∶1 器体宽大厚重，长达 51.4 厘

① 参见王永波：《耜形端刃器的分类与分期》，《考古学报》1996 年第 1 期。

② 参见李果、李秀国：《南丫岛发掘散记》，《文物天地》1991 年第 4 期。区家发：《大湾“牙璋”之年代与相关问题》，香港中文大学中国考古艺术研究中心编《南中国及邻近地区古文化研究》，香港中文大学出版社 1994 年版，第 209～214 页。

③ 参见李学勤：《论香港大湾新出牙璋及有关问题》，《南方文物》1992 年第 1 期；李学勤：《试论牙璋及其文化背景》，香港中文大学中国考古艺术研究中心编：《南中国及其邻近地区古文化研究》，香港中文大学出版社 1994 年版，第 5～8 页。

④ 陈公哲：《香港考古发掘》，《考古学报》1957 年第 4 期。

米，宽 9～13.8 厘米，厚 1.5 厘米。凹弧刃残，有前后阑，间有扉牙，柄端残。M19②:4，凹弧刃，宽阑上有 5 个扉牙，柄端较平。长 25.4 厘米、宽 4.8～6.4、厚 0.6 厘米。石璋属商代(图 3-1-17)。[①]

7.越南

见于国外的，除藏品外，越南境内有耜形璋出土，共 4 件，出自两个遗址(图 3-1-18)。冯原遗址(Phung Nguyen)的两件均残剩下部，分别为筒式阑和前后阑的样式。雄仁遗址(Xom Ren)出土的 2 件也分别为筒式阑和凹弧刃、前后阑(后阑兽首状)的二里头类型。[②]雄仁 81:1 长 32 厘米，凹弧刃，筒式阑，与石峁筒式阑璋相似(图 3-1-18,3)。雄仁 81:2 长 46 厘米，凹弧刃，前后阑，后阑外翘，阑间有弦纹，属于二里头类型和商早期流行的器型(图 3-1-18,4)。

冯原遗址为冯原文化的命名地，出土的 4 件玉璋属于冯原文化，何文瑨(Ha Van Tan)认为相当于冯原文化中期，约为公元前 14～17 世纪[③]。从器物形态看，其与二里头类型、三星堆类型相似，与冯原中期的时代基本相符。

图 3-1-18　越南出土耜形璋

1、2.冯原遗址　3、4.雄仁遗址

(摘自香港中文大学中国考古艺术研究中心编《南中国及邻近地区古文化研究》)

进入西周时期，标准的耜形璋已经很少见了，但有一些器型还保存有耜形璋的特点，如端刃凹弧、有阑、穿孔等，可以陕西上康西周墓、山西侯马盟誓坑、湖北钟分卫湾所出土的举例说明，亦有学者将这些归入耜形璋属，但只能算是其衰落形态，或可称之为“异型璋”。

① 参见陈兆善、杨丽华主编:《虎林山遗址》，海潮摄影艺术出版社 2003 年版，第 51、84 页。

② 参见 Han Van Tan:《Yazhang in Viet Nam》，香港中文大学中国考古艺术研究中心编:《南中国及邻近地区古文化研究》，香港中文大学出版社 1994 年版，第 451～454 页。

③ 参见 Han Van Tan:《Yazhang in Viet Nam》，香港中文大学中国考古艺术研究中心编:《南中国及邻近地区古文化研究》，香港中文大学出版社 1994 年版，第 451～454 页。

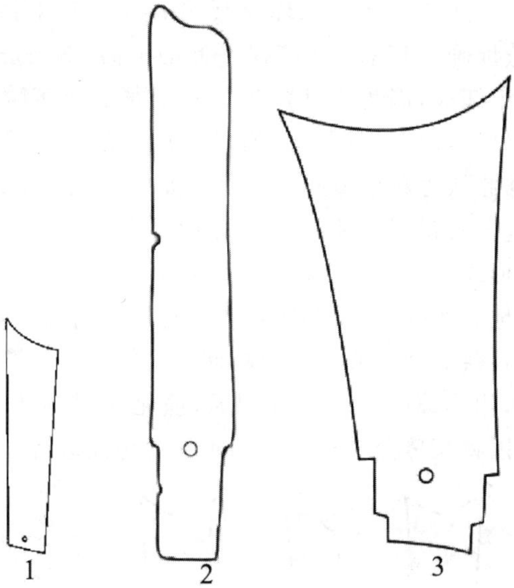

图 3-1-19 上康、侯马盟誓坑、钟分卫湾玉璋
1. 上康 2. 侯马盟誓坑 3. 钟分卫湾

陕西扶风上康西周墓出土 4 件,形制相同,两件柄上有孔,长 10.7 厘米。从其形制上看,唯刃部作凹弧刃,无内无阑,最下端有小孔,已经不属于标准器型,只能算是耜形璋的衰弱形态(图 3-1-19,1),或称作“边璋”,吴大澂的《古玉图考》中认为璋指这种器型的玉器(图 3-1-28,4)。①

山西侯马春秋盟誓坑出土 1 件玉璋,长 36.1 厘米,凹弧刃,残。无阑,直柄,底部平②,为耜形璋的衰弱形态(图 3-1-19,2)。

20 世纪七八十年代,湖北黄陂县钟分卫湾遗址出土 1 件玉璋(原报告称作“玉铲”),编号 M1:3,刃部宽达 20 厘米,凹刃,无阑,柄部呈三级台阶状,长 39.2 厘米,属于异型璋。墓葬 M1 时代属于商末(图 3-1-19,3)。③

(二)耜形璋的起源、分布、扩散和演变

从以上统计来看,早期耜形璋的分布集中于陕北、豫西和山东地区,其时代较早,但结束得也较早,属龙山晚期至夏代,商代少有发现。晚期的耜形璋集中于四川盆地和华南地区,集中于商代,下限至西周。三星堆遗址出土的耜形璋主要属于夏代和商晚期前段。金沙遗址由商晚期至西周时期。华南地区的耜形璋略与金沙遗址大体同时而稍晚。耜形璋的时代集中于龙山晚期、夏代和商代,周代少有发现。华北为其起源地,此后逐渐往西南、华南扩散。

对于耜形璋的起源地,目前存在两种主流观点:或认为起源于石峁,或认为起源于山

① 参见陕西省文物管理委员会:《陕西岐山、扶风周墓清理记》,《考古》1960 年第 8 期。

② 参见山西省文物工作委员会等:《侯马盟书》,文物出版社 1976 年版,第 391 页。

③ 参见熊卜发:《湖北孝感地区商周古文化调查》,《考古》1988 年第 4 期。

东地区。此外，郭静云认为陕北地区的玉璋及其他玉器皆来自于江汉平原。[①] 郭氏的观点是不能成立的，石峁遗址确实有来自于江汉平原的玉器，如玉虎头和鹰形笄，但是并不能据此认为玉璋也来自于江汉，因为在江汉地区目前很少有玉璋出土，这与石峁玉璋的数量形成鲜明的对比。另外，山东地区虽然有较为原始的耜形璋，但是其时代只能说与石峁大体同时，并不能据此认为耜形璋起源于山东龙山文化。山东所出土的耜形璋均为采集，无明确的出土环境。其最早也不可能到龙山早期。石峁不仅有简式阑，而且有演化序列中的芽式刃的耜形璋，构成到二里头类型和三星堆玉璋的中间环节。因此，陕北应该是耜形璋的起源之地。实际上，陕北所在黄土地区才有耜形璋起源的文化土壤。山东的耜形璋很可能是来自陕北地区或受其影响而产生的。

从以上的发现来看，耜形璋的时代特征明显，演化序列清晰。每一个时代具有每一个时代的特征。因此可以将耜璋分别据刃部和阑部的特征进行分类。

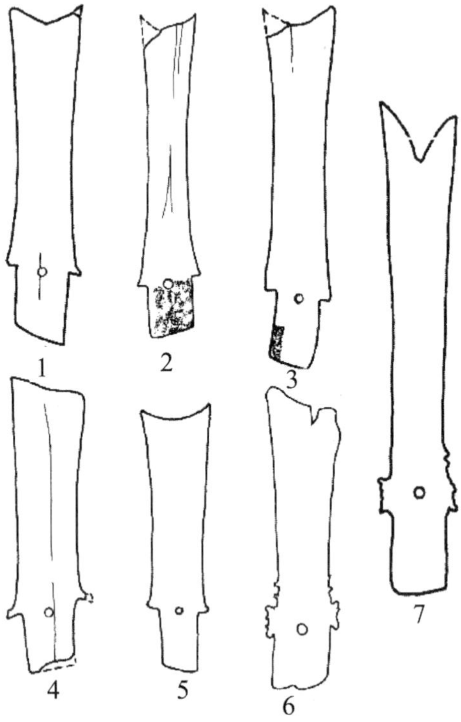

图 3-1-20　石峁遗址出土 Aa 型牙璋

1—5. Aa 型　6. Ab 型　7. Bb 型

石峁遗址，根据刃部不同分为凹弧刃和芽式刃两种，根据阑部不同分为简式阑和繁式阑两种，分别分为 Aa 型（凹弧刃简式阑）、Ab 型（凹弧刃繁式阑）和 Bb 型（芽式刃繁式阑）（图 3-1-20）。

新砦期的耜形璋见于花地嘴遗址，是在石峁遗址 Aa 型的基础上，于阑上加刻扉牙而成。大范庄 LD2:11 也属此类（图 3-1-14，1）。

① 参见郭静云：《牙璋起源刍议》，《三峡大学学报》2014 年第 5 期。

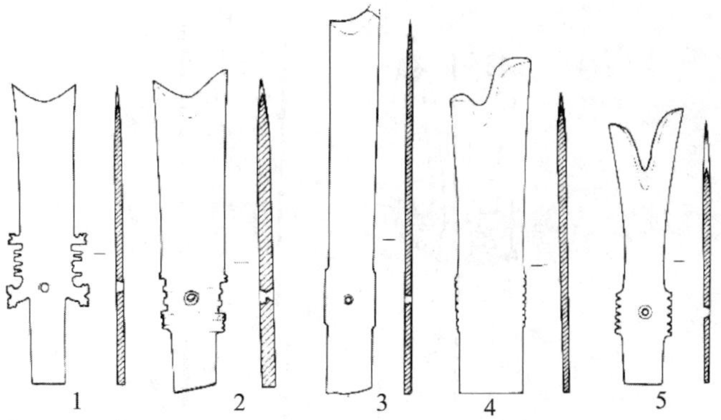

图 3-1-21　三星堆一号坑耜形璋

1、2. Ac 型(K1:01、K1:23)　3. Ad 型(K1:170)　4、5. Bd 型(K1:02、K1:275)

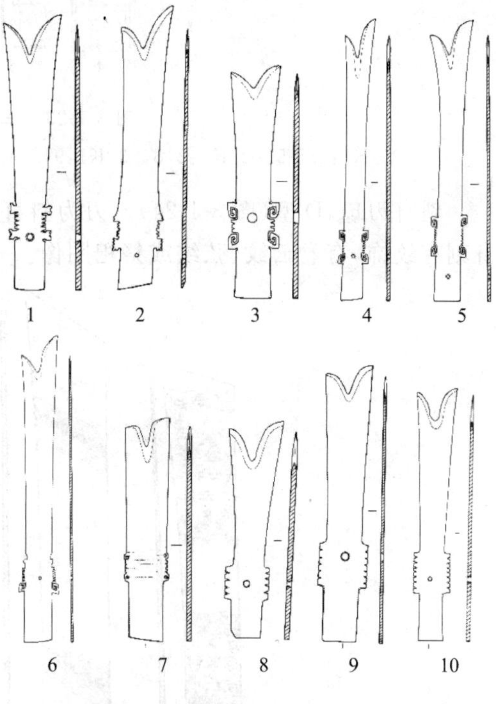

图 3-1-22　三星堆二号坑出土耜形璋

1－2. BcI 型(K2③:167、K2③:202、4)　3－6. BcII(K2③:202-2、K2　③:324、K2③:314-2、K2③:320)　7－10. Bd 型(K2③:141、K2③:174、K2③:322、7. K2③:321)

二里头遗址共出土 4 件，均为繁式阑，并且均为前后阑，阑间有扉牙和弦纹，刃部均为凹弧刃，称作 Ac 型(图 3-1-12、图 3-1-13)。

三星堆遗址的耜形璋是在二里头类型基础上的进一步发展，并出现了新的类型。可分四种：

前后阑的二里头 Ac 型(图 3-1-21，1－2)。

宽阑凹弧刃的 Ad(图 3-1-21，3)和宽阑芽式刃的 Bd 型(图 3-1-21，4)；芽式刃卷云状双阑的 BcII 型(图 3-1-22，3－6)。芽式刃宽阑的 Bd 型(图 3-1-22，7－10)。

戈式璋，即 Cc 型(图 3-1-23)，刃部呈尖状，有凹缺，前后阑，出现于三星堆文化后期，为公元前 1450～前 1200 年。这种器型极似戈，但刃部不同，其阑部还是耜形璋的样式。此外，K1:135-5 的器身上刻有 Ad 型璋的图像，说明戈式璋当为璋而不是作为戈来使用的(图 3-1-23，1)。

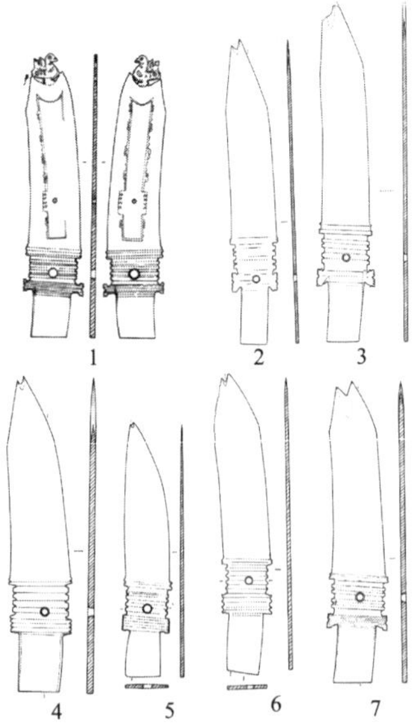

图 3-1-23　三星堆遗址戈式璋

1. K1:235-5　2. K1:218　3. K1:94　4. K1:151　5. K1:05　6. K1:153　7. K0:06

斜直刃璋,D 型(图 3-1-24)。刃为斜直刃,器身较直或微弧,无阑有柄,多有穿孔,器身刻有纹饰,有卷云纹、弦纹或祭祀图像。

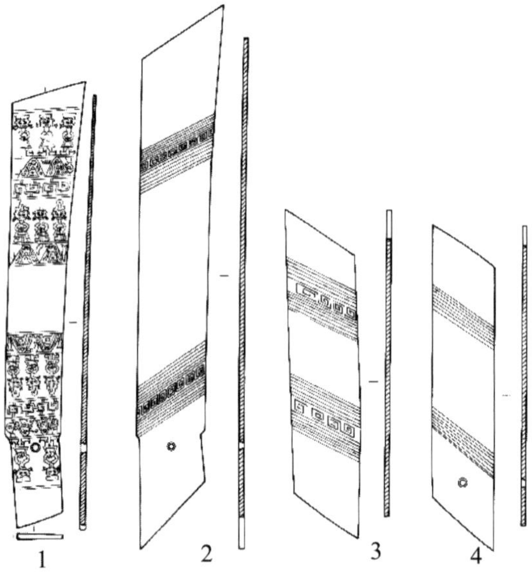

图 3-1-24　三星堆遗址 D 型璋

1. K2③:201-4　2. K2③:194　3. K2③:150　4. k2③:08

金沙遗址是三星堆文化的继承与发展,其耜形璋的器型与之类似,并出现了一些石质和退化形态的异型璋和仅几厘米的小玉璋(图 3-1-25、图 3-1-26、图 3-1-27)。

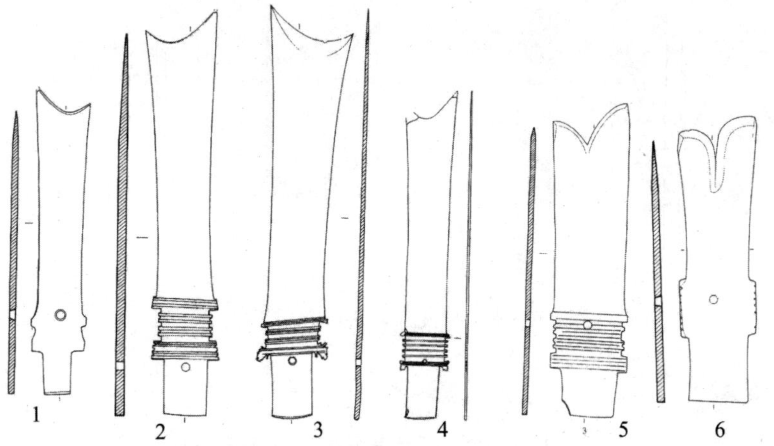

图 3-1-25　金沙遗址耜形璋

1—4. Ac 型璋(C:71、C:6、C:955、C:136)　5. Bc 型(C:461)　6. Bd 型(C:122)

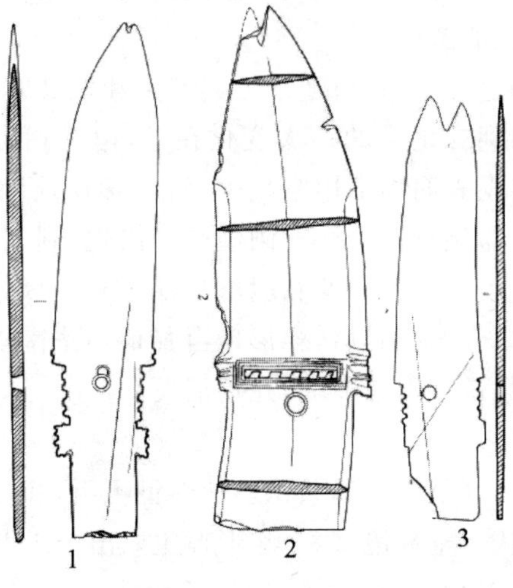

图 3-1-26　金沙遗址戈形璋

1. C:168　2. C:53　3. C:27

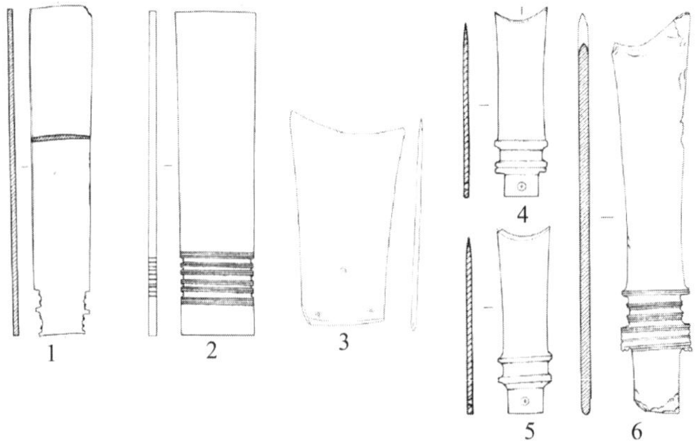

图 3-1-27　金沙遗址异型璋、小玉璋和石璋
1—3. 异型璋(C:956、C:507、C:5)　4、5. 小玉璋(C:479、C:162)　6. 石璋(C:262)

耜形璋演化规律为刃部由凹弧刃发展出芽式刃，再到三星堆文化的直刃，芽式刃出现之后与凹弧刃长期并存。阑部由简式阑往繁式阑发展，繁式阑到二里头文化时期演化为前后阑，再到三星堆文化的宽阑。

耜形璋的形成和发展过程中，石峁遗址为其产生和发展时期，到二里头文化时期，标准器形成。耜形璋由石峁到二里头的一大变化在于，由对耜形璋本体化的模仿，转变成专用的礼器。前后阑的出现表明阑部用来代表耒耜的柄和捆束的绳结，而柄部则成为祭司所把持的部分。这一礼器化自石峁繁式阑型已经出现，到二里头文化时彻底形成。待到三星堆遗址祭祀坑所代表的二里冈期和殷墟早期达到顶峰，金沙遗址可以视作三星堆耜形璋的余序，并开始走向衰弱。其后，耜形璋自蜀地往华南扩散，并远达越南地区。进入周代，耜形璋的形制和数量都迅速衰弱，几近消失。

（三）耜形璋的功能

耜形璋并不是实用器，这是学界的共识。从器型上看，耜形璋呈扁薄长条状，极易折断，并没有实用的功能。从出土环境来看，耜形璋主要出土于以下几类遗存中：

1. 墓葬。如二里头 80VM3:4 随葬有 2 件，香港大丫湾、福建虎林山、许昌陈村等遗址出土的耜形璋也都出自墓葬中。墓葬中出土的耜形璋，大多数器型硕大，制作精美，当为墓主生前所使用，而不是专门制作的冥器。

2. 祭祀坑或祭祀区。主要指三星堆遗址二座祭祀坑，此外，金沙遗址的大多数耜形璋也出土于祭祀区；祭祀坑内所出器物绝大多数是宗教物品，如青铜神树，青铜像设等，耜形璋也是同类。

3. 器物坑。主要有五莲县上万家沟、临沂罗圈峪和石峁遗址。上万家沟和罗圈峪的耜形璋都出自半山腰，可能在使用后掩埋于此。石峁遗址的耜形璋目前没有明确的出土环境，其城墙的缝隙里填有扁平状玉器，目前还没有发现耜形璋。如此大量的玉器很可能出自器物坑中。

耜形璋的出土环境以墓葬、祭祀坑和山上的器物坑为主，表明其是祭器和礼器。

从用途看，《周礼》中“以起军旅，以治兵守”的牙璋并不是目前我们说的耜形璋。出土2件耜形璋的二里头墓葬80VM3，长2.15米、宽1.3米，除璋外还有7件陶器，1件玉钺，9件玉饰①，玉钺代表军权，这是学界普遍共识。在中国古代，玉为事神的祭器，以玉器随葬广见于中国新石器时代墓葬中，如红山文化牛河梁遗址的萨满墓葬，一般以少量玉祭器和玉饰品随葬，与二里头遗址80VM3是相同的。墓主的身份当为祭司，并握有军权，死后以其祭器耜形璋和玉钺随葬。

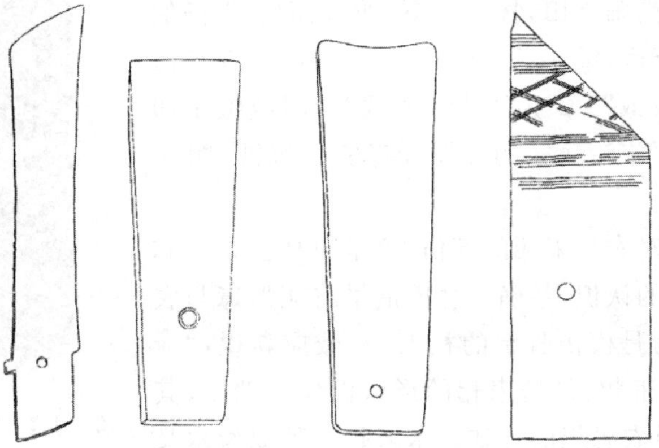

图 3-1-28　吴大澂《古玉图考》中的牙璋、圭和璋

1. 牙璋　2、3. 圭　4. 璋

周代的璋指与圭同类呈长方形扁薄的玉器。许慎《说文》中说："剡上为圭，半圭为璋。"段玉裁注："（璋）剡上为圭。聘礼记曰。圭剡上寸半。杂记曰。剡上左右各半寸。半圭为璋。见诗毛传及公羊传注、周礼注。从王。章声。"从出土的玉器看，所谓"边璋"为许慎所认为的璋（图 3-1-28，4）。璋具有多种类型，如大璋、中璋、小璋、赤璋等，《周礼·春官·大宗伯》："以赤璋礼南方。玉人之事，大璋、中璋九寸。边璋七寸，射四寸，厚寸，牙璋、中璋七寸。射二寸，厚寸。"因此，可以将文献中所说的璋理解成一种长方形薄片状上方突起的玉器。吴大澂在《古玉图考》中将各种璋进行了区分。他认为，端部尖状呈三角形的长条形玉器为璋，端部为平直或下凹的长方形玉器为圭，带阑和柄的为牙璋（图 3-1-28）。②

《周礼·春官·典瑞》："牙璋以起军旅，以治兵守。"郑众释为"牙璋缘以为牙，牙齿兵象，故以牙璋发兵，若今时以铜虎符发兵"。郑玄补充说："牙璋亦王使之瑞节。"周代"以起军旅，以治兵守"的牙璋是军权的象征。在我国新石器时代晚期直至青铜时代铜剑出现并大量应用之前，军权的象征一直是钺。钺是史前和三代使用最为广泛的工具和武器，至迟在公元前3000年前后，钺成为社会权力和军权的象征物。如在良渚文化反山墓葬、灵宝西坡仰韶文化墓葬和济南焦家大汶口文化墓葬等大墓中都有玉石钺出土。钺代表军权一直延续到周代。《尚书·牧誓》中记载："王左杖黄钺，右秉白旄以麾。"虢季子白盘铭文曰："赐用弓彤矢其央；赐用钺用征蛮方。"周武王灭商时，"周公把大钺，召公把小

① 参见中国社会科学院考古研究所二里头队：《1980年秋河南偃师二里头遗址发掘简报》，《考古》1983年第3期。

② 参见（清）吴大澂撰：《古玉图考》，清光绪十五年上海同文书局石印本。

钺，以夹武王”[①]。因此周代起军旅治兵守的牙璋只能是钺。有扉牙的钺就是考古学中的戚钺。戚钺就是在钺的基础上于两侧加上扉牙，正合于郑众所说：“牙璋缘以为牙，牙齿兵象，故以牙璋发兵，若今时以铜虎符发兵。”戚钺为斧钺形，有的整器近似圆形，前方为刃，有的作三刃或四刃，大圆孔，这些特征表明其并不是为了实用，而是一种礼器。《左传·昭公十五年》记载：“其后襄之二路，戚钺、秬鬯、彤弓、虎贲，文公受之，以有南阳之田，抚征东夏，非分而何？”杨伯峻注：“杜注：‘戚，斧也；钺，金钺也……’赐戚钺者，奉王命得专杀戮也。”“赐戚钺”“奉王命”“专杀戮”说明戚钺正如兵符，因此周代起军旅治兵守的礼器牙璋实为戚钺（图 3-1-29）。

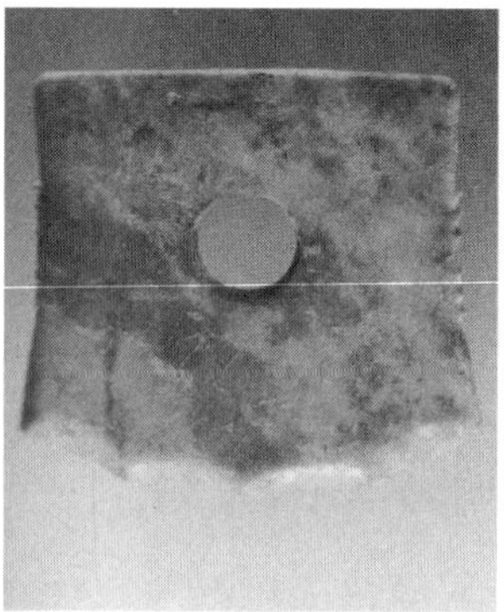

图 3-1-29　二里头遗址出土的夏代戚钺(81VM6:1)

耜形璋来自于对农具耒耜的模仿，这是由林巳奈夫和戴应新最先提出来的认识，甚确。林氏最早将耜形璋与农具骨铲相对应，认为是模仿骨铲的礼玉。[②] 戴应新说：“牙璋盖源自农耕工具耒耜，是仿耒耜的形状而作的瑞玉，其理甚明，也是古人重农思想的反映。木耒是一种双齿木叉形的农业工具，在庙底沟二期文化的灰坑壁上，就发现有木耒的使用痕迹，齿长 20，齿间距 4，齿经 4 厘米，耜本长铲形，齐刃方角，初由木、骨或石质制做，因使用刃部着力磨损致中间内凹两角长出呈叉形，浙江河姆渡遗址发现骨耜 79 件与牙璋形状酷似，由于骨质厚薄和磨损程度不同，或下缘刃部分两齿，两齿长短不一，或刃部大致平齐，有的略弧，骨质厚重者刃部偏于一侧，或刃部倾斜，刃的长端在骨质较厚的一侧，均与牙璋首部形状相仿佛，这特征在石峁玉璋上也是有的，如 SSY7、10、13 号璋一齿长出，另一齿稍短。而骨耜‘两齿间的刃部较薄’的特点，也正是牙璋磨刃所刻意效法和模仿的。牙璋取法耒耜的基本器形加以艺术化和理想化：器身加长，作柄以便握持或加雕侧饰，乃是为适应庄严的礼仪和瑞玉的需要使然之。”[③]（图 3-1-30）

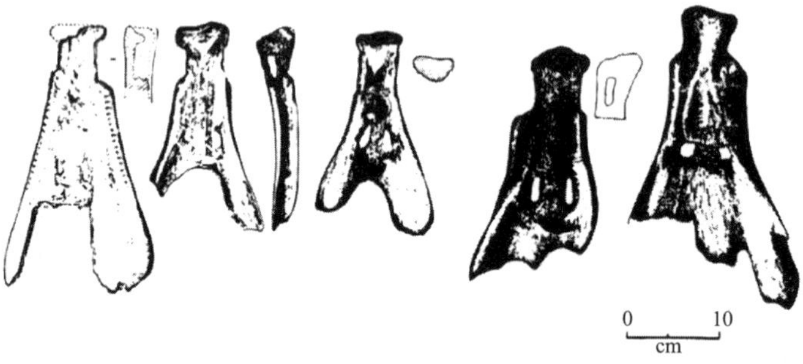

图 3-1-30　河姆渡遗址出土的骨耜

耜形璋正是模仿农具耒耜而作的礼器。《易经·系辞下》：“神农氏作，斫木为耜，揉

① 《史记·鲁周公世家》。

② 参见[日]林巳奈夫：《中国古代石庖丁形玉器和骨铲形玉器》，《东方学报》第 54 册，1982 年。

③ 戴应新：《神木石峁龙山文化玉器》，《考古与文物》1988 年第 5、6 期。

木为耒；耒耜之利，以教天下。”耒耜是中国古代最早使用的农具，神农被视作农业始祖。《逸周书》中说神农“破木为耜锄耨，以垦草莽。然后五谷兴，以助果蓏之实。”因耒耜为广泛使用的农具，从而形成拜物思维。中国史前的农具崇拜已经广有所见。如在大汶口文化的大口尊陶符上刻有铲和锄的符号，仰韶文化阎村类型的陶缸上也画有耒耜，石家河文化的陶缸上刻有镰刀。这些用来祈丰年的宗教类符号都是重农思想的反映。耜形璋流行于龙山文化晚期和二里头文化时期，正值夏代和夏之前的虞舜时期，是古华夏族用来祭祀黄土地的礼器。华夏族是形成于黄土高原上的族群。土地为万物之源，大地载育万物，因此华夏族崇拜黄土地，并将黄土地作为至上神。《说文·土部》：“土，地之吐生万物者也。”文献中“土”“社”相通。《汉书·郊祀志》：“社者，土也。”《公羊传·僖公三十一年》：“诸侯祭土”，何休注曰：“土谓社也。”《说文》：“社，地主也。”《礼记·礼运》：“命降于社，谓之淆也。”郑玄注云：“社，土地之主也。”《孝经·纬》云：“社，土地之主也，土地阔不可尽祭，故封土为社以报功也。”《风俗通义·祀典》：“社者，土地之主。土地广博，不可遍敬，故封土以为社而祀之，报功也。”《白虎通义》中说：“地载万物者，释地所以得神之由也。”又云：“社者，土地之神也，土生万物，天下所主也，尊重之，故自祭之。”因耒耜为古代最常用的农具，与地最近，是用来耕作的工具，因此将其制作成礼器，以彰大地之德。因此，耜形璋模仿农具的样子，正是用来祭祀土地的礼器。

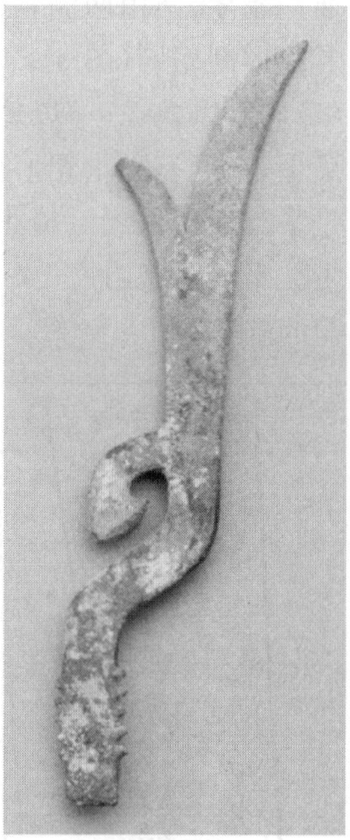
图 3-1-31　铜璋形饰
（K2②：144-5）

耜形璋在发展过程中往两个方向发展：一是耜形，一为芽形，前者如耒耜，后者则像出土的植物芽（图 3-1-22、图 3-1-31）。正如戴应新所说：“我以为（耜形璋）是用作祈年的礼器，而且其齿牙还很像破土而出的禾稼的嫩芽，长长的躯干象征这禾苗根植于丰厚的耕土中，牙璋两侧齿牙状装饰与植物的根须又何其相似。”石峁遗址就有芽状刃繁式阑的耜形璋出土，并且是制作最精美的。三星堆遗址的芽状刃耜形璋有 14 件，其中一号坑出土 2 件，二号坑出土 12 件。三星堆遗址出土的铜璋形器，刃部作芽状，器身弯曲，下部还带有勾状的嫩叶，是模仿植物的形状（图 3-1-31）。芽状的玉璋正是模仿植物（如禾苗）萌芽的形状，代表万物萌发。实际上“璋”字本义正源于此。《白虎通》曰：“南方之时，万物莫不章，故谓之璋。”又曰：“德至地则嘉禾生。”“璋”字本身即带有生长萌动的意义。芽状的耜形璋正像“嘉禾”的形状，以之祭地彰显大地是万物之源。耜形璋阑部有的呈兽首状，不过这只是大体相似，其表现的并非兽，因为有大量的繁氏阑并不呈兽形，而且其阑部从未见有具象的兽形或龙形。实际上，阑部也是两种：一种是耒耜柄部的样子，一种是植物根部的样子。阑部的扉牙是植物根须的模画。中国古代许多玉器表现的都是二合一形象，如玉琮为天圆与地方，玉玦龙代表鸟和兽（实际为鸮和幼虫）。耜形璋为耒耜和嘉禾的象征物。《史记·周本纪》中记载周公作《嘉禾》，正是重农思想的反映。嘉禾是天下太平、政治清明的祥瑞，来自于夏代对嘉禾的崇拜。

山与地皆为地祇。耜形璋也用来祭山。《周礼·春官·典瑞》《考古记·玉人》中都说："璋邸射，以祀山川"。《山海经·南山经》："凡䧿山之首，其祀之用一璋玉。"三星堆遗址发现的玉璋K②3:201-4长54.4厘米、宽8.8厘米，其上以阴刻线对称地在上下刻了两组相同的图案。图案由人物和山岳组成，人物戴帽，手放于胸前作握状，姿势与青铜人像大略相同，当为祭司的形象。山岳由两组相连而立的山峰组成，最下面的山岳，山峰横插一象牙，两山两侧各竖插一玉璋，玉璋刃作芽状，宽式阑，与三星堆祭祀坑中出土的耜形璋形制相同(图3-1-32、图3-1-24,1)。《周礼·冬官·考工记》记载："火以圜，山以章(璋)，水以龙……"以璋代表山，正说明璋是用来祭祀山的礼器。[①] 陕西石峁遗址位于山梁上，出土有大量耜形璋，山东沂南罗圈峪和五莲上万家沟的耜形璋都发现于山上，应该是举行祭山仪式后掩埋的，为埋祭遗存。古人祭祀地祇，一般以沉、埋两种祭祀方式为主。秦汉时祭山仪式中出现了投龙简，也是将玉制简册于祭山之后埋于山上，耜形璋是投龙简的滥觞。

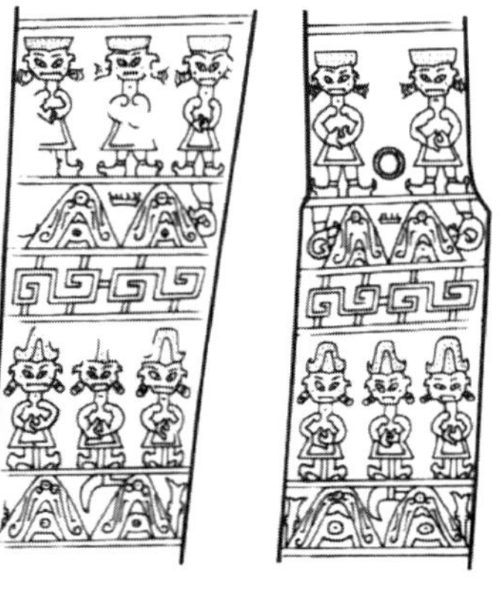

图3-1-32　三星堆二号坑出土的祭山图像

图3-1-33　三星堆二号坑出土的持璋小铜像

山岳与大地都属地祇。对于黄土高原上的人群来说，山是高高的黄土堆。《国语·周语》中说："山，土之聚也。"《释名》曰："山，产也。产万物者也。"《说文》中释"土"："地之吐生物者也。二，象地之下、地之中，丨，物出形也。"山与地本质相同。地之最高大者莫过于山，山近于天，于是祭山以沟通天地群神。中国古代有封禅的传统，"封土为坛，除地为墠"[②]，天高不可及，故于山上立坛祭祀天地群神。据《史记·秦始皇本纪》："二十八年，始皇东行郡县，上邹峄山。立石，与鲁诸儒生议，刻石颂秦德，议封禅望祭山川之事。"《史记·封禅书》中记载："秦缪公即位九年，齐桓公既霸，会诸侯于葵丘，而欲封禅。管仲曰：'古者封泰山禅梁父者七十二家，而夷吾所记者十有二焉。昔无怀氏封泰山，禅云云；虙羲封泰山，禅云云；神农封泰山，禅云云；炎帝封泰山，禅云云；黄帝封泰山，禅亭亭；颛顼封泰山，禅云云；帝干封泰山，禅云云；尧封泰山，禅云云；舜封泰山，禅云云；禹封泰山，禅

① 对于"山以章"句，郑玄注："章读为獐，獐，山物也，在衣。齐人谓麇为獐。"孙诒让不同意郑说，以为此"'章'即上文'赤与白谓之章'……画山者，其色以赤白，以示别异耳。"(《周礼正义》卷七九)两者均不确。"火以圜，山以章，水以龙"，是指画龙以代表水，画圜以代表火，圜即囧形，画章以代表山，章当为璋，即玉璋也。

② 《祭法》："王立七庙。二祧。一坛一墠。"注曰："封土曰坛。除地曰墠。"

会稽；汤封泰山，禅云云；周成王封泰山，禅社首：皆受命然后得封禅'。"《五经通义》云："易姓而王，致太平，必封泰山，禅梁父，天命以为王，使理群生，告太平于天，报群神之功。"无怀氏、伏羲氏、黄帝、炎帝等古帝王皆封禅名山。以泰山为首的五岳成为群神的居所，祭山即代表祭祀群神。司马迁于《史记·封禅书》开头曰："自古受命帝王，曷尝不封禅？"后世以封禅来确定君权神授的合法性。

周代时简化了祭山的仪式，不再去现场封禅，主要行望祭。《公羊传·僖公三十一年》："三望者何？望祭也。然则曷祭？祭泰山、河、海。"《尚书·舜典》："望于山川，遍于群神。"孔安国传："九州岛名山、大川、五岳、四渎之属，皆一时望祭之。群神谓丘陵坟衍，古之圣贤者皆祭之。"汉王充《论衡·吉验》："楚共王有五子：子招、子圍、子干、子皙、弃疾。五人皆有宠，共王无适立，乃望祭山川，请神决之。"《宋史·礼志二六》："（绍兴）三年正月，礼部、大常寺言：'春秋二仲，荐献诸陵，乞于行在法惠寺设位，望祭行礼。'从之。"《清史稿·高宗纪一》："遣官望祭长白山、北镇医巫闾山及辽太祖陵。"从周代到清代，望祭是祭祀山川最重要的仪式。

（四）耜形璋与三代文明

耜形璋是夏商时期模仿农具耒耜和嘉禾而制作，用来祭祀土地山川等地祇的礼器，发端于黄土高原，其后在二里头文化和三星堆文化中得以进一步发展。到商代早期，中原地区的耜形璋急剧减少，这是由于商代夏之故。商人由东夷和狄人所组成，其宗教信仰来自于夷人的太阳崇拜和北方的萨满教，故土地山川并非其至上神，虽然商人也有土地神、社神崇拜[①]，但是殷人已经不将其作为上神，而只是祭祀地祇的传承，在商人的众神里地祇地位在帝和四方神之下，自然也不会为其制作如此复杂的祭祀用具。周人为西北族群，周代崇拜稷神和社神，《周礼》中将祭祀制度化，唯有诸侯可以祭祀山川："天子祭天地，诸侯祭山川，卿大夫祭五祀，士祭其祖。"《礼记·曲礼》曰："（天子祭）天地、四时、山川、五祀，岁遍。诸侯方（伯）祀山川、（祭）五祀，岁遍。卿大夫祭五祀。士祭其先。"周人亦不制作使用复杂的耜形璋，而代之以圭、璧、璋等小型玉器，进行整合后重新作为周代礼器。三代祭祀文化因循损益，有继承，也有改良，以土地山川所组成的地祇与稷神结合成社稷，成为国家的代名词。

耜形璋在各地的分布时间是不同的，主要有陕北、中原、三星堆所在巴蜀三大地区。扩散区有两个：一是夏代早期前后，扩展到山东沿海地区；二是商周时期，扩展到东南沿海地区。这些地区与文献中记载的我国第一个王朝夏王朝有关。石峁所处的陕北地区自古与"夏"相关。《逸周书》《博物志》都记载有唐伐西夏的事件。《博物志·杂说上》记载："昔西夏仁而去兵，城郭不修，武士无位，唐伐之，西夏亡。""唐"，指陶唐氏，位于晋南，夏位于河西，指陕北地区。东晋时匈奴人赫连勃勃建大夏，筑统万城都之，位于陕北榆林靖边县城北白城子村。公元431年，北魏灭其国，改统万城为夏州。隋改置朔方郡于此，唐复改为夏州。唐僖宗时，党项部首领拓跋思恭被封为夏州节度使，因平黄巢起义有功，被封夏国公。公元1038年，李元昊建国大夏，是为西夏景宗。这一带据传也是黄帝族的分布区。黄帝埋葬于桥山。在《史记·五帝本纪》中，裴骃《集解》引《皇览》曰："黄帝冢在

① 参见常玉芝：《商代宗教祭祀》，中国社会科学出版社2010年版，第132～150页。

上郡桥山。”司马贞《索隐》引《汉书·地理志》云：“桥山在上郡阳周县，山有黄帝冢也。”上郡位于陕西北部，北近黄河，东靠黄河和山西，即石峁所在的地区。《山海经》中的记载也说明黄帝居北方，《大荒西经》中说：“有北狄之国；黄帝之孙曰始均，始均生北狄。”后来许多北方游牧部族贵胄，自称“始均”之后。如公元前5世纪统一北方建立北魏之鲜卑拓跋氏，北齐人魏收(505～572)撰的《魏书·序记》记载其祖先源流：

> 昔黄帝有子二十五人，或内列诸华，或外分荒服。昌意少子，受封北土，国有大鲜卑山，因以为号。其后，世为君长，统幽都之北，广漠之野……黄帝以土德王，北俗谓土为托，谓后为跋，故以为氏。其裔始均，入仕尧世，逐女魃于弱水之北，民赖其勤，帝舜嘉之，命为田祖。爰历三代，以及秦汉，獯鬻、猃狁、山戎、匈奴之属……而始均之裔不交南夏，是以载籍无闻焉。

除北狄之外，据《山海经》，犬戎也来源于黄帝族。《大荒北经》载：

> 大荒之中，有山名曰融父山，顺水入焉。有人名曰犬戎。黄帝生苗龙，苗龙生融吾，融吾生弄明，弄明生白犬，白犬有牝牡，是为犬戎，肉食。有赤兽，马状无首，名曰戎宣王尸。

正因为黄帝与西北难以割舍的关系，才有这些北方游牧民族对黄帝的攀附，这些攀附有的可能是真实的，有的可能仅仅是一种攀附而已。因为自称为黄帝正嫡的周人也曾“窜于戎狄之间”，与狄、戎同俗。这说明黄帝在西北地区有悠久的历史渊源。

黄帝被当作上帝，最早见于秦人的记载。秦原是少昊之后，由东方迁居西垂，自秦襄公起，作六畤，分别祀白帝、青帝、黄帝、炎帝。白帝、青帝分别为太昊、少昊，黄帝与炎帝为西方崇拜的上帝，说明秦人崇拜东方和西方的神灵。炎帝族主要居于渭水流域关中平原地区，黄帝族偏北，主要分布于内蒙古南部、陕北地区，即石峁遗址所在。石峁遗址是虞代和夏早期祭祀黄帝的城邑。正是由于虞夏祭祀黄帝，以黄帝作为至上神，因此《国语·鲁语》中说虞夏皆“禘黄帝”，即将黄帝作为部族的远祖。

二里头遗址被越来越多的学者认定为夏代都城。从时代上看，二里头文化早于二里岗文化，而与先商文化同时。其次，从地域上看，夏王朝位于豫西的伊洛盆地。《夏书》记载：“太康失邦，昆弟五人，须于洛汭，作《五子之歌》。”《史记·夏本纪》裴骃《集解》引孔安国曰：“太康五弟作其母待太康于洛水之北，怨其不反，故作歌，其后，孔甲亦游猎于首阳。”《逸周书·度邑》说：“自洛汭延于伊汭，居易无固，其有夏之居。”《说文解字》中记：“水相入曰汭。”朱右曾《逸周书集训校释》：“洛汭，洛水入河之处，在河南巩县北，伊水入河处，在偃师县西南五里。”《史记·孙子吴起列传》：“夏桀之居，左河济，右泰华，伊阙在其南，羊肠在其北……”伊洛盆地为夏王朝的中心。二里头遗址所表现出来的文明程度也超过了任何一个新石器时代考古学文化和同期文化，它有发达的手工业，专业的青铜作坊，玉器、漆器、陶器制作精美，并有了一套完备的以鼎、鬶、盉、爵、斝为核心的礼器，说明二里头文化礼制已经形成，是三代礼制之先。二里头遗址是具有向心力的超大型聚落，以其为中心，周围分布着大、中、中小和小型四个级别的聚落，聚落之间呈金字塔式的结构。二里头遗址内部也可划分成不同的区域，其中心为宫殿区，面积达 12 万平方米，布局符合都城居中的理念。墓葬也可分为大、中、小三类，墓葬规模和随葬品差异巨大，说明社会成员内部等级分化加剧。因此，二里头遗址为夏代都城。二里头遗址也继承了中国史前以玉礼神的传统，在所发现的二里头文化玉器中，耜形璋无论是体量之巨大，制作之精美，无疑是夏玉之王。费孝通称玉为中国的玉魂国魄，因此，可称耜形璋为夏玉之魂。

夏人以耜作礼器。汉代画像石中有夏王手持耒耜的图像，见于山东济宁嘉祥县武梁祠西壁画像石。在第二层上端有 11 个古帝王，从伏羲女娲到夏桀，其中神农、夏禹和夏桀均持有耜形器，神农持的耒耜形体比较大，作躬身耕作状，是对耒耜的具体模画。而夏禹所持比较小，握于手中，应该只是一种象征性的礼器。桀所持也不相同，呈上弧岐峰带柄的礼器，只是还保有耒耜双锋的形状特征，已经属于脱离了实物的礼器了。《韩非子·五蠹》云："禹之王天下也，身执耒臿，以为民先。"由此可见，夏代时，将耒耜礼制化，成为夏王朝最重要的礼器（图 3-1-34）。这正与耜形璋的考古发现相符合。

神农　　夏禹　　夏桀

图 3-1-34　武梁祠西壁画像石局部画像

三星堆文化与二里头文化之间有千丝万缕的联系，无论是陶器如陶盉、陶鬶，还是礼器如耜形璋、镶嵌绿松石铜牌饰，都表明两者之间不但具有文化上的传承，很可能是同一族在不同的时期所创造的。杜金鹏认为，三星堆文化中的盉、豆、璋、戈、圭均由二里头文化传来，夏末商初时，夏人迁入成都地区，与当地土著居民相结合创造了三星堆文化。[1]孙华认为，三星堆文化不是在宝墩文化的基础上发展起来的，两者表现出一定的断裂性，而二里头文化对三星堆文化的形成起了关键性的作用；进而认为，三星堆文化是夏王族迁徙至成都平原所创造。[2] 二里头类型的耜形璋在三星堆文化的进一步发展表明其祭祀群体具有共同的宗教信仰和族群认同；进入商代之后，中原文化迅速为商文化所取代，而在蜀地有实力进一步使用耜形璋进行祭祀的群体只能是夏王族。

耜形璋是夏王朝第一玉器。正因为夏、商不同族，因此华北平原和江淮地区少有出土。商灭夏之后，在三星堆所在的蜀地继续夏人的祭祀。三星堆祭祀坑所表现出来的宗教形态，既有夏人的宗教，又有与商人类似的以青铜神树和青铜尊等为代表的信仰。这应该是进入商代之后，夏人接受了商人的宗教祭祀方式。因为夏人也有崇拜太阳的信

① 参见杜金鹏：《三星堆文化与二里头文化的关系及相关问题》，《四川文化》1995 年第 1 期。

② 参见孙华、苏荣誉：《神秘的王国》，巴蜀书社 2003 年版，第 129～154 页。

仰。或许该地夏人是在商人的镇服之下举行祭祀活动，并为商王室提供铜矿等资源，而夏、商共有的萨满教来源当为其宗教的文化底层。创造三星堆文化的夏人对耜形璋又进行了进一步完善和改良，制作越发精湛。《尚书》中记载，商汤灭夏之后，放夏桀于南巢，《竹书纪年》记载："汤遂灭夏，桀逃南巢氏。"上博简《容成氏》记载：

> (汤)然后从而攻之，升自戎遂，入自北门，立于中□。桀乃逃于鬲山氏，汤从又从而攻之，降自鸣条之遂，以伐高神之门。桀乃逃之南巢氏，汤又从而攻之，遂逃，去之苍梧之野。①

"苍梧之野"，又是舜的葬地，估计这一名词指遥远的南方某地，现在我们知道夏人商代时的落脚点在三星堆古城。

商后期，殷人撤出成都平原，社会发生了动荡和政权变革，因此将祭器一起埋到了三星堆遗址的器物坑里。三星堆古国之后，夏人在金沙遗址继续举行祭祀活动，不过金沙遗址的经济政治实力不如三星堆古城，因此出现了大量的石质牙璋和小型牙璋。同时有一部分夏人往关中迁徙。20 世纪 70 年代，陕西洋县出土一批青铜器，其中包括 10 件铜制耜形璋，另有蛙纹钺、铜尊、青铜人面具、青铜兽面具等②，当为迁往关中的夏王族所创造，蛙纹显然是受古羌人蛙崇拜的影响，而双身龙则为夏王族龙崇拜的反映(图 6-7-3)。及至武王克殷之后。《史记·周本纪》中记载"(封)大禹之后于杞"，《吕氏春秋·慎大览·慎大》和《礼记·乐记》中也说"封夏后氏之后于杞"，说明到周时夏人仍得以继其绝祀。只是经过了有商四五百年的时间，杞人对于其祖先的祭祀怕也记不很清了。《论语·为政》"子曰：'殷因于夏礼，所损益可知也；周因于殷礼，所损益可知也。其或继周者，虽百世，可知也。'"又曰："夏礼吾能言之，杞不足征也；殷礼吾能言之，宋不足征也。文献不足故也。足，则吾能征之矣。"三代文化因循损益，三代宗教作为文化的最重要构成也是如此。

到周代，中国进入第一次大一统的时期，耜形璋这种双锋的玉器显然不再符合大一统的需要，而玉圭单锋的特点使其成为最重要的礼器。璋也被半剖成圭。《说文》："剡上为圭，半圭为璋。"周代的璋显然就是指半剖的玉圭，也就是考古报告中所说的边璋(图 3-1-28，4)。陕西扶风西周墓中所出土的玉璋无阑单锋，正合于半圭之形(图 3-1-19，1)。《诗经·大雅·棫朴》："济济辟王，左右奉璋。"《说文》："公执桓圭，九寸；侯执信圭，伯执躬圭，皆七寸；子执谷璧，男执蒲璧，皆五寸。以封诸侯。"圭、璋的功能逐渐合一，诸侯所捧玉圭成为笏的前身。

商代晚期至西周时期，耜形璋出现于岭南地区，该地属闽越，文献中称作"百越"。越人为夏禹之后。司马迁于《史记·越王勾践世家》中说：

> 越王勾践，其先禹之苗裔，而夏后帝少康之庶子也。封于会稽，以奉守禹之祀。文身断发，披草莱而邑焉。后二十余世，至于允常。允常之时，与吴王阖庐战而相怨

① 参见马承源：《上海博物馆藏战国楚竹书》(五)，上海古籍出版社 2005 年版，第 310～316 页。

② 参见李烨、张历文：《洋县出土殷商铜器简报》，《文博》1996 年第 6 期。

伐。允常卒，子句践立，是为越王。

以考古发现证之，闽越为禹之后裔确有实据，如越国青铜器上多龙蛇形象，表明越也崇拜龙蛇，与夏族相同。但是越国恐非少康庶子所封国。这一观点是受周代分封制的影响而形成。从年代上看，少康为公元前1840年前后，“二十余世”若按25世（每世30年）计算，约750年而至勾践。勾践生活于春秋晚期，其间相隔500年以上。因此越为少康庶子所封之说不确也。以勾践之年代（前496～前464）上推20余世，正属商代晚期，而耜形璋之往闽粤的扩散正处于该时期，两者相合。因此闽粤所发现的耜形璋正是夏人在此活动的证明，夏人往闽粤的迁徙当与三星堆古城的衰落和动荡有关。此外，闽越崇拜蛇，正源于夏人崇龙蛇。《说文》释“闽”：“东南越，蛇穜。”《淮南子·原道训》：“九嶷之南，陆事寡而水事众，于是民人被发文身，以象鳞虫。”当然，越人的来源不仅是夏人，也有当地土著和来自于长江下游的人群，如良渚晚期时良渚人往南扩散，河姆渡晚期时河姆渡人也往南迁徙，其中应包括少量来自于中原的人群，这些来源复杂的人群共同构成了百越族群。而其中夏人则是其中重要的一支。由于岭南地区特殊的地理环境和生业方式，使本地人群呈现出社群小型化、社会分散化的特点，夏人自来之后即以文化上的优势取代了当地文化。因此，越人崇拜大禹，自称大禹之后，视大禹为越人的英雄祖先。司马迁于《史记·东越列传》中言之凿凿：

> 太史公曰：越虽蛮夷，其先岂尝有大功德于民哉，何其久也！历数代常为君王，句践一称伯。然余善至大逆，灭国迁众，其先苗裔繇王居股等犹尚封为万户侯，由此知越世世为公侯矣。盖禹之余烈也。

越国崛起之后，逐渐往中原扩张，正是为了回到中原故土。越王勾践一度成为“春秋五霸”之一。越人盘踞长江下游，禹之祭祀不绝。因此，后世有禹之传说于此。秦始皇三十七年，“始皇出游”“上会稽，祭大禹”。今存大禹陵位于浙江绍兴越城区禹陵乡禹陵村。

耜形璋是夏王朝第一玉器，起源于黄土原上，是为祭祀土地而模仿耒耜制作的玉礼器。黄帝是黄土地的神化，陕北地区正是黄帝的故乡，因为崇拜黄土地，这里的古代人群将黄帝奉为至上神。由于该处位于农牧交汇地带，在进入仰韶时代晚期时，气候逐渐变得干冷，农业人群面临来自气候变迁的压力，因此逐渐团结起来并加强对土地的祭祀活动。而北方牧业人群也逐渐南迁。也正是农牧业人群的争夺，从事农业的族群意识觉醒，华夏民族意识逐渐形成。夏族的主体是西北族群，联合了来自江汉地区的虞舜部族，两地族群逐渐融合，因此，虞夏两代均禘黄帝而祖颛顼。

耜形璋正是为了祭祀黄土地和黄帝而制作的大型祭器。由于西北羌人崇拜山岳，因此璋亦用来祭山。在古代人看来，山的本质就是土之最高者，后来山岳成为众神的居所。夏、商宗教信仰不同，因此商人并不用耜形璋，华北和长江下游夷人地区少有耜形璋的发现。汤灭夏之后，商人于蜀地镇服夏人，夏于此继续其祭祀，三星堆古国就是这样形成的。因此夏人的拜山信仰和商人的太阳神萨满教信仰都得到了发展。进入商后期以后，商王朝国力衰弱，疆域逐渐收缩，从而撤出了蜀地，三星堆古国废弃。留在四川的夏人在金沙遗址继续行其夏祀，直至西周；有部分夏人迁往东南，成为越人的主要来源；另有部分夏人往关中迁移,并助周人灭了商王朝。

羌人是西北地区强盛的族群,马家窑文化为其先民所创造,到马家窑文化晚期,气候逐渐干冷,羌人也逐渐发展成为农牧混合经济的族群。有的族群进入关中和中原,其中势力最强的即为姜姓羌人。有的族群则转变为游牧人群。羌人是维吾尔、塔吉克、哈萨克、乌孜别克、柯尔克孜等各族的主要先民。另有部分羌人往西南迁移,自夏商直至秦汉,西南方的川西北地区都是羌人的主要迁徙地。现在的羌人还有20万人,生活在岷江上游地区。过去我们不清楚为什么羌人往蜀地迁徙,现在终于明白,这是追寻夏人的足迹而来到此处。留在西北的羌人最终被秦人征服,从而融入了汉民族之中。由于夏人和羌人迁到成都平原,因此有文献称"禹兴于西羌""禹生于石纽",将大禹的故乡安放于此,显然是为了证明羌人据有此地的合法性。实际上,据羌人的古歌记载,羌人为外来族群,曾经居住在肥美的西北草原上,他们来此之后即受到了当地人的强烈反抗,亦有传说羌人被白石神拯救,打败了当地人,从而在这里安居下来。山崇拜一直是羌人的宗教信仰,白石也是山神的物化形式,而耜形璋是用来祭山的礼器。从汤灭夏到西周,夏人在此续了近800年的香火。但是羌人却世代承受被驱逐的命运。东周秦汉时期,据《后汉书·西羌传》,自秦献公兵临渭首,灭狄铠戎至西汉时期频繁的羌汉战争,迫使羌戎各部落或向黄河、长江上游、金沙江南北的云、贵、川、藏及青南高原广大地区迁徙,并与土著相融合,形成后来的藏、彝、白、怒、哈尼、傈僳、纳西、拉祜、普米、阿昌、土家等族的先民。部分羌人向中央王朝内附。内迁的羌人被称作"东羌",逐渐融合到汉族中去。现在的汉人中有很大一部分即来自于羌人,是汉族的重要组成部分。

三、结　论

夏王朝是中国第一个王朝,是中国从古国向王朝国家过渡的时期,经过夏、商、周三代,中国逐渐由分散的古国组成政治联盟,形成区域性的王国,最终于秦汉时期统一为中央集权的帝国。夏兴于黄土高原上,黄土地为其至上神,因此最为崇拜黄帝。但其时治水大业均在黄河中下游,因此禹王族崇拜龙,禹死后被封为社神(土地神)。龙是夏王族的图腾,二里头文化中发现的大量龙形象的文物,可以作为证明。同时,夏自太康始,以日为名,太阳崇拜在此时已经被统治阶层作为神化王权的工具。

夏王族来自于西羌,羌人有崇拜白石的宗教信仰,圣山崇拜为夏族的主要宗教信仰之一。耜形璋为夏代最为重要的玉礼器,用来祭祀山川地祇,因此,文献中称禹主名山川,司马迁《史记·夏本纪》中称禹为"山川神主"。夏被商灭国之后,夏王族迁居蜀地,同时羌人也逐渐往岷江迁移,夏人在此行夏祀至商末。四川地区古称巴蜀,古蜀国即夏王族所创造。

夏人最为崇拜山川地祇,这是其宗教上的主流。关于夏之得名,学界存在几种不同的观点,但均无可靠的证据。杨宽先生据文献考证,所谓"夏土"即"下土","夏国"即"下国","夏后"即"下后""后为下土之神或人王,下后处下阴,故借此'后'字以名之。后世尊王曰帝,尊妃曰后者,即沿此义也。"[①]因此,夏之得名来源于"下土",即地祇崇拜。正因

---

① 杨宽:《中国上古史导论》,上海人民出版社,2016年版,第192页。

如此，禹被祀为社神，即土地神。周王称天子，商王称帝，夏王称后，皆来自于其至上神。

二里头文化占卜用品，只发现兽骨，而未发现可确认的卜甲。在陕县七里铺、渑池郑窑、渑池鹿寺、巩县稍柴、淅川下王岗、偃师灰嘴、荥阳西史村等遗址均发现二里头文化的卜骨，包括牛、羊、猪、鹿的肩胛骨。其中有的牛骨经过加工，而羊、猪、鹿骨则均未经整治。所有的卜骨，一般都只有灼痕而无钻凿痕迹。夏人的占卜方式是北方流行的骨占术（与之相对的是中原东部以舞阳贾湖、大汶口和商人的龟卜术）。

夏人崇龟，二里头遗址曾于墓葬中发现大型龟甲，1987 年在二里头遗址Ⅵ区 M28 中发现两块鼋甲，涂有朱砂。[①] 两者均未作为卜甲，而是龟崇拜的反映。二里头文化中也发现有陶龟，在二里头遗址出土的一件陶盆里装饰着一只小陶龟[②]，另一器钮的顶部也饰有一只陶龟[③]，单独雕塑的陶龟也已发现多件。[④]

夏王族来自于西羌，因此继承了蛙（蟾蜍）崇拜。陶质蟾蜍在二里头遗址出土多件[⑤]，扁体肥腹，背部装饰有泥丁或圆圈，形象逼真。这些陶蟾蜍腹部均纵贯一孔，应该是穿系到身上的宗教用品。

夏人崇拜地祇，因此地与龙、鼋融合，鼋龟成为负地之神。禹为龙，死后为社神。夏族来自于西羌，因此崇拜蛙，蛙崇拜的至上神为女娲，为禹之祖先，羌人崇石，因此有禹石生的传说。《绎史》卷十一引《遁甲开山图》：

> 古有大禹，女娲十九代孙，寿三百六十岁。尧理天下，洪水既甚，人民垫溺，大禹念之，乃化生于石纽山泉。女狄暮汲水，得石子如珠，爱而吞之，有娠，十四月生子……乃赐号禹。

杨宽说，神话就是历史[⑥]，信哉斯言！

第二节　商代的宗教信仰

《史记・殷本纪》中说："自契至汤八迁。"据王国维考证，商朝八次迁都，其中七次是在河、济之间。商人的祖先曾活动于豫东和鲁西南一带，因此商是东方的族群。[⑦] 商朝是一个宗教氛围极为浓厚的时代，这不同于虞代（大体对应于龙山时代早中期）、夏代（二里头文化时期），也与后来的周代不同。与之最为相似的是史前时期的良渚文化，他们不但继续了良渚文化的崇拜对象，而且也继续了他们的宗教表达方式，只不过良渚文化将他们的神像雕刻在玉器上，而商人有了新的媒介——铜器。如果比较的视野放得更宽广一

① 参见中国社会科学院考古研究所二里头工作队：《1987 年偃师二里头遗址墓葬发掘简报》，《考古》1992 年 4 期。

② 参见中国社会科学院考古研究所：《二里头陶器集粹》，中国社会科学出版社 1995 年版，图版 49。

③ 参见中国社会科学院考古研究所：《二里头陶器集粹》，中国社会科学出版社 1995 年版，图版 415。

④ 参见中国科学院考古研究所洛阳发掘队：《河南偃师二里头遗址发掘简报》，《考古》1965 年第 5 期。

⑤ 参见中国科学院考古研究所洛阳发掘队：《河南偃师二里头遗址发掘简报》，《考古》1965 年第 5 期。

⑥ 参见杨宽：《中国上古史导论》，上海人民出版社 2012 年版，第 50 页。

⑦ 参见王国维：《说自殷契至于成汤八迁》，《观堂集林》，中华书局 1959 年版，第 515、516 页。

些的话，商王朝也类似于南美洲的阿兹特克文化，它们都是崇拜太阳、龙、鸟的文化，并处在极度的宗教狂热之中。商人的前逻辑思维使他们花费了大量精力来处理人与神之间的关系，这与周人有非常大的区别。

商人的宗教信仰有三个来源，即新石器时代的太阳崇拜、北方的萨满教和黄河流域的图腾崇拜。学界普遍认为，商人崇拜鸟，鸟是商族的图腾。[①] 太阳崇拜则构成了商人的上层信仰，即商王族以日为神，萨满教与太阳崇拜相结合，构成了商人的宇宙观和宗教观。桑林是商人的祭祀场所，来自于萨满教。商人的宗教信仰是在三大原始宗教的基础上形成的，是三种宗教的融合体。商人代表了由东北至长江中游这一东南文化区的原始宗教信仰，与夏人所代表的西北文化区的原始宗教具有明显的区别。

一、商人的至高神——帝

商代晚期有大量的甲骨文发现，从而进入了信史的阶段。甲骨文是商王或巫师占卜时在龟甲和兽骨上契刻的文字，内容一般是占卜所问询之事或所得结果。因此甲骨文中记录了大量商朝的宗教内容，所祭祀的对象，祭祀的内容和方式等。商人上至征伐下至疾病都要占卜，因此甲骨文可以使我们了解商朝的政治、经济、生活等社会信息。

商人占卜祭祀的神灵中最高权威为“帝”，也称“上帝”。到殷末，商王也称“帝”，殷末的二王称“帝乙”“帝辛”，卜辞中又有“文武帝”的称号，可见“帝”这一名称也用于人王。据陈梦家考证，卜辞中的“帝”有三种用法：“一为上帝或帝，是名词；二为禘祭之禘，是动词；三为庙号的区别字，如帝甲、文武帝，名词。”[②]上帝是商人宗教中的至高神。

商人继承了萨满教中“万物有灵”的思想，崇拜的神灵众多。陈梦家先生将之分成三类：

天神：上帝；日，东母，西母，云，风，雨，雪。

地示：社；四方，四戈，四巫；山，川。

人鬼：先王，先公，先妣，诸子，诸母，旧臣。[③]

在殷人心目中，帝是至高神，主宰天上、人间一切事务，是自然与人间的主宰。帝能呼风唤雨，决定着雨、雷、雹、风、云等的发生与发生的次数多少和程度。上帝统领雨、雷等自然神，它拥有主宰这些自然神灵的权能。商代卜辞中有对自然天象的仪式与祭祀的记录，在商人的观念中自然天象均为超自然的神灵。这些神灵直接控制自然现象，间接对人事也有影响。这些自然神灵主要有风神、雨神、日神、月神、云神、雪神、四方神、山神、河神等。[④]

雨在殷人看来是雨神控制，但是雨神听令于上帝。卜辞有不少“帝令雨”的卜问：

> 辛亥，内贞：今一月帝令雨。四日甲寅夕[允雨]。
> 辛亥，内贞：今一月[帝]不其令雨。(《甲骨文合集》14295)

---

① 参见胡厚宣：《甲骨文商族鸟图腾的遗迹》，《历史论丛》1964 年第 1 辑。胡厚宣：《甲骨文所见商族鸟图腾的新证据》，《文物》1977 年第 2 期。

② 参见陈梦家：《殷墟卜辞综述》，中华书局，1988 年，第 562 页。

③ 参见陈梦家：《殷墟卜辞综述》，中华书局，1988 年，第 562 页。

④ 参见常玉芝：《商代宗教祭祀》，中国社会科学出版社 2010 年版，第 28～40 页。

贞：今一月帝令雨。(《甲骨文合集》14132 正)

辛未卜，争贞：生八月这令[多]雨。

贞：生八月帝不其令多雨。

丁酉雨至于甲寅，旬有八日。九月。(《甲骨文合集》10976 正)

以上卜辞内容都是上帝是否“令雨”的，即贞人卜问上帝是否命令雨神下雨，或下雨的程度——会不会多雨。从贞人的卜问中也可以看出，上帝操纵着下雨或不下雨的权力，并决定着下雨量的大小。同时，贞人不能祈求上帝下雨或不下雨，而只能小心揣测上帝的意志。

打雷也是上帝命令雷神来执行的，卜辞中有“帝令雷”的卜问：

癸未卜，争贞：生一月帝其弘令雷。

贞：生一月帝其不令弘令雷。

贞：不其雨。(《甲骨文合集》14128 正)

贞人卜问“生一月”即下一个月[1]，上帝会不会“弘令”雷神打雷，弘令即大令[2]。因雷雨相连，故第三条卜辞问“不其雨”，不会下雨吧。同样，贞人卜问上帝是否会打雷，也只是询问，而不能祈求上帝打雷下雨。

此外，上帝还决定着刮风、下冰雹、下雾、出云、降旱等自然现象和灾害。这些自然现象都与庄稼的收成有关，因此上帝决定着收成的好坏。有时商人会直接卜问上帝是否会伤害年成。如：

贞：隹帝壱我年。二月。

贞：不隹帝壱我年。

王占曰：不隹帝壱，隹。(《甲骨文合集》10124 正反。)

贞人从正、反两面贞问上帝是否“壱我年”，即伤害我商王国的年成；商王视兆后的占辞说，“不隹帝壱，隹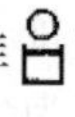”，即上帝不会损害我们的年成，而是有别的灾害。上帝除了决定着风雨雷电和自然灾害，影响收成好坏外，还左右着战争的胜负和城邑的安危。

伐邛方，帝受我又。

伐邛方，帝不我其受又。(《殷墟文字乙编》3738)

甲辰卜，争贞：我伐马方，帝受我又。一月。(《甲骨文合集》6664 正)

两版卜辞都是商王欲征伐方国，卜问上帝会不会给予保佑。同时如有方国来犯，商王也会占卜，询问是不是上帝的指令给商王带来了祸患。上帝还决定着战争的胜败，甚至出战的将领也由上帝来决定。[3]

---

① 参见陈梦家：《殷墟卜辞综述》，中华书局 1988 年版，第 117～118 页，

② 参见于省吾：《甲骨文字释林·释靁》，中华书局 1979 年版，第 11 页。

③ 参见常玉芝：《商代宗教祭祀》，中国社会科学出版社 2010 年版，第 57 页。

商人修筑城邑也会卜问上帝会不会保佑筑城顺利。

> □□[卜]，□贞：王乍邑，帝若。(《甲骨文合集》14203)
> 癸丑卜，□贞：我乍邑，帝弗左若。
> 癸丑卜，□贞：勿乍邑，[帝]若。(《甲骨文合集》14207 正)

“乍邑”即建造城邑的意思，前两版卜辞都是卜问：商王要建造城邑，上帝会保佑顺利吗？第三版从正、反两面卜问：商王建造城邑，上帝不会保佑顺利吧？商王不建造城邑，上帝会保佑吗？不仅是建造城邑商王会进行这样的占卜，城邑建城之后，商王还要占卜上帝会不会伤害或摧毁其城邑。

> 癸巳卜，宾：帝毋其既入邑摧。(《甲骨文合集》9733 正)

“摧”，卜辞中作“敳”，指摧毁性灾害，即卜问：上帝不会给城邑以摧毁性的灾害吧？[1] 可见商人的观念中，城邑的安全与否是由上帝来决定的。

卜辞显示上帝还左右着商王的福祸，商王占卜询问上帝能否保佑商王。

> 辛丑卜，㱿贞：帝若王。
> 贞：帝弗若王。(《甲骨文合集》14198 正)
> 帝弗若。七月。(《甲骨文合集》14195)
> 帝弗缶于王。(《甲骨文合集》14188)
> 贞：帝不我其受又。(《甲骨文合集》14190)
> ……帝不降永。
> ……来岁(戌)帝其降永。在祖乙宗。十月卜。(《小屯南地甲骨》723)

“若王”的“若”指保佑，“帝若王”即卜问上帝是否保佑商王顺利，“弗若王”即卜问：上帝不会保佑商王顺利吧？“缶于王”，陈梦家说：“缶即保，《韩非子·难势》‘而势位足以缶贤者也’。”[2]“缶”也是保佑的意思。“永”是长久之意，“降永”即降下永久的福祉。因此，这几版卜辞都是卜问上帝会不会保佑商王，会不会永远保佑商王。“受我又”为常见的卜辞，“受又”即“授佑”，给予保佑的意思。

上帝也会给商王降下灾祸，因此商人会卜问上帝会不会降灾于商王。

> 甲辰卜，宾贞：隹帝令壱。(《甲骨文合集》14159)
> 贞：不隹帝咎王。(《甲骨文合集》902 反)
> 贞：帝其乍我孽。(《甲骨文合集》14184)
> 贞：帝不降敳。(《甲骨文合集》14172)
> 贞：卯帝弗其降祸。十月。(《甲骨文合集》14176)
> 帝其降王祸。(《甲骨文合集》14182)

---

① 参见于省吾：《甲骨文字释林·释敳》，中华书局 1979 年版，第 224 页。
② 参见陈梦家：《殷墟卜辞综述》，中华书局 1988 年版，第 569 页。

上面几版卜辞中"卷""咎""孽""敃""祸"都是指伤害、灾害、灾祸的意思，即均卜问：上帝不会降灾或降祸于我（商王）吧？《尚书·伊训》记载："惟上帝不常，作善降之百祥，作不善降之百殃。"上帝虽然是商人的至上神，但对于商人来说，上帝既会带来福佑，又会带来灾害，卜辞中的记载与之相合。[1] 对于上帝，商人不能要求上帝如何，而只能卜问揣测上帝的意思。上帝作为至上神是人间一切事物的主宰，因此可能会降祸，也可能会带来福佑。上帝的立场是中立的，因此，上帝不独是商人的神灵，还是天下所有族群崇拜的神灵，代表宇宙中的至上神。

从卜辞中可知，上帝如同人间的统治者一样，也有自己的朝廷，即帝廷。在帝廷里，上帝有臣、工、史等官员。商人向上帝的官员进行祭祀，祈求满足自己的要求，这与商人对上帝的绝对敬畏不同。这些神官一般被称作"帝五臣""帝五丰臣""帝五丰""帝臣""帝工""帝史"等。

贞：其宁秋于帝五丰臣，于日告。（《小屯南地甲骨》930）

陈梦家先生释"帝五丰臣"的"丰"字为"工"，即"帝五工臣"[2]。"宁秋"的"宁"即安宁、停息之意，"宁秋"即平息秋祸。于省吾认为秋祸指蝗祸。[3] 该版卜辞是就蝗灾之事于贞卜的当日白天向上帝的五位工臣举行祷告之祭，祈求帝五工臣平息蝗灾。

于帝史风二犬。（《甲骨文合集》14225）

"帝史"指上帝的史臣，即用两条犬来祭祀上帝的史臣风。风是上帝的史臣，在殷人观念中是自然神灵之一。商人可以向帝史和帝臣祈求，因此帝史、帝臣与商人具有更亲近的关系。

殷人的上帝有"帝五臣""帝五丰臣""帝五丰""帝臣""帝工""帝史"等官员。殷人向这些臣、史占卜，向其献祭，祈求他们满足自己的某些要求。学界对于"帝五臣"和"帝史"之间的关系存在不同的观点。一种观点认为"帝五臣"即指"帝史"。陈梦家认为卜辞中的"帝五工臣当指帝廷的诸执司，其成员当近于九歌的东皇太一、东君、云中君、大司命、小司命，或《周礼·大宗伯》的司中、司命、飌师、雨师，或郑玄注《小宗伯》五帝之日、月、风师、雨师和司中、司命。《淮南子·天文篇》'四时者天之吏也，日月者天之使也，《史记·封禅书》记秦雍祀日月风雨九臣十四臣之庙：凡此以日月风雨为吏、使、臣，都和卜辞的帝五臣正相应"[4]。常玉芝也认为，殷人祭祀的自然神中的风神、云神、雨神、日神和四方神，这五种神灵应是殷人心目中天神上帝的五个臣、使。[5] 另一种观点认为"帝五臣"和"帝史"是上帝的两种官员。胡厚宣认为："帝五臣或帝五工臣者，或即指日月星辰和风云雷雨一类的神灵而言，惟不悉究竟是哪五神而已"；"帝五臣和帝五工臣者，也或即指五方之

---

① 参见常玉芝：《商代宗教祭祀》，中国社会科学出版社2010年版，第61页。

② 参见陈梦家：《殷墟卜辞综述》，中华书局1988年版，第572页。

③ 参见于省吾：《甲骨文字诂林》第2册，中华书局1996年版，第1835页。

④ 参见陈梦家：《殷墟卜辞综述》，中华书局1988年版，第572页。

⑤ 参见常玉芝：《商代宗教祭祀》，中国社会科学出版社2010年版，第68页。

神而言,亦未可知";又说:"还有一种解释是:殷人占卜风云雷雨,特别注意它们是来自那一方。日月也是出于东而落于西。方向很重要。殷人既以日月星辰风云雷雨,都是一种神灵,在帝左右受其驱使。因而也就把其所从来的五方,认为也都有一种神灵而加以崇拜。日月星辰风云雷雨等叫帝使,其所从来的五方神叫帝五臣和帝五工臣。"[①]这种观点是把"帝使"和"帝五臣""帝五工臣"分开来解释,即认为"帝五臣""帝五工臣"只是指东、西、南、北、中的五方神,而不是指日、月、星、辰、风、云、雷、雨等诸神,这些神只是"帝使"。

从卜辞中看,臣的地位当比史稍高一些。商人祭祀风神时的牺牲主要有犬、豕、羊等小牲畜,偶尔才用一牛,最多时用三羊、三犬、三豕共九牲。如用单一种类的牲品,最多用九犬、九豕。商人祭祀四方神时规格比较高,多用人牲,其他牲品也多用牛等大牲畜,用小牲畜时数量也比较多。并且方神还管理雨神、风神等自然神灵。因此,胡厚宣的观点更合理一些,即"帝五臣"只指东、西、南、北、中的五方神,而不是指日、月、星、辰、风、云、雷、雨等诸神,这些自然神只是"帝使"。上帝帝廷的组织是上帝掌管五方神,五方神再掌管风神、雨神、云神等神灵。四方神于卜辞中有具名。胡厚宣根据卜辞考证四方风和四方神名分别为:

东方曰析,风曰劦。

南方曰夷,风曰光。

西方曰彝,风曰朿。

北方曰勹,风曰伇。[②]

四方神是区域神,他们管辖四方风,四方风也分别有具名。《尚书·尧典》《山海经》中亦记载有析、因、彝(石夷)、隩为四方神灵。这说明唐虞时期直至夏商,四方神一直是古人崇拜的神灵。[③] 胡厚宣说:"风云雷虹雨水,殷人皆以为上帝所命,帝在天上,而风云雷虹雨水之来,则恒自四方。"即认为四方神掌管着风、云、雷、雨、虹等自然神的行动。商人对四方神极为重视,给予隆重的、频繁的祭祀,有时用羌人作牺牲。

综上可见,上帝是商人的至上神,它有帝廷,有臣史,是掌管自然天象的主宰,可以对商王降祸福。先公先王可以上宾于帝。上帝臣史四方神又掌控着风、雨、云等自然神,商人向这些神灵祭祀,祈求有个好年成。上帝是一种绝对权力的存在,具有自然神灵的性质,商王与之没有亲缘关系,是跨族群的至高神。

那么商人的至上神上帝指谁呢?

《国语·鲁语》中记载:"商人禘喾而祖契,郊冥而宗汤。"《礼记·祭法》中记载:"殷人禘喾而郊冥,祖契而宗汤。""禘""郊""祖""宗"为不同的祭祀方式。"禘"为燔柴架薪火祭,在祭法中规格最高。甲骨文和金文中"帝""禘"为同一字。《礼记·大传》曰:"王者禘其祖之所自出。以其祖配之。"商人禘喾,喾当为殷人所崇拜的最高神灵,卜辞中的"上帝"即指帝喾。

---

① 参见胡厚宣:《殷卜辞中的上帝和王帝》(上),《历史研究》1959年第9期。

② 参见胡厚宣:《释殷代求年于四方和四方风的祭祀》,《复旦学报(人文科学)》1956年第1期。

③ 参见陈梦家:《殷墟卜辞综述》,中华书局1988年版,第572页。

在《史记·殷本纪》和《大戴礼记·帝系》中，帝喾被人格化，成了人王。《史记·殷本纪》曰："殷契，母曰简狄，有娀氏之女，为帝喾次妃。三人行浴，见玄鸟坠其卵，简狄取吞之，因孕生契。"《大戴礼记·帝系》曰："帝喾卜其四妃，而皆有天下。上妃，有邰氏之女，曰姜原氏，产后稷；次妃，有娀氏之女，曰简狄氏，产契；次妃曰陈隆氏，产帝尧；次妃曰訾氏，产帝挚。"将商作为帝喾次妃之后，而将周作为元妃之后，显系周人重新编排的结果。

《楚辞》中也记有帝喾与有娀氏简狄生商的说法。如《楚辞·天问》："简狄在台喾何宜，玄鸟致贻女何嘉(喜)。"王逸注："简狄，帝喾之妃也。玄鸟，燕也。贻，遗也。言简狄侍帝喾于台上，有飞燕坠遗其卵，喜而吞之，因生契也。"《九章·思美人》："高辛之灵盛兮，遭玄鸟而致诒。"王逸注："喾妃吞燕卵以生契也。"《楚辞·离骚》："望瑶台之偃蹇兮，见有娀之佚女。……凤凰既受诒兮，恐高辛之先我。"王逸注："帝喾次妃有娀氏之女生契。"

商人卵生神话的基本构成元素由帝喾、简狄、玄鸟和契组成。契是商人的始祖，文献中又称其为"玄王"。《诗经·商颂·长发》云："玄王桓拨"，毛传曰："玄王，契也。"《国语·周语》云："玄王勤商，十有四世而兴。"韦昭注："玄王，契也。"朱熹《诗集传》说："玄王，契也，或曰以玄鸟降而生也。"

简狄为有娀氏女。学者多以之作为商族由母系社会步入父系社会之证据，不确。如以帝喾为契父，则商族原本就是父系的。实际上帝喾为商族崇拜的神灵，而契则是从这一崇拜帝喾的族群中分化出来的，商族的正式形成，即简狄生出商契，契带领商族逐渐壮大。有娀氏，也不会是母系的，而只是契的母舅族。商人是夷狄联盟，夷为父族，即帝喾部族，狄为母族，简狄是商人先妣。《诗经·商颂·长发》中也有帝生商的记载："……洪水芒芒，禹敷下土方。外大国是疆，幅陨既长。有娀方将，帝立子生商……"这里的立子生商之帝即帝喾。

据王国维考证，帝喾即《山海经》中的帝俊，其证如下：

1. 夋者，帝喾之名。《史记·五帝本纪》司马贞《索隐》引皇甫谧曰"帝喾名夋"；《初学记》卷九引《帝王世纪》曰："帝喾生而神异，自言其名曰夋。""夋"于《山海经》中屡称帝俊。

2. 帝俊之子仲容、季釐，即《左传》之仲熊、季貍，所谓高辛氏之才子也。《海内经》曰帝俊有子八人，即《左氏传》所谓高辛氏有才子八人也。

3. "《诗经·大雅·生民》疏引《大戴礼记·帝系篇》曰帝喾下妃娵訾之女曰常仪生挚。《家语》《世本》，其文亦然。"王国维据此认为常仪即帝俊妃常羲，"曰羲和，曰娥皇，皆常仪一语之变"①。

王国维的观点为大部分学者所接受。《山海经·大荒东经》记载："羲和者，帝俊之妻，生十日。"又说："帝俊妻常羲，生月十有二。"帝俊为日月的父亲，自然是天上最高的神灵，也就是商人的上帝。长沙子弹库楚帛书《四时》篇也有"日月夋生""帝夋乃为日月之行"的记载。②

不过王国维认为帝喾为契父却并非如此，虽然在玄鸟生商的记载里面，契为帝喾次

① 参见王国维：《殷卜辞中所见先公先王考》，《观堂集林》，中华书局 1959 年版，第 409～436 页。
② 参见杨宽：《楚帛书的四季神像及其创世神话》，《文学遗产》1997 年第 4 期。

妃所生，但这条文献记述与《山海经》以帝喾为最高神相比，当为后来的演化，即上帝的人格化。将帝喾作为商周二族的祖先，并分别将契母和后稷母作为帝喾的元妃和次妃，是周人对古史的重新整合。《山海经》作为没有被伦理化的文献应是更原始的记述。更为重要的是，甲骨文所记上帝为至上神，有天上的帝廷，有帝史，其为商人崇拜的至上神自无可疑。

卜辞中“风”字同“凤”。在商人鸟生神话中，鸟为帝使，即帝喾的史臣。这与甲骨文中帝使风（凤）正相符合。《山海经》中，帝俊也以凤鸟作为臣使。《大荒经》中记载：

帝俊生中容……使四鸟。
帝俊生晏龙……使四鸟。
帝俊生帝鸿……使四鸟。
帝俊生黑齿……使四鸟。
帝俊生娥皇……使四鸟。

文中的中容、晏龙、帝鸿、黑齿、娥皇都是帝俊的后代，均以四鸟为使。帝俊（喾）也当是以鸟为史，这与甲骨文中的记载相合。

商人的宗教信仰直接承继自新石器时代长江流域和黄河流域广为流行的太阳鸟信仰。商王及其配偶以及商贵族都自称为太阳神，死后升天，成为太阳神。商王在人间为余一人，即权力最高的人王，在天上的帝廷中，上帝也是权力最高的神灵。商人以人间的社会组织，构建了天上的众神组织。但是世间最高权力的所有者为上帝，而不是商王。商人的世俗权力在宗教权力之下，上帝是绝对的至上神。正因为天上有众多的太阳神，所以才需要一个至高神，统领众神，而这个神灵，有别于其他族群的至高神——颛顼、太昊、少昊等，被商人称作帝喾。

二、商代的太阳崇拜

商人以日为名表示商王和商贵族死后升天变为太阳神，其祭祀也直接与太阳相关。商人以旬为一个周期，卜辞中常有“卜旬”的记载。每旬为十天，分别以甲、乙、丙、丁、戊、己、庚、辛、壬、癸十干为名。

文献中记载有商人以日为名的原因，司马贞《史记索隐》：“微字上甲，其母以甲日生故也；商家生子以日为名，盖自微始。”《白虎通・姓名篇》：“殷人以生日名子何？殷家质，故直以生日名子也。以《尚书》道，殷家太甲、帝乙、武丁也。”《太平御览》卷八三引《帝王世纪》：“帝祖乙以乙日生，故谓之帝乙。”这些文献均认为商王自上甲以下以十干为谥源于其生日。后来商史学者指出，商王以十干为名是死后而非生前，逐渐成为共识。[1] 董作宾认为既然甲骨文证明日名并不是生前的名字，当然以死日忌日为神主之名、祭祀之日

---

① 参见屈万里：《谥法滥觞于殷代论》，《“中央研究院”历史语言研究所集刊》第十三本，1948 年；董作宾：《论商人以十日为名》，刘梦溪主编：《中国现代学术经典・董作宾卷》，河北教育出版社 1996 年版；杨君实：《康庚与夏讳》，《大陆杂志》1960 年第 3 期。

最为合理。张光直亦认为死日说最为合理只是缺乏证据。[①] 后来,李学勤提出了卜选说,并以卜辞作为证明:

乙巳卜,帝日叀丁?叀乙?叀辛?

这条卜辞是武乙为其父康丁选择日名。乙辛之下均记:"有日",故选"丁"为康丁的庙号。因此日名是经过卜选的。从康丁选日的记载来看,商王有多个日名作为候选,但是要进行占卜,还要考虑这一天有没有日——这一天已经有同名的祖先,有则需避开这一日名。[②]

在商人的宇宙观中有十个太阳轮职出现在太空。十日居住于汤谷的扶桑树上,由十只玄鸟背负着轮流去天上。因此,商人会举行迎日和送日祭祀,以迎接太阳神的到来,并恭送太阳神谢幕回神树上休息。并且,"祭名甲者用甲日,祭名乙者用乙日"[③]。正如美国学者艾兰所说,向某先祖献祭的日子,只能是该先祖依图腾系统归属的太阳在天空出现的日子,也只有在这样的日子,该先祖才能接受祭祀。[④] 当甲日时,这一日轮值的太阳,商人认为即祖先甲,因此该日要祭祀以甲为名的祖先,如大甲,当乙日时,同样商人视为祖先乙出现在天上,要祭祀以乙为名的祖先,其他也如此。太阳就是祖先。

有同一日名的祖先之间形成一种特殊的关系,指甲骨文中"宾"的关系。宾礼是甲骨占卜中很独特的一种仪礼。它由在位的统治者来举行,对象是先祖,该先祖再向地位更高而且隶属于同一干名的先祖举行宾礼,之后,此地位更高的先祖才向上帝行宾礼。例如:

王占曰:父乙宾于祖乙(《甲骨文合集》01657)

父乙可以在乙日向祖乙行宾礼吗?此外,商王也向日神行宾礼,甲骨中有"王宾日"的卜辞。陈梦家比较了殷人的祭日仪式,有宾、御、又、岁等类别,而这些祭法同时也是祭祀祖先的。[⑤] 这说明祖先与日神同一,且祖先又以日为名,表明祖先神即日神。

---

① 参见张光直:《商王庙号新考》,《中国青铜时代》,三联书店1983年版,第135~171页。

② 参见李学勤:《评陈梦家〈殷墟卜辞综述〉》,《考古学报》1957年第3期。

③ 王国维:《殷卜辞中所见先公先王考》,《观堂集林》,中华书局1959年版,第424页。

④ 参见[美]艾兰(Allan. S.):《龟之谜——商代神话、祭祀、艺术和宇宙观研究》,汪涛译,商务印书馆2010年第21~68页。

⑤ 参见陈梦家:《殷墟卜辞综述》,科学出版社1956年版,第573~574页。

图 3-2-1　马王堆 1 号汉墓帛画

古代文献中记载有十日的传说，过去常被认为只是一种神话，实际上是流行于中国上古时代的宗教信仰。只是经过漫长的岁月逐渐被人们淡忘，当作了一种不可信的传说流传下来。不过通过对原始宗教的研究，已经使这个传说恢复了本来面目。

十日传说主要记载于《山海经》和《淮南子》中。《山海经·海外东经》中说："汤谷上有扶桑，十日所浴，在黑齿北。居水中，有大木，九日居下枝，一日居上枝。"《山海经·大荒东经》中记载："汤谷上有扶木，一日方至，一日方出，皆载于乌。""扶木"当即扶桑。汤谷是一个全是水的地方，水中有一棵大树名扶桑或扶木，树上住着十个太阳，分别被金乌背着，每一天九个太阳在下枝休息，一个太阳在上枝，到日出时，金乌背负着太阳运行周天。由于太阳从东方升起，从西方落下，于是古人认为西边也有一棵大树。《山海经·大荒北经》中记载："大荒之中，有衡石山、九阴山、灰野之山，上有赤树、青叶、赤华，生昆仑西，附西极，其华光赤，下照地，名曰若木，若水出焉。"《淮南子·地形训》中也说："扶木在阳州，日之所曊。建木在都广，众帝所自上下，日中无景，呼而无响，盖天地之中也。若木在建木西，末有十日，其华照下地。"建木是天地之中的一棵树，位于都广，因为在天地之中，太阳在正上方，因此没有日影。若木在最西方，它的末端有十个太阳，放射出的光华照耀着大地。这一宇宙观由扶木、建木和若木三棵大树构成：东方的扶木为日出之所，西方的若木为日落之所，中间的建木为宇宙中心，是众神和巫师往来天地人间的通道，代表萨满教中的宇宙轴。东方的扶木和西方的若木都处于水中，东方的叫"汤谷"，西方的叫"咸池"。《淮南子·天文》："日出于旸谷，浴于咸池，拂于扶桑，是谓晨明。"

马王堆汉墓出土有一幅帛画，右上角画有一个大太阳和 8 个小圆点代表的 8 个小太阳，共 9 个太阳。大太阳的中心有一只金乌。金乌为侧视图，短喙短尾，身形瘦长。有学者认为这 9 个太阳代表墓主生活的阴间的 9 个太阳，另一个太阳在天上。另一种观点认为这 9 个太阳是被后羿射落的太阳。[①] 这一画像证明十日和金乌传说是确实存在的（图 3-2-1）。在汉代的画像石中也常见有射鸟图，有的树上画有 10 只鸟或太阳，也是这一神话流行于汉代的证明。曾侯乙墓出土的衣箱上也绘有弋射十日图，树上画有 9 个太阳（图 3-2-2）。[②]

图 3-2-2　曾侯乙墓出土衣箱戈射阳鸟图

三星堆器物坑中发现的青铜树为古人的十日宗教信仰找到了实物证据。青铜神树均出土于二号祭礼坑，其中大型神树有 2 件，还有若干破碎的小型神树及残段。一号大

① 参见湖南省博物馆、中国科学院考古研究所：《长沙马王堆一号汉墓》，文物出版社 1973 年版，第 40 页。
② 参见湖北省博物馆：《随县曾侯乙墓》，文物出版社 1980 年版，图九 O。

型神树形制最大，通高 396 厘米，圆形底座直径 92.4～93.5 厘米，三足呈拱形，状似树根。树身上套铸有三层树枝，每层有三枝弯曲向下，全树共出九枝。第一层树枝靠近根部，第二层树枝在树干中段，第三层树枝靠近树端。每层树枝共分三叉，其中一枝中部又分两叉。各下垂枝端有一花，中部向上短枝花朵上有一立鸟，共 9 只鸟。底座上铸造有一龙，龙身呈绳索状蜿蜒顺树干而上（图 3-2-3）。[①]

图 3-2-3　三星堆一号大型青铜神树

二号大型神树被砸击和焚烧得比较严重，残留部分树座和树干。底座为圆形圈座，有三个拱形足。树干通高 193.6 厘米，底座直径 54.8 厘米。座圈三面各起一方台，方台

① 参见四川省文物考古研究所：《三星堆祭祀坑》，文物出版社 1999 年版，第 218～219 页。

上各有一高19厘米的跪坐人像。树干现存二层树枝均有三枝分别向三个方向伸出，唯第二层保存较完整的一枝，树枝从中段分枝，上、下枝端开一花朵，一鸟立于上枝花朵上（图3-2-4）。①

此外还有一些残枝、圆座和鸟、果实、花朵的残件。鸟均为鹰状钩喙，背有尾翔，有的头上戴三枝冠羽，尾羽上下分开。当是金雕的形象，也是商代青铜器上鸟纹饰的具体形象。三星堆遗址发现的青铜树使我们看到了这一具体的实物形象。过去对商人起源的玄鸟有多种观点，有人认为是燕子，有人认为是凤凰，等等。三星堆青铜树树枝上的鸟与良渚文化、石家河文化所发现的鸟形象一脉相承，均为金雕的形象，这应该就是玄鸟的本来面目。青铜树应该是扶桑或若木，均是放置于宗庙中的神物。

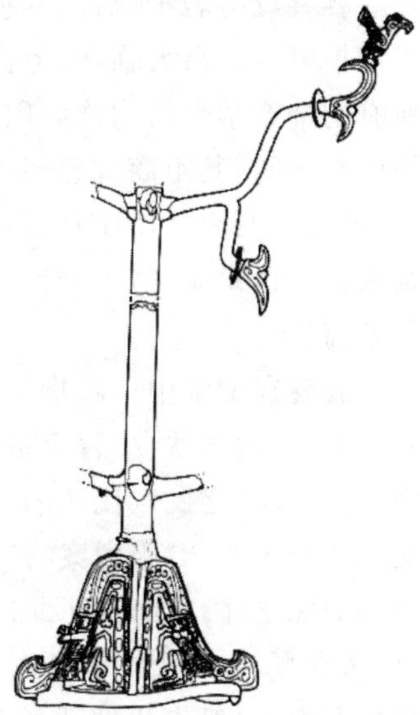

图3-2-4　三星堆二号大型神树

甲骨卜辞中王亥之名作鸟形，从亥从隹。隹即鸟，有的带冠，有的无冠，或作以手操鸟状，胡厚宣认为王亥"之"亥"从鸟，是商族以鸟为图腾之确证。甲骨文"亥"字以手持鸟形，与《山海经·大荒东经》中记载的"有人曰王亥，两手操鸟"相合。② 王亥是上甲的父亲，商人合祭先公先王时，多以上甲始，这是因为上甲是一位英雄祖先。《大荒东经》郭璞注引《竹书纪年》："殷王子亥，宾于有易而淫焉，有易之君绵臣杀而放之。是故殷主甲微假师于河伯以伐有易，克之，遂杀其君绵臣也。"今本《竹书纪年》帝泄"十二年，殷侯子亥，宾于有易，有易杀而放之。十六年，殷侯微以河伯之师伐有易，杀其君绵臣"。《国语·鲁语》中记载："上甲微能帅契者也，商人报焉。"韦昭注："报，报德谓祭也。"上甲开始，商王改用日名，日名就是王名，因为上甲为父报仇，并使商族壮大，因此受商人隆重的祭祀。

三、青铜器上的众神像

在商人宗教思维的影响下，商人铸造了大量的青铜器，从而创造了世界历史上最辉煌的青铜器文化。商代青铜器器型之多、纹饰之华丽、造型之奇诡，也是世界青铜文明之最。除少量青铜工具和武器之外，商代绝大部分青铜器都是礼器和宗教物品。这一特点与史前玉器相似，它们大都是为礼制和宗教服务的，说明中国文明在形成过程中，高端物品为宗教和权力所垄断。商人所铸造的青铜器上的众神像，均为商人所崇拜的神灵形象。

（一）饕餮纹与兽面纹

商代青铜器上最重要的纹饰是饕餮纹，这一神秘的纹饰是商代的标志性图像。它一般由两个大眼睛为核心，以中间为中轴两面展开，从而构成了一张动物面部的样子。在大多数商代青铜器上都有一张兽的面孔，并且在多种纹饰的青铜器上，这张兽面一般也

① 参见四川省文物考古研究所：《三星堆祭祀坑》，文物出版社1999年版，第219～221页。

② 参见胡厚宣：《甲骨文所见商族鸟图腾的新证据》，《文物》1977年第2期。

占据主体或中心位置。这一兽面，通常被称为“饕餮纹”，但是许多学者都认为这并不是它本来的名字。

饕餮纹得名于《吕氏春秋·先识览》：“周鼎著饕餮，有首无身，食人未咽，害及其身，以言报更也。”吕大临在《考古图》“癸鼎”下曰：“中有兽面，盖饕餮之象。”于是自北宋之后所有的金石学书籍均称商周青铜器上这种怪异的纹饰为“饕餮纹”。《吕氏春秋》成书于战国秦汉间，其距商周已远，且为吕氏门人拼凑而作，失实之处颇多。饕餮纹多见于商代，虽然在西周早期还有发现，但是已经不复商代的庄重威严，数量也越来越少，并被逐渐取代。这说明《吕氏春秋》的作者对饕餮并不了解，至少时代上并不清楚饕餮纹主要流行于商代。

饕餮在文献中一般指传说中的凶恶贪婪的人或兽。《左传·文公十八年》：“缙云氏有不才子，贪于饮食，冒于货贿，侵欲崇侈，不可盈厌，聚敛积实，不知纪极，不分孤寡，不恤穷匮，天下之民以比三凶，谓之饕餮。”杜预注曰：“贪财为饕，贪食为餮。”《春秋左传正义·文公十八年》服虔案《神异经》云：“饕餮，兽名，身如牛，人面，目在腋下，食人。”两晋时期的郭璞注《山海经·北次山经》中记载的食人兽狍鸮：“为物贪婪，食人未尽，还害其身，像在夏鼎，《左传》所谓饕餮是也。”[①]可见“饕餮”之名流行于东周秦汉间，代表贪财贪食的意思，一般指代邪恶的部族或野兽，并延用后世。《说文解字》中释“饕餮”：“饕，贪也，从食，号声。叨，俗饕，从口，刀声。籀文饕从号省。”“餮，贪也，从食，殄省声。《春秋传》曰，谓之饕餮。”可是这一意义与商人在青铜器上铸造这一纹饰是矛盾的。商周时期的铜器是宗庙中的器具，如《左传·昭公十五年》曰：“诸侯之封也，皆受明器于王室，以镇抚其社稷，故能荐彝器于王。”杜预注：“彝，常也，谓钟鼎为宗庙之常器。”《礼记·表记》中记载：“殷人尊神，率民以事神，先鬼而后礼。”很难相信商周时期会铸造邪恶的形象于宗庙之常器上。由此可以断定，商周铜器上兽面的形象在西周中期之后的几百年间失去了其本来的内涵，以至于战国秦汉间的后人无法理解其本意。

历史的断裂使饕餮纹成了中国青铜器研究和商代史研究的一大谜团，也是中西学者一直努力攻克的难题。西方学者吉德炜曾说，饕餮是“一个甲骨文卜辞所无法解答的巨大谜团”[②]。文献中的饕餮，与商周青铜器上的饕餮纹在这里表现出一种对立性，即饕餮是贪婪凶恶的意思，而商周青铜器是用于宗庙之中取悦于祖先、神灵的祭器。商人也在兵器、甲胄等铜器上使用饕餮纹，照理来说，这些兵甲上的纹饰所代表的神灵形象当为其保护神才对。饕餮纹名实不符的矛盾是非常明显的。

正是有了这一矛盾，近代研究商周青铜器的学者一直在努力重新给饕餮纹定名。如陈梦家将之称作“牛头纹”：“自宋以来称为‘饕餮纹’的，我们称为兽面纹的，实际上是牛头纹。”[③]李济将饕餮纹分成了两种，并分别命名，他将有首无身的称为“动物面”，而将有

---

① 所注原文为：“又北三百五十里，曰钩吾山，其上多玉，其下多铜。有兽焉，其状如羊身，其目在腋下，虎齿人爪，其音如婴儿，名曰狍鸮，是食人。”

② 转引自[美]艾兰：《早期中国历史思想与文化》，辽宁教育出版社1999年版，第211页。

③ 参见陈梦家：《殷代铜器》，《考古学报》1954年第7册。

首有身的称作“肥遗”。[1] 李济否定“饕餮纹”这一名称，但是认可《吕氏春秋》中有首无身的说法，因为饕餮纹有两种：一种只有一张动物面孔，而另一种在兽面的两侧能看出身躯。“肥遗”之称也源于文献记载，《山海经·北山经》：“有蛇一首两身，名曰肥遗，见则其国大旱。”李济用这条文献来解读有身躯的兽面纹，并将兽面称作“动物面”。邱瑞中称之为“立体龙首纹”：“侧身龙纹、立体龙纹（即饕餮纹）都是彼时祥瑞的象征。商周饕餮纹应更名为立体龙首纹。”[2]

在研究青铜器的文章中，马承源主张废弃饕餮纹，而全面改称“兽面纹”。他在对兽面纹的分类中以角的不同对其进行划分：环柱角型兽面纹、牛角型兽面纹、外卷角型兽面纹、羊角型兽面纹、内卷角型兽面纹、曲折角型兽面纹、双龙角型兽面纹、长颈鹿角型兽面纹、虎头型兽面纹、熊头型兽面纹、龙蛇型兽面纹。[3] 兽面是一种较为宽泛、直观的称谓。马承源说：“兽面纹这个名词比饕餮纹为胜，因为它指出了这种纹饰的构图形式，而饕餮纹一词却只限于‘有首无身’这样的定义，但绝大多数纹饰并非如此。”[4]作为上海博物馆馆长，马承源在上博的青铜器馆中全面改用“兽面纹”一词，对这一名称起了极大的宣传和推广作用。这也是目前除了“饕餮纹”之外最广泛使用的名称。从形意的对应上来说，“兽面纹”之称无疑具有更大的优势，避免了名实不符的矛盾。目前的学界，呈现出了“饕餮纹”和“兽面纹”之称并用的局面，并且“兽面纹”有取代“饕餮纹”之势。

“兽面纹”无疑是现在最合理的定名，虽然有时我们还习惯称“饕餮纹”。

（二）兽面纹的形式

兽面纹流行于商代和西周早期，是这段时期青铜器占统治地位的艺术纹饰。商代的兽面纹以二里岗期和殷墟期分成两部分，两者的类型略有差异。

二里岗期的青铜器纹饰简练，大多为带状，兽面纹亦较简洁，呈长条状分布，上下装饰联球纹。一般为单层纹饰，以阳线条来表现，转折处流畅自然。到殷墟时期，青铜器器型厚重，装饰也向华丽发展，形成了层次分明、富丽繁缛的风格。此时的饕餮纹也不再采用简单的带状纹饰，而是突破了条带的限制，占据了青铜器较大的空间，最甚者通体满布纹饰。纹饰也不再是单层，而是向立体多层纹饰发展，一般有云雷纹作为地纹，地纹上饰凸起的主纹，主纹上又刻以阴线，形成“三层花”的兽面纹。兽面纹的装饰艺术发展到顶峰。殷墟早期出现了带有羽冠的兽面纹。[5] 西周早期与晚商的青铜器纹饰基本相同，有时难以截然分开。其变化在于兽面纹往简化发展，也变得不是那么凝重，应是殷墟青铜器传统的延续。到西周中期，青铜器风格转向“以素为贵”，兽面纹分化成抽象的组件，兽面纹也逐渐消失了（图 3-2-5）。

---

① 参见李济：《殷墟出土青铜斝形器之研究》，《中国考古报告集新编·古器物研究专刊》第三本，“中央研究院”历史语言研究所 1968 年版。

② 参见邱瑞中：《商周饕餮纹更名立体龙首说》，《内蒙古师范大学学报》（哲社版）1989 年第 4 期。

③ 参见马承源：《中国青铜器》，上海古籍出版社 1988 年版，第 328 页。

④ 参见马承源：《中国青铜器》，上海古籍出版社 1988 年版，第 324～325 页。

⑤ 良渚文化所发现的兽面纹也有戴羽冠者，前者当来自于此。

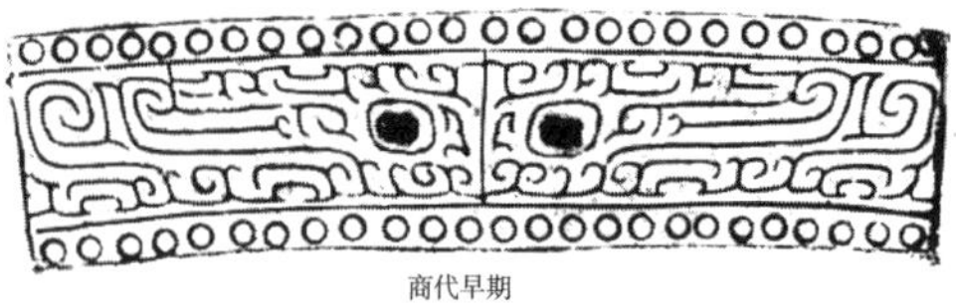

商代早期

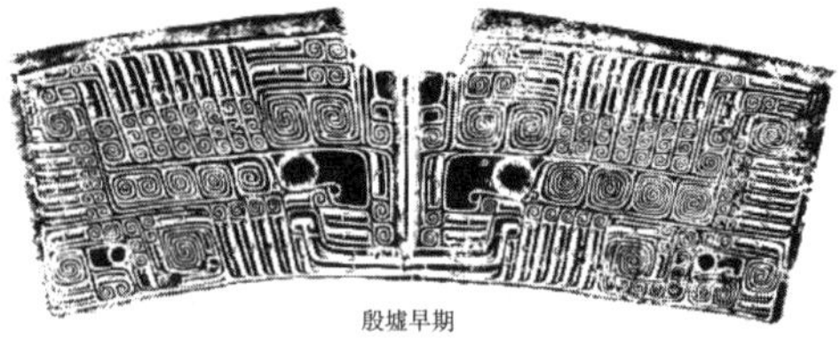

殷墟早期

殷墟晚期

西周早期

图 3-2-5　商代早期至西周早期的兽面纹

（三）兽面纹的来源

大多数学者都注意到商代兽面纹与良渚文化兽面纹之间的联系，并努力将两者的象征意义进行解读。如李学勤在《良渚文化玉器与饕餮纹的演变》中总结出了商代兽面纹和良渚兽面纹的八点相似之处：

1. 兽面是青铜器饕餮纹的主体，在良渚文化玉器上也是这样，虽然上方有人面，但是却可以省略掉。

2. 良渚的兽面都没有角，商代青铜器上的很多是有角的，但是二里岗期的这种纹饰多数并没有角。

3. 良渚纹饰的兽面，眼睛是卵圆形的。二里岗期的兽面的两目，眼珠的形状近于卵圆形的仍占较大的比例，只有一部分表现出尖的眼角。到殷墟期，便流行像甲骨文“臣”字那样内眼角钩曲的目形，有了较明显的变化。

4. 良渚兽面大多有宽阔的口，而不明显表现下颚，还有的兽面，口部朝下。商代青铜器的兽面绝大多数也是口部向下的。

5. 良渚兽面上方可视为王冠，并可简化为兽额上的突起部分。商代的兽面也一般都有这样的一个部分，有的还可以看出是羽的冠形。这种冠形还在青铜器的带状纹饰中独立存在，证明它不是动物肉体的一部分。

6. 商代兽面纹，有时在兽面的两侧有衬托的花纹，大多是首部回顾或朝下的侧视的龙。良渚的兽面两侧也有加衬托的，有的是羽冠人面，有的是简化兽面。这种侧视简化兽面被一些学者误作鸟形，其实它的眼睛和作为主体的兽面总是一致的。

7. 良渚的侧视人面是把正视的人面对剖为左右两半。商代的兽面也是可以划分为左右两半。良渚和商代的兽面只要有爪，爪一定是向内的。

8. 商代的纹饰多填以云雷纹或用云雷纹衬地，这也可以追溯到良渚文化玉器。①

不可否认的是，良渚文化的兽面纹与商代兽面纹具有极大的相似性。这些相似性实际上来源于它们所有的表象和意象上的同一性。本书在第一篇第一章《长江流域的太阳崇拜》中已经论述过，良渚文化的兽面纹虽然不够具象，但是从整个纹样传承和宗教传统上看，这一兽的原型为虎。商代的兽面纹来源于良渚的兽面纹，自然有共同的原型。有些较具象的兽面纹可以明显看出这一点。从比较具象的商晚期的兽面纹上，也只能看出虎这一原型。

从良渚兽面到商代兽面之间有一个空白期。良渚文化属于新石器时代晚期，与仰韶文化晚期、大汶口文化的中晚期相当，并未进入龙山时代。而龙山时代对兽面纹的传承在长江中游的石家河文化晚期和黄河下游的龙山文化找到了一些线索。山东龙山文化的玉器上亦见有兽面纹饰，如两城镇出土的玉锛上即刻有兽面纹(图 4-1-2)。

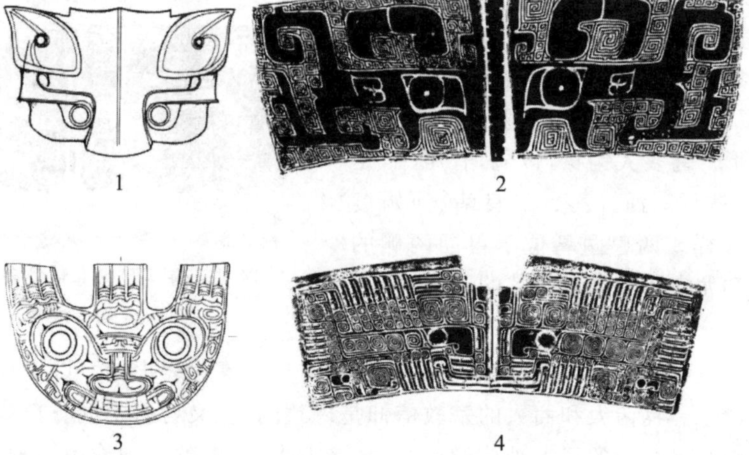

图 3-2-6　后石家河文化、良渚文化虎形象和商代兽面纹

1. 肖家屋脊玉虎　2. 商代晚期兽面纹　3. 反山三叉形器　4. 商代晚期兽面纹

石家河文化晚期最重要的玉器有玉人、玉虎、玉鸟和玉蝉。玉人是人、兽、鸟合一的神灵，代表了良渚文化神人的进一步人格化，它将虎和鸟的特性加于一身，是太阳神的形象。石家河文化的玉虎即良渚文化的兽面形象，其有三大特征与商代兽面纹相同，第一是虎面中间的额，第二是虎面中部的凸棱，第三是虎的叶形耳。商代兽面纹的这三大特点来自于石家河文化(图 3-2-6)。虎面的演变为高庙文化—凌家滩文化—良渚文化—石家河文化—龙山文化。二里头文化中发现的兽面铜牌饰至今没有明确可以确立为虎形的，与之有相当大的区别，并不在这个序列之内。

① 参见李学勤：《良渚文化玉器与饕餮纹的演变》，《东南文化》1991 年第 5 期。

良渚文化距今5300～4300年，到商代大约有1000年的时间间隔，从龙山文化的下限公元前1800年到商代则有300余年的时间间隔。为什么相隔如此久远，商人还保存着远古时代的艺术形象呢？最合理的解释是，在宗教生活中，他们一直都可以看到这一形象。只是许多时候，并不是以无机质的形式来记录，而可能记载于有机质上，是以考古发现较少。而玉器、青铜器和陶器上的兽面形象得以保存了下来。另外，一些远古艺术品一直作为珍宝被保存着。东周墓中经常可见西周、商代甚至史前的艺术品，说明这些宗教类的物品具有长期的延续性。

（四）意象的解读

二里岗期的兽面纹多为条带状，装饰于器身的腹部。兽面的形象也较为抽象，最为突出的是两个圆形的眼珠，一般没有角，或仅可见不明显的雏形。兽面两侧的所谓身体也较抽象，大量使用卷云状弧线来表现。从这个时间段的纹饰来判断其形象是较为困难的。殷墟时期兽面上的角变得突出，殷墟中期的兽角变得巨大，成为极为显著的特征。兽面的眼部也呈“臣”字形，《商周青铜器纹饰》根据角的不同分成多数形式，如长颈鹿角、羊角、牛角等。兽面的整体形象变得具象一些，且兽面给人凝重的威严感。兽面多带有树叶形小耳，这一特点显系对石家河玉虎的继承（图3-2-6，1）。有的虎面额部有菱形纹饰，这一特点继承自良渚文化。菱形应该代表华南虎身上的菱形斑纹。

完整的兽面纹组合两侧常有两兽两鸟。兽的侧视形象为夔龙。龙大头，卷蛇身，有足。眼睛多作“臣”字形，使我们相信夔龙实际上也是虎头蛇身形。鸟多大钩喙，戴冠，有尾翎，是金雕的形象，是石家河、凌家滩、良渚、河姆渡文化的传统纹样。两兽两鸟位于兽面两侧的图像是金雕和龙宾于上帝最完整的形象（图3-2-7）。

图3-2-7　铜尊上龙凤宾于帝的形象
（摘自上海博物馆青铜器研究组编《商周青铜器纹饰》）

良渚人所崇拜的三位一体的神灵为太阳、鸟与虎。虎代表火神。以虎代表火神的形象亦被商人继承。良渚人和商人的宗教信仰是一致的，但又有所不同。良渚文化时期崇拜的是以自然神灵构建的至上神信仰，对于良渚人来说，完整的神像由三部分组成，代表三位神灵，分别是神人（太阳神）、兽面（本象是虎，代表火神）、鸟神。商代时，人神合一，商王及贵族自命为太阳神，于是以三神灵中的火神构建了至上神——上帝。兽面纹即最高神上帝的形象，其原型为良渚文化的火神。

兽面纹在早期无角，而后来有角，并成为其一大特征。由此许多学者从角的不同上对兽面进行分类，或进行不同的解读——将兽面纹解释成不同种的动物。但是不同动物的角，并不改变兽面纹所代表的神灵，兽面纹是在其原型的基础之上抽象出来的神灵，并不因为其某一局部特征的改变而改变其神性。正如贡布里奇（E. H. Gombrich）所说的，艺术的功能主要是在于能否带来心理上的认同而非外形上的似与不似，因此只需要具有“最低限度物象”即可。物象的局部特征在艺术功能上并不改变艺术的整体功能。因此兽面纹上的牛角、羊角即分别是局部特征，并不改变兽面的艺术本质。

商人崇拜的核心是太阳、鸟、虎构成的三位一体的宗教信仰。这一核心的本质就是火。数千年来，虎代表了火这一不定型又难以控制、抽象的元素。火元素最具象的形式是尉迟寺大汶口文化遗址出土的火形神器，还有大汶口文化大口尊刻符“太阳、鸟、火”的符号，再就是仰韶文化“太阳、鸟、火”彩绘。[①] 这两支考古学文化与以良渚文化、石家河文化、高庙文化为代表的长江中下游史前文化具有共性。从文化因素分析上，这些文化之间在数千年前就有广泛深入的文化交流，而宗教信仰上的合流自6000多年前就已经开始了，而且实现了宗教信仰上的统一。

火的利用使商人掌握了一种新的技术——青铜器铸造技术，这无异于一种技术革命。虽然在商代之前即已经出现了青铜器，最早可至新石器时代晚期的马家窑文化，到二里头文化时期，青铜器铸造技术已经相当成熟，但是到商代时才有更大规模的应用，并且应用到了武器上，这使得商人具有了不可战胜的力量，在同周围氏族部落的对立中取得了绝对的优势。在青铜与木石武器的对抗中，弱小的部落氏族只有臣服，或者被消灭。商王朝能一统天下，青铜器是最重要的武器，商王朝幅员辽阔，东达东海，西及关中，南越长江，北达辽东，这是之前的夏王朝无法相比的。而青铜器的铸造显然依靠的是火的威力。这使得具有深厚历史传统的火崇拜发展到顶峰。因此，商人在青铜器上铸造火神的形象皆因商人的实力来源于这一元素之力。

商人具有名目繁多的祭祀方式，称作“祭名”。陈梦家据甲骨卜辞进行了研究，认为有37种，并分成七类。[②] 日本学者岛邦男列出有264个，虽然有的学者认为其中有一些并非祭名。2003年，李立新在前人研究的基础上，认定祭名共211个，他说：“商代甲骨文所见祭名的实际总数与这个数字相差应该不太大，且主要祭名应该没有遗漏。如果说商代甲骨文祭名大约有200个左右，这一结论还是有把握的。”[③]祭名的繁多可见商人对宗教信仰的狂热程度，因此商文化为宗教型文化，商王朝为政教合一的国家。

商人最重要的祭祀方法可分成两种——火祭和血祭。火祭是使用火烧的方式(主要有燎、禘等)，使柴烟上达于天，达到通神的目的。血祭即以牺牲对神灵和祖先进行祭祀，名目众多。血祭使用的祭品有牛、羊、豕和人牲。商人崇拜的自然神灵和祖先神灵——火神、太阳神都具有火的本质，因此使用火烧的方式对他们进行祭祀。火祭的现象在良渚文化中就有发现。如在寺墩大墓M3中就发现有火祭的现象，M3墓主为青年男子，“先于死者葬地的头前和脚后铺上各十余件玉璧，然后放火燃烧，等火将灭未灭时，将死者安放于葬地，再围绕四周放置玉琮，并在头前、脚后放置陶器和其他玉器，而将最好的两件玉琮摆放在死者的胸腹之上，最后覆土掩埋。”[④]江苏蒋庄良渚文化遗址也发现有玉焚葬的现象。[⑤] 这种下葬仪式也是古代的转生仪式，通过火使墓主浴火重生。《史记·殷本纪》记武王伐纣：“纣兵败，纣走人，登鹿台，衣其宝玉衣，赴火而死。”《史记正义》引《周书》亦云：“纣取天智玉琰五，环身以自焚。”估计商纣王对这一转生巫术深信不疑，要不怎么会选择如此痛苦的死亡方式。

---

① 详见本书第二章《新石器时代的宗教合流》。

② 参见陈梦家：《古文字中之商周祭祀》，《燕京学报》1936年第19期。

③ 李立新：《甲骨文所见祭名研究》，中国社会科学院研究生院博士学位论文，2003年。

④ 汪遵国等：《1982年江苏常州武进寺墩遗址的发掘》，《考古》1984年第2期。

⑤ 参见南京博物院：《江苏兴化、东台市蒋庄遗址良渚文化遗存》，《考古》2016年第7期。

血液在商代宗教仪式中具有重要作用。陈梦家说:“卜辞祓禳,尚注意及巫术中的巫术物,而以血(尤其犬、豕、羊家畜的血)为最具有巫术能力的。祭祀与巫术在形式上无显著之别,但从用牲一项上可分别之:巫术之祭的用牲重其血,因血可以祓禳一切,祭祀用牲重其肉,因为先祖可以享用它;巫术之祭用牲重于清洁,祭祀用牲重于丰盛。”[①]陈梦家认为血最具有巫术能力,张光直又以甲骨文中“祭”和“彝”皆作滴血之状作为补充。血液并非仅用于祓禳。血液在古代被当作火的化身。血液有温度,且颜色如火,均为红色,被视作生命力的源泉。新石器时代墓葬中常有使用红色赭石粉或朱砂涂于墓葬内,红色颜料被视作血液的象征。墓中用红色赭石粉在我国有久远的传统。如旧石器时代晚期的北京周口店山顶洞人在死者周围撒以赭石或赤铁矿粉,死者佩带的贝壳、兽牙等也被染成红色,这一现象一般作为山顶洞人灵魂观念和存在葬仪的依据。[②] 新石器时代墓中用赭石矿粉或朱砂的现象大量出现。如河南灵宝西坡仰韶文化墓地[③]、安徽含山凌家滩墓地[④]、江苏江阴高城墩遗址[⑤]等墓葬中都发现有以赭石矿粉或朱砂随葬,有的将颜料涂抹于棺椁之上。有的遗址人骨之上也见有红色颜料。如洛阳王湾遗址 M45 尸骨上染成暗红色,另有三座均在头骨涂朱[⑥];江苏武进乌墩遗址崧泽文化大墓 M15 也于死者胸部和膝盖涂了一层红色颜料。[⑦] 到龙山文化时期,墓底涂朱或墓主身上涂朱变得较为普遍,成为一种流行于中原地区的葬仪。如山西芮城清凉寺墓地,第二期 189 座墓葬多数骨骼上有朱红色;第三、第四期墓葬多被盗扰,墓主骨骼上多留有朱红色。[⑧] 陶寺遗址墓葬中涂朱的现象也比较普遍,大中型墓和个别小型墓使用朱砂,一般将朱砂铺设在棺底,有的是骨骼涂朱。[⑨] 骨骼涂朱当是以颜料撒在织物上裹尸造成的,织物腐朽后颜料浸染到尸骨之上,形成了这种“染骨葬”现象。[⑩] 墓内涂朱的一般是有一定规格的墓葬,小型墓使用这种葬仪的比较少见。到二里头文化时期,墓葬中涂朱现象形成规范化的葬仪,大中型墓几乎无一例外涂朱,且朱砂用量与墓葬规模成正比。[⑪] 商周时期墓内用朱成为一种广泛使用的规格化的葬仪。墓内涂朱的意义,有学者根据民族志材料,认为红色表示鲜血,是

① 参见陈梦家:《商代的神话与巫术》,《燕京学报》1936 年第 20 期,第 573 页。

② 参见裴文中:《旧石器时代之艺术》,商务印书馆 2000 年版,第 142 页。

③ 参见中国社会科学院考古研究所、河南省文物考古研究所编著:《灵宝西坡墓地》,文物出版社 2010 年版,第 84、287 页。

④ 参见冯敏、张敬国:《87M4 出土朱砂测试报告》,安徽省文物考研究所编:《凌家滩文化研究》,文物出版社 2006 年版。

⑤ 参见江苏省高城墩联合考古队:《江阴高城墩遗址发掘简报》,《文物》2001 年第 5 期。

⑥ 参见北京大学考古文博学院:《洛阳王湾:田野考古发掘报告》,北京大学出版社 2002 年版,第 29 页。

⑦ 参见陆建方等:《武进乌墩遗址发掘报告》,《东南文化》1994 年增刊。

⑧ 参见山西省考古研究所等:《山西芮城清凉寺史前墓地》,《考古学报》2011 年第 4 期。

⑨ 参见中国社会科学院考古研究所山西工作队、临汾地区文化局:《山西襄汾县陶寺遗址发掘简报》,《考古》1980 年第 1 期;中国社会科学院研究所山西工作队、临汾地区文化局:《1978～1984 年Ⅲ区居居住址发掘的主要收获》,《考古》1986 年第 9 期;中国社会科学院考古研究所山西工作队、山西省考古研究所、临汾市文物局:《陶寺城址发现陶寺文化中期墓葬》,《考古》2003 年第 9 期。

⑩ 参见方辉:《论史前及夏时期的朱砂葬——兼论帝尧与丹朱传说》,《文史哲》2015 年第 2 期。

⑪ 参见方辉:《论史前及夏时期的朱砂葬——兼论帝尧与丹朱传说》,《文史哲》2015 年第 2 期。

生命的来源和灵魂的寄居处[①]，也有人进一步引申为生命复活的象征[②]；还有学者认为红色颜料是崇拜火或太阳的意思；或认为可能含有祈求避灾、吉祥的意思。墓内涂朱可能有多种意义，其起源当与火崇拜相关，并兼具有辟邪、厌胜和祈福的意义。因为在古人看来，生与死之间最直接的表现是生者有温度，鲜活的生命似在燃烧，俗语称“人死如灯灭”——人死后身体变凉，正如火力消散。因此，古人依据这种朴素的信念，在墓中用红色，以补充消失的生命力，并期望死去的灵魂得以复生。正是在这一观念下，新石器时代和夏商周时期，墓内涂朱成为一种制度化的葬仪，延续了几千年之久。

在这种巫术思维之下，商人亦直接使用鲜血来为神灵补充能量，促进死者转生，这就是血祭。据甲骨卜辞记载，商人频繁杀牲，多者达数百，以人和家畜牛、羊、豕为主。殷墟祭祀遗存于宗庙宫殿区、王陵区、族墓地和其他建筑基址中都有大量发现。宗庙宫殿区的建筑基址分为甲、乙、丙三组，其中祭祀遗迹最多的见于乙七组。乙七基址的祭祀坑有19座，其南部还发现大片成排的小葬坑，共分两组134座。[③] 一般每坑3～5人，多的6～7人，最多的有10余人。整片祭祀坑用人达几千人。殷墟王陵区的祭祀遗存见于大墓内和墓外，墓内的多见于腰坑、墓道、二层台或棺椁顶部。如HKPM1001的南墓道有无头人骨架59具，四个墓道内还出土人头骨共73个。M1500的墓道及墓室填土中发现人头骨114个。大墓外的祭祀坑主要发现于王陵区东区，是商王历年祭祀神灵和祖先的公共祭祀场。祭祀坑有人坑和兽坑两类，少量是人兽合埋的，历年来发掘有1483座，估计总数有2500座。人坑在祭祀坑中占绝大多数，有人头坑、全躯坑、无头坑和头躯分离人骨架坑。葬人大多数为成年男性，有少量女性和儿童。兽坑所埋动物有马、牛、象、猪、犬、羊等。1978年，在武官司村正北约80米处发掘40座祭祀坑，皆为兽坑。族墓地和其他建筑基址中亦常见祭祀遗存，即便是一些小型遗址。这说明商人的宗教狂热之盛，其杀牲祭祀之风世所罕见。这种现象颇类阿兹特克人和玛雅人，他们修筑有大型祭坛，频繁杀人祭祀，流行以活人心脏血祭神灵。虽然表现形式有别，但是巫术思维却相同。

由此我们可以明白为何兽面纹会有不同的角、变化多端的角，这只是表现兽面所代表的火神变幻莫测而已。其中很大一部分是牺牲之物的角，这些献祭给神灵的牺牲，使神灵具有了更多的神性。如《商周青铜器纹饰》上介绍的外卷角兽面纹，为羊的角，看上去就像一只虎头顶着羊角，颇为怪异。羊为最常用的牺牲之一。还有内卷角的，似水牛的角，也是最常用的牺牲之一。分支角似鹿的角，亦为牲品之一。曲折角似麝牛的角。瓶型角似长颈鹿的角。过去常将比较像虎头的称作“虎头纹”，不太具象的称作“兽面纹”，却不知兽面也是在虎面的基础之上加上一些代表其神性的角、眉等附件形成的。兽面表达的只是一种神灵，而不是多个神灵。

除了以兽面表现的火神之外，商代青铜器上还有一种符号化的火纹。这种纹饰又称作“圆涡纹”，在圆形微凸的曲面上，沿边饰有数条旋转状的弧线，其中心为一或大或小的

---

① 参见王文清：《陶寺遗存可能是陶唐氏文化遗存》，田昌五主编：《华夏文明》第1集，北京大学出版社1987年版，第106～123页。

② 参见谢端琚：《略论齐家文化墓葬》，《考古》1986年第2期。

③ 参见石璋如：《小屯·北组墓葬》，（台北）历史语言研究所，1970年；《小屯·中组墓葬》，（台北）历史语言研究所，1972年。

圆圈。简单的省略中心圈，或省略旋转的弧线。金文中亦有这个字，释作“囧”。《玉篇·囧部》释作：“囧，大明也。”“大明”即太阳。如《礼记·礼器》中说：“大明生于东，月生于西。”郑玄注：“大明，日也”。《周礼·冬官·考工记·画缋》中记载有火的形象：“火以圜，山以章(獐)，水以龙。”“火以圜”当指圆涡纹。圆涡纹从商代早期就见于青铜器上，多是单个连续排列，到商晚期，便与其他花纹组合在一起，如龙纹、鸟纹、兽面、蝉纹、四瓣目纹等。这使商代青铜器纹饰以火为主题更明显了。圆涡状火纹一直流行到西周和春秋战国时期，到汉代还偶有所见(图 2-8-9、2-8-10)。

殷人的至高神帝喾是人格化的火神。完整形象是虎头龙身，身上带有增加神异的装饰物。由于其变幻莫测的特性，比其他动物都更神秘，由此古人在其基础之上不停地塑造出新的神灵形象。但是无论怎么改变，都不离其火神的形象。

商代有一种虎食人主题的青铜器，颇为奇诡。如日本泉古屋博物馆藏的虎食人卣。老虎蹲坐，以后足和虎尾支撑器身。大嘴张开，虎口下有一人，人脚踩着虎爪，人手抱着虎，侧脸，神情自若。从人的表情来看，神态安详，并无惊惧之状。母虎常用嘴叼着幼虎，这件卣上的虎与人恰似一种母子关系，人抱着虎，虎抱着人。从宗教思维看，虎食人与商纣王赴火而死是同样的巫术行为，前者通过被虎吃掉而转生，而后者亦是通过被火吞噬而进入另一个世界。两者都是巫师通过牺牲从而在生命与其图腾神灵之间转生(图 3-2-8)。

图 3-2-8　虎食人卣

(五)商代青铜器上的众神像

商代青铜器上的主体纹饰便是火神的形象，他具有虎头、龙身的特点，以后世的眼光看，也可以称作是“龙的形象”，但他的意象是火神，甲骨文中的帝，人格化的名称是“帝喾”。此外，商帝国幅员辽阔，包罗众多的族群，因此也容纳了这些族群的神灵，并铸造于青铜器上。商人宗教的主要来源之一萨满教崇拜“万物有灵”。所谓“灵”即精气。《大戴礼记·曾子天圆》：“阳之精气曰神，阴之精气曰灵。神灵者，品物之本也，而礼乐仁义之祖也，而善否治乱所兴作也。”“精”是万物的本原，是古人对于世界本质的认识。因有精气，自然界中才有“四方百物”，许多动物被视作神灵或精怪。商人的动物造型的玉器和铜器种类繁多，除以上所说的龙、凤外，还有虎、象、鸮、鹿、鱼、龟、蝉、蛙、豕、羊、牛、兔等。

鱼纹多见于铜盘中，数量并不多。鱼是新石器时代半坡类型的主体纹饰，而商代主要是东方的族群，并不算商人崇拜的主要神灵，所以在纹饰中一般作为附属纹饰。与之不同的是，关中地区周人的文化圈内鱼纹和鱼形玉器数量巨大。这显然与其原始宗教信仰和族群来源有关。商文化中龟纹数量也较少，与鱼的地位相同。鱼、龟纹样造型多位于盘底或器底的图案，说明其为水中的神灵(图 3-2-9)。

图 3-2-9　安阳大司空出土青铜盘

蝉纹继承自后石家河文化，是青铜器上仅有的昆虫，也是古人崇拜的神灵之一（图 3-2-10）。妇好墓还出土有一件蝉纹玉琮。[①] 汉代时，玉琀多为蝉形，取其羽化升仙的意思。

图 3-2-10　商代晚期的蝉纹

（摘自上海博物馆青铜器研究组编《商周青铜器纹饰》）

鸮尊是商代较为重要的一种，妇好墓出土的鸮形铜器，鸮足和尾支撑器身，鸮背上还有一前一后的鸟（凤）和龙，制作精美绝伦。鹰鸮是北方地区萨满教所崇拜的神灵。他的地位同于南方商文化中虎的地位，一般鸮形铜器和纹饰发现于北方，而虎形铜器和纹饰多发现于长江流域。值得注意的是，妇好墓的青铜鸮，嘴部却是金雕的大钩喙形，这是两

① 参见中国社会科学院考古研究所编著：《殷墟妇好墓》，文物出版社 1980 年版，第 131 页。

种信仰融合的结果——太阳崇拜(金雕)和萨满教(鸮)(图 3-2-11)。

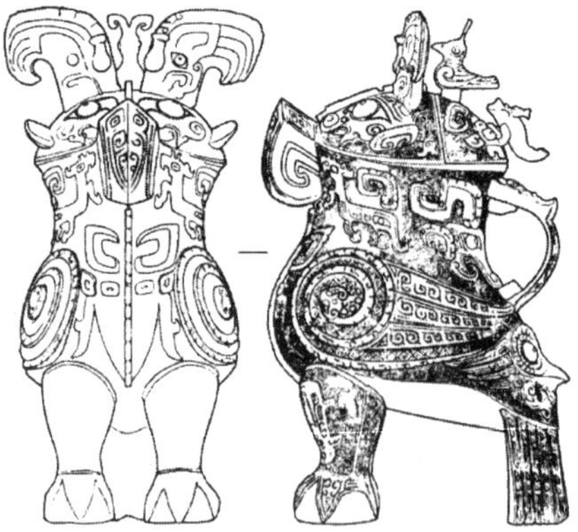

图 3-2-11 妇好墓出土青铜鸮尊

四、结 论

结合文献、甲骨卜辞、出土文物可以证明,商人在史前太阳崇拜、图腾崇拜和萨满教信仰的基础上构建了其整个宗教文化。商人的最高神是上帝,这一名称记载于甲骨卜辞中。上帝有帝廷,有四方神和帝使风(凤)作为其臣使。同时上帝和四方神手下还有风神、云神、雷神、土地神等一系列气象神和自然神灵。因为这些神灵决定着庄稼的收成、生命的安危,因此商人向众神祈求风调雨顺、子孙兴旺。不过对于上帝,商人只会揣测其意图,不会对其祈求实现某种愿望,但是对臣史和自然神灵可以祈求。这说明商代的巫主要是祭司,他们不能对神灵进行干预,更不能用巫术强制神灵实现某种愿望。

帝的形象被反复铸造在青铜器上,构成了商代青铜器的主要纹饰。虽然后世称这一兽面纹为"饕餮纹",但这是文化断裂造成的误读。兽面纹是以虎为原型构建的,它具有大眼、额饰、菱形饰、叶形耳等特征,可以从史前文化尤其是良渚文化、石家河文化和龙山文化中找到原型。兽面具有不同形状的角,早期的兽面并没有角,史前兽面纹也没有角,因此角型并不决定兽面纹之本质,兽角只是增加了兽面神的神性而已。且这些角多为各种羊、牛和鹿的角,乃是牺牲之物,是被血祭给上帝的食物。兽面纹两侧有龙和鸟的形象,乃是帝史的形象。

从文化传承上看,兽面所带的上帝是火神帝喾(帝俊)的形象。商人通过火祭和血祭将牺牲——人、牛、羊、豕等奉献给上帝,也通过这两种祭祀方式祭祀其祖先神灵。帝喾为火神,为东夷人所崇拜的宗神,契为殷始祖,又名阏伯。《左传·襄公九年》:"陶唐氏之火正阏伯居商丘,祀大火,而火纪时焉。""阏伯"亦为火神,至今商丘地区仍有火神台庙会,以祭祀阏伯。

兽面纹是商代最重要的纹饰,其出现率极高,几乎出现于所有的青铜器类型的表面,且处于最为显眼的位置。人类为拥有最高权力的个人或神灵塑像,任何时期莫不如此,兽面纹代表的神灵就是商代拥有最高权力的神灵,而据文献,毫无疑问拥有最权力的商代神灵就是帝,因此兽面纹是帝的形象,人格化的名称为"帝喾"。

商王和贵族认为他们死后会升天成为太阳神。因此他们以日名为庙号,并在庙号日当天祭祀对应的祖先。在商人的宗教观念中，十个太阳也就是他们的祖先在扶桑树上，扶桑树在汤谷，太阳在汤谷洗浴，他们以旬为周期轮值，被金乌背负着东升西落。在后世的文献中，上帝被称为“帝喾”，他有四个妃子，其中次妃简狄为商族的祖先，主妃生了周族。三人在汤谷洗浴，有玄鸟掉了一个卵，简狄吞食，从而生了商契——商族的祖先。“简狄”这一名称容易使我们认为商族与北方族群有关，她是有娀氏之女。不过四妃的排序肯定是周人的说辞，否则难以解释为何周人后起，却在四妃中排行第一。周人通过四妃也使商、周、尧、挚有了一个共同的神灵祖先。《诗经·商颂·玄鸟》中说：“天命玄鸟，降而生商。”这个“天”当为“帝”字，以天名之必为周人之语，正如《诗经·商颂·长发》中说：“洪水芒芒，禹敷下土方。外大国是疆，幅陨既长。有娀方将，帝立子生商。”商人是上帝的后代，帝为商人的至高神。与《诗经》中的记载不同，《山海经》中的记载更具神话色彩，《山海经·大荒南经》记载：“东海之外，甘水之间，有羲和之国。有女子名曰羲和，方浴日于甘渊。羲和者，帝俊之妻，生十日。”王国维认为，帝俊（神话里的）当即帝喾（人格化的），羲和（神话里的）当即简狄（人格化的）。

从宗教观念上看，商人与东方和长江流域最为密切，而与西北文化关系较小，因此文献中记载的商人起源于夷人的一支是准确的，商朝为夷狄联盟。此外，商人的世界观和宗教观表明萨满教在商人的宗教中具有重要地位，是萨满教和太阳崇拜的结合。萨满教认为人的灵魂为鸟形，居于灵魂树上，这正是太阳鸟居于扶桑树上的宗教来源，同时商人又以鸟为图腾，当是受图腾崇拜的影响使然。商人的宗教信仰是在史前三大宗教的基础上形成的。

商人的宗教信仰系统里还有少量西方和前代的神灵，如鱼、蝉、龟、蛙等在青铜器、玉器上都偶有所见。鱼自然是中原和西方崇拜的神灵，蝉在良渚文化出现在反山墓葬中，但是数量较少，到石家河文化晚期即所谓的后石家河文化盛极一时，表明其是长江中游崇拜的神灵，后石家河人当与颛顼之后穷蝉等楚人祖先有关。蛙是西方羌人崇拜的神灵。龟为北方地带和淮济之间所崇拜的神灵，当与萨满教和大地崇拜有关。作为地域广阔的大帝国，商朝将疆域内各部族的神灵百物笼络到一起，中国文化的包容性在商周时期体现得淋漓尽致，殷墟妇好墓虽是地下陵墓，但又如同一个万神庙，供奉着各种神灵。

此外，商人还有土地崇拜，即社神崇拜，甲骨卜辞中之“土”即“社”，又称“邦社”为“邦土”，王国维证之认为即《礼记·祭法》中之“国社”。商人祭社用燎、卯、沈、俎等，用牲种类包括牛、羊。春秋时宋人用人祭社，《左传·昭公十年》：“平子伐莒，取郠，献俘，始用人于亳社。”[①]周代时社神崇拜尤为热烈。社，《说文》释作“地主也”，即一地之主，犹如诸侯为一地之主，所以封邦立国必建社。《逸周书·作雒》云：“封人社壝，诸侯受于周，乃建大社于国中。”社神与周代的封建制度和宗法制度紧密结合，并出现了等级化的社神。商人的土地崇拜来自于其族群在黄土高原上的生活经历。

① 参见杨宽：《中国上古史导论》，上海人民出版社 2012 年版，第 52 页。

第三节 周代的宗教信仰

周代是中国文化的大变革时期。王国维于《殷周制度论》中说："中国政治与文化之变革，莫剧于殷周之际。"进而他从都邑、政治、文化、族属、社会制度等多个方面论述了商周之际的社会变革。

> 都邑者，政治与文化之标征也。自上古以来，帝王之都皆在东方。太皞之虚在陈，大庭氏之库在鲁，黄帝邑于涿鹿之阿，少皞与颛顼之虚皆在鲁、卫，帝喾居亳。惟史言尧都平阳，舜都蒲阪，禹都安邑，俱僻在西北，与古帝宅京之处不同。然尧号陶唐氏，而冢在定陶之成阳，舜号有虞氏，而子孙封于梁国之虞县，《孟子》称舜生卒之地皆在东夷。盖洪水之灾，兖州当其下游，一时或有迁都之事，非定居于西土也。禹时都邑虽无可考，然夏自太康以后以迄后桀，其都邑及他地名之见于经典者，率在东土，与商人错处河济间，盖数百岁。商有天下，不常厥邑，而前后五迁，不出邦畿千里之内。故自五帝以来，政治文物所自出之都邑，皆在东方，惟周独崛起西土。……自五帝以来，都邑之自东方而移于西方，盖自周始。故以族类言之，则虞、夏皆颛顼后，殷、周皆帝喾后，宜殷、周为亲；以地理言之，则虞、夏、商皆居东土，周独起于西方，故夏、商二代文化略同。《洪范》"九畴"，帝之所以锡禹者，而箕子传之矣；夏之季世，若胤甲，若孔甲，若履癸，始以日为名，而殷人承之矣。文化既尔，政治亦然。周之克殷，灭国五十，又其遗民或迁于洛邑，或分之鲁、卫诸国。而殷人所伐，不过韦、顾、昆吾。且豕韦之后，仍为商伯；昆吾虽亡，而已姓之国仍存于商周之世。《书·多士》曰："夏迪简在王庭，有服在百僚。"当属事实。故夏、殷间政治与文物之变革，不似殷、周间之剧烈矣。殷、周间之大变革，自其表言之，不过一姓一家之兴亡与都邑之移转；自其里言之，则旧制度废而新制度兴，旧文化废而新文化兴；又自其表言之，则古圣人之所以取天下及所以守之者，若无以异于后世之帝王。而自其里言之，则其制度文物与其立制之本意，乃出于万世治安之大计，其心术与规摹，迥非后世帝王所能梦见也。①

王国维比较了文献中记载的古帝王都邑，认为太皞、大庭氏、黄帝、少皞、颛顼、帝喾的都邑都在东方。但是，尧都、舜都、禹都却都在山西，偏于西北。因此，他对三都的位置提出了疑问，并根据文献中尧、舜、禹的记载，认为尧、舜、禹与东方关系更密切，他们多活动或葬于东方。由此得出了结论，自五帝以来，都邑皆在东方，唯周独崛起于西土，三都西迁只是周人的记载。这一观点后来被傅斯年继承和发展，提出了夷夏东西说。

王氏又从族属上根据文献记载进行分析，认为虞、夏皆颛顼的后代，殷、周是帝喾的后代。② 虞、夏、商都位于东方，所以文化上相同：《洪范》是上帝传给禹的治国之法，商代

① 王国维：《殷周制度论》，《观堂集林》，中华书局1959年版，第451～453页。

② 从文献上看是如此，但是笔者认为周并不是帝喾的后代。因为从周代文化上看，周人并不崇拜帝喾，至少在西周中后期，天是周人的至上神，西周前期只是习俗使然或为了统治的需要。

时仍在使用；夏、商两代君王皆用日名。文化上虞、夏、商相同和相近，政治上亦如此。后文，王国维从继承制、婚姻制度、宗法制等角度论述了殷周两代之间的不同。我们承王氏之论，继续从文化宗教方面分析殷周之变革。

周人以西方小族入主中原，文献中记载周人常自称“小邦周”，而称商都为“大邑商”。灭殷之后，周人对中国文化进行了一系列的改造和创新，以维护统治。周人是西方族群，司马迁于《史记·周本纪》中记载周人起源是这样的：

> 周后稷，名弃。其母有邰氏女，曰姜原。姜原为帝喾元妃。姜原出野，见巨人迹，心忻然说，欲践之，践之而身动如孕者。居期而生子，以为不祥，弃之隘巷，马牛过者皆辟不践；徙置之林中，适会山林多人，迁之；而弃渠中冰上，飞鸟以其翼覆荐之。姜原以为神，遂收养长之。初欲弃之，因名曰弃。
>
> 弃为儿时，屹如巨人之志。其游戏，好种树麻、菽，麻、菽美。及为成人，遂好耕农，相地之宜，宜谷者稼穑焉。民皆法则之。帝尧闻之，举弃为农师，天下得其利，有功。帝舜曰：“弃，黎民始饥，尔后稷播时百穀。”封弃于邰。号曰后稷，别姓姬氏。后稷之兴，在陶唐、虞、夏之际，皆有令德。

虽然文中说姜原为帝喾元妃，但是周起源的传说中却与商人完全不同，有理由怀疑这只是为周人统治中原张本。更早的文献《诗经·大雅·生民》中说：

> 厥初生民，时维姜嫄。生民如何，克禋克祀。以弗无子，履帝武敏歆。攸介攸止，载震载夙。载生载育，时维后稷。

文中的姜嫄履帝武而得孕生后稷。毛传：“履，践也。帝，高辛氏之帝也。武，迹，敏，疾也。从于帝而见于天，将事齐敏也。歆，飨。”郑玄笺：“时则有大神之迹，姜嫄履之，足不能满履其拇指之处。心体歆歆然，其左右所止住，如有人道感己者也。”这一说法认为姜嫄踩了大神的足迹而生后稷。毛传认为大神指高辛，郑玄则不确指。姜嫄为有邰氏之女。张守节《史记正义》引《说文》云：“邰，炎帝之后，姜姓，封邰，周弃外家。”周人与姜姓羌人有姻亲关系，姜姓为周人的母族。“巨人迹”有人认为是熊跡，理由是黄帝号有熊，黄帝为姬姓。司马贞《史记索隐》引皇甫谧云：“黄帝生于寿丘，长于姬水，因以为姓。居轩辕之丘，因以为名，又以为号。是本姓公孙，长居姬水，因改姓姬。”周亦为姬姓。裴骃《史记集解》引《礼纬》曰：“祖以履大迹而生”。总而言之，黄帝、周人皆姬姓，得名于姬水，周人自视为黄帝本族。

周人与戎狄有密切的关系。《史记·周本纪》载：

> 后稷卒，子不窋立。不窋末年，夏后氏政衰，去稷不务，不窋以失其官而犇戎狄之间。不窋卒，子鞠立。鞠卒，子公刘立。公刘虽在戎狄之间，复修后稷之业，务耕种，行地宜，自漆、沮度渭，取材用，行者有资，居者有畜积，民赖其庆。百姓怀之，多徙而保归焉。周道之兴自此始，故诗人歌乐思其德。公刘卒，子庆节立，国于豳。

可见周人与戎狄曾经混居，摇摆于畜牧和农业两种经济方式之间。虽然周人自别于戎狄，实与戎狄无别。周人从事畜牧业放弃农业，便是戎狄，而其从事农业，便与戎狄从经济方式、生活方式、文化上产生差别。到古公亶父时，“古公亶父复修后稷、公刘之业，积德行义，国人皆戴之”，为戎狄所迫迁居于岐山下，“于是古公乃贬戎狄之俗，而营筑城郭室屋，而邑别居之。作五官有司。民皆歌乐之，颂其德”。周族定居于岐山下从事农业之后，逐渐壮大。

周人与羌人、戎狄的这些千丝万缕难以割舍的关系决定了他们在文化上与东方族群存在较大的差异。东方族群的经济基础为农业和家畜饲养业，渔猎作为辅助，其社会具有稳定性和阶序性的特点。而西方族群的经济基础为农牧复合经济，畜牧业占有较大的比重，其社会具有分散性和流动性，社会分化不明显。东方族群的宗教信仰以太阳崇拜和图腾崇拜为主构成。太阳崇拜由太阳、鸟与虎所构成，这是一种农业、渔猎业族群的宗教信仰，太阳的运行使一年四季具有节律性，决定着农业的春耕秋收，而金雕和虎都是狩猎高手。太阳鸟虎崇拜的本质是火崇拜，东方多水，故崇拜火。而西方干旱，故崇拜水，其神灵多水物。两者虽都有农业，但是也存在差异。东方多种植水稻和粟，西方多种植粟、黍等耐旱作物。两种不同类型的经济方式决定了其文化的不同。周人与戎狄的关系也使周人学到了戎狄的原始信仰，尤其是萨满教和天神信仰。因此，商周文化存在巨大的差异。

一、至上神

夏、商用日名作为庙号，但是周人不用日名。这一现象最早被北宋吕大临发现，在其著作《考古图》中的《庚鼎》《辛鼎》《癸鼎》中说：“按史记夏商未有谥，其君皆以甲乙为号，则此三鼎疑皆夏商之器。”吕大临已经认识到有无日名是夏、商铜器与周代铜器的区别。不过后来北宋的王黼于《博古图录·鼎鼒总说》中对吕大临的这一观点表示了怀疑，他说：“然齐有丁公、乙公、癸公、幽公之弟曰乙，齐悼公之子曰壬，则十干之配未必皆夏商也。”近代罗振玉对日名制铜器有了新的认识。他在《殷文存》中说：“考殷人以日为名，通乎上下，此编集录，即以此为埻的。其中象形文字，或上及于夏器；日名之制，亦沿用于周初，要之不离殷文者近是。”认为日名铜器是夏商代的，只是沿用到了周初。随着考古资料的增多，有学者对日名制铜器重新进行检索，进而发现：周氏族人——指西周王室及其分封的同姓诸侯国不用日名制铜器，西周时用日名者均非周氏族人。① 这从文化上使周人区别于其他族群。我们知道，以日为名是与其族群的宗教信仰有关的，即崇拜太阳的族群才以日为名，金文中的亲属称谓中既有父甲、父乙、父丁之类，又有日甲、日乙、日丁之称，又有母乙、母庚、母辛之称，还有甲考、乙考等，实指一意：即某位以十干为名的太阳神祖先。至此可以回答王黼的反问——何以齐之丁公、乙公、癸公、幽公之弟乙，齐悼公之子壬以日为名？因齐为姜姓，炎帝之后，是崇拜太阳的族群。②

周人既然不崇拜太阳，当然自有其宗教和神灵崇拜。20世纪30年代，郭沫若提出帝

---

① 参见张懋镕：《周人不用日名说》，《历史研究》1993年第5期。

② 姜姓为羌人，马家窑文化为羌人的祖先，马家窑文化早期便崇拜太阳，这是因为其本身是仰韶文化庙底沟类型往西传播所形成的地方类型。马家窑文化中发现有崇拜太阳的证据，这就是陶器上的太阳、鸟和火的图像。

是商人的至上神，而天是周人的至高神。因为在殷人的甲骨卜辞中，上帝是神灵世界的最高权威，天并没有出现，至少没有受祭。卜辞中有“天”字，但是只是作为“大”字的同义词。自西周初年的传世文献，天不仅是最重要的神灵，而且被认为和上帝紧密相关。因此，他认为周代的统治者在征服了商人之后，把商人崇拜的上帝和周人崇拜的天等同起来，从而把商人的至上神也变成了自己的至上神。①

周人的至上神为天，有大量文献资料可证。如周康王时的《大盂鼎》铭文：

> 不（丕）显文王，受天有（佑）大命。在武王嗣文作邦，辟厥匿，匍（抚）有四方，畯正厥民。……故天冀临子，法保先王（成王），□有四方。

《尚书·康诰》：

> 天乃大命文王，殪戎殷，诞受厥命。越厥邦厥民，惟时叙。

《尚书·多士》是周公以成王之命对殷商旧臣的告诫之词：

> 尔殷遗多士，弗吊旻天，大降丧于殷，我有周佑命，将天明威，致王罚，敕殷命终于帝。肆尔多士！非我小国敢弋殷命。惟天不畀允罔固乱，弼我，我其敢求位？惟帝不畀，惟我下民秉为，惟天明畏。

文中称殷时为“帝”，称周以“天”，帝与天分别为商与周的上神是分得很清楚的。

因天是周的至上神，周族强盛起来之后，便成为商的大敌，由此引起商王的痛恨。甲骨卜辞记有商周的往来，双方时战时合，关系复杂。商人经过多次征伐终于使周臣服。《史记·殷本纪》中记载有武乙射天的传说：

> 帝武乙无道，为偶人。谓之天神。与之博，令人为行。天神不胜，乃戮辱之。为革囊，盛血，卬而射之，命曰“射天”。武乙猎于河渭之间，暴雷，武乙震死。

司马贞《索隐》中也说：“武乙无道，祸内射天。”过去常以为武乙狂傲，藐视神权，实际上天并不是武乙所崇拜的神灵，殷人的至上神为帝，周人的至上神是天。武乙射天表现的正是商人对周人的敌视和仇恨。随着周人势力逐渐兴盛，季历被任命为殷牧师。至于后文中武乙于河渭之间被雷震死，显系周人的编造，很可能武乙为周人所杀。因为武乙亵渎了周人的神灵。也是由于这个原因，引发了《古本竹书纪年》记载的“文丁杀季历”事件，文丁为父报仇。《古本竹书纪年》载：“（帝乙）二年，周人伐商。”商周的矛盾进一步激化。至下一代商王帝辛时期，周武王伐纣，商亡周王。

周人继承商人占卜的习俗，使用甲骨占卜，但占卜的对象是天：“于（粤）天降威，用王遗我大宝龟，绍天明。……天休于文王兴我小邦周，文王惟卜用，克绥受兹命。今天其相民，矧亦惟卜用。”②周人认为周族的兴起是天的福佑。

---

① 参见郭沫若：《先秦天道观之进展》，商务印书馆 1936 年版，第 324 页。

② 《尚书·大诰》。

天为周人的至上神，周王称天子，来自于戎狄之俗。天神是游牧民族的至上神信仰，畜牧民在大草原上放牧，逐水草而居，逐渐发展出对高居天空之上的“天神”的崇拜。这是因为天空和草原是游牧民生活的来源，天空不仅广袤无垠，高高在上，而且其阴晴直接影响着牧产。蒙古族崇拜的至上神“腾格里”（蒙古语 Mongke Tengri）即天神，又称“长生天”。匈奴崇拜天神，并有天神的偶像，《史记·匈奴列传》中记载：“匈奴，其先祖夏后氏之苗裔也，曰淳维。……其明年春，汉使骠骑将军去病将万骑出陇西，过焉支山千余里，击匈奴，得胡首虏万八千余级，破得休屠王祭天金人。”此类记载又见于《汉书·卫青霍去病传》中。师古注引孟康曰：“匈奴祭天处本在云阳甘泉山下，秦击其地，后徙之休屠王右地，故休屠有祭天金人象也。”师古曰：“作金人以为天神之主而祭之，即今佛像是其遗法。”匈奴有祭天金人，代表天神。因周人曾窜于戎狄之间，从事畜牧业，因此有了天神信仰，以天作为至上神。周人继承了狄人的宗教传统。

周人称天为“昊天”，又称“皇天”“昊天”“旻天”等。梁启超说：

> 《诗》《书》所记，言必称天，或冠以形容之语，曰皇天，以表其博大；曰上天，以表其崇高；曰昊天，以表其洁白；曰旻天，以表其森严。亦曰帝，曰上帝，曰皇上帝，曰皇，曰后帝。天帝一也，而有二名者，以天示抽象观念，以帝示具象观念。①

“皇”“昊”“旻”都是对天的溢美之词。“皇”字，金文中作“[illegible]”、作“[illegible]”，是下土上日带有光芒的形状，引申为广大、富丽、堂皇、伟大之意，来源于发光的太阳，用以形容伟大的神和人，如三皇、皇天。金文中用“皇”字以形容“祖”“考”“妣”“母”“天”“后”“帝”等词，如《尚书·召诰》：“皇天上帝，改厥元子。”《诗·大雅·信南山》：“是剥是菹，献之皇祖。”

文献记载周代有一套完备的祭祀仪礼体系。“周因于殷礼”，周人伐殷之时，一度以殷商祭祀传统的真正继承者自居，《尚书·泰誓》谴责殷人：“弗事上帝神祇，遗厥先宗庙弗祀……郊社不修，宗庙不享。”不过总体上来说，虽然周人祭祀继承自商人，祭祀对象也有一定程度的继承，但是商、周不同族，因此周代在包容继承商代文化遗产的同时，也逐渐由商代的祭祀文化向礼乐文化过渡。② 这使得商周文化表现出一定的断裂性。

《尚书·武成》中记载，武王伐商之时，先“告于皇天后土、所过名山大川”，以祈求神灵保佑。灭殷之后，武王以柴祭祭天，以望祭祭山川，从而“大告武成”，即向天地山川禀告克殷大业成功。周人祭神的方式柴祭、望祭与殷人有相似之处，但是祭祀的神灵却是不同的：皇天、后土和山川为周人崇拜的神灵。天为至上神，山川崇拜来自于西北羌人的石、山崇拜。周人崇拜的神灵与夏人是基本相同的。周人与姜姓羌人联姻，又以羌人为师，因此也继承了羌人的宗教信仰。

周代的宗教和礼制有较多的文献记载。《礼记·祭法》中记有更翔实的祭祀对象：

> 燔柴于泰坛，祭天也；瘗埋于泰折，祭地也；用骍犊。埋少牢于泰昭，祭时也；相近于坎坛，祭寒暑也。王宫，祭日也；夜明，祭月也；幽宗，祭星也；雩宗，祭水旱也；四

① 参见梁启超：《志三代宗教礼学》，《饮冰室合集专集》之四十九，中华书局 1936 年，第 1 页。

② 参见陈来：《古代宗教与伦理——儒家思想的根源》，三联书店 2009 年版，第 131 页。

坎坛，祭四方也。山林、川谷、丘陵，能出云为风雨，见怪物，皆曰神。有天下者，祭百神。诸侯在其地则祭之，亡其地则不祭。

《祭法》中列举的神灵有天、地、四时[1]、寒暑、日、月、星、水旱、四方和山林、川谷、丘陵。天子可以祭祀所有的神灵，而诸侯只能祭祀其中部分神灵。

《周礼·春官·大宗伯》记载有祭祀不同的神灵使用不同的祭礼：

大宗伯之职，掌建邦之天神、人鬼、地示之礼，以佐王建保邦国。以吉礼事邦国之鬼神示，以禋祀祀昊天上帝，以实柴祀日、月、星、辰，以槱燎祀司中、司命、飌师、雨师，以血祭祭社稷、五祀、五岳，以貍沈祭山林川泽，以疈辜祭四方百物。以肆献祼享先王，以馈食享先王，以祠春享先王，以禴夏享先王，以尝秋享先王，以烝冬享先王。

大宗伯的职责是掌众神的祭祀礼仪。神灵分为天神、地示、人鬼三类，天神指昊天上帝和日、月、辰、司命、司中、风师、雨师；地示指社稷、五祀、五岳、山林川泽、四方百物；人鬼即祖先神，包括先王、先公、先妣、先祖。[2] 对这些神灵分别使用不同的祭祀方式。

《周礼·春官·司服》中记有君王祭祀不同的神灵需要穿不同的服饰：

王之吉服，祀昊天、上帝则服大裘而冕，祀五帝亦如之。享先王则衮冕，享先公、飨射则鷩冕，祀四望、山川则毳冕，祭社、稷、五祀则希冕，祭群小祀则玄冕。

祭祀昊天上帝和五帝时君王衣大裘、戴礼帽，祭祀先公、先王、四望、山川、社、稷、五祀、群小祀均以不同的服饰。群小祀指林泽、坟衍、四方百物等神灵。[3]

《周礼·春官·大司乐》记录了周人祭祀不同的神灵所用的仪典用乐：

乃奏黄钟，歌大吕，舞《云门》，以祀天神；乃奏大簇，歌应钟，舞《咸池》，以祭地示；乃奏姑洗，歌南吕，舞大磬，以祀四望；乃奏蕤宾，歌函钟，舞《大夏》，以祭山川；乃奏夷则，歌小吕，舞《大濩》，以享先妣；乃奏无射，歌夹钟，舞《大武》，以享先祖。凡六乐者，文之以五声，播之以八音。凡六乐者，一变而致羽物及川泽之示，再变而致蠃物及山林之示，三变而致鳞物及丘陵之示，四变而致毛物及坟衍之示，五变而致介物及土示，六变而致象物及天神。

祭祀天神、地示、四望、山川、先妣、先祖均奏不同的音乐、演唱不同的歌、表演不同的乐舞。

周人将祭祀对象分为大祭、中祭、小祭或大祀、中祀、小祀三类。如《周礼·天官·酒正》："凡祭祀，以法共五齐三酒，以实八尊。大祭贰，中祭再贰、小祭壹贰。皆有酌数。"注引："郑司农云：三贰，三益之副也。大祭天地，中祭宗庙，小祭五祀。"即大祭指祭祀天地，

---

① 郑氏注："时，四时也，亦谓阴阳之神也"。

② 参见陈来：《古代宗教与伦理——儒家思想的根源》，三联书店 2009 年版，第 137 页。

③ 参见（清）孙诒让：《周礼正义》第 6 册，中华书局 1987 年版，第 1620 页。

中祭指祭祀宗庙祖先，小祭指祭祀五祀。[①] 郑玄则据《周礼·春官·司服》认为大祭是祭祀昊天上帝、五帝、先王，中祭是先公、四望、山川，小祭是社稷、五祀、群小祀。[②]

大祀、中祀、小祀所用的祭品分类见于《周礼·春官·肆师》：

> 肆师之职，掌立国祀之礼，以佐大宗伯。立大祀，用玉帛牲，立次祀，用牲帛，立小祀，用牲。

大祀用的祭品为玉、帛、牲；次祀用牲、帛；小祀仅用牲。周人的祭祀更加规格化，祭品的种类也比较多，而商人多是以用牲数量的多少来区分祭祀的等级。大、中、小祀具体祭祀的神灵有不同的观点。郑玄注："郑司农云：'大祀，天地；次祀，日月星辰；小祀，司命以下。"郑众(郑司农)认为大祀、次祀、小祀分别是天地、日月星辰、司命等。[③] 郑玄认为大祀是天地、宗庙，中祀是日月星辰、社稷、五祀、五岳，小祀是司命、司中、风师、雨师、山川、百物。[④] 陈祥道《礼器》注曰："周礼大祀、次祀、小祀见于《肆师》；大祭、中祭、小祭见于《酒正》。《大宗伯》所辨天地、五帝、先王之类，大祀也；社稷、五祀、五岳之望，中祀也；四方百物之类，小祀也。"[⑤]各家对三祭、三祀的理解不同，但总体上看都是将祭祀分成不同的等级，从而也将神灵分成了不同等级。[⑥] 周礼中将对天神、地祇和人鬼的祭祀分别称作祀、祭、享，即"天神为祀，地祇为祭，人鬼为享"[⑦]。

按照周礼，对于不同的祭祀对象，采用不同的祭祀方式，使用不同的祭祀物品。这些祭祀方式大多来源于商人，但也存在较大的不同，祭祀用的物品也有同有异。商人多血祭和火祭，但是周人除二者之外更多使用瘗埋等祭祀方式。瘗埋是把牲埋入地下，使其血气灌于地下，主要用于祭祀地示。商人祭祀社神一般以燎祭，偶尔用褅祭和沉祭[⑧]，两者存在较大的不同。商人多用牲，而周人亦用帛、璧等丝织品和玉器。

二、天　神

天为北方游牧人群所崇拜的至上神。周人将其作为至上神，显然来自于戎狄之俗。天是众天神的统领，因此以日、月配祭。《周礼》中的天神有三个等级：一是以禋祀昊天上帝；二是以实柴祀日、月、星、辰；三是以槱燎祀司中、司命、风师、雨师。

周人崇拜的最高神在《周礼》中称作"昊天上帝"。《大宗伯》郑玄注引郑司农曰："昊天，天也。上帝，玄天也。"又说："玄谓昊天上帝，冬至于圜丘所祀天皇大帝。"[⑨]《史记·封禅书》裴骃《集解》引郑元曰："上帝者，天之别名也。"但金榜引《典瑞》"祀天旅上帝"之说，昊天与上帝并非一神。他说："昊天，垂天之象也；上帝，祈谷之帝也。冬至禘者为昊天，

---

① 参见(清)孙诒让：《周礼正义》第3册，中华书局1987年版，第354页。
② 参见(清)孙诒让：《周礼正义》第6册，中华书局1987年版，第1466页。
③ 参见(清)孙诒让：《周礼正义》第6册，中华书局1987年版，第1456页。
④ 参见(清)孙诒让：《周礼正义》第6册，中华书局1987年版，第1465～1466页。
⑤ (清)孙希旦：《礼记集解》(中)，中华书局1989年版，第665页。
⑥ 参见陈来：《古代宗教与伦理——儒家思想的根源》，三联书店2009年版，第136页。
⑦ (清)孙诒让：《周礼正义》第5册，中华书局1987年版，第1296页。
⑧ 参见常玉芝：《商代宗教祭祀》，中国社会科学出版社2010年版，第132～150页。
⑨ (清)孙诒让：《周礼正义》第5册，中华书局1987年版，第1297页。

启蛰郊者为上帝，后郑合昊天上帝为一，误。"[①]孙诒让赞同金说："案：金说是也，此职及《司服》之昊天上帝，亦当分为二，昊天为圜丘所祭之天，天之总神也。上帝为南郊所祭受命帝，五帝之苍帝也。"[②]"昊天上帝"之称实际上是将周人和商人的至上神并称，昊天指周人崇拜的天神，上帝是商人崇拜的至上神。周人故意模糊了两者的界限，后世随合二为一。

祭祀昊天上帝是周王的宗教特权。周礼中对昊天上帝的祭法为"禋祀"，《通典·吉礼》引郑玄注曰："禋，烟也，取其气达升报于天也。"即烧柴升烟以祭。《尚书·尧典》《尚书·洛诰》《诗经·小雅·大田》中都有禋祭的记载。《周礼》中的禋祀与实柴、槱燎组成祭祀组合，三者的共性是都要烧柴火祭。据《周礼·春官·肆师》的记载，禋祀用玉、帛、牲，规格最高，实柴用帛、牲，槱燎只用牲。总之，祭祀昊天上帝的禋祀是指将玉帛牲放置在柴上燔烧火祭。[③]

周人对天的祭祀岁有八祭或九祭，夏至郊天之礼最为重要。郊天时，日月为配祭：

> 郊之祭，大报天而主日，配以月，夏后氏祭其暗，殷人祭其阳，周人祭日以朝及暗。[④]

天为至上神，日、月为配祭。夏代于日昏时祭祀，殷人于日中时祭祀，周人于日出和日落时祭祀。周礼对于夏商之礼既有继承又有发展。商人的至上神为帝，祖先（日）为配祭。周人的至上神为天，以日、月配祭。周人并不存在自然神与祖先神的同一性。

第二个等级为日、月、星、辰。日神崇拜具有悠久的历史，在世界各处都曾发现日神信仰的痕迹。这是因为太阳是天上最大的星球，是温暖的源泉和生命的来源。月亮则是黑暗的长夜中最明亮的星球。《周礼·春官·典瑞》："王晋大圭，执镇圭，缫藉五采五就以朝日。""圭璧以祀日月。"《周礼·考工记·玉人》中也说："圭璧五寸，以祀日月。"《仪礼·觐礼》："拜日于东门之外，反祀方明，礼日于南门之外，礼月四渎于北门之外。"《礼记·祭义》："祭日于坛，祭月于坎，以别幽明，以制上下。祭日于东，祭月于西，以别内外，以端其位。"日、月分别对应于东、西，在战国帛画和汉代画像石中可见日月左右相对的图像（图3-2-1、图4-6-15）。

星辰为星的总名，总祭星称"布"祭。《尔雅·释天》："祭星曰布。"郭璞注云："布，散祭于地。"李巡疏曰："祭星者，以祭布露也，故曰布。"孙炎曰："既祭布散于地，似星布列也。"战国秦汉时，随着星占和星象知识的进展，星的地位也逐渐上升，秦汉时期崇拜的星神太一成为至上神。

天神中第三个等级为司中、司命、飌师、雨师。过去常有学者将四者认为是星名，吕思勉说："司中，司命，先后郑皆以三台及文昌宫星说之，其实非是。"四者均为神名，后来星相家以其命名星官。司命是主人生死的神。《庄子·至乐》云："庄子之楚，见髑髅而问之。夜半，髑髅见梦。庄子曰：吾使司命复生子形，为子骨肉肌肤。"应劭《风俗通义》云：

① （清）孙诒让：《周礼正义》第5册，中华书局1987年版，第1309页。
② （清）孙诒让：《周礼正义》第5册，中华书局1987年版，第309页。
③ 参见陈来：《古代宗教与伦理——儒家思想的根源》，三联书店2009年版，第137～139页。
④ （清）孙希旦：《礼记集解》（下），中华书局1989年版，第1216页。

"今民间独祀司命耳，刻木长尺二寸为人像，行者檐篋中，居者别作小屋。齐地大尊重之，汝南诸郡亦多有，皆祠以猪，率以春秋之月。"司中、司命相配，正如飌师、雨师相配。《周书·命训》："天生民而成大命，立司德正之以祸福。"因此吕思勉认为："疑司中即司德，察民之善恶，而司命据之以定寿夭也。"[①]司中正如后世之灶君，住在百姓家中监督民情。司命是掌握人生死的神，在屈原的《九歌》中分大司命和少司命。因此，司中监察人的品性，司命凭此定人之寿命。

风师、雨师是主管风和雨的神灵。甲骨文中有风神和雨神的记载，均属帝臣。星相学兴起之后，也将星与风师、雨师相对应。《周礼·春官·大宗伯》称："以燎祀司中、司命、风师、雨师。"郑玄注"风师，箕也"，"月离于箕，风扬沙，故知风师其也"。东汉蔡邕《独断》说："风伯神，箕星也。其象在天，能兴风。"将箕星与风神相对应，故风师又称箕伯。《风俗通义》说："风师者箕星也。箕主簸扬，能致风气，故称箕伯。"《搜神记》中记载："风伯，雨师，星也。风伯者，箕星也；雨师者，毕星也。"毕星与雨师相对应。风伯、雨师作为风神、雨神具有悠久的历史来源，传说中黄帝伐蚩尤时，蚩尤有风伯、雨师相助，《山海经·大荒北经》："蚩尤作兵伐黄帝，黄帝乃令应龙攻之冀州之野，应龙畜水，蚩尤请风伯、雨师纵大风雨，黄帝乃下天女曰魃，雨止，遂杀蚩尤。"

总之，司中、司命、风师、雨师是天神中的第三个等级，司中监察人的品性，司命掌握人的寿命。风师、雨师掌握风雨，从而影响农业的收成，这四位神灵直接与人类的生死、生存相关，因此成为人类祭拜的天神。

三、地　祇

地祇是仅次于天神的神灵，《周礼》中称为"示"，孙诒让称"此经皆借示为祇"。《说文》"示部"："祇，地祇，提出万物者也。"地祇是地神的专称。大地载育万物，生长草木五谷，哺育人类，因此常被称作"大地母亲"，成为整个世界崇拜的神灵。

周人崇拜的地祇甚为广泛，凡地上之自然物皆为地祇之属，"山林、川泽、邱陵、坟衍、原隰，谓之五土"，五土的总神被称作"社"。[②]《礼记·郊特牲》："社祭土而主阴气也。"孔颖达疏引许慎曰："今人谓社神为社公。"又："社祭主土而主阴气。"

地祇也有等级差别。《周礼·春官·大宗伯》中分为三类：(1)以血祭祭社稷、五祀、五岳；(2)以貍沈祭山林、川泽；(3)以副辜祭四方百物。《礼记·礼运》："天子祭天地，诸侯祭社稷。"天地只有周天子可以祭祀，这里的地是天下所有土地的总称，所谓"普天之下，莫非王土。"社稷可由诸侯祭祀，诸侯祭祀之社只是属于诸侯的那一片土地。《周礼正义》引金鹗云："祭地专于天子，而祭社下达于大夫士，至于庶人，亦得与祭。盖祭地是全载大地，社则有大小。天子大社，祭九州之土，王社祭畿内之土，诸侯国社祭国内之土，侯社祭籍田之土，与全载之地异。社虽兼五土，而为农民祈报，当以平原谷土为主，是社与岳渎各分地之一体，与全载之地尤异，此社神与地神所以分也。"[③]祭祀地祇是上至天子下

---

① 吕思勉：《先秦史》，上海古籍出版社1982年版，第453页。

② 参见(清)孙希旦：《礼记集解》(中)，中华书局1989年版，第685页。

③ 《大宗伯》疏，(清)孙诒让：《周礼正义》第5册，中华书局1987年版，第1317页。

至大夫庶人都可以进行的，只是天子祭祀的范围更大。金鹗认为地、社不同，天子祭地，其他人只能祭社。地祇分上、中、下三种，分别为山岳、平原、川渎。

社也有大社、王社、国社、侯社、置社五等。《礼记·祭法》云：

> 王为群姓立社，曰大社；己自立为社，曰王社；诸侯为百姓立社，曰国社；诸侯自为立社，曰侯社；大夫以下，成群立社，曰置社。

《周礼·春官·宗伯》记载："小宗伯之职，掌建国之神位，右社稷，左宗庙。""社稷"作为国家的代名词，指社神和稷神，社神为土地神，稷神为谷神。《汉书·郊祀志》云："社者，土地。稷者，百谷之主。所以奉宗庙，工粢盛，人所食以生活也。"稷为百谷之主，周人的祖先弃又号后稷，因其好农事，故以神名名之。

《周礼·春官·大宗伯》的五祀之神又有大、小之分。五祀一般认为是五行之祇。《左传·昭公二十九年》传蔡墨曰："有五行之官，是谓五官，实列受氏姓，封为上公，祀为贵神，社稷五祀，是尊是奉。"《太平御览·礼仪部》引《汉旧仪》云："祠五祀，谓五行金木水火土也，……主其神祀之。"五祀之神还记于《礼记·祭法》中："王为群姓立七祀，曰司命、曰中霤、曰国门、曰国行、曰泰厉、曰户、曰灶；王自立为七祀。诸侯为国立五祀，曰司令、曰中霤、曰国门、曰国行、曰公厉；诸侯自立为五祀。"指户、灶、门、行、中霤之神。《礼记·月令》郑玄注曰："中霤，犹中室也。土主中央，而神在室，古者复穴，是以名室为霤。"孔颖达疏云："土，五行之主，故其神在室之中央也。是明中霤，所祭则土神也。故杜注《春秋》云：'在家则祀中霤，在野则为社也。'"也就是说，周人将门、户、道路、中霤、灶都作为神灵进行祭祀，而五祀均属于土地神。

五岳是中国五大名山的总称，山岳崇拜来自于西北地区的史前文化。《尚书》最早出现四岳之名，是四方部落的首领、姜姓的祖先、尧臣和舜臣，并曾佐禹治水。《周礼·春官·大宗伯》中的五岳没有具名。《史记·封禅书》记载：

> 岁二月，东巡狩，至于岱宗；五月巡狩至南岳，南岳，衡山也；八月巡狩至西岳，西岳，华山也；十一月巡狩至北岳，北岳，恒山也，皆如岱宗之礼……中岳，嵩高也……昔三代之君皆在河洛之间，故嵩高为中岳，而四岳各如其方。四渎咸在山东。至秦称帝，都咸阳，则五岳、四渎皆并在东方。自五帝以至秦，轶兴轶衰，名山大川或在诸侯，或在天子，其礼损益世殊，不可胜记。及秦并天下，令祠官所常奉天地名山大川鬼神可得而序也。

随着大一统的形成，五岳逐渐固定于东岳泰山、西岳华山、南岳衡山、北岳恒山、中岳嵩山。

《大宗伯》中地祇的第二个等级为山林、川泽："以貍沈祭山林、川泽"。"貍"为"埋"的异体字。埋即以祭品埋于地，"沈"同"沉"，是将祭品沉于水中。在史前时期祭山即以埋的形式。如山东日照五莲县上万家沟村北和沂南罗圈峪的山上发现的耜形璋，为祭山之后的埋祭遗存。道教兴起之后，斋醮仪式中有一个投龙简的环节，是为了酬谢天、地、水三官神灵，把写有祈请者消罪愿望的文简和玉璧、金龙、金钮用青丝捆扎起来，分成三简，分别命名为山简、土简、水简。山简封投于灵山之诸天洞府绝崖之中，奏告天官上元；土简埋于地里以告地官中元；水简投于潭洞水府以告水官下元。投简目的是祈求天地水神保护社稷平安。这种祭祀活动当来自于周时的沉祭、埋祭。

地祇的第三个等级为四方百物。所谓物即物魅，指精物、怪物。古人认为所有的生命都是由精所形成，包括人和动植物甚至自然神灵。“物精”一词见于《左传·昭公七年》中，郑国之人相惊伯有为厉鬼报复生人的事。子产于是立其子嗣而抚之，使“鬼有所归，乃不为厉”。赵景子由此问子产：“伯有犹能为鬼乎?”子产说：“能。人生化为魄，既生魄，阳为魂。用物精多，则魂魄强，是以有精爽至于神明。匹夫匹妇强死，其魂魄犹能冯依于人，以为淫厉，况良霄，我先君穆公之胄，子良之孙，子耳之子，敝邑之卿，从政三事矣。郑虽无腆，抑谚曰：‘蕞尔国’，而三世执其政柄，其用物也弘矣，其取精也多矣，其族之大，所冯依厚，而强死，能为鬼，不亦宜乎!”子产认为，鬼之存在是由于人有魂魄，而魂魄的存在是由于物精，根据物精的多少，鬼也有强弱。人如果凶死，就会以厉鬼的形式表现出来，为害他人。伯有三世为卿，支配的物质财富极多，因此所吸收的物精也多，死后魂魄也特别强，因此会报复生人。《管子·内业》中说：“凡物之精，此则为生。下生五谷，上为列星，流于天地之间，是为鬼神；藏于胸中，谓之圣人。”精藏于阴阳之中，魂魄中，魄属阴，与形体有关，魂属阳，与无形之气有关。《大戴礼记·曾子天圆》中说：“阳之精气曰神，阴之精气曰灵。神灵者，品物之本也，而礼乐仁义之祖也，而善否治乱所兴作也。”精不但是阴阳之本，也是事物之本、礼乐制度之本。

物精是古人对于世界本质的认识。裘锡圭认为，所谓物精实指人类学家所说原始人的那种神秘的“力”，美拉尼西亚人称之为“马那”，北美印第安人中达科他人的“瓦坎”，易洛魁人称为“欧伦达”，亚尔贡钦人称为“马尼突”。一般以“马那”作为它们的通称。“马那观念是一种比鬼神更为原始的思想。……在我国古代，精的观念至晚在新石器时代就已形成。”①如《国语·楚语》中说巫觋起源于“民之精爽不携贰者”即指精气充足且事神专一的人。

正由于物精观念的存在，形成所谓“百物”，即精怪或怪物。《山海经》中介绍了许多这样的生物。如《南山经》：

> 南山经之首曰䧿山。其首曰招摇之山，临于西海之上，多桂，多金玉。有草焉，其状如韭而青华，其名曰祝余，食之不饥。有木焉，其状如榖而黑理，其华四照，其名曰迷榖，佩之不迷。有兽焉，其状如禺而白耳，伏行人走，其名曰狌狌，食之善走。丽麂之水出焉，而西流注于海，其中多育沛，佩之无瘕疾。
>
> 又东三百七十里，曰杻阳之山，其阳多赤金，其阴多白金。有兽焉，其状如马而白首，其文如虎而赤尾，其音如谣，其名曰鹿蜀，佩之宜子孙。怪水出焉，而东流注于宪翼之水。其中多玄龟，其状如龟而鸟首虺尾，其名曰旋龟，其音如判木，佩之不聋，可以为底。
>
> 又东三百里柢山，多水，无草木。有鱼焉，其状如牛，陵居，蛇尾有翼，其羽在鲑

① 参见裘锡圭：《稷下道家精气说的研究》，陈鼓应主编：《道家文化研究》第2辑，上海古籍出版社1992年版，第167～192页。

下，其音如留牛，其名曰鯥，冬死而夏生，食之无肿疾。

这些神异的树木花草、鸟兽鱼虫等植物和动物，都是精怪或怪物。《山海经》中还记载有句芒、祝融、黄帝、禺强等神灵，虽然他们都有神灵与精怪不同，但是都是物精所化。因所含精气不同，精怪也有不同的神性，使人食之"不饥""不惑""不溺""不疥""不肿""无瘕疾""御兵""善走"等，当然也有的精怪会危害人间：

> 又西行六十里，曰太华之山……有蛇焉，名曰肥遗，六足四翼，见则天下大旱。(《西山经》)
>
> 又北二百里，曰狱法之山……有兽焉，其状如犬而人面，善投，见人则笑，其名山㺒，其行如风，见则天下大风。(《北山经》)
>
> 东南四百五十里，曰长右之山，无草木，多水。有兽焉，其状如禺而四耳，其名长右，其音如吟，见则郡县大水。(《南山经》)
>
> 又北五百里，曰錞于毋逢之山，北望鸡号之山，其风如飚。西望幽都之山，浴水出焉。是有大蛇，赤首白身，其音如牛，见则其邑大旱。(《北次三经》)
>
> 又东南三百里，曰女烝之山，其上无草木。石膏水出焉，而西流注于鬲水，其中多薄鱼，其状如鳣鱼而一目，其音如欧，见则天下大旱。(《东山经》)

这些精怪容易引发旱灾、水灾等各种灾害，也需要祭祀，以免其作祟人间。"精怪"这一概念具有悠久的历史，据人类学家的观点，它的起源比灵魂观念还要早，此说即前万物有灵论。[①] 在这里我们不去讨论马那观念和灵魂观念谁更早，如弗雷泽即认为巫术早于宗教。在我国新石器时代，巫术肯定是存在的，以祭祀行为为主的原始宗教也已经产生，两者都有充分的考古学证据，所以巫术和宗教的关系应该去新石器时代早期甚至旧石器时代去寻找。《山海经》为我国古代内容最丰富的志怪古籍，保存了大量原始宗教的信息和怪物信仰，有学者认为属于夏代宗教和鬼神观念的记载。由于卜辞的发现和研究，商代的宗教我们已经比较清楚，商人保存了大量原始思维，据此可知夏代也当如此或更为原始。《左传·宣公三年》记载有夏人铸九鼎的记录：

> 昔夏之方有德也，远方图物，贡金九牧，铸鼎象物，百物而为之备，使民知神奸。故民入川泽山林，不逢不若，魑魅魍魉，莫能逢之。用能协于上下，以承天休。

我们知道商人将他们崇拜的神灵铸造在青铜器上，夏人亦是如此，所谓"铸鼎象物"。百物当然是指众多的精怪神灵。"使民知神奸"，指有的怪物对人有益，有的对人有害，这与《山海经》中的怪物相符合。百物居于川泽山林中，铸鼎的目的就是"使民知神奸。故民入川泽山林，不逢不若，魑魅魍魉，莫能逢之"，使人不受怪物的侵害。文献中常以"魑魅魍魉"作为精怪的代表。《周礼·春官·神仕》："以冬日至致天神、人鬼，以夏日至致地示物鬽，以禬国之凶荒、民之札丧。"郑玄注云："天、人，阳也；地、物，阴也。阳气升而祭鬼

---

① 前万物有灵论(animatism)又称"物活论""泛生崇拜"，是英国人类学家罗伯特·雷纳夫·马雷特(Robert Ranulph Marett)对"万物有灵论"的修正。他认为，原始人在产生"万物有灵"的概念之时，先具备一种概念，就是认为整个世界是活的，故世界每件东西也是活的，并非以各物皆具有自己的独立灵魂为前提。

神，阴气升而祭地祇物彪，所以顺其为人与物也。致人鬼于祖庙，致物彪于墠坛，盖用祭天之明日。百物之神曰魅，《春秋经》曰：‘螭彪魍魉’。”“螭彪魍魉”又作“魑魅魍魉”，为百物之神，也即怪物的通称。《国语·鲁语下》载：“季桓子穿井，获如土缶，其中有羊焉。使问之仲尼曰：‘吾穿井而获狗，何也？’对曰：‘以丘所闻，羊也。丘闻之：木石之怪曰夔、蝄蜽，水之怪曰龙、罔象，土之怪曰羵羊。’”孔子认为怪物分为三种：木石怪、水怪，土怪。“蝄蜽”即魍魉，后来都加“鬼”旁，代表鬼怪，所谓木石之怪，当即居于山林中的怪物。

四、先　祖

周人对先祖也进行祭祀，但是与商人不同，周人的祖先并没有自然神的性质。《礼记·郊特牲》中说：“魂气归于天，形魄归于地，故祭，求诸阴阳之义也。殷人先求诸阳，周人先求诸阴。”这说明商人和周人具有不同的鬼神观念，殷人的祖先死后为阳，周人的祖先死后进入阴间，两者具有不同的生死观。周人认为人死为鬼，《礼记·祭法》中说：“万物死皆曰折，人死曰鬼。”《说文》释“鬼”：“人所归为鬼。”《释言》：“鬼之为言，归也。”《礼记·中庸》孔子曰：“鬼神之为德，其盛矣夫！视之而弗见，听之而弗闻，体物而不可遗。使天下之人齐明盛服，以承祭祀。洋洋乎！如在其上，如在其左右。”在《礼记·祭义》中，孔子进一步将鬼神归纳为气：

> 宰我曰：“吾闻鬼神之名，不知其所谓。”子曰：“气也者，神之盛也。魄也者，鬼之盛也。合鬼与神，教之至也。众生必死，死必归土，此之谓鬼。骨肉毙于下，阴为野土。其气发扬于上，为昭明焄蒿悽怆，此百物之精也，神之著也。”

据孔子的解释，所谓气，就是“神之盛”“百物之精”，也就是前文所说的精，是以精气并称。我国古代对万物本源的认识经历了一个由精到气的认识过程。鬼神的观念当由来已久，鬼是人死之后转换成的一种特殊形态的存在。

周人所祭祀的人鬼即祖先。据《周礼·春官·大宗伯》：“以肆献祼享先王，以馈食享先王，以祠春享先王，以禴夏享先王，以尝秋享先王，以烝冬享先王。”这是周代定型化的礼仪制度中宗庙祭祀的六种形式，并且一年四季都要进行祭祀。①

周人对祖先按季节进行时祭。《尔雅·释天》中称“春祭曰祠”“夏祭曰禴”“秋祭曰尝”“冬祭曰烝”。祭祀祖先于宗庙中举行，其中禘、祫最为重要。“禘以孟夏，祫以孟冬”，两者都是君王的宗教特权。

《国语·鲁语》引展禽说：

> 有虞氏禘黄帝而祖颛顼，郊尧而宗舜。夏后氏禘黄帝而祖颛顼，郊鲧而宗禹。商人禘喾而祖契，郊冥而宗汤。周人禘喾而郊稷，祖文王而宗武王。

《礼记·祭法》与《国语·鲁语》稍有不同：

> 有虞氏禘黄帝而郊喾，祖颛顼而宗尧。夏后氏禘黄帝而郊鲧，祖颛顼而宗禹。

---

① 参见邹昌林：《中国古代国家宗教研究》，学习出版社2004年版，第161页。

殷人禘喾而郊冥，祖契而宗汤。周人禘喾而郊稷，祖文王而宗武王。

虽然对有虞氏和夏后氏祭法的记载有区别，但两者对商周的祭法记载相同，相比之下，《鲁语》可能更正确一些。祭祀形式都是禘、郊、祖、宗。《鲁语》还有另一祭祀形式为“报”：“幕，能帅颛顼者也，有虞氏报焉；抒，能帅禹者也，夏后氏报焉；上甲微，能帅契者，商人报焉；商圉、大王，能帅稷者也，周人报焉。”“凡禘、郊、祖、宗、报，此五者，国之典祀也。”

《礼记·祭法》郑玄注曰：“禘，谓祭昊天于圜丘也。”《礼记·丧服小记》：“礼，不王不禘。王者禘其祖所自出也，以其祖配之。”禘祭来源于殷商，是最高规格的祭祀。《祭法》郑玄注引杨复曰：“禘、郊、祖、宗，乃宗庙之大祭。禘者，禘其祖所自出，而以其祖配之也。郊者，祀天以祖配食也。祖者，祖有功，宗者，宗有德。”所谓“禘其祖所自出”，指其祖先来自于崇拜某神灵的族群。祭神灵于南郊曰郊，祭先祖于宗庙曰祖、宗。周人郊天以后稷配天，因文王和武王的功绩和德行分别行祖和宗祭。报祭又称“告祭”，指报答恩德的祭礼，一般指对氏族有大功的领袖，多为中兴之主。

周代的祭祀场所主要为宗庙和明堂。《周礼·天官·太宰》贾公彦疏：“瞽叟、桥牛以上为舜之四亲，故祀之宗庙；帝喾为尧舜之所以受天下者，故祀之明堂。”即宗庙祭祖，明堂祭功。阮元著《明堂论》认为明堂为远古王者所居，后来逐渐演化，具有多种功能，如行政、教化、祭祀等，到三代时礼文益备，故王者居于王城，祭上帝于圜丘，祭祖于宗庙，朝诸侯于朝廷，教国子于辟雍。在近郊东南别建明堂，用来举行朝会和祭祀仪式。

祭祀祖先的宗庙也有不同的等级。《礼记·王制》云：

> 天子七庙，三昭三穆，与太祖之庙而七。诸侯五庙，二昭二穆，与太祖之庙而五。大夫三庙，一昭一穆，与太祖庙而三。士一庙。庶人祭于寝。

《礼记·祭法》云：

> 天下有王，分地建国，置都立邑，设庙祧坛墠而祭之，乃为亲疏多少之数。是故，王立七庙，一坛一墠。曰考庙，曰王考庙，曰皇考庙，曰显考庙，曰祖考庙，皆月祭之。远庙为祧，有二祧，享尝乃止。去祧为坛，去坛为墠。坛墠有祷焉祭之，无祷，乃止。去墠曰鬼。诸侯立五庙，一坛一墠。曰考庙，曰王考庙，曰皇考庙，皆月祭之；显考庙，祖考庙，享尝乃止。去祖为坛，去坛为墠。坛墠有祷焉祭之，无祷乃止。去墠为鬼。大夫立三庙二坛。曰考庙，曰王考庙，曰皇考庙，享尝乃止。显考祖考无庙，有祷焉，为坛祭之。去坛为鬼，适士二庙，一坛。曰考庙，曰王考庙，享尝乃止。显考无庙，有祷焉，为坛祭之。去坛为鬼。官师一庙，曰考庙。王考无庙而祭之，去王考为鬼。庶士庶人无庙，死曰鬼。

天子七庙加一坛一墠，诸侯五庙加一坛一墠，大夫三庙二坛，《王制》中说士一庙，《祭法》中称适士（郑玄注：“上士也。”）二庙一坛，官师（郑玄注：“官师，中士、下士、庶士、府史之属”。）一庙。庶人无庙。

周人对功臣的祭祀比商人更广泛，周人认为“夫圣王之制祭祀也，法施于民则祀之，以死勤事则祀之，以劳定国则祀之，能御大灾则祀之，能捍大患则祀之……此皆有功烈于民者也”[①]。只要是对社稷有功的人和对人民做出贡献的人都被列入祭祀的行列，不再局限于一姓一族之内，表现出强烈的人本思想。

周人实行祭天配祖制度，天是周人的至上神，祭天时，以祖先配食。一般是本朝天子之始祖或建大功、立大德的先王，如始祖稷、文王、武王。《孝经》：“宗祀文王于明堂，以配上帝。”《礼记·明堂位》：“祀帝于郊，配以后稷，天子之礼也。”这里的“帝”都是指天帝。

五、图腾——天鼋

周人的图腾是天鼋。《国语·周语下》记载“我姬氏出自天鼋。”郭沫若释天鼋为轩辕，犹言姬氏出自黄帝。他说：“古彝铭有图形文字作、者，其例甚多。旧释‘子孙’，实则为图族之名，余疑即是天鼋，亦即轩辕。”[②]杨向奎、于省吾、邹衡等学者均赞同此说。[③]《史记·夏本纪》张守节《正义》：“鲧之羽山，化为黄熊，入于羽渊。熊音乃来反，下三点为三足也。束皙《发蒙纪》云：‘鳖三足曰熊。’”既然能入于羽渊自是水物。王晖从字形上认定铜器铭文上的龟形即“鼋”字。因此黄帝的图腾是天鼋，为龟鳖之属。[④] 是以，疑黄帝轩辕即玄鼋之误，与商人之玄鸟，夏人之玄鱼（鲧）相同，都是指各族的图腾动物（神灵）（图 3-3-1）。

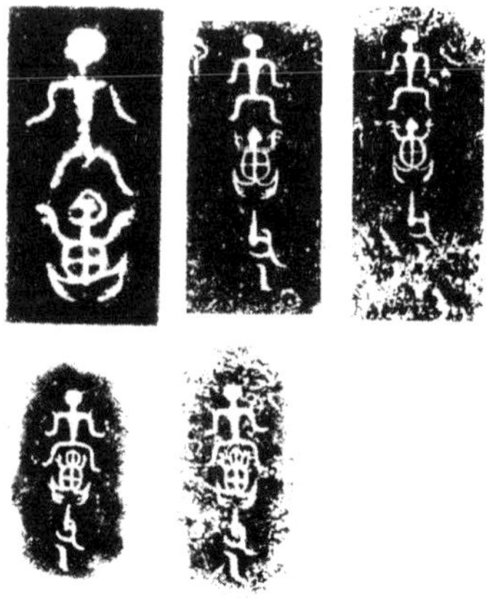

图 3-3-1　天鼋铭文
（摘自罗振玉《三代吉金文存》）

《史记·周本纪》为天鼋与姬周的图腾关系提供了更有力的证据，这是西周灭亡的记载：

> 三年，幽王嬖爱褒姒。褒姒生子伯服，幽王欲废太子。太子母申侯女，而为后。后幽王得褒姒，爱之，欲废申后，并去太子宜臼，以褒姒为后，以伯服为太子。周太史伯阳读史记曰：“周亡矣。”昔自夏后氏之衰也，有二神龙止于夏帝庭而言曰：“余，褒之二君。”夏帝卜杀之与去之与止之，莫吉。卜请其漦而藏之，乃吉。于是布币而策告之，龙亡而漦在，椟而去之。夏亡，传此器殷。殷亡，又传此器周。比三代，莫敢发之，至厉王之末，发而观之。漦流于庭，不可除。厉王使妇人裸而噪之。漦化为玄鼋，以入王后宫。后宫之童妾既龀而遭之，既笄而孕，无夫而生子，惧而弃之。宣王之时童女谣曰：“檿弧箕服，实亡周国。”于是宣王闻之，有夫妇卖是器者，宣王使执而戮之。逃于道，而见乡者后宫童妾所弃妖子出于路者，闻其夜啼，哀而收之，夫妇遂

---

① 《礼记·祭法》。

② 参见郭沫若：《郭沫若全集·考古编》第 5 卷《金文丛考》，科学出版社 2002 年版，第 114 页。

③ 参见杨向奎：《宗周社会与礼乐文明》，人民出版社 1992 年版，第 21～23 页；于省吾：《商周金文录遗》，科学出版社 1957 年版，目录第 2 页下 56、67 号，第 9 页上 240 号，第 9 页下 254 页；邹衡：《夏商周考古学论文集》（第 2 版），科学出版社 2001 年版，第 312 页。

④ 参见王晖：《出土文字资料与五帝新证》，《古史传说时代新探》，科学出版社 2009 年版，第 3～36 页。

亡，奔于褒。褒人有罪，请入童妾所弃女子者于王以赎罪。弃女子出于褒，是为褒姒。当幽王三年，王之后宫见而爱之，生子伯服，竟废申后及太子，以褒姒为后，伯服为太子。太史伯阳曰："祸成矣，无可奈何。"

后面即是大家耳熟能详的周幽王锋火戏诸侯而亡国的故事。文中提到两种图腾动物——龙和天鼋。龙是夏人的图腾，《左传》中记载夏桀食龙而亡国，还保存有图腾禁忌的原始思维。《史记·夏本纪》：

帝孔甲立，好方鬼神，事淫乱。夏后氏德衰，诸侯畔之。天降龙二，有雌雄，孔甲不能食，未得豢龙氏。陶唐既衰，其后有刘累，学扰龙于豢龙氏，以事孔甲。孔甲赐之姓曰御龙氏，受豕韦之后。龙一雌死，以食夏后。夏后使求，惧而迁去。

天鼋对于周人如同龙对于夏人，均是图腾动物，但周人辱之，触犯了图腾禁忌，亵渎了神灵祖先，从而导致亡国。所以天鼋为周人的图腾，新石器时代发现的鼋龟纹和艺术品说明曾经存在崇拜鼋龟的族群。

六、结　论

综上可见，周人对夏商的宗教信仰进行了进一步的整合，并将祭祀制度化，以适应分封制和宗法制的社会改革，天子、诸侯、大夫、庶人存在不同的祭祀对象。祖先崇拜、自然崇拜和图腾崇拜构成了周人宗教的主要组成部分。周人崇拜的至高神为昊天上帝，天神、地祇成为最重要的自然神灵，而日、月只是天的配祭。祭祖先于宗庙之中，有功于国和民的英雄也可受祭。祭地神于社中，王、诸侯、大夫、庶民皆有社，成为最广泛的祭祀场所。周人姬姓，出自黄帝部族，天鼋即玄鼋，是周人的图腾。周人在继承前代宗教信仰的时候，也进行了许多的改革，而其根本在于周人与商人属于不同的族群。周人最重要的宗教改革是将神灵进一步礼制化，划分成不同的等级，以适应周代的礼制改革。

周代最重要的宗教信仰为祖先崇拜。宗庙是周人宗教祭祀的中心，而且也是行政和礼仪的中心，这与周代的封建制度和宗法制度相配合。周人的册命礼仪也于祖庙中由王亲自主持，通过册命仪礼，从而确定周王与其祖先、大臣与其祖先、周王的祖先与大臣的祖先、周王与大臣及大臣与子孙在内的诸多社会关系，以确认王和大臣等贵族在整个宗法体系中的位置。因此与其说周人的祖先崇拜是宗教，不如说是一种社会制度和礼制更为合理，至少两者是紧密结合不可分割的。

周人的天和帝一直是存在争论的问题，从前文的分析来看，周人崇拜天自是无疑的，但是帝对于周人来说却并不是那么简单的问题。笔者认为，在商末周初的时候，周人确实曾经崇拜帝——商人的至上神。这应该是商人为帝喾次妃所生，周人为帝喾元妃所生这一记载的来源。《诗经·大雅·生民》："厥初生民，时维姜嫄。生民如何？克禋克祀，以弗无子。履帝武敏歆，攸介攸止。载震载夙，载生载育，时维后稷。"姜嫄是炎帝之后，"履帝武敏歆"之"帝"，当如郑玄所说为帝喾高辛氏，前文"克禋克祀，以弗无子"——一直很虔诚地祭祀，但是一直无子。古人迷信，认为能否怀孕都是神的旨意，到历史时期和近现代我国民间仍然有这种信仰。姜嫄履帝武生了后稷，正如华胥氏履大人迹而生伏羲，这种神话属于西北族群，与东方族群的鸟生神话不同。《礼记·祭法》中说："殷人禘喾而郊冥，祖契而宗汤。周人禘喾而郊稷，祖文王而宗武王。"商人、周人均禘喾——"禘其祖所自出"，祭法中也认为周人、商人同出一源。同时，周初青铜器基本延续了商人的传统，上面也铸造有帝的形象。这些证据表明，周人确曾祭祀帝，将其作为禘祭的对象。但是，这只是周人为周族的壮大而张本，同时也是时代使然。只有这样，才能解释为什么西周早期文献上，周人言必称天。天才是周人的至上神。到西周中期，周人的宗教逐渐往礼制方向发展，周人墓葬中的青铜器和陶器组合出现礼制化的现象，帝的形象也逐渐从青铜器上消失了。铜器装饰也趋向于抽象和简练，有学者认为是纯粹形式上的变革，也有学者认为铭文在青铜器上逐渐普及导致了装饰的衰落，实际上最重要的原因是周人具有与商人不同的宗教信仰。[①] 昊天上帝的出现，代表了周人将天和帝相结合。一般来说，文化发展都有滞后性，同时也有时代性和传播性，天为周人的至上神，帝为商人的至上神应该是正确的，尽管周人也曾自称为帝喾之后。此外，西周早期带有兽面纹的青铜器应该主要来自于商人（这里指广义的遵循商人宗教信仰的人，主要指商族和归附的商朝贵族）。如陕西扶风庄白 1 号窖藏于 1970 年出土了 103 件铜器，铜器的时代从商末周初到西周晚期，为微氏家族所铸之器。据铭文可知，其家族世袭史官是王室档案的管理者，周灭商之后，微氏投靠了周人，掌管周王室的礼仪活动。铜器中西周早期的尊、彝、盉等完全延续了商晚期的风格。[②] 西周至康王、昭王时期才进入稳定期和繁荣期，周系青铜器逐渐发达，兽面纹迅速衰弱。西周中期时的青铜器已经与几十年前的风格完全不同，其根本原因就在于周和商属于不同的族群，具有不同的宗教信仰。青铜器为宗庙之常器，因此，青铜器装饰风格受宗教信仰的直接影响。

周人的玉器中凤的数量极为多见且占据主体地位，凤有统一的样式。凤为周人的祥瑞，据说周文王时有凤临岐山，《竹书纪年》记载："文王梦日月著其身，又鸑鷟鸣于岐山。孟春六旬，五纬聚房。后有凤凰衔书，游文王之都。"

周人视凤为祥瑞是受羌人文化的影响，周时关中出现的鱼形玉器亦同样具有悠久的历史渊源，均来自于 5000 年前的仰韶文化和马家窑文化（图 3-3-2）。周武王伐商时，也曾有白鱼跃入舟中显瑞，显然是受史前鸟鱼崇拜的影响。[③]

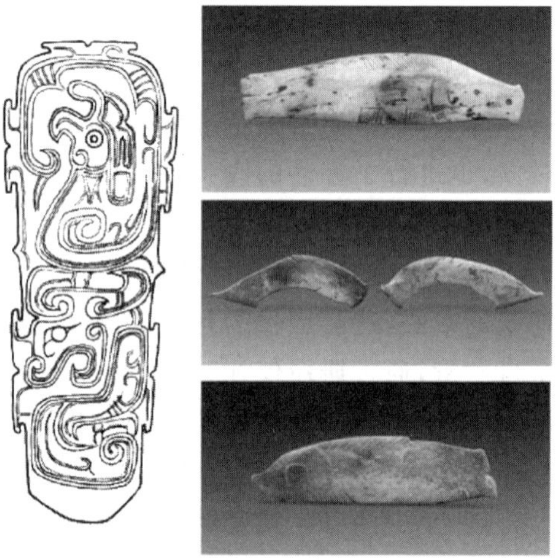

图 3-3-2　西周玉器

① 如果认为铭文的普及导致装饰的衰弱就无法解释东周时青铜器装饰又趋于繁缛。青铜器纹饰是宗教信仰的直接反映。

② 参见陕西周原考古队：《陕西扶风庄白一号西周青铜器窖藏发掘简报》，《文物》1978 年第 3 期。

③ 参见王国维：《今本竹书纪年疏证》，方诗铭、王修龄：《今本竹书纪年辑证》，上海古籍出版社 1981 年版，第 235 页。

第四节　众神的黄昏——中国的轴心时代

“轴心时代”(Axial Period)是20世纪40年代末德国哲学家卡尔·雅斯贝斯提出来的史学观念，认为人类在经历了史前和古代文明时代之后，于公元前800～前200年进入人类文明的“轴心时代”。在这个时代，苏格拉底、柏拉图、以色列先知、释迦牟尼、孔子、老子，创立了各自的思想体系，共同构成了人类文明的精神基础，直到今天，人类仍然附着于这种基础之上。“轴心时代”是塑造人类精神与世界观的大转折时代，也是人类在知识、心理、哲学和宗教变革方面最具创造性的时代。[①] 东周时期正处在世界历史上的“轴心时代”，中国出现了孔子和老子两大哲学流派，并且出现了墨子、庄子、列子等诸子百家，从而使中国文化进入了理性化时代。马克斯·韦伯称这一时期为“哲学的突破”，即对于构成人类处境之宇宙的本质发生了一种理性的认识，从而对人类处境及其基本意义获得了新的理解。雅斯贝斯指出，“轴心时代”是与神话时代相对立的，以色列先知和希腊、印度、中国的哲学家的主要洞见不是神话，而是以理性反对神话。宗教伦理化，神话则变成了语言的材料，成为用以表达与原意极为不同的含义的寓言。“轴心时代”与前“轴心时代”的关系是对立、反抗、断裂和突破。总之，“轴心时代”使人类走向了理性阶段，理性时代是以逻辑思维为哲学基础，而之前的时代为前逻辑思维阶段，理性时代主要思考的是人事，而之前的时代为神的时代。

进入“轴心时代”之后，人类对两大本原问题进行重心思考和建构，一是宇宙的本质和来源，二是人类的社会秩序。中国的道家、儒家对这两大问题均有不同的理解和认识。

周灭商不仅是一族取代另一族而王天下，而且是一种政治文化上的变革。商与周的政治文化基础分别是东南与西北，各自有悠久的历史渊源，不过从文化上看，商是中国史前文化的集大成者，因此代商之后，周人吸收了商人大量的文化成果，从而又表现出一定的继承性和连续性。商崇拜至上神上帝，而周崇拜天地，具有较深厚的北方文化因素。周人崇拜的天并没有人格化的形象，虽然周人称君王为“天子”，但对于周人来说，天只是为了与商人的上帝相对应，只是为了构建一个凌驾于上帝之上的神灵，所以周称其至上神为“昊天上帝”，不过多数情况下周人只称“天”。与商人对上帝的绝对敬畏不同，周人对天除了崇敬之外还常有怀疑的态度：

> 天棐(非)忱，尔时罔敢易法。(《尚书·大诰》)
>
> 天畏(威)棐(非)忱，民情大可见，小人难保。……惟命不可常。(《尚书·康诰》)
>
> 天不可信。(《尚书·君奭》)

“忱”是诚信、可信之意，“天棐忱”“天畏棐忱”都是天不可信的意思。《诗经·大雅·大明》中的“天难忱斯”，《诗经·大雅·文王》中的“天命靡常”，都表现了周人对天的怀疑态度。这种对至上神的怀疑不同于商人。

---

① 参见[德]卡尔·雅斯贝斯：《历史的起源与目标》，魏楚雄、俞新天译，华夏出版社1989年版，第7～29页。

周人对天的怀疑精神源于周人对天的崇敬只是一种效仿。自然界里的天是一个空洞的存在，无法感知，也难以像太阳一样代表一种自然秩序，一种绝对的存在，温暖和生命的源泉。天比商人的帝更加抽象，作为至上神，周人仅是把天当作一个统治的工具。周王称“天子”，则建立了天与周王之间的血缘关系，但是上帝却是超自然的至上神。商人对上帝绝对敬畏，但是商人还是失了天下。周人从代商的历史中进行总结，他们不仅怀疑殷人的帝，也怀疑起天来。因此，周公提出来一个“德”字来。①

天不可信，我道惟文王德延。（《尚书·君奭》）

周人认为周之所以能代商而王天下并不是来自天的福佑，而是其先王有德。有德者得天下。商人失天下也不是源于其对帝不崇敬，而是商人失德所以失天下。那么怎么获得德呢？不在于对神多么虔诚，祭祀多么隆重，祭品多么丰盛，而是在于君王有没有品行，是否对人民负责，能不能得到民众的支持。君王和人民的关系取代了君王和神的关系——周之前君王的绝对权力来自于神，而周之后君王和人民的关系逐渐排挤了神的中介作用。在两者的关系中，君王需要有仁德，而民众则需要遵守礼制，敬天并敬天子。

西周之后，中国文化由商代的祭祀文化转变为礼乐文化，并且超出了宗教礼仪的范畴，逐渐与政治制度相结合。祭祀文化成为礼乐文化的一部分，祖先祭祀更为盛行，而且其社会功能的意义超过了宗教意义。②

西周的礼乐制度是商代祭祀文化的彻底改革。商代时政治生活的中心围绕以帝为首的众神举行，商人认为凡事的因果皆来源于神的行为，这种思想颇类布留尔在《原始思维》一书中所说的前逻辑思维。即使在商人祭祀祖先的时候，也是以神视之，祖先和神是同构的。周人的祭祀虽然更系统化，但是其所崇拜的神灵与商人不同，相同的恐怕只有祖先神和地神这一系统，但是商周又不同族，因此可以说仅有地神或社神在祭祀中具有相同之处。更为重要的是，周人缺少一位能与商人的帝一样的绝对至上的神灵，以致周人为了笼络商人和镇服天下而自称同是帝的后人。为了维护统治，周人政治实践领域的中心注意力转向人事的安排和努力。陈来先生说：“西周的礼乐文化在本质上已不是神的他律，而是立足于人的组织结构的礼的他律。六礼都是围绕着人的生命过程而展开的，这使得礼乐文化本身已经具有了一种人文主义的基础。礼乐文化所代表的文化模式，相比于殷商而言，神的色彩趋于淡化，人文的色彩比较显著。这是从西周开始萌芽而到春秋更为发展的人文思潮所以兴起的重要基础。”③正是神灵地位的下降，使礼乐文化逐渐取代了祭祀文化，人文色彩也逐渐浓郁。

由西周到东周，中国文化的特点是逐渐忽视宗教的信仰、各种神力及传统叙事，逐渐重视实证精神、理性化和世俗化，以期对世界给出合理的解释。周代以前的众神被统合编排，以适应大一统的需要，但是对神灵的崇拜心理却逐渐消失，最终众神成为符号和象征。到战国秦汉时，众神只是作为世俗世界的装饰，被装点在青铜器、玉器、仪服等器物

---

① 参见郭沫若：《先秦天道观之进展》，商务印书馆1936年版，第335页。

② 参见陈来：《古代宗教与伦理——儒家思想的根源》，三联书店2009年版，第8～11页。

③ 参见陈来：《古代思想文化的世界》，北京大学出版社2017年版，第13页。

或建筑上，成为世俗权力的陪衬。众神的黄昏降临。

周人敬祖，为了适应由血缘关系形成的宗法制体系，推崇祖先崇拜。到东周时，随着铁器时代的到来，生产力得到极大的提升，士阶层崛起。中国的诸子登上了历史舞台，以不同的立场对社会的发展和变革提出了各自的观点，其中如何对待过去的宗教文化也有不同的观点。

孔子继承周公的德政思想，对传统鬼神观念采取了否定的态度。《论语·述而》曰：

> 子不语怪，力，乱，神。

《论语·先进》曰：

> 季路问事鬼神。子曰："未能事人，焉能事鬼?"曰："敢问死。"曰："未知生，焉知死?"

《论语·雍也》曰：

> 樊迟问知。子曰："务民之义，敬鬼神而远之，可谓知矣。"

孔子对鬼神采取了敬而远之的态度。但是孔子也重视祭祀，肯定祭祀在维护社会秩序和人伦方面的重要作用。鬼神是无法证实的，因此有以鬼神存在的，他说是不智。但是祭祀对于构建宗法制的社会恢复周礼是有益的，因此若有人否定祭祀就是不仁。同时，孔子信天命，《论语·季氏》："君子有三畏：畏天命，畏大人，畏圣人之言。"《论语·尧曰》："不知命无以为君子。"孔子所言的"天"实际上是哲学上的意义，无关自然神祇，义同于自然，"命"是自然之数或自然之必然性。

周代的国家宗教强调的是其对社会稳定所起的作用，而不是宗教或神灵本身。《礼记·礼运》说："故玄酒在室，醴盏在户，粢醍在堂，澄酒在下。陈其牺牲，备其鼎俎，列其琴瑟管磬钟鼓，修其祝嘏，以降上神与其先祖，以正君臣，以笃父子，以睦兄弟，以齐上下，夫妇有所。是谓承天之祜。"所谓的"以降上神与其先祖"，不过是实现"以正君臣，以笃父子，以睦兄弟，以齐上下，夫妇有所"这些人道伦理的前提条件，前者完全是为后者服务的。宗教和礼无非是社会教化的手段。[1] 这一点与商代也是完全不同的，商人的宗教是为商王族服务的，商人的祭祀维护的是人与神之间的关系，因为万事均由神所决定。周代，中国文化由重神道而转为重人道。

周代的青铜器纹饰由商代的神圣庄重往世俗化方向发展。在周武王以前，周人的青铜器是极少见的，武王之后突然兴盛起来，这自然是周人因袭了殷人的青铜文化。周初时，周人制作的青铜器上还见有兽面纹所代表的神灵形象，商末周初的青铜器在纹饰和形制上也有极大的相似性，但这很可能是周人沿用了商人的青铜器传统、技术甚至技术人员的原因，抑或周人在西周初年曾经继承商人的天道。到西周中期，青铜器的风格为之一变，青铜器失去了兽面像这一视觉焦点，兽面纹很快离开了青铜器的表面，抽象、几

---

① 参见邹昌林：《中国古代国家宗教研究》，学习出版社 2004 年版，第 123 页。

何形的纹样占据青铜器主流。青铜器装饰整体趋向抽象和简练，铜器的数量和规格有了严格的要求。这一时期被认为是周人文化、礼制的改革时期。

周代之前，“神不歆非类，民不祀非族”，每个族群祭祀每个族群的神灵。而到周代之后，由于大一统的到来，众多的族群属于同一个国家，因此祭祀文化进行了统一和变革，从而超越了族群的限制。这其中地祇的地位上升，祖先神灵的地位上升。地祇的抬升是因为农业生产是社会最重要的经济门类，同时也有利于维护宗法社会和等级秩序。而祖先崇拜则是宗法制度的重要组成部分。总体上来说，神灵已经不重要了，重要的是祭祀所起的作用。我们比较一下商代的文字和周代的文字就可以非常清楚地看出两者的区别，商人的甲骨文在不停地询问或猜测神意，而周代的文字极少如此。商人的青铜器上的文字多为族名，这是告知神灵献祭者的身份，青铜器是沟通神灵的祭器。而周人青铜器上的文字则多为告慰祖先，以荫庇子孙，青铜器是传给子孙的财富，同时也是维护宗法关系的礼器。即便同是宗教内容的文字，周代着重建立神灵和祭祀方法的等级制，很少有向神灵咨询性语言，这显然是为建立社会秩序服务的。

周代之前的宗教处理的是人与神之间的关系，而周代之后的宗教则是为了解决人与人之间的关系，即重构社会秩序。宗教向礼制转换。理性化的礼文化成了时代的潮流，东周时，诸子百家分别基于不同的政治诉求对社会如何重构提出了不同的主张，对于“人”“心”“性善”“性恶”等基本问题提出不同观点。“士”阶层崛起，结束了王室贵族对文化的垄断。“以此为契机，殷商西周一元垄断的王官之学转变为东周多元纷繁的百家之学，即私学。”[①]中国自西周中晚期始进入了以理性化、伦理化为潮流的轴心时代，众神的地位进一步下降，其中最受打击的是商人的众神灵，帝、太阳神逐渐淡出主流文化之中。商人的图腾神鹰鸮成为恶鸟，上帝的形象饕餮纹的意义逐渐失传，而承接时代潮流的礼制和儒家思想逐渐成为文化正统。

第五节　秦汉时期的宗教信仰

东周时期，一方面延续了西周的国家宗教，另一方面出现了一些地方的神灵和自然神灵。如南方的“湘君”“湘夫人”均为湘江之神，被屈原记载于《九歌》中。秦始皇南巡至湘山祠，突遇大风雨，便问博士是什么神，博士说湘君之神，她原是帝尧的女儿，舜帝的妃子。始皇大怒，派刑徒三千人砍伐湘山树木，火焚湘山。[②] 四川的三峡有“巫山神女”，是山神和女神，由于该地区水势险恶，人们乘船经过这里要祭拜巫山神女，以求其保佑平安渡过。河伯为黄河之神，战国时魏国用年轻女子祭祀河伯，西门豹到邺县当县令，见到河

① 参见冯天瑜、杨华、任放：《中国文化史》(彩色增订本)，高等教育出版社2007年版，第110页。

② 《史记·秦始皇本纪》载：“(始皇)浮江，至湘山祠。逢大风，几不得渡。上问博士曰：‘湘君神？’博士对曰：‘闻之，尧女，舜之妻，而葬此。’于是始皇大怒，使刑徒三千人皆伐湘山树，赭其山。”

伯娶妇的习俗，将巫婆和乡官投入河中向河伯报告，当地才不再举办这种祭祀仪式。[①] 以女子祭祀河伯在秦国也有。

战国时有了对仙人和神山的崇拜，仙人是不死之身，各国诸侯王都曾求仙问药，以求长生不老。三神山位于东方海中，一是蓬莱（在山东），二是方丈，三是瀛洲。三处都是仙人岛，岛上有长生不老的仙药。秦始皇曾派徐福带五百童男、五百童女到东海外求仙药，一去不返。[②]

虽然东周时期进入了轴心时代，但是理性、世俗和神异性同时并存。

秦汉时期，中国大一统的帝国形成。政治上的大一统也需要宗教、经济、文化上的大一统。经济上的大一统主要体现在统一度量衡等经济制度上。文化上的大一统表现为，或"焚书坑儒"或"罢黜百家，独尊儒术"，从而打破了春秋战国"百家争鸣"的局面。宗教上的大一统主要在周代建立的国家宗教基础上进一步发展，从而使国家宗教和民间宗教并行。

秦汉时期的国家宗教主要有三部分所构成：一是内祀。继承商代和西周的传统，于国都或城邑内的宗庙中祭祀祖先社稷，所谓"左宗庙，右社稷"。二是郊祀，于国都郊外举行，祭祀天、地、日、月等自然神祇。三是封禅，属于野祭或外祭，于野外巡狩，祭祀名山大川。[③] 封禅不仅是祭祀神灵，还在于宣示王权。三种国家祭祀方式由近而远，从国都到其所控制的区域。内祀祖先于宗庙之中，郊祀和封禅于坛、墠、坎中，坛是堆土为台，墠是打扫出的平地，坎为深坑，即"封土为坛，除地为墠"[④]。

对于各类神祇，随着大一统的形成和宗教的逐步改革，由远祀逐渐改为近祀，最终于东汉时期形成庙祀。远祀时，神灵居其故地。秦时立四畤祭祀白、青、黄、炎四帝，均位于国都附近，从而向近祀过渡，到东汉时期，几乎全部神祇都被供奉在神庙之中。

一、秦时的宗教

秦统一前后设立六处国家祭祀场所，分别祭祀白、青、炎、黄四帝（没有黑帝颛顼），据《史记·封禅书》和《汉书·郊祀志》记载：

(1)公元前770年，秦襄公都西垂（西犬丘），立西畤，祠白帝。西畤位于今甘肃天水西南。

(2)公元前765年，秦文公都陈仓，前756年，立鄜畤，祠白帝。鄜畤位于陕西凤翔西南。

(3)公元前672年，秦宣公在渭南立密畤，祠青帝。密畤位于雍地的渭水之南。

(4)公元前422年，秦灵公在吴阳立上畤和下畤，祠青帝和炎帝。上畤下畤位于陕西宝鸡市西南。

① 《史记·滑稽列传》

② 《史记·秦始皇本纪》。

③ 参见李零：《中国方术续考》，中华书局2014年版，第104～107页。

④ 《礼记·祭法》。

(5)公元前368年,秦献公在栎阳立畦畤,祠白帝。畦畤位于陕西临潼东北。

秦六畤以祭祀白帝为中心,因秦人是白帝少昊的后代。随着秦人由西往东的扩张,白帝畤始终位于国都附近。白帝畤共3处,其中第2处鄜畤最重要,与密畤、上畤、下畤组成"雍四畤",都位于雍城附近,分别祭祀白、青、炎、黄四帝。① 其中上畤、下畤当延续了周人的郊祀场所。

作鄜畤后九年(前747年),秦文公获得一块陨石,于是在陈仓(位于陕西宝鸡)立陈宝祠祭祀这块陨石,从而使其成为最热闹的一处祭祀场所。秦代的郊祀以雍四畤和陈宝祠为主,另有种类繁多的祭祀场所。其中雍地最多,有100多庙祠,分别祭祀日、月、参(星名)、辰(星名)、南北斗、荧惑、太白、岁星、填星、二十八宿、风伯、雨师、四海、九臣、十四臣、诸布、诸严、诸逑等。西垂故地也有几十所。雍东关中之地有周天子祠、天神,沣、滈有昭明和天子辟雍,杜、亳二邑有三社主祠和寿星祠,雍州长安县西南有社主祠。②

统一六国之后,秦始皇热衷于巡狩,重点是东方,尤其是泰山附近和泰山以东。山东为秦人的故居,因此秦又继承了齐国的宗教传统。据《史记·封禅书》记载,始皇三年,东巡郡县,祠邹峄山,封泰山,禅梁父。又东游海上,行礼祠名山大川及八神。齐境有八主祠,祭祀八神,分别为:

(1)天主,祠天齐。临淄齐故城南郊山下有天齐渊水,司马贞《索隐》引《齐记》云:"临菑城南有天齐泉,五泉并出,有异于常,言如天之腹齐也"。今旧址还在,遗迹无存。

(2)地主,祠梁父。位于泰山之南新泰市西的梁父山。

(3)兵主,祠蚩尤。位于东平寿张县阚乡城,今汶上县西北。

(4)阴主,祠三山。位于莱州北的三山。

(5)阳主,祠之罘。位于烟台市北之罘山。

(6)月主,祠之莱山。位于龙口市东南的莱山。

(7)日主,祠成山。位于山东最东端荣城的成山头。

(8)四时主,祠琅邪。位于山东胶南琅琊台。

以上八主祠,文物部门做过一些勘查工作。2009年始,国家博物馆田野考古研究中心、山东大学东方考古研究中心、山东省文物考古研究所开展了"齐地八主祠调查和研究"项目,对八主祠进行了调查和发掘。经调查确定的遗址有"天主""日主""月主""阳主""阴主""四时主"6处。这些祭祀遗址都附属于周围的大遗址,"天主"与齐国都城临淄、"日主"与不夜城、"月主"与归城、"四时主"与琅琊郡、"阴主"与曲城相关联,"阳主"遗址附近也发现了规模较大的汉代遗址。考察队对新泰市天宝镇古城村的梁父城遗址进行考古钻探。围绕地主祠(梁父山区域)进行区域系统调查工作,主要集中在梁父山(映佛山)及其以南和柴汶河以北的区域,面积约为50平方公里,发现大汶口文化、龙山文化、周代、汉代、北魏、明清等遗址,墓葬、寺院、碑刻遗存多处。调查、发掘了月主祠和日主祠。通过考古工作发现大部分祭祀遗址至少在战国时期就已经开始使用,延续至秦汉。秦时继承了齐国的祭祀遗产。

---

① 参见李零:《秦汉礼仪中的宗教》,《中国方术续考》,中华书局2014年版,第107~109页。

② 《史记·封禅书》。

1975 年，烟台市郊芝罘岛原阳主庙前 1 米以下发现一长方形土坑，坑内出土战国玉器两组 8 件，分别由 1 璧、1 圭、2 觽组成。玉器均为青玉质，花纹内保留有朱红颜料。玉璧直径 15～16 厘米、孔径 4 厘米、厚 0.5 厘米，两面以蒲纹为地，线刻谷纹，璧缘刻弦纹。第一件玉圭长 9.3 厘米、宽 2.3 厘米、厚 0.5 厘米，素面。第二件长 6 厘米、宽 1.5 厘米、厚 0.5 厘米，素面。玉觽长约 11～12 厘米，素面(图 3-5-1)。8 件玉器现藏烟台市博物馆。阳主庙后殿东侧有石坐像一座，估计为汉代石刻。据称 1972 年文物普查时，曾在阳主庙前和老爷山顶发现大量的春秋、战国和汉代的板瓦。这些遗址和遗物当与阳主祭祀有关，为祭祀遗存。①

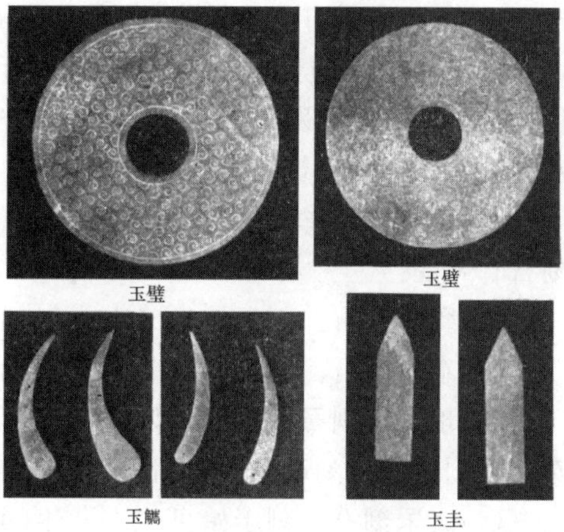

图 3-5-1　烟台芝罘岛阳主庙出土玉器

1979 年，山东荣成成山头南面的一座高约 2 米、直径约 20 米的土堆被平毁，先后发现秦汉玉器两批。② 第一批玉器有 4 件，包括 1 件玉璧、2 件玉圭和 1 件玉璜。玉璧两面均有阴刻的花纹，外缘为一道凹弦纹构成的外环，内侧为变形夔纹，内侧为蒲纹。外径 14.3 厘米、孔径 2 厘米、厚 0.5 厘米(图 3-5-2,1)。玉璜两面饰乳钉纹，乳上有阴刻涡纹，长 21 厘米、宽 3 厘米、厚 0.4厘米。两件玉圭形制相同，平素无纹，通高 9 厘米、宽 2.4 厘米、厚 0.4 厘米(图 3-5-2,2)。第二批玉器共 3 件，包括 1 件玉璧和 2 件玉圭。玉璧为谷纹，外径 13.9 厘米、孔径 3.7 厘米、厚 0.4 厘米(图 3-5-2,3)。玉圭素面，下端有一直径 0.25 厘米的小孔，宽分别为 5.6 厘米和 4.6 厘米，高 13.5 厘米、厚 0.4 厘米(图 3-5-2,4)。出土玉器的附近发现有大型建筑基址及烧土沟、砖、瓦残片和“千秋万岁”瓦当等遗存。该处当为秦汉时期日主祠所在地，玉器为祭祀日主的遗物。

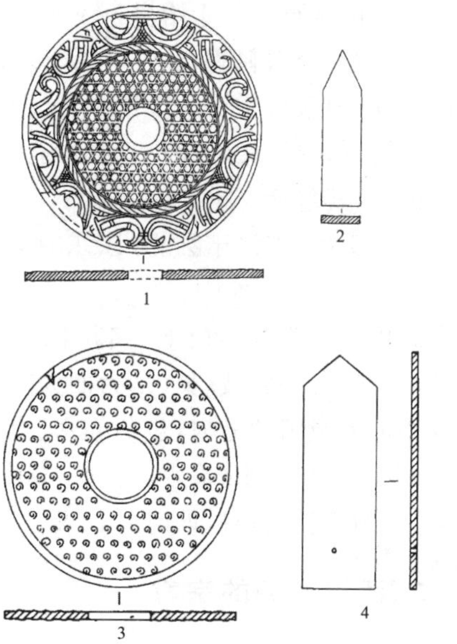

图 3-5-2　山东荣成成山头玉器

1、2. 组玉器(玉璧、玉圭)　3、4. B组玉璧(玉璧、玉圭)

琅琊台遗址位于青岛市黄岛区琅琊山及周临地区，山东大学考古系和当地文物部门进行过多次调查勘探。山顶发现大片夯土台基，台基呈梯形，面积达 1.6 万平方米，高度

① 参见烟台市博物馆:《烟台市芝罘岛发现一批文物》,《文物》1976 年第 8 期。

② 参见王永波:《成山玉器与日主祭——兼论太阳神崇拜的有关问题》,《文物》1993 年第 1 期。

超过40米。台基有夯土筑成，拐角处用石块和砖块加以围护和支撑。在琅琊山斜坡上发现另一处大型夯土台基，台基面积1万平方米，残存高度20米，由不同颜色的致密沉积物组成。填土里发现有东周的陶片，并于台基东侧发现一块刻石，暴露出地表的部分残存文字。这座建筑建于秦代，应与秦时四时主祠和秦始皇封禅琅琊有关。①

秦始皇东巡封禅并刻石以作纪念。《史记·秦始皇本纪》记载与秦始皇封禅有关的刻石有8处：

(1)绎山刻石。刻于始皇二十八年(前219年)，位于山东邹城邹山上。

(2)泰山刻石。刻于始皇二十八年(前219年)，位于山东泰安泰山顶上。

(3)琅琊台刻石。刻于秦始皇二十八年(前219年)，二世元年(前209年)，秦二世于秦始皇刻石旁复刻诏书，位于青岛市胶南东南琅琊山上。

(4)之罘刻石。刻于始皇二十九年(前218年)，位于烟台北芝罘岛上。

(5)东观刻石。刻于始皇二十九年(前218年)，位于烟台北芝罘岛。

(6)碣石刻石。刻于始皇三十二年(前215年)，位于河北昌黎县西北仙台山上。

(7)会稽刻石。刻于始皇三十七年(前210年)，位于浙江绍兴东南会稽山上。

秦代刻石于六朝唐宋之际陆续毁坏，目前保存至今的有位于泰安岱庙内的泰山刻石和藏于中国国家博物馆的琅琊刻石，两者仅剩残石，其余只保存有拓本或重刻的新碑。②

除封泰山禅梁父之外，秦国境内大小山川河渎皆受祭祀，并设有祠畤。据《史记·封禅书》记载，其包括：

(1)殽山(河南洛宁县北)以东有名山五、名川二：太室山、恒山、泰山、会稽、湘山；济水、淮水。

(2)华山以西有名山七、名川四：华山、薄山、岳山、岐山、吴岳、鸿冢、渎山；河水、沔水、湫渊、江水。鸿、岐、吴、岳为四大冢山。

(3)地近咸阳的七河，包括霸水、产水、长水、沣水、涝水、泾水、渭水。

(4)小山川：汧水(渭水支流)、洛水、鸣泽、蒲山、岳壻山。

秦代的宗教祭祀以四畤(白、青、炎、黄)、名山大川、八神、星神和陈宝为主。

二、西汉时期的宗教

汉承秦制，宗教上继承了秦时四畤、封禅、八神的祭祀。汉高祖时，刘邦自以为得水德，设立北畤，祭祀黑帝颛顼，从而使秦四畤变成五畤；设太祝、太宰执掌仪礼；设立枌榆社、蚩尤祠，枌榆社为里社，蚩尤祠祭祀蚩尤。刘邦在统一天下前曾去祭拜蚩尤，他认为是受其保佑而王天下，于是在长安设立了蚩尤祠。另外又在长安城设置大量巫祠：

(1)梁巫，祠天、地、天社、天水、房中、堂上。

(2)晋巫，祠五帝、东君、云中君、司命、巫社、巫祠、族人、先炊(炊母神)。

(3)秦巫，祠社主、巫保、族累。

---

① 参见[美]加里·费曼、[美]琳达·尼古拉斯、方辉：《遥远国度里的帝王印迹——琅琊台遗址群调查与阐释》，山东大学东方考古研究中心编：《东方考古》第7辑，科学出版社2011年版，第1～14页。

② 参见容庚：《秦始皇刻石考》，《燕京学报》1935年第17期；李零：《秦汉礼仪中的宗教》，《中国方术续考》，中华书局2014年版，第118～120页。

(4)荆巫，祠堂下、巫先、司命、施糜。

(5)九天巫，祠九天。[1]

又于临晋立河巫祠，秦中立南山巫祠。高祖五年(前 202 年)，“初置灵星，祀后稷也”。八年，“令郡国县立灵星祠，常以岁时祠以牛”[2]。下令天下各郡国立灵星祠，祭祀后稷，盛极一时。应劭《风俗通义・灵星》中说：“辰之神为灵星，故壬辰日祀灵星于东南，金胜木为土相也。”蔡邕《独断》：“灵星，火星也。”[3]火星指大火星，后稷为农神，大火为火正的星神，火正司地，即司土(司徒)，管农事和民事，故祭祀后稷和大火。汉文帝时，把名山大川的祭祀改由中央管理。即位十三年(前 167 年)，听从公孙臣的上书，郊祭雍五畤，次年，作渭阳五帝庙，礼仪祭品与雍五畤相同。在长门(西安东北)立长门五帝坛，在汾阴(山西万荣西南)立后土庙。

汉武帝时，五年一封禅，三年一郊祭，成为定制。郊祀始于元光二年(前 133 年)，最初只限于雍五畤，后来增加太一祠(太畤)和后土祠。太一祠祭天，后土祠祭地，雍五畤祭五帝。太一祠(畤)位于云阳的甘泉山，这里不仅是汉族的祭天处，也是匈奴的祭天处。该处还有另外三处与匈奴有关的祠：一是休屠祠；一是金人祠，祭祀天神偶像金人；一是径路神祠(“径路”为匈奴语“刀剑”)。[4]

战国秦汉时期太一逐渐取代天神而成为最高神，以北极北斗七星的四颗星作为崇拜对象，称作“太一星”和“天一三星”。《史记・封禅书》载：“其后人有上书，言‘古者天子三年壹用太牢祠神三一：天一、地一、太一’。”司马贞《索隐》引宋均曰：“天一、太一，北极神之别名。”汉武帝元鼎五年(前 112 年)秋，武帝“为伐南越，告祷太一，以牡荆画幡日月北斗登龙，以象太(天)一三星，为太一锋，命曰‘灵旗’”。[5]太一三星分别名为“太一”“天一”“地一”，来源于三皇——太皇、天皇、地皇。1972 年，陕西户县朱家堡出土一座汉墓，于一件陶罐上见有朱书文字和两道画符，其中一道画符画有四个圆点，呈倒“Y”字形排列，以线相连接，上书有大天一，表示的正是太一星和天一三星(图 3-5-3)。[6] 这一至上星神被道家借用以解谪压胜。

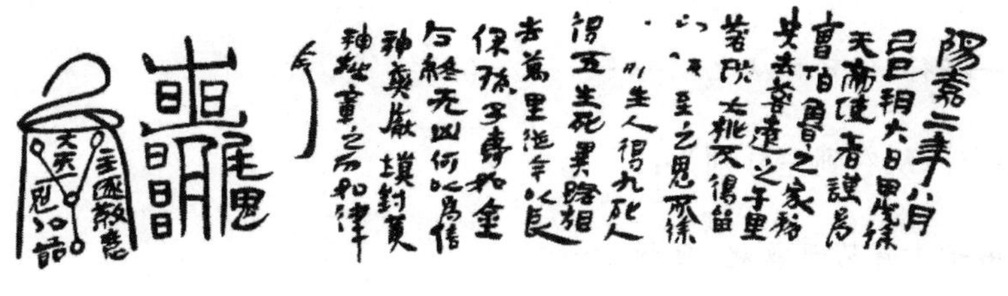

图 3-5-3　陕西户县朱家堡汉墓解谪瓶上的朱符

① 《史记索隐》案：孝武本纪云“立九天庙于甘泉”。三辅故事云“胡巫事九天于神明台”。《淮南子》云：“中央曰钧天，东方曰苍天，东北旻天，北方玄天，西北幽天，西方皓天，西南朱天，南方炎天，东南阳天也。”《史记正义》：“太玄经云一中天，二羡天，三徒天，四罚更天，五睟天，六郭天，七咸天，八治天，九成天也。”

② 《史记・封禅书》。

③ 参见庞朴：《“火历”三探》，《文史哲》1984 年第 1 期。

④ 《史记・匈奴列传》；参见李零：《中国方术续考》，中华书局 2015 年版，第 111～112 页。

⑤ 《史记・封禅书》；参见李零：《中国方术正考》，中华书局 2015 年版，第 54～64 页。

⑥ 参见禚振西：《陕西户县的两座汉墓》，《考古与文物》1980 年第 1 期。

1960年,湖北荆门战国墓出土一件铜戈,戈两面有相同的纹饰。戈内饰鸟纹,鸟侧首,带冠,展开双翼。鸟纹下左、右各一字,共4字,俞伟超、李家浩将其释作“兵闢太岁”[①]。戈援部分有一神人立于中央,两手、两腿张开呈“大”字形。神人头上戴倒三角形冠,冠两侧各有两条弧形鹖冠。[②] 神人圆脸,大眼,三角形鼻,大嘴张开,两耳有弯曲的蛇,当即《山海经》中的神灵“珥蛇”的形象。神人脸上和身上都有鳞甲,腰间系带,跨下一龙,鸟足,右足踏日,左足踏月,左手持龙,右手持虹(双头龙)。[③] 神人当即最高神太一神,三条龙代表天一三星(图3-5-4)。古人在创造太一神时参考了更古老的神灵原型,如《山海经》中的珥蛇、操蛇之神,足踏日月代表至上神,人身鸟足来自于《山海经》和史前太阳鸟崇拜。

图3-5-4 “兵闢太岁”戈

马王堆汉墓出土的“神祇图”中也有太一的形象[④],李零称作“避兵图”[⑤]。整幅图为方形,边缘有残损,图分三层,上层中间为太一,右侧为雨师,左侧为雷公;中层有四人武弟子,分列太一左右两侧。左侧两人戴山字形冠,左手分别持戈和剑。右侧两人,一侧立一正立,侧立者左手上举,没持武器,身上似有特殊的甲“虒裘”,外侧正立,凹形冠与太一相同,持戟站立。下层为三条龙,呈三角形排列,上龙位于太一跨下,四武弟子中间,下两龙相对(图3-5-5)。神灵旁边都有题记,总图题记为:

……将,承弓禹先行,赤包白包,莫敢我乡(向),百兵莫敢我(伤)。□□狂(诳),谓不诚,北斗为正。即左右唾,径行毋顾。大一祝曰:某今日且□□。

太一像题记为:

大一将行,何日神从之以……

武弟子题计,从右到左分别为:

武弟子。百刃毋敢起,独行莫……
我□百兵,毋童(动)□禁。
我虒裘,弓矢毋敢来。

第四个武弟子题记残。此外,雷公、雨师和三龙皆有题记。通过题记可知,太一和四

① 参见俞伟超、李家浩:《论“兵闢太岁”戈》,文化部文物局古文献研究室编:《出土文献研究》,文物出版社1985年版,第138~145页。

② 参见李零:《中国方术正考》,中华书局2015年版,第57页。

③ 参见王毓彤:《荆门出土一件铜戈》,《文物》1963年第1期。

④ 参见周世荣:《马王堆汉墓的“神祇图”帛画》,《考古》1990年第10期。

⑤ 参见李零:《马王堆汉墓“神祇图”应属辟兵图》,《考古》1991年第10期。

个武弟子皆有避兵之术。太一的题记“大一将行，何日神从之以……”与“兵闢太岁”戈上太一足踏日月相符。这座墓的墓主为30～40岁的男子，葬于汉文帝十二年(前168年)，墓中出土10万多字的帛书，其中天文、历法、五行、杂占是兵书的范围。《老子》乙本前面的《十六经》主要讲用兵，讲黄帝擒蚩尤的故事。这幅图的主题为避兵，墓主生前是爱好兵法、熟悉用兵的将领，太一避兵图应是他生前所使用避兵的图幅。东周秦汉时期，避兵术成为一种流行的方术，与当时的战祸不断有关，而蚩尤、太一等至上神、战神被赋予了避兵的能力，表达了人民企望天下太平，渴望安宁生活的愿望。

图3-5-5　太一避兵图

汉武帝效仿秦始皇，北巡朔方，祭黄帝于桥山。东上泰山，礼中岳于太室。东巡海上，礼祠八神、梁父地主祠，与秦始皇基本相同。东巡泰山时，因泰山东北有明堂，但处险不敞，于是武帝想建明堂，但是不知道明堂的建置。济南人公王带有黄帝时明堂图，送予武帝，图中明堂的建置为：“明堂图中有一殿，四面无壁，以茅盖，通水，圜宫垣为复道，上有楼，从西南入，命曰昆仑。”[①]于是武帝于汶上按照图示建立明堂。

武帝之后，基本不再寻仙和封禅，只有郊祀。汉昭帝年幼，郊祀皆不亲行。汉宣帝继

① 《史记·孝武本纪》。

续武帝的祭祀，太畤、后土祠、五岳、四渎皆有常礼，并新立世宗庙和众杂祠。《汉书·郊祀志下》记载：

> 东岳泰山于博，中岳泰室于嵩高，南岳灊山于𬱖𬸦，西岳华山于华阴，北岳常山于上曲阳，河于临晋，江于江都，淮于平氏，济于临邑界中，皆使者持节侍祠。唯泰山与河岁五祠，江水四，余皆一祷而三祠云。
>
> 时，南郡获白虎，献其皮、牙、爪，上为立祠。又以方士言，为随侯、剑宝、玉宝璧、周康宝鼎立四祠于未央宫中。又祠太室山于即墨，三户山于下密，祠天封苑火井于鸿门。又立岁星、辰星、太白、荧惑、南斗祠于长安城旁。又祠参山八神于曲城，蓬山石社、石鼓于临朐，之罘山于腄，成山于不夜，莱山于黄。成山祠日，莱山祠月。又祠四时于琅邪，蚩尤于寿良。京师近县，鄠则有劳谷、五床山、日、月、五帝、仙人、玉女祠；云阳有径路神祠，祭休屠王也。又立五龙山仙人祠及黄帝、天神帝、原水凡四祠于肤施。

汉元帝时，郊祀泰畤、后土、雍五畤，后听信儒生的建议，废弃宗庙。后来时废时兴，直至哀、平帝时。成帝时，匡衡、张谭等人认为过去的郊祀违反古制，乱了阴阳方位，如天应在南，但是泰畤位于都城之北；地属阴，但地主祠位于汾阴，居少阳之位。并且祭祀场所太远，于天子的安全和国家财政不利，于是废弃旧祠，简化郊祀。废掉的祠畤包括太一祠、后土祠、雍五畤及陈宝畤以及其余众多杂祠，改在长安南郊祭天、北郊祭地。这样，原来的683所神祠只剩208所，有475所被撤销。永始元年（前16年），成帝无子，以为废弃神祠得罪了神灵，于是恢复旧祠近半。哀帝重病，于建平三年（前4年）尽复旧祠，并增加至700余所。[①]

汉平帝时，王莽尽废旧祠，并复设长安南北郊之祭，按阴阳五行理论设立了所谓“长安七畤”：

（1）泰畤。祭皇天上帝，位于南郊。

（2）广畤。皇地后祇，位于北郊（提升地祇的地位，以与皇天上帝相配）。

（3）中央帝黄灵后土畤。祭黄帝、后土、日、北辰、北斗、填星和中宿中宫，在长安城内。

（4）东方帝太昊青灵勾芒畤。祭青帝、勾芒、雷公、风伯、岁星和东宿东宫，位于东郊。

（5）南方帝炎帝赤灵祝融畤。祭炎帝、祝融、荧惑、南宿南宫，位于南郊。

（6）西方帝少昊白灵蓐收畤。祭少昊、蓐收、太白和西宿西宫，位于西郊。

（7）北方帝颛顼黑灵玄冥畤。祭颛顼、玄冥、月、雨师、辰星和北宿北宫，位于北郊。[②]

王莽将天地五帝五神之祭由远祭改为近祭，并且一畤祭祀多种神灵，简化了祭祀程序，成为后世皇家祭祀的基本方式。这一制度由城内的社稷宗庙和四郊之祭所组成，一直沿用到明清时期。王莽的改革使大传统和小传统、国家宗教和民间宗教进一步分离。

---

① 《汉书·郊祀志下》。

② 《汉书·郊祀志下》。

三、东汉时期的宗教

公元25年，刘秀即位于鄗（河北省柏乡县），设坛于鄗城之阳，祭告天地和六宗群神，借皇天上帝和后土神祇名义讨伐王莽和起义军，并借谶纬之说自称承受天命，建立了东汉。第二年，于洛阳城南设置圜坛，八陛，中间为重坛，上祭天地。外坛祭祀五帝，坛外有四通道，祭日于东，祭月于西，祭北斗于北。中营（祭坛四周的墙）四门，每门有54位神灵，共216位神，外营每门108位神，共计432位神灵。每门有封神各4位神，共32位神。共计1514位神灵。背中营神为五星、中宫宿五官神和五岳。北外营神为二十八宿外宫星、雷公、先农、风伯、雨师、四海、四渎、名山、大川之类。后来增广郊祀，以高帝配食于中坛上。建武三十二年（56年），封禅泰山，祭天于泰山下，并祭地于梁父，以高后配祭，兼祭山川群神。①

东汉洛阳城北四里有北郊，为方坛，四层陛。建武三十三年，于坛上祭祀地祇，高皇后配祭，坛下有地理群神从食。北郊用来祭祀地祇，包括四岳、四渎、山川群神。②

汉明帝时继续祭祀五帝，并于五郊迎气，祭五帝五神：

> 立春之日，迎春于东郊，祭青帝句芒。车旗服饰皆青。歌《青阳》，八佾舞《云翘》之舞。及因赐文官太傅、司徒以下缣各有差。
>
> 立夏之日，迎夏于南郊，祭赤帝祝融。车旗服饰皆赤。歌《朱明》，八佾舞《云翘》之舞。
>
> 先立秋十八日，迎黄灵于中北，祭黄帝后土。车旗服饰皆黄。歌《朱明》，八佾舞《云翘》《育命》之舞。
>
> 立秋之日，迎秋于西郊，祭白帝蓐收。车旗服饰皆白。歌《西皓》，八佾舞《育命》之舞。使谒者以一特牲先祭先虞于坛，有事，天子入囿射牲，以祭宗庙，名曰貙刘。语在《礼仪志》。
>
> 立冬之日，迎冬于北郊，祭黑帝玄冥。车旗服饰皆黑。歌《玄冥》，八佾舞《育命》之舞。③

东汉时，庙祀和郊祀并行，并且以近祖配祭五帝，以皇后配祭地祇，太守、令、长配食社稷。祭祀的神灵以天、地、日、月、星等天神和五岳、四渎、大小山川为主，神灵众多，并迎节气，按时节举行祭祀。

秦汉时的国家祭祀场所畤已有考古发现。2016年，陕西省考古研究院、中国国家博物馆和宝鸡市考古研究所对凤翔雍山血池秦汉祭祀遗址进行了发掘。遗址位于陕西凤翔县城西北的柳林镇血池村，东南距秦雍城12公里，遗址总面积达470万平方米，共确认相关遗迹3200余处。首次发现由坛、壝、场、道路、建筑、祭祀坑等各类遗迹组合而成的"畤"文化遗存。出土各类文物，时代跨越东周至秦汉，主要有陶质建筑材料和几何回形

---

① 《后汉书·祭祀志上》。
② 《后汉书·祭祀志中》。
③ 《后汉书·祭祀志中》。

纹方砖、玉器、青铜车马器以及兵器。此外，遗址中还发现了“畤”字陶文，可确定为上畤。[①]

东汉时将大郊祀改为小郊祀，国家失去了对民间信仰的控制，从而使民间信仰获得了一次蓬勃发展的机会，出现了各种新教。以此为背景，道教创立并兴起，成为民间信仰的主流。佛教也传入我国。

道教是中国古代哲学、方术和宗教的大整合。周、秦、汉时期，是数术方技最为繁荣的时期，方士一度登上政治的舞台，左右国家宗教和政治走向。如在方士的建议之下，秦始皇派人海外寻仙，求不死药，东汉时炼丹术兴盛。中国古代的巫术是一个系统性的知识体系，巫术不仅与原始宗教形影不离，也是古代知识体系的源泉，医、卜、数、术皆起源于巫。《汉书·艺文志》中说：

> 数术者，皆明堂羲和史卜之职也。史官之废久矣，其书既不能具，虽有其书而无其人。《易》曰：“苟非其人，道不虚行。”春秋时，鲁有梓慎，郑有裨灶，晋有卜偃，宋有子韦。六国时，楚有甘公，魏有石申父。汉有唐都，庶得粗粗。……序数术为六种。

这六种包括以下几类：

1. 天文历算、占星候气，即《艺文志》中记载的天文和历谱：

> 天文者，序二十八宿，步五星日月，以纪吉凶之象，圣王所以参政也。《易》曰：“观乎天文，以察时变。”
>
> 历谱者，序四时之位，正分至之节，会日月五星之辰，以考寒暑杀生之实。故圣王必正历数以定三统服色之制。又以探知五星日月之会，凶阨之患，吉隆之喜，以术皆出焉。此圣人知命之术也。

传说中黄帝占星，羲、和分正四时，少昊时期有司分、司至等专测物候节气的官职，《尚书·尧典》中记载羲和“钦若昊天，历象日月星辰，敬授民时”。夏商周三代都有专职负责天文历算并由官方颁布实施。秦汉时期仍由天官负责，但也有方士参与天文历算。天文历算、占星候气不仅是为了测算农时，同时用天体运行来解释或预测家国的命运，反映了古人天人感应的哲学思想。

2. 占卜，包括《汉书·艺文志》中记载的蓍龟、杂占：

> 蓍龟者，圣人之所用也。《书》曰：“女则有大疑，谋及卜筮。”《易》曰：“定天下之吉凶，成天下之亹亹者，莫善于蓍龟。是故君子将有为也，将有行也，问焉而以言，其受命也如向。无有远近幽深，遂知来物，非天下之至精，其孰能与于此?”

龟卜是流行于史前至商代以龟甲作为载体的占卜术，到秦汉时期仍在使用。筮占，以布策成卦的方法占卜。此外还有式占，以式占卜吉凶；风角，以风向定节气，推测吉凶祸福；

---

① 参见陕西省考古研究院：《陕西凤翔发现秦国国君和西汉皇帝亲临主祭的国家大型祭天场所》，《中国文物报》2016年12月9日。

五音，以乐律配时令，推算吉凶祸福；占梦；厌劾、祠禳，除鬼驱邪之术等。其中梦占最为重要，《汉书·艺文志》曰：

> 杂占者，纪百事之象，候善恶之征。《易》曰："占事知来。"众占非一，而梦为大。故周有其官，而《诗》载熊罴虺蛇众鱼旐旟之梦，著明大人之占，以考吉凶，盖参卜筮。

3.形法，也叫"形术"，包括相地形、相宅墓、相人、相六畜、相字、相剑等。《汉书·艺文志》曰：

> 形法者，大举九州之势，以立城郭室舍。形人及六畜骨法之度数，器物之形容，以求其声气贵贱吉凶。犹律有长短，而各征其声，非有鬼神，数自然也。然形与气相首尾，亦有有其形而无其气，有其气而无其形；此精微之独异也。

此外还有医术、服食、行气、导引、房中、幻化等。① 这些或为方术，或为巫术，或两者相结合，难以分割。以上这些知识在东周、秦汉间的大量发现，应有一个长期的发展和积累过程。这些巫术思想具有深远的思想渊源，有助于了解三代之前的宗教和巫术。

战国秦汉时期是中国文化大发展的时期，铁器的使用使生产力得到极大的提高，社会各个阶层陆续登上了历史舞台，士、农、工、兵、商等各阶层的杰出人物涌现，为古代文化的繁荣做出了各自的贡献。诸子百家争鸣，最终儒、释、道成为中国的三大宗教。儒教继承周代礼制一脉，代表了社会上层利益。儒生曾经与方士斗争，几经波折，焚书坑儒就是儒生和方士斗争的一个侧面，最终儒教被广泛接受，成为整个社会的行为规范。对于儒教算不算宗教，自从利马窦进入中国传教就成为中外学者长期争论的话题。以西方人特别是基督教的角度看，儒教不敬神灵，关心的只是现实世界，当然不算宗教，而只能算是礼仪和制度。道教全面继承方士的文化遗产，占卜、相术全被吸收进道教之中。儒教和道教都缺乏现世关怀，留下来的宗教空白使佛教乘虚而入，一度繁荣兴盛至极，成为中国古代最兴盛的宗教，也使中国成为世界佛教最兴盛的地区之一。

历史时期，中国形成了国强教弱的局面。历代统治者或兴佛灭佛，或修道炼丹。佛教过于出世，道教巫术思想过重，又只追求个人得道升仙，重佛抑道或重道抑佛，宗教不过是统治的工具。民间或以佛教寻求心灵安慰、精神寄托，或借道教祈福禳灾、测算吉运，而儒教深入生活的各个方面，成为中国占绝对统治地位的意识形态。

---

① 参见李零：《中国方术正考》，中华书局2015年版；李零：《中国方术续考》，中华书局2014年版。

哈里森[①]将军有一天把沙乌尼[②]部族的特昆塞[③]召唤来同他商议，对他说："到这儿来，特昆塞，坐在你父亲的旁边！"首领严厉地回答说："你是我的父亲？不是！这个太阳（同时用手指着它）才是我的父亲；大地是我的母亲，而我就站在她的胸膛上。"

——[英]爱德华·泰勒《原始文化》

第四章　族属的考古

古史传说中的古帝王常带有神性，这是众所周知的常识，也是研究古史所面临的一大难题。这些帝王究竟是人还是神一直困扰着古史学者。历史学家童书业曾这样说：

> 但因古代部落对先祖之崇拜至后来往往与上帝之崇拜混而为一，此等人果本为人而神化与？抑本为神而人化与？现时尚难审定，总之为古代神话传说中半人半神之伟人而已。[④]

神话传说如何使用，是排斥还是作为可用的史料曾成为历史学者争论的一大问题，也是古史辨派和信古派的主要区别。疑古学者认为神话传说大多出于战国秦汉间的伪造，而且随着时间的推移，伪造越来越多，从而将神话传说排除出历史系统中。这一观点也曾被史学界诟病。钱穆说："各民族最先历史无不从追记起来，故其中断难脱离'传说'与带有'神话'之部分。若严格排斥传说，则古史即无从说起。"[⑤]徐旭生在《中国古史的传说时代》也曾说："很古时代的传说总有它历史方面的质素、核心，并不是向壁虚造的。"[⑥]

---

① 威廉·亨利·哈里森（William Henry Harrison，1773～1841），生于伯克利，是美国第九任总统。哈里森的父亲是一位农场主，第一届大陆会议代表及《独立宣言》签署人之一。威廉·亨利·哈里森于 1840 年 3 月当选美国总统，次月因患肺炎去世。根据民间传说，1811 年，时任将军的威廉·哈里森率领的军队，在蒂皮卡诺大战中一举击溃了著名的美国印第安人首领特科抹人和他的军队，并对印第安人实施了残酷的屠杀。愤怒的特科抹人对美国人施加了咒语："我告诉你，哈里森将死。继他之后每隔 20 年，每个在尾数是 0 的年份当选的总统都必须在任上死去。"此诅咒连续 7 次应验，到里根才被破除。

② 沙乌尼部落为北美印第安人部落中的一支。

③ 特昆塞（Tecuseh），印第安沙乌尼部落的首领。

④ 童书业：《春秋左传研究》，上海人民出版社 1980 年版，第 10 页。

⑤ 钱穆：《国史大纲》，商务印书馆 1994 年版，第 8 页。

⑥ 徐旭生：《中国古史的传说时代》，广西师范大学出版社 2003 年版，第 24 页。

此外，王国维也曾论证神话传说在考证史料方面的价值，他说："传说与史实相混而不分，史实之中，固不免有缘饰，而传说之中，亦往往有史实为之素地。"[①]胡厚宣将甲骨文中的四方风名与《山海经》《尚书》中的四方风神相对应，发现神话传说中的记载和甲骨文中的记载正相契合，从而进一步证明了神话传说的史料价值。[②]

由于史前时期没有文字记载，通过口耳相传的传说很容易被神化。带有神性的古代帝王的本质有三种可能性：

1.本为氏族部落所崇拜的神，后来被人格化成为人。大多数古史辨学者持这种观点。如杨宽认为，古传说中的祝融为火神，玄冥为水神，句芒、益为凤鸟、玄鸟的人化，蓐收原为虎神。[③]

2.本为氏族部落的英雄，后来被神化成神。如三国时代的关羽，后来被神化为武财神、关帝。释迦牟尼则来自于乔达摩·悉达多。信古派多持此说。

3.既是本氏族部落的神，同时氏族部落的首领又以神作名。既是神名，又是人名，人神合一。

我们认为第3种观点是正确的，这符合人类学对早期人类历史的研究和认识。人神合一为早期帝王所共有的特点。周代君王称天子，商王以日名，无非宣称自己是天之子、太阳神而已。史前时期，图腾崇拜盛行，于是部族之名往往即其图腾动物之名。[④] 后来图腾虽然消失了，但名称留存，后人逐渐不知其意，于是有的图腾与祖先崇拜相结合成为部族之始祖，有的图腾神升格为创世神。前者如商人的上帝为帝喾，后者如甘青地区马家窑文化崇拜的蛙成为女娲，东方有崇拜太阳的部族故名为太昊，又有其分支崇拜鸟名为少昊，西方亦有崇拜火的部族号曰炎帝。羌人崇拜山岳，由此其王名为四岳，为尧臣、舜臣，并有佐禹治水之功。冥是北方之神，亦是商人的祖先，河伯既是河神，又是国名，曾助上甲微复仇。顾颉刚曾说："后土原是地神，却也是共工氏之子；实沈原是星名，却也是高辛氏之子……夔本是九鼎上的罔两，又是做乐正的官；饕餮本是鼎上图画中的兽，又是缙云氏的不才子。"[⑤]其原因即在于此。

史前时期，族群以图腾崇拜或至上神崇拜为主，其所崇拜的神灵，一般也作为部族之名，而部族之名，亦为部族首领之名。这是图腾崇拜的特点。传至后世，不被人理解，至周代进入理性化时期，于是神被人格化，而成为一族之始祖。《国语·鲁语》记载："有虞氏禘黄帝而祖颛顼，郊尧而宗舜；夏后氏禘黄帝而祖颛顼，郊鲧而宗禹；商人禘喾而祖契，郊冥而宗汤；周人禘喾而郊稷，祖文王而宗武王。"《礼记·丧服小记》："礼，不王不禘。王者禘其祖所自出，以其祖配之。"有虞氏、夏后氏出自黄帝族，即出自崇拜黄帝的族群。商人出自崇拜帝喾的族群，其族群以帝喾为至上神，帝喾并非其始祖而是所出之族崇拜的神灵，契才是其始祖。周人亦出自崇拜帝喾之族群，后稷为其始祖，同时后稷也为稷神。

---

① 王国维：《古史新证》，清华大学出版社1994年版，第1页。

② 参见胡厚宣：《释殷代求年于四方和四方风的祭祀》，《复旦学报（人文科学）》1956年第1期。

③ 参见杨宽：《序〈古史辨〉第七册因论古史传说中的鸟兽神话》，《古史探微》，上海人民出版社2016年版，第373～382页。

④ 参见[美]路易斯·亨利·摩尔根：《古代社会》，杨东莼等译，商务印书馆1981年版，第139～150页。

⑤ 参见顾颉刚：《答刘胡两先生》，《古史辨》第1册，上海古籍出版社1982年版，第100页。

过去学者常忽略神与人的合一性，而进入疑古或信古的窠臼。疑古者认为传说中的人物具有神性，是神而不是人，从而否定古史，或者认为古史均为神话之转演。信古者认为，黄帝、帝喾确有其人，传说中之事必确有其实。二论各有所失，亦各有所得。神话中有历史，历史中亦有神话。历史往往被神化，神话亦会被历史化。神会被人格化，人也会被神化，这是世界古史之通律。神话是历史的一部分，如古希腊中的米诺斯神话一直被当作神话，直至近代考古学家发现迈锡尼古城，才证实米诺斯王的事迹绝非虚构。神话构成了历史不可分割的一部分，断然排斥为神话而否认其包含历史的成分是不可取的。对神话传说研究最为精湛的古史辨学者杨宽也曾说："宗教为学术，巫祝即为学者，神话即为历史。"①

由于人神合一的特性，历史往往被神化。王国维认为神话传说中包含着历史之素地，指的就是历史的神话，去掉神话的内容，便显露出历史的内核。神话是一种被强化过的历史记忆。神话通过对历史记忆的强化，使人们记住历史，并不再质疑历史事实，欣然接受神话的语境和叙事。比如黄帝伐蚩尤一事，如果这条传说为真实的历史记录，其主干便是黄帝战胜了蚩尤。记载于《史记·五帝本纪》中的就是这样历史文本：

> 蚩尤作乱，不用帝命，于是黄帝乃征师诸侯，与蚩尤战于涿鹿之野，遂禽杀蚩尤。

同样的事件记录于《山海经·大荒北经》：

> 有系昆之山者，有共工之台，射者不敢北向。有人衣青衣，名曰黄帝女魃。蚩尤作兵伐黄帝，黄帝乃令应龙攻之冀州之野。应龙畜水，蚩尤请风伯雨师，纵大风雨。黄帝乃下天女曰魃，雨止，遂杀蚩尤。魃不得复上，所居不雨。

如果说《史记》里黄帝伐蚩尤是历史性记载，那么《大荒北经》中的记载就是神话性的记载。显然，神话性的记载具有更多的细节，也更让人印象深刻。它是通过对历史的神化——风伯、雨师、天女魃这些神界的人物和呼风唤雨等强化了这种历史记忆。风伯、雨师、女魃应该是当时各方的氏族或部落。这段历史在流传过程中就已经神化了。而司马迁在记述它的时候去掉了神化内容，保留了事件的主干和内核。黄帝伐蚩尤还见于其他文献，可以与司马氏的历史性叙述和《山海经》的神话性叙述相比较。张守节《史记正义》引《龙鱼河图》云：

> 黄帝摄政，有蚩尤兄弟八十一人，并兽身人语，铜头铁额，食沙石子，造立兵仗刀戟大弩，威震天下，诛杀无道，不慈仁。万民欲令黄帝行天子事，黄帝以仁义不能禁止蚩尤，乃仰天而叹。天遣玄女下授黄帝兵信神符，制伏蚩尤，帝因使之主兵，以制八方。
>
> 蚩尤没后，天下复扰乱，黄帝遂画蚩尤形象以威天下，天下咸谓蚩尤不死，八方万邦皆为弭服。

① 杨宽：《中国上古史导论》，上海人民出版社2012年版，第50页。

《山海经》中虽为神话性的记载，但其立场还是中立的，《龙鱼河图》中的记载是最有倾向性的记述：蚩尤诛杀无道，不慈仁，而黄帝则代表了仁义和正道，并且为了突出这一点，黄帝也没有杀蚩尤，只是制服了蚩尤，并使其主兵，以服天下，这是为“圣者讳”的记载，黄帝之善和蚩尤之恶都在这种神话性语言中得到彰显。而司马迁的记载无疑是最接近历史的记述，用的是历史性语言。

神话是一种偏颇性语言，而不是中立性语言。在黄帝伐蚩尤的战役中，黄帝代表正义的一方，而蚩尤代表邪恶的一方，蚩尤“诛杀无道，不慈仁”，而黄帝是仁德的代表。再如女娲造人传说，人类有两种来源，有些人是女娲比照自己的样子捏的泥人，有的则是用绳甩出的泥人，这里包含对富人和穷人地位差异的认同。《太平御览》卷七八引《风俗通》云：

> 俗说天地开辟，未有人民。女娲抟黄土作人，剧务，力不暇供，乃引绳于泥中，举以为人。故富贵者，黄土人；贫贱凡庸者，絙人也。

显然它所表达的观念是：富人是尊贵的，穷人是低贱的，这种贫富之别是天生的。后羿射日中也包含了对太阳部落的仇视，太阳并照使天下大旱，生灵涂炭。后羿戳十日是以善伐恶。大禹治水则包含了对夏王朝统治权合法性的主张。大禹筚路蓝缕、辛劳为民、分化九州，显然应该成为天下之主。而商汤以身作牲，为民求雨，亦可作为商人王天下的合法性来源。通过神话性的语言，可以推测神话传说的来源和立场。

传说与神话不同，一般认为传说是没有文字记载的历史经口耳相传而形成的，传说主要来源于历史事件。由于在流传的过程中会添加一些神化性的东西，一般神话传说并称。而神话则偏重于神灵之间的叙事，如《山海经》中的黄帝、帝俊、羲和生日月等，神话偏重于灵异叙事、超自然和宗教观、宇宙观。

有的神话传说直接来自于古代的宗教信仰。古代氏族、部落崇拜的神灵会直接转换为神话，从而进入神话系统。如女娲造人的神话传说，来自于崇拜蛙的信仰，蛙是氏族的图腾，后来演变成始祖神、创始神。商人起源的玄鸟生商的神话，也是来自于商人崇拜鸟这一宗教信仰。

史前时期的历史、神话、传说和宗教信仰的复杂关系可以用图 4-1 表示：

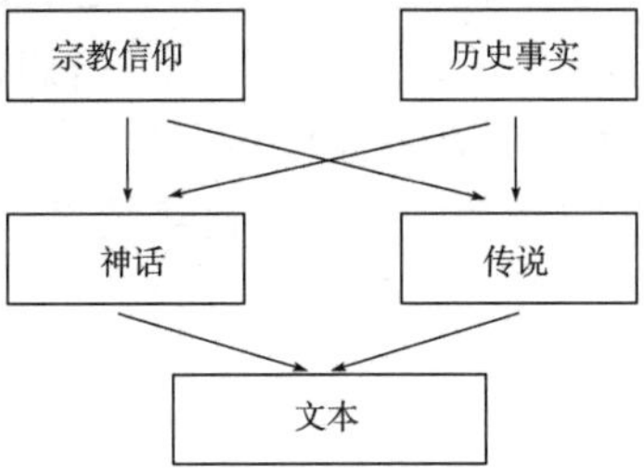

图 4-1 历史、神话、传说和宗教信仰的关系

宗教信仰和历史事实都属于存在于过去的历史真实，而神话和传说可以看作后来的历史记忆或记载。宗教信仰直接产生神话，而神话的历史化则使其转变成传说，从而进

入后世的文本史书之中。历史事件在流传的过程中形成传说，在流传过程中历史人物和事件都会被神化，从而形成神话性文本。神话和传说记载到文献中形成文本。

从以上的分析看，古代族名、人名、神名是合一的。如古史传说中的少昊，即指少昊一族，又指部族的酋长，有时还指少昊族兴旺时的时代，同时也指秦人所崇拜的远祖。黄帝既是部族之名，又指黄帝族的酋长，同时又是夏人和周人的远祖。

古史传说中族群众多，徐旭生将其分成三大集团：华夏集团、东夷集团、苗蛮集团。华夏集团和东夷集团属于黄河流域，而苗蛮集团位于长江中游。除了长江下游之外，三集团说基本已经涵盖了黄河流域和长江流域的中下游。这些见诸于古史传说中的族群只是悠久历史长河中的一部分，而在三代时期对四方族群的概括——夷、蛮、戎、狄，更多的是一个地域上的概念，也是晚起的概念。

新石器时代，分布于黄河和长江两大河流域的各地区自有其考古学文化序列。考古学家和历史学家将这些考古学文化与传说中的族群进行了对应。如大多数学者认为，分布于黄河下游，以山东地区为中心的海岱地区发现的后李文化、北辛文化、大汶口文化和龙山文化为东夷所创造。栾丰实师所著《东夷考古》，上及旧石器时代，下至商周，主要论述夷人所创造的考古学文化。书中开篇所述《古史传说中的部落集团》承袭徐旭生的三集团说，而《黄河、长江流域考古学文化的区系》则可见考古学者对两大河流域考古学区域的划分和族群的对应关系。① 这种对应关系逐渐成为国内学者的基本共识：以黄帝、炎帝为主的华夏集团对应于中原的仰韶文化和龙山文化；以苗蛮集团对应于长江中游的大溪文化、屈家岭文化和石家河文化；东夷集团对应海岱地区诸史前文化。②

司马迁于《史记·五帝本纪》中按照《五帝德》《帝系姓》的记载将黄帝、颛顼、帝喾、帝尧、帝舜组成了父子相继的家族关系，这已经不为史学界所接受。早期文献中黄帝、颛顼、帝喾并不存在血缘上的关系。五帝构成的帝系之不足为信，几乎已成史学界共识。顾颉刚于《古史辨·自序》《五德终始说下的政治和历史》，吕思勉于《三皇五帝考》，蒙文通于《三皇五帝说探源》中都有详论。③ 楚人追述其祖先，只论及颛顼，而不及黄帝，《史记·楚世家》中记载："楚之先祖，出自帝颛顼高阳……季连，芈姓，楚其后也。"屈原在《离骚》中自称是"帝高阳之苗裔兮"。1994 年出土的新蔡葛陵简中也说："昔我先出自颛顼，宅兹(沮)漳……"④这已经足证楚族与黄帝无关，而是颛顼之后。秦人为少昊之后，亦有太昊之后，主要分布在鲁中南的汶泗流域。商人为帝喾之后，始祖契传说为玄鸟卵所生，不见商人称黄帝后人之词。这些族群与黄帝不同根系。

由此，黄帝、少昊、太昊、帝喾、颛顼既不存在血缘关系，那么应是并存的族群，这也正是为何史书中存在不同的五帝系统的原因。五帝时代可分成两期：前期包括《五帝本纪》

---

① 参见栾丰实：《东夷考古》，山东大学出版社 1996 年版，第 1～12 页。

② 海岱地区指以山东省为中心的黄河下游地区，往东达豫东，往北过黄河，往南至苏北、皖北，这一区域自大汶口文化时期形成了一个统一的文化区。一般认为，该区域的考古学文化对应于古史记载中的东夷集团，包括太昊、少昊、蚩尤和稍晚的后羿、寒浞等。

③ 参见顾颉刚：《自序》，《古史辨》第 1 册，上海古籍出版社 1982 年版；顾颉刚：《五德终始说下的政治和历史》，《古史辨》第 5 册，上海古籍出版社 1982 年版；吕思勉：《三皇五帝考》，《古史辨》第 7 册，上海古籍出版社 1982 年版；蒙文通：《三皇五帝说探源》，《古史辨》第 7 册，上海古籍出版社 1982 年版。

④ 参见董珊：《新蔡楚简所见"颛顼"和"雎漳"》，《简帛文献考释论丛》，上海古籍出版社 2014 年版，第 1～12 页。

中黄帝、颛顼、帝喾,包括《战国策》《吕氏春秋》《尚书·序》《白虎通义》等文献中记载的太昊、少昊、蚩尤等,可称为"五帝早期";晚期为尧、舜、禹时期,包括后羿、有苗、凿齿和所谓四凶混沌、穷奇、梼杌、饕餮等与之发生过或战或合关系的族群。从社会性质上看,尧、舜、禹时期属于古国时代,与龙山时代偏晚相对应。黄帝、颛顼、帝喾都具有较多的神性,社会宗教氛围浓厚,黄帝时代可以与仰韶文化晚期、龙山早期相对应。

第一节 东夷集团

以山东为中心的海岱地区与古史传说中的东夷集团有关,包括太昊、少昊、蚩尤及稍晚的后羿、寒浞、伯益等。

一、太昊与少昊

太昊、少昊亦写作"太皞""少皞"。《释文》:"皞,亦作昊。"太昊后世与伏羲混而为一,是汉代刘歆比附《左传》与《周易·系辞》的结果,这一点徐旭生已经指出。[①] 之后,伏羲与太昊合一,称作"太昊伏羲氏"。

太昊的地望,据《左传》昭公十七年记载:"陈,太皞之墟也。"陈位于河南淮阳,豫东南一带。《左传·僖公二十一年》载:

> 任、宿、须句、颛臾,风姓也,实司太皞与有济之祀,以服事诸夏。邾人灭须句。须句子奔,因成风也。成风为之言于公曰:"崇明祀,保小寡,周礼也;蛮夷猾夏,周祸也。若封须句,是崇皞、济而修祀、纾祸也。"

春秋时四个小国任、宿、须句、颛臾是太昊的后裔,仍然在祭祀太昊和济水,说明太昊族当位于济水流域。任之所在,杜预注:"任城县也。"即山东省济宁市北部。《春秋·隐公元年》:"九月,及宋人盟于宿。"杜预注:"宿,小国,东平无盐县也。"位于任城北,同属鲁中南地区。"须句",据杜注:"在东平须昌县西北。"与宿同属东平县。"颛臾",杜注:"颛臾,在泰山南武阳县东北。"《论语·季氏》记载:

> 季氏将伐颛臾。冉有、季路见于孔子,曰:"季氏将有事于颛臾。"孔子曰:"求!无乃尔是过与?夫颛臾,昔者先王以为东蒙主,且在邦域之中矣,是社稷之臣也。何以伐为?"冉有曰:"夫子欲之,吾二臣者皆不欲也。"孔子曰:"求!周任有言曰:'陈力就列,不能者止。'危而不持,颠而不扶,则将焉用彼相矣?且尔言过矣。虎兕出于柙,龟玉毁于椟中,是谁之过与?"冉有曰:"今夫颛臾,固而近于费。今不取,后世必为子孙忧。"

费,鲁国地名,位于今山东临沂费县西北。颛臾位于费西北、任之东,属临沂市平邑县。

---

① 参见徐旭生:《中国古史的传说时代》,广西师范大学出版社 2003 年版,第 55、65 页。

可见任、宿、须句、颛臾四国均位于鲁中南地区，四地西近济水，故春秋时仍祭祀济水。东蒙为蒙山古称，是沂蒙山区最高大的山脉，位于泰山之东，即《孟子》载孔子“登东山而小鲁，登泰山而小天下”中的“东山”。

此外，商周时的郜国、夏时风夷、商时风方均为太昊之后裔。“郜”在甲骨文和金文中多作“告”，与“皓”音近义通，可通“皞”“昊”，皆为明亮广大之意。《春秋·隐公十年》：“六月壬戌，公败宋师于菅。辛未，取郜。”杜预注：“菅，宋邑。……济阴成武县东南有郜城。”《春秋·桓公二年》：“夏四月，取郜大鼎于宋。”其地在鲁西南成武县东南的郜鼎集一带。郜鼎集西北的城湖发现有周代古城遗址，当为郜国故城所在。[①] 据丁山考证夏时风夷“当求诸汉六安国之安风县”，位于江淮一带。[②]

综之，太昊的后裔集中于鲁西南、鲁中南，往南扩展到豫东、皖北地区。任、宿、须句均位于济水流域。颛臾、郜稍偏东，风夷近于太昊之墟陈。

少昊的地望，据周初分封，鲁公“因商奄之民”而“封于少皞之墟”[③]，杜预注：“少皞虚，曲阜也，在鲁城内。”少昊之墟位于鲁中南地区的曲阜一带。相比于太昊后裔的势微，少昊后裔则要繁盛得多。战国时统一六国的秦国即少昊的后裔。据《史记·封禅书》记载：“秦襄公既侯，居西垂，自以为主少皞之神，作西畤，祠白帝。”《史记·秦本纪》记载秦人嬴姓：

> 秦之先，帝颛顼之苗裔孙曰女修。女修织，玄鸟陨卵，女修吞之，生子大业。大业取少典之子，曰女华。女华生大费，与禹平水土。已成，帝锡玄圭。禹受曰：“非予能成，亦大费为辅。”帝舜曰：“咨尔费，赞禹功，其赐尔皂游。尔后嗣将大出。”乃妻之姚姓之玉女。大费拜受，佐舜调驯鸟兽，鸟兽多驯服，是为柏翳。舜赐姓嬴氏。

《国语·郑语》：“嬴，伯益之后也。”韦昭注：“伯翳，虞舜官，少皞之后伯益也。”由此可见，秦人是少昊后裔。少昊、伯翳均为东方人，而秦崛起于西垂，据傅斯年考证嬴姓西迁的时间为商代。[④] 钱穆的《国史大纲》亦主张“秦之先世本在东方，为殷诸侯，及中谲始西迁”。《史记·秦本纪》记载：“秦之先为嬴姓，其后分封，以国为姓，有徐氏、郯氏、黄氏、终黎氏、运奄氏、菟裘氏、将梁氏、黄氏、江氏、脩鱼氏、白冥氏、蜚廉氏、秦氏。”这些国族，凡可考定的都在东方。2008年发现的《清华简》《系年》的第三章简文叙述了周武王死后发生三监之乱，周成王伐商邑平叛的事件：

> 周武王既克鼜(殷)，乃埶(設)三监于殷。武王陟，商邑兴反，杀三监而立彔子耿。成王屎伐商邑，杀彔子耿，飞曆(廉)东逃于商盍(盖)氏，成王伐商盍(盖)，杀飞曆(廉)，西迁商盍(盖)之民于邾虐，以御奴虘之戎，是秦先(先人)，殜(世)乍(作)周屖(卫)。周室即(既)𡍜(卑)，坪(平)王东鼜(遷)，止于成周，秦中(仲)女(焉)东居周地，

---

① 参见郅田夫：《郜国都城探略——试论成武县城湖故城国属》，山东古国史研究会编：《东夷古国史研究》第2辑，三秦出版社1990年版，第264～266页；栾丰实：《太昊和少昊传说的考古学研究》，《中国史研究》2000年第2期。

② 参见丁山：《甲骨文所见氏族及其制度》，中华书局1988年版，第149页。

③ 《左传·定公四年》。

④ 参见傅斯年：《民族与古代中国史》，上海古籍出版社2012年版，第51～63页。

以戰(守)周之奎(坟)蓋(墓),秦以飼(始)大。[①]

这段记载与《孟子·滕文公下》相合,皆称飞廉被杀于东方:“周公相武王,诛纣。伐奄,三年讨其君,驱飞廉于海隅而戮之,灭国者五十,驱虎豹犀象而远之,天下大悦。”西周初年迁了一部分嬴姓到西方[②],这部分人即秦人的祖先。

夏代的皋陶为少昊之后。皋陶的“皋”通太皞少皞之“皞”。皋陶偃姓,据段玉裁《说文解字》“嬴”字注:“按秦、徐、江、黄、郯、莒皆嬴姓也。嬴,按《地理志》作盈。又按伯翳嬴姓,其子皋陶偃姓,偃、嬴语之转耳。如娥皇、女英,《世本》作女莹,《大戴礼记》作女匽,亦一语之转。”按段氏所说,“偃”、“嬴”本是一字,皋陶、伯翳为父子关系,此说应该没有问题。[③]《史记·夏本纪》张守节《正义》引《帝王世纪》曰:“皋陶生于曲阜。”曲阜又为少昊之墟,皋陶为少昊之后居于此地也就顺理成章了。曲阜于商代称“奄”。《左传·昭公九年》詹桓伯曰:“及武王克商,蒲姑、商、奄,吾东土也。”《史记·周本纪》云:“召公为保,周公为师,东伐淮夷,践奄,迁其君蒲姑。”《左传·襄公十二年》孔颖达疏引《世本》中说奄为嬴姓,鲁国即奄旧地,奄君很可能为皋陶后人[④],同为少昊之后裔。

周代徐、奄两国出自少昊。《左传·昭公元年》:“周有徐、奄。”杜预注:“二国皆嬴姓。”《说文》中说:“嬴,少昊氏之姓。”可知徐、奄两国均为少昊后裔。《尚书·费誓》:“鲁侯伯禽宅曲阜,徐夷并兴,东郊不开。”据此可知徐位于曲阜之东边不远。《春秋·僖公三年》:“徐人取舒。”杜注:“徐国在下邳僮县东南。”下邳离曲阜较远,徐旭生认为:“徐国在周初当在今山东东南部曲阜县附近,以后才迁到南方数百里外。”[⑤]其说可信。

鲁北地区也是少昊部族的分布区。据《左传·昭公二十年》晏子所说齐地沿革:“昔爽鸠氏始居此地,季萴因之,有逢伯陵因之,薄姑氏因之,而后太公因之。”杜注:“爽鸠氏,少皞氏之司寇也。”少昊部族的一支爽鸠氏位于鲁北地区。

莒国也是少昊之后。据《春秋左传正义·隐公二年》载:“《谱》云:莒嬴姓,少昊之后。周武王封兹舆期于莒。初都计,后徙莒。今城阳县是也。”莒国故城位于今山东莒县。

据《左传·昭公十七年》,郯子自称少昊之后,少昊为其祖先。郯城位于山东省临沂市郯城县,属沂河流域。

费亦为嬴姓。《史记·秦本纪》:

> 女华生大费……大费拜受,佐舜调驯鸟兽,鸟兽多驯服,是为柏翳。舜赐姓嬴氏。
>
> 大费生子二人:一曰大廉,实鸟俗氏;二曰若木,实费氏。其玄孙曰费昌,子孙或在中国,或在夷狄。费昌当夏桀之时,去夏归商,为汤御,以败桀于鸣条。大廉玄孙曰孟戏、中衍。鸟身人言。帝太戊闻而卜之使御,吉,遂致使御而妻之。自太戊以下,中衍之后,遂世有功,以佐殷国,故嬴姓多显,遂为诸侯。

---

① 参见清华大学出土文献研究与保护中心编:《清华大学藏战国竹简》(贰),中西书局2011年版,第141页。

② 参见李学勤:《清华简关于秦人始源的重要发现》,《光明日报》2011年9月8日。

③ 伯翳为皋陶子,段玉裁此处记错。参见徐旭生:《中国古史的传说时代》,广西师范大学出版社2003年版,第62页。

④ 参见徐旭生:《中国古史的传说时代》,广西师范大学出版社2003年版,第62页。

⑤ 参见徐旭生:《中国古史的传说时代》,广西师范大学出版社2003年版,第167页。

其玄孙曰中潏，在西戎，保西垂。生蜚廉。蜚廉生恶来。

徐旭生考证秦、赵祖先蜚廉之“蜚”与“费”字同字异形[①]，当属同族。费位于山东省临沂市费县境内，颛臾之东。

此外属少昊后裔的还有葛、黄、江、终黎等国。《孟子·滕文公下》赵岐注：“葛夏诸侯，嬴姓之国。”一般认为在河南宁陵县境内。黄，据《左传·桓公八年》杜注为“今弋阳县”，在今河南黄川县境内。江，据《左传·僖公元年》杜注“在汝南安阳县”，在河南正阳县境内。终黎氏，《史记·秦本纪》太史公曰：“秦之先为嬴姓。其后分封，以国为姓，有徐氏、郯氏、莒氏、终黎氏、运奄氏、菟裘氏、将梁氏、黄氏、江氏、修鱼氏、白冥氏、蜚廉氏、秦氏。然秦以其先造父封赵城，为赵氏。”裴骃《史记集解》引徐广曰：“世本作‘锺离’。”位于今安徽凤阳县境内。

总之，少昊部族非常繁荣，鲁中南、鲁北，鲁东南地区均有分布，除胶东和鲁西南外，占了山东之大部分，往东南扩张到豫东和皖北地区。因少昊之后嬴姓辅佐殷商有功，得以族群繁盛，并有中潏一支迁往了西方，演化为后来的秦人。

太昊、少昊族名相同，对于两者的时代和关系主要有三种意见：

第一种观点认为太昊的时代较早，少昊的时代较晚。傅斯年说：“太皞、少皞皆部族名号……至于太、少二字，金文中本即大小。大小可以地域大小及人类众寡论，如大月氏小月氏，然亦可以先后论，如大康少康。今观太皞少皞，既同处一地，当是先后有别。且太皞之后今可得而考者，只风姓三四小国，而少皞之后今可考见者，竟有嬴己偃允四著姓。当是少皞之族代太皞之族而居陈鲁一带。”[②]胡厚宣[③]、唐兰[④]、夏鼐[⑤]均承此说。王树明也认为太昊和少昊前后相继，并将大汶口文化和其后的龙山文化分别对应太昊族和少昊族。[⑥]

第二种观点认为太昊与少昊是同时并存的关系。刘敦愿认为：“太皞、少皞两族都是风姓，也就都以凤鸟为其氏族图腾，氏族图腾相同，也就说明有着共同的起源，大皞、少皞是相对的称谓，所谓大(太)与少，也就是大与小，长与幼，两者是兄弟部落的意思非常明显。现代原始社会史的研究认为，氏族的起源，最初总是表现为‘二元组织’的(或名之为‘两合组织’的)，原始部落最初由两个原始氏族组成，在以后的发展中，由两个胞族组成。……风姓大皞少皞两族的关系也是这种‘二元组织’关系的表现。”[⑦]栾丰实亦主此说，认

① 参见徐旭生：《中国古史的传说时代》，广西师范大学出版社2003年版，第64页。

② 傅斯年：《夷夏东西说》，发表于1933年《“中央研究院”历史语言研究所集刊》外编第一种《庆祝蔡元培先生六十五岁论文集》，收入傅斯年：《民族与古代中国史》，上海古籍出版社2012年版，第1～71页。

③ 参见胡厚宣：《甲骨文商族鸟图腾的遗迹》，中国科学院历史研究所编：《历史论丛》第1辑，中华书局1964年版，第134～137页。

④ 参见唐兰：《中国奴隶制社会的上限远在五六千年前》，山东大学历史系考古教研室编：《大汶口文化讨论文集》，齐鲁书社1981年版，第120～146页。

⑤ 参见刘敦愿：《古史传说与典型龙山文化·后记》，《美术考古与古代文明》，人民美术出版社2007年版，第307页。

⑥ 参见王树明：《谈陵阳河与大朱家村出土的陶尊“文字”》，山东省《齐鲁考古丛刊》编辑部编：《山东史前文化论文集》，齐鲁书社1986年版，第249～283页。

⑦ 参见刘敦愿：《古史传说与典型龙山文化》，《山东大学学报》1963年第2期。

为“姓氏不同且分布地域有别的太昊和少昊主要是一种同时并存关系”[①]。

第三种观点认为少昊较早。徐中舒认为：“少皞氏故地在鲁，太皞氏在陈，这是皞族迁徙于不同地区而得名的。古史中称一些民族原住地多称为‘少’，少即‘小’，是指该族早期人口稀少势力弱小时期。‘太’即‘大’，乃该族后来迁徙新地人口众多，势力强大时的称号。”他认为，太昊之墟在陈是昊族向豫东迁徙而居于该地的。[②]

太昊、少昊既然族名相同，说明很可能同出一源，在考古学文化上应该属同一种文化。从分布地域上看，太昊后裔集中于鲁中的东平至鲁西南的成武济水流域一线、延伸到豫东和皖北，而少昊则要广大得多，鲁北、鲁东南、鲁中南都为其分布区，同样延伸到皖北和豫东地区。两族的分布区域有少量重叠，但是还是有明显的地区差别的。因此，很可能两族并存了相当长的时间。《盐铁论·结和》：“轩辕战涿鹿，杀两皞、蚩尤而为帝，汤、武伐夏、商，诛桀、纣而为王。黄帝以战成功，汤、武以伐成孝。”可证太昊、少昊并存。

从时代上看，据《盐铁论·结和》，黄帝、蚩尤和太昊、少昊四族同时。不过两昊兴起的时间却并非同时，皇甫谧作《帝王世纪》将太昊伏羲氏列为三皇之首，虽然将太昊与伏羲混一是神话整合的结果，但是伏羲、女娲同时，为创始之神，在汉晋学者的认识中伏羲早于黄帝是共识，由此可见太昊兴起的时代较早。少昊没有进入司马迁的五帝系统，不过据《礼记·月令》，五帝为“太皞、炎帝、黄帝、少皞、颛顼”；另据孔安国《尚书序》五帝为“少昊、颛顼、高辛、唐尧、虞舜。”可知少昊在黄帝之后，颛顼之前，少昊晚于太昊、伏羲。由此可见，太昊兴起的时间当早于少昊，两族同名，当系族群分化的结果。少昊兴起之后，与太昊并行了相当长的一段时间，少昊逐渐繁盛，而太昊族渐趋衰弱，以至周代时仅剩四小国。而少昊族在夏、商、周三代时勃兴。《论语·颜渊》子夏曰：“舜有天下，选于众，举皋陶。”《史记·夏本纪》中说：“帝禹立而举皋陶，荐之，且授政焉，而皋陶卒。”如果不是皋陶早死，禹之后很可能就是嬴姓的天下了。夏启家天下之后，太康失国，后羿代夏而王，其后被寒浞所杀，几十年后少康复国。少昊之后嬴姓后裔有一支于周初西迁关中，于东周末年崛起于西垂，并最终灭六国统一了天下。清段玉裁认为：

> 太昊和少昊均以“昊”为名，“昊”为光明广大之意，段玉裁《说文解字注》释“皞”：晧旰也。晧锴本作皞。集韵、类篇从之。晧旰谓洁白光明之貌。旰同日出光倝倝之倝。非下文训晚之旰也。汉书上林赋。采色澔旰。史记作澔旰。灵光殿赋。澔澔涆涆。曹植七启云。丹旗耀野。戈殳晧旰。此可证晧旰之为古语。古者大皞、少皞盖皆以德之明得偁。俗作大昊、少昊。晧旰双声字。从日。皋声。胡老切。古音在三部。俗从白作皞。[③]

昊象日在天之状，昊族为崇拜太阳的部族，是以昊有洁白光明的意思。《逸周书·月令》：“孟春之月，日在营室，昏参中，旦尾中，其日甲乙，其帝太皞，其神句芒。”《淮南子·天文训》：“东方，木也，其帝太皞，其佐句芒，执规而治春，其神为岁星。”司马贞《三皇本

---

① 参见栾丰实：《太昊和少昊传说的考古学研究》，《中国史研究》2000年第2期。

② 参见徐中舒：《先秦史论稿》，巴蜀书社1992年版，第19页。

③ （汉）许慎撰，（清）段玉裁注：《说文解字注》，上海古籍出版社1981年版，第304页。

纪》:“故《易》称帝出乎震,月令孟春其帝太皞。是也。按位在东方,象日之明,故称太皞。皞,明也。”太阳出于东方,故太昊在后世被尊为东方之帝。

少昊是崇拜鸟的部族。《左传·昭公十七年》记载:

> 秋,郯子来朝,公与之宴。昭子问焉,曰:“少皞氏鸟名官,何故也?”
>
> 郯子曰:“吾祖也,我知之。昔者黄帝氏以云纪,故为云师而云名;炎帝氏以火纪,故为火师而火名;共工氏以水纪,故为水师而水名;太皞氏以龙纪,故为龙师而龙名。我高祖少皞挚之立也,凤鸟适至,故纪于鸟,为鸟师而鸟名。凤鸟氏,历正也;玄鸟氏,司分者也;伯赵氏,司至者也;青鸟氏,司启者也;丹鸟氏,司闭者也。祝鸠氏,司徒也;鴡鸠氏,司马也;鳲鸠氏,司空也;爽鸠氏,司寇也;鹘鸠氏,司事也。五鸠,鸠民者也。五雉,为五工正,利器用、正度量,夷民者也。九扈为九农正,扈民无淫者也。自颛顼以来,不能纪远,乃纪于近,为民师而命以民事,则不能故也。”仲尼闻之,见于郯子而学之。既而告人曰:“吾闻之:‘天子失官,学在四夷’,犹信。”

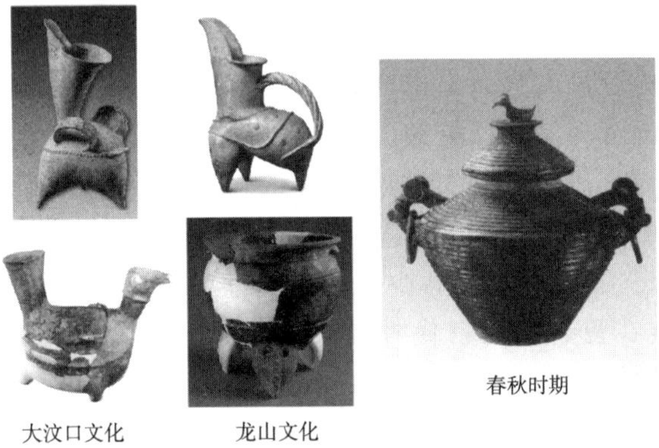

图 4-1-1　大汶口文化、龙山文化陶器和莒国青铜器

少昊以鸟名官,以鸟名作为氏族名称,正合于图腾崇拜信仰把图腾作为部族之名的规律。山东地区的史前文化正有崇拜鸟的文化传统,如流行于大汶口晚期和龙山文化时期的陶鬶即作鸟的形状。山东龙山文化有一种鸟喙形足陶鼎,仅见于山东地区,而不见于其他同期文化之中(图 4-1-1)。安徽蒙城尉迟寺大汶口文化晚期遗址出土有一件鸟形神器,鸟作站立状,立于饰羽状物圆锥体之上,下有圈足。并且圈足下端细而上端粗,有镂孔,怀疑该器当插到圆形木柱上使用,类似印第安人之图腾柱。该器亦当为少昊族崇拜鸟的例证(图 2-8-2)。春秋时的少皞之后莒国,青铜器上亦多饰以鸟,说明崇鸟在该地区有悠久的历史传统。

二、蚩尤

蚩尤亦属于东夷集团,为齐地八神之一。《史记·封禅书》记载:

> 八神将自古而有之,或曰太公以来作之。齐所以为齐,以天齐也。其祀绝莫知起时。八神:一曰天主,祠天齐。天齐渊水,居临菑南郊山下者。二曰地主,祠泰山

梁父。盖天好阴，祠之必于高山之下，小山之上，命曰“畤”；地贵阳，祭之必于泽中圜丘云。三曰兵主，祠蚩尤。蚩尤在东平陆监乡，齐之西境也。

裴骃《集解》引徐广曰：“属东平郡。”引韦昭云：“县名，属东平。”《汉书·地理志·东郡》“寿良县”条下说：“蚩尤祠在西北涑上。”王先谦说：“涑当作泲。”“泲”是“济”字古文，“涑上”即济水之上。又《集解》引《皇览》曰：

蚩尤冢在东平郡寿张县阚乡城中，高七丈，民常十月祀之。有赤气出，如匹绛帛，民名为蚩尤旗。肩髀冢在山阳郡钜野县重聚，大小与阚冢等。传言黄帝与蚩尤战于涿鹿之野，黄帝杀之，身体异处，故别葬之。

寿张即东平县，钜野即今巨野县。蚩尤位于东平至巨野的鲁中南西部至鲁西南地区，与太昊同属济水流域。蚩尤作为战败的英雄，后世附会较少。而东平、巨野一带世代祭祀蚩尤，说明两地传统有深远的历史根脉。至今汶上（毗邻东平南）和巨野县仍保存有两冢。巨野蚩尤墓又称“蚩尤肩髀冢”，位于菏泽市巨野县开发区堌堆庙村。《巨野县志》载：“蚩尤冢，在巨野县城东北八里。”即此处。冢呈堌堆状，自20世纪70年代至今，文物工作者在此进行了三次调查和试掘。1973年，在堌堆中心发掘了一条深沟，根据陶片分析为大汶口文化时期；1982年，发现了龙山文化时期的文物标本；1995年，菏泽市文物处对蚩尤墓及其周围进行全面勘探，探明遗址最上层是汉代文化层，中间是龙山文化层，底层是大汶口文化层。蚩尤被黄帝所杀之后身首异地，该处称“肩髀冢”，可能为蚩尤躯体的埋骨之地。

《周书·尝麦》云：

昔天之初，□作二后；乃设建典，命赤帝分正二卿，命蚩尤于宇少皞，以临四方；司□□上天末成之庆。蚩尤乃逐帝，争于涿鹿之河，九隅无遗。赤帝大慑，乃说于黄帝，执蚩尤，杀之于中冀。以甲兵释怒……用名之曰：绝辔之野。乃命少昊清司马鸟师，以正五帝之官，故名曰质，天用大成，至于今不乱。

“命蚩尤于宇少皞”是指毗邻少昊所居之地，少昊遗墟在鲁，即曲阜，蚩尤亦不会离之太远。“中冀”指冀州之中，洪兴祖《楚辞补注》中说：

《淮南子》曰：“正中冀州，旧中土。”注云：“冀，大也，四方之主。”又：“杀黑龙以济冀州。”注云：“冀，九州中。”谓今四海之内。

郭璞《山海经·大荒北经》注云：“冀中，中土也。”郝懿行《山海经笺疏》：“古以冀州为中州之通名，故郭云：冀州，中土也。”王逸《楚辞章句》引《吕氏春秋·有始览》：“两河之间，旧冀州。”中冀大概指黄淮之间包括华北大平原的广大区域。

黄帝伐蚩尤为中国古史传说中第一个大事件。根据后世追记，蚩尤、炎帝、黄帝三大部落集团汇聚和争逐于黄河下游地区。最终，黄帝族联合炎帝族，同蚩尤族决战于涿鹿之野，蚩尤兵败被杀。因蚩尤英勇善战，后世祭之为兵主，为战神。

有的学者认为蚩尤以牛为图腾。依据主要为任昉《述异志》所载：

> 轩辕之初立也，有蚩尤氏，兄弟七十二人，铜头铁额，食铁石。轩辕诛之于涿鹿之野。蚩尤能作云雾。涿鹿今在冀州，有蚩尤神。俗云人身牛蹄，四目六手。今冀州人掘地得髑髅如铜铁者，即蚩尤之骨也。今有蚩尤齿，长二寸，坚不可碎。

或认为"牛、尤二字古韶同部，互可通转"。[①] 两者相加理由仍然是很牵强的。可惜郯子没有谈到蚩尤以何为纪，否则就解决了这一大难题。笔者在前文中已经梳理了山东史前文化的宗教信仰，山东地区的史前文化中，目前还没有发现以牛为图腾的迹象，在彩陶、泥塑、刻划纹饰等中都找不到牛的踪影。即便到了三代时期，也仍是较少的。所以认为蚩尤以牛为图腾是不成立的。不过我们可以钩稽文献找出蚩尤的一些线索来，将蚩尤的特征与鲁中南至鲁西南地区的史前文化进行对应。

鲁中南地区的大汶口文化中有一些特殊的习俗，为同期其他地区的史前文化中所少见。口含小球的特殊习俗即为其中之一。从考古资料看，含球墓主的年龄大小不一，青年、壮年、老年都有。由于含在口颊中的小石球长时间与上下颌骨左、右两边颊齿（主要是臼齿外侧面）接触摩擦，形成了轻重不等的磨蚀现象。"磨蚀程度轻者往往只在齿冠的颊面留下小的光滑磨面，重者有时从齿冠到齿根都留下明显的磨蚀痕迹，有时还影响其臼齿位下颌枝斜线以上的齿槽也明显萎缩，形成近似半圆的凹陷，更重者臼齿位的齿槽骨极度萎缩，齿根全部暴露，直到臼齿过早脱落，在齿槽骨上留下炎症痕迹。"[②]球的直径一般在 1.5～2 厘米，质料以石质为主，也有少量陶球。口腔内的磨蚀痕迹大多左右两边都有，而出土的小球除了个别墓葬为两枚外，大多只有一枚，说明含球并非始终固定在口腔的一侧，而是在口腔内左右调动。有些个体有明显的磨蚀痕迹，但是并没有石球或陶球共出，说明小球并不是必须的随葬品，而是氏族成员生前的习俗。王因墓地有的 6 岁儿童发现了这种现象，说明含球是从小就有的习俗。[③] 这种习俗见于兖州王因、邳县大墩子、邹城野店、泰安大汶口等遗址，以兖州王因墓地发现最多。除大墩子偏南外，这些地点都在少昊之墟曲阜附近。

传说蚩尤有食"沙石"（啖石）即吃石子的记载。如《史记·五帝本纪》司马贞《正义》引《龙鱼河图》："黄帝摄政，有蚩尤兄弟八十一人，并兽身人语，铜头铁额，食沙石。"吴任臣《山海经广注·大荒北经》引《广成子传》："蚩尤铜头啖石，飞空走险。以馗牛皮为鼓，九击而止之，尤不能飞走，遂杀之。"吃石子是一种非常虚妄的语言，不过，正是这种令人难以相信的记载，往往保存了更多的历史真实。因为它是没有被理性化，是让人难以相信的语言，不会是后世的填饰和伪造，只可能是历史事实的误解之词。蚩尤食石子的记载是对大汶口人口含小球习俗的影射。

鲁中南地区的大汶口文化中还有头骨变形的习俗。泰安大汶口、兖州王因、曲阜西

---

① 参见王树明等：《蚩尤辨证》，《中原文物》1993 年第 1 期。

② 韩康信：《山东兖州王因新石器时代人骨的鉴定报告》，中国社会科学院考古研究所编：《山东王因——新石器时代遗址发掘报告》，科学出版社 2000 年版，第 400 页。

③ 参见韩康信：《山东兖州王因新石器时代人骨的鉴定报告》，中国社会科学院考古研究所编：《山东王因——新石器时代遗址发掘报告》，科学出版社 2000 年版，第 401 页。

夏侯、广饶傅家、诸城呈子、胶县三里河、潍坊前埠下、枣庄建新、邹城野店、邳县大墩子等遗址均有发现。诸城呈子遗址发掘大汶口文化墓葬12座，枕骨变形者8例，占38%。泰安大汶口34个标本中全部为头骨变形。西夏侯墓葬中，男性头骨变形者占50%，而女性则全部头骨变形。王因墓地所观察的82具较完整的头骨中，枕部人工变形明显的有57例，出现率约占64.6%，男性畸形头骨50个，约为全部男性头骨的75.8%。女性畸形颅骨有7个，占43.8%。[①] 枣庄建新遗址、前埠下、大墩子遗址也有少量发现。[②] 有人认为，枕部畸形是在婴儿出生后颅骨长时间枕卧于硬具上造成的。不过这也难以解释为何这么普遍和变形如此严重，所以头骨变形当是有意借外力形成的。

至于改变头形的原因，有的民族认为扁头是一种美。永昶英说："清朝以来，不少满族、汉族杂居的地区，幼儿出生后，令其睡扁头，即小儿出生后，不久，就让他仰面睡觉，枕头内装上小米之类的囊物。久而久之，小儿的头骨就变得扁扁的、平平的了。这种育儿习惯，一直延续到现在。尤其是山西北部与内蒙古西部一带，普遍受到人们的注意，如果哪家的姑娘枕骨部没有睡扁，就被认为是丑闺女。"[③]《三国志·魏书·东夷·牟辰传》中记载："儿生，便以石厌(压)其头，欲其扁。今辰韩人皆扁头。"近世东北、山东某些地区还有生儿枕木石使其头扁以为美的实例。大汶口文化居民的头骨变形，可能也出于类似的原因。[④]

这种有意识地改变颅形的习俗世界很多地区都有发现。如南美的智利、秘鲁、阿根廷、厄瓜多尔和哥伦比亚，中美洲的墨西哥，北美洲的密西西比河下游、佛罗里达以及美国西北都曾发现过有意改形的颅骨。在旧大陆的小亚细亚、高加索、印度以及亚洲南部的印度尼西亚，大洋洲的新几内亚、新喀里多尼亚也曾发现过。此外，在欧洲的早期居民中，例如德国、奥地利和匈牙利甚至非洲的蒙巴图人中也曾有发现。秘鲁的印加人为了使婴儿合于流行的美观标准，还要绑两块木板夹住头。当孩子长到2岁断乳时，就把亲戚们请来举行一次宴会，历时数日之久。摩萨亚岛的摩萨亚人，母亲会将新生儿的头包扎起来，并绑上石片使之变宽，他们认为一个狭长的头是丑陋的。[⑤]。

除了爱美之外，有的民族认为改变头骨可以使头骨变得坚硬，使人变得更健康且善战。如中美洲的卢卡伊岛居民对不满周岁的婴儿额头和后脑勺夹上两块小平板，一直到头颅像大人的形状为止。当地老人称："给小孩上夹板，把头部弄成成年人这个样子，这是我们的祖先传下来的习惯，不这样做，我们不是卢卡伊人了。再说，头额使过夹板，里面的骨头变得硬实了，磕磕碰碰就没关系了。"英国学者迈克尔·克拉顿在《巴哈马群岛史》中说："卢卡伊人脸庞宽阔，面貌和东方人极为相似，前额通常在幼时用两块小平板夹得扁平。这种奇风异俗，不仅要在他们的脸上增添点特征，而且这种夹得厚了的骨骼可

① 参见韩康信：《山东兖州王因新石器时代人骨的鉴定报告》，中国社会科学院考古研究所编：《山东王因——新石器时代遗址发掘报告》，科学出版社2000年版，第400页。

② 参见颜訚：《大汶口新石器时代人骨的研究报告》，《考古学报》1972年第1期。

③ 永昶英：《睡扁头》，《民族文化》1982年第5期。

④ 参见宋兆麟等：《中国原始社会史》，文物出版社1983年版，第357页。

⑤ 参见[英]乔治·彼得·穆达克：《我们当代的原始民族》，童恩正译，四川省民族研究所1980年版，第47、277页。

以抵得住敌人的弓箭，甚至能防御西班牙人的利剑。[①] 这种思维与传说中蚩尤“铜头铁额”英勇善战相符合。大汶口文化先民的枕骨变形很可能是为了爱美和使头骨更加坚硬而做出的一种有意识行为。据颜訚介绍：“不管有意识地与无意识地加压于头部，总会直接受其影响，使头部生长受到某种程度的限制。因此头部某一方的生长受到限制，而在另一方则受到补偿。这样就会增加或缩短头的直径。马丁(Martin)估计了简单的枕部畸形头的纵径缩短了5～30毫米，宽径却增加了20毫米，高度增加1～5毫米。头的其他部分如眶上下裂亦受到一些影响而变狭，状基底部亦受到一些影响，而面部受到的影响较之于头部轻微得多。在鼻基底径却少受到影响。”[②]因此，大汶口文化先民很可能生前戴木质头罩类的东西，由于长期佩戴，其枕骨变平，而面部变阔，高度变长，颅骨变硬。

口含小球的习俗一般与拔牙习俗同时存在。大汶口文化先民流行拔牙的习俗，但是分布地域不平衡。鲁中南地区和苏北汶泗流域特别流行，人骨的拔牙率在70%左右，一般拔除一对上侧门齿，而其他地区则很少。大汶口文化的拔牙习俗起源较早，体质人类学家韩康信认为大汶口文化地区是中国拔牙习俗的原生地。[③] 拔牙仪式一般在氏族成员14岁左右时举行，是氏族成员的成丁礼。因部分牙槽里还残留有齿根，可以确定是用敲击的方法强行去掉了牙齿。

拔牙习俗和用獐牙随葬的葬俗是相关联的。墓中随葬獐牙是鲁中南和苏北大汶口文化遗址中流行的葬俗，有的还使用獐牙钩形器随葬。使用獐牙是一种非常广泛的葬俗，不限于男女和老幼，也与身份地位无关。獐牙一般都握在墓主手中，有的在左手，有的在右手，有的双手都有。獐牙钩形器是用獐牙插入骨质或角质的柄里制作而成的，两牙相背，柄作扁圆柱形。獐有一对尖长的獠牙，在平时和战斗时会呈现出不同的形态。獐好斗、善于奔跑、会游泳，具有敏捷而好动的特点，曾经广泛分布于鲁中南至苏北一带。拔掉侧门齿会使人的犬齿突出，这种带有巫术性质的习俗实际上是在模仿獐的样子。用獐牙和獐牙钩形器随葬是希望得到獐灵的保佑。这些都是崇拜獐的不同表现形式，是原始自然崇拜的一种。獐牙钩形器应该是生前使用的小型工具和护符，只是我们不知道大汶口人生前是否用獐牙装饰自己的面部，推测很有这种可能性。

鲁中南地区的大汶口文化中发现的一些墓葬中有人首分离的现象，学者多认为是猎头风俗，或以为猎头习俗与宗教信仰有关。[④] 蚩尤死后身首异处，当为猎头风俗传说的来源。

关于蚩尤的得名，《说文》：“蚩，虫也。”虫是古代对水陆动物的通称。《说文》：“尤，异也。”“尤”指特异的、突出的。“尤”也有过失、怨恨的意思，如《诗经·小雅·四月》：“废为残贼，莫知其尤。”因此，“蚩尤”的本义指一种特异的动物或有过失被人恨的动物，应该是对蚩尤族的贬称。蚩尤部族口含小球、头骨变形、拔牙、用獐牙等习俗完全不同于同期黄河流域其他史前文化，应是被视作异族的主要原因。这些习俗到龙山时代虽然还有少量延续，但是已经很少见，即不再流行了，或许是蚩尤被打败后，东夷人被炎黄部族同化的

---

① [英]迈克尔·克拉顿：《巴哈马群岛史》下册，天津人民出版社，1973年，第20、21页。

② 颜訚：《大汶口新石器时代人骨的研究报告》，《考古学报》1972年第1期。

③ 参见韩康信等：《我国拔牙风俗的源流及其意义》，《考古》1981年第1期。

④ 参见钱耀鹏：《试论我国史前时代的猎头习俗》，《考古与文物》1994年第4期。

原因。拔牙习俗往中国东南方向和西南方向扩散。在上海崧泽、福建昙石山、广东金兰寺、广东石河岩和河南淅川下王岗、湖北房县七里河、云南元谋大墩子等遗址中都见有拔牙现象。[①] 可能是蚩尤族战败之后，部分族人南迁的原因。

东方还有族群叫后羿和凿齿。《山海经·大荒南经》："大荒之中，有山名曰融天，海水南入焉。有人曰凿齿，羿杀之。"《海外南经》也说："羿与凿齿战于寿华之野，羿射杀之，在昆仑墟东，羿持弓矢，凿齿持盾，一曰持戈。"同样记载也见于《淮南子·本经训》中：

> 逮至尧之时，十日并出。焦禾稼，杀草木，而民无所食。猰貐、凿齿、九婴、大风、封豨、修蛇皆为民害。尧乃使羿诛凿齿于畴华之野，杀九婴于凶水之上，缴大风于青邱之泽，上射十日而下杀猰貐，断修蛇于洞庭，擒封豨于桑林。万民皆喜，置尧以为天子。

据顾颉刚、童书业考证："在西汉中年以前，羿的时代没有固定，有的书说他是尧时人，有的书说他是夏时人，又有书说他是周幽厉时人。"[②]不过后羿代夏记载于《楚辞》《左传》等文献中，且关于羿的记载在《荀子》《吕氏春秋》《山海经》也多有发现，羿应该是长久存在的一大族群。顾颉刚、童书业将其当作一个人来考证，自然时代飘乎无辑。羿族与帝俊同一时期，《山海经·海内经》云："帝俊赐羿彤弓素矰，以扶下国。"《楚辞·天问》曰："帝降夷羿，革孽夏民。""帝"当为帝俊，《海内经》中所言"以扶下国"估计就是指征服了夏国，这与《左传·襄公四年》记载的"昔有夏之方衰也，后羿自鉏迁于穷石，因夏民以代夏政。"是同一事件，即太康失国后羿代夏。

高诱注《淮南子·本经训》曰："凿齿，兽名，齿长三尺，其状如凿。"称凿齿为一种牙齿特别长的怪兽。郝懿行《山海经笺疏》曰："以凿齿为兽名非也。"郭璞注《山海经》则说："凿齿，亦人也，齿如凿，长五六尺，因以名云。"认为凿齿也是人，牙长五六尺，这不免有些过于夸大。《文选·长杨赋》李善注云："凿齿，齿长五尺，似凿，亦食人。"当代神话学者袁珂则认为凿齿大约是一种兽头而人身的怪物。[③] 现在学者多认为，凿齿就是拔牙习俗，因到汉晋时期人们完全不理解"凿齿"的含义，所以杜撰出了齿长如凿的解释。但是很可能凿齿民是以牙长为特征的，因为拔掉上侧门齿会使人的门齿和犬齿比较突出，同时大汶口先民可能有以獠牙饰于面部的习俗，所以高诱注《淮南子·坠形训》说："凿齿民，吐一齿出口下，长三尺也。"因为他们有牙齿特别突出的特点。如是，怀疑蚩尤之"蚩"很有可能就是"齿"，即特别突出的牙齿，因为按照传说中人物的命名规则，如太昊、少昊、后羿皆族名在后，而尤作为族名是不合适的。蚩尤只能是外人根据其特点对其族群的别称，也就是说凿齿（齿长如凿）和蚩尤都是牙齿特点突出的族群。任昉《述异志》："今有蚩尤齿，长二寸，坚不可碎。"獐牙长约5～6厘米，与之相符，蚩尤齿应该就是獐牙，凿齿是崇拜兽牙獐牙的族群。

从时代上看，后羿与凿齿的时代稍晚一些，后羿属于夏代，又是尧臣，因此两者主要

---

① 详见本书第一章第二节中的"大汶口文化的獐崇拜"部分内容。

② 参见顾颉刚、童书业：《夏史三论》，《顾颉刚古史论文集》卷一，中华书局2011年版，第589页。

③ 参见袁珂：《中国古代神话》，华夏出版社2013年版，第187页。

活动于龙山时代和夏代。凿齿民是蚩尤的族群。如是，则蚩尤部族曾被黄帝和尧、羿两次击败。但蚩尤故里汶泗地区的人民仍祭祀其英雄祖先。2000余年后，泗水亭长刘邦起义时祭拜蚩尤，建汉之后于长安城设蚩尤祠祭祀蚩尤，认为得到了蚩尤的福佑才得以王天下。汉代时期，鲁南地区的画像石中亦见有蚩尤画像，因蚩尤为兵主，因此将蚩尤画作身穿麟甲的兽形，这种甲于马王堆汉墓太一避兵图中亦有所见，称作"麃裘"[①]。最完整的蚩尤像见于沂南北寨前室北壁画像，四周有四灵图像：东为青龙，西为白虎，上为朱雀，下为玄武，中央为蚩尤。蚩尤作兽状，张嘴露齿，身有麟甲，持五兵：头顶弓矢，手持矛戟，脚持剑，跨下为盾。蚩尤位于四灵中央代表中央之神，地位极高。蚩尤为鲁南地区夷人的宗神和中央之神，画像表达的是墓主无论是在生界还是死界都受其庇护的美好愿望。

三、太昊族的考古学分析

太昊主要分布于鲁中南、鲁西南地区，往南扩展到豫东、皖北地区。鲁南地区的文化序列主要为北辛文化、大汶口文化、龙山文化和岳石文化。豫东地区在大汶口文化之前有小山口下层一类遗存、石山子一类遗存，到大汶口文化中晚期，随着大汶口文化和西进，大汶口文化逐渐取代了当地的土著文化，从而使豫东融入了海岱文化系统。岳石文化属于夏代和商初东夷人创造的文化，时代当在公元前1800～前1400年，与二里头文化时代大体相当，下限至商初。

如何将古史中的族群与考古文化遗存进行对应是一个颇为复杂的问题。首先流传至今的族群肯定只是其中极少部分，据传禹时万国，但留名者只有少数，绝大部分族群早已经消失在历史的长河之中。当时一个族群有多大规模，对应考古发现的几个聚落也是需要仔细考量的问题。因为族群会分化、融合、消失，所以一个族不可能像摩尔根所观察到的印第安部落一样一氏族一聚落，这只是最单纯的一种形式，到大汶口文化时期，社会分层已经相当明显，族群分化整合，社会处于一个相对较高的发展阶段。中国考古学在族属研究上的道路经历了一个从简单到复杂的历程，从过去的一支考古学文化对应一族，如认为龙山文化或大汶口文化为东夷族，到将其中一个地方类型对应于传说的一族，如将鲁东南地区的考古学文化对应于太昊族文化。实际上，一个地方类型仍可能属于不同的族群。严格来说，因为有外婚制的存在，一个聚落内也不是只属于一氏族。大汶口文化的拔牙习俗是一种成丁礼，按说应该族员全部拔牙，但为什么只有约70%的人拔牙，这肯定是因为聚落内的成员并非同族，这大约1/3的人口并没有拔牙的习俗也就是外族人。这些族群因为处于同一地区，相互之间交流往来频繁，因此留下了相同的物质文化遗存。

太昊族是崇拜太阳的族群，中国古代具有"神不歆非类，民不祀非族"的传统，因此我们可以根据海岱地区发现的太阳崇拜遗存进行对应。大汶口文化中曾经流行过太阳鸟崇拜，主要有两条线索：一是大汶口文化早期，其表现主要是在陶器上彩绘太阳鸟的纹饰，这是受仰韶文化彩陶东进的影响，主要分布在鲁中南和苏北地区。另一线索为大汶口文化中晚期，以陶大口尊上的太阳鸟类刻划符号和鸟形神器、火形神器为表现形式，主

---

① 参见李零：《马王堆汉墓"神祇图"应属辟兵图》，《考古》1991年第10期。

要分布在鲁东南的沂沭河流域和皖北地区。

大汶口文化早期可分成三个地方类型：王因类型、刘林类型和紫荆山类型，分别位于鲁中南、刘林和胶东地区，其他地区早期遗存少有发现。[①] 紫荆山类型不在太昊和少昊的分布范围之内，暂且搁置。[②] 王因类型和刘林类型属于汶泗河中上游区域，都发现绘有太阳鸟纹饰的彩陶器，且其区域又与太昊传说相符合，因此该区域内部分文化遗存即太昊部族所创造。到了大汶口文化中期，大汶口文化往西南和鲁北扩展，西南方向，大汶口文化顺着济水往中原扩张，这条通道为山东通往中原最为重要的交通线。在黄河以南的商丘、周口、许昌、平顶山、郑州、洛阳、南阳、信阳和驻马店等地区都发现有大汶口文化遗存，主要集中区域有商丘、周口等豫东地区，南可达淮河岸边，形成了大汶口文化新的地方类型颍水类型[③]，其文化特征与大汶口类型具有诸多相似之处，陶器种类和形制（如背壶、宽肩壶、平底尊、鼎、鬶、豆、筒形杯等）多与大汶口类型相同或相近，说明两种类型之间有非常密切的联系。该地区的大汶口文化属于大汶口文化中期至晚期，约为公元前2800～前2400年，应是鲁中南地区居民迁徙至此而创造。

大汶口文化在豫东最为集中的区域为周口附近，形成了相当规模的聚落群，其东、西、南三面均有数量不等的大汶口文化遗址。周口市东边的淮阳地区正是“陈，太昊之墟”之所在。因此该处的大汶口文化当主要为太昊部族所创造。[④]

与颍水类型的形成几乎同时，另一支考古学文化也进入中原地区。源自江汉平原的屈家岭文化北上，占据了豫南地区，形成了屈家岭文化新的地方类型青龙泉类型。毫无疑问，这支考古学文化代表了古史传说中的南蛮集团。而豫西、豫北以大河村文化四期、庙底沟二期为代表的仰韶文化晚期，当属华夏集团。[⑤] 华夏集团、东夷集团和南蛮集团三大集团首次呈对峙状态相遇于中原，形成了第一次中原逐鹿的考古学文化态势。三大集团之间既有和平与融合，又有战争。汶泗流域的大汶口文化早期，出现了白地上饰花瓣纹、圆点勾叶纹的彩陶盆和彩盆钵，这些显然是仰韶文化庙底沟类型东进的产物。大汶口文化早期墓葬葬品组合为鼎、钵、釜，中期在仰韶文化和崧泽文化的影响下组合为鼎、豆、罐。在郑州大河村和禹州谷水河遗址仰韶文化文化晚期堆积中，出土了一批具有大汶口文化风格的陶器。而大汶口文化遗址中也发现有屈家岭文化的斜腹杯、高足杯等器物。三大集团之间的战争以华夏集团与东夷集团之间最为显要，记载于史书中的黄帝伐蚩尤之战应该是最激烈的一次冲突。如果结合考古学文化来看，东夷族团与南蛮族团也曾经发生过战争，不过两者的融合和相互学习成为主流，尤其是在宗教文化方面。最终，东夷集团和华夏集团联合，仰韶文化中出现了许多大汶口文化的文化因素。皖北地区的大汶口文化与南蛮集团融合而形成新的地方类型——尉迟寺类型。

---

① 参见栾丰实：《大汶口文化的分期和类型》，《海岱地区考古研究》，山东大学出版社1997年版，第67～113页。

② 后世称这个地区的人群为“嵎夷”。

③ 参见杜金鹏：《试论大汶口文化颍水类型》，《考古》1992年第2期。

④ 杜金鹏提出颍水类型为太昊部族所创造。不过笔者认为蚩尤族也曾在中原活动，就是说颍水类型不是一族所创造的。参见杜金鹏：《试论大汶口文化颍水类型》，《考古》1992年第2期。

⑤ 严格来讲，当称作“炎黄集团”，下详。

四、少昊族的考古学分析

太昊早于少昊，其后长期共存，少昊族是从太昊族分化而来。少昊族分布范围包括鲁北、鲁东南、鲁中南区，延伸到皖北和豫东地区。除胶东地区外，基本上整个海岱地区都在其范围之内。因此，少昊当属于大汶口文化中晚期。只有在这一个时期，大汶口文化的分布范围才广布于以上地区。由于少昊之墟在鲁，鲁中地区当为其集中分布区之一。此外，少昊之地望见于《山海经》中，《大荒东经》中说："东海之外，大壑，少昊之国。"《山海经》中所记载的海与今不同义，一般大湖、大池亦称"海"。另外，古人认为陆地四周皆为海，故用以指僻远地区，《尔雅·释地》："九夷、八狄、七戎、六蛮谓之四海。"《大荒东经》中的东海即古巨野泽及周围地区。在今山东郓城、巨野一带有大量的湖泊。《史记·项羽本纪》曰："项王已定东海来，西，与汉俱临广武而军。"此"东海"即这一带。[1]"东海之外，大壑"是一特殊的地理位置，山东中部为泰沂山系，山东东部符合"大壑"这一地形特征的是沂沭断裂带。沂沭断裂带是郯庐断裂带主体的北侧，与郯庐断裂带主体相连成一线，是一条延伸长、规模大、切割深、活动时间长的复杂断裂带。该断裂带是山东省区域重要的地质分界线，把山东分为鲁东和鲁西两大块，因位于沂沭河流域而得名。《庄子·天地》云："谆芒将东之大壑，适遇苑风于东海之滨，苑风曰：'子将奚之?'曰：'将之大壑……'""东之大壑"位于东海之滨，可证"大壑"即指沂沭峡谷。沂沭河流域发现有大量的大汶口文化遗址，如陵阳河、大朱村等，均属大汶口文化晚期。该区域的大汶口文化墓葬以单人仰身直肢葬为主，未见合葬墓，头向以东偏南居多。而且基本不见鲁中南地区的头骨枕部人工变形、拔牙和使用獐牙的习俗。具有尚酒的习俗，墓中随葬大量高柄杯，在大型葬中随葬大口尊这种器形硕大的器物。大口尊是一种仓储器，有的大口尊上刻划有符号。其中最主要的符号为习称的"日月山"类符号，该种符号由上部的圆圈，下面的月牙形，再下面的五峰尖突而得名。对其解读较多，不过学界一致认为上面圆形为太阳。对于圆形下面有尖突的月牙形，或释作"火"，或释作"月"，或释作"鸟"。这一符号见于仰韶文化和良渚文化之中，且一般也与圆形相配，而且在两者中都有侧视的鸟与之处于同一器物上，说明其表示为鸟形。最下方的五峰状图像，一般认为是山，不确。这一符号广泛见于蒙城尉迟寺遗址，下面一般作圆弧形，唯有陵阳河这一件发现最早，为平底，学界受先入为主的印象将之称作"山"。实际上当为火之象形，其五个锐角呈放射形，与山形不同。尉迟寺发现的同类符号，最下方许多作圆弧三尖状，与甲骨文中"火"字完全相同。由此该类符号为太阳—鸟—火，是广泛流行于长江流域和黄河流域的宗教信仰。[2]

除了符号之外，蒙城尉迟寺遗址还发现有鸟形神器和火形神器。鸟形神器置于木柱上，举高使用，火形神器带圈足，放置在地上使用。太阳在天上，鸟在其下，火在地上，举行宗教活动时的情景正与太阳鸟火符号所示相同。

蒙城尉迟寺遗址与沂沭河流域的大汶口文化不但宗教信仰相同，在文化面貌上也具

---

① 《史记正义》引《括地志》云："东广武、西广武在郑州荥阳县西二十里。戴延之西征记云三皇山上有二城，东曰东广武，西曰西广武，各在一山头，相去百步。汴水从广涧中东南流，今涸无水。城各有三面，在敖仓西。郭缘生述征记云一涧横绝上过，名曰广武。相对皆立城巉，遂号东西广武。"

② 详见本书第二章《新石器时代的宗教合流》。

有很大的相似性，两者都不见鲁中南地区大汶口文化的拔牙、枕骨变形等习俗。陶质大口尊器型相似，并且上面的刻划符号也相同或相似。因此，两者很可能属于同一族群不同的分布地区。其地域与传说中的少昊相合，因此，属于少昊族所创造。沂沭河流域的大汶口文化遗址即《大荒东经》中的少昊之国。据聚落考古分析，该地发现大汶口文化遗址40余处，可分为大、中、小三个聚落等级。其中陵阳河遗址面积达15万平方米，为该地区的中心聚落。遗址中出现了大型墓葬，社会分化严重，说明已经进入了古国阶段。①

颛顼为楚人的祖先，江汉地区的屈家岭—石家河文化当为颛顼诸族所创造。《大荒东经》中说："东海之外，大壑，少昊之国。少昊孺帝颛顼于此，弃其琴瑟。"我们不知道后一句具体什么意思，但是可以确定的是少昊族和颛顼族具有文化上的交流。比较分析石家河文化与大汶口文化，两者至少有以下共性：

第一，两者都用大口尊。在石家河文化中一般称作"陶缸"，说明两地都将之作为仓储器。两者的大口尊器型相同，均为直大口、深腹、厚壁，呈长炮弹形，饰篮纹。虽然良渚文化和仰韶文化中也有陶缸，但是都没有这种类型。

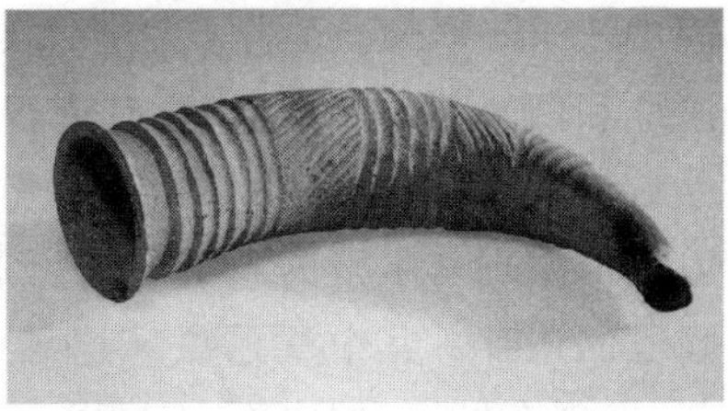
图4-1-2　陵阳河79M19陶牛角号

第二，石家河文化和大汶口文化都将大口尊当作祭祀用具，都有用套缸组成的祭祀遗迹。石家河文化的套缸遗迹见于邓家湾、谭家岭等遗址中，大汶口文化的套缸遗迹见于尉迟寺遗址。这些套缸一般呈直线形或拐尺形，是用陶缸套接组成。沂述河地区的大汶口文化中虽然没有发现，但大墓中一般有大口尊作为葬品。

第三，两文化的陶缸上都发现有刻划符号。这些反映宗教信仰的符号在大汶口文化中比较规整，而在石家河文化中刻划较草率，因此很可能石家河文化是对大汶口文化的模仿。有些符号是极为相似的，如菱形和太阳符号，石家河文化还有鸟的侧立符号和牛角形符号，后者的实物形式见于沂沭河流域的陵阳河遗址79M19中(图4-1-2)。②

第四，大汶口文化和石家河文化的陶器组合和器型有诸多相似之处。基本组合均为鼎、豆、壶、罐、鬶、杯。两文化都有尚酒的风尚，都发现大量高足(柄)杯、陶鬶。豆、鼎器型相似，尉迟寺遗址的长颈壶显然是受石家河文化的影响而形成的。

为何相隔如此遥远的两支考古学文化表现出如此多的相似性？而且其相似性不限于器物上，更多是表现的宗教信仰和文化上？这是因为这两支文化所代表的族群分别为少昊族与颛顼族，两者曾经进行过上层的文化交流，即《山海经》中"少昊孺帝颛顼于此，弃其琴瑟"所反映的史实。

少昊和颛顼为通婚的部族，秦人的祖先与少昊和颛顼有关。《史记・秦本纪》记载："秦之先，帝颛顼之苗裔孙曰女修。"女修吞玄鸟卵而生大业，大业生大费，是为伯益(伯翳)。《国语・郑语》："嬴，伯益之后也。"韦昭注："伯翳，虞舜官，少皞之后伯益也。"秦人

① 参见栾丰实：《日照地区大汶口、龙山文化聚落形态之研究》，张忠培、许倬云主编：《中国考古学跨世纪的回顾与前瞻(1999年西陵国际学术研讨会文集)》，科学出版社2000年版，第227～244页。

② 参见王树明：《山东莒县陵阳河大汶口文化墓葬发掘简报》，《史前研究》1987年第1期。

是颛顼和少昊的后人，颛顼为其母族，少昊为其父族。因此，秦人崛起之后，立有六畤，其中有三畤祭祀白帝少昊。

鲁北地区也是少昊的居地。《左传·昭公二十九年》云："少皞氏有四叔，曰重、曰该、曰修、曰熙，实能金、木及水。使重为句芒，该为蓐收，修及熙为玄冥，世不失职，遂济穷桑，此其三祀也。"杜预注："穷桑地在鲁北。"《尸子·仁意》曰："少昊金天氏，邑于穷桑，日五色互照穷桑。"故少昊又被称为"穷桑氏""穷桑帝"。《拾遗记》卷一《少昊》："（少昊）号曰穷桑氏。亦曰桑丘氏。……少昊以主西方，一号金天氏，亦曰金穷氏。时有五凤随方之色集于帝庭，因曰凤鸟氏。"《帝王世纪》曰："少昊邑于穷桑，以（穷桑）登帝位，都曲阜，故或谓之穷桑帝。"

鲁北地区的大汶口文化位于泰沂山北侧，从西往东可以分成鲁西北、鲁中北和潍河流域三个小区。[①] 该地区大汶口文化遗存以中期和晚期为主，早期遗存仅见于章丘董东遗址和西寨遗址，可是均没有进行正式发掘，是以具体文化面貌尚未清楚。到中期时，遗址数量和规模都迅速扩大，章丘焦家遗址、广饶五村遗址、潍县鲁家口遗址、寒亭前埠下遗址都发现有丰富的大汶口文化中晚期遗存，此外胶县三里河和茌平尚庄也发现有中期晚段的遗存。其中章丘焦家遗址面积达 100 万平方米以上，是一处大型大汶口文化聚落，发现有城墙，城内面积达 12 万平方米，城墙外有濠沟，是鲁北地区的中心聚落。焦家遗址的城内人员等级分化严重，大型墓葬使用棺椁，并发现有大量的玉器，玉器种类表明其与江淮地区的史前文化有密切的联系。大型墓葬随葬有象征权力的玉钺，社会分化明显，进入了古国阶段。该城址距离城子崖龙山文化城址仅 5 公里，城子崖城址为龙山文化的命名地，亦发现有夏代、商代的岳石文化城址和春秋城址。从焦家遗址到城子崖遗址，该地一直是鲁北最重要的中心。据《拾遗记》，少昊登帝位"时有五凤随方之色集于帝庭，因曰凤鸟氏"。凤鸟氏即少昊的历正，管天文历法，焦家遗址可能为凤鸟氏所居的穷桑，亦是少昊登帝位之所。

从大汶口文化于鲁东南和鲁北地区的分布上看，少昊当形成于大汶口中期，繁荣于大汶口晚期。

鲁中南地区为大汶口文化的传统区域，该地的大汶口文化在进入晚期之后表现出了更加复杂的文化面貌。一方面，一些原有的聚落如大汶口遗址仍在延续，但是比起早中期的规模，墓葬的数量减少，不再像过去那样繁荣。另一方面，一种新的类型进入了该区域。曲阜南兴埠遗址的鼎一般为夹砂褐陶，凿形足，足中间刻凹槽，深腹，圜底，饰篮纹。这种类型的鼎不见于泰安大汶口和邹城野店遗址，而且无论是在纹饰上还是器型上都与尉迟寺遗址的陶鼎有很大的相似性。另外，这一遗址也不见该地区流行的拔牙、用獐牙、枕骨变形等习俗。曲阜西夏侯遗址也有与南兴埠遗址类似的淮式鼎，同时也存在部分与大汶口遗址相似的平底、侧装三角形、素面折腹鼎。[②] 不过，西夏侯遗址随葬獐牙还比较普遍，说明西夏侯遗址总体上仍以旧有的大汶口文化传统为主，但受到了外来文化因素

① 参见王芬：《试论泰沂山北侧地区的大汶口文化》，《中原文物》2003 年第 5 期。

② 参见山东省文物考古研究所：《山东曲阜南兴埠遗址的发掘》，《考古》1984 年第 12 期。

的冲击。与曲阜南兴埠遗址文化面貌相同的还有曲阜马庄、万柳庄、凫村、魏庄等遗址。[①]这表明一支新的文化类型新的人群进入了该地区。如前所述，尉迟寺类型和陵阳河类型均主要为少昊族所创造，那么在大汶口文化晚期，少昊族进入了鲁中南地区，并且具有了一定规模，这正与"少昊之墟"在鲁和"邑于穷桑""都曲阜"的记载相合。

综上，在大汶口文化晚期，鲁中南、鲁东南和鲁北地区，山东大部分在少昊族的统治之下。大汶口文化晚期表现出了非常统一的相似性，如高柄杯、陶鬶，造型优雅，制作复杂，但是分布极为广泛，上述地区都有出土。同时，玉器集中出土于大型遗址中，且多见江淮地区的玉器种类，说明泰沂山周边的广大地区已经具有共享技术、审美和高端物品的社会条件。这与少昊族的兴盛相关。

五、结　论

综上所述，我们认为在古史传说中五帝时代的早期阶段，有三大部族活动于泰沂山脉周边的海岱地区。这三大族群在后世的记载中分别被称作"太昊""少昊"和"蚩尤"。太昊和蚩尤都可早至大汶口文化早期，甚至到北辛文化时期。少昊稍晚，但在大汶口文化中晚期，三大族基本同时存在。根据古史记载，太昊和蚩尤主要活动于鲁中南和鲁西南地区，并一直扩张至豫东，集中于淮阳地区，与太昊之墟在陈的记载相合。

太昊、少昊与蚩尤具有不同的宗教信仰，太昊和少昊均为崇拜太阳的部族。太昊族的太阳崇拜见于大汶口早期彩陶器上。据文献对蚩尤族的记载，蚩尤"铜头铁额""食沙石子"，当为大汶口文化中枕骨变形和口含小球习俗的影射。蚩尤死后身首异处，当为大汶口文化中猎头习俗的反映。蚩尤族是崇拜獐的部族，拔掉侧门齿以突出犬齿，从而模仿獐的形象。蚩尤之所以战败，是因为其宗教信仰不同于太昊和仰韶文化所代表的主流文化。具有不同的宗教信仰说明具有不同的文化认同，即所谓"非我族类，其心必异"[②]。而太昊具有仰韶文化庙底沟类型相同的宗教信仰，因此两族视彼此为同类并逐渐融合。太昊族与炎黄族群逐渐融合形成华夏族，因此汉代时学者均以太昊伏羲氏为人类始祖。

太昊部族和蚩尤部族于大汶口文化中期（前 3300～前 2800 年）往外扩张，并与仰韶文化所代表的炎黄集团和屈家岭—石家河文化代表的南蛮集团相遇于中原，形成了第一次逐鹿中原的态势，这也是中国第一次原始民族大融合。太昊族逐渐融入了炎黄部族之中，成为华夏族群的重要组成部分，因此太昊于后世被尊称为"东方之帝"，又与伏羲合称"太昊伏羲氏"。

蚩尤被黄帝于涿鹿击败之后，身首异处，埋葬于蚩尤的故乡东平、巨野一带，世代接受祭祀。汉高祖刘邦起事时，其家乡仍在祭祀蚩尤。大汶口文化往北越过黄河之后就受到阻断，此处正处于太行山以东华北平原的冀州，而传说中黄帝往东方的扩张即走的北线。大汶口文化往北的扩张很可能是受到了来自北方族群的压力。同时在大汶口文化晚期至龙山文化时期，鲁中南地区的拔牙、用獐和口含小球等习俗都消失了。这说明受

① 参见高广仁、任式楠：《山东曲阜西夏侯遗址第一次发掘报告》，《考古学报》1964 年第 2 期；中国社会科学院考古所山东工作队：《西夏侯遗址第二次发掘报告》，《考古学报》1986 年第 3 期；山东省文物考古研究所：《山东曲阜南兴埠遗址的发掘》，《考古》1984 年第 12 期。

② 《左传·成公四年》。

到打击的蚩尤族衰落下去。

九黎族一度扩张至豫西的丹江地区，并曾与南蛮集团发生了战争。九黎族的一支进入江汉地区，与当地族群结合，形成的一支新的族群——苗族，苗族至今仍在祭祀蚩尤，并自称为蚩尤的后人。

中国自古就有“兴灭国，继绝世”的传统，如周灭商之后封商人于宋，封夏后氏于杞，封黄帝之后于蓟。蚩尤被杀之后，新的首领在少昊的监督下继续生活在鲁中南一带，即文献中记载的：“命蚩尤宇于少昊。”九黎族在鲁中南地区仍继续香火，直到唐虞、夏、商，龙山文化墓葬、商代墓葬中还有极少随葬獐牙的习俗，说明蚩尤所代表的九黎族也是华夏族的组成部分。

少昊族形成于大汶口文化中期，繁荣于大汶口文化晚期，广泛分布于鲁北、鲁东南、鲁中南和皖北地区。少昊族与江汉地区的屈家岭—石家河文化和太湖地区的良渚文化具有广泛的文化交流。皖北的尉迟寺遗址和苏北的花厅遗址当分别为两者的中转站之一。因此，鲁北、鲁东南的大汶口文化中可见较多的良渚文化因素，鲁中南地区也出现了较多的尉迟寺类型的文化因素。少昊族的繁盛，一方面与蚩尤族受挫、太昊族迁居中原有关，另一方面，当缘自其与江淮族群的交流和融合。到夏商时，少昊之后“嬴姓多显，遂为诸侯”[①]。毫无疑问，少昊族是华夏民族的主要组成部分之一。

大汶口文化主要有三种自然崇拜：太阳崇拜、鸟崇拜和獐崇拜，分别为太昊、少昊和蚩尤的图腾信仰。《山海经·大荒北经》中记载：“蚩尤作兵伐黄帝，黄帝乃令应龙攻之冀州之野。应龙畜水，蚩尤请风伯、雨师，纵大风雨。黄帝乃下天女曰魃，雨止，遂杀蚩尤。”风伯、雨师为蚩尤的同盟。

传说雨师为神鸟。《三教源流搜神大全》：“雨师者，商羊是也。商羊，神鸟，一足，能大能小，吸则溟渤可枯，雨师之神也。”而风伯，或以为是鹿形，或以为是鸟形。东周时，楚人以飞廉为风伯，为鸟鹿合体的形象。风伯、雨师的形象显然来源于大汶口文化的原始信仰。只是风伯、雨师作为神灵没有被完全历史化，而只保存在《山海经》等志怪之书中。风伯、雨师当为蚩尤族的同盟，同属大汶口文化的创造者。

风伯即飞廉。《风俗通》应劭说：“飞廉，风伯也…… 鼓之以雷霆，润之以风雨，养成万物，有功于人王。”裴骃《史记集解》引郭璞曰：“飞廉，龙雀也，鸟身鹿头者”。《汉书·武帝纪》记载：“还，作甘泉通天台、长安飞廉馆。”晋灼注曰：“（飞廉）身似鹿，头如爵（雀），有角而蛇尾”；《三辅黄图》：“飞廉，神禽，能致风气者，身似鹿，头如雀，有角而蛇尾，文如豹。”飞廉的形象为鸟头鹿（獐）身，实为鹿和鸟的合体，即来自于少昊、蚩尤部族古老的宗教信仰。《史记·秦本纪》：“（中潏）生蜚廉。蜚廉生恶来。恶来有力，蜚廉善走，父子俱以材力事殷纣。周武王之伐纣，并杀恶来。是时蜚廉为纣石北方……”蜚廉（飞廉）为秦赵的祖先。秦人于东周时期，立有三畤祭祀少昊，秦人实为少昊、蚩尤之后，是大汶口人的后裔。

---

① 《史记·秦本纪》。

第二节　炎黄集团

黄帝在司马迁的五帝系统中居第一位，在后世被尊为“人文初祖”。司马迁在《史记·五帝本纪》中采用《大戴礼记》中《五帝德》和《帝系性》中的记载，将黄帝为祖先的观念整理成一脉相承的世系，不仅将虞、夏、商、周、秦、汉统一于一世，而且使帝王、诸侯、百姓形成出自黄帝的血脉网络，形成了顾颉刚所说“中国四万万同胞皆黄帝子孙”的谱系。

这一世系虽然经过了司马迁的精心编织，但是仍不免存在诸多矛盾之处。历代的史家多有所论，这里不需赘言。[①] 到了近代，为了重建古史，于是有了王国维的“文化东西说”，徐旭生的“三集团说”，蒙文通的“三民族说”，傅斯年的“夷夏东西说”，他们将黄帝的传说重新进行了梳理，黄帝也恢复了古史中的面目。这一复原是将文献重新分析、研究、整合的结果。

一、黄帝、炎帝的地望

徐旭生将黄帝和炎帝统称为“华夏集团”，认为是三集团中最重要的集团，以后成了我们中国全族的代表，其他两集团都为它所掩蔽。但通过分析古史可知，所谓华夏是后起的族群观念，因此可称黄帝部族和炎帝部族为“炎黄集团”。

关于黄帝族的来源，《国语·晋语》中说：“昔少典氏娶于有蟜氏，生黄帝、炎帝。黄帝以姬水成；炎帝以姜水成。成而异德，故黄帝为姬，炎帝为姜。”也就是说，少典氏中分化出炎帝和黄帝两支部族，有蟜氏是其母族。司马贞《史记索隐》中对黄帝的来源作了进一步解说：“黄帝，有熊国君，乃少典国君之次子，号曰有熊氏，又曰缙云氏，又曰帝鸿氏，亦曰帝轩氏。母曰附宝，之祁野，见大电绕北斗枢星，感而怀孕，二十四月而生黄帝于寿丘。寿丘在鲁东门之北，今在兖州曲阜县东北六里。生日角龙颜，有景云之瑞，以土德王，故曰黄帝。”司马贞是将黄帝作为一个人来看待，黄帝出于少典国，但是却并不是少典所生，而是黄帝的母亲附宝感大电绕北斗枢星所生，这一记载明显是对传说的统合和附会。黄帝感生神话不同商人的鸟生神话，也不同于周人的感巨人迹神话。黄帝生产神话说明崇拜北斗星，这多半是汉人的观点。汉人崇拜星辰，同时星辰崇拜也是北方游牧民的信仰。司马贞说黄帝生于寿丘，位于鲁东门北。鲁为少昊之墟，也是太昊和蚩尤的居地，华夏集团的黄帝不会生于此地。将黄帝置于鲁地，附会封泰山当是为周人统治东方而张本。目前已经很少有学者主张黄帝生于曲阜这一观点。裴骃《史记集解》引皇甫谧曰：“有熊，今河南新郑是也。”位于河南中部。徐旭生认为有熊与少典、黄帝发生关系是较晚近的事情，亦不足为信。[②]

更可靠的记载表明黄帝与北方关系密切。黄帝葬处在桥山。裴骃《史记集解》引《皇览》曰：“黄帝冢在上郡桥山。”司马贞《史记索隐》引《汉书·地理志》云：“桥山在上郡阳周

① 详见本书《绪论》部分。

② 参见徐旭生：《中国古史的传说时代》，广西师范大学出版社2003年版，第46页。

县，山有黄帝冢也。”位于陕西北部。《山海经》中的记载也说明黄帝主要生活在北方。《大荒西经》中说：“有北狄之国；黄帝之孙曰始均，始均生北狄。”后来许多北方游牧部族贵胄均自称“始均”之后。如公元前5世纪统一北方建立北魏之鲜卑拓跋氏，北齐人魏收（505～572）撰《魏书·序记》记载其祖先源流如下：

昔黄帝有子二十五人，或内列诸华，或外分荒服。昌意少子，受封北土，国有大鲜卑山，因以为号。其后，世为君长，统幽都之北，广漠之野……黄帝以土德王，北俗谓土为托，谓后为跋，故以为氏。其裔始均，入仕尧世，逐女魃于弱水之北，民赖其勤，帝舜嘉之，命为田祖。爰历三代，以及秦汉，獯鬻、猃狁、山戎、匈奴之属……而始均之裔不交南夏，是以载籍无闻焉。

除北狄之外，犬戎也来源于黄帝族。《山海经·大荒北经》：

大荒之中，有山名曰融父山，顺水入焉。有人名曰犬戎。黄帝生苗龙，苗龙生融吾，融吾生弄明，弄明生白犬，白犬有牝牡，是为犬戎，肉食。有赤兽，马状无首，名曰戎宣王尸。

正因为黄帝与北方难以割舍的关系，才有这些游牧民族对黄帝的攀附。这些族源的主张有的应是真实的，有的可能仅仅是一种攀附而已。从新石器时代期畜牧人群的出现与农牧争夺线的形成来看，北方一线自公元前2000余年至前1000余年，确实有部分农业人群由主要从事农业转变为逐水草而居的畜牧业人群。[①] 与北方诸族不同的是，南方少数民族就对攀附炎黄不感兴趣。这也说明黄帝在西北地区有悠久的历史渊源。

《山海经·大荒西经》还有个叔均，是周人的祖先：“有西周之国，姬姓，食谷。有人方耕，名曰叔均。帝俊生后稷，稷降以百谷，稷之弟曰台玺，生叔均。叔均是代其父及稷播百谷，始作耕。”这条文献存在错误之处，“帝俊”当为“黄帝”之误，与《山海经·大荒西经》“黄帝之孙曰始均”同为黄帝之孙，叔均与始均当为同一人。黄帝的传说与族群分布表明其以北方长城一线为根据地。

黄帝被当作上帝，见于秦人的记载。秦原是少昊之后，商周之际由东方迁居西垂，自秦襄公起，作六畤，分别祀白帝、青帝、黄帝、炎帝。白帝、青帝分别为太昊、少昊，黄帝与炎帝为西方崇拜的上帝，说明秦人分别崇拜东方和西方的神灵。

齐侯因資镦是战国齐威王称王之前所作，其铭文明确指出黄帝是其高祖，也是最早出现黄帝之名的青铜器。其铭文曰：

唯正六月癸未，陈侯因資曰：皇考孝武桓公恭哉！大谟克成。其惟因資扬皇考，昭緟高祖黄帝，佅嗣桓、文，朝问诸侯，答扬厥德。诸侯寅荐吉金，用作孝武桓公祭器镦，以登以尝，保有齐邦，世万子孙永为典用。[②]

---

① 农牧争夺线的形成伴随着华夏族群意识的形成。参见王明珂：《华夏边缘》，浙江人民出版社2013年版。

② 王晖：《古史传说时代新探》，科学出版社2009年版，第5页。

铭文中的陈侯因脊指陈侯午之子齐威王，据徐中舒考证铸造时间为公元前375年左右。[①] 传世新莽量器铭文也说："黄帝初祖，德币于虞；虞帝始祖，德币于新。"此外，《汉书·王莽传》中记载王莽自称黄帝之后："予以不德，托于皇初祖考黄帝之后，皇始祖考虞帝之苗裔。"过去多被斥为伪造，但徐中舒指出："今出土陈侯因脊镦竟以黄帝为陈氏高祖，与莽说合，此可证莽说并非全无所本。"[②]近年山东大学考古系于邾国故城亦发掘出土了王莽量器，铭文与传世品相同。[③] 田齐以黄帝为高祖，说明战国时妫姓的陈氏以黄帝作为他们的远祖，也正是因为陈氏与姬周属于同一大族的原因，田氏代齐得到周人的支持，从而将属于异族的姜姓排挤出齐地。

炎帝所在的姜水有比较明确的记载。《水经注》"渭水"条下说："岐水又东，径姜氏城南，为姜水。"《帝王世纪》记载："炎帝神农氏，姜姓。母女登游华阳，感神而生炎帝于姜水，是其地也。"岐水在岐山的南面，"西出岐山，东过武功，折南流入渭水"，位于今陕西岐山县城的东面，属于渭水的支流。秦岭古称"华山"，华阳指秦岭南面的广大地区。关于炎帝和姜姓贵族的传说多位于渭水上游一带。[④] 由此可证炎帝起源于陕西偏南，北邻黄帝的发祥地。

据徐旭生考证，黄帝和炎帝两族不知何时开始往东迁徙，并逐渐从西方扩张到东方地区。黄帝东迁的路线偏北，"他们大约顺北洛水南下，到今大荔、朝邑一带，东渡黄河，跟着中条及太行山边逐渐向东北走。今山西省南部沿黄河的区域，姬姓建国很多"。计有虞、虢、焦、滑、霍、扬、韩、魏、芮、荀、贾、狐、耿、骊戎、鲜虞、蓟等。其中，有些国在周初分封时已经存在，徐旭生说："山西南部诸姬姓国家的分布，芮、骊戎、鲜虞、蓟的建国，或者可以指示黄帝氏族东迁时的路线。"值得注意的是，《国语·晋语》中说："黄帝之子二十五宗，其得姓者十四人，为十二姓，姬、酉、祁、己、滕、葴、任、荀、僖、姞、儇、依是也。"这十二姓中唯姬、任、姞、己、祁数姓可考，其他鲜见于古书，这说明黄帝之后并不是很显赫。其原因当系仰韶晚期直至龙山时代、夏商时期这1000多年的气候干冷化的过程中，部分族群从事了畜牧业的原因，这些黄帝后裔分散于北方广袤的草原。

炎帝的一部分也往东迁徙，"他们的路途大约顺渭水东下，再顺黄河南岸向东。因为路线偏南，所以他们的建国有同苗蛮集团犬牙相错的地方"[⑤]。《国语·周语》韦昭注云："齐、许、申、吕四国，皆姜姓也，四岳之后，太姜之家。"此外，还有纪、向、州。《世本》："许、州、向、申，姜姓也。"姜姓在东方建立的最大的国家为齐，位于山东北部地区。《左传·昭公二十年》记载晏子说齐地沿革："昔爽鸠氏始居此地；季萴因之；逢伯陵因之；薄姑氏因之；而后太公因之。"《括地志》云："青州临菑县也。即古临菑地也。一名齐城，古营丘之地，所封齐之都也。少昊时有爽鸠氏，虞、夏时有季崱，殷时有逢伯陵，殷末有薄姑氏，为诸侯，国此地。后太公封，方五百里。"《国语·周语》下载伶州鸠说："则我皇妣太姜之侄，伯陵之后，逢公之所凭神也。"则姜姓于商代即已进入鲁北地区。申在唐河县境内，吕在南

---

① 参见徐中舒：《徐中舒历史论文选辑》上册，中华书局1998年版，第434页。

② 徐中舒：《徐中舒历史论文选辑》上册，中华书局1998年版，第444页。

③ 参见郎剑锋等：《山东邹城市邾国故城遗址2017年J3发掘简报》，《考古》2018年第8期。

④ 参见徐旭生：《中国古史的传说时代》，广西师范大学出版社2003年版，第47页。

⑤ 参见徐旭生：《中国古史的传说时代》，广西师范大学出版社2003年版，第52页。

阳县境内，均在河南西南部。许在河南中部许昌县境内。纪国位于山东东部，寿光、莱阳、龙口和烟台都出土有纪国青铜器，2012年山东省文物考古研究所于沂水县纪王崮发掘一座春秋贵族墓葬，有学者认为即纪国国君之墓。[①] 向位于今安徽怀远，《水经注・阴沟水》记载："北肥水又东南迳向县故城南。《地理志》曰：故向国也。《世本》曰：许、州、向、申，姜姓也，炎帝后。京相璠曰：向，沛国县，今并属谯国龙亢也。"州位于山东安丘境内。

综之，黄帝和炎帝组成的炎黄集团发祥于黄土原上，黄帝族偏北，炎帝族偏南。在夏代之前就逐渐往东扩张，到商时，已经顺着黄河两岸散布于中国北方地区、中原和东方地区。西周之后，作为黄帝和炎帝后代的姬姓和姜姓占据了山东大部分地区。

二、黄帝、炎帝的时代

与黄帝族同时的族群有相隔不远的炎帝，还有属于东方集团的蚩尤，黄帝分别与他们发生了冲突，前者为阪泉之战，后者为涿鹿之战。黄帝与炎帝先战后和，而蚩尤兵败被杀，九黎族被迫迁徙。根据前文的论述，我们认为涿鹿之战的时代在大汶口文化中晚期，相当于仰韶文化的晚期。因为只有在这一时期，三大集团才相遇于中原，才有了发生战争和冲突的可能性。大汶口文化晚期时，蚩尤的故居之地鲁中南地区的考古学文化表现出了更多的差异性：一方面，旧的习俗还有，但是已经不复早期那么繁盛；另一方面，一支新的文化类型出现了在这一地区，其文化特征与皖北的史前文化具有更大的相似性。通过比对文献，我们认为这是"命蚩尤宇于少昊"和"少昊之墟在鲁"的考古学证据。因此，"命蚩尤宇于少昊"，应当是黄帝伐蚩尤之后，命其新的君主毗邻少昊族居住，似周灭商之后对殷遗民的政策。

既然黄帝大约相当于大汶口文化中晚期即仰韶文化晚期这个时间段，其时代约为公元前3400～前2300年，黄帝族为北方族群往中原和东方扩张，又发生了如此重大的历史事件，必将在考古学文化上引起波动。因此，大汶口文化中晚期的过渡时间就显得非常重要，这个时代约为公元前2800年。随着大汶口文化向晚期过渡，仰韶文化也过渡到了庙底沟二期类型，太湖地区的良渚文化进入了晚期，长江中游的屈家岭文化过渡到了石家河文化。黄河上游则过渡到马家窑文化的石岭下类型和大地湾四期文化。北方地区则由海生不浪文化过渡到阿善文化。总之，这是一个社会变革的时期，也是各区域史前文明走向繁荣的时代。

从黄河流域的宗教发展进程上来看，黄河流域流行图腾崇拜，而具有至高神信仰的太阳崇拜是长江流域的传统。长江流域的至高神信仰大约自庙底沟文化时期传播到了黄河流域，庙底沟类型中的太阳鸟火崇拜可以说直接来自于南方。不过，毕竟两地具有不同的地理环境、经济形态、族群和文化信仰，因此，黄帝这一至高神的形成应该在庙底沟类型之后。随着这一时期太阳鸟信仰的消退，宗教信仰在首先在豫西、晋南和陕西地区发生了转变，而往世俗化方向发展，这当与黄帝信仰和黄帝族群的形成与扩张有关。

① 参见山东省文物考古研究所等：《山东沂水纪王崮春秋墓》，《考古》2013年第7期。亦有学者认为该墓属莒国国君之墓。

庙底沟类型时期,北方文化因素增强,传统的彩陶文化衰弱。庙底沟二期文化的形成标志着仰韶文化传统的终结和黄帝族的兴起。

三、黄帝的原型

关于黄帝的得名,说法较为统一。《史记·五帝本纪》中记载:"(黄帝)有土德之瑞,故号黄帝。"司马贞《史记索隐》:"(黄帝)有土德之瑞,土色黄,故称黄帝。"《吕氏春秋·应同》篇曰:"凡帝王之将兴也,天必先见祥乎下民。黄帝之时,天先见大螾大蝼,黄帝曰:'土气胜!土气胜!'故其色尚黄,其事则土。"《史记·封禅书》:"黄帝得土德,黄龙地螾见。"五行家均称黄帝为土德。由此可见,黄帝的神性是土,这与太昊、颛顼、炎帝等神性不同。

黄帝是土地神。《礼记·月令》中称:"中央土。其日戊己。其帝黄帝,其神后土。"《淮南子·天文训》也说:"中央,土也,其帝黄帝,其佐后土,执绳而治四方。"又,《淮南子·时则训》:"中央之极……黄帝、后土之所司者,万二千里。"因此推断黄帝的原型就是黄土地。《汉书·郊祀志下》:"中央帝黄灵。"《后汉书·祭祀志中》:"先立秋十八日,迎黄灵于中兆,祭黄帝后土。"因黄土地的颜色是黄色,故又称黄灵、黄神,从而有黄帝之名号。《魏书》中记托跋氏为黄帝的后人:"黄帝以土德王,北俗谓土为托,谓后为跋,故以为氏。"托跋是土地之王(神)的意思。

中国的黄土主要分布在黄土高原上。黄土高原东至太行山,西至贺兰山,北至大青山,南至秦岭,为地球上最大的一片黄土地。《山海经》等文献中有一个神圣的地方,称作"昆仑",即以黄土高原为原型。《山海经·西山经》:"昆仑之丘,是实惟帝之下都,神陆吾司之。"《庄子·至乐》篇曰:"昆仑之虚,黄帝之所休。"《天地》篇曰:"黄帝游乎赤水之北,登乎昆仑之丘。"《穆天子传》曰:"吉日辛酉,天子升于昆仑之丘,以观黄帝之宫。"可见昆仑为黄帝居住、活动的地方,上有黄帝的宫殿。西汉时,汉武帝求得济南人公王带进献的黄帝明堂图:"明堂图中有一殿,四面无壁,以茅盖,通水,圜宫垣为复道,上有楼,从西南入,命曰昆仑。"①

黄帝是黄土原上的至上神,是黄土高原的化身。中国古代有天圆地方的宇宙观,认为地是四方形,昆仑也是方形的,《山海经·海外南经》:"昆仑虚在其东,虚四方。一曰在岐舌东,为虚四方。"正因为黄土高原、黄土地具有四方的特点,黄帝作为其化身也有了四面的传说。《太平御览》卷七九引《尸子》:

> 子贡云:"古者黄帝四面,信乎?"孔子曰:"黄帝取合己者四人,使治四方,不计而耦,不约而成,此之谓四面。"

孔子对古代神灵经常进行理性化的解释,所谓"子不语怪,力,乱,神",这是春秋战国时期理性化的时代风貌。孔子释黄帝四面为选取四人治四方的意思,另外还有学者将其解释为黄帝宗庙明堂的结构为四方形,或以为黄帝处于中原团结了四方的族众,均不得

---

① 《史记·封禅书》。《山海经》等文献中的昆仑有两个意义:一是指黄帝的宫殿,另一是西王母所居位于西方的圣山。

其本义。20 世纪 70 年代湖南长沙马王堆三号墓出土的帛书《黄帝书》《十六经·六命》篇中也记载有黄帝四面的传说：

> 昔者黄宗（帝）质始好信，作自为象（像），方四面，傅一心。四达自中，前参后参，左参右参，践立（位）履参，是以能为天下宗。吾受命于天，定立（位）于地，成名于人。唯余一人□乃肥（配）天，乃立王三公。

《黄帝书》文抄于汉文帝初，成文时代约为战国初期。[①] 文中也是以理性的态度解释黄帝四面的神话。"作自为像，方四面"，或释作黄帝明堂方四面[②]，或释为黄帝为自己作出的宗主形象为四方木之状。[③]实际上，黄帝之所以有四面传说，来源于他本身即是黄土地的象征，土地为四方，四方当然有四面。"吾受命于天，定立（位）于地，成名于人。唯余一人□乃肥（配）天，乃立王三公。"明言黄帝受命于天，定位于地，为地之人格化，"成名于人"即黄帝为土地之人格化，只有地才可配天——"唯余一人□乃配天"。

黄帝作为黄土地的神化，来自于农业社会的原始宗教信仰。在畜牧社会，天空以其无限性和广阔性形成了"天神"和"天父"之类至上神，而在农业社会，大地作为万物之母则形成了"地母"之类的至上神信仰。在天神和大地神这两种至上神的背后，有着不同的经济背景和社会条件，前者是畜牧经济，后者是农业经济。正如意大利著名宗教学家拉斐尔·毕达佐尼所说："在天父的背后，有一个畜牧业的父权制文明的长期传统。在大地母亲的后面，有一个农业的母权制文明的长期传统。天父是象征以畜牧产品为生的游牧民的至上神；牧畜群以牧草为主，而牧草则转而依赖于天空的雨。大地母亲是象征农人的至上神，农人以土地上的产品为生。"[④]由此可见，黄帝就是黄土地、黄土高原的神化，也是崇拜黄土地的族群和人王。

四、黄帝族的考古遗存分析

黄土高原位于中国中部偏北部，介于北纬 33°41′～41°16′，东经 100°52′～114°33′之间，南北跨 8 个纬度，东西横延 13 个经度，东西长 1000 余公里，南北宽 750 公里，包括太行山以西、贺兰山以东、秦岭以北、阴山以南的广大地区，位于中国第二级阶梯之上，海拔高度 800～3000 米。横跨青海、甘肃、宁夏、内蒙古、陕西、山西、河南、河北 8 省区大部，分布面积达 40 多万平方公里，是中国独特的地理单元。黄土高原以其独特的土壤结构，特别有利于农业的发展，从而成为中国古代文明的摇篮。

黄土高原上的考古学文化以仰韶文化和龙山文化及其分支为主。仰韶文化的生业经济以旱作农业经济为主，其文化特征表现为一组具有特色的器物群，以罐、钵、盆、瓶为主要器类，前期（半坡类型、庙底沟类型时期）以素面、彩绘为主要特征，后期（西王村类

---

① 参见唐兰：《马王堆出土〈老子〉乙本卷前古佚书的研究》，《考古学报》1975 年第 1 期。

② 参见国家文物局古文献研究室编：《马王堆汉墓帛书》（壹），文物出版社 1980 年版，第 61 页。

③ 参见王晖：《出土文字资料与古代神话原型新探》，《古史传说时代新探》，科学出版社 2009 年版，第 245～248 页。

④ ［意］拉斐尔·毕达佐尼：《至上神的现象结构和历史发展》，转引自孟慧英：《萨满教的天神与天命》，《内蒙古社会科学》2000 年第 1 期。

型、庙底沟二期)则以篮纹绳纹为主要装饰。到龙山文化时期,原仰韶文化区形成以绳纹鬲和绳纹罐为主要特征的器物群。这些文化特征与长江中下游和黄河下游地区以鼎、豆、壶、鬶为主要器类的文化特征判然有别,这是由于内陆和东南地区的地理特征、经济方式包括人群构成不同所形成的文化差异。

我国北方地区包括蒙古中南部、冀晋陕北部地区,考古学文化最早见于公元前4000前,大体相当于仰韶文化半坡类型时期,以阿善一期、西园一期、红台坡下、石虎山等遗存为代表,其文化特征与半坡类型和后岗一期类型具有相似之处。经济形态也与南边的半坡文化相似,是一种农业经济。庙底沟文化时期,北方地区的考古学文化表现出与庙底沟类型相似的文化特征,有学者将其视作庙底沟类型文化范畴,遗址数量增加,北方地区的考古学文化进入了繁荣期。陕北地区、内蒙古中南部,主要分布着海生不浪文化,以绳纹筒形罐、小口双耳鼓腹罐、深折腹钵等陶器为特征。到公元前3500年之后,海生不浪文化已经分布于内蒙古南部和陕北地区,以内蒙古托克托县海生不浪、察石前旗庙子沟、凉城王墓山坡上遗存为代表。这些遗址中都发现有细石器,且数量逐渐增多,如用于狩猎的镞、切割兽皮的刮削器和复合骨梗石刃刀等,表明狩猎采集经济占有重要的经济地位。①

约公元前3000年,海生不浪文化演化为阿善文化。阿善文化出现许多石城聚落,陕北地区有石摞摞山、后寨子峁,准格尔地区有白草塔、小沙湾、寨子塔、马路塔等遗址。这些聚落多分布于地势险峻的山上,周围建造环绕聚落的石墙,内有石筑房址,个别大型房址可能是大型公共场所,还有一些是特殊形制的祭坛。公元前3000～前2000年前后的龙山文化时期,该地区进入繁荣时期,聚落数量显著增加,仅榆林地区就有遗址多达739处②,并且出现了石峁这样的超大型聚落。石峁古城面积达400万平方米,规模宏大,结构复杂,包括内、外城,皇城台,石砌院落和房屋等部分。城内发现有埋置人头骨的遗迹,并发现了大量玉器,种类有璋、钺、刀等,是史前玉器中兵器种类数量发现最多的遗址。这说明,该地区有以玉器制作兵器的文化传统,与传说中黄帝以玉为兵的记载相符合。③

黄河东岸的晋中地区属于义井类型,以太原义井、太谷白燕、汾阳杏花村等遗址为代表。与海生不浪类型一样,义井类型主要来源于白泥窑子类型,陶器主要有绳纹罐、钵、盆和素面罐等,并受东边的雪山一期文化的影响。约公元前3000年,义井类型演化为白燕类型,受晋南庙底沟二期文化的影响,出现了少量盆形鼎、折腹斝、釜灶、釜、折肩壶等新器型。④

白燕等遗址出现了窑洞式建筑,居住面上抹有白灰,并迅速在仰韶文化末期的陕北和晋中地区成为普遍的房屋形式。墓葬一般为长方形土坑竖穴墓,葬式仰身直肢葬。黄

---

① 参见中国社会科学院考古研究所:《中国考古学·新石器时代卷》,中国社会科学出版社2010年版,第391～397页。

② 参见国家文物局编:《中国文物地图集陕西分册》(下),西安地图出版社1998年版,第618～749页。

③ 《越绝书》:"轩辕、神农、赫胥之时,以石为兵,断树木为宫室……至黄帝之时,以玉为兵,以伐树木为宫室……禹穴之时,以铜为兵,以凿伊阙……当此之时,作铁兵。"

④ 参见中国社会科学院考古研究所:《中国考古学·新石器时代卷》,中国社会科学出版社2010年版,第404～405页。

土原上的先民生于黄土，死后葬在黄土里，黄土是生命的源泉，因此他们将黄土作为至上神。阿善、莎木佳、黑麻板等遗址都存在大规模的石砌祭祀遗迹[①]，陕北至大青山南麓为四五千年前的宗教祭祀圣地，以天地为主要祭祀对象。

北方地区的黄帝部族位于农牧混合地带，据《史记·五帝本纪》载："（黄帝族）迁徙往来无常处，以师兵为营卫。"另据《山海经》黄帝族与戎狄都有千丝万缕的联系。与黄帝同为姬姓的周族，也"自窜于戎狄之间"[②]。由此可见黄帝部族当具有农业经济与游牧经济的双重性质，即黄帝族的部分支系曾从事畜牧业。这与陕北和内蒙古中南部地区的经济形态相符合。陕北长城沿线先秦时期的经济形态分别经过了农业活动的开始、农牧混合经济和游牧业三种经济形态。[③] 自公元前3500年前开始，随着气温的逐渐下降，原先的农业人群为了适应环境的变化，逐渐增加蓄养的动物，而减少了旱作农业，长城一线的农业人群逐渐转变为农牧混合人群。坚持农业生产的族群对农业收成的祈盼和祭祀使其对黄土地的信仰形成，并走向兴盛，形成了至上神黄帝信仰。

庙底沟二期文化的形成表明传统宗教信仰的消退，庙底沟二期文化实际上也是仰韶文化传统的消失时期，小口尖底瓶、盆、钵和彩陶被新出的绳纹陶等粗糙的鬲、鼎、斝、罐取代。内蒙古中南部、陕晋冀北部的史前文化当为黄帝部族为主所创造。

五、炎帝族的考古遗存分析

姬姓与姜姓的关系与他们的祖先黄帝和炎帝的关系相同，都是世代通婚的近邻。《三皇本纪》中记载："炎帝神农氏，姜姓。"姜姓是我国最古老的部族羌族中的一支。《说文》："羌，西戎牧羊人也。从人从羊，羊亦声。"《风俗通》也说："羌，本西戎卑贱者也，主牧羊。故羌字从羊、人，因以为号。"由此可知，羌族主要从事畜牧业，不过这只是后人的记述，因在周代和秦汉时期，羌人确实以畜牧业为生。但是在三代之前，羌人的祖先曾经长期从事农业，是真正的农业人群。实际上即便是在战国、秦汉时，羌人也在河间谷地种植谷物，并非单纯牧羊不从事农业。[④] 顾颉刚认为，"羌""姜"本为一字，"羌"从人，作为俗名，"姜"从女，作为羌族女子之姓。[⑤] 章炳麟《检论·序种姓》中说："羌者，姜也。晋世吐谷浑有先零，极乎白兰，其子吐延为羌酋姜聪所杀，以是知羌亦姜姓。"又说："姜姓出于西羌，非西羌出于姜姓。"[⑥]范文澜说："炎帝姓姜……姜是西戎羌族的一支。"[⑦]姜姓自称炎帝之后，应是羌人东迁进入中原的一支。

羌族作为我国56个民族中的一支，目前大约有20万人，主要分布在岷江上游地区。但在古代，羌并非一个现代意义上的民族，所谓西羌与东夷相同，只是中原统治者称呼西方边远地区人群的统称。实际上直到近现代，羌族对于自我的民族认同仍是非常薄弱

---

① 参见中国社会科学院考古研究所：《中国考古学·新石器时代卷》，中国社会科学出版社2010年版，第403～404页。

② 《史记·周本纪》。

③ 参见王辉等：《陕北长城沿线先秦时期生业与环境的关系》，《第四纪研究》2014年第1期。

④ 参见王明珂：《游牧者的抉择》，（台北）联经出版事业股份有限公司2009年版，第46～52页。

⑤ 参见顾颉刚：《从古籍中探索我国的西部民族——羌族》，《社会科学战线》1980年第1期。

⑥ 章太炎：《西南属夷小记》，《太炎文录续编》，上海人民出版社2014年版，第388页。

⑦ 参见范文澜等：《中国通史》第1册，人民出版社1978年版，第6页。

的。只不过在现代民族划分的趋势之下，他们区别于汉族，而被称作“羌人”。[①]

据顾颉刚先生考证：“羌的疆域相当地大，北面和鬼方、吕方为邻，东面有沚、吴、易、雀、犬、周等国，东南接近缶和蜀，大致说来，他们占有了现今甘肃大部分和陕西西部。”[②]这一广大地区的史前文化，主要分布着马家窑文化和齐家文化。

马家窑文化以甘肃临洮马家窑遗址而得名，以甘肃省的渭河上游地区为分布中心，北至宁夏南部，西至青海东北部和河西走廊东部，南达白龙江上游。马家窑类型的陶器也继承了仰韶文化的特征，如器型主要以罐、瓶、钵、盆、壶为主，有发达的彩陶。而此时的庙底沟二期的彩陶在北方因素的影响下已经衰弱了。

马家窑文化可以分为石岭下类型、马家窑类型、半山类型、马厂类型。石岭下类型的绝对年代为公元前4000～前3500年，马家窑类型为公元前3200～前2700年，半山类型为公元前2600～前2300年，马厂类型为公元前2300～前2000年。齐家文化为公元前2000～前1500年，与二里头文化时代大体相当，主要分布在黄河上游及其支流渭河、洮河、大夏河、湟水，西汉水上游及白龙江上游地区。地跨甘肃、青海、宁夏、内蒙古四省，东西长达800公里，可分东、中、西三个区五个地方类型：甘肃东部，包括师赵村与七里墩两个类型；甘肃中部的秦魏家类型；甘肃西部和青海东部的皇娘娘台类型和柳湾类型。从时代上看，东部地区早于西部地区，齐家文化有一个由东往西的扩散过程。齐家文化属于青铜时代早期文化，以红铜为主，主要有镜、锥、刀、环、斧等。[③]

齐家文化属于夏代文化，与之同时或稍晚的甘青地区分布着四坝文化、卡约文化、辛店文化、寺洼文化。这些甘青地区的青铜时代文化均为羌族及其支族所创造。

从经济形态上来看，甘青地区经历了一个由农业到半畜牧业再到畜牧业的变化过程。距今5000年左右的马家窑文化时期，该地区的人群以从事农业为主。青海民和县阳洼遗址发现有庙底沟类型和马家窑文化早期的遗存。该遗址为小型村落，房址有圆形和方形两种，均有柱础，以木柱和草拌泥构成墙体。屋内居住面下凹，中部有灶。石器多为磨制，有斧、锛、刀、凿、磨石等，并有收割用的陶刀。[④] 甘肃东乡林家遗址发现有马家窑文化类型的房址、陶窑和窖穴等，有的窖穴底部发现有大量的稷，如H19存有约2立方米的稷。生产工具除了石器之外，还发现有短柄青铜刀，为目前中国发现的最早的青铜制品。出土的植物遗存有稷、大麻籽和粟，动物遗存有猪、狗、牛、羊、鸡和野生的鹿、野猪、羚羊、河狸、田鼠等。鹿的数量和种类较多，有马鹿、四不像鹿、麂等[⑤]，说明狩猎、畜养作为农业的补充在经济生活中有重要的地位。蓄养的动物中猪狗较多，而代表畜牧业的羊较少，说明畜牧业在生业经济中只占较小的比重。

马家窑文化晚期，聚落数量和规模都明显增加，甘、宁、青地区半山、马厂类型遗址达

---

① 参见王明珂：《羌在汉藏之间》，中华书局2008年版，第121～130页。

② 顾颉刚：《从古籍中探索我国的西部民族——羌族》，《社会科学战线》1980年第1期。

③ 参见中国社会科学院考古研究所：《中国考古学·夏商卷》，中国社会科学出版社2003年版，第535～552页。

④ 参见青海省文物考古队：《青海民和阳洼遗址试掘简报》，《考古》1984年第1期。

⑤ 参见何偲宇：《甘肃东乡林家遗址分期的再认识——兼论营盘山遗址的分期、年代与文化属性》，《四川文物》2011年第4期。

到800余处，其中半山类型近200处，马厂类型600余处[①]，并出现了乐都柳湾这样的大型聚落。半山类型的经济类型仍以农业为主。乐都柳湾遗址出土的生产工具以石斧、锛、凿、刀为主，另有石球、陶球等狩猎工具。到马厂类型时期，农业有了进一步的发展，除上述石器外，还出现了宽刃的石镰和捆绑有长木柄的石斧。陶瓮里发现有粟的颗粒或皮壳，说明粟是人们的主要粮食，大量陶罐和瓮等盛储器的出现表明粮食有了剩余。剩余财富的增加使贫富分化加剧，墓葬中随葬品的数量差异也迅速扩大，社会分化加剧。[②]

齐家文化时期为农牧复合经济，经济方式在气候的压力之下出现了改变。公元前2000～前1000年，全球气候出现了干冷化趋势，使得原始农业受到挑战，尤其是处于农业经济边缘的中国西北部地区。青海地区的齐家文化中细石器逐渐增多，而主要用于农业的大型石器逐渐减少，并趋于消失。同时陶器也往小型化方向发展，用于储存粮食的瓮、罐等大型陶器逐渐减少，而便于携带的小型陶器如双耳罐等器型增多，并逐渐成为主要器类。农业经济在环境的压力下所占的成分越来越少，畜牧业比重逐渐增多。到齐家文化之后的辛店文化和卡约文化，羊的数量已经超过猪，成为当时人群的主要肉食来源。畜牧业取代了农业，成为主要经济类别。

卡约文化主要分布于甘青交界至青海湖沿岸的黄河上游和湟水流域，文化居址少见，这应是其畜牧业的流动性导致的结果。陶器完全小型化，以双耳罐为主要器类，石器有细石器、敲砸器和斧、刀、镞等工具。铜器有斧、钺、刀等工具。墓葬流行以羊、牛、马、狗的肢骨随葬，且多以羊角，有的多达百余对。[③] 由于以放养动物为生，遗存常发现于河流上游的高地。随葬品中木质随葬品和小型铜制品较为多见，这些器物显然比陶器更易携带。

在气候干冷化的压力下，一部分人群往东迁移，以寻找更宜耕种的土地，继续从事农业生产。这部分人群中最著名的当属姜姓羌人，逐渐融入了华夏族群之中。另一部分不得不转变经济方式，畜牧业在经济生活中的比重越来越高，最终转变为逐水草而居的牧民。

（一）火崇拜

作为炎帝之后，羌人崇拜火。《三皇本纪》中说："炎帝神农氏，姜姓，母曰女登，有娲氏之女，为少典妃，感神龙而生炎帝。人身牛首，长于姜水，因以为姓，火德王，故曰炎帝。以火名官。"炎帝即羌人崇拜的火神的名称，为羌人崇拜的宗神和最高神 。

羌人有火葬的习俗，即其崇拜火的表证。早在1945年，夏鼐在寺洼山发掘了6座寺洼文化的墓葬，其葬式之一是火葬之后将骨灰盛在陶罐中。据此，夏鼐推定寺洼文化可能是羌人文化。[④] 这一结论不断得到认可和证实。在辛店文化、卡约文化、寺洼文化和唐汪式遗存中都发现有火葬墓，其后多数学者认为甘青地区的青铜时代文化均为齐家文化演化而来。《荀子·大略》篇中说："氐羌之虏，不忧其系垒也，而忧其不焚也。"党项为羌

---

① 参见李水城：《半山与马厂彩陶研究》，北京大学出版社1998年版，第6、100页。

② 参见青海省文物管理处、中国社会科学院考古研究所：《青海柳湾》，文物出版社1984年版，第10～49页。

③ 参见许新国、格桑木：《卡约文化阿哈特拉类型初探》，青海省考古学会、青海省文物考古队编印：《青海考古学会会刊》1981年第3期。

④ 参见夏鼐：《临洮寺洼山发掘记》，《中国考古学报》1949年第4期。

人的一支,《旧唐书·党项羌传》:"党项羌,在古析支之地,汉西羌之别种也……死则焚尸,名曰火葬。"义渠是《后汉书·西羌传》中记载的羌族的一支,分布在甘肃东部的庆阳、固原一带。《墨子·节葬》曰:"秦之西有仪渠之国者,其亲属死,聚薪柴而焚之,燻上谓之登遐,然后成为孝子。"登遐即升天,可见羌人以为火葬能使灵魂升天,这是一种转生观念。正因为崇拜火,所以才行火葬。这一观念来自于长江流域和黄河流域仰韶文化时期的崇火信仰。

马家窑文化早期的石岭下类型崇拜太阳鸟和火。石岭下类型的陶器上可见以鸟为中心构成的旋涡形,即火的形象。其后在马家窑类型的陶器上,旋涡纹成为最引人注目也是最重要的纹饰之一。[①] 也正是因为羌人崇拜太阳鸟和火,所以周代的青铜器上可见姜姓贵族用日名称呼其祖先。

羌人有一民族英雄叫无弋爰剑。《后汉书·西羌传·羌无弋爰剑传》记载:

> 羌无弋爰剑者,秦厉公时为秦所拘执,以为奴隶。不知爰剑何戎之别也。后得亡归,而秦人追之急,藏于岩穴中得免。羌人云爰剑初藏穴中,秦人焚之,有景象如虎,为其蔽火,得以不死。既出,又与劓女遇于野,遂成夫妇。女耻其状,被发覆面,羌人因以为俗,遂俱亡入三河间。诸羌见爰剑被焚不死,怪其神,共畏事之,推以为豪。河湟间少五谷,多禽兽,以射猎为事,爰剑教之田畜,遂见敬信。庐落种人依之者日益众。羌人谓奴为无弋,以爰剑尝为奴隶,故因名之。其后世世为豪。

无弋爰剑的故事充满了神异的记述,正是由于羌人以火为神,他们的英雄也具有焚而不死的特殊能力。其火神为虎象,来自于长江流域史前文化中虎为火神的信仰。[②] 现在羌族仍保存着火崇拜的习俗。如以三足架代表的火神崇拜,要在火塘上三足架的其中一足上系一小铁环,代表火神。羌族还保持着对火的禁忌行为,人不能从火上跨过,火塘上不能伸脚,不能用火烤不洁净的衣物,如果触犯就会受到火神的处罚。火把节是彝族、白族、纳西族、基诺族、拉祜族等民族的古老传统节日,这些少数民族均为汉藏语系,主要来自于古羌族,也延续了古羌族的火崇拜。[③]

(二)白石崇拜

羌人崇拜白石,这一原始自然崇拜仍然保存在羌族。据民族学调查,羌人崇拜白石的仪式和具体表征多种多样。有些地区的羌人挑选洁白的石头作为崇拜的对象。有的则在屋顶放置白石,作为家庭的保护神,每年过春节时将房顶白石更新一次,据说可保家中庆吉平安。四川道孚、新龙、雅江、理塘等县的扎巴藏族,主要信仰喇嘛教,已经与藏族无异,但仍保持着白石信仰,他们称白石为"土地神"。四川冕宁、木里、盐源、西昌、九龙等县的纳木依藏族,在山间要隘处砌石堆代表山神。石棉、汉源、甘洛、越西等县的尔苏藏族,如今主要信仰本波教,但仍保持白石崇拜等原始信仰,他们以一种塔状石代表家庭祖先,供于住房墙壁特设的一墙洞内,还在村寨附近神林中安放已故先辈灵位石,另安置

---

① 详见本书第二章《新石器时代的宗教合流》。

② 详见本书第二章《新石器时代的宗教合流》。

③ 参见钱安靖:《试论以白石崇拜为表征的羌文化》,《宗教学研究》1988 年第 4 期。

一大石于神树下，代表祖先，是一种将白石崇拜与祖先崇拜合一的形式。云南西北的南坪、维西、中甸和四川木里、盐源、九龙等县的普米和史兴藏族，信仰受喇嘛教影响的多神崇拜和祖先崇拜，他们在村寨岔道隘口用石头砌“麻尼”堆，代表山神和泉神。每年村寨都会举行隆重的祭祀活动，据说山神和泉神可保人们翻山越岭顺利，过河涉水无虞，消灾祛病，人畜平安，五谷丰登。①

夏鼐和裴文中早年在甘肃寺洼发掘时发现洮河地区的氐羌人有用砾石随葬的情况。其后在四川茂汶羌族自治县的战国早期石棺葬中发现有以石随葬的习俗：有的墓葬将白石放置在石棺内人骨架的上半部分，较大的放置在人骨头部，小的则堆放在人头骨的两侧。② 学界多认为这些墓中的石头即为羌人白石崇拜的表征。卡约文化和辛店文化中也发现有以卵石或砾石随葬的现象。③

夏代的齐家文化墓葬中亦发现有以石随葬的习俗。甘肃永靖大何庄遗址清理的部分墓葬中有以白色石块随葬，M27 放置有 27 块小石块，M34 则有 19 块，M55 有 9 块，M61 有 48 块，M88 有 16 块。这些小石块一般放置在人骨架的肱骨或盆骨旁。M58 则以 2 片涂朱的红色石片置于人骨架下。该遗址还发现有石圆圈遗迹 5 处，在其周围分布着墓葬，圆圈的旁边发现有卜骨或牛羊的骨架，当为祭祀遗存。④ 甘肃永靖秦魏家墓地也发现有墓葬以石随葬：如 M13、M19、M23、M27、M40、M42、M50、M52、M56、M131、M138 等均有不同数量的小石块，少者 4 块，多者达 62 块。石块放置的位置并不固定，有的放于骨盆旁，有的放于右手旁，还有的放于头部、腹部等。⑤ 另外，在青海柳湾墓地的齐家文化墓葬中也发现有以石随葬的现象。⑥ 甘肃武威皇娘娘台遗址共有 19 座墓葬以小石子随葬，占全部墓葬的 31%。随葬小石子最少的 5 件，最多的达 304 件，且规格较高的墓葬随葬小石子一般也比较多。如 M48 为三人合葬墓，有陶器 10 件，并有石璧 83 件，玉璜 1 件，随葬小石子达 304 件之多；M46 随葬小石子 216 件；M52 为二成人合葬墓，随葬小石子达 290 件；M32 为单人直肢葬，随葬小石子 186 件。M51 虽然没有小石子，但是有 11 件石片，当是同一观念的反映。这些墓葬中的小石子一般放置于墓主脚端靠近墓壁的位置，多与陶器等放置在一起。⑦

马家窑文化的半山、马厂类型墓葬中也有以石随葬的习俗。青海乐都柳湾墓地属于半山类型的 M413、M470、M496、M624 等墓葬均随葬石头 1 块。马厂类型的 M1296 在头骨及脚下、棺外都有石头。M1168 则在棺外放 7 块石头，M228 则将两块石头放置于陶

① 参见钱安靖：《试论以白石崇拜为表征的羌文化》，《宗教学研究》1988 年第 4 期。

② 参见许新国、格桑本：《卡约文化阿哈特拉类型初探》，青海省考古学会、青海省文物考古队编印：《青海考古学会会刊》1981 年第 3 期。

③ 周庆明：《卡约文化和寺洼文化的族属问题——兼论我国古羌人的起源》，《中国历史博物馆馆刊》1984 年第 4 期。

④ 参见中国科学院考古研究所甘肃队：《甘肃永靖大何庄遗址发掘报告》，《考古学报》1974 年第 2 期。

⑤ 参见中国科学院考古研究所甘肃队：《甘肃永靖秦魏家齐家文化墓地》，《考古学报》1975 年第 2 期。

⑥ 参见青海省文物管理处、中国社会科学院考古研究所：《青海柳湾》，文物出版社，1984 年版，第 180～184 页。

⑦ 参见甘肃省博物馆：《甘肃武威皇娘娘台遗址发掘报告》，《考古学报》1960 年第 2 期；甘肃省博物馆：《武威皇娘娘台遗址第四次发掘》，《考古学报》1978 年第 4 期。

罐内。[①] 青海民和新民墓地发掘的墓葬，有的在墓口放砾石，还有的放在墓坑内。[②]

可见，自马家窑文化晚期至青铜时代的齐家文化、寺洼文化、辛店文化、卡约文化，直至茂汶羌族战国墓中都有以石随葬的习俗。这说明白石崇拜是羌人自古保持的宗教信仰，亦可证明甘、青、宁、蒙、川这一广大地区的人群始终以羌人为主，上述考古学文化是以羌人为主创造的。商代时期，分布于甘肃和陕西西部的文化以分档袋足鬲为特征，并有铜器出土，结合铭文研究表明这是姜戎所创造的文化，因此被称作"姜炎文化"或"姜戎文化"。[③] 姜戎文化与连裆袋足鬲为特征的先周文化来源不同，又在周原地区融合交汇，分别代表炎帝族后裔和黄帝族后裔，在姜戎文化墓葬中亦保存着以石块随葬的习俗。

羌人的白石崇拜与火崇拜是合一的。语言学家认为，白石的原意是指打着火的石头Bluphi。[④] 羌人的民间史诗《蒙格西送火》中燃比娃为了人类从天上盗火，将火存于白石之中，白石指能打着火的燧石。[⑤] 白石是火崇拜和石崇拜的统一体。人间有了火，才有温暖和光明，才能战胜寒冬和漫长的黑夜，人类才吃能熟食，进而促进人类体质的发展和文明的进步。

白石崇拜是一种原始自然崇拜。铁器时代之前，石器是人类最重要的生产工具，而岩石是石器的原料，人类以其制作武器和工具。岩石是人类史前时期最为重视和依赖的物质之一，因此史前人类崇拜岩石。在史前人类看来，石头内含着超自然的能力，这一观念与古人对玉器的认识相同。在古人看来，玉即为石之一种，《说文》中说："玉，石之美者。"中国大多数史前文化中都有用玉的习俗，将玉作为通神的工具。对玉的这种崇敬心理当为石崇拜的延伸。而羌人所流传的白石崇拜当为比玉崇拜更悠远的原始信仰，羌系民族甚至将白石崇拜与祖先崇拜结合起来，将白石看作羌族的祖先神。

以白石作为祖先、生殖灵物，在氐羌系民族神话中颇为多见。白石在古羌人心目中具有生殖功能和阐释族源的功能。羌族史诗《木姐珠与斗安珠》记载，木姐珠从天庭来到喀尔克别山上牧羊与斗安珠相会，便是在一块石头上："山上有个大石包，石包上面垒白石，公主打坐白石上，手拧毛线守羊群。"这实际上是将石头作为灵媒。木姐珠与斗安珠到人间时，天神送给他们三块白石，把他们祭在人间的房顶上，认为看见它便看见了父母。这也象征着白石与人之间的血缘关系。白石崇拜与生殖崇拜、祖先崇拜结合，使白石成了羌族祖先神的象征。

山是岩石的来源之所，因此白石崇拜实际上也就是山崇拜。羌族每年都会举行祭山大典，是羌族最为隆重的祭祀活动。正因为羌族崇拜山，所以《尚书·尧典》中有"四岳"以所崇拜的山作名。[⑥] 四岳之名也是以神名作为王名和族名。

---

① 参见沈仲常、黄家祥：《白石崇拜遗俗考》，《文博》1985年第5期。

② 参见卢耀光：《略谈我队一九八〇年田野考古的重要收获》，《青海考古学会会刊》1981年第2期。

③ 参见邹衡：《论先周文化》，《夏商周考古学论文集》，文物出版社1980年版，第297～355页；邹衡：《再论先周文化》，《夏商周考古学论文集》(续集)，文物出版社1998年版，第261～270页。

④ 参见孙宏开：《试论"邛笼"文化与羌语支语言》，《民族研究》1986年第2期。

⑤ 参见冯骥才：《羌族口头遗产集成·神话传说卷》，中国文联出版社2009年版，第37～40页。

⑥ 参见《史记·齐太公世家》："太公望吕尚者，东海上人，其先祖尝为四岳，佐禹平水土……封于吕，或封于申，姓姜氏。"

（三）马家窑文化的太阳崇拜与蛙崇拜

石岭下类型和庙底沟型都是由崇拜太阳、鸟和火的部族所创造。庙底沟类型以圆形、弧边三角形和勾叶形构成的主要纹饰即太阳、鸟和火的形象。石岭下类型的彩陶器上有鸟的形象，鸟的头部周围呈旋涡状，代表火焰。

马家窑文化还发现有一种舞蹈纹的彩陶纹饰，见于上孙家寨、宗日等遗址。上孙家寨的彩陶盆 M384：1 上彩绘有三组人物图案（图 2-7-6）。每一组有 5 人，人有短辫，手拉手，两脚叉开，似有短尾。奇怪的是，两侧的人的手臂也是分成两叉形的。如果将人看作鸟似乎就解释得通了，所谓短辫应该是鸟喙，短尾是鸟尾。因此舞蹈纹描绘的当是装扮成鸟的人。每组人物之间还有弧形和斜向弧线形组成的图案，来自于庙底沟类型的圆点、弧边三角形和勾叶形，只是简化掉了圆点表示的太阳。

更为完整的纹饰见于宗日遗址出土的彩陶盆，也出于墓葬之中。陶盆 95TZM157：1 纹饰由两组舞蹈人物组成，分别为 11 人和 13 人。两组之间以圆点、勾叶和弧线组成。11 人中除第 3 个人外其余均为单腿站立，腹背部有一圆点，第 10 个人还有小短尾。13 人的纹饰后 4 人为腿分叉，其余为单腿。因此，整组纹饰表示的应该是鸟背负太阳的形象。有趣的是彩陶盆外侧还有纹饰，以弧线和鱼钩状组成，是蛙腿的简化形态。可见，彩陶盆上内外彩分别表示墓主的宗教信仰，即内彩表示太阳、鸟和火崇拜，外彩表示蛙崇拜（图 2-7-7）。同样的主题亦见于宗日彩陶盆 95TZM192：2 上，这组彩绘由 2 人组成，共 4 组。2 人相向，抬着一个圆形，当表示太阳。每组的间隔已经简化成横线和竖线。彩陶盆的外侧还有 3 条弧线表示的蛙纹（图 2-7-8）。最为简化的纹样形式见于一件藏品，仅以一人侧立抱着太阳，间隔以竖线、横线（图 2-7-10）。

马家窑文化的舞蹈纹彩陶纹饰表示的是先民对太阳的崇拜和祭祀，描绘的是拜日活动中的祭祀场景。这一舞蹈被称作“跳锅庄”，是羌人的宗教舞蹈，至今仍流行于羌族之中。

马家窑文化为羌人的祖先所创造，亦有文字作为证据。古羌字作“𠂹”，《说文解字》中许慎曰“不得其说”，实际上这个字正是马家窑文化彩陶器上的蛙纹。另外，金文中“羌”字作“羌”，上部从羊，下部是侧立人形，身上带一圆点表示负日之形，正与舞蹈纹饰的人物相同。过去只指上部，而忽视下部人身上的一个圆点，通过比对彩陶，才明其本义。两字都与羌人的宗教信仰有关，马家窑文化为羌人的祖先所创造。

六、女　娲

马家窑文化的蛙崇拜是一种图腾崇拜，后来这一信仰产生了部族的至高神和人类的创始神——女娲。女娲来自于蛙崇拜，禹兴于西羌，禹又为女娲之后，马家窑文化为羌人所创造，又崇拜蛙。至夏商周时期直至现代，羌人仍崇拜蛙，可见女娲为蛙崇拜产生的至上神、创始神信仰。汉代时女娲与伏羲相配，从而成了蛇形。伏羲与太皞相合为日精，女娲为月精。汉画中女娲配以月轮，伏羲配以日轮。

女娲被司马贞记于《三皇本纪》中，并作为三皇之一。《三皇本纪》作为晚出的文献，带有非常多的古史整合的痕迹，如“风”本为太昊的姓，将太昊伏羲整合，伏羲也得了风姓，又将女娲配给伏羲，从而使女娲也是风姓。伏羲和太昊本为两尊神，早已为史学家所区分，但随着东西方文化的融合，两神合一。正如徐旭生所说，除了颛顼高阳之外，其余所谓炎帝神农氏，太昊伏羲氏等均为古史整合的结果。[①]

女娲是存在于文献中的神灵，到秦汉间仍被作为神来供奉，人们最熟悉的是她造人的传说和补天的传说，并没有像黄帝、炎帝等被人格化，只在司马贞《三皇本纪》等少量文献中称其为"有娲氏"或"女娲氏"，与大庭氏、轩辕氏相类，被看作远古的部族。这大约是女娲过于久远的原因。从信仰的角度上看，这一图腾神已经升格而为部族的保护神、始祖神和人类的创始神。

女娲见于《山海经·大荒西经》中："有神十人，名曰女娲之肠，化为神，处栗广之野，横道而处。"郭璞注曰："女娲，古神女而帝者，人面蛇身，一日七十化，其腹化为此神。"[②]这十个神人是女娲氏的后裔，称作"女娲之肠"。郭氏说也称作"女娲之腹"。肠位于腹内，大约是相通的。《白虎通》曰："大肠者，传道之官，变化出焉。小肠者，受盛之官，化物出焉。"古人认为肠具有化育的功能，而腹还具有生育的功能。由此可见，女娲与化育生殖相关。在马家窑文化的蛙人纹中，蛙多作分开双腿的生育状，有的具象人像还着重画出乳房或生育器官，表明先民崇拜蛙主要是因其多子的特性，属于生殖崇拜信仰。《大荒西经》中的女娲之肠（腹）一下生出十个神人，类似蛙一下生许多子来。十个神人所在的栗广之野，我们不知道具体在何处，但是此条被记于《大荒西经》之中，位于西方是没有问题的，可能正是马家窑文化分布的甘青地区。"横道而处"大概是说十个部族东西向分布，从地形上分析，可能位于河西走廊，即马家窑文化分布的最西端。

七、羌人的羊崇拜

顾颉刚在《九州之戎与戎禹》一文中说："姜之与羌，其字出于同源，盖彼族以羊为图腾，故在姓为姜，在种为羌。"《说文》："羌，西戎牧羊人也。从人从羊，羊亦声。"甲骨文中，"羌"字由"羊"和一个侧立的"人"组成。

羌人的羊崇拜较晚，大约是在齐家文化及之后才形成，此时甘青地区大部分人群转化成以游牧业为主，羊成了羌人朝夕相伴的朋友，也是生存的来源，因此羌人崇拜羊，并将羊神圣化，视之为神灵。在一些羌人活动地区，羌民所供奉的神全是"羊身人面"。羌族少年成年礼时，羌族巫师把白羊毛线拴在被祝福者的颈项上，以求"羊神"保佑。羌族巫师所戴的法帽有两个角，是用羊皮制成的。巫师的法器也多用羊角、羊皮、羊骨等制成。羌人在祭祀活动中也常用羊作祭品，如在祭祀山神时也多以羊祭山。[③] 金文的"羌"字，上为羊头，下为负日之形，表明了羌人的羊崇拜和太阳崇拜信仰。

综上所述，马家窑文化文化主要是女娲炎帝部族创造的考古学文化，两者均是羌人的祖先神（宗神）和崇拜的神灵。炎帝为羌人祖先，来源于羌人的火崇拜。在马家窑文化晚期，西北地区面临干旱化的气候压力，曾经以农业为主的炎帝部族不得不做出适应性改变，一部分人群改变生业方式，逐渐游牧化，另一部分人则逐渐迁移。当时的迁移路线

---

① 参见徐旭生：《中国古史的传说时代》，广西师范大学出版社 2003 年版，第 197～215 页。

② 郭璞说女娲人面蛇身，是女娲与伏羲结合的缘故。

③ 参见赵晓培：《论羌族的自然崇拜和多神信仰》，《宗教学研究》2012 年第 1 期。

有两条：一条顺着黄河往北，但是同样受气候影响的黄帝部族也在逐渐南下，因此炎黄部族之间发生了争夺生存空间的战争，鉴于两族之间悠久的渊源关系，很快两族共和，融合到一起。反映在考古学文化上就是关中地区的考古学文化不仅包括马家窑文化因素，也包含一部分北方文化因素。黄帝族偏于北方，往东越过吕梁山，进入晋中南、冀北地区。炎帝族顺渭水而下，从而进入中原。这与徐旭生梳理的两族东进路线正相符合。

由于气候变化，西北地区的人群逐渐转变了生产方式，以放牧羊、牛、马为主，形成游牧人群。这一趋势从齐家文化时期开始，到两周时期才逐渐完成。

八、结　论

综上，黄土高原上主要生活着两大部族——黄帝和炎帝部族。黄帝部族是崇拜黄土地的族群，以黄土地的神化——黄帝作为至上神，主要分布于陕北、晋南和冀北地区，即黄土高原的东部偏北。在2000余年的气候变迁中，这些崇拜黄土地的族群曾经改变经济形态，由农业人群转变为半农半牧或牧民，正如周人的祖先。陕北、晋中北和内蒙古中南部的仰韶文化诸分支主要为黄帝部族所创造。

炎帝部族主要居于渭河盆地，顺渭河至黄河中下游往东扩张。这部分人群来自于女娲部族，女娲是黄河上游和湟水流域的马家窑文化先民崇拜的神灵。河湟地区人群在马家窑文化时期主要从事农业，到齐家文化时为半农半牧人群，辛店、卡约文化时期成为游牧人群。由于优越的地理环境，渭水流域的炎帝族群一直保持着农业经济生产。

到庙底沟二期文化时期，两地的文化逐渐趋同，以灰陶为主，有较多的夹砂陶，器型以斝、小口罐、鼎、平底罐为主，纹饰多绳纹和附加堆纹。黄帝和炎帝两大部族逐渐融合。以晋中陕北为代表的北方白燕类型还有小口双耳罐，当是与西北羌人交流的结果。龙山时期绳纹鬲、斝、罐、瓮等造型粗犷厚重的陶器形成了与中原东部有显著区别的器型组合。

东迁的羌人中有四岳族，为姜姓祖先。《史记·齐太公世家》："太公望吕尚者，东海上人，其先祖尝为四岳，佐禹平水土……封于吕，或封于申，姓姜氏。"四岳为姜姓的祖先，称吕尚为"东海上人"是为齐国入主鲁北而张本。

另有一支为夏族，《史记·六国年表》说："禹兴于西羌。"夏启有石生的传说，说明其来自于羌人。《汉书·武帝纪》颜师古注引《淮南子》："禹治鸿水，通轘辕山，化为熊。谓涂山氏曰：欲饷，闻鼓声乃来。禹跳石，误中鼓，涂山氏往，见禹方作熊，惭而去。至嵩高山下，化为石，方生启。禹曰：归我子！石破北方而启生。"禹也有石生的传说。《淮南子·修务训》："禹生于石。"《绎史》卷十一引《遁甲开山图》记载："古有大禹，女娲十九代孙……尧理天下，洪水既甚，人民垫溺，大禹念之，乃化生于石纽山泉。女狄暮汲水，得石子如珠，爱而吞之，有娠，十四月生子。及长能知泉源，代父鲧理洪水，尧帝知其功，如古大禹知水源，乃赐号禹。"白石崇拜为羌人的宗教信仰，由此可见禹和启来自于羌人。此外，需要明了的是，夏王族虽来自于羌人，但是并不等同于夏族即羌族。羌族是个广义的概念，夏王族为其分支。同时夏文化的创立者夏族也不等同于夏王族，因为夏族是个部落联合体形成的新"民族"。这正如说太昊族属于东夷部族，但是不能说东夷族等于太昊族。商出自夷人，但不等于夷人是商人。秦来自淮夷，但是秦文化与淮夷文化也不等同，也不能说淮夷就是秦人。夏商周都不是单纯的族群概念，而是在族群基础上形成的政治联合体和文明社会。

关于大禹、黄帝和女娲的年代，文献中有记载。《绎史》卷十一引《遁甲开山图》说："古有大禹，女娲十九代孙。"大禹生活在公元前 2000 年前后，按 30 年一世，女娲为公元前 2600 年前后，约当马家窑类型和半山类型之间，此时为蛙崇拜最兴盛至由盛转衰的时间。《竹书纪年》曰："黄帝至禹，为世三十。"由此可得出黄帝约为公元前 2900 年，即庙底沟二期开始的时间。笔者不认同两文献绝对真确，理论上讲女娲当早于黄帝，但是两者所处的时期与考古发现大致不差，女娲和黄帝大约处于仰韶文化的晚期是可信的。

第三节　后　羿

后羿是传说中东方的族群。后羿之名广见《山海经》《淮南子》《楚辞》等文献中。对羿的传说，顾颉刚、童书业曾经进行过系统的考证，认为文献中记载的羿："在西汉中年以前，羿的时代没有固定，有的书说他是尧时人，有的书说他是夏时人，又有书说他是周幽厉时人。"[①]由此可见，羿这一族从尧时到夏一直延续到西周末年。羿以善射而出名，《淮南子》曰："羿右臂长而善射。"《说文》释"羿"："帝喾射官，夏少康灭之。从弓开声。《论語》曰：'羿善射。'"由于后羿以善射著称，以致后世凡言射必称羿。

关于羿的记载有两种文本构成：一为神话文本。在神话中羿为尧时射十日、诛凿齿的超世英雄。《淮南子・本经训》载：

> 逮至尧之时，十日并出。焦禾稼，杀草木，而民无所食。猰貐、凿齿、九婴、大风、封豨、修蛇皆为民害。尧乃使羿诛凿齿于畴华之野，杀九婴于凶水之上，缴大风于青邱之泽，上射十日而下杀猰貐，断修蛇于洞庭，擒封豨于桑林。万民皆喜，置尧以为天子。

羿作为尧的功臣，诛凿齿、杀九婴、缴大风、射十日、杀猰貐、断修蛇、擒封豨，从而使万民拥护尧成为天子。凿齿、九婴、大风、十日等都是当时不服从于尧的部落。《山海经・海内经》载：

> 帝俊赐羿彤弓素矰，以扶下国，羿是始去恤下地之百艰。

帝俊即帝喾[②]，为《山海经》中最显赫的神灵，十日和十月之父。这段的意思是，帝俊赐给羿朱红色的弓，一种用白色羽毛装饰并系着丝绳的箭，安扶众国，体恤、周济生存艰辛的百姓，指的也是诛凿齿等部族的事件。

到春秋时，屈原已经不明白这则故事里射十日的本义了，因为射日似乎是一则荒诞

---

① 参见顾颉刚、童书业：《夏史三论》，《古史辨》第 7 册，上海古籍出版社 1982 年版，第 232～233 页。

② 参见王国维：《殷卜辞中所见先公先王考》，《观堂集林》，中华书局 1959 年版，第 409～436 页。

不经的神话，于是《楚辞·天问》云："羿焉射日？乌焉解羽？"王逸注："《淮南》言尧时十日并出，草木焦枯。尧命羿仰射十日，中其九日，日中九乌皆死，堕其羽翼，故留其一日也。"

这些看似神话的故事，表明在尧时可能确实存在后羿作为尧臣，诛杀了一些邪恶的异族，从而使天下安定的事实。

二为历史文本。在历史文本中羿的时代稍晚，为夏时乱夏的臣子。

《楚辞·天问》：

> 帝降夷羿，革孽夏民。

《左传·襄公四年》，魏庄子曰：

> 昔有夏之衰也，后羿自钼迁于穷石，因夏人而代夏政。恃其射也，不修人事，而信用伯明氏之谗子寒浞。浞杀羿，烹之，以食其子，子不忍食，杀于穷门。浞因羿室，生浇及豷。使浇灭斟灌氏及斟寻氏，而相为浇所灭，后缗归于有仍，生少康。有夏之臣靡，自有鬲收二国之烬以灭浞，而立少康。少康灭浇于过，后杼灭豷于戈，有穷遂亡。

张守节《史记正义》引《帝王纪》：

> 帝羿有穷氏未闻其姓何先。帝喾以上，世掌射正。至喾，赐以彤弓素矢，封之于钼，为帝司射，历虞、夏。羿学射于吉甫，其臂长，故以善射闻。及夏之衰，自钼迁于穷石，因夏民以代夏政。

羿的地望，一般根据夷羿这一名称，认为属于东夷。羿在代夏之前，自钼迁于穷石。《史记正义》引《括地志》云："故钼城在滑州韦城县东十里。晋地记云河南有穷谷，盖本有穷氏所迁也。"穷石所在地，一说在今河南孟县西，即穷谷。王隐《晋书·地道记》："河阳有穷谷，盖本有穷氏所迁也。"一说在今安徽霍邱县西南。一说在今山东德州市南。《水经注·河水》："平原鬲县故城西，故有穷后羿国也。"《路史·余论·夏世侯伯》："今寿之安丰有穷谷、穷水，即穷石。"从后羿的进攻路线看，钼位于豫北，穷谷当位于河南孟县的穷谷，今属孟州。后羿自豫北往豫西迁徙和进攻。

羿为尧臣，尧都在晋南，《帝王世纪》中说"尧都平阳"，地处襄汾，陶寺遗址被越来越多的学者认为是尧的都城。后羿为尧臣，有穷国当在其左近。后羿的地望在《山海经》中也有线索。在《山海经》中，昆仑为黄土高原的神化。《海内西经》载：

> 海内昆仑之虚，在西北，帝之下都。昆仑之虚，方八百里，高万仞。上有木禾，长五寻，大五围。面有九井，以玉为槛。面有九门，门有开明兽守之，百神之所在。在八隅之岩，赤水之际，非仁羿莫能上冈之岩。

从这里的描述看，羿位于黄土高原的边缘地带。帝是天神上帝，昆仑是帝之下都，高万仞。神圣的昆仑作为圣都，只有仁慈的羿才能登上去，因为羿曾经"以扶下国"。《海内经》："帝俊赐羿彤弓素矰，以扶下国，羿是始去恤下地之百艰。"下国指住在昆仑周边的古国，即黄土地高原外缘第一阶梯的古国，这些地区位于黄土高原外缘的平原地带，地势低平，因此称“下国”。

后羿诛凿齿于畴华之野，郭璞注“畴华”为古泽名，应该指鲁西南地区的大泽之一。该处湖泽众多，有雷泽、巨野泽等，正属于大汶口文化西进中原的地区。巨野县有蚩尤墓，凿齿族即蚩尤族，蚩尤为凿齿族的英雄祖先，该地世代祭祀。

因此，后羿之国当位于冀中南、豫北地区，该地毗邻鲁中南地区的蚩尤、凿齿、十日之族。羿族由冀南迁往豫北，又至豫中，从而代夏。这一路线正与商人灭夏的路径相同。而商人又是帝喾之后，后羿又是帝喾(帝尧)之臣，恐非巧合。商族和羿族很可能同属古代一大文化圈。

冀中南、豫北地区的新石器时代文化序列为磁山文化、后岗一期文化、大司空文化、永年类型、台口类型、后岗二期文化。该地仰韶晚期文化和龙山文化被认为属于仰韶文化和河南龙山文化的地方类型，主要有后岗一期文化(前4500～前3500年)、大司空文化(前3100～前2700年)、后岗二期文化(前2600～前2000年)，前两者属于仰韶文化时期，后者属于河南龙山文化。

后岗二期文化的陶器以灰陶为主，有少量黑陶和白陶，纹饰以绳纹为主，有少量篮纹和方格纹，常见器形有深腹罐、斝、甗、豆、器盖等。斝和直柄豆与陶寺类型的同类器相似，甗、器盖和平底盘与山东龙山文化的同类器相同。前者显示了有羿与尧的关系，而后者显示了与东夷部族的关系。因此，后羿部族主要活动于冀南、鲁西北一带。

一般认为后岗二期文化是先商文化的来源，后岗二期文化中又有后羿一支，他们对中原的经略路线相同。后羿、商族与东夷的关系几经波折，后羿战十日、诛凿齿、缴大风，三族皆与大汶口文化晚期和山东龙山文化有关。大风可能是太昊的一支，太昊“风”姓，其所在的青邱，或以为位于青州，即潍坊一带，与后来的寒浞所在潍坊寒亭相距不远。而在夏代早期，后羿有臣寒浞，说明羿与东夷联合。后羿灭夏，寒浞代之，两族又相离间。到商汤时，汤娶有莘氏(位于今山东曹县)而有伊尹，商夷建立联盟，伊尹间夏，商汤代夏而王。岳石文化属于夏代文化，少康复国之后，被击退的东夷人回到东方，改变了当地的文化面貌，从而形成了岳石文化。岳石文化既包含一些龙山文化晚期的文化因素，陶器往厚重实用发展，又有许多二里头文化的因素。进入商代之后，商文化进入山东地区，逐渐取代岳石文化。夏族、后羿、商与东夷的关系构成了公元前4500～前3000年前后历史的主旋律。

第四节　颛　顼

颛顼为五帝中显赫的族群，在《史记》所构建的帝系中，禹、舜、楚、秦均出自颛顼一支，赵与秦共祖，自然也是其子嗣。不过从文献上看，秦为少昊之后，颛顼为其母族。禹出西羌，应该与颛顼不同支，只是夏为黄帝和颛顼的部落联合体，从而被排在了黄帝之后。

除文献之外，考古材料也有提到颛顼为秦人的祖先。20世纪80年代陕西省凤翔县南指挥村秦宫一号大墓出土的石磬残铭与1982年出土的另一块残铭缀合后，共得37字，最后17字为：

天子匽喜，共桓是嗣。高阳有灵，四方以宓平。[①]

另有两块残铭也有大体相同的文字，只是残损更严重。这两句铭文称自己继承共公、桓公，从而知作器都是秦景公(前576～前537年在位)。[②] 秦景公称"高阳有灵，四方以宓平"，即祈求高阳的神灵保佑，使其平定天下，统一四方。铭文与《史记·秦本纪》记载的秦人起源相符合："秦之先，帝颛顼之苗裔孙曰女修。女修织，玄鸟陨卵，女修吞之，生子大业。"秦人的祖先为大业，是少昊族和颛顼族的联合，少昊为父族，颛顼为母族。《史记·秦本纪》司马贞《索隐》中说："秦、赵以母族而祖颛顼，非生人之义也。"正因颛顼是秦人的母族，因此自秦襄公至秦亡所作的六畤中，除密畤、上畤、下畤分别为青帝、黄帝、炎帝的郊祭外，其余三畤西畤、鄜畤、畦畤都是祭祀少昊，并未立颛顼之畤。

颛顼的地望，多依《史记集解》中皇甫谧所说的颛顼"都帝丘，今东郡濮阳是也"，认为位于河南濮阳。徐旭生也从此说，由此将颛顼归入华夏集团。但文献中记载颛顼之后祝融居南方，因此徐氏又不得不将一众颛顼后裔祝融、欢兜、穷蝉等归入苗蛮集团，从而使颛顼这一大支分属两个集团。[③] 因此，有理由怀疑颛顼都帝丘的记载。颛顼的都，很可能与太昊之墟在陈的记载相同，是部族迁移的结果。也就是说，颛顼原居江汉地区，后来随着部族的扩张，扩张到了豫东地区。正如太昊原居鲁中南地区，随着部族的西迁，最终至中原都于陈地。颛顼原居地很可能与其后裔一样处于江汉地区。只是随着部族迁徙，扩张并都于"帝丘"——豫东一带。

20世纪40年代，徐旭生整理中国的古史系统，指出南方属于苗蛮集团。他说："这个集团，古人有时叫它作蛮，有时叫它作苗，我们感觉不到这两个名词中间有什么分别，所以综括两个名词，叫它作苗蛮。"又说，这一集团的地域以湖北、湖南、江西等地为中心，东部以今日豫、鄂边境的大别山脉为界，比邻于东夷；西部越南阳侵入伏牛山、外方各山脉间，与华夏集团对峙。传说中的伏羲、女娲和祝融氏族属于这一集团，另外还有三苗、驩头、梼杌等族。[④] 可见，徐先生所谓的"苗蛮集团"包含祝融、三苗、驩头、梼杌等众多族群，与南方集团的统称"南蛮"是一样的。

除了"苗蛮"外，文献中还有"楚蛮"这一称呼。《史记·楚世家》中记载："熊绎当周成王之时，举文、武勤劳之后嗣，而封熊绎于楚蛮，封以子男之田，姓芈姓，居丹阳。"可见楚国之名来源于楚蛮，楚蛮早于楚国，是楚地先民。[⑤] 春秋时楚国别称为"荆"，文献中荆、楚互通用，楚蛮又称作"荆楚"。《诗经·商颂·殷武》中记载："挞彼殷武，奋伐荆楚……维女荆楚，居国南乡。"这是首歌颂殷王武丁的诗歌，荆楚于成汤时臣服于商，后来商王朝失去了对其控制，到武丁时又南征荆楚，争夺对该地区的领导权。

古文献中的三苗与楚蛮虽都属于南蛮集团，但是并不是同族。楚人的祖先为颛顼，

① 王辉等：《秦公大墓石磬残铭考释》，《"中央研究院"历史语言研究所集刊》第六十七本第二分，1996年，第264页。

② 参见王辉等：《秦公大墓石磬残铭考释》，《"中央研究院"历史语言研究所集刊》第六十七本第二分，1996年，第263页。

③ 参见徐旭生：《中国古史的传说时代》，广西师范大学出版社，2003年版第57～60页。

④ 参见徐旭生：《中国古史的传说时代》，广西师范大学出版社，2003年版，第57页。

⑤ 参见何介钧：《关于楚蛮和楚族族源的断想》，楚文化研究会编：《楚文化研究论集》第三集，湖北人民出版社1994年版，第11～23页。

《史记·楚世家》中记载:“楚之先祖,出自帝颛顼高阳……季连,芈姓,楚其后也。”司马贞《史记索隐》引宋衷云:“颛顼,名;高阳,有天下号也。”屈原在《离骚》中自称是“帝高阳之苗裔兮”。1994年出土的新蔡葛陵简记载:“昔我先出自颛顼,宅兹(沮)漳……”[①]可与《楚世家》的记载相印证。因此,颛顼为楚人始祖应该是没有问题的。

三苗可以上溯至九黎部族,《国语·楚语下》中记有:“及少昊之衰也,九黎乱德,民神杂糅,不可方物……其后,三苗复九黎之德,尧复育重黎之后,不忘旧者,使复典之。”韦昭注:“三苗之民即九黎之后。”《山海经·大荒北经》记载:“苗民釐姓。”釐、黎上古音相通,“釐姓”当即“黎姓”,说明苗民从九黎部族中发展而来。《尚书·吕刑》孔疏引郑玄说也认为三苗即九黎之后。

文献中九黎部族的首领为蚩尤,孔安国《集解》中说:“九黎君号蚩尤。”《尚书·吕刑》马融注:“蚩尤,少昊之末,九黎之君。”苗族尊蚩尤为始祖,把他当祖先和英雄。据在苗族聚居地区的民族学调查,今苗族多“古三苗遗种”,《炎徼纪闻》中记载:“苗人,古三苗之裔也,自长沙、沅、辰以南尽夜郎之境往往有之,与氐夷混杂,通曰南蛮。”“氐夷”指南下的中原人和南方土著居民,“南蛮”是三者的统称。古代《苗经》及苗族的《姓氏歌》中都说苗族的首领是“纹黎够尤”,即“九黎蚩尤”。苗族人称蚩尤为“尤公”,川南、黔西北等苗族聚居区建有祭祀祖先的蚩尤庙[②],世代祭祀蚩尤。由此可证,苗族为九黎部族之后裔,奉蚩尤为先祖。

从时代上看,三苗晚于九黎。根据文献记载,九黎与颛顼同时,而三苗属于尧舜禹时期。如《墨子·非攻下》中记载:“禹亲把天之瑞令,以征有苗。”《史记·五帝本纪》中记有舜“迁三苗于三危,以变西戎”等。学界常误把三苗提前到颛顼的时代,这是因为《尚书·吕刑》中有“蚩尤惟始作乱”“苗民弗用灵”的记载。不过如果对照《史记·历书》和《国语·楚语》中记载的“绝地天通”事件就可知,颛顼的宗教改革是针对九黎而不是三苗。如果将长江中游的史前文化与三苗族进行对应,只有石家河文化晚期即后石家河文化与之同时。而比三苗、楚蛮更早的部族,文献中只有颛顼及其后裔祝融等族。

三苗是九黎的后代,蚩尤是九黎的君长,属东夷集团,三苗应该是九黎族南下与颛顼族融合而形成的。在《山海经·大荒北经》中记有:“颛顼生驩头,驩头生苗民,苗民釐姓。”《风俗通义》中也说:“颛顼有子曰黎,为苗民。”两者将苗民当作颛顼的后人,应是部族融合在古史传说中的反映。《国语·楚语》中观射父说重和黎分别为南正与火正,火正黎也许就是南下的九黎族人的首领。[③]

由此,我们认为苗蛮集团当称“南蛮集团”,以与东夷、西羌、北狄等名称相对应,苗是南蛮集团中的一支。

既然颛顼为楚人的祖先,楚人的起源地应该是颛顼族的居地。周代时楚人居于江汉地区,其起源有四种观点:分别为“东来说”“西来说”“土著说”和“北来说”。[④] 由于“土著说”“北来说”有较多的文献或考古学证据,两者并存,其他两说少有人支持。“北来说”为

① 参见董珊:《新蔡楚简所见“颛顼”和“雎漳”》,《简帛文献考释论丛》,上海古籍出版社2014年版,第111～117页。

② 参见吴正彪:《蚩尤神话和苗族风俗浅探》,《黔南民族师专学报》1999年第4期。

③ 《史记·楚世家》中将重、黎合称。

④ 参见舒之梅:《五十年来楚族源研究综述》,《江汉论坛》1983年第3期。

传统的看法，傅斯年[①]、张荫麟[②]、徐旭生[③]等均主此说，认为楚族原居中原后南迁江汉。这是因为《左传·昭公十七年》有“郑，祝融之虚也”的记载。“土著说”认为楚族和楚文化一直是江汉地区土生土长，楚文化起源于江汉地区的原始文化之中。林惠祥在1936年即主此说：“荆人所立之国为楚。其族至春秋时尚自居于蛮夷，自别于‘诸夏’或‘中国’；诸夏亦称之为‘蛮荆’或‘荆蛮’。……大抵荆楚原为南方民族，至少自殷中叶即奠居江汉之荆山一带。”[④]

钩稽文献可知，楚人世居江汉地区。文献中记载：夏时“伯禹定荆州，季芈居其地”（《路史·后记》），“（帝癸）二十一年，商师征有洛，克之。遂征荆，荆降”（《今本竹书纪年》）。商时，“挞彼殷武，奋伐荆楚……维女荆楚，居国南乡。”（《诗经·商颂·殷武》）周时“及武王克商，薄姑、商奄，吾东土也。巴、濮、楚、邓吾南土也。”（《左传·昭公九年》）《左传·哀公六年》记载：“三代命祀，祭不越望。江、汉、睢（沮）、漳，楚之望也。”《史记·楚世家》记楚昭王的话说：“自吾先王受封，望不过江、汉。”这些文献记载说明楚先祖在周公封熊绎建国之前一直居住在江汉地区，是当地土著。文献中也记载有楚王族屡次自称“蛮夷”，可谓一种族群的自我认同。从考古发现上看，楚文化中的地方特色十分浓厚。随着江汉流域史前考古学文化序列的建立，以大溪、屈家岭、石家河文化为代表的原始文化自成一大系统。俞伟超、严文明等考古学家通过深入细致的考古学文化因素分析，结合对相关文献的研究，认为当地的史前文化即楚族和楚文化的渊源。[⑤] 楚地的商周文化遗存也显示出楚文化与江汉地区传统文化的密切关系。另外，萧兵通过分析《楚辞》中的南方文化因子，认为“楚民族作为一个整体来说，成分相当复杂，但是应以江汉沅湘流域的土著为主体则可无疑。广义楚文化（不仅是通常说的春秋战国时期的楚国考古学文化）南方色彩较浓，东方因子颇多，而西北信息特少。然而楚王族却十分明显而肯定地来自楚地偏南地域”[⑥]。因此，楚人为南方土著，正如高应勤所说：“楚不仅起源于沮漳河流域，而且在较长的时间内，楚国的政治中心也没有脱离这个流域。”[⑦]

由此可见，江汉地区的屈家岭、石家河文化应该是颛顼部族及其后裔为主所创造的文化。其后族群分化融合，有穷蝉、祝融、驩头（欢兜）、梼杌、吴回、陆终、虞舜等族。

（一）颛顼的来源

司马贞《史记索隐》引宋衷说：“颛顼，名；高阳，有天下号也。”司马迁《史记·五帝本纪》对颛顼的记述如下：

> 帝颛顼高阳者，黄帝之孙而昌意之子也。静渊以有谋，疏通而知事。养材以任

① 参见刘梦溪：《中国现代学术经典·傅斯年卷》，河北教育出版社1996年版，第357页。

② 参见张荫麟：《中国史纲》，上海古籍出版社1999年版，第55页。

③ 参见徐旭生：《中国古史的传说时代》（增订本），科学出版社1962年版，第167页。

④ 参见林惠祥：《中国民族史》上册，商务印书馆1993年版，第94～98页。

⑤ 参见俞伟超：《先楚与三苗文化的考古学推测》，《文物》1980年第10期；严文明：《中国史前文化的统一性与多样性》，《文物》1987年第3期。

⑥ 萧兵：《〈楚辞〉“灵保”“灵修”“莫敖”通考——兼论〈楚辞〉文化的南方因子》，《华南师院学报》（哲学社会科学版）1980年第3期。

⑦ 高应勤：《试论沮漳河流域是探索早期楚文化的中心》，《文物》1982年第4期。

> 地，载时以象天，依鬼神以制义，治气以教化，絜诚以祭祀。北至于幽陵，南至于交阯，西至于流沙，东至于蟠木。动静之物，大小之神，日月所照，莫不砥属。

此记述相当简略，并且少人事而多神事。因有绝地天通的宗教改革，颛顼为我国古代第一位大宗教主。其神性基本是与太阳有关的。所谓“静渊以有谋，疏通而知事；养材以任地，载时以象天，依鬼神以制义，治气以教化，絜诚以祭祀”描述的正是太阳作为万物之源的功德。“载时以象天”指太阳运行以授时。所谓“北至于幽陵，南至于交阯，西至于流沙，东至于蟠木”，章炳麟于《封建考》中说：“昔在颛顼，地东至蟠木，南至交趾。蟠木者，一曰榑木，则扶桑也。”指太阳所居之处。东、西、南、北四至，实为太阳运行的四极。所谓“动静之物，大小之神，日月所照，莫不砥属”，张守节《史记正义》中说“动静之物”指动物和植物，“大小之神”分别指“五岳、四渎”和“丘陵坟衍”。太阳月亮能照耀到的地方，所有的生物和大小神灵都归其统领。因此，丁山说：“高阳，即是高明的太阳。”[①]宿白也认为“颛顼即是高阳，高阳就是太阳”[②]。屈原《九歌》里所祀的“东皇太一”，是楚人崇拜的最高神，所谓“东皇”当也是指太阳或源于太阳神信仰。而“东君”即太阳神。屈原在《九歌》中对东君和东皇太一大加赞美，并描述了对其隆重的祭祀，说明太阳崇拜在楚地有悠久的历史。祝融为颛顼后裔，为三楚先之一。裴骃《史记集解》引虞翻云“祝，大。融，明也”，即大明。《礼记·礼器》曰“大明生于东”，郑玄注“大明，日也”，大明即太阳。太阳即火，《论衡·诘术》中说：“日，火也，在天为日，在地为火。”祝融亦为火神。因此，颛顼、祝融与太昊、少昊一样，都具有太阳神的神格。

史前时期的江、汉、沅、湘诸流域，也是太阳崇拜最兴盛的地区之一。

（二）江汉地区新石器时代晚期考古学文化

长江中游已经建立起完备的新石器时代考古学文化序列：大溪文化、屈家岭文化和石家河文化。大溪文化的时代为公元前4500～前3500年。屈家岭文化为公元前3600～前3000年。石家河文化可分为早、晚两期：早期当为公元前3000年～前2300年，晚期为公元前2300～前1800年。大溪文化至石家河文化早期属于仰韶文化时期。石家河文化晚期属于龙山时代，有的学者称作“后石家河文化”[③]或“三房湾文化”[④]。

石家河文化的中心位于江汉平原，以湖北天门石家河遗址群而得名。[⑤]石家河遗址群位于湖北省天门市西北约17公里处，属大洪山南麓的垄岗状平原区。以石家河古城为中心，在城内外约8平方公里的范围内密集分布着30余处新石器时代遗址。[⑥]石家河古城始建于屈家岭文化时期，沿用至石家河文化时期，面积达100万平方米，是石家河文化的中心聚落。城内有三房湾制陶区、罗家柏岭玉石制作区、邓家湾祭祀区、谭家岭居住

---

① 丁山：《中国古代宗教与神话考》，龙门联合书局1961年版，第365、366页。

② 宿白：《颛顼考》，《中国留日同学会季刊》第5号，1943年9月，第30～36页。

③ 参见孟华平：《长江中游史前文化结构》，长江文艺出版社1997年版，第101页。

④ 参见王劲：《后石家河文化定名的思考》，《江汉考古》2007年第1期。

⑤ 参见石河考古队：《湖北省石河遗址群1987年发掘简报》，《文物》1990年第8期。

⑥ 参见石家河考古队：《石家河遗址调查报告》，四川大学博物馆等编：《南方民族考古》第5辑，四川科学技术出版社1992年版，第214页。

区、肖家屋脊墓葬区。[①]

从大溪文化时期，江汉平原与黄河中游史前文化就有联系，大溪文化的彩陶与仰韶文化存在相似之处。到屈家岭文化时期，屈家岭文化逐渐往北扩展。早期对中原的影响相对较弱，影响范围集中于豫西南地区。有学者将豫西南地区的屈家岭文化与鄂西北归为同一文化区，称作"青龙泉类型"或"青龙泉二期类型"。[②] 到屈家岭文化晚期，南阳盆地和丹江流域均发现了丰富的屈家岭文化遗存，其中湖北郧阳青龙泉、大寺，河南淅川下集，邓州八里岗等遗址的屈家岭文化层叠压在仰韶文化层之上，说明屈家岭文化扩张并占据了豫西南地区。[③]

石家河文化早期时青龙泉二期类型演化为石家河文化青龙泉三期类型，分布于汉水中上游、丹江中下游、唐白河流域和淮源部分地区。[④] 中原地区的庙底沟二期文化受其强烈影响，庙底沟二期遗址中的盘口盆、泥质红陶喇叭口杯即是受石家河文化影响而产生的。与之同时，石家河文化与大汶口文化相遇于豫东南，两支考古学文化对彼此都产生了强烈的影响。

龙山时期长江中游和黄河中游的史前文化分别为后石家河文化和王湾三期文化，两地的文化交流更加深入广泛。王湾三期可分为郑洛区和汝颍区。[⑤] 时代上可分为前、后两期：前期为公元前 2300～前 2100 年，后期为公元前 2100 年～前 1800 年。王湾三期文化前期豫南地区为石家河文化青龙泉三期的分布区，豫中、豫西地区属王湾三期分布区。到王湾三期文化后期，两地的文化面貌都发生了较大的变化，彼此出现了一些共有的文化因素。

汝颍地区的龙山文化又称"河南龙山文化煤山类型"，靳松安、王劲认为后石家河文化是受煤山类型影响形成的。[⑥] 张绪球等认为后石家河文化是由石家河文化本身自然发展而来。[⑦] 刘俊男则将豫西、豫南和湖北地区这种统一的文化称作"后石家河文化"。[⑧] 从文化因素上分析，煤山类型是在北迁的石家河文化和当地原有文化因素的基础上相结合形成的。有学者认为王湾三期来源于仰韶文化谷水河类型[⑨]或大河村类型[⑩]，皆因两者包含一部分屈家岭—石家河文化的文化因素。实际上，汝颍区的龙山文化因素主要来自于江汉地区。该类型与颛顼及后裔祝融、虞舜有关。

长江中游对黄河中游史前文化的影响，不仅带来陶器群上的变化，更直接的反映是

---

① 参见张绪球：《长江中游新石器时代文化概论》，湖北科学技术出版社 1992 年版，第 233 页。

② 参见祈国钧：《试论屈家岭文化的类型与相关问题》，《江汉考古》1986 年第 4 期；樊力：《论屈家岭文化青龙泉二期类型》，《考古》1998 年第 11 期。

③ 参见樊力：《豫西南地区新石器文化的发展序列及其与邻近地区的关系》，《考古学报》2000 年第 2 期。

④ 参见樊力：《论石家河文化青龙泉三期类型》，《考古与文物》1999 年第 4 期。

⑤ 参见韩建业、杨新改：《王湾三期文化研究》，《考古学报》1997 年第 1 期。

⑥ 参见靳松安：《王湾三期文化的南渐及其相关问题》，《中原文物》2010 年第 1 期；王劲：《后石家河文化定名的思考》，《江汉考古》2007 年第 1 期。

⑦ 参见张绪球：《长江中游新石器时代文化概论》，湖北科学技术出版社 1992 年版，第 245～274 页。

⑧ 参见刘俊男：《石家河文化的北渐及其对豫中西地区的影响》，《中原文物》2013 年第 1 期。

⑨ 参见韩建业、杨新改：《王湾三期文化研究》，《考古学报》1997 年第 1 期。

⑩ 参见中国社会科学院考古研究所：《新中国的考古发现和研究》，文物出版社 1984 年版，第 78 页。

北方中原地区出现了南方的埋葬习俗[①]，说明部分长江中游的古居民移居到了中原地区。从屈家岭文化晚期到石家河文化时期的这种大规模长达数百年的交流与融合，终于形成了一种新的文化格局。

二里头文化属于夏文化遗存[②]，关于其来源，多数学者认为是在王湾三期文化的基础上形成的。不过王湾三期文化却是在北上的长江中游史前文化影响下形成的。二里头文化中发现的玉柄形器、玉鸟形器(鹰形笄)、簋、长颈壶、细袋足鬶、袋足盉、刻槽盆、广肩瓮、蘑菇钮器盖等均可在长江中游史前文化中找到来源，有的可以追溯到屈家岭或大溪文化之中。二里头文化的地域范围主要以河南大部、山西南部构成的中原地区和长江以北地区组成，并稍有扩展。其居民构成也以中原和长江中游两地古居民为主。以中原龙山文化晚期和长江流域后石家河文化为基础的这一广大区域便是夏王朝的雏形。以此为背景，二里头文化南下又传回了江汉地区，钟祥乱葬岗[③]、江陵荆南寺[④]、黄陂盘龙城[⑤]和宜昌白庙[⑥]、中堡岛[⑦]、下岸[⑧]等遗址均发现丰富的二里头文化遗存，从而使该地区融入了二里头文化圈。

二里头文化作为夏代文化，主要由两支考古学文化而来：仰韶文化庙底沟二期遗存和石家河文化。庙底沟二期类型发展为王湾三期文化郑洛类型，石家河文化青龙泉三期类型发展为王湾三期文化汝颍类型。在龙山时代末期、新砦期时又受到了来自西边齐家文化的影响，最终形成了二里头文化。齐家文化为羌人所创造，而禹所属的夏王族属于羌人中的一支。仰韶文化和石家河文化分别代表了两大势力：炎黄集团和南蛮集团，两集团结合构成了夏王朝的基础。炎黄集团和南蛮集团的高祖分别为黄帝和颛顼，所以《国语・鲁语》中说："夏后氏禘黄帝而祖颛顼，郊鲧而宗禹。"鲧属于颛顼族，禹属于炎黄部族。

（三）颛顼的宗教改革

虽然《史记・五帝本纪》中对颛顼的记载只有寥寥几笔，且少涉人事，但颛顼的宗教改革却闻名于后世，因此后世将颛顼视作宗教主。这场名为"绝地天通"的宗教改革记载于《尚书・吕刑》《国语・楚语》《山海经・大荒西经》之中，是颛顼的最大功绩。司马迁自称重黎的后裔，在《史记》的最后一篇《太史公自序》中也提到"昔在颛顼，命南正重以司天，北正黎以司地"。《历书》中全部采用了《国语・楚语》中的记载。可见，颛顼的宗教改革是上古时期一项影响深远的大事件。

对"绝地天通"记述最完整的是《国语・楚语》，观射夫是楚国的大夫，曾经参阅王朝子带到楚国的周室典籍，楚昭王就古绝地通天的事情问于观射父："《周书》所谓重、黎实使天地不通者，何也？若无然，民将能登天乎？"于是观射夫向昭王解释：

---

① 参见河南省文物考古研究所等：《河南汝州市煤山龙山文化墓葬发掘简报》，《考古》2011 年第 6 期

② 参见邹衡：《试论夏文化》，《夏商周考古学论文集》，文物出版社 1980 年版，第 95～182 页。

③ 参见荆州市博物馆等：《钟祥乱葬岗夏文化遗存清理简报》，《江汉考古》2001 年第 3 期。

④ 参见荆州地区博物馆等：《湖北江陵荆南寺遗址第一、二次发掘简报》，《考古》1989 年第 8 期。

⑤ 参见湖北省文物考古研究所：《盘龙城——1963～1994 年考古发掘报告》，文物出版社 2001 年版。

⑥ 参见湖北宜昌地区博物馆等：《湖北宜昌白庙遗址试掘简报》，《考古》1983 年第 5 期。

⑦ 参见湖北省宜昌地区博物等：《宜昌中堡岛新石器时代遗址》，《考古学报》1987 年第 1 期。

⑧ 参见国家文物局三峡考古队：《湖北宜昌下岸遗址发掘简报》，《考古》1999 年第 1 期。

> 非此之谓也。古者民神不杂。民之精爽不携贰者，而又能齐肃衷正，其智能上下比义，其圣能光远宣朗，其明能光照之，其聪能听彻之，如是则明神降之，在男曰觋，在女曰巫。是使制神之处位次主，而为之牲器时服，而后使先圣之后之有光烈，而能知山川之号、高祖之主、宗庙之事、昭穆之世、齐敬之勤、礼节之宜、威仪之则、容貌之崇、忠信之质、禋洁之服而敬恭明神者，以为之祝。使名姓之后，能知四时之生、牺牲之物、玉帛之类、采服之仪、彝器之量、次主之度、屏摄之位、坛场之所、上下之神、氏姓之出，而心率旧典者为之宗。于是乎有天地神民类物之官，是谓五官，各司其序，不相乱也。民是以能有忠信，神是以能有明德，民神异业，敬而不渎，故神降之嘉生，民以物享，祸灾不至，求用不匮。
>
> 及少皞之衰也，九黎乱德，民神杂糅，不可方物。夫人作享，家为巫史，无有要质。民匮于祀，而不知其福。烝享无度，民神同位。民渎齐盟，无有严威。神狎民则，不蠲其为。嘉生不降，无物以享。祸灾荐臻，莫尽其气。颛顼受之，乃命南正重司天以属神，命火正黎司地以属民，使复旧常，无相侵渎，是谓绝地天通。

前面说曾经有一个“民神不杂”的时代，所谓“不杂”就是不乱的意思，即民和神各司其职。后来到少昊晚期，民神杂糅，祭祀失序，民不向神祭祀，神也不向人间降福，导致灾祸发生。于是颛顼命令南正重司天向神祭祀，火正黎司地组织民间祭祀，从而恢复了社会秩序。这一“绝地天通”的宗教改革，实际上是以祝宗卜史的宗教战胜了巫教传统，从而使上下宗教分离，即社会上层和社会下层实行不同的宗教。这一改革也产生了天官（南正）和地官（火正）两种职官系统。[①]

石家河古城内外发现有丰富的宗教遗存。邓家湾遗址是古城内的祭祀区，发现大量墓葬和宗教遗迹，可分为屈家岭文化和石家河文化两个阶段。屈家岭文化时期的宗教遗迹有两个土台祭坛：其中一个中部有被烧过的石头，周围的灰烬中有烧过的骨头、石斧和彩陶杯等；另一个有两层红烧土面，并发现有宗教建筑。两个土台北面有排列有序的扣碗和盖鼎，旁边还有小孩骨架；南面有筒形器残片。主要的宗教物品为陶筒形器，器物形制特殊，共分三种：第一种是粗筒形器，周围有箍头附加堆纹，一般10～30余道；第二种是细筒形器，外表素面，顶部有尖圆形封口；第三种为乳钉筒形器，上部像细筒形器，下部像粗筒形器，中间有球形鼓出，球面上有长乳钉。[②] 筒形器当为组合使用，是整个部族举行宗教活动的圣物。

到石家河文化时期，邓家湾遗址的宗教活动更加繁盛。辟有专门的场地（祭址），以黄土或黄褐色土掺红烧土和碎陶片等筑成，上面放置大量的陶缸，现存可分成四组，原来可能连成一片。另外还有三处扣碗平置于场地北侧。另一重要祭祀遗迹为套缸遗迹，共发现有2处。东侧的套缸有3排，平面呈波浪形，长10米左右，中间一排保存较好，有24口陶缸相互套接；东部的有两排，东西向直线排列，残长9.1米，北排保存有23件陶缸，南排保存有13件。共发现有完整陶缸120多件，还有大量的残片，表明以陶缸祭祀极为频繁。有的陶缸上有刻划符号，如高足杯、号角、鸟、镰刀等。此外，还有陶偶和陶塑动

① 详见本书第二章第十一节《中国古代宗教》。

② 参见石家河考古队：《邓家湾》，文物出版社2003年版，第28～30页。

物，多出土于灰坑、洼地之中，有的与红陶杯、碎陶缸片等一起堆置在覆盖陶缸的堆积里。有些灰坑出土的陶塑动物数量达千个以上。另有陶塑动物和陶偶被倾倒在洼地里，积压成碎片难以尽数。陶塑动物有家畜（狗、猪、羊）、野兽（象、猴、兔、狐狸）、野禽（雉、猫头鹰、短尾鸟、长尾鸟）、水族动物（鱼、龟），其中狗、象、鸡和长尾鸟的数量最多，另外还有连体鸟。陶偶的姿势各异，有的为跪坐抱鱼式，像在举行某种献祭仪式，也有的跨腿站立、举腿起步或挥手抬足作舞蹈状①（图 1-1-66 至图 1-1-72）。

邓家湾宗教遗存从屈家岭到石家河的变化可能与颛顼的宗教改革有关。屈家岭文化时期的宗教活动单一而神圣，学者多认为筒形器用来祭祖，反映出氏族内部的族群认同，而石家河文化时期的宗教活动具有更大的广泛性也表达了更世俗的愿望。这些宗教遗存可分成两类：第一类为陶缸遗迹，包括祭址和套缸。陶缸为盛储器②，上刻镰刀说明系庆丰收的用具。③ 陶缸上刻划的高足杯和祭祀遗存中大量出土的红陶杯说明在庆祝时有共饮的行为；第二类主要由陶塑动物组成，发现的大量陶塑动物一般认为系献祭所用，如陶偶抱鱼、多种多样的动物、连体鸟等均具向神灵献祭的意味。颛顼“绝地天通”的宗教改革之后，命南正重司天、火正黎司地，说明上下层宗教已经分离。两种类型的宗教遗存或许正反映了两种宗教活动：第一类属民间宗教或称“下层宗教”，以庆祝丰收为主要内容，对应文献中的“火正黎司地以属民”；第二类属于上层宗教，把牺牲献祭给神灵，对应文献中的“南正重司天以属神”。

屈家岭文化过渡到石家河文化后，文化特征发生了一些变化。如石家河文化中出现陶鬶这一典型的大汶口—龙山文化系统的器物；大汶口文化和石家河文化中都使用形制相同的陶缸；以陶缸组成的“套缸”祭祀遗迹也见于安徽蒙城尉迟寺大汶口文化遗址中；两地陶缸上均使用刻划符号，有的符号又极为相似，说明它们有相同的宗教信仰。大汶口文化的宗教信仰多见于陶缸的刻划符号上面。尉迟寺、陵阳河、大朱村等遗址出土的陶缸上都发现有多种刻划符号，据统计共有 30 余件，其中“太阳、火”类组合出土最多，达半数以上。与石家河文化毗邻的尉迟寺遗址里此类符号尤为集中。这种太阳符号显系太阳崇拜的符记。由此可见，石家河文化和大汶口文化文化一样，都是由崇拜太阳的族群所创造。大汶口文化主要为太昊、少昊部族所创造，石家河文化当为颛顼部族所创造，两大部族联盟并通婚，秦、赵为其后裔中的分支。

“绝地天通”的事件记载于《国语·楚语》之中，观射父向楚昭王介绍的这一事件应该是楚国远古时期的宗教改革，也是仰韶时代到龙山时代变革的反映。④ 龙山时代巫教传统在中原和大部分区域消失，从而进入了祭祀文明时期。

（四）后石家河文化的玉器与族属认同

随着长江中游古居民北迁中原，文化中心转移，后石家河文化逐渐衰弱。石家河文

① 参见石家河考古队：《邓家湾》，文物出版社 2003 年版，第 174～226 页。

② 参见孙波等：《大口尊与刻画陶符说》，王巍主编：《中国古考古学会第十四次年会论文集》，文物出版社 2012 年版，第 169～180 页。

③ 参见严文明：《邓家湾考古的收获》，北京大学考古文博学院编：《考古学研究》（五），科学出版社 2003 年版，第 105～110 页。

④ 参见孙波：《再论大汶口文化向龙山文化的过渡续——也谈仰韶时代与龙山时代之间的转折》，北京联合大学考古学研究中心编：《早期中国研究》第 1 辑，文物出版社 2013 年版，第 146～165 页。

化北上与中原龙山文化结合形成了煤山类型，又传回江汉地区，是以后石家河的文化因素除继承石家河早期的之外，还包含大量中原龙山文化因素。文化因素的流动方向总是由文化发达的地区往滞后的地方传播。石家河文化分四个类型，即长江西陵峡区的白庙类型，鄂西地区的石板巷子类型，鄂西北、豫西南的乱石滩类型，江汉平原的三房湾类型①，其分布范围较石家河文化早期稍小。石家河古城周围的遗址数量减少，不过仍是后石家河文化的中心区，典型遗址有肖家屋脊、石板冲、邓家湾等遗址。

后石家河文化虽然包含大量中原龙山文化因素，但并不是后者的直接扩张。其墓葬一改石家河文化时期的土坑墓，大量使用瓮棺，出现了大型瓮馆葬群。这既不同于中原龙山文化，又不同于石家河文化。有学者认为瓮棺表达的是一种宗教信仰，与转生巫术有关。② 大型瓮棺葬用玉随葬，以人面像、蝉、虎、鸟最为重要，其所表现的宗教信仰，在大传统上延续了长江流域的传统。

玉人面像见于肖家屋脊、枣林岗、六合、罗家柏岭等遗址。以肖家屋脊的玉人像最多，该遗址共发现 7 件，仅墓葬 W6 就出土 6 件。其中 W6:32 是最精致的一件，人像头戴浅冠，头两侧上方有带扉棱的弯角形装饰。梭形眼，心形鼻，鼻尖外突。大嘴微张，露齿，两侧各有一对獠牙。耳郭分明，耳孔微凹，耳下戴大环(图 1-1-84)。其中表现其神性的特征主要体现在耳朵(包括耳侧两翼)、眼睛、獠牙和兽形嘴上。涡形耳实为长钩喙鸟的抽象变形，这种技法来源于良渚文化。如反山墓地 M12:98 玉琮上的鸟纹即为涡形，同墓所出玉钺 M12:100 上也有涡形鸟纹(图 1-1-38)。W6:32 有长獠牙，这种特征也见于反山出土的神人兽面像上，獠牙均为上獠牙位于内侧，下獠牙位于外侧。再往前追溯可到 7000 年前的高庙文化之中，如高庙遗址发现的陶罐 T1015⑧:16 颈部和上腹部(图 1-1-7)、残器底 T0813⑬:102(图 1-1-5,2)和陶钵 T15-01⑳:24 上的獠牙兽面，均为这种造型，并且在湖南大塘遗址也有发现(图 1-1-11)③，表明獠牙兽是一种固定的宗教纹饰。从獠牙、兽眼、兽嘴的特征上看，其原型为虎。玉虎也是后石家河文化最重要的玉器之一，主要有虎头和全身虎两种。以高庙文化为代表的沅湘流域诸文化中还没有神人出现，但也更接近宗教信仰的本源，说明神灵没有被人格化，属于自然崇拜。其纹饰内容以太阳、鸟和獠牙兽为主，因此这一传统的原型是太阳、鸟和虎。神人像 W6:32 为人面、鸟耳、虎嘴、虎牙、虎目，与良渚文化的神人兽面像一样，为人、鸟、虎的混合体，即人格化的太阳神的形象。

除了玉人面、玉虎、玉鸟外，最能表现后石家河文化信仰和族属的是玉蝉。后石家河文化中发现大量玉蝉，肖家屋脊、罗家柏岭、六合、枣林岗等遗址都有出土。这些玉蝉以大眼为主要特征，多放置于瓮棺葬的底部，蝉具有蜕皮羽化的特性，表现出一种独特的灵魂转生观念。

传说中颛顼的诞生与蝉有关。张守节《史记正义》引《河图》中记载："瑶光如蜺贯月，正白，感女枢于幽房之宫，生颛顼，首戴干戈，有德文也。"《说文》："蜺，寒蜩也。"《尔雅·

① 参见王劲:《后石家河文化定名的思考》,《江汉考古》2007 年第 1 期。

② 参见郭立新:《石家河文化晚期的瓮棺葬研究》,《四川文物》2005 年第 3 期。

③ 参见贺刚:《中国史前艺术神器的初步考察》,湖南省文物考古研究所编:《长江中游史前文化暨第二届亚洲文明学术讨论会论文集》,岳麓书社 1996 年版,第 280～305 页。

释虫》:“蜺,寒蜩。”戴震《方言疏证》中说:“月令,孟秋之月寒蝉鸣。郑注云:‘寒蝉,寒蜩,谓蜺也。’”扬雄《方言》释蝉:“蝉,楚谓之蜩。秦晋之间谓之蝉。”

颛顼后裔穷蝉以蝉为名。《史记·五帝本纪》中记载:“帝颛顼产子曰穷蝉。”《大戴礼记·帝系篇》中说:“颛顼产穷蝉。”何驽据《说文》释“琼”为“玉”认为穷蝉即琼蝉,也就是玉蝉。[①] 穷蝉之名当与该族崇拜蝉有关。这是一种图腾崇拜的思维。蝉是商代青铜器纹饰中唯一的昆虫,董作宾认为蝉是夏虫。刘敦愿认为蝉具有神圣的性质,其地位与古埃及崇拜的“神圣的甲虫”蜣螂相当。[②]

根据《史记》中《五帝本纪》《夏本纪》《楚世家》,禹、舜、楚出自颛顼,都有坼剖生产的传说。《史记·楚世家》:“楚之先祖出自帝颛顼高阳……吴回生陆终。陆终生子六人,坼剖而产焉。”另据《世本》记载:“陆终娶于鬼方氏之妹,谓之女嬇,生六子,孕而不育,三年,启其左胁,三人出焉;启其右胁,三人出焉。”近年发现的“清华简”《楚居》篇记有熊丽坼胁生产的记载。[③] 关于禹的传说,张守节在《史记正义》中说:“父鲧妻修己,见流星贯昴,梦接意感,又吞神珠薏苡,胸坼而生禹。”《竹书纪年》记载禹母“修己背剖,而生禹于石纽。”夏启“石破北(背)方而生启”[④]。对于这些匪夷所思的记载,“先儒学士多疑此事”,但认为“历代久远,莫足相证”[⑤]。蝉蛹蜕皮羽化成蝉,坼剖生产的传说当与颛顼族崇拜蝉的信仰有关。因此,蝉系颛顼及其后裔的宗教信仰,或可视为部族图腾或神灵。

后石家河文化的玉人面像体积较小,且多有穿孔,应系佩戴之物。佩戴先祖的神像,表达了一种希望先祖颛顼庇护的愿望,是族属认同的表现形式。由此可见,石家河文化当与颛顼部族有关。肖家屋脊 W6 和谭家岭 W9 可能是颛顼部族某一分支的领袖墓葬。肖家屋脊、谭家岭、罗家柏岭、枣林岗、六合等遗址应是楚人祖先创造的遗存。

综之,颛顼部族原居江汉,新石器时代晚期迁居豫东南和豫、鲁、皖交汇地带,距今 4000 年前后舜代尧而成为天下共主。虞夏时部分楚人回到江汉成为楚人的祖先。颛顼与少昊联姻,后世之秦、赵即来自于此。正因此,有学者认为楚来自中原,又有学者认为楚为江汉土著。

第五节　帝　喾

帝喾在古史中的记载较少。徐旭生就曾经感慨道:“对于这位人帝,我们没有好多话可说,因为材料太贫乏了。”罗泌也曾说:“帝喾之治天下,其迹之闻于代者,初无赫赫之功。”司马迁于《史记·五帝本纪》中这样记载:

> 高辛生而神灵,自言其名。普施利物,不于其身。聪以知远,明以察微。顺天之

---

① 参见何驽:《怎探古人何所思——精神文化考古理论与实践探索》,科学出版社 2015 年版,第 320 页。

② 参见刘敦愿:《中国古代艺术品所见昆虫崇拜——论商周时期‘蝉纹’含义》,《考古与文物》1988 年第 2 期。

③ 参见清华大学出土文献研究与保护中心编:《清华大学藏战国竹简》(壹),中西书局 2011 年版,第 184 页。

④ 《汉书·武帝纪》颜师古注引《淮南子》,原文为“石破北方而生启”。“北”当为“背”。

⑤ 裴骃《史记集解》中记载干宝的看法:“先儒学士多疑此事。谯允南通才达学,精核数理者也,作古史考,以为作者妄记,废而不论。余亦尤其生之异也。……若夫前志所传,修己背坼而生禹,简狄胸剖而生契,历代久远,莫足相证……”

> 义，知民之急。仁而威，惠而信，修身而天下服。取地之财而节用之，抚教万民而利诲之，历日月而迎送之，明鬼神而敬事之。其色郁郁，其德嶷嶷。其动也时，其服也士。帝喾溉执中而遍天下，日月所照，风雨所至，莫不从服。帝喾娶陈锋氏女，生放勋。娶娵訾氏女，生挚。帝喾崩，而挚代立。帝挚立，不善，而弟放勋立，是为帝尧。

司马迁对帝喾的记载与颛顼有某些相似之处，如“帝喾溉执中而遍天下，日月所照，风雨所至，莫不从服”与颛顼的“动静之物，大小之神，日月所照，莫不砥属”相同，都属于至高神的特征。《五帝本纪》中颛顼的后代有两支，一为尧，一为挚。后来学者又进一步整合，称帝喾有四妃，分别是元妃有邰氏女，曰姜嫄，生后稷，是周人的祖先；次妃有娀氏女，曰简狄，生契，是商人的祖先；次妃陈锋氏女，曰庆都，生帝尧；次妃娵訾氏女，曰常仪，生帝挚。按此则尧、喾同辈，显然是对古史系统进行整合的结果，因此司马迁并没有写入《史记》之中。

虽然四妃之说不可信，但是帝喾与商的关系却有更多的证据。《楚辞·天问》中说：“简狄在台，喾何宜?”屈原就简狄生商的故事而有此问。《淮南子·地形训》：“有娀在不周之北，长女简翟。”“简翟”即简狄，“不周”当指不周山，即共工弄倒的那座天柱。《山海经·海外南经》中记载：“狄山，帝尧葬于阳，帝喾葬于阴。”《山海经·海内北经》：“帝尧台、帝喾台、帝丹朱台、帝舜台，各二台，台四方，在昆仑东北。”“昆仑”指黄土高原，尧、喾、丹朱、舜的台当位于太行山以西的黄土高原上。

帝喾与颛顼具有相同的神性，作为至上神“日月所照，风雨所至，莫不从服”。在《山海经》中，颛顼见于《海外北经》《大荒北经》《海内东经》《大荒东经》《大荒南经》《大荒西经》中，东、西、南、北无所不至。与之相同的只有帝俊，见于《大荒东经》《大荒西经》《大荒南经》《大荒北经》中。

司马贞《史记索隐》引皇甫谧云：“帝喾名夋也。”王国维以甲骨卜辞和传世文献考证帝喾即《山海经》中之帝俊：据皇甫谧和《初学记》都有“帝喾名夋”的记载；帝俊之子仲容、季釐，即《左传》之仲熊、季貍；《海内经》曰帝俊有子八人，即《左氏传》所谓高辛氏有才子八人；《诗经·大雅·生民》孔颖达疏引《大戴礼记·帝系篇》记有帝喾下妃娵訾之女曰常仪生挚，《家语》《世本》也有记载，因此常仪即帝俊妃常羲。[①] 因此，帝俊和帝喾为一。《大荒南经》记载：“羲和者，帝俊之妻，生十日。”又说：“帝俊妻常羲，生月十有二。”长沙子弹库楚帛书《四时》篇也有“日月夋生”“帝夋乃为日月之行”的记载(“帝夋”即帝俊)。[②] 帝俊为日月之父，自然是天上最高的神灵，也就是商人的上帝。

《史记·五帝本纪》中说帝喾高辛氏，近代以来有人怀疑帝喾并非高辛。徐旭生即认为，帝喾与高辛在文献中的合称在早期文献中不见。帝喾得名高辛并非来源于地名，当与商人的日名制有关。卜辞中称为高祖者，有高祖夒、高祖河、高祖王亥、高祖乙。高祖即远祖。盘庚以前，商人以甲、乙二日名为尊，盘庚之后，以丁辛二日名为尊。由此，高辛即高祖辛的意思。

商人将上帝的形象铸造在青铜器上。兽面纹是以虎为原型创造出来的至上神的形

---

① 参见王国维：《殷卜辞中所见先公先王考》，《观堂集林》，中华书局1959年版，第409～436页。

② 参见杨宽：《楚帛书的四季神像及其创世神话》，《文学遗产》1997年第4期。

象，这一形象的意象是火，帝喾即火神。唯有与太阳同质的火神能凌驾于日月之上，也只有火神才会是太阳的父亲和“为日月之行”，因为火被古代社会的人类认为是宇宙的原动力和生命的来源。

在中国的史前考古学文化之中，最为崇拜火神的为良渚文化。良渚文化有发达的玉器，上面刻有良渚人至上神的形象，一般称作“神人兽面纹”。前文考证，神人为太阳神，兽面为以虎为原型的火神的形象。两鸟一般位于神人或兽面两侧。神人兽面纹是商代兽面纹的来源，此已成学界共识。

《山海经·大荒南经》：“东南海之外，甘水之间，有羲和之国。有女子名曰羲和，方浴日于甘渊。羲和者，帝俊之妻，生十日。”良渚文化正位于长江中下游和黄河中下游两大河流域之东南部，所以东南海当指太湖地区。

良渚文化是长江下游太湖地区的考古学文化，时代为公元前3300～前2300年，相当于仰韶文化晚期和大汶口文化的中晚期。其分布以太湖为中心，往北越过长江，东至大海，南至钱塘江，以太湖北部和南部分布最为密集。其中良渚遗址群位于杭州西北郊，包括余杭区瓶窑和良渚两镇，面积约50平方公里。东天目山余脉分为南、北两支，使遗址群形成一个“C”形区域。遗址群内有良渚文化古城，城内有莫角山宫殿建筑区，西北部修筑有水坝，并有反山、瑶山、汇观山等王陵墓地。①

考古发现表明，良渚遗址群内已经构成了国家，社会形态突破了血缘关系的限制，进入了文明社会。良渚古国的王、后、官僚葬于独立的土筑金字塔之上，这些贵族墓地独立于一般聚落之外。墓地同时又是祭坛，一般为方形，位于土筑金字塔的顶端。墓葬围绕祭坛布局，位于其南侧。

瑶山已经表现出制度化的墓葬制度。墓地分南、北两排：南排为男性，北排为女性。南排为王，北排则为王的配偶。一般随葬一套陶器，其余为玉器、漆器等高端物品。玉器数量占绝大多数，以琮、钺、锥形饰、冠状饰、三叉形器和装饰类玉器为主。其中只有王用琮、钺和成组的锥形器。琮为宗教类物品，上面雕刻有精美的神人兽面纹，这是太阳神和火神的形象。神人兽面纹位于玉琮的四个角上，代表太阳神运行四方。最为完整的形象还有鸟位于两侧，类似商代帝使凤宾于帝左的形象。这一组合及所承载的宗教信仰，被广泛接受，并产生了深远的影响。龙山时代及此后，火神信仰成为整个夷人地区的至上神信仰，商人的上帝即以此为据而构建。

瑶山北排墓葬的墓主为女性，她们的玉器不用琮、钺、锥形饰，其他与王相同，并有玉璜、纺轮、玉圆牌等只为女性使用的物品。②

反山稍晚于瑶山，主体墓葬大体同时，与瑶山相似，也可分成南北两排。南排为男性，北排只有两座墓葬为女性。所有的墓葬围绕中心的祭坛布局，越是靠近祭坛的墓地，规格越高，玉器种类数量越多，雕刻的神人兽面纹也越繁冗复杂。根据随葬品的种类可以将贵族成员分成三类：一类为王，一类为女性，一类为王的官僚。王的规格最高，玉器可见琮、璧、钺、锥形器、冠状器、三叉形器等，种类最全。女性墓有玉璧、圆牌、纺轮、玉

---

① 参见浙江省文物考古研究所：《良渚遗址群》，文物出版社2005年版，第21～41页。

② 参见浙江省文物考古研究所：《瑶山》，文物出版社2003年版。

璜、过滤器、甑鼎等物品。官僚用钺、成组锥形器、冠状饰等，其数量不如女性墓，但是种类不同。

反山与瑶山用玉种类的不同是出现了玉璧，这是一种新的宗教物品。同时女性也不能仅以配偶的身份进入墓地，而必须在宗教生活中担任一定的职责才能葬于反山之上。因此，反山的女性要么随葬玉琮，要么随葬玉璧。

反山和瑶山的王都使用玉锥形饰，成组的玉锥形饰应该是王所戴的冠上的装饰，这一装饰也是神人兽面纹上神人的大帽组件，这说明王是将自己装扮成太阳神的形象。祭坛上往往有火烧的痕迹，有的烧成红色，说明曾经进行过火祭仪式。贵族的丧葬仪式和祭祀仪式是合一的，即通过火祭，使墓主转生成为太阳神，这与商人的宗教信仰和祭祀仪式相同。商人的禘祭便是通过烧柴的形式，祭祀祖先和神灵。

良渚文化在龙山时代就消失了，在其末期，有一个往北、往西和往南的扩散路线，其中往北进入大汶口的领地，应该是顺着滨海走廊进入鲁东南和沂沭河流域。在日照地区的考古调查发现，大汶口文化末期和龙山文化早期，聚落数量突然增长，文化繁荣。五莲丹土遗址出现了良渚文化的玉琮、玉锥形饰、玉管等高端物品，为两城镇和尧王城的崛起准备了条件。2015 年，社会科学院考古队在尧王城遗址发现有以独木棺作葬具、头向南的小型墓葬，且这些墓葬与其他东西向墓分属两个墓组，推断墓主当为良渚文化迁居鲁东南的后人 。

良渚文化的玉璧、玉琮广泛分布至黄河和长江流域的考古学文化之中，其所承载的信仰也被各地人群广泛接受。

图 4-5-1　溧阳出土良渚文化玉圭（左）和日照两城镇龙山文化玉圭（右）

帝喾作为火神，随着太阳崇拜的扩散和东部地区史前文化和族群的融合而成为东夷的宗神。日照两城镇曾经出土过一件玉圭，刻有戴冠火神的形象，这件玉圭当来自于良渚文化。[①] 同样形制的玉圭亦见于良渚文化之中，如溧阳出土的玉圭，正面居中雕刻有戴冠的火神形象，背面有展翅金雕(图4-5-1)。[②] 商人来自于东夷，是帝喾的后人，表明其是东夷的一支。商人把自己的至高神铸造在青铜器上，商代青铜器上随处可见的兽面像正是火神帝喾的形象，来自于良渚文化的兽面像。两者的不同在于商代的帝喾是比良渚文化的火神更高一个等级的神灵。上帝降福又降灾，属于超越族群的至上神，而良渚的火神当为自然神、部族的宗神和保护神。

第六节　句芒的研究

句芒在古史传说中为东方之神、芒神、木神、春神、寿神，是各种生命的生长之神，也是主宰农业生产之神。在文献中有不少关于句芒的记载。《左传·昭公二十九年》载：

> 献子曰："社稷五祀，谁氏之五官也？"对曰："少皞氏有四叔，曰重、曰该、曰修、曰熙，实能金、木及水。使重为句芒，该为蓐收，修及熙为玄冥，世不失职，遂济穷桑，此其三祀也。颛顼氏有子曰犁，为祝融；共工氏有子曰句龙，为后土，此其二祀也。后土为社稷，田正也。有烈山氏之子曰柱为稷，自夏以上祀之。周弃亦为稷，自商以来祀之。"

东周时期五行学将众神灵进行了划分，句芒作东方神的代称。重为南正，主司天，官名句芒，以神名作官名。《礼记·月令》曰：

> 孟春之月其帝太皞，其神句芒，余春月皆然；孟夏之月其帝炎帝，其神祝融，余夏月皆然；孟秋之月其帝少皞，其神蓐收，余秋月皆然；孟冬之月其帝颛顼，其神玄冥，余冬月皆然。

郑玄注曰："句芒，少皞氏之子，曰重，为木官。"朱熹注曰："大皞伏牺，木德之君。句芒，少皞氏之子，曰重，木官之臣。圣神继天立极，先有功德于民，故后王于春祀之。"《左传》中称重为少昊四叔(官)之一，到了东汉学者那里被误传为少昊之子。

《山海经·海外东经》的句芒为鸟身人面乘龙的神灵："东方句芒，鸟身人面，乘两龙。"郭璞注："木神也，方面素服。"《吕氏春秋·孟春》："其帝太皞，其神句芒。"高诱注："太皞，伏羲氏，以木德王天下之号，死祀于东方，为木德之帝。句芒，少皞氏之裔子曰重，佐木德之帝，死为木官之神。"

相比较太昊、黄帝等神灵来说，句芒的历史化和人格要弱得多。句芒到秦汉之后的历史时期，仍被作为春神接受民间和官方的祭祀。

---

① 参见刘敦愿：《记两城镇遗址发现的两件石器》，《考古》1972年第4期。

② 参见汪青青：《溧阳出土的良渚文化玉器珍品——神人兽面鸟纹圭》，徐湖平主编：《东方文明之光——良渚文化发现60周的纪念文集》，海南国际新闻出版中心1996年版，第67页。

句芒与良渚文化的神人像有关。

良渚文化的神像又称作“神人兽面像”或“神徽”，是目前发现的新石器时代最为复杂也是最为神秘的图像。完整的神像由三部分组成——神人、兽面和鸟纹，因为鸟纹一般位于神人或兽面或神人兽面的两侧，所以多将前两者的组合图像称作“神人兽面像”或“神徽”。良渚神像主要发现于良渚文化遗址群内，位于浙江省余杭区瓶窑镇和良渚镇的良渚古国所在区域。虽然在区域外也有发现，但是目前来看并没有完整的神人、兽面和鸟纹的图像组合，而只有其简化形式，且仅发现有兽面像，没有完整的神人像，这说明神像是良渚古国内崇拜的神灵。外围区域的神像可能来自于模仿，亦可能来自于良渚古国的馈赠或交流。

（一）主要观点

目前对神像的释读，早已经突破了考古学的范畴，美术学、神话学、人类学、宗教学、历史学、民族学等专业学者都发表了不同的意见，可谓众说纷纭。不过至今尚无让人信服的解释，这使良渚神像的解读成了中国史前考古一大谜团。尽管解读较多，但是目前对神像的释读主要有以下几种观点：

(1)太阳神说。该观点为林巳奈夫先生于1984年最先提出。林氏在研究商周青铜器上的饕餮纹时，将饕餮纹的来源溯及史前，认为良渚文化的兽面像代表了太阳神。[①] 后来，牟永杭将视野放置于整个中国史前来考察，发现东方地区的史前文化中普遍存在太阳崇拜的信仰，并将神人兽面像视作人格化的太阳神(1995年)。[②]

(2)三蹻说。张光直认为神人是巫师，鸟和兽为助神人升天的动物助手，即道家的“蹻”。由于张先生在中国考古学界的影响力，这是在国内外影响非常大的一种观点。[③]

(3)祖神说。该观点为杜金鹏于1997年提出。即将良渚文化的鸟纹与神人兽面纹分别解释作自然崇拜和祖先崇拜。神人兽面像代表了良渚人的祖先。[④] 邓淑萍亦持此种观点，并称为“神祖”，认为是神祇、祖先、神灵动物三位一体的神祇祖先。[⑤] 董楚平则认为良渚神像是祖神伏羲(1999)。[⑥] 王立新认为是涂山氏崇拜的鸟首龙身的神。[⑦]

(4)人牲说。贺刚将良渚文化神像与商代饕餮纹相联系，认为代表的是饕餮，而饕餮就是商代的人牲，因此良渚文化的神人兽面纹也是人牲。[⑧]

(5)主神说。宋建认为神人兽面像为人虎复合的主神。“人形神的上半身在上，下半身隐于后，双臂环抱作跽姿；虎神在下，匍匐于人形神下半身前。为获得鸟的神性，以助与神灵沟通，良渚文化不仅有鸟神，而且人形神头戴羽冠、全身羽饰或身着羽衣，其衣冠同文献记载的周代皇舞者几乎完全相同。”[⑨]

---

① 参见[日]林巳奈夫：《所谓饕餮纹表现的是什么》，《东方学报》京都第五十六册，1984年；载于[日]樋口隆康主编：《日本考古学研究者·中国考古学论文集》，蔡凤书译，东方书店，1990年。

② 参见牟永杭：《东方史前时期太阳崇拜的考古学观察》，《故宫学术季刊》1995年第4期。

③ 参见张光直：《濮阳三蹻与中国古代美术上的人兽母题》，《文物》1988年第11期。

④ 参见杜金鹏：《良渚神祇与祭坛》，《考古》1997年第2期。

⑤ 参见邓淑萍：《雕有神祖面纹与相关纹饰的有刃玉器》，山东大学考古学系编：《刘敦愿先生纪念文集》，山东大学出版社1998年版，第134～163页。

⑥ 参见董楚平：《良渚文化上帝小考》，《浙江学刊》1996年第5期。

⑦ 参见王立新：《瑶山祭坛及良渚文化神徽含义的初步解释》，《江汉考古》1994年第3期。

⑧ 参见贺刚：《论中国古代的饕餮与人牲》，《东南文化》2002年第7期。

⑨ 参见宋建：《良渚文化主神新证》，《东南文化》2016年第2期。

（二）研究历程

对良渚文化神像的关注首先来自于商周青铜器专家对青铜器上饕餮纹的释读。饕餮纹是商代青铜器上的最主要的纹饰，自北宋金石学家称其为“饕餮纹”以来，这一名称即作为青铜器上大兽面的固定称呼。这一传统认识认为商周青铜器上的兽面纹，即《吕氏春秋・先识览》中所记载的“周鼎著饕餮，有首无身，食人未咽，害及其身，以言报更也”里的饕餮。直至近代，随着西方考古学传入中国，以及大量不同形态的饕餮纹青铜器的出土，考古学家不再满足于北宋金石学家对它的解读，开始将这些不同特征的饕餮纹进行研究，以探究饕餮纹的真相。这其中，最著名的当属瑞典学者高本汉、日本学者林巳奈夫、美国华裔考古学家张光直，以及国内的考古学家李济、容庚、马承源、陈公柔、张长寿等。

虽然学界对饕餮纹做了不少分型分式和演化推断的工作，但是对饕餮纹的认识始终在围绕北宋学者的观点打转儿——这一纹饰是不是饕餮成了核心问题。最初做出突破是日本学者林巳奈夫，他于 1984 年发表了《所谓饕餮纹表现的是什么》一文，将商周青铜器上饕餮纹的来源追溯至河姆渡文化的太阳和鸟纹——他称之为“太阳神”，进而在图像演化进程上将良渚文化的鬼神面（即神人兽面像）与之相联系，认为龙山文化的鬼神面（包括部分石家河文化晚期的神人像，当时还没有将石家河文化和龙山文化区分开来）都带有太阳神的性质，他们都是商代饕餮纹的来源。以目前的学术眼光来看，虽然林氏将饕餮纹对应于河姆渡文化的太阳鸟图像失之偏颇，但是他是首先将饕餮纹与良渚文化兽面、龙山文化鬼神面和石家河文化神人像联系起来考察的第一人，可谓独具慧眼。其后，李学勤于 1991 年发表了《良渚文化玉器与饕餮纹的演变》，从八个方面论述了良渚文化的神像与饕餮纹的相似性：主体均为兽面；大多无角；眼睛都有卵圆形；口部均向下；皆有王冠；两侧衬托的花纹相似；对剖方式相似；均以云雷纹衬地。

李学勤认为良渚文化神像和商代饕餮纹的这八个共同特点“不能用偶合来解释”，进而认为山东龙山文化和二里头文化的饕餮纹“确实可以看成良渚文化与商代这种花纹的中介”，并认为“良渚文化玉器上的饕餮纹，看来已甚复杂，恐怕还不是这种纹饰的原始形态”。[①] 也就是说，他基本认同林氏对于良渚文化神像至商代饕餮纹演化的分析。

林巳奈夫的文章于 1990 年由蔡凤书翻译到中国，次年李学勤的文章发表，两文影响甚大，自此之后，凡是研究良渚文化的神像和商代青铜器饕餮纹的学者，无不将两者相互联系起来进行讨论，且多数学者认为良渚文化的神人兽面纹即其来源。这种对比研究虽然有益于对两者的认识，但是毕竟神人兽面纹的成熟形态主要发现于距今 5300～4800 年的良渚文化早期，而饕餮纹的成熟形态也以殷墟时期为主，两者相隔 1000 余年。虽然学界往往以山东龙山文化发现的兽面像、石家河文化神人像或是二里头文化的兽面像来构造两者之间的流变，仿佛形成了一条线索，但是仍然无法填补时间形成的巨大鸿沟——也无法解释为何两者存在这些相似性。

实际上，以现有的资料来看，商代晚期的饕餮纹的形成是突兀的，虽然二里岗期也有饕餮纹，但是两者之间差异甚大，再往前二里头文化时期的兽面像更是不可与之同日而

① 参见李学勤：《良渚文化玉器与饕餮纹的演变》，《东南文化》1991 年第 5 期。

语。同样，良渚文化神人兽面像的形成也是突兀的，在瑶山、反山之前，完全不见神人兽面像的完整形式。许多学者都认为张陵山西山 M4 出土玉琮上的兽面纹为神人兽面像的来源，实际上张陵山西山 M4 并不比瑶山 M9（瑶山最早的一座墓葬）更早。比较一下两墓出土的陶器即可知，可资比较的两件陶鼎大体同时，同属良渚文化早期。所以更可能的是，张陵山西山 M4 玉琮的这件兽面像来自于瑶山，这也正好解释，为何张陵山所在太湖东部地区极少见神人兽面像的完整图像。从图像特征、风格和线条的流畅度上看，张陵山的兽面也正似瑶山兽面像的仿制品。[①]

对良渚文化神像的分析最终应该脱离商代饕餮纹，将其放置于距今 5000 年前后的良渚文化所在太湖地区也即神像本身的环境中来考察。牟永杭于 1995 年发表了《东方史前时期太阳崇拜的考古学观察》[②]一文，将与史前太阳崇拜相关的出土文物进行了系统的分析，认为太阳崇拜曾经广泛分布于中国的东方地区，而良渚文化也在这个序列上，其神人兽面像是太阳神的形象。这一结论可谓与林氏的观点完全相同。此外，杜金鹏于 1997 年发表了《良渚神祇与祭坛》这一研究良渚文化原始宗教的论文。[③] 如果说牟文是从大视角对史前太阳崇拜的分析，杜文则将研究的焦点集中于良渚文化内部，依据良渚文化本身所发现的考古学材料对良渚文化的神像进行解读。杜文中将良渚文化的神像和符号进行了分类，A 类为神人兽面像，B 类为以阳鸟祭坛图为主的鸟类符号，并以此为据系统探讨了良渚文化的宗教信仰。他认为神人兽面像代表了良渚人祖先的形象，而阳鸟祭坛图符是祭祀太阳神的图像，即良渚文化崇拜祖先神（A 类所代表）和自然神（B 类所代表）。杜金鹏和林巳奈夫两人观点的区别在于，杜氏认为神人兽面像代表祖先，阳鸟祭坛图代表祭祀太阳神的图像；而林氏认为神人兽面像就是太阳神。

此外，张光直的观点影响甚大。张先生最先以萨满教理论来分析中国史前艺术形象，他认为中国古代美术中存在着人兽母题，比如神人兽面像，人是巫师的形象，兽是道教中巫师的动物助手“蹻”（一般为龙、虎、鹿，语出《抱朴子》《道藏》）的形象。张先生的观点被称作“巫蹻说”：神像分为人像和兽像两大母题，上部人像表现的是巫师，下部兽像则是协助巫师沟通天地的伙伴“蹻”。“巫蹻说”影响广泛，成为与太阳神说并立的两大观点。

除以上几种主要观点外，有的学者保持观望态度，但凡发表观点者，除个别奇谈怪论之外，基本不出上述几点。可以说，林氏、张光直、李学勤、牟永杭、杜金鹏等构成了对良渚文化神像研究的主流。

除了对良渚神像的解读之外，考古学家对神人兽面像的分布、特征、演变关系等方面进行了研究。最重要的有秦岭的《良渚玉器纹饰的比较研究》[④]，她对神像的构图特征进行了细致的分析，但是并没有对神像所代表的寓意进行论断。可以说这代表了部分考古

---

① 参见张陵山西山 M4 玉镯式琮，详见古方主编：《中国出土玉器全集》(7)，科学出版社 2005 年版，第 32 页。

② 参见牟永杭：《东方史前时期太阳崇拜的考古学观察》，《故宫学术季刊》1995 年第 4 期。

③ 参见杜金鹏：《良渚神祇与祭坛》，《考古》1997 年第 2 期。

④ 参见秦岭：《良渚玉器纹饰的比较研究——从刻纹玉器看良渚社会的关系网络》，浙江省文物考古研究所编：《浙江省文物考古研究所学刊》第八辑《纪念良渚遗址发现七十周年学术研讨会文集》，科学出版社 2006 年版，第 23～52 页。

学家的态度——疑则存疑。方向明的《良渚玉器神人兽面像的真相》则将神像的来源和演变关系进行了纹样学分析，并认同牟永杭先生所言神人为人形化太阳神的形象。[①] 考古学者更注重纹饰的形式划分和演变，这也是考古学的强项和科学性所在。

（三）长江流域的宗教传统

神人兽面像的解读，有两个角度：一是将其放到整个长江流域的大环境中进行考察，二是从良渚文化的内部进行分析。

长江流域存在独特的宗教传统，这一传统以太阳、虎和鸟构成了稳定的组合，这一组合不见于黄河流域及其他地区，是由长江流域特殊的自然环境所决定的。它以高庙文化所代表的沅湘流域辰溪口遗址、松溪口遗址和汤家岗遗址等遗存最早形成，距今 7000 年左右，组合为太阳、兽面和鸟。这一固定化的组合在长江下游的河姆渡文化中也存在。河姆渡文化发现了鸟负日的象牙蝶形器[T22(3B):79]和骨牌[T21(4):18]，也有虎的刻纹，构成了其主要纹饰组合。在距今 5500 年左右的凌家滩文化中，太阳、鸟和虎的形象仍然是最重要的纹饰或玉器形象。凌家滩墓葬 98M29 出土的玉鹰(98M29:6)，表现的也是鸟负日的主题。而虎的形象见于虎形璜上。良渚文化稍晚于凌家滩文化，它的纹饰组合以神人、兽面和鸟为组合，神人当即太阳的人格化。到石家河文化晚期时，神人、虎和鸟仍然是最重要的玉器形象。而神人已经具有了鸟和虎两种特征，即其耳部有鸟冀，嘴和獠牙为虎的特征，说明神人具有虎和鸟的神性。总之，在长江流域的宗教传统中，太阳神、鸟和虎构成稳固的三角组合，是区别于其他地区的神灵形象。[②]

太阳、鸟和虎这三种神灵在长江流域史前文化中具有不同的表现形式，如下表所示：

文化	载体	制法和形式	形式	组合
沅湘流域诸文化	白陶器	戳刻	纹饰	太阳—鸟—獠牙兽面(虎)
河姆渡文化	骨牙制品、陶器	雕刻	纹饰	太阳—鸟、虎、猪、植物
凌家滩文化	玉器	雕刻	形象、纹饰	太阳—鸟—猪、虎
良渚文化	玉器、陶器	雕刻、刻划	纹饰	神人—兽面—鸟、鸟
后石家河文化	玉器	玉器	形象	神人、虎、鸟，鸟—虎

神人兽面像表现的正是良渚文化太阳崇拜中太阳和虎的形象。良渚文化已经进入文明社会，其所表现出的社会分化表明已经呈现阶序化的特征，良渚人建造的巨型城址、水坝及王陵都是进入文明社会的表征。宗教是人类社会制度的折射，人间的王和贵族为了维护其统治的合法性，将太阳崇拜这一长江流域的宗教传统进行了改革，从而由自然神往至上神信仰转变。

（四）三神灵的关系与神人像的真相

对良渚文化神像的解读还需从神像内部组合的角度进行。自从反山出土完整的神人兽面像之后，几乎所有的目光都集中到这一最繁复完备的复合神像上，从而忽视了与

① 参见方向明：《良渚玉器神人兽面像的真相》，《大众考古》2015 年第 6 期。

② 详见本书第一章第一节《长江流域的太阳崇拜》。

其他纹饰的不同的组合关系。的确，M12 出土的神像是目前发现的最完整的图像。但是，仅从这一图像进行解读也是不全面的。反山和瑶山墓地出土的神像中，除神人在上、兽面在下这一构图之外，还有其他不同的组合。

最完整的神人像见于反山 M12 出土的玉琮、玉钺、权杖、玉柱形器及玉璜 M22:20 等器物上，瑶山玉冠形器(M2:1)、玉牌饰(M10:20)上的较为完整。反山玉琮 M12:98 四角上的纹饰每角被分成两组。每组饰神人、兽面各 1 个，鸟纹 2 个。神人在上，兽面和鸟在下，中间以凹线分隔成两节：上节神人顶端有刻划细弦纹和涡纹的帽，神人重圈小圆眼，两边有小尖角，阔嘴刻涡纹。下节兽面大重圈圆眼，阔嘴，以涡纹填充。兽面两侧各有一鸟纹。鸟重圈大眼，长钩喙，背向兽面(图 4-6-1)。反山 M12 出土的玉钺为唯一一件刻有神人兽面和鸟神像的钺。神人兽面像位于上刃角，鸟纹位于下刃角。神人兽面像与鸟神像和琮王上的相同(图 4-6-2)。瑶山玉冠状饰 M2:1 的神人和兽面都有所简略，神人简化掉了前臂，兽省掉了兽爪。两侧的鸟纹也较为抽象。神人兽面下方还有一倒梯形的条形装饰，上面满饰旋涡纹(图 4-6-7,3)，可能表示祭坛。

图 4-6-1　反山玉琮 M12:98 和神人兽面像

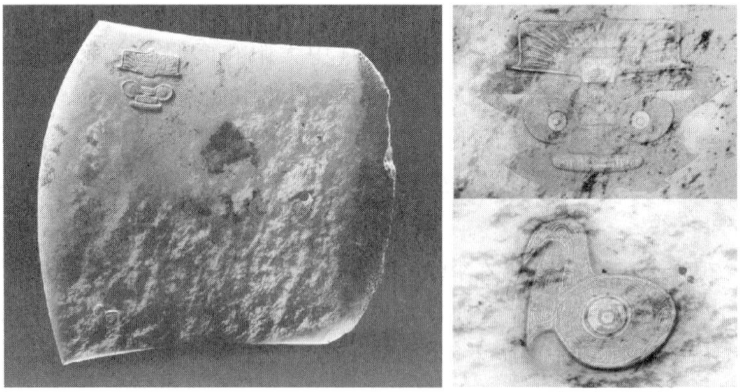

图 4-6-2　反山玉钺 M12:100-1 和神人兽面像、神鸟像

这一完整的神灵组合为神人、兽面、鸟，神鸟位于神人兽面两侧。

神人与兽面的组合一般表现为神人在上、兽面在下的神人兽面像。此外还有另一组合为神人在两侧，兽面位居中央，见于反山玉冠状饰 M16:4 上(图 4-6-3,2)。该图像中间是兽面像，两个大圆眼和阔嘴，嘴露獠牙，左、右两角各有一利爪。两个神人位于兽面两侧，头戴羽冠，圆眼阔嘴，为侧面像。兽面的鼻部有一扁圆形上端带小尖角的纹饰，上部也有一类似的纹饰，两侧各有一似旋涡纹。冠状饰的顶端正好呈现出羽冠状，因此中间的兽面像似戴着大羽冠一样。学界常说神人和兽面的关系是神人凌驾于兽面之上，但是这一件明显是神人位于两侧，兽面居中，此处不见得神人比神兽地位高(图 4-6-3,2)。同样的纹饰见于瑶山玉三叉形器 M7:26 上，与反山冠状饰 M16:4 构图结构相同，都是神人位于两侧，而兽面位于中间，只是神人和神兽并不绞合在一起。三叉形器巧妙地利用了器形，将神人雕刻于两边突起的叉上，神人作侧面像，头戴羽冠，阔嘴露齿，圆眼，身体呈涡状。兽面居中，宽嘴大眼，上部利用中间一叉雕刻出羽冠(图 4-6-4、图 1-1-42、图 1-1-43)。

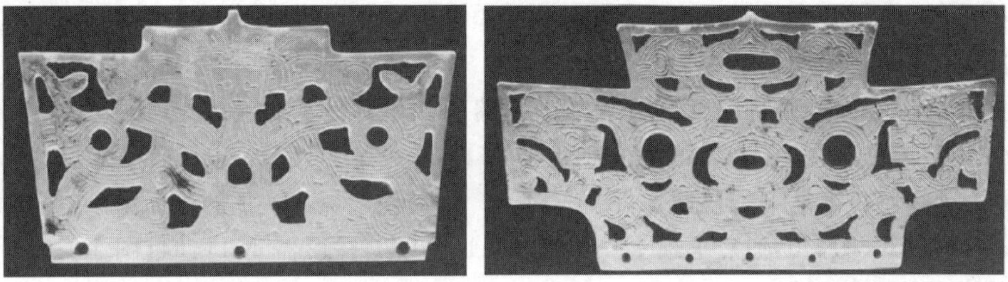

1 2

图 4-6-3 反山玉冠状饰

1. M15:7 2. M16:4

1 2

图 4-6-4 瑶山三叉形器

1. M7:26 2. M3:3

图 4-6-5　反山玉冠状饰 M22:11

瑶山三叉形器 M9:2 是神人和兽面的进一步融合，同前两件三叉形器构图思路相同，只是两侧的神人隐匿在旋涡纹里面，只留羽冠。整件三叉形器器表布满纹饰(图 1-1-43,1)。瑶山玉三叉形器 M3:3 与之构思相同(图 4-6-4,2)。

这一组合说明，神兽可以作为主神，而神人可以位于两侧，两者并非统御关系。亦有神兽和神鸟相配，如反山 M22:11 玉冠状器上，中间为兽面像，兽尖顶，大重圈眼，宽鼻，阔嘴带獠牙。冠状器两上角各一涡形鸟，长钩喙，大重圈眼(图 4-6-5;图 1-1-45)。

此外，神人、兽面和鸟均可单独雕刻于玉器上。单独的兽面像见于反山墓地半圆形饰(M12:77—79、85)(图 1-1-46)、玉冠状器 M17:8(图 1-1-47)，瑶山墓地玉琮(M9:4、M10:15 、M7:34)也是单独兽面像(图 1-1-48)。带盖柱形器 M9:1 的三面雕刻有兽面像，冠状器 M11:86(图 1-1-49)、玉璜 M4:34(图 1-1-50)、玉柱形器 M11:64(图 1-1-51)等器物上均为单独的兽面像。

玉三叉形器(M3:3、M9:2、M10:6)两侧的两叉上有羽冠，可能为简化的神人，也可能是为了适应器型构图的需要，不过总体上看来，它们所表现的是兽面像(图 1-1-43)。

神人像见于瑶山墓地玉琮、小玉琮、玉锥形器等，反山墓地见于玉琮、锥形器、琮式管等器物，一般呈简化形式，表现为一个小圆眼，或加横线表示的冠和阔嘴，未见有完整的神人像单独雕刻在玉器上。

鸟形象一般位于神人或兽面的两侧构成统一的构图，另有鸟形玉器，见于反山 M14 和 M15，瑶山 M2，均为尖喙短尾，两翼外张，作振翅奋飞状，下腹部有横向隧孔，当为穿缝到祭司衣物上的饰件(图 1-1-55)。

三者的简化形式更为多见，极简形态神人简化成为两个带眼睑的重圈小眼，兽面简化成两个大圆眼，多见于玉琮或小型玉器如管、锥形器上。实际上我们现在看到的完整的神像基本都属于良渚文化早期，到晚期已经很少见了，仅见其简化形式。

显然，仅仅将神像解释为神人骑兽(虎)是不正确的，因为有不少神人位于兽面的两侧，兽面是主神，同时也存在大量的单体兽面像。这说明兽面所代表的三神灵之一虎神，在地位上并不低于神人。

反山冠状器 M15:7 的图像上(图 4-6-3,1)，神人位于中央，两侧各有一鸟，由卷曲的线连接在一起。神人身体呈圆拱状，为鸟形，两臂伸直作展翅状，两下肢直立。两鸟位于冠状器上角，相背，长钩喙。因此，神人是人面鸟身的形象。瑶山玉三叉形器 M7:26 的神人身体呈涡形，而鸟也往往雕刻成涡形，因此表现的也是神人的鸟身形象(图 4-6-6,1)。

反山玉冠状饰 M6:4 两侧的神人有方面大冠，身体也呈展翅状(图 4-6-6,2)。

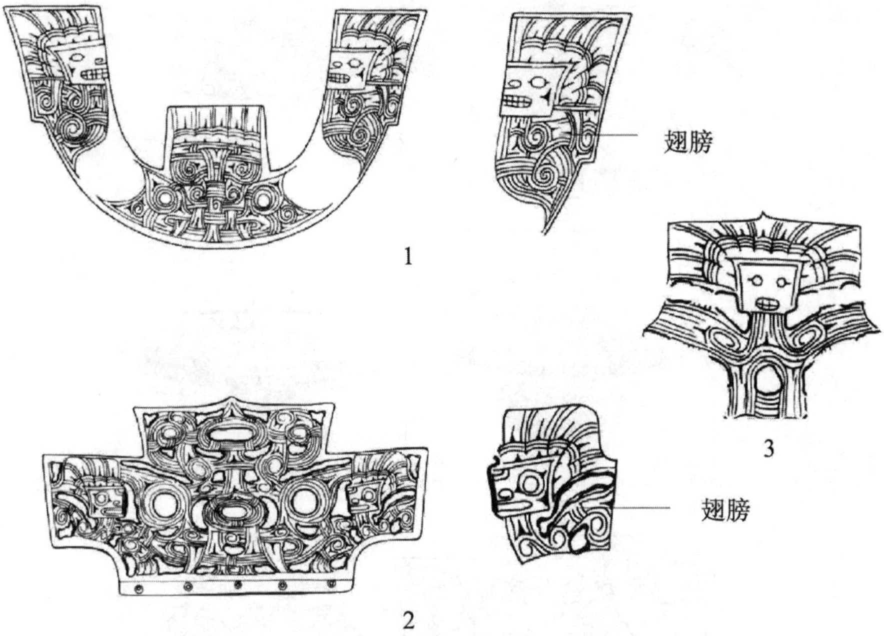

图 4-6-6　良渚文化侧视神人像

1.瑶山三叉形器 M7:26　2.反山玉冠状器 M6:4　3.反山玉冠状器 M15:7 神人像

我们将其他完整的神人兽面像进行分析即可发现，所有的神人均不是人身，而是呈倒“U”形或拱桥形，这正是鸟的身体的形状。反山 M12 出土的权杖瑁上的神人隐匿在旋涡中，身体仍是呈倒“U”形的，说明神人均为鸟身人面(图 4-6-7)。

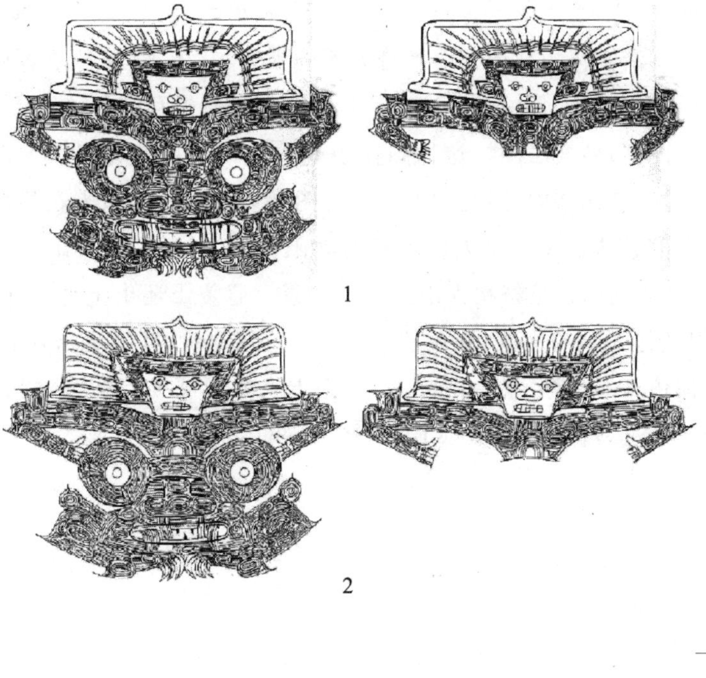

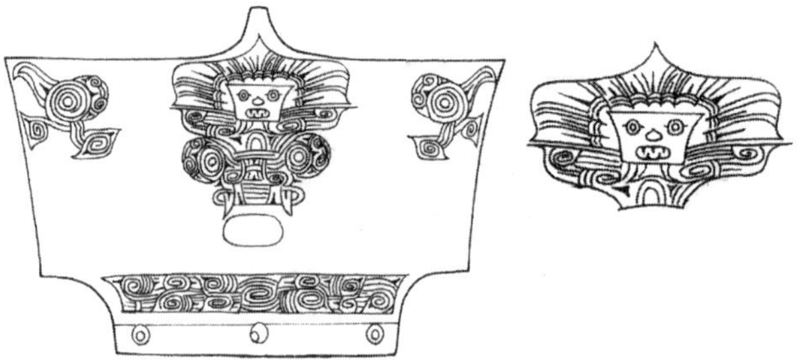

3

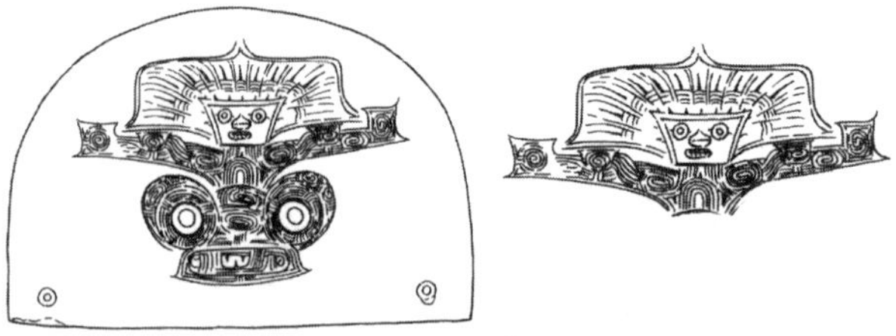

4

5

图 4-6-7　良渚文化神人像

1. 反山玉钺 M12:100-1　2. 反山玉琮 M12:98　3. 瑶山玉冠状饰 M2:1

4. 反山玉璜 M22:8　5. 反山冠状饰 M15:7

由此可见，良渚文化的神像是由鸟身人面的太阳神、虎神、鸟神三者所构成。这就从良渚文化内部图像分析上进一步印证了长江流域的太阳崇拜宗教传统。

我们再来分析阳鸟祭坛图。这种图像表现的是一只鸟站在祭坛上，祭坛呈三层，而良渚祭坛也多是三层式结构，因此学界多认为图像表现的是良渚人在祭坛上进行祭祀时的场景。[①] 既然良渚人的主神是人面鸟身的太阳神，鸟可以代表太阳，或为太阳的使者，那么阳鸟祭坛图表达的正是祭祀太阳神时的场景。赵陵山还出土过一件人物鸟兽玉器，也是表现祭祀鸟与太阳的主题，人物当为祭司，呈蹲踞状，这一姿势不但是祭祀时的形象，而且还是模仿鸟的姿势，双手持兽，一鸟立于人像顶部突起的弯柱状物上，鸟为太阳的使者，祭司正通过鸟将祭品献给太阳神（图 4-6-8）。

① 参见杜金鹏：《良渚神祇与祭坛》，《考古》1997 年第 2 期。

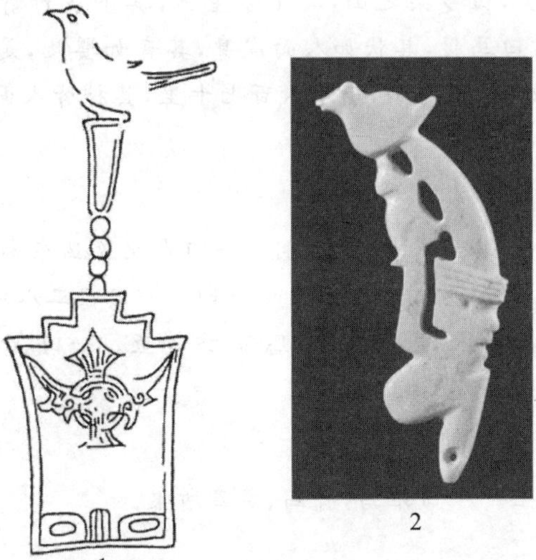

图 4-6-8　良渚文化阳鸟祭坛图和人物鸟兽玉器

1. 阳鸟祭坛图(弗利尔美术馆藏,摘自林巳奈夫《神与兽的纹样学》)

2. 人物鸟兽玉器(赵陵山出土)

因此,良渚的神人兽面像和阳鸟祭坛图表现的是同一主题,也就是说,两者并非分成太阳崇拜和祖先崇拜,而是统一表达太阳崇拜这一主题。太阳神、虎神和鸟神是三位一体的关系。

(五)鸟身人面的神像

良渚神人为鸟身人面的太阳神。鸟身人面的神灵在我国古代文献中记载较多,其中《山海经》中记载有许多人鸟合一的怪鸟和神灵。

《南山经》:

> 有鸟焉,其状如鸱而人手,其音如痹,其名曰鴸。
> 有鸟焉,其状如枭,人面四目,其名曰掘。

《西山经》:

> 有鸟焉,其状如枭,人面而一足,曰橐𩇯。
> 有鸟焉,其状如𤣩而人面,捡身犬尾,其名自号也。
> 有鸟焉,其状如雄鸡而人面,曰凫徯。

《北山经》:

> 有鸟焉,其状如雌雉而人面,见人则跃,名曰竦斯。
> 有鸟焉,其状如鸟,人面,名曰掕揩。

《中山经》:

又西一百五十里，曰蔓渠之山，其上多金玉，其下多竹箭。伊水出焉，而东流注于洛。有兽焉，其名曰马腹，其状如人面虎身，其音如婴儿，是食人。凡济山之首，自煇诸之山至于蔓渠之山，凡九山，一千六百七十里，其神皆人面而鸟身。

《海外南经》：

羽民国在其东南，其为人长，身生羽。一曰在比翼鸟东南，其为人长颊。

毕方鸟在其东，青水西，其为鸟，人面一脚。一曰在二八神东。

讙头国在其南，其为人，人面有翼，鸟喙，方捕鱼。一曰在毕方东。或曰讙朱国。

《海外西经》：

䳋鸟人面，居山上。一曰维鸟，青鸟、黄鸟所巢。

《大荒西经》：

有玄丹之山，有五色之鸟，人面有发。

《海外东经》：

东方句芒，鸟身人面，乘两龙。

《海外北经》：

北方禺强，人面鸟身，珥两青蛇。践两青蛇。

《大荒东经》：

东海之渚中，有神，人面鸟身，珥两黄蛇，践两黄蛇，名曰禺猇。黄帝生禺猇，禺猇生禺京。禺京处北海，禺猇处东海，是惟海神。

《大荒北经》：

大荒之中，有山名曰北极天柜，海水北注焉，有神九首人面鸟身，名曰九凤。

以上这些记载，䳋、掘、橐𩇯、自号、凫徯、竦斯、摸揞、毕方、鵹鸟、五色之鸟皆为异鸟；羽民、讙头皆为人；勾芒、禺强、禺猇、禺京、九凤皆为神。句芒和禺强分别是东方和北方的神，禺猇、禺京分别是东海和北海的海神。良渚文化所处的太湖地区位于我国的东南部，因此，良渚文化中鸟身人面神人当为句芒。

“句”通“勾”，“句芒”也写作“勾芒”。句芒在我国古代为东方之神、春神和寿神。《礼记·月令》：“孟春之月其帝太皞，其神句芒，余春月皆然。”《吕氏春秋·孟春纪》：“孟春之月其帝太皞，其神句芒。”《淮南子·天文训》：“东方木也，其帝太皞，其佐句芒，执规而治春。”这说明太皞、句芒都为东方的神灵。《淮南子·时则训》：“东方之极，自竭石山，过朝鲜,贯大人之国,东至日出之次,皞木之地,青土树木之野,太皞、句芒之所司者万二千里。”我国东部沿海地区新石器时代晚期两大最发达的文化为大汶口文化和良渚文化,在距今5000年前后达到史前文化的顶峰。一般认为大汶口文化与太昊、少昊有关,如是,良渚文化崇拜句芒正与文献记载相合。只是在后世,随着太暤部族与炎黄部族的融合,黄河流域三代文明的形成和发展,太暤的地位被不断提高,被尊为东方之帝和三皇之首,而句芒只能屈尊东方之神的位置。

《山海经》和《淮南子》中句芒为神,在后来的文献中,句芒被进一步整合进传说系统中,成了少昊的木正,这是对《左传·昭公二十九年》中“木正曰句芒”的误读。东汉高诱说:“句芒,少皞氏之裔子曰重,佐木德之帝,死为木官之神。”宋人朱嘉注:“大皞伏牺,木德之君。句芒,少皞氏之子。曰重,木官之臣,圣神继天立极,先有功德于民,故后王于春祀之。”两人均将句芒作为少昊之子。其实,“少皞氏有四叔”的“叔”字右边作手形,《说文》释作“拾也”,并非本义。金文中作“[illegible]”,左侧为“戈”或“示”,以手持戈或主持祭祀,引申为官,即重、该、修、熙皆为少昊的四官。“使重为句芒”,句芒作为官名。因此,重并不是句芒,只是借神名为官名。正如后文的“该为蓐收,修及熙为玄冥”中的蓐收、玄冥都是以神名作官名,假如认为重是句芒,总不至于玄冥既是修又是熙吧?!

图 4-6-9 《山海经》的四方之神
(摘自张光直《美术、神话与祭祀》)

句芒的形象可以概括为方形人面、鸟身。郭璞于《山海经·海外东经》注句芒:“木神也,方面素服。”《墨子·明鬼》篇:“昔者秦穆公当昼日中处于庙,有神入门而左,鸟身素服三绝,面状正方。秦穆公见之,乃惧奔。神曰:无惧,帝享女(汝)明德,使予赐女(汝)寿十年有九,使若国家繁昌,子孙茂,毋失。秦穆公再拜稽首曰:敢问神名?曰:予为句芒。”这里的句芒“素服三绝,面状正方”。正是良渚文化神人像的形象。秦虽崛起于西垂,但来自淮夷嬴姓,商时由东方西迁,故东方的神句芒给秦穆公赐寿19年(图4-6-9)。

良渚文化神人像这一鸟身人面的神最突出的特点为方脸、头戴大冠,大冠上饰放射线,这也是良渚国王的装扮。反山和瑶山所发现的王墓,都带有成组的玉锥形器,这些玉器下端带榫,当是插到一个木、革或皮制的承载物上,作为冠饰使用。如是,良渚王的形象与美洲印第安酋长的形象是相同的,都戴着巨大的羽冠。而美洲印第安部落也是崇拜太阳的族群,或许不是巧合。从字面意思上看,“句芒”的“句”据《说文》通“勾”,是弯曲的意思,“句”亦含有巨大的意思,如句龙。《说文》:“芒,艸耑也。”指草叶的尖端。此外,芒芒指芒草众多的样子,后引申为众多貌。同时“芒”亦指光芒,“句芒”即指众多弯曲的芒或巨大的光芒。《礼记·月令》:“先立春三日,太史谒之天子曰:‘某日立春,盛德在木。’……是月也,天气下降,地气上升腾,天地和同,草木萌动。”孔颖达《礼记正义》:“句芒者,主木之官。木初生之时,句屈而有芒角,故云句芒。”《白虎通义·五行》:“其神句芒。句芒者,物之始生,芒之为言萌也。"《三礼义宗》:"五行之官也,木正曰句芒者,物始生皆勾屈而芒角,因用为官名也。"句芒之得名,即取意于草木萌动之时、草木初生之貌。杨宽亦认为"句芒"即"句萌",为草木生长之义,句芒主生长。① 良渚神人像头戴的大冠上即有许多弯曲的小尖突的形象,这就是"芒"。

从辞源上看,良渚文化所在吴越地区多以"句"为名,如句容为江苏南部的县级市。句章,相传为越王勾(句)践所建,治所位于今江北区慈城镇城山渡村和王家坝村一带。秦代置句章县,隶属于会稽郡。又有句余山,《山海经》郭璞注:"句余山在会稽余姚县南,句章县北,故此二县因此为名云。"黄宗羲《孟子师说·舜生诸冯章》:"考余姚帝舜所生之地,故其江曰姚江,南有句余山,合山水之名为余姚"。《史记·吴太伯世家》:"太伯之犇荆蛮,自号句吴。"司马贞《索隐》:"颜师古注《汉书》,以吴言'句'者,夷语之发声,犹言'於越'耳。"可见句芒也是吴越之地的古音,意为越地的芒神——太阳神、生命之神。全世界崇拜太阳的地区均视太阳为生命之源、秩序之源,良渚文化亦是如此。他们将句芒作为太阳神、至高神、生命之神,其国王亦以句芒来神化自身。良渚古国即句芒之国。

(六)句芒的历史演变

三代时期,属于夏文化的二里头文化中没有发现鸟身人面的形象。商文化中发现有许多鸟的形象,如殷墟妇好墓出土了大量玉鸟。商代最重要的发现为四川广汉三星堆遗址出土的青铜神树上的句芒形象。青铜神树有大型和小型两种,包括大型神树2件和小型神树1件及残段若干,均出土于二号祭祀坑。一号大型青铜神树的树枝上有9只鸟,表达的是中国古代文献中所记载的十日传说:"汤谷上有扶桑,十日所浴,在黑齿北。居水中有大木,九日居下枝,一日居上枝。"(《山海经·海外东经》)"汤谷之上有扶木,一日方至,一日方出,皆载于乌。"(《山海经·大荒北经》)即古代传说天有十日,每天升起一个太阳,余下的九个太阳神鸟栖息在树上。小型青铜神树的两枝主干顶端各立着一个人面鸟身的神,人面、方脸、大眼、高鼻、大耳,身短翼大,正是句芒的形象。句芒是人面鸟身的太阳神,三棵神树所表达的同为太阳崇拜的信仰。② 小铜树呈根结扭曲状,表达的是万物始发的意思,与春神和东方之神句芒的形象相符(图4-6-10)。此外,二号坑出土的青铜神坛顶端中部也有鸟身人面的句芒形象(图4-6-11)。句芒位于神坛顶端,两侧有凤鸟立于坛顶边缘,句芒居中,两鸟分居两侧,与良渚文化神像的组合是一样的。

---

① 参见杨宽:《伯益、句芒与九凤、玄鸟》,《古史探微》,上海人民出版社2016年版,第326页。

② 参见四川省文物考古研究所:《三星堆祭祀坑》,文物出版社1999年版,第214~226页。

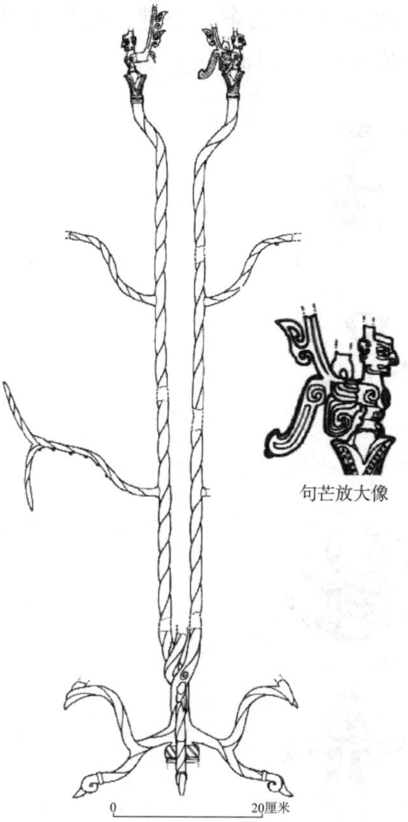

图 4-6-10 三星堆二号坑出土的青铜小神树

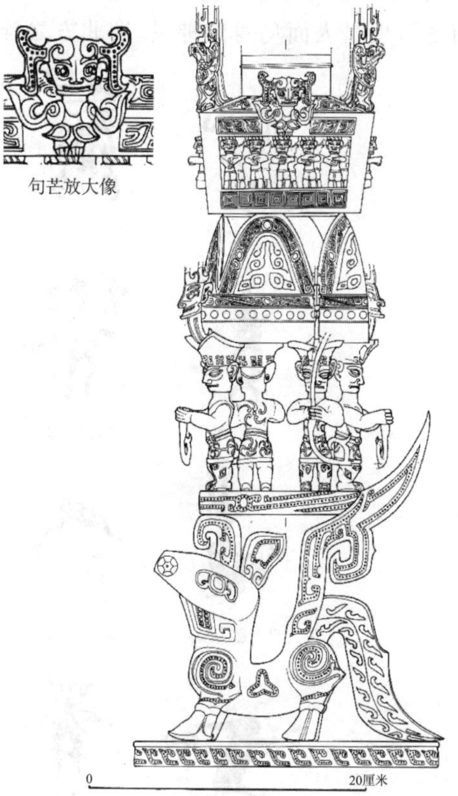

图 4-6-11 三星堆二号坑出土的青铜神坛

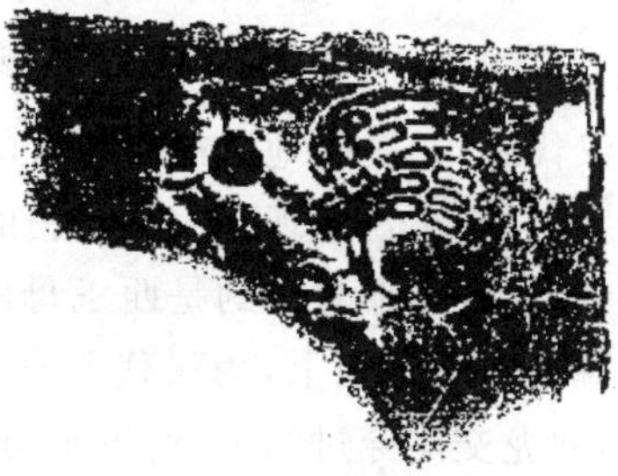

图 4-6-12 东周青铜器上的句芒图像

西周的鸟身人面形象少见。东周时期人面鸟的形象逐渐增多，如《商周青铜器纹饰》第 991 图所载春秋晚期青铜戈上所铸人面鸟身形象，人面转脸正视，鸟身侧视，长颈、双翅直立，大尾翼(图 4-6-12)。[①] 此外，长沙子弹库出土的战国楚帛书为最重要的发现，帛书的东、西、南、北四边环绕着十二个月的彩色神像，其中包括主管春、夏、秋、冬四季的四个神像。十二个神像的中间部位排列着两组互相颠倒的文字(题记)，其中被称为“乙篇”的一组文字，叙述了一个开天辟地、创世造物、区分四季的神话：雹戏(伏羲)四个儿子青□榦、朱□兽、翏黄难、□墨榦，在天地开辟、整顿秩序，四季和十二个月确立之后，分别管理春、夏、秋、冬四个季节，他们即图中所标示的“秉司春”“叡(且)司夏”“玄司秋”“荃(涂)司冬”。“秉司春”的神像，面状正方而青色，方眼无眸，鸟身而短尾，即春季之神青□榦，据杨宽考证秉司春就是

① 参见上海博物馆青铜器研究组编：《商周青铜器纹饰》，文物出版社 1984 年版，图 991。

句芒,甚确。方面鸟身正合于鸟身人面的句芒的形象,而青色代表东方之神。此外冬季神"荼(涂)司冬",也是人面鸟身的神灵,即北方之神禺强[①](图 4-6-13)。

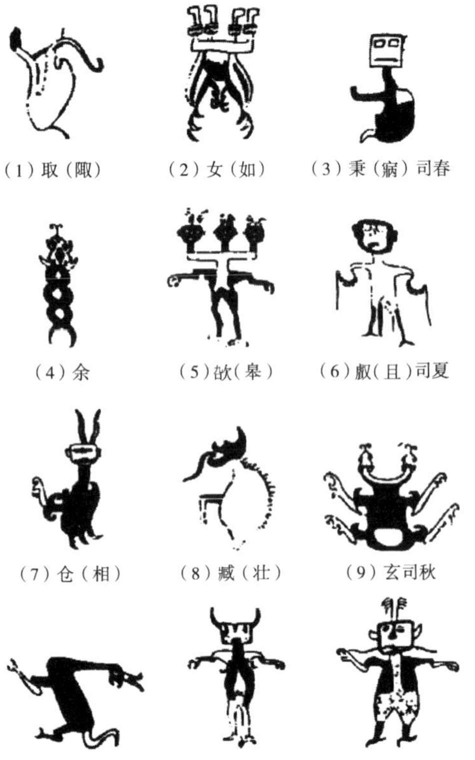

(1)取(陬)　(2)女(如)　(3)秉(寎)司春

(4)余　(5)欱(皋)　(6)叡(且)司夏

(7)仓(相)　(8)臧(壮)　(9)玄司秋

(10)昜(阳)　(11)姑(辜)　(12)荼(涂)司冬

图 4-6-13　长沙子弹库楚墓出土楚帛书十二月神像(摹本)

(摘自杨宽《楚帛书的四季神像及其创世神话》)

汉代时,句芒的地位得到极大的提升,《礼记》《淮南子》中将其作为东方之神,地位仅次于太昊,且考古发现了大量句芒的艺术形象。这一时期是人面鸟的艺术作品发现最多的时期,这些鸟形象有的是西王母的青鸟,有的是北方神禺强,有的是东方神句芒,一般刻在画像石或帛画上,为汉代常见的艺术主题。[②] 如长沙马王堆一号汉墓出土的"T"形帛画,双龙交尾穿过圆璧,璧下垂婴,两侧各立一人面鸟,其中左侧头上有白色横线,从方位上看,当为禺强,右侧为句芒(图 4-6-14)。句芒为木神,对应东方,禺强为水神,对应北方,水生木,以利于墓主转生。[③] 陕西神木大保当东汉墓墓门右侧石柱上有一幅画像,画面主体部分左侧为一人面、鸟身、鸟足、兽尾神像,头戴冠,上插三羽,羽毛涂墨彩,冠红色,似为红色织物缠于头顶,两根黑色冠缨翘于颈后。方面,面涂粉彩,红唇长须。胸前以墨彩勾绘日轮,中间涂红彩,红彩中央用墨绘三足乌。神人下身着鸟羽裙,双腿直立,三趾。其冠上插三羽,当为"芒",胸前为日轮,中涂红彩,墨绘三足乌,代表日神。神人右

① 参见杨宽:《楚帛书的四季神像及其创世神话》,《文学遗产》1997 年第 4 期。

② 参见王恺:《"人面鸟"考》,《考古与文物》1985 年第 6 期。

③ 参见何介钧、张维明:《马王堆汉墓》,文物出版社 1982 年版,第 40 页。

侧还有一升龙，脚下有一走龙，这与《山海经·海外南经》中“东方句芒，鸟身人面，乘两龙”的记载完全相合。[1] 该神即句芒的形象无疑（图 4-6-15）。句芒为春神，与之相对的左侧画像是胸前为月轮的蓐收形象，为秋神。蓐收也是人面鸟身，鸟足，兽尾，胸前绘有月轮，内有蟾蜍。身后一条升虎，脚下有走虎。其耳部有蛇，与《海外西经》中“西方蓐收，左耳有蛇”的记载相符合。《海外西经》中的蓐收与句芒一样也是乘两龙，该处却以虎相配，这是受汉代阴阳五行学说的影响，白虎代表西方，因此以白虎配蓐收。亦有文献记载蓐收为人面虎爪白毛。《国语·晋语二》记载：“虢公梦在庙，有神人面、白毛、虎爪，执钺，立于西阿，公惧而走。神曰：‘无走。’帝命曰：‘使晋袭于尔门。’公拜稽首，觉，召史嚚占之，对曰：‘如君之言，则蓐收也，天之刑神也，天事官成。’公使囚之，且使国人贺梦。……六年，虢乃亡。”《山海经》中除了说蓐收为左耳有蛇乘龙之外，并没有介绍他的形象，从这里看，蓐收作为秋神，应该也是人面鸟身，与春神句芒相同。句芒和蓐收一个作为太昊的佐官，一个作为少昊的佐官，一个代表东方的神，一个代表西方的神，一个持日轮一个持月轮。杨宽指出：“（神木大保当）新出土的春神句芒和秋神蓐收画像，分别手捧日轮和月轮于胸前，就是表示他们在创世工程中主持‘日月之行’。”[2]

图 4-6-14　长沙马王堆一号汉墓出土“T”形帛画局部

左门柱　　右门柱

图 4-6-15　陕西神木大保当第 11 号汉墓画像石

① 参见王炜林等：《陕西神木大保当第 11 号、第 23 号汉画像石墓发掘简报》，《文物》1997 第 9 期。

② 杨宽：《楚帛书的四季神像及其创世神话》，《古史探微》，上海人民出版社 2016 年版，第 383～402 页。

东汉时祭祀句芒，开始出现了由男童扮演的“芒神”。《后汉书·祭祀下》记载：“立春之日，皆青幡帻，迎春于东郭外。令一童男冒青巾，衣青衣，先在东郭外野中，迎春至者，自野中出，则迎者拜之而还，弗祭。三时不迎。”以男童扮演芒神，源于句芒代表春神，万物始发，这一传统自汉代一直流传到明清，直至现代。如今，在天津杨柳青年画、山东杨家埠木版年画中都有芒童和耕牛作为主要题材的春牛图。

汉代时句芒有个俗名叫“千秋鸟”，还有兽面鸟称“万岁鸟”，两者相配，合称“千秋万岁”。葛洪《抱朴子·内篇》卷三《对俗篇》记曰：“千秋之鸟，万岁之禽，皆人面而鸟身，寿亦如名。”因句芒为寿神和春神，掌生命和生长发育，因此有“千秋万岁”这样的吉祥之名，汉砖中常以千秋万岁与四神相配，无非是表达长命百岁、子孙满堂、家族兴旺的愿望。隋唐时期，千秋万岁仍见于出土文物上，代表寿神。

东汉祭青帝句芒之俗，借助于迎春礼仪而大为兴盛起来。以春神句芒为角色的图像，屡屡出现于东汉早期的画像石、画像砖和壁画墓中。到隋唐时句芒的地位急剧下降，较少见于文人记载和出土文物之中。《大唐开元礼》有“皇帝立春祀青帝于东郊”的规定，唐朝皇帝所祭祀的对象只是青帝太昊，而春神句芒则从王朝的立春(迎春、迎气)仪式中消失得无影无踪。其他材料也没有反映唐代有什么相关的句芒画幅，风土记作家留下来的生动记录也十分鲜见，即使有，如韩鄂的《岁华纪丽》，也只有简单的一句话：“帝称太皞，神曰句芒。”显然这并不是在现实生活中观察到的风土记录，而大半是沿袭前人成说，以至于《新唐书》作者在《韦挺传》里用“风俗薄恶，人不知教”来概括唐代民俗传统的衰落。[①]

北宋时句芒仍少见于文献和考古发现中，官方记载迎春仪式的《土牛经》，大大强化了土牛在迎春仪式中的分量和劝农的意旨，但却把春神句芒排除在了迎春仪式之外。到南宋时，《古今图书集成》版的《武林旧事》记载：“立春作土牛，迎市以芒神置前。”表明句芒又出现在迎春仪式中，由春牛、句芒为神偶构成了南宋之后元、明、清代的鞭春礼俗。明清时甚至出现了许多句芒的画作，依然是汉代时鸟身人面、素服、玄纯、人面四方、乘两龙的春神、东方之神的形象。[②]

可见，在北方文化(如隋唐)发达的时候，句芒的地位就会下降，而当南方文化(如南宋)勃兴的时候，句芒的地位就会上升。这正源自于句芒是来源于江浙地区的神灵，虽然在大一统的格局下，全国的文化面貌较为统一，但仍受统治阶层和王朝兴废的强烈影响。目前浙江衢州郊区的梧桐祖殿成为我国唯一尚存的句芒信仰的保留地，是国家级非物质文化遗产“九华立春祭”的举办地，更是我国唯一保存完整的供奉春神句芒的殿宇。浙江也是良渚文化最为集中的地区，对句芒的信仰具有5000余年的悠久历史。

(七)句芒之国

前文对良渚文化神像的考证，主要来自于三重证据：第一重是长江流域距今7000余年至4000年的宗教信仰。这一宗教信仰以太阳、鸟和虎构成了稳定的结构关系，以高庙文化为代表的沅湘流域诸文化，戳刻在白陶器上的纹饰以太阳、鸟和虎面为主，下游地区

① 参见刘锡诚：《春神句芒论考》，《西北民族研究》2011年第1期。

② 参见刘锡诚：《春神句芒论考》，《西北民族研究》2011年第1期。

的河姆渡文化见于象牙器和陶器上,凌家滩文化和良渚文化也具有相同的组合。良渚文化中的神人像在太阳、鸟和虎的组合中取代了太阳的位置,是太阳的人格化。神人方面、鸟身,头戴介字形大芒冠,正是文献中记载的句芒,良渚文化的阳鸟祭坛图,鸟立祭坛之上,是良渚人祭祀太阳神句芒的图像。

良渚文化的神像由神人、兽面和鸟组成,分别为太阳神、虎神和鸟神。神人为鸟身人面的形象,即文献中记载的句芒,是中国古代崇拜的太阳神、春神、寿神和东方之神。虎神代表地上和人间的统治者,这一艺术形象是良渚文化饕餮纹的前身,在商代成为至上神。神鸟是背负太阳运行周天的帝使,是太阳神的使者、沟通天地的神使,三位神灵是三位一体的关系。

良渚文化的神人为句芒,同时,良渚文化的统治者也装扮成句芒的形象。良渚国王头戴大冠,在祭坛上火祭太阳神,实行玉焚葬。这说明良渚文化是人神合一的,在至上神信仰的原始社会中,统治者也是至上神的代表或其本身即太阳神。句芒不仅是其崇拜的太阳神,良渚王也自称"太阳神句芒"。反山和瑶山出土的良渚国王之墓即句芒之墓,良渚古国为句芒之国。

良渚文化虽然在进入龙山时代后就消失了,但当有部分良渚人迁居中原。据文献记载,禹伐三苗时曾有句芒相助。《墨子·非攻下》记载:

> 昔者三苗大乱,天命殛之,日妖宵出,雨血三朝,龙生于庙,犬哭乎市,夏冰,地坼及泉,五谷变化,民乃大振。高阳乃命玄宫,禹亲把天之瑞令以征有苗,四电诱祇,有神人面鸟身,若瑾以侍,搤失有苗之祥,苗师大乱,后乃遂几。禹既已克有三苗,焉磨为山川,别物上下,卿制大极,而神民不违,天下乃静。则此禹之所以征有苗也。

清代孙诒让于《墨子闲诂》中指:"人面鸟身之神,即《明鬼下》篇秦穆公所见之句芒也。"助禹伐三苗者有良渚人的后裔。良渚文化后期,良渚人往南和北迁徙,往北越过长江,到达淮河流域并融入中原文明,往南进入浙南山地。此后,龙山时代的钱山漾文化和广富林文化及夏代的马桥文化中都发现有来自中原的文化因素,表明两地文化交流频繁。

古史传说中还有防风氏,亦为句芒之后。《国语·鲁语下》记载"昔禹致群神于会稽之山,防风氏后至,禹杀而戮之,其骨节专车"。司马迁《史记·孔子世家》记载:

> 吴伐越,堕会稽,得骨节专车。吴使使问仲尼:"骨何者最大?"仲尼曰:"禹致群神于会稽山,防风氏后至,禹杀而戮之,其节专车,此为大矣。"吴客曰:"谁为神?"仲尼曰:"山川之神足以纲纪天下,其守为神,社稷为公侯,皆属于王者。"客曰:"防风何守?"仲尼曰:"汪罔氏之君守封、禺之山,为釐姓。在虞、夏、商为汪罔,于周为长翟,今谓之大人"。

汪罔氏即汪芒氏,为句芒之后。《国语·鲁语下》:"(防风)汪芒氏之君也,守封、嵎之山者也,为漆姓。在虞、夏、商为汪芒氏,于周为长狄,今为大人。"《山海经·大荒东经》:"有波谷山,有大人之国,有大人之市,名曰大人之堂。有一人踆其上:张其两臂。""踆"字,《说文解字注》释曰："居、蹲也。郭注《山海经》、徐广《史记音义》皆曰：'踆'古蹲字。"《淮南子·精神训》："日中有踆乌。"许慎注曰："踆，犹蹲也。"汉画像石中常见踆乌形象，良渚神人、赵陵山玉人物鸟兽玉器和三星堆句芒的姿势亦为踆而张两臂之状。由此可见，汪芒氏（大人之国、防风氏）以句芒为宗神，即句芒之后裔。从字义上看，"汪"为广大之义，义同句芒。汪芒古国故地在今浙江德清武康镇。雍正《浙江通志·祠祀四》：

> 防风氏庙　万历《湖州府志》："在（武康）县东南封、禺二山之间，祀防风氏之神。岁以八月二十五日致祭。"吴康侯《封山记》："封、禺二山之间，古汪芒氏之封国，即防风也。去武康县东一十八里，为其封守之地，故曰封山。唐天宝六年更名防风山，又曰封公山。"封山麓为防风庙，晋元康初邑令贺循建。吴越王钱镠微时祷，有验，后封灵德王，其碑碣犹存。洪武四年，敕封防风氏之神。至今都人士刲羊釃酒有司俎豆而祀之，岁一举焉。[①]

由此可见，良渚文化的族属即句芒，至龙山文化时有防风氏（汪芒氏），禹时曾助禹伐三苗立下战功，禹会诸侯时"防风氏后至，禹杀而戮之"[②]。良渚文化进入龙山时代之后演化为钱山漾文化、广富林文化，进入夏代之后为马桥文化，在其中发现有大量中原龙山文化因素和二里头文化因素，当是两者交流融合的反映。因此，良渚文化为句芒部族所创造，而其后的钱山漾文化、广富林文化和马桥文化则以汪芒氏（防风氏）为主所创造。良渚人在仰韶晚期越过长江往北迁徙，进入龙山时代与中原往来频繁，是华夏民族的重要组成部分。

第七节　族属的研究

族属是一个争论很大且渊源芜杂的概念，它指一个人或一个群体的身份归属。英国学者希安·琼斯认为族属的概念由三个部分所构成：

> 族群身份（认同）：某人自我概念化的一个方面，它源自此人根据感知的文化差异和/或共同渊源，以一较大群体与其他非吾族类对照之后，获得的身份确认。
>
> 族群：任何根据感知的文化差异和/或共同渊源的认识，将自己与其他相互来往和共存群体分开的一批人群。
>
> 族属：与上面定义的某文化构建群体认同相伴的所有社会和心理现象。族属概念聚焦于这样一些方式，其中社会和文化过程与不同族群的身份确认和互动彼此交织在一起。[③]

---

① （雍正）《浙江通志·祠祀四》，清文渊阁《四库全书》本。

② 《史记·孔子世家》。

③ ［英］希安·琼斯：《族属的考古——构建古今的身份》，陈淳、沈辛成译，上海古籍出版社2017年版，第71～107页。

不可否认，一个群体的族属并不是固定的不可更易的，有时会随着这个群体与外界的接触而时常发生改变。但是，这是对于复杂社会而言，在简单社会之中，族属总是依附于血缘或地缘关系，有其相对的稳定性。因此，学界存在的那种认为考古发现的物质遗存与族属无法取得对证的观点是不能成立的。

分析族属的形成有两种不同的视角，也形成两种相对应的观点：第一种视角叫“原生论”，将族群的认同归咎于与生俱来的依附感，由血缘、语言、宗教、地域和文化等纽带所造就和维系。这种依附感并非个人自愿，而是外来强加的。原生论认为族属是一个人或族群客观存在的，可称作“客观论”。第二种视角叫“工具论”，将族属看作是随社会制度和社会行为而变的一种动态群体认同。这种视角关注族属在协调社会关系和协调资源获取中的作用，强调族群是保护经济和政治利益的一种集体性组织。工具论将族属看作是可变的，是一种为了经济或政治利益而可以更改的主观意识，因此又称作“主观论”。

在漫长的历史过程中，作为族属的性质也在发生着改变。在旧石器时代和新石器时代早期，族属总是一种客观性的存在。因为这一时期，人类是以血缘关系而结群的。具有共同血缘祖先的族群被称作“氏族”。同一地域范围内的氏族组成部落。部落是一个联合体，它们或由一个更古老的氏族分化而来，具有共同的远祖；或由不同祖先的氏族构成一个统一的族群联合。到新石器时代中晚期，部落得到壮大并相互之间发生斗争或融合，从而产生新的部落，甚至更高层次的部落联合体。这一时期，部落的英雄出现，进入了英雄崇拜时期，也就是五帝时代的早期，黄帝、炎帝、蚩尤、太昊、少昊、颛顼等英雄登上历史舞台。进入新石器时代末期，氏族制度彻底解体，上下层分离，一定的区域内不仅存在不同的族群，一个聚落内的上下层之间也属于不同的族群。这时的社会上层，一般会以上古英雄来作为自己的祖先，这种情况有两种可能：一种可能性是血脉相承的客观存在；另一种可能只是一种主观上的攀附。两者之间是难以区分的，哪怕对于其本人而言。因此族属由客观存在转变为主观认同，从而使两种族属情形并存。南北朝时期，北方少数民族自称黄帝之后或大禹之后，即属于这种情况。但是，我们仍无法否认北方游牧族群的族属主张具有客观性，因为从考古学上看，公元前三四千纪的人群大扩张和若干文献支持他们的主张。同样，虽然有陈侯因資镦证明田齐为黄帝之后，但这只是一种主观认同，陈姓来自于虞舜，而虞舜为颛顼之后，可见战国时期族属已属于主观认同。田齐攀附黄帝，实际上是攀附周王室，从而为田氏代齐攫取政治资本。

虽然族群有移动性，族群也存在斗争、融合或消失的情况，但是这些复杂的变化之前有一个相对稳定期，这使得通过考古发现的物质遗存来分析族群的存在成为可能。同时，神灵、祖先和族群具有同一性，中国文化延续性的特点使考古文献与考古发现中的文化遗存产生了对应的可能。通过以上分析，可以作如下对证：

炎黄集团（华夏集团的雏形） 炎帝、黄帝、共工等　仰韶—中原龙山文化
东夷集团 太昊、少昊、蚩尤、风伯、雨师等 大汶口—山东龙山文化
南蛮集团 颛顼、祝融、穷蝉、舜等 屈家岭—石家河文化
西羌集团 女娲、炎帝、禹 马家窑文化、齐家文化

华夏集团与华夏族并不等同。华夏族以炎黄集团为主体，但其来源也更广泛，其中东夷集团、南蛮集团和西羌集团中的部分人群为其中的主要组成部分，都参与到华夏族

的缔造中。华夏是晚期才形成的文化和族群概念，随着三代的形成才逐渐形成。三代之前无华夏，亦无华夷之别。

龙山时代(约前2300～前1900年)进入了城邦政治时代，城邑大量出现，并成为聚落群的核心，同时族群分裂成小型化的家族，社会上下层分离，宗教上也趋向于世俗化。玉器作为事神的工具表现最为明显，表现动物、精怪和神灵的器型或纹饰很少见到，而玉刀、玉璋、玉钺等工具和武器成为主要器类，这说明玉器由事神向服务于社会转变。宗教由处理人与自然的关系转变为处理社会秩序。无论据文献还是据考古学文化因素、文化格局分析，炎黄、东夷、南蛮、西羌集团都进入中原地区，从而构成了新的政治联盟。中原地区的考古学文化形成了混合性的考古学文化，一般三到四个集团的文化因素同时出现在一个文化之中，表明一支考古学文化中包含若干不同的族群。这与文献记载也是相符合的。据《尚书》《史记·五帝本纪》等文献记载，尧舜部落联盟内有来自四大集团的首领：

(1)皋陶，益(伯翳)，少昊之后，秦、赵祖先，属东夷。

(2)四岳，姜姓祖先，属西羌。

(3)弃，黄帝之后，属炎黄集团。

(4)契，商人祖先，帝喾之后，属东夷。

(5)彭祖，属南蛮。①

(6)夔，属南蛮。②

(7)禹，属西羌。

(8)羿，属东夷。

可见，尧舜禹时期社会组织属于部落联合体，而中原龙山文化的文化面貌亦是不同文化因素的联合体。

综之，龙山文化时期为夏王朝的创立准备了条件，而其文化的统一性和广泛性，正符合文献中记载的万国林立的时代风貌，同时自尧舜始，中央王朝已经不是单一族群而是由多个族群构成的联盟。

以上所论可以帝王陵墓相质证。古帝王的陵墓现今还有保存，虽然历史时期各地也会有所附会，但是陵墓祠庙具有相对稳固性。现今的古帝陵位置如下，与文献记载基本相合：

(1)太昊陵，位于河南省周口市淮阳县。

《左传》昭公十七年记载："陈，太皞之墟也。"

(2)少昊陵，位于山东省曲阜市。

《左传·昭公二十九年》云："少皞氏有四叔……世不失职，遂济穷桑，此其三祀也。"杜预注："穷桑地在鲁北。"

《帝王世纪》："少昊邑于穷桑，以(穷桑)登帝位，都曲阜，故或谓之穷桑帝。"

① 《史记·楚世家》："吴回生陆终。陆终生子六人，坼剖而产焉。其长一曰昆吾。二曰参胡。三曰彭祖。四曰会人。五曰曹姓。六曰季连，芈姓，楚其后也。昆吾氏，夏之时尝为侯伯，桀之时汤灭之。彭祖氏，殷之时尝为侯伯，殷之末世灭彭祖氏。"

② 《史记·楚世家》："齐桓公七子皆奔楚，楚尽以为上大夫。灭夔，夔不祀祝融、鬻熊故也。"

(3)黄帝陵,位于陕西省延安市黄陵县。

《史记·五帝本纪》:"黄帝崩,葬桥山。"裴骃《史记集解》引《皇览》曰:"黄帝冢在上郡桥山。"司马贞《史记索隐》引《汉书·地理志》云:"桥山在上郡阳周县,山有黄帝冢也。"

(4)蚩尤墓,位于山东菏泽市巨野及泰安市东平县。

《史记·封禅书》:"三曰兵主,祠蚩尤。蚩尤在东平陆监乡,齐之西境也。"《史记集解》引徐广曰:"属东平郡。"又引《皇览》云:"蚩尤冢在东平郡寿张县阚乡城中。"

另有蚩尤祠,位于河北省张家口市涿鹿县,盖蚩尤兵败之地。

(5)炎帝陵有三处,位于陕西省宝鸡市、河南省商丘市、山西省高平市。

炎帝自西往东迁徙,最西处位于宝鸡。《水经注》"渭水"条下说:"岐水又东,径姜氏城南,为姜水。"《帝王世纪》说:"炎帝神农氏,姜姓。母女登游华阳,感神而生炎帝于姜水,是其地也。"

(6)句芒庙,位于浙江衢州梧桐祖庙。

(7)帝喾陵,位于河南省商丘市。

(8)颛顼陵,位于河南省安阳市。

裴骃《史记集解》引皇甫谧曰:"(颛顼)都帝丘,今东郡濮阳是也。"

(9)女娲祠,位于甘肃省天水市秦安县。

(10)伏羲祠,位于河南省驻马店市上蔡县。

(11)尧陵,位于山西省临汾市。

(12)舜陵,湖南省永州市宁远县九嶷山

《史记·五帝本纪》:"践帝位三十九年,南巡狩,崩于苍梧之野。葬于江南九疑,是为零陵。"

(13)大禹陵,位于浙江省绍兴市。大禹庙位于山西省韩城市。

越人崛起之后于浙江绍兴祭祀大禹。大禹是夏人的英雄祖先,其都城位于阳城,约在嵩山东南,次都于大夏,在晋南。

宗教为学术，巫祝即为学者，神话即为历史。

——杨宽《中国上古史导论》

第五章　众神的起源

中国的古代宗教有一个由氏族宗教到国家宗教、原始宗教到复杂宗教、分散宗教到统一宗教的发展过程。这是与中国的社会组织由氏族到国家的发展过程相一致的。由于中国境内广阔的地理环境，中国史前人类所崇拜的至上神也有一个演变的过程。至上神是指古代人类所崇拜的最高神灵，又称“至高神”或“最高神”，祭祀祈福为基本的宗教思维和崇拜方式。帝（上帝）为商人所崇拜的至上神，而天为周人所崇拜的最高神。

正如前文所论，中国东部地区，由华北平原到长江中下游平原地区，崇拜的至上神为太阳，黄土高原上的至上神为黄土地，渭水流域往西至黄河上游地区也与前者相同。黄土高原北部和蒙古高原地区，东至东北亚，西达新疆和中亚，生活的主要为游牧人群，他们所崇拜的最高神为天，蒙古人称“腾格里（长生天）”。太阳、黄土地和天是早期中国所崇拜的三大至上神。

太阳崇拜的本质为火崇拜，在中国古代流行于公元前6000～前1000年，由此在新石器时代晚期衍生出来的神灵和族群有太昊、炎帝、少昊、句芒、颛顼、帝喾。炎帝偏西，其余神灵和族群均处东部。这些族群的名称均来自于宗教信仰。

土地崇拜起源和兴盛于黄土高原上，主要流行于公元前3000～前1500年，黄帝为其人格化的神灵。其后演化为社神崇拜，一直流行于历史时期。地祇崇拜与圣山崇拜相结合，因黄土高原上的山多为土山，山与地均属地祇，随着周人往东的经略，地祇崇拜和圣山崇拜也流行于黄河下游地区。圣山崇拜的人格化为四岳。秦时秦始皇封禅名山大川，以泰山为主，封禅名山大川成为历史时期主要的国家祭祀。

夏、商、周三代有不同的至上神，夏人崇地，商人崇日（火）和周人崇天，故夏称“后”[①]，商称“帝”，周称“王”。周灭商之后，天代日成为至上神，人间的统治者也由太阳之子改称“天子”。“祭天之礼，兼及三望”，三望指日、月、星，日神成为天之属神。[②] 战国秦汉时，星神太一成为新的至上神。太一所居曰紫宫，因此天子所居称“紫禁城”，延及后世。

---

① 后指后土，意为土地之神。

② 参见朱天顺：《中国古代宗教初探》，上海人民出版社1982年版，第17页。

“三皇五帝”之“三皇”分别为天皇、地皇、人皇，即分别来自于天神（日、月、星等）、地祇（山、川、水、泽）、人鬼（祖先），天神崇拜、地祇崇拜和祖先崇拜为中国古代三大宗教信仰，也是国家宗教的基础组成部分。

到目前为止，我们对帝系已经有了不同的认识。东周秦汉之际，主要存在两种不同的帝系系统：一是《吕氏春秋》《淮南子》《礼记·月令》记载的黄帝、颛顼、太昊（伏羲）、少昊、炎帝；二是《史记·五帝本纪》《大戴礼记》《世本》《易传》《礼记》等文献记载的黄帝、颛顼、帝喾、尧、舜。2000多年前的司马迁自号重黎之后，当时天下典籍毕集于太史公，他在写作《史记》的时候，对于帝系应是有清楚的认识的。《五帝本纪》所采用的这个系统有太多的漏洞，太史公不可能不知道太昊、少昊，亦不可能不知道秦为少昊之后，楚人从不祭祀黄帝。但是，司马迁将各国的《本纪》不停地上溯各族之祖先，并将其与黄帝联结，从而形成了黄帝家天下的格局。其意何为？

东周秦汉时代，是中国由王国时代走向帝国时代的时期。周代的分封制彻底崩溃，礼崩乐坏，战事迭起。春秋时期，战争还局限在社会上层之间，战争范围和规模也较小，但是到战国时，战争的规模急剧扩大，各个族群之间展开了厮杀，“争地之战，杀人盈野；争城之战，杀人盈城”，传统的“兴灭国，继绝世”[①]传统也消失了，灭绝战争频繁上演，社会进入剧烈的动荡期。这一被称作“轴心时代”的时期以诸子百家和哲学的突破为表征，而以社会的大动荡和生产力的释放为背景。

社会的动荡急需新的社会秩序，秦时，少昊、太昊、黄帝、炎帝、颛顼为秦人的五帝。汉统一之后，为配合大一统的形成，文化上也进行了改革，黄老思想盛行。为避免族群之间的斗争，司马迁将上古帝王进行了一番比较，终于将黄帝抬出来作为中华共祖，以进一步凝聚中国各族。黄帝具有其他帝王所没有的优势。东方的太昊、少昊、颛顼、帝喾偏于东南，而且商之后，姬姜控制了山东，炎黄联盟逐渐占据了两昊旧地[②]；长江中游和下游进入龙山之后族群分散或多迁居中原，不复前世之兴盛。而且，夏为黄帝和颛顼后，商为帝喾后，周为黄帝后，楚为颛顼后，只需将黄帝置前，颛顼、帝喾置后，便可集合夏—商—周—楚于一系。但时人都知颛顼居南，于是有了昌意负责将两者联系。秦、赵为少昊、颛顼之后，将秦、赵归入颛顼。于是终于将帝系“抹平”了。在东方的帝系和西方的帝系中，司马迁选择了西方的帝系，也就是周人的帝系、儒家的帝系。儒家秉承周文化一脉，自然最为推崇黄帝。司马迁的五帝系统正来自于《帝系姓》和《五帝德》，继承了周系文化。

中国新石器时代有三大至上神，注定要在其后的大一统时代的竞争中做出改变，要么融合，要么淘汰，或者走向融合。这三大至上神是长城以北草原地带的游牧民崇拜的天神，黄土高原上旱作农业的人群所崇拜的地神，黄土高原东南平原低地地带农业人群所崇拜的太阳神。

黄帝在众神里的优势在于，中国第一个王朝夏是由黄帝之后裔所创建。夏所在的陕北、晋南地区正是黄帝部族活动的地区，黄帝是黄土高原上的至上神。龙山时代，东南文化的普遍衰落，无疑使太阳神的地位开始下降。相反，黄土地区的高地龙山文化却进一步繁荣。伴随着东南文化中高端物品，如玉器、漆器、彩陶在晋南、陕北的出现，这些现象

---

① 《论语·尧曰》。

② 最明显的是山东被姬、姜分治，建立了齐国和鲁国。

是以东南人群的迁徙和土著的融合作为时代背景。这肯定使黄帝族群如通过联姻、归附进一步壮大。此外，周也是曾经活跃于陕北的族群，在代商之后，进一步将地神信仰抬升。秦时黄帝为秦人崇拜的四帝之一（四帝分别为太昊、少昊、黄帝、炎帝），汉代黄老思想盛行，黄帝的地位不降反升。这使黄帝在众神中胜出。

帝系构成了一种新的宗教系统，这是基于祖先崇拜所建构的，黄帝成了华夏民族的祖先，各族都是其后裔。司马迁试图以这样的宗教系统抚平时代的创伤，建构一个宗教上的大一统，创建一个血统上的大一统，而这一宗教的教主只能是黄帝。

黄帝、炎帝、颛顼、帝喾、少昊主要活动于仰韶文化晚期到龙山文化早期。此外，还有未被人格化、历史化的神灵。到东周秦汉时，王纲解纽，道教兴起，于是重新将这些古老的神灵抬出来，放置于神庙之中。这其中有伏羲、女娲、龙凤和四灵等。同时，适应大一统的需要，汉人有了新的至高神太一。太一作为至上神，虽然是星神，但是对其信仰却参考了许多日神信仰的特点，如太一运行九宫，来自于太阳运行八方。“太一生水，水反辅太一”[①]，来自于阴阳互生观念——阴者水，阳者火。以太一为统领的群神也成为道教神灵的来源。

第一节　四　灵

东周秦汉时期，周代的礼制逐渐松弛，中国进入了一次文艺复兴的时期，远古时期的神灵被再次作为艺术主题装饰于青铜器、玉器、漆器等高端物品上。春秋时期的青铜器将神兽铸造于器物表面，虽然在纹样的风格上已经与周初和商代的形象不可同日而语。此外，远古的动物神灵逐渐复苏，虎、鸟、凤、龙等形象被作为艺术的形象或王权的象征。

这一时期的上古神灵最著名的为四灵。四灵也被称作“四神”“四象”“四维”“四兽”等，指战国秦汉形成，为华夏民族所崇拜的四种神灵。四灵并非仅有四种，而是不同的组合，《礼记·礼运》中说：“麟、凤、龟、龙，谓之四灵。”郑玄注：“麟为百兽之长，凤为百禽之长，龟为百介之长，龙为百鳞之长。”四灵一般与天之四象相对应，每种动物各代表一方，《三辅黄图》卷三：“苍龙、白虎、朱雀、玄武，天之四灵，以正四方。”东方角、亢、氐、房、心、尾、箕形状如龙，所以称东宫为“青龙”或“苍龙”；西方七星奎、娄、胃、昴、毕、觜、参形状如虎，所以称西宫为“白虎”；南方井、鬼、柳、星、张、翼、轸连为鸟形，所以称南宫为“朱雀”；北方七星斗、牛、女、虚、危、室、壁，其形如龟，所以称北宫为“玄武”。这也是四灵固定化之后的组合，即苍龙或青龙、白虎、朱雀、玄武四种神兽的组合，玄武一般是以龟蛇的形象出现，有时省掉蛇只以龟。

四灵常被运用于军容军列或军旗上，成为军队的保护神。《礼记·曲礼上》曰：“行，前朱雀而后玄武，左青龙而右白虎，招摇在上，急缮其怒。”郑玄注：“招摇星在北斗杓端主指者。”孔颖达疏：“招摇，北斗七星也。”陈满注曰：“行，军旅之出也。朱雀、玄武、青龙、白虎，四方宿名也。”又曰：“旒数皆放之，龙旗则九旒，雀则七旒，虎则六旒，龟蛇则四旒也。”

---

① 郭店楚竹简《太一生水》篇。荆门市博物馆编：《郭店楚墓竹简》，文物出版社1998年版，第125页。

将四象分别画在旌旗上,以此来表明前后左右之军阵,鼓舞士气,达到战无不胜的目的。《周礼·考工记·辀人》载:“龙旗九斿,以象大火也;鸟旟七斿;以象鹑火也;熊旗六斿,以象伐也;龟蛇四斿,以象营室也。”是将龙、鸟、熊、龟蛇(玄武)作为四灵。

商代也有四方神,在甲骨卜辞中,四方分别有神名,并且四方有对应的风,也各有神名(图 5-1-1)。[1] 四方神为龙,四方风神为凤。汉代的四方神来源于商代的四方神观念,是在其基础之上的改造。所以四灵作为四方神不可能起源于天象,四象是比照四方对天象进行的分野。

图 5-1-1 四方风名刻辞

(摘自郭沫若《甲骨文合集》释文 14294)

汉代的四灵出土于大量的文物上。西安东郊国棉五厂汉墓出土的温酒炉上有四灵像,分别为白虎、龟、龙和朱鸟,说明西汉早期已经有完备的四灵形象。[2] 汉代铭文镜,带有一圈“青龙白虎掌四方朱雀玄武顺阴阳”或“左龙右虎辟不祥朱鸟玄武顺阴阳”之类的铭文。汉长安城南郊礼制建筑遗址也出土有朱雀、青龙、白虎、玄武的四神瓦当(图 5-1-2)。[3]

图 5-1-2 汉长安城出土四灵瓦当

《史记·天官书》记载有天官的四宫:“东宫苍龙”“南宫朱鸟”“西宫咸池”“北宫玄武”。天之四宫由苍龙、朱鸟、咸池、玄武所构成。咸池是主五谷的星,主秋季,因五谷是在秋天收获。《淮南子·天文训》:“日出于旸谷,浴于咸池,拂于扶桑,是谓晨明。”咸池是太阳洗浴的地方,与旸谷相对,位于西方,所以作为西宫的名称,西又与秋相对,因此主秋。张守节《史记正义》:“咸池三星,在五车中,天潢南,鱼鸟所托也。”由此可见,西宫咸池中的神灵是“鱼鸟所托”,即鸟衔鱼(图 2-4-8)[4]。河南商丘曾经出土过一件西汉

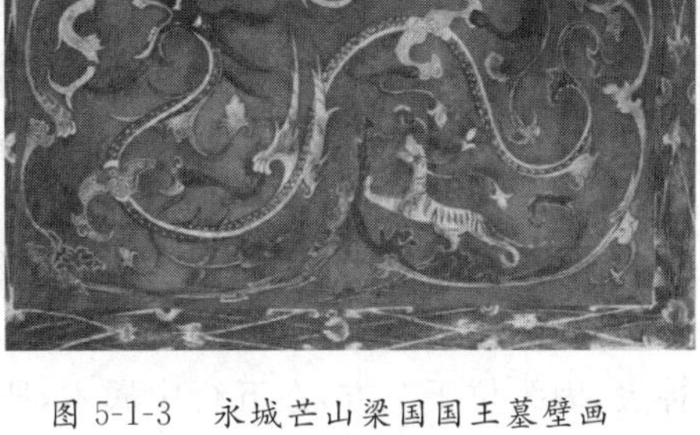

图 5-1-3 永城芒山梁国国王墓壁画

---

① 参见郭沫若:《甲骨文合集》,中国社会科学出版社 1999 年版释文,14292。

② 参见呼林贵等:《西安东郊国棉五厂汉墓发掘简报》,《文博》1999 年第 4 期。

③ 刘庆柱认为属于王莽时期专门为礼制建筑制作的瓦当。参见见刘庆柱:《汉长安城遗址及其出土瓦当研究》,《古代都城与帝陵考古学研究》,科学出版社 2000 年版,第 355 页。

④ 详见本书第二章第四节《鸟衔鱼考》。

壁画，西方绘以玄鱼[①]，其组合为青龙、白虎、朱雀、玄鱼（图 5-1-3）。

《淮南子·天文训》记载：

> 何谓五星？东方，木也，其帝太皞，其佐句芒，执规而治春。其神为岁星，其兽苍龙，其音角，其日甲乙。南方，火也，其帝炎帝，其佐朱明，执衡而治夏。其神为荧惑，其兽朱鸟，其音徵，其日丙丁。中央，土也，其帝黄帝，其佐后土，执绳而制四方。其神为镇星，其兽黄龙，其音宫，其日戊己。西方，金也，其帝少昊，其佐蓐收，执矩而治秋。其神为太白，其兽白虎，其音商，其日庚辛。北方，水也，其帝颛顼，其佐玄冥，执权而治冬。其神为辰星，其兽玄武，其音羽，其日壬癸。

文中将方位、五行、神名、星名和四灵进行了进一步综合。四灵之外加中央黄龙构成苍龙、朱鸟、黄龙、白虎、玄武五灵。东西南北中五个方位分别与神、星、兽、日相对。这是五行观念对方位、星、神、兽的划分。

四灵来源于上古先民所崇拜的图腾动物。这些图腾动物在图腾制度的衰弱和理性思维的发展之下，转化成了祖先神、至上神和保护神。随着中国轴心时代的到来，理性化思维逐渐使这些神灵人格化，但是民间中仍保存着这些神灵的信仰。文化总是往两个方面发展，一是是神化的历史，另一是历史的神话。在历史化进程中受挫的神灵，会进入神化系统。同时，被历史化的神灵，其神话也必然会受到压制，不过，被历史化的神灵总有一些事迹保存在人们的记忆中，被记住和传阅。战国、汉代时，由于人们认为这些上古神灵具有祛邪、避灾、赐福的作用，在阴阳五行和道教的兴盛之下，又将众神抬出来，组成新的组合，放置于万神殿之中，并且在褪去祖先神信仰的情况下，其保护神的地位得以提升。

常见的四灵包括青龙、白虎、朱鸟、玄武、麒麟和咸池（鱼鸟）。河北满城汉墓出土一件铜熏炉，盖上塑青龙、白虎、朱雀和骆驼，是较为奇怪的组合，这当是其偏于北方受北方游牧文化影响的原因，因此将骆驼这种重要的动物作为神灵。

青龙　龙是太昊族的图腾。《左传·昭公十七年》："太昊氏以龙纪，故为龙师而龙名。"太昊又称"青帝"，《史记·秦本纪》："秦宣公作密畤于渭南，祭青帝。"《说文》："（青）东方色也。木生火，从生丹。丹青之信言象然。"《淮南子·天文训》："东方，木也，其帝太皞，其佐句芒，执规而治春。其神为岁星，其兽苍龙，其音角，其日甲乙。""苍龙"当即青龙。《吕氏春秋·孟春纪》："太皞，伏羲氏，以木德王天下之号，死祀于东方，为木德之帝。句芒，少皞氏之裔子曰重，佐木德之帝，死为木官之神。"由此可见，龙为太昊族所崇拜的神灵，因为位于东方，在五行中属木，所以称"青龙"，太昊称"青帝"。

太昊族是崇拜太阳的族群，鲁中南、苏北、豫东地区的大汶口文化属太昊族所创造。大汶口文化中期由鲁中南扩张到中原，因此与当地的龙崇拜相结合，是以有"太昊氏以龙纪"的传说。古代文物经常可见两龙围绕一个圆球（太阳之象）所谓"二龙戏珠"，即是以龙配太阳的图像。正由于此，文献中称"太昊伏羲氏"。

白虎　虎为南方所崇拜的神灵。从距今 7000 余年前的高庙文化、河姆渡文化到良

---

① 参见阎道衡：《永城芒山柿园发现梁国国王壁画墓》，《中原文物》1990 年第 1 期。

渚文化、凌家滩文化、后石家河文化都有虎的形象，是长江流域崇拜的神灵。高庙文化距今7400～7000年，只有虎面的形象，图案突出其獠牙。河姆渡文化的早期与高庙文化大体相当，发现有雕刻的虎形象。良渚文化已经有大眼、獠牙、虎爪的虎神形象，一般位于神人的下方，构成神人兽面象。但是也有神人位于虎的两侧，表明虎与神人存在平等的关系。神人为天神，虎为火神（地神）。距今4000年左右的后石家河文化，具象玉虎多见。玉虎有两种，一种是玉虎头，另一种是侧视整身玉虎。前者多见于肖家屋脊、罗家柏岭等遗址，后者见于谭家岭遗址，如W9一墓出土9件玉虎，是出土玉虎数量最多的墓葬。[①]

到商代时，南方地区的青铜器上也常有虎的形象。如在新干大洋洲中有小鸟立于虎背形象的青铜器。由于商代的南方青铜器中发现虎形象较多，因此有学者认为商代甲骨卜辞中的“虎方”即位于江南地区。[②]

虎为南方崇拜的神灵，其神性是火，但是在阴阳五行学说的影响下，必须将虎与同是火性的朱雀分开。因秦位于西方，主少昊，少昊成了西方的神，西主金，其色白，少昊又称白帝，虎称“白虎”。于是形成了《淮南子·天文训》里“西方，金也，其帝少昊，其佐蓐收，执矩而治秋。其神为太白，其兽白虎，其音商，其日庚辛”这样的组合。在文献中，蓐收也是虎的形象，据《山海经·海外西经》：“西方蓐收，左耳有蛇，乘两龙。”郭璞曰：“金神也；人面、虎爪、白毛，执钺。”《国语·晋语二》：“虢公梦在庙，有神，人面白毛虎爪，执钺立于西阿……觉，召史嚚占之，对曰：‘如君之言，则蓐收也，天之刑神也。’”韦昭注：“蓐收，西方白虎金正之官也。”《礼记·月令》：“（孟秋之月）日在翼，昏建星中，旦毕中。其日庚辛，其帝少皞，其神蓐收。”郑玄注：“蓐收，少皞氏之子，曰该，为金官。”可见蓐收是人面、虎爪、鸟身的形象，汉画石中的蓐收，人面鸟身，配以白虎（图4-6-15，左图）。因处西方，太阳东升西落，在《山海经·西次三经》中蓐收为司日入之神：“泑山，神蓐收居之，西望日之所入，其气员，神红光之所司也。”郝懿行云：“红光盖即蓐收也。”与蓐收相对应的司日出之神为东方句芒。

朱雀　又称“朱鸟”，来源于神话传说中背负太阳运行的金乌。新石器时代考古中发现有大量鸟的纹饰、玉器、刻划符号等形象，说明鸟崇拜曾经流行于中国史前时期。鸟崇拜有不同的地域特征，燕辽地区的红山文化和西北地区马家窑文化中以鹰鹗为主，黄淮河流域多以雀鸟类为主，长江流域则多以金雕和凤的形象出现。商周时期多以凤鸟的形象出现，殷墟妇好墓出土的一件玉凤，学界多认为来源于江汉地区的后石家河文化。商周青铜器纹饰中凤鸟是其中一大类别，与兽面纹和龙纹构成了青铜器的主体纹样。战国秦汉时在源远流长的凤鸟崇拜基础之上形成朱雀。

《淮南子·天文训》：“南方，火也，其帝炎帝，其佐朱明，执衡而治夏。其神为荧惑，其兽朱鸟，其音徵，其日丙丁。”《礼记·月令》：“孟夏之月其帝炎帝，其神祝融，余夏月皆然。”南方属火，将同是火性的炎帝作为南方之帝。“朱明”就是祝融[③]，《左传·昭公二十

① 参见孟华平等：《湖北天门市石家河遗址2014～2016年的勘探与发掘》，《考古》2017年第7期。

② 参见郭静云：《江南对虎神的崇拜来源——兼探虎方之地望》，《湖南大学学报》（社会科学版）2014年第2期。

③ 参见杨宽：《中国上古史导论》，上海人民出版社2012年版，第211～213页。

九年》:"木正曰句芒,火正曰祝融,金正曰蓐收,水正曰玄冥,土正曰后土。"《山海经·海外南经》:"南方祝融,兽身人面,乘两龙。"可见祝融是南方最重要的神灵。祝融是颛顼之后,《山海经》中的世系是较为混乱的,《山海经·海内经》:"炎帝之妻,赤水之子听沃,生炎居,炎居生节并,节并生戏器,戏器生祝融。"《大荒西经》:"颛顼生老童,老童生祝融。"据楚人的追溯看,《大荒西经》中记载更可靠,祝融是"三楚先"之首,有新出战国竹简为证。《海内经》中以祝融为炎帝之后,当是部族融合在古史传说中的反映。

朱雀在汉代常以凤凰的形象出现,它具有火的属性,火是红色,故名"朱鸟"或"朱雀"。朱雀是在太阳鸟火崇拜基础上以金雕为基础形成的神灵。

麟 四灵之中,青龙、朱雀、白虎较为固定,而另一个北方之神则时有变动,或为骆驼,或为玄武,或为麒麟,麟和玄武较为常见。《礼记·运礼》中说:"麟凤龟龙,谓之四灵。"注:"麟为百兽之长,凤为百禽之长,龟为百介之长,龙为百鳞之长。"麟为百兽之长。

麒麟为中国古代崇拜的瑞兽、仁兽,古人认为"六合同归而仁","王者至仁则出",是太平盛世的征兆。《说文》:"麟,大牡鹿也。""麒,仁兽也,麇身牛尾一角。""麟,牝麒也。""麒,仁兽也,麋身,牛尾,一角。"可见麒、麟是同一种动物,一公一母,属鹿科动物。

麒麟为麇身或麋身。《说文》:"麇,麞也。"《诗经正义·召南·野有死麕》曰:"麕,本亦作麏,又作麇。……《草木疏》云:'麏,麞也。青州人谓之麏。'"麕、麏、麇、麞,四者异名同物,麞即獐。《周礼·冬官·考工记》郑玄注曰:"獐,山物也,在衣。齐人谓麇为獐。"唐兰认为麇即为麒麟的合音。[①]《论衡·讲瑞》:"鲁人得戴角之獐谓之骐驎,亦或时生于獐,非有骐驎之类也。"《论衡·指瑞》:"(麟)常有之物也,行迈鲁泽之中,鲁国见其物获之也。"《宋书·符瑞志》中说:"有银獐白色,王者刑罚中理则出。"白色银獐为瑞兽,与麟之"非明王不至""王者至仁则出"相同。可见,麟即神化之獐。[②]

鲁中南地区的史前居民有崇拜獐的习俗,大汶口文化先民将獐视作图腾动物。大汶口文化墓葬中以獐牙随葬,且有的氏族成员拔掉上侧门齿,以突出犬齿,模仿獐的形象(獐无侧门齿),即为獐崇拜的反映。大汶口人还将獐牙镶嵌到骨柄上制作成精美的獐牙钩形器,作为佩带之物,这种特殊的器物是一种消灾厌胜的瑞符,青壮年和少年都随身佩戴在身上。

鲁中南、苏北地区的獐在大汶口文化时期发现较多,这与其气候有较大的关系。獐是一种喜欢生活在湿热、池沼环境中的动物,其现生种分布于亚热带的长江中下游及东南沿海一带的水边丛林中。大汶口时期正处于我国历史上的大暖期,气候比现在温热,发现有许多现今生活在长江流域的古生物。汶泗河流域一带,水系发育,沼泽众多,是獐类理想的栖息地。公元前4000～前3000年獐的数量达到一个高峰,獐类在该地区繁盛一时。大汶口晚期时气候开始变冷,獐在这一地方的数量也开始减少。到龙山时期,獐的数量随着气温的下降也急剧下降。[③]

獐是一种喜暖的野生动物,又称"土麝""香獐",方言中亦称"牙獐"或"河麂",被认为

---

① 参见唐兰:《获白兕考》,《史学年报》1932年第4期。

② 参见王永波:《麒麟探源——兼谈大汶口文化的獐崇拜》,《民俗研究》1992年第4期。

③ 参见王青等:《海岱地区的獐与史前环境变迁》,《东南文化》1994年第5期。

是最原始的鹿科动物。獐的獠牙一般长5～6厘米，最长可达8厘米，獠牙会动，在吃东西的时候可以收起来。但是如果进入战斗状态，獠牙则会立起来，以锋利的犬齿刺破敌人的血肉。獐擅长奔跑，会游泳，具有机智敏捷的特性。因此，先民以獐作为图腾动物，认为佩戴了獐的牙齿就可以获得獐的生存能力。这正如弗雷泽于《金枝》所记述的贝专纳人，认为穿上白鼬皮之后会获得其顽强的生命力，使他们难以被杀死；还有士兵在头发里戴上无角公牛的头毛，在斗篷上缝上一块青蛙皮，因为青蛙很滑腻而无角公牛又很难抓住。[①] 我国古代少数民族也有将牙制作成饰物的，唐代樊绰著的《蛮书》中记载："寻传蛮，阁罗凤所讨定也。俗无丝绵布帛，披波罗皮，跣足，可以践履榛棘。持弓挟矢，射豪猪，生食其肉，取其两牙双插髻傍为饰，又条猪皮以系腰。"寻传蛮人认为带豪猪牙可以获得其勇猛的能力。缅甸克耶邦的盖柯族认为身上带着野猪牙可以使人更年轻，并增加气力，儿童身上挂虎牙，会使身体健康。[②] 这种思维意识被弗雷泽称为"模拟巫术"或"顺势巫术"，即通过模仿某种动物，从而使人在心理上认为自己获得了这种动物的能力。

獐崇拜在龙山时代就基本消失了，虽然个别龙山文化墓葬中还有獐牙随葬，却已是这一习俗的残留。随着大汶口文化先民与外来人群的接触，这一原始宗教信仰也被新的宗教信仰取代。但是对于獐崇拜的记忆仍然保存在人们的心里，图腾崇拜在消逝的过程中会往保护神、创世神方向转化，獐也在不断被神化。陆玑《诗疏》中说："(麟)瑞兽也，麇身牛尾，马足圆蹄。一角，角端有肉。……不履生虫，不践生草，不群居，不侣行，不入陷阱，不罹罗网，王者至仁则出。"獐被加上了牛尾、马蹄、肉角，正像龙一样，获得了多种动物的特征，也就不断地被神化。《说苑·辨物》篇："故麒麟，麇身、牛尾，圆顶一角，含仁怀义，音中律吕，行步中规，折旋中矩，择土而践，位平然后处，不群居，不旅行，纷兮其有质文也，幽闲则循循如也，动则有容仪。"最终獐被神化成一种至善至仁的神灵，《大戴礼记·易本命》云："有羽之虫三百六十，而凤凰为之长；有毛之虫三百六十，而麒麟为之长；有甲之虫三百六十，而神龟为之长；有鳞之虫三百六十，而蛟龙为之长。"麒麟成了百兽之王。

西周时期，由于气候干冷化，獐基本在黄河流域消失了。几百年之后，《公羊传》记载鲁哀公十四年春，"西狩获麟"，鲁人不知麟为何物，乃问于孔子。孔子曰："孰为来哉！孰为来哉！"以至于"反袂拭面，涕沾袍"。孔子为何悲痛？后人给出了不同的解释。东汉时期王充在《论衡·指瑞》篇中道："儒者说(悦)之，以为天以麟命孔子，孔子不王之圣也。"认为麟为仁王出世的征兆。但春秋战国时，周天子势微，哪有什么仁王出现呢？于是儒家说，孔子就是仁王，麟为孔子瑞，但孔子并没有王天下，于是称之为"素王"。[③]

东汉今文学家何休解释说："夫子知其将有六国争强，纵横相灭之拜，秦项驱除，积骨流血之虞，然后刘氏乃帝。深闵民之离害甚久，故豫泣也。"公羊家将"麟为孔子受命之瑞"改成了"麟为汉将受命之瑞"，显然是为刘姓得天下张本。

"西狩获麟"为春秋绝笔之处。关于《春秋》之作，孟子如是说："世衰道微，邪说暴行

① 参见[英]J. G. 弗雷泽：《金枝》，汪培基等译，商务印书馆2014年版，第26～87页。

② 参见李健民：《大汶口文化时期原始居民随葬獐牙和獐牙钩形器习俗试析》，文物编辑委员会编：《文物资料丛刊》(9)，文物出版社1985年版，第78页。

③ 儒家称誉孔子为"素王"。所谓"素王"是没有土地、没有人民，只要其思想存在，其权威影响就永远存在。《淮南子·主术训》："孔子之通，智过于苌宏，勇服于孟贲……然而勇力不闻，伎巧不知，专行教道，以成素王。"

有作。臣弑其君者有之，子弑其父者有之，孔子惧作《春秋》。”[①]汉代王充《论衡·定贤》曾说：“孔子不王，素王之业在《春秋》。”认为《春秋》是素王之大业。由此可见，孔子作《春秋》有其深层的政治目的，即恢复周礼和社会秩序，当时麟的出现，应该是圣王出现的标志，可惜的是，麟死，于是孔子期盼的圣王难现，天下还会继续在动荡中前行，于是悲恸地反袂拭面，涕泪沾袍。

古人将麟出现作为祥瑞是有道理的，这是长期历史经验的总结。因獐喜欢温热的气候，在这样的环境之下，适宜农业发展，并且北方游牧民族也有较好的水草，北人不南侵，从而使人民安居乐业、社会平稳。而当气候下降时，农业会减产，容易出现饥荒。更为严重的是北方游牧民族无可用的水草，往往会南下，甚至直接驱逐中原的定居人口，引起社会的动荡。诸如蒙、金南下中原，都与气候变冷有关。从这一点上就不难理解孔子春秋绝笔的本意。西周就是在犬戎的进攻下灭亡，到春秋时，诸侯争霸，周礼难复。麟的出现本为气候变暖的标志，在古人看来，当有仁王出现，社会当进入稳定期，但麟死，圣王难现，社会会进一步动荡，预示着战国时代将临——战国六国争强，纵横相灭，是以孔子涕泪沾袍。不过，这被儒家当成孔子本人为仁王的祥瑞就是附会了，儒者比孔子低了好几个层次。

由此可见，麟作为一种鹿科动物对社会环境所显示出的指示作用，它的出现是气候变暖、社会环境缓和的标志。当麟出现在黄河流域，说明气候适宜农业生产，人口增长，农业人群扩散，社会繁荣。比如在气温最高的公元前4000～前3000年的时期，大汶口文化、仰韶文化和马家窑文化都得到了发展，这三支分别占据大河下、中、上游的史前文化都迅速扩张。海岱地区獐的发现也到了一个高峰期[②]，其后气候逐渐变冷，獐的数量下降，公元前3000年后至龙山时期北方文化开始南侵[③]，社会开始动荡。在历史时期，北方游牧民的南下也与气候波动有直接的关系。

与虎豹相比，獐性格温顺，喜欢躲避而不好斗，有獠牙却不捕食动物，这一特点符合儒家“仁”的观点。同时，獐机警敏捷，擅长躲避危险，具有极强的生存能力，因此，古人认为它具有避兵的能力，将獐牙佩戴在身上也是希望可以借此起到护身、避灾、厌胜的能力。蚩尤族是崇拜獐的部族，因此传说中蚩尤也具有避兵能力。汉代铜带钩有作蚩尤像者，口衔戈，右手持剑，左手持盾，右足挟斧，左足持剑，合于蚩尤造五兵之说[④]，正取獐避兵的特性。

神化的麟为有角之獐，獐是没有角的，这是对獐的进一步神话。东汉蔡邕《麟颂》：“皇矣大角，降生灵兽。视明礼修，麒麟来乎。”《春秋感精符》说：“麟一角，明海内共一主也。王者不刳胎，不剖卵，则出于郊。”因此，“麟一角”即大一统的标志，这一政治理论是西汉公羊家的政治专利。一角之麟出现于汉武帝时期，其地位也终于得到进一步的提升，从而成了百兽之王，有时将其放置于北方，作为北方之神，有时将其放置于中央，作为中央之神。

---

① 《孟子·滕文公下》。

② 参见王青等：《海岱地区的獐与史前环境变迁》，《东南文化》1994年第5期。

③ 最明显的是北方一线的鬲文化南下黄河流域，黄河下游的龙山文化南侵江淮，王湾三期文化南侵长江中游。

④ 参见孙作云：《中国古代神话传说研究》上册，河南大学出版社2003年版，第144页。

玄武　玄武为龟与蛇的组合，关于其起源，有学者认为来源于四象，实际上四象是后起，先有四灵后有四象，有一个从地上的神灵到天象的转变过程，即先有神名后有天象之名。因此，不能以四象来解释玄武。对玄武的解读还需要解读龟、蛇的关系，即为什么有时只有龟，又加上蛇，分别代表什么意义，这是四象无法解释的。

玄武也不是玄冥，"玄冥"者，水正也，五祀之一。《左传·昭公二十九年》载："木正曰句芒，火正曰祝融，金正曰蓐收，水正曰玄冥，土正曰后土。少皞氏有四叔，曰重、曰该、曰修、曰熙，实能金、木及水，使重为句芒，该为蓐收，修及熙为玄冥，世不失职，遂济穷桑，此其三祀也。"可见玄冥与蓐收一样都为神名，不是兽名。《淮南子·天文训》中说："北方，水也，其帝颛顼，其佐玄冥，执权而治冬。其神为辰星，其兽玄武，其音羽，其日壬癸。"既有玄冥又有玄武，一为神名一为兽名，不可混而为一。

玄武最早见于《楚辞·远游》："时暧曃其曭莽兮，召玄武而奔属。"王逸注："呼太阴神，使承卫也。"洪兴祖补注："玄武，谓龟蛇。位在北方，故曰玄。身有鳞甲，故曰武。"可见春秋时已经有玄武之名，被当作太阴神。《楚辞·九怀》："玄武步兮水母，与吾期兮南荣。"王逸注："天龟水神，侍送余也。"玄武是龟、蛇，善游，因此被称作"水神"。又因北方属阴，是以之配北方，为太阴。

对玄武的记载既然见于《楚辞》，那《天问》中出现对于玄武的理性发问也就不奇怪了。屈原《天问》："焉有虬龙，负熊以游？"王逸注："有角曰龙，无角曰虬。言宁有无角之龙，负熊兽以游戏者乎？"虬龙为无角龙，与蛇相类，熊则具有不同的解释，《左传·昭公七年》杜预注云："熊，一作能，三足鳖也。"张守节《史记正义》："鲧之羽山，化为黄熊，入于羽渊。熊音乃来反，下三点为三足也。束皙《发蒙纪》云：'鳖三足曰熊。'"《尔雅·释鱼》："鳖三足，能。"可见，"熊"和下三足的"能"两字在古代混用或错用了，以致后世学者已经无从解读虬龙负熊的本义。如明代汪仲弘说："言焉有水中之龙虬负山中之兽以游戏乎？"黄文焕解释道："陆处者不能水居，类各有所殊，智各有所短，忠臣拙于为佞，固自尔尔。焉有龙虬，负熊以游，助其所短，水陆咸宜乎？"[①]把熊作为地上兽，已经无法解读虬龙负熊的本义。"焉有虬龙，负熊以游？"当如杜预所言，"熊"指龟鳖。林兆珂说："虬熊相负亦犹龟蛇之相求也。"这正是屈原在神庙中看到的玄武图像。

夏朝的神话很多与水物有关，如鲧和禹。"鲧"字在不同的版本中，右侧的"系"有写作"玄"者，其本义即为玄鱼。《康熙字典》释作："《说文》鱼也。《玉篇》大鱼也……《广韵》亦作鮌。"而其死后所化只可能是水中鱼、龟之类的水生神物。夏王朝的开国神话与治水大业有关，这是夏王朝立国的基础。《吴越春秋·越王无余外传》中说："……殛鲧于羽山。鲧投于水，化为黄能，因为羽渊之神。""羽渊之神"即水神，鲧被杀而不死，也是幽冥之神；因此龟也与北方相对应，北方是幽冥之地，死亡之所，所以鲧也就有了"死而复生"的神性。

关于鱼、龟是死而复生的"水神"的思想，同样出现在蜀地。扬雄于《蜀王本纪》中记载：

① 参见游国恩：《天问纂义》，中华书局1982年版，第146页。

> 望帝积百余岁，荆有一人，名鳖灵，其尸亡去，荆人求之不得。鳖灵尸随江水上至郫，遂活，与望帝相见。望帝以鳖灵为相。时玉山出水，若尧之洪水。望帝不能治，使鳖灵决玉山，民得安处。鳖灵治水去后，望帝与其妻通。惭愧，自以德薄不如鳖灵，乃委国授之而去，如尧之禅舜。鳖灵即位，号曰开明帝。帝生卢保，亦号开明。

这是一则与大禹治水同样结构的开国故事，鳖灵具有死而复生的能力，为楚人所杀，又在水中复活。到蜀地之后决通了玉山，治理了洪水，人民得以安居。其因大功劳，望帝（天之子）将国家禅让给了鳖灵，号开明帝。

这则故事的产生背景当在羌人迁蜀之后。《史记·夏本纪》："夏禹，名曰文命。"张守节《史记正义》引扬雄《蜀王本纪》："禹本汶山郡广柔县人也，生于石纽。"《三国志·蜀志·秦宓传》："禹生石纽，今之汶山郡是也。"禹属羌人，羌人迁居岷江流域之后，将其祖先的籍贯也迁到了蜀地。因此，蜀王鳖灵治水的故事，实际上是翻版了鲧、禹治水的故事。鳖灵显然是复制了鲧的形象。这也就不难理解为何开明帝是一只鳖的形象，鳖是水神，同时又是北方的幽冥之神，具有死而复生的能力。通过鳖灵将蜀和楚联系了起来，同时也将蜀纳入了华夏系统之中。

鲧死后化为三足鳖。所谓三足，应该与三足乌相类，记述其与众不同的神性，同时也是为了与三足乌相对应，因为日中有俊乌，即三足乌，三足乌也就是太阳神的象征，而三足鳖是太阴神，两者相对照。

龟为大地的象征，古人认为大地被托于龟背上，土地为黄色，黄能之名当与黄土地有关。天地也为龟足所承托。《淮南子·览冥训》："往古之时，四极废，九州裂，天不兼覆，地不周载，火爁炎而不灭，水浩洋而不息，猛兽食颛民，鸷鸟攫老弱，于是女娲炼五色石以补苍天，断鳌足以立四极。"鳌即大鳖，四极是天的四角，以大鳖的足作为天柱支撑着天地。关于天崩地裂的传说在《淮南子·天文训》亦有记载："昔者共工与颛顼争为帝，怒而触不周之山，天柱折，地维绝，天倾西北，故日月星辰移焉；地不满东南，故水潦尘埃归焉。"《淮南子·本经训》："舜之时，共工振滔洪水，以薄空桑。"天倾地斜的原因，在《览冥训》中并无记述原因，而在《天文训》中则认为是共工与颛顼争帝触倒了不周山的缘故，共工为黄帝之后，代表北方，颛顼为楚地之神，代表南方，共工与颛顼争帝代表了南北族群之间的斗争。这也是对我国地形的思考，中国地形大体上呈西北高而东南低的结构，于是古人认为这是因为水神共工碰倒了不周山，于是有了女娲补天的故事。

对于天地的认识，在《天问》中有如下记述：

> 四方之门，其谁从焉？西北辟启，何气通焉？

王逸注曰："言天四方，各有一门，其谁从之上下？"又："言天西北之门，每常开启，岂元气所通？"[①]《路史·余论·天门》附引《河图括地象》曰："西北为天门，东南为地户。"注："天不足西北，是天门；地不满东南，是地户。"由此可见，古人的宇宙观中天地都是四方的，天之四方各有一门，称作"天门"。东南方地势低洼，水往东南流，故以为东南方为地户，是

① 参见游国恩：《天问纂义》，中华书局1982年版，第130页。

进入地下的通道。天地之间是通过神山进行交通的，天有多重。《淮南子·地形训》："悬圃……在昆仑阊阖之中……昆仑之丘，或上倍之，是谓凉风之山，登之而不死。或上倍之，是谓悬圃，登之乃灵，能使风雨。或上倍之，乃维上天，登之乃神，是谓太帝之居。"许慎注曰："太帝，天帝。"《水经注·河水注》引《昆仑记》："昆仑之山三极……上曰增城，一名天庭，是谓太帝之居。"

战国时龙为仙人升天的工具，屈原《九章·涉江》："世溷浊而莫予知兮，吾方高驰而不顾。驾青虬兮骖白螭，吾与重华游兮瑶之圃。"吕延济注："虬、螭皆龙类。"青虬、白螭都是升天的工具。重华是舜的美称，舜为颛顼之后，屈原也是"帝高阳之苗裔"，因此屈原与舜同族，屈原在诗中表达乘龙与帝舜遨游于天界的人生理想。1973 年长沙子弹库出土一件人物御龙帛画，"画的正中为一有胡须的男子，侧身直立，手执缰绳，驾驭着一条巨龙。龙头高昂，龙尾翘起，龙身平伏，略呈舟形。在龙尾上部立着一鹤，圆目长喙，昂首仰天。人头上方为舆盖，三条飘带随风指动，画幅左下角为一鲤鱼。"[①]人物乘龙，与鹤、鱼同游，以突出神人的神性(图 5-1-4)。

图 5-1-4 长沙子弹库出土人物御龙帛画

虬龙无角，是夏王朝的图腾。在夏文化的二里头遗址就发现有较多龙蛇造型的纹饰、绿松石龙等，如二里头遗址出土的陶透底器，这种特殊的器物为祭器，外壁上饰有泥塑的龙蛇。二里头遗址宫殿区的墓葬 02VM3 发现有一件绿松石龙，由 2000 余片各种形状的绿松石片组合而成，龙身上系有铜铃，长达 70 厘米。这些龙蛇的形象可以作为夏人崇拜龙蛇的例证(图 3-1-6、图 3-1-3、图 3-1-4、图 3-1-5)。

除了鲧死化为黄能外，还有化为黄龙或玄鱼的传说。《山海经·海内经》郭璞注引《开筮》说："鲧死三岁不腐，剖之以吴刀，化为黄龙。"黄龙指禹。《拾遗记·夏禹》："鲧自沉于羽渊，化为玄鱼，时扬须振鳞，横修波之上。见者谓为'河精'。"鲧为河精是鱼神的形象。《拾遗记·夏禹》："鲧之灵化，其事互说，神变犹一，而色状不同。玄鱼黄能，四音相乱，传写流文，'鲧'字或'鱼'边'玄'也。"鲧原是玄鱼的形象，死后化为黄能，而其子为以龙为图腾，因此又有死后剖之以吴刀化为黄龙的说法。

鲧禹的传说与三种水生动物有关：鱼、鼋和龙。鲧是以玄鱼为图腾的，死后化身为鼋，因此有《春秋经》中的记载，鲧入于羽渊，成为水神。鲧生禹，禹是以龙蛇为图腾，由此有鲧死化为黄龙的记载。

鲧的本义即为玄鱼，北冥之神为鱼的形象，因此北方之神玄冥当系鱼的形象，鲧则是其人格化。正如杨宽考证，玄冥即鲧，为水神和北方之神。[②] 河南永城芒山梁国国王墓壁画左侧白鱼即玄鱼的画像(图 5-1-3)。

玄武这一形象即龟蛇，表示的夏王朝鲧和禹的图腾。在战国时，屈原于楚庙壁画上

① 文物出版社编：《长沙楚墓帛画》，文物出版社 1973 年版，第 4～5 页。

② 参见杨宽：《中国上古史导论》，上海人民出版社 2012 年版，第 238、239 页。

看到的为虬龙负龟即玄武的形象。鲧有化为黄能的传说，即鱼化为龟。鱼、龟为水神，与北方相对应。

《淮南子》中将北方之帝认作颛顼，实在是南方帝被炎帝夺了位置，无处安放了。颛顼是太阳神，怎么能配北方呢？这是五行说强行整合的结果。颛顼既做了北方的帝，又与鱼神联系在了一起。《山海经·大荒西经》记载："有鱼偏枯，名曰鱼妇。颛顼死即复苏。风道北来，天乃大水泉，蛇乃化为鱼，是为鱼妇。颛顼死即复苏。"后世有学者甚至据此认为颛顼就是鲧，可以说是混淆了鲧(玄冥)与颛顼而不断附会的结果了。

综上，古代的四灵都是古人所崇拜的图腾动物，包括龙、蛇、龟、虎、鸟、鹿。崇拜这些动物的部族分别是太昊、少昊、蚩尤、鲧禹、帝喾、颛顼。鲧禹可视作迁居中原的夏王族所崇拜的神灵。因此，四灵是黄河流域和长江流域的先民崇拜的远古神灵。

四灵是受五行思想的影响而形成的。五行学说被黄老、道家学说推崇，是我国古代的物质组成学说和原始哲学。《尚书·洪范》中说："五行：一曰水，二曰火，三曰木，四曰金，五曰土。水曰润下，火曰炎上，木曰曲直，金曰从革，土爰稼穑。润下作咸，炎上作苦，曲直作酸，从革作辛，稼穑作甘。"它将宇宙万物划分成五种不同性质的物质，分别为木、火、土、金、水，总称"五行"。后来，又据此创造了五行相生相克理论，并延伸到医学、占卜、哲学、历法、社会制度等学科，从而成为中国传统文化的核心。

五行学说对上古众神进行了划分。中国古代的众神包括龙、鸟、虎、鹿、龟、蛙、虬等图腾动物(物精)，另有太阳、月亮、土地等天神地祇。能运行日月的是最高神，日月分别位于东和西，日轮中有朱雀或金乌，月中蟾蜍(蛙)、玉兔。青龙为东方的神灵，属木；玄武主阴，位于北方，属水；白虎居西，属金；朱鸟属阳，与南相配，属火；中央为麟，属土。

在五行学说的影响下，秦汉时对四灵进行了重新的整合，并被广泛接受。不过由于各地所崇拜的神灵不同，我们在汉代的文物上还是可以看出各地神灵崇拜具有明显的不平衡性。如在陕北、晋南地区汉代文物上特别表现玄武，这是有悠久历史渊源的。

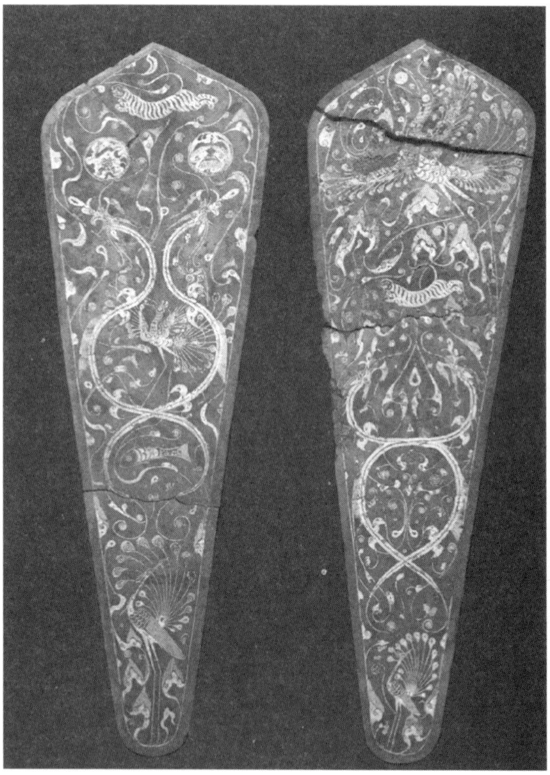

图 5-1-5 海昏侯刘贺墓出土的鎏金当卢

2011 年发掘的海昏侯汉代墓葬出土两件铜当卢，上刻有四神图像。第一件当卢(K1:286)，主要表现东方，朱雀位于最上方，面向左。下为白虎，左向。再下为交龙。交龙下为展翅的朱雀，头向左(东)。

第二件当卢(K1:602),代表西方,白虎位于最上方,白虎朝左。下有日轮和月轮,日轮在右,内画展翅阳乌,右为月轮,内画玉兔和蛙。其下为交龙,交龙上层有朱雀,下层有玄鱼。交龙下面有展翅的朱鸟,头向左(东)。[①]

海昏侯汉墓出土的西汉四神图像说明,在西汉时四神并不固定,但是有一个主要的来源和组合,这些神灵均为中国的上古众神(图5-1-5)。

四灵观念来自于四方神,由于信仰的不同,各地区表现出较明显的差异性。鲁中南地区是蚩尤的故乡,因此最为崇拜蚩尤,从而使《淮南子·天文训》中的黄帝、黄龙被蚩尤取代。沂南北寨汉画像石墓出土有大量石刻画像,其中前室北壁有四灵图像:东为青龙,西为白虎,上为朱雀,下为玄武,中央为蚩尤画像。蚩尤作兽状,张嘴露齿,身有麟甲,持五兵,头顶弓矢,手持矛戟,脚持剑,跨下为盾(图5-1-6)。[②] 蚩尤居中,代表中央之神,是鲁南地区夷人的宗神。麒麟来自于獐崇拜,在东方神统中,亦为中央之神。两者一为神灵的人格化,一为图腾的神格化,其实来源为一。

图5-1-6　山东沂南北寨汉墓前室北壁画像

东为青龙,西为白虎,上(南)为朱雀,下(北)为玄武,中央为蚩尤

① 参见杨军、徐长青:《南昌市西汉海昏侯墓》,《考古》2016年第7期。

② 参见南京博物院、山东省文物管理处编:《沂南古画像石墓发掘报告》,文化部文物管理局1956年版,图版33。

第二节 龙 凤

龙是中国古代最重要的神灵，我们中国人自称是“龙的传人”，也保存着许多与龙有关的民俗节日，如舞龙、赛龙舟、烧火龙等，舞龙是中国最有特色的民俗节日之一。但是，对于龙的起源和形成，却存在许多种不同的观点，这是因为，龙是一种幻想中的动物，确实太神秘了，《说文解字》中说：“龙，鳞虫之长，能幽能明，能细能巨，能短能长，春分而登天，秋分而潜渊。”龙变化无穷，在历史发展的长河中，其形象也一直在发展演化。这使得对它的研究因角度的不同而产生了不同的认识和理解。

龙在历史时期是多种动物的合体形象。闻一多在《伏羲考》中认为龙是图腾，其原型是蛇，由于以蛇为图腾的氏族最强大，兼并吸收了其他一些图腾氏族，从而有了兽的四脚，马的头、鬃和尾，鹿的角，狗的爪，鱼的鳞和须，变成后世龙的形象。[①] 但是从考古发现来看，这种成熟形态的龙是较晚期才出现的，在这之前的龙具有不同的形象。

考古学中一般把具有长的身体、兽形的嘴等无法与自然界对应的动物形象解读为龙。考古所见最早的龙是辽宁查海遗址出土的石块摆塑的龙，全长近 20 米，龙身宽约 2 米，呈昂首张口、弯身弓背状，距今 7000 余年。[②] 此外，湖北省黄梅县白湖乡张城村焦墩遗址出土有卵石摆塑的龙，身长 4.46 米、高 2.28 米、宽 0.3～0.65 米。龙昂首直身，曲颈卷尾，头上一角，龙口大张吞舌。腹下两足，龙身呈波浪状，尾上卷，背上有鳍，似在腾飞。[③] 这两件都是用石块摆塑的龙，时代也较早，一位于北方，一位于长江流域。黄河流域最早的龙形象发现于濮阳西水坡遗址，共发现 3 组蚌塑图像，其中最北端的一组因有人骨被作为墓葬 M45，墓主头朝南，其左侧（西）为虎，右侧（东）有一蚌塑龙。龙兽头，长身，有两足。蚌塑属于后岗一期，距今 6000 余年。与前两件相同，也是摆塑的，只是用的材料是蚌壳（图 1-2-30）。可见，距今六七千年前，从北方到黄河流域、长江流域都有使用石蚌摆塑龙形的传统，且多长身，有足。

红山文化的玉玦龙，整器呈玦形，头部呈鸮形，是灵魂鸟的形象。这一形象也是对胚胎和幼虫的崇拜，是生命力的象征。玉玦龙随着萨满教的南下，传到江淮地区，在凌家滩出现了兽首形玉玦龙，说明萨满的灵魂鸟观念在南传的过程中与龙崇拜相结合。因为在萨满教中，人的灵魂呈鸟形，但是在东部偏南的地区，如黄河流域至江淮一带存在龙崇拜，在这种图腾崇拜中，龙是图腾，他们认为人与龙是同类，那灵魂显然也当为龙形，所以在凌家滩文化上出土的玉玦龙呈龙形。此外，玉玦龙是人类和动物胚胎的形状，代表生命的幼虫状态。红山文化的玉玦龙和凌家滩的玉玦龙是两种原始宗教观念的产物，后者来自于前者（指技术上），器型上也有传承性，但并非同种神灵（图 2-8-13）。

有学者认为内蒙古翁牛特旗三星塔拉的玉龙属于红山文化，但是这是一件采集品，目前属于红山文化的玉玦龙都是鸮头形灵魂鸟的形状，并没有身体细长，头呈兽形，长有长鬣毛的龙形象。朱乃诚认为三星塔拉玉龙属于夏家店下层文化时期（前 2000～前

---

① 参见闻一多：《伏羲考》，上海古籍出版社 2006 年版，第 12～44 页。

② 参见辛岩：《查海遗址发掘再获重大成果》，《中国文物报》1995 年 3 月 19 日。

③ 参见陈树祥：《黄梅发现新石器时代卵石摆塑巨龙》，《中国文物报》1993 年 8 月 2 日。

1500 年)，主要理由也是这件玉龙与红山文化典型的玉玦龙形制上有明显的区别，此外他认为这种风格的龙是受二里头文化龙形象的影响。红山文化中唯一与三星塔拉玉龙略有相似的龙形象是东山嘴的双龙首玉璜，朱乃诚对于它的时代也提出了怀疑。[①] 这件玉璜是受南方凌家滩文化影响而形成的，以兽首作为璜首是江淮地区的发明。因此，三星塔拉玉龙晚于红山文化应该是没有问题的(图 5-2-1)。

图 5-2-1　三星塔拉玉龙与牛河梁玉玦龙

最近学者考证龙的起源，大都追溯到红山文化的玉玦龙，认为龙起源于幼虫蛴螬，因为玉玦龙从形态上最像蛴螬的样子，有的学者还从文献上进行了考证。不过，比红山文化的玉玦龙早的龙都不呈蛴螬状，如濮阳西水坡的龙、湖北黄梅焦墩遗址的卵石摆塑龙和辽宁查海遗址的石堆龙。因此以玉玦龙作为龙的起源是不合理的。玉玦龙的解读只能从红山文化的玉器上得出，这是萨满教灵魂鸟的形象。不过，玉玦龙确实可以看作商周玉蟠龙的来源，因为商人和周人都继承了萨满教的文化遗产。在萨满教中，幼虫崇拜和胚胎崇拜是广泛分布于东北亚地区的原始信仰，这种信仰在日本和韩国都能见到。两地所出土的曲玉即作胚胎之形。西周时玉玦龙仍流行于诸侯之中，如山西天马曲村墓地 M6214 随葬的玉串饰上仍有大量的幼虫形象，该墓主为晋侯夫人墓，幼虫是赋予墓主生育力、生命力的灵物(图 1-3-41)。[②] 陕西张家坡西周墓也出土了几件玉玦龙，出土有玉玦龙的 M60 保存有人骨，经鉴定为一名 16～17 岁的女性(图 5-2-2)。[③] 玉玦龙为商式龙，可能来自于商人。

图 5-2-2　张家坡西周墓 M60 出土玉玦龙

图 5-2-3　陶寺出土彩绘龙盘

① 参见朱乃诚:《红山文化兽面玦形玉饰研究》,《考古学报》2008 年第 1 期。

② 参见北京大学考古学系商周组等:《天马—曲村(1980～1989)》,科学出版社 2000 年版,第 420 页。

③ 参见中国社会科学院考古研究所:《张家坡西周墓地》,中国大百科全书出版社 1999 年版,第 277 页。

龙山时期的龙形象见于陶寺遗址的彩绘龙盘上，龙呈蛇形，嘴里吐信，身上有鳞，属于蛇形龙（图 5-2-3）。中原地区从龙山文化到二里头文化中都是蛇形龙。陶寺龙的口中吐出植物状，当为地龙、黄龙，《史记·封禅书》："黄帝得土德，黄龙地螾见。"《史记集解》："应劭曰：'螾，丘蚓也。黄帝土德，故地见其神。蚓大五六围，长十余丈。'韦昭曰：'黄者地色，螾亦地物，故以为瑞。'"

新砦文化和二里头文化中都发现有雕刻龙纹的陶片，二里头遗址的萨满墓葬中发现有大型绿松石龙，与龙同出的还有一件铜铃，当为萨满祭司所用的道具。同样形制的铜铃在陶寺墓葬 M3296 也有发现。二里头文化中还发现有一种特殊的祭器，上面为口，下面无底，报告中多称作"透底器"。从形制特点上看，与红山文化的塔形器类似，都不是实用器。透底器外壁多堆塑小蛇，蛇身上有鳞。灰陶盆 2003VG14：16 上也发现有堆塑的蛇，呈长蛇形，尾倒勾，尾部与商人的龙相似，头部的区别表明不属于同类。夏人所崇拜的龙为蛇形龙，文献中称"虬龙"（图 3-1-2、图 3-1-5）。

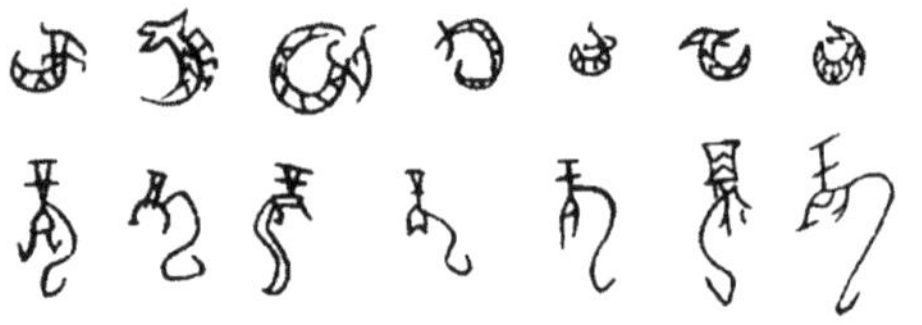

图 5-2-4　甲骨文中"龙"字的两种写法
（上排代表无角的幼龙，下排代表有角的成龙）

商代的龙发现于青铜器和玉器上。青铜器上的龙大嘴，多展示侧面形状。商人的龙分成两个等级：一是最高神帝，即青铜器上的兽面像，呈虎面蛇身状。多以两条相对的龙构成兽面。妇好墓出土的青铜大盘中间有蟠曲的大龙，龙头为兽面，龙身披鳞甲，这应该是兽面神像的完整形象。二是装饰于其旁侧或上下呈条带状的龙纹，主要有爬行龙纹、卷龙纹。爬形龙纹多为龙的侧面形象，张口向下，额顶有角，下有一足或作爪形，或无足，一足的一般被称作"夔龙"。另有躯体作蜷曲状的龙。两种龙都是比兽面稍低一级的神灵。商代的龙字有两种：一种呈卷曲状，一种呈直立状，分别是卷龙和爬龙的形象（图 5-2-4）。因此商代存在两种意义的龙。

马承源在《商周青铜器纹饰》中注意到，甲骨文的龙字，与兽面纹具有相同形状的角，他比较了六种龙字和六种青铜器上的龙纹："甲骨文的龙字与龙的图像当然还有一段距离，因为它是文字。尽管龙是虚构的幻想动物，但甲骨文的龙字仍然可以当作象形字。我们看到龙字头部觗角的特征也有五种明确的类型，第六种是没有角的。没有角的龙纹在青铜器上也有发现。甲骨文中龙字的六种基本形状说明，在商代人的心目中，龙有着不同的觗角，因为龙是幻想中的动物，它的角型也是幻想的产物，所以不能确定某种统一的规格。古人对于龙的形象的描述，也很复杂。甲骨文中龙字具有不同角型的情形，和兽面纹上有着不同的觗角是非常相似的。因此，我们对这种兽面纹的分类是以角型作为基本的标准。"①

兽面纹既是帝的本体，又是龙的正面形象，侧面形象是夔龙。构图上，两条相对的夔龙构成兽面纹，兽面（帝）两侧各有龙、凤。因此，小的龙是比兽面纹低一个等级的神灵，也是虎头（兽面）龙身。小龙与凤都是宾于帝的使者。兽面所代表的帝就是最高等级的龙，帝两侧的龙为方神，凤为帝使。

妇好墓中出土有许多龙形玉器，多呈玉玦状，是红山文化玉玦龙的演化。有一些还保存着较原始的样子，逐渐过渡到商式龙——虎头龙身的样子。这些成熟的玉龙与青铜

① 参见上海博物馆青铜器研究组编：《商周青铜器纹饰》，文物出版社 1984 年版，第 4 页。

器上的龙是一个样子：虎头，张嘴，臣字目，身上有纹饰代表鳞甲，有的龙尾尖部倒勾，有的头上带角。妇好为武丁的夫人，这时还保存着萨满教中玉玦龙为生命力象征的信仰。

商式龙和夏式龙是两种不同的动物，商式龙是虎头龙身，夏式龙是蛇的形象，可将商式龙称作“夔龙”，夏式龙称作“虬龙”。有的春秋青铜器腹部还能见到蟠曲的蛇。汉代时，汉高祖刘邦所称是赤帝之子，画像石上的龙也是虬龙状(图 3-1-1，下)。武梁祠画像石上刘累祠龙故事中的龙，也是虬龙(图 3-1-1，上)，说明龙一直有两种。

汉代之后，龙的形象逐渐固定和统一，兽脚、马头、鬃尾、鹿角、狗爪、鱼鳞、长须，直到清代都是这种威武勇猛的形象。龙逐渐成为贵族专用的形象，皇帝的衣服和器用都以龙作为装饰。龙逐渐与权力相结合，成为皇权的象征。

自从商代起，龙和凤两种形象经常组合出现在艺术品上，这是萨满教和太阳崇拜中的鸟崇拜和龙崇拜相结合的产物。萨满教中崇拜鹰鹖，认为人的灵魂是鹰鹖形的，而在太阳崇拜中背负太阳运行的是金雕神鸟，两者都视鸟为神灵和吉祥的象征。商代青铜器上，龙、凤是最常见的纹饰，两者占据了绝对的主流。同时，玉器也以龙和凤为主。如殷墟妇好墓出土的龙、凤，另还有龙凤结合的玉佩。其中一件玉佩在一立鸟的头顶，琢一小龙形，立鸟长钩喙还带有金雕的样子，臣字目，带扉棱的长尾下勾。小龙大口张开，虎头，身体较小，尾倒勾(图 5-2-5，1)。另一玉佩鸟背上有一条大龙，鸟站立在勾云状器上，似立于云端之上，鸟长喙，有凤冠，龙大嘴，瓶形角，前趾趴伏在鸟身上。龙身有菱形鳞，尾倒卷。龙腹部有一个眼形纹(图 5-2-5，2)[①]。

1　　2

图 5-2-5　河南安阳殷墟妇好墓出土“龙凤配”玉器

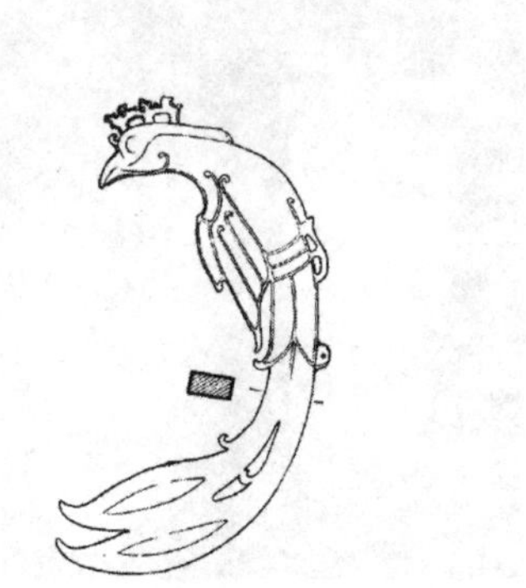

图 5-2-6　妇好墓玉凤

新石器时代到夏代时，凤的形象最早见于石家河文化之中，殷墟妇好墓中出土的一件风格飘逸的蜷体凤被认为属于后石家河文化[②](图 5-2-6)。在商人的观念中，东、西、南、北四方分别有方神和风神，龙为方神，凤为风神。凤于后世演化为风伯，传说中的风伯为人面鸟身。龙为方神，即四方之神、社神，社神为龙。经过商代的方神风神信仰，龙凤结合。自此之后，龙凤呈祥，成为中国人独爱的艺术组合(图 5-2-7)。

图 5-2-7　商代青铜器上的龙与凤(摘自上海博物馆青铜器研究组编《商周青铜器纹饰》)

① 参见中国社会科学院考古研究所编著：《殷墟妇好墓》，文物出版社 1980 年版，第 165 页。

② 参见中国社会科学院考古研究所编著：《殷墟妇好墓》，文物出版社 1980 年版，第 158、166 页。

山西曲沃北赵晋侯墓 M63 出土的一件圆雕玉龙凤，立鸟头顶倒立一条小龙 。鸟大钩喙，尾与足直立，龙大嘴，瓶形角，龙身倒卷，张嘴咬住龙的冠。该墓中出土的鹰、鸮、牛、熊等动物型玉器与妇好墓所出器类相似，《逸周书·世俘解》："凡武王俘商，(得)旧玉亿有百万。"这件玉器应该是墓主收藏的一件殷人的玉器，是周人的战利品(图 5-2-8)。[①]

图 5-2-8　山西曲沃晋侯西周墓 M63 出土玉龙凤

虽然周人与商人有不同的宗教信仰，但是对于龙凤的信仰相似，这是因为周人的文化主要来自于羌人，尤其是对凤的信仰。据称周兴之时，有凤鸣于岐山，因此凤是周人的祥瑞。西周时龙凤结合的艺术品常见有出土，尤其是凤的形象尤为多见。如三门峡虢国墓出土玉柄形器，上有立凤，钩喙，作回首状，身体蜷曲。凤立在下面的龙体上，龙张嘴大口，但已经不复商器的威猛，尤其是眼睛不够凌厉。山西曲沃晋侯夫人墓 M31 出土龙凤纹玉器，也是表现凤鸟立于龙体之上(图 5-2-9)。

陕西西安张家坡西周墓出土的龙凤玉饰亦为片雕线刻，鸟立于龙之上。西周玉器上的龙凤风格极为统一，一般为线刻，凤呈昂首状，凤身蜷曲。周代的龙凤玉器多片雕，技术上比殷商下降。一直到春秋时，诸侯国中还在沿用这种风格的周人玉器(图 5-2-10)。

图 5-2-9　三门峡虢国墓地(左)和曲沃晋侯夫人墓 M31(右)出土龙凤纹玉器

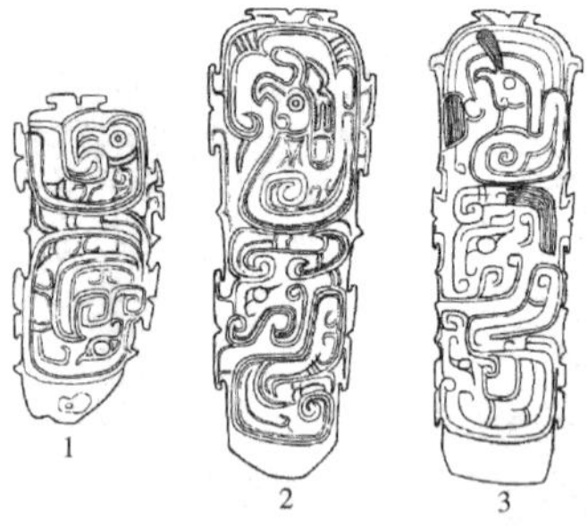

图 5-2-10　西安张家坡西周墓出土龙凤纹玉器
1. M285∶6　2. M121∶30　3. M273∶4

凤是天帝的使者，龙为地神、火神，因此凤在上，龙在下。龙是中原地区的传统神灵，相对于周人来说，周在西，因此周人的凤比龙地位要高。

① 参见山西省考古研究所、北京大学考古学系：《天马—曲村遗址北赵晋侯墓地第四次发掘》，《文物》1994 年第 8 期。

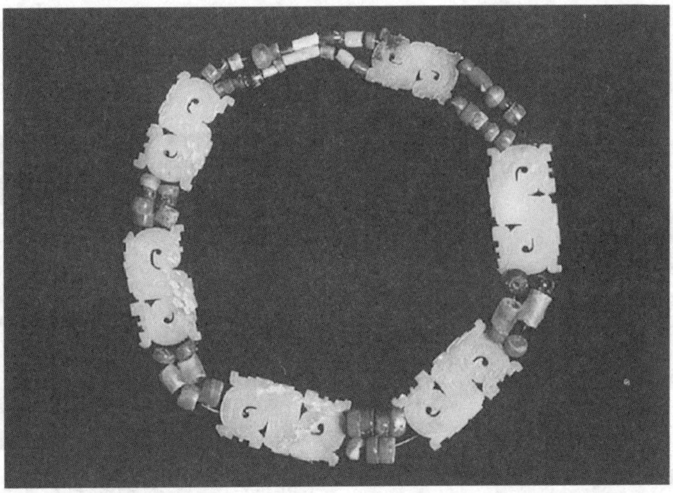

图 5-2-11 山西曲沃侯墓地 M102 玉组佩

西周还有龙凤同体的玉器，一端为龙首，一端为凤首。山西曲沃晋侯墓 M102 玉组佩，由六件“S”形玉饰组成，三件龙凤同体，三件双首龙形(图 5-2-11)。

图 5-2-12 西周铜器和玉器上的龙凤纹

1. 河南辉县琉璃阁铜鼎拓片 2. 琉璃阁 M60 出土玉器拓片

3. 山东莒县西大庄西周墓出土铜构件纹饰

春秋时期，随着诸侯国势力的上升，龙凤同体的艺术形象更加多样，除玉器外，青铜器、漆器和绘画艺术上也可见龙凤同体的形象。如河南辉县琉璃阁 M60 出土的玉圆牌，以两组龙凤相交构成。M80 出土的青铜鼎耳、腹也有龙凤相交的纹饰。① 山东莒县西大庄西周墓出土的铜构件上亦见有相同的纹饰(图 5-2-12)。② 蜷曲的龙更为多见。

湖北枣阳九连墩楚墓出土的双凤龙形玉佩，双凤立双体龙上，这使我们联想到后石

① 参见郭宝钧:《山彪镇与琉璃阁》，科学出版社 1959 年版，第 138 页。

② 参见莒县博物馆:《山东莒县西大庄西周墓葬》，《考古》1997 年第 7 期。

家河文化的双鸟立于虎面上的造型(图 5-2-13)。石家河文化的玉器中鸟为天神,虎为地神;九连墩的双凤龙形佩,双凤为天神,一首双身龙为地神。两者相隔千年,但寓意却是相同的。

图 5-2-13 湖北枣阳九连墩出土双凤龙形玉佩

图 5-2-14 广州南越王墓出土龙双凤玉璧

周代之前,璧为太阳与火的象征,周代时璧成为礼天的瑞玉。龙凤也逐渐与璧相结合。战国时期的龙凤多出现在璧外沿,汉代则璧内外都有龙凤。广州南越王墓出土有一龙一凤玉佩、三凤玉璧、一龙二凤玉璧、双凤玉璧,构图多样。其中一件璧饰为一龙二凤,外有二凤拱璧,璧心一龙昂首挺胸。两凤在外,正如阳鸟负日,而龙位于圆璧内,如同商代的火神(兽面纹)为双凤所拱卫(图 5-2-14)。龙位于璧中,正源于火位于日中,日为火精。[①] 艺术的传承一直承载着宗教和信仰。

龙与凤是中国古代最崇敬的神灵。在新石器时代的萨满教中,凤的前身为鹰鸮,玦形龙所代表的灵魂鸟是生命力的象征,太阳崇拜中的凤为金雕。辗转流传 2000 余年之后,龙凤成为中国人最崇敬的神灵,同时也成为极为优秀的人物的代称,所谓"人中龙凤"。三国时的诸葛亮为"伏龙",庞统为"凤雏",据说"伏龙、凤雏,两人得一,可安天下"[②]。春秋时,孔子称老子为"龙",见《史记・老庄申韩列传》:

> 孔子适周,将问礼于老子。老子曰:"子所言者,其人与骨皆已朽矣,独其言在耳。且君子得其时则驾,不得其时则蓬累而行。吾闻之,良贾深藏若虚,君子盛德,容貌若愚。去子之骄气与多欲,态色与淫志,是皆无益于子之身。吾所以告子,若是而已。"孔子去,谓弟子曰:"鸟,吾知其能飞。鱼,吾知其能游。兽,吾知其能走。走者可以为罔,游者可以为纶,飞者可以为矰。至于龙吾不能知,其乘风云而上天。吾今日见老子,其犹龙邪。"

《庄子・天运》亦载:

> 孔子见老聃归,三日不谈。弟子问曰:"夫子见老聃,亦将何规哉?"孔子曰:"吾乃今于是乎见龙。龙合而成体,散而成章,乘乎云气而养乎阴阳。予口张而不能嗋,予又何规老聃哉!"

---

① 兽位日中最早见于高庙文化之中,详见本书第一章第一节《长江流域的太阳崇拜》,图 1-1-5、图 1-1-7。

② 《三国演义》第三十六回。

与之对应的是老子称孔子为“凤”的记载。《太平御览》卷九一五所辑古《庄子》佚文：

老子见孔子从弟子五人，问曰：“前为谁?”对曰：“子路，勇且多力；其次子贡为智，曾子为孝，颜回为仁，子张为武!”老子叹曰：“吾闻南方有鸟，名凤。所居积石千里，天为生食，其树名琼，枝高百仞，以璆琳、琅玕为宝。天又为之离珠，一人三豆递起以向琅玕。凤鸟之文，戴圣婴仁，右智左贤。”

老子在这里称许孔子师表既佳，弟子满堂，“右智左贤”，就像百鸟之王的凤凰一样，率领着诸位贤弟子。另外，《论语·微子》里也有以凤来比喻孔子的逸事：

楚狂接舆歌而过孔子曰：“凤兮凤兮！何德之衰？往者不可谏，来者犹可追。已而，已而！今之从政者殆而！”

关于老子与孔子互称“龙凤”的记载，闻一多先生在其《龙凤》一文中说：

就最早的意义说，龙与凤代表着我们古代民族中最基本的两个单元——夏民族与殷民族，因为在“鲧死……化为黄龙，是用出禹”和“天命玄鸟(即凤)，降而生商”两个神话中，我们依稀看出，龙是原始夏人的图腾，凤是原始殷人的图腾(我说原始夏人和原始殷人，因为历史上夏殷两个朝代，已经离开图腾文化时期很远，而所谓图腾者，乃是远在夏代和殷代以前的夏人和殷人的一种制度兼信仰)，因之把龙凤当作我们民族发祥和文化肇端的象征，可说是再恰当没有了。[①]

闻一多的观点虽系根据文献得来，但以考古学所得的认识，是基本正确的。龙凤文化的形成伴随着中华文明的形成。

历史时期，龙为皇帝的专称，凤为皇后的专称。龙与凤作为中国人最崇拜的神灵，成了最高统治者一姓的祖先、帝王与后妃的符瑞、宫室舆服的装饰母题，也成了王权神授的来源。龙曾为地神，代表“地德”，凤曾为天神，代表“天威”，龙凤是“帝德”与“天威”的标记。

第三节 伏 羲

伏羲是汉代崇拜的第一大神，司马贞于《三皇本纪》记为三皇之首，同女娲为人类的始祖。在文献中，伏羲又被称作“庖牺”“宓牺”“包牺”“伏戏”，亦称“牺皇”“皇羲”，《史记》中称“伏牺”。汉代崇拜的太昊伏羲氏一般人首蛇身，与女娲交尾相对。伏羲女娲是汉代艺术品中常用的体裁，代表了创始神，男女阴阳结合，日月同辉，人类的始祖和起源。在武梁祠的历代帝王图中，排在最前的就是伏羲和女娲，也是人首蛇(龙)身的形象(图 5-3-1)。

---

① 闻一多：《龙凤》，《神话与诗》，上海人民出版社 2006 年版，第 58 页。

图 5-3-1　武梁祠伏羲女娲画像

1.屋顶画像　2.后石室第四石　3.后石室第五石

后世文献中将伏羲和太昊合一，称“太昊伏羲氏”。这是由于两者分别为东、西方的至上神和创始神。随着中国大一统局面的逐渐出现，神统也需要统一，于是太昊伏羲合二为一，形成所谓“太昊伏羲氏”这样的称呼。不过战国以前，两者区分是很清楚的。由于太昊与伏羲的统一，伏羲也从了太昊以龙纪的说法，成了龙形。太昊有木德，出乎震，伏羲也从之。太昊有任、宿、须、句、颛臾等后裔，也成了伏羲的，伏羲也从了太昊的“风”姓，其妇女娲也成了“风”姓。古史就这样一步步整合。于是，唐代司马贞在《三皇本纪》中这样记述：

> 太皞庖牺氏，风姓，代燧人氏，继天而王。母曰华胥，履大人迹于雷泽，而生庖牺于成纪。蛇身人首。有圣德，仰则观象于天，俯则观法于地，旁观鸟兽之文，与地之宜，近取诸身，远取诸物，始画八卦，以通神明之德，以类万物之情。造书契以代结绳之政。于是始制嫁娶，以俪皮为礼。结网罟以教佃渔，故曰宓牺氏。养牺牲以庖厨，故曰庖牺。有龙瑞，以龙纪官，号曰龙师。作三十五弦之瑟，木德王，注春令。故《易》称：帝出乎震，《月令》：孟春，其帝太皞是也。都于陈。东封太山，立一十一年崩。其后裔，当春秋时有任、宿、须、句、颛臾，皆风姓之胤也。

伏羲有许多创造发明，始作八卦以通神，创造了文字、婚姻制度，发明了渔网教民渔猎，制礼作乐。伏羲是龙崇拜而产生的至上神、始祖神和创始神。在汉代画像中，伏羲一直是人首蛇身的龙形。其所居地雷泽，即鲁西南、豫东、冀南和皖北的一片大泽，周边区域又发现有五六千年前的西水坡龙形蚌塑、凌家滩的龙形玉器。夏王族为西北的族群，但是夏王朝却崇拜龙，当是受中原东部龙崇拜的影响。太昊族为大汶口文化所创造，大汶口文化也不崇拜龙，但《左传》中说太昊以龙纪，这当是太昊西进中原受当地龙崇拜影响的结果。因此，伏羲的原居地当位于雷泽，其原型即龙。

大汶口文化进入中原之后，太阳崇拜与龙崇拜结合，因此有了“太昊伏羲氏”之称。夏王族为西北羌人，羌人图腾为蛙，创始神为女娲，夏王族进入中原之后，蛙崇拜和龙崇拜相结合，伏羲女娲结成了夫妻，女娲也成了龙形。女娲原为西方的宗神，伏羲于是也从了女娲而居于成纪，又有履迹传说，于是伏羲也成了履迹而生。论古史整合的复杂性，众神中莫过于伏羲。

龙崇拜产生的创始神至高神为烛阴，又称“烛龙”。《山海经·大荒北经》载：

西北海之外，赤水之北，有章尾山。有神，人面蛇身而赤，直目正乘，其瞑乃晦，其视乃明，不食、不寝、不息，风雨是谒，是烛九阴，是谓烛龙。

《山海经·海外北经》又载：

钟山之神，名曰烛阴，视为昼，瞑为夜，吹为冬，呼为夏，不饮，不食，不息，息为风，身长千里。在无膂之东。其为物，人面，蛇身，赤色，居钟山下。

烛龙是人面蛇身赤色的神灵，位于北方，视为白昼，闭目为黑夜，吹气为冬天，呼气为夏天，不饮、不食、不息，身长千里，能呼风唤雨，俨然一天地大神的形象。这正是将图腾神灵无限放大为至高神、创始神的结果。在马王堆汉墓所出的帛画中，有上下相交的两条龙，汉画像中也多见两龙穿璧的形象，这些贯穿天地的龙应该是烛龙的形象。帛画最上端有一人乘龙，亦可能是烛龙的人格化(图 3-2-1)。“视如昼，瞑为夜”的神灵在古埃及也有记载，埃及人崇拜的太阳神拉说：“我就是那位睁开眼睛天地就有光明，闭上眼睛世上就有黑暗的人。”①烛龙正是龙崇拜和太阳崇拜结合而形成的神灵。

龙崇拜的图腾圣地为雷泽。《山海经·海内东经》中记载：“雷泽中有雷神，龙身而人头，鼓其腹。在吴西。”雷泽又称“雷夏泽”，最早见于《尚书·禹贡》：“雷夏即泽，雍、沮会同。”《汉书·地理志》曰：“在济阴城阳县西北。”《括地志》曰：“雷夏泽在濮州雷泽县郭外西北，雍、沮二水在雷泽西北平地也。”《史记·五帝本纪》曰：“舜耕历山，渔雷泽。”雷泽位于豫北、鲁西南地区的菏泽一带。

司马贞《三皇本纪》开篇：“太皞庖牺氏，风姓，代燧人氏，继天而王。母曰华胥，履大人迹于雷泽，而生庖牺于成纪。蛇身人首。”按“伏牺风姓，出《国语》。其华胥已下，出《帝王世纪》。然雷泽，泽名，即舜所渔之地，在济阴。成纪，亦地名，按天水有成纪县。”太昊和伏羲合一之后，两者的记载也相混合，雷泽在东，成纪在西，履迹传说在西，龙蛇崇拜在东。太皞本是崇拜太阳的族群和神灵，又有龙崇拜的信仰，因此龙得火性，太皞亦以龙纪官。

屈原在《楚辞·天问》中问道：

西北辟启，何气通焉？日安不到？烛龙何照？

太阳什么照耀不到，烛龙以什么来照耀呢？龙与太阳一样能光照天下，这是因为龙具有火的神性。烛龙为龙崇拜和太阳崇拜的结合，是中国神话中的造物主。

据顾颉刚、杨宽考证，禹为句龙，又为山川神主，又为社神，又为羌人宗神。② 因此，夏

① 参见[英]J. G. 弗雷泽：《金枝》，汪培基等译，商务印书馆 2014 年版，第 431 页。

② 参见杨宽：《中国上古史导论》，上海人民出版社 2012 年版，第 250～260 页。顾颉刚、童书业：《鲧禹的传说》，《古史辨》第 7 册，上海古籍出版社 1987 年版，第 144～159 页。

崇龙，又崇拜山川地祇，二里头文化以耜形璋祭祀山川，又发现有诸多龙形器。考古发现与先生观点相合。[①] 山川地祇崇拜与龙崇拜相结合，于是有《淮南子·天文训》中的记载：

> 中央，土也，其帝黄帝，其佐后土，执绳而制四方。其神为镇星，其兽黄龙，其音宫，其日戊己。

龙崇拜与太阳崇拜、土地崇拜、水崇拜结合，或为火性，或为土性，或为水性，黄龙为地龙，青龙为火龙，虬龙为水龙。龙成为中国古代最为神秘的神灵。

① 详见本书第三章第一节《夏代的宗教信仰》。

吾人必先“疑古”“考古”而后终之以“释古”，然后史家之能事尽矣。

——杨宽《中国上古史导论》

第六章　中国的早期历史

关于中国的早期历史，史书中记载不但简略，而且存在相当多的抵牾之处，这是因为早期人类并无记史的意识和传统，后世的记忆不可靠，且容易为当时或当事人的立场所左右。这是世界人类历史的通例。商代的甲骨文表明，商人已经有了档案的概念，但是卜辞作为甲骨档案，是为宗教服务的，由于商人的前逻辑思维，凡事都要占卜让神灵定夺，这才使我们得以了解商王朝的各个方面。王国维将卜辞中祭祀的先公先王与《史记·殷本纪》等文献中的记载进行了对证，又有殷墟的发掘，从而证明了商代历史的可信性。作为商早期文化和早商文化研究的基石，殷墟和甲骨文尤其重要，没有了这个基石，商代早期历史就会成为无源之水、无根之木。

殷墟之前的历史，都是后人的追记，因为没有当时的文字质证。考古学的发展使历史研究走出了两条道路：一是考古学所发掘的物质文化遗存，二是传统的历史记载。对于历史时期来说，两者能较好地结合进行研究，但是早期历史却出现了分歧。

以商代史来说，文献、卜辞所记述的是商晚期的历史，商代早期的历史并没有同时期的文字记载。也正因如此，有的学者将商早期也归入原史时期，即没有当时的文字记载进行证明的时期，我们对其了解依靠的后世的文献，是一种追记。目前来说，发现商代晚期以前的文字并能正确识读虽仍是学界最大的期望，但是这希望仍然渺茫。何况，在三代之前还存在漫长的无文字时代。商代早期的历史已经出现了两分的现象：一是后世的记载的历史；一是考古发掘出物质遗存。目前，考古学家将早于殷墟的二里岗文化作为商代早期文化，并将早于二里岗文化且存在文化传承的下七垣文化作为先商文化。这是基于以陶器为主所进行的文化因素分析而得出来的推断。二里头文化之为夏文化也是从文化因素上进行的逻辑推理。

《尚书·多士》中记载：“惟殷先人，有册有典。”所谓“册”和“典”是指文书记载的历史典籍。夏代应该已经有文字，因为龙山时期已经确定有文字①，因此即使夏代没有典籍，也一定有王室档案，包括世系王年之类。西晋时出土的《竹书纪年》有完整的夏代世系和

① 如山东龙山文化的丁公陶文、龙虬庄陶文、陶寺的文字。

王年,绝对真实可靠。

传统文献中对夏代的记载都是后世的追忆,且记载较少,这使夏代历史的探讨缺少可信的资料。唯一的解决之道只能是在夏与商的关系中来寻求,通过确定夏代都城来证明夏代的存在。二里头遗址被确定为夏代都城,得到了国内大多数学者和国外少数学者的认可。这是因为其地域、文化因素、影响力、时代和夏商关系等方面,符合文献中所记载的夏。基于陶器所构建的时代框架,二里头文化与先商文化并行,并将二里头文化和先商文化、商文化区分开来。在文化影响力上,二里头文化可谓"广域王权国家",超过了之前和同期的任何一个遗址。[①] 二里头遗址的地理位置,又与文献记载的夏王朝晚期都城位于伊洛河流域相符合。这些证据相结合才得以确定二里头遗址是夏代的都城。

与文献中的记载相比,考古发现起到了填补历史的作用,文献中没有记载夏王朝的宫殿规模、建筑形式、城内布局、道路系统,也没有记载经济情况,如铸铜、制玉、制陶等手工业情况,夏人的饮食、葬处、葬俗等,这些历史的细节只能通过考古来解决。但是,考古学也无法证明夏代的历史事件是否真的发生过,后羿、寒浞代夏被认为与新砦期文化相关,可是这是否历史的真实难以确证。同样,夏桀残暴、伊尹间夏是夏末最重要的历史事件,也无法在考古发掘中得到证实。

夏代之前的历史,除了些许传说外,文献对此几乎毫无记载。这段时期只能靠考古学来解决,但是没有了历史事件和历史人物的历史能称作历史吗?当然,如果以狭义的历史定义,历史可以视为过去发生的历史事件的记载,这似乎不能称作历史。可是史前作为占据人类绝大多数时间的漫长的时期,将其剔除出人类历史是极不科学的。越来越多的史学家将这段无事件的"历史"作为历史著作的开端,毕竟这是人类历史的幼年和童年时期。从广义上来看,历史不仅仅是历史事件的记载,《史记》中有"本纪""列传""世家""表""书",其中"书"就有《礼书》《乐书》《律书》《历书》《天官书》《封禅书》《河渠书》《平准书》,涉及礼制、法制、官制、宗教、天文、地理、经济等方方面面,这正是考古学所发掘出土的文化遗存能够解决的问题,也是考古学所擅长的领域。

《史记·五帝本纪》中所记载的五帝时代,被称为"传说时代"。据说黄帝距今5000年,禹是夏王朝的开创者,距今约4000年,从黄帝至禹当有1000年,30年一世的话至少30世,文献记载是无法填补这段历史的。为了探索中华文明的始源,中国文明探源工程启动,大量的考古新发现极大地促进了对这1000年的认识。

自从古史辨派将三代以上的"信史"进行彻底的破坏之后,古史传说也变得不可信,如果拿考古发现来对应古史传说是难以使人信服的。盲目信古又会重新走回老路,无异于史学研究的倒退。

实际上古史辨派和历史学界对古史的重建与破坏是同步的,王国维、顾颉刚、蒙文通、傅斯年、徐旭生等学者对中国早期历史的整理研究,取得了卓越的成果,而考古学家则将考古发现进行了系统的梳理,从而使考古学和古史传说出现了合流的可能性。这种合流的形成需要由三方面的工作来达成:第一,需要文献的正确释读;第二,需要对考古发现的物质文化遗存进行深入研究;第三,把前两者按照一定的方法进行对接。第一方

① 参见许宏:《何以中国:公元前2000年的中原图景》,三联书店2014年版,第148页。

面需借助历史学家的成就;第二方面需借助考古学家的研究成果。

中国的早期历史可以按照考古发现写一部物质文化和社会制度进化史,也可以按照古史传说写一部传统的早期历史。但对前者来说,抛弃了古史传说的中国早期历史终究是种遗憾。对后者来说,则是无视考古学家和历史学家100年来的辛苦探索。[①] 因此,我们应努力构建一部两者结合的早期历史。

第一节　旧石器时代——狩猎采集者

中国位于亚洲东部,是一个相对独立的地理单元。其东南部濒临大海,西南部为世界屋脊青藏高原,西北地区为沙漠和高山,东北为寒冷的西伯利亚。这使得中国处于一个相对封闭的环境中,从而使中华文明有一个稳定的发展空间。中国境内幅员辽阔,被大海、沙漠、高山环绕着的区域内有平原、丘陵、草原、山地等适宜人类生存的环境。其中华北平原、关中平原、长江中下游平原为最宜居之地,与其外围的黄土高原、山东半岛、东北平原、东南丘陵、四川盆地等构成了中华民族生存的基础区域。黄河和长江及其支流纵横交错,不但沟通了东西,而且使南北方的史前文化在较早的时期就有来往和沟通。

地理的阻隔并没有封闭中国与外部的联系,历史时期中国的对外联系主要有西部地区的丝绸之路和东南路线,前一条路线可能在旧石器时代就已经有原始狩猎人群翻越山峦和荒漠而进入东亚腹地。在狩猎时代,人类没有定居,因此中国古人类与外界的联系是一种自然的迁徙,到新石器时代之后,人类主要从事定居生活,高山、沙漠等自然隔离使中国区域内的古人类独立发展。早期人类并无疆域意识,到新石器时代晚期中国境内的人群与外界的联系逐渐再次加强,而到新石器时代末期和三代时期,与外界的联系已经比较频繁。

旧石器时代中国分别生活过直立人、早期智人和晚期智人等进化程度不同的远古人类,可将旧石器时代分成早、中、晚三期。在地质学上的早更新世早期,中国便出现了最早的人类——直立人,包括距今170万年的云南元谋人,及以后的陕西蓝田人、湖北郧县人、周口店北京猿人等,并发现了众多旧石器时代早期遗存,如山西西侯度、河北马圈沟和小长梁等。这些原始人类表现出与非洲早期直立人较明显的差异,而与后来东亚地区的蒙古人种具有较大的联系,表明中国境内的早期直立人很可能是现代人的主要基因源之一。

旧石器考古学将中国境内的旧石器时代文化分成两个文化系统:一是以砾石打制的砍砸器、原手斧等大型石器为主要特征,以湖北郧县人和陕西蓝田人石器为代表,是中国南方砾石工业的来源;另一个系统以石片制作的刮削器等小型石器为主,以泥河湾盆地早更新世石器为代表,是中国北方石片石器工业的雏形。[②] 到中更新世时期,两种石器工业继续发展。王幼平将旧石器时代早期晚段的石器工业分为两种类型,即南方东部与北

---

① 中国学者对早期历史的探索始于1917年王国维《殷周制度论》的发表,其高潮是顾颉刚等人的古史辨运动,而其最大的成果则是徐旭生的三集团说和考古学区系类型的构建。

② 参见王幼平:《中国远古人类文化的源流》,文物出版社2005年版,第30页。

方南部的大型砾石工业和南方西部与北方北部的小型石片工业。大型砾石工业主要分布于第三级阶梯及其西部边缘，往东可达长江下游，西至陇东黄土高原、汉中盆地，北至太行山南部两侧，南达南岭。其石器多为形体硕大的砍砸器、尖状器、原手斧和石球等，秦岭—淮河一线以北还有以大石片加工的砍砸器，同属于大型砾石石器工业。小型石片工业主要分布于中国第二级阶梯，以泥河湾盆地最为集中。其石器主要为小型刮削器等石片石器。两种石器工业的创造者均以采集和狩猎为主要生业方式。

晚更新世时期，中国境内的古人类进化至智人阶段，旧石器时代中晚期遗址点数量增多，文化遗物更加丰富，技术有明显进步。文化类型也更加多样，人类的生存空间显著扩展，长江、黄河流域，青藏高原、新疆和东北地区的松花江、嫩江、黑龙江流域都发现有古人类遗存。在华北，其代表有陕西大荔人、山西许家窑人、山西丁村人、山西下川文化遗址、内蒙古南部的萨拉乌苏遗址、山西朔县的峙峪文化、河南安阳小南海遗址、北京山顶洞人遗址等。东北地区有辽宁海城小孤山遗址和黑龙江哈尔滨阎家岗遗址等。南方有湖北长阳人、广东马坝人、四川省汉源县富林文化、以重庆市铜梁县张二塘遗址为代表的铜梁文化类型、贵州兴义市猫猫洞遗址等。此外，在西藏、新疆和青海地区也发现了一些属于旧石器时代的地点。根据石器工业的不同可以分成西北区和东南区两大系统。西北区又可分为三类文化传统：一是继承当地早先传统的小石器工业传统；二是细石器工业传统；三是石叶文化传统，以直接打击法制作的大量规整的石叶为特色。东南区的大部分地区逐渐发展为以刮削器、尖状器等小型石器为主。石器的小型化，表明狩猎逐渐成为先民获取资源的重要手段，生产方式日趋复杂多样。

旧石器时代晚期发现了较多的石、骨、牙等质地的装饰品，多为带孔的串饰，说明人类已经有爱美之心，以饰物来装扮自己。山顶洞人遗址还发现以赤铁矿粉染红装饰物，并在尸骨旁边撒红色粉末的现象，表明当时人们已经有灵魂和丧葬观念。① 以红色随葬的习俗是中国新石器时代和夏商周三代以朱砂随葬的渊薮。② 饰品的出现尤其是牙饰、红色颜料随葬的现象表明，古人类有了初级的巫术思维。

中国旧石器时代延续了约 200 万年，形成了稳定的砾石—石片工业系统，这些石器表面上看比较原始，双面精细加工者比较少见，器形亦不够对称规整，与西方以手斧为代表的阿舍利文化传统显著不同。③ 这说明中国的旧石器时代文化是一脉相承的，并非断裂式发展。中国古人类存在以铲形门齿等后世蒙古人种的特征，表现出了与现代人明显的继承性。此外，分子生物学证明全球现代人起源于非洲，因此，有学者提出中国旧石器时代人类演化的“连续进化附带杂交”模式，应是符合实际的。④

早期人类曾经过着狩猎采集、茹毛饮血的生活，以狩猎野生动物、挖掘植物块茎和采集果实种子为生。关于这段人类最为久远也最为漫长的历史，历史时期在考古学家和人类学家发现之前并非毫无所知，《礼记·礼运》中记载：“昔者先王未有宫室，冬则居营窟，夏则居橧巢。未有火化，食草木之实，鸟兽之肉，饮其血，茹其毛。未有麻丝，衣其羽皮。”这是对早期人类的记忆，当时人类茹毛饮血，穿兽皮，居住于洞穴之内。《庄子·盗跖》记

① 参见裴文中：《旧石器时代之艺术》，商务印书馆 2000 年版，第 142 页。

② 参见方辉：《论史前及夏时期的朱砂葬——兼论帝尧与丹朱传说》，《文史哲》2015 年第 2 期。

③ 参见高星：《中国旧石器时代手斧的特点与意义》，《人类学学报》2012 年第 2 期。

④ 参见吴新智：《从中国晚期智人颅骨特征看中国现代人起源》，《人类学学报》1998 年第 4 期。

载:"古者禽兽多而人民少,于是民皆巢居以避之。昼拾橡栗,暮栖木上,故命之曰有巢氏之民。"《韩非子·五蠹》载:"上古之世,人民少而禽兽众,人民不胜禽兽虫蛇。有圣人作,构木为巢以避群害,而民悦之,使王天下,号曰有巢氏。"历史学家吕振羽在《中国历史讲稿》中说:"到了有巢氏,我们的祖先才开始和动物区别开来……从此就开始了人类历史。"①

旧石器时代人类过着群居生活,实行血缘群婚,《吕氏春秋·恃君览》中记载:"昔太古尝无君矣,其民聚生群处,知母不知父,无亲戚、兄弟、夫妻、男女之别,无上下、长幼之道,无进退、绢让之礼,无衣服、履带、宫室、畜积之便,无器械、车舟、城郭、险阻之备。"因为实行群婚,自然无夫妻之别,人们知母不知父。同时,生产力低下,古人还没有修筑城郭,没有舟车和器械以供使用。

旧石器时代的人类已经会用火,从生食过渡到熟食阶段。考古中发现的用火遗迹从旧石器时代早期到晚期都有发现。如170余万年前的元谋人和西侯度人已经会用火烤熟动物食用,遗址中发现有烧烤过的动物骨骼。周口店北京人居住的洞穴中有许多用火的遗迹,包括成堆的灰烬、烧过的骨头、石块和土块、木炭块,说明北京人已经可以熟练地控制用火,并能保存火种。火的使用对人类具有重要意义,有了火不仅可以熟食,还可以御寒和防御猛兽侵害。我国文献中记载有燧人氏,被认为是人工取火的发明者,据《韩非子·五蠹》记载:"上古之世,人民少而禽兽众,人民不胜禽兽虫蛇。……民食果蓏蚌蛤,腥臊恶臭而伤害腹胃,民多疾病。有圣人作,钻燧取火,以化腥臊,而民说(悦)之,使王天下,号之曰燧人氏。"这可视作古人对于人类早期由茹毛饮血的生食阶段到钻燧取火熟食阶段这一进步的历史记忆。由于钻燧取火的重要意义,燧人氏在《尚书大传》《白虎通义》中被作为"三皇"之一。

第二节　新石器时代早期——定居生活和陶器的发明

距今2万~1万年,中国开始由旧石器时代向新石器时代过渡,这一过渡期在不同地区有显著的地区性差异。旧石器时代与新石器时代的主要区别在于石器种类、经济形态和生活方式不同:旧石器时代的人类使用打制石器,从事狩猎、采集活动;新石器时代的人类使用磨制石器,出现了陶器和原始农业。英国考古学家布基于1926年提出新石器时代的四大特征:农耕、家畜饲养、制陶术和磨光石器。② 英国学者柴尔德称人类由旧石器时代向新石器时代的转变为"新石器时代革命",认为农业和家畜饲养业使人类社会发生了巨大的变化,使人类结束了纯粹依赖自然的状态,是一场"革命"。③ 由此可见,农业、制陶、家畜饲养和磨制石器被认为是进入新石器时代的标志。不过,四者并不是平衡发展的,在中国的出现也表现出地区的不平衡性。从中国考古学所揭示的情况看,陶器和

① 参见吕振羽:《中国历史讲稿》,人民出版社1984年版,第173页。

② Burkitt. M. C. Our Early Ancestors, Cambridge University Press(second Impression), 1929, P. 50.

③ 参见[英]柴尔德:《远古文化史》,周进楷译,中华书局1958年版,第60~96页。

定居出现较早，而农业和家畜饲养是定居生活的产物。

最早的陶器出现于江西万年仙人洞遗址，距今达20000年，稍晚的还有江西吊桶环文化遗存，湖南道县玉蟾岩文化遗存，广西邕宁顶蛳山一期遗存、桂林甑皮岩第一期至第四期遗存、庙岩文化遗存和临桂大岩第三期遗存等，时代为距今15000～12000年。

仙人洞和吊桶环位于江西万年县大源乡石灰岩丘陵地区的山间小盆地里。仙人洞位于盆地北部的山脚下，为洞穴遗址，吊桶环位于800米外盆地西部的小山顶上，为岩厦遗址。发掘者认为吊桶环遗址为仙人洞的原始居民在这一带狩猎的临时营地和屠宰场。两遗址的文化堆积可分为三期：早期距今20000～15000年，仅有打制石器，属于旧石器时代晚期；中期属旧石器时代末期或中石器时代；晚期距今10000～9000年，属新石器时代早期。新石器时代早期遗存以吊桶环上层和仙人洞上层为代表，发现大量的石器、骨器、蚌器、陶片等人工制品和人骨、动物遗骸。陶器主要为圜底罐或釜，烧成火候较低，器表颜色不均匀，有灰褐、红褐等颜色。石器有打制石器、穿孔石器、局部磨制的石器和类似细石器的石片等。骨器有锥、簪、铲、凿、镞、镖和投掷器等。吊桶环发现有水稻的硅酸体，包括栽培稻和野生稻，仍以渔猎和采集为主，稻作农业开始萌芽。①

玉蟾岩属于一处洞穴遗址，位于湖南省道县白石寨村一个石灰岩残丘的下部。遗址堆积位于洞厅内，发现有包括陶器、打制石器和骨、角、牙、蚌等人工制品和动物遗存。陶器均为圜底釜，制法较为原始，以泥片贴塑法制成，内外均有编织纹印痕，呈黑褐色或红色。石器均为打制，制作粗糙，采用锤击法单面加工，包括石核、石片、砍斫器、刮削器、切割器、石刀、锄形器、亚腰斧形器等。发现的生活遗迹主要有烧土堆，内含炭屑和动物烧骨，有的上面压有砾石碎块，可能用来保存火种。为了在洞中居住，原始居民还在洞内不平整的地面上铺垫碎石和灰白色、灰黄色石灰状堆积。遗址中发现有水稻壳和水稻硅酸体，包括野生稻和古栽培稻，说明原始的稻作农业已经萌芽。另有大量的动物遗存，有鸟禽类、哺乳动物和水生动物介壳，鸟禽类约占三分之一，哺乳动物主要有鹿类和猪、牛、竹鼠、豪猪等食肉动物，野生动物是其主要的捕猎对象和肉食来源。②

顶蛳山遗址位于河旁台地，陶器特征与仙人洞早期陶器类似，以圜底釜和罐为主。石器主要有穿孔石器和玻璃陨石质细小石片石器两种，另有石核和少量天然玻璃陨石。墓葬均为竖穴土坑墓，大部分单人葬，有少数合葬墓，葬式以屈肢葬为主，并有少量独特的肢解葬。③

甑皮岩位于桂林南郊独山西南麓，为一处洞穴遗存，沿口朝向西南，洞内堆积可分为五期，其中一至四期为新石器时代早期，第一期属早期前段，二至四期属早期后段。早期前段的陶器均为素面圜底釜，夹砂质，烧成火候低，呈灰白色，口沿处呈灰褐色。石器均为打制，加工技术单一，单面打击成形，只有个别采用双面打击加工和修整。骨器和蚌器较多，包括骨锥、骨铲、骨针、骨鱼镖、蚌刀等，骨器多经磨制，蚌刀上有穿孔。遗迹有石器制作场一处，发现有大量石器和天然砾石。后段的陶器仍以圜底器为主，出现了高领罐、

① 参见北京大学考古文博学院、江西省文物考古研究所：《仙人洞与吊桶环》，文物出版社2014年版。

② 参见袁家荣：《湖南旧石器时代文化与玉蟾岩遗址》，岳麓书社2013年版，第181～297页。

③ 参见李珍：《邕宁顶蛳山贝丘遗址》，《中国文化遗产》2008年第5期。

敛口罐、敛口釜，一般饰绳纹。除打制石器外，新出磨制的石斧、石锛。遗迹有用火遗迹和墓葬，用火遗迹以石块围成，并有残陶器，应是原始灶址。墓葬中人骨均为蹲踞式，人骨上放置石块或蚌壳。甑皮岩早期遗存的经济形态以渔猎和采集为主，发现有大量水陆生动物遗骸，以螺、蚌、鹿类、水牛和猪为主，采集的食物主要有块茎类植物，属于广谱性的渔猎和采集经济。[①]

庙岩和大岩均为洞穴遗址，庙岩早期和大岩三期时代相当，都在距今 12000 年左右，发现有简单的陶器、打制石器、蚌器、骨器等。同甑平岩早期遗存相同，经济形态均以渔猎、采集为主。[②]

伴随着气候的变化和波动，到距今 1 万年前后，华南地区、长江下游、黄河中下游、华北和东北地区都进入了新石器时代。

黄河中游的李家沟文化距今 10500～8660 年，发现有色泽斑杂的粗砂褐陶深腹罐，外表多饰压印或拍印圆窝和绳纹。石器有较多的细石器、个体较大的砂岩制品和磨制的石锛、石磨盘、石砧等。发现的石堆块包含石磨盘、石砧、烧土和动物骨骼碎片，可能是加工动植物的遗留。[③]

黄河下游的新石器时代早期遗存有山东沂源县扁扁洞遗址。该遗址为一处洞穴遗址，距今 11000～9500 年。发现有烧土面、灰坑、烧坑三种类型的文化遗迹。陶器主要为圜底釜和钵，均为素面，多红陶及红褐陶，烧成火候较低。石器有磨制的石磨盘和磨棒，打制的石片、断块、刮削器及细石核。该遗址并未发现与农业相关的遗存，石磨盘和磨棒主要用来加工坚果，当时的生业方式以狩猎和捕捞为主，该遗址可能为一临时性居住的洞穴。陶器特征为其后的后李文化找到了来源。[④]

华北地区的新石器时代早期遗存在河北徐水南庄头、阳原虎头梁于家沟和北京门头沟东胡林、怀柔转年等遗址都有发现。

南庄头遗址位于华北平原西部边缘，西距太行山余脉约 10 多公里。其新石器时代早期遗存距今 10510～9700 年，发现有灰沟和用火遗迹，沟内发现有动物骨骼、陶片、石器、骨器及木炭、树皮、树枝。用火遗迹为近圆形或椭圆形的红烧土或草木灰层堆积。遗物有骨、角、石器和少量陶片，另有带有人工凿孔痕迹的木棒、木块和带有加工痕迹的兽骨、鹿角。陶器仅见平底罐、盂和钵，均为夹砂陶，烧成火候较低，器表斑驳，器壁厚薄不匀。以素面为主，还有浅细绳纹陶，有的陶片上有钻孔。石器发现较少，有磨盘、磨棒、石锤和打制的石英、燧石、玛瑙、石榴石、云母片等。南庄头的生业经济以渔猎和采集为主，主要猎取的动物有鹿科和水生的螺、蚌等，猪和狗可能为驯养，还没有发现农业遗存。[⑤]

东胡林遗址位于永定河支流清水河北岸的二级阶地上，发现有 1 座墓葬，墓葬为屈

---

① 参见中国社会科学院考古研究所等:《桂林甑皮岩》，文物出版社 2003 年版，第 54～184 页。

② 参见中国社会科学院考古研究所:《中国考古学·新石器时代卷》，中国社会科学出版社 2010 年版，第 107～108 页。

③ 参见北京大学考古文博学院等:《河南新密市李家沟遗址发掘简报》，《考古》2011 年第 4 期。

④ 参见孙波等:《试论山东地区新石器时代早期遗存》，《中原文物》2008 年第 3 期。

⑤ 参见河北省文物研究所等:《1997 年河北徐水南庄头遗址发掘报告》，《考古学报》2010 年第 3 期；保定地区文物管理所等:《河北徐水县南庄头遗址试掘简报》，《考古》1992 年第 11 期。

肢葬，另有3具未发现墓坑的人骨，分别代表1个少女和2个成年男性。[①] 石器以打制石器为主，包括砍砸器、刮削器、尖状器等，磨制石器仅见小型斧、锛，局部磨光。细石器种类有石核、石片、石叶等，多以燧石制成。另外还有琢制的磨盘、磨棒和臼、研磨器。陶器多为残片，主要有平底直腹盆，未见圜底器，均为夹砂陶，多红褐色或灰褐色，烧制火候不高，质地较松软。多为素面，少数饰附加堆纹和压印纹。除墓葬外还发现有多处火塘遗迹。[②]

北京转年遗址亦发现有较原始的陶器，流行平底器，以筒形罐和带凸钮盂为主。陶色驳杂，多灰褐或黄褐色，胎心为黑色，素面为主，个别口沿下以附加堆纹加固。石器发现较多，包括小型打制石器、细石器和少量磨制的石斧、磨盘、磨棒等。小型打制石器有砍砸器、盘状器和石片。细石器有石核、刮削器、细石叶等，制作精细，有较具特色的楔形、铅笔头形细石核、细石叶和圆头刮削器。[③]

东北地区的新石器时代早期遗址以双塔一期为代表，距今10000年左右。陶器有较多褐色筒形罐，素面或在口沿外饰多周附加堆纹等，另有鼓腹罐、盆、豆、杯和陶纺轮。发现有大量的野生哺乳动物骨骼、鸟骨、蚌壳及鱼骨，未见任何粮食作物遗存。石器中多见尖状器、刮削器、石镞及石叶工具，仅见少量加工食物的磨盘、磨棒，不见与农业生产有关的石铲、石锄及石刀等。骨器中有大量骨锥、鱼镖、梭形器等手工和渔猎工具。经济类型以渔猎为主。双塔遗址发现有壕沟、柱洞、灰坑和陶片堆积层，表明人们过着定居生活。[④]

上山文化为长江下游最早的新石器时代文化，距今10000年左右，分布于杭州湾南岸。陶器种类较少，多为敞口平底盆、圈足盘和双耳罐，有一定数量的打制石器和少量的磨制石器。上山遗址发现有丰富的稻作遗存，既有野生稻又有栽培稻，可能处于采集、驯化和种植经济并存的阶段。[⑤]

虽然距今10000年左右的新石器时代早期遗存发现的并不多，但是已经从华南扩展到中东部地区，由南至北都有发现。由于地理环境的不同，形成了南北两种不同的经济形态：北方主要以狩猎采集为主，并且出现了黍类旱作农业。这些遗址中发现的石器包括打制石器和细石器，也有磨盘、磨棒、臼、研磨器等琢制石器和少量斧、锛等磨制石器。磨盘和磨棒一般用来加工坚果或小米，南庄头发现的磨盘、磨棒上检测出的淀粉粒属于禾草类植物，东胡林遗址的石器上有小米类、橡子类遗存。遗址中还发现有小米籽粒，说明当时已经对植物进行采集和初步驯化，出现了初级农业生产。长江流域和华南地区以渔猎和采集为主，稻作农业已经萌芽，成为渔猎和采集经济的补充。石器以打制石器为主，新出现了少量的磨制石器。石器加工技术比较单一，多以锤击法单面加工，第二步加工的较少。以石核石器为主，直接以砾石打击而成，只有少量的石片石器。其石器工业

① 参见周国兴、尤玉柱：《北京东胡林村的新石器时代墓葬》，《考古》1972年第6期。

② 参见北京大学考古文博学院等：《北京市门头沟区东胡林史前遗址》，《考古》2006年第7期。

③ 参见郁金城：《北京新石器时代考古发现与研究》，于炳文主编《跋涉集：北京大学历史系考古专业七五届毕业生论文集》，北京图书馆出版社1998年版，第39～44页。

④ 参见王立新、段天璟：《中国东北地区发现万年前后陶器——吉林白城双塔遗址一期遗存的发现与初步认识》，《吉林大学社会科学学报》2013年第2期。

⑤ 参见浙江省文物考古研究所等：《浙江浦江县上山遗址发掘简报》，《考古》2007年第9期。

基本延续了本地区旧石器时代晚期的砾石石器工业传统。陶器制作粗糙，以圜底器为主，陶质疏松，烧成火候低，器表斑驳，以捏制、泥皮贴塑或泥条盘筑法制作而成。华南地区新石器时代早期的生业模式以渔猎、捕捞和采集为主，在各个遗址中均发现了大量的水生和陆生动物遗骸。甑皮岩和大岩遗址中发现有大量块茎类植物，说明富含淀粉的块茎类植物是当时人们的食物来源之一。虽然有的遗址中发现有野生稻、栽培稻的遗存，但是数量较少，且往往与采集所获得的野生稻并存，在食物组成中仅占很少的比重。

目前，中国发现最早的陶器见于华南地区，包括湖南道县玉蟾岩早期遗存、广西桂林甑皮岩第一期，江西万年仙人洞和吊桶环早期遗存。其中玉蟾岩早期遗存距今 18500～17500 年[①]，仙人洞最早的陶器距今 20000～19000 年。[②] 陶器只有圜底釜和圜底钵，夹砂褐陶，陶质较差，流行拍印绳纹，还有石器、骨器、角器和蚌器等。石器除了继承旧石器时代晚期的各类打制砾石器外，还有石锤、石钻、砺石和带穿孔的重石，表现出由打制石器向磨制石器过渡的性质。玉蟾岩和仙人洞都发现有水稻遗存[③]，甑皮岩发现有家猪，表明当时可能有了原始稻作农业和家畜驯养业。[④] 虽然这些遗存还都保留有旧石器时代的一些特征，人类的生活方式仍以采集和渔猎为主，农业和家畜饲养在生活中只占有限的比例，但他们已经成为中国新石器时代的先行者了。

新石器时代各标志因素的产生与气候进入大暖期有关。冰期的结束，温暖湿润的环境使植物和动物大量繁殖，这一大自然的馈赠逐渐使人类不用长途跋涉获取食物，人类狩猎采集的范围缩小，从而为定居生活准备了条件。同时由于食物资源的充足，当时无法用尽的果实种子等食物被储存起来。美国考古学家宾福德称这种对自然资源的应对策略为“采集者—集食者”模式[⑤]，集食者模式储存过剩的食物，以应对食物匮乏期，从而开创了一种新的生存方式。定居生活使人类的食物获取方式也发生了改变，并使生产方式产生了分工，过去的人类为狩猎者，到此分化成小规模的狩猎采集群和定居人群，前者外出获取野生动植物，后者采集聚落周围的植物果实并驯化可以规模生产的种子，储存起来以备冬、春季节的食物匮乏期食用。野生稻和栽培稻的出现，表明农业已经产生，并逐渐成为最有潜力的生产方式。农业的产生是人类历史上的巨大进步，传说中神农氏发明了农业。《周易·系辞下》中说神农氏“斫木为耜，揉木为耒，耒耨之利，以教天下”。东汉应劭《风俗通义》中说神农“始作耒耜，教民耕种，美其衣食，德浓厚若神，故为神农也”。神农氏被认为是农业的发明者，这是对于农业起源这一历史阶段和农业的产生这一人类伟大进步的神化。[⑥] 也正由于农业的重要地位，《白虎通义》《风俗通义》《尚书大传》等文

① 参见吴小红：《中国南方早期陶器的年代以及新石器时代标志的问题》，北京大学考古文博学院等编：《考古学研究》（九），文物出版社 2012 年版，第 49～68 页。

② Xiaohong Wu，Chi Zhang，Paul Goldberg etc，Early pottery at 20，000 Years Ago in Xianrendong Cave，China. Science 336(6089)，2012.

③ Zhijun Zhao，The Middle Yantze region in China is one place where rice was domesticated：Phytolith evidence from the Diaotonghuan Cave，Northern Jiangxi. Antiquity 278，1998.

④ 参见李有恒等：《广西桂林甑皮岩遗址动物群》，《古脊椎动物与古人类》1978 年第 4 期。

⑤ 转引自刘莉、陈星灿：《中国考古学——旧石器时代晚期到早期青铜时代》，三联书店 2017 年版，第 50 页。

⑥ 神农氏和炎帝不同，《史记·五帝本纪》中记载“炎帝时，神农氏世衰”，首先将神农与炎帝合一是在《世本·帝系篇》中。

献中将神农氏作为“三皇”之一。

第三节 新石器时代中期——平等的氏族社会

距今9000年以后的2000余年间，随着全新世气候适宜期的到来和原始农业经济的发展，中国境内出现了大量的小型村落，新石器时代文化开始繁荣起来，长江和黄河两大河流域的史前文化蓬勃发展。黄河流域有下游的裴李岗文化、渭河流域的大地湾文化、山东地区的后李文化、河北地区的磁山文化；北方地区有兴隆洼文化；长江流域有彭头山文化、皂市下层文化、城北溪文化、跨湖桥文化；华南地区有顶蛳山文化；淮河流域有顺山集文化、双墩文化等。这些聚落都是定居的农民为主的村落，部分地区出现了相对集中的村落群。

兴隆洼文化主要分布于辽西以及内蒙古东南部和河北北部，发现了大约100处遗址。兴隆洼遗址发现有排列整齐的长方形半地穴房子，并有环濠围绕。大多数房屋面积为50～80平方米，有些大房子可达100平方米。陶器器型简单，以褐色夹砂筒形平底罐和平底盆为主。石器包括打制石锄、石铲和石刀，主要用来收割作物；磨盘、磨棒、石臼和石杵用来碾磨坚果、种子和粟、黍等谷物；石斧和石锛用来砍伐木材和加工木制工具。[①]粟和黍为主要种植作物，尽管它们在人们的食物中只占一小部分[②]，定居人群开始饲养猪等牲畜。考古发现的大量细石器和骨鱼镖表明渔猎在经济生活中仍占有较大的比重。

东北地区流行萨满教，兴隆洼文化中也发现有与萨满教相关的遗存。在兴隆沟遗址和白音长汗遗址都发现有泥塑和石塑雕像，多为女性的形象，还有雕刻成蝉和熊的玉石制品，是红山文化偶像崇拜和神灵崇拜的来源。女性雕像是女始祖和女萨满的偶像，熊则与兽灵崇拜有关，两者在红山文化第一地点的女神庙中都有发现。蝉与幼虫崇拜有关，是生命力的象征，萨满借助于这类神器施行祝殖巫术。这些礼仪和祭祀活动，都属于萨满文化的范畴，与后来的红山文化相比，祭祀仪式的范围倾向于家庭或小型族群内部。

裴李岗文化大约有120余处遗址，主要分布在黄河南岸的伊洛河上游和淮河上游地区。经过发掘的遗址有新郑县裴李岗遗址、舞阳县贾湖遗址[③]、长葛县石固遗址、临汝县中山寨遗址等。其陶器以筒形小平底罐、双耳罐、钵、双耳壶等器物为主。石器多琢制和磨制，有斧、锛、凿、铲、镰和磨盘、磨棒、网坠等，也有细石器。农业遗存以旱作粟、黍为主，另有水稻遗存的发现，饲养家猪和狗。野生的大豆、橡子、胡桃、榛子、枣、李子和菱角等在食物结构中仍占主要分量，说明人们仍以野生植物为生。[④] 渔猎工具的大量存在表明渔猎仍是主要经济门类，且多由男性从事渔猎活动，有明显的性别分工。[⑤]

---

① 参见中国社会科学院考古研究所内蒙古工作队：《内蒙古敖汉旗兴隆洼遗址发掘简报》，《考古》1985年第10期；中国社会科学院考古研究所内蒙古工作队：《内蒙古敖汉旗兴隆洼遗址1992年发掘简报》，《考古》1997年第1期。

② 参见赵志军：《从兴隆沟遗址浮选结果谈中国北方旱作农业起源问题》，南京师范大学文博系编：《东亚古物》A卷，文物出版社2004年版，第188～199页。

③ 参见河南省文物考古研究所：《舞阳贾湖》，科学出版社1999年版。

④ 参见赵志军、张居中：《贾湖遗址2001年度浮选结果分析报告》，《考古》2009年第8期。

⑤ 参见张震：《贾湖遗址墓葬初步研究——试论贾湖的社会分工与分化》，《华夏考古》2009年第2期。

裴李岗文化遗址的面积从数千平方米到数万平方米不等。房子多为半地穴式，以圆形为主，面积从 2～40 平方米不等，多数在 10 平方米之内。墓葬实行分区埋葬，并有了初步阶层分化，小墓仅有几件随葬品，而大墓能达数十件。贾湖遗址的大墓出土有丹顶鹤制作的骨笛、骨板、象牙雕板、绿松石饰和龟甲等物品。龟甲上发现有刻划符号，表明墓主是掌握宗教权力的巫师兼族长。这种宗教权力与世俗权力相结合的特点到新石器时代晚期仍得以延续并发扬光大。

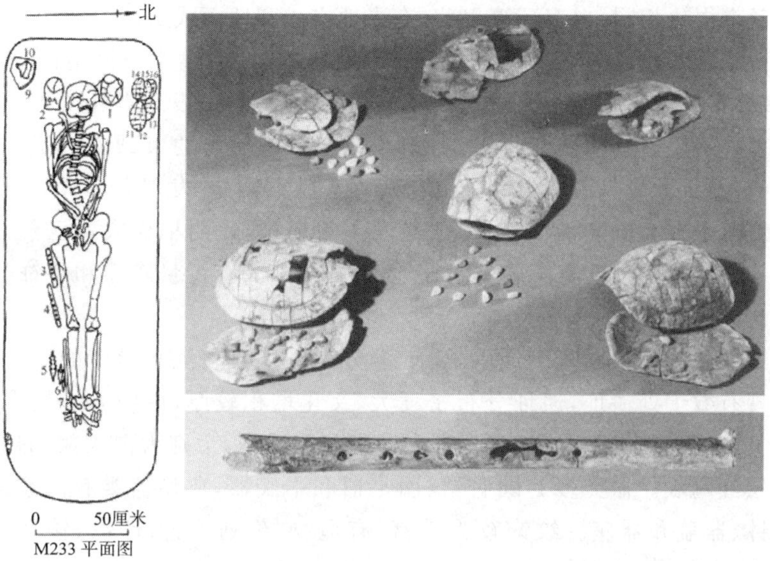

图 6-3-1　贾湖 M233 墓葬和出土龟甲、骨笛

1、10. 陶壶　2. 陶罐　3、4. 骨笛　5. 骨镖　6. 骨锥　7. 骨镞　8. 牙削　9. 陶钵　11—16. 龟甲

贾湖遗址位于豫中南部，面积达 5.5 万平方米，可分为三期：第一期距今 9000～8600 年；第二期距今 8600～8200 年；第三期距今 8200～7800 年。经过数次发掘，共清理 47 座房子、370 座灰坑或窖穴、9 座陶窑、349 座墓葬。遗址中还发现大量水稻遗迹，窖穴中浮选出大量炭化稻米，属于处在籼、粳分化过程中以粳稻型特征为主的栽培稻。遗址中出土 25 支骨笛，分属三个时期，第一期的骨笛开有五孔、六孔，能吹奏出四声音阶和完备的五声音阶；第二期的骨笛开有七孔，能吹奏出六声和七声音阶；第三期的骨笛能吹奏出完整的七声音阶以及一些变化音。骨笛均为丹顶鹤的腿骨制作，某些破损的还会缀合修复使用，说明是贾湖人珍贵的乐器。这些骨笛是目前世界上发现年代最早、出土数量最多、保存最为完整的古代乐器。[1] 贾湖人过着农耕、渔猎和采集生活，食物有了富足和剩余，乐舞和占卜是贾湖人主要的精神生活(图 6-3-1)。

山东地区的后李文化以章丘西河、小荆山，临淄后李，济南长清月庄等遗址为代表，发现近 20 处遗址，分布于鲁北地区的平原上。后李人已经过着定居生活，居住在半地穴的房子里，房子面积较大，一般为 20～80 平方米，30 平方米左右的较多。大小不同的房屋具有不同的功能，中部一般有石制陶支脚做成的灶。小荆山遗址为带环濠的聚落，其

① 参见河南省文物考古研究所：《舞阳贾湖》，科学出版社 1999 年版，第 447～454 页。

余均为沿河分布的开放性聚落。陶器有釜、钵、壶等，釜为主，多直口红褐色夹砂陶，器形较大，多叠唇，有的带鋬耳。大型釜用作储藏器；小型釜作为炊具，放置在石支脚上加热食物。石器有磨盘、磨棒和磨制的斧、锛、刀、铲等。[①] 除以粟为主的旱作农业之外，月庄遗址和西河遗址还发现有少量水稻遗存，可能来自于江淮地区，并已经驯养猪和狗。[②]

淮河中游地区的顺山集文化表现出与后李文化相似的文化特征，如陶器中釜、支脚、小口双耳壶等都与后李文化接近。其他如双耳平底罐、折腹钵、豆和陶灶为地方特色。生业方式与后李文化相同，也有环濠聚落，有半地穴式和地面式房屋。[③]

长江中游的彭头山文化分布于洞庭湖周围和湘、资、沅、澧水下游地区，共发现有10余处遗址，多分布在澧阳平原上。遗址一般位于河边坡地上，发现有环濠聚落和地面式、干栏式和台基式房屋。其陶器流行夹炭陶，主要有拍印绳纹的束颈圜底釜、高颈罐、盆、钵、支座等。石器有大量打制石器和斧、锛、凿等磨制石器，并发现有农具骨耜。八十垱、彭头山等遗址出土有大量的稻作遗存，已经属于栽培稻，表明稻作农业已经成为主要的生产门类之一。遗址中发现有氏族公共墓地，墓葬中随葬有少量陶器和装饰品[④]，社会分化不明显。

皂市下层文化集中于洞庭湖周围，遗址多分布于澧水和沅水沿岸的一二级阶地上。目前已经发现有数十处遗址，遗址分布密度大，文化堆积较厚，说明人口增多，农业社会逐渐繁荣。其陶器以灰炭陶为主，有少量夹砂陶和泥质陶，个别为白衣陶和白陶，大多数器表有一薄层红陶衣。器类多为圜底器、圈足器和平底器，典型器类有高领罐、双耳釜、圈足盘、盆、钵、器盖和器座。纹饰较为丰富，有绳纹、刻划纹、戳印纹、镂孔、压印纹等。打制石器较多，有盘状器、刮削器和细小石片。磨制石器有斧、锛、凿、刀、网坠和石环等。遗址中发现有炭化的稻谷遗存，水稻种植已经成为主要的经济部门，同时渔猎和采集也是重要的食物来源。[⑤]

城背溪文化主要分布在长江三峡东部至江汉平原之间的长江沿岸，即鄂西山地和江汉平原之间的丘陵地带，目前已经发现10余处遗址。其陶器器类以圜底釜、圜底罐、圈足盘、尊、花边口盆、鼎、器座、小口壶为主。有夹砂、泥质和夹炭陶三种，陶色多红褐色、灰褐色和黑色，夹砂红褐陶最多，纹饰以绳纹、细线纹、压印纹、刻划纹、镂孔等为主，出现了彩陶。石器以磨制为主，有斧、锛、铲、凿、球、网坠等，还有打制的石片、磨盘和磨棒。城背溪的夹炭陶上发现有大量炭化稻草、谷壳的痕迹，说明稻作农业已经是经济生活中的主要门类，渔猎和养殖业是肉类的主要来源。[⑥]

跨湖桥文化分布于长江下游的杭嘉湖地区。其陶器均不同程度地包含碳素，陶胎呈黑色，陶质以泥质夹炭陶、夹砂陶为主，也有少量夹蚌陶。灰炭陶一般为黑陶，泥质者多

---

① 参见山东省文物考古研究所：《山东二十世纪的考古发现和研究》，科学出版社2005年版，第44～60页。

② 参见靳桂云：《后李文化生业经济初步研究》，山东大学东方考古研究中心编：《东方考古》第9集（下），科学出版社2012年版，第587～588页。

③ 参见林留根：《论顺山集文化》，《考古》2017年第3期。

④ 参见裴安平等：《湖南澧县彭头山新石器时代早期遗址发掘简报》，《文物》1990年第8期。

⑤ 参见金则恭、贺刚：《湖南石门县皂市下层新石器遗存》，《考古》1986年第1期。

⑥ 参见杨权喜：《试论城背溪文化》，《东南文化》1991年第5期。

有红色或灰色陶衣。器类主要有圜底器、圈足器，包括釜、罐、钵、圈足盘、圈足碗、支座等。纹饰以绳纹、戳印纹、刻划纹和镂孔为主。有少量彩陶，一般白彩施于器表，红彩位于内部，纹样有条带、波折纹、波浪纹、十字纹、点纹、太阳纹、火焰纹等。石器均为磨制，多通体磨光，有斧、锛、凿、锤、磨石、磨棒等。木器发现较多，有锥、弓、镞、叉、勺、盘、铲、梯、簸箕等，还发现有独木舟和木桨，说明当时人们已经掌握了水上交通工具。其他手工业遗存还有陶纺轮、线轮、线、竹席、竹簸箕、骨针、骨锥等，纺织与编织业比较发达。此外渔猎用的骨镞、骨镖、叉等亦多有发现。骨耜、木铲等农具和大量稻米、稻谷、稻壳和水稻硅酸体等的出土说明人们以农业为主，同时采集橡子、菱角、核桃、毛桃、梅、杏、松果等野生果实，捕获野生动物，饲养狗和猪等家畜。[①]

华南地区的新石器时代中期文化包括顶蛳山文化、甑皮岩五期和大岩五期等遗存，均以渔猎和采集为主。安志敏认为由于该地区地域封闭与外界缺少交流导致经济和文化的相对滞后，文化发展速度滞缓。[②] 除了以上原因之外，一个最重要的原因可能与气候温热、资源丰富有直接的关系。优越的采集和渔猎资源使得该地区的人类不需要发展风险较大的原始农业，同时该地多山岭的地形无法大面积开垦，使其只能以分散的小块耕地种植数量较少的农作物。

新石器时代中期中国各地都出现了一些文化面貌不同的农业文化，尤其是在黄河中下游、长江中游下游和东北南部地区，农业均得到不同程度的发展，并成为主要的经济门类。在北方的作物主要是旱作农业粟和黍。磁山遗址发现有 88 座储存粟的窖穴，说明当时粟的产量有了剩余，并被储藏使用。[③] 大地湾文化还发现有栽培的蔬菜。农业社会的发展为氏族的繁荣和发展提供了经济支持。

南方的农业为稻作农业，在长江中游彭头山、皂市下层、城背溪、跨湖桥和邻近黄河流域的大地湾文化、裴李岗文化中也发现有水稻遗存。彭头山文化的八十垱遗址中发现有数以万计的稻谷和稻米粒，为原始栽培稻。城背溪文化宜都枝城遗址的稻谷壳被鉴定为粳稻。稻作农业已经达到了相当高的水平，水稻逐渐成为人们的主食。

农业的发展为新石器时代繁荣期的到来奠定了基础。与农业相伴生的原始饲养业也得到发展，鸡、狗、猪、牛、羊等家畜家禽逐渐成为人们肉食的主要来源之一。同时制陶、制骨、制玉和石器制造业等手工业也逐渐繁荣。陶器制作技术趋于成熟，主要有泥片贴塑法和泥条盘筑法两种制作技术，已经能制作较为复杂的器型，器型较为规整。陶质除夹砂陶外，还有泥质陶，已经对陶土进行选择和初步洗练，制陶技术进步。黄河流域和长江流域都出现了彩陶，最早见于大地湾文化，以红色染料施于圜底钵和三足钵上，一般以带纹施于口沿部位，三足钵的三足上也施红彩。少部分圜底钵的内部绘圆点、圆圈、短曲线、短直线等图案。长江流域的彩陶最早发现于皂市下层文化和城背溪文化，有红色彩带纹、褐色方格纹和宽条带纹。南方的白陶代表了一种新的制陶工艺，皂市下层文化和高庙文化都有发现。高庙文化的圈足盘是一种祭器，外表戳刻太阳、鸟和兽面的图像，

---

① 参见浙江省文物考古研究所、萧山博物馆：《跨湖桥》，文物出版社 2004 年版。

② 参见安志敏：《华南新石器试析》，中国社会科学院考古研究所编：《华南及东南亚地区史前考古——纪念甑皮岩遗址发掘 30 周年国际学术研讨会论文集》，文物出版社 2006 年版，第 23～30 页。

③ 参见佟伟华：《磁山遗址的原始农业遗存及其相关的问题》，《农业考古》1984 年第 1 期。

代表了太阳崇拜的完整形态已经出现，这一至高神信仰很快就传播到长江下游，从而成为整个长江流域普遍的宗教信仰。八角星纹在新石器时代晚期北传，传播到中国大部分地区。①

石器制作技术逐渐过渡到以磨制石器为主，制作铲、斧、磨盘、磨棒、镰、锛等较进步的农业生产工具。同时骨、角、蚌、木器的品类多样，质量也逐步提高。

玉器的使用是中华文明的一大特征，是史前文明的重要成就之一。在新石器时代早期的兴隆洼文化发现有最早的玦、坠饰、管状珠等。虽然还只是一些小型装饰品，但是在其后的新石器时代晚期这种美石很快与宗教文化和礼制相结合，开启了以玉器作宗教用品和礼器的新时代，形成了中华文明独具特色的玉器文化。

这一时期中国广大地区的人类过着定居的氏族生活，社会分化不明显。聚落内有半地穴或地面式的房屋，居址周围一般有公共的氏族墓地，随葬品的种类和数量一般都比较少，说明社会内部成员是一种平等的关系。性别的分工比较明显，男性和女性分别在社会事务中担任不同的职责。如裴李岗文化的墓葬中男性随葬以石铲、石锛等生产工具，而女性墓一般随葬磨盘、磨棒等粮食加工工具和骨针、骨锥等纺织工具。房屋和墓葬都有分组排列的现象，说明聚落内部以家族为单位，整个聚落内部是以家族为单位构成的氏族社会。同一地区的聚落构成部落这一更高级别的社会组织。部落内部不仅共享统一的信仰、文化，同时也有经济交流和更重要的婚姻上的往来。这一时期为古史传说中的神农时代，《商君书》中说："神农之世，男耕而食，妇织而衣，刑政不用而治，甲兵不起而王。"说明神农时，男耕女织、刑政不用，属于平等的农耕社会，这正与新石器时代早中期的社会现状相合。

这一时期的聚落一般都滨河而居，水是农业灌溉所需，并且河流也可提供丰富的鱼、鳖、蚌、螺等水产资源。有的聚落周围发现有人工挖掘的濠沟，如后李文化的小荆山遗址和兴隆洼遗址都有发现，形成环濠聚落。围起来的聚落不但取水更为方便，还可以保护聚落不受野兽和外来人群的侵袭。当时人们应对的主要是来自自然界的危险和生存的压力，社会内部分化不明显，族群内部和族群之间的冲突比较少。

总体上看，新石器时代中期的宗教遗存并不发达，但是各种宗教、巫术的基本形态都已经出现，如在高庙文化中的太阳崇拜，在裴李岗文化中的龟灵信仰和原始巫术，在兴隆洼文化中所见的萨满教遗存，区域性的宗教差异已经出现。

《礼记·礼运》中记载了孔子对于理想社会的描述：

> 大道之行也，天下为公。选贤与能，讲信修睦，故人不独亲其亲，不独子其子，使老有所终，壮有所用，幼有所长，矜寡孤独废疾者，皆有所养。男有分，女有归。货，恶其弃于地也，不必藏于己；力，恶其不出于身也，不必为己。是故谋闭而不兴，盗窃乱贼而不作，故外户而不闭，是谓大同。

孔子理想中的大同社会正是氏族社会的情景，氏族成员共同劳作，共同消费，平均分配食物，还没有产生明显的贫富分化和社会分层，公有制是氏族社会的基本社会制度。

① 参见栾丰实：《中国史前文化中的八角星图案初探》，《南艺学报》2010年第1期。

第四节　新石器时代晚期——史前文明社会

新石器时代晚期是中国新石器时代走向繁荣的时期，也是中国三代文明的孕育期。黄河上中下游、长江中下游和北方地区的新石器时代文化都走向了顶峰。聚落数量急剧增加，并扩展到更多的区域。聚落面积增大，大型聚落和100万平方米以上的超大型聚落出现，并形成了各区域的聚落中心。城址大量出现，城市文明开始形成，进入了传说中的古国时代。

这一历史阶段可以根据黄河流域的仰韶文化和龙山文化分别称作“仰韶时代”（前4500～前2300年）和“龙山时代”（前2300～前1900年）。仰韶时代是史前文明时期，各大区域出现了区域性文明中心；龙山时代则进入了古国时代，小型城邦成为社会的基本构成，进入了城邦文明阶段，以城邑作为文明中心这一模式延及三代。

（一）黄河中游的史前文明

仰韶文化主要分布在黄土高原及其附近地区，中心分布区位于关中、陕南、晋南、豫西，在其周边地区也可见到与之相似的文化遗存，这些遗存或者直接来自于典型的仰韶文化，或者是受其影响而形成。因此可以视其为一个大的仰韶文化圈。[①]

仰韶文化遗址数量众多，发现有5000余处，较仰韶文化之前的遗址数量激增，分布范围往外扩张，区域内的村落密度增大。同时村落的大小出现较大的规模差异，从数千平方米到100万平方米的都有，大型聚落成为区域性的中心[②]，出现了聚落群和明显的聚落等级差异。

仰韶文化先民过着聚族而居的氏族生活，村落面积较大，布局整齐有序，有大小不同按一定规则排列的房子，房址周围建有储存粮食的窖穴，村落中心一般有中心广场，外围建有濠沟，聚落外有公共墓地（图6-4-1）。农业在生业经济中占据主要地位，粟、黍和水稻成为主要的粮食作物，饲养猪、狗、鸡等家畜家禽。聚落内部分人群狩猎鹿、鸟和其他野生动物，捕捞鱼和贝类，采集野生植物，以作为农业和家畜的补充食物。

---

① 目前仰韶文化已经发现数千处，由于遗址众多，分布地区又非常广阔，因此对仰韶文化的界定存在争议：有的学者总称其为“仰韶文化”，内部划分成不同的类型；而有的学者则主张将各地区的不同类型单独命名为独立的考古学文化。本书采用较为传统的定义，仍统称“仰韶文化”，并将庙底沟二期称作“仰韶时代的结尾”，虽然认为庙底沟二期文化已经与仰韶文化从属于不同的文化传统。这样关中、晋南和豫西地区分布着仰韶文化及其各类型，黄河上游为马家窑文化的分布区，黄河下游主要有北辛文化和其后的大汶口文化，北方地区有海生不浪文化、阿善文化、雪山一期文化和辽西的赵宝沟、红山文化及北部的周边文化。参见中国社会科学院考古研究所：《中国考古学·新石器时代卷》，中国社会科学出版社2010年版，第207～208页。

② 参见任式楠、吴耀利：《中国新石器时代考古学五十年》，《考古》1999年第9期。

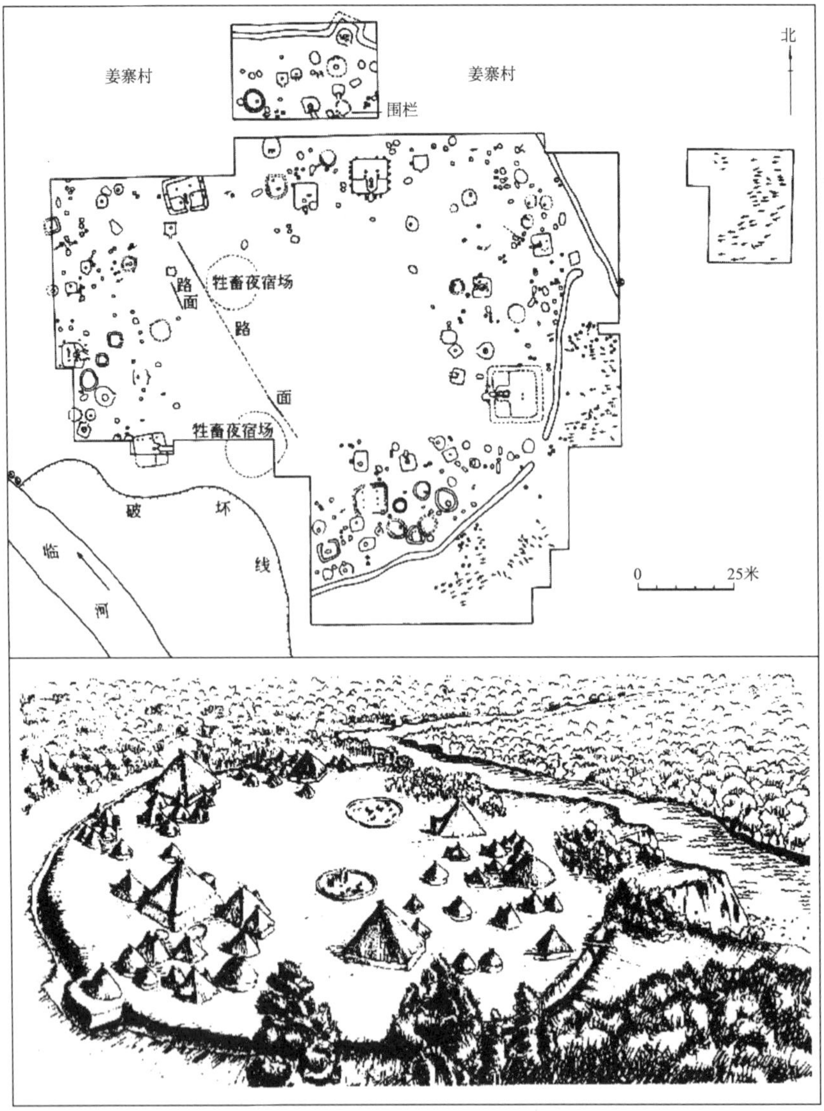

图 6-4-1　姜寨遗址平面图(上)和复原图(下)
(从布局上看,姜寨遗址是由 5 个氏族组成的部落组织)

仰韶文化早期,社会成员之间没有明显的贫富分化,人们过着平等的氏族生活,到仰韶文化中期,聚落全面扩张,并占据了北方和西方许多边缘地区,这些地区在过去为使用细石器的狩猎采集人群。[①] 聚落等级分化加剧,区域聚落可分为三个等级。同时聚落内部人群出现阶序化的特点,出现了大、中、小型房址,大型房址作为礼仪中心。墓葬规模表现出不同等级,大型墓葬面积较大,一般随葬品较多,小墓大多数仅有少量陶器或不见随葬品。大型墓葬出现了玉器等高端物品,有些成为专用的礼器。这种聚落和聚落内部的分化只在部分区域内出现,如河南灵宝西坡遗址,面积达 40 万平方米,为周围聚落的

① 参见戴向明:《黄河流域新石器时代文化格局之演变》,《考古学报》1998 年第 4 期。

核心。遗址中最大的一座建筑 F105 占地面积 516 平方米，室内面积 204 平方米。墓葬可以分为大中小型不同的等级，其中大型墓葬以彩绘陶器、玉器随葬（图 6-4-2）。仰韶文化晚期，聚落进一步发展和扩张，社会复杂化加剧，渭水流域、河南中西部都出现了几大区域中心，如甘肃秦安大地湾、陕西案板、河南西山遗址。大型建筑、墓葬和聚落的出现代表了权力的集中化和社会复杂化，而城址的出现表明古国时代的来临。西山发现的城址正位于仰韶文化和大汶口文化、屈家岭文化的交汇地带。族群之间的冲突需要社会的重新整合，从而使中原成为文明的熔炉。

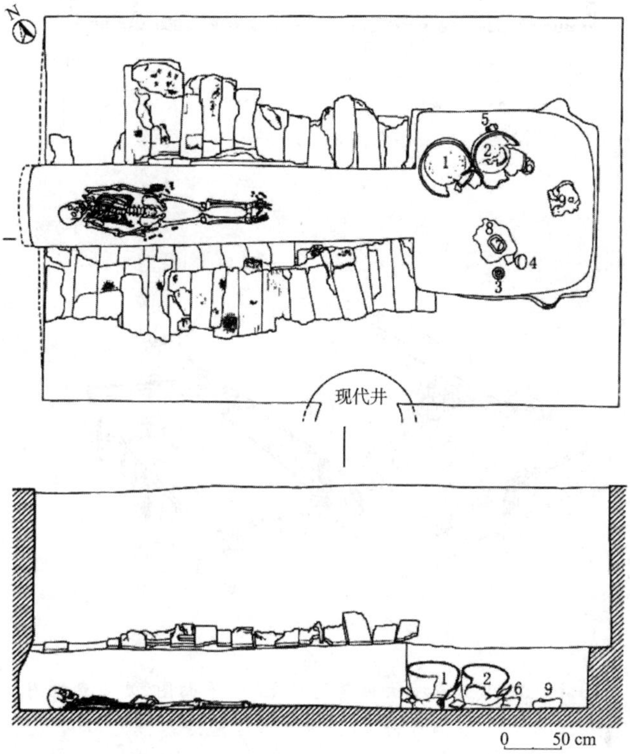

图 6-4-2　灵宝西坡墓地 M27 平、剖面图

1、2. 陶大口缸　3. 陶壶　4. 陶钵　5、6、9. 陶簋形器　7. 陶釜　8. 陶灶

甘肃秦安大地湾是甘肃东部地区的中心聚落，遗址面积 110 万平方米，其前仰韶文化被独立称作“大地湾文化”（距今 7800～7300 年），第二至第五期属仰韶文化。在大地湾遗址第四期（距今 5500～4900 年）发现有 2 座特大型房址 F901 和 F405，两者位于遗址中部南北中轴线上，其中 F901 占地面积达 420 平方米，由主室、后室和东西厢房构成，前面有广场，并有一排青石板和两排柱础（图 6-4-3）。房址内出土的陶器，包括 1 件四足鼎、1 件长方形盒、2 件抄、1 件四耳罐、1 件漏斗形器盖、3 件大陶瓮（图 6-4-4）。这座建筑与后世的宫殿结构相同，具有前堂后室，左右厢房的结构，说明这座恢弘的建筑是当时的政治、宗教和经济中心。

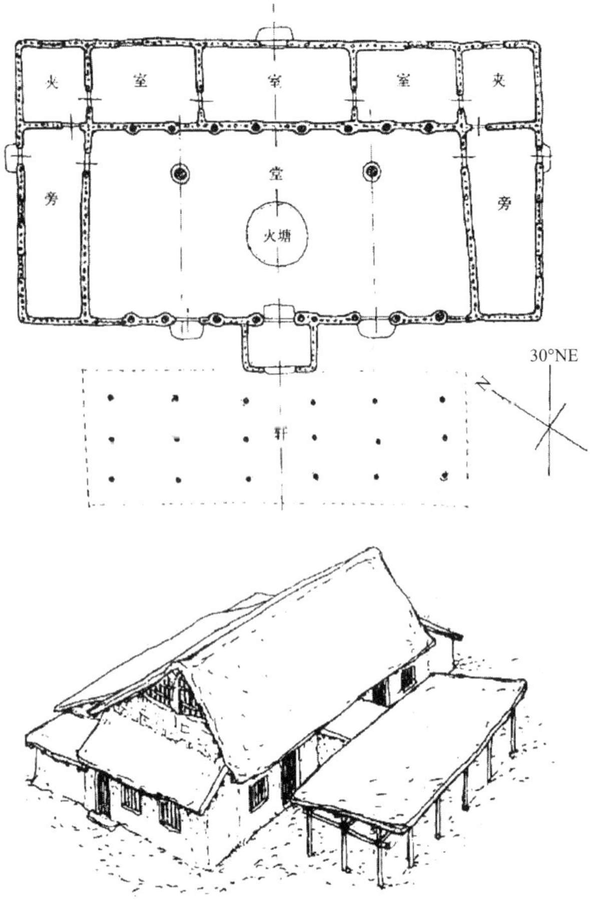

图 6-4-3　甘肃秦安大地湾遗址 F901 平面图、复原鸟瞰图
（摘自杨鸿勋《宫殿考古通论》）

图 6-4-4　秦安大地湾 F901 出土陶器

半坡类型时期，仰韶文化先民的图腾动物主要是鱼，鱼的纹饰被彩绘到彩陶盆、钵等陶器上，并且出现了人面鱼纹这种被神化的神灵。变形、抽象和简化的鱼纹是半坡彩陶

的主要纹样。到半坡晚期时,来自南方的太阳鸟崇拜强势北上,这一新的宗教信仰具有更大的优势,结合了自然崇拜的至上神信仰很快就被接受。鸟纹和鱼纹共同出现在彩陶纹饰上,代表了两种宗教信仰并存。最终太阳鸟崇拜在庙底沟时代被广泛接受。庙底沟类型的太阳鸟崇拜使其陶器上出现了大量的圆点、弧边三角形和勾连纹图案,虽然描绘得较为随意,但是其统一的意象只能是太阳鸟崇拜下的产物。这一主题的纹样随着庙底沟类型的扩张,往东影响到了大汶口文化,往南影响到大溪文化。仰韶文化往西扩张,在黄河上游形成了马家窑文化,往北扩张到长城沿线并催生了海生不浪文化等。这些文化可视作受仰韶文化影响而产生的次生文化或受仰韶文化影响的地方文化。

鱼和鸟的信仰流传后世。半坡类型对鱼、鸟的这一原始信仰,使黄土高原上的人群视鱼、鸟为祥瑞。周文王时,有凤鸣于岐山,从而使周人壮大。周武王伐商时,至孟津,有白鱼跃入舟中,“王俯取鱼,长三尺,目下有赤文成字,言纣可伐”。又“有火自天止于王屋,流为赤乌,乌衔谷焉。谷者,纪后稷之德;火者,燔鱼以告天,天火流下,应以吉也。遂东伐纣,胜于牧野”[①]。乌、鱼为周人的祥瑞。

(二)黄河上游的史前文明

马家窑文化主要分布在甘肃、青海两省,以陇西平原为中心,东起陇东山地,西到河西走廊和青海东部,北达甘肃北部和宁夏清水河流域,南抵岷江流域,分布地域极为广泛。马家窑文化与仰韶文化有渊源关系,是在庙底沟类型的影响下形成的。

马家窑文化可以分成前后相继的四个类型:石岭下类型、马家窑类型、半山类型、马厂类型。目前共发现有1400余处遗址,分布在广阔的黄河支流湟水、洮水流域和岷江上游地区。这一地区为羌人的活动范围,马家窑文化为羌人的祖先所创造。

马家窑文化先民过着稳定的定居生活,聚落内包括房屋、窖穴和氏族墓地。经济生活以农业为主,粮食主要有稷、粟、大麻等,兼营家畜饲养和狩猎采集。家养动物有猪、狗、牛、羊等,狩猎鹿、野猪、羚羊等野生动物。制陶业发达,以精美的彩陶著称于世。马家窑文化晚期,羊和牛在家养动物中的比例逐渐上升,表明正由农业经济往农牧复合经济过渡。

马家窑文化的早期与庙底沟类型相同,流行太阳鸟崇拜,不过很快一种新的图腾崇拜出现了。这支扩张到黄河上游的新的文化类型流行起了蛙崇拜,其陶器上既有象形的蛙,亦有人形的蛙,蛙的简化抽象形式成了彩陶器的主流纹饰,说明这种宗教信仰被广泛接受。这一特点与半坡文化的鱼崇拜如出一辙。蛙崇拜在晚期时被神化和人格化为女娲,成为古代中国所崇拜的创始神、人类的始祖。马家窑文化晚期,墓葬中出现以白色石块随葬的习俗,是白石崇拜的反映,白石是火崇拜、圣山崇拜的表征。

马家窑文化的晚期时,气候波动明显,气温逐渐往干冷变化,一部分人逐渐畜养更多的羊、牛等动物以适应环境的变化,另一部分人便逐渐往东迁移。往东迁徙的这一部分人还保持着农业生产和太阳鸟信仰,被称作“炎帝族”。而黄河上游的河湟地区,逐渐从事畜牧业的人群,在后来的三代时期被中原的农业族群称作“羌人”。

---

① 参见王国维:《今本竹书纪年疏证》,方诗铭、王修龄:《古本竹书纪年辑证》,上海古籍出版社1981年版,第235页。

马家窑文化所在的黄河上游地区，在历史时期为河西走廊的所在地，自古以来就是东西交通的要道。马家窑文化时期，来自西亚的小麦、大麦和燕麦通过该地区进入黄河流域传入中国。同时，西亚的青铜冶炼技术也通过该地进入中原，在甘肃东乡林家发现一把距今4900年左右的青铜刀。[①] 虽然青铜工具在北方地区一直在游牧人群中使用和传播，但是在进入中原之后，掌握了这项技术的贵族将其铸造成事神的礼器，从而表现出了中国文化的独特之处。

（三）北方地区的史前文明

蒙古高原中南部和陕西、河北、山西北部，在历史时期是中国的农牧交错地带。公元前4500年前后，随着气候的改善，该地区出现了最早的农业人群。这些遗存表现出与仰韶文化半坡类型和后岗一期类型相近的文化特点。到公元前3800年左右，该地进入了繁荣期，形成了海生不浪文化。海生不浪文化的陶器群主要由三部分组成：一是来自于仰韶文化的小口尖顶瓶、敛口钵、侈口罐；二是来自东北方的平底罐，三是来自西边的双耳罐。石器包括磨制的工具石铲、石斧和细石器。多数学者认为这支考古学文化是仰韶文化往北发展并受马家窑文化、红山文化影响形成的。海生不浪文化之后，于内蒙古中南和冀、晋、陕的长城沿线分布着一些农业聚落，但直到龙山时期，该地的史前文化才变得强盛起来，进入了文明阶段，这一过程与农牧争夺线的形成和夏王朝的形成同步。

（四）燕北地区的史前文明

燕北地区继兴隆洼文化之后为赵宝沟文化（前5200～前4500年）、红山文化（前4500～前3200年）和小河沿文化（前3200～前2200年）。赵宝沟文化发现约有100处，到红山文化时期遗址数量急剧扩张，达到500多处，但到小河沿文化时期，遗址数量又急剧减少。这一变化，正与该地区环境的变化与农业的发展相对应。

赵宝沟文化的陶器延续了兴隆洼文化的平底筒形罐传统，新出器型有尊形器、口部呈椭圆形的罐和圈足碗。赵宝沟文化有了原始农业，饲养猪，同时从事狩猎和捕捞，狩猎的动物以鹿科动物为主，以渔网捕捞水产。其石器有打制、琢制和磨制三种，磨制的耜和斧为种植作物和砍伐树木的工具。从赵宝沟遗址的房屋建筑来看，房子有大小之分，并有分组，大房子位于房屋排的中心位置，位置特殊、出土遗物较多，有了初期的社会分化。

赵宝沟文化时期，萨满教仍是该地区主要的宗教信仰，其表现形式有石人像、裸妇像、人面陶塑[②]、兽灵彩绘等。石人像为神偶，裸妇像与生殖崇拜或祝殖巫术有关，人面陶塑为萨满的面具，这些都在红山文化中发扬光大。兽灵彩绘见于南台地遗址和小山遗址的陶尊形器上。两者都出土于房址中，纹饰相同。小山遗址陶尊形器F2②：30造型优雅，直领、鼓腹、圈足，口径和高相等，均为25.5厘米。彩绘饰于鼓腹之上，图案内容为侧视的鹿、猪和鸟，鹿有茸角，猪有长吻和獠牙，鸟为钩喙，戴冠。三者错落有致，并相互勾连。除少数前肢外，其余部位都作抽象的表现，多画成流线型蜷曲状，给人以强烈的动感。[③] 鸟、猪和鹿皆为兽灵的形象，鸟为萨满教最崇拜的神灵，猪和鹿都是当时人们狩猎

---

① 参见史有勇：《林家遗址——甘肃省唯一一次发掘的马家窑遗址》，《民族日报》2010年6月17日。

② 参见中国社会科学院考古研究所：《中国考古学·新石器时代卷》，中国社会科学出版社2010年版，第340页。

③ 参见杨虎、朱延平：《内蒙古敖汉旗小山遗址》，《考古》1987年第6期。

的对象。萨满教认为森林中的野兽都是由兽灵所统领，如果兽灵不同意，猎人没法获得任何猎物。因此这件尊形器为萨满向兽灵祈愿的道具(图 6-4-5)。

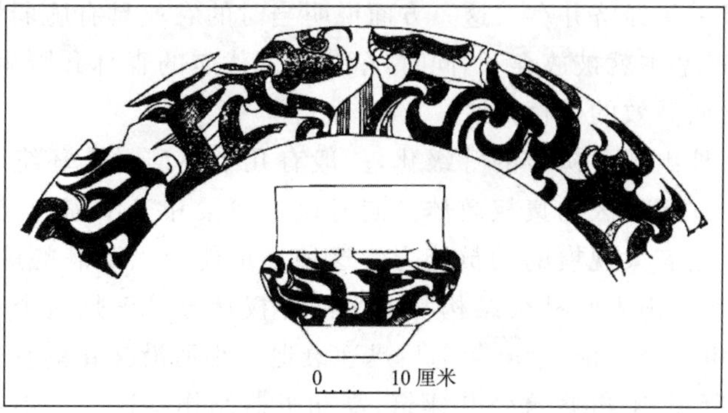

图 6-4-5 小山遗址陶尊形器及纹饰展开图

红山文化时期，随着农业的发展，聚落急剧增多，社会分化加剧，出现了区域性的中心。与黄河流域和长江流域不同的是，该地区的区域性中心为祭祀遗址，远离居址。祭祀遗址有牛河梁、东山嘴、虎头沟、老虎山河等遗址，主要分布于大凌河流域。聚落址主要分布于老哈河和西拉木伦河流域的山谷里。红山文化的陶器、彩绘、房屋建筑都受到了黄河流域仰韶文化的影响，其社会复杂化进程受到了黄河流域人群和文化的影响。

牛河梁、东山嘴、虎头沟和老虎山河为区域性礼仪中心，是周边聚落共同祭祀萨满祖先和神灵的神庙和墓地。其中牛河梁、东山嘴做的工作较多。牛河梁由 16 个祭祀地点构成，是红山文化最大的一处礼仪性建筑群，每一处地点都有积石冢、祭坛或神庙，分布在 50 公里范围内的山梁上。① 女神庙位于牛河梁区域中心的山顶，由一大一小两座建筑构成，发现有大大小小的泥塑残块，分别属于女性、鹰和熊。女性塑像尺寸不一，分别与人等大到相当于人的 3 倍大，说明神庙内供奉的女萨满祖先分成三个等级。鹰和熊在萨满教中都是萨满的动物助手，鹰是天地的使者，熊在东北某些地区的少数民族中被视作祖先。积石冢内为萨满的墓葬，墓中以玉器为主要随葬品，如勾云形器、筒形器、玉玦龙，均为萨满的法器。萨满的墓规模宏大，构筑复杂，但只有少量玉器，很少有实用器，这是因为萨满是为氏族部落服务的神职人员，为氏族部落治病驱邪、祈福、祝丰产是他们的主要职责，因此深受爱戴。同时信仰萨满教的氏族认为其祖先也是一位女性萨满，因此，牛河梁是祖先的神庙、萨满的墓地。牛河梁在红山人的礼仪中具有崇高的地位，在其周围 50 公里内没有发现居住址，说明该区域为红山人专门开辟的宗教圣地。

东山嘴位于牛河梁遗址的东南，位于一黄土台地上，三面被黄土山梁环绕。发现有一组石筑建筑，以一方一圆两个祭坛为中心，圆形祭坛附近发现有 20 多件陶塑人像残块，有些为孕妇像。东山嘴为红山文化的另一处祭祀中心。②

红山文化有较发达的农业，主要种植粟、黍，采集坚果，有收割工具柳叶形和长方形

① 参见辽宁省文物考古研究所:《牛河梁:新石器时代遗址发掘报告(1983～2003 年度)》,文物出版社 2012 年版,第 7～17 页。

② 参见郭大顺等:《辽宁省喀左县东山嘴红山文化建筑群址发掘简报》,《文物》1984 年第 11 期。

石刀。此外,大量细石器的发现说明狩猎仍是主要的生业方式之一。这一地区的经济发展具有不平衡性,部分聚落以农业为主,而另外一些聚落则坚持传统的狩猎采集方式,更多的是农业和狩猎采集经济并存。这一方面说明当时的农业具有脆弱性,在进入小河沿文化之后,农业生产基本就被放弃了,同时,东北地区优越的森林和野生动植物环境使人们更容易采用方便而高效的生存方式。

红山文化聚落址出现了初步的等级化,一般有几个小型村落环绕着聚落中心,但是没有一处统治整个辽河地区的集权政体。同时以牛河梁和东山嘴为代表的礼仪建筑群的出现表明红山社会有大规模的动员能力。这种动员能力以萨满的威望与宗教的感召力为主要动力,说明红山人的社会结构是扁平的神权社会。正是这个特点,使红山文化的社会迅速崛起,也在公元前3000年前后迅速衰退。小河沿文化的社会急剧萎缩,人口剧减,大型建筑遭废弃,不再修筑公共建筑,高端玉器制作绝迹。红山社会崩溃的原因,学者或认为是环境恶化[①],或以为是贵族阶层对环境压力的应对方式不当,或以为土地的过度开发等。实际上所谓的贵族阶层并不存在,萨满是个分散的阶层,并没有统一而强力的组织,因此社会发生变革时,他们也就随氏族成员回到了狩猎或游牧生活中去。同时在环境恶化、社会变革的过程中,部分人群南下去寻找更好的宜居之地。小河沿文化的聚落数量减少,面积减小,大型宗教礼仪中心消失,文明化进程中断。

(五)长江中游的史前文明

长江中游的新石器时代晚期文化主要有大溪文化(前5000～前3300年)、屈家岭文化(前3400～2800)和石家河文化(前2800～2000年)。大溪文化时期稻作农业成为主要的经济门类,发现有大量的水稻遗存,并在城头山遗址中发现有稻田和灌溉系统遗迹。长江中游丰富的野生动植物资源仍为人类主要食物来源之一,在城头山遗址中发现有菱角、薏米、芡实、紫苏、冬瓜、栗子、桃、李子等果实,野生动物有大象、水牛等,并有家养的猪。大溪文化时期的聚落数量迅速增加,湖南澧阳平原成为人口最稠密的地区之一,在城头山遗址中发现有公元前4000年左右的城墙和濠沟。城头山城址一直沿用到屈家岭文化时期,濠沟与遗址东侧的河流相通,可以通过水路进出。城内发现有祭坛、房址、墓葬和陶窑,祭坛以黄土筑成,周围发现有许多灰坑,其中部分是祭祀坑,出土人骨、烧土、陶片、兽骨和水稻等遗物。[②]

大溪文化农业经济的发展使人口数量增长,并逐渐往外迁徙。珠江三角洲出现了类似大溪文化类型的彩陶和白陶,应是来自于大溪文化人群的传播。受大溪文化影响的陶器最远可及香港、澳门及周临岛屿。[③]

---

① 参见靳桂云:《燕山南北长城地带中全新世气候环境的演化及影响》,《考古学报》2004年第4期。

② 参见湖南省文物考古研究所:《澧县城头山:新石器时代遗址发掘报告》,文物出版社2007年版,第8～20页。

③ 参见何介均:《环珠江口的史前彩陶与大溪文化》,《湖南先秦考古学研究》,岳麓书社1996年版,第79～84页。

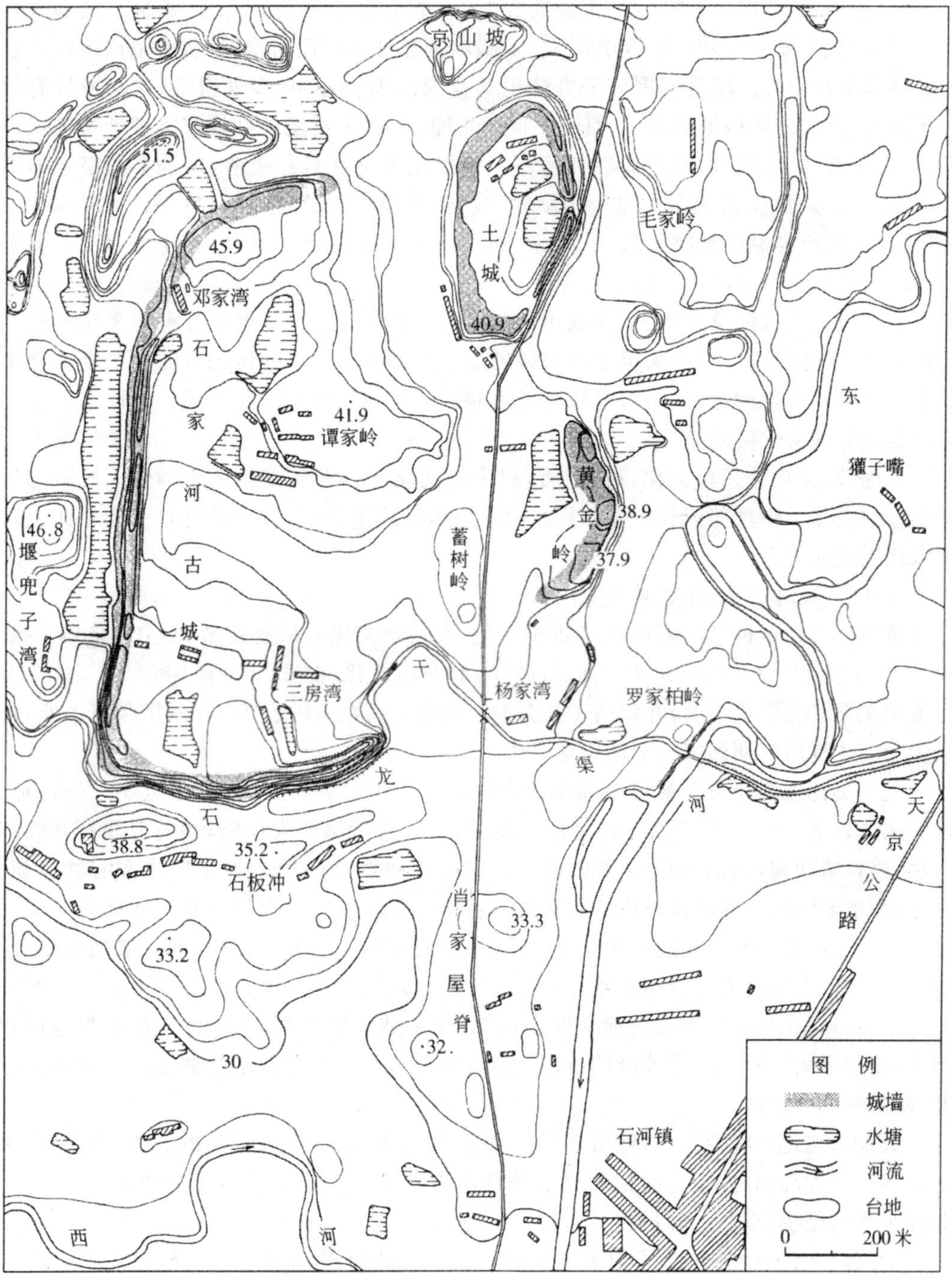

图 6-4-6　石家河城址与聚落群分布图

屈家岭文化和石家河文化是长江中游史前文明最为繁荣的时期，两支考古学文化前后相继，一脉相承。目前发现有近 1000 处遗址，广泛分布于东到大别山，南到洞庭湖，西至三峡，北及南阳盆地的地区，以江汉平原为中心。该地地势较低，湖泽密布，遗址大多位于地势较高的地区。屈家岭文化晚期开始，可能是出于防洪的目的，修筑了至少 9 处城址，面积从 7.8 万～120 万平方米不等。最大的城址为天门石家河城址，是该地区的政治经济和文化中心。城址周围 8 平方公里的范围内围绕着 40 多处遗址，这些遗址有的位于城内，有的位于城址的外沿，具有不同的功能。[①] 邓家湾遗址和谭家岭遗址位于城内西侧，发现有房址、灰坑、祭祀遗存和墓葬。祭祀区出土有套缸遗迹，应是丰产祭祀的活动遗存，并在灰坑中出土了大量陶塑动物，有鸟、鱼、鸡、狗、羊、乌龟、猪、象、虎和抱鱼人像等，应是献给神灵的动物偶像。[②] 罗家柏岭遗址发现有手工业作坊，出土大量的石器半成品、数百件纺轮和玉石器（图 6-4-6）。[③]

为了应对人口增长的压力，寻找更好的生存环境，屈家岭文化和石家河文化逐渐往外扩张，江汉地区的人群扩张至豫西南和丹江上游地区。豫南地区的青龙泉二期文化主要是北上的族群所创造，从而与中原地区的仰韶文化和大汶口文化相遇。中原第一次迎来三足鼎立的文化格局。

从地域、文化关系和文化特征上看，屈家岭文化—石家河文化属于颛顼—祝融部族所创造的文化。颛顼部族和少昊部族在豫东南地区逐渐结盟，其后裔舜这一支在龙山时期取代了尧而王天下。

（六）黄河下游的史前文明

黄河下游地区的新石器时代考古学文化，在后李文化之后有北辛文化（前 5000～前 3800 年）、大汶口文化（前 3800～前 2300 年）和龙山文化（前 2300～前 1800 年），这三支考古学文化都为农业文明，并保持了长久的生命力，大汶口中晚期时往西扩张至中原，直接参与到了夏商时期国家文明的构建之中。

北辛文化主要分布于泰沂山脉南北两侧的平原上，目前已经发现了近 100 处遗址，均为定居村落。生业经济以农业为主，主要种植粟、黍等旱作农作物，用石刀和石镰收割作物，饲养猪和狗，同时从事狩猎和采集。石磨盘和石磨棒用来加工坚果和谷物。鼎、钵、罐为主要陶器。鼎取代釜成为主要的炊器，一般认为这一变化是受到河南裴李岗文化的影响而形成。北辛人过着平等的氏族生活，男女分工明显，男性墓葬一般随葬镞、矛或其他工具，女性随葬陶器和骨锥。

大汶口文化是黄河下游史前文明的高峰，聚落数量增长至 500 余处，中心聚落面积增大，出现了大、中、小不同等级的聚落，晚期出现了城址，分布范围扩张至山东全境及苏北、皖北和豫东地区。

大汶口文化的农业发达，种植粟、黍、水稻、大豆等作物，有收割用的石刀、石镰等，家养猪、狗、鸡等动物，并流行用猪和猪下颌骨作为随葬品。胶东及泰沂山脉附近地区，渔猎和采集仍是主要的经济门类。

大汶口文化中晚期的聚落和社会分化严重，发现有日照五莲丹土、济南章丘焦家、安

---

① 参见北京大学考古系等：《石家河遗址群调查报告》，四川大学博物馆等编：《南方民族考古》第 5 辑，1992 年，第 219～274 页。

② 参见石家河考古队：《邓家湾》，文物出版社 2003 年版，第 139～226 页。

③ 参见湖北省文物考古研究所等：《湖北石家河罗家柏岭新石器时代遗址》，《考古学报》1994 年第 2 期。

徽固镇垓下、滕州西康留四座大汶口文化晚期城址。[①] 丹土遗址总面积达 40 万平方米，东西长约 1000 米，南北宽约 400 米，南为丘陵，丹土河环绕遗址西侧和北侧。城址由大汶口晚期、龙山早期和龙山中期三个时期的城圈组成，城墙外侧有濠沟。大汶口晚期城址面积 9 万平方米，呈东西长(410 米)南北宽(220 米)的椭圆形。龙山早期城址得到扩建，城内面积达 14 万平方米，龙山文化中期城址继续扩建，面积达 27 万平方米，并于城墙外侧发现有城门通道、蓄水池、排水池、出水口等附属设施。城外地势较低，发现有稻田遗迹。到龙山时期，其东南的两城遗址、尧王城遗址成为新的区域中心(图 6-4-7)。

丹土遗址出土有大量的玉器，许多器类与江淮地区史前玉器相似，显示两地有高端物品上的交流(图 6-4-8)。同时，两地人群往来应该已经较为频繁。

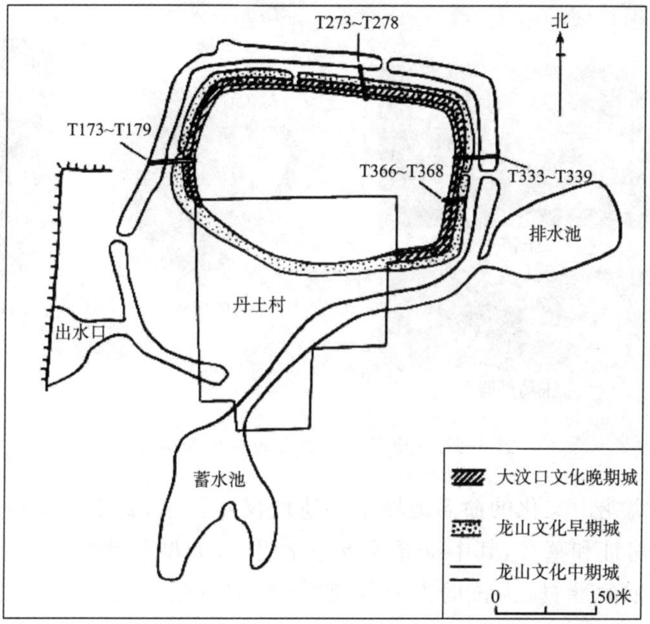

图 6-4-7　丹土遗址

① 滕州西康留遗址过去曾认为存在龙山文化城址，近年来又确认为大汶口文化晚期城址。

图 6-4-8　丹土遗址出土的玉器和陶器

焦家遗址距离龙山文化的命名地城子崖遗址仅 4 公里，属于大汶口文化中晚期。遗址内发现有大量房址和墓葬，其中墓葬等级分化明显，大型墓葬随葬有大量玉器和陶器，并发现有重椁一棺的葬具，为该时期所仅见。《左传・昭公二十九年》云："少皞氏有四叔，曰重、曰该、曰修、曰熙，实能金、木及水。使重为句芒，该为蓐收，修及熙为玄冥，世不失职，遂济穷桑，此其三祀也。"杜预注："穷桑地在鲁北。"《尸子・仁意》曰："少昊金天氏，邑于穷桑，日五色互照穷桑。"《帝王世纪》曰："少昊邑于穷桑，以（穷桑）登帝位，都曲阜，故或谓之穷桑帝。"焦家遗址可能为少昊之穷桑。

垓下遗址位于安徽固镇，面积达 15 万平方米，城外有一周濠沟，濠沟北部与沱河（淮河的支流）相接。城址始建于公元前 4600 年的大汶口文化晚期，大约 200 年后进入龙山时代被废弃，是皖北地区大汶口文化的聚落中心。[①]

在公元前 3000 年前后的大汶口文化中晚期，社会分化严重，贵族阶层和平民阶层产生，贵贱有别的等级制形成。海岱地区出现了若干个文明中心如鲁北的焦家遗址，鲁东南地区的陵阳河遗址、丹土遗址，鲁中南地区的大汶口遗址，进入了古国阶段，聚落出现了明显的等级化区别，国野之别出现，迈入了文明社会。大汶口文化的绿松石镶嵌技术、酒器等礼器及棺椁制度为夏商周文化所继承。

① 参见王志：《固镇"垓下" 淮河流域史前第一城》，《大众考古》2013 年第 4 期。

大汶口文化中期开始走向繁荣，并开始往外扩张，占据了豫东、皖北地区。大汶口文化由太昊、少昊和蚩尤部族所创造。其中太昊族稍早，并较早进入中原，进而融入了中原文明之中。而蚩尤族与北方族群黄帝族发生了战争，被击败之后，开始往南迁徙。少昊族在大汶口晚期占据了鲁东南地区、鲁北地区和鲁中南地区，逐渐发展壮大，成为海岱地区最为显赫的族群。

大汶口晚期文化与江汉地区的石家河文化联系密切。皖北地区形成了大汶口文化尉迟寺类型，尉迟寺遗址中包含颇多的石家河文化因素，尤其是祭祀、宗教等方面。这是古史传说中颛顼和少昊亲密关系的来源。颛顼部族与少昊部族结盟，其后裔舜在龙山时代取代尧而成为部落联盟的首领。

（七）长江下游的史前文明

长江下游平原地区是稻作农业的起源地，也是中国自然环境最为优越的地区之一，新石器时代考古学文化非常繁荣。宁绍平原上有河姆渡文化（前 5500～前 3300 年），环太湖地区有马家浜文化（前 5000～前 4000）、崧泽文化（前 4000～前 3300 年）、良渚文化（前 3300～前 2300 年），巢湖地区有凌家滩文化（前 3600～前 3300 年），南京地区有北阴阳营文化（前 4000～前 3300 年），皖南地区有薛家岗文化（前 3300～2800 年）。

这些考古学文化具有一些共有的文化因素，如共有鼎、豆、鬶、壶等陶器，石器共有斧、锛、钺、刀。稻作农业发达，发现有大量水稻的遗存，包括几处稻田遗迹，说明稻作农业为主要的生业方式。同时渔猎业也很发达，鱼、蚌、龟、螺等水生动物为主要的肉食来源之一。人们饲养猪、狗、鸡等家畜、家禽，采集野生的橡子、菱角等野生植物。丰富的自然资源支撑着史前文明的繁荣。长江流域的水运已经成为主要的交通方式，发现有船桨、独木舟等遗物和水运码头。河姆渡文化中发现有海产品，已经出现了海洋捕捞业。[①]

凌家滩遗址位于安徽省含山县太湖山北部余脉的低山上，背山面水，面积达 160 万平方米。遗址中心为祭坛和墓地，以石筑的祭坛为中心，南部埋葬墓葬。发掘了 50 多座墓葬，随葬品中有大量的玉、石器。[②] 其中玉人、玉龟、玉玦龙、玉“Y”形器、玉璧、玉鸟等玉器表明受到了红山文化影响。虽然凌家滩文化和红山文化具有诸多的相似之处，但其表达的宗教观念具有明显的差异，这是因为长江流域的太阳崇拜与红山文化的萨满教具有宗教观念上的不同。与牛河梁的萨满不同，凌家滩的祭司用大量的玉器随葬，如 07M23 的随葬品有 330 件，其中玉器达 200 件，而牛河梁的萨满墓葬一般不超过 10 件。这种现象说明两地的社会组织结构是不同的。显然太阳崇拜这种原始宗教更符合社会阶序化的需要（图 6-4-9）。

---

① 参见魏丰等：《浙江余姚河姆渡新石器时代遗址动物群》，海洋出版社 1989 年出版，第 95 页。

② 参见安徽省文物考古研究所：《凌家滩》，文物出版社 2006 年版，第 29～34 页。

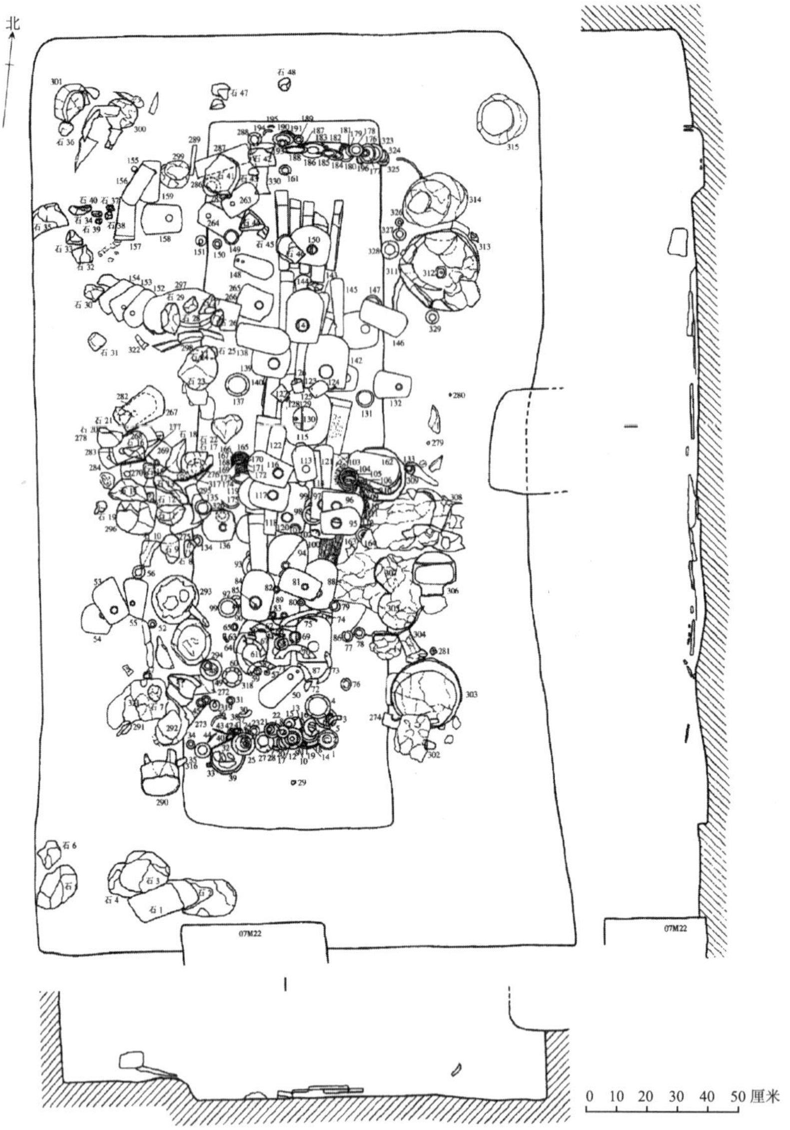

图 6-4-9　凌家滩 07M23

1—9、9—12、14、17—19、21、22、24—26、30—32、34—38，40—46、48、49、51、52、64、78、90、100、101、147、175—182、184、185、187—192、194、195、285、288、323—328. 玉环　8、15、23、33、47、56、57、59、65、68、69、76、77、79、80、82、83、133—135、150、151、161、164、193、317、319、320. 玉玦　13、16、20、28、91、98、99、103—112、131、137、149、163、165—174、194、276、286、318、329. 玉镯　27、186. 玉璧　29、279、280. 玉料　39. 陶器　50、81. 玉钺　53—55、67、71、84、86、88、89、94—97、102、113、116、117、119、120、132、136、139、141、142、152、154、158、160、183、263—271、274、275、277、282—284. 石钺　58、60—63、66、70、72—75、93. 玉璜　85. 玉管　87、272、273、287. 石锛　92. 碎骨　114、289. 石凿　115、122、138、143—146、148、162. 玉斧　118. 玉锛　121、156、157. 石斧　123. 玉龟 125、127. 玉龟状扁圆形器　124、126、128、129、140. 玉签　130. 玉饰　155. 玉芯　278. 绿松石饰 281. 铃形玉饰 290、302、309、312. 陶鼎 291、305. 陶罐　292、294、295、297—299、301、304、307、308、311、314. 陶豆　293. 陶鬶　296. 陶器 300、306. 陶壶 303. 陶盆 310、313. 陶器盖　315. 陶缸　316、321、322. 陶鼎足　330. 陶觚形杯

凌家滩遗址出土的玉龟和玉版是中国史前最重要的发现之一，两者都是祭司占卜的工具，有的学者认为玉版上的图案与后世的八卦相似。这一图案表现出了四维八方与太阳运行的关系，应该是测算天象和日占的工具。对太阳的观测起源很早，因为太阳的运行划分一年四季，决定秋收春作，通过观测太阳运行可以观象授时划分二分二至，以指导农作。古人认为天象与个人与王朝的命运存在直接的关联，因此中国古代很早就开始了对太阳、月亮和五星（金、木、水、火、土）等天体的观察。对太阳的崇拜是因为太阳与人类的命运息息相关，因此日占术也逐渐形成。

凌家滩文化直接影响了良渚文化的形成，不仅是玉钺和部分陶器对良渚文化的形成产生了影响，更重要的是太湖南部良渚遗址群内公元前 3300 前后人口的增长与长江下游西部人群的迁入有直接关联。①

良渚文化继承自马家浜、崧泽文化，是长江流域最为发达的考古学文化，进入了国家文明阶段。良渚文化遗址达 440 余处，其中有 135 处位于天目山南麓余杭市瓶窑、安溪、良渚三镇的良渚遗址内。② 遗址群的核心为良渚古国，发现有内、外两层城圈构成的城墙：内城面积达 300 万平方米，外廓城达 8 平方公里。城内主要靠水运交通，发现有水门、码头等遗迹。城内中心为莫角山，面积约 30 万平方米，为一近似长方形人工堆筑的土台，其上有凸起的 3 个土台，西北为小莫角山，东北为大莫角山，西南为乌龟山，发现有大型夯土基址、柱洞、积石坑等，这三座建筑当为神庙和宫殿（图 6-4-10）。③

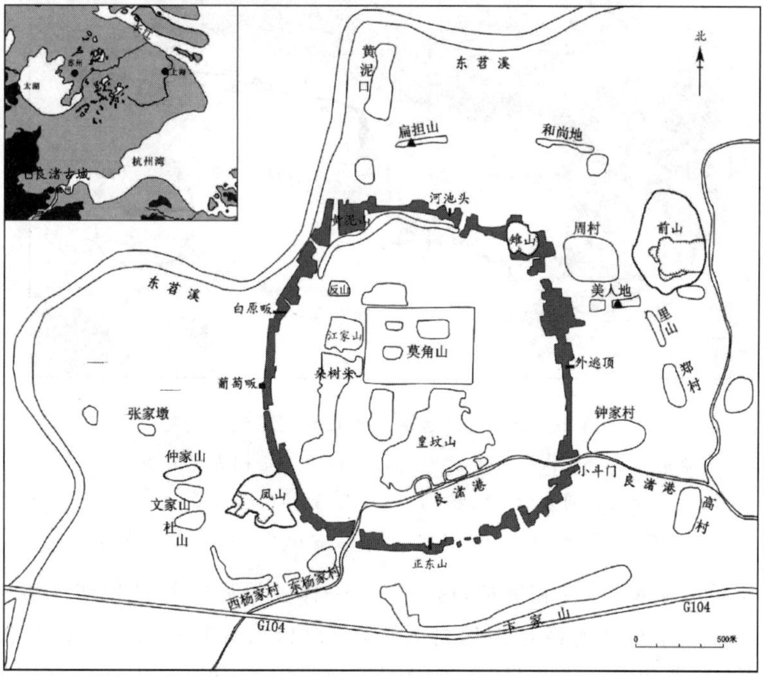

图 6-4-10　良渚古城示意图

（摘自刘斌、王宁远《2006～2013 年良渚古城考古的主要收获》）

① 参见张弛：《良渚社会的基本结构及其形成过程》，《社会权力的起源：中国史前葬仪中的社会与观念》，文物出版社 2015 年版，第 205～220 页。

② 参见王宁远：《从村居到王城》，杭州出版社 2013 年版，第 6～9 页。

③ 参见浙江省文物考古研究所：《余杭莫角山遗址 1992～1993 年的发掘》，《文物》2001 年第 12 期；刘斌、王宁远：《2006～2013 年良渚古城考古的主要收获》，《东南文化》2014 年第 2 期。

莫角山西北的反山为一座人工堆筑的祭坛和墓地，共发现 11 座良渚文化早期晚段的墓葬，出土精美的玉器 1100 余件，这是中国史前玉器最重要的发现。[①] 11 座墓主均为良渚贵族，从严格的用玉制度上推断，主要是良渚古国的国王，有 2 座可能为官僚，另有 4 座墓主为女祭司。除反山外，瑶山、汇观山为另外两处贵族墓地。

良渚人在天目山的南麓修筑有大型水坝，分高坝和低坝两个系统。[②] 这些水坝用来防洪和蓄水，服务于稻作农业，同时船运可以直接运输来自天目山的石材和木材，以维持良渚古国的城市发展和运作（图 6-4-11）。陶器、石器、漆器和玉器制造业是城内的主要手工业部门，精美的玉器为其宗教服务。良渚国发现有种类最多、制作最精美的玉器，玉器上也雕刻有史前最为复杂繁缛的纹饰。良渚是神权社会，良渚国王的标准装备主要以玉器制成，冠饰包括锥形器、三叉形器、冠状饰，宗教法器有玉琮和玉璧，另有象征社会权力和军事权力的工钺。女性贵族则不能使用成组锥形器、钺，只有冠状饰和更多的饰品，如璜、圆牌、镯形器等。男女等级、职务差别极为严格。

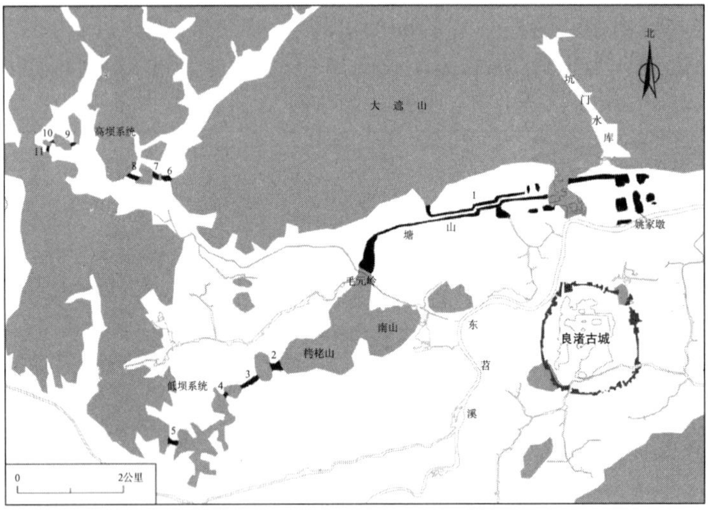

图 6-4-11　良渚古城及外围水利系统结构图

1.塘山　2.狮子山　3.鲤鱼山　4.官山　5.梧桐弄　6.岗公岭

7.老虎岭　8.周家畈　9.秋坞　10.石坞　11.蜜蜂弄

（摘自刘斌、王宁远《2006～2013 年良渚古城考古的主要收获》）

良渚人崇拜太阳神、鸟神和虎神，这一三位一体的原始宗教是长江流域延续 2000 余年的宗教传统。太阳神被人格化为鸟身人面的形象，名为句芒，意为“巨大的光芒”。句芒是东方之神、春神和寿神。并且，良渚的国王也是以太阳神句芒神化自己，他们戴有巨大的芒冠，手持钺、琮、璧，是良渚古国的神皇。

在崧泽文化时期，崧泽文化就曾对黄河下游产生文化影响，大汶口文化两种主要陶

① 参见浙江省文物考古研究所：《反山》，文物出版社 2005 年版，第 372 页。

② 参见浙江省文物考古研究所：《杭州市良渚古城外围水利系统的考古调查》，《考古》2015 年第 1 期。

器豆和大口尊都来自于此。[1] 良渚文化时期，良渚的陶器和玉器出现于鲁东南和鲁北地区。[2] 海岱地区和太湖地区史前文化交流颇为频繁。龙山文化时期，良渚古国崩溃之后，部分人群北迁。大汶口文化和良渚文化为东方最繁荣的两大史前文化，其宗神分别为太昊和句芒，在历史时期分别被称作"东方之帝"和"东方之神"。

良渚文化分布区海拔低，地势低平，环境脆弱，随着人口和自然环境的压力，良渚文化在晚期时有一个往东、西和南的文化传播过程，同时也伴随着人口的对外迁徙。往南越过长江，到达苏北和鲁东南地区，影响至珠江流域，往西主要是玉器的传播，璧和琮出现在西北地区。

钱塘江流域的河姆渡文化（前5000～前3000年）可分成四期。第一期时（前5000～前4500年）就有发达的渔猎、采集业和发达的陶器、木器、骨角器制作技术。河姆渡遗址早期有4处遗址，到晚期达到40余处，分布地区扩大，人口扩张。晚期时，来自于环境、人口的压力使这些人群往东南沿海扩散，沿海地区出现了与河姆渡文化相似的文化因素。这些人群以其航海能力进入南海，成为太平洋的殖民者、南岛语族的祖先。[3] 良渚人在良渚晚期也追随着河姆渡人的脚步往东南扩散。长江流域和钱塘江流域的史前人类为南岛语族的主要构成人群之一。

龙山时代之前的1000余年时间范围内，中国各地区的史前文化逐渐由氏族社会步入文明社会。可以称这些区域性的文明形态为"区域性文明"，以与后世跨区域的文明形态比如二里头文明相区别。这些文明最重要的特征是他们均由区域性的考古学文化自然发展而形成的，并且表现了明显的社会复杂化、社会的阶序化和各具特色的文明表征。其中最重要的文明中心有几个：长江中游的石家河文化、长江下游的良渚文化、黄河下游的大汶口文化、黄河中游的仰韶晚期文化。其他地区或由于过于优越的自然环境而无需采取社会复杂化的应对策略，过着自给自足的狩猎采集生活，或由于环境过于恶劣而使社会停滞不前。

这几个区域性文明构成了早期中国的基础，为三代文明的形成提供了物质、文化、政治和人群上的基础。这几大文明中心可以第二阶梯和第三阶梯分界线划分成两部分：一是分布于黄土高原上的仰韶文化群，一是位于华北大平原、江汉平原和长江中下游平原的诸考古学文化。两者在经济、政治结构和社会文化上具有不同的特质。从社会分化和所表现出来的文明程度上来看，东南文明较西北文明更为进步。这一方面得益于其更为优越的自然资源，另一方面与其宗教文化有直接的关系。

区域性文明的另一大特征是均为父权制，由于定居农业的出现和繁荣，男性在社会中掌握了更多的权力。男女合葬墓中男左女右成为一种普遍的固定形态，往往在男方一侧放置更多的随葬品。在良渚文化中有男女分排埋葬的现象，男性随葬有代表社会权力和军事权力的玉钺或石钺，而女性一般随葬代表家务的整套陶器、纺轮和精美的玉制装饰品。男女性别的分工伴随着农业社会的发展而出现并越来越明显。

---

① 参见栾丰实：《崧泽文化向北方地区的扩散》，《东南文化》2015年第1期。

② 参见栾丰实：《良渚文化的北渐》，《中原文物》1996年第3期。

③ 参见王海明、刘淑华：《河姆渡文化的扩散与传播》，《南方文物》2005年第3期。

自公元前4000年开始，两大河流域的史前文化出现了中心聚落，在这些中心聚落中，社会开始加速分化。墓葬之间出现了等级化的趋向，一般可分为大、中、小型三个等级，大型墓葬中使用玉器或大量陶器，还有代表财富的粮食、盛储器、猪骨等。钺是史前使用最为广泛的工具和武器，这一时期礼器化的钺出现，并作为社会权力和军事权力的象征。如在仰韶文化庙底沟类型阶段的河南灵宝西坡墓地中，大型墓葬M8、M11等使用玉钺，其中M11中的儿童随葬有3件玉钺，并有象牙镯1件，骨匕4件，骨锥1件，陶碗1件和陶钵1件。[①] 儿童使用高端物品说明出现了世袭制，社群内部以其身份地位而获得财富和社会权力。这种社会结构与酋邦社会中人们按照与酋长血缘关系的远近来确定身份地位和社会等级是相同的。江苏张家港东山村崧泽文化遗址的大型墓葬M90、M92、M91等墓葬也使用玉石钺随葬，M90随葬品有56件，包括大型石钺5件，大型石锛2件，玉器19件，陶器26件。[②] 进入仰韶文化晚期，这种社会分化的趋势愈演愈烈，玉钺和大型石钺出现在越来越多的大型墓葬中，广泛分布于东北地区的红山文化、黄河中下游的仰韶文化、黄河下游的大汶口文化、长江下游的良渚文化、巢湖地区的凌家滩文化、长江中游的石家河文化之中。这说明社会权力越来越集中，社会冲突加剧。同时宗教也在各大文明中心越来越兴盛，这些史前文明中心同时也是宗教中心。萨满教、图腾崇拜、太阳崇拜和各种巫术、拜物教等原始思维融合到一起。财富观念加强，尤其是大汶口文化和石家河文化中，流行以大量的陶器、猪骨等代表财富的器物随葬。大汶口文化的大墓随葬陶器多达100件以上；石家河文化则在墓室一侧放置大量的陶罐。为了维护社会秩序，各地都形成了独特的礼器，如良渚文化的琮、璧、钺和漆器，大汶口文化造型独特优美的鼎、豆、鬶、高柄杯等陶器，石家河文化的斜腹杯、高足杯、陶缸，凌家滩文化的玉钺、玉锛、玉璜，潜山薛家岗的大玉刀等。大汶口文化的酒器最为发达，大型墓葬中随葬有数十件酒杯，尚酒之风和棺椁制度为三代文明所继承。以上这些文明因素都延续到商周文明中，原始国家礼制逐渐形成。

这段历史对应于五帝时代的前期，即黄帝、颛顼、帝喾、少昊、炎帝、蚩尤、句芒的时代。

关于五帝前期的文献很少，《尚书》和司马迁《五帝本纪》中的记述只有很少的文字，到五帝后期才多了起来。《尚书》等文献中记载了一些尧、舜、禹治理天下和平定天下的事迹。大概前期时各部落集团之间是相对平和的。当时的部落集团都处于发展扩张阶段，而中国广阔的地理环境为各集团的兴盛提供了舞台。各集团之间的扩张为以后的联合提供了基础。受周边环境的限制，在这一扩张过程中，处于东方的大汶口文化西进、南下，胶东半岛的大汶口人甚至跨海北上，到达辽东地区。长江下游的良渚文化北上、西进和南下。长江中游的屈家岭文化北上，豫西的秦王寨文化西进和北上，北方的雪山一期文化西进，马家窑文化南下和西进，关中的泉护二期文化（类型）扩散和北上。[③] 在这一部族文化迁徙的过程中，中原地区处于四方交通之要道，注定要在其后的族群整合过程中

---

① 参见中国社会科学院考古研究所、河南省文物考古研究所：《灵宝西坡墓地》，文物出版社2010年版，第44、45页。

② 参见南京博物院等：《张家港东山村新石器时代遗址发掘报告》，《考古学报》2015年第1期。

③ 参见许永杰：《距今五千年前后文化迁徙现象初探》，《考古学报》2010年第2期。

成为最重要的舞台。

五帝前期正对应于考古学上的仰韶文化晚期至龙山早期。两大河流域主要由三大集团所构成，分别与古史传说中的几位帝王和相应的族群有关，这些帝王为当时人们崇拜的神灵，也是部族的英雄，后来成为部族的宗神。

(1)炎黄集团

黄帝：北方一线的仰韶晚期文化。

炎帝：渭水流域的仰韶晚期文化。

炎黄集团：庙底沟二期文化。

(2)东夷集团

太昊：汶泗、豫东地区的大汶口文化。

少昊：鲁中南、鲁北、鲁东南、皖北地区的大汶口中晚期文化。

蚩尤：汶泗地区的大汶口文化。

句芒：良渚文化。

(3)南蛮集团

颛顼、祝融：屈家岭—石家河文化。

黄土高原和华北平原、长江中下游平原为当时中国人活动的主要舞台。黄土高原的西部为马家窑文化，为羌人祖先所创造，东部分南北两部分，南边渭水流域关中平原为炎帝诸部所创造的文化，北部为黄帝族所创造的考古学文化。黄淮下游各部族被称作“东夷”，包括太昊、少昊、蚩尤、句芒等诸族，其后夷人族群更众。《后汉书·东夷传》中云：“夷有九种，曰畎夷、于夷、方夷、黄夷、白夷、赤夷、玄夷、风夷、阳夷。”太湖地区的良渚人崇拜太阳神句芒，长江中游石家河文化为颛顼诸部所创造。

黄帝族和炎帝族与西羌有千丝万缕的联系，夷和羌都是进入商周时期对于边远族群的泛称，是华夏观形成之后的概念。正如太昊、少昊出于东夷一样，炎帝出于西羌，而黄帝长期与炎帝有姻亲关系。正如徐旭生所说，所谓的华夏族实际上是由东方的皞族，西方的黄、炎部族和南方的苗蛮部族所构成的。①

五帝前期各集团之间并不是总是一帆风顺。实际上相安无事便会无事可记，见诸历史的往往是冲突或战争。同时，流传下来的神话和传说，一定是整个族群最为深刻的历史记忆。五帝前期各集团之间主要有两件大事：一是黄帝和炎帝的斗争，一是黄帝和蚩尤的斗争。炎、黄争斗的程度要相对缓和一些，两个具有亲缘关系的族群联合到一起，也许在后人尤其是周人看来，那只是其兄弟祖先间的斗争。黄帝和炎帝的关系，正如周时姬姓和姜姓的关系。而黄帝和蚩尤的战斗则激烈得多，开始时蚩尤占上风，并有风伯、雨师相助，最终黄帝借助女魃之助才取胜，诛杀了蚩尤。五帝前期社会内部整体上呈现酋邦制的金字塔形社会结构，族群内部以与君长的远近亲疏而区分贵贱。有些儿童的墓葬使用比其他成人更多的随葬品，或更高等级的玉器、漆器等礼器，表明世袭制形成。各地城址大量出现，城乡分野使社会开始往国家文明阶段迈进。《礼记·礼运》中说：“今大道既隐，天下为家，各亲其亲，各子其子，货力为己。大人世及以为礼，城郭沟池以为固……

① 参见徐旭生：《中国古史的传说时代》，广西师范大学出版社2003年版，第4页。

故谋用是作，而兵由此起。”正是对这段历史的记载。

五帝前期的文化已经形成了两种不同性格的文化：一是西北方文明，或称作“黄土文明”；二是东南方文明，或称之为“太阳神文明”。两者大体以太行山、秦岭东沿、大巴山脉为界，地理学上称作“胡焕庸线”。黄土和太阳分别为南、北方所崇拜的至上神。黄帝是西北所崇拜的至上神，而南方和东方族群的首领少昊、颛顼和帝喾都有太阳神的神格。西北文明具有朴实无华、内敛持中、厚重沉稳的性格，重实用而轻浮夸，重血缘和族群，重礼而轻奢。东南文明具有灵秀、华丽的特点，重发展而少保守，社会集团小型化，重奢而轻礼。从玉器种类上看，东南多玉质的装饰品，而西北较少，东南有大量的事神的玉器，如琮、璧和各种动物偶像——虎、鸟、蝉、鱼等。西北在仰韶时代都很少发现玉器，龙山时代的玉器以大刀、耜形璋、斧、钺为主，虽然这时西北也有少量饰品，但是数量少不占主流，大量工具类玉器成为最大的特点，这些实用类礼器表明西北人重实用的性格。陶器亦是如此，东南有打磨精美的黑陶，优美的白陶，而西北则多为粗犷的绳纹陶，普通陶器西北也较东南更笨重坚固和粗糙。西北方文明在周代时构成了中国的第一大宗教儒教，而东南方文明则凝练出了中国第二大宗教道教。

司马迁于《六国年表》中说：“或曰：‘东方物所始生，西方物之成孰，’夫作事者必于东南，收功实者常于西北。”西北地区有浓重的族群观念，而东南地区的社会组织分散，这在仰韶文化时期已显露出端倪。这是与两地不同的自然资源相关的，西北主要为旱作农业，自然资源匮乏，因此需要聚族生产，聚族而居，个人和核心家庭难以脱离族群而独立生存。而东南有优越的渔猎资源，使生产分散，一家一户可以脱离族群依靠自然资源生活。同时东南地区多湖泽、山峦的地理环境使大的族群难以形成。正由于此，长江流域为代表的东南文明在进入龙山时代之后，趋于分散和衰弱。而西北文明则进一步往前发展，形成了中国的三代文明。东南文明构成了中国的上层文化，西北文明构成了中国的基本社会组织和政治结构。

第五节　龙山时代——尧舜禹时期

仰韶时代到龙山时代是一个社会大变革时期，在之前，东南文明占据优势，无论是大汶口文化、良渚文化、凌家滩文化、石家河文化都颇为繁荣，部分地区较早地进入了文明社会，创造了璀璨的原始文明。这几大文明之间交流频繁，具有很多共性，表现出纵横交错的复杂关系 。西北方则相对沉寂，不仅缺少大型城址、发达的玉器等工艺品，社会分化也缓慢许多。到龙山时期，形势大变，长江中下游的古文明中心相继衰落，良渚、石家河这些大型城址皆被废弃，而在晋南、陕北、蜀中、海岱和中原地区则涌现出一批城址。其中晋南陶寺城址、陕北石峁城址属于300万平方米以上的超大型城址。陶寺城址中出现了许多来自海岱地区的文化因素，如玉器和陶器，也有来自江淮史前文化中的因素。陶寺的多数玉器种类来自于长江中下游和山东地区。石峁城址也出现了江汉地区、淮河地区和海岱地区的文化因素，其玉器有来自薛家岗文化的多孔玉刀、良渚文化的玉璧、石家河文化的玉虎、玉鹰等，颇像由以上地区直接运输而来。除了少数陶器外，陶寺文化在本地找不到文化来源，有理由相信人群在逐渐往西北集中从而导致了这种文化变迁。

龙山时代城址大量出现，可分成三片，分别位于北方长城沿线、黄河中下游和泰沂山周边地区（图 6-5-1）。

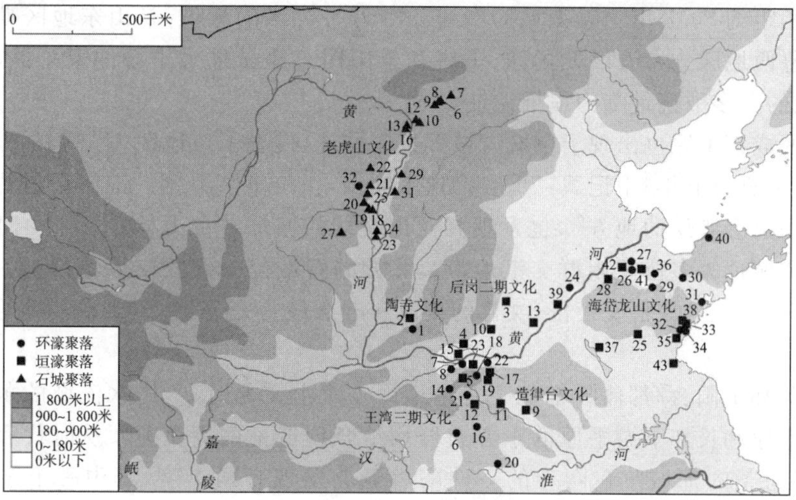

图 6-5-1　龙山文化时期城址分布示意图

（据许宏《先秦城邑考古》图改）

北方长城沿线分布着若干城址群，其中陕北有 20 多座，并出现了超大型城址石峁城址；清水河流域有 5 座城址；大青山南麓有 13 座，呈线形分布，彼此相距约 5 公里；岱海以西、蛮汗山以南发现了 7 座城址。这些城均以石筑，与黄河流域和长江流域城邑分属不同的建筑方式。龙山时期的城邑周围往往分布着若干小型遗址，是区域性的政治、经济和文化中心。北方地区城址的大量涌现说明出现了新的政治格局，这些城址正位于农牧争夺线上，历史时期农业文明和游牧文明的斗争和冲突曾在这一带反复上演，石城的大量出现表明这一历史进程拉开了帷幕。这一时期气候逐渐干冷化，农业仍是主要经济形态，人们逐渐增加羊、牛等动物的饲养。猪的比例则逐渐下降。羊是游牧业最重要的动物，羊以草为生，而猪则主要依靠人类种植的作物为生，羊增多猪减少的趋势表明农业经济逐渐往农牧混合经济形态转变。在其后的 1000 余年间，马由西亚被引进中国，游牧业形成，同时华夏边缘地带形成，华夷之别取代了原始的族群观念，成为主要的身份认同。①

龙山时期黄河流域出现了版筑的夯土城墙，这种建筑形式到三代时期成为主要的筑城方式。中原地区自北往南分别有后岗、戚城、孟庄、西金城、徐堡、古城寨、王城岗、新砦、蒲城店、郝家台、平粮台等多座土筑城址。中原地区的城址在各聚落区中居于中心，并有若干小型遗址拱卫城址。王城岗城址位于河南登封告成镇，发现有东西两座相连的小城，西城面积近 1 万平方米，东城被五渡河水冲毁，两城外围有一座面积达 34.8 万平方米的大城。小城的时代为公元前 2200～前 2055 年，大城的时代为公元前 2130～前 1835 年。② 该城为河南境内最大的一座龙山文化城址，又位于东周阳城所在地，大城的

① 参见王明珂：《华夏边缘：历史记忆与族群认同》（增订本），浙江人民出版社 2013 年版，第 66～67 页。

② 参见方燕明：《登封王城岗遗址与禹都阳城的考古学观察》，山东大学文化遗产研究院等编：《龙山文化与早期文明——第 22 届国际历史科学大会章丘卫星会议文集》，文物出版社 2017 年版，第 272～278 页。

时代进入夏代，有学者据此推断王城岗为禹都阳城。①

泰沂山北，由西向东分布着城子崖、丁公、田旺、边线王、两城镇、尧王城等数座城址，城址之间相距约50公里。尧王城为一座400万平方米的大城，是山东地区唯一的超大型聚落。鲁西地区分布着以教场铺、王庄和景阳冈三座城址为中心的聚落群，为了应对水患，该地的大多数遗址都为堌堆遗址。

西南的成都平原也出现了宝墩古城等数座城址，代表了该地区一支新的政权群体。

《左传·哀公七年》中记载："禹会诸侯于涂山，执玉帛者万国。"淮河岸边的禹会村遗址被认为是禹会诸侯的地方②，也发现有龙山晚期的城址。古国林立是龙山时代的天下格局。这些城址大多位于族群交汇地带。北方的石城位于农牧交界地带。中原城址位于东、西、南、北四方族群交汇区，文化的交流和融合最为充分，注定要在其后的三代文明中胜出。

传说尧都平阳、舜都蒲阪都位于晋南地区。龙山文化时期，汾水流域的黄帝部族和来自华北平原和长江下游平原的东方人群相结合创造了陶寺文化。从时代和族群关系上看，陶寺为尧的都城。在陶寺的一件陶扁壶上发现有两个字，其中一个字被释读为"尧"，另一个字被释读为"文"③，为该城与传说中的尧都相对应提供了文字上的证据（图6-5-2、图6-5-3）。陶寺所在的晋南地区在龙山时代变得非常繁荣，据陶寺周边地区的区域系统调查，于南北70公里、东西25公里，大约1750平方公里的范围内发现陶寺文化遗址54处，而龙山之前的新石器时代遗址仅有12处。陶寺遗址群在汾河以东、塔儿山两侧可分成北、中、南三个区。中区以陶寺遗址为中心，周围有6处中小型遗址，被称作"京畿"。北区可分东、中、西三个聚落群，东群有中小型遗址12处，中群以县底遗址规模最大，统领11处中小型聚落。西群有5处中心遗址。南区可分南北两群，北群以南柴、方城为首（南柴早于方城），统领东许、白家等中小遗址14处。南群有4处中小型遗址。宏观聚落形态研究表明，面积达280万方米的陶寺遗址为都城，整个遗址群呈五级聚落、四层等级化的社会组织。陶寺遗址发现有水管理系统、独立的官营手工业区、工匠生活区，成为古代中国国家工官制度的开端。④

---

① 参见方燕明：《登封王城岗城址的年代及其相关问题探讨》，《考古》2006年第9期。

② 参见中国社会科学院考古研究所安徽工作队等：《安徽蚌埠市禹会龙山文化遗址祭祀台基发掘简报》，《考古》2013年第1期。

③ 参见何驽：《陶寺遗址扁壶朱书"文字"新探》，解希恭主编：《襄汾陶寺遗址研究》，科学出版社2007年版，第633～636页。

④ 参见何驽：《2010年陶寺遗址群聚落形态考古实践与理论收获》，《中国社会科学院古代文明研究中心通讯》2011年第21期。

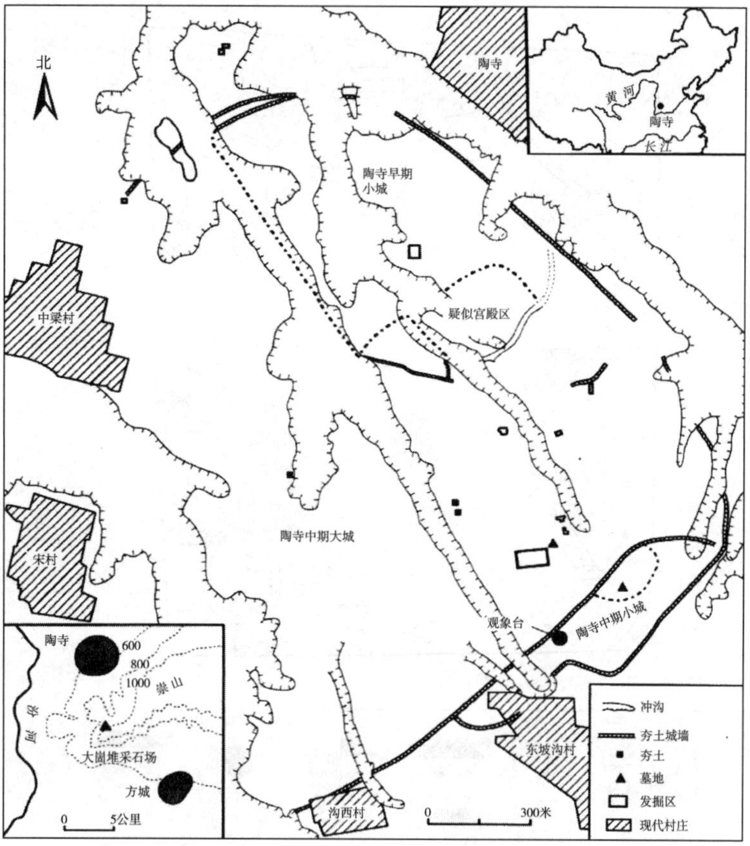

图 6-5-2　陶寺城址图

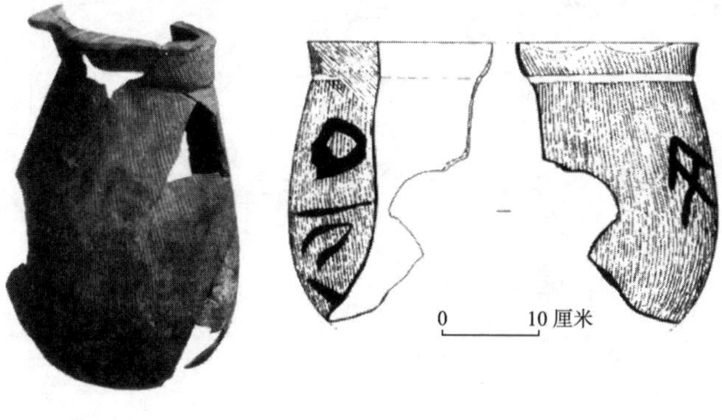

图 6-5-3　陶寺扁壶及文字

陶寺遗址的磨光黑陶、陶扁壶、小单耳陶罐(杯)、陶瓶、陶罐、陶尊、陶缸、石厨刀、葬猪骨的习俗,用钺、璧的习俗,彩陶纹饰中的太阳纹—菱形纹和太阳纹、玉琮、镶嵌绿松石技术,棺椁制度等都来自东方的大汶口文化。这些文化因素表明陶寺中的人群部分来自于东方,而且很可能是很大一部分人群都是北上的东夷人。

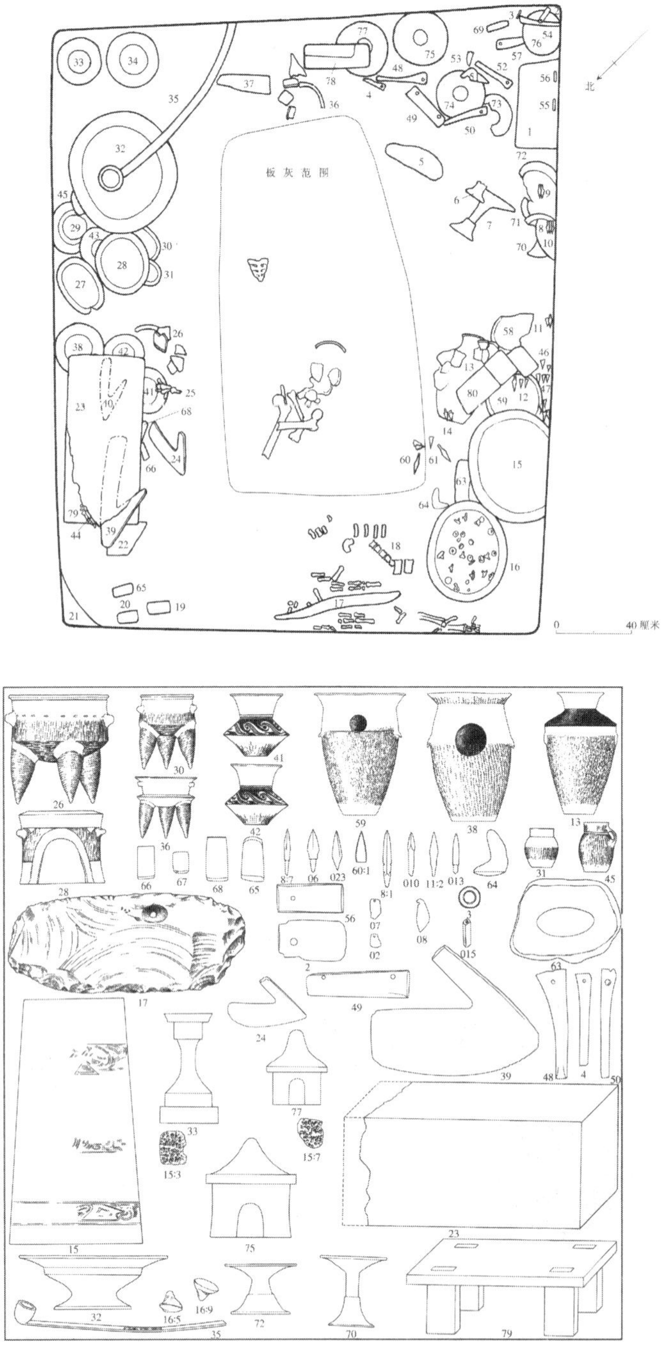

图 6-5-4 陶寺 M3015 墓葬平面图及出土器物组合

1、5.麻布彩绘痕迹 2、51、55—57.钺 3.玉环 4、48、50、52—54、69.骨匕 18、25、44.猪骨 19、20、65—68.石锛 15、16.鼍鼓 17.石磬 13、29.小口高领折肩罐 74—77.木仓形器 6、7、21、33、34、70—74、84、85.木豆 8、9、11、12、14、46、47、60—62.镞 10、22、37、78、80.彩绘木器痕迹 26.斝 30.盆形斝 28.陶灶 27、38、58、59.大口罐 24、26、39、40.石刀 23.木匣 31.小罐 32、43.木盆 41、42.彩绘壶 45.单耳小罐 49.双孔刀 35.木斗 36.研磨盘 37.研磨棒 79.木俎

陶寺古城面积逾300万平方米，有内、外两重城墙组成，为该地区唯一一座超大型城址。城内发现有宫殿建筑、王级贵族大墓以及成套木器、特磬等礼器，是晋南地区最重要的经济、政治和宗教中心。大型墓葬中出土有铜铃、形体硕大的石磬和陶鼓，表明进入了国家礼乐文明阶段（图6-5-2、图6-5-4）。这也是夏商周三代文明礼乐制度的先河。

陶寺南部小城发现有建筑面积达1万平方米的半圆形建筑基址，由夯土台基和夯土方柱形遗迹组成，经考古学家和天文学家研究确定为一处天文观测台（图6-5-5）。[①] 通过观测台中心的观测点，可以确定二分（春分、秋分）、二至（秋至、冬至）等节气变化，这可与《尚书·尧典》中所记“历象日月星，敬授民时”相对证。观象授时、制定历法和指导农时是古代国家的职责和权力。《尚书·尧典》中记载：

乃命羲和，钦若昊天历象——日月星辰，敬授民时。

分命羲仲宅嵎夷曰旸谷，寅宾出日，平秩东作。日中、星鸟，以殷仲春。厥民析，鸟兽孳尾。

申命羲叔宅南交，平秩南为，敬致。日永星火，以正仲夏。厥民因，鸟兽希革。

分命和仲宅西曰昧谷，寅饯纳日，平秩西成。宵中、星虚，以殷仲秋。厥民夷，鸟兽毛毨。

申命和叔宅朔方曰幽都。平在朔易。日短、星昴，以正仲冬。厥民隩，鸟兽鹬毛。

帝曰：“咨汝羲暨和，期三百有六旬有六日，以闰月定四时，成岁。”[②]

《尧典》所言东、西、南、北四官（羲仲、羲叔、和仲、和叔）是羲和的分化，羲和是我国古代天官的代称，专司观测天象，在《山海经》中为帝俊之妻、十日之母。四官各居四方，由羲和为首的天官观测天象以定四时。羲和是尧时天官之首，他带领四官的主要职责有：

1. 主持迎日、送日祭祀。日出时迎日，日落时送日。

2. 观测太阳时长，以确定春分、夏至、秋分、冬至四节气，并以鸟、火、虚、昴四星矫正太阳历法。掌握物候历，通过太阳、星、物候以测算农时，颁布历法，指导农作。

3. 祭祀四方神：析（春分于东方）、因（夏至于南方）、夷（秋分于西方）、隩（冬至于北方）。

---

① 参见何驽：《山西襄汾陶寺中期城址大型建筑IIFJT1基址2004～2005年发掘简报》，《考古》2007年第4期；刘次沅：《陶寺观象台遗址的天文学分析》，《天文学报》2009年第1期。

② 顾颉刚、刘起釪：《尚书校释译论》，中华书局2005年版，第32页。

图 6-5-5　陶寺遗址天文建筑遗迹ⅡFJT1

由此可见，尧时已经有非常发达的历法，每年 366 天，并设置有闰月。四天官主持迎日送日和对四方神的祭祀，两者均被夏商周三代文明继承。颁布历法是尧王的职责和权力，通过历法的制定和颁行宣告王天下的正统性。这种行为也传至后世。

尧舜禹时期（前 2200～前 1950 年）的部落包括皋陶、伯益、四岳、弃、契、彭祖、夔等，分别属于东夷、西羌、南蛮。因此，尧舜禹时期的古国文化并非单一族群所创造，而是不同族群组成的部落联合体，属于政治联盟。陶寺文化、王湾三期文化、王油坊类型等的文化因素来源广泛，包括长江流域和黄河流域史前文化因素。这与传说中尧舜禹时期的时代特征是相符的。

龙山晚期陶寺城址被废弃，城墙被毁，宫殿被破坏，宫殿区被用作手工业生产，制作石器和武器（主要是骨镞），并发现了许多非正常死亡的人骨，贵族墓葬被破坏和扰乱，种种迹象表明陶寺晚期发生了政治动乱。[①] 虽然后世文献中说尧舜时的政权转移是禅让，但是某些文献中记载的舜灭尧代立或许更符合事实。尧、舜、禹是不同族群之间的政权更迭，因此遗址中有破坏王墓和绝祀等迹象。陶寺晚期的暴力迹象或许与这些政治事件有关。

陶寺晚期，北方地区的政治、经济和文化发生了转移，陕北地区的石峁遗址迅速崛起，成为龙山晚期黄土高原北部的政治和宗教中心。陶寺遗址所在的塔儿山南麓地区继续保持文化繁荣。

龙山时代，陕北地区史前文化发展到顶峰。榆林地区发现大量新石器时代遗址，时代分别属于仰韶文化晚期、庙底沟二期和龙山时期，且到龙山时期越发繁荣，龙山文化的

① 参见严志斌、何驽：《山西襄汾陶寺城址 2002 年发掘报告》，《考古学报》2005 处第 3 期。

遗址达到了仰韶文化遗址的 3.5 倍，并出现了面积达 400 万平方米的石峁古城。[1] 石城由皇城台、瓮城、马面等组成，结构复杂，规模宏大。瓮城出于明显的防御目的而建，这种历史时期流行的城防建筑首见于此。[2] 城内有人头祭祀遗存，城墙内埋葬有玉器，这种特殊的现象是先民以玉祭城及土地的表现，同时其玉器也多斧、钺、刀等兵器，与黄帝以玉为兵的记载相符。石峁城址稍晚于陶寺城址，约为公元前 2000 年前后，下限进入了夏纪年，种种迹象表明这里是祭祀黄帝的城邑。皇城台可能是祭祀黄帝的明堂——昆仑。《逸周书》等文献中记载有唐伐西夏的事件，唐即陶唐氏，位于晋南，石峁所在正是西夏之地，或许《竹书纪年》中的夏代早期都城西河也在这一带。

龙山时期氏族制度已经解体，黄河流域和长江流域的大多数考古学文化都进入了古国时代。这一时期，气候进一步干冷化，北方文化继续南侵，东方文化西进，居于长江下游的良渚文化消失，并过渡到钱山漾文化，遗址数量急剧减少。长江中游的石家河文化过渡到后石家河文化，陶器中出现了大量黄河中游的文化因素。关中地区的客省庄文化也往中原地区扩张，在丹江上游遇到了石家河文化，从而形成了包含三种文化因素的乱石滩文化类型，这一类型地处关中、江汉和中原地区的交通要道，包含了王湾三期文化、客省庄文化和石家河文化三种文化因素。文献中记载尧、舜、禹都曾多次对这一地区进行争伐，如《吕氏春秋 · 如类》记载："尧战于丹水之浦以服南蛮。"《太平御览》卷六三引《六韬》："尧伐有扈战于丹水之浦。"据称由于尧子不孝，尧放子朱于丹水，故又名丹朱。乱石滩类型应该与文献中记载的三苗国之乱有关。[3]

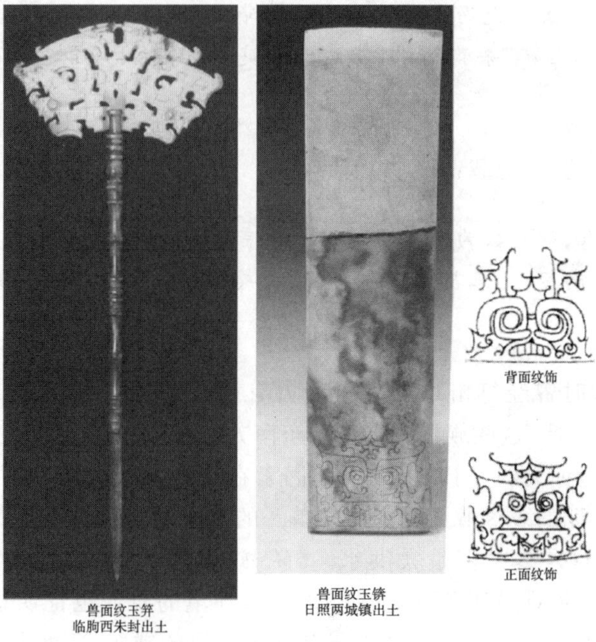

图 6-5-6　山东龙山文化玉器

---

① 参见孙周勇：《公元前第三千纪北方地区社会复杂化过程考察——以榆林地区考古为中心》，《考古与文物》2016 年第 4 期。

② 参见孙周勇、邵晶：《瓮城溯源——以石峁遗址外城东门址为中心》，《文物》2016 年第 2 期。

③ 参见樊力：《乱石滩文化初论》，《江汉考古》1998 年第 4 期。三苗国是个古国(部落联合体)，并不等同于苗族。

龙山时代的黄河下游进入繁荣时期，城址增多，城乡分别更为明显。鲁东南地区的聚落到龙山时期大量增长，并出现了中心聚落和次级中心聚落。城内的贵族过着精致的生活，蛋壳陶器、白陶器等高水平精细化制作的陶器当为贵族阶层所使用的礼器和奢侈品。纹饰复杂的玉器表现出与长江流域在宗教信仰层面上的联系，在日照两城镇和临朐西朱封都发现了雕刻有良渚文化兽面像的玉器（图 6-5-6）。当时鲁东南地区的居民部分来自于长江流域，如在尧王城遗址就发现有使用独木棺和头向朝南的墓葬，当系来自长江下游的移民。鲁东南地区也出现了南方的筑城技术。在山东龙山文化晚期时，山东龙山文化出现了西进的格局。山东龙山文化遗址属于早中期的多位于鲁东，而晚期遗址多位于鲁西，说明龙山时期的东方族群由东往西迁移，颇像传说中的夷夏之争，逐鹿中原的态势。[①] 龙山晚期鲁东南、长江中下游等地区文化衰落，其地势低洼的共性说明环境可能在这一历史变革中起了重要的推动作用。环境变迁是龙山时代史前文化因素发生变化的重要时代背景。

仰韶文化末期至龙山文化早期为传说中的黄帝、炎帝、两皞、蚩尤时期，龙山文化晚期是古史传说中的尧舜禹时期（前 2200～前 1950 年）。文献中记载尧舜曾经征伐不服从的各族。《淮南子·本经训》：

> 逮至尧之时，十日并出。焦禾稼，杀草木，而民无所食。猰貐、凿齿、九婴、大风、封豨、修蛇皆为民害。尧乃使羿诛凿齿于畴华之野，杀九婴于凶水之上，缴大风于青邱之泽，上射十日而下杀猰貐，断修蛇于洞庭，擒封豨于桑林。万民皆喜，置尧以为天子。

《史记·五帝本纪》中记载：

> 三苗在江淮、荆州数为乱。于是舜归而言于帝，请流共工于幽陵，以变北狄；放驩兜于崇山，以变南蛮；迁三苗于三危，以变西戎；殛鲧于羽山，以变东夷。四罪而天下咸服。

这些记载表明，尧舜时曾经打击过的敌对势力有凿齿、九婴、大风、十日、猰貐、修蛇、封豨、三苗、共工、驩兜等族，这些族群大多位于东南方，在考古学文化上的反映则是良渚、石家河等东南文明的全面衰弱，同时中原文化因素在长江中下游和黄河下游的强势扩张。龙山时代，由仰韶晚期的多区域文明中心向单一的中原文明中心转变。

龙山时期最大的自然灾害是大洪水。《尚书》中记载这时“洪水滔天，浩浩怀山襄陵”，这是古人对洪水灾难最痛苦的记忆。来自古环境的研究也证明这一时期进入了约 500 年的气候异常时期，太阳辐射的改变导致亚洲季风的减弱，数度出现骤寒、骤旱、骤涝的短期剧烈波动[②]，同时人口的扩张和过渡开发也使生态环境变得更加脆弱，这使农业这种投资性经济变得异常难以维持大型聚落内人群的消费。黄河中下游、淮河流域和长江

---

① 参见栾丰实：《试析海岱龙山文化东、西部遗址分布的区域差异》，山东省文物考古研究所编：《海岱考古》第 9 辑，科学出版社 2016 年版，第 401～411 页。

② 参见李旻：《重返夏墟——社会记忆与经典的发生》，《考古学报》2017 年第 3 期。

中下游都发现有被洪水肆虐过的遗址和淤积。中原地区也发现有被洪水冲毁的城墙。[①]海拔较低的太湖地区，良渚文化层上多见有淤积层，也是水患的反映，并且沿海地带极易受到海平面变化的影响。[②] 气候变化带来的灾变，使滨河而居的农业人群往高地集聚，地势较高的黄土高原无疑成为“诺亚方舟”。与东南的衰弱相对应，这一时期，晋南地区的人口规模空前庞大，据估计仅陶寺遗址墓葬总数就达1万座以上，陶寺遗址的居民总数远远超过了同期的其他龙山遗址。这种现象正说明人群大规模涌入晋南。自5000年前就西进中原的海岱人群最先上得高地，尧都陶寺遗址中出现了海岱文化的习俗、高端玉器和陶器，而较远的长江中下游人群携带而来的主要是玉器。文化因素反映出人群的汇合表明，黄土高原的东部边缘地带成为新的经济、政治和文化中心。黄土高原东部地区人口的增长和聚落的暴涨，最直接的原因当为外来人群的迁入。

据《左传·昭公元年》记载：“昔高辛氏有二子，伯曰阏伯，季曰实沈，居于旷林，不相能也，日寻干戈，以相征讨。后帝不臧，迁阏伯于商丘，主辰。商人是因，故辰为商星。迁实沈于大夏，主参，唐人是因，以服事夏、商。”恶劣的环境使阏伯、实沈兄弟相争，阏伯即商契，高辛氏即帝喾，实沈为尧的祖先。商人也是由黄淮下游进入黄土高原的族群之一。这也正好解释为什么商文化所使用的陶器来自于黄土高原，而其礼制却多为夷人的传统。[③]

龙山时代的人口大迁徙使黄土高原的人群面临新的社会变革，由于各族群集中于黄土高原，因此社会秩序需要重新整合调整。黄土高原的族群视黄土地为最高神，祭祀黄帝成为这些族群共有的宗教信仰，因此该地区的族群自称黄帝的子孙。而气候的干冷化、农业减产使当时的农业人群加深了对黄土地的宗教感情，土地祭祀更为狂热，石峁的宗教活动概源于此。在其后的1000年间，为了适应环境的变化，农牧混合经济形成，最终，在农牧对抗中，华夏族群意识形成。华夏族群意识的形成不仅与北方游牧民的形成有关，也与东南族群的融入不可分割。

龙山时代一度繁荣的长江下游地区走向了衰弱，良渚文化的后继文化钱山漾文化已经不复昔日的辉煌，聚落数量减少，规模变小，古城被废弃。良渚文化晚期部分良渚人往南迁徙形成了浙南地区的好川文化。这些遗址与良渚文化遗址相比，海拔大多在200米左右的山岭之上。如好川遗址海拔300余米，墓葬资料可以分成五期，其中三期之后进入龙山时代，墓葬中出现了较多的箭镞，表明生业经济方式中渔猎的比重在上升。[④] 长江下游的人群为了躲避低地的洪水，进入了山岭，从而成为百越的人群来源之一。

长江中游的石家河文化之后为后石家河文化（前2200～前1900年）。石家河文化城

---

① 参见吴立等：《江汉平原钟桥遗址地层揭示的史前洪水事件》，《地理学报》2015年第7期；袁广阔：《从古文献与考古资料看夏文化的起始年代》，《河南大学学报》（社会科学版）2000年第1期；周苏：《洪水导致了良渚文化的衰落？》，2013年5月3日《中国社会科学报》。

② 参见蒋卫东：《自然环境变迁与良渚文化兴衰关系的思考》，《华夏考古》，2003年第2期。朱丽东等：《良渚时期文化发展与海平面变化》，《地理科学进展》2011年第1期。

③ 参见栾丰实：《试论岳石文化与郑州地区早期商文化的关系——兼论商族起源问题》，《华夏考古》1994年第4期；张长寿、张光直：《河南商丘地区殷商文明调查发掘初步报告》，《考古》1997年第4期。

④ 参见浙江省文物考古研究所，遂昌县文物管理委员会编：《好川墓地》，文物出版社2001年版，第104～109页。

址被废弃，聚落面积缩小，人口减少，文化面貌发生了改变。后石家河文化的陶器中出现了来自中原的文化因素，但其玉器表现出了与中原完全不同的风格。石家河文化时期江汉地区的人群往中原迁徙，说明两者之间的交流极为频繁。到后石家河文化时期，江汉地区的文化因素在新的时代背景下发生了一系列的变化，一方面来自中原的文化因素出现在该地区，说明该地区失去了文化强势地位，而中原形成了新的文化中心；另一方面开始流行瓮棺葬，并以玉器随葬，肖家屋脊、谭家岭的瓮棺葬群均位于祭坛附近。随葬的玉器种类以玉人、玉蝉、玉鸟、玉虎为主，是长江中游太阳崇拜的延续。其中玉人具有虎和鸟的特征，说明这一偶像具有太阳神的神性，社会进入了英雄崇拜阶段。龙山时期的中原玉器以大型的刀、璋、戈、钺等器物为主，而后石家河文化的玉器以小型的玉鸟（凤、鹰）、玉虎、玉蝉等肖生类为主，大小仅为几厘米，后者显然是东南文明物精崇拜的遗留。鸟、虎皆为长江流域史前时期所崇拜的神灵，玉蝉为幼虫崇拜的表现形式，蝉崇拜应是颛顼后人穷（琼）蝉得名的由来。这一时期一改石家河文化时期的土坑墓，而改用瓮棺作为葬具，以玉器随葬，说明该地的葬俗改变，后世文献中说楚地“信巫鬼，重淫祠”[①]，概由此始。从玉器体量的比较上看，西北的玉器占据绝对优势，说明文明的天平开始往西北倾斜。江汉地区地势低洼，湖泊众多，极易受到气候或洪水的影响。后石家河文化人口的减少，最重要的原因是在环境压力下，人口迁徙的结果。文献中记载禹时伐三苗事件发生于长江中游地区，这一地区中原文化因素的出现被认为是中原王朝对该地征服的结果。[②]

龙山文化王油坊类型主要分布于豫东、鲁西南和皖北地区，文化因素以山东龙山文化因素为主，并受到了三湾三期文化的强烈影响。其主要器类如侧装三角形足罐形鼎、子母口瓮、子母口缸等与山东龙山文化的同类器相似，而缺少鬲、斝等王湾三期的主要器类，表明王油坊类型的创造者应是以东夷人为主。

总之，龙山时代是夏王朝的酝酿时期，族群的大迁徙、大融合时期，新的社会秩序的重铸时期，其中东夷族群西进中原，南蛮族群北上中原，黄帝族群南下中原，炎帝族群东进中原，使中原地区成为文明的大熔炉。龙山时代中原的主流文化为尧、舜、禹所创造。尧舜为陶寺文化的创造者，舜禹为王湾三期文化的创造者，皋陶、伯益为龙山文化王油坊类型的创造者。据古史传说尧来自于黄帝和帝喾，舜来自于颛顼和少昊，禹全面继承了尧、舜的文化传统。中原地区的文化因素与文化格局及反映的史实，正与古史传说若合符节。

在这一急剧的社会变革中，中国第一王朝夏王朝终于诞生了。

---

① 《汉书·地理志下》：“楚有江汉川泽山林之饶；江南地广，或火耕水耨。民食鱼稻，以渔猎山伐为业，果蓏蠃蛤，食物常足。故呰窳偷生，而亡积聚，饮食还给，不忧冻饿，亦亡千金之家。信巫鬼，重淫祀。而汉中淫失枝柱，与巴、蜀同俗。汝南之别，皆急疾有气势。江陵，故郢都，西通巫、巴，东有云梦之饶，亦一都会也。”

② 参见韩建业、杨新改：《王湾三期文化研究》，《考古学报》1997年第1期。

第六节　夏代（公元前1994～前1523年）

《史记·夏本纪》中记载，舜传位于治水成功的禹，禹传位于皋陶“且授政焉，而皋陶卒”。禹又传位于其子益，但“禹子启贤，天下属意焉。及禹崩，虽授益，益之佐禹日浅，天下未洽。故诸侯皆去益而朝启，曰：‘吾君帝禹之子也。’于是启遂即天子之位，是为夏后帝启”。禹传启从而创立了家天下的夏王朝。但是《古本竹书纪年》中说：“益干启政，启杀之。”启从东夷人手里夺权而王天下。显然，《竹书纪年》的记载更为真实。

学界一般认为属于夏文化的二里头文化来源于中原龙山文化。中原龙山文化主要包含四大文化因素，来自陶寺文化的北方文化因素，来自东方的山东龙山文化因素，来自关中的客省庄文化因素和来自江汉地区的石家河文化因素。禹启时期还处于部落联盟阶段，属于龙山文化晚期的晚段，即龙山末期。据文献记载启即位于夏邑，大飨诸侯于钧台，又归于冀都，大飨诸侯于璿台[①]，是启时夏有两大城邑，一位于嵩山东，一位于晋南，这两大城邑为龙山时代最繁荣的两个地区，是夏王朝的基础。

夏启时，“有扈氏不服，启伐之，大战于甘”。有扈氏与夏启同族，两者属于族内争权，夏启甘之战平定有扈氏之乱。启死，太康立，《竹书纪年》记载：

> （太康）元年癸未，帝即位，居斟寻。畋于洛表。羿入居斟寻。四年，陟。

太康失国，后羿代夏。新砦期遗存被认为与后羿代夏有关。

新砦文化分早、晚两期：其早期与龙山末期相当，其晚期与二里头文化一期有一定时间的共存期。共发现有10余处遗址，位于伊洛河的上游和嵩山东部地区。主要发现有两座大型遗址——新砦遗址和花地嘴遗址。新砦遗址位于双洎河北岸，龙山晚期和新砦期都修筑有坚固的城墙，城内面积达70万平方米，外有护城河环绕。[②] 花地嘴位于伊洛河东部，面积达30万平方米，有濠沟环绕，遗址内发现有祭祀坑，出土玉钺、玉铲、玉璋、玉琮和装有谷物、动物骨骼的陶器。祭祀山川地祇的耜形璋也出现在这个遗址。新砦文化遗址中出现的来自东方的文化因素，和其相对于二里头遗址稍偏东的地理位置表明新砦文化当与东夷入夏有关。新砦遗址很可能是后羿、寒浞入侵的斟寻[③]，晚期则又被少康和帝杼夺回。嵩山东南的颍水流域即是夏人的活动区域，又是东夷人的活动区域，两者错处。后羿攻破斟寻之后，夏人东窜，仲康时将斟寻东迁，帝相时迁居商丘，又迁于斟灌，东夷人紧追不舍，寒浞伐斟灌、斟寻，据称一直到山东潍河，才灭掉了两国。夏臣伯靡出奔有鬲（山东德州），收斟灌、斟寻之师，灭寒浞，立少康。少康迁于原，其子杼迁于老邱，杼子帝芬迁于河西，大概位于石峁遗址所在的陕北地区，文献中称西夏。夏晚期都城斟

---

① 参见王国维：《今本竹书纪年疏证》，方诗铭、王修龄：《古本竹书纪年辑证》（修正版），上海古籍出版社2005年版，第213页。

② 参见北京大学震旦古代文明研究中心等：《新密新砦——1999～2000年田野考古发掘报告》，文物出版社2008年版，第12～14页。

③ 参见顾问：《新砦期研究》，《殷都学刊》2002年第4期。

寻，当即二里头遗址。夏代早期自启至少康，大约100年的动荡期，其后进入了夏王朝的稳定期，夏代中晚期文化二里头文化兴起。[①]

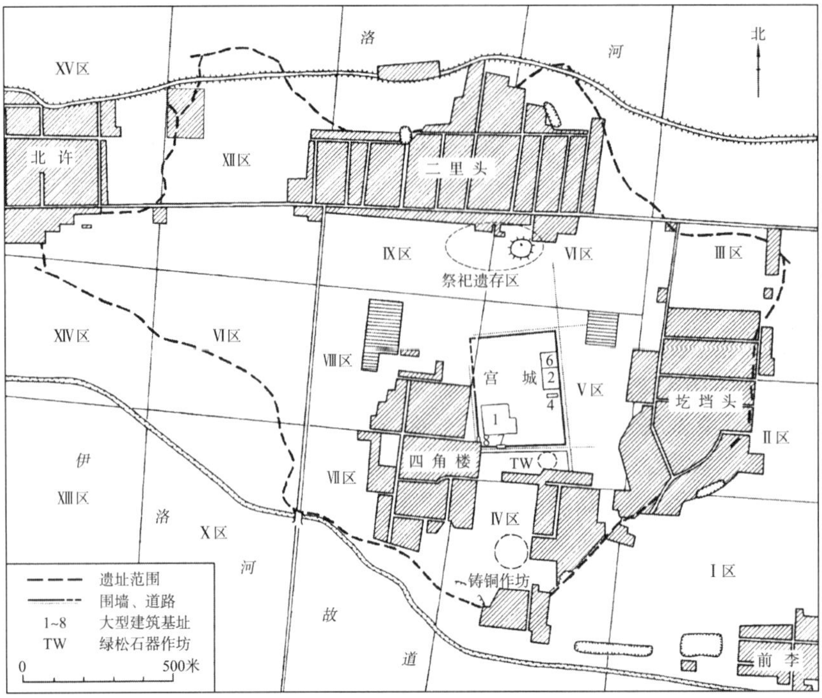

图 6-6-1 二里头遗址平面图

一、夏都斟寻

夏是一个政治联盟，而不是单一族群所创造。夏王族来自于西羌。夏禹和启都有石生的神话，说明夏王族来自于羌人。以耜形璋为代表的地祇崇拜和太阳崇拜表明，夏人由两大族群所构成：一是夏人所代表的黄帝族群，另一是舜为代表的颛顼族群。正是这一原因，后人所记载的夏人祀典为“禘黄帝而祖颛顼，郊尧而宗舜”，又《国语·周语上》：“昔夏之兴也，融降于崇山”韦昭注融为祝融，即颛顼之后，三楚先之一。夏的属国有昆吾，亦为陆终之子，颛顼之后。[②] 因此夏是羌蛮联盟。

---

① 笔者相信《古本竹书纪年》的年代框架，夏代的时间为公元前1994～前1523年。

② 张守节《史记正义》：“昆吾，陆终之子。虞翻云‘昆吾名樊，为己姓，封昆吾’。《世本》云昆吾卫者也。”又《史记·楚世家》：“吴回生陆终。陆终生子六人，坼剖而产焉。其长一曰昆吾……”

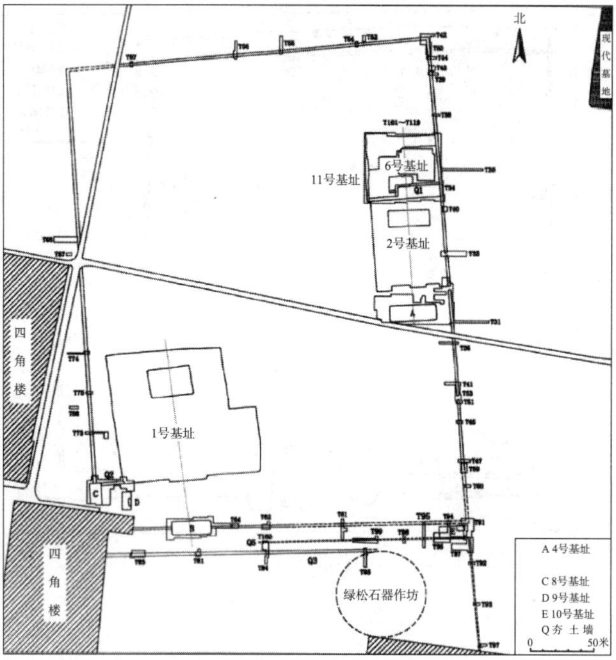

图 6-6-2　二里头宫城

龙是夏人的图腾，二里头文化的铜牌饰、绿松石龙和祭器上的龙形象，可作夏人崇拜龙的实物证据。自穷寒代夏，少康复国，夏与东夷的关系逐渐疏远，夏晚期，商汤娶有莘氏之妇而得伊尹，商人与夷人建立了政治联盟，考古学文化上的反映亦是如此。

目前发现的二里头文化遗址有 200 余处，分布于河南中部、西部和山西南部。二里头遗址为最大的遗址，面积达 300 万平方米，从二里头文化一期一直延续到二里头文化四期(图 6-6-1)。该遗址当为夏代中晚期都城斟寻，自帝芬至夏桀延续了约 280 年的时间。二里头文化因素表现出强烈的扩张性，具有二里头文化因素的遗址向南到达江汉地区，西南到达丹江流域，其高端物品镶嵌绿松石铜牌饰、环首刀、陶盉等远及甘肃地区，出现在齐家文化遗址之中。

二里头遗址的核心区域为宫城，平面形状呈长方形，东西长 290 米，南北方长 360 米，修筑有 2 米宽的城墙，城内有巨大的宫殿建筑，可以分成四期，每一期具有不同的建筑群组，并以纵横交错的道路系统相互连接(图 6-6-2)。一号建筑基址位于宫城西南侧，平面形状略呈正方形，仅东北角凹进一角，面积达 10000 平方米。其四周为一周廊庑，中部为庭院，北部中央主殿为四阿式建筑，大门位于正南，有三通门道。该建筑当为布政场所(图 6-6-3)。宫城北部的建筑基址属于寝庙。

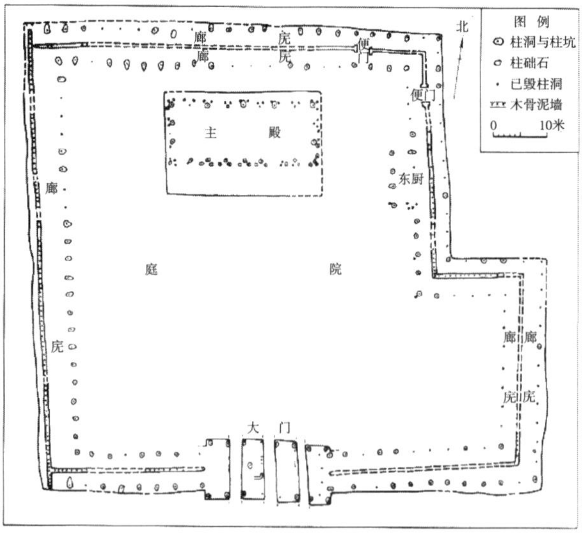

平面图

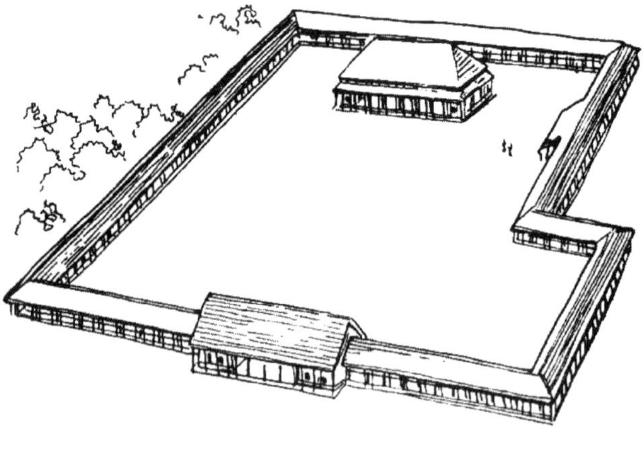

复原图（杨鸿勋复原）

图 6-6-3　二里头一号建筑基址

宫城外南部有绿松石作坊和铸铜作坊区，也以夯土墙包围，两者都是由国家控制的高端物品生产场所。铸铜作坊生产礼仪用品，主要是酒器斝、爵、盉和炊器鼎。二里头文化的铜礼器有鼎、盉、斝、爵、铃、牌饰等，以鼎和酒器作为基本礼器的传统开三代之先（图 6-6-4、图 6-6-5）。酒是集会、宴饮、祭祀的用品，也是萨满的助幻剂，因此，酒是重大场合所使用礼仪用品。饮酒的礼器和礼制形成。来自东方的绿松石技术除了制作饰品外，也用来制作铜牌饰。宫殿区里一座墓葬随葬的绿松石龙用 2000 余块绿松石和玉料制成，说明绿松石和铜器都是王族垄断的战略物资。二里头文化的玉礼器主要有耜形璋、铲、戈、钺、戚、柄形器等，另有一些小型饰品。大型玉制工具和武器继承了石峁遗址所在西夏地区的用玉传统，并且器类更加巨大，如有长达 65 厘米的大玉刀，54 厘米长的耜形璋，

43 厘米长的玉戈。这些玉器原材料的获得,复杂的制作工艺,在当时的生产力下只有动用国家力量才能实现。玉兵器刃部均不开刃,显然不是实用器,而是在国家礼仪活动中使用的礼器,同时也是中央王权形成的象征。天神、地祇、祖先为主的国家祭祀制度形成。

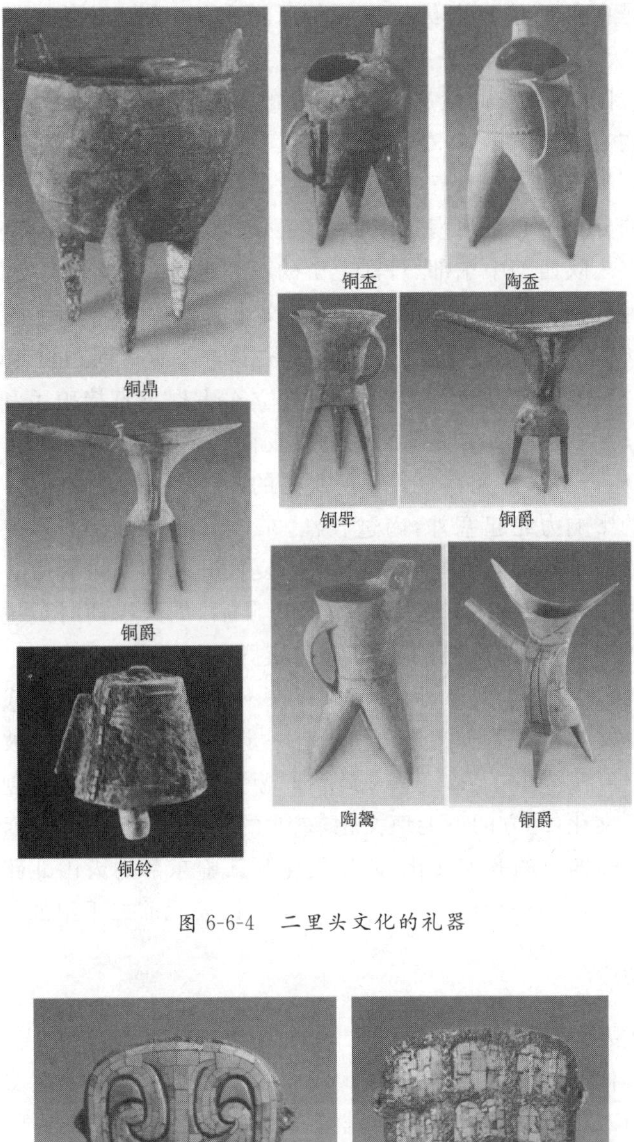

图 6-6-4 二里头文化的礼器

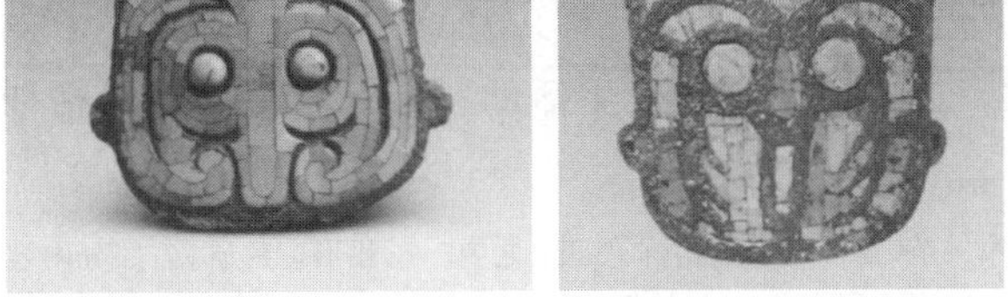

图 6-6-5 二里头龙牌饰

二里头的陶器种类丰富，形式多样，质量高，造型优美，器型统一，说明是由专业的陶工制造。厚重实用的风格与龙山时代的陶器有明显的差别。石器制作出现了专业的加工基地。漆器继承了长江流域的技术和传统，有觚、匣、盒、钵、勺、匕、漆鼓、漆棺等。这些高端技术显然是由各地技术人员汇聚夏都所带来的，这使得夏王朝的手工业更为专业化。

夏代以农业立国，重视农业生产，其最重要的玉礼器耜形璋即为祭祀土地的礼器。[①]夏代种植的农作物有粟、水稻、小麦、大豆、高粱、谷子等。家畜饲养业和渔猎也比较发达，饲养猪、狗、牛、羊、鸡等动物，五谷六畜齐备。

二里头文化的分布中心是河南省中、西部的郑州、洛阳地区和山西省西南部的运城、临汾地区。向西突入陕西关中东部、丹江上游的商州地区，南及豫鄂交界地带，往东至少分布到豫东开封地区，北方可抵沁河岸旁。[②] 夏文化的分布区域说明，夏的控制区域并非像传统文献中所称为天下共主，而是具有部落联盟的性质。周边区域存在夏族的附属国，这些族群对夏王朝或叛或服。这与商通过建立军事据点直接殖民和控制存在很大的不同，也与周通过分封建国存在明显的区别。夏商周时存在不同的国家控制方式和策略，这是由当时的生产力水平尤其是武力所决定的。

二里头文化的影响力北起塞外，南过长江，东至海滨，西抵河湟，表现出很强的影响力。二里头遗址为最早的具有统一规划的都邑，夏代进入了月明星稀的王国时代[③]，洛阳地区也成为天下之中、天室所在。因此，夏亡500年后，周灭掉商时最主要的行动就是营建洛邑，以便“宅兹中国”，从而控制中原和周边族群。

夏代时，二里头文化居于中原，周边区域存在不同的考古学文化，代表了不同的地方势力。这些考古学文化与二里头文化之间具有一定的交流关系，同时彼此之间也有交流和互动，反映了其经济、战争、人口迁移或政治同盟关系。四方族群所创造的考古学文化主要有东方的岳石文化，北方的下七垣文化，东北的夏家店下层文化，西南部的三星堆文化，东南的马桥文化，西方的齐家文化、四坝文化和新疆东部的天山北路文化。其时代与二里头文化大体同时，为公元前1900～前1500年，即公元前二千纪的前半部分。

二、夏代的东方

夏代的东方主要有岳石文化。岳石文化主要为东夷所创造，“东夷”这一名称代表了居于东部地区的群体，并不是单一族群所构成。二里头文化时期的东夷文化已经完全衰落，聚落减少，人口减少，与龙山文化的陶器相比，质量下降，陶器变得实用而粗糙，同时大部分城址也被废弃。龙山文化晚期，龙山人往西部迁移，一方面可能是环境原因，另一方面中原地区政治、经济、文化中心的确立吸引着东方的人群往中原聚集。到夏代，虽然岳石文化的分布地域仍然如龙山文化一样广泛，但是其衰落是不争的事实。聚落分化不如龙山文化明显，大多数遗址都是农民生活的村落。岳石陶器风格如二里头文化一样厚

---

① 详见本书第二章第一节《夏代的宗教信仰》“夏玉之魂——耜形璋的研究”部分内容。

② 参见中国社会科学院考古研究所：《中国考古学·夏商卷》，中国社会科学出版社2003年版，第82页。

③ 参见许宏：《何以中国：公元前2000年的中原图景》，三联书店2016年版，第112～123页。

重，但是制作不如二里头文化的精致，显示出夷人与夏人陶器制造业专业化程度和实力上的差距。岳石文化发现了大量的铲、镰、刀、镢等农具，是主要石器种类，表明大部分岳石人都是农民。属于岳石文化的石刀、石镢等陶制品曾在二里头遗址中被发现[①]，应有东方的农民、手工业者进入夏人的国都。岳石文化也很少发现来自二里头文化的高端物品，包括青铜器和玉器等礼器。这很可能是后羿、寒浞代夏之后，夷人受到了夏王朝打击，从而摧毁夷人的城市文明。山东沂南、临沂发现的耜形璋表明有少量夏人或接受了夏文化的夷人曾在此进行山川祭祀，但山东没有发现二里头式璋而仅见新砦型(图 3-1-11,2)，说明夷夏处于关系疏远期。夏人与夷人关系的疏远，为后来夏的覆灭埋下了隐患。

三、夏代的北方

北方长城一线，在公元前 4000～前 2000 年的暖期均为从事农业经济的人群所占据，从西往东分别为马家窑文化、海生不浪文化、阿善文化、雪山一期文化、红山文化，这些文化均为农业文明，与黄河流域的关系密切。自公元前三千纪下半期到公元前二千纪下半期，由于气候的波动，气温下降，降雨量减少，长城一线脆弱的环境使人类由农业生产逐渐往农牧业并存的混合经济转变。游牧业的移动性，使这些北方人群逐渐与中亚和欧亚草原的青铜文化人群相接触，并引进了中亚和欧亚草原文明的金属制造技术、小麦、大麦、羊和马等。羊和马是游牧经济必备的两种牲畜，只有两者齐备，才能形成真正意义上的游牧业。因此游牧业是晚起的经济类型。[②] 在游牧民的形成过程中，北方长城一线的人群为其主要来源。正因如此，历史时期的北方游牧民族自称黄帝或大禹的后裔，这是有历史事实根据的。当然，该地亦有来自于更北方和西方的外来人群。

夏代时的北方，由东往西分别为夏家店下层文化、朱开沟文化、齐家文化、四坝文化、新疆东部的天山北路文化，由于有共同的草原文化因素，因此被统称作“北方青铜文化”。这些考古学文化与中原的关系不同，从亲密度上看，齐家文化最近、夏家店下层文化和朱开沟文化次之，而四坝文化和天山北路文化最远。夏王朝通过北方青铜文化人群获取金属技术、玉石资源和牛、马、羊等物资。

随着游牧人群的形成，东亚至中西亚的交流变得频繁，这条通道后来被称作“丝绸之路”，近代以前曾是中外交流最主要的交通线。

朱开沟文化　朱开沟文化是北方地区继龙山文化之后的一支考古学文化，主要分布于以鄂尔多斯为中心的内蒙古中南部地区，向南至陕北和晋北，向北到阴山，往东到张家口附近，往西达贺兰山东麓。其年代相当于二里头文化和二里岗上层文化，即夏代和商代早期，约为公元前 1900～前 1300 年。朱开沟文化继承当地的龙山文化传统，以双鋬鬲、单耳鬲、敛口甗、三足瓮等造型粗犷的绳纹陶器为主要特征。朱开沟文化除了主要来自于三北地区的龙山文化因素外，还有来自于齐家文化、客省庄文化和二里头文化的文化因素。

---

① 参见栾丰实：《东夷考古》，山东大学出版社 1996 年版，第 330～332 页。

② 参见王明珂：《游牧者的抉择》，广西师范大学出版社 2008 年版，第 7～24 页。

朱开沟文化的经济类型为半农半牧经济，遗址中发现的猪和牛羊的数量都较多，猪为圈养动物，需要农业生产提供粮食，而牛、羊为放养的动物，是牧人放牧的主要动物，因此朱开沟文化的游牧业已经相当发达。此外朱开沟人还狩猎部分野生动物，以马鹿、双峰驼、狍等食草动物和鸟类为主，偶尔也能猎获一些凶猛的野兽如豹子、熊等。[①] 朱开沟文化经历了由农业经济向畜牧业经济的转变，具有了北方地区青铜文化的特征。这不仅是由于气候的原因，也与农业人群的过度开发和当地自然环境的脆弱性息息相关，是三种因素综合作用的结果。

据体质人类学分析，朱开沟居民的体质特征与同时期华北地区农业人群关系密切，而与代表游牧文化的古居民较疏远，说明朱开沟文化的主要创造者仍为龙山文化时期的当地居民。商代晚期朱开沟文化居民南下，进入晋、陕北部的黄河南岸，从而发展成李家崖文化，成为先周文化的组成部分。

夏代（朱开沟文化早中期）的朱开沟文化遗址发现有耳环、指环、臂钏等青铜质地的装饰品和小型工具，有少量陶器来自于二里头文化，表明朱开沟文化与夏王朝间有来往，但是很少有高端物品之间的交流。同时，朱开沟文化也受到了齐家文化陶器和葬俗的影响，齐家文化的典型文化因素高领双耳罐出现于朱开沟文化的墓葬中，并与朱开沟文化的陶器共出。朱开沟的房屋多为在6～12平方米，房内有灶，墓葬中存在男女合葬墓，说明以一夫一妻构成的核心家庭为基本的生产单位。墓葬资料表明，虽然人群之间存在贫富分化，但是社会分化程度并不明显，存在男尊女卑的现象。朱开沟文化中也出现了与齐家文化风俗相同的合葬墓，一般为男女合葬，以男性为中心。这些现象表明有来自齐家文化的人群移民到朱开沟文化区域，并融入当地人群中。商代（朱开沟文化晚期）遗址中发现了戈、短剑、刀、镞等兵器和鼎、爵等容器。鼎、爵具有明显的二里岗文化的特征，应来自于商人。[②]

从石峁文化往朱开沟文化的过渡表明，龙山文化晚期，社会上层南下进入了中原地区，从而成为华夏族群的重要组成部分，而留在本地的人群则成为朱开沟文化的主体居民，其中包括“窜于戎狄之间”的周人。南下的人群带去了对黄土地的信仰，以及与之相关的耜形璋、大刀、钺、戚等玉器，祭祀地祇的礼器耜形璋在二里头遗址中发扬光大。留下来的北方农业人群逐渐往游牧人群过渡。进入历史时期之后，该地是农业社会抵御游牧人群南下的第一道防线。[③]

下七垣文化　下七垣文化分布于太行山东麓和黄河故道之间的冲积平原地带[④]，位于二里头文化北侧，其东部为岳石文化，目前共发现有80余处遗址。下七垣文化主要由夏代的商人所创造，因此被称作“先商文化”。但是据文献记载，除商人外，应该有河伯、

① 参见内蒙古自治区文物考古研究所：《朱开沟——青铜时代早期遗址发掘报告》，文物出版社2000年版，第286～290页；田广金、韩建业：《朱开沟文化研究》，北京大学考古文博学院编：《考古学研究》（五），科学出版社2003年版，第257～259页。

② 参见内蒙古自治区文物考古研究所：《朱开沟——青铜时代早期遗址发掘报告》，文物出版社2000年版，第278～285页。

③ 这一区域是农业人群所能耕作和居住的最北端，王昌龄《出塞》“不教胡马渡阴山”即指此地。

④ 参见中国社会科学院考古研究所编著：《中国考古学·夏商卷》，中国社会科学出版社2003版，第140～164页。

有易氏等族群。《竹书纪年》记载:"十二年,殷侯子亥宾于有易,有易杀而放之。十六年,殷侯微以河伯之师伐有易,杀其君绵臣。"王亥、有易、河伯的活动区域均位于太行山东麓,所以所谓"先商文化"也不是单一族群所创造。

下七垣文化的陶器以绳纹鬲、罐、甗等器型为代表,除了继承自本地龙山文化传统之外,主要来自于黄土高原。郑州地区的南关外型被认为是商文化的来源,该类型也表现出与岳石文化的亲密关系。据《史记·殷本纪》记载:"伊尹名阿衡。阿衡欲奸汤而无由,乃为有莘氏媵臣,负鼎俎,以滋味说汤,致于王道。或曰,伊尹处士,汤使人聘迎之,五反然后肯往从汤,言素王及九主之事。"夏代后期,商夷联盟形成。

根据陶器的细微差别,下七垣文化由北到南分别被称作"岳各庄类型""漳河类型"和"辉卫类型"。二里头文化和下七垣文化大体以黄河的支流沁河和部分黄河分界,但是一座属于二里头文化的城址孟庄位于沁河的北岸,城内发现了一些属于漳河类型的陶器,表明部分商人居住在夏人的城内,而孟庄很可能是夏人设置的防御性城址。①

夏家店下层文化　西辽河地区在小河沿文化时一度衰弱,人口、聚落减少。公元前2000年前后,有一些外来人口迁入西辽河地区,从而使该地区突然再度繁荣起来,此时发现的考古学文化被称作"夏家店下层文化",时代约为公元前2000～前1400年,大体与二里头文化同时。

在半支箭河流域221平方公里的范围内,仅发现有6处小河沿文化遗址,但夏家店文化遗址多达155处②,这些遗址多位于河流附近的台地上,少数坐落于河谷之间的山顶。两种遗址具有不同的性质,河流附近的遗址文化层一般比较厚,陶片分布密集,村落内的人主要为农民,以从事耕种为生。山顶上的聚落一般有石筑城墙 ,城内有圆形建筑和大面积平整地面,一般被认为是政治、礼仪中心或河谷农民战乱时的避难所。③ 夏家店下层文化的聚落呈分群分布,半支箭河流域有10处左右的聚落群,聚落群中有3座遗址面积较大,12座次之,130座面积小于4万平方米,呈三级聚落结构,但是这些聚落群之间并无统属关系,其社会分化和整合程度不如二里头文化。夏家店下层文化存在多个中等规模的地区中心,并没有一个像二里头遗址一样能统治整个区域的中心或政权。④

夏家店文化的陶器、玉器表明,该地部分人群来自于黄河流域,大甸子遗址的体质人类学研究也得出了相同的结论:该遗址的人群表现出两种体质特征,一种接近于黄河流域人种,另一种与东亚及北亚蒙古人种近似。

夏家店下层文化发现有三四十座城址,但大部分没有做进一步的田野工作,因此时代和性质不好确定。大甸子遗址可确定有土筑城垣,城内面积6万平方米,城墙外有濠沟。大甸子遗址的陶器部分与二里头文化相同,如爵和鬶等酒器,部分表现出与陶寺遗址相同的特征。有的墓葬随葬彩绘陶器的习俗与陶寺文化相同,并且彩绘与陶寺文化的极为接近。这些文化现象表明大甸子遗址的部分人群来自于晋南地区,或许是陶寺文化晚期动乱之时外迁至此。大甸子城外发掘804座墓葬,有较明显的分区现象,各区之间

---

① 参见河南省文物考古研究所:《辉县孟庄》,中州古籍出版社2003年版,第180～182页。

② 参见赤峰考古队:《半支箭河中游先秦时期遗址》,科学出版社2002年版,第2～8页。

③ 参见徐光冀:《赤峰英金河、阴河流域石城遗址》,《中国考古学研究》,文物出版社1986年版,第82～93页。

④ 参见刘莉、陈星灿:《中国考古学:旧石器时代晚期到早期青铜时代》,三联书店2017年版,第318页。

随葬品数量和规格存在较明显的差别，说明家族间存在贫富差距，一些高规格的墓葬中出现了二里头文化的鬶、盉、爵等陶礼器，夏文化的礼器为大甸子人所推崇。①

夏家店下层文化的青铜器有权杖头、指环、耳环、铜帽（安装于斧头柄端）等，没有工具和礼器，属于北方草原文化系统。考古学家于凌源牛河梁转山遗址、小福山遗址和赤峰东山嘴遗址发现有铸造青铜器的坩埚、陶范等遗物，说明这些青铜制品为本地作坊制造。夏家店下层文化分布区内有丰富的金属资源，包括金、铜、锡、铅等，该地人群拿这些资源与关内人群换取农产品等物资，并以中原的酒器作为身份和地位的象征。但是，由于远离中原，又有商人介于两者之间，因此，夏家店是独立于夏王朝之外的一个集团。

根据地域和文化因素的区别，夏家店下层文化可分为辽西型和燕山型两个类型，据邹衡考证，前者与文献中记载的肃慎有关，而后者为燕亳为主所创造的考古学文化，有出土铜器铭文和文献为证。②

四、夏代的西方

齐家文化　齐家文化与夏王朝的关系不仅是文化交流上的关系，更重要的是夏王族来自于羌人，而齐家文化也属于羌人创造的文化。这并不是说二里头文化的直接来源是齐家文化，二里头文化是在中原龙山文化的基础上充分吸收了周边史前文化因素的基础上形成的。也就是说，二里头文化继承了中原史前文化的文化遗产。但是中原龙山文化往二里头文化的蜕变离不开齐家文化因素的加入，二里头文化形成的关键是花边圆腹罐的出现，花边圆腹罐是二里头数量最多、器型最典型的器物，而这种器型来自于齐家文化。③ 从文献上看，夏代早期自太康、仲康、相和少康这100余年间，夏王族处于动荡和失国期，而其复兴自帝杼和帝芬时才从西边的原迁回了伊洛盆地，原属于齐家文化区。④ 因此，二里头文化属于夏中晚期文化，其形成是由中原龙山文化和齐家文化结合而成，也就是夏王族率领了更多的本族人——羌人，自齐家文化区迁回了嵩山西北的伊洛盆地。同时，夏王朝的青铜冶铸技术、铜牌饰、山川地祇的信仰也来自于齐家文化。因此，二里头文化的形成，齐家文化的东进中原是催化剂，这是夏王朝进入稳定期在物质文化上的反映。

齐家文化发现有1000余处，分布于包括陕西西部、甘肃、宁夏、青海东部和内蒙古中南部的广大地区，分布中心位于渭河上游、洮河中下游和湟水中下游。⑤ 齐家人总体上属于农业人群，并存在部分畜牧业，饲养的动物以猪为主，另有大约五分之一的羊和极少量的牛，说明是农牧混合以农业为主的经济类型。从聚落形态来看，齐家文化的聚落大多为中小型聚落，聚落规模小，移动性增强，这是游牧业对社会分化所起的作用。齐家文化

---

① 参见中国社会科学院考古研究所编著：《大甸子——夏家店下层文化遗址与墓地发掘报告》，科学出版社1996年版，第81～97页。

② 参见邹衡：《关于夏商时期北方地区诸邻境文化的初步探讨》，《夏商周考古学论文集》，文物出版社1980年版，第253～294页。

③ 参见袁广阔：《二里头文化研究》，线装书局2013年版，第134～135页。

④ 原的地望有不同的观点，笔者认为位于西北黄土高原上。

⑤ 参见中国社会科学院考古研究所：《中国考古学·夏商卷》，中国社会科学出版社2003年版，第535～538页。

的器物组合，器型以罐为主，双耳罐为主要特色，器形小型化，以适应经常移动的生活，有绳纹陶和彩陶，变体的蛙纹表明还保存有马家窑文化的蛙崇拜。蛙崇拜这一民间信仰在羌人中保存至今。① 齐家文化的石器以细石器为主，另有部分青铜刀，都属于畜牧业和狩猎经济所使用的工具，主要用来剖兽皮和切割肉食。

齐家文化的墓葬表明，其社会以小型家族为单位，同一家族的墓葬埋葬在一起。存在合葬墓，一般是一个男性和一名或两名女性合葬，随葬品多放置在男性一侧，女性屈肢面向男性，体现了男尊女卑的观念。武威皇娘娘台墓葬群的中心大墓一般一男两女，说明存在一夫两妻制，不过仅限于社会上层。② 体质人类学表明，齐家文化的体质特征表现出与马家窑文化的连续性，都属于蒙古人种。通过分析墓葬中的出土器物也得出了同样的结论，齐家人有以玉石器随葬的习俗，器类多为璧、琮、环、多孔长刀和复合璧等，均为来自东方的器类——分别属于江淮地区和晋南地区，以璧为主，表明齐家人受到了东方文化因素的影响，并接受了东方的宗教信仰表达方式。在马家窑文化时期该地区的人群就接受了东方的太阳崇拜信仰，良渚文化时期，琮、璧往西北传播和扩散，两者是在同一种信仰下的族群，因此这些玉器被齐家人广泛接受，并用以表示其身份地位和宗教信仰。良渚文化和齐家文化中都有用玉璧随葬的习俗，均为火崇拜的表现形式。在这一高端物品的传播过程中，自然伴随着人群的迁移。

齐家文化通过陕西东部的老牛坡类型与二里头文化相接触，老牛坡遗址中出土有齐家文化的双耳和三耳罐，并发现有用玉璧随葬和男女合葬的习俗。齐家文化的西部与四坝文化和天山北路文化相联系，并通过两者与欧亚草原文明产生交流，借以引进中西亚的冶金术和金属制品，也包括羊、马等牲畜。夏都二里头遗址中出土的环首刀来自齐家文化，鬶、盉等酒器也由二里头遗址传播到齐家文化之中。③ 铜牌饰是夏人表达身份和地位的标志物，二里头文化、齐家文化和三星堆文化中都有发现，三者都与羌人有关(图 6-6-6)。

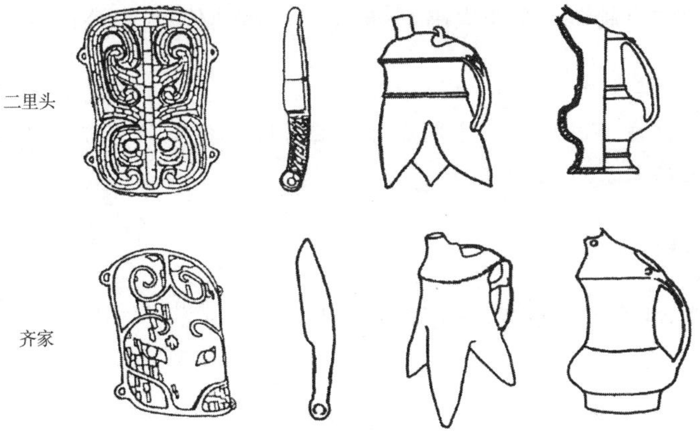

图 6-6-6　二里头遗址铜牌饰、铜环首刀、陶盉(上排)与齐家文化铜牌饰、铜环首刀和陶盉(下排)
(摘自李水城《西北与中原早期冶铜业的区域特征及交互作用》)

① 壮族(部分来自于古羌人)于蚂拐节祭祀青蛙。

② 参见甘肃省博物馆:《甘肃武威皇娘娘台遗址发掘报告》,《考古学报》1960 年第 2 期;甘肃省博物馆:《武威皇娘娘台遗址第四次发掘》,《考古学报》1978 年第 4 期。

③ 参见李水城:《西北与中原早期冶铜业的区域特征及交互作用》,《考古学报》2005 年第 3 期。

四坝文化 四坝文化是分布于河西走廊狭长地带的一支考古学文化，该文化南抵祁连山，北达巴丹吉林沙漠，西至疏勒河，东达甘肃武威，东与齐家文化相邻，西与新疆东部天山北路类型毗邻。发现的遗迹多为墓葬，少有居址，与其主要从事游牧业有关——生活方式的移动性使文化层不易形成和保存。四坝文化人群大部分为游牧民，主要活动于草原地带，逐水草而居，山谷中水土资源丰富的地区则种植少量作物，以小麦、大麦、小米等作物为主，但规模一般较小。这种经济方式为纯粹的游牧人群的生产方式。① 虽然同为羌人，但是四坝文化人群表现出与欧亚草原文化更多的联系，金属制品刀、斧、锥、耳环、鼻环、权杖头等是由中亚和欧亚草原地区所引进，包括铸造和锻造技术。四坝文化墓葬有洞室墓和竖穴土坑墓两种，葬式有二次葬和男女合葬。体质人类学研究表明，四坝文化与齐家文化相同，同为东亚蒙古人种。四坝文化在东西文化交流中发挥了重要的作用，金属合金技术、小麦等由此传入内地。② 从约公元前2000年开始之后的一两千年间，中西文化交流成为新的时代潮流，这条丝绸之路一度曾为世界文化交流的中轴线，直到大航海时代的来临。西方的青铜器、小麦、马匹、宗教信仰等通过丝路传入中国，不但改变了中国的经济、政治和文化面貌，也促使了汉民族意识的形成。

五、夏代的南方

夏王朝人群的主要构成包括中原龙山文化人群（炎黄部族）和石家河文化（颛顼祝融部族）人群，因此夏人往南的扩张较为顺利。钟祥乱葬岗③，江陵荆南寺④，黄坡盘龙城⑤，宜昌白庙⑥、中堡岛⑦、下岸⑧等遗址均发现有二里头文化遗存，夏人通过江汉地区，顺江而上进入西南的巴蜀地区，并在该地建立了一座新的城址，取代了当地土著文化，创造了三星堆文化。三星堆文化为夏王族在蜀地所创造，他们掌握青铜冶铸技术，为自然神灵和祖先神灵铸造了各种神像，同时仍以耜形璋祭祀山川地祇。

商周时期，部分夏人逐渐往岭南地区迁徙，仍以耜形璋作为礼器。这些人与当地土著杂居而处，被称作“百越”，仍祭祀大禹。《史记・东越列传》太史公曰：

> 越虽蛮夷，其先岂尝有大功德于民哉，何其久也。历数代常为君王，句践一称伯。然余善至大逆，灭国迁众，其先苗裔繇王居股等犹尚封为万户侯，由此知越世世为公侯矣。盖禹之余烈也。

又《史记・越王勾践世家》：

> 越王勾践，其先禹之苗裔，而夏后帝少康之庶子也。封于会稽，以奉守禹之祀。

---

① 参见王明珂：《游牧者的抉择》，（台北）联经出版事业股份有限公司，2009年版，第20～33页。

② 参见中国社会科学院考古研究所编著：《中国考古学・夏商卷》，中国社会科学出版社2003年版，第558～562页。

③ 参见荆州市博物馆等：《钟祥乱葬岗夏文化遗存清理简报》，《江汉考古》2001年第3期。

④ 参见荆州地区博物馆等：《湖北江陵荆南寺遗址第一、二次发掘简报》，《考古》1989年第8期。

⑤ 参见湖北省文物考古研究所：《盘龙城—1963—1994年考古发掘报告》，文物出版社，2001年。

⑥ 参见湖北宜昌地区博物馆等：《湖北宜昌白庙遗址试掘简报》，《考古》1983年第5期。

⑦ 参见湖北省宜昌地区博物等：《宜昌中堡岛新石器时代遗址》，《考古学报》1987年第1期。

⑧ 参见国家文物局三峡考古队：《湖北宜昌下岸遗址发掘简报》，《考古》1999年第1期。

越人为大禹之后，大禹为越人的英雄祖先。到商代晚期和西周时期，越人北上，逐鹿中原，春秋时期越王勾践成为春秋五霸之一。春秋会盟，勾践称霸，于是越人以禹会诸侯于涂山的历史记忆为争霸天下而张本。

长江下游的太湖地区，在经历了龙山时代的钱山漾文化、广富林文化之后为马桥文化的分布区。马桥文化往北达无锡一带，南界至宁绍平原，西至太湖西岸，时代上相当于夏代至商早期(前 1900～前 1200 年)。① 其陶器特征除了本地传统文化因素之外，还受到了岳石文化、二里头文化、肩头弄类型和湖熟文化的影响，晚期受到了二里岗文化的影响。石器主要是本地传统器型。马桥文化作为中原与岭南的文化桥梁，起到了沟通两地的作用。② 马桥文化社会分化不明显，社会发展滞后，历经虞夏商三代，直至周初，周人以“太伯奔吴”的故事将该地区纳入了周文化系统中。③

第七节　商代（公元前 1523～前 1027 年）

公元前 1523 年，商汤和伊尹灭掉了夏朝，并在夏都东北 6 公里洛水北岸建立了一座面积达 200 万平方米的城址，以镇服夏人(图 6-7-1)。这座商城被考古学家发现并命名为“偃师商城”。董仲舒《春秋繁露》中说：“故汤受命而亡应天变夏，作殷号……作宫邑于下洛之阳”即指此城，与之伴出的陶器表明它是来自于豫东地区的商人建造。④ 与此同时，二里头遗址的宫城和宫殿建筑被废弃，夏王族被放逐。二里头遗址东部 85 公里处的郑州商城迅速崛起，成为新的政治、经济和文化中心。郑州商城整个遗址面积达 25 平方公里，有内、外两个城圈组成：外城面积达 18 平方公里，近似圆形；内城为长方形，约 300 万平方米。内城发现几十个夯土基址，分别属于宫殿和宗庙遗址。这座城址当为商代早

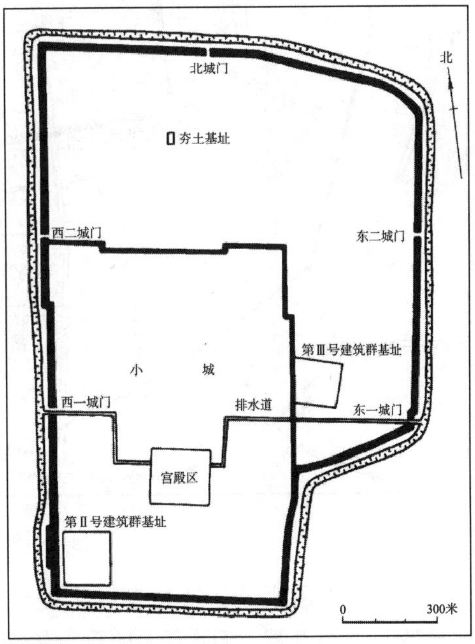

图 6-7-1　偃师商城平面图

① 参见宋建：《论马桥文化的时空结构》，宿白主编：《苏秉琦与当代中国考古学》，科学出版社 2001 年版，第 365～380 页。

② 参见中国社会科学院考古研究所：《中国考古学·夏商卷》，中国社会科学出版社 2003 年版，第 463～467 页。

③ 《史记·吴太伯世家》记载：“吴太伯，太伯弟仲雍，皆周太王之子，而王季历之兄也。季历贤，而有圣子昌，太王欲立季历以及昌，于是太伯、仲雍二人乃奔荆蛮，文身断发，示不可用，以避季历。季历果立，是为王季，而昌为文王。太伯之奔荆蛮，自号句吴。荆蛮义之，从而归之千余家，立为吴太伯。太伯卒，无子，弟仲雍立，是为吴仲雍。仲雍卒，子季简立。季简卒，子叔达立。叔达卒，子周章立。是时周武王克殷，求太伯、仲雍之后，得周章。周章已君吴，因而封之。乃封周章弟虞仲于周之北故夏虚，是为虞仲，列为诸侯。”

④ 参见中国社会科学院考古研究所编著：《偃师商城》，科学出版社 2013 年版，第 8～14 页。

期都城——商汤的亳都[①](图 6-7-2),系商汤在灭夏之前所建,也是盘庚迁殷之前规模最大的城址。

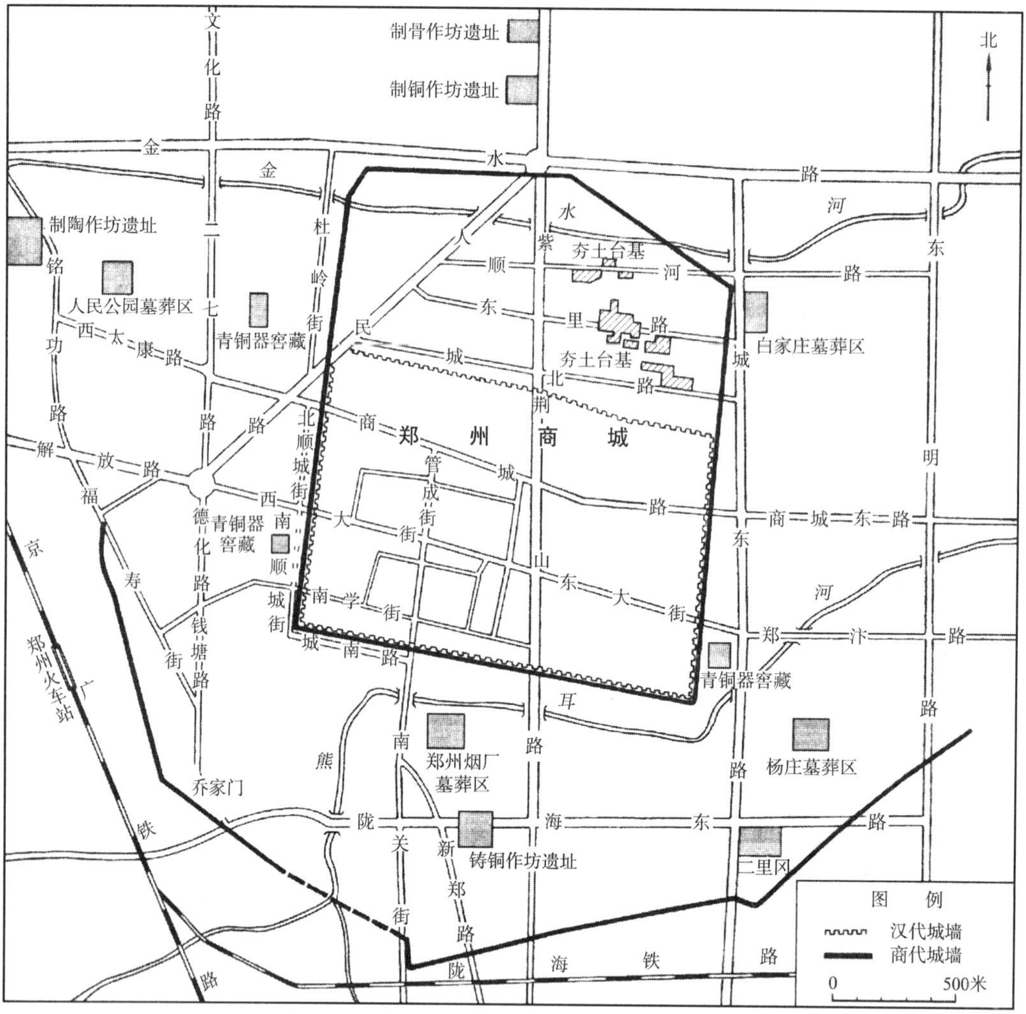

图 6-7-2 郑州商城平面图

商代早期的铜器铸造技术更为先进,器类增多,器型更加复杂,除酒器外,还有大量的武器和大型礼器,表明商人的青铜铸造业更为发达。郑州商城内外城之间的南关外发现有铸铜作坊,主要生产铜礼器、工具和武器。在外城北部紫荆山发现另一处铸铜作坊,以生产武器、小型工具为主。[②] 据说夏代铸造的九鼎是国家权力的象征,《墨子·耕柱》篇中记载夏后开"使蜚廉折金于山川……鼎成,四足而方。……九鼎既成,迁于三国。夏后氏失之,殷人受之……"《左传·宣公三年》也记载:"桀有昏德,鼎迁于商,载祀六百(按:

① 参见邹衡:《夏商周考古学论文集》,文物出版社 1980 年版,第 183~218 页。

② 参见河南省文物考古研究所编著:《郑州商城:1953~1985 年考古发掘报告》,文物出版社 2001 年版,第 307~366 页。

‘六百’当为‘五百’之误）。”这说明传说中的九鼎为青铜方鼎。二里头文化早期即已经发现有陶制方鼎和青铜圆腹鼎，学界普遍认为二里头遗址应当存在青铜方鼎，郑州商城出土的青铜大方鼎为王室所有，鼎器形硕大，是国家权力和王权的象征。商代时，铜器这一最重要的战略物资仍被牢牢地控制在王室手里，青铜武器的大量制作使商人获得了武力上的绝对优势。

商代早期文化又称“二里岗文化”，商人通过建立军事据点扩张自己的势力，从而建立了幅员辽阔的军事帝国，东到东海，西到关中，北到长城一线，南过长江。通过这些军事据点的建立控制这些核心区域，从而控制全国的疆域，维护帝国的版图。并且通过这些据点获取重要资源和稀缺物品，如矿石、盐、玉器、原始瓷器、海产品、农产品、牲畜等。各地发现的样式统一的陶器、青铜器和玉器等物质遗存表明，商人通过直接派遣贵族和技术工人如陶工、冶铜工人到这些地区进行殖民和定居。

一、商代的东方

商王朝的东方为岳石文化的分布区。岳石文化为东夷人所创造的考古学文化，其中之一在甲骨文中被称作“人方”，泛指山东南部和苏北地区的人群，也是商人所征伐的对象。[①] 在商灭夏前后，部分东夷人和商人建立了军事同盟。岳石文化的时代相当于二里头文化和二里岗文化时期，为公元前1800～前1300年。进入商代之后，商人进入山东腹地，商人文化和夷人文化并存，同时岳石文化开始衰落，并且往胶东半岛退却。商代中期，商人在东方建立了几个军事据点：一是济南大辛庄遗址，一是青州苏埠屯遗址，一是滕州前掌大遗址，分别控制鲁北西部、鲁北中部和鲁中南地区。南庚时，商人迁都于鲁中奄都。

大辛庄遗址位于济南城东北，西距城子崖遗址仅22公里。遗址东部为墓地，西部为居址，发现有商代晚期的甲骨文和商代中期的贵族墓葬，商代中期墓葬中出土的青铜礼器和铜钺表明这里是商王室直接派遣的王族所建立的军事据点。该遗址并没有城墙等防御设施，发现有岳石文化风格的陶器和商人的陶器并存，说明夷人、商人关系亲密。[②] 城子崖遗址所在的章丘地区在大汶口文化和龙山文化时期异常繁荣，为夷人的一大聚居区。遗址西临巨野河，进入岳石文化之后在龙山文化城墙的基础上加筑了高大的城墙，表现出了明显的防御性，应是夷人为抗击商人入侵而修建的防御工事。商代晚期，商人扩张到青州地区，青州苏埠屯出土有两座商人高等级的墓葬，出土的青铜礼器、武器和铭文表明这里被与侯家庄商王墓同样等级的亚族控制。济水是鲁北通往中原最重要的水路交通线。商晚期，环渤海地带出现了密集的盐业遗址，商人将食盐、鱼蚌、珍珠等海洋资源，泰沂山系的矿产，平原地区的农产品等物资通过便利的水陆运输运往国都。

二、商代的西方

商代早中期，商人在西方扩张并建立了两座城址——山西南部的夏县东下冯和垣曲

① 参见方辉：《从考古发现谈商代末年的征夷方》，山东大学东方考古研究中心编：《东方考古》第1集，科学出版社2004年版，第249～262页。

② 参见方辉等：《济南大辛庄商代居址与墓葬》，《考古》2004年第7期。

南关，西安老牛坡遗址是渭水南岸另一处重要遗址。渭水流域也是商人的田猎区。商人通过这些据点获取中条山的铜矿、东盐池生产的盐业资源和渭水流域的农产品等珍贵的物资。但是广大的黄土高原地区，商人势力少有发现，这一地区逐渐成为商王朝最大的威胁。

三、商代的南方

商人往南的扩张主要有湖北武汉盘龙城和江西樟树吴城两个据点，分别位于长江北和长江南。盘龙城靠近盘龙湖，该地从夏代时就从事青铜冶炼，商人继承并扩大了生产规模。商人在此夯筑了城墙，城址由内外两个城圈构成，外城面积 290 万平方米，内城为宫城，面积达 7.5 万平方米。宫城内建筑有大型宫殿，宫城外分布着铸铜作坊、手工业作坊和墓葬、居址。盘龙城的青铜业表现出了与郑州商城同样高的技术水平，城内建筑格局、宫殿布局和青铜器类型、风格表明直接由商人控制。盘龙城所在地区水运发达，多条水道可供运输物资和人员往来。①

江西吴城是商人最南端的据点，这座城址建于二里岗上层时期，城址面积达 61 万平方米，城墙外有濠沟。到商晚期，遗址面积扩大，面积达 400 万平方米。城址呈不太规则的长方形，有 6 个城门，城内可以分成不同的区域，祭祀区位于中心，包括红土台基、大型建筑和规整的道路系统。北部分别有陶器生产区、青铜器生产区和居住区，主要生产原始瓷器、硬陶器、青铜工具、武器和部分礼器。城内南部主要为居住区。原始瓷和铜是吴城为商王朝提供的最重要的两种物资，城址靠近铜矿资源，铜岭铜矿从商代早期一直开采到商代晚期，该地亦为商代重要的原始瓷生产中心。②

三星堆遗址位于四川成都北约 40 公里处，该地在龙山时代就有数座城址出现。但在其后的二里头文化时期，龙山时期的分散式社会组织被一支外来政权取代，这支外来势力的中心位于三星堆遗址。三星堆遗址在龙山时期仅为一处普通村落，到二里头文化时期筑起了一座面积达 260 万平方米的大型城址。三星堆遗址经历了夏代和商代两个时期，但具有一脉相承的文化面貌。上博简《容成氏》记载汤代桀时："（汤）然后从而攻之，升自戎遂，入自北门，立于中□。桀乃逃之鬲山氏，汤又从而攻之，降自鸣条之遂，以伐高神之门。桀乃逃之南巢氏，汤又从而攻之，遂逃，去之苍梧之野。"③"苍梧之野"指遥远的南方，通过考古发现可以确定三星堆遗址为夏人的落脚地。青铜铜牌饰、耜形璋、祭山图像、持璋铜人像、青铜人面等礼器表明三星堆文化从宗教上延续了夏人的信仰，青铜面具和大型神偶也是北方的礼仪传统，只是在北方文化中为石质，而在该处为铜制。四川在文献中被称作"巴蜀"所在之地，甲骨文记载有这两个方国的名字，多数学者认为三星堆为古蜀国的王都。正如《蜀王本纪》所记载，蜀正是由夏王族所创造。蜀人从云南地区获取铜矿，并为商人提供铜矿或成品等资源。

三星堆文化在商末周初时往关中地区扩张，在陕西南部的城固和洋县出现了具有三

---

① 参见湖北省文物考古研究所：《盘龙城：1963～1994 年考古发掘报告》，文物出版社 2001 年版。

② 参见江西省文物考古研究所等：《吴城：1973～2002 年考古发掘报告》，科学出版社 2005 年版。

③ 马承源主编：《上海博物馆藏战国楚竹书》（五），上海古籍出版社 2005 年版，第 310～316 页。

星堆文化特色的青铜器，这些青铜器被称作“城洋青铜器”，时代属商代中晚期，有礼器、武器、面具、工具等。[1] 青铜制造的耜形璋应是在玉矿资源减少和改以青铜作为祭祀礼器的背景下所制作的宗教用品，其造型完全是三星堆风格和样式。青铜钺上的蛙和戈上的龙蛇分别代表了夏人的蛙崇拜和龙崇拜。青铜面具包括青铜兽面像和青铜人面像，均为传统的宗教礼仪，用于公共祭祀活动中，祭祀对象为山川神祇和夏人的祖先(图 6-7-3)。夏人在关中地区与周人结盟，周人的青铜铸造技术可能来自于夏人。周武王灭商时，夏人是其中一支重要的力量，灭商之后，周武王封“夏后氏之后于杞”[2]。但是到周代时，夏人的传统祭祀也发生了时代变革。周代的礼制改革以及轴心时代的到来，使春秋时的孔子感叹道：“夏礼，吾能言之，杞不足征也。”[3]文献中的记载和杞礼已经不同了，夏已经过去 1000 年，时代早已经发生了变革，同时夏时礼制为国家级礼制，怎么可能与小诸侯国杞礼制相同呢?!

图 6-7-3 三星堆青铜礼器(上)与城洋青铜礼器(下)

《礼记·祭法》中记载：“商人禘喾而祖契，郊冥而宗汤。”汤为开国君主，冥为商先王，契为商始祖。帝喾为火神，为东夷人所崇拜的宗神，契为殷始祖，又名阏伯，亦为火神，至今商丘地区仍有火神台庙会祭祀阏伯。文献中记载，帝喾的次妃简狄吞玄鸟卵而生始祖契。因此，商人是狄人与东夷的族群联合。从考古学文化上来看，商人所用的陶器主要

① 参见西北大学文博学院、陕西省文物局编：《城洋青铜器》，科学出版社 2006 年版，第 244～245 页。
② 《史记·周本纪》。
③ 《论语·八佾》。

来自于下七垣文化，并受二里头文化的影响。但商人的主要炊器为鬲、甗，与夏人的鼎、罐不同，说明他们是完全不同的族群。但是，商人的礼制较多的为东方传统，如殉狗、墓中用腰坑的习俗，尤其是商人所崇拜的神灵——铸造于青铜器上的最高神的形象表明商人所用的是夷人的宗教传统。从区域上看，狄指北方人群，夷指狄人南部的华北平原和长江下游平原的古代人群。从宗教上看，商人所崇拜的神鸟由夷人的太阳鸟金雕和狄人的鹰鸮所组成，殷墟妇好墓中出土的青铜鸮尊显见，代表了史前太阳崇拜和萨满教的结合。因此，商人为夷狄联盟。

商代中期时五次迁都，祖乙时迁都于庇，庇都即洹北商城，位于洹河北岸，与殷墟隔岸相望。据《尚书·无逸》记载，祖乙享国75年，商人势力大盛，南庚时一度迁都于商奄。商代晚期，商人势力衰退，其控制的范围不断退缩，以经营东方为主。盘庚从洹河北迁都到洹河南的殷墟，因有甲骨文的发现，学界认为进入了历史时期，同时，考古学提供了商代晚期更多、更详细的历史信息。

周人以夏人的继承者自居，古公亶父迁岐以后与姜姓羌人联合，逐渐壮大。与夏人一样，周属于西北族群中的一支。周灭商以后分封诸侯，以同姓和异姓相结合的方式，控制了中国的核心区域。周人继承了商人的文化传统，占卜、祭祀和青铜器都承袭商制。但周人本是与商人不同的族群，其所具有的戎狄血统和文化使其最终对商人文化传统进行大改革。周人发迹于黄土高原上，具有与东南族群不同的信仰，在这一北方族群看来，天与地才是宇宙的基本架构。他们崇拜黄土地，自称黄帝的后人，并称姬姓为黄帝第一姓。天为至上神，并没有实体，只是作为至上神而存在。因此“天”和“帝”两者逐渐混合到一起，同时周人对天的态度也不同于商人的帝，帝人的帝作为至上神仍让商人失了天下，于是周人有了天命无常的观念，开始思考朝代的更迭：何以周得了天下，而商失了天下？于是有了周公“德”的观念。周公将一个王朝的合法性归结为德，而德在于民，有德就可以代天而王天下，失德就会失天下。这是一种完全不同于夏、商王朝合法性的解释。在夏人看来，大禹治水是合法性的基础，而商人则认为商初时大旱，商汤为天下百姓以身作为牺牲祷于桑林，这是商人合法性的基础，一是水灾，一是旱灾。大禹导山导水，分划九州，商汤以身作牲，为民祈雨。但周人找不到合法性的基础，周人认为受天命者王天下，周人将天命运转归结为“德”。这是因为周族一直是西方小国，在当时，夏商之地才是天下之中，文明的核心区域，中国所在。因此，需要一个超越于族群之上的合法性来源。周人从哲学上为商亡周兴寻找理由，西周早期青铜器铭文和诰命反反复复地陈述周兴和商亡的原因。可惜的是，周克商275年后被申侯联合鄫国、犬戎所灭，平王东迁洛邑，王室衰微。表面上看，西周的灭亡似为幽王昏庸，申侯联合鄫国、犬戎反叛，但实际上，周之所以得天下，是由于姬姜联盟。姬姜联盟被破坏，周的失败难以避免。申侯为四岳之后，鄫国为姒姓。夏商周都是联盟国家，政治联盟的破坏必然导致政权的更迭。

春秋战国时期，先是诸侯争霸，再就是兼并战争。最终秦人崛起于西土，一统天下。秦虽兴于西方，但据文献记载商周之际秦人的祖先由东方迁往西方，本为东方族群，《史记·秦本纪》记载：“秦之先，帝颛顼之苗裔，孙曰女修。女修织，玄鸟陨卵，女修吞之，生子大业。”秦人与商人有相同的始祖神话，且为少昊之后，当来自淮夷。秦立六畤祭祀黄帝、炎帝和太昊、少昊，其中少昊畤有三处。秦统一天下后，实行郡县制以代分封制，这种制度打破了血缘关系的纠结，但也不利于控制族群，终致二世而亡。秦虽失败，但“周秦之变”之后，中央专制集权的社会体制为汉所继承。刘邦受蚩尤的福佑，以关中为基础统一天下，实行郡国并行制，并逐渐弱化诸侯国的势力。秦汉时在与北方族群的冲突中，汉民族意识逐渐形成。此后汉族与北方游牧民的冲突成为中国历史冲突的主流。

东周时期出现了一种新的王朝更迭学说——阴阳家邹衍提出的“五德终始说”。“五德”是指五行木、火、土、金、水所代表的五种德性。“终始”指五德的周而复始的循环运转。邹衍以此说为历史变迁、王朝兴衰作出解释。这一学说是周公至儒家的“德”和阴阳五行学说的结合，顾颉刚认为来源于儒家[①]，而儒家又来源于周公“德”的观念和西周的礼制。在“五德终始说”的影响下，王朝的更迭和合法性的获得又回到了一种原始思维上，中国的王朝更迭进入了一种循环中，邹衍说“五德从所不胜，虞土、夏木、殷金、周火”[②]，“代火者必将水”[③]，因此汉代刘邦自以为得水德。邹衍认为虞、夏、殷、周的历史是一个胜负转化的发展过程。它按照土、木、金、火、水依次相胜而具有阶段性，又按照始于土、终于水、徙于土的循环往复而具有周期性，“阴阳消息”的矛盾运动推动着“五德转移”，又决定着“并世(当世)盛衰”。在木胜土、金胜木、火胜金、水胜火的每一发展阶段都存在着阴阳两种势力的矛盾和斗争。而这种五德相胜又是被机械的周期律预先决定的。唐宋时期，符瑞思想渐盛，“凡帝王者之将兴也，天必先见祥乎下民”，认为王朝的兴起必有天意符瑞作为象征和验证，从而形成了天人感应论。祥瑞显然是来自于远古时期的图腾动物，《史记·龟策列传》：“自三代之兴，各据祯祥。涂山之兆从而夏启世，飞燕之卜顺故殷兴，百谷之筮吉故周王。”周兴时，有凤鸣于岐山，周武王伐商时，有白鱼显瑞。这种哲学思维实际上又回到了一种原始思维上，虽然比过去的前逻辑思维更完善。

① 参见顾颉刚：《五德终始说下的政治和历史》，《古史辨》第5册，上海古籍出版社1987年版，第408～410页。

② (南北朝)萧统编(唐)，李善注：《文选》卷五九，胡刻本。

③ 《吕氏春秋·有始览·名类》。

结语　华夏与中国

历史学和考古学都是通过了解我们的过去从而认识我们自身的学科。我们自称“华夏”和“中国”，这两个自称具有悠久的历史来源。通过文献和考古发现可知，华夏与蛮、夷、羌、狄为历史时期形成的族群概念，在三代之前并无夷夏之别。夏商周三代王族均来自后世所称的“蛮、夷、羌、狄”。

随着全新世大暖期的到来，距今5000年前后的中原地区，汇集了来自四方的各族人群。中原文明东临大汶口文化和龙山文化，西与先羌的马家窑文化接触，东北与红山文化，南与石家河文化毗邻，东南有淮系文化，北方有内蒙古中南部和陕北文明。这些人群均为华夏的人群来源。夏原指居住于中原的人群，这一族群的构成极为复杂，从夏代祀典来看，夏族的组成主要有黄帝族和颛顼族。《史记·六国年表》中说：“禹兴于西羌。”《史记集解》引皇甫谧曰：“孟子称禹生石纽，西夷人也。传曰‘禹生自西羌’是也。”夏王族为来自西方的族群。孟子所说禹生石纽当为羌人进入蜀地之后的历史构建。由此可见，羌、蛮、夷是夏民族的主要人群构成。夏是华夏族的主要来源，杞为夏后裔，但是周人称“杞，夷也”。可见夏夷并非血缘族群上的差别，而是来自于文化。

商由狄人和夷人组成。商人的始祖契，“母曰简狄”，其母族当为北方狄人血统。帝喾为东夷崇拜的至上神和宗神，《山海经》中称作“帝俊”。商人的宗教信仰由萨满教、图腾崇拜和太阳崇拜融合形成，这已经被商代的考古发现证实。商人也有与秦人相同的神话来源。商人当为夷狄联盟。先商文化所在的太行山东麓地区自古以来就是狄人和夷人的交汇融合之所在。

周族由狄和羌人构成。周人的始祖为后稷，后稷母为姜嫄，姜姓是羌人，其母族当为羌族。周人在公刘时曾居于戎狄之间，不从事农业，实际上就是狄人。只是周人后来又转而从事农业，自然又有别于戎狄。周人又与姜姓羌人通婚，姜姓为炎帝之后，姜嫄为周人先妣。因此，周人当为羌、狄血统，是狄羌联盟。

夏商周之后，秦时秦人自称“夏”，秦国女子所生称“夏子”。秦人作为伯益之后，自当是夷人，进入西垂之地后，征服了大量的羌人，将其纳入秦国之内。秦始皇统一六国之后，东巡以山东为主，封泰山，立刻石，不止是彰显武力和确立疆域，还有怀恋故土的意思，同时表达承受天命、统一天下的政治抱负。吕不韦为秦相，吕姓自是羌人，辅佐秦人统一了天下。秦人自是夷羌联盟。

从考古学上看，中原地区在距今 6000～4000 年，自有其土著群体，即广义上仰韶文化的创造者。但是这 2000 年间，东方的大汶口文化和龙山文化西进，南方的屈家岭文化、石家河文化北上，西边的仰韶文化和客省庄文化东进，北方文化南侵，这些文化、族群相互融合，早已经不是单一族群。因此，从族群上看，华夏族来自于蛮、夷、羌、狄，这与徐旭生从文献上得出来的结论是一致的。

同样，所谓蛮、夷、羌、狄也来自于“华夏”，三代之前夷夏之间并没有清晰的界线。

在悠久的历史长河中，居于中国的古代族群为了适应环境的变迁和社会的压力，不断地调整生业方式，在气候温暖湿润适宜农业发展时从事农业，气候干冷时则寻找新的农耕之地，或增加畜牧、渔猎等生产活动。有的如周人，一度彻底从事游牧业，几代之后又从事农业，从而有了两种生产生活方式的体验，这即指文献中常说的“或在夷狄，或在中国”，当时的中国指一个地理概念。族群的边界并不清晰。春秋时夷狄和诸夏杂处，许多夷狄都来自于“华夏”。据《史记》等文献记载，秦人、楚人、魏人、周人都曾有这样的支族。

《史记·秦本纪》记载秦人的祖先：

> 大费生子二人：一曰大廉，实鸟俗氏。二曰若木，实费氏。其玄孙曰费昌，子孙或在中国，或在夷狄。

《史记·楚世家》记载楚人的祖先：

> 吴回生陆终。陆终生子六人，坼剖而产焉。其长一曰昆吾，二曰参胡，三曰彭祖，四曰会人，五曰曹姓，六曰季连。芈姓，楚其后也。昆吾氏，夏之时尝为侯伯，桀之时汤灭之。彭祖氏，殷之时尝为侯伯，殷之末世灭彭祖氏。季连生附沮，附沮生穴熊。其后中微，或在中国，或在蛮夷，弗能纪其世。

《史记·魏世家》记载魏人的祖先：

> 魏之先，毕公高之后也。毕公高与周同姓。武王之伐纣，而高封于毕，于是为毕姓。其后绝封，为庶人，或在中国，或在夷狄。其苗裔曰毕万，事晋献公。

周人也有后人为夷狄。《史记·历书》：

> 幽、厉之后，周室微，陪臣执政，史不记时，君不告朔，故畴人子弟分散，或在诸夏，或在夷狄，是以其禨祥废而不统。

同样，越、匈奴皆诸夏之后。《史记·匈奴列传》：

> 匈奴，其先祖夏后氏之苗裔也，曰淳维。唐虞以上有山戎、猃狁、荤粥，居于北蛮，随畜牧而转移。其畜之所多则马、牛、羊，其奇畜则橐驼、驴、骡、駃騠、騊駼、驒騱。逐水草迁徙，毋城郭常处耕田之业，然亦各有分地。毋文书，以言语为约束。儿能骑

羊，引弓射鸟鼠。少长则射狐兔：用为食。士力能毋弓，尽为甲骑。其俗，宽则随畜，因射猎禽兽为生业，急则人习战攻以侵伐，其天性也。其长兵则弓矢，短兵则刀鋋。利则进，不利则退，不羞遁走。苟利所在，不知礼义。自君王以下，咸食畜肉，衣其皮革，被旃裘。壮者食肥美，老者食其余。贵壮健，贱老弱。父死，妻其后母。兄弟死，皆取其妻妻之。其俗有名不讳，而无姓字。

《史记·越王勾践世家》：

越王勾践，其先禹之苗裔，而夏后帝少康之庶子也。封于会稽，以奉守禹之祀。文身断发，披草莱而邑焉。后二十余世，至于允常。允常之时，与吴王阖庐战而相怨伐。允常卒，子勾践立，是为越王。

又《史记·陈杞世家》：

太史公曰：舜之德可谓至矣！禅位于夏，而后世血食者历三代。及楚灭陈，而田常得政于齐，卒为建国，百世不绝，苗裔兹兹，有土者不乏焉。至禹，于周则杞，微甚，不足数也。楚惠王灭杞，其后越王勾践兴。

氐戎来自于羌。《左传·襄公十四年》记戎子驹支曰："谓我诸戎，是四岳之裔胄也。"范宣子亦曰："来，姜戎氏。"是知戎与夏同根。王符《潜夫论》曰："炎帝后，姜戎，伊、洛、陆浑也。"正如王献唐所说："四岳为炎帝后，证以上说，是当时西地之戎皆出神农，所谓姜戎者也。姜即羌，初为羊，姜亦四岳所出。《山海经》：'炎帝孙灵恝生氐人为氐国。是氐亦神农苗裔。'"①

秦、楚、吴、魏、周等国都有夷狄的支族，这并不是说他们只是居住在夷狄的地方，而是他们已经成为夷狄——从事夷狄的生业经济，并且习夷狄之俗。同时，楚国自称蛮夷，其后文明日进，中原诸侯与之会盟，则不复以蛮夷视之；而郑国本为诸夏，如行为不合礼义，亦被视为夷狄；杞为夏后裔，周人文化兴盛之后称之为"杞夷"。这是因为华夏和蛮夷本来就没有清晰的族群边界，华夏和蛮夷戎狄一直处于变动之中。华夏是一个文化概念，而较少和族群相联系。华夏族群意识的形成当在东周秦汉之际，为了与北方游牧民族和南方边缘族群不司华风之族群相区别而形成。华夏不同于夏，华夏重风俗和礼义，重宗教和情感认同，重君民之别，因由夏代所开创，故称"华夏"。

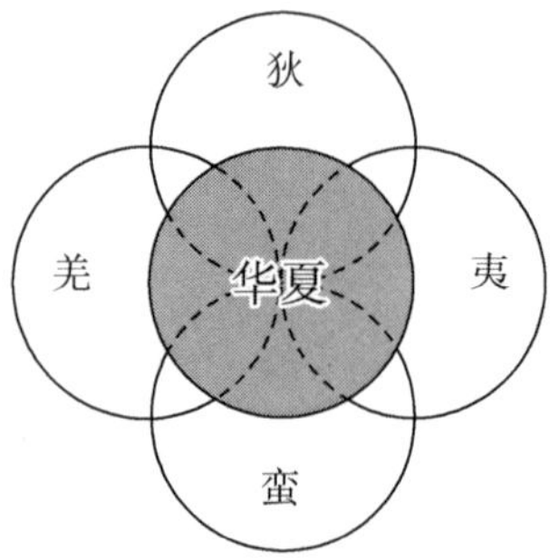

图1　华夏族之构成图示

当然，在自然环境稳定时，亦有族群坚持原来的生产方式，尤其是黄河流域的农业人群，一直从事农业生产。西南、东南地区的族群长期从事渔猎，这是因为这些山岭地区并不适宜大面积农作物种植，同时优越的自然环境，只需要采集、

① 王献唐：《炎黄氏族文化考》，齐鲁书社1985年版，第13页。

捕捞或狩猎就可以维持生活。这也导致其社会发展缓慢。

无论是历史文献，还是考古资料都证明，“华夏族”由蛮夷羌狄所构成。北方少数民族亦自称黄帝之后，而羌人在夏王朝时是人群的主要组成部分之一。从人群组成上来看，华夏由蛮夷羌狄构成，而蛮夷羌狄越也大多是由华夏所分化而成。在漫长的历史长河中，并没有明确的族群之别。三代之前无华夏，三代之前无蛮夷(图 1)。

“中国”之名最早见于西周早期的何尊(图 2)之上：

唯武王既克大邑商，则廷告于天，曰：“余其宅兹中国，自兹乂(辟)民。”

铭文记载了周成王时在“中国”洛阳兴建成周的事件。[①] 中国是指洛阳为中心的中原地区，是一个地理概念。相对应的，周处于西土，夷人处于东土，又有南土和北土，《左传・昭公九年》曰：“巴、濮、楚、邓，吾南土也；肃慎、燕、亳，吾北土也。”中国之名产生之后，由一个地理概念逐渐往文化概念发展，并逐渐往族群概念过渡，以与夷狄相对，至近代，在与西方文明的对立中，最终具有了国族的意义。

图 2　何尊及铭文拓片

传统历史观认为，夏商周为一系的王朝演化，顾颉刚发动古史辨运动时曾提出打破中原向来一统的历史观。实际上在 1917 年王国维发表的《殷周制度论》中，已经提出了商周东西有别的观念，其后在历史学家的共同努力下，夷夏东西对立的格局被建立，并形成了古史系统的三分法。考古学所提供的信息表明，夏时，东方有先商和夷人集团，西方有羌人集团，北方、东北和东南都有独立于夏王朝的政治势力；商时，东方有夷人，北方有若干支北方青铜文化所代表的族群，西方有周人，西南有蜀人，南方有吴城文化所代表的土著集团，东南则有百越。周和秦汉逐渐扩大政治版图，终于建立起大一统的帝国。

近代，东亚相对封闭的格局逐渐被打破，在中西对立的文化格局中，中华民族的民族意识逐渐被唤醒。中华民族这一国族意识并非无源之水，而是有着悠久的历史渊源，中

① 何尊铭文中说，成王五年四月，周公在成周营建洛邑，并祭祀武王。周成王在京宫大室中对宗族小子进行训诰，讲到何的先父追随文王，文王受天命统治天下。武王灭商后则告祭于天，以此作为天下之中，统治四方人民。周王赐何贝三百朋，何作此尊，以作纪念。

华文明拥有庞大的历史根系,因为中国境内的各族早已融合为一体。

现在的中国处于一大历史大变革时期,科技的进步不但更新着我们的生活方式,同时也使我们更加关注自己的过去和未来。历史学所关注的正是我们对自身过去的认识,这一探索已经有100年的历史。其中古史辨派、历史学家和考古学家分别做出了不同的努力,均是这一过程中不可或缺的力量。古史辨派对中国传统文献进行了最科学而翔实的分析,历史学家对古史重建进行了深入的整合研究,一从疑,一从信,但是信是疑而后信,两者功绩均不容抹杀。实际上古史辨派也在疑中有信,破坏中有建设。而考古学者则致力于以出土遗物而进行古史重建。正如杨宽先生所说:"吾人必先'疑古''考古'而后终之以'释古'。"[①]

中国人自古追求人与自然的和谐,同时也致力于个人与家国的和谐,这些特质源自于中国人几千年的历史传统。在这一历史传统中,中国人形成对自身的自我认识和民族认同。

被后世称作"中国"的这片土地自100多万年前就有人类生存,这片土地的自然资源哺育了我们的祖先。因此,黄土地、长江、黄河、山川、太阳、星辰和各种动植物为祖先所崇拜的对象。中华文明的起源地以黄河流域和长江流域这两大河流域和长城一线为核心区。从生态上,古代中国可以划分为西北和东南两大生态区。西北主要为黄土高原。黄土高原为世界最大的一片黄土,是中华文明的摇篮。黄土高原的原生黄土是第四纪冰期干冷气候条件下的风尘堆积物,次生黄土经洪积、冲积改造而成。黄土分布于西起新疆、青海的一部分,被盖甘肃、陕西、山西、河南、河北的大部分,向东延到山东、内蒙、东三省的一部分,向南大体以秦岭、伏牛山、大别山为界。华北平原大体是次生黄土的冲积平原,也就是地质学家所称的"黄土状岩石"覆盖的区域,包括黄、淮平原的次生黄土,我国黄土的总面积近100万平方公里,约占全国总面积的1/10。黄土结构为"点、棱接触支架式多孔结构",土体疏松,垂直节理发育,极易渗水。黄土中的细粒物质如黏土、易溶性盐类、石膏、碳酸盐等在干燥时固结成聚积体,使黄土具有较强的强度,而遇水后随着矿物溶解与分散,土体会迅速分散、崩解。黄土中包含的腐殖质使其富含植物生长所需的营养物质,肥沃的土壤使其成为农业的理想之地。何炳棣先生认为,中国文化的发祥与黄土区域的自然环境有牢不可分的密切关系。[②] 对于中华文明而言,黄土区是最重要的地理单元。在大洪水时代,黄土高原为中国人的"诺亚方舟"。女娲造人的传说中,女娲以黄土创造了人类。黄土地是我们生于此,居于此,死后葬于此的大地母亲。对土地的崇拜延续到整个历史时期,后土、社神成为从国至家各个阶层所崇拜的对象。

黄河起源于黄土高原的西部,全长5000余公里,穿越黄土高原,东流入海。黄河不仅沟通了黄土高原的东西,也为干旱的黄土区提供了必不可少的水源,从而使黄土高原的河谷、平原成为理想的生存栖息之地,滋养了中国数万万人口。因此,黄河被称作中国人的母亲河。

黄土高原上的古代人群以黄帝部族和炎帝部族为主而构成,黄帝部族偏北,炎帝部

---

① 杨宽:《中国上古史导论》,上海人民出版社2016年版,第2页。

② 参见何炳棣:《黄土与中国农业的起源》,香港中文大学出版社1969年版,第177~184页。

族偏南，两者具有更古老的亲缘关系。黄帝族是北狄的人群来源之一，炎帝部族是西羌的主要人群来源。龙山时代，社会分化与整合，来自于东南的人群（皞族、颛顼等）与黄炎部族融合，夏商时期，部分人群带着炎黄血脉回到故土。因此中国人皆自称“炎黄子孙”。在龙山时期，东南低地文明在环境的压力之下往黄土区集中，黄土地和黄河流域成为三代文明的起源地。

与黄土高原对立存在的另一生态区为华北平原、长江中下游平原为主构成的东南区域。这一地区地势较低，湖泽众多，水网密集，交通方便，动植物资源丰富，因此在史前时期迅速发展，较早地进入了文明社会。但生态的脆弱性在于该地区海拔过低，易发生水患。洪水发生时，族群会往高处迁徙，或分散于山岭，或集中于黄土高原。集中于黄土高原的族群便在社会整合中往文明社会迈进。

中国的另一大河为长江，长江下游一段又名“扬子江”，所谓扬子，即日子。《尚书·禹贡》：“淮海惟扬州。彭蠡既猪，阳鸟攸居。三江既入，震泽底定。”“扬”从“昜”，“昜”作上“日”下“勿”之形，《说文解字》引《秘书》说：“日月为易，象阴阳也。……凡易之属皆从易。”下勿作根须状，表示土地，代表阴，上日为阳，阴阳互转谓之易。长江中下游地区在史前时期是太阳崇拜最兴盛之地。东南文明的太阳崇拜则是太昊、少昊、句芒、帝喾、颛顼、祝融等族群的来源。

中国文化的二元对立性源自于这两大生态区域的不同，从而产生了不同的信仰，太阳神和黄土地为中国古代东西方族群最为崇拜的至上神。东南文明崇拜太阳，崇拜火，而西北文明则崇拜黄土地，崇拜水。两种文化呈阴阳对立的格局。通过族群的融合，又阴阳融合。东南文明的精华为道教，西北文明的精华为儒家思想。东南文明构成了中国古代的上层文化，而西北文明则构成了中国族群性、阶序性的社会结构。2000年前的司马迁说：“东方物所始生，西方物之成孰。夫作事者必于东南，收功实者常于西北。”①太史公早已道尽中国文化的格局和历史的规律。黄土地与太阳神为中国人所崇拜的两大自然神灵。太阳与黄土地的颜色红色与黄色也成为中国人最为喜爱的颜色。

龙是中国古代最为神秘的神灵，汉代人相信伏羲、女娲创造了人类。创始神伏羲、烛龙皆为龙神。夏王朝崇拜龙，从而使龙成为神权、王权的象征。夏时的龙是土性，代表社神（地神）。商时崇拜火神帝喾，亦为龙形，为天龙和火龙。龙逐渐成为中国人最崇拜的神灵之一。商人崇拜玄鸟，为太阳神鸟，周人亦崇拜凤，为祥瑞。战国秦汉时期，龙被赋予更多的文化内涵。龙凤也成为中国独特的文化符记。

因此，我们是黄土地的孩子、太阳之子、龙的传人。

“中国”这一名称，在不同的时代具有不同的意义，到近代则有了国族的概念，我们称之为“中华民族”。梁启超先生曾说：“凡遇一他族而立刻有‘我中国人’之一观念浮于其脑际者，此人即中华民族一员也。”②又如费孝通先生所说：“中华民族作为一个自觉的民族实体，是近百年来中国和西方列强对抗中出现的，但作为一个自在的民族实体，则是在几千年的历史过程中形成的。”③历史与现实，正如先生所言。

---

① 《史记·六国年表》。

② 梁启超：《中国历史上民族之研究》，《饮冰室合集》专集四十二，中华书局1936年版，第1～2页。

③ 费孝通：《中华民族多元一体格局》，中央民族大学出版社1999年版，第351页。

参考文献

一、古代文献

(汉)班固:《汉书》,中华书局 1962 年版。

陈广忠译注:《淮南子》,中华书局 2011 年版。

(汉)范晔:《后汉书》,中华书局 2000 年版。

黄怀信:《逸周书校补注译》,西北大学出版社 1996 年版。

(晋)皇甫谧:《帝王世纪》,丛书集成初编本,商务印书馆 1936 年版。

(汉)孔安国传,(唐)孔颖达正义:《尚书正义》,上海古籍出版社 1990 年版。

(汉)司马迁撰,裴骃集解,司马贞索隐,张守节正义:《史记》,中华书局 1982 年版。

(清)孙希旦撰,沈啸寰、王星贤点校:《礼记集解》,中华书局 1989 年版。

(清)孙诒让撰,王文锦、陈玉霞点校:《周礼正义》,中华书局 1987 年版。

许维遹撰,梁运华整理:《吕氏春秋集释》,中华书局 2016 年版。

杨伯峻译注:《论语译注》,中华书局 1980 年版。

杨伯峻编著:《春秋左传注》,中华书局 1990 年版。

袁珂校注:《山海经校注》,北京联合出版公司 2014 年版。

(汉)应劭撰,王利器校注:《风俗通义校注》,中华书局 1981 年版。

二、史学、宗教、思想史著作

陈来:《古代思想文化的世界》,北京大学出版社 2017 年版。

陈来:《古代宗教与伦理——儒家思想的根源》,三联书店 2009 年版。

丁山:《中国古代宗教与神话考》,上海书店出版社 2011 年版。

冯骥才主编:《羌族口头遗产集成》,中国文联出版社 2009 年版。

傅斯年:《民族与古代中国史》,上海古籍出版社 2012 年版。

高福进:《太阳崇拜与太阳神话:一种原始文化的世界性透视》,上海人民出版社 2002 年版。

顾颉刚:《顾颉刚古史论文集》,中华书局 2011 年版。

顾颉刚等编著:《古史辨》全七册,上海古籍出版社 1982 年版。

贵州省民间文学工作组编著，田兵等执笔：《苗族文学史》，贵州人民出版社1981年版。

何炳棣：《黄土与中国农业的起源》，香港中文大学出版社1969年版。

何星亮：《中国图腾文化》，中国社会科学出版社1992年版。

吕大吉：《宗教学通论新编》，中国社会科学出版社2010年版。

蒙文通：《古史甄微》，商务印书馆1933年版。

钱穆：《国史大纲》，商务印书馆1994年版。

秋浦主编：《萨满教研究》，上海人民出版社1985年版。

王国维：《古本竹书纪年辑校》《今本竹书纪年疏证》，《王国维遗书》第十二册，上海古籍书店1983年版。

王国维：《观堂集林》，中华书局1961年版。

王国维：《古史新证——王国维最后的讲义》，清华大学出版社1994年版。

王明珂：《羌在汉藏之间：川西羌族的历史人类学研究》，中华书局2008年版。

王明珂：《游牧者的抉择：面对汉帝国的北亚游牧部族》，广西师范大学出版社2008年版。

王明珂：《华夏边缘：历史记忆与族群认同》（增订本），浙江人民出版社2013年版。

闻一多：《伏羲考》，上海古籍出版社2009年版。

徐旭生：《中国古史的传说时代》，广西师范大学出版社2003年版。

燕宝整理译注：《苗族古歌》，贵州民族出版社1993年版。

杨宽：《古史探微》，上海人民出版社2016年版。

杨宽：《中国上古史导论》，上海人民出版社2016年版。

赵国华：《生殖崇拜文化论》，中国社会科学出版社1990年版。

邹昌林：《中国古代国家宗教研究》，学习出版社2004年版。

[英]爱德华·泰勒：《原始文化》，连树声译，上海文艺出版社1992年版。

[法]爱弥尔·涂尔干：《宗教生活的基本形式》，渠东、汲喆译，商务印书馆2011年版。

[美]艾兰：《龟之谜——商代神话、祭祀、艺术和宇宙观研究》（增订版），汪涛译，商务印书馆2010年版。

[奥]佛洛伊德：《图腾与禁忌》，杨庸一译，中国民间文艺出版社1986年版。

[英]海顿：《南洋猎头民族考察记》，吕一舟译，商务印书馆1990年版。

[英]J. G. 弗雷泽：《金枝》，汪培基等译，商务印书馆2013年版。

[德]卡尔·雅斯贝斯：《历史的起源与目标》，魏楚雄、俞新天译，华夏出版社1989年版。

[德]凯伦·阿姆斯特朗：《轴心时代：人类伟大宗教传统的开端》，孙艳燕、白彦兵译，海南出版社2010年版。

[法]克洛德·列维—斯特劳斯：《图腾制度》，渠敬东译，商务印书馆2012年版。

[法]列维—布留尔：《原始思维》，丁由译，商务印书馆2014年版。

[美]路易斯·亨利·摩尔根：《古代社会》，杨东莼等译，中央编译出版社2007年版。

[英]希安·琼斯：《族属的考古——构建古今的身份》，陈淳、沈辛成译，上海古籍出

版社 2017 年版。

三、考古学资料

安徽省文物考古研究所:《凌家滩——田野考古发掘报告之一》,文物出版社 2006 年版。

安徽省文物考古研究所、蚌埠市博物馆编著:《蚌埠双墩——新石器时代遗址发掘报告》(上、下册),科学出版社 2008 年版。

北京大学考古文博学院、江西省文物考古研究所编著:《仙人洞与吊桶环》,文物出版社 2014 年版。

北京大学考古学系:《华县泉护村》,科学出版社 2003 年版。

北京大学考古学系商周组、山西省考古研究所编著:《天马—曲村 1980～1989》(全四册),科学出版社 2000 年版。

北京大学震旦古代文明研究中心、郑州市文物考古研究院:《新密新砦——1999～2000 年田野考古发掘报告》,文物出版社 2008 年版。

常玉芝:《商代宗教祭祀》,中国社会科学出版社 2010 年版。

陈梦家:《殷墟卜辞综述》,中华书局 1988 年版。

方向明:《神人兽面的真像》,杭州出版社 2014 年版。

傅斯年、李济、董作宾等:《城子崖:山东历城县龙山镇之黑陶文化遗址》,"中央研究院"历史语言研究所 1934 年版。

何驽:《怎探古人何所思——精神文化考古理论与实践探索》,科学出版社 2015 年版。

河南省文物考古研究所编著:《舞阳贾湖》(上、下册),科学出版社 1999 年版。

河南省文物考古研究所编著:《郑州商城:1953～1985 年考古发掘报告》(上、中、下),文物出版社 2001 年版。

河南省文物研究所、长江流域规划办公室考古队河南分队:《淅川下王岗》,文物出版社 1989 年版。

胡新立:《邹城汉画像石》,文物出版社 2008 年版。

湖北省文物考古研究所:《盘龙城:1963～1994 年考古发掘报告》(上、下),文物出版社 2001 年版。

江西省文物考古研究所、樟树市博物馆编著:《吴城:1973～2002 年考古发掘报告》,科学出版社 2005 年版。

李零:《中国方术正考》,中华书局 2006 年版。

李零:《中国方术续考》,中华书局 2006 年版。

辽宁省文物考古研究所编著:《牛河梁:新石器时代遗址发掘报告(1983～2003 年度)》,文物出版社 2012 年版。

刘莉、陈星灿:《中国考古学:旧石器时代晚期到早期青铜时代》,三联书店 2017 年版。

栾丰实:《东夷考古》,山东大学出版社 1996 年版。

栾丰实:《海岱地区考古研究》,山东大学出版社1997年版。

南京博物院编著:《花厅——新石器时代墓地发掘报告》,文物出版社2003年版。

内蒙古自治区文物考古研究所、鄂尔多斯博物馆:《朱开沟——青铜时代早期遗址发掘报告》,文物出版社2000年版。

青海省文物管理处、中国社会科学院考古研究所:《青海柳湾》(上、下册),文物出版社1984年版。

山东省博物馆、山东省文物考古研究所:《邹县野店》,文物出版社1985年版。

山东省文物管理处、济南市博物馆编:《大汶口——新石器时代墓葬发掘报告》,文物出版社1974年版。

山东省文物考古研究所编:《大汶口续集——大汶口遗址第二、三次发掘报告》,科学出版社1997年版。

山东省文物考古研究所编著:《山东20世纪的考古发现和研究》,科学出版社2005年版。

陕西省考古研究所:《龙岗寺——新石器时代遗址发掘报告》,文物出版社1990年。

石家河考古队:《肖家屋脊:天门石家河考古报告之一》(上、下册),文物出版社1999年版。

石家河考古队:《邓家湾:天门石家河考古报告之二》,文物出版社2003年版。

四川省文物考古研究所编:《三星堆祭祀坑》,文物出版社1999年版。

孙华、苏荣誉:《神秘的王国:对三星堆文明的初步理解和解释》,巴蜀书社2003年版。

王晖:《古史传说时代新探》,科学出版社2009年版。

西安半坡博物馆编:《西安半坡》,文物出版社1982年版。

西安半坡博物馆等:《姜寨——新石器时代遗址发掘报告》(上、下册),文物出版社1988年版。

许宏:《最早的中国》,科学出版社2009年版。

许宏:《何以中国:公元前2000年的中原图景》,三联书店2014年版。

严文明:《仰韶文化研究》(增订本),文物出版社2009年版。

袁广阔等:《河南早期刻画符号研究》,科学出版社2012年版。

袁广阔:《二里头文化研究》,线装书局2013年版。

袁家荣:《湖南旧石器时代与玉蟾岩遗址》,岳麓书社2013年版。

张朋川:《中国彩陶图谱》,文物出版社2005年版。

浙江省文物考古研究所:《瑶山》,文物出版社2003年版。

浙江省文物考古研究所:《河姆渡:新石器时代遗址考古发掘报告》(上、下册),文物出版社2003年版。

浙江省文物考古研究所、萧山博物馆:《跨湖桥:浦阳江流域考古报告之一》,文物出版社2004年版。

浙江省文物考古研究所:《反山》,文物出版社2005年版。

浙江省文物考古研究所:《良渚遗址群》,文物出版社2005年版。

中国科学院考古研究所编著:《庙底沟与三里桥》,科学出版社 1959 年版。

中国社会科学院考古研究所编著:《宝鸡北首岭》,文物出版社 1983 年版。

中国社会科学院考古研究所等:《夏县东下冯》,文物出版社 1988 年版。

中国社会科学院考古研究所编著:《师赵村与西山坪》,中国大百科全书出版社 1999 年版。

中国社会科学院考古研究所编著:《偃师二里头:1959～1978 年考古发掘报告》,中国大百科全书出版社 1999 年版。

中国社会科学院考古研究所编著:《张家坡西周墓地》,中国大百科全书出版社 1999 年版。

中国社会科学院考古研究所编著:《山东王因——新石器时代遗址发掘报告》,科学出版社 2000 年版。

中国社会科学院考古研究所编著:《蒙城尉迟寺:皖北新石器时代聚落遗存的发掘与研究》,科学出版社 2001 年版。

中国社会科学院考古研究所编著:《中国考古学·夏商卷》,中国社会科学出版社 2003 年版。

中国社会科学院考古研究所等:《桂林甑皮岩》,文物出版社 2003 年版。

中国社会科学院考古研究所、安徽省蒙城县文化局编著:《蒙城尉迟寺》第二部,科学出版社 2007 年版。

中国社会科学院考古研究所编著:《中国考古学·新石器时代卷》,中国社会科学出版社 2010 年版。

中国社会科学院考古研究所编著:《偃师商城》第一卷(上、下),科学出版社 2013 年版。

中国社会科学院考古研究所编著:《二里头:1999～2006》(壹～伍),文物出版社 2014 年版。

邹衡:《夏商周考古学论文集》,文物出版社 1980 年版。

邹衡:《夏商周考古学论文集》(续集),科学出版社 1998 年版。

邹衡:《夏商周考古学论文集》(再续集),科学出版社 2011 年版。

[日]林巳奈夫:《神与兽的纹样学——中国古代诸神》,常耀华等译,三联书店 2009 年版。

[美]张光直:《考古学专题六讲》,文物出版社 1986 年版。

[美]张光直:《美术、神话与祭祀》,郭净译,三联书店 2013 年版。

[美]张光直:《中国青铜时代》,三联书店 2013 年版。

四、期刊论文

[俄]C. B. 阿尔金:《红山文化软玉的昆虫学鉴证》,《北方文物》1997 年第 3 期。

安志敏:《略论我国新石器时代文化的年代问题》,《考古》1972 年第 6 期。

巴林右旗博物馆:《内蒙古巴林右旗那斯台遗址调查》,《考古》1986 年第 6 期。

保定地区文物管理所等:《河北徐水县南庄头遗址试掘简报》,《考古》1992 年第

11 期。

北京大学考古文博学院等:《北京市门头沟区东胡林史前遗址》,《考古》2006 年第 7 期。

北京大学考古文博学院等:《河南新密市李家沟遗址发掘简报》,《考古》2011 年第 4 期。

昌潍地区文物管理组等:《山东诸城呈子遗址发掘报告》,《考古学报》1980 年第 3 期。

昌潍地区艺术馆、考古研究所山东队:《山东胶县三里河遗址发掘简报》,《考古》1977 年第 4 期。

陈公哲:《香港考古发掘》,《考古学报》1957 年第 4 期。

陈国庆:《浅析红山文化筒形器》,《北方文物》2003 年第 4 期。

陈洪海等:《青海同德县宗日遗址发掘简报》,《考古》1998 年第 5 期。

陈梦家:《古文字中之商周祭祀》,《燕京学报》1936 年第 19 期。

陈梦家:《殷代铜器》,《考古学报》1954 年第 7 册。

陈星灿:《安特生与中国史前考古学的早期研究》,《华夏考古》1991 年第 4 期。

成都市文物考古研究所:《成都金沙遗址Ⅰ区“梅苑”地点发掘一期简报》,《文物》2004 年第 4 期。

戴向明:《黄河流域新石器时代文化格局之演变》,《考古学报》1998 年第 4 期。

戴应新:《神木石峁龙山文化玉器》,《考古与文物》1988 年第 5、6 期。

戴应新:《回忆石峁遗址的发现与石峁玉器》(上),《收藏界》2014 年第 5 期。

丁清贤等:《关于濮阳西水坡蚌壳龙虎陪葬墓及仰韶文化的社会性质——兼答言明提出的几个问题》,《华夏考古》1991 年第 4 期。

董楚平:《良渚文化上帝小考》,《浙江学刊》1996 年第 5 期。

杜金鹏 :《试论大汶口文化颍水类型》,《考古》1992 年第 2 期。

杜金鹏:《良渚神祇与祭坛》,《考古》1997 年第 2 期。

樊力:《乱石滩文化初论》,《江汉考古》1998 年第 4 期。

樊力:《论屈家岭文化青龙泉二期类型》,《考古》1998 年第 11 期。

樊力:《论石家河文化青龙泉三期类型》,《考古与文物》1999 年第 4 期。

樊力:《豫西南地区新石器文化的发展序列及其与邻近地区的关系》,《考古学报》2000 年第 2 期。

方辉:《论史前及夏时期的朱砂葬——兼论帝尧与丹朱传说》,《文史哲》2015 年第 2 期。

方向明:《良渚玉器神人兽面像的真相》,《大众考古》2015 年第 6 期。

方燕明:《登封王城岗城址的年代及其相关问题探讨》,《考古》2006 年第 9 期。

冯汉骥、童恩正:《记广汉三星出土的玉石器》,《文物》1979 年第 2 期。

冯时:《河南濮阳西水坡 45 号墓的天文学研究》,《文物》1990 年第 3 期。

冯沂:《山东临沂市大范庄遗址调查》,《华夏考古》2004 年第 1 期。

甘肃省博物馆:《甘肃武威皇娘娘台遗址发掘报告》,《考古学报》1960 年第 2 期。

甘肃省博物馆:《武威皇娘娘台遗址第四次发掘》,《考古学报》1978 年第 4 期。

甘肃省文物工作队:《大地湾遗址仰韶晚期地画的发现》,《文物》1986 年第 2 期。
高星:《中国旧石器时代手斧的特点与意义》,《人类学学报》2012 年第 2 期。
高应勤:《试论沮漳河流域是探索早期楚文化的中心》,《文物》1982 年第 4 期。
顾颉刚:《从古籍中探索我国的西部民族——羌族》,《社会科学战线》1980 年第 1 期。
顾问:《新砦期研究》,《殷都学刊》2002 年第 4 期。
郭大顺等:《辽宁省喀左县东山嘴红山文化建筑群址发掘简报》,《文物》1984 年第 11 期。
郭静云:《牙璋起源刍议》,《三峡大学学报》2014 年第 5 期。
国家文物局考古领队培训班:《郑州西山仰韶文化城址的发掘》,《文物》1999 年第 6 期。
国家文物局三峡考古队:《湖北宜昌下岸遗址发掘简报》,《考古》1999 年第 1 期。
韩建业、杨新改:《王湾三期文化研究》,《考古学报》1997 年第 1 期。
韩建业:《庙底沟时代与“早期中国”》,《考古》2012 年第 3 期。
韩康信、中桥孝博:《中国和日本古代仪式拔牙的比较研究》,《考古学报》1998 年第 3 期。
韩康信等:《我国拔牙风俗的源流及其意义》,《考古》1981 年第 1 期。
何锟宇:《甘肃东乡林家遗址分期的再认识——兼论营盘山遗址的分期、年代与文化属性》,《四川文物》2011 年第 4 期。
何积全:《苗族射日神话溯源》,《贵州社会科学》1988 年第 8 期。
何驽:《山西襄汾陶寺中期城址大型建筑 IIFJT1 基址 2004～2005 年发掘简报》,《考古》2007 年第 4 期。
何努:《鸟衔鱼图案的转生巫术含意探讨》,《江汉考古》1997 年第 3 期。
何星亮:《河南濮阳仰韶文化蚌壳龙的象征意义》,《中原文物》1998 年第 2 期。
何星亮:《图腾名称与姓氏的起源》,《民族研究》1990 年第 5 期。
河北省文物研究所:《河北阳原县姜家梁新石器时代遗址的发掘》,《考古》2001 年第 2 期。
河北省文物研究所等:《1997 年河北徐水南庄头遗址发掘报告》,《考古学报》2010 年第 3 期。
河北文物管理委员会:《河北唐山市大城山遗址发掘报告》,《考古学报》1959 年第 3 期。
河南省博物馆等:《河南淅川下王岗遗址的试掘》,《文物》1972 年第 10 期。
河南省文物考古研究所等:《河南汝州市煤山龙山文化墓葬发掘简报》,《考古》2011 年第 6 期。
河南省文物研究所:《许昌县大路陈村发现商代墓》,《华夏考古》1988 年第 1 期。
贺刚:《论中国古代的饕餮与人牲》,《东南文化》2002 年第 7 期。
呼林贵、孙铁山、李恭:《西安东郊国棉五厂汉墓发掘简报》,《文博》1999 年第 4 期。
胡厚宣:《殷卜辞中的上帝和王帝》(上),《历史研究》1959 年第 9 期。
胡厚宣:《甲骨文所见商族鸟图腾的新证据》,《文物》1977 年第 2 期。

湖北省荆州博物馆等:《钟祥六合遗址》,《江汉考古》1987 年第 2 期。

湖北省文物考古研究所等:《湖北石家河罗家柏岭新石器时代遗址》,《考古学报》1994 年第 2 期。

湖北省宜昌地区博物等:《宜昌中堡岛新石器时代遗址》,《考古学报》1987 年第 1 期。

湖北宜昌地区博物馆等:《湖北宜昌白庙遗址试掘简报》,《考古》1983 年第 5 期。

湖南省文物考古研究所:《湖南洪江市高庙新石器时代遗址》,《考古》2006 年第 7 期。

黄文几:《圩墩新石器时代遗址出土动物遗骨的鉴定》,《考古》1978 年第 4 期。

黄文山:《对于〈中国古代社会的图腾文化〉之我见》,《新社会科学季刊》1934 年第 1 期。

江苏省高城墩联合考古队:《江阴高城墩遗址发掘简报》,《文物》2001 年第 5 期。

江苏省文物工作队:《江苏邳县刘林新石器时代遗址第一次发掘》,《考古学报》1962 年第 1 期。

江晓原等:《山西襄汾陶寺城址天文观测遗迹功能讨论》,《考古》2006 年第 11 期。

蒋卫东:《自然环境变迁与良渚文化兴衰关系的思考》,《华夏考古》2003 年第 2 期。

金则恭、贺刚:《湖南石门县皂市下层新石器遗存》,《考古》1986 年第 1 期。

靳桂云:《燕山南北长城地带中全新世气候环境的演化及影响》,《考古学报》2004 年第 4 期。

靳松安:《王湾三期文化的南渐及其相关问题》,《中原文物》2010 年第 1 期。

荆州地区博物馆等:《湖北江陵荆南寺遗址第一、二次发掘简报》,《考古》1989 年第 8 期。

荆州市博物馆等:《钟祥乱葬岗夏文化遗存清理简报》,《江汉考古》2001 年第 3 期。

莒县博物馆:《山东莒县西大庄西周墓葬》,《考古》1997 年第 7 期。

雷云贵:《西汉雁鱼灯》,《文物》1987 年第 6 期。

李果、李秀国:《南丫岛发掘散记》,《文物天地》1991 年第 4 期。

李济:《山西南部汾河流域考古调查》,《考古》1983 年第 8 期。

李京华等:《濮阳西水坡遗址发掘现场会发言摘要》,《华夏考古》1988 年第 4 期。

李荆林:《半坡姜寨遗址"人面鱼纹"新考》,《江汉考古》1989 年第 3 期。

李零:《马王堆汉墓"神祇图"应属辟兵图》,《考古》1991 年第 10 期。

李旻:《重返夏墟——社会记忆与经典的发生》,《考古学报》2017 年第 3 期。

李水城:《西北与中原早期冶铜业的区域特征及交互作用》,《考古学报》2005 年第 3 期。

李学勤:《评陈梦家〈殷墟卜辞综述〉》,《考古学报》1957 年第 3 期。

李学勤:《良渚文化玉器与饕餮纹的演变》,《东南文化》1991 年第 5 期。

李学勤:《论香港大湾新出牙璋及有关问题》,《南方文物》1992 年第 1 期。

李学文:《山西襄汾县吴兴庄汉墓出土铜器》,《考古》1989 年第 11 期。

李仰松:《秦安大地湾遗址仰韶晚期地画研究》,《考古》1986 年第 11 期。

李烨、张历文:《洋县出土殷商铜器简报》,《文博》1996 年第 6 期。

李珍:《邕宁顶蛳山贝丘遗址》,《中国文化遗产》2008 年第 5 期。

林留根:《论顺山集文化》,《考古》2017年第3期。

[日]林巳奈夫:《良渚文化和大汶口文化中的图像记号》,《东南文化》1991年第3、4期。

临沂文物组:《山东临沂大范庄新石器时代墓葬的发掘》,《考古》1975年第1期。

刘斌、蒋卫东、费国平:《浙江余杭汇观山良渚文化祭坛与墓地发掘简报》,《文物》1997年第7期。

刘斌、王宁远:《2006～2013年良渚古城考古的主要收获》,《东南文化》2014年第2期。

刘次沅:《陶寺观象台遗址的天文学分析》,《天文学报》2009年第1期。

刘敦愿:《古史传说与典型龙山文化》,《山东大学学报》1963年第2期。

刘郭愿:《记两城镇遗址发现的两件石器》,《考古》1972年第4期。

刘敦愿:《中国古代艺术品所见昆虫崇拜——论商周时期"蝉纹"含义》,《考古与文物》1988年第2期。

刘辉、余乐:《石家河遗址2015年发掘的主要收获》,《江汉考古》2016年第1期。

刘俊男:《石家河文化的北渐及其对豫中西地区的影响》,《中原文物》2013年第1期。

刘淑娟:《红山文化玉器类型探究》,《辽海文物学刊》1995年第1期。

刘锡诚:《春神句芒论考》,《西北民族研究》2011年第1期。

刘云辉:《仰韶文化"鱼纹""人面鱼纹"内含二十说述评——谦论"人面鱼纹"为巫师面具形象说》,《文博》1990年第4期。

卢耀光:《略谈我队一九八〇田野考古的重要收获》,《青海考古学会会刊》1981年第2期。

陆建方等:《武进乌墩遗址发掘报告》,《东南文化》1994年增刊。

栾丰实:《良渚文化的北渐》,《中原文物》1996年第3期。

栾丰实:《试论岳石文化与郑州地区早期商文化的关系——兼论商族起源问题》,《华夏考古》1994年第4期。

栾丰实:《太昊和少昊传说的考古学研究》,《中国史研究》2000年第2期。

栾丰实:《中国史前文化中的八角星图案初探》,《南艺学刊》2010年第1期。

栾丰实:《崧泽文化向北方地区的扩散》,《东南文化》2015年第1期。

孟华平:《西水坡虎图案的文字学观察——兼论M45主人身份》,《江汉考古》1994年第4期。

孟华平:《"太阳人"与东门头遗址》,《文物天地》2003年第6期。

孟华平等:《湖北天门市石家河遗址2014～2016年的勘探与发掘》,《考古》2017年第7期。

孟慧英:《再论原始宗教》,《民族研究》2008年第2期。

牟永杭:《东方史前时期太阳崇拜的考古学观察》,《故宫学术季刊》1995年第4期。

南京博物院:《江苏邳县四户镇大墩子遗址探掘报告》,《考古学报》1964年第2期。

南京博物院:《江苏邳县刘林新石器时代遗址第二次发掘》,《考古学报》1965年第2期。

南京博物院等:《张家港东山村新石器时代遗址发掘报告》,《考古学报》2015 年第 1 期。

南京博物院:《江苏兴化、东台市蒋庄遗址良渚文化遗存》,《考古》2016 年第 7 期。

南辕:《良渚文化汇观山遗址第二次发掘简报》,《文物》2001 年第 12 期。

宁荫棠等:《山东章丘市焦家遗址调查》,《考古》1998 年第 6 期。

庞朴:《“火历”三探》,《文史哲》1984 年第 1 期。

裴安平等:《湖南澧县彭头山新石器时代早期遗址发掘简报》,《文物》1990 年第 8 期。

彭书琳:《岭南古代居民拔牙习俗的考古发现》,《南方文物》2009 年第 3 期。

濮阳市文物管理委员会等:《河南濮阳西水坡遗址发掘简报》,《文物》1988 年第 3 期。

濮阳西水坡遗址考古队:《1988 年河南濮阳西水坡遗址发掘简报》,《考古》1989 年第 12 期。

祁国钧:《试论屈家岭文化的类型与相关问题》,《江汉考古》1986 年第 4 期。

钱安靖:《试论以白石崇拜为表征的羌文化》,《宗教学研究》1988 年第 4 期。

钱耀鹏:《试论我国史前时代的猎头习俗》,《考古与文物》1994 年第 4 期。

青海省文物管理处考古队:《青海大通县上孙家寨出土的舞蹈纹彩陶盆》,《文物》1978 年第 3 期。

青海省文物考古队:《青海民和阳洼遗址试掘简报》,《考古》1984 年第 1 期。

曲六乙:《人类学:巫傩文化与萨满文化的比较研究》,《民俗研究》1997 年第 4 期。

任式楠、吴耀利:《中国新石器时代考古学五十年》,《考古》1999 年第 9 期。

山东省博物馆等:《山东茌平尚庄遗址第一次发掘简报》,《文物》1978 年第 4 期。

山东省文物考古研究所:《山东曲阜南兴埠遗址的发掘》,《考古》1984 年第 12 期。

山东省文物考古研究所等:《山东莒县杭头遗址》,《考古》1988 年第 12 期。

山东省文物考古研究所等:《莒县大朱家村大汶口文化墓葬》,《考古学报》1991 年第 2 期。

山东省文物考古研究所等:《山东沂水纪王崮春秋墓》,《考古》2013 年第 7 期。

山西省考古研究所、北京大学考古学系:《天马一曲村遗址北赵晋侯墓地第四次发掘》,《文物》1994 年第 8 期。

山西省考古研究所等:《山西芮城清凉寺史前墓地》,《考古学报》2011 年第 4 期。

陕西省考古研究所等:《陕西韩城梁带村遗址 M26 发掘简报》,《文物》2008 年第 1 期。

陕西省文物管理委员会:《陕西岐山、扶风周墓清理记》,《考古》1960 年第 8 期。

陕西周原考古队:《陕西扶风庄白一号西周青铜器窖藏发掘简报》,《文物》1978 年第 3 期。

上海市文物保管委员会:《上海青浦福泉山良渚文化墓地》,《文物》1986 年第 10 期。

邵晶:《试论石峁城址的年代及修建过程》,《考古与文物》2016 年第 4 期。

社会科学院考古研究所:《1981 年河南偃师二里头墓葬发掘简报》,《考古》1984 年第 1 期。

社会科学院考古研究所二里头工作队:《河南偃师市二里头遗址中心区的考古新发

现》,《考古》2005 年第 7 期。

沈仲常:《从考古材料看羌族的白石崇拜遗俗》,《考古与文物》1982 年第 6 期。

沈仲常、黄家祥:《白石崇拜遗俗考》,《文博》1985 年第 5 期。

石河考古队:《湖北省石河遗址群 1987 年发掘简报》,《文物》1990 年第 8 期。

石兴邦:《有关马家窑文化的一些问题》,《考古》1962 年第 6 期。

舒之梅:《五十年来楚族源研究综述》,《江汉论坛》1983 年第 3 期。

四川省博物馆:《巫山大溪遗址第三次发掘》,《考古学报》1981 年第 4 期。

宋建:《良渚文化主神新证》,《东南文化》2016 年第 2 期。

宋兆麟:《中国史前考古发现的萨满遗迹》,《黑龙江民族丛刊》2001 年第 1 期。

苏秉琦、殷玮璋:《关于考古学文化的区系类型问题》,《文物》1981 年第 5 期。

孙波等:《试论山东地区新石器时代早期遗存》,《中原文物》2008 年第 3 期。

孙宏开:《试论“邛笼”文化与羌语支语言》,《民族研究》1986 年第 2 期。

孙周勇、邵晶:《瓮城溯源——以石峁遗址外城东门址为中心》,《文物》2016 年第 2 期。

孙周勇:《公元前第三千纪北方地区社会复杂化过程考察——以榆林地区考古为中心》,《考古与文物》2016 年第 4 期。

唐兰:《马王堆出土〈老子〉乙本卷前古佚书的研究》,《考古学报》1975 年第 1 期。

佟伟华:《磁山遗址的原始农业遗存及其相关的问题》,《农业考古》1984 年第 1 期。

汪遵国、李文明、钱锋:《1982 年江苏常州武进寺墩遗址的发掘》,《考古》1984 年第 2 期。

王芬:《试论泰沂山北侧地区的大汶口文化》,《中原文物》2003 年第 5 期。

王海明、刘淑华:《河姆渡文化的扩散与传播》,《南方文物》2005 年第 3 期。

王洪明:《山东省海阳县史前遗址调查》,《考古》1985 年第 12 期。

王辉等:《陕北长城沿线先秦时期生业与环境的关系》,《第四纪研究》2014 年第 1 期。

王劲:《后石家河文化定名的思考》,《江汉考古》2007 年第 1 期。

王恺:《“人面鸟”考》,《考古与文物》1985 年第 6 期。

王立新:《瑶山祭坛及良渚文化神徽含义的初步解释》,《江汉考古》1994 年第 3 期。

王青等:《海岱地区的獐与史前环境变迁》,《东南文化》1994 年第 5 期。

王树明:《陵阳河墓地刍议》,《史前研究》1987 年第 3 期。

王树明:《山东莒县陵阳河大汶口文化墓葬发掘简报》,《史前研究》1987 年第 3 期。

王树明等:《蚩尤辨证》,《中原文物》1993 年第 1 期。

王炜林等:《陕西神木大保当第 11 号、第 23 号汉画像石墓发掘简报》,《文物》1997 年第 9 期。

王文建等:《石门县商时期遗存调查——宝塔遗址与桅岗墓葬》,《湖南考古辑刊》第四集,1987 年。

王永波:《成山玉器与日主祭——兼论太阳神崇拜的有关问题》,《文物》1993 年第 1 期。

王永波:《麒麟探源——兼谈大汶口文化的獐崇拜》,《民俗研究》1992 年第 4 期。

王永波:《耜形端刃器的分类与分期》,《考古学报》1996 年第 1 期。
王永波:《耜形端刃器起源、定名和用途》,《考古学报》2002 年第 2 期。
王毓彤:《荆门出土一件铜戈》,《文物》1963 年第 1 期。
王志:《固镇"垓下" 淮河流域史前第一城》,《大众考古》2013 年第 4 期。
乌力吉:《巴林右旗博物馆收藏的玉人面纹饰件》,《北文文物》2000 年第 1 期。
吴立等:《江汉平原钟桥遗址地层揭示的史前洪水事件》,《地理学报》2015 年第 7 期。
吴顺东、贺刚:《湖南辰溪县征溪口贝丘遗址发掘简报》,《文物》2001 年第 6 期。
吴新智:《从中国晚期智人颅骨特征看中国现代人起源》,《人类学学报》1998 年第 4 期。
吴正彪:《蚩尤神话和苗族风俗浅探》,《黔南民族师专学报》1999 年第 4 期。
夏鼐:《临洮寺洼山发掘记》,《中国考古学报》1949 年第 4 期。
夏鼐:《碳一14 测定年代和中国史前考古学》,《考古》1977 年第 4 期。
夏鼐:《商代玉器的分类、定名和用途》,《考古》1983 年第 5 期。
萧兵:《中国上古文物中人与动物的关系——评张光直教授"动物伙伴"之泛萨满理论》,《社会科学》2006 年第 1 期。
谢崇安:《略论西南地区早期平底双耳罐的源流及其族属问题》,《考古学报》2005 年第 2 期。
谢端琚:《略论齐家文化墓葬》,《考古》1986 年第 2 期。
熊卜发:《湖北孝感地区商周古文化调查》,《考古》1988 年第 4 期。
徐峰:《"七足镂孔器"及相关问题考释》,《寻根》2013 年第 1 期。
许新国、格桑本:《卡约文化阿哈特拉类型初探》,《青海考古学会会刊》1981 年第 3 期。
许永杰:《距今五千年前后文化迁徙现象初探》,《考古学报》2010 年第 2 期。
烟台市博物馆:《烟台市芝罘岛发现一批文物》,《文物》1976 年第 8 期。
严文明:《略论中国文明的起源》,《文物》1992 年第 1 期。
严文明:《甘肃彩陶的源流》,《文物》1978 年第 10 期。
严文明:《鹳鱼石斧跋》,《文物》1981 年第 12 期。
严文明:《中国史前文化的统一性与多样性》,《文物》1987 年第 3 期。
严志斌、何驽:《山西襄汾陶寺城址 2002 年发掘报告》,《考古学报》2005 年第 3 期。
言明:《关于濮阳西水坡遗址发掘简报及其两篇文章的若干问题的商榷》,《华夏考古》1988 年第 4 期。
阎道衡:《永城芒山柿园发现梁国国王壁画墓》,《中原文物》1990 年第 1 期。
颜訚:《大汶口新石器時代人骨的研究报告》,《考古学报》1972 年第 1 期。
杨虎、朱延平:《内蒙古敖汉旗小山遗址》,《考古》1987 年第 6 期。
杨军、徐长青:《南昌市西汉海昏侯墓》,《考古》2016 年第 7 期。
杨宽:《楚帛书的四季神像及其创世神话》,《文学遗产》1997 年第 4 期。
杨权喜:《试论城背溪文化》,《东南文化》1991 年第 5 期。
永昶英:《睡扁头》,《民族文化》1982 年第 5 期。

于秋伟、赵文俊:《山东沂南县发现一组玉石器》,《考古》1998 年第 3 期。

俞伟超:《先楚与三苗文化的考古学推测》,《文物》1980 年第 10 期。

袁广阔:《仰韶文化的一幅“金乌负日”图赏析》,《中原文物》2001 年第 6 期。

曾凡:《关于福建史前文化的探讨》,《考古学报》1980 年第 3 期。

张光直:《连续与破裂:一个文明起源新说的草稿》,《九州学刊》1986 年第 1 期。

张光直:《濮阳三蹻与中国古代美术上的人兽母题》,《文物》1988 年第 11 期。

张光直:《商周青铜器上的动物纹样》,《考古与文物》1981 年第 2 期。

张懋镕:《周人不用日名说》,《历史研究》1993 年第 5 期。

张长寿、张光直:《河南商丘地区殷商文明调查发掘初步报告》,《考古》1997 年第 4 期。

张震:《贾湖遗址墓葬初步研究——试论贾湖的社会分工与分化》,《华夏考古》2009 年第 2 期。

张仲权:《神木县出土一件铜彩绘鹅鱼灯》,《文博》1986 年第 6 期。

赵宾福:《东北新石器文化格局及其与周边文化的关系》,《中国边疆史地研究》2006 年第 2 期。

赵国华:《生殖崇拜文化略论》,《中国社会科学》1988 年第 1 期。

赵辉:《以中原为中心的历史趋势的形成》,《文物》2000 年第 1 期。

赵晓培:《论羌族的自然崇拜和多神信仰》,《宗教学研究》2012 年第 1 期。

赵新来:《郑州二里岗发现的商代玉璋》,《文物》1966 年第 1 期。

赵志军、张居中:《贾湖遗址 2001 年度浮选结果分析报告》,《考古》2009 年第 8 期。

浙江省文物考古研究所:《杭州市良渚古城外围水利系统的考古调查》,《考古》2015 年第 1 期。

浙江省文物考古研究所:《余杭莫角山遗址 1992—1993 年的发掘》,《文物》2001 年第 12 期。

浙江省文物考古研究所等:《浙江浦江县上山遗址发掘简报》,《考古》2007 年第 9 期。

郑州市文物考古研究所等:《河南巩义市花地嘴遗址“新砦期”遗存》,《考古》2005 年第 6 期。

中国科学院考古研究所甘肃队:《甘肃永靖大何庄遗址发掘报告》,《考古学报》1974 年第 2 期。

中国科学院考古研究所甘肃队:《甘肃永靖秦魏家齐家文化墓地》,《考古学报》1975 年第 2 期。

中国科学院考古研究所洛阳发掘队:《河南偃师二里头遗址发掘简报》,《考古》1965 年第 5 期。

中国科学院考古研究所山东队:《山东曲阜西夏侯遗址第一次发掘报告》,《考古学报》1964 年第 2 期。

中国社会科学院考古所山东工作队:《西夏侯遗址第二次发掘报告》,《考古学报》1986 年第 3 期。

中国社会科学院考古研究所安徽工作队等:《安徽蚌埠市禹会龙山文化遗址祭祀台

基发掘简报》,《考古》2013 年第 1 期。

中国社会科学院考古研究所二里头队:《1980 年秋河南偃师二里头遗址发掘简报》,《考古》1983 年第 3 期。

中国社会科学院考古研究所二里头工作队:《1987 年偃师二里头遗址墓葬发掘简报》,《考古》1992 年 4 期。

中国社会科学院考古研究所内蒙古工作队:《内蒙古敖汉旗兴隆洼遗址 1992 年发掘简报》,《考古》1997 年第 1 期。

中国社会科学院考古研究所内蒙古工作队:《内蒙古敖汉旗兴隆洼遗址发掘简报》,《考古》1985 年第 10 期。

中国社会科学院考古研究所山西工作队、临汾地区文化局:《山西襄汾县陶寺遗址发掘简报》,《考古》1980 年第 1 期。

中国社会科学院研究所山西工作队、临汾地区文化局:《1978～1984 年Ⅲ区居居住址发掘的主要收获》,《考古》1986 年第 9 期。

周国兴、尤玉柱:《北京东胡林村的新石器时代墓葬》,《考古》1972 年第 6 期。

周世荣:《马王堆汉墓的“神祇图”帛画》,《考古》1990 年第 10 期。

朱丽东等:《良渚时期文化发展与海平面变化》,《地理科学进展》2011 年第 1 期。

朱乃诚:《红山文化兽面玦形玉饰研究》,《考古学报》2008 年第 1 期。

诸城县文化馆:《山东诸城县前寨遗址调查》,《文物》1974 年第 1 期。

禚振西:《陕西户县的两座汉墓》,《考古与文物》1980 年第 1 期。

后记

本书动笔于2015年，至今已近四年矣。

这四年时间，社会巨变，亦为我人生最艰难的一段时间。写作此书，一方面是为了总结自己近年学业的收获，另一方面也是在学术中寻找乐趣，排解心中的苦闷。其间，得到了许多人的帮忙，无法一一具名，只能在生活中致谢和回报了。

在我的学术生涯中，有两位老师对我影响最大——山东省文物考古研究院的孙波先生和北京大学考古文博学院的韦正先生。没有两位先生的指教和激励，就没有我现在的成绩。

本书能出版，离不开父亲、母亲对我生活和工作的支持，妹妹张茜为本书的出版付出很多。写作期间，占用了大量本该陪伴幼子的时间，每思及此，常心痛不已。

山东大学出版社的刘森文、李艳玲编辑对本书的出版付出了大量心血，特此致谢。

考古学发展日新月异，本书所征引的材料，截止到2017年，少量篇章曾以论文的形式发表于考古学期刊或辑刊。因本人学力尚浅，写作时间过长，检校修改力有不足，文中定有诸多纰漏，还请方家见谅并指正。

张　溯

2019年9月于济南